Macroéconomie

6e édition

Olivier Blanchard, Massachusetts Institute of Technology (MIT)
Daniel Cohen, École Normale Supérieure et École d'Économie de Paris
David Johnson, Wilfrid Laurier University (Ontario-Canada)
Avec la collaboration de **Cyril Nouveau**, économiste

PEARSON

Le présent ouvrage est la traduction de *Macroeconomics, 6th edition*, de Olivier Blanchard et David Johnson, publié par Pearson Education Inc. sous la marque Prentice Hall.

Publié par Pearson France
Immeuble Terra Nova II
74 rue de Lagny
93100 Montreuil
Tél : + 33 (0)1 43 62 31 0

ISBN original : 978-0-13-306163-5
Copyright © 2013

Mise en pages : IDT

ISBN : 978-2-7440-7636-7

Sommaire

Table des matières

Liste des figures

Liste des tableaux

Liste des encadrés

Préface à l'édition française

Les particularités de l'édition française

L'édition française du livre d'Olivier Blanchard apporte un certain nombre de modifications à l'édition originale. L'ordre des chapitres tout d'abord a été remanié. L'équilibre de long terme précède ici l'analyse du court et du moyen terme, alors que l'édition américaine adopte l'ordre inverse. L'examen de la longue période que donne la théorie de la croissance me paraît une bonne introduction aux enjeux de l'analyse macroéconomique : comprendre ce que permet d'atteindre un équilibre macroéconomique et situer dans l'histoire comment il a évolué au cours du temps. De même, l'analyse du marché du travail vient avant l'étude du modèle *IS*/*LM*, ici encore pour fixer d'entrée ce qu'on appelle « plein-emploi », et permettre de saisir ensuite le lien qui unit le modèle *IS*/*LM* au modèle *AS*/*AD*.

Par ailleurs, l'édition française s'est efforcée, dans la majeure partie des chapitres, de substituer des données françaises ou européennes aux données américaines de l'édition originale. Les commentaires ont été naturellement révisés en conséquence, la comparaison avec les données américaines étant maintenue lorsqu'elle est éclairante. J'ai renoncé à ces modifications lorsque le détour était trop important par rapport au texte de départ, ou lorsque les données nécessaires n'étaient pas disponibles.

Comme tout manuel, celui-ci peut être lu dans des ordres variés. Le mieux est évidemment de le lire dans l'ordre où il est ici présenté, mais une lecture raccourcie est possible. Pour les étudiants inscrits en Licence ou suivant le cursus des classes préparatoires qui n'auraient pas au programme la croissance ou l'économie ouverte, il est possible de sauter le chapitre 4 qui traite en détail du modèle de croissance de Solow et ne conserver que la lecture du chapitre 3 qui en donne les principales intuitions ; la partie 5, qui traite de l'économie ouverte, peut être également passée. Les sections 22.1 à 22.3 seront alors omises.

Les nouveautés de cette 6e édition

Cette nouvelle édition comprend de nombreux changements afin de rendre compte des développements récents de l'économie mondiale et de la recherche en macroéconomie. Elle inclut notamment des éléments permettant d'analyser la crise économique et financière qui sévit depuis 2008. Un chapitre y est exclusivement consacré, et des éléments d'analyse des politiques monétaires et budgétaires adoptées sont fournis. Des éclairages multiples sur la crise de la dette européenne sont proposés, sous la forme d'encadrés dans les chapitres consacrés à la politique économique.

En outre, toutes les données chiffrées (chômage, inflation, croissance, PIB, etc.) ont été actualisées. De même, les graphiques et les tableaux ont été mis à jour afin de proposer des éléments aussi récents que possibles. Enfin, certaines activités situées en fin de chaque chapitre ont été modifiées ou remplacées par de nouveaux exercices.

Des ressources numériques supplémentaires sont proposées aux enseignants sur le site www.pearson.fr.

Remerciements

Cette édition française est avant tout le produit d'un travail d'équipe. Merci à Thomas Chaney, Pascaline Dupas, Pierre-Alexandre Noual et Jérôme Reboul pour la traduction du texte, à Fabrice Boissier pour la constitution de la banque de données, et à Emmanuel Farhi pour la relecture du manuscrit, qui ont tous joué un rôle crucial pour la première édition et à Madame Hélène Denis pour ses premiers commentaires. Cyril Nouveau a accepté de reprendre le flambeau et de participer à l'actualisation des nouvelles éditions du livre. Grâce à ses efforts, le livre comprend à la fois les dernières données et les analyses les plus récentes sur les développements macroéconomiques courants. Sans lui cette nouvelle édition n'aurait pu voir le jour. Qu'il en soit ici remercié chaleureusement. Last but not least, je remercie Olivier Blanchard qui, dans son style inimitable, m'a un jour envoyé un mail (en anglais of course) : « *A thought : any chance I could convince you to co-author a Blanchard-Cohen ?* » Après, je dois dire, quelques hésitations, je suis heureux d'avoir accepté et je le remercie de me l'avoir proposé.

Daniel Cohen

Partie I – Introduction

Chapitre 1

Un tour du monde

Qu'est-ce que la macroéconomie ? La meilleure façon de répondre à la question n'est pas de vous en donner une définition d'école, mais plutôt de vous emmener dans un tour du monde économique, de façon à décrire tant les principales évolutions économiques que les questions qui empêchent les macroéconomistes et les responsables de la politique macroéconomique de dormir la nuit.

À vrai dire, au moment où nous écrivons (automne 2012), les responsables ne dorment pas très bien, et cela ne leur est pas arrivé depuis longtemps. En 2008, l'économie mondiale est entrée dans une crise macroéconomique majeure, la plus profonde depuis la Grande Dépression des années 1930. La croissance de la production mondiale, qui normalement tournait autour de 4 à 5 % par an, a été négative en 2009. Depuis lors, la croissance est redevenue positive et l'économie mondiale se redresse lentement, mais la crise a laissé de nombreuses cicatrices et bien des inquiétudes demeurent.

Notre but dans ce chapitre est de vous donner conscience de ces événements et de quelques-uns des problèmes macroéconomiques auxquels divers pays sont confrontés aujourd'hui. Il ne peut être question de vous emmener dans un tour complet ; aussi, nous concentrerons-nous, après un survol de la crise, sur les trois principales puissances économiques du monde : les États-Unis, la zone euro et la Chine.

La section 1.1 traite de la crise, la section 1.2 concerne les États-Unis, la section 1.3 la zone euro, la section 1.4 la Chine, et la section 1.5 propose une conclusion et des perspectives.

Nous vous conseillons de lire ce chapitre comme s'il s'agissait d'un article de journal. Ne vous préoccupez pas du sens exact des mots, ni de suivre les arguments dans le détail : le vocabulaire sera défini et les arguments développés dans les chapitres suivants. Considérez ce premier chapitre comme un contexte dont le but est de vous présenter les enjeux de la macroéconomie. Si la lecture vous en est agréable, il est probable que vous aurez plaisir à lire ce livre. En fait, quand vous l'aurez lu, revenez à ce chapitre ; vérifiez où vous vous situez par rapport aux questions abordées et jugez des progrès que vous avez accomplis dans votre étude de la macroéconomie.

1.1 La crise

Le tableau 1.1 présente les taux de croissance de l'économie mondiale, dans les pays à économie avancée et dans d'autres pays pris séparément, depuis l'an 2000. Comme vous le voyez, de 2000 à 2007, l'économie mondiale était en expansion soutenue. Le taux moyen de croissance de la production mondiale était de 3,2 %, avec les économies avancées (le groupe des trente pays environ les plus riches du monde) croissant de 2,6 % par an, et les économies émergentes et en développement (les autres pays, environ cent cinquante dans le monde) croissant plus rapidement encore, de 6,5 % par an.

En 2007 cependant, des signes commençaient à apparaître suggérant que l'expansion pourrait toucher à sa fin. Les prix du logement américain, qui avaient doublé depuis 2000, commencèrent à décroître. À la mi-2007, alors que nous rédigions l'édition antérieure de ce livre, nous avons décrit comment les économistes étaient divisés quant à savoir si cette inflexion pourrait conduire à une récession (une baisse de production). Les optimistes croyaient que, bien que la baisse des prix de l'immobilier pût conduire à un rythme de construction plus lent et à une baisse des dépenses des consommateurs, la Fed (nom abrégé de la Banque centrale américaine, officiellement connue sous le nom de Federal Reserve System) pourrait abaisser les taux d'intérêt de manière à stimuler la demande et éviter une récession. Les pessimistes croyaient que l'abaissement des taux d'intérêt pourrait ne pas suffire pour soutenir la demande et que les États-Unis pourraient subir une courte récession.

Il s'est avéré que même les pessimistes ne l'étaient pas assez. Comme les prix immobiliers continuèrent à baisser, il devint évident que beaucoup de prêts hypothécaires distribués plus tôt, au temps de l'expansion, étaient de piètre qualité. Bien des emprunteurs avaient contracté un prêt trop important et étaient de plus en plus incapables de régler leurs remboursements hypothécaires. Et, avec les prix des habitations en baisse, la valeur de leur prêt hypothécaire excédait souvent le prix du logement, les incitant à faire défaut. Cela n'était pas le pire : les banques qui avaient émis les prêts hypothécaires les ont regroupés et « réemballés » ensemble, créant ainsi de nouveaux titres qu'elles ont ensuite vendus à d'autres banques [1] et investisseurs. Ces titres ont souvent été regroupés encore et encore en de nouveaux titres. Le résultat fut que bien des banques, au lieu de détenir les prêts hypothécaires eux-mêmes, détenaient ces nouveaux titres qui étaient si complexes que leur valeur était devenue impossible à évaluer.

Tableau 1.1 – La croissance de la production mondiale depuis 2000 (en %).

	2000-2007	2008	2009	2010	2011	2012 *	2013 *
Monde	3,2	1,5	– 2,2	4,1	2,8	2,6	2,9
Économies avancées	2,6	0,1	– 3,7	3,0	1,6	1,3	1,5
Économies émergentes et en développement	6,5	6,1	2,7	7,4	6,2	5,3	5,6

Croissance de production : taux de croissance annuelle du produit intérieur brut réel (PIB).
* Les chiffres pour 2012 et 2013 sont des projections estimées en octobre 2012.
Source : FMI, *Perspectives de l'économie mondiale*, base de données, octobre 2012.

Cette complexité et cette opacité ont transformé une baisse des prix du logement en crise financière majeure, conséquence que très peu d'économistes avaient prévue. Ne connaissant pas la qualité des actifs que les autres banques avaient dans leur bilan, les banques devenaient très réticentes à se prêter des fonds les unes aux autres, de crainte

1. Le terme « banques » signifie en fait ici « banques et autres institutions financières » – dénomination trop longue pour l'écrire et nous ne souhaitons pas entrer dans ces complications dans le chapitre 1.

que la banque à laquelle elles prêteraient soit peut-être incapable de rembourser. Sans pouvoir emprunter et ayant des actifs d'une valeur incertaine, beaucoup de banques se trouvèrent en difficulté. Le 15 septembre 2008, une banque d'investissement de premier ordre, Lehman Brothers, déposa son bilan. Les effets furent dramatiques. Les liens étaient devenus si opaques entre Lehman Brothers et d'autres banques que beaucoup d'entre elles semblèrent, elles aussi, en risque de faillite. Pendant quelques semaines, l'ensemble du système financier parut au bord de l'effondrement.

Cette crise financière s'est donc transformée rapidement en crise économique majeure. Les cours des actions se sont effondrés. La figure 1.1 présente graphiquement l'évolution de trois indices d'actions, de début 2007 à 2010 : ceux des États-Unis, de la zone euro et des économies émergentes. Les indices sont normalisés à 1 en janvier 2007. Observez qu'à la fin 2008, les cours des actions avaient perdu la moitié de leur valeur ou davantage depuis leur pic précédent. Notez également que les cours des actions sur le marché européen et celui des pays émergents ont baissé autant que ceux du marché américain, bien que l'origine de la crise fût aux États-Unis. Nous reviendrons sur ce fait plus tard.

Figure 1.1 – Les marchés des actions.

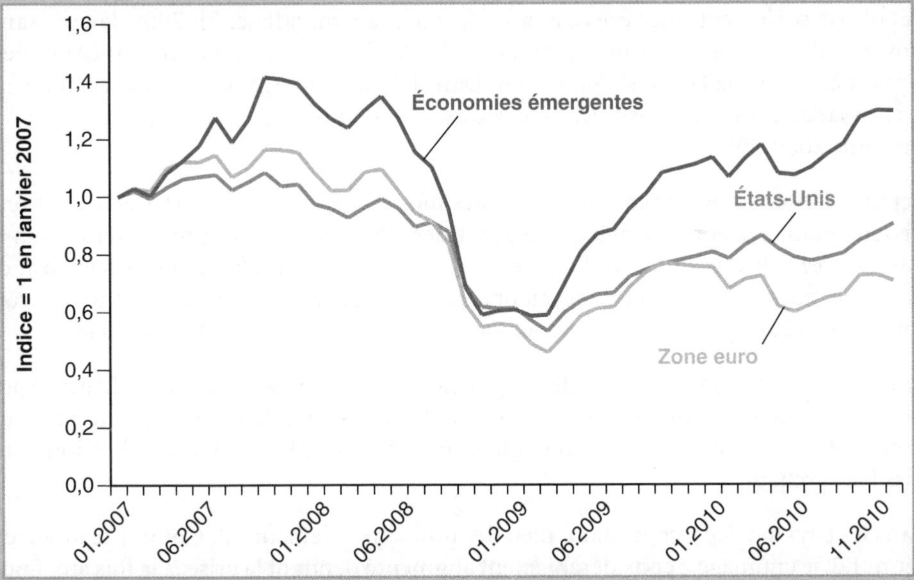

Prix des actions aux États-Unis, dans la zone euro et dans les économies émergentes.
Source : Haver Analytics, États-Unis (S111ACD), Eurogroup (S023ACD), tous les marchés émergents (S200ACD), moyennes mensuelles.

Frappés par la baisse des prix immobiliers et par l'effondrement des cours des actions et craignant de vivre peut-être le commencement d'une autre Grande Dépression, les consommateurs ont réduit brusquement leurs dépenses. Les entreprises, inquiètes au sujet de leurs ventes et incertaines quant à l'avenir, ont limité abruptement leurs investissements. Avec les prix de l'immobilier en chute et beaucoup d'habitations vides sur le marché, très peu de nouveaux logements ont été construits. Malgré les actions fortes de la Fed, qui a baissé les taux d'intérêt jusqu'à zéro, et du gouvernement des États-Unis, qui a réduit les impôts et augmenté les dépenses, la demande baissait et la production aussi. Le taux de croissance de la production a viré au négatif au troisième trimestre 2008, et l'est resté en 2009.

On aurait pu espérer que la crise serait en grande partie circonscrite aux États-Unis. Comme le démontrent à la fois le tableau 1.1 et la figure 1.1, tel n'a pas été le cas. La crise américaine est devenue rapidement une crise mondiale. L'Europe s'est retrouvée brutalement contaminée aussi. Les autres pays ont été touchés à travers deux voies de transmission. La première était les échanges commerciaux. Tandis que les consommateurs et les entreprises réduisaient leurs dépenses, une partie de la réduction tombait sur les importations de biens étrangers. Si l'on se place du point de vue des pays exportant vers les États-Unis, leurs exportations diminuèrent et donc également, à son tour, leur production. La seconde voie de transmission était financière. Les banques américaines, qui avaient un besoin urgent de fonds, les ont rapatriés d'autres pays, créant des problèmes aux banques dans ces pays aussi. En Europe, la crise financière s'est transformée en une crise de la dette souveraine. Les États ont été touchés indirectement par le besoin de venir au secours de leurs banques (en Irlande ou en Espagne), ou plus directement parce qu'à cause de la crise, il leur était plus difficile de refinancer leur dette, lorsqu'elle a été considérée comme trop élevée par les marchés financiers. Le résultat n'était pas seulement une récession américaine mais mondiale. En 2009, la croissance moyenne des économies avancées était de – 3,5 %, de loin le taux de croissance annuelle le plus bas depuis la Grande Dépression. Dans les pays émergents et en développement, la croissance est restée positive, mais a diminué de près de 4 points par rapport à la moyenne 2000-2007.

Depuis ce moment-là, grâce à des politiques monétaires et fiscales fortes et au lent rétablissement du système financier, la plupart des économies se sont redressées. Comme vous pouvez l'observer à partir du tableau 1.1, la croissance, à la fois dans les pays avancés et dans les pays émergents et en développement, est redevenue positive en 2010. La croissance observée en 2011, et prévue pour 2012 et 2013, est restée positive, mais lente.

Les économies émergentes et en développement se sont, en gros, relevées. Leurs exportations sont en augmentation et les capitaux étrangers sont de retour. De fait, plusieurs de ces pays commencent à avoir une inflation en hausse, ce qui est une indication d'une possible surchauffe.

Dans les pays avancés, cependant, bien des problèmes demeurent. Comme le montre la figure 1.2, le chômage a considérablement augmenté pendant la crise, à la fois aux États-Unis et dans la zone euro, et reste très élevé. L'augmentation du chômage aux États-Unis est particulièrement frappante, progressant de 4,6 % en 2007 à 9,6 % en 2010, suivie d'une lente diminution en 2011 et 2012. Ce qui engendre la persistance de ce chômage élevé est la lenteur de la croissance de la production ; et, derrière cette croissance faible, il y a bien des facteurs : les prix du logement continuent à baisser et l'investissement immobilier reste très bas. Les banques ne sont pas en grande forme et leur politique de prêts demeure toujours restrictive. Les ménages qui ont vu chuter la valeur de leur habitation et de leurs actifs financiers réduisent leurs dépenses de consommation. De plus, la crise a entraîné de sérieux problèmes fiscaux. Alors que la production décroissait pendant la crise, les revenus du gouvernement baissaient aussi, induisant une forte augmentation des déficits budgétaires. Au fil du temps, ces déficits ont entraîné à leur tour un alourdissement général des dettes publiques. Des pays doivent aujourd'hui réduire leurs déficits, ce qui se révèle difficile. Des inquiétudes sérieuses se font jour : dans certains pays européens, les gouvernements ne seraient pas capables de réaliser les ajustements nécessaires et pourraient ne pas s'acquitter de leur dette, ce qui advint finalement en Grèce, faisant naître la crainte d'une nouvelle crise financière et économique majeure.

Figure 1.2 – Le taux de chômage aux États-Unis et dans la zone euro, 2000-2013.

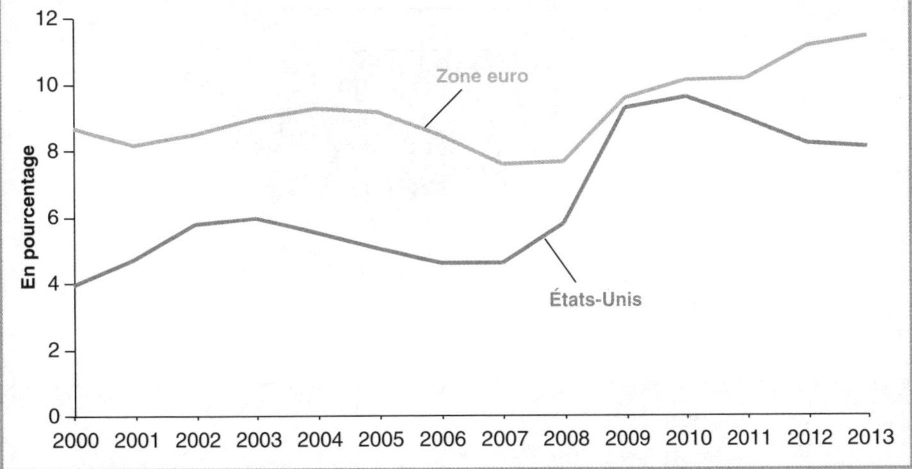

Source : FMI, *Perspectives de l'économie mondiale*, base de données, octobre 2012.

En résumé, la crise a laissé dans son sillage énormément de problèmes qui vont occuper les économistes et les responsables politiques pendant bien des années à venir. Nous reviendrons sur ces questions plus en détail et à plusieurs reprises dans ce livre. Dans la suite de ce chapitre, nous allons examiner de plus près les trois principales puissances économiques du monde : la zone euro, les États-Unis et la Chine.

1.2 Les États-Unis

Les économistes, lors d'un premier examen d'un pays, posent ces deux questions initiales : quelle est la taille du pays, d'un point de vue économique ? Et quel est son niveau de vie ? Pour répondre à la première question, les économistes considèrent la production – le niveau de production du pays pris dans son ensemble. Pour répondre à la seconde, ils examinent la production par habitant.

Figure 1.3 – Les États-Unis en 2011.

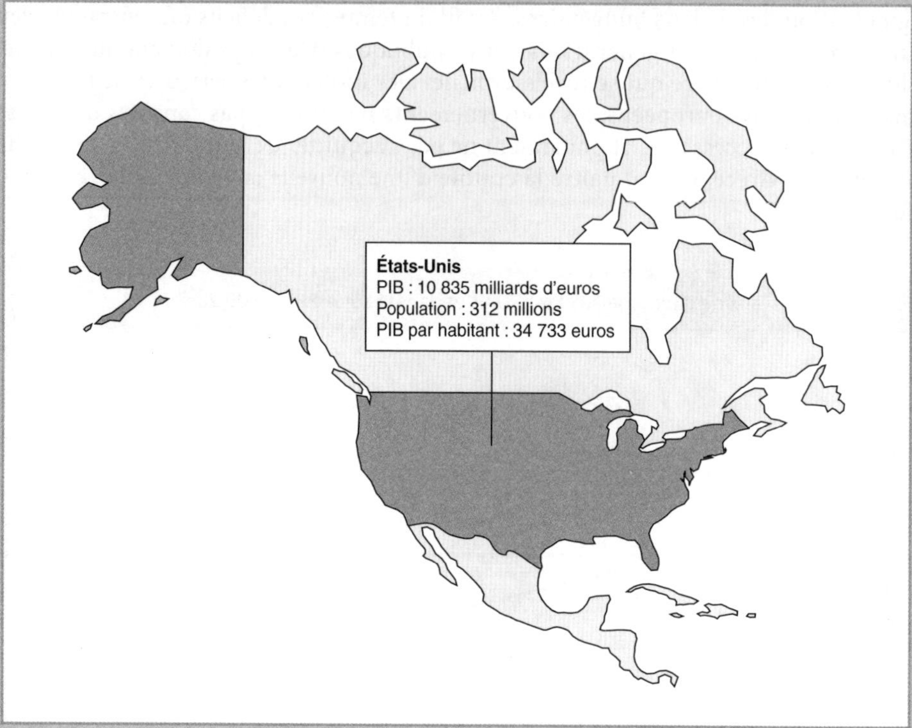

Croissance, chômage et inflation aux États-Unis

Les réponses pour les États-Unis sont indiquées dans la figure 1.3 : les États-Unis sont très importants, avec un PIB de 10 835 milliards d'euros, et représentent près d'un quart de la production mondiale. En termes économiques, ces chiffres en font le pays le plus grand du monde. Le niveau de vie y est très élevé : le PIB par habitant est de 34 700 euros. Les États-Unis ne sont pas le pays qui a le plus haut PIB par habitant dans le monde, mais ils sont près du sommet [1].

Quand les économistes souhaitent approfondir le sujet pour examiner la santé d'un pays, ils considèrent trois variables de base :

- *la croissance du PIB* : le taux de variation annuelle de la production ;
- *le taux de chômage* : la part de la population active dans l'économie qui n'a pas d'emploi et qui en cherche un ;
- *le taux d'inflation* : le taux d'augmentation au fil du temps du prix moyen des biens de l'économie.

1. Pouvez-vous deviner le nom de quelques pays ayant un niveau de vie plus élevé que celui des États-Unis ? Indice : pensez aux producteurs de pétrole et aux centres financiers. Pour les réponses, naviguez sur le site : www.imf.org/external/pubs/ft/weo/2012/02/weodata/weoselgr.aspx et cherchez « *Gross domestic product per capita, current prices, US dollars* ».

Les chiffres de ces trois variables pour les États-Unis sont présentés dans le tableau 1.2. Les plaçant en perspective, la première colonne de chiffres indique les valeurs moyennes du taux de croissance de la production, du chômage et de l'inflation aux États-Unis pour la période allant de 1980 à 1999. Les colonnes suivantes présentent les valeurs de ces variables pour les années plus récentes, d'abord les moyennes pour la période de 1999 à 2007, puis la valeur pour chaque année de 2008 à 2012. Les indicateurs pour 2012 et 2013 sont des projections estimées à l'automne 2012.

En regardant les deux premières colonnes, vous voyez pourquoi en 2007, juste avant la crise, les économistes avaient des sentiments positifs concernant l'économie des États-Unis. Le taux de croissance était de 2,6 %, certes un peu plus bas que le taux moyen des vingt années précédentes, mais toujours d'un rythme assez élevé pour un pays avancé, et, fait significatif, le taux moyen du chômage depuis 2000 était de 5 %, sensiblement plus bas qu'il l'avait été auparavant.

Tableau 1.2 – Croissance, chômage et inflation aux États-Unis, 1980-2013 (en %).

	1980-1999 (moyenne)	2000-2007 (moyenne)	2008	2009	2010	2011	2012 *	2013 *
Taux de croissance du PIB	3,1	2,6	– 0,3	– 3,1	2,4	1,8	2,2	2,1
Taux de chômage	6,5	5,0	5,8	9,3	9,0	9,0	8,2	8,1
Taux d'inflation	4,3	2,8	3,8	– 0,3	1,6	3,1	2,0	1,8

Croissance de la production : taux de croissance annuelle du produit intérieur brut réel (PIB).
Taux de chômage : moyenne annuelle.
Taux d'inflation : taux annuel de variation du niveau des prix.
* Prévisions.
Source : FMI, *Perspectives de l'économie mondiale*, base de données, octobre 2012.

C'est alors que la crise est arrivée, ce que l'on peut voir dans les chiffres de 2008 et des années suivantes. La production n'a pas augmenté en 2008 et a reculé de 3,1 % en 2009. Le chômage s'est considérablement accru, approchant les 10 %. L'inflation a diminué, devenant légèrement négative en 2009, puis positive mais restant basse depuis. L'économie a rebondi en 2010, avec une croissance de 2,4 %. Cependant, depuis lors, la croissance est redescendue, devenant tellement faible que le chômage, selon les prévisions, restera élevé pour les temps à venir. Quant à l'inflation, on prévoit qu'elle demeurera basse.

Si l'on met de côté le chômage élevé, peut-être le problème macroéconomique le plus sérieux auquel font face les États-Unis est leur très gros déficit budgétaire. Passons dès maintenant à cette question et à quelques-unes de ses implications.

Le déficit des États-Unis devrait-il vous inquiéter ?

La figure 1.4 montre l'évolution de l'excédent budgétaire du gouvernement fédéral des États-Unis depuis 1980 (une valeur négative représente un déficit). On voit qu'après une augmentation du déficit due à la récession de 1990-1991, la suite de la décennie est associée à une amélioration constante et qu'en 1998, le mouvement budgétaire s'est inversé, passant du déficit au surplus.

Figure 1.4 – Le déficit fédéral des États-Unis depuis 1980.

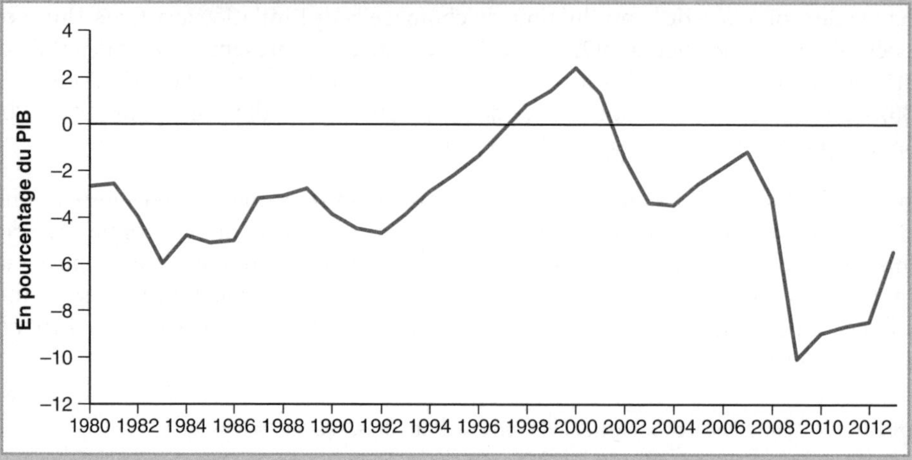

Les valeurs pour 2012 et 2013 sont des estimations.

Source : Council of Economic Advisers, *Rapport économique du président*, tableau B-79.

Les raisons principales de cette amélioration régulière étaient doubles. D'abord, la croissance vigoureuse de la production pendant le plus clair de la décennie a engendré une croissance forte des revenus fiscaux du gouvernement. Deuxièmement, on a inventé et mis en œuvre des règles budgétaires pour contenir les dépenses gouvernementales, qui s'étendent du plafonnement de certaines catégories de dépenses à l'obligation d'associer n'importe quel nouveau programme de dépenses à une hausse égale de revenus. Une fois que les excédents budgétaires sont apparus, cependant, le Congrès a été de plus en plus enclin à transgresser ses propres règles et à permettre de plus grandes dépenses. En même temps, l'administration Bush a convaincu le Congrès de réduire les impôts, avec l'intention déclarée de stimuler la croissance. Le retour aux déficits budgétaires en a été le résultat. À la veille de la crise, en 2007, le déficit était égal à 1,2 % du PIB, ce qui n'était pas très gros, mais néanmoins un déficit. L'effet de la crise a été dramatique sur le déficit, qui est monté jusqu'à 10,1 % du PIB en 2009 et est resté de l'ordre de 9 % les trois années suivantes. Les facteurs sous-jacents de la hausse sont évidents. La baisse de la production a induit une réduction des revenus gouvernementaux. Les revenus fédéraux, qui étaient à 18,5 % du PIB en 2007, sont tombés à 15,1 % en 2010 (et 15,8 % en 2012). Les dépenses fédérales, qui égalaient 19,7 % du PIB en 2007, ont atteint 25,2 % en 2009. Ces indicateurs reflètent non seulement un accroissement des transferts aux ménages, tels que les indemnisations du chômage, mais une augmentation généralisée des dépenses, alors que le gouvernement tentait de contrecarrer la réduction de la demande privée par un accroissement des dépenses publiques.

Vous pouvez parvenir à la conclusion qu'au fur et à mesure que la production se rétablira, les revenus croîtront et qu'une part des dépenses sera progressivement éliminée. Ce sera probablement le cas, et les prévisions indiquent une réduction du déficit jusqu'à environ 5 % au milieu de la décennie. Un déficit de 5 %, cependant, est un chiffre toujours trop important et crée une dette en croissance constante. Les projections du solde budgétaire pour un avenir plus éloigné sont même encore plus sombres. La population des

États-Unis vieillit, les prestations de sécurité sociale augmenteront de façon significative à l'avenir. Plus important encore, les dépenses de santé croissent très rapidement et, avec elles, les dépenses des programmes gouvernementaux comme le Medicare et le Medicaid. Aussi y a-t-il un large consensus sur la nécessité de réduire davantage le déficit budgétaire, mais il y a désaccord quant à la question du quand et du comment…

- Certains économistes soutiennent qu'il faudrait commencer à réduire le déficit budgétaire dès maintenant et progresser rapidement. D'après eux, la crédibilité du gouvernement est en jeu et seule une forte réduction convaincra les acteurs économiques que les autorités feront ce qu'il faut pour stabiliser la dette. Selon d'autres économistes, toutefois, une réduction trop rapide du solde budgétaire serait dangereuse. Une réduction du déficit peut être obtenue par une combinaison d'une augmentation des impôts et d'une réduction des dépenses. L'une comme l'autre, affirment-ils, réduiraient la demande et ralentiraient la croissance à un moment où le chômage est toujours très élevé. Leur conseil est donc de réduire certes le déficit, mais de le faire lentement et régulièrement.
- Bien qu'il y ait accord sur la nécessité d'une réduction budgétaire, il n'en va pas de même en ce qui concerne la meilleure façon de l'accomplir. Le désaccord reflète les lignes politiques. Les républicains croient qu'il faudrait procéder essentiellement par la réduction des dépenses. Ils proposent l'élimination de nombre de programmes gouvernementaux et le plafonnement de programmes tels que le Medicare. Les démocrates pensent que la majorité des programmes existants est justifiée, et ils sont plus enclins à vouloir effectuer l'ajustement par un alourdissement des impôts. L'inquiétude, en ce moment critique, est que ces positions soient difficiles à concilier et qu'en conséquence, de larges déficits budgétaires puissent perdurer un long moment.

1.3 L'Union européenne et la zone euro

En 1957, six pays européens ont décidé de former un marché commun européen – une zone économique au sein de laquelle des personnes et des marchandises peuvent circuler librement. Depuis, vingt et un pays de plus ont rejoint le marché unique, portant le nombre des membres à vingt-sept. Ce groupe est connu sous le nom d'Union européenne, abrégé UE [1].

En 1999, l'Union européenne a décidé de faire un pas de plus et mis en marche le processus du remplacement des devises nationales par une monnaie unique, appelée l'*euro*. Il n'y avait que onze pays participants au départ ; six pays de plus les ont rejoints depuis. Quelques États, le Royaume-Uni en particulier, ont choisi de ne pas y adhérer, au moins pour le moment. Le nom officiel du groupe d'États membres de l'UE ayant adopté l'euro est la *zone euro* [2]. La transition s'est déroulée en plusieurs étapes. Le 1er janvier 1999, chacun des onze premiers pays a fixé la valeur de sa monnaie vis-à-vis de l'euro. Par exemple, la valeur de l'euro a été fixée à 6,56 francs français, 166 pesetas espagnoles et ainsi de suite. De 1999 à 2002, les prix étaient exprimés à la fois en unités de monnaie nationale et en euros, mais l'euro ne servait pas encore comme devise. Cette fonction a

1. Il y a quelques années encore, le nom officiel était « Communauté européenne », ou CE. On peut toujours rencontrer ce nom.
2. La zone euro est connue aussi en anglais sous les noms de *Euro Area*, *Eurozone*, ou encore *Euroland*. Les premiers sont bureaucratiques et le dernier rappelle un peu trop Disneyland. Nous éviterons ces appellations.

été établie en 2002, quand les billets de banque et les pièces de monnaie de l'euro ont remplacé les devises nationales. Dix-sept pays appartiennent aujourd'hui à cette *zone de monnaie unique*.

Figure 1.5 – L'Union européenne en 2011.

	PIB (en milliards d'euros)	Population (millions)	PIB par habitant (en dollars)
Allemagne	2 593	81,78	31 702
Autriche	301	8,42	35 710
Belgique	370	10,95	33 772
Bulgarie	38	7,33	5 252
Chypre	18	0,86	20 605
Danemark	239	5,56	42 910
Espagne	1 063	46,13	23 054
Estonie	16	1,34	11 909
Finlande	189	5,40	35 062
France	1 997	63,13	31 628
Grèce	215	11,19	19 215
Hongrie	101	9,99	10 098
Irlande	159	4,58	34 707
Italie	1 580	60,63	26 065
Lettonie	20	2,08	9 785
Lituanie	31	3,22	9 532
Luxembourg	43	0,51	83 310
Malte	6	0,42	15 191
Pays-Bas	602	16,69	36 090
Pologne	370	38,20	9 680
Portugal	171	10,64	16 069
République slovaque	69	5,45	12 681
République tchèque	155	10,53	14 686
Roumanie	136	21,38	6 378
Royaume-Uni	1 747	62,64	27 894
Slovénie	36	2,02	17 898
Suède	391	9,45	41 424

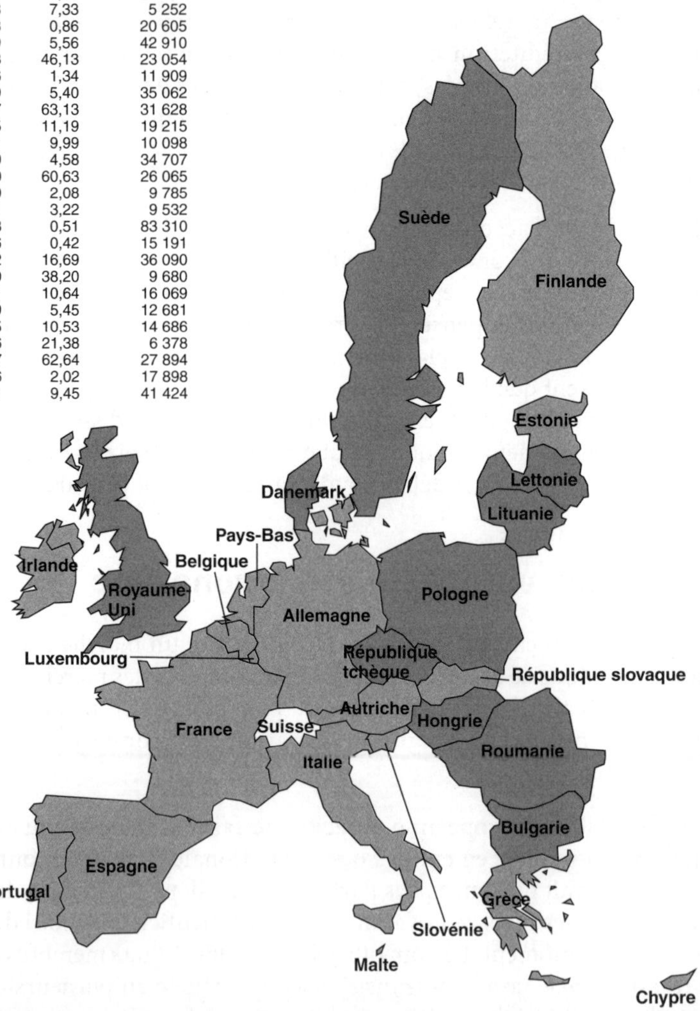

Les pays en bleu sont les membres de la zone euro.

Comme on peut le voir dans la figure 1.5, la zone euro est une puissance économique forte. Sa production est presque égale à celle des États-Unis, et son niveau de vie n'est pas très loin derrière (la production de l'Union européenne dans son ensemble – 27 pays – excède celle des États-Unis). Cependant, comme le montre le tableau 1.3, la zone euro ne se porte pas très bien.

Tableau 1.3 – Croissance, chômage et inflation de la zone euro, 1980-2013 (en %).

	1980-1999 (moyenne)	2000-2007 (moyenne)	2008	2009	2010	2011	2012*	2013*
Taux de croissance du PIB	2,2	2,2	0,4	– 4,4	2,0	1,4	– 0,4	0,2
Taux de chômage	9,6	8,6	7,7	9,6	10,1	10,2	11,2	11,5
Taux d'inflation	5,2	2,2	3,3	0,3	1,6	2,7	2,3	1,6

Croissance de la production : taux de croissance annuelle du produit intérieur brut réel (PIB).
Taux de chômage : moyenne annuelle.
Taux d'inflation : taux annuel de variation du niveau des prix.
* Prévisions.
Source : FMI, *Perspectives de l'économie mondiale*, base de données, octobre 2012.

En examinant les deux premières colonnes du tableau 1.3 [1], on voit que même avant la crise, la zone euro n'allait pas très bien en comparaison des États-Unis. La croissance de la production y était plus lente qu'aux États-Unis au cours de la même période. Le chômage y était sensiblement plus élevé. L'inflation était incontestablement plus basse qu'aux États-Unis et elle a reculé au cours de la décennie qui a suivi l'an 2000. L'image globale était celle d'une économie à croissance lente et au chômage élevé. Sans surprise, la crise a aggravé les choses. La croissance était négative en 2009 et, bien qu'elle soit redevenue positive en 2011, les prévisions pour 2012 et 2013 annoncent un rythme de croissance quasiment nul. Le chômage a dépassé les 10 %, et, à cause de la croissance faible, les prévisions indiquent une poursuite de cette hausse. Aujourd'hui, la zone euro est confrontée à deux questions majeures. La première (et c'est un problème qu'elle partage avec le reste de l'Europe) est comment réduire le chômage. La seconde est comment fonctionner efficacement en tant que zone de monnaie unique. Nous abordons ces deux questions l'une après l'autre.

Comment réduire le chômage européen ?

L'augmentation du chômage depuis 2007 est essentiellement due à la crise, et il est raisonnable d'espérer que le taux de chômage pourrait retourner éventuellement à son niveau antérieur. Cependant, le niveau d'avant la crise était déjà élevé : 8,6 % pour la zone euro au cours de la période 2000-2007. Pourquoi en est-il ainsi ? En dépit d'importantes recherches, il n'y a toujours pas de consensus parfait sur les réponses à cette question.

Certains politiciens blâment la politique macroéconomique. Ils soutiennent que la politique monétaire suivie par la Banque centrale européenne a maintenu les taux d'intérêt à un niveau trop élevé, entraînant une demande anémique et un chômage fort. Selon eux, la Banque centrale européenne aurait dû abaisser les taux d'intérêt dès avant la crise et permettre ainsi un accroissement de la demande, ce qui réduirait le chômage.

La plupart des économistes pensent néanmoins que la source du problème n'est pas la politique macroéconomique, mais les institutions du marché du travail. Une politique

1. La zone euro n'existe que depuis 1999, et ses membres adhérents ont augmenté ; les indicateurs pour la période de 1980 à 1999 sont construits en additionnant les indicateurs nationaux de chacun des dix-sept pays membres actuels.

monétaire trop resserrée, admettent-ils, peut évidemment engendrer un chômage élevé pour un temps, mais certainement pas durant vingt ans. Le fait que le chômage ait été si élevé pendant si longtemps oriente l'attention vers des problèmes du marché du travail. La difficulté est alors de les identifier exactement.

Certains économistes croient que le problème principal est que les États européens protègent trop les travailleurs. Pour éviter que ceux-ci perdent leur emploi, ces États rendent le licenciement coûteux pour les entreprises. Une des conséquences involontaires de cette politique est en premier lieu de dissuader les entreprises d'embaucher des travailleurs, ce qui augmente le chômage. Pour protéger ceux qui n'ont plus d'emploi, les gouvernements européens leur fournissent une généreuse indemnité de chômage. Mais ce faisant, ils réduisent pour les chômeurs les incitations à chercher du travail, ce qui accroît le chômage également. La solution, soutiennent ces économistes, est d'être moins protecteur, d'éliminer ces rigidités du marché du travail et d'adopter des institutions du travail calquées sur celles des États-Unis. C'est en gros ce qu'a fait le Royaume-Uni et, jusqu'à la crise, son taux de chômage était bas.

D'autres économistes sont plus sceptiques. Ils soulignent qu'avant la crise, le chômage n'était pas élevé partout en Europe. Il était modéré dans de nombreux petits pays – aux Pays-Bas et au Danemark, par exemple, où le chômage était en dessous de 4 %. Pourtant, ces pays sont très différents des États-Unis et apportent une généreuse assurance chômage aux travailleurs. Cela suggère que la source du problème pourrait se trouver moins dans le niveau de protection que dans les modalités de sa mise en œuvre. Le problème, affirment ces économistes, est de comprendre ce que les Pays-Bas ou le Danemark ont fait correctement. Trouver les réponses à ces questions est une des tâches majeures qui s'imposent aujourd'hui aux macroéconomistes et aux dirigeants politiques.

Qu'a fait l'Europe pour ses membres ?

Les partisans de l'euro soulignent son énorme importance symbolique. Compte tenu des nombreuses guerres entre pays européens dans le passé, quelle meilleure preuve de la permanence de la fin des conflits militaires que l'adoption d'une monnaie unique ? Ces partisans attirent aussi l'attention sur les avantages économiques d'une monnaie unique : terminés les changements relatifs à la valeur des multiples devises, sources de soucis pour les entreprises ; terminée la nécessité de changer de monnaie lorsqu'on traverse une frontière... En sus d'éliminer d'autres obstacles aux échanges commerciaux entre les pays européens, l'euro contribue, argumentent-ils, à la création d'une grande puissance économique dans le monde. Il n'y a pas de doute, en effet, que le passage à l'euro a été un des principaux événements du début du XXIe siècle.

Certains s'inquiètent, cependant, de ce que la symbolique de l'euro puisse être accompagnée de coûts économiques substantiels. Ils font remarquer qu'une monnaie unique veut dire une politique monétaire commune, ce qui implique le même taux d'intérêt dans tous les pays de la zone euro. Qu'arrive-t-il, demandent-ils, quand un pays plonge dans la récession tandis qu'un autre est en plein *boom* économique ? Le premier pays a besoin de taux d'intérêt plus bas pour relancer les dépenses et la production ; le second a besoin de taux d'intérêt plus élevés pour ralentir son économie. Si les taux d'intérêt doivent être les mêmes dans les deux pays, qu'arrivera-t-il ? N'y a-t-il pas là le risque que l'un reste en récession pour longtemps, ou que l'autre ne parvienne pas à refroidir son économie en surchauffe ?

Jusqu'à récemment, le débat était quelque peu abstrait. Il ne l'est plus. Certains membres de l'euro – de l'Irlande au Portugal et à la Grèce – vivent actuellement une récession profonde. S'ils avaient leur propre monnaie, ils auraient sans nul doute abaissé leur taux d'intérêt ou déprécié leur monnaie vis-à-vis d'autres membres de l'euro, afin d'accroître la demande pour leurs exportations. Puisqu'ils partagent la même monnaie, cela n'est pas possible. Aussi, quelques économistes pensent que ces pays devraient sortir de l'euro. D'autres rétorquent qu'une telle sortie serait à la fois imprudente (parce que ce serait abandonner les autres avantages de la zone euro) et extrêmement perturbatrice, débouchant même sur des problèmes plus profonds pour le pays concerné. Cette question a toutes les chances de rester un débat brûlant pour un certain temps.

1.4 La Chine

La Chine fait la une des journaux tous les jours. De plus en plus, on la considère comme une des puissances économiques majeures du monde. Est-ce justifié ? Un premier coup d'œil aux chiffres de la figure 1.6 suggère que cela pourrait ne pas l'être. Il est vrai que la population de la Chine est énorme, plus de quatre fois supérieure à celle des États-Unis. Sa production, exprimée en euros (en multipliant le chiffre en yuans – unité de compte de la monnaie chinoise, le ren min bi – par le taux de change euros-yuans), n'est que de 5 245 milliards d'euros, moins de la moitié de la production américaine. Son PIB par habitant n'est que de 3 900 euros, à peu près le dixième du PIB par habitant aux États-Unis.

Figure 1.6 – La Chine en 2011.

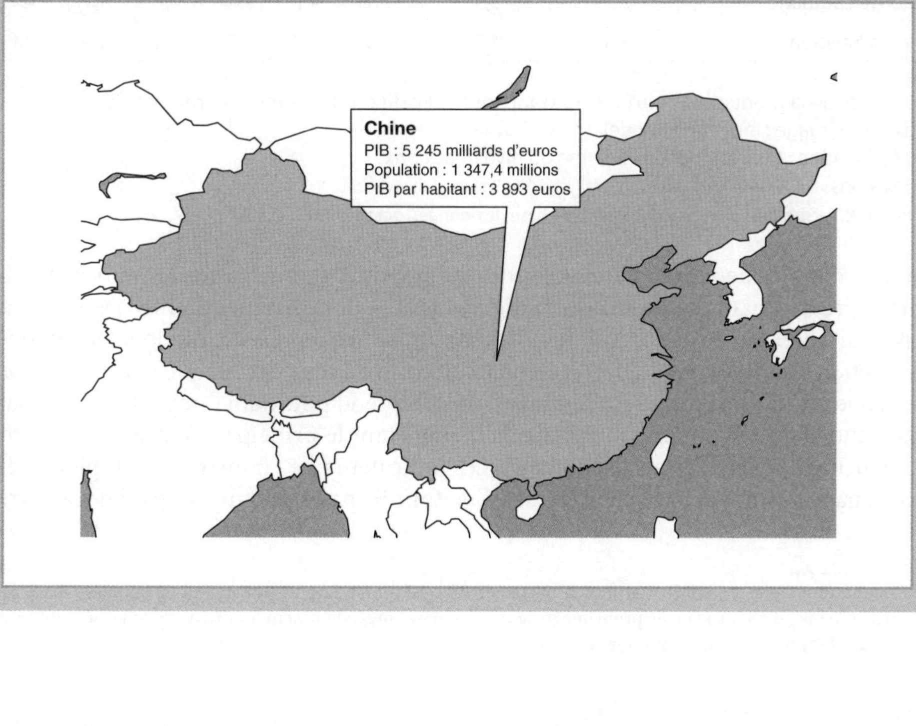

Alors pourquoi prêter tant d'attention à la Chine ? Il y a deux motifs à cela. Pour comprendre le premier, il faut revenir au chiffre du PIB par habitant. Quand on compare le PIB par habitant d'un pays riche comme les États-Unis au PIB d'un pays relativement pauvre comme la Chine, il faut être prudent. La raison en est que beaucoup de biens sont moins chers dans les pays pauvres. Par exemple, le prix d'un repas moyen au restaurant à New York est d'environ 20 dollars ; le prix d'un repas moyen au restaurant à Pékin est à peu près de 25 yuans ou, au taux de change actuel, d'environ 4 dollars. Pour le dire autrement, le même revenu (exprimé en dollars) permet d'acheter bien davantage à Pékin qu'à New York. Si nous voulons comparer les niveaux de vie, il nous faut apporter des correctifs à ces différences ; les indicateurs qui le font s'appellent des indicateurs PPA (pour *parité de pouvoir d'achat* ; en anglais : PPP, *purchasing power parity*). En utilisant un tel ajustement, on obtient une valeur pour le PIB par habitant en Chine d'à peu près le sixième du PIB par habitant aux États-Unis. Ce réajustement par la PPA donne une image plus exacte du niveau de vie en Chine. De toute évidence, il est toujours beaucoup plus bas que celui des États-Unis ou d'autres pays riches, mais supérieur à ce que suggèrent les chiffres bruts de la figure 1.6 [1].

La seconde raison, et c'est la plus importante, est que la Chine a crû rapidement pendant plus de trois décennies. Ce fait est illustré dans le tableau 1.4 qui indique le taux de croissance du PIB, du chômage et de l'inflation pour les périodes 1980-1999, 2000-2007 et pour chaque année de 2008 à 2012. Les chiffres pour 2012 et 2013 sont des projections faites à l'automne 2012.

Tableau 1.4 – Croissance, chômage et inflation de la Chine, 1980-2013 (en %).

	1980-1999 (moyenne)	2000-2007 (moyenne)	2008	2009	2010	2011	2012*	2013*
Taux de croissance du PIB	9,9	10,5	9,6	9,2	10,4	9,2	7,8	8,2
Taux de chômage	2,7	3,9	4,2	4,3	4,1	4,1	4,1	4,1
Taux d'inflation	7,6	1,7	5,9	– 0,7	3,3	5,4	3,0	3,0

Croissance de la production : taux de croissance annuelle du produit intérieur brut réel (PIB).
Taux de chômage : moyenne annuelle.
Taux d'inflation : taux annuel de variation du niveau des prix.
* Prévisions.
Source : FMI, *Perspectives de l'économie mondiale*, base de données, octobre 2012.

En regardant les deux premières colonnes du tableau 1.4, on voit que les indicateurs les plus impressionnants sont ceux qui indiquent le taux de croissance du PIB. Depuis 1980, le produit intérieur brut s'accroît de 10 % par an, ce qui représente un doublement de la production tous les sept ans. Si l'on compare ce chiffre à ceux des États-Unis ou de la zone euro, que nous avons vus précédemment, on comprend pourquoi l'importance des pays émergents dans l'économie mondiale, la Chine étant le principal d'entre eux, s'accroît si rapidement. Considérons le chômage. Les indicateurs de chômage sont typiquement moins fiables dans les pays pauvres, aussi ne sont-ils pas à prendre au pied de la lettre :

1. La question d'ajustement des chiffres bruts par la PPA est moins importante quand on compare deux pays riches. Ainsi, il n'y a pas eu de problème majeur à comparer précédemment les niveaux de vie aux États-Unis et dans la zone euro, en utilisant les changes courants.

beaucoup de travailleurs préfèrent rester à la campagne plutôt que d'être chômeurs en ville. Les indicateurs suggèrent, néanmoins, un taux de chômage habituellement bas. Quant à l'inflation, qui était élevée avant 2000, elle est maintenant relativement basse.

Un autre aspect frappant du tableau 1.4 est la difficulté à détecter les effets de la crise dans les données. La croissance diminue à peine, et le chômage a très peu monté depuis 2007. La raison n'en est pas que la Chine serait fermée au reste du monde. Les exportations chinoises ont ralenti pendant la crise, mais l'impact adverse sur la demande a été entièrement compensé par l'expansion fiscale majeure du gouvernement chinois, avec, en particulier, une augmentation importante des investissements publics. Le résultat a été une croissance soutenue de la demande et, à son tour, de la production.

Cette performance de croissance soutenue soulève des questions évidentes. D'abord, les indicateurs sont-ils réels ? Se pourrait-il que la croissance soit exagérée ? Après tout, la Chine est toujours un pays communiste et les fonctionnaires pourraient être incités à exagérer la performance de leur secteur ou de leur province. Les économistes qui ont sérieusement exploré cette question arrivent à la conclusion que ce n'est probablement pas le cas. Les données statistiques ne sont pas aussi fiables que dans les pays plus riches, mais il n'y a pas de biais manifeste. La croissance de la production est réellement très élevée en Chine.

Alors d'où vient la croissance ? Elle a clairement deux sources :

- *la rapide accumulation de capital*. Le taux d'investissement (les investissements par rapport au PIB) excède 40 % de la production – un chiffre fort. Par comparaison, le taux d'investissement aux États-Unis n'est que de 17 %. Plus de capital veut dire une productivité plus élevée et une production plus grande ;
- *le progrès technique rapide*. Une des stratégies suivies par le gouvernement a été d'encourager les entreprises étrangères à se délocaliser pour produire en Chine. Comme les entreprises étrangères sont typiquement beaucoup plus productives que les entreprises chinoises, cette évolution a entraîné une augmentation de la productivité et de la production. Un autre aspect de cette stratégie a été de soutenir la création de coentreprises entre firmes étrangères et chinoises. En faisant en sorte que les entreprises chinoises travaillent et s'instruisent avec des entreprises étrangères, la Chine a vu la productivité de ses firmes augmenter de façon spectaculaire.

Atteindre une haute productivité et une rapide croissance de la production, décrit de cette manière, paraît aisé et semble constituer une recette que chaque pays pauvre pourrait et devrait suivre. En réalité, les choses sont moins évidentes. La Chine est l'un des nombreux pays qui ont réalisé la transition d'une économie à planification centralisée à une économie de marché. La plupart des autres pays, de l'Europe centrale à la Russie et aux autres républiques de l'ex-Union soviétique, ont subi une forte chute de la production au moment de la transition, et la majorité d'entre eux ont encore un taux de croissance beaucoup plus bas que celui de la Chine. Dans de nombreux pays, la corruption largement répandue et les droits de propriété incertains font que les entreprises étrangères ne sont pas désireuses d'y investir. Alors pourquoi la Chine a-t-elle réussi tellement mieux ? Certains économistes pensent que son succès est le résultat d'une transition plus lente : les premières réformes chinoises ont eu lieu dès 1980, et même aujourd'hui beaucoup d'entreprises restent sous le contrôle de l'État. D'autres soutiennent que le fait que le parti communiste est resté au pouvoir est un facteur ayant plutôt facilité la transition économique ; le contrôle politique strict a permis une meilleure protection des droits de propriété, au moins pour de nouvelles entreprises, les incitant à investir. Trouver les réponses à ces questions et ainsi apprendre ce que d'autres pays pauvres peuvent retirer de l'expérience chinoise pourraient clairement faire une grande différence non seulement pour la Chine, mais pour le reste du monde.

1.5 Une esquisse de la suite du livre

Nous avons terminé notre tour du monde. Il y a bien d'autres régions du globe que nous aurions pu examiner :

- *l'Inde*, un autre pauvre et grand pays, qui a une population de 1,2 milliard d'hommes et qui, comme la Chine, a connu une croissance très rapide. En 2012, le taux de croissance du PIB a baissé de 10 % en 2010 à 6 % ;
- *le Japon*, dont la performance de croissance pendant les quarante ans qui ont suivi la Seconde Guerre mondiale était si impressionnante que l'on en parlait comme d'un miracle économique, mais qui ne s'est pas bien porté ces deux dernières décennies. Depuis le krach boursier de 1990, le Japon traverse une période prolongée de croissance languissante, le taux moyen de croissance du PIB restant en dessous de 1 % par an ;
- *l'Amérique latine*, qui est passée d'une très haute inflation à une inflation maîtrisée dans les années 1990. Beaucoup de pays, comme le Chili et le Brésil, se sont portés relativement bien pendant la crise. L'Argentine, qui avait subi l'effondrement de son taux de change et une crise bancaire majeure au début des années 2000, a ensuite connu une croissance rapide, mais a néanmoins fait face à une décélération en 2012, tout comme le Brésil ;
- *les pays d'Europe centrale et orientale*, qui sont passés de la planification centralisée au système de marché dans les années 1990. Dans la plupart d'entre eux, ce changement a été caractérisé par une forte baisse de la production au début de cette transition. Certains États, comme la Pologne, ont actuellement un taux de croissance rapide, mais d'autres, comme la Bulgarie ou la Roumanie, peinent toujours ;
- *l'Afrique*, un continent qui a souffert de décennies de stagnation économique, mais où, contrairement aux idées communément répandues, la croissance a été élevée depuis 2000, de 5,5 % en moyenne durant la dernière décennie, reflétant la croissance de la plupart des pays qui la composent.

Il y a une limite à ce qu'il est possible d'absorber dans ce premier chapitre. Pensez aux questions auxquelles vous avez été exposé :

- *les grands problèmes provoqués par la crise.* Quelles en sont les causes ? Pourquoi sa transmission entre les États-Unis et le reste du monde a-t-elle été si rapide ? *A posteriori*, qu'aurait-on pu ou dû faire pour l'éviter ?
- *les réponses monétaires et fiscales étaient-elles appropriées ?* Pourquoi la reprise est-elle si lente dans les pays avancés ? Comment la Chine a-t-elle pu maintenir une croissance élevée ?
- *les politiques monétaires et fiscales peuvent-elles servir pour éviter une récession ?* À quel rythme les États-Unis doivent-ils réduire leur déficit budgétaire ? Quels sont

les avantages et les inconvénients d'adhérer à une zone de monnaie unique, telle la zone euro ? Quelles mesures peut-on prendre en Europe pour réduire le chômage élevé persistant ? Pourquoi les taux de croissance diffèrent-ils tellement entre pays, même sur de longues périodes ?

Le but de cet ouvrage est de vous fournir les moyens de réfléchir à ces problèmes. Au fur et à mesure que nous développerons les outils dont vous aurez besoin, nous vous montrerons comment vous en servir en revisitant ces questions et en vous exposant les réponses que les outils suggèrent.

Annexe : où trouver les chiffres ?

Imaginez que vous souhaitez trouver les chiffres pour l'inflation en Allemagne au cours des cinq dernières années. Il y a cinquante ans, la réponse aurait été d'apprendre l'allemand, chercher une bibliothèque qui avait des publications allemandes, trouver la page où les chiffres d'inflation étaient présentés, les noter, les tracer manuellement sur une feuille de papier. Aujourd'hui, les améliorations de la collecte de données, de l'informatique, des bases de données électroniques, ainsi que l'accès à Internet ont rendu cette tâche beaucoup plus facile. Cette annexe vous facilitera la quête des chiffres que vous cherchez, qu'il s'agisse de l'inflation en Malaisie pour l'année dernière, de la consommation aux États-Unis en 1959, ou du chômage en Irlande dans les années 1980. Dans la plupart des cas, vous pourrez télécharger les données dans un tableur pour analyse.

Pour un aperçu rapide des chiffres actuels

- La meilleure source de chiffres récents pour la production, le chômage, l'inflation, les taux de change, les taux d'intérêt et le cours des actions dans de nombreux pays se trouve dans les quatre dernières pages de *The Economist*, qui sort chaque semaine (www.economist.com). Le site Web, comme beaucoup d'entre ceux mentionnés plus loin, fournit à la fois des informations disponibles à tout le monde et gratuites et des informations accessibles seulement sur abonnement.
- Une bonne source pour des chiffres récents concernant l'économie des États-Unis est *National Economic Trends*, publié mensuellement par la Réserve fédérale de Saint-Louis (www.research.stlouisfed.org/publications/net).

Pour plus de détails sur l'économie des États-Unis

- Une source commode, comportant des séries qui remontent aux années 1960, à la fois pour les États-Unis et pour d'autres pays, est la base de données de la Réserve fédérale de Saint-Louis (appelée FRED). L'accès y est gratuit et elle est la source d'une part importante des données utilisées dans ce livre (www.research.stlouisfed.org/fred2). Une fois par an, le *Rapport économique du président* (*Economic Report of the President*), écrit par le Council of Economic Advisers et publié par l'U.S. Government Printing Office à Washington, présente une description des évolutions actuelles, ainsi que des chiffres des principales variables macroéconomiques, souvent remontant aux années 1950. Il comporte deux sections : un compte-rendu sur l'économie et un ensemble de tableaux statistiques. Toutes deux se trouvent sur le site : www.gpo.gov/fdsys/browse/collection.action?collectionCode=ERP.

- Le *Survey of Current Business* présente les chiffres les plus récents pour les comptes de revenu national. Il est publié par le Bureau of Economic Analysis, dépendant de l'U.S. Department of Commerce (www.bea.gov).
- Pour les données concernant à peu près tout, y compris des données économiques, une source précieuse est le *Statistical Abstract of the United States*, publié annuellement par le Bureau of the Census, dépendant de l'U.S. Department of Commerce (www.census.gov/prod/www/abs/statab.html).

Pour des données statistiques sur d'autres pays

L'Organisation de coopération et de développement économiques, en abrégé OCDE, située à Paris (www.oecd.org), est une organisation qui comprend la plupart des pays riches du monde (Allemagne, Australie, Autriche, Belgique, Canada, Chili, Corée du Sud, Danemark, Espagne, Estonie, États-Unis, Finlande, France, Grèce, Hongrie, Irlande, Islande, Israël, Italie, Japon, Luxembourg, Mexique, Norvège, Nouvelle-Zélande, Pays-Bas, Pologne, Portugal, République tchèque, Royaume-Uni, Slovaquie, Slovénie, Suède, Suisse et Turquie). Ensemble, ces pays représentent 70 % de la production mondiale. Un des points forts des données de l'OCDE est que, pour beaucoup de variables, elle s'efforce de les rendre comparables entre pays membres (ou vous indique qu'elles ne le sont pas). L'OCDE édite trois publications utiles, toutes disponibles sur son site :

- *Perspectives économiques de l'OCDE*, qui paraît deux fois par an. En plus d'une description de problèmes économiques actuels et de leur évolution, cette publication comprend en appendice des données pour beaucoup de variables macroéconomiques, qui remontent en général à 1980 et qui sont recueillies de façon homogène, à la fois sur le plan temporel et entre pays ;
- *Perspectives de l'emploi de l'OCDE.* Publié annuellement, cet opus traite plus spécifiquement de problèmes et de chiffres du marché du travail ;
- occasionnellement, l'OCDE assemble des données actuelles et courantes et les publie dans *L'Économie mondiale : statistiques historiques.*

Le principal point fort des publications du **Fonds monétaire international** (en abréviation FMI, situé à Washington) est qu'elles couvrent presque tous les pays du monde. Le FMI compte 187 membres et fournit des données sur chacun d'entre eux.

- Une publication du FMI particulièrement utile est *Perspectives de l'économie mondiale* (PEM en abrégé – *World Economic Outlook* en anglais), qui paraît deux fois par an et traite de problèmes économiques majeurs du monde et de pays membres spécifiques. Des séries statistiques associées avec les PEM sont disponibles sur le site du FMI. La plupart des données pour ce chapitre viennent de cette base de données.
- Deux autres publications utiles sont le *Rapport sur la stabilité financière dans le monde* (abrégé en anglais GFSR), axé sur les évolutions financières, et le *Moniteur de finances publiques*, portant sur les évolutions budgétaires.

Ces trois publications sont accessibles sur le site du FMI : www.imf.org/external/french/index.htm.

Pour les statistiques historiques

- Pour les États-Unis, la référence de base pour les statistiques historiques à long terme est *Historical Statistics of the United States, Colonial Times to 1970, Parts 1 and 2*, publié par le Bureau of the Census, lié à l'U.S. Department of Commerce (www.census.gov/prod/www/abs/statab.html).
- Pour plusieurs pays, une source précieuse de données historiques à long terme en anglais est *Monitoring the World Economy, 1820-1992*, Development Centre Studies, OCDE, 1995. Cette étude d'Angus Raddison comprend des données remontant à 1820 pour 56 pays (www.ggdc.net/Maddison/Monitoring.shtml). Deux sources, en anglais, de données historiques, plus anciennes et plus nombreuses, sont *The World Economy, A Millennial Perspective*, Development Studies, OCDE, 2001, et *The World Economy: Historical Statistics*, Development Studies, OCDE, 2004, toutes les deux aussi par Angus Maddison (http://blogs2.lesechos.fr/IMG/pdf/Statistiques_historiques_OCDE_par_pays_depuis_1820.pdf).

Pour les problèmes macroéconomiques actuels

Il existe de nombreux sites Web fournissant informations et commentaires sur les problèmes économiques actuels. En plus du site de *The Economist* mentionné précédemment, le site de Nouriel Roubini (www.rgemonitor.com) offre un ensemble étendu de liens vers des articles et des discussions autour des questions macroéconomiques (abonnement requis).

D'autres sites multilingues

Outre les organisations internationales, telles que le FMI, l'OCDE ou l'ONU (www.un.org/fr/databases/thematic), il y a des organisations européennes qui fournissent des données statistiques en plusieurs langues, comme la Banque centrale européenne (www.ecb.int/ecb/html/index.fr.html) ou la base de données de l'Union européenne (http://europa.eu/documentation/statistics-polls/index_fr.htm), des sources nationales, telles que la banque de données macroéconomiques de l'INSEE (www.bdm.insee.fr/bdm2/index.action) ou la Banque de France (www.banque-france.fr/economie-et-statistiques/base-de-donnees.html), et quelques annuaires de sites, tels que Ecoline de la Sorbonne (http://urfist.enc.sorbonne.fr/anciensite/Ecoline/TEXT_statistiques.htm) ou la sélection de liens de Sciences Po Lyon (http://doc.sciencespo-lyon.fr/Ressources/Liens). Enfin, il faudrait mentionner le Project Syndicate (www.project-syndicate.org) qui offre de nombreux articles et débats portant sur l'actualité macroéconomique et l'économie politique, élaborés par diverses personnalités universitaires et politiques internationales, en français, en anglais et quatre autres langues.

Pour en savoir plus

La meilleure façon de suivre les événements et problèmes économiques actuels est de lire *The Economist*, un hebdomadaire anglais. Les articles de ce journal sont bien écrits et d'opinion arrêtée. Ne manquez pas de le lire régulièrement.

Applications

1. Vrai/Faux/Incertain

En vous servant des informations de ce chapitre, étiquetez les assertions suivantes comme vraies, fausses ou incertaines et expliquez brièvement.

a. La croissance de la production en 2009 était négative à la fois dans les pays avancés et dans les pays en développement.
b. Les prix des actions sont tombés partout dans le monde entre 2007 et 2010.
c. Dans les années 1960 et au début des années 1970, les États-Unis avaient un taux de chômage plus élevé que l'Europe, mais aujourd'hui, leur taux de chômage est beaucoup plus bas.
d. Le taux de croissance apparemment rapide de la Chine est un mythe, il n'est que le produit de statistiques officielles trompeuses.
e. Le taux de chômage élevé en Europe est apparu quand un groupe de pays européens parmi les plus importants a adopté une monnaie unique.
f. La Réserve fédérale américaine diminue les taux d'intérêt quand elle veut éviter une récession et les relève quand elle veut ralentir le taux de croissance de l'économie.
g. La production par habitant est très différente dans la zone euro, aux États-Unis et en Chine.
h. Le gouvernement fédéral des États-Unis n'a pas enregistré un excédent budgétaire au cours des deux dernières décennies.

2. La politique macroéconomique en Europe

Méfiez-vous des réponses simplistes aux questions macroéconomiques compliquées. Considérez chacune des affirmations suivantes et donnez un commentaire sur le revers de la question, s'il existe.

a. Il y a une solution simple au problème du chômage élevé en Europe : réduire les rigidités du marché du travail.
b. Que pourrait-il y avoir d'erroné à regrouper les forces et à adopter une monnaie unique ?

3. Le décollage chinois

La croissance économique chinoise est la caractéristique la plus remarquable de la scène économique de ces deux décennies passées.

a. En 2010, la production des États-Unis était de 14 700 milliards de dollars et la production chinoise de 5 800 milliards de dollars. Présumons que, désormais, la production de la Chine croîtra au rythme annuel de 10,5 % par an, tandis que celle des États-Unis croîtra au rythme annuel de 2,6 %. Ce sont les valeurs indiquées dans le texte pour la période 2000-2007. En vous servant de ces hypothèses et d'un tableur, calculez et dressez une projection graphique de la production des États-Unis et de la Chine pour les cent ans à venir. Combien d'années faudra-t-il à la Chine pour atteindre une production totale égale à celle des États-Unis ?
b. Quand la Chine rattrapera les États-Unis, ses résidents auront-ils le même niveau de vie que les résidents américains ? Donnez une explication.
c. Un synonyme pour le niveau de vie est la production par habitant. Comment la Chine a-t-elle relevé son PIB par habitant ? Ses méthodes sont-elles applicables aux États-Unis ?
d. Pensez-vous que l'expérience de la Chine relevant son niveau de vie (produit par personne) offre un bon modèle à suivre pour les pays en développement ?

4. La réduction du déficit budgétaire

La réduction du déficit budgétaire est perçue comme le problème central auquel sont confrontés les États-Unis à l'heure actuelle. Consultez le *Rapport économique du président* (publié par le Council of Economic Advisers) pour déterminer si les déficits, exprimés en pourcentage du PIB, ont diminué ou augmenté en comparaison de ce que l'on attendait pour 2011 et 2012 au moment où ce chapitre est écrit.

a. Calculez la variation totale du déficit budgétaire, exprimée comme un pourcentage du PIB, depuis 2011 jusqu'aux données les plus récentes. Puis divisez le changement de déficit depuis 2011 en les changements de revenus fiscaux comme pourcentage du PIB d'une part et, d'autre part, en le changement de dépenses comme pourcentage du PIB.

b. Servez-vous des données intitulées « *Economic and Financial Indicators* » dans la revue *The Economist* pour déterminer le pays qui a le plus grand déficit budgétaire et celui qui a le plus grand excédent (dans cette liste, le déficit budgétaire s'appelle « *budget balance* »). Ensuite, cherchez le membre de l'OCDE qui a le plus grand déficit budgétaire et celui qui a le plus grand excédent.

5. Les récessions des États-Unis de l'après-guerre

Cette interrogation concerne les récessions au cours des quarante dernières années. Pour résoudre ce problème, obtenez d'abord les données trimestrielles de la croissance de la production aux États-Unis pour la période allant de 1960 jusqu'à la date la plus récente sur le site Internet : www.bea.gov. Vous pouvez télécharger les données sur la variation du PIB réel dans un tableur. Tracez dans un graphique les taux de croissance trimestriels de 1960 aux données les plus récentes. Y avait-il des trimestres à la croissance négative ? En vous servant de la définition d'une récession comme étant deux trimestres consécutifs ou plus de croissance négative, répondez aux questions suivantes.

a. Combien de récessions les États-Unis ont-ils subies depuis le deuxième trimestre 1960 ?

b. Combien de trimestres a duré chaque récession ?

c. En termes de durée et de magnitude, quelles sont les deux récessions qui ont été le plus sévères ?

6. Le chômage dans les récessions

a. À partir du problème 5, prenez note du trimestre où commencent les six récessions traditionnelles. Trouvez la série mensuelle du taux du chômage, après correction des variations saisonnières, dans la base de données de la Réserve fédérale de Saint-Louis (FRED). Récupérez la série des données mensuelles pour la période allant de 1969 jusqu'à la fin des données. Vérifiez que dans toutes les séries de données, les variations saisonnières sont corrigées.

b. Examinez chaque récession depuis 1969. Quel était le taux de chômage au premier mois du premier trimestre de croissance négative ? Quel était-il au dernier mois du dernier trimestre de croissance négative ? De combien le taux de chômage a-t-il monté ?

c. Laquelle des récessions a provoqué la plus grande augmentation du taux de chômage ?

Chapitre 2
Les grandeurs de la macroéconomie

Les mots *production, chômage* et *inflation* sont apparus plusieurs fois dans notre tour du monde. Ils fixent les trois concepts fondamentaux de la macroéconomie. Il faut tout d'abord comprendre rigoureusement ce qu'ils désignent et comment ils sont mesurés par les statisticiens. Ce n'est que progressivement que nous évaluerons comment ils sont déterminés par les forces économiques elles-mêmes.

2.1 La production globale

Lorsque l'économiste français François Quesnay dresse pour la première fois un « tableau économique » de la France au XVIIIe siècle, il impute des données très hasardeuses aux achats et aux ventes de blé et de produits manufacturés. Par un système de flèches en « zigzag », il lie entre elles les décisions des uns et des autres. Au-delà de l'imprécision de ses statistiques, il lui manque une méthode qui lui permette de saisir ce qu'est le « revenu » de la France. Pas plus que Quesnay, les économistes du XIXe siècle ou des années 1930 ne disposaient d'une mesure de l'activité globale sur laquelle appuyer leurs raisonnements. Ils devaient collecter des informations partielles et disparates, comme la production de blé, d'acier, ou les ventes des magasins de détail, pour estimer ce qui se passait dans l'économie tout entière.

Ce ne fut pas avant la fin de la Seconde Guerre mondiale que des **systèmes de comptabilité nationale** furent adoptés dans les grands pays[1]. Des mesures de la production globale ont été régulièrement publiées en France et aux États-Unis depuis la fin des années 1940 (on trouve des mesures à des dates plus lointaines, mais elles ont été construites rétrospectivement). Comme n'importe quel système de comptabilité, la comptabilité nationale définit des concepts et construit ensuite des mesures qui leur correspondent. Il suffit de consulter les statistiques de pays qui n'ont pas encore développé de comptes nationaux pour comprendre à quel point cette rigueur est essentielle.

1. Mettre en place des systèmes de comptabilité nationale a été une grande aventure intellectuelle. Deux économistes ont eu le prix Nobel pour leurs contributions au développement de la comptabilité nationale : Simon Kuznets de l'université de Harvard en 1971, et Richard Stone de l'université d'Oxford en 1984.

PIB, valeur ajoutée et revenu

La mesure de la **production globale** en comptabilité nationale est le **produit intérieur brut**, ou **PIB** en abrégé [1]. Il y a trois façons de concevoir le PIB d'une économie. Examinons-les l'une après l'autre.

1. Le PIB est la valeur (en euros, en dollars, etc.) des biens et services « finaux » produits dans l'économie durant une période donnée. Le mot important est *final*. Pour comprendre pourquoi, considérons l'exemple suivant. Supposons que l'économie soit constituée de deux entreprises :

- l'entreprise 1 produit de l'acier. Elle le vend pour 100 euros à l'entreprise 2, laquelle produit des voitures. L'entreprise 1 emploie des travailleurs et a recours à des machines. Elle paie ses employés 80 euros et ce qui reste constitue son profit ;
- l'entreprise 2 achète l'acier et l'utilise pour produire des voitures. La vente des voitures rapporte 210 euros. L'entreprise 2 a embauché des employés et utilise des machines. Des 210 euros de vente, 100 euros paient l'acier et 70 euros les salaires des employés, ce qui laisse un profit de 40 euros.

On peut résumer ces opérations dans le tableau suivant.

Entreprise sidérurgique (entreprise 1)	
Chiffre d'affaires	100 euros
Dépenses (salaires)	80 euros
Profit	20 euros
Constructeur automobile (entreprise 2)	
Chiffre d'affaires	210 euros
Dépenses	170 euros
Salaires	70 euros
Achat d'acier	100 euros
Profit	40 euros

Quel est le PIB de cette économie ? Est-ce la somme des valeurs de tous les biens produits (100 euros d'acier et 210 euros de voitures, soit 310 euros) ? Ou bien la valeur de la production des biens finaux (ici des voitures, soit 210 euros) ?

Une brève réflexion laisse à penser que la bonne réponse doit être 210 euros. Pourquoi ? Parce que l'acier, qui est un **bien intermédiaire** utilisé dans la production du bien final (les voitures), ne devrait pas être compté dans le PIB, qui mesure la valeur du produit *final* [2]. On peut considérer cet exemple d'une autre façon. Supposons que les deux entreprises fusionnent, de sorte que la vente de l'acier devienne interne à l'entreprise nouvellement formée et ne soit plus comptabilisée. Nous ne verrions plus qu'une

1. On rencontre un autre terme, le **produit national brut**, ou **PNB**. Il y a une différence subtile entre les deux, que nous examinerons au chapitre 15. Pour le moment, nous ignorons cette différence.
2. Un bien intermédiaire est un bien utilisé dans la production d'un autre bien. Certains biens peuvent être à la fois des biens intermédiaires et des biens finaux. Quand elles sont vendues directement, les pommes de terre sont des biens finaux ; quand on les utilise pour faire des frites, ce sont des biens intermédiaires.

entreprise vendant des voitures pour une valeur de 210 euros, payant ses employés 80 euros + 70 euros = 150 euros, et réalisant 20 euros + 40 euros = 60 euros de profit. Le PIB serait inchangé, comme il se doit.

Cet exemple suggère de construire le PIB en sommant les valeurs des biens finaux, ce qui est à peu près la méthode par laquelle on obtient les vrais chiffres du PIB. Mais on peut saisir de cet exemple une autre façon de concevoir cet indicateur.

2. Le PIB est la somme des valeurs ajoutées créées dans l'économie au cours d'une certaine période. L'expression **valeur ajoutée** n'est pas un faux ami. La valeur ajoutée par une entreprise durant le processus de production est la valeur de sa production moins la valeur de ses consommations intermédiaires.

Dans l'exemple précédent, l'entreprise sidérurgique n'utilise aucune consommation intermédiaire. Sa valeur ajoutée est simplement égale à la valeur de sa production, soit 100 euros. Le constructeur automobile, en revanche, utilise l'acier comme un bien intermédiaire. La valeur ajoutée de cette dernière entreprise est égale à la valeur des voitures qu'elle produit moins la valeur de l'acier qu'elle utilise : 210 euros – 100 euros = 110 euros. La valeur ajoutée totale dans l'économie, ou PIB, est donc : 100 euros + 110 euros = 210 euros. Remarquons que la valeur ajoutée globale resterait la même si les deux entreprises fusionnaient.

Cette définition nous fournit une deuxième façon de considérer le PIB. Ensemble, les deux définitions impliquent que la valeur des biens et services finaux (première définition) peut aussi être conçue comme la somme des valeurs ajoutées par les entreprises le long de la chaîne de production de ces biens finaux (deuxième définition).

3. Le PIB est la somme des revenus distribués dans l'économie au cours d'une période donnée. Nous avons jusqu'à présent examiné le PIB du côté de la production. Une troisième façon de se le représenter est de prendre en compte les revenus. Considérons les revenus dont dispose une entreprise après qu'elle a payé ses consommations intermédiaires :

- une partie de ces revenus est prélevée par l'État sous la forme de taxes sur les ventes (il s'agit des *impôts indirects*) ;
- une autre partie sert à payer les salariés (cette composante s'appelle le *revenu du travail*) ;
- le reste va dans les caisses de l'entreprise (c'est le *revenu du capital*).

La valeur ajoutée, du point de vue du revenu, est donc la somme des impôts indirects et des revenus du capital et du travail.

Revenons à notre exemple. Il n'y a pas d'impôts indirects. Des 100 euros de valeur ajoutée créée par le sidérurgiste, 80 vont aux travailleurs (revenus du travail) et 20 restent à l'entreprise comme profit (revenus du capital). Des 110 euros de valeur ajoutée créée par le constructeur automobile, 70 entrent dans les revenus du travail et 40 dans les revenus du capital. Pour cette économie, la valeur ajoutée totale est de 210 euros, dont 150 de revenus du travail et 60 de revenus du capital.

Dans cet exemple, les revenus du travail représentent 71 % du PIB, les revenus du capital 29 %, les impôts indirects 0 %.

Si l'on souhaite calculer cette répartition dans l'économie réelle, on rencontre une difficulté dans le cas des entrepreneurs individuels : le revenu qu'ils tirent de leur activité rémunère en effet à la fois leur capital investi dans celle-ci et leur travail, sans qu'il soit possible de distinguer ces deux contributions. On parle alors de « revenu mixte ». Le tableau 2.1 (a) montre la répartition de la valeur ajoutée entre les différents types de revenus en France, en agrégeant ce revenu mixte aux revenus du capital.

Pour mesurer l'évolution du partage de la valeur ajoutée entre revenus du travail et revenus du capital, il est préférable de se limiter aux sociétés, pour lesquelles cette question des revenus mixtes ne se pose pas. Le tableau 2.1 (b) montre cette évolution sur la période 1950-2011. Les revenus du travail représentent près des deux tiers de la valeur ajoutée ; les revenus du capital (le taux de marge est le rapport de l'excédent brut d'exploitation sur la valeur ajoutée) environ un tiers (la somme n'est pas égale à 100 % : il faut également ajouter les impôts sur la production nets de subventions). La part des revenus du travail a fortement augmenté dans les années 1970, puis a diminué dans les années 1980, pour revenir à partir du début des années 1990 à un niveau un peu inférieur à celui de 1970.

Tableau 2.1 (a) – La composition du PIB français par type de revenu, 2011.

	2011
Rémunération des salariés	59,7 %
Revenus du capital et revenu mixte brut	36,8 %
Impôts sur la production et les importations nets de subventions	3,6 %

Source : INSEE.

Tableau 2.1 (b) – Le partage de la valeur ajoutée dans les sociétés non financières.

	1950	1970	1982	1990	2011
Rémunération des salariés	67,0 %	70,7 %	75,0 %	66,3 %	67,8 %
Taux de marge	31,1 %	29,0 %	23,1 %	31,3 %	28,6 %

Source : INSEE.

Pour résumer, on peut considérer le produit agrégé (le PIB) de trois façons différentes mais équivalentes :

- du côté de la production, le PIB est la valeur des biens et services finaux produits au cours d'une certaine période ;
- du côté de la production également, le PIB est la somme des valeurs ajoutées dans l'économie durant une période ;
- du point de vue des revenus, le PIB est la somme des revenus distribués en une période.

PIB nominal et PIB réel

Le PIB français était de 2 000 milliards d'euros en 2011 et de 65 milliards quarante-huit ans plus tôt, en 1963. La production française était-elle 31 fois plus élevée en 2011 qu'en 1963 ? Bien sûr que non. Cela nous amène à distinguer PIB nominal et PIB réel.

Le **PIB nominal** est la somme des quantités des biens finaux produits, multipliée par leur prix courant. Cette définition fait apparaître que le PIB nominal peut croître dans le temps pour deux raisons : d'abord parce que la production de la plupart des biens s'accroît avec le temps ; ensuite parce que le prix de la plupart des biens augmente aussi. On produit de plus en plus de voitures et leur prix s'accroît également chaque année. Pour mesurer l'évolution de la production au cours du temps, il faut éliminer cet effet de hausse des prix. C'est pourquoi on définit le **PIB réel** comme la somme des quantités des biens finaux, multipliée par un prix *constant* (et non courant).

Regardons de plus près la construction du PIB réel. Si l'économie produisait un seul bien (par exemple, une voiture), le PIB réel serait aisé à calculer. On compterait le nombre de voitures produites chaque année et on appellerait ce nombre « PIB réel ». Ou bien, si l'on souhaitait une mesure en euros plutôt qu'en voitures, on pourrait utiliser le prix des voitures lors d'une année fixée.

Supposons par exemple que la quantité produite et le prix des voitures pendant trois années successives soient résumés ainsi dans le tableau suivant.

Année	Quantité de voitures	Prix des voitures	PIB nominal
2010	10	10 000 euros	100 000 euros
2011	12	12 000 euros	144 000 euros
2012	13	13 000 euros	169 000 euros

Le PIB nominal, qui est égal à la quantité de voitures produites multipliée par leur prix, s'élève de 100 000 euros en 2010 à 144 000 euros en 2011, soit un accroissement de 44 %, et de 144 000 euros en 2011 à 169 000 euros en 2012, soit un accroissement de 16 %.

Comment définir le PIB réel, et de combien s'accroît-il ? On peut le définir comme le nombre de voitures : 10 en 2010, 12 en 2011, 13 en 2012. Cela implique un accroissement de 20 % de 2010 à 2011 et de 8 % entre 2011 et 2012. On peut aussi le définir en multipliant le nombre de voitures par un prix *commun*, par exemple le prix de 2011. Cette approche nous donne le *PIB réel aux prix de 2011.*

À l'aide de cette définition, on calcule le PIB de 2010 (en euros constants de 2011), qui vaut $10 \times 12\,000 = 120\,000$ euros. Le PIB réel de 2011 est égal à $12 \times 12\,000 = 144\,000$ euros, soit le PIB nominal de cette année-là. Le PIB réel de 2012 (en euros constants de 2011) vaut $13 \times 12\,000 = 156\,000$ euros. Comme on multiplie le nombre de voitures par le même prix quelle que soit l'année, la croissance du PIB réel, mesurée en euros de 2011, est la même que lorsqu'elle est mesurée en voitures : le PIB réel en euros de 2011 croît de 20 % de 2010 à 2011 et de 8 % de 2011 à 2012. Si nous avions mesuré le PIB réel aux prix de 2012, le niveau du PIB aurait été différent (car les prix ont changé entre 2011 et 2012), mais son taux de croissance resterait inchangé [1].

Le principal problème pour construire le PIB réel en pratique est qu'il existe de nombreux biens finaux. Le PIB réel doit être défini comme la moyenne pondérée de la production de tous les biens finaux, ce qui soulève la question du choix de la pondération. Les prix relatifs des biens paraissent être la pondération naturelle : si un bien a un coût unitaire deux fois plus élevé qu'un autre, il devrait peser deux fois plus dans le PIB réel. Mais cela soulève une autre question : que faire si, comme il arrive, les prix relatifs changent au cours du temps ? Doit-on fixer les pondérations en choisissant une année de référence, ou les modifier ? Une discussion plus approfondie de ces problèmes et de la façon dont le PIB réel est calculé en France figure en annexe. Vous devez simplement savoir que la mesure du PIB réel en comptabilité nationale est appelée **PIB réel en euros constants.** C'est une mesure de la production totale, et son évolution montre comment elle s'est modifiée au cours du temps.

La figure 2.1 décrit l'évolution du PIB nominal et réel depuis 1963. Le PIB réel est en euros constants de 2005. Par construction, les deux grandeurs sont égales en 2005 [2]. La figure montre que le PIB réel en 2011 était 3,6 fois plus élevé qu'en 1963, un accroissement considérable, mais bien moindre que le facteur 31 qui s'applique au PIB nominal au cours de la même période. La différence s'explique par la hausse des prix.

Figure 2.1 – Le PIB français nominal et réel, 1963-2013.

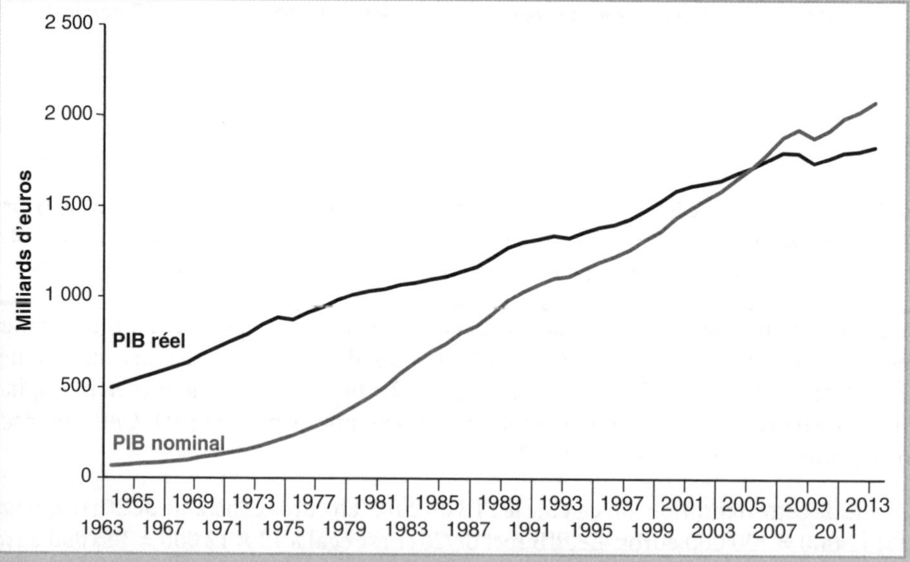

Entre 1963 et 2011, le PIB nominal a été multiplié par 31 ; le PIB réel par 3,6.

Source : OCDE, *Perspectives économiques*, base de données (prévisions pour 2012 et 2013).

1. Pour vous en assurer, calculez le PIB réel aux prix de 2012, puis le taux de croissance de 2010 à 2011 et de 2011 à 2012.
2. Supposons que le PIB réel soit mesuré en euros de 2010 plutôt qu'en euros de 2005. Où les courbes se couperaient-elles ?

Les expressions *PIB nominal* et *PIB réel* ont chacune beaucoup de synonymes, que vous êtes susceptibles de rencontrer au cours de vos lectures :

- le *PIB nominal* s'appelle aussi **PIB en euros courants** ;
- le *PIB réel* est aussi appelé **PIB en termes de biens, PIB en euros constants, PIB ajusté de l'inflation**, ou **PIB aux prix de l'année *N***, si l'année de référence où le PIB réel et le PIB nominal coïncident est l'année *N*.

Cela conclut cette introduction à la principale variable macroéconomique, le PIB. Dans les chapitres qui suivent, sauf indication contraire, le PIB considéré sera le PIB réel, et Y_t sera le PIB réel de la période t.

De la même façon, le **taux de croissance du PIB** pour l'année t fait référence au taux de croissance du PIB réel au cours de l'année t. Le taux de croissance du PIB vaut $(Y_t - Y_{t-1})/Y_{t-1}$. Les périodes de croissance positive sont appelées **expansions**. Les périodes de croissance négative sont dénommées **récessions**. Pour éviter d'appeler un simple trimestre négatif une récession, les macroéconomistes n'emploient le mot que si l'économie connaît au moins deux trimestres consécutifs de croissance négative.

Gros plan

PIB réel, progrès technique et prix des ordinateurs

La prise en compte des changements qualitatifs des biens est un problème difficile dans le calcul du PIB réel. L'un des cas les plus complexes est celui des ordinateurs. Devons-nous supposer qu'un ordinateur de 2013 est le même bien qu'un ordinateur produit en 1981 (l'année où les PC furent introduits) ? Cela serait évidemment absurde : pour un prix égal, voire inférieur, les machines de 2013 sont bien plus performantes que celles de 1981. Mais combien de fois plus performantes ? Un ordinateur de 2013 rend-il 10 fois, 100 fois, ou 1 000 fois les services d'un ordinateur de 1981 ? Comment rendre compte des améliorations intervenues dans la vitesse de calcul, la taille de la mémoire ou du disque dur, ou l'accès à Internet ?

L'approche adoptée par les économistes pour prendre en compte ces améliorations consiste à comparer pour une même année la valeur de marché d'ordinateurs ayant différentes caractéristiques. Prenons un exemple. Supposons que les prix des différents modèles sur le marché montrent que les gens sont prêts à payer 10 % de plus pour un ordinateur cadencé à 3 GHz que pour un ordinateur cadencé à 2 GHz. Supposons en outre que tous les nouveaux ordinateurs cette année aient une vitesse de 3 GHz, alors que tous ceux de l'an dernier étaient cadencés à 2 GHz. Enfin, admettons que le prix des nouveaux ordinateurs soit le même cette année que l'an dernier. Les économistes considéreront alors que le prix ajusté des ordinateurs est en baisse de 10 %.

Cette approche, qui considère les biens comme fournissant un certain nombre de caractéristiques qui ont chacune un prix implicite (ici la vitesse de traitement, la mémoire…), est dite des « prix hédoniques » (*hedonè* signifie « plaisir » en grec). Elle est utilisée par les comptables nationaux. Par exemple, le Département du commerce américain, qui construit des estimations du PIB réel, estime que la qualité des nouveaux ordinateurs a crû de 18 % par an en moyenne depuis 1981. En d'autres termes, le prix des ordinateurs ayant baissé de 10 % par an depuis 1981, leur prix ajusté pour la qualité a baissé en moyenne de 18 % + 10 % = 28 % par an. Autrement dit, un dollar dépensé sur un ordinateur en 2012 achète $1{,}28^{(2012-1981)} = 2\,100$ fois plus de services d'ordinateur qu'un dollar dépensé sur un ordinateur en 1981.

2.2 La composition du PIB

Les facteurs qui déterminent l'achat de machines par une entreprise ne sont pas les mêmes que ceux utilisés par les ménages pour les dépenses de nourriture, ou par le gouvernement pour l'achat d'avions de combat. Lorsque l'on cherche à comprendre quels sont les déterminants de la production, il faut décomposer la production agrégée (PIB) en fonction des types de biens produits et des types d'acheteurs. Le tableau 2.2 présente la décomposition traditionnelle du PIB par les macroéconomistes.

Tableau 2.2 – La composition du PIB français en 2011.

	Milliards d'euros	Part du PIB (en %)
PIB (*Y*)	1 997	
1. Consommation (*C*)	1 151	57,6
2. Investissement (*I*)	401	20,1
3. Dépenses gouvernementales (*G*)	490	24,5
4. Exportations nettes	– 56	– 2,8
Exportations (X)	538	26,9
Importations (M)	594	29,7
5. Investissement en stock (*IS*)	11	0,6

Source : INSEE, *INSEE Première*, n° 1401, mai 2012.

La première composante est la **consommation** (*C*). Ce sont les biens achetés par les ménages : nourriture, billets d'avion, vacances ou nouvelle voiture. La consommation est la composante la plus importante du PIB ; elle représente 57,6 % du PIB en 2011.

On appelle parfois l'**investissement** (*I*) « investissement en capital fixe » pour le distinguer de l'investissement en stock. L'investissement se décompose en **investissement des entreprises**, achat par les entreprises de nouveaux terrains ou de nouvelles machines (de la turbine aux ordinateurs), et **investissement des particuliers**, achat par les ménages de nouvelles maisons ou appartements.

Les deux composantes de l'investissement et les décisions qui les déterminent ont plus en commun qu'on ne pourrait le penser. Les entreprises achètent des machines pour pouvoir produire davantage dans le futur. Les ménages achètent des biens immobiliers pour recevoir des *services immobiliers* dans le futur. C'est la raison pour laquelle on regroupe ces deux catégories sous le titre d'« investissement ». Elles représentent réunies 20,1 % du PIB en 2011.

Les **dépenses gouvernementales** (*G*) correspondent aux achats de biens et services par le gouvernement, que ce soient les autorités locales ou nationales. Les biens vont des avions aux fournitures de bureau. Les services sont les services offerts par les fonctionnaires. On considère que le gouvernement achète les services de ses fonctionnaires (qu'il offre ensuite au public). La valeur de ces services (pour lesquels il n'existe pas de prix) est simplement estimée à leur coût.

Notons que les dépenses du gouvernement n'incluent pas les transferts qu'il opère (assurance sociale), ni les intérêts payés sur la dette publique. Bien qu'il s'agisse de toute évidence des dépenses faites par le gouvernement, ce ne sont ni des achats de biens, ni des achats de services. C'est la raison pour laquelle les dépenses gouvernementales de biens et services reportées dans le tableau 2.2 ne représentent que 24,5 % du PIB, contre plus de 50 % lorsque l'on inclut les transferts et les intérêts payés sur la dette.

En sommant les trois premières lignes du tableau 2.2, on obtient les dépenses de biens et services par les ménages, les entreprises et le gouvernement. Pour obtenir l'ensemble de toutes les dépenses, il faut encore deux étapes.

D'abord, il faut retrancher les **importations** (M) : achat de biens et services étrangers par les ménages, les entreprises et le gouvernement. Ensuite, il faut ajouter les **exportations** (X) : achat par les étrangers de biens et services nationaux.

La différence entre importations et exportations est appelée **exportations nettes**, ou **balance commerciale**. Si les exportations dépassent les importations, le pays connaît alors un **excédent commercial**. En revanche, si ce sont les importations qui dépassent les exportations, le pays connaît un **déficit commercial**. En 2011, en France, les exportations représentaient 29,7 % du PIB, contre 26,9 % pour les importations. La France avait donc un déficit commercial de 2,8 % du PIB.

La somme des quatre premières lignes du tableau donne les achats (qui correspondent aussi à des ventes) de biens et services en 2011 [1]. Pour obtenir la production, il faut encore une dernière étape. Certains biens produits ne sont pas vendus l'année même, mais l'année suivante. De même, certains biens vendus en 2011 ont été produits l'année précédente.

La différence entre les biens produits et les biens achetés pour une année donnée est appelée **variation de stocks** et est notée IS. Si la production excède les ventes, les entreprises accumulent des stocks : la variation de stocks est positive. Si la production est inférieure aux ventes, les entreprises réduisent leurs stocks : la variation de stocks est négative [2]. Les variations de stocks sont généralement petites, tantôt positives, tantôt négatives. En 2011, les variations de stocks étaient positives en France (les stocks ont augmenté) et représentaient 0,6 % du PIB.

Nous pouvons résumer cette décomposition fondamentale de la façon suivante (en établissant ici des notations qui nous accompagneront tout au long de cet ouvrage) :

$$Y = C + I + G + X - M + IS$$

ou, en négligeant les variations de stocks :

$$Y = C + I + G + X - M \tag{2.1}$$

Le PIB est égal à la somme des achats finaux, consommation, investissement, dépenses du gouvernement et balance commerciale.

1. Achats de biens et services nationaux = $C + I + G + X - M$
2. Production – ventes = accumulation de stocks

2.3 Les autres grandes variables macroéconomiques

Le PIB est la principale variable macroéconomique. Deux autres, le chômage et l'inflation, décrivent d'autres aspects importants de la performance d'une économie.

Le taux de chômage

La deuxième variable fondamentale de l'analyse macroéconomique est le **taux de chômage**. Il est défini comme le ratio du nombre de chômeurs sur la population active :

$$u = \frac{U}{L}$$

Taux de chômage = chômeurs/actifs

La **population active** est la somme du nombre de travailleurs employés et du nombre de chômeurs :

$$L = N + U$$

Population active = travailleurs + chômeurs

Qu'est-ce qui détermine si un travailleur est chômeur ou pas ? Longtemps, le nombre de personnes inscrites dans les bureaux du chômage est resté la seule source disponible de données sur le chômage, et seuls ces travailleurs étaient comptés comme chômeurs. Ce système débouchait sur une mesure du chômage très insuffisante. La proportion de vrais chômeurs qui étaient inscrits sur les registres du chômage variait selon les pays et les moments. Ceux qui n'étaient pas incités à s'inscrire, par exemple ceux qui avaient épuisé leurs droits aux allocations chômage, faisaient rarement l'effort de s'inscrire et n'étaient donc pas comptabilisés. Les pays pourvus de systèmes d'aide sociale moins généreux enregistraient des taux de chômage plus faibles.

Aujourd'hui, la plupart des pays utilisent de larges enquêtes auprès des ménages pour calculer le taux de chômage. En France, cette enquête s'appelle l'« enquête Emploi » et est réalisée par l'INSEE. Cette enquête est la partie française des « Enquêtes sur les forces de travail », coordonnées au niveau européen par Eurostat. Aux États-Unis, l'enquête utilisée pour calculer le taux de chômage s'appelle le *Current Population Survey* (CPS). Ces enquêtes classifient comme employés ceux qui ont un emploi au moment de l'entretien, comme chômeurs ceux qui ne travaillent pas et cherchent un emploi. La plupart des pays ont une définition similaire du chômage, formulée par le Bureau international du travail (BIT). La France comptait, au deuxième trimestre 2012, 10,2 % de sa population active au chômage [1]. Aux États-Unis, les estimations montrent pour le mois d'octobre 2012 un taux de chômage de 7,9 %.

Seuls ceux qui cherchent effectivement du travail sont comptabilisés comme des chômeurs ; ceux qui ne travaillent pas mais ne cherchent pas d'emploi ne sont pas considérés comme appartenant à la population active. Lorsque le chômage est élevé, une partie des chômeurs cesse de chercher du travail et n'appartient donc plus à la catégorie des chômeurs. Ce sont les travailleurs découragés. Prenons un cas extrême : si tous les travailleurs inemployés cessaient de chercher du travail, le taux de chômage serait nul.

1. France entière, y compris DOM. En France métropolitaine, le taux de chômage était de 9,7 %.

Cela ferait du taux de chômage un indicateur très insuffisant de ce qui se passe sur le marché du travail. Sans aller jusque-là, un problème proche peut se poser : en général, un fort taux de chômage est associé à un nombre plus grand de travailleurs quittant la population active. En d'autres termes, un taux de chômage élevé s'accompagne d'un **taux d'activité** (aussi appelé **taux de participation**) faible, ce dernier étant défini comme le rapport de la population active à la population en âge de travailler.

Chômage et croissance économique. Dans la plupart des pays, il y a une relation nette entre les variations de l'emploi et le taux de croissance du PIB. Cette relation est appelée **loi d'Okun**, du nom de l'économiste Arthur Okun, qui l'a le premier énoncée et interprétée dans les années 1960. La relation entre ces deux variables en France depuis 1964 est représentée sur la figure 2.2, où la variation du chômage est représentée sur l'axe vertical et le taux de croissance du PIB sur l'axe horizontal. Chaque point de la courbe montre le taux de croissance et la variation du chômage pour une année déterminée.

Figure 2.2 – La variation du taux de chômage français en fonction du taux de croissance du PIB, 1964-2011.

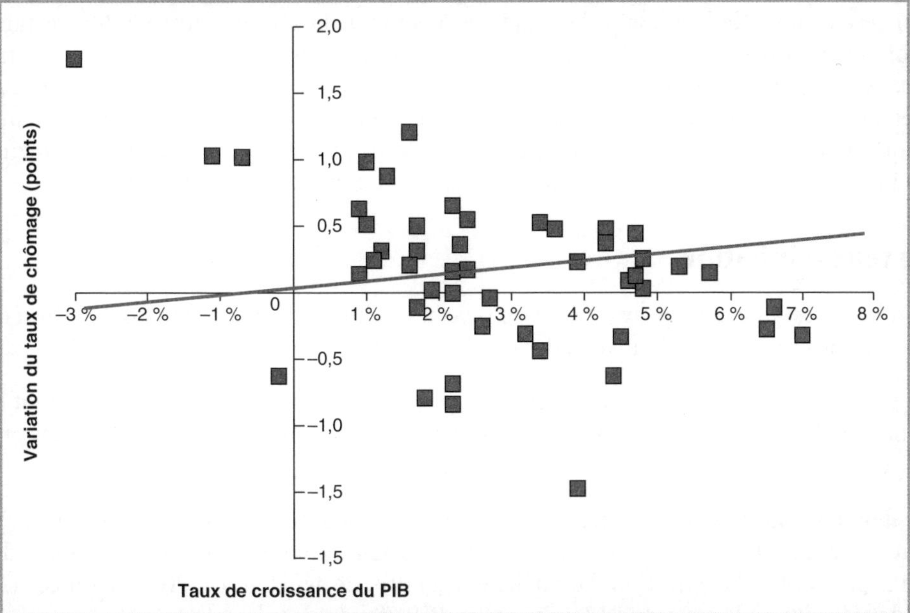

Un taux de croissance élevé est associé à une baisse du taux de chômage. Réciproquement, un faible taux de croissance s'accompagne d'une hausse du taux de chômage.

Source : OCDE, *Perspectives économiques*, base de données.

La figure fait ressortir qu'une forte croissance s'accompagne en général d'une baisse du taux de chômage, et une faible croissance d'une hausse du chômage. C'est intuitif : une forte croissance conduit à une forte hausse de l'emploi, parce que les entreprises embauchent pour produire plus. Cette hausse de l'emploi entraîne une baisse du chômage [1].

1. Loi d'Okun : forte croissance = baisse du taux de chômage ; faible croissance = hausse du taux de chômage.

Répercussions sociales du chômage. Les macroéconomistes se préoccupent d'abord du chômage en raison de ses effets directs sur le bien-être des chômeurs. Quoique les allocations chômage soient plus élevées aujourd'hui que durant la crise des années 1930, le chômage est encore synonyme de souffrances économiques et psychologiques, dont la gravité est fonction de la nature du chômage. On représente les chômeurs comme un groupe stagnant, composé de gens qui restent chômeurs longtemps. Comme nous le verrons plus loin, cette image ne reflète que partiellement la réalité : en France, le nombre de travailleurs qui perdent un emploi et le nombre de ceux qui en trouvent un nouveau atteint plusieurs millions chaque année. Cependant, de nombreuses personnes sont également au chômage pour de longues durées, en particulier lorsque le chômage augmente.

Le taux de chômage peut également être un indicateur du fait que l'économie n'utilise pas efficacement toutes ses ressources : de nombreuses personnes qui souhaitent travailler ne trouvent pas d'emploi. Du point de vue de l'utilisation optimale des ressources, toutefois, on peut aussi concevoir certaines situations où le chômage serait trop faible : de la même façon qu'une machine peut tourner trop vite, une économie dans laquelle le chômage est très bas peut surexploiter ses ressources et connaître des pénuries locales de main-d'œuvre. Ce que l'on doit qualifier de *trop élevé* ou *trop bas* est une question complexe qui sera le sujet de beaucoup de chapitres à venir. À la fin de l'année 2000, certains économistes ont pensé que le taux de chômage américain, qui était alors de 4 %, était *trop bas*, ce pourquoi ils ont souhaité une politique monétaire plus restrictive, capable de freiner provisoirement la croissance américaine [1]. À l'inverse et de manière quasi symétrique, nombre d'économistes ont critiqué la politique monétaire trop restrictive menée en Europe à la même époque, au motif que le taux de chômage était *trop haut*.

Le taux d'inflation

L'inflation est une hausse entretenue du niveau général des prix. Le **taux d'inflation** est le taux d'accroissement du niveau des prix.

Le problème est la définition du niveau des prix. Les macroéconomistes s'intéressent en général à deux mesures, à deux indices des prix : le déflateur du PIB et l'indice des prix à la consommation.

Le déflateur du PIB. Supposons que le PIB nominal augmente, mais que le PIB réel (Y_t) soit inchangé. Dans ce cas, l'accroissement du PIB nominal doit être dû à la hausse des prix. Cela motive la définition d'un déflateur du PIB. Le déflateur du PIB de l'année t (P_t) se définit comme le ratio du PIB nominal au PIB réel durant l'année t :

$$P_t = \frac{\text{PIB nominal en } t}{\text{PIB réel en } t}$$

Remarquez que, pour l'année où PIB nominal et réel sont égaux par construction, cette définition implique un niveau des prix égal à 1. Cela vaut la peine d'être souligné : le déflateur du PIB est un simple indice. Son niveau est arbitraire (il est égal à 1 l'année de référence) et n'a pas de sens économique. Mais son taux de variation, lui, a une

1. Il se trouve que ces économistes ont obtenu plus que ce qu'ils demandaient : une récession (en 2001), plutôt qu'un simple ralentissement de la croissance.

interprétation économique : il donne la proportion dans laquelle les prix s'accroissent au cours du temps, le taux d'inflation [1].

L'un des avantages qu'il y a à définir le niveau des prix comme déflateur du PIB est que cela implique une relation simple entre PIB nominal, PIB réel et niveau des prix. Notons Y_t le PIB réel. On peut réécrire l'équation précédente comme suit :

$$\text{PIB nominal} = P_t Y_t$$

Le PIB nominal est égal au PIB réel multiplié par le déflateur du PIB.

L'indice des prix à la consommation. Le déflateur du PIB donne le prix moyen des biens inclus dans le PIB, les biens finaux produits dans l'économie. Mais les consommateurs ne sont concernés que par le prix des biens qu'ils consomment. Les deux prix ne sont pas nécessairement les mêmes : le panier de biens produits dans l'économie n'est pas le même que le panier de biens achetés par les consommateurs. C'est vrai pour deux raisons. Certains des biens inclus dans le PIB ne sont pas vendus aux consommateurs, mais aux entreprises (les machines-outils, par exemple), au gouvernement ou à l'étranger. Et certains des biens achetés par les consommateurs ne sont pas produits sur place, mais importés de l'extérieur.

Pour mesurer le prix moyen de la consommation ou, en d'autres termes, le **coût de la vie**, les macroéconomistes utilisent un autre indice : l'**indice des prix à la consommation** (IPC). L'IPC donne le prix d'un panier de biens déterminé au cours du temps [2]. La liste des biens considérés, fondée sur une étude détaillée des dépenses de consommation, vise à représenter le panier de consommation moyen d'un consommateur urbain. Elle est mise à jour chaque année. Tous les mois, les employés des instituts de statistiques observent l'évolution des prix de ces biens, qui servent ensuite à construire l'IPC.

Tout comme le déflateur du PIB, l'IPC est un indice. Il est posé égal à 1 à la période choisie comme période de base et n'a donc pas de niveau naturel [3]. On peut se demander à quel point le taux d'inflation diffère selon qu'on l'approche par le déflateur du PIB ou par l'IPC. La réponse est donnée par la figure 2.3, qui représente les deux taux d'inflation depuis 1964 en France.

---

1. Taux d'inflation : $(P_t - P_{t-1})/P_{t-1}$.
2. L'IPC ne doit pas être confondu avec l'IPP ou *indice des prix de production*, qui est un indice des prix domestiques de biens produits dans l'industrie, la production électrique, les mines, la filière bois et la pêche.
3. Comme le déflateur du PIB, l'IPC est aussi souvent posé égal à 100 plutôt qu'à 1 pour la période de référence.

Figure 2.3 – Le taux d'inflation français mesuré par l'IPC et le déflateur du PIB, 1964-2013.

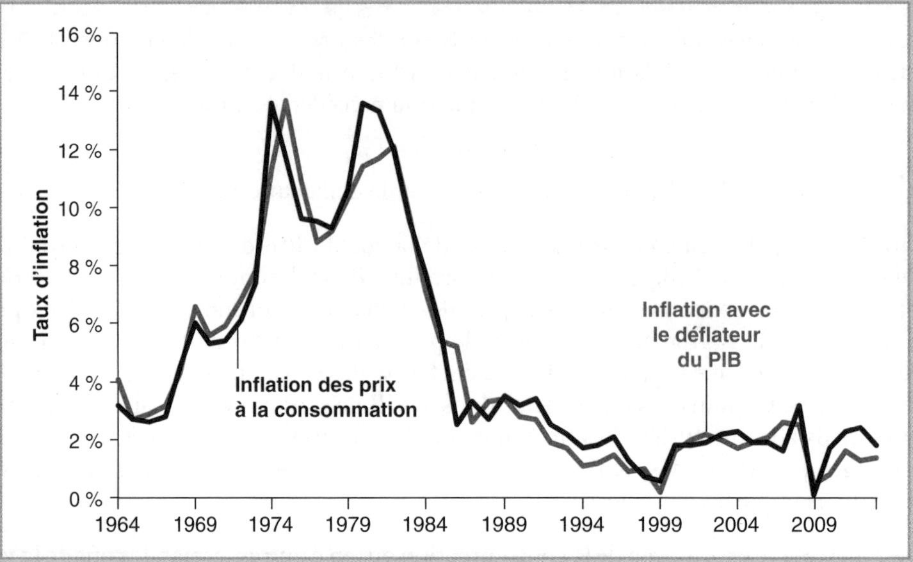

Les taux d'inflation, mesurés par l'IPC ou le déflateur du PIB, sont très similaires.

Source : OCDE, *Perspectives économiques*, base de données (prévisions pour 2012 et 2013).

Les courbes de ce graphique appellent deux conclusions :

- l'IPC et le déflateur du PIB réagissent de concert la plupart du temps. Pour la majorité des années, ils diffèrent de moins de 1 % ;
- mais il y a deux exceptions. En 1974 et en 1980-1981, la croissance de l'IPC a été significativement plus forte que celle du déflateur du PIB. La raison en est simple. Il suffit de se souvenir que le déflateur du PIB est le prix des biens domestiques, alors que l'IPC est le prix des biens consommés sur place. Cela signifie que, quand le prix des biens importés augmente plus vite que le prix des biens produits, l'IPC croît plus vite que le déflateur du PIB. C'est exactement ce qui s'est produit en 1974 et en 1980-1981. Dans chaque cas, le prix du pétrole a doublé. La France important son pétrole (il n'est pas compté dans le PIB), il y a eu un écart entre l'IPC et le déflateur du PIB.

Dans ce qui suit, nous ne ferons pas de distinction entre les deux indices, sauf lorsque l'analyse requiert d'apporter une attention à leur écart éventuel. Nous parlerons donc simplement le plus souvent du *niveau des prix,* noté P_t , sans préciser s'il s'agit de l'IPC ou du déflateur du PIB.

Inflation et chômage. Y a-t-il une relation entre l'inflation et le produit global ou le chômage ? Ou l'inflation a-t-elle une dynamique propre ? En fait, il y a une relation, mais elle est loin d'être mécanique ; elle varie dans le temps et selon les pays.

La relation entre chômage et inflation en France depuis 1965 est montrée sur la figure 2.4 (a). La variation du taux d'inflation (mesurée par celle du déflateur du PIB) est représentée sur l'axe vertical. Le taux de chômage se lit sur l'axe horizontal. Le graphique donne les combinaisons du taux de chômage et du taux d'inflation depuis 1965.

La figure 2.4 (b), quant à elle, montre la relation entre la variation du taux de chômage (sur l'axe horizontal) et la variation du taux d'inflation.

Le graphique 2.4 (a) met en évidence une corrélation légèrement négative entre le taux de chômage et la variation de l'inflation. Quand le taux de chômage est faible, l'inflation croît. Le graphique 2.4 (b) montre également une relation négative entre variation du chômage et variation de l'inflation : lorsque le taux de chômage décroît (ou augmente moins vite), l'inflation tend à accélérer. Il existe toutefois des exceptions, notamment dans les années 1970, où l'on remarque une augmentation du chômage et une hausse du taux d'inflation. C'est le phénomène de *stagflation* que nous examinerons en détail au chapitre 8 [1]. La corrélation entre chômage et inflation est appelée **courbe de Phillips**, du nom de l'économiste qui l'a relevée le premier [2]. D'où elle vient, pourquoi elle change au cours du temps et selon les lieux, ce qu'elle implique seront des problèmes traités dans plusieurs chapitres.

Figure 2.4 (a) – La variation du taux d'inflation français en fonction du taux de chômage, 1965-2013.

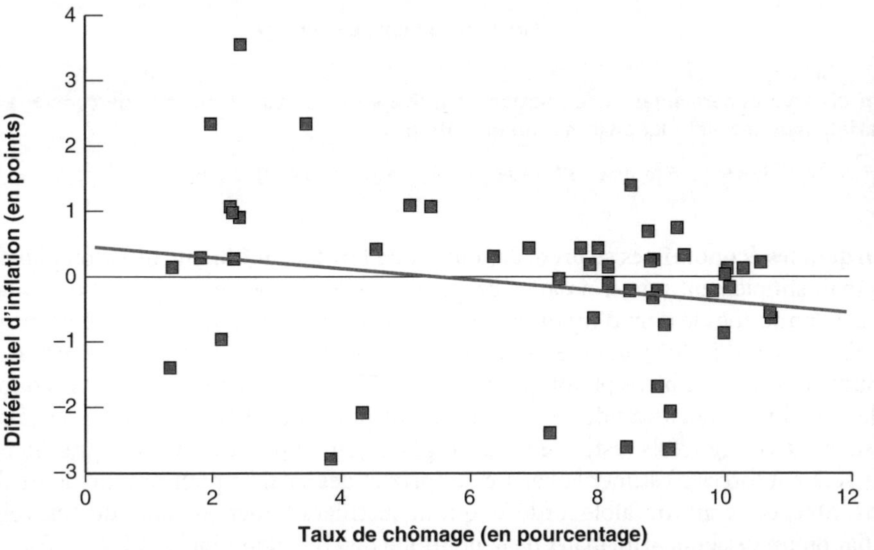

Quand le taux de chômage est faible, l'inflation s'accroît. Lorsqu'il est élevé, elle décroît en général (notez les exceptions).

Source : OCDE, *Perspectives économiques*, base de données (prévisions pour 2012 et 2013).

1. Courbe de Phillips : faible chômage = l'inflation croît ; fort chômage = l'inflation décroît.
2. Nous verrons au chapitre 9 que la nature de la courbe de Phillips a changé depuis la description de Phillips en 1958. Mais le nom est toujours en usage.

Figure 2.4 (b) – La variation du taux d'inflation français en fonction de la variation du taux de chômage, 1965-2013.

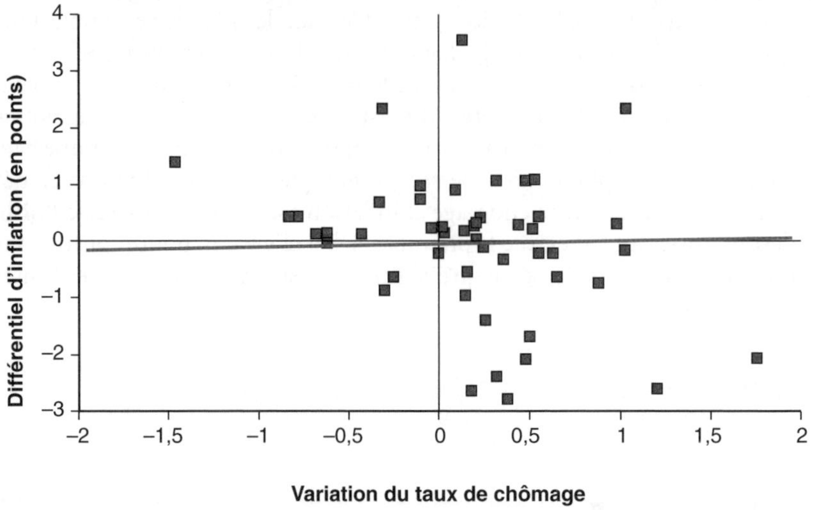

On observe généralement une relation négative entre variation du taux de chômage et variation du taux d'inflation (notez les exceptions).

Source : OCDE, *Perspectives économiques*, base de données (prévisions pour 2012 et 2013).

Pourquoi les économistes se préoccupent-ils de l'inflation ? Si une inflation plus forte signifiait simplement une croissance proportionnelle plus forte des prix et des salaires (un cas connu sous le nom d'*inflation pure*), l'inflation ne serait qu'un problème mineur, qui n'aurait pas d'influence sur les prix relatifs. Prenons par exemple le *salaire réel* (salaire mesuré en termes de biens plutôt qu'en euros) reçu par les salariés. Dans une économie où le taux d'inflation serait de 10 %, les prix croîtraient de 10 % par an, mais les salaires aussi, et les salaires réels resteraient inchangés [1]. L'inflation ne serait pas sans effet : les gens seraient forcés d'estimer la hausse des prix et des salaires pour prendre leurs décisions. Mais ce serait un faible fardeau, qui ne justifierait guère de faire du contrôle de l'inflation un des buts principaux de la politique macroéconomique.

Donc, pourquoi les économistes se préoccupent-ils de l'inflation ? Précisément parce qu'il n'y a pas d'inflation pure. Pendant les périodes d'inflation, les prix et les salaires ne croissent pas proportionnellement. Pour cette raison, l'inflation a des répercussions sur la répartition. Par exemple, dans de nombreux pays, les retraités reçoivent des revenus qui ne sont pas indexés sur le niveau des prix, de sorte qu'ils s'appauvrissent par rapport aux autres groupes sociaux. En est témoin la très forte inflation qu'a connue la Russie dans les années 1990, où les retraites se sont laissées distancer par la hausse des prix et où beaucoup de retraités en étaient réduits au dénuement.

1. C'est sans tenir compte des changements dans les salaires réels qui se produiraient même s'il n'y avait pas d'inflation. Il serait plus exact de dire que, dans un régime d'inflation pure, l'inflation n'affecterait pas les salaires réels.

L'inflation conduit aussi à des distorsions. Certains prix, qui sont fixés par la loi ou réglementés, sont distancés par les autres, ce qui modifie les prix relatifs. La fiscalité s'ajoute parfois à l'inflation et multiplie les distorsions. Si les tranches d'imposition ne sont pas ajustées en fonction de l'inflation, les ménages, par exemple, sont de plus en plus lourdement imposés quand leur revenu nominal augmente, alors que leur revenu réel n'augmente pas [1]. Les variations des prix relatifs conduisent aussi à plus d'incertitude, ce qui rend plus difficiles les décisions des entreprises concernant le futur, comme les décisions d'investissement.

Pour résumer, les économistes considèrent qu'une inflation élevée influe sur la distribution des revenus et crée à la fois des distorsions et de l'incertitude. À quel point ces problèmes sont importants et dans quelle mesure ils justifient que l'on essaie d'atteindre et de maintenir, par exemple, une inflation nulle sont des questions très débattues. Nous y reviendrons plus loin.

2.4 Le long terme, le court terme et le moyen terme

Quels sont les déterminants du niveau du PIB ? La lecture des journaux suggère une première réponse ; les fluctuations de l'activité proviennent des variations de la demande de biens et services. Vous avez probablement lu des informations rédigées comme ceci : « La production automobile s'est accrue le mois dernier, en raison d'une hausse de la confiance des consommateurs qui se sont rendus en grand nombre chez les concessionnaires. » Des formulations comme celle-là mettent en avant le rôle de la demande dans la détermination du produit et insistent sur les facteurs qui peuvent modifier la demande, comme la confiance des consommateurs ou le niveau des taux d'intérêt.

Il est cependant évident qu'il ne suffit pas que tous les consommateurs indiens se rendent chez leur concessionnaire pour que le niveau du PIB en Inde s'accroisse au niveau du PIB européen. Il faut donc envisager une deuxième réponse : ce qui détermine le niveau de produit agrégé est l'offre (quel niveau l'économie peut produire ?). Cela dépend du niveau d'avancement technologique du pays, de la quantité de capital utilisé ainsi que de la taille et de la qualification de la main-d'œuvre. Ces facteurs – et non la confiance des consommateurs – sont les déterminants du niveau du PIB dans un pays.

Cet argument peut être prolongé : ni la technologie, ni le montant de capital accumulé, ni les compétences de la main-d'œuvre ne sont donnés. Le niveau technologique d'un pays dépend de sa capacité à innover et introduire de nouvelles technologies. Le montant de son stock de capital dépend du niveau d'épargne des agents. La qualification de la main-d'œuvre dépend de la qualité du système éducatif. D'autres facteurs sont également importants : pour que les entreprises produisent efficacement, par exemple, il est nécessaire d'avoir un système légal qui fonctionne correctement. Cela suggère donc une troisième réponse : les vrais déterminants du niveau du PIB dans un pays résident dans des facteurs comme son système d'éducation et de formation, son taux d'épargne et la qualité de son gouvernement.

---

1. Ce phénomène est connu sous le nom de « ciseau fiscal ». Aux États-Unis, les tranches d'imposition sont automatiquement ajustées pour prendre en compte l'inflation : si l'inflation est de 5 %, toutes les tranches sont remontées de 5 %. Il ne peut donc pas y avoir de ciseau fiscal.

Laquelle de ces trois réponses est juste ? Toutes les trois sont en fait correctes, mais s'appliquent à des horizons temporels différents :

- *dans le long terme*, à l'horizon de quelques décennies, la troisième réponse est juste. Pour comprendre pourquoi la Chine a atteint un taux de croissance si élevé depuis 1980, il faut comprendre pourquoi, à la fois, le stock de capital et le niveau technologique de la Chine s'accroissent si rapidement. Pour cela, il faut étudier des facteurs tels que le système éducatif, le taux d'épargne et le rôle du gouvernement ;
- *à moyen terme*, à l'horizon d'une décennie, la deuxième réponse est juste. Dans le moyen terme, l'économie tend à revenir vers le niveau de PIB déterminé par les facteurs d'offre : le stock de capital, le niveau technologique et la taille de la main-d'œuvre. Et, à l'horizon d'une décennie, ces facteurs évoluent suffisamment lentement pour qu'on les considère comme donnés ;
- *à court terme*, à l'horizon de quelques années, la première réponse est correcte. Les mouvements du PIB d'une année à l'autre sont principalement déterminés par les fluctuations de la demande. Des changements dans le niveau de la demande, dus à des variations dans la confiance des consommateurs ou à d'autres facteurs, peuvent conduire à une récession (diminution du PIB) ou à une expansion (hausse du PIB).

Résumé

- On peut considérer le PIB, la principale mesure de l'activité économique globale, de trois façons :
  1. il est la valeur des biens et des services finaux produits dans l'économie pendant une certaine période ;
  2. il est la somme des valeurs ajoutées dans l'économie durant une certaine période ;
  3. il est la somme des revenus distribués dans l'économie durant une certaine période.
- Le PIB nominal est égal à la somme des quantités des biens finaux, multipliée par leur prix. Cela implique que les variations du PIB nominal reflètent à la fois des modifications de quantités et de prix. Le PIB réel est une mesure du produit. Les variations du PIB réel traduisent seulement des variations de quantités.
- La population active est la somme du nombre d'employés et de chômeurs. Le taux de chômage est le rapport entre le nombre de chômeurs et la population active. Sont classées comme chômeurs les personnes qui n'ont pas d'emploi et en ont cherché un au cours des quatre dernières semaines.
- La relation empirique entre le taux de croissance du PIB et le taux de chômage est appelée « loi d'Okun ». Elle montre qu'un fort taux de croissance est associé à une diminution du taux de chômage et, réciproquement, un faible taux de croissance est associé à un accroissement du taux de chômage.
- L'inflation est une hausse du niveau général des prix. Le taux d'inflation est le taux d'accroissement du niveau des prix. Les macroéconomistes utilisent deux mesures de ce niveau : le premier est le déflateur du PIB, qui donne le prix moyen des biens produits dans l'économie ; le second est l'indice des prix à la consommation (IPC), qui exprime le prix moyen des biens consommés dans l'économie.

- La relation empirique entre le taux d'inflation et le taux de chômage est la courbe de Phillips. Cette relation s'est modifiée au cours du temps et varie aussi selon les pays considérés. Elle prend la forme suivante : quand le taux de chômage est bas, l'inflation tend à s'accroître ; quand il est élevé, l'inflation tend à décroître.
- L'inflation est coûteuse parce qu'elle modifie la répartition des revenus et qu'elle accroît les distorsions de prix et l'incertitude.
- Les macroéconomistes distinguent le court terme (quelques années), le moyen terme (une dizaine d'années) et le long terme (quelques décennies ou plus). Le produit est déterminé par la demande dans le court terme ; par la technologie, le stock de capital et la population active dans le moyen terme ; par des facteurs comme l'éducation, la recherche, l'épargne et la qualité du gouvernement dans le long terme.

Annexe

La construction du PIB réel et les indices en chaîne

L'exemple présenté dans le chapitre ne comprenait qu'un seul bien final (les voitures), de sorte qu'il était facile de construire le PIB réel. Mais comment construire le PIB réel quand il y a plus d'un bien final ? C'est la question à laquelle répond cette annexe.

On a simplement besoin d'envisager le cas de deux biens. Supposons donc qu'une économie produise des pommes de terre et des voitures.

- Au cours de l'année 0, elle produit 100 000 livres de pommes de terre, qui se vendent à 1 euro la livre, et 10 voitures vendues à 10 000 euros pièce.
- L'année suivante, elle produit et vend 100 000 livres de pommes de terre à un prix de 1,20 euro la livre, et 11 voitures à 100 000 euros pièce.
- Le PIB nominal de l'année 0 est donc de 200 000 euros ; le PIB nominal de l'année 1 de 230 000 euros. Cette information est résumée dans le tableau suivant.

		Année 0	
	Quantité	**Prix**	**Valeur**
Pommes de terre	100 000 livres	1 euro la livre	100 000 euros
Voitures	10 unités	10 000 euros pièce	100 000 euros
PIB nominal			200 000 euros
		Année 1	
	Quantité	**Prix**	**Valeur**
Pommes de terre	100 000 livres	1,20 euro la livre	120 000 euros
Voitures	11 unités	10 000 euros pièce	110 000 euros
PIB nominal			230 000 euros

L'accroissement du PIB nominal est égal à 230 000 euros/200 000 euros = 15 %. Mais quel est l'accroissement du PIB réel ?

L'idée de la construction du PIB réel est d'évaluer les quantités des deux années en prix constants. Supposons par exemple que l'on choisisse les prix de l'année 0, appelée de ce fait **année de base**. Le calcul est alors le suivant :

- le PIB réel de l'année 0 est la somme des quantités produites dans l'année, multipliée par leur prix durant cette même année : 100 000 × 1 + 10 × 10 000 = 200 000 euros ;
- le PIB réel de l'année 1 est la somme des quantités de l'année 1, multipliée par leur prix de l'année 0 : 100 000 × 1 + 11 × 10 000 = 210 000 euros ;
- le taux de croissance du PIB réel est donc égal à : (210 000 – 200 000)/200 000 = 5 %.

Cette réponse soulève cependant un important problème : au lieu d'utiliser l'année 0 comme année de base, nous pourrions utiliser l'année 1, ou n'importe quelle autre année. Si, par exemple, nous avions utilisé l'année 1 comme année de base, nous aurions obtenu :

- pour le PIB réel de l'année 0 : 100 000 × 1,2 + 10 × 10 000 = 220 000 euros ;
- pour le PIB réel de l'année 1 : 100 000 × 1,2 + 11 × 10 000 = 230 000 euros ;
- pour le taux de croissance du PIB réel : 10 000/220 000 = 4,5 %.

La réponse utilisant l'année 1 comme année de base est différente de celle qui se réfère à l'année 2. Mais si le choix de l'année de base altère le taux de variation du produit, quelle année de base choisir ?

Aux États-Unis jusqu'en 1995, et encore aujourd'hui dans plusieurs pays, la pratique habituelle était de choisir une année de base et d'en changer peu souvent (tous les cinq ans environ). Par exemple, aux États-Unis, l'année de base utilisée de décembre 1991 à décembre 1995 était 1987. Les mesures du PIB réel publiées en 1994 pour 1994 et les années précédentes ont donc été construites avec les prix de 1987. En décembre 1995, la comptabilité nationale bascula sur les prix de 1992, et les mesures du PIB réel pour les années antérieures furent recalculées aux prix de 1992.

Cette pratique était critiquable à juste titre. À chaque fois que l'année de base était changée et un nouvel ensemble de prix de référence fixé, toutes les valeurs passées du PIB (et tous les taux de variation) devaient être recalculées : l'histoire était réécrite tous les cinq ans ! À compter de décembre 1995, le Bureau américain d'analyse économique passa à une nouvelle méthode qui ne souffre pas de ce problème. Cette méthode requiert trois étapes :

- le taux de croissance du PIB réel est calculé pour chaque année en utilisant la moyenne des prix sur les deux années considérées. Par exemple, le taux de croissance du PIB réel de 1998 à 1999 est obtenu en établissant le PIB réel de 1998 et celui de 1999 avec, comme prix de référence communs, la moyenne des prix de 1998 et 1999, puis en calculant le taux de variation du PIB réel ainsi construit ;
- un indice du niveau du PIB réel est ensuite calculé par composition des taux de variation annuels. L'indice est posé égal à 1 pour une année arbitraire. Actuellement, c'est l'année 1992. Étant donné que le taux de croissance réel du PIB pour 1993 est de 2,3 %, l'indice pour 1993 vaut 1 + 2,3 % = 1,023. L'indice de 1994 est obtenu en multipliant l'indice de 1993 par le taux de croissance de 1993 à 1994 ;

- finalement, cet indice est multiplié par le PIB nominal de 1992 pour obtenir le PIB réel (composé) en dollars de 1992. Comme l'indice vaut 1 en 1992, le PIB réel de 1992 est égal au PIB nominal de 1992. « Composé » fait référence à la composition des taux de variation décrits précédemment. 1992 indique l'année où PIB nominal et réel sont confondus par construction.

L'indice est plus compliqué à construire que les indices utilisés avant 1995. Mais il est évidemment meilleur. Les prix utilisés pour évaluer le PIB réel de deux années adjacentes sont les vrais prix, nommément la moyenne des prix pour ces deux années. Et comme le taux de croissance d'une année à l'autre est construit en utilisant les prix moyens de ces deux années plutôt que les prix d'une année de référence arbitraire, l'histoire ne sera plus réécrite tous les cinq ans, comme elle l'était quand, avec l'ancienne méthode de construction du PIB réel, les prix étaient changés. La France a adopté une méthode similaire en 2007.

Applications

1. Vrai/Faux/Incertain

a. La part du travail dans le PIB est bien plus faible que la part du capital.

b. Le PIB français était 30 fois plus élevé en 2011 qu'en 1963.

c. Si le chômage décourage les travailleurs de chercher un emploi, le taux de chômage est un mauvais indicateur des conditions qui prévalent sur le marché du travail. Il faut donc recourir au taux d'activité.

d. Une baisse du taux de chômage requiert une forte hausse du PIB.

e. Si l'IPC japonais est à 108 et l'américain à 104, le taux d'inflation au Japon est supérieur à ce qu'il est aux États-Unis.

f. Le taux d'inflation calculé à l'aide de l'IPC est un meilleur indicateur de l'inflation que celui calculé à l'aide du déflateur du PIB.

2. Le PIB

Supposez que l'on mesure le PIB en ajoutant la valeur finale de tous les biens et services produits. Déterminez l'effet des transactions suivantes.

a. Achat à un pêcheur de 100 euros de poisson cuisiné et mangé chez soi.

b. Un restaurant fait la même transaction.

c. Air France achète un nouvel avion à Airbus pour 200 millions d'euros.

d. Une compagnie grecque fait le même achat à Airbus.

e. Air France revend un de ses avions à Gérard Depardieu.

3. PIB mesuré et richesse

Supposez qu'au lieu de cuisiner pour votre dîner, vous travaillez une heure de plus, gagnez 12 euros et achetez votre dîner pour 10 euros.

a. De combien le PIB mesuré croît-il ?

b. Le vrai PIB devrait-il croître plus ou moins ?

4. La mesure du PIB

Deux événements ont lieu au cours d'une année donnée :

- une mine d'argent paie ses employés 200 000 euros pour produire 75 kg d'argent, vendus ensuite à une bijouterie 300 000 euros ;
- la bijouterie paie ses employés 250 000 euros pour produire des bijoux vendus 1 million d'euros.

a. Quel est le PIB de cette économie selon la méthode de la production des biens finaux ?

b. Quelle est la valeur ajoutée à chaque stade de la production ? Retrouvez le PIB par ce moyen.

c. Que valent les salaires et les revenus ? Retrouvez le PIB par ce moyen.

5. PIB nominal et réel

Une économie produit trois biens : des voitures, des ordinateurs et des oranges. La production des années 2010 et 2011 est résumée dans le tableau ci-après.

	2010		2011	
	Quantité	**Prix**	**Quantité**	**Prix**
Voitures	10	2 000	12	3 000
Oranges	1 000	1	6	500
Ordinateurs	4	1	1 000	1

a. Quel est le PIB nominal en 2010 et 2011 ? Quel est son taux de croissance ?

b. En utilisant 2010 comme année de base, quel est le PIB réel en 2010 et 2011 ? Quel est son taux de croissance ?

c. Même question en utilisant 2011.

d. « Le taux de croissance réel dépend de l'année de base choisie. » Vrai ou faux ?

6. Le déflateur du PIB

Vous utiliserez les données de l'exercice précédent.

a. Supposons que nous utilisions les prix de 2010 comme base pour calculer le PIB réel en 2010 et 2011. Calculez le déflateur du PIB pour 2010 et 2011, et le taux d'inflation de 2010 à 2011.

b. Supposons que nous utilisions les prix de 2011 comme base pour calculer le PIB réel en 2010 et 2011. Calculez le déflateur du PIB pour 2010 et 2011, et le taux d'inflation de 2010 à 2011.

c. Pourquoi les deux taux d'inflation sont-ils différents ? Lequel est le bon ? Justifiez votre réponse.

7. Les indices en chaîne

Comme on peut le voir dans les problèmes 5 et 6, le choix de l'année de base influe sur les résultats de certains calculs réels. Pour éviter ce problème, des indices en chaîne peuvent être utilisés : l'année de base est toujours l'année précédente (et non une date fixe).

a. En reprenant les données de l'exercice 5, calculez le PIB réel en utilisant les prix moyens des deux années.

b. Quel est le taux de croissance du PIB ?

c. Que vaut le déflateur du PIB ? Quel est le taux d'inflation obtenu par cette méthode ?

8. Les prix hédoniques

Comme on l'explique dans ce chapitre, il est difficile d'évaluer l'évolution des prix de biens dont les caractéristiques changent au cours du temps. Les prix hédoniques permettent de calculer les prix ajustés pour prendre en compte la qualité.

a. Prenez l'exemple d'un examen médical. Donnez quelques raisons de vouloir utiliser les prix hédoniques pour mesurer la hausse de leur prix.

b. Considérez maintenant l'introduction d'une nouvelle technologie pour l'examen des femmes enceintes coïncidant avec une hausse des prix de 20 %. Tous les médecins sont supposés s'équiper en même temps. Que peut-on dire des prix ajustés pour prendre en compte la qualité ?

Partie II – Le long terme

Chapitre 3

La croissance économique

Notre perception de l'« état de santé » de l'économie est souvent dominée par les fluctuations annuelles de l'activité. Les récessions conduisent au pessimisme ; les périodes d'expansion créent de l'optimisme. Le portrait change cependant si l'on prend un peu de recul en observant l'évolution de l'activité sur des périodes plus longues, de l'ordre de plusieurs décennies. La « croissance économique », c'est-à-dire l'augmentation prolongée de la production agrégée au cours du temps, devient l'élément principal.

Ce chapitre présente la croissance dans les faits, en France et ailleurs, dans un passé récent et moins récent. Un premier exemple de la croissance est donné avec la figure 3.1 : le PIB français n'a cessé de croître depuis la fin de la Seconde Guerre mondiale. Il est d'environ 2 000 milliards d'euros en 2011.

Figure 3.1 – Le PIB français de 1890 à 2010.

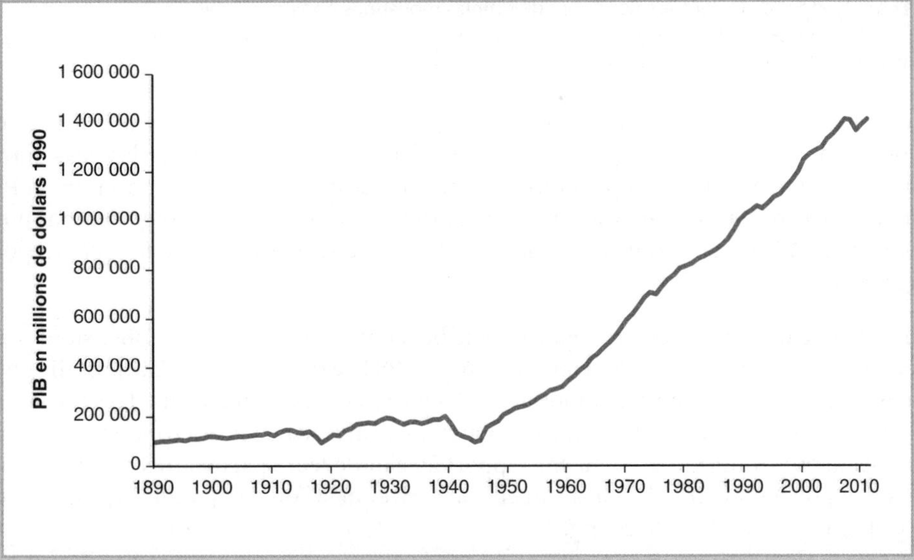

Source : Angus Maddison, *Historical Statistics of the World Economy* (jusqu'en 2006) ; FMI, *Perspectives de l'économie mondiale*, octobre 2012 (pour les années suivantes).

3.1 La croissance dans les pays riches depuis 1950

Le tableau 3.1 indique l'évolution du **produit par tête** (PIB divisé par la population) pour la France, l'Allemagne, le Japon, le Royaume-Uni et les États-Unis depuis 1950. Ces pays ont été choisis parce que ce sont les principales puissances économiques, mais aussi parce qu'ils sont représentatifs de l'évolution des pays industrialisés (les pays de l'OCDE) depuis un demi-siècle [1]. Pour comparer les pays entre eux, les chiffres de la production doivent être ajustés en tenant compte des différences de taille de population. C'est exactement ce que l'on fait avec le produit par tête [2].

Tableau 3.1 – L'évolution du produit par tête dans cinq pays riches depuis 1950.

	Taux de croissance annuel du produit par tête (en %)		Produit réel par tête (en dollars de 2005)		
	1950-1973	**1973-2010**	**1950**	**2010**	**2010/1950**
France	4,2	1,5	7 084	31 299	4,4
Allemagne	4,8 *	1,7	–	34 447	5,5 *
Japon	8,0	1,8	2 787	31 447	11,3
Royaume-Uni	2,4	2,1	8 898	34 268	3,8
États-Unis	2,4	1,6	13 069	41 365	3,2
Moyenne **	4,4	1,7	7 982	34 494	5,6

* Pour l'Allemagne, une rupture de série nous oblige à traiter avec deux sources différentes les périodes 1950-1973 et 1973-2010.
** Les moyennes de la dernière ligne sont de simples moyennes non pondérées.
Source : Alan Heston, Robert Summers et Bettina Aten, *Penn World Table*, version 7.1, Center for International Comparisons of Production, Income and Prices, université de Pennsylvanie, juillet 2012.

Avant de discuter du tableau, nous devons parler de la manière dont les chiffres du produit sont construits. Jusqu'à présent, en calculant ces chiffres pour les pays autres que les États-Unis ou l'Europe, nous avons utilisé la méthode directe : prendre le PIB du pays exprimé en devise locale, puis le multiplier par le taux de change courant pour obtenir des chiffres en dollars (voir chapitre 1). Mais cette méthode ne suffira pas ici pour deux raisons.

Tout d'abord, les taux de change peuvent beaucoup varier (plus de précisions sont données aux chapitres 15 à 18). Dans les années 1980, le dollar a augmenté puis diminué d'environ 50 % par rapport aux monnaies des partenaires commerciaux des États-Unis. Il est toutefois certain que, au cours de ces années, le niveau de vie des Américains n'a pas augmenté puis diminué de 50 % par rapport à celui de leurs partenaires commerciaux. Ce serait pourtant la conclusion à laquelle on arriverait si l'on comparait les produits par tête en utilisant les taux de change [3].

1. Voir l'annexe du chapitre 1 : l'Organisation de coopération et de développement économiques (OCDE) est une organisation internationale qui regroupe les pays les plus riches.
2. Produit : PIB. Produit par tête : PIB divisé par la population.
3. La crise asiatique de 1997-1998 nous donne un autre exemple. Lorsque les monnaies des pays asiatiques ont vu leur valeur divisée par deux face au dollar, ces pays ne se sont pas subitement retrouvés deux fois moins riches.

La raison suivante va au-delà des fluctuations du taux de change. En 2010, en utilisant le taux de change courant, on trouve que le produit par tête en Inde était de 1 300 dollars contre 47 300 aux États-Unis. Or, s'il est certain que personne ne pourrait vivre aux États-Unis avec 1 300 dollars par an, les gens vivent (certes très mal) avec un tel revenu en Inde, où les prix des biens de première nécessité sont bien plus bas qu'aux États-Unis. Le niveau de consommation d'un Indien, qui consomme essentiellement des biens de première nécessité, n'est pas 36 fois plus petit que celui d'un Américain. Cette caractéristique n'est pas propre aux États-Unis et à l'Inde, elle s'applique à tous les pays : en général, plus la production par habitant d'un pays est faible, plus les prix des biens et services de première nécessité sont bas.

Ainsi, lorsque l'on veut comparer les niveaux de vie, soit au cours du temps, soit entre les pays, on obtient des comparaisons plus intéressantes quand on tient compte de ces effets, comme dans le tableau 3.1. Les détails de la construction sont complexes, mais l'idée est simple. Les chiffres du PIB dans le tableau 3.1 sont construits en utilisant un ensemble de biens et services communs, produits dans chacun des pays. Ces chiffres de PIB réel ajusté peuvent être considérés comme des chiffres de **pouvoir d'achat** au cours du temps ou entre différents pays. On les appelle les chiffres de **parité de pouvoir d'achat** (PPA). L'encadré « La construction des chiffres PPA [1] » vous donnera plus d'explications à ce sujet.

Gros plan

La construction des chiffres PPA

Considérons deux pays, les États-Unis et la Russie par exemple, mais sans trop se soucier de la vraisemblance de nos observations.

Aux États-Unis, la consommation annuelle par habitant est de 20 000 dollars. Les agents achètent deux biens : chaque année, ils achètent une nouvelle voiture pour 10 000 dollars et dépensent le reste en nourriture. La consommation annuelle de nourriture est donc de 10 000 dollars.

En Russie, la consommation annuelle par habitant est de 12 000 roubles. Les agents gardent leur voiture pendant quinze ans. Une voiture coûte 60 000 roubles, donc les gens dépensent en moyenne 4 000 roubles par an pour leur voiture (60 000/15). Ils achètent la même quantité de nourriture que leurs homologues américains, pour 8 000 roubles.

Les voitures russes et américaines sont de même qualité, comme la nourriture russe et américaine (vous pouvez remettre en cause le réalisme de ces hypothèses. Savoir si une voiture dans le pays X est de la même qualité qu'une autre du pays Y est l'exemple type des problèmes que rencontrent les économistes qui construisent des mesures de parité de pouvoir d'achat). Le taux de change est tel que 1 dollar équivaut à 8 roubles. Quelle est la consommation par habitant en Russie comparée à celle aux États-Unis ?

On peut répondre à cette question en prenant directement la consommation russe et en la convertissant en dollars au taux de change. En utilisant cette méthode, on trouve que la consommation russe est de 2 000 dollars, soit 10 % de la consommation américaine.

Cette réponse a-t-elle un sens ? Certes, les Russes sont moins riches que les Américains, mais la nourriture est relativement meilleur marché en Russie. Un consommateur américain qui dépenserait la totalité de ses 20 000 dollars en nourriture pourrait en acheter

1. La construction d'indices de parité de pouvoir d'achat est une entreprise capitale.

Gros plan

pour deux ans (20 000/10 000). Un consommateur russe qui dépenserait la totalité de ses 12 000 roubles en nourriture pourrait en acheter pour un an et demi (12 000/8 000).

En termes de nourriture, la différence de consommation par habitant entre États-Unis et Russie est bien moindre. Or, étant donné que la nourriture représente la moitié de la consommation aux États-Unis et les deux tiers en Russie, cette mesure semble pertinente.

Peut-on améliorer notre première réponse ? Oui. On pourrait utiliser un même panier de biens dans les deux pays et mesurer la quantité de chaque bien consommé dans les deux pays à l'aide d'un même système de prix. Partons des prix américains. En termes de prix, la consommation américaine est de toute évidence de 20 000 dollars. Quelle est-elle en Russie ? Chaque année, un Russe achète en moyenne 0,07 voiture (une tous les quinze ans) et de la nourriture pour une année. En utilisant les prix américains (10 000 dollars pour une voiture, 10 000 dollars pour une année de nourriture), la consommation russe par habitant est de :

$$0{,}07 \times 10\,000 + 1 \times 10\,000 = 700 + 10\,000 = 10\,700 \text{ dollars}$$

Cela nous donne une consommation par habitant et par an en Russie de 10 700/20 000 = 53,5 % de la consommation annuelle américaine par habitant. C'est une meilleure mesure des niveaux de vie relatifs que celle que nous avons obtenue avec notre première méthode (qui donnait seulement 10 %).

Ce type de calcul – la construction de variables qui utilisent un même système de prix pour les différents pays – sous-tend les estimateurs de PPA. Plutôt que de se fonder sur les prix en dollars comme dans notre exemple (pourquoi des dollars plutôt que des roubles ou des euros ?), ces estimateurs utilisent des prix moyens entre les pays ; ces prix sont appelés des *prix internationaux en dollars.* Les estimateurs dont nous nous servons dans le tableau 3.1 et à d'autres endroits dans le chapitre sont le résultat d'un ambitieux travail de recherche connu sous le nom de « *Penn World Table* ». Mené par trois économistes (Irving Kravis, Robert Summers et Alan Heston) pendant plus de quinze ans, ce projet a donné des séries de PPA non seulement pour la consommation (comme dans notre exemple), mais plus généralement pour le PIB et ses composantes, en remontant jusqu'à 1950, pour la plupart des pays du globe.

Pour en savoir plus sur la construction des chiffres PPA, vous pouvez lire l'article de Summers et Heston cité en source du tableau 3.1.

Les différences entre les chiffres PPA et les chiffres construits à partir du taux de change courant peuvent être substantielles. Lorsque l'on reprend l'exemple de la comparaison entre l'Inde et les États-Unis, le PIB par habitant aux États-Unis est environ 14 fois supérieur à celui de l'Inde. Il y a certes une énorme différence, mais pas aussi grande que celle que l'on obtenait en comparant les PIB à l'aide des taux de change (36 fois). Si l'on considère le classement des pays riches selon le produit par tête en 2010, celui des États-Unis représente 115 % de celui de l'Allemagne quand on utilise les taux de change, 129 % quand on utilise les chiffres PPA. Avec les chiffres PPA, les États-Unis ont le produit par tête le plus important au monde [1].

Nous pouvons maintenant revenir aux chiffres donnés dans le tableau 3.1. Trois conclusions peuvent être tirées de l'étude de ce tableau.

1. Pour comparer les niveaux de vie entre les pays, il faut utiliser les chiffres de parité de pouvoir d'achat.

1. L'importance, tout d'abord, de la croissance dans chacun des cinq pays, l'augmentation du niveau de vie depuis 1950. La croissance de 1950 à 2010 a multiplié la production par habitant par 3,2 aux États-Unis, 4,4 en France, 5,5 en Allemagne et 11,3 au Japon.

Ces chiffres révèlent ce que l'on appelle parfois la *force des intérêts composés*. Par exemple, avec un taux d'intérêt de 4,15 % par an, investir 1 euro et le réinvestir avec ses intérêts chaque année donne à peu près 11,50 euros soixante ans après : $(1 + 0{,}0415)^{60} = 11{,}5$. Le même raisonnement s'applique à la croissance japonaise de 1950 à 2010. Le taux de croissance annuel moyen est égal à 4,15 % : (8 % par an × 23 ans + 1,8 % par an × 37 ans)/60 ans, ce qui équivaut à multiplier la production réelle par habitant par environ 11,5. Une meilleure compréhension des mécanismes de la croissance, si elle peut permettre de mettre en place une politique favorable à la croissance, peut avoir un effet considérable sur le niveau de vie de la population. Une mesure politique qui ferait passer la croissance de 2 à 3 % par an entraînerait, après quarante ans, une augmentation du niveau de vie de 100 % [1].

2. Le taux de croissance a diminué depuis le milieu des années 1970. Les deux premières colonnes du tableau 3.1 indiquent le taux de croissance de la production par habitant avant et après 1973. Donner une date exacte à la diminution du taux de croissance est difficile ; 1973, la date utilisée pour diviser l'échantillon en deux, n'est pas meilleure que n'importe quelle autre date du milieu des années 1970.

La croissance a diminué dans chacun des cinq pays. La diminution a été plus forte dans les pays qui avaient connu une croissance plus élevée avant 1973 : la France, l'Allemagne et surtout le Japon. L'une des conséquences est que les différences de taux de croissance entre les pays sont moindres après 1973 qu'avant. Si elle devait continuer, cette baisse de la croissance aurait de profondes implications pour l'évolution des productions dans le futur. À un taux de croissance de 4,4 % par an (le taux moyen sur les cinq pays entre 1950 et 1973), il suffit de seize ans pour doubler le niveau de vie. À un taux de 1,7 % par an (la moyenne depuis 1973), il faut quarante et un ans, soit plus du double [2]. Les anticipations de forte croissance du revenu individuel qui se sont forgées dans les années 1950 et 1960 ont été confrontées à la réalité depuis 1973. Pour certains groupes socio-économiques, une moindre croissance de l'ensemble de la production de l'économie par habitant ainsi qu'une baisse du revenu par rapport à la moyenne ont entraîné une baisse absolue du revenu. Ceux qui ont été principalement touchés étaient les travailleurs peu qualifiés. Nous explorons cette piste au chapitre 22.

Gros plan

Croissance et bonheur

Les économistes considèrent souvent comme acquis le fait qu'un niveau de PIB par tête plus élevé entraîne plus de bonheur. Les données mesurant directement le « bonheur » montrent cependant que la réalité est plus complexe.

1. Il est inutile de dire que de telles mesures politiques, qui auraient un effet aussi magique, se sont révélées difficiles à imaginer.
2. Une méthode utile ici est celle dite « des 70 » : si une variable croît à un taux de x % par an, il lui faudra environ $70/x$ ans pour doubler. Donc si $x = 4{,}4$, il faut seize ans (70/4,4) pour que la variable double. Si $x = 1{,}7$, il faudra alors quarante et un ans pour que la variable double.

Gros plan

Croissance et bonheur : comparaisons entre pays

La figure 1 expose les résultats d'une étude sur le bonheur réalisée dans 81 pays à la fin des années 1990. Dans chaque pays, on a posé deux questions à un échantillon de personnes :

- « Tout bien considéré, diriez-vous que vous êtes très heureux, assez heureux, pas très heureux, pas heureux du tout ? » ;
- « Tout bien considéré, à quel point êtes-vous satisfait ou n'êtes-vous pas satisfait de la vie que vous menez en ce moment ? », les personnes interrogées devant répondre sur une échelle allant de 1 (« pas du tout satisfait ») à 10 (« tout à fait satisfait »).

Sur l'axe des ordonnées de la figure 1, est reportée la moyenne entre le pourcentage de personnes se déclarant très heureuses ou assez heureuses en réponse à la première question, et le pourcentage de personnes donnant une valeur comprise entre 6 et 10 en réponse à la seconde question. En abscisse, apparaît une mesure du PIB par tête (calculé en parité de pouvoir d'achat, en dollars de 1999 ; les données proviennent de la Banque mondiale). Cette figure conduit à trois conclusions :

- premièrement, la plupart des pays dans lesquels on mesure de très faibles niveaux de bonheur sont les pays d'Europe de l'Est, qui souffraient à la fin des années 1990 de l'effondrement des régimes communistes et de la difficile transition vers le capitalisme ;
- deuxièmement, et si l'on excepte ces pays d'Europe de l'Est, il semble y avoir une relation positive entre la mesure du bonheur et le niveau de PIB par tête. Le bonheur semble plus faible dans les pays pauvres que dans les pays riches ;
- troisièmement, si l'on considère les pays riches (ayant un PIB par tête supérieur à 20 000 dollars, ce qui représente environ 14 000 euros), il semble ne plus y avoir de relation entre le niveau de produit par tête et le bonheur (pour voir cela, il suffit de cacher la partie gauche de la figure et de ne regarder que la partie droite). Pour ce sous-ensemble de pays, un niveau plus élevé de PIB par tête n'est apparemment pas associé à plus de bonheur.

Figure 1 – Bonheur et PIB par tête dans les différents pays.

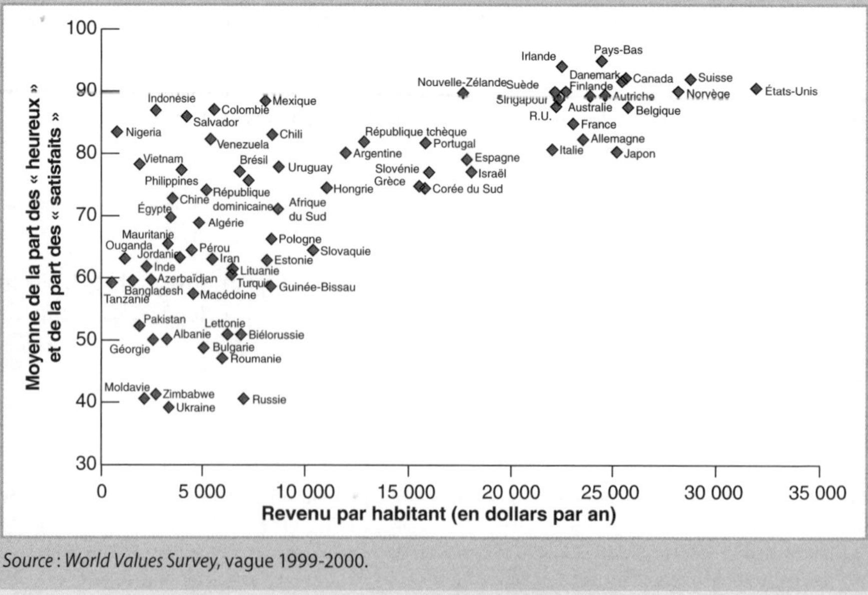

Source : World Values Survey, vague 1999-2000.

Croissance et bonheur : évolution dans le temps

On peut cependant raisonnablement considérer que cette comparaison du bonheur entre pays est délicate. La notion de bonheur peut différer d'une culture à une autre. Certains pays peuvent durablement être plus heureux ou moins heureux que d'autres. Pour cette raison, on peut préférer regarder comment évolue le niveau de bonheur dans le temps au sein d'un pays donné. Cette étude peut être réalisée pour les États-Unis, où, pour l'enquête *General Social Survey*, on a interrogé un échantillon d'individus en posant depuis le début des années 1970 la question suivante : « Tout bien considéré, diriez-vous que vous êtes actuellement très heureux, assez heureux, ou pas très heureux ? » Le tableau 1 montre les résultats obtenus en 1975 et en 1996.

Ces chiffres sont frappants. Bien que le produit par tête ait crû de plus de 60 % au cours de ces vingt et un ans, on n'observe pratiquement aucune évolution dans la distribution des réponses à la question sur la mesure du bonheur. Autrement dit, la hausse du niveau de vie ne s'est pas accompagnée d'une augmentation du pourcentage de personnes se déclarant heureuses. Ce résultat est confirmé par d'autres sondages, réalisés par Gallup : la part des personnes se déclarant « très heureuses » est la même aujourd'hui qu'au début des années 1950.

Tableau 1 – La distribution du bonheur aux États-Unis, évolution dans le temps (en %).

	1975	1996
Très heureux	32	31
Assez heureux	55	58
Pas très heureux	13	11

Croissance et bonheur : comparaison entre individus

Faut-il en conclure que « l'argent (ou plus précisément le revenu) ne fait pas le bonheur » ? Cette conclusion est prématurée : si l'on compare différents individus à un moment donné, les personnes les plus riches se déclarent plus fréquemment heureuses que les personnes pauvres. Le tableau 2 montre ce résultat (à partir du *General Social Survey*), en comparant les réponses à la question sur le bonheur entre personnes ayant des revenus différents aux États-Unis en 1998.

Tableau 2 – La distribution du bonheur aux États-Unis selon le revenu (en %).

	Quartile des revenus les plus élevés	Quartile des revenus les plus faibles
Très heureux	37	16
Assez heureux	57	53
Pas très heureux	6	31

Là encore, les résultats sont frappants : la proportion de personnes se déclarant « très heureuses » est quatre fois plus élevée parmi les « riches » (appartenant au quart de la population ayant les revenus les plus élevés) que parmi les « pauvres » (appartenant au

Gros plan

quart de la population ayant les revenus les plus faibles). À l'inverse, la proportion de personnes se déclarant « pas très heureuses » est beaucoup plus importante chez les « pauvres » que chez les « riches ».

Quelles conclusions peut-on en tirer ? Pour des faibles niveaux de PIB par tête (disons jusqu'à environ 20 000 dollars, soit la moitié du PIB des États-Unis ou les deux tiers de celui de la France), une hausse du produit entraîne une augmentation du bonheur mesuré. Pour des niveaux de PIB par tête plus élevés, la relation semble cependant beaucoup plus faible. Le bonheur semble davantage dépendre du revenu relatif des individus. Si ces conclusions sont justes, cela peut avoir d'importantes conséquences pour la politique économique, du moins dans les pays riches : il se pourrait que la croissance économique (et donc les politiques visant à la stimuler) ne soit pas la clé du bonheur.

Source : d'après Richard Layard, *Le Prix du bonheur – Leçons d'une science nouvelle*, Armand Colin, 2007.

3. Les niveaux de production dans les cinq pays ont convergé au cours du temps. En d'autres termes, les pays qui avaient une production plus faible ont connu un taux de croissance plus élevé ; ils ont ainsi réduit l'écart qui les séparait des États-Unis.

En 1950, le produit par tête aux États-Unis était environ deux fois plus élevé qu'en France et en Allemagne, et près de cinq fois plus élevé qu'au Japon. Vus depuis l'Europe ou le Japon, les États-Unis étaient un pays d'abondance, où tout était plus grand et meilleur. Aujourd'hui, cette impression s'est dissipée, et les chiffres expliquent pourquoi. En utilisant les chiffres de parité de pouvoir d'achat, la production américaine est toujours la plus élevée en 2010, mais elle n'est supérieure que de 20 à 30 % à celle des autres pays, différence bien moindre que pendant les années 1950.

Cette **convergence** des produits par tête d'un pays à l'autre s'étend à l'ensemble des pays de l'OCDE, ce que l'on peut voir à la figure 3.2, qui représente le taux de croissance annuel moyen de 1950 à 2010, en fonction de la production initiale en 1950, pour l'ensemble des pays actuellement membres de l'OCDE. Il y a une relation négative évidente entre le niveau de production initial et le taux de croissance depuis 1950 : les pays qui étaient moins avancés en 1950 ont généralement connu un taux de croissance supérieur. La relation n'est bien sûr pas parfaite : la Turquie, qui avait à peu près le même faible niveau de production par habitant que le Japon en 1950, a eu un taux de croissance égal à seulement la moitié de celui du Japon. Mais la relation existe quand même.

La convergence des produits par tête a été un sujet brûlant de la recherche en macroéconomie au cours de la dernière décennie. Certains ont souligné un biais dans des représentations graphiques telles que la figure 3.2. En observant les pays membres de l'OCDE aujourd'hui, on considère un club de gagnants économiques : l'adhésion à l'OCDE n'est pas fondée officiellement sur le succès économique, mais le succès économique en est certainement un élément déterminant. Si l'on considère un club auquel seuls adhèrent les pays qui ont eu de bons résultats économiques, l'on va forcément constater que les pays qui n'avaient pas un niveau de production élevé ont connu une forte croissance qui leur a permis d'adhérer plus tard au club. C'est précisément parce qu'ils ont eu une forte croissance qu'ils appartiennent au club. La convergence peut être uniquement due à un biais de sélection.

Figure 3.2 – Le taux de croissance du PIB par habitant 1950-2010 et le PIB en 1950 des pays de l'OCDE.

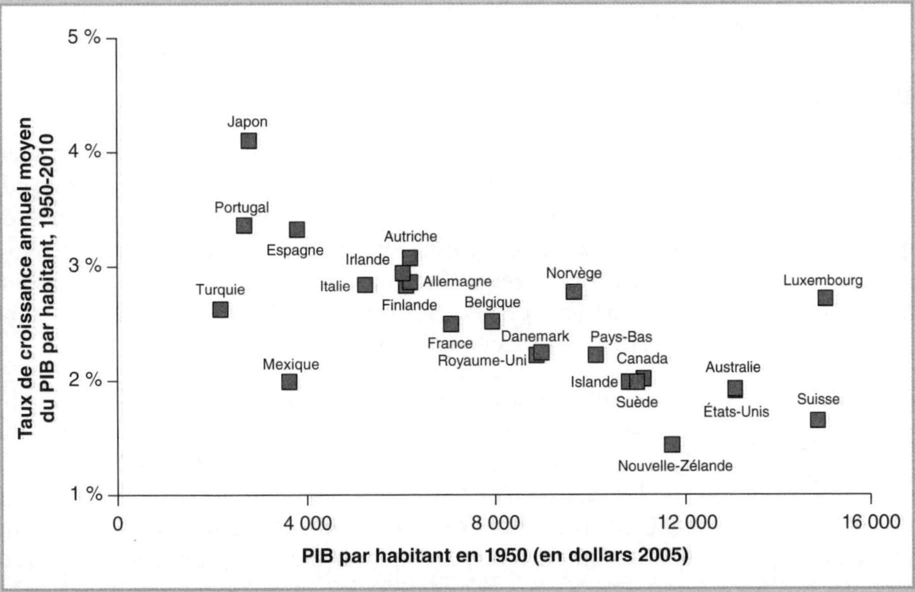

Les pays qui avaient un faible niveau de production par habitant en 1950 ont généralement connu un taux de croissance supérieur.
Remarque : la Corée du Sud, la République tchèque, la Slovaquie, la Grèce, la Hongrie et la Pologne ne sont pas considérées en raison de données insuffisantes.

Source : Alan Heston, Robert Summers et Bettina Aten, *Penn World Table*, version 7.1, Center for International Comparisons of Production, Income and Prices, université de Pennsylvanie, juillet 2012.

Une meilleure façon d'examiner le problème serait de sélectionner les pays de notre échantillon non pas en fonction des résultats économiques présents, mais en fonction de leurs résultats passés, en 1950 par exemple. On pourrait ainsi considérer l'ensemble des pays dont la production par habitant était au moins égale au quart de celui des États-Unis et étudier la convergence au sein de ce groupe de pays. Il se trouve que la plupart des pays de ce groupe ont effectivement convergé : la convergence n'est donc pas un phénomène propre à l'OCDE. Néanmoins, un certain nombre de pays, dont l'Uruguay, l'Argentine ou le Venezuela, n'ont pas convergé. En 1950, ces trois pays avaient un niveau de PIB par habitant à peu près similaire à celui de la France. En 2010, leur niveau de PIB par habitant est compris entre le quart et la moitié de celui de la France.

3.2 Une approche plus large du temps et de l'espace

Les trois principaux faits que nous allons essayer d'expliquer sont :

- l'importante augmentation du niveau de vie depuis 1950 ;
- la baisse de la croissance depuis le milieu des années 1970 ;
- la convergence de la production par habitant au sein des pays riches.

Avant cela, il est utile d'étudier ces points dans une perspective plus large. C'est l'objet de cette section. Nous considérons le problème sur une période bien plus vaste et sur un ensemble de pays plus grand.

Un aperçu sur deux millénaires

La production par habitant dans les pays riches a-t-elle toujours augmenté selon des taux identiques à ceux présentés dans le tableau 3.1 ? La réponse est non. Pour comprendre pourquoi, il n'est même pas besoin de considérer l'histoire ; un simple calcul suffit. Supposons que le taux de croissance du produit par tête ait été aussi faible que 0,5 % par an depuis l'an 1 du calendrier chrétien (une date arbitraire) pour les cinq pays du tableau 3.1. Si l'on revient en arrière, cela signifie que le produit par tête en l'an 1 aurait été de 0,005 % du niveau actuel, chiffre de toute évidence trop faible [1].

Un examen de l'histoire confirme cette conclusion. Les estimateurs de croissance sont clairement plus difficiles à construire quand on remonte dans le temps. Mais un consensus existe entre les économistes à propos des grandes lignes des évolutions sur les deux derniers millénaires. Depuis la fin de l'Empire romain jusqu'à l'an 1500 environ, il n'y avait pour ainsi dire pas de croissance de la production par habitant en Europe. Pour l'essentiel, la plupart des travailleurs étaient employés dans l'agriculture, qui a certes connu des évolutions importantes au cours des siècles, mais bien moins régulières et importantes que celles que l'on enregistre depuis deux siècles dans des pays industrialisés. De surcroît, à chaque fois que des progrès techniques sont effectivement apparus, comme par exemple au début du XIe siècle (apparition de la charrue, du collier de cheval, du moulin à eau…), la population a augmenté en même temps. Jusqu'à ce que l'on appelle la « transition démographique » qui s'est produite vers le XIXe siècle dans les pays industrialisés, la croissance de la production (et partant du revenu) était absorbée par une augmentation à peu près proportionnelle de la population. La production par habitant était donc plus ou moins constante.

De 1500 à 1700, la croissance du produit par tête est devenue positive, mais faible, de l'ordre de 0,1 % par an, passant à 0,2 % l'an entre 1700 et 1820. Même pendant la révolution industrielle, les taux de croissance n'étaient pas élevés par rapport aux niveaux actuels.

À l'échelle de l'histoire humaine, la croissance du produit par tête est par conséquent un phénomène récent. À la lumière de l'histoire de la croissance au cours des deux derniers millénaires, ce qui apparaît insolite, ce sont donc plutôt les forts taux de croissance des années 1950 et 1960 que la baisse des taux de croissance depuis 1973.

L'histoire permet aussi de remettre dans son contexte le phénomène de convergence des pays de l'OCDE vers le niveau de production américain depuis 1950. Les États-Unis n'ont pas toujours été le leader économique mondial. L'histoire ressemble plus à une course d'endurance, dans laquelle un pays prend la tête pour un temps, puis laisse la place à un autre pays, et retourne dans le peloton ou disparaît. Pendant une grande partie du premier millénaire et jusqu'au XVe siècle, la Chine avait certainement le plus haut niveau de production par habitant. Durant quelques siècles, la première place a été prise par les villes du Nord de l'Italie. Vint ensuite le tour des Pays-Bas jusqu'en 1820 environ,

1. Le produit par tête devrait être égal à $1{,}005^{2\,000}$ = à peu près 20 000 fois le produit par tête en l'an 1. De façon équivalente, le revenu en l'an 1 aurait été égal à 1/20 000 = 0,005 % du revenu actuel.

puis du Royaume-Uni de 1820 à 1870. Depuis, ce sont les États-Unis qui sont en tête. Sous cet angle, l'histoire ressemble plus à un jeu de *saute-mouton* (au cours duquel un pays se rapproche d'un autre et lui passe « par-dessus ») qu'à la convergence (les pays se rapprochant de plus en plus). Si l'histoire peut servir de guide, les États-Unis ne seront pas toujours en tête...

Gros plan

La réalité de la croissance : le budget d'un travailleur en 1851

Tableau 1 – Le budget d'un travailleur à Philadelphie en 1851.

Types de dépenses (sur douze mois)	Montant (en dollars)	Pourcentage du total
Viande de boucherie (1 kg par jour)	72,80	13,5
Farine (3,5 kg par an)	32,50	6,0
Beurre (1 kg par semaine)	32,50	6,0
Pommes de terre (2 sacs par semaine)	26,00	4,8
Sucre (2 kg par semaine)	16,64	3,0
Café et thé	13,00	2,4
Lait	7,28	1,4
Sel, poivre, vinaigre, levure, savon, amidon, œufs	20,80	3,9
Dépenses alimentaires totales	**221,52**	**41,00**
Loyer	156,00	29,0
Charbon (3 t par an)	15,00	2,8
Charbon de bois, allume-feu, allumettes	5,00	0,9
Huile et bougies	7,28	1,4
Articles de maison (habillement, couture, réparations)	13,00	2,4
Literie et draperie	10,40	1,9
Appareils ménagers	104,00	19,3
Journaux	6,24	1,2
Dépenses autres que nourriture	**316,92**	**58,8**

Les données sur le PIB par habitant ne donnent pas toute la réalité de la croissance et de l'augmentation du niveau de vie. L'examen du budget annuel d'un travailleur à Philadelphie en 1851 révèle plus clairement le changement.

Notez la part que la famille dépense pour la nourriture à cette époque : 41 % des dépenses. Aujourd'hui, la part correspondante est beaucoup plus faible (12,4 % en 2007). Et la nourriture à la maison, par opposition à la nourriture au restaurant, ne compte que pour 7 % de la consommation totale. Mais ce qui est encore plus révélateur, c'est la composition de l'alimentation. Comparez la nourriture dans ce tableau avec la richesse et la diversité de ce que l'on mange aujourd'hui.

Source : d'après William Baumol *et al.*, *Productivity and the American Leadership*, MIT Press, 1989. La composition des dépenses aujourd'hui vient du tableau 668 (« Average annual expenditures of all consumer units », 2007), extrait de *Statistical Abstract of the United States*, U.S. Census Bureau, 2010.

Une comparaison entre les pays

Nous avons vu la manière dont le revenu a convergé au sein des pays membres de l'OCDE. Mais qu'en est-il pour les autres pays ? Les pays les plus pauvres ont-ils un taux de croissance plus élevé ? Convergent-ils vers les États-Unis, même s'ils en sont encore loin ?

La réponse est donnée par la figure 3.3, qui représente le taux de croissance moyen de la production par habitant de 1960 à 2010, en fonction de la production de l'année 1960, et ce pour 110 pays [1].

La figure 3.3 ne montre pas de relation claire. Au cours des trente dernières années, la convergence n'a pas été la règle. Les pays qui étaient relativement plus pauvres en 1960 n'ont généralement pas crû plus vite.

Figure 3.3 – Le taux de croissance du PIB par habitant 1960-2010 et le PIB par habitant en 1960 de 110 pays.

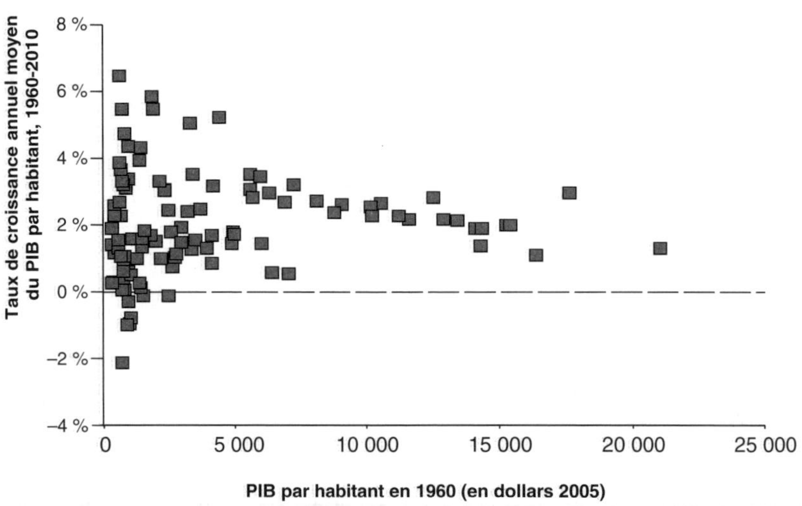

Il n'y a pas de relation claire entre le taux de croissance de la production et le niveau de production en 1960.

Source : Alan Heston, Robert Summers et Bettina Aten, *Penn World Table*, version 7.1, Center for International Comparisons of Production, Income and Prices, université de Pennsylvanie, juillet 2012.

Ce nuage de points cache néanmoins des caractéristiques intéressantes, qui apparaissent lorsque l'on rassemble les pays en différents groupes. On identifie trois groupes dans la figure 3.4 : les losanges représentent les pays de l'OCDE que nous avons considérés ; les carrés, les pays africains ; les triangles, les pays asiatiques. Ensemble, ces groupes rassemblent 44 pays. La figure 3.4 ne prend en compte que ces pays.

1. Les chiffres de 1950 manquent pour un trop grand nombre de pays pour utiliser cette année comme année d'origine, comme nous l'avons fait à la figure 3.2. La figure 3.3 comprend tous les pays pour lesquels les chiffres de parité de pouvoir d'achat existent à la fois pour 1960 et pour 2007.

Figure 3.4 – Le taux de croissance du PIB par habitant 1960-2007 et le PIB par habitant en 1960 pour l'OCDE, l'Afrique et l'Asie.

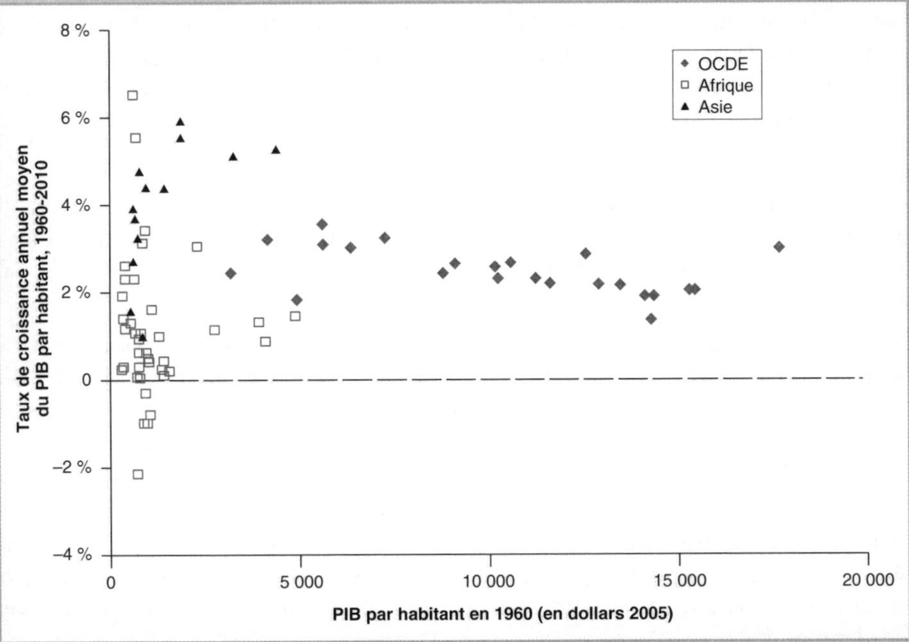

Les pays asiatiques sont en train de converger vers le niveau de production de l'OCDE. Il n'existe pas de signe de convergence pour les pays africains.

Source : Alan Heston, Robert Summers et Bettina Aten, *Penn World Table*, version 7.1, Center for International Comparisons of Production, Income and Prices, université de Pennsylvanie, juillet 2012.

La figure conduit à trois conclusions.

- La représentation pour les pays de l'OCDE est à peu près la même que celle de la figure 3.2, qui considérait une période relativement plus longue (depuis 1950 au lieu de 1960 ici). La plupart partent de niveaux de production par habitant relativement élevés (disons un tiers du niveau américain de 1960) et montrent des signes évidents de convergence.
- La convergence est aussi manifeste pour la plupart des pays asiatiques. Le Japon (représenté en losange comme pays de l'OCDE) a été le premier pays asiatique à croître rapidement et a maintenant le niveau de production par habitant le plus élevé d'Asie ; un grand nombre de pays suivent d'ailleurs cette voie. À partir des années 1960, à Singapour, Taïwan, Hong Kong et en Corée du Sud (parfois appelés les « Quatre Dragons »), le taux de croissance du PIB par habitant a crû rapidement. En 1960, leur production par habitant représentait 16 % de la production américaine par habitant ; au milieu des années 2000, ce chiffre est passé à 65 %. Par la suite, un certain nombre de pays d'Asie, parmi lesquels l'Indonésie, la Malaisie et la Thaïlande, ont crû à des taux similaires. Plus récemment, l'évolution majeure a concerné la Chine : avec un fort taux de croissance et une population de 1,3 milliard d'habitants, celle-ci est en phase de devenir une puissance économique mondiale de plus en plus importante. L'utilisation des chiffres PPA montre que son PIB réel par habitant s'élève en 2010 à près d'un cinquième de celui des États-Unis.

- Le tableau est complètement différent pour les pays d'Afrique, pour lesquels la convergence n'est certainement pas la règle. La plupart des pays africains étaient pauvres en 1960, et beaucoup ont connu depuis des taux de croissance par tête négatifs (une baisse absolue du niveau de vie). Même en l'absence de guerres importantes au Niger, depuis 1960, la production par habitant a décru chaque année de près de 1 % : dans ce pays, elle ne représente plus en 2010 que 61 % de son niveau de 1960. Comprendre pourquoi tant de pays africains ne connaissent pas de croissance est l'un des principaux problèmes auxquels les économistes du développement doivent faire face aujourd'hui.

Nous n'allons pas essayer de relever les défis que ces faits nous proposent : ce serait aller trop loin dans l'histoire économique et dans l'économie du développement [1]. Mais ils nous permettent de mettre en perspective les trois faits de base dont nous avons parlé pour les pays de l'OCDE :

- la croissance n'est pas une nécessité historique. Il y a eu peu de croissance durant la plus grande partie de l'histoire de l'humanité et, de nos jours, la croissance d'un certain nombre de pays est encore faible. Les théories qui expliquent la croissance dans les pays de l'OCDE doivent aussi pouvoir rendre compte du fait qu'il n'y a pas eu de croissance dans le passé et qu'il n'y en a pas (ou peu) à notre époque en Afrique ;
- la convergence des pays de l'OCDE vers les États-Unis peut être le prélude à un nouveau saut-de-mouton, étape qui va permettre à un autre pays de prendre la première place. Les théories qui l'expliquent doivent donc pouvoir décrire comment la convergence peut être suivie par une partie de saute-mouton et par l'apparition d'un nouveau leader mondial ;
- enfin, dans une perspective historique longue, ce n'est pas la faible croissance depuis 1973 qui est surprenante, mais plutôt l'extraordinaire explosion de la croissance dans la période précédente. L'analyse des facteurs de la forte croissance après la Seconde Guerre mondiale peut fournir une explication au ralentissement observé depuis 1975 (par exemple, certains facteurs ont pu disparaître).

3.3 Comment analyser la croissance ?

Comment expliquons-nous les faits que nous avons présentés dans les sections précédentes ? Lesquels sont déterminants pour la croissance ? Quel est le rôle de l'accumulation du capital ? Quel est le rôle du progrès technique ? Pour répondre à ces questions, les économistes utilisent un modèle présenté par Robert Solow à la fin des années 1950 [2]. Cette section introduit ce modèle. Le chapitre suivant analysera plus en détail le rôle de l'accumulation du capital, puis celui du progrès technique.

Le point de départ de toute théorie de la croissance est la **fonction de production**, c'est-à-dire la relation qui existe entre le produit (*output*) et les intrants (*inputs*) du processus de production.

1. La distinction entre *théorie de la croissance* et *économie du développement* n'est pas nette. Une distinction grossière que l'on pourrait faire est que les théories de la croissance prennent comme données un certain nombre de paramètres (le système juridique, la forme du gouvernement), alors que l'économie du développement va un pas plus loin et pose la question de savoir pourquoi ces institutions sont nécessaires à une croissance soutenue.
2. L'article de Solow, « A Contribution to the Theory of Economic Growth » est paru dans *The Quarterly Journal of Economics*, en février 1956, p. 65-94. Solow a reçu le prix Nobel d'économie en 1987 pour ses travaux sur la croissance.

Supposons que la production utilise deux *inputs*, le capital et le travail :

$$Y = F(K, N) \qquad (3.1)$$

Comme auparavant, Y représente la production, K le capital (la somme de toutes les machines, de tous les bâtiments) et N le travail (tous les travailleurs de l'économie). La fonction F nous dit quelle est la production pour un niveau de capital et de travail donné. Cette fonction de production [1] est certainement une simplification drastique. Il est évident que les machines et les bureaux jouent un rôle complètement différent dans la production et que, donc, on devrait les traiter comme deux *inputs* distincts. De même, un travailleur qui sort de l'université fait un travail totalement différent de celui de quelqu'un qui a quitté le lycée avant le bac et, pourtant, seul le nombre total de travailleurs est pris en compte. On considère ainsi que les travailleurs sont tous les mêmes. On relâchera nombre de ces hypothèses simplificatrices plus tard. Un grand nombre de remarques importantes peuvent être faites à ce stade en utilisant une version simplifiée telle que l'équation 3.1.

De quoi dépend la fonction de production F ? En d'autres termes, quelle production peut-on obtenir pour une quantité donnée de capital et de travail ? Elle dépend de l'**état de la technologie**. Un pays qui a une technologie plus avancée pourra produire davantage avec une même quantité de capital et de travail qu'un pays dont la technologie est plus primitive [2].

Qu'entend-on par technologie ? Dans un sens restreint, on peut considérer que l'état de la technologie est la liste de tous les plans de fabrication de tous les produits et des techniques qui permettent de les produire. On peut aussi aborder la technologie dans un sens plus large : la quantité de production possible dans une économie dépend également de l'organisation des entreprises, du fonctionnement du marché, de tout le système de lois, de leur application, de l'environnement politique. On reviendra à la fin du chapitre suivant sur le rôle des autres facteurs, depuis le respect de la propriété jusqu'à la forme du gouvernement [3].

Rendements d'échelle et rendements factoriels. Quelles restrictions devons-nous imposer à la fonction de production ?

Supposons que l'on double le nombre de travailleurs et le niveau de capital de l'économie. Il est raisonnable de considérer que la production de l'économie va à peu près doubler : en effet, on a ainsi cloné, et un clone de l'économie peut produire la même quantité de la même façon que l'original. Cette propriété est appelée **rendements d'échelle constants** : si l'échelle de l'opération est doublée (c'est-à-dire les quantités de travail et de capital sont doublées), alors la production doublera :

$$2Y = F(2K, 2N)$$

ou, plus généralement, pour tout nombre x :

$$xY = F(xK, xN) \qquad (3.2)$$

1. La fonction de production est donnée par : $Y = F(K, N)$. La production (Y) dépend du stock de capital (K) et de l'emploi (N).
2. La fonction de production elle-même dépend de l'état de la technologie. Plus l'état de la technologie est bon, plus $F(K, N)$ est élevé pour un niveau donné de K et N.
3. Pour poursuivre la réflexion que nous avons faite précédemment sur la différence entre théories de la croissance et économie du développement, on peut dire que les théories de la croissance considèrent le progrès technique dans un sens restreint, alors que l'économie du développement le prend dans un sens plus large.

Les rendements d'échelle se rapportent à ce qui se passe pour la production lorsque le capital et le travail augmentent en même temps [1]. Que se passe-t-il lorsqu'un seul des deux facteurs (le capital, par exemple) augmente ?

Il est certainement raisonnable de penser que, dans ce cas, la production augmente. Il est aussi raisonnable de penser qu'une même quantité de capital supplémentaire va entraîner de moins en moins d'augmentation de la production. Considérons par exemple une équipe de secrétaires, avec un nombre de secrétaires donné. Le capital est représenté par des ordinateurs. L'introduction d'un ordinateur va considérablement augmenter la production de l'équipe, dans la mesure où il réalisera automatiquement des tâches qui prennent du temps. Au fur et à mesure que le nombre d'ordinateurs augmente, de plus en plus de secrétaires ont leur propre ordinateur, et la production continue d'augmenter. Mais chaque nouvel ordinateur augmentera moins la production que le premier. Les derniers ordinateurs peuvent même ne pas être utilisés et rester dans leur carton.

On décrit cette propriété de la fonction de production comme les **rendements décroissants du capital**. Une telle propriété est également vérifiée pour les autres *inputs*, ici le travail. Pour une quantité de capital donnée, des augmentations successives de la quantité de travail entraînent des augmentations de moins en moins importantes de la production (on peut reprendre le même raisonnement avec l'équipe de secrétaires et, pour un nombre d'ordinateurs donné, augmenter le nombre de secrétaires). On dit aussi qu'il y a **rendements décroissants du travail** [2].

Production et capital par travailleur. La fonction de production que nous avons décrite, grâce aux deux propriétés énoncées, nous permet d'écrire une relation simple entre la production par travailleur et le capital par travailleur.

Pour obtenir cette relation entre production par travailleur et capital par travailleur, posons $x = 1/N$ dans l'équation 3.2, de sorte que :

$$\frac{Y}{N} = F\left(\frac{K}{N}, \frac{N}{N}\right) = F\left(\frac{K}{N}, 1\right) \tag{3.3}$$

Y/N est la production par travailleur, K/N le capital par travailleur. Donc l'équation 3.3 nous dit que la quantité de production par travailleur dépend de celle de capital par travailleur. Cette relation est représentée à la figure 3.5.

La production par travailleur (Y/N) est mesurée sur l'axe vertical, le capital par travailleur (K/N) sur l'axe horizontal. La relation entre les deux grandeurs est donnée par la courbe croissante. Mais, en raison des rendements décroissants du capital, la courbe est dessinée de sorte que des augmentations du capital par travailleur entraînent des augmentations de moins en moins importantes de la production par travailleur. Au point A, où le capital par travailleur est bas, une augmentation du capital par travailleur correspondant à la distance AB entraîne une augmentation de la production par travailleur de $A'B'$. Au point C, où le capital par travailleur est plus élevé, la même augmentation CD du capital

1. Rendements d'échelle constants : $F(xK, xN) = xY$.
2. Même en présence de rendements d'échelle constants, il existe des rendements décroissants pour chacun des facteurs, lorsque l'on garde l'autre facteur constant :
   – pour une quantité de travail donnée, des augmentations successives du capital entraînent des augmentations de la production de plus en plus petites ;
   – pour une quantité de capital donnée, des augmentations successives du travail entraînent des augmentations de la production de plus en plus petites.

donne une augmentation de la production *C′D′* bien moindre. Cela correspond à notre exemple de l'équipe de secrétaires, où une augmentation du nombre d'ordinateurs augmente de moins en moins la production [1].

Figure 3.5 – Production et capital par travailleur.

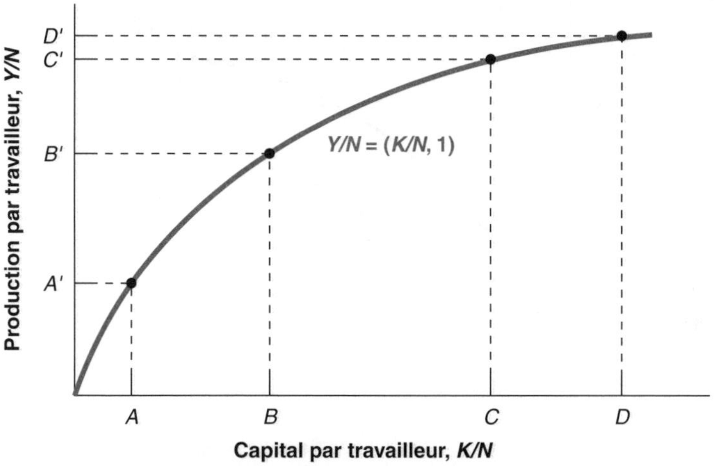

Une augmentation de la quantité de capital par travailleur entraîne une augmentation de moins en moins importante de la production par travailleur.

3.4 L'origine de la croissance

Nous sommes maintenant prêts à revenir à la croissance. D'où vient-elle ? Pourquoi la production par travailleur (le revenu par habitant si la proportion de travailleurs par rapport à la population est constante) augmente au cours du temps ? L'équation 3.3 donne un premier élément de réponse.

- Une augmentation de la production par travailleur (Y/N) peut venir d'une augmentation du capital par travailleur (K/N). C'est la relation que nous avons étudiée à la figure 3.4. Au fur et à mesure que K/N augmente, Y/N augmente [2].
- La croissance peut aussi venir d'une amélioration de la technologie de production, qui déplace la fonction F et entraîne une plus grande production par travailleur pour un niveau de capital par travailleur donné. C'est ce que l'on voit à la figure 3.6. Une amélioration de l'état de la technologie fait se déplacer la courbe de la fonction de production de F à F' [3]. Pour un niveau donné de capital par travailleur, une amélioration de la technologie de production permet une augmentation de la production par travailleur. Par exemple, pour un niveau de capital correspondant au point *A*, la production par travailleur passe de *A′* à *B′*.

1. Des augmentations du capital par travailleur entraînent des augmentations de plus en plus petites de la production par travailleur au fur et à mesure que la quantité de capital par travailleur s'élève.
2. Accroître le capital par travailleur, c'est se déplacer le long de la courbe (de gauche à droite sur l'axe horizontal).
3. Amélioration de l'état de la technologie : déplacement de la courbe de production.

Ainsi, on peut considérer la croissance comme résultant de l'**accumulation du capital** et du **progrès technique** (l'amélioration de l'état de la technologie). Nous allons voir cependant que les deux facteurs jouent des rôles très différents dans le processus de croissance.

Figure 3.6 – Les effets d'une amélioration de l'état de la technologie.

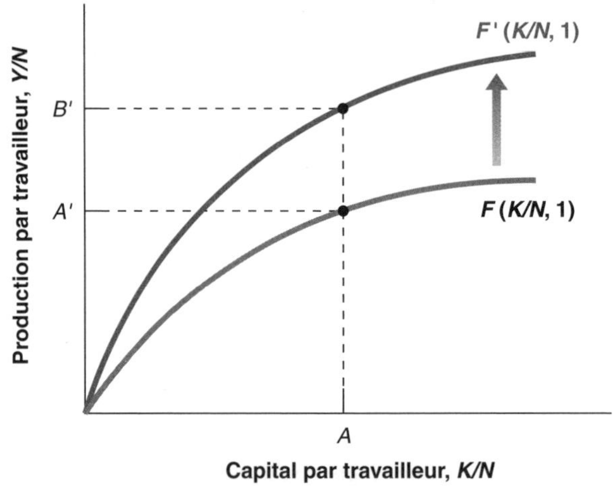

Une amélioration de la technologie de production déplace la courbe représentative de la fonction de production vers le haut, ce qui entraîne une augmentation de la production par travailleur pour un niveau donné de capital par travailleur.

- L'accumulation du capital en elle-même ne peut pas permettre une croissance durable. En raison des rendements décroissants du capital, pour obtenir une croissance soutenue, il faudrait de plus en plus de capital par travailleur. Il arrivera un moment où la société ne voudra plus investir suffisamment pour accroître son niveau de capital. À ce moment, la production par travailleur va cesser d'augmenter.
- Cela veut-il dire que le taux d'épargne de l'économie (la proportion du revenu qui est mise de côté) n'est pas assez élevé ? Non. S'il est vrai qu'un taux d'épargne plus élevé ne peut pas accroître la production de façon permanente, il peut quand même permettre d'obtenir un niveau plus élevé de production. Pour illustrer cette idée, considérons deux économies qui ne diffèrent que par leur taux d'épargne. Les deux économies vont avoir le même taux de croissance mais, à chaque moment, l'économie qui a un taux d'épargne plus élevé aura un niveau de production plus élevé.
- Une croissance durable nécessite un progrès technique. Dans la mesure où les seuls facteurs qui peuvent augmenter la production par travailleur sont l'accumulation du capital et le progrès technique, et puisque l'accumulation du capital ne peut pas permettre d'augmenter durablement la production, c'est le progrès technique qui est l'élément clé d'une croissance durable.
- Cette proposition a une conséquence importante : dans le long terme, une économie qui a un taux de croissance du progrès technique plus élevé peut dépasser toutes les autres économies.

Résumé

- Sur une longue période, les fluctuations de la production sont négligeables par rapport à la croissance, c'est-à-dire l'augmentation régulière de la production agrégée au cours du temps.
- Lorsque l'on étudie la croissance depuis 1950 dans cinq pays riches (l'Allemagne, la France, le Japon, le Royaume-Uni et les États-Unis), trois faits émergent :
  1. les cinq pays ont connu une forte croissance et une forte augmentation de leur niveau de vie. La croissance de 1950 à 1973 a permis une augmentation du revenu réel par habitant d'un facteur 2,6 en France, 1,7 aux États-Unis, 2,9 en Allemagne et 5,8 au Japon ;
  2. la croissance est moindre depuis le milieu des années 1970. La croissance du revenu réel par habitant, qui était de 4,4 % par an entre 1950 et 1973, est passée à 1,7 % de 1973 à 2010 ;
  3. les niveaux de revenu par habitant des cinq pays ont convergé pendant la période. En d'autres termes, les pays qui avaient un revenu par habitant plus bas ont connu un taux de croissance plus élevé, réduisant ainsi l'écart qui les séparait des pays plus riches et notamment du leader mondial, les États-Unis.
- Lorsque l'on considère un échantillon plus large de pays, les faits suivants ressortent :
  1. à l'échelle de l'histoire de l'humanité, la croissance soutenue de la production est un phénomène récent. De la fin de l'Empire romain jusqu'à environ 1500, il n'y a pour ainsi dire pas de croissance du revenu par habitant en Europe. Même au début de la révolution industrielle, les taux de croissance étaient faibles comparés aux standards actuels. Le taux de croissance du revenu par habitant aux États-Unis entre 1820 et 1950 n'est que de 1,5 % ;
  2. la convergence des niveaux de revenu par habitant n'est pas, jusqu'à présent, un phénomène universel. Beaucoup de pays asiatiques rattrapent rapidement leur retard, mais la plupart des pays africains ont à la fois des niveaux de revenu très bas et des taux de croissance faibles.
- Pour comprendre la croissance, les économistes partent d'une fonction de production qui relie la production agrégée aux *inputs*, capital et travail. La quantité que l'on peut produire pour des quantités de capital et de travail données dépend de l'état de la technologie.
- Dans l'hypothèse de rendements d'échelle constants, la forme de la fonction de production implique que l'accroissement de la production par travailleur peut venir soit d'un niveau plus élevé de capital par travailleur, soit d'une amélioration de l'état de la technologie (progrès technique).
- L'accumulation du capital seule ne peut pas permettre une croissance durable. Cependant, le taux d'épargne est une variable déterminante pour le niveau de revenu qu'une économie peut atteindre, même s'il est sans effet sur le taux de croissance.
- Une croissance durable de la production par travailleur dépend finalement du progrès technique. La question la plus importante de la théorie de la croissance est sans doute de savoir quels sont les déterminants du progrès technique.

Pour en savoir plus

Une présentation globale des faits est donnée par Angus Maddison dans *Phases of Economic Development*, Oxford University Press, 1982.

Le chapitre 3 de *Productivity and American Leadership* de William Baumol, Sue Anne Batey Blackman et Edward Wolff (MIT Press, 1989) donne une description captivante des transformations de la vie quotidienne grâce à la croissance aux États-Unis depuis le milieu des années 1880.

Applications

1. Vrai/Faux/Incertain

a. Le prix de la nourriture est plus élevé dans les pays pauvres que dans les pays riches.
b. Les données montrent que, dans les pays riches, le bonheur augmente avec le produit par tête.
c. Le produit par tête, dans la plupart des pays, est en train de converger vers celui des États-Unis.
d. Historiquement, toute croissance de la production s'est accompagnée d'une croissance proportionnelle de la population, si bien que le produit par tête a toujours stagné.
e. L'accumulation du capital n'a pas de répercussions sur le niveau de production à long terme, seul le progrès technique y contribue.
f. La fonction de production est une relation entre le produit d'une part et les facteurs de production travail et capital d'autre part.

2. Taux de croissance et convergence

Utilisez le tableau 3.1 pour répondre aux questions suivantes.

a. Calculez quel aurait été le produit par tête en 2010 pour chacun des cinq pays si les taux de croissance entre 1973 et 2010 étaient respectivement restés les mêmes qu'entre 1950 et 1973.
b. Quel aurait alors été le rapport entre le produit par tête du Japon et celui des États-Unis ?
c. La convergence a-t-elle continué lors du ralentissement de 1973 à 2010 ?

3. La parité de pouvoir d'achat

Supposons que le consommateur moyen au Mexique et aux États-Unis achète les quantités et paie les prix ci-dessous :

	Alimentation		Services de transport	
	Prix	**Quantité**	**Prix**	**Quantité**
Mexique	5 pesos	400	20 pesos	200
États-Unis	1 dollar	1 000	2 dollars	2 000

a. Calculez la consommation américaine par tête en dollars.
b. Calculez la consommation mexicaine par tête en pesos.
c. En supposant que le taux de change soit de 0,1 (1 peso vaut 0,1 dollar), calculez la consommation mexicaine par tête en dollars.
d. En utilisant la méthode de la parité de pouvoir d'achat et les prix américains, calculez la consommation mexicaine par tête en dollars.
e. Quelle différence y a-t-il entre les niveaux de vie aux États-Unis et au Mexique, selon que l'on utilise l'une ou l'autre méthode ? Le choix entre les deux méthodes a-t-il une importance ?

4. Les rendements d'échelle

Considérons la fonction de production :

$$Y = \sqrt{K}\sqrt{N}$$

a. Calculez la production quand $K = 49$ et $N = 81$.

b. Si le capital et le travail doublent tous les deux, qu'arrive-t-il à la production ?

c. Cette fonction de production est-elle caractérisée par des rendements d'échelle constants ? Expliquez.

d. Exprimez cette fonction comme une relation entre la production par travailleur et le capital par travailleur.

e. Si $K/N = 4$, que vaut Y/N ? Si l'on double K/N, Y/N fait-il plus ou moins que doubler ?

f. La relation entre la production par travailleur et le capital par travailleur est-elle assortie de rendements d'échelle constants ?

g. Votre réponse à la question f est-elle la même que votre réponse à la question c ? Justifiez.

h. Représentez graphiquement la relation entre le produit par travailleur et le capital par travailleur. La forme générale est-elle la même que sur la figure 3.5 ? Expliquez.

5. Pour approfondir

Considérons la fonction donnée dans l'exercice 4. Supposons que N soit constant et égal à 1.

a. Déduisez-en la relation entre le taux de croissance de la production et celui du capital.

b. Supposons que nous voulions obtenir une croissance de la production de 2 % par an. Quel est le taux de croissance requis pour le capital ?

c. Dans le cas précédent, qu'advient-il du rapport entre le capital et la production sur le long terme ?

d. Une croissance de 2 % est-elle soutenable à long terme dans cette économie ? Pourquoi ?

e. Entre 1950 et 1973, la France, l'Allemagne et le Japon ont connu un taux de croissance annuel moyen supérieur de 2 à 5 points de pourcentage à celui des États-Unis. Pourtant, les avancées technologiques les plus importantes se produisaient aux États-Unis. Comment cela est-il possible ?

Chapitre 4

Progrès technique, accumulation du capital et croissance[1]

Le précédent chapitre concluait que l'accumulation du capital ne pouvait, seule, expliquer la croissance économique durable que connaissent depuis environ deux siècles les pays industrialisés. Le progrès technique, indispensable à la compréhension de la question, fait l'objet de ce chapitre. Dans une économie qui connaît à la fois une accumulation du capital et du progrès technique, quel sera le taux de croissance de la production ? Pour répondre à cette question, nous examinerons d'abord comment se présente un sentier de croissance dans lequel le seul facteur est l'accumulation du capital, puis nous étudierons le cas où il existe également du progrès technique.

4.1 Production et capital

Pour simplifier les notations, on peut réécrire la relation entre production et capital par travailleur ainsi :

$$\frac{Y}{N} = f\left(\frac{K}{N}\right)$$

où la fonction f représente la même relation entre la production et le capital par travailleur que F :

$$f\left(\frac{K}{N}\right) \equiv F\left(\frac{K}{N}, 1\right)$$

Dans ce chapitre, nous ferons deux autres hypothèses.

- La première est que l'emploi (N) est constant. Pour être plus précis, commençons par les relations que nous avons vues au chapitre 2, entre la population active et l'emploi. L'emploi est égal à la force de travail multipliée par 1, moins le taux de chômage. Dans ce chapitre, nous supposons que la population, le taux de participation et le taux d'emploi sont constants. Une population et un taux de participation constants impliquent une population active constante. Une population active et un taux de chômage constants impliquent un niveau d'emploi (N) constant[2]. Notons que selon ces hypothèses, la production par travailleur (production divisée par le nombre de travailleurs), la production par habitant (production divisée par le nombre d'habitants) et la production elle-même sont toutes proportionnelles. Nous utiliserons la plupart du temps les termes « production par travailleur », « capital par travailleur », mais nous nous permettrons cependant de ne pas préciser « par travailleur » lorsque cela ne sera pas absolument nécessaire.

1. Ce chapitre peut être omis en première lecture.
2. Force de travail (L) = population × taux de participation ; emploi (N) = force de travail (L) × (1 – taux de chômage).

Supposons que N soit constant pour pouvoir nous concentrer sur les effets propres de l'accumulation du capital dans le processus de croissance : si N est constant, le seul facteur qui varie au cours du temps, c'est le capital. Cependant, cette hypothèse n'est pas particulièrement réaliste, et nous la relâcherons dans les chapitres suivants.

- La seconde hypothèse est qu'il n'y a pas de progrès technique, donc la fonction de production f (ou de façon équivalente F) ne change pas au cours du temps. À nouveau, la raison pour laquelle nous faisons cette hypothèse, qui est de toute évidence en opposition avec les faits, est que nous voulons ici nous restreindre à l'étude du rôle de l'accumulation du capital. Dans la section suivante, nous introduirons le progrès technique et nous verrons que les conclusions que nous avons pu tirer dans ce chapitre sur le rôle de l'accumulation du capital dans la croissance restent vraies avec du progrès.

Pour résumer, grâce à ces deux hypothèses, la première relation entre production et capital, du point de vue de la production peut être décrite par :

$$\frac{Y_t}{N} = f\left(\frac{K_t}{N}\right) \qquad (4.1)$$ [1]

où nous introduisons des indices pour la production et le capital (mais pas pour le travail, car, comme nous avons supposé qu'il restait constant, il n'est pas besoin de lui adjoindre un indice). En clair, un niveau plus élevé de capital par travailleur entraîne une production par travailleur plus importante [2].

Pour obtenir une seconde relation entre production et capital par travailleur, il faut procéder en deux étapes. Tout d'abord, on peut trouver une relation entre production et investissement. Nous chercherons ensuite une relation entre investissement et accumulation du capital.

Production et investissement

Pour obtenir une relation entre production et investissement, nous ferons ici un certain nombre d'hypothèses simplificatrices.

Nous supposerons en premier lieu que l'économie est fermée. Nous négligerons donc l'influence des exportations et des importations. Avec les notations de la section 2.2, nous supposerons donc que $X = M = 0$.

Pour se concentrer sur le comportement de l'épargne privée, on ignorera aussi le rôle du gouvernement. Avec les notations de la section 2.2, on supposera donc ici que $G = 0$.

Avec ces deux hypothèses, le PIB tel qu'il a été défini dans l'équation 2.1 s'écrit simplement comme :

$$Y = C + I \qquad (4.2)$$

Notons $S = Y - C$, l'épargne définie comme la différence entre le revenu et la consommation. En vertu de l'équation 4.2, on voit que l'on peut écrire :

$$S = I \qquad (4.3)$$

1. Par exemple, si $Y = F(K, AN) = \sqrt{K}\sqrt{AN}$, alors $Y/AN = \sqrt{K/AN}$. La fonction f est ainsi une simple fonction racine : $f(K/AN) = \sqrt{K/AN}$.
2. Du côté de la production, le niveau de capital détermine le niveau de production.

Cette équation qui a fasciné les premiers macroéconomistes n'a rien de mystérieux. La production se répartit entre consommation et investissement, puisque l'on a exclu ici les autres destinations possibles. La production est elle-même la source de tous les revenus. La part des revenus qui n'est pas consommée, ce que l'on appelle l'épargne, doit donc être investie. Les intermédiaires financiers (banques, marchés financiers…) qui rendent possible ce passage de l'épargne (des ménages surtout) à l'investissement (des entreprises surtout) seront étudiés au chapitre 5.

On supposera ici que l'épargne privée est proportionnelle au revenu, d'où :

$$S = sY$$

Le paramètre s est le taux d'épargne ; il prend ses valeurs entre 0 et 1. Cette hypothèse résume deux caractéristiques de l'épargne. Le taux d'épargne n'augmente, ni ne diminue lorsqu'un pays s'enrichit. Un pays riche n'aura pas systématiquement un taux d'épargne plus élevé qu'un pays pauvre [1].

En combinant les deux relations précédentes et en introduisant un indice pour le temps, on trouve :

$$I_t = sY_t$$

L'investissement est proportionnel à la production : plus la production est élevée, plus l'investissement est important.

Investissement et accumulation du capital

La seconde étape lie l'investissement, qui est un flux (les machines produites et les nouvelles usines construites durant une certaine période), au capital, qui est un stock (les machines et les usines qui existent dans l'économie à un moment donné) [2].

On peut considérer que le temps est découpé en années (t, $t + 1$, etc.). Supposons que le capital soit mesuré au début de chaque année :

$$K_{t+1} = (1 - \delta)\, K_t + I_t$$

Le stock de capital au début de l'année $t + 1$ (K_{t+1}) est égal au capital au début de l'année t (K_t), que l'on ajuste pour tenir compte de la dépréciation (c'est pourquoi on multiplie par $1 - \delta$), plus l'investissement de l'année t (I_t). On peut maintenant combiner la relation entre production et investissement et celle entre investissement et accumulation du capital. On obtient ainsi une deuxième relation qui nous permet de comprendre les mécanismes de la croissance : la relation entre production et accumulation du capital.

En remplaçant l'investissement par l'épargne dans l'équation précédente et en divisant les deux côtés de l'égalité par N (le nombre de travailleurs de l'économie), on trouve :

$$\frac{K_{t+1}}{N} - \frac{K_t}{N} = s\frac{Y_t}{N} - \delta\frac{K_t}{N}$$

1. On trouvera au chapitre 13 une discussion plus complète sur les comportements d'épargne et de consommation, dans le court et le long terme, et au chapitre 6 une discussion approfondie de cette relation.
2. Souvenons-nous que les flux sont des variables qui ont une dimension temporelle (ils sont définis par unité de temps), alors que les stocks n'en ont pas (ils sont définis à un point du temps). La production, l'épargne et l'investissement sont des flux. L'emploi et le capital sont des stocks.

Cela veut dire que les changements du capital par travailleur (le terme de gauche de l'équation) sont égaux à l'épargne par travailleur (le premier terme de droite) moins la dépréciation du capital (le second terme de droite) [1]. Cette équation nous donne une seconde relation entre production et capital par travailleur.

L'évolution dynamique du capital et de la production

En remplaçant la production par travailleur (Y_t/N) par son expression en termes de capital par travailleur donnée dans l'équation 4.1, on obtient :

$$\underbrace{\frac{K_{t+1}}{N} - \frac{K_t}{N}}_{\substack{\text{évolution du capital} \\ \text{par tête entre } t \text{ et } t+1}} = \underbrace{sf\left(\frac{K_t}{N}\right)}_{\substack{\text{investissement} \\ \text{de l'année } t}} - \underbrace{\delta\frac{K_t}{N}}_{\substack{\text{dépréciation} \\ \text{de l'année } t}} \tag{4.4}$$

Capital et production à l'état stationnaire

Il est utile pour la suite de caractériser le niveau vers lequel la production et le capital par travailleur convergent dans le long terme. L'état dans lequel ni la production ni le niveau de capital par travailleur ne varient est appelé **état stationnaire** de l'économie. Nous supposons ici qu'il existe (nous reviendrons sur ce point un peu plus loin, dans le cas plus général où il y a du progrès technique). Lorsque l'on prend le terme de gauche de l'équation 4.4 égal à 0 (par définition de l'état stationnaire, le capital par travailleur n'évolue pas), la valeur stationnaire du capital par travailleur (K^*/N), est donnée par :

$$sf\left(\frac{K^*}{N}\right) = \delta\frac{K^*}{N} \tag{4.5}$$

La valeur à l'état stationnaire du capital par travailleur est déterminée de telle sorte que l'épargne (le terme de gauche de l'équation) suffise juste à couvrir la dépréciation du stock de capital existant (le terme de droite de l'équation).

Étant donné le niveau de capital par travailleur à l'état stationnaire (K^*/N), la valeur de la production par travailleur à l'état stationnaire est donnée par la fonction de production :

$$\frac{Y^*}{N} = f\left(\frac{K^*}{N}\right) \tag{4.6}$$

Nous avons maintenant tous les éléments qu'il nous faut pour discuter des effets du taux d'épargne sur la production par travailleur, le capital par travailleur à la fois au cours du temps et à l'état stationnaire.

Gros plan

Accumulation du capital et croissance en France après la Seconde Guerre mondiale

En 1945, alors que la guerre était finie, la France déplorait les pertes les plus importantes en Europe. Sur un total de 42 millions d'habitants, le pays comptait plus de 550 000 morts. Les pertes en capital étaient cependant encore plus importantes : d'après les estimations, le stock de capital ne représentait plus que 70 % de ce qu'il était avant la guerre. Le tableau 1 permet de prendre la mesure de ces destructions de capital.

---

1. Du côté de l'épargne, c'est le niveau de production par travailleur qui détermine les changements du niveau de capital par travailleur.

Gros plan

Le modèle de croissance que nous avons étudié donne une prévision claire de ce qui devrait arriver à un pays qui essuie de considérables pertes de capital. Le pays va d'abord connaître une croissance importante de sa production et une accumulation de capital rapide. Il passe à un niveau beaucoup moins élevé de capital par travailleur : K^*/N. Il fait alors l'expérience d'une croissance rapide qui lui permet de trouver son niveau de capital d'équilibre : K^*/N (et Y^*/N pour la production par travailleur).

Le cas de la France se conforme bien à cette prévision. Un certain nombre d'éléments convergent dans la même direction : des augmentations initiales de capital plutôt faibles ont entraîné des augmentations importantes de la production. Prenons l'exemple d'un pont dont l'état a conduit à sa fermeture : il suffit de quelques réparations pour pouvoir l'ouvrir de nouveau à la circulation ; cette réouverture permet de rejoindre plus rapidement la ville située de l'autre côté, ce qui entraîne une baisse des coûts de transport et permet à une usine d'avoir accès à des *inputs* indispensables et d'augmenter alors, voire de reprendre, sa production.

L'étude des chiffres de la croissance apporte pourtant la preuve la plus tangible de ce qui est avancé ici. Entre 1946 et 1950, le PIB français a fortement augmenté chaque année (environ 9,6 % par an), ce qui a entraîné une augmentation de 60 % du PIB en termes réels.

Mais la croissance du PIB français serait-elle entièrement due à l'accumulation du capital ? Bien sûr que non. En plus de l'accumulation du capital, d'autres éléments ont contribué à cette croissance. Une bonne partie du capital existant en 1945 est obsolescent. Pendant les années 1930, période frappée par la Grande Dépression, les investissements n'ont été que très faibles, et ils ont été presque inexistants pendant la guerre. C'est l'introduction d'un capital plus moderne et la mise en place de techniques de production plus modernes également qui ont permis de constituer une partie importante du capital d'après-guerre. En plus de l'accumulation pure et simple de capital, il s'agit là de l'une des raisons qui explique la forte croissance d'après-guerre.

Tableau 1 – La proportion de capital détruit en France à la fin de la Seconde Guerre mondiale.

Chemin de fer		**Voies maritimes et fluviales**	
Voies	6 %	Canaux	86 %
Gares	38 %	Écluses	11 %
Locomotives	21 %	Barges	80 %
Infrastructures	60 %		
Routes		**Bâtiments (en nombre)**	
Voitures	31 %	Appartements	1 229 000
Camions	40 %	Usines	246 000

Source : d'après Gilles Saint-Paul, « Economic Reconstruction in France, 1945-1958 », dans Rudiger Dornbusch, Wilhelm Nolling et Richard Layard (éd.), *Postwar Economic and Reconstruction Lessons for the East Today*, MIT Press, 1993, p. 83-114.

Le taux d'épargne et la production

On peut à présent se poser la question suivante : quels sont les effets du taux d'épargne sur la croissance de la production par travailleur ? Nous allons répondre en trois temps.

1. Le taux d'épargne n'a pas d'effet de long terme sur la croissance de la production par travailleur. Ce résultat est évident. Nous avons vu que l'économie converge vers son état d'équilibre, auquel correspond un niveau de production constant par travailleur. Autrement dit, dans le long terme, le taux de croissance de l'économie est nul, quel que soit le taux d'épargne.

Cependant, une approche de ce problème sera utile lorsque nous introduirons ensuite du progrès technique. Considérons ce qui serait nécessaire pour obtenir une croissance durable de la production par travailleur dans le long terme : il faudrait que le capital par travailleur croisse. Et en raison des rendements décroissants du capital, il faudrait que le niveau de capital augmente plus vite que la production. Cela veut dire que chaque année, l'économie devrait épargner une fraction de plus en plus importante de son revenu pour contribuer à l'accumulation du capital. Au bout d'un certain temps, la fraction à épargner nécessaire pour soutenir la croissance devrait dépasser 1, ce qui est inconcevable. C'est la raison pour laquelle il est impossible dans notre modèle d'avoir une croissance soutenue indéfiniment. Dans le long terme, le capital par travailleur ainsi que la production par travailleur sont constants.

2. Néanmoins, le taux d'épargne détermine le niveau de production par travailleur dans le long terme. Toutes choses égales par ailleurs, les pays ayant un taux d'épargne plus élevé auront aussi un niveau de production par travailleur plus élevé dans le long terme, ce qu'illustre la figure 4.1. Considérons deux économies qui ont la même fonction de production, le même taux de dépréciation du capital, la même main-d'œuvre, mais des taux d'épargne différents, par exemple s_0 et s_1 avec $s_1 < s_0$. La figure 4.1 représente leur fonction de production commune, $f(K/N)$, et la fonction qui donne l'épargne (investissement) selon le capital par travailleur pour chacun des deux pays : $s_0 f(K/N)$ et $s_1 f(K/N)$. Dans le long terme, le pays avec le taux d'épargne s_0 atteindra le niveau de capital par travailleur K_1/N et la production Y_1/N. Le pays qui a le taux d'épargne s_0 atteindra les niveaux de long terme K_0/N et Y_0/N.

Figure 4.1 – Les effets de différents taux d'épargne.

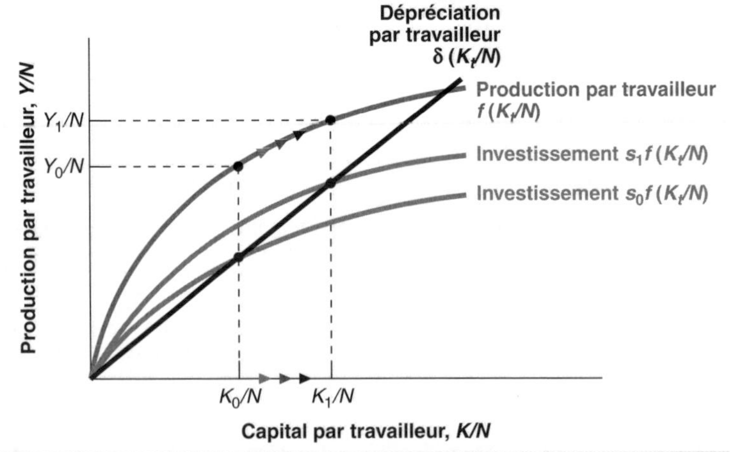

Un pays avec un taux d'épargne plus élevé atteindra à l'état stationnaire un niveau de production par travailleur plus élevé.

3. Une augmentation du taux d'épargne va entraîner une plus forte croissance pendant un temps, mais pas indéfiniment. Cette conclusion est amenée par les deux propositions que nous venons d'énoncer. La première nous dit que le taux d'épargne n'a pas d'effet sur la croissance à long terme, qui est de toute façon nulle. La seconde nous dit qu'une augmentation du taux d'épargne entraîne une augmentation du niveau de production par travailleur à long terme. On peut en déduire que, dans la mesure où la production par travailleur doit augmenter pour atteindre un niveau plus élevé en réponse à l'augmentation du taux d'épargne, l'économie va connaître une période de croissance positive. Cette croissance prend fin lorsque l'économie atteint son nouvel état stationnaire.

On peut également utiliser les figures 4.1 et 4.2 pour illustrer ce point. Considérons un pays qui a un taux d'épargne initial s_0. Supposons que le niveau de capital initial soit K_0/N et la production d'équilibre Y_0/N. Maintenant, étudions les effets d'une augmentation du taux d'épargne, qui passe de s_0 à s_1 (on peut par exemple envisager un changement dans le taux d'épargne venant d'une modification de la fiscalité, qui rend l'épargne plus intéressante qu'auparavant, ou encore une réduction du déficit budgétaire ; en fait, l'origine du changement du taux d'épargne n'a pas d'importance ici). La fonction qui nous donne la relation entre l'investissement et le capital par travailleur passe de $s_0 f(K/N)$ à $s_1 f(K/N)$.

Figure 4.2 – Les effets d'une augmentation du taux d'épargne sur la production par travailleur.

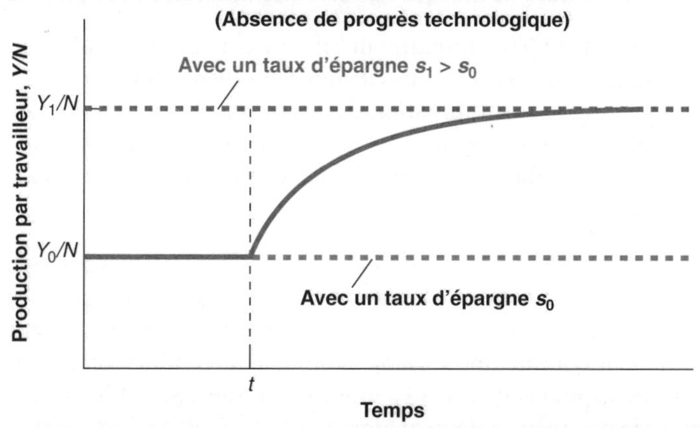

Une augmentation du taux d'épargne entraîne une période de croissance supérieure qui permet d'atteindre un niveau supérieur de production à l'état stationnaire.

Au niveau initial de capital par travailleur (K_0/N), l'investissement excède maintenant la dépréciation du capital, donc le capital par travailleur augmente. Au fur et à mesure que le capital par travailleur augmente, la production augmente aussi, et l'économie connaît une période de croissance. Lorsque le capital finit par atteindre un niveau K_1/N, l'investissement est de nouveau égal à la dépréciation du capital, et la croissance s'arrête. L'économie reste alors au niveau de capital par travailleur K_1/N, auquel correspond une production par travailleur Y_1/N. Le changement dans la production par travailleur est représenté à la figure 4.2. La production par travailleur est d'abord constante, à un niveau K_0/N ; après une augmentation subite du taux d'épargne, elle augmente pendant un certain temps pour atteindre finalement le niveau K_1/N, et alors la croissance redevient nulle.
Nous avons obtenu ces résultats en supposant qu'il n'y avait pas de progrès technique, et donc pas de croissance dans le long terme. Mais ces trois résultats peuvent être généralisés directement à une économie avec progrès technique. Voyons comment.

4.2 Progrès technique et taux de croissance

La conclusion de la section précédente selon laquelle l'accumulation du capital ne peut pas générer de croissance durable a une conséquence directe : pour avoir une croissance durable, *il faut* du progrès technique. Nous allons donc étudier maintenant le rôle du progrès technique dans le processus de croissance.

Progrès technique et fonction de production

Le progrès technique a plusieurs dimensions ; il peut permettre de :

- produire de plus grandes quantités avec un même niveau de capital et de travail. On peut penser par exemple à un lubrifiant qui permet de faire tourner une machine plus vite ;
- fabriquer des produits de meilleure qualité. On peut songer par exemple à l'amélioration constante de la sécurité et au confort des voitures au cours du temps ;
- créer de nouveaux produits. On peut citer par exemple l'invention du téléphone portable ou des écrans plats ;
- produire une plus grande variété de biens. On peut penser par exemple à l'augmentation constante du nombre de marques de céréales différentes dans nos supermarchés.

Ces dimensions sont en fait plus similaires qu'elles ne peuvent le sembler. Si l'on considère que les consommateurs ne se soucient pas d'abord des biens qu'ils consomment, mais du service que leur procure la consommation de ces biens, alors tous les exemples évoqués ont un point commun : dans chaque cas, le consommateur reçoit plus de services. Une meilleure voiture fournit plus de sécurité et de confort ; un fax permet d'obtenir plus d'informations, etc. [1]

Si l'on estime la production comme un ensemble de services fournis par les biens produits dans l'économie, alors on peut considérer que le progrès technique augmente la production de ces services, pour un niveau de capital et de travail donné. On peut alors définir l'*état de la technologie* comme une variable qui nous dit combien on peut produire pour un niveau donné de capital et de travail à une date donnée. Soit A le niveau de la technologie, la fonction de production devient alors :

$$Y = F(K, N, A)$$
$$(+, +, +)$$

C'est une fonction de production étendue. La production dépend non seulement du capital et du travail, mais aussi de l'état de la technologie [2] : pour un niveau donné de capital et de travail, une augmentation de A permet de produire plus.

Nous allons cependant définir une fonction plus restrictive, qui sera plus facile à manipuler :

$$Y = F(K, AN) \tag{4.7}$$

Cette équation définit la production comme fonction du niveau de capital et du produit du travail et de l'état de la technologie. Cette manière de formaliser le rôle du progrès

1. Comme nous l'avons vu dans l'encadré « PIB réel, progrès technique et prix des ordinateurs » au chapitre 2, penser que les biens fournissent un service correspondant à leur consommation est en effet la méthode utilisée pour construire l'indice des prix des ordinateurs.
2. Par souci de simplicité, on ignorera le capital humain ici.

technique facilite l'étude des interactions entre production, capital et travail [1]. L'équation 4.7 nous permet de penser le progrès technique de deux façons équivalentes :

- il réduit le nombre de travailleurs nécessaires pour produire une même quantité. Le doublement de A permet la même production avec deux fois moins de travailleurs ;
- il fait augmenter AN, la quantité de **travail effectif** de l'économie. Si l'état de la technologie double, cela revient au même que si l'économie avait deux fois plus de travailleurs. En d'autres termes, on peut considérer que deux facteurs de production entrent en jeu dans le processus de production : le capital (K) et le travail effectif (AN).

Quelles restrictions doit-on imposer à notre fonction de production 4.7 ? Nous pouvons directement reprendre la discussion que nous avons eue dans la section précédente.

À nouveau, il est raisonnable de supposer des rendements d'échelle constants : *à un état de la technologie donné*, doubler à la fois le capital et le travail permet de doubler la production :

$$2Y = F(2K, 2AN)$$

De façon plus générale, quel que soit x,

$$xY = F(xK, xAN)$$

On peut aussi supposer des rendements décroissants en chacun des deux facteurs, le capital et le travail effectif. Pour un niveau de capital donné, une augmentation du travail effectif permettra de produire plus, mais à un taux décroissant. De même, à un niveau de travail effectif donné, augmenter le capital permet de produire plus, mais des augmentations successives du capital amènent des augmentations de la production de plus en plus petites.

On a raisonné jusqu'à présent en termes de production et de capital *par travailleur*. En effet, l'état stationnaire était un état caractérisé par le fait que la production et le capital par travailleur étaient constants. Ici, nous allons raisonner en production et capital *par travailleur effectif* [2]. La raison est la même : l'état stationnaire sera défini comme un état dans lequel la production et le capital *par travailleur effectif* seront constants.

Pour obtenir une relation entre production et capital par travailleur effectif, il nous suffit de prendre x égal à $1/AN$ dans l'équation précédente. On obtient alors :

$$\frac{Y}{AN} = F\left(\frac{K}{AN}, 1\right)$$

ou, si l'on définit f de telle sorte que $f(K/AN) = F(K/AN, 1)$ [3] :

$$\frac{Y}{AN} = f\left(\frac{K}{AN}\right) \tag{4.8}$$

Production par travailleur effectif — Capital par travailleur effectif

1. Cette manière d'écrire la fonction de production suppose que le progrès technique augmente l'efficacité du travail (en le multipliant par A) dans la fonction de production. On pourrait, au contraire, supposer une fonction de production qui augmente l'efficacité du capital (multiplie le capital), ou qui augmente à la fois le capital et le travail. Cette hypothèse simplifie les calculs ; l'analyse de la croissance dans le long terme est plus simple.
2. *Par travailleur* : divisé par le nombre de travailleurs ; *par travailleur effectif* : divisé par AN (le nombre de travailleurs multiplié par l'état de la technologie).
3. Par exemple, si $Y = F(K, AN) = \sqrt{K}\sqrt{AN}$, alors $Y/AN = \sqrt{K/AN}$. La fonction f est ainsi une simple fonction racine : $f(K/AN) = \sqrt{K/AN}$.

L'équation 4.8 nous donne une relation entre production par travailleur effectif et capital par travailleur effectif. La production par travailleur effectif augmente si et seulement si le capital par travailleur effectif augmente. On représente cette relation à la figure 4.3. La représentation est exactement la même que celle de la figure 4.2 entre production par travailleur et capital par travailleur en l'absence de progrès technique. Y/AN augmente avec K/AN, mais de moins en moins vite.

Figure 4.3 – La production par travailleur effectif en fonction du capital par travailleur effectif.

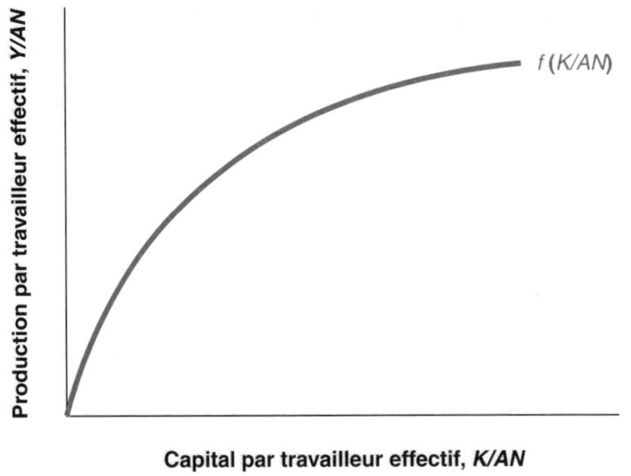

Des augmentations du capital entraînent des augmentations de moins en moins grandes de la production par travailleur effectif.

Les interactions entre production et capital

On a maintenant suffisamment d'éléments pour réfléchir aux déterminants de la croissance. Nous voulons étudier la production et le capital *par travailleur*. Pour y parvenir, nous allons passer par un subterfuge : nous étudierons la dynamique de la production et du capital *par travailleur effectif*.

1. La relation entre production par travailleur effectif et capital par travailleur effectif est donnée à la figure 4.3. La production par travailleur effectif augmente avec le capital, mais de moins en moins vite.

2. En reprenant les mêmes hypothèses que dans la section précédente (l'investissement est égal à l'épargne, et le taux d'épargne est constant), l'investissement est donné par :

$$I = S = sY$$

En divisant les deux côtés de l'équation par AN, le nombre de travailleurs effectifs, on trouve :

$$\frac{I}{AN} = \frac{sY}{AN}$$

En substituant la production par travailleur effectif Y/AN par son expression dans l'équation 4.8, on obtient :

$$\frac{I}{AN} = sf\left(\frac{K}{AN}\right)$$

La relation entre investissement et capital par travailleur effectif est représentée à la figure 4.4. C'est la courbe du haut (la relation entre production et capital) multipliée par le taux d'épargne *s*.

3. Enfin, il nous faut connaître la quantité d'investissement par travailleur effectif nécessaire pour maintenir un stock de capital par travailleur effectif constant.

Dans la section précédente, la réponse était simple : pour avoir un capital par travailleur constant, il suffisait que l'investissement soit égal au taux de dépréciation du capital en place. Ici, la réponse devient un peu plus complexe. En effet, on peut maintenant avoir du progrès technique, et donc le nombre de travailleurs effectifs (AN) peut augmenter au cours du temps. Alors, pour maintenir un ratio capital/travail effectif (K/AN) constant, il faut que le stock de capital (K) augmente proportionnellement au nombre de travailleurs effectifs (AN).

Supposons que la population augmente au taux constant g_N [1]. Si nous admettons que le ratio de l'emploi à la population totale reste constant, le nombre de travailleurs (N) va aussi croître au taux constant g_N. Supposons encore que le taux de progrès technique soit constant, égal à g_A. Ces deux hypothèses réunies font que le nombre de travailleurs effectifs (AN) va croître au taux constant $g_A + g_N$ [2]. Si le nombre de travailleurs augmente de 1 % chaque année et si le progrès technique croît à un taux de 2 % par an, alors le taux de croissance du nombre de travailleurs effectifs sera de 3 %.

Soit δ le taux de dépréciation du capital. Alors l'investissement nécessaire pour maintenir un stock de capital par travailleur effectif constant est donné par :

$$(\delta + g_A + g_N)\, K$$
$$\text{soit } \delta K + (g_A + g_N)\, K.$$

Il faut une quantité δK pour maintenir uniquement le stock de capital constant. Par exemple, si le taux de dépréciation est de 10 % l'an, il faut un investissement égal à 10 % du capital pour remplacer le capital usagé ou obsolète. Puis il faut ajouter une quantité $(g_A + g_N)\, K$ pour garantir que le capital croît au même taux que le nombre de travailleurs effectifs. Si, par exemple, le nombre de travailleurs effectifs augmente de 3 % l'an, il faudra que le stock de capital augmente de 3 % chaque année pour suivre le nombre de travailleurs effectifs. L'un dans l'autre, pour un taux de dépréciation du capital de 10 % et un taux de croissance du nombre de travailleurs effectifs de 3 %, l'investissement annuel doit représenter 13 % du capital afin que le niveau de capital par travailleur effectif reste constant.

En divisant la relation précédente par le nombre de travailleurs effectifs pour connaître l'investissement par travailleur effectif nécessaire au maintien d'un capital par travailleur effectif constant, on trouve :

$$(\delta + g_A + g_N)\frac{K}{AN}$$

L'investissement nécessaire au maintien d'un capital par travailleur effectif constant est représenté sur la figure 4.4 par une ligne droite, passant par l'origine et de pente $(\delta + g_A + g_N)$.

1. Dans la section précédente, on a supposé à la fois que g_A et g_N étaient nuls. Ici, on s'intéresse surtout au progrès technique g_A. Mais dès que l'on introduit du progrès technique, ajouter une croissance démographique non nulle est immédiat. C'est pourquoi on autorise à la fois un progrès technique et une croissance démographique.
2. Le taux de croissance du produit de deux variables est égal à la somme des taux de croissance de chacune des variables.

Figure 4.4 – La dynamique du capital et de la production par travailleur effectif.

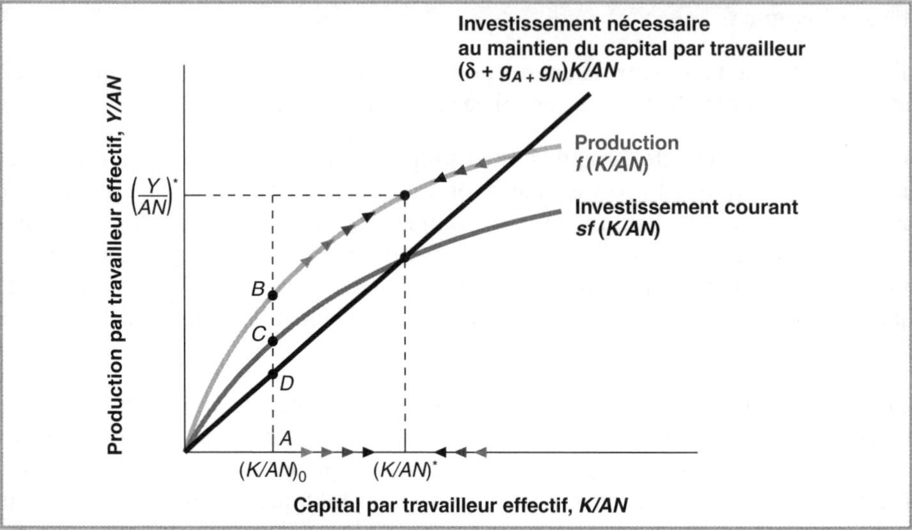

Le capital et la production par travailleur effectif convergent vers des niveaux constants dans le long terme.

La dynamique du capital et de la production

On peut maintenant donner une interprétation graphique de la dynamique du capital et de la production par travailleur effectif. Prenons sur la figure un niveau de capital par travailleur effectif donné, par exemple $(K/AN)_0$. À ce niveau, la production par travailleur effectif est illustrée par la distance AB. L'investissement par travailleur effectif est indiqué, lui, par la distance AC. La quantité d'investissement par travailleur effectif nécessaire au maintien de ce niveau de capital par travailleur effectif est donnée par la distance AD. Dans la mesure où l'investissement excède l'investissement strictement nécessaire au maintien d'un capital par travailleur effectif constant, le capital par travailleur effectif (K/AN) augmente.

Ainsi, si l'économie part d'un niveau $(K/AN)_0$, la courbe va se déplacer vers la droite, et le capital ainsi que la production par travailleur effectif augmentent. Ce processus va se poursuivre jusqu'à ce que l'investissement soit tout juste suffisant pour compenser la dépréciation et l'augmentation du nombre de travailleurs effectifs, c'est-à-dire au niveau $(K/AN)^*$. Dans le long terme, le capital par travailleur effectif ainsi que la production par travailleur effectif atteignent un niveau constant. En d'autres termes, l'état stationnaire de l'économie est caractérisé par le fait que *le capital par travailleur effectif ainsi que la production par travailleur effectif sont constants, respectivement aux niveaux* $(K/AN)^*$ *et* $(Y/AN)^*$.

Notons bien ce qu'implique cette conclusion : *à l'état stationnaire de cette économie, ce qui est constant, ce n'est pas la production, mais bien la production par travailleur effectif*[1]. Cela signifie qu'à l'état stationnaire, la production Y croît au même taux que

1. Si le nombre de travailleurs effectifs est constant, alors une production par travailleur effectif implique une production constante.

le nombre de travailleurs effectifs AN (pour que le ratio des deux soit constant). Si le taux de croissance du nombre de travailleurs effectifs est de $g_A + g_N$, alors la production croîtra aussi au taux $g_A + g_N$[1]. Les mêmes remarques peuvent être faites pour le capital, qui croîtra aussi au taux $g_A + g_N$.

Ces conclusions nous donnent un premier résultat important. À l'état stationnaire, le taux de croissance de la production est égal au taux de croissance de la population (g_N), plus le taux de progrès technique (g_A). Par conséquent, le taux de croissance est indépendant de l'épargne.

La meilleure façon de vérifier ce résultat est de revenir aux arguments avancés dans la section 4.1 pour montrer que, sans progrès technique et sans croissance démographique, il ne peut y avoir de croissance soutenue de la production. L'argument était le suivant : supposons qu'une économie veuille à tout prix avoir une croissance positive. En raison des rendements décroissants du capital, il faudra que le capital augmente plus vite que la production (au moins à partir d'un certain moment). L'économie devra donc dédier une part de plus en plus grande de sa production à l'accumulation du capital. Arrivera un moment où toute la production ne suffira pas à compenser la dépréciation du capital, l'économie utilisera alors toute sa production pour l'accumulation du capital, et la croissance cessera.

C'est exactement la même logique qui est à l'œuvre ici. Le travail effectif croît au taux $g_A + g_N$. Supposons que l'économie veuille avoir une croissance de sa production supérieure à $g_A + g_N$. En raison des rendements décroissants du capital, il faudra que le capital augmente plus vite que la production. L'économie utilisera donc une proportion de plus en plus importante de sa production pour accumuler du capital. Arrivera un moment où l'économie ne pourra plus accumuler davantage de capital, puisque toute sa production sera déjà utilisée pour la formation de capital. Ainsi, une économie ne peut pas croître durablement à un taux plus rapide que $g_A + g_N$.

Nous avons jusqu'à maintenant considéré le comportement des variables agrégées. Pour avoir une idée de ce qui se passe non plus au niveau agrégé mais pour la vie de tous les jours, il faut prendre en compte la production par travailleur, et non plus la production par travailleur effectif[2].

Comme la production croît au taux $g_A + g_N$ et que le nombre de travailleurs croît lui au taux g_N, la production par travailleur croît au taux g_A. En d'autres termes, *à l'état stationnaire, la production par travailleur croît au taux de progrès technique.*

Comme à l'état stationnaire, toutes les variables (capital, travail effectif, production) augmentent au même taux, on appelle aussi cet état de l'économie **sentier de croissance équilibrée** : à l'état stationnaire, l'*output* et les deux *inputs* sont en équilibre, ils croissent au même taux. Les caractéristiques du sentier de croissance équilibrée sont décrites au tableau 4.1.

Sur le sentier de croissance équilibrée (ou de façon équivalente à l'état stationnaire, ou encore dans le long terme) :

- le capital par travailleur effectif et la production par travailleur effectif sont constants. On a tiré ce résultat de la figure 4.4 ;
- de façon équivalente, le capital et la production par travailleur augmentent au taux de progrès technique, soit g_A ;

1. Si Y/AN est constant, alors Y doit croître au même taux que AN. Donc la production doit croître au taux $g_A + g_N$.
2. Le niveau de vie est donné par le ratio de la production et du nombre de travailleurs (ou plus exactement du nombre d'habitants), et non par le ratio de la production et du nombre de travailleurs effectifs.

- en termes de travail, capital et production, le travail croît au taux g_N ; le capital et la production à un taux égal à la somme des taux de croissance de la population et de progrès technique, soit $g_A + g_N$.

Tableau 4.1 – Les caractéristiques du sentier de croissance équilibrée.

	Taux de croissance
1. Capital par travailleur effectif	0 %
2. Production par travailleur effectif	0 %
3. Capital par travailleur	g_A
4. Production par travailleur	g_A
5. Travail	g_N
6. Capital	$g_A + g_N$
7. Production	$g_A + g_N$

L'incidence du taux d'épargne

À l'état stationnaire, le taux de croissance de la production dépend uniquement du taux de croissance de la population et du taux de progrès technique. Des changements du taux d'épargne n'ont donc aucun effet sur le taux de croissance de long terme. Mais une modification du taux d'épargne aura un effet sur le niveau de la production par travailleur effectif à l'état d'équilibre.

Ce résultat est représenté sur la figure 4.5, qui montre les effets d'une augmentation du taux d'épargne de s_0 à s_1. L'augmentation du taux d'épargne déplace la relation d'investissement de $s_0 f(K/AN)$ à $s_1 f(K/AN)$. Il s'ensuit une augmentation du niveau de capital par travailleur effectif à l'état stationnaire de $(K/AN)_0$ à $(K/AN)_1$, avec l'augmentation correspondante du niveau de production par travailleur effectif de $(Y/AN)_0$ à $(Y/AN)_1$.

Figure 4.5 – Les effets d'une augmentation du taux d'épargne (I).

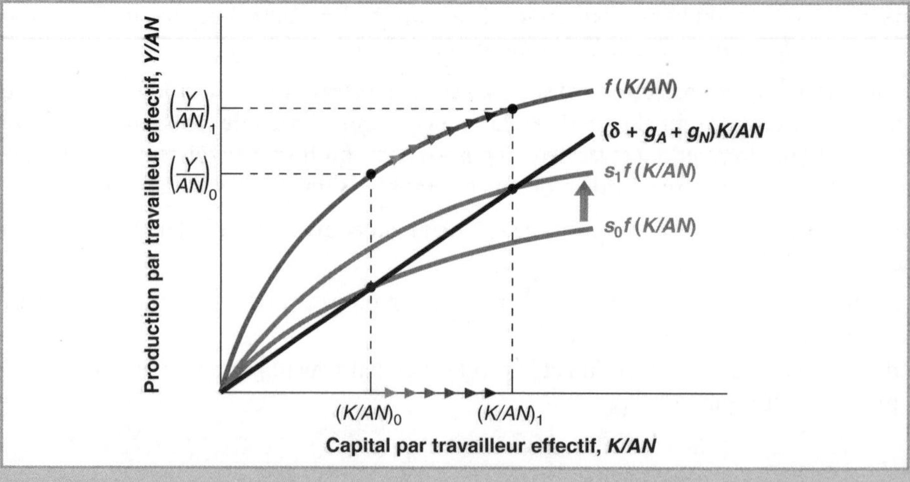

Une augmentation du taux d'épargne entraîne une augmentation des niveaux d'état stationnaire du capital et de la production.

Figure 4.6 – Les effets d'une augmentation du taux d'épargne (II).

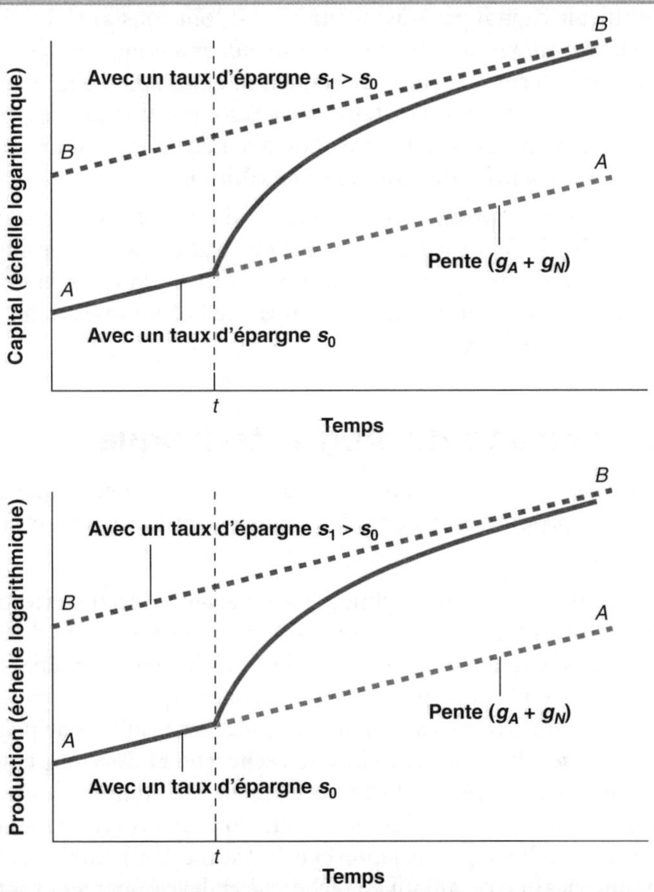

Une augmentation du taux d'épargne entraîne une croissance supérieure jusqu'à ce que l'économie atteigne son nouveau sentier de croissance équilibrée.

Suivant l'augmentation du taux d'épargne, le capital par travailleur effectif et la production par travailleur effectif augmentent pendant un certain temps jusqu'à converger vers un niveau d'équilibre plus élevé. La figure 4.6 représente l'évolution de la production et du capital en fonction du temps. À la fois la production et le capital sont mesurés sur une échelle logarithmique. L'économie est initialement sur un sentier de croissance équilibrée *AA* : le capital et la production augmentent au taux $g_A + g_N$ (représenté sur la figure par la pente de la droite *AA*). Après une augmentation du taux d'épargne à la date *t*, la production et le capital connaissent pour un temps une croissance supérieure. Finalement, le capital et la production reviennent à un sentier de croissance équilibrée supérieur. Leur taux de croissance est à nouveau $g_A + g_N$. Sur ce nouveau sentier de croissance, le taux de croissance est le même qu'avant l'augmentation du taux d'épargne, mais les niveaux de la production et du capital sont supérieurs, le long de la droite *BB*, qui est parallèle à *AA* mais plus haute [1].

1. Sur une échelle logarithmique, une variable qui évolue à un taux constant suit une ligne droite. La pente de la droite est égale au taux de croissance de la variable.

Pour résumer, dans une économie avec progrès technique et croissance démographique, la production augmente au cours du temps. À l'état stationnaire, la production par travailleur effectif et le capital par travailleur effectif sont constants. En d'autres termes, la production *par travailleur* et le capital *par travailleur* augmentent au taux de progrès technique. En d'autres termes encore, la production et le capital augmentent à la même vitesse que le travail effectif, donc à un taux égal à la somme du taux de croissance démographique et du taux de progrès technique. Lorsque l'économie est à l'état stationnaire, on dit qu'elle est sur un **sentier de croissance équilibrée**.

Le taux de croissance de la production est indépendant du taux d'épargne. Ce dernier pèse cependant sur le niveau de production de l'état stationnaire. Une augmentation du taux d'épargne entraîne une augmentation transitoire de la croissance supérieure au taux de croissance de l'état stationnaire, le temps que l'économie atteigne son nouveau sentier de croissance équilibrée.

4.3 Les déterminants du progrès technique

Nous avons vu que le taux de croissance de la production est déterminé à l'état stationnaire par le taux de progrès technique. Mais quels sont les déterminants du taux de progrès technique ?

Quand nous pensons au « progrès technique », de grandes découvertes nous viennent à l'esprit, comme l'invention du microprocesseur ou la découverte de la structure de l'ADN. Ces avancées suggèrent un processus déterminé essentiellement par la recherche scientifique et le hasard, plus que par des forces économiques. Mais en réalité, la majorité des progrès techniques dans les économies modernes résultent de phénomènes bien plus prosaïques : les résultats des activités de **recherche et développement (R-D)** des entreprises. Les dépenses de recherche et développement industrielles représentent 2 à 3 % du PIB dans les cinq pays les plus riches que nous avons étudiés au chapitre 3 (les États-Unis, la France, l'Allemagne, le Japon et le Royaume-Uni). Environ 75 % du million de scientifiques américains travaillant en recherche et développement sont employés par des entreprises privées. Les dépenses de R-D des entreprises américaines représentent 20 % de leur investissement brut, 60 % de leur investissement net (c'est-à-dire leur investissement brut moins la dépréciation du capital).

Les entreprises engagent des dépenses de R-D pour les mêmes raisons qu'elles achètent de nouvelles machines et de nouvelles usines : pour accroître leur profit. En augmentant leurs dépenses de R-D, elles augmentent la probabilité de découvrir et mettre en vente un nouveau produit (on utilisera « produit » de façon générique pour désigner tout nouveau bien fabriqué ou toute nouvelle technique de production). Si le nouveau produit remporte du succès, l'entreprise fera plus de profits. Il y a cependant une différence fondamentale entre acheter une nouvelle machine et faire des dépenses de R-D : les résultats de la R-D sont surtout des *idées*. Contrairement à des idées, une machine ne peut pas être utilisée par plusieurs entreprises en même temps. Une entreprise qui achète une nouvelle machine ne se soucie pas qu'une autre entreprise l'utilise (les vols de machines-outils sont rares). En revanche, une entreprise qui a découvert et développé un nouveau produit est menacée de se faire « copier son idée ».

Ce dernier point suggère que le niveau de dépenses en R-D ne dépend pas seulement de la *fécondité* du processus de recherche, mais de l'*appropriabilité* du résultat de ces recherches.

La fécondité du processus de recherche

La **fécondité** correspond à la manière dont des dépenses permettent d'obtenir des résultats en termes de nouvelle idée et de nouveau produit. Si une recherche est très féconde (si les dépenses de R-D permettent de faire beaucoup de nouvelles découvertes), alors, toutes choses égales par ailleurs, l'entreprise aura plus d'incitations à engager des dépenses de R-D, et ainsi le taux de progrès technique sera supérieur. Les déterminants de la fécondité de la recherche sont essentiellement étrangers au domaine de l'économie proprement dit.

- La fécondité de la recherche dépend du succès des relations entre la recherche fondamentale (la recherche de résultats et de principes théoriques généraux) et la recherche appliquée (l'application des résultats de la recherche fondamentale à des usages particuliers et au développement de nouveaux produits). La recherche fondamentale ne permet pas seule le progrès technique. Mais le succès de la recherche appliquée dépend finalement de la recherche fondamentale. Ce sont quelques inventions révolutionnaires – celles du transistor, puis du microprocesseur – qui ont entraîné une grande partie des développements de l'industrie informatique.
- Certains pays sont tournés vers la recherche fondamentale, d'autres vers la recherche appliquée et le développement de nouvelles technologies. Les études montrent l'importance du système éducatif dans ce domaine. Par exemple, on affirme souvent que le système éducatif français, de bonne qualité et particulièrement tourné vers le raisonnement abstrait, produit plus de théoriciens que de chercheurs appliqués. Les études indiquent aussi l'importance de la « culture d'entreprise » : une grande partie du progrès technique vient de la capacité de l'entrepreneur à organiser la production de nouveaux produits et leur mise en vente sur le marché.
- Il faut plusieurs années, parfois plusieurs dizaines d'années, pour que le potentiel d'une nouvelle découverte soit pleinement réalisé. En général, les étapes sont les suivantes : une découverte majeure est faite, suivent des recherches pour savoir quelles en sont les applications possibles, puis de nouveaux produits sont développés, qui, enfin, sont commercialisés. On peut prendre l'exemple des ordinateurs : vingt ans après leur commercialisation, on a parfois l'impression qu'ils viennent d'être mis en vente.

Certains craignent que toutes les découvertes majeures aient déjà été faites et que le progrès technique ralentisse. Cette peur vient peut-être d'une analogie avec les mines : les mines de bonne qualité ont d'abord été exploitées, puis celles de qualité moyenne avant celles de mauvaise qualité. Mais ce n'est qu'une comparaison, et rien ne prouve pour le moment qu'elle puisse s'appliquer à la découverte d'idées.

L'appropriabilité des résultats de la recherche

Le second déterminant du niveau de R-D et du progrès technique est le degré d'**appropriabilité** des résultats de la recherche, c'est-à-dire la mesure selon laquelle l'entreprise est propriétaire de sa découverte. Si l'entreprise ne peut pas s'approprier les profits résultant du développement de nouveaux produits, elle n'engagera pas de dépenses de R-D, et le taux de progrès technique sera faible. Plusieurs facteurs entrent ici en jeu.

- La nature du procédé elle-même est à prendre en considération. Par exemple, il arrive souvent que la découverte d'un nouveau produit soit tout de suite suivie d'autres découvertes qui améliorent la première et sont beaucoup plus rentables. Dans ces conditions, rien ne sert d'être le premier à trouver une nouvelle idée ; mieux vaut attendre que d'autres trouvent, pour ensuite simplement perfectionner ce qu'ils ont trouvé. Ainsi, un champ de recherche très fécond peut ne donner aucun résultat, parce que personne ne se lance dans ce domaine, pour éviter d'engager toutes les grosses dépenses initiales seul et de se faire devancer par d'autres qui n'auront rien dépensé.

- Le plus important quand on parle d'appropriabilité est sans doute le degré de protection des nouveaux produits qu'offre la loi. Sans protection légale, les profits à tirer d'un nouveau produit seront faibles. La plupart du temps, les produits sont fondés sur un procédé secret (la recette du Coca-Cola par exemple). Sans protection légale, les concurrents mettraient certainement peu de temps à découvrir le secret, ce qui ferait perdre à l'inventeur tous ses avantages. C'est pourquoi les pays ont des lois sur la propriété intellectuelle et qu'ils délivrent des brevets. Un brevet donne à l'entreprise qui a découvert la première un nouveau produit (en général, une nouvelle technique ou un nouvel appareil) le droit d'exclure quiconque de la production ou de l'utilisation de ce produit pour un temps.

Comment un gouvernement doit-il concevoir ses lois sur la propriété intellectuelle ? D'un côté, la protection est nécessaire pour que les entreprises soient incitées à engager des dépenses de R-D, mais, de l'autre côté, une fois que les entreprises ont découvert leurs nouveaux produits, il serait idéal pour la société que le savoir sur ces nouveaux produits soit accessible à tous. Prenons l'exemple des biotechnologies. Seules de très grandes entreprises peuvent se lancer dans de telles recherches, particulièrement onéreuses. Mais lorsqu'un nouveau produit a été découvert, dans la mesure où il peut sauver des vies, il serait bénéfique pour tous que tout le monde puisse en profiter à moindres frais. Mais si l'on permettait ainsi à tout le monde d'avoir accès à chaque nouvelle technologie gratuitement, aucune entreprise n'engagerait de R-D, car elle ne pourrait pas profiter de ses propres découvertes [1]. Les lois sur la protection intellectuelle sont confrontées à un dilemme : trop peu de protection fait qu'il y a trop peu d'incitation à chercher, et donc trop peu de R-D ; trop de protection implique qu'il est difficile d'utiliser les anciennes découvertes pour en faire de nouvelles, car la recherche est alors freinée, et l'effort de R-D diminue.

Les pays les moins avancés techniquement sont souvent ceux qui défendent moins bien la propriété intellectuelle. La Chine, par exemple, ne reconnaît pas ce droit. Notre discussion nous aide à comprendre pourquoi. Les pays pauvres sont généralement utilisateurs plutôt que producteurs de nouvelles technologies. La plus grande part des améliorations de leur productivité vient non pas d'inventions faites dans le pays, mais de l'adoption de technologies étrangères. Dans ce cas, le coût d'une protection de la propriété intellectuelle insuffisante est faible car, de toute façon, il n'y a pas d'inventions locales. En revanche, les bénéfices d'une mauvaise protection sont très importants : les entreprises nationales peuvent ainsi utiliser les technologies étrangères sans avoir à payer de droits aux entreprises qui les ont inventées.

1. Ce type de dilemme est connu sous le nom d'« incohérence temporelle ». Nous en verrons d'autres exemples et nous discuterons de ce problème plus en détail au chapitre 23.

4.4 Les faits empiriques de la croissance : accumulation du capital ou progrès technique ?

Au chapitre 3, nous avons étudié la croissance dans les pays riches depuis 1950 et nous avons identifié trois faits empiriques principaux :

- croissance soutenue, particulièrement entre 1950 et 1970 ;
- ralentissement de la croissance depuis 1970 ;
- convergence : les pays qui étaient en retard ont connu une croissance supérieure.

Considérons une économie qui connaît une croissance plus forte que d'habitude (par rapport à sa propre croissance dans le passé, ou bien par rapport aux autres pays). Selon notre analyse, cette croissance peut avoir deux explications :

- soit elle est due à un taux de progrès technique plus élevé, auquel cas la croissance correspond à un sentier de croissance équilibrée. En d'autres termes, si g_A est plus grand, la croissance équilibrée de la production ($g_A + g_N$) sera plus grande aussi ;
- soit il s'agit d'une période d'ajustement après une augmentation du capital par travailleur effectif (K/AN). Comme nous l'avons vu à la figure 4.5, un tel ajustement correspond à une période de croissance supérieure, même si le taux de progrès technique reste constant.

Comment pouvons-nous déterminer la cause de l'augmentation de la croissance ? Si elle est due à une augmentation du progrès technique, la production par travailleur devrait croître à un taux égal au taux de progrès technique (voir le tableau 4.1, ligne 4). Si elle est due à un niveau de capital supérieur, le taux de croissance de la production devrait être supérieur au taux de progrès technique.

On a donc une stratégie simple qui consisterait à comparer les taux de croissance de la production par travailleur au taux de progrès technique. Les résultats d'une telle comparaison sont synthétisés au tableau 4.2.

Les colonnes 1 et 2 indiquent la croissance annuelle de la production par travailleur entre 1950 et 1973, puis entre 1973 et 2010. La colonne 3 indique le changement du taux de croissance entre les deux périodes.

Les colonnes 4 et 5 indiquent la croissance annuelle moyenne du progrès technique pendant les mêmes périodes. La colonne 6 décrit la variation du taux de progrès technique entre les deux périodes. La méthode utilisée pour construire les taux de progrès technique (que l'on ne peut pas observer directement) est présentée en annexe à la fin de ce chapitre.

Tableau 4.2 – Le taux de croissance de la production par travailleur et le taux de progrès technique dans quatre pays riches, 1950-2010 (en %).

	Croissance de la production par travailleur			**Taux de progrès technique**		
	1950-1973 (1)	**1973-2010 (2)**	**Variation (3)**	**1950-1973 (4)**	**1973-2010 (5)**	**Variation (6)**
France	4,8	1,5	– 3,3	5,3	1,2	– 4,1
Japon	7,1	1,9	– 5,2	7,0	1,3	– 5,7
Royaume-Uni	3,4	1,7	– 1,7	3,7	1,8	– 1,9
États-Unis	2,7	1,7	– 1,0	2,9	1,3	– 1,6
Moyenne *	4,5	1,7	– 2,8	4,7	1,4	– 3,3

* La moyenne correspond à un simple calcul arithmétique.
Source : OCDE.

En ce qui concerne les trois faits empiriques que nous avions identifiés, le tableau nous suggère trois conclusions.

1. La période de forte croissance de la production de 1950 à 1973 était due à un rapide progrès technique, et non à une accumulation inhabituelle de capital. En comparant les colonnes 1 et 4 du tableau, on remarque que le taux de croissance et le taux de progrès technique sont à peu près égaux, et ce dans chacun des quatre pays, pour la période 1950-1973. C'est ce que l'on attend de pays qui évoluent le long d'un sentier de croissance équilibrée. Donc, la principale source de croissance entre 1950 et 1973 a été le progrès technique.

C'est une conclusion importante, car elle invalide une explication possible de la forte croissance de 1950 à 1973. Cette explication est que la croissance rapide d'après-guerre serait due aux destructions de capital occasionnées par la guerre, qui ont entraîné une forte accumulation de capital dans l'après-guerre (reconstruction). Comme on l'a vu dans l'encadré « Accumulation du capital et croissance en France après la Seconde Guerre mondiale », cette explication est valable pour expliquer la forte croissance de l'après-guerre immédiat en France et certainement dans d'autres pays. Mais ce n'est pas la raison de la croissance soutenue des années 1950 et 1960 dans les quatre pays que nous étudions.

2. Le ralentissement de la croissance de la production depuis 1973 vient d'une baisse du progrès technique, et non d'une faible – et rare – accumulation du capital. On arrive à cette conclusion en comparant les colonnes 3 et 6 du tableau. Si une faible accumulation du capital était la cause du ralentissement de la croissance, il y aurait une baisse du taux de croissance de la production plus forte que celle du taux de progrès technique. Or, ce n'est pas le cas. Dans chacun des quatre pays, le taux de progrès technique a été à nouveau proche du taux de croissance.

Donc, contrairement à certaines idées reçues, la baisse de la croissance dans les années 1970 n'est pas due à une chute du taux d'épargne. Elle est liée à une baisse du taux de progrès technique, qui passe de 4,7 % à 1,4 % d'une période à l'autre pour la moyenne des pays. Potentiellement, c'est une mauvaise nouvelle pour le futur : alors qu'une baisse du taux d'épargne ne produit qu'une baisse temporaire de la croissance, une baisse du progrès technique entraîne une baisse permanente de la croissance.

3. La convergence des productions par travailleur vient d'un taux de progrès technique plus fort, plutôt que d'une importante accumulation de capital. Dans la colonne 4 du tableau, on remarque que le taux de progrès technique au Japon est supérieur de 4,1 points à celui des États-Unis ; les taux de la France et du Royaume-Uni sont respectivement supérieurs de 2,4 et 0,8 points à celui des États-Unis. Pendant la période 1973-2010, les différences ont quasiment disparu : seul le Royaume-Uni a conservé, en moyenne sur toute la période, un taux de progrès technique légèrement supérieur à celui des États-Unis.

Ces observations nous permettent de tirer une conclusion importante : on peut penser à deux sources de convergence entre les pays. La première est que si certains pays sont plus pauvres que d'autres, c'est qu'ils ont moins de capital de départ. Au cours du temps, ils accumulent du capital plus vite que les autres et convergent. La seconde explication possible est que certains pays sont plus pauvres parce qu'ils sont moins avancés techniquement. Au cours du temps, ils importent donc des technologies étrangères ou développent leurs propres technologies pour converger vers les pays les plus riches. Dans le cas que nous avons étudié, on peut dire que la source de convergence la plus importante est la seconde. Par exemple, le Japon a connu une croissance supérieure à la croissance américaine, non pas parce qu'il accumulait beaucoup de capital, mais parce que sa technologie s'est développée très vite en quarante ans.

4.5 Épilogue : les secrets de la croissance et le rôle des institutions

Si nous sommes capables de comprendre les mécanismes de base de la croissance dans les pays riches, nous ne sommes pas en mesure de répondre à des questions plus spécifiques, à propos, par exemple, des mesures que l'on peut prendre pour augmenter la croissance. Les gouvernements dépensent-ils suffisamment en recherche fondamentale ? Faut-il avoir une **politique industrielle**, c'est-à-dire une politique visant à soutenir certains secteurs spécifiques de l'économie qui ont de forts potentiels de progrès technique (et donc de croissance) et qui peuvent avoir un effet bénéfique sur le progrès technique de toute l'économie par diffusion ? Que peut-on attendre en termes de croissance d'une prolongation de la durée des études d'un an ?

Lorsque l'on se tourne maintenant vers la croissance non plus des pays riches, mais de tous les pays et sur une période plus longue, nos connaissances sont encore plus limitées.

Par exemple, de nombreux pays ont un revenu par habitant inférieur à un dixième de celui des pays riches. Le cadre que l'on a élaboré dans ce chapitre et dans les précédents nous fournit une approche possible de cette question. Si l'on considère que la production par travailleur dépend du capital physique, du capital humain et de l'état de la technologie, on peut se demander si ces pays sont plus pauvres parce qu'ils ont moins de capital physique, moins de capital humain ou parce que l'état de leur technologie est moins avancé.

On découvre alors que la différence vient essentiellement d'écarts entre les états de la technologie d'un pays à l'autre [1]. Cette réponse est certes intéressante, mais elle soulève

1. Voir Robert Hall et Charles Jones, « Why Do Some Countries Produce So Much More Output per Worker than Others? », *NBER Working Paper*, n° 6564, mai 1998.

une autre question. Les pays pauvres ont accès à la majeure partie du savoir technique qui existe. Dans ces pays, le progrès technique résulte davantage d'un processus d'imitation que d'un processus d'innovation : la question est d'y adapter les technologies disponibles à l'étranger. Lorsque l'on observe la Chine et d'autres pays d'Asie, cela paraît facile. Dès lors, pourquoi tant d'autres pays se révèlent-ils incapables de mettre en œuvre un tel processus ? Répondre à cette question relève davantage de l'économie du développement que de la macroéconomie, et cela nécessiterait un manuel complet. Cependant, il s'agit d'une question trop importante pour que l'on n'y apporte pas quelques éléments de réponse ici.

Pour aborder le problème, comparons le Kenya et les États-Unis. En 2009, le PIB par tête (PPA) du Kenya était environ égal au trentième de celui des États-Unis. Une partie de la différence s'explique par un niveau de capital par tête bien inférieur au Kenya. Le reste se comprend par la différence de niveau technologique : on estime que le niveau technologique du Kenya (A) est environ treize fois plus faible que celui des États-Unis. Comment interpréter un niveau aussi faible ? Le Kenya, comme la plupart des autres pays pauvres, a accès à tout le savoir technologique mondial. Qu'est-ce qui empêche ce pays d'adopter l'essentiel de la technologie des pays avancés et d'éliminer une grande part de son retard technologique par rapport aux États-Unis ?

Figure 4.7 – Protection des droits de propriété et PIB par habitant.

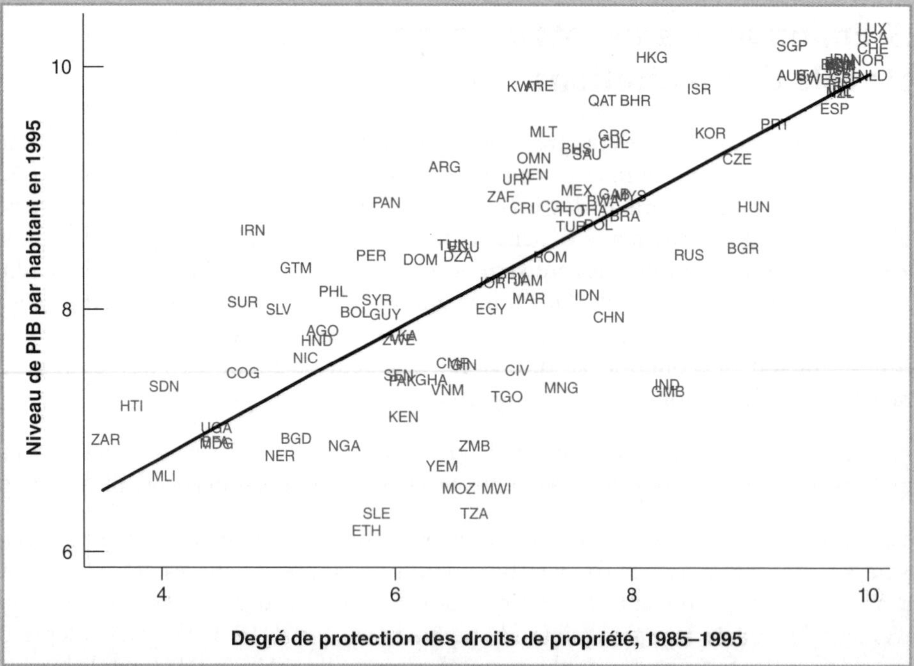

On observe une forte corrélation positive entre le degré de protection des droits de propriété et le niveau du PIB par habitant.

Source : Daron Acemoglu, *Understanding Institutions*, Lionel Robbins Lectures, 2004.

On peut envisager plusieurs réponses possibles, depuis la géographie et le climat du Kenya jusqu'à sa culture. La plupart des économistes pensent cependant que la principale source du problème, pour les pays pauvres en général et le Kenya en particulier, réside dans de mauvaises institutions.

À quelles institutions ces économistes pensent-ils ? À un niveau général, la protection des droits de propriété pourrait bien être la plus importante. Peu de personnes vont créer des entreprises, introduire de nouvelles technologies et investir si elles pensent que leurs profits vont être appropriés par l'État, extorqués par des fonctionnaires corrompus, ou volés par d'autres agents de l'économie. La figure 4.7 rapporte le PIB par tête en 1995 (avec une échelle logarithmique), pour 90 pays, sur un indice mesurant le degré de protection contre l'expropriation, qui est construit pour chaque pays par une organisation patronale internationale.

La corrélation positive entre ces deux variables est frappante : une faible protection des droits de propriété s'accompagne d'un faible niveau de PIB par tête (les pays à l'extrême gauche du graphique sont la république démocratique du Congo et Haïti) ; un niveau élevé de protection est associé à un niveau de PIB par tête également élevé (les pays à l'extrême droite sont les États-Unis, le Luxembourg, la Norvège, la Suisse et les Pays-Bas).

En pratique, qu'entend-on par « protection des droits de propriété » ? Tout d'abord, un bon système politique dans lequel les dirigeants ne peuvent pas saisir les propriétés de leurs citoyens. Ensuite, un bon système judiciaire qui permet de trancher efficacement et rapidement les différends. Plus en détail, cela inclut également des lois contre les délits d'initié, afin que les agents soient désireux d'acheter des actions et de financer ainsi les entreprises ; cela comprend des lois claires et bien appliquées sur les brevets, afin que les entreprises soient incitées à faire de la recherche et à développer de nouveaux produits. Cela signifie aussi des lois antitrust, afin que les marchés concurrentiels n'évoluent pas vers des situations de monopoles dans lesquelles les entreprises ont peu d'incitations à introduire de nouvelles méthodes de production et de nouveaux produits. On pourrait évidemment poursuivre la liste (un exemple frappant du rôle des institutions est donné dans l'encadré : « L'importance des institutions : Corée du Nord et Corée du Sud »).

Gros plan

L'importance des institutions : Corée du Nord et Corée du Sud

Après la capitulation du Japon en 1945, la Corée est devenue formellement indépendante, mais a été divisée en deux zones d'occupation de part et d'autre du 38e parallèle, l'armée soviétique occupant le Nord et l'armée des États-Unis le Sud. Les tentatives des deux parties pour proclamer le contrôle sur l'ensemble du pays ont entraîné la guerre de Corée, de 1950 à 1953. À la suite de l'armistice, la Corée a été officiellement divisée en deux pays : la république populaire démocratique de Corée au Nord et la république de Corée au Sud.

Un élément intéressant est l'homogénéité linguistique et ethnique de la Corée avant la séparation. Le Nord et le Sud étaient habités, pour l'essentiel, par le même peuple, avec la même culture et la même religion. Du point de vue économique, les deux régions étaient également très proches lors de la séparation. Le PIB par tête était à peu près identique au Nord et au Sud, autour de 700 dollars de 1996.

Pourtant, cinquante ans plus tard, le PIB par tête était dix fois plus élevé en Corée du Sud qu'en Corée du Nord : 12 000 dollars contre 1 100 dollars (voir figure 1). Alors que la Corée du Sud a rejoint l'OCDE, club de pays riches, la Corée du Nord a vu son PIB

Gros plan

par tête diminuer de deux tiers depuis le pic à 3 000 dollars au milieu des années 1970, et souffre de famines à grande échelle.

Que s'est-il passé ? Durant cette période, les institutions et l'organisation de l'économie ont été très différentes en Corée du Nord et en Corée du Sud. La Corée du Sud a adopté une organisation capitaliste de l'économie, avec une forte intervention étatique, mais également la propriété privée et la protection des producteurs privés. La Corée du Nord a mis en place une planification centralisée. L'industrie a été rapidement nationalisée. Les petites entreprises et les exploitations agricoles ont été contraintes de rejoindre de grandes coopératives, supervisées par l'État. La propriété privée n'était pas garantie. La conséquence a été le déclin des secteurs industriels et l'effondrement de l'agriculture. La leçon est triste, mais claire : les institutions sont extrêmement importantes pour la croissance.

Figure 1 – Le PIB (PPA) par tête en Corée du Nord et Corée du Sud, 1950-1998.

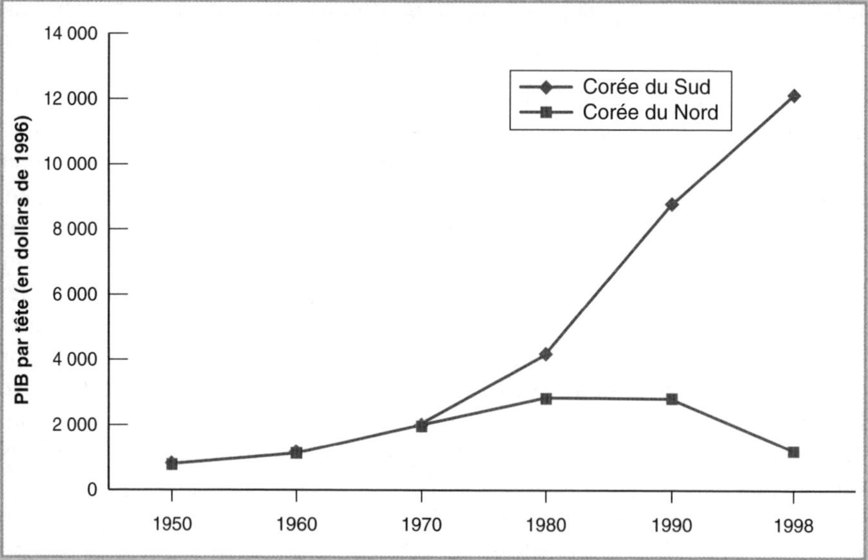

Source : Daron Acemoglu, *Understanding Institutions*, Lionel Robbins Lectures, 2004.

Il reste cependant une question essentielle : pourquoi les pays pauvres n'adoptent-ils pas ces bonnes institutions ? La réponse est que ce n'est pas simple. Les bonnes institutions sont complexes et difficiles à mettre en place. Dans la figure 4.7, il est probable que la causalité aille dans les deux sens : un faible niveau de protection des droits de propriété réduit le PIB par tête. Mais il est également vrai qu'un faible niveau de PIB par tête entraîne une mauvaise protection des droits de propriété : les pays pauvres n'ont par exemple souvent pas les moyens d'instaurer un système judiciaire de qualité ou de garantir une police efficace. Dès lors, améliorer les institutions et entrer dans un cercle vertueux, en ayant un plus haut niveau de PIB et de meilleures institutions, est souvent très difficile. Les pays d'Asie ayant une forte croissance y sont parvenus (l'encadré « Qu'y a-t-il derrière la croissance chinoise ? » étudie plus en détail le cas de la Chine). Jusqu'à présent, la plupart des pays africains n'ont pas réussi à enclencher un tel cercle vertueux.

Gros plan

Qu'y a-t-il derrière la croissance chinoise ?

De 1949 (année d'établissement de la république populaire de Chine) à la fin des années 1970, le système économique chinois reposait sur la planification centralisée. Deux réformes politico-économiques majeures, le « grand bond en avant » en 1958 et la « révolution culturelle » en 1966, ont donné lieu à des catastrophes humaines et économiques. Le PIB a diminué de 20 % entre 1959 et 1962, et l'on estime que 25 millions de personnes sont mortes de faim durant cette période. Entre 1966 et 1968, le PIB a encore diminué de plus de 10 %.

Après la mort du président Mao en 1976, les nouveaux dirigeants ont décidé d'introduire progressivement des mécanismes de marché dans l'économie. En 1978, une réforme a autorisé les agriculteurs, une fois qu'ils ont versé un quota dû à l'État, à vendre leur production sur les marchés ruraux. Peu à peu, les agriculteurs ont obtenu des droits croissants sur les produits de la terre et, aujourd'hui, les fermes d'État produisent moins de 1 % de la production agricole. Dans les autres secteurs, à partir également de la fin des années 1970, les entreprises d'État ont eu de plus en plus d'autonomie dans leurs décisions de production, et des prix et des mécanismes de marché ont été introduits pour un nombre croissant de biens. L'entreprise privée a été encouragée, souvent sous la forme d'« entreprises de bourgs et de villages [1] » qui sont guidées par un objectif de profit. Des avantages fiscaux et des clauses favorables ont permis d'attirer les investisseurs étrangers.

Ces réformes cumulées ont eu un immense effet économique : la croissance annuelle moyenne du PIB par tête s'est accrue de 2,5 % entre 1952 et 1977 à plus de 9 % depuis lors. Un niveau aussi élevé de croissance est-il surprenant ? On pourrait penser que non. Si l'on considère la différence de 1 à 10 entre les niveaux de productivité de la Corée du Nord et de la Corée du Sud présentée dans l'encadré précédent, il est évident que la planification centralisée n'est pas un bon système économique. En conséquence, on pourrait penser que, en passant de la planification centralisée à l'économie de marché, les pays peuvent facilement connaître d'importants gains de productivité. La réponse n'est cependant pas si claire lorsque l'on regarde l'expérience des nombreux pays qui, depuis la fin des années 1980, ont abandonné la planification centralisée. Dans la plupart des pays d'Europe centrale, cette transition s'est initialement accompagnée d'une chute du PIB, typiquement de 10 % à 20 %, et il a fallu cinq ans ou plus pour que le produit dépasse le niveau antérieur à la transition. En Russie et dans les pays issus de l'ex-URSS, la chute de la production a été encore plus forte et plus longue (la plupart des pays en transition ont désormais une croissance soutenue, bien qu'à des taux inférieurs à ceux de la Chine).

En Europe centrale et orientale, l'effet initial de la transition a été un effondrement du secteur public, qui n'a été que partiellement compensé par la croissance lente du nouveau secteur privé. En Chine, le déclin du secteur public a été plus lent et plus que contrebalancé par la forte croissance du secteur privé. La question est donc : comment la Chine a-t-elle été capable d'effectuer cette transition plus lente ?

Certains observateurs proposent une explication culturelle. Ils insistent sur la tradition confucéenne (qui repose sur les enseignements de Confucius), dominante en Chine et qui met l'accent sur le travail, le respect des engagements et la confiance entre amis. Tous ces éléments, disent-ils, sont les fondements des institutions qui permettent un bon fonctionnement d'une économie de marché.

D'autres observateurs proposent une explication historique. Ils mettent en avant le fait que, contrairement à la situation russe, la planification centralisée n'a duré que quelques

1. En anglais « *Township and Village Enterprises* », ou TVE.

Gros plan

décennies en Chine. De ce fait, lors des réformes, les agents savaient comment fonctionnait une économie de marché et se sont facilement adaptés au nouvel environnement.

La plupart des observateurs insistent sur le contrôle puissant du parti communiste lors du processus. Contrairement à ce qui s'est passé en Europe centrale et orientale, le système politique n'a pas changé et le gouvernement a été capable de contrôler le rythme de la transition. Il a ainsi pu permettre aux entreprises publiques de continuer à produire pendant que la production du secteur privé augmentait progressivement ; il a pu aussi garantir le respect des droits de propriété aux investisseurs étrangers (dans la figure 4.7, l'indice de respect des droits de propriété en Chine est de 7,7, ce qui n'est pas très éloigné de la valeur observée dans les pays riches). Les investisseurs étrangers ont introduit la technologie des pays riches et, avec le temps, cette technologie a été transmise aux entreprises locales. Pour des raisons politiques, cette stratégie n'a pas été possible dans les pays d'Europe centrale et orientale.

Les limites de la stratégie chinoise sont claires : les droits de propriété restent mal établis et le système bancaire est toujours inefficace. Jusqu'à présent, ces problèmes n'ont cependant pas entravé la croissance.

La nouvelle économie

Le rapport *Nouvelle Économie* du Conseil d'analyse économique, rédigé par Daniel Cohen et Michèle Debonneuil et publié par La Documentation française en 2000, analyse le rôle des technologies de l'information et de la communication.

Le rapport dissipe d'abord le paradoxe de Solow, qui déclarait en 1987 que l'on voyait les ordinateurs partout, sauf dans les statistiques. Depuis le milieu des années 1990, la montée en puissance des technologies de l'information et de la communication (TIC) va de pair avec un regain de la productivité. Aux États-Unis, l'accélération de la croissance dans la seconde moitié des années 1990 serait due pratiquement pour moitié à l'usage des technologies de l'information et pour moitié à une hausse « résiduelle » de la productivité globale des facteurs (PGF), cette dernière s'expliquant, à son tour, pour moitié par la progression rapide de la PGF dans les secteurs produisant les nouvelles technologies (principalement, dans les composants électroniques). La progression de la productivité globale des facteurs se retrouve dans une baisse rapide des prix relatifs des nouvelles technologies, baisse qui bénéficie aux utilisateurs (investissement des entreprises et consommation de biens durables) et explique environ 0,8 % par an de la croissance américaine.

Une réorganisation indispensable pour tirer parti des TIC

En effet, l'augmentation des investissements en TIC ne suffit pas à elle seule à accroître la productivité dans les secteurs utilisateurs (les travaux de Philippe Askenazy, dans *La Croissance moderne*, Economica, le montrent) : elle doit être associée à une réorganisation du travail (équipes autonomes, rotations de postes, juste-à-temps, démarche de qualité totale, etc.). L'augmentation du volume des équipements en TIC entraîne sur la productivité globale des facteurs une diminution que la réorganisation du travail permet de surcompenser, non sans un certain délai d'apprentissage. Le paradoxe de Solow trouve ainsi une explication dans le fait qu'aux États-Unis, le mouvement d'investissement dans les TIC a précédé le mouvement de réorganisation et sa montée en régime : pendant longtemps, l'effet négatif lié à l'augmentation des investissements a masqué l'effet positif de la réorganisation du travail.

Suffit-il d'acquérir les TIC ou faut-il les produire ?

Peut-on espérer qu'avec ce décalage, la France puisse bénéficier d'une accélération des gains de la productivité et d'une croissance économique comparables à la trajectoire américaine ? Ne risque-t-elle pas d'être handicapée (de même que les autres pays européens) par le fait qu'elle doit acquérir à l'étranger (principalement aux États-Unis) une part importante des équipements en TIC, qu'elle ne produit pas elle-même ? La réponse des auteurs du rapport est nuancée. D'un côté, comme on l'a indiqué, la baisse des prix des TIC transfère aux acquéreurs l'essentiel des gains de productivité réalisés par les producteurs de ces équipements. De l'autre, certaines rentes restent entre les mains des producteurs (exemple de Microsoft) et, surtout, on peut se demander si un pays non producteur peut utiliser les innovations aussi rapidement et aussi efficacement qu'un pays producteur, où les effets d'apprentissage jouent à fond. Il existe donc des arguments pour limiter le degré de dépendance par rapport au pays leader.

Un environnement favorable à la propagation de la troisième révolution industrielle

Le rapport passe aussi en revue d'autres facteurs qui expliquent l'avance prise par les États-Unis en matière de TIC.

Au premier chef, figure la recherche et développement, longtemps impulsée par les dépenses du ministère de la Défense, mais où le gouvernement américain reste très actif et où les universités prennent une part renforcée, en association avec les grandes entreprises des TIC. Un second facteur explicatif est la déréglementation des années 1980, qui a mis fin aux situations de monopole et a favorisé la création d'entreprises innovantes, devenues depuis des leaders dans le secteur des TIC (par exemple, Cisco, Intel, Dell...). Il faut y ajouter la révolution financière née aux États-Unis, avec notamment l'essor du capital-risque qui a facilité l'éclosion de nombreuses « *start-ups* », le stimulant qu'offre aux entreprises de haute technologie l'introduction en Bourse et notamment au NASDAQ, ainsi que le pouvoir d'initiative retrouvé par les marchés financiers (sans doute à un point désormais excessif, si l'on considère le risque d'une surévaluation des actions). Enfin, il ne faut pas sous-estimer le réglage particulièrement performant du « *policy-mix* », basé sur un pragmatisme préventif de la politique monétaire et sur une consolidation structurelle du budget, qui, conjugué avec une politique active sur le marché du travail, a permis de maintenir un rythme de croissance durablement élevé et un retour au quasi-plein-emploi sans inflation, semblant impliquer un abaissement du NAIRU autour de 5 % (au lieu de 6 % antérieurement). Au regard de ces divers éléments, la situation de la France et plus généralement de l'Europe paraît aujourd'hui favorablement orientée en matière de politique conjoncturelle, grâce à la réalisation de l'euro et à un *policy-mix* bien adapté.

En outre, au Conseil européen de Lisbonne (mars 2000), l'Union européenne s'est fixé pour la décennie à venir l'objectif stratégique ambitieux de « devenir l'économie de la connaissance la plus compétitive et la plus dynamique du monde » et a adopté des lignes d'action de politiques structurelles, telles que rétablir les conditions propices au plein-emploi, créer un espace européen de la recherche et de l'innovation, instaurer un climat favorable à la création et au développement d'entreprises innovantes, poursuivre les réformes pour achever et rendre pleinement opérationnel le marché intérieur, parvenir à des marchés financiers efficaces et intégrés.

Résumé

- Pour comprendre le rôle du progrès technique dans la croissance, il est utile d'envisager le progrès technique comme une manière d'augmenter la quantité de travail effectif disponible dans l'économie (c'est-à-dire le nombre de travailleurs multiplié par l'état de la technologie). Ainsi, on peut considérer que la production se fait à partir de capital et de progrès technique.
- À l'état stationnaire, la production par travailleur effectif et le capital par travailleur effectif sont constants. Il s'ensuit que la production par travailleur et le capital par travailleur croissent au rythme du progrès technique. Sous un autre angle encore, la production et le capital croissent au même taux que le travail effectif, c'est-à-dire à un taux égal à la somme du taux de croissance démographique et du taux de progrès technique. On dit d'une économie à l'état stationnaire qu'elle est sur un « sentier de croissance équilibrée ».
- Le taux de croissance de la production à l'état stationnaire est indépendant du taux d'épargne. Cependant, une augmentation du taux d'épargne génère de la croissance pour un temps, à un niveau supérieur à celui du sentier de croissance équilibrée.
- Le progrès technique dépend à la fois de la fécondité des recherches et de l'appropriabilité des résultats de la R-D (c'est-à-dire la mesure dans laquelle l'entreprise peut bénéficier de ses propres découvertes).
- Lorsqu'il élabore des lois sur la protection de la propriété intellectuelle, le gouvernement doit faire un arbitrage entre la protection des idées, pour inciter des recherches dans le futur, et le désir de rendre les découvertes déjà existantes publiques pour un usage par tous, sans restrictions.
- L'Allemagne, la France, les États-Unis, le Japon et le Royaume-Uni ont connu une croissance équilibrée depuis 1950. Le ralentissement de la croissance au milieu des années 1970 est dû à une baisse du taux de progrès technique. La convergence de la production par travailleur apparaît être essentiellement déterminée par une convergence des niveaux d'avancement de la technologie.
- Il n'y a pas d'explication valable du ralentissement du progrès technique depuis le milieu des années 1970. De façon plus générale, notre compréhension des déterminants du progrès technique et des liens qui existent avec des éléments tels que le système juridique ou politique reste limitée.

Annexe

Construire une mesure du progrès technique

En 1957, Robert Solow suggère une manière de construire une estimation du progrès technique. La méthode, encore utilisée aujourd'hui, repose sur une hypothèse importante : chaque facteur est rémunéré à sa productivité marginale.

Selon cette hypothèse, il est facile de calculer les contributions de chaque facteur dans l'augmentation de la production. Si par exemple un travailleur est payé 30 000 euros par an, cette hypothèse nous dit que sa contribution à la production est de 30 000 euros. Si maintenant ce travailleur augmente son nombre d'heures de travail de 10 %, sa contribution à l'augmentation de la production sera de 0,1 × 30 000, soit 3 000 euros.

De façon plus formelle, soit Y la production, N le travail et W/P le salaire réel. Nous avons seulement affirmé que le changement de la production est égal au changement de la quantité de travail, multiplié par le salaire réel :

$$\Delta Y = \frac{W}{P}\Delta N$$

En divisant les deux côtés de l'équation par Y et en divisant et multipliant le côté droit par N, on trouve après réorganisation des termes :

$$\frac{\Delta Y}{Y} = \frac{WN}{PY}\frac{\Delta N}{N}$$

Notons que le premier terme de droite (WN/PY) est égal à la part du travail dans la production (les salaires divisés par les bénéfices totaux). Soit α cette part, $\Delta Y/Y$ représente le taux de croissance de la production, qu'on note g_N. De la même manière, $\Delta N/N$ correspond au taux de croissance de la population employée, que l'on note g_N. Donc l'équation précédente peut être réécrite :

$$g_Y = \alpha g_N$$

De façon plus générale, ce raisonnement nous dit que la part de la croissance de la production que l'on peut attribuer au travail vaut $\alpha \times g_N$.

De la même manière, on peut calculer la part de la croissance de la production qui est due à l'augmentation du stock de capital. Dans la mesure où il n'y a que deux facteurs de production – le capital et le travail – et comme la part du travail est égale à α, la part du capital dans le revenu doit être égale à : $1 - \alpha$. Si le taux de croissance du capital est g_K, alors la part de la croissance de la production qui est due à l'augmentation du stock de capital est égale à : $(1 - \alpha) \times g_K$.

En rassemblant les deux résultats, on peut dire que la part de la croissance de la production due uniquement à l'augmentation du travail et du stock de capital est : $\alpha g_N + (1 - \alpha)\, g_K$.

On peut donc mesurer les effets du progrès technique en calculant ce que Solow a appelé le *résidu*, c'est-à-dire ce qui reste de la croissance que l'on ne peut attribuer ni à l'augmentation de la quantité de travail, ni à celle du stock de capital.

$$\textit{Résidu} \equiv g_Y - [\alpha g_N + (1 - \alpha)\, g_K]$$

On nomme cette mesure le **résidu de Solow**. Il est facile à calculer : il suffit de connaître les taux de croissance de la production, du travail et du capital, ainsi que les parts du travail et du capital dans le revenu.

Le résidu de Solow est parfois appelé aussi **taux de croissance de la productivité totale des facteurs.** On utilise cette expression pour la distinguer du *taux de croissance de la productivité du travail* (défini par $g_Y - g_N$).

Le résidu de Solow est fonction du progrès technique suivant une relation simple. Il est égal au taux de progrès technique multiplié par la part du travail dans le revenu :

$$Résidu = \alpha g_A$$

On ne démontrera pas ce résultat ici. Mais l'intuition en est simple. Ce résultat vient du fait que ce qui compte dans la fonction de production $Y = F(K, AN)$ est le produit du travail et de l'état de la technologie, AN. On a vu que pour obtenir la contribution de la croissance du travail à la croissance de la production, il faut multiplier le travail par sa part dans le revenu. Comme N et A entrent de la même façon dans la fonction de production, il est clair que pour obtenir la contribution du progrès technique à la croissance de la production, il faut multiplier le taux de progrès technique par la part du travail dans le revenu.

Si le résidu de Solow est égal à 0, alors il n'y a pas de progrès technique. Pour construire une estimation du taux de progrès technique, il faut construire le résidu de Solow puis le diviser par la part du travail dans le revenu. C'est la manière dont les taux de progrès technique présentés dans le texte (g_A) sont construits [1].

Source : d'après Robert Solow, « Technical Change and the Aggregate Production Function », *The Review of Economics and Statistics*, 1957.

Pour en savoir plus

Trois livres classiques sur la nature et le rôle des inventions dans la croissance :

- Jacob Schmookler, *Invention and Economic Growth*, Harvard University Press, 1966 : cet ouvrage étudie précisément la nature des inventions.
- Joseph Schumpeter, *Capitalisme, Socialisme et Démocratie*, Payot, 1970 : ce livre construit une théorie générale des fluctuations et de la croissance, donnant un rôle central aux innovations et aux entrepreneurs.
- William Baumol, Sue Anne Batey Blackman et Edward Wolff, *Productivity and American Leadership: The Long View*, MIT Press, 1989 : ces auteurs font le point sur ce que l'on sait actuellement sur le progrès technique dans les pays riches.

Pour avoir des détails sur un point que nous n'avons pas vu dans le chapitre, la croissance et l'environnement : *Le Développement et l'Environnement – Rapport sur le développement dans le monde*, Banque mondiale et Oxford University Press, 1992.

1. Nous avons vu plusieurs définitions de la croissance de la productivité dans ce chapitre. Les deux plus importantes sont :
   – la croissance de la productivité du travail : $g_Y - g_N$;
   – le taux de progrès technique : g_A. Celui-ci n'est pas directement observable. Pour le calculer, il faut d'abord construire le résidu de Solow : $g_Y - [g_N + (1 - \alpha)\, g_K]$.
   Le résidu de Solow est aussi appelé « taux de croissance de la productivité totale des facteurs ». Le taux de progrès technique est égal au résidu de Solow divisé par la part du travail dans le revenu : g_A = résidu/α.

Pour aller plus loin dans l'étude de la croissance : Charles Jones, *Théorie de la croissance endogène,* De Boeck, 2000.

Philippe Aghion et Peter Howitt, *L'Économie de la croissance*, Economica, 2010.

Applications

1. Vrai/Faux/Incertain

a. Le taux d'épargne est toujours égal au taux d'investissement.

b. Un taux d'investissement plus élevé permet une croissance plus forte du produit sur le long terme.

c. Si le capital n'était pas sujet à dépréciation, la croissance pourrait continuer indéfiniment.

d. Plus le taux d'épargne est élevé, plus la consommation à l'état stationnaire est forte.

e. Dans beaucoup de pays, une augmentation du niveau d'éducation est la clé d'une croissance durable.

f. L'éducation augmente le capital humain, donc la production. Le gouvernement doit par conséquent subventionner l'éducation.

g. Si le taux de progrès technique augmente, le taux d'investissement doit augmenter pour maintenir constant le capital par travailleur effectif.

h. À l'état stationnaire, la production par travailleur effectif augmente au rythme de la population.

i. À l'état stationnaire, la production par travailleur augmente au rythme du progrès technique.

j. Un taux d'épargne plus élevé implique un niveau de capital par travailleur effectif plus élevé à l'état stationnaire, donc un taux de croissance plus élevé de la production par travailleur effectif.

k. Même si les retombées potentielles des dépenses de recherche et développement sont identiques à celles de l'investissement dans une nouvelle machine, ces dépenses présentent beaucoup plus de risques pour les entreprises.

l. Le ralentissement du progrès technique depuis les années 1970 semble être dû au fort déclin des dépenses de recherche et développement dans la plupart des pays industrialisés.

2. Le taux d'épargne

« Le taux de croissance du produit par travailleur au Japon restera plus élevé que celui des États-Unis aussi longtemps que le taux d'épargne japonais excédera celui des États-Unis. »

Êtes-vous d'accord on non avec cette affirmation ?

3. La croissance à long terme

Quel est l'effet probable des modifications suivantes sur le niveau de production par travailleur à long terme ?

a. Le droit de déduire l'épargne du revenu imposable.

b. Une augmentation du taux d'activité des femmes (à population constante).

4. Recherche-développement et croissance

a. Pourquoi le montant des dépenses de recherche et développement est-il important pour la croissance ? Comment l'appropriabilité et la fécondité de la recherche influencent-elles le montant des dépenses de recherche et développement ?

b. Déterminez l'effet des mesures suivantes sur l'appropriabilité et la fécondité de la recherche, et leur effet final sur la recherche et développement et la production à long terme.

- Un traité international assurant une protection dans le monde entier des brevets de chaque pays.

- Des crédits d'impôts pour chaque euro de dépenses de recherche et développement.
- La suppression des brevets sur les nouveaux médicaments, pour qu'ils puissent être vendus à bas prix dès qu'ils sont commercialisés.

5. Progrès technique et développement

a. Pourquoi le progrès technique vient-il des pays les plus avancés ?

b. Les pays en développement ont-ils d'autres options ?

c. Voyez-vous des motifs pour les pays en développement d'opter pour une faible protection des brevets ?

d. Y a-t-il des dangers afférents à un tel choix (pour les pays en développement) ?

6. Pour approfondir

Supposons que la fonction de production soit :

$$Y = \sqrt{K}\sqrt{NA}$$

et que le taux d'épargne s soit égal à 16 %, le taux de dépréciation δ à 10 %. Supposons de plus que le nombre de travailleurs augmente de 2 % par an et que le taux de progrès technique soit de 4 % par an.

a. Trouvez les valeurs à l'état stationnaire du :
- capital par travailleur effectif ;
- produit par travailleur effectif ;
- taux de croissance du produit par travailleur effectif ;
- taux de croissance du produit par travailleur ;
- taux de croissance du produit.

b. Supposons maintenant que le taux de progrès technique double pour atteindre 8 % par an. Que deviennent les réponses à la question a ? Justifiez.

c. Supposons à présent que le taux de progrès technique reste à 4 % par an, mais que la croissance du nombre de travailleurs passe à 6 % par an. Que deviennent les réponses à la question a ? Justifiez.

d. La situation matérielle est-elle meilleure en a ou en c ? Justifiez.

Partie III – Le court et le moyen terme

Chapitre 5
Le marché de la monnaie

Dans les deux chapitres précédents, nous nous sommes concentrés sur les déterminants de long terme du produit. Dans cette partie, nous considérons au contraire les déterminants des évolutions de l'activité à court ou moyen terme.

Déterminer l'équilibre macroéconomique de court terme, c'est comprendre comment se forment, au niveau de l'économie dans son ensemble et à un moment donné (l'année courante par exemple), les variables fondamentales que sont le niveau de la production, le taux de chômage, le niveau des prix et des salaires et celui des taux d'intérêt. Pour parvenir à une vision d'ensemble, il faut tout d'abord reconstituer les déterminants de la demande et saisir ensuite les mécanismes par lesquels ils interagissent avec les facteurs d'offre. Contrairement aux hypothèses qui ont été faites lors de l'examen des théories de la croissance, notamment le plein-emploi de tous les facteurs de production (capital et travail), nous autorisons à présent un sous-emploi des facteurs de production et cherchons à comprendre comment il se forme. C'est à cette analyse que sont consacrés ce chapitre et les deux suivants.

Notre point de départ sera la description du modèle *IS/LM* qui correspond à l'extension, proposée par Hicks, du livre publié par Keynes, *Théorie générale de l'emploi, de l'intérêt et de la monnaie.* Lors de sa parution en 1936, la *Théorie générale* de Keynes apparut tout à la fois fondamentale et impénétrable. Il y eut beaucoup de débats à propos de « ce que Keynes voulait dire ». En 1937, John Hicks formalisa ce qu'il considérait comme l'une des contributions principales de Keynes : l'étude conjointe des marchés financiers et du marché des biens. L'analyse de Hicks fut ensuite développée par Alvin Hansen. Hicks et Hansen appelèrent leur cadre formel le modèle *IS/LM.* La macroéconomie a fait des progrès substantiels depuis le début des années 1940 [1], mais pour de nombreux économistes, le modèle *IS/LM* est encore un modèle essentiel qui, malgré sa simplicité, saisit une grande partie de ce qui se passe à court terme dans l'économie. C'est pourquoi ce modèle est toujours enseigné et utilisé aujourd'hui.

Le modèle *IS/LM* sera présenté dans le chapitre suivant. Pour cela, il nous faut au préalable étudier le marché de la monnaie et la détermination du taux d'intérêt, ce qui est l'objet du présent chapitre. Cette tâche semble décourageante : dans les économies modernes, il y a des milliers d'actifs financiers et des milliers de taux d'intérêt – des taux d'intérêt sur des titres à court terme, à long terme, sur des titres d'État ou d'entreprise, etc. Pour progresser, il faut simplifier. Tout comme nous supposerons, en considérant le marché

1. Par exemple, il y eut des progrès dans la compréhension de :
   – la relation entre activité et inflation (chapitres 8 à 10) ;
   – le rôle des anticipations dans les fluctuations (chapitres 11 à 14) ;
   – ce qui se passe quand l'économie s'ouvre aux échanges et aux capitaux (chapitres 15 à 18).

des biens au chapitre 6, qu'il n'y a qu'un seul type de bien, nous supposons dans ce chapitre qu'il n'y a qu'un seul type de titre et donc qu'un seul taux d'intérêt, ce qui nous permettra de réfléchir sur les déterminants du taux d'intérêt.

Le chapitre comporte trois sections. La section 5.1 s'intéresse à la demande de monnaie, qui est l'actif financier le plus simple et le plus fondamental ; la section 5.2 se penche sur la détermination du taux d'intérêt dans l'hypothèse où l'offre de monnaie est directement sous le contrôle de la banque centrale ; la section 5.3 introduit les banques comme offreuses de monnaie et réexamine la détermination du taux d'intérêt et le rôle de la banque centrale.

Avant de commencer, une mise en garde : les discussions sur les marchés financiers et les problèmes financiers sont remplies de pièges sémantiques. Des mots comme « monnaie » ou « richesse » ont un sens très spécifique en économie, qui diffère souvent du sens qu'ils ont dans les conversations de tous les jours. L'objectif de l'encadré « Les pièges sémantiques : monnaie, revenu et richesse » est de vous aider à éviter certains de ces pièges. Lisez-le attentivement et revenez-y de temps à autre.

Gros plan

Les pièges sémantiques : monnaie, revenu et richesse

Le **revenu** est ce que l'on gagne en travaillant, plus ce que l'on reçoit en intérêts et dividendes. C'est un **flux** – c'est-à-dire qu'il est exprimé en unité de temps : le revenu hebdomadaire, mensuel ou annuel. Interrogé sur son revenu, J. Paul Getty, qui a fait fortune dans le pétrole et créé le J. Paul Getty Museum, répondit : « 1 000 dollars. » Il pensait, mais n'a pas précisé, par minute.

L'**épargne** est cette partie du revenu après impôts qui n'est pas dépensée. C'est aussi un flux. Si l'on économise 10 % de son revenu et que celui-ci est de 3 000 euros par mois, alors on épargne 300 euros par mois. Les économies, parfois utilisées comme synonymes de richesse, sont la valeur de ce que l'on a accumulé à travers le temps. Pour éviter d'éventuelles confusions, nous ne l'utiliserons pas ici.

La **richesse financière**, ou simplement la **richesse** ou le **patrimoine**, est la valeur de tous les actifs financiers d'un individu moins tous ses engagements financiers. Par opposition au revenu ou à l'épargne qui sont des variables de flux, c'est une variable de stock. C'est la valeur de la richesse à un instant précis. À un moment donné, on ne peut pas changer le montant total de sa richesse financière. On peut le faire seulement sur une période étalée dans la durée, en épargnant ou en désépargnant, ou alors quand la valeur des actifs possédés change. Mais on peut modifier la composition de sa richesse ; on peut, par exemple, décider de rembourser une part de son hypothèque en signant un chèque sur son compte courant. Cela entraîne une baisse du passif (une hypothèque plus faible) et une baisse correspondante des actifs (un solde inférieur du compte courant), mais ne change pas la richesse.

Les actifs financiers qui peuvent être utilisés directement pour acheter des biens sont appelés la **monnaie**. Elle inclut la monnaie fiduciaire et les dépôts à vue, dépôts à partir desquels on peut tirer des chèques. La monnaie est aussi un stock. Quelqu'un peut être très riche et détenir peu de monnaie, par exemple 1 million d'euros d'actifs financiers, mais seulement 500 euros sur son compte courant. Ou bien quelqu'un peut avoir un revenu élevé mais très peu de monnaie, par exemple recevoir 10 000 euros par mois et avoir juste un petit crédit sur son compte courant.

L'**investissement** est un terme que les économistes réservent pour l'achat de nouveaux biens capitaux, depuis les machines jusqu'aux usines et aux bureaux. Quand on veut parler de l'achat d'actions ou d'autres actifs financiers, il faut dire « **placement** ».

5.1 La demande de monnaie

Supposons que l'on ait le choix entre deux actifs financiers [1] :

- *la monnaie*, qui peut être utilisée pour les transactions, mais ne rapporte aucun intérêt. En réalité, il y a deux types de monnaie : la monnaie fiduciaire (ou espèces) – les billets et pièces mis en circulation par la banque centrale – et les dépôts à vue – les dépôts bancaires à partir desquels on peut signer des chèques. La distinction entre les deux sera importante quand nous en viendrons à considérer l'offre de monnaie plus loin [2] ;
- *les titres*, qui ne peuvent être utilisés pour les transactions, mais rapportent un taux d'intérêt positif *i*. En réalité, il existe de nombreux types de titres, chacun étant associé à un taux d'intérêt spécifique. Pour l'instant, nous ignorons ici cet aspect de la réalité et ne considérons qu'un seul taux d'intérêt *i*.

Supposons que, ayant épargné régulièrement une partie de son revenu, on ait une richesse de 50 000 euros. On peut avoir l'intention de continuer à épargner à l'avenir et d'augmenter encore sa richesse, qui n'en a pas moins une valeur actuelle donnée. Le choix que l'on a à faire aujourd'hui concerne l'allocation de ces 50 000 euros entre monnaie et titres [3].

On admet que vendre ou acheter des titres implique des coûts, par exemple un appel téléphonique à un courtier et le règlement de frais de transaction. Combien de ces 50 000 euros devrait-on détenir en monnaie et combien en titres ?

Détenir toute sa richesse sous forme de monnaie est certainement très pratique. On évite d'avoir à téléphoner continuellement à un courtier ou de payer des frais de transaction. Mais cela signifie aussi ne recevoir aucun revenu (sous forme d'intérêts). Détenir toute sa richesse sous forme de titres implique que l'on reçoit des intérêts sur toute sa richesse, mais aussi qu'il faut appeler le courtier à chaque fois que l'on a besoin de liquidités pour prendre le métro ou une tasse de café : une façon de vivre quelque peu compliquée. Il est donc certain qu'il faut posséder à la fois des titres et de la monnaie. Dans quelles proportions ? Cela dépend principalement de deux variables :

- *le niveau de transactions* (donné pour chaque individu). On veut avoir assez de liquidités en moyenne afin d'éviter de devoir vendre trop souvent des titres pour avoir de la monnaie. Admettons que l'on dépense 5 000 euros par mois. On peut vouloir garder en moyenne deux mois de dépenses dans sa poche, soit 10 000 euros en monnaie, et le reste (50 000 – 10 000 = 40 000 euros) en titres. Si, au lieu de cela, on dépense 6 000 euros par mois, on pourra garder 12 000 euros et placer ainsi seulement 38 000 euros en titres ;
- *le taux d'intérêt des titres*. La seule raison de détenir une partie de sa richesse en titres est qu'ils rapportent un intérêt. S'ils ne généraient pas d'intérêts, on garderait toute

1. Nous abandonnerons cette hypothèse plus tard. Au chapitre 12, nous examinerons le choix entre titres à court terme, titres à long terme et actions. Au chapitre 15, nous étudierons le choix entre titres domestiques et étrangers. Mais les conclusions de ce chapitre resteront vraies : le taux d'intérêt (à court terme) sera encore déterminé par la condition que la demande de monnaie soit égale à l'offre de monnaie. Et, en changeant l'offre de monnaie, la banque centrale aura toujours la possibilité d'affecter le taux d'intérêt (à court terme).
2. Dans certains pays, les dépôts à vue peuvent être rémunérés à un taux d'intérêt faible. Nous ignorerons cet aspect ici.
3. Assurez-vous de comprendre la différence entre le choix du montant à épargner (une décision qui détermine comment la richesse évolue au cours du temps) et le choix de l'allocation d'un montant donné de richesse entre monnaie et titres.

sa richesse sous forme de monnaie : la monnaie et les titres rapporteraient le même intérêt (zéro), et la monnaie, qui sert pour les transactions, serait donc plus pratique.

Plus le taux d'intérêt est élevé, plus on accepte de supporter les tracas et les coûts associés aux opérations de vente et d'achat des titres. S'il est très élevé, on peut décider de réduire ses avoirs en monnaie à une moyenne de seulement l'équivalent de deux semaines de dépenses, soit 2 500 euros (en supposant que l'on dépense mensuellement 5 000 euros). Cela signifie que l'on va garder en moyenne 47 500 euros en titres, et donc recevoir plus d'intérêts.

Au début des années 1980, avec un taux d'intérêt supérieur à 10 %, des gens qui avaient jusqu'alors conservé toute leur richesse financière sur leurs comptes courants (qui ne rapportaient rien) comprirent combien ils pouvaient gagner en intérêts en plaçant une partie de leurs fonds. Les SICAV monétaires (fonds d'investissement sur le marché monétaire) firent fureur. Toutefois, depuis, le taux d'intérêt a décru. Au milieu des années 2000, juste avant la crise, le taux d'intérêt payé par ces fonds était plus proche en moyenne de 3 %. C'est mieux que zéro – le taux payé sur beaucoup de comptes courants –, mais bien moins attractif que le taux de 1981. En conséquence, la plupart des gens se soucient moins qu'auparavant de placer leurs fonds. Exprimé d'une autre façon, cela signifie que pour un niveau de transactions donné, ils gardent plus de liquidités sur leur compte courant qu'ils ne le faisaient au début des années 1980.

Formalisons cette discussion : notons M^d la quantité de monnaie que la population souhaite détenir – sa demande de monnaie (l'exposant *d* signifiant *demande*). Nous venons de montrer que la demande de monnaie d'un individu dépend de deux variables : son niveau de transactions et le taux d'intérêt. La demande de monnaie pour l'économie dans son ensemble est simplement la somme des demandes de monnaie de tous les individus. Ainsi, la demande de monnaie pour l'économie entière dépend du niveau de transactions de l'ensemble de l'économie et du taux d'intérêt. Le niveau de transactions de l'ensemble de l'économie est difficile à mesurer, mais il est loisible de penser qu'il est à peu près proportionnel au revenu nominal : si le revenu nominal augmente de 10 %, il est raisonnable de croire que le montant des transactions dans l'économie augmente aussi d'environ 10 %. Nous pouvons écrire la relation entre la demande de monnaie, le revenu nominal et le taux d'intérêt comme :

$$M^d = PY\,\underset{(-)}{L(i)} \qquad (5.1)$$

où *PY* représente le revenu nominal (indice des prix multiplié par le volume de la production). On lit cette équation ainsi : « La demande de monnaie est égale au revenu nominal multiplié par une fonction du taux d'intérêt, notée $L(i)$. » Le signe moins sous $L(i)$ rend compte du fait que le taux d'intérêt *i* a un impact négatif sur la demande de monnaie : une augmentation du taux d'intérêt *diminue* la demande de monnaie.

Cette équation résume ce que nous avons appris jusqu'ici :

- premièrement, la demande de monnaie augmente proportionnellement au revenu nominal. Si le revenu double, augmentant de Y à $2Y$, alors la demande de monnaie augmente de $PY\,L(i)$ à $2PY\,L(i)$, c'est-à-dire qu'elle double [1] ;

1. Ce qui importe ici est le revenu nominal, non le revenu réel. Si les prix doublent sans modification du revenu réel, ce qui équivaut à un doublement du revenu nominal, il sera nécessaire d'avoir deux fois plus de monnaie pour acheter le même panier de biens.

• deuxièmement, la demande de monnaie dépend négativement du taux d'intérêt ; c'est ce qu'expriment la fonction *L (i)* et le signe moins dessous : une augmentation du taux d'intérêt diminue la demande de monnaie.

La relation entre la demande de monnaie, le revenu nominal et le taux d'intérêt mise en lumière par l'équation 5.1 est représentée graphiquement par la figure 5.1. Le taux d'intérêt i est mesuré sur l'axe vertical ; la quantité de monnaie M est représentée sur l'axe horizontal.

Figure 5.1 – La demande de monnaie.

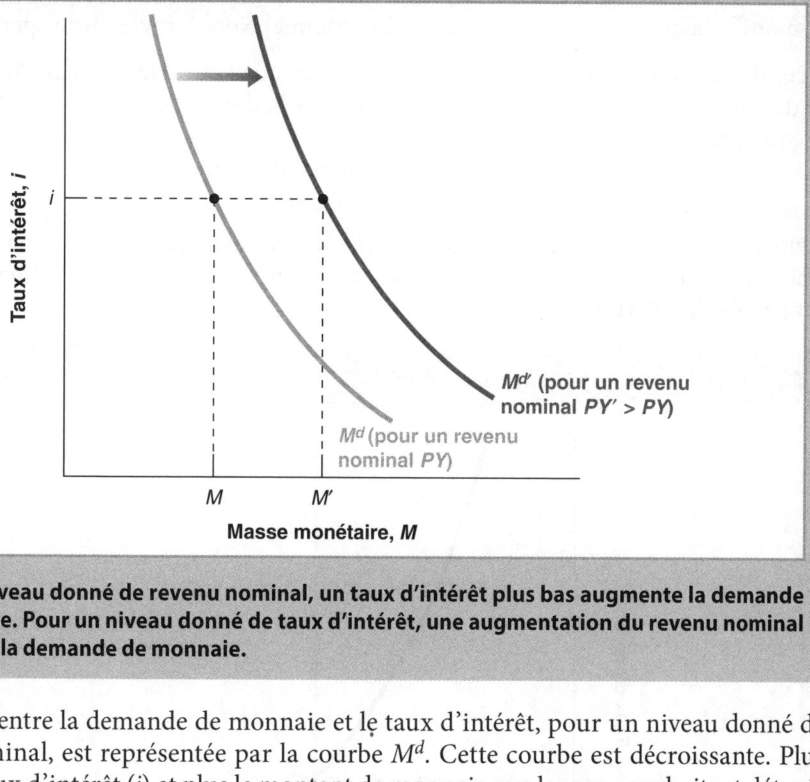

Pour un niveau donné de revenu nominal, un taux d'intérêt plus bas augmente la demande de monnaie. Pour un niveau donné de taux d'intérêt, une augmentation du revenu nominal augmente la demande de monnaie.

La relation entre la demande de monnaie et le taux d'intérêt, pour un niveau donné de revenu nominal, est représentée par la courbe M^d. Cette courbe est décroissante. Plus bas est le taux d'intérêt (i) et plus le montant de monnaie que les gens souhaitent détenir (M^d) est élevé.

Pour un taux d'intérêt donné, une augmentation du revenu nominal augmente la demande de monnaie. En d'autres termes, une augmentation du revenu nominal déplace la courbe de demande de monnaie vers la droite, de M^d à $M^{d\prime}$. Par exemple, au taux d'intérêt i, une augmentation du revenu nominal de PY à PY' augmente la demande de monnaie de M à M'.

5.2 La détermination du taux d'intérêt (I)

Nous avons vu la demande de monnaie. Nous avons désormais besoin de voir l'offre de monnaie. En réalité, il existe deux offreurs de monnaie : les dépôts à vue sont de la monnaie offerte par les banques et la monnaie fiduciaire est émise par la banque centrale. Dans cette section, nous allons supposer que toute la monnaie est fiduciaire, mise en circulation par la banque centrale. Dans la suivante, nous réintroduirons les dépôts à vue et considérerons le rôle des banques. Si introduire les banques rend la discussion plus réaliste, cela rend aussi les mécanismes de l'offre de monnaie plus compliqués, et il est préférable de construire l'explication en deux étapes.

La demande de monnaie, l'offre de monnaie et le taux d'intérêt d'équilibre

Supposons que la banque centrale décide d'émettre une quantité de monnaie égale à M[1] (laissons pour l'instant de côté la question de savoir comment la banque centrale choisit et modifie la quantité de monnaie dans l'économie. Nous y reviendrons par la suite).

L'équilibre sur le marché de la monnaie nécessite que l'offre de monnaie M^s soit égale à la demande M^d. En utilisant l'équation 5.1 pour la demande de monnaie, la condition d'équilibre s'écrit :

$$\text{Offre de monnaie} = \text{demande de monnaie}$$

$$M = PY\,L\,(i) \tag{5.2}$$

Cette équation nous dit que le taux d'intérêt doit être tel que les gens souhaitent détenir une quantité de monnaie égale au volume existant de monnaie. Cette relation d'équilibre est appelée la **relation** ***LM***[2].

Figure 5.2 – La détermination du taux d'intérêt.

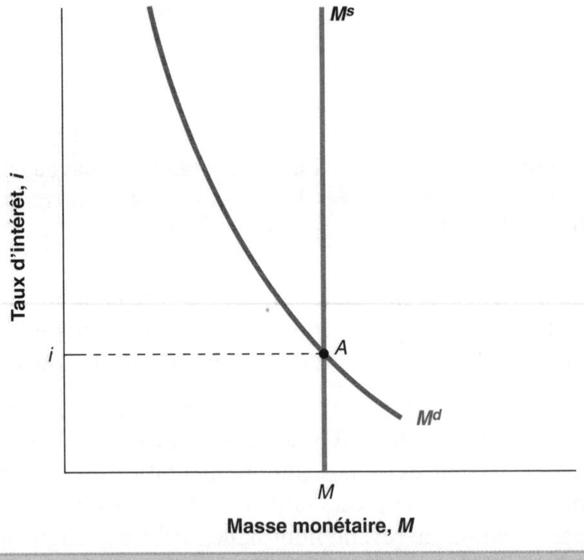

Le taux d'intérêt doit être tel que l'offre de monnaie et la demande de monnaie soient égales.

1. Tout au long de cette section, « monnaie » signifie « monnaie banque centrale » ou « espèces ».
2. Cette relation est ainsi nommée depuis plus de cinquante ans. L signifie « liquidité » : les économistes utilisent la liquidité comme la capacité pour un actif de pouvoir être échangé facilement contre de la monnaie et sans trop de coûts. La monnaie est *pleinement liquide*, les autres actifs le sont moins ; on peut penser à la demande de monnaie comme à une demande de liquidité. M signifie monnaie. La demande de liquidité doit être égale à l'offre de monnaie.

Dans la suite de ce chapitre, nous supposerons que la valeur nominale du PIB, la grandeur *PY*, est donnée (ou varie) de manière exogène. L'effet induit de la politique monétaire sur le PIB nominal fera l'objet des chapitres 9 et suivants. Dans cette hypothèse, la condition d'équilibre est illustrée graphiquement sur la figure 5.2. Tout comme sur la figure 5.1, la monnaie est représentée sur l'axe horizontal et le taux d'intérêt sur l'axe vertical. La demande de monnaie M^d, dessinée pour un niveau donné de revenu nominal, a une pente négative : un taux d'intérêt plus élevé implique une demande de monnaie moins forte. L'offre de monnaie est tracée comme la ligne verticale notée M^s : l'offre de monnaie est égale à *M* et est indépendante du taux d'intérêt. L'équilibre est au point *A*, avec un taux d'intérêt *i*.

Avec cette caractérisation de l'équilibre, nous pouvons regarder les effets des variations du revenu nominal ou du stock de monnaie sur le taux d'intérêt d'équilibre.

La figure 5.3 montre les effets d'une augmentation du revenu nominal sur le taux d'intérêt. Cette figure reprend la figure 5.2, et l'équilibre initial est en *A*. Une augmentation du revenu nominal augmente le niveau de transactions, ce qui accroît la demande de monnaie pour n'importe quel taux d'intérêt. La courbe de demande se déplace vers la droite, de M^d à $M^{d\prime}$. L'équilibre se déplace le long de l'offre fixe de monnaie, de *A* à *A'*, et le taux d'intérêt augmente de *i* à *i'* : *une augmentation du revenu nominal conduit à une augmentation du taux d'intérêt*. La raison : au taux d'intérêt initial, la demande de monnaie excède l'offre, qui est fixe. Une augmentation du taux d'intérêt est nécessaire pour réduire la quantité de monnaie que les gens veulent détenir, et rétablit l'équilibre.

Figure 5.3 – Les effets d'une augmentation du revenu nominal sur le taux d'intérêt.

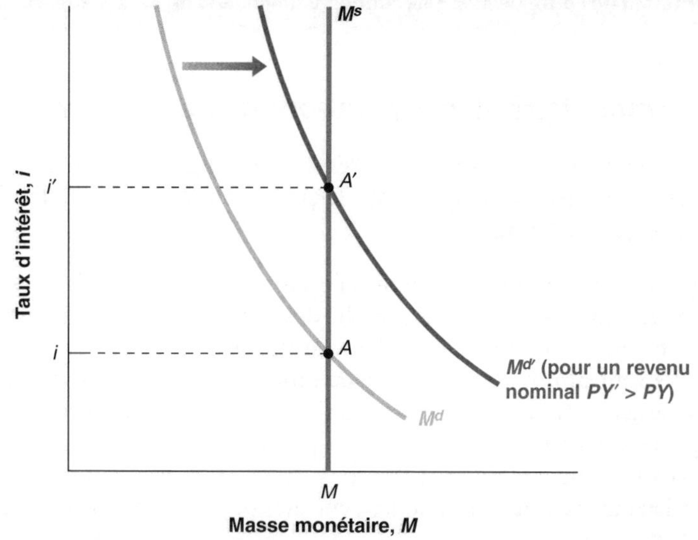

Une augmentation du revenu nominal conduit à une augmentation du taux d'intérêt.

La figure 5.4 montre les effets d'une augmentation de l'offre de monnaie sur le taux d'intérêt. L'équilibre initial est au point *A*, avec le taux d'intérêt *i*. Une augmentation de l'offre de monnaie, de *M* à *M'*, conduit à un déplacement de la courbe d'offre vers la droite, de M^s à $M^{s\prime}$. L'équilibre se déplace de A à A', et le taux d'intérêt diminue de i à i'. *Ainsi, une augmentation de l'offre de monnaie conduit à une diminution du taux d'intérêt.* La diminution du taux d'intérêt augmente la demande de monnaie de telle sorte qu'elle égale l'offre plus grande de monnaie.

Figure 5.4 – Les effets d'une augmentation de l'offre de monnaie sur le taux d'intérêt.

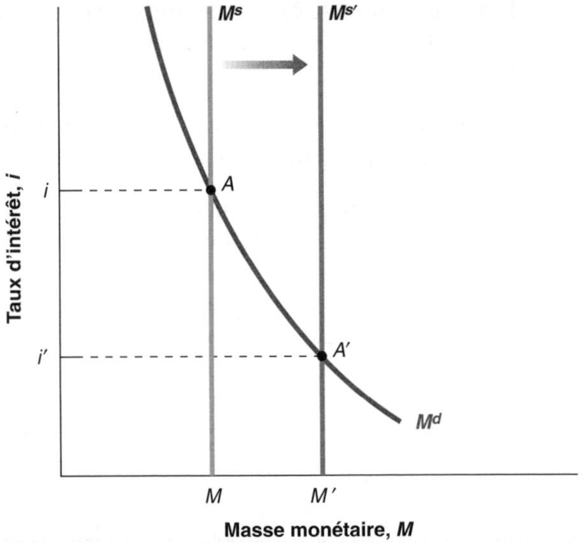

Une augmentation de l'offre de monnaie conduit à une baisse du taux d'intérêt.

La politique monétaire et les opérations d'*open market*

On peut avoir une meilleure intuition des résultats des figures 5.3 et 5.4 en examinant plus précisément comment la banque centrale change effectivement l'offre de monnaie, et ce qui se passe quand elle agit ainsi.

Supposons que la banque centrale change la quantité de monnaie dans l'économie en achetant et en vendant des titres sur le marché des titres. Si elle veut augmenter la quantité de monnaie dans l'économie, elle achète des titres et imprime de la monnaie pour les payer. Si elle veut diminuer la quantité de monnaie dans l'économie, elle vend des titres et retire de la circulation la monnaie qu'elle reçoit en contrepartie. De telles opérations sont appelées opérations d'*open market*, parce qu'elles ont lieu sur le marché des titres ouvert aux participants privés. Elles constituent, dans les économies modernes, la méthode standard utilisée par les banques centrales pour modifier le stock de monnaie.

Le bilan de la banque centrale est donné à la figure 5.5 [1]. Les actifs de la banque centrale sont les titres qu'elle détient dans son portefeuille. Son passif est constitué par le stock de monnaie mis en circulation dans l'économie. Les opérations d'*open market* font

1. Le bilan d'une banque (ou d'une entreprise, ou d'un individu) est la liste de ses actifs et de ses dettes (son passif). L'actif est la somme de ce que la banque possède et des créances qu'elle détient (ce qui lui est dû) ; le passif est la somme de ce qu'elle doit.

changer le montant des actifs et celui du passif d'un même montant. Si la banque centrale achète, par exemple, pour 1 million d'euros de titres, le montant des titres qu'elle détient augmente de 1 million d'euros, de même que la quantité de monnaie dans l'économie. Si elle vend 1 million d'euros de titres, le montant des titres qu'elle détient et la quantité de monnaie dans l'économie diminuent tous deux de 1 million d'euros.

Figure 5.5 – Le bilan de la banque centrale et les effets d'une opération d'*open market* expansionniste.

(a) **Bilan**

Actif	**Passif**
Titres	Monnaie fiduciaire

(b) **Effets d'une opération d'*open market* expansionniste**

Actif	**Passif**
Titres détenus : + 1 million d'euros	Monnaie supplémentaire : + 1 million d'euros

L'actif de la banque centrale est constitué des titres qu'elle détient. Le passif se compose de la quantité de monnaie en circulation dans l'économie. Une opération d'*open market* au cours de laquelle la banque centrale achète des titres et émet de la monnaie augmente l'actif et le passif du même montant.

Une dernière étape avant de regarder l'effet des opérations d'*open market*. Nous nous sommes jusqu'ici concentrés sur le taux d'intérêt des titres. En fait, ce qui est déterminé sur le marché des titres n'est pas leur taux d'intérêt mais leur prix ; le taux d'intérêt d'un titre peut ensuite être déduit du prix du titre. Comprendre la relation entre le taux d'intérêt et le prix d'un titre se révélera utile ici et également plus loin dans cet ouvrage.

Supposons que les titres, dans notre économie, soient des titres d'un an promettant le versement d'une quantité donnée d'euros, disons 100, dans un an. De tels titres, proposés par le gouvernement à échéance de moins d'un an ou d'un an, sont appelés bons du Trésor (aux États-Unis, *Treasury bills* ou *T-bills*). Raisonnons dans notre économie sur des bons du Trésor à un an. Soit P_b le prix d'un bon aujourd'hui, où b signifie bon. Si l'on achète un titre aujourd'hui et le détient pendant un an, le taux de rendement de la détention de ce titre est égal à : $(100 - P_b)/P_b$. Par conséquent, le taux d'intérêt des titres est [1] :

$$i = \frac{(100 - P_b)}{P_b}$$

Si P_b vaut 95, le taux d'intérêt est de 5/95 = 0,053, soit 5,3 %. Si P_b vaut 90, le taux d'intérêt est de 11,1 %. *Plus le prix du titre est élevé, plus le taux d'intérêt est bas.*

1. Ce que l'on obtient pour le titre d'ici un an (100 euros), moins ce que l'on paie pour le titre aujourd'hui (P_b), divisé par le prix du titre aujourd'hui (P_b).

De façon équivalente, si le taux d'intérêt est donné, le prix des titres en découle. En réorganisant la formule ci-avant, le prix d'un titre rapportant 100 euros dans un an (à partir d'aujourd'hui) est donné par :

$$P_b = \frac{100}{(1+i)}$$

La valeur d'un titre d'un an est égale à sa valeur de remboursement divisée par 1 plus le taux d'intérêt. Si le taux d'intérêt est positif, le prix d'émission du titre est inférieur au remboursement à l'échéance. Plus le taux d'intérêt est élevé, plus le prix du titre est bas aujourd'hui. Quand les journaux écrivent : « Les marchés obligataires ont monté aujourd'hui », ils entendent par là que les cours des titres ont augmenté, donc que les taux d'intérêt ont baissé.

Nous sommes maintenant prêts à revenir aux effets d'une opération d'*open market*. Considérons une opération d'*open market* expansionniste – une opération par laquelle la banque centrale augmente l'offre de monnaie. Pour une telle transaction, la banque centrale achète des titres sur le marché des titres et les paie en créant de la monnaie. Comme la banque centrale achète des titres, la demande de titres augmente, ce qui augmente le prix des titres. Par conséquent, le taux d'intérêt des titres baisse. Quand la banque centrale veut au contraire diminuer l'offre de monnaie – une opération d'*open market* de contraction –, elle vend des titres, ce qui entraîne une baisse de leur prix et une augmentation du taux d'intérêt.

Pour résumer :

- le taux d'intérêt est déterminé par l'égalité de l'offre et de la demande de monnaie ;
- en changeant l'offre de monnaie, la banque centrale modifie le taux d'intérêt ;
- la banque centrale change l'offre de monnaie par des opérations d'*open market*, qui sont des achats ou des ventes de titres contre de la monnaie ;
- les opérations d'*open market* où la banque centrale augmente l'offre de monnaie en achetant des titres conduisent à une augmentation du prix des titres – c'est-à-dire à une baisse du taux d'intérêt ;
- les opérations d'*open market* où la banque centrale diminue l'offre de monnaie en vendant des titres conduisent à une diminution du prix des titres – c'est-à-dire à une augmentation du taux d'intérêt.

Notre économie avec ses deux actifs, la monnaie et les titres, est une version très simplifiée de l'économie réelle avec ses nombreux actifs et marchés financiers. Mais comme nous le verrons plus loin, ce que nous venons de constater s'applique de façon très générale : il faut simplement remplacer « taux d'intérêt » par « taux d'intérêt à court terme ». Nous verrons que le taux d'intérêt à court terme est déterminé par l'égalité entre l'offre et la demande de monnaie ; que la banque centrale, par les opérations d'*open market*, modifie la quantité de monnaie et le taux d'intérêt à court terme ; que les opérations d'*open market* sont en effet l'outil de base utilisé par la plupart des banques centrales modernes pour modifier les taux d'intérêt [1].

---

1. La complication est la suivante : le taux d'intérêt à court terme – le taux affecté par la politique monétaire – n'est pas le seul taux d'intérêt dans l'économie. La détermination des autres taux d'intérêt et des prix des autres actifs (comme ceux des actions) fait l'objet du chapitre 12.

Il y a cependant une dimension à laquelle notre modèle doit être étendu. Nous avons supposé que toute la monnaie offerte par la banque centrale était des espèces. Dans le monde réel, la monnaie n'inclut pas seulement les espèces, mais aussi les dépôts à vue. Les dépôts à vue ne sont pas de la monnaie mise en circulation par la banque centrale, mais par les banques privées. Comment la présence des banques, et des dépôts à vue, modifie nos conclusions fait l'objet de la section suivante. Cette section est en option. Pour les lecteurs qui décident de ne pas la lire, en voici l'essentiel : dans une économie où la monnaie inclut à la fois les espèces et les dépôts à vue, la banque centrale ne contrôle plus directement la quantité totale de monnaie. Cependant, elle la contrôle indirectement. En particulier, elle peut encore utiliser les opérations d'*open market* (achat ou vente de titres) pour augmenter ou diminuer l'offre de monnaie et modifier le taux d'intérêt.

5.3 La détermination du taux d'intérêt (II)

Pour comprendre ce qui détermine le taux d'intérêt dans une économie comportant à la fois des espèces et des dépôts à vue, il nous faut d'abord examiner ce que font les banques.

L'action des banques

Les économies modernes sont caractérisées par plusieurs types d'**intermédiaires financiers**, des institutions qui reçoivent des fonds d'individus et d'entreprises et utilisent ces fonds pour acheter des titres ou des actions, ou pour faire des prêts à d'autres individus ou entreprises.

Leur passif est l'ensemble des fonds qu'elles doivent aux personnes et entreprises qui les leur ont confiés. Leurs actifs sont les titres et actions qu'elles possèdent et les prêts qu'elles ont faits.

Les banques constituent une catégorie d'intermédiaires financiers. Ce qui rend les banques particulières – et la raison pour laquelle nous nous concentrons sur elles plutôt que sur les intermédiaires financiers en général –, c'est que leur passif se compose de monnaie : les gens peuvent régler leurs transactions en émettant des chèques sur leur compte courant. Examinons de plus près ce que font les banques [1].

Les banques reçoivent des fonds en dépôt. Elles en gardent une partie en réserve et utilisent le reste pour faire des prêts et acheter des titres. Leur bilan est montré à la figure 5.6 (a). Leur passif consiste en dépôts à vue, les fonds déposés par des personnes et des entreprises. Leurs actifs sont des réserves constituées auprès de la banque centrale, des prêts et des titres.

1. Cette description simplifie la réalité à deux niveaux. Les banques proposent aussi d'autres types de dépôts, comme les comptes d'épargne ou les dépôts à terme, et ont d'autres activités que les prêts et la détention de titres. Nous le négligerons car ce n'est pas essentiel pour notre propos.

Figure 5.6 – Le bilan des banques et celui corrigé de la banque centrale.

(a) **Banques**

Actif	**Passif**
Réserves Prêts Titres	Dépôts à vue

(b) **Banque centrale**

Actif	**Passif**
Titres	Monnaie banque centrale = Réserves des banques + Monnaie fiduciaire

Les banques reçoivent des fonds des individus et des entreprises, qui soit déposent des fonds, soit font virer des sommes sur leur compte courant (leur salaire par exemple). À tout instant, les personnes ou les entreprises peuvent émettre des chèques ou retirer jusqu'à la totalité de leurs avoirs à la banque. C'est pourquoi le passif des banques est égal à la valeur totale des dépôts à vue.

Les banques gardent une partie des dépôts qu'elles ont reçus en *réserve*. Ces réserves sont des réserves de monnaie banque centrale ; elles sont détenues pour partie en liquidités, pour partie sur un compte que les banques ont à la banque centrale, sur lequel elles peuvent retirer des fonds quand elles en ont besoin.

Les banques détiennent des réserves pour trois raisons :

- chaque jour, des clients retirent de l'argent de leur compte courant, alors que d'autres en apportent. Il n'y a aucune raison pour que ces apports et retraits de liquidités soient égaux, donc la banque doit garder une encaisse liquide ;
- de même, chaque jour, des personnes dont une banque gère le compte courant signent des chèques à d'autres personnes, dont le compte courant est dans une autre banque, et des personnes dont les comptes courants se trouvent dans une autre banque signent des chèques à des personnes qui ont un compte courant dans le premier établissement. Ce qu'une banque, en raison de ces transactions, doit aux autres banques peut être supérieur ou inférieur à ce que celles-ci lui doivent. Pour cette raison aussi, chaque banque doit garder des réserves ;
- les deux premières raisons impliquent que les banques voudraient garder des réserves même si elles n'y étaient pas obligées. Mais en plus, les banques sont sujettes à des obligations légales, qui les contraignent à détenir des réserves en proportion de leurs dépôts à vue (coefficient de réserves obligatoires).

En laissant de côté les réserves, les banques utilisent le reste de leurs fonds pour faire des prêts à des entreprises ou à des consommateurs, ou pour acheter des titres. Les prêts représentent en gros 70 % des actifs hors réserves des banques. Les titres constituent le reste, donc 30 %. La distinction entre les prêts et les titres n'est pas importante pour notre propos – comprendre la détermination de l'offre de monnaie. Ainsi, dans ce qui suit, nous supposerons pour simplifier que les banques ne font pas de prêts et de fait ne détiennent comme actifs que des réserves et des titres. Mais cette distinction entre prêts et titres est importante dans d'autres domaines, depuis la probabilité des crises de confiance vis-à-vis des banques jusqu'au rôle de l'assurance des dépôts. Ces sujets sont abordés dans l'encadré intitulé « Les faillites bancaires en chaîne ».

La figure 5.6 (b) indique le bilan de la banque centrale dans une économie avec des banques, qui est très similaire au bilan de la figure 5.5. Le côté actif est le même que précédemment : les actifs de la banque centrale sont les titres qu'elle détient. Son passif est la monnaie qu'elle a mise en circulation : la monnaie banque centrale. Ce qui est nouveau, c'est que toute la monnaie banque centrale n'est pas détenue par le public : une partie l'est par les banques à titre de réserves.

Gros plan

Les faillites bancaires en chaîne

Détenir un dépôt à vue dans une banque commerciale est-il aussi sûr que détenir de la monnaie banque centrale (billets de banque) ? Pour répondre à cette question, il est nécessaire de regarder de plus près ce que font les banques à partir de leurs fonds et d'étudier la distinction entre deux opérations qu'elles peuvent engager : faire un prêt à une entreprise et détenir un titre d'État.

Faire un prêt à une entreprise et acheter un titre d'État sont deux opérations plus similaires qu'il n'y paraît. Dans un cas, la banque prête à une entreprise ; dans l'autre, elle prête au gouvernement. C'est pourquoi, par simplicité, nous avons supposé dans le texte que les banques ne détiennent que des titres.

Mais sur un point au moins, faire un prêt est très différent d'acheter un titre. Les titres, surtout ceux d'État, sont très liquides ; en cas de besoin, ils peuvent être vendus facilement sur le marché des titres. Souvent, les prêts ne sont pas du tout liquides : reprendre l'argent à l'entreprise qui a contracté le prêt peut être impossible dans la mesure où elle n'a plus l'argent qu'elle a utilisé pour l'achat de matières premières ou de nouvelles machines. Vendre le prêt lui-même à une tierce partie peut être très difficile, parce que les acheteurs potentiels ne savent pas précisément dans quelle mesure l'entreprise est un emprunteur fiable.

Ce fait a une implication importante : prenons une banque saine, c'est-à-dire une banque avec un bon portefeuille de prêts. Supposons que se propagent des rumeurs selon lesquelles la banque ne se porte pas bien et que certains prêts ne seront pas remboursés. Croyant que la banque peut faire faillite, des déposants vont vouloir clore leur compte et demander des liquidités. Si beaucoup de gens se comportent ainsi, la banque va épuiser ses réserves. Étant donné que la banque ne peut pas rappeler les prêts, elle ne va pas avoir assez de liquide pour satisfaire la demande des clients qui s'en vont et elle devra fermer.

Conclusion : prévoir qu'une banque pourrait fermer peut effectivement la conduire à fermer, même si tous ses prêts sont sains. L'histoire financière en Europe et aux États-Unis jusqu'aux années 1930 est remplie de telles **faillites bancaires en chaîne**. Une banque fait faillite pour la bonne raison (c'est-à-dire qu'elle a fait trop de mauvais prêts), ce qui pousse les déposants d'autres banques à prendre peur et à épuiser les réserves de liquidités de leur propre banque, la forçant ainsi à fermer, que ses prêts soient bons ou non. Le film *La vie est belle* de Frank Capra, avec James Stewart, en a fait son sujet central. En raison de la fermeture d'une banque de leur ville, les épargnants de la banque dont James Stewart est le gérant prennent peur et viennent retirer leur argent. Le film se termine bien : ce personnage convainc tout son gentil monde de laisser les dépôts à la banque. Ces *happy ends* étaient rares à l'époque.

Gros plan

Que peut-on faire pour éviter ces faillites en chaîne ? Une solution est d'obliger les banques à ne détenir que des titres d'État liquides et sûrs. Les prêts aux entreprises seraient effectués par d'autres intermédiaires financiers que les banques. Cela éliminerait les paniques bancaires. Dans plusieurs pays, des évolutions récentes de la régulation bancaire vont en ce sens, en séparant en partie banques de dépôt et banques d'investissement.

Une autre solution, qui a été adoptée dans la plupart des pays riches, est d'offrir aux déposants la garantie que leurs dépôts seront payés, même en cas de faillite. En France, les dépôts sont garantis jusqu'à 100 000 euros (jusque 2010, la garantie s'élevait jusqu'à 70 000 euros). Aux États-Unis, le gouvernement assure chaque compte jusqu'à un plafond de 250 000 dollars (ce plafond a été relevé en 2008 ; par ailleurs, en réponse à la crise, l'assurance a été étendue à tous les comptes, sans plafond ; cette disposition devait cependant prendre fin en décembre 2012). Il n'y a donc aucune raison pour que les (petits) déposants se pressent de retirer leur argent. Les banques saines ne font pas faillite.

L'assurance des dépôts a cependant aussi ses propres inconvénients : les épargnants, qui n'ont pas de souci à se faire quant à leurs dépôts, ne surveillent plus les activités des banques dans lesquelles ils les placent, et les banques peuvent mal se conduire, en accordant, par exemple, des prêts risqués qu'elles n'auraient pas consentis sans l'existence de cette assurance. De plus, comme la crise l'a malheureusement montré, l'assurance des dépôts ne suffit plus. La raison en était que les banques ont de plus en plus utilisé d'autres sources de financement que les dépôts, en empruntant souvent au jour le jour à d'autres institutions financières ou investisseurs, une méthode de financement connue sous le nom de « financement de gros » (« *wholesale funding* »). Juste avant la crise, le financement de gros représentait près de 30 % du financement des banques aux États-Unis. Ces fonds n'étaient pas assurés ; lorsque, à la fin de l'année 2008, les inquiétudes se sont accrues quant à la qualité des actifs des banques, il s'est produit l'équivalent d'une « panique bancaire » pour de nombreux établissements, non pas de la part des déposants traditionnels, mais de la part des institutions financières offrant des financements de gros. Afin d'éviter des faillites bancaires, la Réserve fédérale n'a pas eu d'autre choix que de fournir des fonds aux banques à une très grande échelle.

Depuis lors, les banques ont réduit leur exposition au financement de gros, dont la part est redescendue à près de 25 % aux États-Unis. En parallèle, les autorités réfléchissent à une réglementation qui contraindrait les banques à détenir suffisamment d'actifs liquides pour pouvoir faire face à une forte diminution de leur financement de gros. C'est là l'un des défis de la régulation bancaire aujourd'hui.

La demande et l'offre de monnaie banque centrale

La façon la plus simple d'analyser la détermination du taux d'intérêt dans cette économie est de penser en termes d'offre et de demande de *monnaie banque centrale.*

La figure 5.7 montre plus en détail la structure de l'offre et de la demande. Commençons par le côté gauche. La demande de monnaie est une demande à la fois d'espèces et de dépôts à vue. Les banques doivent détenir des réserves en contrepartie des dépôts à vue : la demande de dépôts à vue induit donc une demande de réserves par les banques. La demande de monnaie banque centrale est égale à la demande de réserves des banques plus la demande d'espèces des particuliers. L'offre de monnaie banque centrale est déterminée par la banque centrale. Le taux d'intérêt doit être tel que la demande et l'offre soient égales [1].

Figure 5.7 – Les déterminants de la demande et de l'offre de monnaie banque centrale.

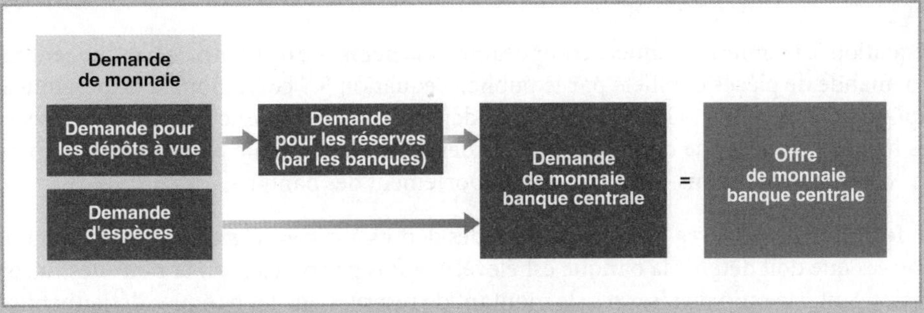

Examinons tous les éléments de la figure 5.7 et posons-nous ces questions : qu'est-ce qui détermine la demande de dépôts à vue et la demande d'espèces ? Qu'est-ce qui détermine la demande de réserves des banques ? Comment le taux d'intérêt concilie-t-il la demande et l'offre de monnaie banque centrale ?

La demande de monnaie. Quand quelqu'un peut détenir à la fois des espèces et des dépôts à vue, la demande de monnaie implique deux décisions. D'abord, il faut décider de la quantité de monnaie à détenir, puis dans quelles proportions disposer d'espèces et de dépôts à vue.

Il est raisonnable de supposer que l'ensemble de la demande de monnaie est déterminé par les mêmes facteurs que précédemment. Les gens augmentent leur demande de monnaie quand le taux d'intérêt des titres baisse et que leur niveau de transactions s'élève. On suppose donc que l'ensemble de la demande de monnaie est donné par la même équation que précédemment (5.1).

$$M^d = PY\, \underset{(-)}{L(i)} \tag{5.3}$$

Ce qui nous amène à la seconde décision. Combien détenir en espèces et en dépôts à vue ? Les pièces et billets sont plus pratiques pour les petites transactions, ainsi que pour les transactions illégales [2]. Les chèques sont plus pratiques pour des transactions importantes. Détenir de la monnaie sur un compte courant est plus sûr qu'en liquide. Supposons simplement ici que les gens détiennent une proportion fixe de monnaie en liquide – que l'on note c – et une proportion elle aussi nécessairement fixe en dépôts à vue $(1 - c)$. Aux États-Unis, les gens détiennent en moyenne 40 % de leur monnaie sous forme liquide, donc $c = 0{,}4$.

---

1. Dans cette section, faites attention à bien distinguer la demande de monnaie (demande d'espèces et de dépôts à vue), la demande de monnaie bancaire (demande de dépôts à vue) et la demande de monnaie banque centrale (demande d'espèces pour les particuliers et de réserves pour les banques).
2. Une étude de la Fed suggère que plus de la moitié de la monnaie américaine est détenue à l'étranger ! On peut raisonnablement supposer qu'une partie de ces détentions de monnaie américaine est associée à des activités illégales, et que la monnaie américaine est la devise de référence des transactions illégales pour l'ensemble du globe.

Soit E^d et D^d les demandes respectives de pièces et billets et de dépôts à vue (*E* pour *espèces, D* pour *dépôts* et *d* pour *demande*). Ces deux demandes sont ainsi données par les équations :

$$E^d = cM^d \tag{5.4}$$

$$D^d = (1 - c)\, M^d \tag{5.5}$$

L'équation 5.4 donne la première composante de la demande de monnaie banque centrale, la demande de pièces et billets par le public. L'équation 5.5 correspond à la demande de dépôts à vue du public. Cette demande de dépôts à vue induit une demande de réserves des banques, la seconde composante de la demande de monnaie banque centrale. Pour voir comment, tournons-nous vers le comportement des banques.

La demande de réserves. Plus le montant des dépôts à vue est élevé, plus le montant des réserves que doit détenir la banque est élevé, à la fois par précaution et pour des raisons légales. Soit θ le ratio de réserves (le montant de réserves que les banques détiennent par euro de dépôts à vue), R le montant en euros des réserves des banques et D le montant en euros des dépôts à vue. Par définition de θ, on a l'équation suivante :

$$R = \theta D \tag{5.6}$$

Nous avons déjà vu qu'aux États-Unis, aujourd'hui, le ratio de réserves est à peu près égal à 10 %. Ainsi, θ est environ égal à 0,1.

Si les gens veulent détenir D^d en dépôts à vue, alors selon l'équation 5.6, les banques doivent détenir θD^d en réserves. En combinant les équations 5.5 et 5.6, la seconde composante de la demande de monnaie banque centrale (la demande de réserves par les banques) est donnée par l'équation :

$$R^d = \theta\, (1 - c)\, M^d \tag{5.7}$$

La demande de monnaie banque centrale et la détermination du taux d'intérêt. Nous sommes maintenant prêts à caractériser l'équilibre. Soit H l'offre de monnaie banque centrale ; H est directement contrôlé par la banque centrale, qui peut en changer le montant par des opérations d'*open market*. La demande de monnaie banque centrale est égale à la somme de la demande de billets et pièces et de la demande de réserves. La condition d'équilibre est que l'offre et la demande de monnaie banque centrale soient égales.

$$H = E^d + R^d \tag{5.8}$$

Remplaçons E^d et R^d par leurs expressions en 5.4 et 5.7 :

$$H = cM^d + \theta\, (1 - c)\, M^d = [c + \theta\, (1 - c)]\, M^d$$

Finalement, remplaçons l'ensemble de la demande de monnaie par son expression en 5.3 :

$$H = [c + \theta\, (1 - c)]\, PY\, L\, (i) \tag{5.9}$$

L'offre de monnaie banque centrale (le terme de gauche) est égale à la demande de monnaie banque centrale (le terme de droite), qui vaut le terme entre parenthèses multiplié par l'ensemble de la demande de monnaie.

Observons plus précisément le terme entre parenthèses. Supposons que les gens détiennent seulement des pièces et billets : $c = 1$. Le coefficient entre parenthèses vaut alors 1, et l'équation est exactement la même que 5.2 dans la section 5.2 (où la lettre H remplace M dans la partie de gauche, les deux représentant également l'offre de monnaie banque centrale). Dans ce cas, les gens détiennent seulement des pièces et billets, et les banques ne jouent aucun rôle dans l'offre de monnaie.

Si, au contraire, les gens ne détiennent ni pièces ni billets, donc s'ils détiennent toute leur monnaie sur leur compte courant, alors $c = 0$ et le terme entre parenthèses est égal à θ. Si θ vaut par exemple 0,1, alors la demande de monnaie banque centrale est dix fois moins élevée que l'ensemble de la demande de monnaie. C'est facile à comprendre : les gens n'ont que des dépôts à vue, ce qui n'est pas de la monnaie banque centrale. Pour chaque euro qu'ils veulent détenir en monnaie, la banque doit garder 10 centimes en réserve. La demande de monnaie banque centrale est égale à un dixième de l'ensemble de la demande de monnaie.

En laissant de côté ces deux cas extrêmes, notons que tant que les gens conservent des dépôts à vue (de sorte que c est inférieur à 1), le terme entre parenthèses est inférieur à 1 : la demande de monnaie banque centrale est moins élevée que l'ensemble de la demande de monnaie. Cela vient du fait que la demande de réserves des banques ne représente qu'une fraction des dépôts à vue que les gens veulent détenir.

La condition d'équilibre de l'équation 5.9 est représentée graphiquement à la figure 5.8. Cette figure ressemble à la figure 5.2, mais l'axe horizontal ne correspond plus à la monnaie, mais à la monnaie banque centrale. Le taux d'intérêt est reporté sur l'axe vertical. La demande de monnaie banque centrale ($E^d + R^d$) est mesurée pour un niveau donné de revenu nominal. Un taux d'intérêt plus élevé implique une demande de monnaie banque centrale moins élevée pour deux raisons : la demande de pièces et billets baisse ; la demande de dépôts à vue baisse aussi, ce qui conduit les banques à diminuer leur demande de réserves. L'offre de monnaie est fixée et représentée par une droite verticale au niveau H. L'équilibre est au point A, avec un taux d'intérêt i.

Figure 5.8 – La détermination du taux d'intérêt quand la monnaie inclut les pièces et billets et les dépôts à vue.

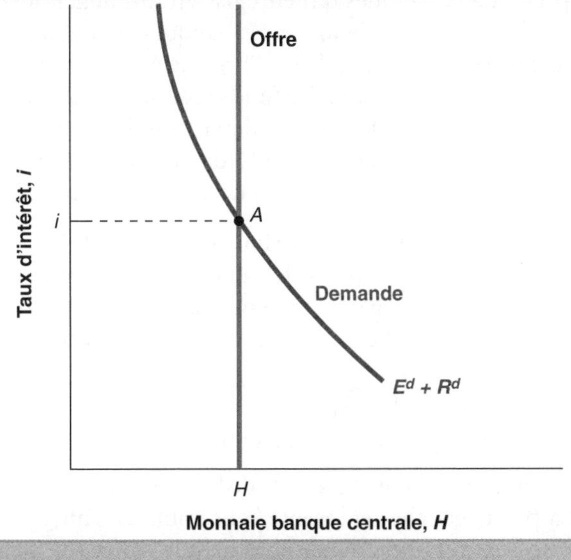

Le taux d'intérêt d'équilibre est tel que l'offre de monnaie banque centrale est égale à la demande de monnaie banque centrale.

Les effets d'une modification du revenu nominal ou de l'offre de monnaie banque centrale sont qualitativement les mêmes que dans la section précédente. En particulier, une augmentation de l'offre de monnaie banque centrale se traduit par un déplacement de la droite verticale d'offre de monnaie vers la droite. Cela diminue le taux d'intérêt. Comme précédemment, une augmentation de la quantité de monnaie banque centrale conduit à une baisse du taux d'intérêt ; symétriquement, une baisse de la quantité de monnaie banque centrale entraîne une hausse du taux d'intérêt. Le reste de cette section est consacré à l'étude plus poussée de ce résultat.

Deux autres façons de considérer l'équilibre

Nous avons caractérisé l'équilibre par la condition que l'offre et la demande de monnaie banque centrale soient égales. Il existe deux autres façons de considérer cet équilibre. La première est la condition que l'offre et la demande de réserves soient égales. La seconde est la condition que l'offre et la demande de monnaie soient égales. Les passer en revue renforcera l'intuition du lecteur.

L'offre et la demande de réserves. Prenons la condition d'équilibre 5.8 et faisons passer la demande de pièces et billets du côté gauche de l'équation :

$$H - E^d = R^d$$

Le côté gauche de l'équation correspond à l'*offre de réserves*, qui vaut le montant de l'offre de monnaie banque centrale moins ce que les gens veulent détenir en pièces et billets. Le côté droit donne la *demande de réserves*. La condition d'équilibre est que l'offre de réserves soit égale à la demande de réserves.

Cette manière de considérer l'équilibre est intéressante parce que, aux États-Unis, il existe effectivement un marché pour les réserves, à partir duquel est déterminé le taux d'intérêt qui rend l'offre et la demande de réserves compatibles. Ce marché s'appelle le **marché des fonds fédéraux** (*federal funds market*). Les banques qui ont des excès de réserves à la fin d'une journée les prêtent aux banques qui enregistrent un déficit de réserves. À l'équilibre, la demande totale de réserves de toutes les banques (R^d) doit être égale à l'offre de réserves ($H - E^d$), ce qui est la condition d'équilibre vue précédemment. Le taux d'intérêt déterminé sur ce marché s'appelle le **taux des fonds fédéraux** (*federal funds rate*). Comme la Fed peut choisir le taux d'intérêt des fonds fédéraux qu'elle veut en changeant de façon appropriée l'offre de monnaie banque centrale H, de nombreux économistes considèrent le taux des fonds fédéraux comme un indicateur de la politique monétaire des États-Unis.

L'offre et la demande de monnaie et le multiplicateur monétaire. Il existe encore une approche différente – mais équivalente – de l'équilibre, qui est la condition que l'ensemble de l'offre de monnaie soit égal à l'ensemble de la demande de monnaie. Pour le constater, prenons l'équation 5.9 et divisons-en les deux membres par $[c + \theta\,(1 - c)]$:

$$H\frac{1}{[c + \theta(1 - c)]} = PY\,L(i) \tag{5.10}$$

Offre de monnaie = demande de monnaie

La partie droite de l'équation donne l'ensemble de la demande de monnaie (pièces, billets et dépôts à vue). La partie gauche représente l'ensemble de l'offre de monnaie (pièces, billets et dépôts à vue). La condition d'équilibre est que l'offre soit égale à la demande.

Notons que l'ensemble de l'offre de monnaie est égal à un terme constant multiplié par la quantité de monnaie banque centrale. Et parce que $[c + \theta\,(1 - c)]$ est inférieur à 1, son inverse (le terme constant de la partie gauche de l'équation précédente) est supérieur à 1. Ce terme est souvent appelé le **multiplicateur monétaire**. Nous pouvons donc dire que l'équation 5.10 signifie que l'ensemble de l'offre de monnaie est un multiple de l'offre de monnaie banque centrale, le coefficient étant le multiplicateur monétaire. Si ce dernier vaut 3,5 par exemple, alors l'ensemble de l'offre de monnaie vaut 3,5 fois l'offre de monnaie banque centrale. Pour refléter le fait que l'ensemble de l'offre de monnaie dépend de l'offre de monnaie banque centrale, la monnaie banque centrale est souvent appelée **base monétaire** (ou, en anglais, *high-powered money*, d'où la lettre H) [1].

Le multiplicateur dans l'équation 5.10 implique qu'une modification exogène de la quantité de monnaie banque centrale a un effet plus important sur l'ensemble de l'offre de monnaie – et par conséquent sur les taux d'intérêt – dans une économie avec des banques que dans une économie sans banques. Dans une économie sans banques (celle étudiée à la section 5.2), l'effet d'un changement de la quantité de monnaie banque centrale sur l'offre de monnaie est un effet 1 pour 1, puisque la monnaie banque centrale et la monnaie sont la même chose. Ici, avec les banques, l'effet est donné par le multiplicateur : l'effet sur l'offre de monnaie est un multiple de la variation originelle de monnaie banque centrale. Pour rendre ce résultat plus intuitif, la dernière sous-section examine les effets d'une opération d'*open market* dans une économie où les gens possèdent des dépôts à vue.

D'où vient le multiplicateur monétaire ?

Considérons le cas particulier où les gens détiennent toute leur monnaie sur leur compte courant, ce qui signifie que $c = 0$. Dans ce cas, le multiplicateur monétaire vaut $1/\theta$: une augmentation de 1 euro de la base monétaire conduit à une augmentation de $1/\theta$ euro pour l'offre de monnaie. Supposons encore que $\theta = 0{,}1$, de telle sorte que le multiplicateur vaut 10. Le but de ce qui suit est de comprendre plus intuitivement d'où vient ce multiplicateur et, plus généralement, comment l'augmentation initiale de monnaie banque centrale conduit à une augmentation dix fois plus importante de l'ensemble de l'offre de monnaie.

Supposons que la banque centrale achète pour 100 euros de titres dans une opération d'*open market*. Elle donne au vendeur (que l'on appellera vendeur 1) 100 euros, ce qui crée 100 euros de monnaie banque centrale. L'augmentation de la quantité de monnaie banque centrale est donc de 100 euros. Quand nous considérions les effets d'une opération d'*open market* dans une économie sans banques, l'histoire s'arrêtait là. Ici, nous n'en sommes qu'au début.

- Le vendeur 1 (qui, comme nous l'avons supposé, ne souhaite pas détenir de pièces et billets) dépose ces 100 euros sur un compte courant à sa banque – appelons-la banque A. Cela a pour conséquence une augmentation de 100 euros des dépôts à vue.
- La banque A garde en réserves 100 euros multipliés par 0,1, soit 10 euros, et achète des titres avec le reste pour 90 euros. Elle paie 90 euros de ces titres au vendeur – que l'on nomme vendeur 2.
- Le vendeur 2 dépose 90 euros sur un compte courant à sa banque – appelée banque B. Donc la quantité totale de dépôts à vue augmente encore de 90 euros.

1. « *High-powered money* », c'est-à-dire monnaie haute puissance, parce que des augmentations de H conduisent à des effets de plus de 1 pour 1 sur l'offre de monnaie, représentée par le terme de gauche de l'équation 5.10 : les augmentations de H ont une « haute puissance ».

- La banque B garde en réserves 90 euros multipliés par 0,1, soit 9 euros, et achète des titres avec le reste pour 81 euros. Elle paie 81 euros au vendeur de ces titres – que l'on désigne vendeur 3.
- Le vendeur 3 dépose 81 euros sur un compte courant à sa banque – appelée banque C. Et ainsi de suite.

À présent, l'enchaînement apparaît clairement. Quelle est l'augmentation finale de l'offre de monnaie ? L'augmentation des dépôts à vue est de 100 euros quand le vendeur 1 dépose le produit de la vente de ses titres à la banque, plus 90 euros quand le vendeur 2 dépose le produit de la vente de ses titres à sa banque, plus 81 euros quand le vendeur 3 fait de même, etc. Écrivons la somme comme :

$$100 \text{ euros } (1 + 0{,}9 + 0{,}9^2 + \ldots)$$

La suite représentée entre parenthèses est une suite géométrique, donc la somme de ses termes est égale à : $1/(1 - 0{,}9) = 10$. L'offre de monnaie augmente de 1 000 euros, dix fois l'augmentation initiale de monnaie banque centrale.

Cette présentation suggère une autre façon de considérer le multiplicateur : on peut concevoir l'augmentation finale de l'offre de monnaie comme le résultat d'*achats successifs de titres* – le premier par la banque centrale dans son opération d'*open market*, les suivants par les banques. Chaque séquence d'achat de titres par une banque augmente l'offre de monnaie ; à la fin, l'augmentation de l'offre de monnaie équivaut à dix fois l'augmentation initiale de monnaie banque centrale.

Pour résumer, quand on prend en compte le fait que la monnaie est composée à la fois de pièces et billets et de dépôts à vue (sur lesquels des chèques peuvent être tirés), la meilleure façon d'envisager la détermination du taux d'intérêt est de poser la condition que la demande de monnaie banque centrale doive être égale à son offre. Des modifications du côté de l'offre de monnaie banque centrale, effectuées par la banque centrale à travers des opérations d'*open market*, ont un impact sur le taux d'intérêt d'équilibre. Une augmentation de la quantité de monnaie banque centrale diminue le taux d'intérêt. Une diminution de la quantité de monnaie banque centrale augmente le taux d'intérêt.

Résumé

- La demande de monnaie dépend positivement du niveau de transactions dans l'économie, et négativement du taux d'intérêt.
- Le taux d'intérêt est déterminé par l'équilibre entre l'offre et la demande de monnaie.
- Étant donné l'offre de monnaie, une augmentation du revenu conduit à une augmentation de la demande de monnaie et à une augmentation du taux d'intérêt. Une augmentation de l'offre de monnaie induit une baisse du taux d'intérêt.
- La banque centrale agit sur le taux d'intérêt par des opérations d'*open market*. Ces opérations dans lesquelles la banque centrale augmente l'offre de monnaie en achetant des titres conduisent à une baisse du taux d'intérêt – ou, de façon équivalente, à une hausse du prix des titres. Les opérations d'*open market* dans lesquelles la banque centrale diminue l'offre de monnaie en vendant des titres entraînent une baisse du prix des titres – ou, de façon équivalente, une hausse du taux d'intérêt.

- Quand les gens peuvent détenir à la fois des pièces et billets et des dépôts à vue, la banque centrale ne contrôle pas directement l'offre de monnaie ; elle ne contrôle que l'offre de monnaie banque centrale. Le taux d'intérêt doit être tel que l'offre de monnaie banque centrale soit égale à la demande de monnaie banque centrale, qui elle-même est la somme de la demande de pièces et billets par le public et de la demande de réserves des banques.
- Dans une économie où les gens disposent à la fois de pièces et billets et de dépôts à vue, l'effet sur l'offre de monnaie d'une augmentation de la quantité de monnaie banque centrale est donné par le multiplicateur monétaire. Plus le multiplicateur monétaire est élevé, plus l'effet d'une modification donnée de la quantité de monnaie banque centrale sur l'offre de monnaie – et, par suite, l'effet sur le taux d'intérêt – est important.

Pour en savoir plus

Pour une description plus en détail des marchés financiers et des institutions financières, on peut lire un livre sur la monnaie et la banque. Il en existe un excellent : R. Glenn Hubbard, *Money, The Financial System, and The Economy*, Addison Wesley, 1997.

La Fed a également un site Internet intéressant, qui contient non seulement des données sur les marchés financiers, mais aussi des informations sur son action, sur les déclarations récentes de son directeur, etc. (www.federalreserve.gov). On consultera également le site de la Banque de France (www.banque-france.fr), ou celui de la Banque centrale européenne (www.ecb.int).

Frederic Mishkin, Christian Bordes, Pierre-Cyrille Hautcœur, Dominique Lacoue-Labarthe et Xavier Ragot, *Monnaie, banque et marchés financiers*, Pearson, 2012.

Xavier Ragot, *Les Banques centrales dans la tempête*, Rue d'Ulm, « CEPREMAP », 2012.

Applications

1. Vrai/Faux/Incertain

a. Le revenu et la richesse financière sont tous deux des variables de stock.

b. La demande de monnaie ne dépend pas du taux d'intérêt, parce que seuls les titres rapportent un intérêt.

c. Étant donné leur richesse financière, si les gens sont satisfaits du montant de monnaie qu'ils détiennent, ils sont aussi satisfaits du montant de titres qu'ils possèdent.

d. La banque centrale peut augmenter l'offre de monnaie en vendant des titres sur le marché.

e. Par construction, les prix des titres et les taux d'intérêt évoluent toujours en sens contraire.

f. Près des deux tiers de la monnaie américaine sont détenus en dehors des États-Unis.

g. Les banques centrales peuvent déterminer l'offre de monnaie, mais pas les taux d'intérêt car ceux-ci sont définis dans le secteur privé.

h. Le terme d'« investissement », utilisé par les économistes, fait référence à l'achat d'actions et d'obligations.

2. La demande de monnaie

Supposons qu'une personne soit riche de 50 000 euros et que son revenu annuel soit de 60 000 euros. Admettons aussi que sa demande de monnaie soit donnée par : $M^d = PY\,(0{,}35 - i)$.

a. Quelles sont ses demandes de monnaie et de titres quand le taux d'intérêt est de 5 % ? De 10 % ?
b. Décrivez l'effet du taux d'intérêt sur la demande de monnaie et sur la demande de titres. Est-il compatible avec la théorie de ce chapitre ? Pourquoi ?
c. Supposons que le taux d'intérêt soit de 10 %. En termes de pourcentage, qu'arrive-t-il à la demande de monnaie si le revenu annuel est réduit de 50 % ?
d. Imaginons que le taux d'intérêt soit de 5 %. En termes de pourcentage, qu'arrive-t-il à la demande de monnaie si le revenu annuel est réduit de 50 % ?
e. Résumez l'effet du revenu sur la demande de monnaie. Comment cet effet dépend-il du taux d'intérêt ?

3. Titres et taux d'intérêt

Un titre promet de rapporter 100 euros en un an.

a. Quel est son taux d'intérêt si son cours est aujourd'hui à 75 euros ? 85 euros ? 95 euros ?
b. Quelle relation y a-t-il entre le cours du titre et son taux d'intérêt ?
c. Si le taux d'intérêt est de 8 %, quel est le prix aujourd'hui ?

4. L'équilibre du marché financier

Supposons que la demande de monnaie soit donnée par $M^d = PY\,(0{,}25 - i)$, avec un revenu Y de 100 euros, et que l'offre de monnaie soit de 20 euros. Posons que l'équilibre soit réalisé sur tous les marchés.

a. Quel est le taux d'intérêt ?
b. Si la banque centrale veut augmenter i de 10 points (c'est-à-dire passer de 2 % à 12 % par exemple), à quel niveau doit-elle fixer l'offre de monnaie ?

5. La demande de titres

Supposons qu'une personne soit riche de 50 000 euros et que son revenu annuel soit de 60 000 euros. Imaginons aussi que sa demande de monnaie soit donnée par : $M^d = PY\,(0{,}35 - i)$.

a. Trouvez la demande de titres. Quel est l'effet d'une augmentation du taux d'intérêt de 10 points sur la demande de titres ?
b. Quels sont les effets d'une augmentation de la richesse sur les demandes de monnaie et de titres ? Expliquez votre réponse.
c. Quels sont les effets d'une augmentation du revenu sur les demandes de monnaie et de titres ? Expliquez votre réponse.
d. « Quand les gens gagnent plus d'argent, ils vont évidemment détenir plus de titres. » Qu'y a-t-il de faux dans cette phrase ?

6. Le multiplicateur monétaire

Acceptons les hypothèses suivantes :

- le public ne détient pas d'espèces ;
- le ratio des réserves aux dépôts est de 0,1 ;
- la demande de monnaie est donnée par : $M^d = Y\,(0{,}8 - 4i)$;
- initialement, la base monétaire est de 100 milliards et le revenu national de 5 000 milliards.

a. Quelle est la demande de monnaie banque centrale ?
b. Trouvez le taux d'intérêt d'équilibre en égalisant l'offre et la demande de monnaie banque centrale.
c. Quel est le montant de l'ensemble de l'offre de monnaie ? Est-il égal au montant de l'ensemble de la demande de monnaie au taux d'intérêt trouvé en b ?
d. Quel est l'impact sur le taux d'intérêt d'une augmentation de la monnaie haute puissance jusqu'à 300 milliards ?

e. Si l'ensemble de l'offre de monnaie augmente jusqu'à 3 000 milliards, quel sera l'impact sur i (suggestion : utilisez les résultats de c) ?

7. Les cartes de crédit

Dans cet exercice, nous nous intéressons aux effets de l'introduction des cartes de crédit sur la demande de monnaie. Pour simplifier, nous examinons la demande de monnaie d'une personne sur quatre jours.

Supposons que, avant l'existence des cartes de crédit, cette personne aille à la banque une fois au début de chaque période de quatre jours et y retire de son compte toute la monnaie dont elle a besoin durant cet intervalle. Elle dépense 4 euros par jour.

a. Combien retire-t-elle de son compte chaque fois qu'elle va à la banque ? Calculez ce que cette personne possède comme monnaie au début de chaque jour d'une période (jours 1, 2, 3, 4).
b. Combien dispose-t-elle de monnaie en moyenne ?

Supposons maintenant qu'elle puisse retirer de l'argent tous les deux jours.

c. Même question qu'en a.
d. Même question qu'en b.

Finalement, depuis que les cartes de crédit existent, cette personne ne va plus au guichet et paie toujours avec sa carte. Elle ne prélève pas d'argent avant le quatrième jour, où elle retire le montant nécessaire pour payer les achats par carte de crédit des quatre derniers jours.

e. Calculez la détention de monnaie des jours 1 à 4.
f. Même question qu'en b.
g. Compte tenu de vos réponses aux questions b, d et f, quel a été l'effet des cartes de crédit sur la demande de monnaie ?

8. Les paniques bancaires et le multiplicateur monétaire

Pendant la Grande Dépression, les États-Unis ont connu de nombreuses paniques bancaires, à tel point que les agents ne souhaitaient plus détenir leur argent sur leur compte en banque, mais préféraient le garder en liquide. D'après vous, quel est l'effet d'un tel déplacement des comptes courants vers la monnaie liquide sur la valeur du multiplicateur monétaire ? (Pour voir l'évolution du multiplicateur monétaire pendant la Grande Dépression, reportez-vous au chapitre 19.)

Chapitre 6

Le modèle *IS/LM*

Dans le chapitre précédent, nous avons étudié le marché de la monnaie (et des titres). Dans ce chapitre, nous étudions conjointement les marchés financiers et le marché des biens. À la fin de ce chapitre, nous aurons les outils permettant de comprendre la détermination de la production et du taux d'intérêt dans le court terme.

Nous suivons pour cela le cadre d'analyse développé par deux économistes, John Hicks et Alvin Hansen, à la fin des années 1930 et au début des années 1940. Lorsque John Maynard Keynes a publié en 1936 la *Théorie générale de l'emploi, de l'intérêt et de la monnaie*, beaucoup ont trouvé ce livre à la fois fondamental et difficile à comprendre. John Hicks a proposé de résumer dans un modèle ce qu'il considérait comme étant une des contributions principales de Keynes : la description conjointe du marché des biens et des marchés financiers. Son analyse a ensuite été étendue par Alvin Hansen. Le modèle développé par Hicks et Hansen a reçu le nom de « modèle *IS/LM* ».

La macroéconomie a beaucoup progressé depuis le début des années 1940. Cependant, pour la plupart des économistes, le modèle *IS/LM* constitue toujours un élément d'analyse essentiel qui, malgré sa simplicité, rend compte de la plupart des mécanismes économiques opérant dans le court terme. C'est pourquoi ce modèle est encore utilisé et enseigné aujourd'hui.

6.1 La demande globale

La consommation

Le principal déterminant de la demande globale est la consommation des ménages. De quelles variables doit-elle dépendre ? Lorsque l'on étudie, en théorie microéconomique, la théorie du consommateur, on apprend comment l'achat d'un panier de biens par le consommateur varie en fonction de sa richesse et en fonction du prix relatif du bien consommé par rapport aux autres. L'augmentation du prix de la carotte crée un effet de substitution en faveur de la pomme de terre et la demande de l'une par rapport à celle de l'autre se réduira.

Lorsque l'on analyse la demande agrégée de l'ensemble des consommateurs, quel est le prix relatif pertinent ? Non plus le prix d'un bien par rapport à un autre au cours d'une période donnée, puisque tous les biens sont agrégés en un seul. L'unique arbitrage possible se situe entre la consommation du bien agrégé aujourd'hui et la consommation du bien dans le futur. En d'autres termes, l'arbitrage se situe entre la consommation et l'épargne. Appelons y_D le revenu disponible des ménages et i le taux d'intérêt qui rémunère les actifs financiers. Nous pouvons donc décrire la consommation des ménages sous la forme :

$$C^D = C\,(y_D, i)$$
$$(+\,,\,-)$$

Cette fonction C est appelée **fonction de consommation**. Les économistes nomment une telle équation une **équation de comportement**, pour indiquer qu'elle reflète un certain aspect du comportement, ici celui des ménages. Le signe plus indique que la consommation dépend positivement du revenu : plus je gagne, plus je dépense. Le signe moins indique que la consommation dépend négativement de l'intérêt : la hausse des taux incite à épargner et réduit la consommation [1] (cette dernière corrélation est plus contestable ; comme on le verra, certains auteurs l'ignorent).

L'investissement

L'investissement mesure les dépenses brutes des entreprises et des ménages pour accroître leur stock de capital (productif ou immobilier). Pour les entreprises, l'investissement représente une dépense courante dont la contrepartie est de pouvoir bénéficier dans le futur d'une capacité de production accrue qui leur rapportera des profits additionnels. Il dépend donc des termes suivants :

- **le niveau des ventes courantes et prévues**. Une entreprise connaissant (ou anticipant) une hausse de ses ventes doit augmenter sa production. Pour ce faire, elle peut avoir besoin de nouvelles machines, voire d'un site de production supplémentaire ;
- **le taux d'intérêt**. Imaginons qu'une entreprise doive décider si elle acquerra une nouvelle machine. Pour l'acheter, elle doit s'endetter, soit auprès d'une banque, soit en émettant des actions. Plus le taux d'intérêt est élevé, moins l'entreprise sera susceptible d'emprunter et d'acheter la machine. À partir d'un certain taux d'intérêt suffisamment élevé, les profits supplémentaires qu'apportera la nouvelle machine ne suffiront pas à couvrir le paiement des intérêts, et la machine ne sera pas rentable.

Pour saisir ces deux effets, nous pouvons écrire l'équation d'investissement de la façon suivante :

$$I = I\,(Y, i) \qquad (6.1)$$
$$(+,\,-)$$

Les signes plus et moins indiquent que l'investissement dépend positivement du revenu, et négativement du taux d'intérêt. L'équation 6.1 établit que l'investissement dépend de la production Y et du taux d'intérêt i (nous négligeons ici l'influence des variables anticipées sur les décisions d'investissement ou, plus généralement, nous supposons que le revenu courant et le revenu futur sont corrélés entre eux).

Nous utilisons la variable « production », même si la variable « ventes » nous est apparue précédemment comme pertinente. Nous supposons donc implicitement que les ventes sont égales à la production, c'est-à-dire que les entreprises n'ont pas de stock.

1. Nous le verrons au chapitre 13, dans lequel nous étudierons les effets des taux d'intérêt à la fois sur la consommation et l'investissement.

Le signe positif sous Y indique qu'une hausse de la production conduit à une hausse de l'investissement. À l'inverse, le signe négatif sous le taux d'intérêt i signifie qu'une hausse du taux d'intérêt entraîne une baisse de l'investissement [1].

Les dépenses gouvernementales

Les dépenses gouvernementales (G) sont la troisième composante de la demande globale. Avec les impôts (T), elles représentent les variables de la **politique budgétaire** (les choix d'impôts et de dépenses du gouvernement) [2]. Nous prendrons ces variables G et T comme exogènes, c'est-à-dire comme des variables qui ne sont pas directement liées à la production. Tout d'abord parce que le gouvernement ne se comporte pas avec la même régularité que les ménages ou les entreprises, ce qui rend problématique de postuler une relation de « comportement » de l'État.

Ensuite, une des tâches du macroéconomiste consiste à conseiller le gouvernement sur ses décisions de dépenses et d'impôts. Ainsi, on ne peut pas à la fois présupposer ce que va faire le gouvernement et vouloir ensuite en déduire ce qu'il devrait faire. Nous voulons pouvoir dire au gouvernement : « Si vous optez pour tel niveau de dépenses et d'impôts, voilà ce qui va arriver. » Nous laisserons donc au gouvernement le choix de G et de T et nous n'essaierons pas d'expliquer ces variables dans nos modèles [3].

La demande globale

En ajoutant trois termes, C, I et G, on trouve donc une demande globale (Z) sur le marché des biens qui s'écrit :

$$Z(Y - T, i, G) = Z = C(Y - T, i) + I(Y, i) + G \qquad (6.2)$$

La *relation de demande globale* saisit ainsi les effets de Y, T, i et G sur la dépense totale dans l'économie. Elle dépend positivement du revenu, puisque la consommation et l'investissement sont tous deux liés positivement à cette variable. Elle dépend négativement du taux d'intérêt : la consommation et les investissements baissent en cas de hausse des taux.

6.2 L'équilibre sur le marché des biens (*IS*)

Si l'on note Q la production totale vendue par les entreprises et Z la demande globale des agents, il faut nécessairement que $Q = Z$. L'offre est forcément égale à la demande. Cette relation provoque souvent des malentendus. Dire que l'offre de poissons est égale à la demande à un instant et sur un marché donnés ne préjuge nullement de la manière dont cette offre et cette demande sont égalisées. C'est un constat trivial : si je vends un bien, c'est que quelqu'un me l'achète. L'enjeu de l'analyse économique porte sur le processus qui conduit à cette égalité.

Dans le cadre macroéconomique que nous étudions, nous savons toutefois une chose de plus. L'offre vendue Q est nécessairement égale au revenu Y des agents, puisque la

1. $Y\uparrow \Rightarrow I\uparrow ; i\uparrow \Rightarrow I\downarrow$.
2. Les impôts sont ici considérés comme nets de subventions gouvernementales.
3. Dans la mesure où on considérera presque toujours que G et T sont fixés de façon exogène, on allégera les notations en n'utilisant pas de barre de surlignement au-dessus des lettres.

production est la source des revenus distribués. L'égalité de l'offre et de la demande s'écrit donc ici :

$$Y = C(Y - T, i) + I(Y, i) + G$$

Le revenu créé par les entreprises lorsqu'elles vendent des biens génère une demande globale qui *doit* lui être égale. On peut réécrire l'équation précédente d'une manière plus suggestive. Notons :

$$S(Y - T, i) = Y - T - C(Y - T, i)$$

l'épargne des ménages mesurée comme la différence entre leur revenu disponible $(Y - T)$ et leurs dépenses de consommation. L'équilibre sur le marché des biens peut être écrit de manière strictement équivalente :

$$S(Y - T, i) = I(i, Y) + G - T \qquad (IS)$$

qui indique que l'épargne doit être égale à la somme de l'investissement et du déficit public (d'où son nom *IS*). Qu'il y ait identité entre l'équilibre de l'épargne et de l'investissement et l'équilibre sur le marché des biens a initialement surpris les économistes. Le raisonnement mathématique est trivial. L'intuition économique renvoie à ce que l'on a dit précédemment. Lorsque tous les biens sont analogues, le choix entre consommer ou pas « *le* » bien agrégé est tout simplement identique au choix d'épargner ou non son revenu.

Nous allons décrire à présent la courbe *IS,* lorsque le taux d'intérêt est donné. Sur la figure 6.1, la demande est représentée sur l'axe vertical et la production sur l'axe horizontal. La courbe *ZZ* représente la demande en fonction de la production pour une valeur donnée du taux d'intérêt *i*. Lorsque la production – et par là même le revenu – augmente, la consommation augmente également, comme nous l'avons vu précédemment. Par ailleurs, comme nous venons de le constater, lorsque la production augmente, l'investissement aussi.

De par ses effets positifs à la fois sur la consommation et l'investissement, une hausse de la production entraîne donc une hausse de la demande : *ZZ* est croissante.

Il est intéressant de remarquer que la courbe *ZZ* forme avec l'axe des abscisses un angle inférieur à 45°. Cela signifie que nous avons implicitement supposé qu'une hausse de 1 point de la production conduit à une hausse de la demande inférieure à 1 point. Eu égard à la composante émanant de la seule consommation des ménages, cette restriction découle naturellement de l'hypothèse selon laquelle les consommateurs ne dépensent qu'une partie de leur revenu supplémentaire. Mais dans la mesure où nous autorisons l'investissement à réagir en fonction de la production, cette restriction n'est pas nécessairement justifiée. Lorsque la production augmente, il est possible que la hausse cumulée de la consommation et de l'investissement excède la hausse initiale de la production. Cependant, bien que ce cas soit possible en théorie, il n'est pas réalisé en pratique. C'est pourquoi on peut supposer, comme sur la figure 6.1, que la réponse de la demande à la production est inférieure à 1 pour 1.

L'équilibre est atteint au point où la demande est égale à la production, c'est-à-dire au point *A*, intersection de la courbe *ZZ* avec la droite à 45°. Le niveau de production d'équilibre est donné par *Y*.

Nous avons dessiné la courbe de demande *ZZ* pour une valeur donnée du taux d'intérêt. Supposons maintenant que le taux d'intérêt augmente pour atteindre une nouvelle valeur *i'*. Quel que soit le niveau de production, cette hausse du taux d'intérêt entraîne une baisse de l'investissement. La courbe de demande *ZZ* se déplace donc vers le bas :

pour un même niveau de production, la demande est plus basse. On obtient la courbe *ZZ′*. Le nouvel équilibre est à l'intersection de *ZZ′* et de la droite à 45°, au point *A′*. Le produit d'équilibre est maintenant *Y′* [1].

Figure 6.1 – Les effets d'une hausse du taux d'intérêt sur la production.

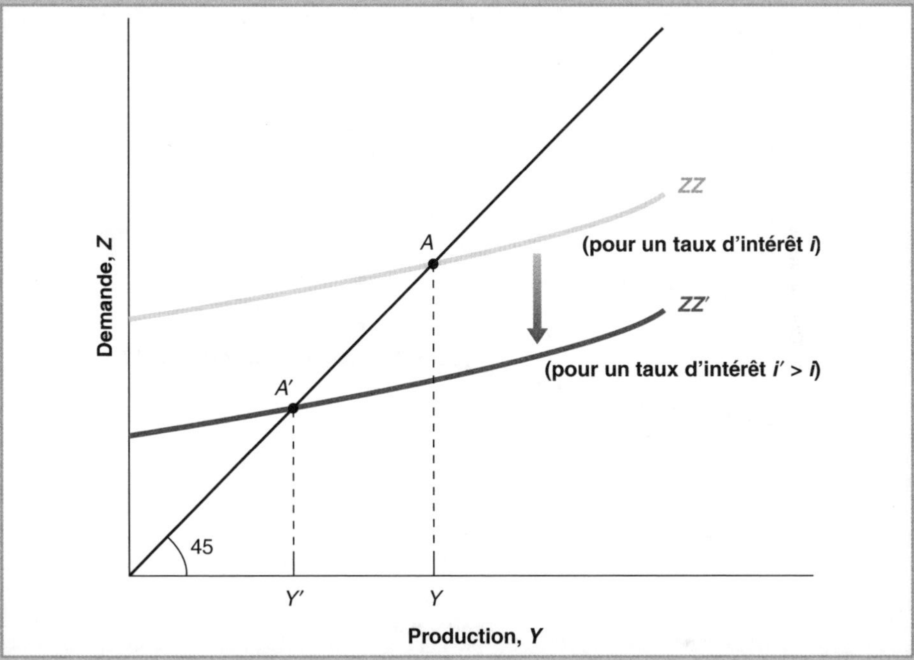

Une hausse du taux d'intérêt fait baisser la demande de biens, quel que soit le niveau de production.

Une hausse du taux d'intérêt entraîne une baisse de l'investissement. Une baisse de l'investissement implique une baisse de la production, qui à son tour provoque une baisse de la consommation et de l'investissement. En d'autres termes, la baisse initiale de l'investissement conduit à une baisse plus importante de la production. On appelle cet effet le **multiplicateur** (il est présenté ci-après dans le cas canonique où la courbe *IS* ne dépend pas des taux d'intérêt).

À l'aide de la figure 6.1, on peut déterminer le niveau d'équilibre du produit pour n'importe quel taux d'intérêt. La relation entre le produit et le taux d'intérêt est construite sur la figure 6.2. La figure 6.2 (a) reproduit la figure 6.1. Le taux d'intérêt *i* impose un niveau de production *Y*. Le taux d'intérêt *i′* impose un niveau de production *Y′*. La figure 6.2 (b) représente la production *Y* sur l'axe horizontal et le taux d'intérêt sur l'axe vertical. Les points *A* et *A′* sur la figure 6.2 (a) correspondent aux points *A* et *A′* sur la figure 6.2 (b). Plus généralement, l'équilibre sur le marché des biens implique que plus le taux d'intérêt est élevé, plus le niveau d'équilibre du produit est bas [2]. Cette relation entre le taux d'intérêt et la production est représentée par la courbe décroissante sur la figure 6.2 (b).

1. L'équilibre sur le marché des biens implique : $i \uparrow \Rightarrow Y \downarrow$.
2. L'équilibre sur le marché des biens signifie que la production est une fonction décroissante du taux d'intérêt. Cette relation est représentée par la courbe décroissante *IS*.

Cette courbe est appelée la **courbe *IS***. Le cas limite où la demande globale ne dépend pas du taux d'intérêt a été étudié par Keynes. Il donne lieu à la théorie du multiplicateur traditionnel (voir plus loin).

Figure 6.2 – La construction de la courbe *IS*.

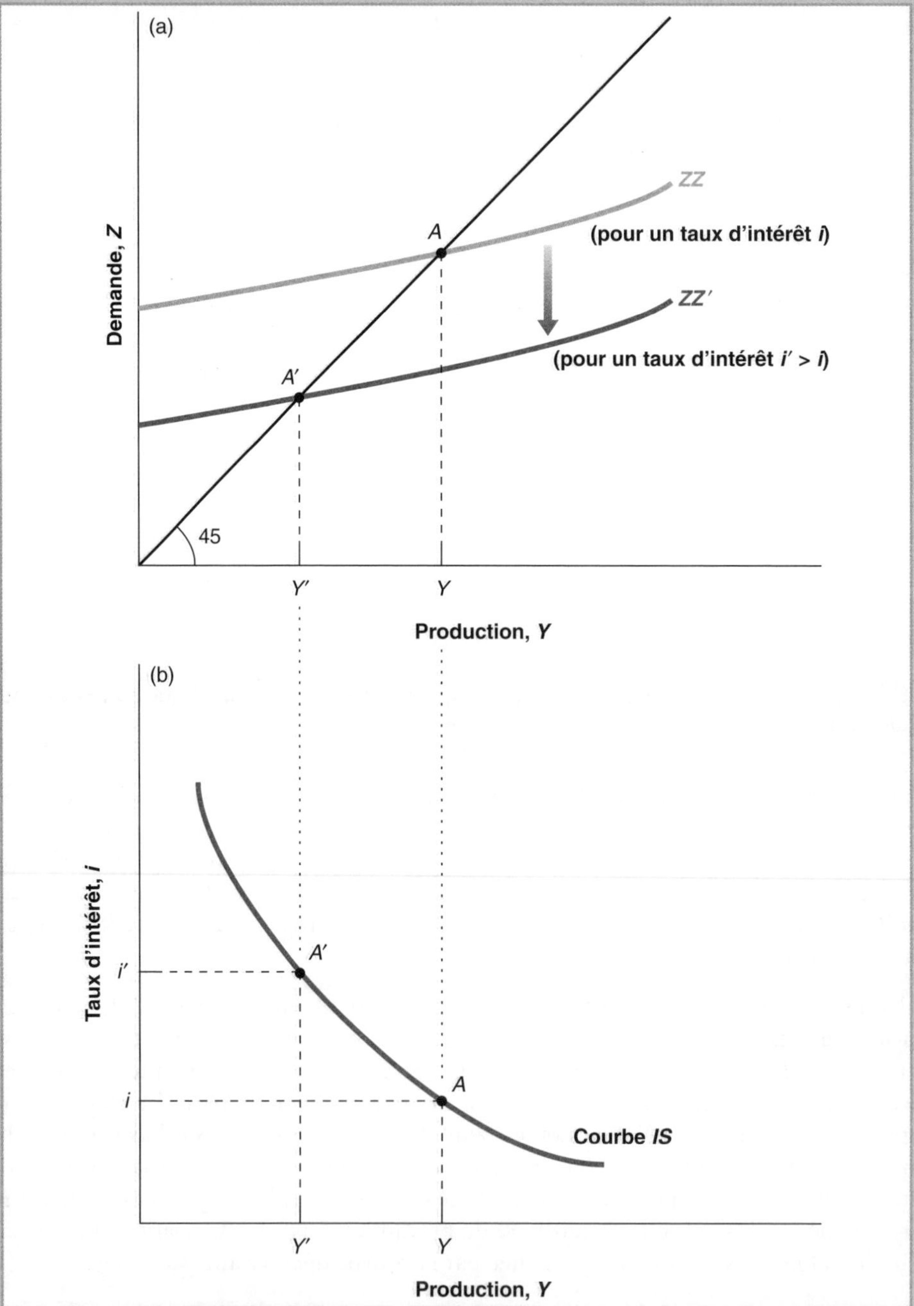

L'équilibre sur le marché des biens implique que la production est une fonction décroissante du taux d'intérêt. La courbe *IS* est décroissante.

Les déplacements de la courbe *IS*

Sur la figure 6.2, nous avons construit la courbe *IS* pour des valeurs données des impôts (T) et des dépenses publiques (G). Mais tout changement de T ou de G va déplacer la courbe *IS*.

Pour voir comment T ou G influent sur la courbe *IS*, regardons la figure 6.3. Considérons une hausse des impôts de T à T'. Pour un taux d'intérêt i donné, la consommation décroît, entraînant une baisse de la demande sur le marché des biens et, par l'effet multiplicateur, une baisse du niveau de production d'équilibre, qui passe de Y à Y'. Autrement dit, la courbe *IS* se déplace vers la gauche : quel que soit le taux d'intérêt, le niveau de production d'équilibre est inférieur à ce qu'il était avant la hausse des impôts [1].

Figure 6.3 – Les déplacements de la courbe *IS*.

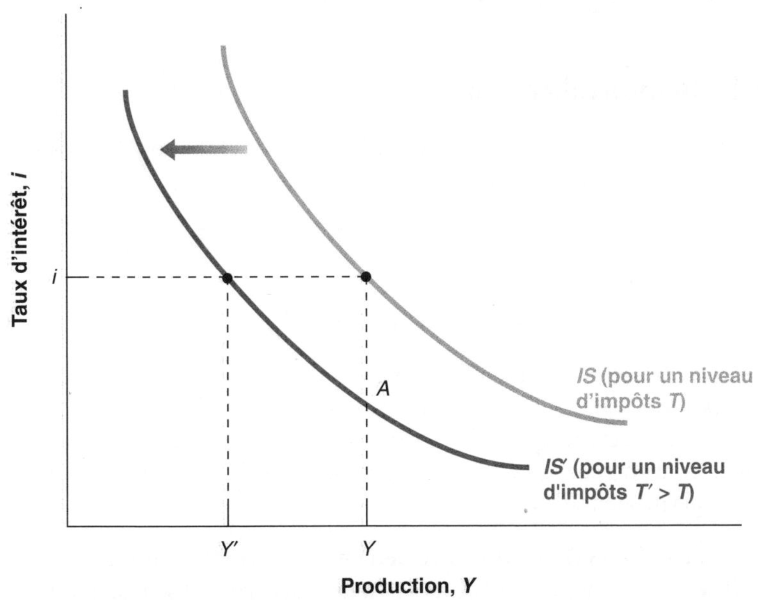

Une hausse des impôts entraîne un déplacement de la courbe *IS* vers la gauche.

Plus généralement, tout facteur qui, à taux d'intérêt donné, fait baisser le niveau de production d'équilibre, entraîne un déplacement de la courbe *IS* vers la gauche. Nous avons vu le cas d'une hausse des impôts ; il se produirait la même chose en cas de baisse des dépenses publiques ou de baisse de la confiance des ménages (qui réduit la consommation à revenu donné). Au contraire, tout facteur qui, à taux d'intérêt donné, augmente le niveau d'équilibre de la production (une baisse des impôts, une hausse des dépenses publiques, une hausse de la confiance des consommateurs) entraîne un déplacement de la courbe *IS* vers la droite.

1. Pour un i donné, $T \uparrow \Rightarrow Y \downarrow$: une hausse des impôts déplace la courbe *IS* vers la gauche.

Pour résumer :

- l'équilibre sur le marché des biens implique que la production est une fonction décroissante du taux d'intérêt ;
- cette relation est représentée par la courbe décroissante *IS*.

Pour aller plus loin

Que deviennent l'investissement et la consommation lorsque l'on se déplace le long de la courbe *IS* vers le bas ? Dans ce cas, le taux d'intérêt baisse et la production augmente. Ces deux phénomènes font croître l'investissement. Par ailleurs, la hausse de la production, c'est-à-dire du revenu, fait croître l'épargne. Ainsi, lorsque l'on se déplace sur *IS* vers le bas, l'investissement et l'épargne augmentent tous deux. De plus, d'après la construction de *IS*, ils augmentent du même montant. L'investissement reste donc égal à l'épargne.

La théorie du multiplicateur

Considérons un cas particulier de l'équation *IS*, lorsque la fonction de consommation ne dépend pas du taux d'intérêt et s'écrit :

$$C = C_0 + c_1 Y_D$$

la courbe *IS* s'écrit alors :

$$Y = C_0 + c_1 (Y - T) + I + G$$

Faisons également l'hypothèse additionnelle que I ne dépend pas des taux d'intérêt. Ces deux hypothèses sont extrêmes, mais valent sans doute dans les périodes de crise extrême, lorsque les facteurs qui influencent les décisions des agents sont principalement liés à l'activité courante, davantage qu'aux perspectives de long ou moyen terme (que les taux d'intérêt permettent d'apprécier).

Dans ce cas, la courbe *IS* détermine directement le niveau de la production d'équilibre. C'est le modèle que Keynes défend dans sa *Théorie générale*. Il se résout ainsi :

$$\begin{aligned} Y &= (C_0 + I + G - c_1 T)/(1 - c_1) \\ &= 1/(1 - c_1) \times (C_0 + I + G - c_1 T) \end{aligned}$$

Cette équation détermine la production d'équilibre, c'est-à-dire le niveau de production tel que l'offre égale la demande. Le premier terme de droite $(C_0 + I + G - c_1 T)$ représente la part de la demande de biens qui ne dépend pas du revenu Y. On l'appelle **dépense autonome**. Considérons maintenant le premier terme de droite : $1/(1 - c_1)$. Dans la mesure où c_1 est compris entre 0 et 1, $1/(1 - c_1)$ est plus grand que 1. On appelle ce nombre le **multiplicateur**. Plus c_1 est proche de 1, plus le multiplicateur est grand. Quel est le rôle du multiplicateur ? Supposons que pour un niveau de revenu donné, les ménages décident de consommer davantage. Plus précisément, supposons que C_0 augmente de 1 milliard d'euros. Le multiplicateur nous dit que la production va augmenter de plus de 1 milliard d'euros. Par exemple, si c_1 vaut 0,6, le multiplicateur vaut $1/(1 - 0{,}6) = 2{,}5$, donc la production augmente de $2{,}5 \times 1$ milliard = 2,5 milliards d'euros. Nous avons ici considéré une augmentation de la consommation, mais une augmentation des dépenses autonomes (une hausse de l'investissement, des dépenses publiques, ou une baisse des impôts) aurait clairement le même effet.

D'où vient l'effet multiplicateur ? Quand la demande augmente, la production et donc le revenu augmentent. Et cette hausse du revenu entraîne à son tour une augmentation de la consommation, qui conduit à une augmentation de la demande et ainsi de suite. La première hausse de la production vaut 1 milliard d'euros. La deuxième vaut 1 milliard d'euros (première augmentation) multiplié par la propension à consommer c_1, soit c_1 milliards. En suivant la même logique, la troisième augmentation vaudra c_1 milliards d'euros multipliés par c_1, la propension marginale à consommer, soit c_1^2 milliards d'euros. En suivant ce raisonnement, l'augmentation de la production après n augmentations successives vaut 1 milliard de fois la somme :

$$1 + c_1 + c_1^2 + ... + c_1^n$$

Cette limite est donnée par $1/(1 - c_1)$, d'où l'augmentation finale de $1/(1 - c_1)$ milliards d'euros. Cela nous donne une autre manière équivalente mais plus intuitive de considérer le multiplicateur. L'augmentation initiale de la production déclenche des vagues successives d'augmentation de la production. Le multiplicateur correspond à la somme de toutes ces vagues d'augmentation.

La théorie du multiplicateur permet de saisir ce qu'on appelle depuis Keynes le « paradoxe de l'épargne ». Les auteurs classiques considèrent généralement qu'une hausse de l'épargne est une bonne chose. Elle accroît au cours du temps le stock de capital de l'économie et enrichit à terme la société. C'est le message essentiel que nous avons retenu du chapitre 3 sur la richesse des nations. Pourtant, au terme de la théorie keynésienne du multiplicateur, on aboutit à un résultat diamétralement opposé. Supposons en effet que pour un niveau de revenu disponible donné, les ménages décident d'épargner plus. Ils diminuent C_0, réduisant ainsi leur consommation et augmentant leur épargne pour un niveau de revenu disponible donné. Par définition, l'investissement et le déficit public restent les mêmes. Donc, d'après les conditions d'équilibre, l'épargne ne doit pas changer non plus. Quand les ménages veulent épargner plus, leur revenu diminue de telle sorte que leur épargne ne change pas. Ce qui veut dire que toute tentative des ménages d'accroître leur épargne se traduit par une baisse du revenu et une épargne finalement inchangée. Ces résultats sont connus comme le **paradoxe de l'épargne**.

Macroéconomie mondiale

Le multiplicateur pendant la crise de 2010-2011

Dans un encadré du *World Economic Outlook* (la publication semestrielle du Fonds monétaire international) d'octobre 2012, Olivier Blanchard et Daniel Leigh examinent les erreurs de prévision qui ont été faites par les instituts de conjoncture (dont le FMI lui-même) au cours de la période 2010-2011 (« Are We Underestimating Short-Term Fiscal Multiplier? », p. 41). Les auteurs posent la question de savoir si ces erreurs sont liées, de manière systématique, aux efforts de consolidation budgétaire menés par les pays au cours de cette période et, indirectement, à une mauvaise estimation du *multiplicateur*. L'analyse porte sur vingt-huit pays, les vingt pays du G20 et huit autres européens pour lesquels ces variables sont connues.

Leur méthodologie empirique est la suivante : ils mesurent les erreurs de prévision des instituts et les comparent aux mesures de consolidation budgétaire prévues en début de période par les pays concernés (cette méthode permet de purger l'analyse des effets endogènes de la croissance sur la consolidation budgétaire elle-même). Le résultat est spectaculaire. Les efforts de réduction budgétaire se traduisent par une perte de croissance (relativement aux prévisions initiales) de 1 pour 1 : 1 % de consolidation budgétaire réduit la croissance aussi de 1 % ! Ce résultat est robuste à une variété de tests, qui prennent en compte les crises bancaires, les crises de la dette souveraine, la récession chez les partenaires commerciaux des pays considérés, les efforts additionnels pris par certains pays pour tenir leurs engagements malgré la crise. Aucun de ces facteurs ne modifie le résultat de base.

Est-ce à dire que, durant la crise de 2010-2011, le multiplicateur valait 1 ? Pas tout à fait. Les prévisions elles-mêmes incluaient déjà des hypothèses en la matière. Le chiffre obtenu s'ajoute donc aux hypothèses contenues dans les modèles de prévision. En moyenne, ces modèles (notamment celui utilisé par le FMI) incorporent une hypothèse de 0,5 pour le multiplicateur. Au final, il faut par conséquent admettre que le multiplicateur se situe dans une fourchette proche de 1,5 (entre 0,9 et 1,7 si l'on prend en compte les erreurs d'estimation). Ce résultat n'est pas général, mais bien spécifique à la crise étudiée. Il reste tout à fait spectaculaire.

6.3 Les marchés financiers et la relation *LM*

La construction de la courbe *LM*

Nous avons étudié comment se fixe le niveau de la production en fonction du taux d'intérêt. Pour étudier celui-ci, on ajoute à présent l'équation de demande de monnaie :

$$M = PY\,L(i) \qquad (LM)$$ [1]

Une hausse du revenu nominal augmente la demande de monnaie. Au contraire, une hausse du taux d'intérêt réduit la demande de monnaie. La variable M est la masse monétaire nominale. Nous allons négliger ici les détails du processus de l'offre de monnaie exposé au chapitre 5 et supposer simplement que la banque centrale contrôle directement M. Le membre de droite de l'équation précédente correspond à la demande de monnaie, qui est une fonction du revenu nominal Y et du taux d'intérêt nominal i. L'une des hypothèses centrales du modèle *IS*/*LM* est de supposer que le niveau des prix est fixe à court terme. En ce cas, l'offre nominale de monnaie va directement influencer le niveau des taux d'intérêt, selon les modalités que nous avons déjà étudiées au chapitre 5.

Pour visualiser la relation entre le taux d'intérêt et le revenu qu'implique l'équation *LM*, observons d'abord la figure 6.4. Le taux d'intérêt est mesuré sur l'axe vertical, et la masse monétaire (réelle) sur l'axe horizontal. L'offre de monnaie est représentée par la droite verticale. Pour un niveau de revenu (ou de production) Y donné, la demande de monnaie est une fonction décroissante du taux d'intérêt. Elle est décrite par la courbe décroissante M^d. L'équilibre se situe au point A, où l'offre de monnaie est égale à la demande de monnaie et où le taux d'intérêt est égal à i.

---

1. Membre de gauche : offre de monnaie $M^s = M$; membre de droite : demande de monnaie $M^d = PY\,L(i)$.

Figure 6.4 – Les effets d'une hausse du revenu sur le taux d'intérêt.

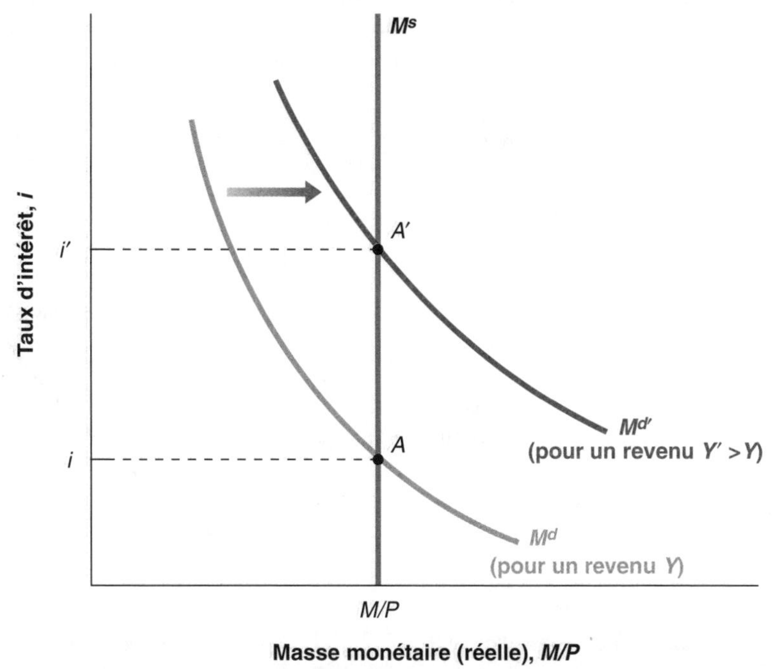

Une hausse du revenu entraîne, à taux d'intérêt donné, une hausse de la demande de monnaie. L'offre de monnaie étant fixe, cela conduit à une hausse du taux d'intérêt d'équilibre.

Considérons maintenant une hausse du revenu de *Y* à *Y'*. Cette hausse conduit les gens à accroître leur demande de monnaie, quel que soit le taux d'intérêt. La demande de monnaie se déplace donc vers la droite, devenant $M^{d'}$. Le nouvel équilibre se situe en *A'*, avec un nouveau taux d'intérêt *i'* plus élevé que *i*. Pourquoi la hausse du revenu entraîne-t-elle une hausse du taux d'intérêt ? Quand le revenu augmente, la demande de monnaie augmente, mais l'offre de monnaie reste inchangée. Il faut donc que le taux d'intérêt s'élève pour que les deux effets opposés sur la demande de monnaie (la hausse du revenu augmente la demande de monnaie, mais la hausse du taux d'intérêt la réduit) s'annulent. Au point *A'*, la demande de monnaie est égale à l'offre de monnaie restée inchangée et les marchés financiers sont à l'équilibre [1].

À l'aide de la figure 6.4, on peut calculer la valeur du taux d'intérêt associé à n'importe quel niveau de revenu, pour une masse monétaire donnée. Cette relation est construite sur la figure 6.5. La figure 6.5 (a) est identique à la figure 6.4. Quand le revenu est égal à *Y*, la demande de monnaie est égale à M^d et le taux d'intérêt d'équilibre est égal à *i*. Quand le revenu est égal à *Y'*, la demande de monnaie est égale à $M^{d'}$ et le taux d'intérêt d'équilibre est égal à *i'*. La figure 6.5 (b) représente le taux d'intérêt (sur l'axe vertical) en fonction du revenu (sur l'axe horizontal). Les points *A* et *A'* sur la figure 6.5 (a) correspondent aux points *A* et *A'* sur la figure 6.5 (b). Plus généralement, l'équilibre sur les marchés

1. L'équilibre sur les marchés financiers implique que pour *M* donné, $Y \uparrow \Rightarrow i \uparrow$.

financiers implique que plus le revenu est élevé, plus la demande de monnaie est forte, et donc plus le taux d'intérêt d'équilibre est élevé. Cette relation croissante entre le revenu et le taux d'intérêt est représentée par la courbe croissante sur la figure 6.5 (b). Cette courbe est appelée la **courbe *LM***. Les économistes caractérisent parfois cette relation en disant qu'« une forte activité économique crée de la pression sur les taux d'intérêt ».

Figure 6.5 – La construction de la courbe *LM*.

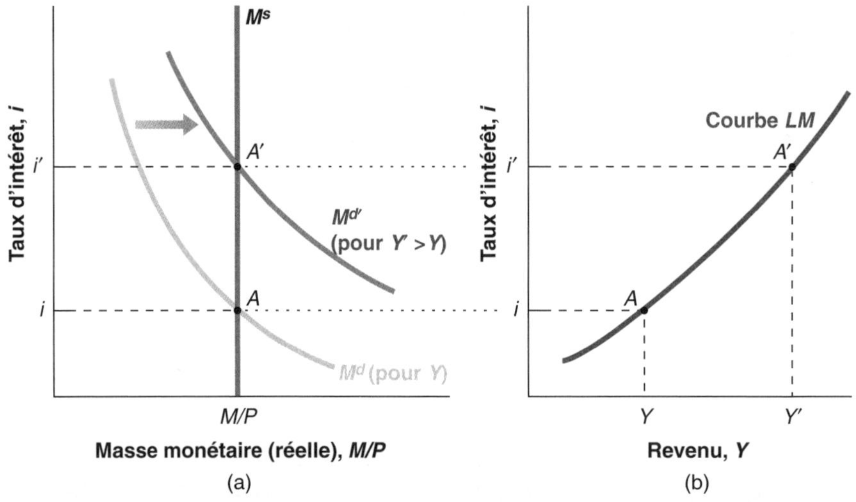

L'équilibre sur les marchés financiers implique que le taux d'intérêt est une fonction croissante du revenu. La courbe *LM* est croissante.

Les déplacements de la courbe *LM*

Jusqu'à présent, nous avons raisonné à masse monétaire réelle M/P donnée. Mais un changement de M/P, qu'il provienne d'une modification du niveau nominal de la masse monétaire M ou d'une modification du niveau des prix P, va déplacer la courbe *LM*.

Sur la figure 6.6, la courbe *LM* est représentée pour une valeur donnée de M/P. Supposons maintenant que l'offre nominale de monnaie s'élève de M à M'. Pour P donné, l'offre réelle de monnaie augmente de M/P à M'/P. Cette hausse de la masse monétaire entraîne, pour un revenu Y donné, une baisse du taux d'intérêt d'équilibre de i à i'. Autrement dit, la courbe *LM* se déplace vers le bas [1]. Par le même raisonnement, quel que soit le niveau du revenu, une baisse de l'offre de monnaie entraîne une hausse du taux d'intérêt, c'est-à-dire un déplacement de la courbe *LM* vers le haut.

1. Pour Y donné, $M/P \uparrow \Rightarrow i \downarrow$: une hausse de la masse monétaire déplace la courbe *LM* vers le bas.

Figure 6.6 – Les déplacements de la courbe *LM*.

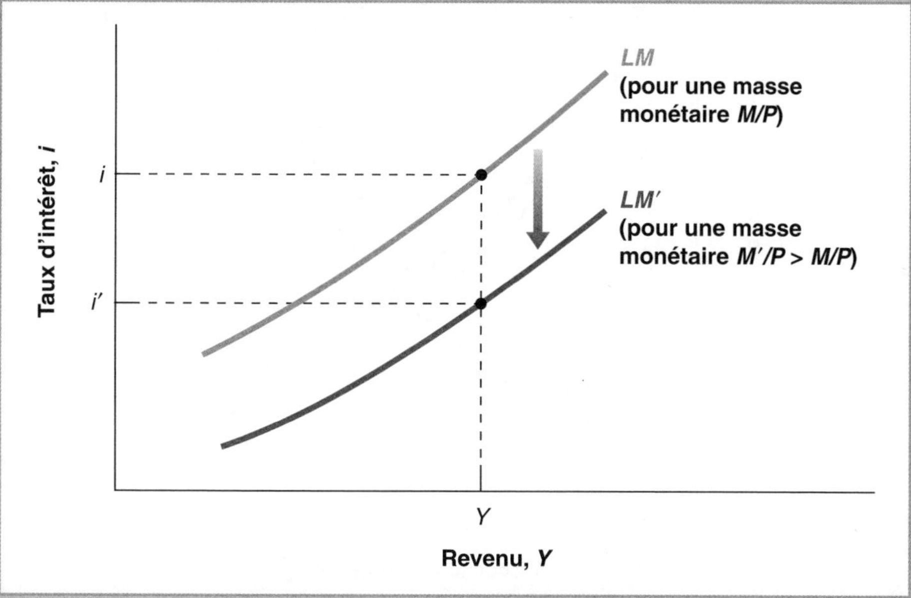

Une hausse de la masse monétaire induit un déplacement de *LM* vers le bas.

Pour résumer :

- l'équilibre sur les marchés financiers implique que le taux d'intérêt est une fonction croissante du niveau du revenu. Cette relation est représentée par la courbe croissante *LM* ;
- un accroissement de la masse monétaire entraîne un déplacement de *LM* vers le bas. Une baisse de la masse monétaire conduit à un déplacement de *LM* vers le haut.

6.4 Le modèle *IS/LM*

Nous pouvons maintenant étudier ensemble les relations *IS* et *LM*. À chaque point du temps, l'offre de biens doit être égale à la demande de biens, et l'offre de monnaie à la demande de monnaie. Les relations *IS* et *LM* doivent être toutes deux vérifiées :

IS : $$Y = C(Y - T) + I(Y, i) + G$$

LM : $$M = PY\,L(i)$$

La figure 6.7 représente *IS* et *LM* sur le même graphe. La production globale (ou encore le revenu ou le produit) est mesurée sur l'axe horizontal. Le taux d'intérêt est mesuré sur l'axe vertical.

Figure 6.7 – Le modèle *IS/LM*.

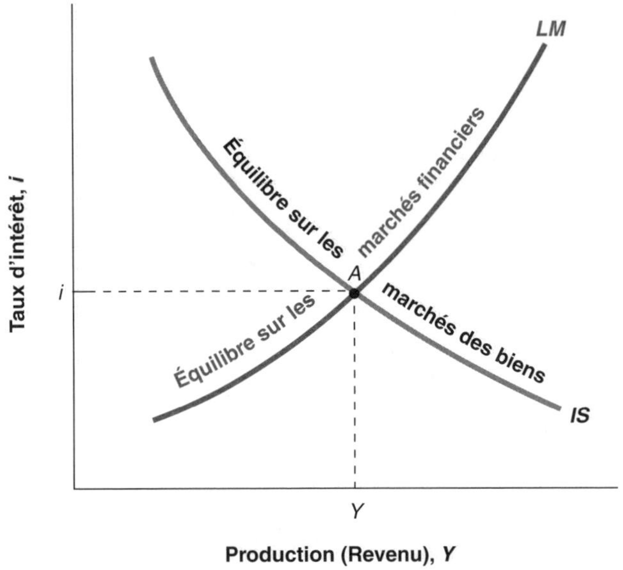

L'équilibre sur le marché des biens implique que la production est une fonction décroissante du taux d'intérêt. L'équilibre sur les marchés financiers suppose que le taux d'intérêt est une fonction croissante de la production. Le seul point auquel marché des biens et marchés financiers sont simultanément en équilibre est le point *A*.

Tout point de la courbe décroissante *IS* correspond à un équilibre sur le marché des biens. Tout point de la courbe croissante *LM* correspond à un équilibre sur les marchés financiers. C'est seulement au point *A* que ces deux conditions sont vérifiées. Cela signifie que le point *A*, associé au niveau de production *Y* et au taux d'intérêt *i*, est le point d'équilibre.

Les relations *IS* et *LM* contiennent de nombreuses informations sur la consommation, l'investissement, la demande de monnaie et les conditions d'équilibre. Ce cadre va donc nous permettre d'étudier ce qu'il advient de la production et du taux d'intérêt lorsque la banque centrale décide d'accroître la masse monétaire, ou bien lorsque le gouvernement choisit d'augmenter les impôts, ou encore lorsque les ménages deviennent pessimistes quant à l'avenir…

Voyons maintenant ce que le modèle *IS*/*LM* peut nous aider à comprendre.

Politique budgétaire, activité et taux d'intérêt

Supposons que le gouvernement décide de réduire le déficit budgétaire en augmentant les impôts, tout en gardant inchangées les dépenses publiques. Une telle politique est généralement appelée une **contraction budgétaire** ou une **consolidation fiscale** (une hausse du déficit budgétaire, qu'elle soit due à une hausse des dépenses ou à une baisse des impôts, est appelée une **expansion budgétaire**). Quels sont les effets d'une contraction budgétaire sur la production, ses différentes composantes et le taux d'intérêt ?

Pour répondre à une question sur les effets d'une mesure de politique économique, il faut procéder en trois temps :

1. chercher quels sont les effets sur l'équilibre du marché des biens, sur l'équilibre des marchés financiers et comment cela impacte la courbe *IS* et/ou la courbe *LM* ;
2. caractériser l'effet de ces déplacements sur l'équilibre ;
3. décrire ce qui se passe en langue vernaculaire.

La première question est donc de savoir comment la hausse des impôts influence l'équilibre sur le marché des biens – c'est-à-dire ce que devient la courbe *IS*.

Sur la figure 6.8 (a), est représentée la courbe *IS* correspondant à l'équilibre sur le marché des biens avant la hausse des impôts. Si l'on suppose que le taux d'intérêt est i_B, que se passe-t-il si le montant des impôts passe de T à T' ? Nous avons vu la réponse dans la section 6.1. Les ménages disposant d'un revenu plus faible, la hausse des impôts fait baisser la consommation et, par l'effet multiplicateur, la production. Pour un taux d'intérêt i_B, la production passe de Y_B à Y_C. Plus généralement, quel que soit le taux d'intérêt, une hausse des impôts entraîne une baisse de la production. La courbe *IS* se déplace vers la gauche, de *IS* à *IS'*.

Maintenant, regardons ce qui se passe du côté de *LM*. Sur la figure 6.8 (b), est représentée la courbe *LM* qui correspond à l'équilibre sur les marchés financiers avant la hausse des impôts. Si l'on suppose que la production est Y_D, que devient la courbe *LM* si les impôts augmentent ? Elle ne bouge pas. Pour un niveau de production Y_D, le taux d'intérêt pour lequel la demande de monnaie est égale à l'offre de monnaie est le même qu'avant, c'est-à-dire i_D. Les impôts T sont absents de la relation *LM*, donc leur hausse ne modifie pas l'équilibre sur les marchés financiers.

Remarquez au passage ce principe général : *une courbe se déplace en réponse à la modification d'une variable exogène seulement si cette variable intervient dans l'équation que décrit la courbe* [1].

Considérons maintenant le deuxième point, soit la détermination de l'équilibre. Supposons, comme sur la figure 6.8 (c), que l'équilibre initial soit au point A. Après la hausse des impôts, la courbe *IS* se déplace vers la gauche et le nouvel équilibre est le point A', intersection entre *LM* et *IS'*. La production a donc baissé de Y à Y', et le taux d'intérêt a baissé de i à i'. Ainsi, quand la courbe *IS* bouge, l'économie se déplace *le long* de la courbe *LM*, de A à A' [2]. Il est important de bien distinguer *déplacement d'une courbe* et *déplacement le long d'une courbe.*

La troisième et dernière étape est de raconter cette histoire en langue vernaculaire : la hausse des impôts diminue le revenu disponible des ménages, qui de ce fait consomment moins. Par l'effet du multiplicateur, on assiste à une baisse de la production et du revenu global. La baisse du revenu global fait baisser la demande de monnaie, ce qui induit une baisse du taux d'intérêt. La baisse du taux d'intérêt réduit mais ne compense pas tout à fait l'effet de la hausse des impôts sur la demande de biens.

---

1. Une variable exogène est une variable que l'on prend comme donnée, non déterminée par le modèle.
2. $T \uparrow \Rightarrow$ la courbe *IS* se déplace. La courbe *LM* demeure inchangée. L'économie se déplace le long de la courbe *LM*.

Figure 6.8 – Les effets d'une hausse des impôts.

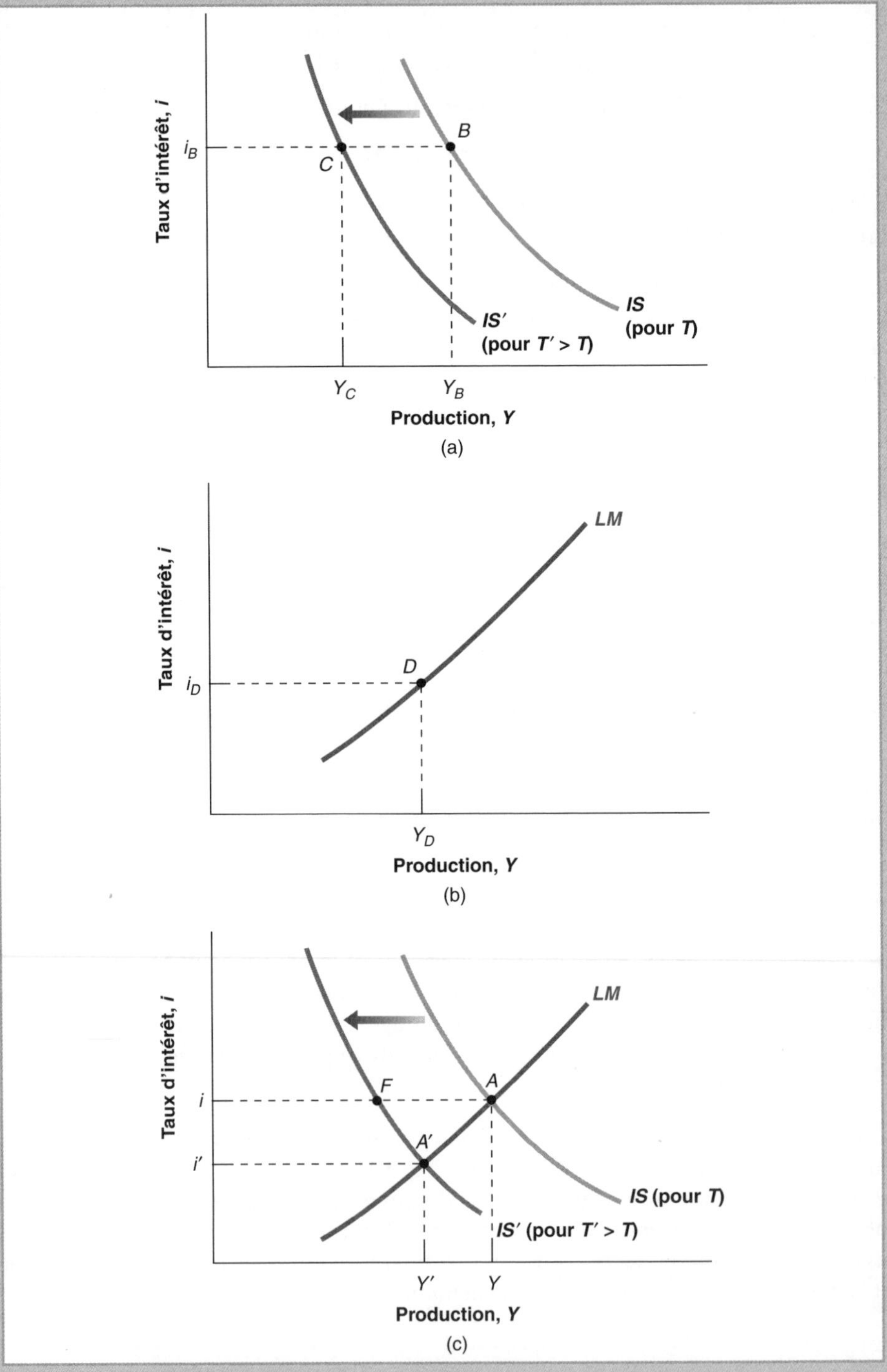

Une hausse des impôts déplace *IS* vers la gauche et entraîne une baisse de la production et du taux d'intérêt.

Que se passe-t-il pour les différentes composantes de la demande ? Par hypothèse, les dépenses budgétaires restent inchangées, puisque le but du gouvernement est de réduire le déficit. La consommation baisse, puisque le revenu diminue par deux canaux (en raison des impôts et du multiplicateur). Mais que devient l'investissement ? D'un côté, la baisse de la production signifie moins de ventes et moins d'investissements. De l'autre, la baisse du taux d'intérêt encourage l'investissement. Si l'on ne connaît pas plus précisément la forme de la relation d'investissement (équation 6.1), on ne peut pas dire quel effet domine. Si l'investissement ne dépend que du taux d'intérêt, il augmente. S'il ne dépend que des ventes, il diminue. En général, il dépend des deux, donc on ne peut rien dire. Contrairement à ce que les hommes politiques disent souvent, une baisse du déficit n'augmente pas nécessairement l'investissement. Nous reviendrons à plusieurs reprises dans cet ouvrage sur la relation entre politique budgétaire et investissement, et nous constaterons qu'elle n'est pas claire. Mais l'on verra que, à court terme, la réduction des déficits a tendance à réduire l'investissement.

Politique monétaire, activité et taux d'intérêt

Une hausse de l'offre de monnaie est appelée une **expansion monétaire**[1]. Une baisse de l'offre de monnaie est appelée une **contraction monétaire**.

Prenons le cas d'une expansion monétaire. Supposons que la banque centrale augmente la masse monétaire nominale M par une opération d'*open market*. Comme nous avons supposé que les prix étaient fixés, cette hausse de la masse monétaire entraîne une hausse proportionnelle du stock de monnaie réelle M/P. Quelles sont les conséquences sur la production et le taux d'intérêt ?

La première étape consiste à regarder ce qui se passe du côté des courbes *IS* et *LM*. Penchons-nous d'abord sur *IS*. L'offre de monnaie ne modifie directement ni l'offre, ni la demande de biens. En d'autres termes, M n'apparaît pas dans la relation *IS*. Ainsi, un changement de M ne déplace pas la courbe *IS*.

Cependant, la masse monétaire M entre dans la relation *LM*, si bien que la courbe *LM* va être déplacée suite à un changement de M. Comme on l'a vu dans la section 6.2, une hausse de la masse monétaire déplace *LM* vers le bas : pour un niveau donné de revenu, une hausse de la masse monétaire entraîne une baisse du taux d'intérêt.

Au total, l'expansion monétaire déplace la courbe *LM* vers le bas, mais n'a pas d'effet sur *IS*. Ainsi, sur la figure 6.9, l'économie se déplace le long de la courbe *IS*, et l'équilibre passe de A à A'[2]. La production augmente de Y à Y', et le taux d'intérêt décroît de i à i'. En d'autres termes, la hausse de la masse monétaire entraîne une baisse du taux d'intérêt ; la baisse du taux d'intérêt conduit à une hausse de l'investissement et, par l'effet du multiplicateur, à une hausse de la demande et de la production.

Contrairement au cas d'une contraction budgétaire, on peut décrire sans ambiguïté les effets d'une expansion monétaire sur les différentes composantes de la demande. Avec un revenu plus élevé et des impôts inchangés, la consommation augmente. Avec un taux

1. Hausse de $M \Leftrightarrow$ expansion monétaire.
2. $M \uparrow \Rightarrow$ la courbe *IS* ne se déplace pas ; la courbe *LM* se déplace vers le bas. L'économie se déplace le long de la courbe *LM*.

d'intérêt plus faible et une demande plus élevée, l'investissement augmente à coup sûr. Une politique d'expansion monétaire est donc plus favorable à l'investissement qu'une politique de contraction budgétaire.

Figure 6.9 – Les effets d'une expansion monétaire.

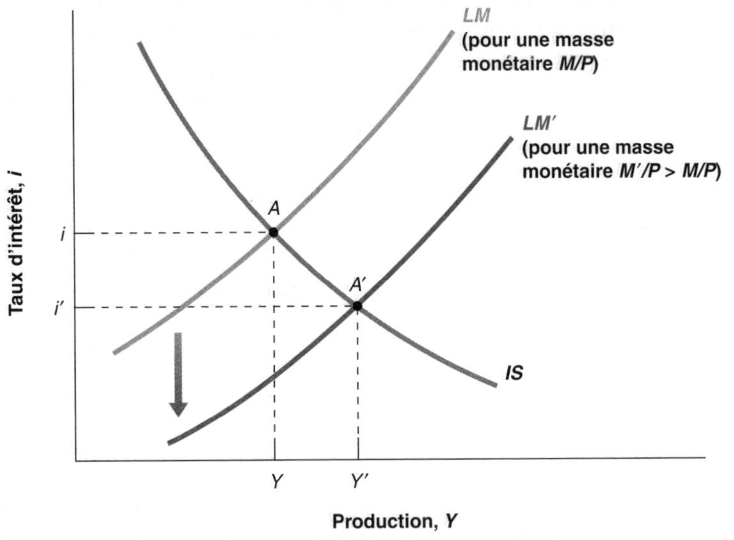

Une expansion monétaire conduit à une production plus forte et à un taux d'intérêt plus faible.

Pour résumer :

- on doit se souvenir de la méthode utilisée pour étudier les effets d'un changement de politique économique sur l'activité et le taux d'intérêt ;
- le tableau 6.1 résume ce que nous avons vu à propos des politiques budgétaire et monétaire.

Tableau 6.1 – Les effets des politiques budgétaire et monétaire.

	Déplacement de *IS*	Déplacement de *LM*	Mouvement du produit	Mouvement du taux d'intérêt
Hausse des impôts	Gauche	Aucun	Bas	Bas
Baisse des impôts	Droite	Aucun	Haut	Haut
Hausse des dépenses publiques	Droite	Aucun	Haut	Haut
Baisse des dépenses publiques	Gauche	Aucun	Bas	Bas
Hausse de la masse monétaire	Aucun	Bas	Haut	Bas
Baisse de la masse monétaire	Aucun	Haut	Bas	Haut

La réduction des déficits est-elle bonne ou mauvaise pour l'investissement ?

Gros plan

Que penser de l'argument : « L'épargne privée finance soit le déficit budgétaire, soit l'investissement » ? Par conséquent, réduire le déficit laisse plus d'épargne disponible pour financer l'investissement, donc accroît celui-ci. Cet argument semble simple et convaincant. Comment le concilier avec le fait qu'une restriction budgétaire a plus tendance à baisser qu'à augmenter l'investissement ?

Nous avons vu que l'équilibre sur le marché des biens pouvait s'écrire :

$$I \quad = \quad S \quad + \quad (T - G)$$

Investissement = épargne privée + épargne publique

À l'équilibre, l'investissement est égal à l'épargne publique plus l'épargne privée. Si l'épargne publique est positive, on dit que le gouvernement connaît un *excédent budgétaire*. Dans le cas inverse, on parle de *déficit budgétaire*. Pour un montant fixé d'épargne privée, il est donc vrai que l'investissement doit augmenter quand le gouvernement réduit son déficit (que ce soit en réduisant ses dépenses ou en augmentant les impôts). Telle est en effet la logique du modèle de croissance que nous avons étudié. Celui-ci suppose implicitement que l'économie tourne au maximum de ses capacités de production, donc que le chômage est incompressible. Dans le cadre analysé ici, l'épargne privée n'est pas constante, même lorsque le taux d'épargne est fixé : elle est elle-même touchée par une contraction budgétaire. En effet, une politique budgétaire restrictive fait baisser la production, c'est-à-dire le revenu global. La consommation baisse, mais pas autant que le revenu, donc l'épargne est également réduite. Cette baisse de l'épargne peut être de plus grande ampleur que la réduction des déficits, auquel cas l'investissement diminue au lieu d'augmenter : si S décroît plus que $T - G$ augmente, I va diminuer. Finalement, une politique budgétaire restrictive peut entraîner une baisse de l'investissement.

6.5 Le *policy-mix*

Nous avons étudié jusqu'ici les politiques monétaire et budgétaire prises isolément. Mais dans la pratique, ces deux outils sont souvent utilisés ensemble. La combinaison des politiques monétaire et budgétaire est appelée le ***policy-mix* monétaro-budgétaire** ou, plus simplement, le ***policy-mix***.

Le *policy-mix* Clinton-Greenspan

Pour aller plus loin

Quand Bill Clinton a été élu président des États-Unis en 1992, il a dû affronter un grave problème macroéconomique. Le déficit budgétaire fédéral était égal à 4,5 % du PIB – le pourcentage le plus élevé de l'après-Seconde Guerre mondiale – et il fallait absolument faire quelque chose. Au même moment, l'économie américaine sortait tout juste de la récession de 1990-1991.

À l'époque, de nombreux économistes pensaient que la récession n'était pas encore terminée (on sait maintenant que la croissance était positive en 1992). Le problème que Clinton devait affronter était clair : aussi nécessaire que pouvait être la réduction des déficits, elle risquait d'entraîner une baisse de la demande et de l'activité, et donc de précipiter à nouveau les États-Unis dans une récession. Dans les termes du modèle *IS/LM*, un déplacement de *IS* vers la gauche peut entraîner une baisse du produit, c'est-à-dire une récession.

Pour aller plus loin

Pourtant, six ans plus tard, en 1998, le déficit fédéral avait disparu, remplacé par un excédent de 0,8 % du PIB, et l'économie américaine était dans sa septième année de croissance soutenue (le tableau 1 donne les chiffres de base de l'économie américaine entre 1991 et 1998). Comment Clinton a-t-il fait ? Réponse : avec l'aide d'Alan Greenspan, le directeur de la Banque centrale américaine (la Fed, *Federal Reserve System*), et avec de la chance.

Tableau 1 – Les variables macroéconomiques pour les États-Unis, 1991-1998.

	1991	1992	1993	1994	1995	1996	1997	1998
Excédent budgétaire (en % du PIB)	– 3,3	– 4,5	– 3,8	– 2,7	– 2,4	– 1,4	– 0,3	0,8
Croissance du PIB (en %)	– 0,9	– 2,7	– 2,3	– 3,4	– 2,0	– 2,7	– 3,9	3,7
Taux d'intérêt * (en %)	– 7,3	– 5,5	– 3,7	– 3,3	– 5,0	– 5,6	– 5,2	4,8

* Taux d'intérêt : taux d'intérêt moyen sur l'année des bons du Trésor à un an.
Source : Bureau d'analyse économique.

Avant même les élections, le président de la Fed, Alan Greenspan, avait fait entendre ses inquiétudes à propos du déficit. Une fois Clinton élu, Greenspan lui signifia qu'il serait heureux de l'aider. Sans le dire explicitement, il lui fit comprendre que s'il s'engageait dans une politique de contraction budgétaire, la Fed tenterait de contrebalancer les effets négatifs sur l'activité économique par une politique monétaire plus expansionniste. Dans les termes du diagramme *IS*/*LM* de la figure 1, la Fed s'engageait implicitement à déplacer la courbe *LM* vers le bas au cas où une contraction budgétaire déplacerait la courbe *IS* vers la gauche. Cela permettait d'amener l'économie en *A'* plutôt qu'en *B*.

Figure 1 – Réduction des déficits et expansion monétaire.

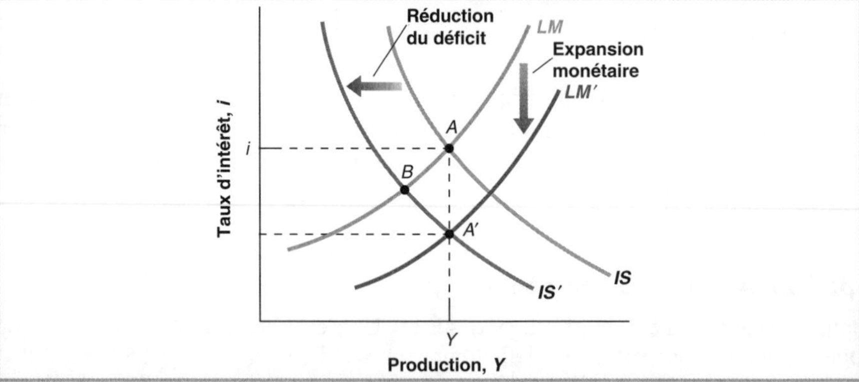

Une juste combinaison d'une contraction budgétaire et d'une expansion monétaire peut permettre de réduire les déficits, sans effets négatifs sur la production.

Sur la base de cet accord implicite, Clinton proposa un plan de réduction du déficit au Congrès américain en février 1993. Ce plan prévoyait une lente réduction du déficit jusqu'à 2,5 % en 1998, à la fois par une hausse des taxes et une baisse des dépenses. La taille limitée de cette réduction était due à la crainte d'une récession en cas de réduction trop brutale du déficit. Une fois ce plan accepté, la Fed tint ses engagements implicites : les taux d'intérêt, qui avaient déjà été baissés en 1991 et 1992, furent encore diminués en 1993 et 1994. Le taux d'intérêt était de 3,3 % en 1994, contre 7,3 % en 1991. Le résultat de ce *policy-mix* (contraction budgétaire et expansion monétaire) fut une croissance soutenue de la production et une réduction du déficit.

La croissance de la production entre 1992 et 1998 est-elle seulement due à un fin *policy-mix* ? Non, elle est également due à la chance. À partir de 1995 notamment, divers facteurs, de la confiance des consommateurs et des entreprises à un marché financier euphorique, conduisirent à des déplacements favorables de la courbe *IS* et renforcèrent la croissance. Cela eut deux conséquences :

- la Fed n'eut pas à baisser davantage les taux d'intérêt. Les déplacements vers la droite de la courbe *IS* étaient suffisants pour soutenir l'activité. La Fed dut même remonter légèrement les taux à partir de 1994 pour éviter une « surchauffe » de l'économie (voir les quatre chapitres suivants sur ce point) ;
- l'effet mécanique de cette forte croissance fut de réduire encore le déficit : quand une économie croît, le montant des impôts, qui est indexé sur la production, croît, sans que les dépenses publiques soient affectées. Le déficit est donc automatiquement réduit. Ainsi, la forte croissance entraîna une réduction des déficits plus forte que celle anticipée par l'administration Clinton elle-même.

Pour aller plus loin

Parfois, les politiques monétaire et budgétaire sont employées dans le même but. Par exemple, une expansion monétaire peut servir à annuler les effets pervers d'une contraction budgétaire sur la demande de biens [1]. C'est ce qui s'est passé dans les années 1990 aux États-Unis quand, utilisées simultanément, les politiques monétaire et budgétaire ont permis de soutenir à la fois une réduction des déficits et une hausse du produit.

Parfois, le *policy-mix* budgétaro-monétaire peut résulter de tensions ou d'un désaccord entre le gouvernement (qui dirige la politique budgétaire) et la banque centrale (qui a en charge la politique monétaire). Par exemple, si la banque centrale désapprouve une expansion budgétaire qu'elle juge dangereuse, elle peut opérer une contraction monétaire pour annuler certains effets de la politique budgétaire sur l'activité du pays. Une telle tension a existé en Allemagne au début des années 1980, après la réunification (voir l'encadré « La réunification allemande et la lutte budgétaro-monétaire ») [2].

La réunification allemande et la lutte budgétaro-monétaire

Macroéconomie mondiale

En 1990, l'Allemagne de l'Ouest et l'Allemagne de l'Est formèrent à nouveau un seul pays. Bien que les niveaux économiques des deux parties fussent très proches avant la Seconde Guerre mondiale, ils étaient très différents en 1990. L'Allemagne de l'Ouest était beaucoup plus riche et beaucoup plus productive que l'Allemagne de l'Est. Les conséquences économiques de la réunification furent nombreuses. Nous ne nous intéresserons ici qu'aux conséquences en matière de politique économique.

La réunification fit apparaître clairement la non-compétitivité des entreprises est-allemandes. Beaucoup d'entreprises devaient tout simplement être fermées, complètement ou en partie, et les autres nécessitaient un équipement nouveau et plus moderne.

1. Contraction budgétaire ⇔ réduction du déficit budgétaire.
2. Voir aussi les encadrés « La réunification allemande, les taux d'intérêt et le SME », chapitre 17, et « Anatomie d'une crise : la crise du SME, septembre 1992 », chapitre 18.

Il apparut donc vite que la transition allait engendrer une importante hausse des dépenses publiques, pour construire de nouvelles infrastructures, verser des allocations chômage aux employés perdant leur emploi et subventionner les entreprises des Länder de l'Est jusqu'à ce qu'elles deviennent compétitives. Pour subvenir à cette hausse des transferts et des dépenses, le gouvernement allemand eut recours d'une part à une hausse des impôts, d'autre part à une hausse du déficit. Le tableau 1 donne quelques chiffres clés de l'économie ouest-allemande de 1988 à 1991.

Tableau 1 – Quelques variables macroéconomiques en Allemagne de l'Ouest, 1988-1991.

	1988	**1989**	**1990**	**1991**
Croissance du PIB (en %)	3,7	3,8	4,5	3,1
Croissance de l'investissement (en %)	5,9	8,5	10,5	6,7
Excédent budgétaire (en % du PIB)	– 2,1	0,2	– 1,8	– 2,9
Taux d'intérêt à court terme	4,3	7,1	8,5	9,2

Source : OCDE, juin 1992.

Les chiffres montrent que, avant même la réunification, l'Allemagne connaissait une forte expansion. La croissance du PIB en 1988 et 1989 était proche de 4 %. L'investissement était en plein *boom* et, les recettes fiscales étant liées à l'activité économique, la forte croissance du PIB entraîna une hausse des rentrées fiscales en 1989 et conduisit ainsi à un excédent budgétaire de 0,2 % du PIB cette même année.

L'un des effets de la réunification fut d'accroître encore la demande. En 1990, la croissance de l'investissement était encore plus forte qu'en 1989. Du fait de la hausse des dépenses et des transferts liés à la réunification, l'Allemagne de l'Ouest passa d'une situation d'excédent budgétaire à un déficit de 1,8 % du PIB en 1990. Selon les termes du modèle *IS*/*LM*, l'année 1990 en Allemagne fut caractérisée par un large déplacement vers la droite de *IS* (hausse des dépenses gouvernementales), de *IS* à *IS′* sur la figure 1.

Figure 1 – Le *policy-mix* en Allemagne après la réunification.

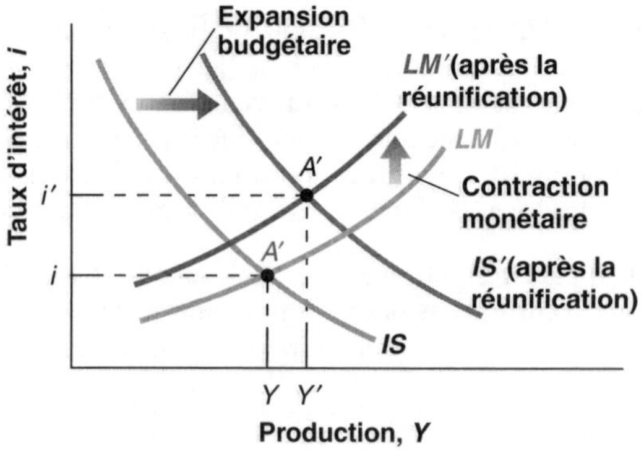

Devant cette évolution, la Banque centrale allemande eut peur que la croissance soit trop forte et crée de l'inflation. Elle décida donc de freiner la croissance et, pour ce faire, mena une politique monétaire restrictive, alors même que le taux d'intérêt était déjà passé de 4,3 % en 1988 à 7,1 % en 1989. La banque centrale laissa donc les taux d'intérêt monter jusqu'à 9,2 % en 1991. Selon les termes du modèle *IS/LM* sur la figure 1, la banque centrale décida de déplacer la courbe *LM* vers le haut.

Conclusion : une des conséquences de la réunification allemande fut la combinaison entre expansion budgétaire et contraction monétaire. Le résultat fut une forte croissance accompagnée d'un fort taux d'intérêt. Ces forts taux d'intérêt eurent des conséquences non seulement en Allemagne, mais également dans le reste de l'Europe, qui connut une récession au début des années 1990.

6.6 Les aspects dynamiques

Revenons d'abord sur la courbe *IS* et analysons les effets d'une hausse des impôts. Comme nous l'avons vu, une hausse des impôts entraîne un déplacement de *IS* vers la gauche. Sur la figure 6.10 (a), la courbe *IS* se déplace de *IS* à *IS'*. Pour un taux d'intérêt donné i_A, le niveau de production d'équilibre décroît de Y_A à Y_B.

La production va-t-elle réellement décroître immédiatement de Y_A à Y_B (nous verrons plusieurs arguments contre au chapitre 8) ? Il faut du temps pour que la production réponde à la baisse de la demande (les entreprises peuvent d'abord stocker avant de réduire la production) ; il faut sans doute du temps avant que les consommateurs répondent à la baisse de leur revenu par une baisse de leur consommation. Nous pouvons maintenant ajouter une troisième raison : il faut sans doute du temps pour que les entreprises révisent leurs plans d'investissement suite à la baisse de la demande. Pour toutes ces raisons, la baisse de la production ne va se faire que lentement [1].

Plus généralement, il est raisonnable de supposer que la production, quand elle se situe à droite de l'équilibre, décroît lentement et que, quand elle est à gauche de l'équilibre, croît lentement.

Considérons maintenant la courbe *LM* et les effets d'une contraction monétaire. Comme nous l'avons vu, une contraction monétaire entraîne un déplacement de *LM* vers le haut. Sur la figure 6.10 (b), la courbe *LM* se déplace de *LM* à *LM'*. Pour un niveau de production donné Y_A, le taux d'intérêt augmente de i_A à i_B. Combien de temps faut-il pour que le taux d'intérêt s'ajuste ?

1. Origines de la dynamique sur le marché des biens : d'une part, la production s'ajuste lentement à la demande ; d'autre part, la demande (consommation, investissement) s'ajuste lentement au revenu (à la production).

Figure 6.10 – L'introduction de l'aspect dynamique dans le modèle *IS/LM*.

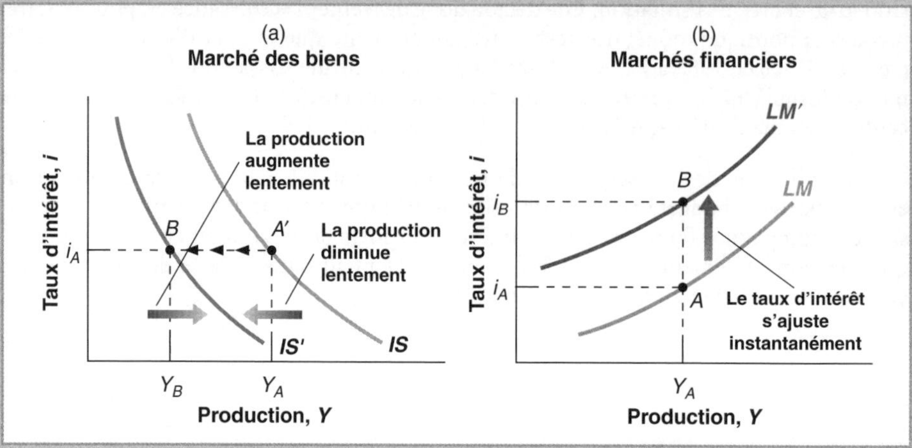

Lorsque le niveau de production est au-dessus ou au-dessous du niveau impliqué par la relation *IS*, il s'y ajuste lentement. Au contraire, le taux d'intérêt s'ajuste immédiatement, si bien que la relation *LM* est toujours satisfaite.

La réponse est : aucun. Le taux d'intérêt s'ajuste très rapidement aux variations de l'offre et de la demande de monnaie. Le marché des bons du Trésor, sur lequel la banque centrale achète et vend des titres, est l'un des marchés les plus efficients, qui s'ajuste à la seconde à l'offre et à la demande. Lorsque la banque centrale effectue une opération d'*open market*, c'est-à-dire lorsqu'elle vend des bons du Trésor pour diminuer l'offre de monnaie, le taux d'intérêt s'ajuste presque instantanément. L'ajustement du taux d'intérêt à toute variation de l'offre ou de la demande de monnaie est donc si rapide que *l'économie se trouve toujours sur la courbe LM*[1].

À l'aide de ces aspects dynamiques, réexaminons les effets d'une contraction monétaire sur l'activité et le taux d'intérêt. L'ajustement est représenté sur la figure 6.11. Avant la baisse de l'offre de monnaie, l'économie est au point *A*, avec le niveau de production *Y* et le taux d'intérêt *i*. Au moment où la banque centrale réduit l'offre de monnaie, la courbe *LM* se déplace de *LM* à *LM'*. L'économie saute ainsi au point *A''* : le niveau de production ne change pas immédiatement, mais, en revanche, le taux d'intérêt s'ajuste instantanément. Puis, au fur et à mesure, le taux d'intérêt élevé entraîne une baisse de l'investissement, une baisse de la demande de biens et une baisse de la production, si bien que la production quitte lentement son niveau initial. L'économie se déplace le long de la courbe *LM'* et finalement atteint le point *A'*. En *A'*, le taux d'intérêt est égal à *i'* et la production est au niveau *Y'*. Notez que la hausse finale du taux d'intérêt est moindre que la hausse initiale. Cela vient du fait que lorsque la production diminue, la demande de monnaie diminue également, ce qui pousse le taux d'intérêt à la baisse[2].

1. Ajustement faible de *Y* sur le marché des biens. Ajustement rapide de *i* sur les marchés financiers.
2. Après une baisse de la quantité de monnaie :
   – le taux d'intérêt augmente d'abord, puis décline, ce qui compense partiellement l'augmentation initiale ;
   – la production ne change pas au départ, puis décline progressivement.

Figure 6.11 – Les effets dynamiques d'une contraction monétaire.

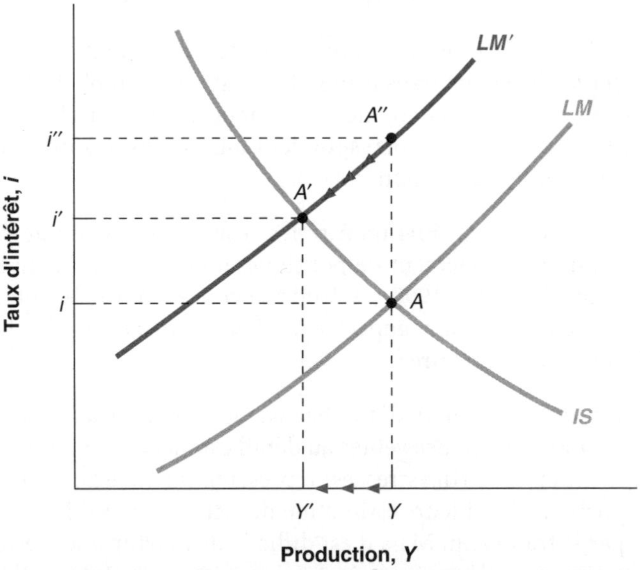

Une contraction monétaire entraîne une hausse immédiate du taux d'intérêt. Ce taux d'intérêt engendre progressivement une baisse de la production.

En d'autres termes, la contraction monétaire entraîne d'abord une forte hausse du taux d'intérêt. Cette hausse du taux d'intérêt conduit à une baisse progressive de la production. Cette dimension temporelle est importante, et une leçon pour la politique monétaire peut en être tirée. La politique monétaire peut modifier rapidement le taux d'intérêt, mais pas le niveau de production. La banque centrale doit donc éviter de livrer une bataille trop tardive : par exemple, il n'y a aucun intérêt à lutter contre une récession en baissant le taux d'intérêt, si cette récession est terminée lorsque le faible taux d'intérêt commence à peser sur l'activité économique.

6.7 Le modèle *IS/LM* décrit-il réellement ce qui se passe dans l'économie ?

Le modèle *IS/LM* nous donne un cadre pour analyser la détermination du niveau de production et du taux d'intérêt. Mais cette théorie est basée sur de nombreuses hypothèses et simplifications. Comment savoir si ces simplifications sont les bonnes ? Jusqu'à quel point doit-on croire aux réponses données par le modèle *IS/LM* ?

N'importe quelle théorie doit pouvoir répondre à ces questions. Une théorie doit passer deux tests :

- premièrement, les hypothèses et simplifications doivent être raisonnables. Le sens de « raisonnable » n'est pas tout à fait clair. Il est évident que l'hypothèse selon laquelle il n'y a qu'un seul type de bien dans l'économie est fausse. Mais cela peut être une simplification acceptable si le fait d'introduire plusieurs types de biens conduit à un modèle plus compliqué, mais donnant les mêmes résultats pour l'activité, les taux d'intérêt, etc. ;

- deuxièmement, les implications majeures de la théorie doivent être compatibles avec ce que l'on observe réellement dans le monde. C'est assez simple à vérifier : à l'aide de l'économétrie, on peut mesurer les effets des changements dans les politiques monétaire et budgétaire et voir s'ils correspondent aux prévisions du modèle *IS*/*LM*. Il semble que ce modèle soit assez bon.

La figure 6.12 illustre ce point. Elle montre les résultats d'une étude économétrique mesurant les effets d'un changement de politique monétaire sur l'activité, à partir de données américaines de 1960 à 1990 [1]. L'étude se concentre sur les effets des changements du taux directeur américain, appelé *federal funds rate*, le taux le plus directement concerné par la politique monétaire [2].

La figure 6.12 (a) montre les effets d'une hausse de 1 % du *federal funds rate* sur les ventes au détail. Le mouvement des ventes au détail est mesuré en pourcentage sur l'axe vertical ; le temps, mesuré en trimestres, est représenté sur l'axe horizontal [3]. Le schéma comporte trois courbes. La meilleure estimation de l'effet du taux d'intérêt sur la production est donnée par le trait plein. Mais il est difficile de fournir une mesure exacte d'un coefficient ; c'est pourquoi l'économétrie préfère donner un **intervalle de confiance** autour de cette meilleure estimation. La vraie valeur de l'effet du taux d'intérêt sur la production se situe dans l'intervalle compris entre les deux lignes en pointillés avec une probabilité de 60 %.

Si l'on regarde la meilleure estimation, c'est-à-dire le trait plein, on voit que la hausse du taux d'intérêt entraîne une baisse des ventes au détail. La plus forte baisse (– 0,9 %) est atteinte après cinq trimestres [4].

La figure 6.12 (b) montre comment une baisse des ventes entraîne une baisse de la production. En réponse à la baisse des ventes, les entreprises réduisent la production, mais, dans un premier temps, dans une mesure moindre que la baisse des ventes. Les entreprises accumulent donc des stocks pendant un temps. L'ajustement de la production est ainsi plus lent et plus lisse que celui des ventes. La baisse la plus forte, – 0,7 %, n'a lieu qu'après quatre trimestres [5].

La figure 6.12 (c) montre comment la baisse de la production entraîne une baisse de l'emploi. Lorsqu'elles réduisent la production, les entreprises réduisent l'emploi. Comme celui de la production, le déclin de l'emploi est lent et constant, atteignant – 0,5 % après quatre trimestres. La baisse de l'emploi se reflète dans la hausse du chômage, illustrée sur la figure 6.12 (d) [6].

1. Lawrence Christiano, Martin Eichenbaum et Charles Evans, « The Effects of Monetary Policy Shocks: Evidence from the Flow of Funds », *Review of Economics and Statistics*, février 1996, vol. 78-1.
2. Nous avons discuté du marché des fonds fédéraux et du *federal funds rate* au chapitre 5, section 5.3.
3. Le temps entre deux graduations est égal à trois mois.
4. $i\uparrow \Rightarrow Z\downarrow$.
5. $i\uparrow \Rightarrow Z\downarrow, Y\downarrow$.
6. $i\uparrow \Rightarrow Z\downarrow \Rightarrow Y\downarrow \Rightarrow N\downarrow \Rightarrow u\uparrow$.

Figure 6.12 – Les effets empiriques d'une hausse du *federal funds rate*.

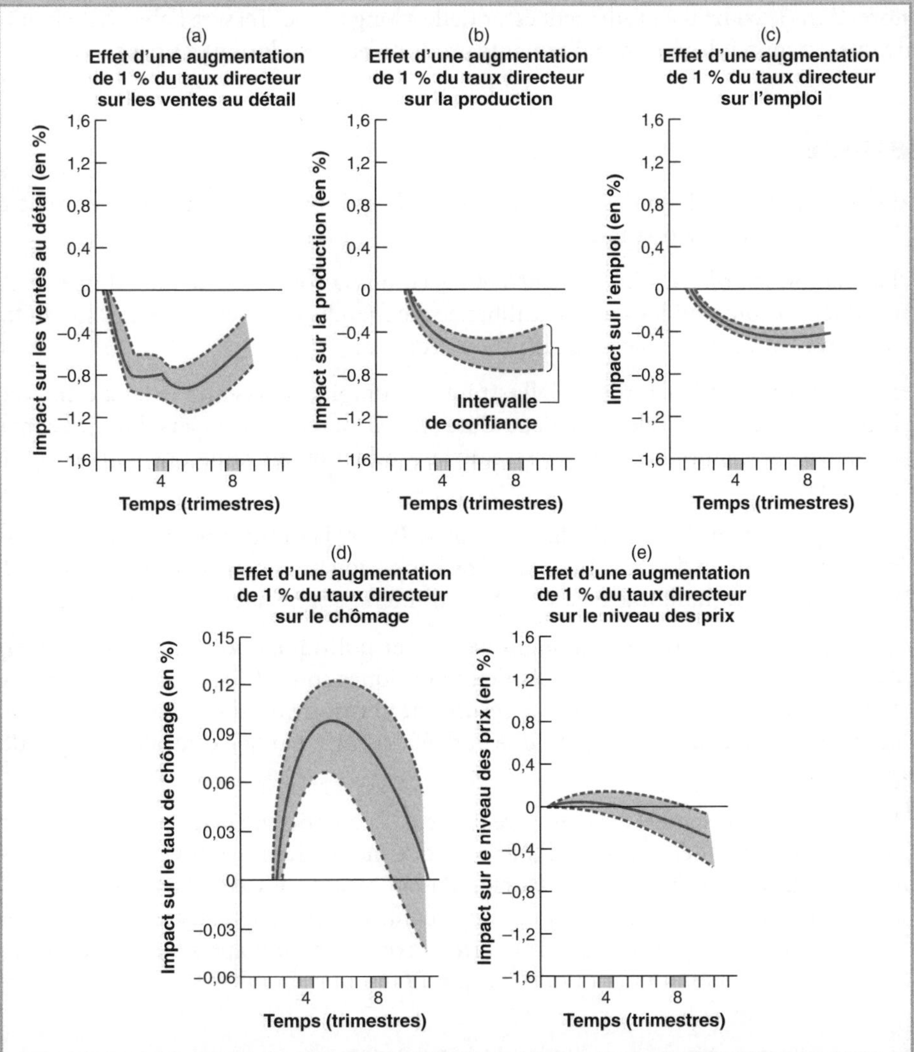

À court terme, la hausse du taux d'intérêt entraîne une baisse de la production et une hausse du taux de chômage, mais elle a peu d'effets sur le niveau des prix.

Source : d'après Lawrence Christiano, Martin Eichenbaum et Charles Evans, « The Effects of Monetary Policy Shocks: Evidence from the Flow of Funds », *Review of Economics and Statistics*, février 1996, vol. 78-1.

La figure 6.12 (e) s'intéresse au comportement des prix. Nous avons vu au début de la section 6.3 qu'une des hypothèses du modèle *IS/LM* est que le niveau des prix est donné et donc ne change pas selon les modifications de la demande. La figure 6.12 (e) montre que cette hypothèse n'est pas trop éloignée de la réalité à court terme. Le niveau des prix reste pratiquement inchangé pendant les six premiers trimestres. C'est seulement au bout de six trimestres que le niveau des prix commence à baisser. Cela explique pourquoi le modèle *IS/LM* est moins valable quand on s'intéresse au moyen terme : à moyen terme, on ne peut plus supposer que le niveau des prix est donné, et les changements des prix deviennent importants. La prise en compte de l'évolution des prix, que l'on pouvait ignorer dans le court terme, devient essentielle à long terme. Tel sera l'objet des chapitres suivants : comprendre les enchaînements produits par l'évolution des prix.

Résumé

- Le modèle *IS/LM* décrit les conséquences de l'équilibre simultané sur le marché des biens et les marchés financiers.
- La relation *IS* et la courbe *IS* montrent les combinaisons entre le taux d'intérêt et la production compatibles avec l'équilibre sur le marché des biens. Une hausse du taux d'intérêt entraîne une baisse de la production.
- La relation *LM* et la courbe *LM* illustrent les combinaisons entre le taux d'intérêt et la production compatibles avec l'équilibre sur les marchés financiers. Pour une masse monétaire réelle donnée, une hausse de la production entraîne une hausse du taux d'intérêt.
- Une expansion budgétaire déplace la courbe *IS* vers la droite, provoquant une hausse de la production et du taux d'intérêt. Une expansion monétaire déplace la courbe *LM* vers le bas, entraînant une baisse du taux d'intérêt et une hausse de la production.
- La combinaison entre politique monétaire et politique budgétaire ou budgétaire est appelée *policy-mix*. Parfois, ces deux politiques sont utilisées dans le même but. Parfois, cependant, le *policy-mix* résulte de tensions ou d'un désaccord entre le gouvernement (chargé de la politique budgétaire) et la banque centrale (chargée de la politique monétaire).
- Le modèle *IS/LM* semble décrire correctement le comportement de l'économie à court terme. En particulier, les effets d'une politique monétaire restrictive correspondent à ceux que le modèle *IS/LM* prévoit lorsqu'il tient compte des aspects dynamiques. Une hausse du taux d'intérêt faisant suite à une contraction monétaire entraîne une baisse régulière de la production, baisse qui atteint son maximum après huit trimestres.

Applications

1. Vrai/Faux/Incertain

a. Les principaux déterminants de l'investissement sont le niveau des ventes et le taux d'intérêt.

b. Si toutes les variables exogènes de la relation *IS* sont constantes, alors un niveau de production plus élevé n'est possible qu'à un taux d'intérêt plus bas.

c. La courbe *IS* est décroissante car l'équilibre sur le marché des biens implique qu'une hausse des impôts entraîne une baisse du niveau de production.

d. Si les dépenses publiques et les impôts augmentent simultanément et du même montant, la courbe *IS* n'est pas déplacée.

e. La courbe *LM* est croissante car une offre de monnaie plus élevée est nécessaire pour accroître la production.

f. Une hausse des dépenses publiques réduit l'investissement.

g. Une hausse de la production à taux d'intérêt constant n'est possible qu'à l'aide d'une combinaison de politiques budgétaire et monétaire.

2. L'influence du taux d'intérêt

Considérons l'équilibre sur le marché des biens avec $C = c_0 + c_1\ (Y - T)$, I étant constant et égal à $\bar{I}$, G et T étant donnés.

a. Déterminez le produit d'équilibre. Quelle est la valeur du multiplicateur ?

L'investissement dépend maintenant des ventes et du taux d'intérêt selon la relation : $I = b_0 + b_1 Y - b_2 i$.

b. Déterminez le produit d'équilibre. L'effet d'un changement autonome de la dépense, à taux d'intérêt donné, est-il plus important qu'en a ? Pourquoi ? (Vous supposerez $c_1 + b_1 < 1$.)

Écrivons maintenant la relation *LM* :

$$M/P = d_1 Y - d_2 i.$$

c. Déterminez le produit d'équilibre (indication : éliminez le taux d'intérêt des relations *IS* et *LM*). Déduisez-en le multiplicateur (l'effet sur le produit d'une augmentation de la dépense d'une unité).

d. Le multiplicateur que vous avez obtenu est-il plus fort ou plus faible qu'en a ? Expliquez en quoi votre réponse dépend des paramètres choisis pour les fonctions de consommation, d'investissement et de demande de monnaie.

3. Investissement et taux d'intérêt

Le chapitre explique que la raison pour laquelle l'investissement dépend négativement du taux d'intérêt est la suivante : quand le taux d'intérêt augmente, l'emprunt devient plus coûteux, ce qui décourage l'investissement. Pourtant, les entreprises financent souvent leurs projets à l'aide de leurs propres fonds.

Dans ce cas, pourquoi un taux d'intérêt élevé dissuade-t-il l'investissement ? Expliquez (indication : un entrepreneur doit choisir entre deux façons d'utiliser ses profits : il peut investir dans de nouveaux projets ou bien acheter des titres. Dans quelle mesure le taux d'intérêt intervient-il dans sa décision ?).

4. La réponse de l'investissement à la politique budgétaire

Le modèle *IS/LM* peut être utilisé pour prévoir les effets de la politique budgétaire sur la production et le taux d'intérêt. Les effets sur l'investissement sont, en revanche, plus ambigus. Pour nous en convaincre, étudions le cas d'une baisse des dépenses publiques.

a. En utilisant le graphique *IS/LM*, déterminez les effets d'une baisse des dépenses publiques sur la production et le taux d'intérêt. Pourquoi l'effet sur l'investissement est-il ambigu ?

Utilisons le modèle pour apprécier de quels paramètres dépend l'effet de la politique budgétaire sur l'investissement. Avec plus d'informations sur ces paramètres, nous pourrons peut-être déterminer si, par exemple, la réduction du déficit est bonne ou mauvaise pour l'investissement à court terme. Considérons le modèle *IS/LM* suivant :

$$C = c_0 + c_1\ (Y - T)$$

$$I = b_0 + b_1 Y - b_2 i$$

$$M/P = d_1 Y - d_2 i$$

b. Déterminez le produit d'équilibre Y.

c. Déterminez le taux d'intérêt i (utilisez la relation *LM*).

d. Déterminez l'investissement.

e. Dans quelle condition des paramètres du modèle (c_0, c_1, etc.) l'investissement va-t-il augmenter suite à une baisse de G ?

f. Expliquez cette condition.

5. Politiques budgétaire et monétaire : un exemple

Considérons le modèle *IS*/*LM* suivant :

$$C = 200 + 0{,}25\ Y_D$$

$$I = 150 + 0{,}25\ Y - 1\ 000\ i$$

$$G = 250$$

$$T = 200$$

Demande de monnaie réelle =

$$2Y - 8\ 000 \times i$$

$$M/P = 1\ 600$$

a. Établissez l'équation de la courbe *IS* (vous devez avoir *Y* à gauche et tout le reste à droite de l'équation).

b. Établissez l'équation de la courbe *LM* (pour faciliter la suite de l'exercice, isolez *i* à gauche de l'équation).

c. Trouvez le produit d'équilibre *Y* (substituez l'expression de *i* donnée par *LM* dans *IS*).

d. Trouvez le taux d'intérêt *i* (substituez l'expression de *Y* trouvée en c dans *IS* ou dans *LM*).

e. Calculez les valeurs d'équilibre de *C* et *I* et vérifiez la valeur trouvée pour *Y* en sommant *C*, *I* et *G*.

f. Supposons maintenant que l'offre de monnaie augmente et passe à $M/P = 1\ 840$. Trouvez les valeurs de *Y*, *i*, *C* et *I*, et expliquez les effets de la politique d'expansion monétaire.

g. Reprenons la valeur initiale, soit $M/P = 1\ 600$. Supposons maintenant que les dépenses gouvernementales augmentent jusqu'à $G = 400$. Résumez les effets d'une politique d'expansion budgétaire sur *Y*, *i*, *C*.

6. La trappe à liquidité

a. Supposons que le taux d'intérêt des obligations soit négatif. Préférez-vous alors détenir des titres ou de la monnaie ? Pourquoi ?

b. Tracez la courbe de demande de monnaie en fonction du taux d'intérêt pour un niveau donné de revenu réel. Quelle incidence a votre réponse en a sur la forme de cette courbe ? (Indication : montrez que la courbe devient très plate lorsque le taux d'intérêt s'approche de zéro.)

c. Déduisez-en la courbe *LM*. Qu'advient-il de cette courbe lorsque le taux d'intérêt s'approche de zéro ?

d. Considérez votre courbe *LM*. Supposons que le taux d'intérêt soit très proche de zéro et que la banque centrale augmente l'offre de monnaie. Qu'advient-il du taux d'intérêt à niveau de revenu donné ?

e. Une politique monétaire expansionniste peut-elle augmenter le produit lorsque le taux d'intérêt est presque nul ?

(Cette incapacité de la banque centrale à faire baisser le taux d'intérêt lorsqu'il est déjà très faible est connue sous le nom de « trappe à liquidité » et a été mentionnée pour la première fois par Keynes dans *Théorie générale de l'emploi, de l'intérêt et de la monnaie*, livre paru en 1936.)

7. Les combinaisons de politiques

Suggérez une combinaison de politiques monétaire et budgétaire permettant d'atteindre les objectifs suivants.

a. Augmentez *Y* tout en gardant *i* constant.

b. Réduisez le déficit budgétaire tout en gardant *Y* constant. Que devient *i* ? Et l'investissement ?

Chapitre 7

Le marché du travail

Que se passe-t-il lorsque les entreprises répondent à une hausse de la demande en accroissant leur production ? La hausse de la production entraîne une augmentation de l'emploi et une baisse du chômage. Cette baisse engendre une pression à la hausse des salaires. Cette dernière accroît les prix de production, ce qui pousse les entreprises à augmenter leurs prix. La hausse des prix incite les travailleurs à demander des salaires plus élevés, ce qui conduit à de nouvelles hausses des prix…

Le fonctionnement du marché du travail est au cœur des mécanismes que nous décrivons ici. Jusqu'à présent, nous avons ignoré ce marché :

- lorsque nous avons étudié les déterminants de la croissance de long terme, dans les chapitres 3 et 4, nous avons supposé que le travail était un paramètre exogène donné par la démographie ;
- lorsque nous avons étudié les déterminants des fluctuations de l'activité à court terme, dans les chapitres 5 et 6, nous avons également ignoré les mécanismes décrits dans le premier paragraphe ci-dessus. En admettant que le niveau des prix ne variait pas, nous avons implicitement supposé que les entreprises pouvaient et acceptaient d'offrir n'importe quel niveau de produit à un niveau de prix donné. Tant que nous nous concentrions sur un horizon de court terme, cette hypothèse était acceptable. À présent, nous envisageons les effets de moyen terme, et il nous faut abandonner cette hypothèse et étudier comment les prix et les salaires s'ajustent dans le temps. Cela sera l'objet de ce chapitre et des trois suivants.

7.1 À propos du marché du travail

La population totale de l'Europe est de 495 millions d'habitants en 2011 (UE-27), celle des États-Unis de 313 millions et celle de la France de 62 millions. En se limitant à la population âgée de 15 à 64 ans, on obtient en Europe 331 millions de personnes potentiellement disponibles pour l'emploi, 209 millions aux États-Unis et 40 millions en France (voir tableau 7.1).

Pourtant, la *population active* – l'ensemble des personnes ayant ou cherchant un emploi – n'était que de 240 millions en Europe, 154 millions aux États-Unis et 29 millions en France. Les autres personnes étaient **inactives**. Le **taux de participation**, défini comme le rapport de la population active sur la population en âge de travailler, était donc de près de 73 % en Europe et de 74 % aux États-Unis.

Ce taux de participation a continûment augmenté au cours du temps, en grande partie en raison de la hausse du taux d'activité des femmes. Le taux d'activité des femmes de 15 à 64 ans est aujourd'hui de l'ordre de 64 % en Europe et de 66 % en France.

Le taux de chômage, défini comme la part de chômeurs dans la population active, varie considérablement. En 2011, il valait 8,9 % aux États-Unis, 9,6 % en France, et variait dans l'UE-27 de 21,7 % en Espagne à 4,2 % en Autriche, pour une moyenne européenne de 9,7 %.

Tableau 7.1 – Population, population active, emploi et chômage en Europe et aux États-Unis en 2011 (en millions de personnes).

	Europe (UE-27)	États-Unis
Population totale	495	313
Population âgée de 15 à 64 ans	331	209
Population active *	240	154
Employés *	217	141
Chômeurs	23	13

* Pour les États-Unis, population active civile et emploi civil.
Source : pour l'Europe, Eurostat ; pour les États-Unis, Census et *Current Population Survey.*

D'importants flux de travailleurs

Pour mieux comprendre ce qui se joue derrière le taux de chômage, considérons l'analogie suivante : imaginons un aéroport rempli de voyageurs. On peut expliquer cette abondance par un trafic aérien très dense, un grand nombre d'avions qui atterrissent et décollent, et de nombreux voyageurs qui entrent et sortent en permanence de l'aéroport. On peut aussi dire que le nombre important de voyageurs est dû au mauvais temps qui empêche les avions de décoller, ce qui oblige les voyageurs à s'entasser dans l'aéroport en attendant que le temps s'améliore. Dans les deux cas, le nombre de voyageurs dans l'aéroport peut être le même, mais la situation des passagers n'est pas du tout identique. De la même façon, le taux de chômage peut refléter deux réalités complètement différentes. En effet, il peut traduire un marché du travail actif, avec de nombreuses **séparations** (travailleurs quittant ou perdant leur emploi), de nombreuses **embauches** et un grand nombre de travailleurs se retrouvant au chômage et en sortant. Il peut également refléter un marché du travail sclérosé, avec peu de séparations, peu d'embauches et dans lequel une fraction de la population reste au chômage en permanence [1].

Pour savoir ce qui se cache derrière le taux de chômage, il faut étudier des données concernant les mouvements de travailleurs. De telles données sont disponibles en France grâce à l'enquête Emploi et aux États-Unis grâce à une enquête mensuelle, le *Current Population Survey* (CPS). Le tableau 7.2 indique l'ampleur des transitions trimestrielles des travailleurs en France entre emploi, chômage, inactivité sans souhait de travailler et inactivité avec souhait de travailler [2].

1. La « sclérose » est à l'origine un terme médical désignant le durcissement des artères. Il est utilisé en sciences sociales pour décrire les institutions qui ne s'adaptent pas aux changements de leur environnement et, de ce fait, remplissent de moins en moins bien leurs fonctions au fil du temps.
2. Les personnes sans emploi qui souhaitent travailler sont comptabilisées comme inactives au sens du BIT si elles ne recherchent pas d'emploi ou si elles ne sont pas disponibles rapidement pour travailler.

1. Les flux de travailleurs sortant et entrant dans l'emploi sont importants.
2. Les flux d'entrée et de sortie du chômage sont considérables par rapport au nombre de chômeurs.
3. Les flux d'entrée et de sortie de l'activité sont également élevés, et une part importante d'entre eux sont issus de ou vont vers l'emploi.

Tableau 7.2 – Les transitions d'un trimestre à l'autre entre emploi, chômage BIT, inactivité avec souhait de travailler et inactivité sans souhait de travailler (moyenne 2003-2007).

Trimestre *t*	Destination : trimestre *t* + 1					Effectif moyen en 2007 (en milliers)
	En emploi	Chômeur	Inactif souhaitant travailler	Inactif ne souhaitant pas travailler	Total	
En emploi	96,1	1,7	0,4	1,7	100	25 628
Chômeur	23,1	59,8	7,5	9,6	100	2 215
Inactif souhaitant travailler	14,1	27,8	25,6	32,5	100	768
Inactif ne souhaitant pas travailler	3,1	2,2	2,0	92,7	100	11 160

Champ : France métropolitaine, population des ménages, personnes de 15 à 64 ans.
Lecture : en moyenne sur 2003-2007, 23,1 % des chômeurs BIT un trimestre donné ont un emploi le trimestre suivant.
Source : INSEE, enquête Emploi, Élise Coudin et Hélène Thélot, *INSEE Première*, nº 1260, octobre 2009.

En France, 4 % des personnes en emploi un trimestre donné ne le sont plus le trimestre suivant. 40 % des personnes au chômage à une date donnée ne le sont plus le trimestre suivant. Les trois quarts des inactifs souhaitant travailler et 7 % des inactifs ne souhaitant pas travailler ont changé de situation le trimestre suivant.

Pourquoi ces mouvements d'entrée et de sortie sont-ils si importants ? À chaque instant, certaines entreprises connaissent un ralentissement de leur activité et diminuent leurs effectifs, tandis que d'autres, qui voient la demande qui leur est adressée augmenter, créent des emplois. Une étude montre que 5 % des emplois des industries manufacturières américaines sont détruits chaque trimestre (le nombre des créations est à peu près du même ordre : l'emploi total dans ce secteur est donc à peu près constant) [1]. L'une des fonctions du marché du travail, dans les économies modernes, est de permettre cette constante réallocation du travail entre les entreprises.

Le chômage ne correspond pas à un stock permanent de travailleurs cherchant indéfiniment un emploi. Les chiffres du tableau 7.3 montrent les temps de sortie du chômage ou de l'inactivité vers l'emploi pour les personnes de 25 à 60 ans en France et aux États-Unis.

1. Voir Steven Davis, John Haltiwanger et Scott Schuh, *Job Creation and Destruction*, MIT Press, 1996.

Tableau 7.3 – La sortie du chômage ou de l'inactivité vers l'emploi.

	Hommes de 25 à 60 ans		Femmes de 25 à 60 ans	
	États-Unis	France	États-Unis	France
1 mois	16,0 %	10,0 %	10,3 %	8,8 %
3 mois	51,5 %	26,6 %	41,4 %	22,7 %
6 mois	72,0 %	40,2 %	60,3 %	35,7 %
1 an	85,0 %	62,3 %	80,8 %	57,7 %
2 ans	92,0 %	71,6 %	91,2 %	68,2 %

Pourcentage de travailleurs chômeurs ou inactifs qui ont retrouvé un emploi *x* mois après avoir perdu leur dernier emploi.

Source : pour la France, INSEE, enquête Emploi, 1991-1996 ; pour les États-Unis, PSID, 1988-1992 ; Daniel Cohen et Pascaline Dupas, *Économie et Statistique*, juillet 2000.

On lit donc, par exemple, que 26,6 % des travailleurs français masculins à la recherche d'un emploi en trouvent un en moins de trois mois, contre 51,5 % aux États-Unis. Au bout d'un an, la proportion passe à 62,3 % en France et à 85 % aux États-Unis. C'est cet aspect du chômage américain qui différencie les États-Unis de la France, mais aussi de l'ensemble des autres pays de l'OCDE (voir *Économie et Statistique*, août 2000, pour d'autres comparaisons) [1].

Au nombre des personnes qui passent de l'inactivité à l'activité, figurent celles qui terminent leurs études ou entrent pour la première fois sur le marché de l'emploi. À l'inverse, les flux de travailleurs quittant l'activité pour l'inactivité incluent par définition tous les départs à la retraite. Les mouvements observés entre activité et inactivité sont en fait beaucoup plus importants que ces chiffres. Parmi ceux que l'on qualifie d'« inactifs », beaucoup, en réalité, désirent travailler et vont et viennent entre participation et non-participation au marché du travail. Ce phénomène a une conséquence importante : le seul taux de chômage n'est pas suffisant pour mesurer le sous-emploi. Beaucoup de gens comptabilisés comme « inactifs » sont en fait des chômeurs cachés. Il y a en effet des **chômeurs découragés**, qui ne cherchent pas activement un emploi mais qui, s'ils en trouvaient un, l'accepteraient [2]. C'est pourquoi les économistes étudient parfois le **taux de non-emploi**, c'est-à-dire le pourcentage de personnes sans emploi parmi la population totale, plutôt que le taux de chômage.

L'hétérogénéité de la population active

Les importants flux observés entre emploi, chômage et inactivité ne concernent pas de la même façon toutes les catégories de travailleurs. Cette hétérogénéité des expériences sur le marché du travail s'explique en partie par le cycle de vie, les jeunes allant d'un emploi à l'autre jusqu'à ce qu'ils trouvent celui qui leur convient, qu'ils gardent. Elle

1. Supposons que le nombre de chômeurs soit constant. Si chaque chômeur reste au chômage *n* mois, alors il faut qu'une proportion $1/n$ des chômeurs sorte du chômage chaque mois (et, puisque le nombre de chômeurs est constant, le même nombre de personnes tombe au chômage tous les mois). Ainsi, la proportion de chômeurs quittant le chômage chaque mois est *égale* à l'inverse de la durée moyenne de chômage.
2. Dans le sens opposé, peut-être que certains chômeurs qui n'accepteraient aucun des emplois qui leur seraient proposés ne devraient pas être comptabilisés comme chômeurs.

s'explique également par les différences de qualification et de formation qui existent entre les travailleurs : les travailleurs non qualifiés, quel que soit leur âge, ont un taux de chômage plus fort que les travailleurs qualifiés. C'est en raison de ces différences que les macroéconomistes et les économistes du travail considèrent souvent le marché du travail comme « dual » : parallèlement au **marché du travail primaire**, où les emplois sont bons, les salaires élevés et la rotation faible (les travailleurs changent rarement d'emploi), existe un **marché du travail secondaire** dans lequel les emplois sont médiocres, les salaires bas et la rotation élevée.

7.2 L'évolution du chômage

L'évolution du taux de chômage français depuis 1960 est retracée sur la figure 7.1.

Figure 7.1 – Le taux de chômage français depuis 1960.

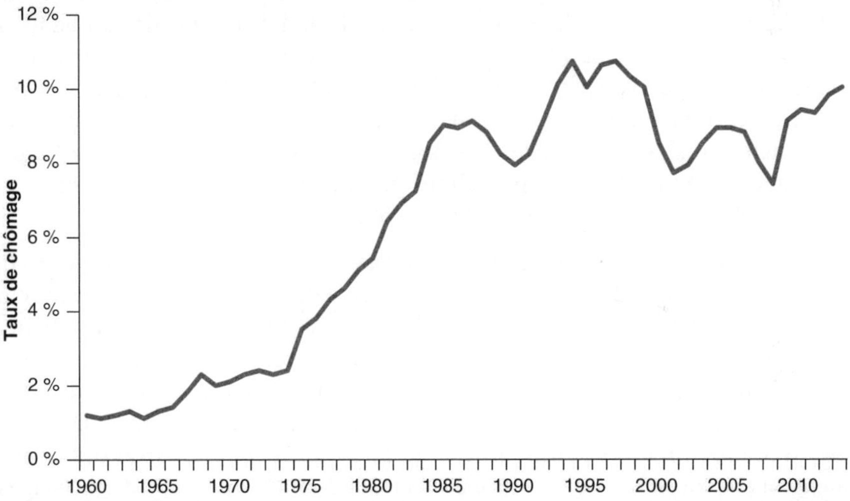

Source : OCDE, *Perspectives économiques*, base de données.

La figure 7.1 montre deux choses. Premièrement, on observe un *trend* croissant du taux de chômage. Le taux de chômage moyen était égal à 1,2 % en 1960, 3,5 % en 1975, 10,7 % en 1997. Pourtant, dans la seconde moitié des années 1990, le chômage a recommencé à décroître pour ne plus valoir que 7,7 % en 2001. Cette baisse a mené certains économistes à penser que le *trend* s'était inversé, promettant un taux de chômage moyen à venir plus faible que celui qu'a connu la France au cours de ces vingt dernières années [1]. Mais ce taux est remonté entre 2002 et 2005, avant de diminuer à nouveau jusqu'en 2008. Depuis lors, la crise économique provoquée par la crise financière s'accompagne d'une forte hausse du taux de chômage, qui atteint environ 10 % à la fin 2012.

Deuxièmement, la hausse tendancielle ainsi décrite est elle-même le résultat de deux évolutions très marquées : une hausse brutale de 1975 à 1985 et un mouvement plus

1. La comparaison des évolutions du chômage aux États-Unis et en Europe sera reprise au chapitre 22.

cyclique depuis. Ces fluctuations cycliques ont elles-mêmes un lien étroit avec les récessions et les expansions. Par exemple, le pic qu'a connu le taux de chômage français en 1993-1994 correspond à la récession qui a suivi la guerre du Golfe, après 1991.

Comment les fluctuations du taux de chômage affectent-elles les travailleurs ? Quelles sont les conséquences du chômage sur le bien-être des travailleurs ? Sur les salaires ?

Quand la demande qui lui est adressée diminue, une entreprise a plusieurs moyens de réduire ses effectifs. Elle peut limiter l'embauche de nouveaux travailleurs ; elle peut licencier une partie de sa main-d'œuvre. En général, les entreprises préfèrent d'abord ralentir, voire stopper, les nouvelles embauches et encourager les départs volontaires (démissions, retraites, préretraites) pour réduire l'emploi. Ce n'est cependant pas suffisant quand la crise de demande est importante, et les entreprises ont alors recours à des licenciements.

Quelles en sont les conséquences pour les travailleurs, employés ou chômeurs ? Si l'ajustement se fait par une baisse de l'embauche, les chances du chômeur de trouver un emploi sont réduites. Une embauche plus faible signifie moins d'emplois vacants. Un taux de chômage plus fort signifie plus de candidats pour chaque emploi vacant. La combinaison de ces deux phénomènes (moins d'emplois et plus de candidats) rend la sortie du chômage beaucoup plus difficile. Si l'ajustement se fait par une hausse des licenciements, le risque de perdre son emploi augmente pour les travailleurs employés. En général, les entreprises utilisant les deux marges d'ajustement (moins d'embauches et plus de licenciements), une baisse de la demande entraîne à la fois une probabilité plus forte de tomber au chômage et une probabilité plus faible d'en sortir. Les figures 7.2 (a) et 7.2 (b) montrent par exemple ces deux effets à l'œuvre aux États-Unis.

Sur la figure 7.2 (a), sont tracées les évolutions à travers le temps de deux variables : d'une part le taux de chômage, d'autre part le pourcentage de chômeurs trouvant un emploi chaque mois (pour les États-Unis). Pour rendre la figure plus claire, nous avons inversé l'échelle de ce pourcentage : il est le plus faible en haut, le plus élevé en bas. La corrélation entre taux de chômage et taux de sortie du chômage est très claire : en temps de chômage élevé, pour un chômeur, la probabilité de trouver un emploi est très faible. En 2010, par exemple, avec un taux de chômage proche de 10 %, seuls 18 % environ des chômeurs trouvaient un emploi en un mois, contre 28 % en 2007, année où le taux de chômage était bien plus faible [1]. Les aires ombrées correspondent aux années de récession (au moins deux trimestres de baisse de la production).

Sur la figure 7.2 (b), sont également tracées les évolutions à travers le temps de deux variables : d'une part le taux de chômage, d'autre part le taux de sortie mensuel de l'emploi. La corrélation entre le taux de séparation et le taux de chômage est également très claire. Un fort taux de chômage suppose un fort taux de séparation, c'est-à-dire un plus grand risque pour un travailleur de perdre son emploi [2].

En bref, quand le taux de chômage est élevé, les travailleurs sont pénalisés de deux façons : la probabilité de perdre leur emploi est plus forte et, s'ils deviennent chômeurs, la probabilité de retrouver un emploi est plus faible. En d'autres termes, ils risquent davantage d'être au chômage, et pour plus longtemps.

---

1. Quand le chômage est fort, la proportion de chômeurs trouvant un emploi est faible.
2. En réalité, la figure nous indique seulement que les séparations sont plus fortes quand le taux de chômage est fort, sans distinguer licenciements et démissions. Mais nous savons par d'autres sources que les démissions sont moins nombreuses quand le taux de chômage est élevé. Ainsi, si les séparations augmentent alors que les démissions baissent, c'est que les licenciements augmentent plus que les séparations.

Figure 7.2 (a) – Taux de chômage et proportion de chômeurs trouvant un emploi aux États-Unis, 1994-2010.

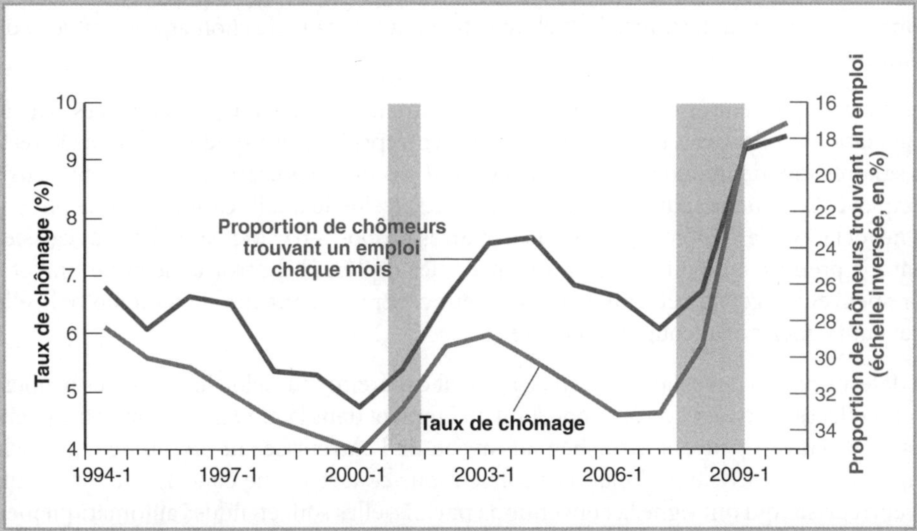

Quand le chômage est élevé, la proportion de chômeurs trouvant un emploi est faible. Notez que l'échelle de droite est inversée.

Figure 7.2 (b) – Taux de chômage et taux de séparation mensuel de l'emploi aux États-Unis, 1994-2010.

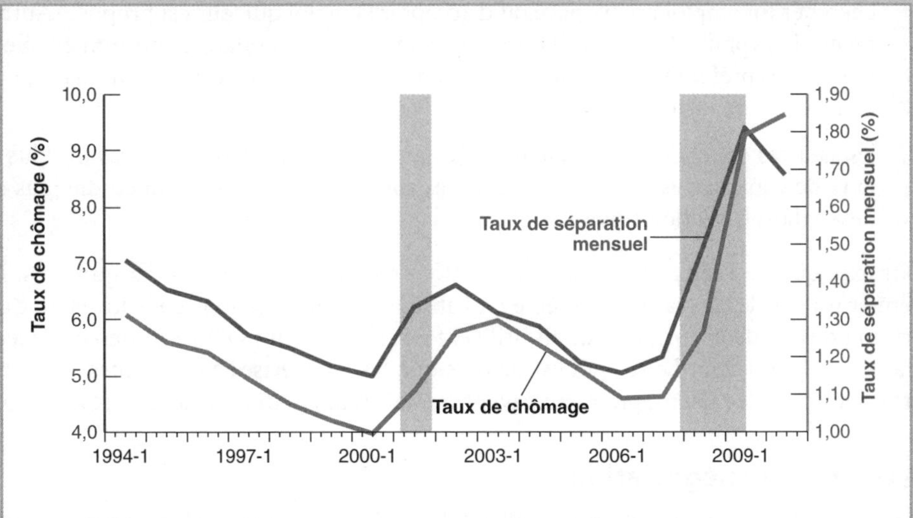

Quand le chômage est élevé, une plus grande proportion de travailleurs perd son emploi.

7.3 La détermination des salaires

Maintenant que nous avons étudié la nature du chômage, tournons-nous vers les salaires. Comment sont-ils déterminés ? Quel est le lien entre le taux de chômage et le niveau des salaires ?

Les salaires peuvent être déterminés de plusieurs façons. Parfois, ils sont fixés par des négociations collectives, c'est-à-dire entre les entreprises et les syndicats [1]. Pour le reste, les salaires sont définis soit par l'employeur, soit par une négociation entre l'employeur et l'employé. En général, plus l'emploi concerné nécessite de qualifications, plus le pouvoir de négociation de l'employé est fort. Les salaires proposés par McDonald's à ses caissiers sont « à prendre ou à laisser ». En revanche, les diplômés du troisième cycle universitaire peuvent négocier certains aspects de leur contrat. Quant aux stars du football, elles peuvent négocier beaucoup plus encore...

La détermination des salaires se fait également différemment selon les pays. Les négociations collectives jouent un rôle important au Japon et dans la plupart des pays européens. Les négociations peuvent avoir lieu au niveau de l'entreprise, au niveau de la branche d'activité ou au niveau national. Les conventions collectives ne concernent parfois que les entreprises qui ont signé la convention ; parfois, elles sont étendues automatiquement à toutes les entreprises et à tous les travailleurs du secteur concerné.

Étant donné ces écarts entre les travailleurs et entre les pays, peut-on concevoir une théorie générale des salaires ? Oui. Malgré le rôle joué par les différences institutionnelles, il existe des mécanismes communs à tous les pays. Deux faits majeurs apparaissent :

1. les travailleurs reçoivent généralement un salaire supérieur à leur **salaire de réservation**, défini comme le salaire pour lequel il leur serait indifférent de continuer de chercher un emploi mieux payé ou d'accepter l'emploi qui leur est proposé. Autrement dit, la plupart des travailleurs sont rémunérés à un salaire suffisamment élevé pour qu'ils préfèrent exercer un emploi donné plutôt que de rester au chômage pour en trouver un autre ;
2. les salaires dépendent généralement des conditions du marché du travail. Plus le taux de chômage est bas, plus les salaires sont élevés (ce point sera étudié plus en détail dans la section suivante).

Pour expliquer ces faits, les économistes ont eu recours à deux types d'arguments. Le premier est que les travailleurs, même en l'absence de négociations collectives, ont un certain pouvoir de négociation qu'ils utilisent pour obtenir un salaire au-dessus de leur salaire de réservation. Le second est de dire que les entreprises elles-mêmes, pour un certain nombre de raisons, préfèrent payer un salaire supérieur au salaire de réservation.

Le pouvoir de négociation

Le pouvoir de négociation d'un travailleur dépend de deux facteurs. Le premier est la difficulté qu'aurait l'entreprise à le remplacer s'il quittait son emploi. Le second est la facilité avec laquelle il trouverait un nouvel emploi. Son pouvoir de négociation est d'autant

1. *Négociation collective* : négociation entre un syndicat (ou un groupement de syndicats) et une entreprise (ou un groupement d'entreprises).

plus faible que l'entreprise peut le remplacer plus facilement et qu'il lui faut plus de temps pour retrouver un emploi.

Cela a deux implications. Tout d'abord, le pouvoir de négociation d'un travailleur dépend de la nature de son emploi. Remplacer un caissier ne coûte pas bien cher à McDonald's : les rudiments du métier sont vite appris, et McDonald's a toujours une liste de candidats prêts à être embauchés. Dans ce cas, le salarié n'a aucun pouvoir de négociation. S'il demande une augmentation de salaire, la firme peut le licencier (ou tout au moins refuser sans craindre que le salarié parte) et le remplacer à moindre coût. Au contraire, un travailleur très qualifié, qui a montré de bonnes compétences à son employeur, peut être très difficile à remplacer, ce qui lui donne du poids dans la négociation salariale. S'il demande une hausse de salaire, l'entreprise décidera peut-être qu'il vaut mieux pour elle d'accepter.

Par ailleurs, le pouvoir de négociation d'un travailleur dépend des conditions du marché du travail. Quand le taux de chômage est bas, les entreprises ont plus de mal à trouver de bons remplaçants, et les travailleurs plus de facilité à trouver un autre emploi. Dans de telles conditions, les travailleurs ont un pouvoir de négociation fort qui leur permet d'obtenir un plus haut salaire. Inversement, quand le taux de chômage est élevé, les firmes n'ont aucun mal à trouver des remplaçants, tandis que les employés risquent d'attendre longtemps avant de trouver un autre emploi. Dans ce cas, les travailleurs ont un pouvoir de négociation très affaibli et ils sont obligés d'accepter de bas salaires.

Les salaires d'efficience

Indépendamment du pouvoir de négociation des salariés, une entreprise peut avoir intérêt à verser de bons salaires. En effet, l'entreprise veut que ses salariés soient productifs, et le salaire peut être un bon moyen de les y inciter.

Si, par exemple, la période de formation est longue (il faut du temps pour qu'un nouveau salarié s'adapte à son emploi), l'entreprise préfère que les salariés, une fois formés, conservent leur emploi. Or, si les salariés sont payés seulement à leur salaire de réservation, il leur est indifférent de rester ou partir, et une grande partie d'entre eux risque de partir. Payer un salaire supérieur au salaire de réservation est donc, pour l'entreprise, un moyen d'inciter les salariés à rester. Elle peut ainsi diminuer la rotation et, par là même, augmenter la productivité.

Derrière cet exemple, se cache une proposition plus générale : la plupart des entreprises veulent que leurs employés se sentent bien dans leur emploi, car se sentir bien aide à bien travailler et à être plus productif. Payer de hauts salaires est un instrument que l'entreprise peut utiliser pour atteindre cet objectif (voir l'encadré sur Henry Ford). Les économistes appellent **théories du salaire d'efficience** les théories qui lient la *productivité* ou l'*efficience* des travailleurs à leur salaire.

Tout comme les théories de la négociation, les théories du salaire d'efficience suggèrent que le salaire dépend à la fois de la nature de l'emploi et des conditions du marché du travail. Par exemple, les entreprises qui considèrent le moral et l'enthousiasme de leurs salariés comme essentiels à la qualité de leur travail – comme les firmes de haute technologie – paieront de meilleurs salaires que les entreprises où le travail est plus routinier [1].

---

1. En fait, on constate que les personnes qui travaillent sur des machines plus coûteuses sont mieux payées. Les théories du salaire d'efficience peuvent-elles expliquer ce phénomène ?

Le taux de chômage influence également le niveau des salaires : un chômage faible encourage les travailleurs à démissionner, dans la mesure où ils retrouvent facilement un travail. Ainsi, si le taux de chômage baisse, une entreprise qui veut éviter le départ de ses employés doit augmenter les salaires pour inciter son personnel à rester. Donc, un faible chômage entraîne de forts salaires.

Gros plan

Henry Ford et les salaires d'efficience

En 1914, Henry Ford, constructeur de la Ford T, la voiture la plus populaire de l'époque, fit part d'une nouvelle surprenante : tous les employés qualifiés seraient payés au moins 5 dollars pour une journée de travail de 8 heures, ce qui correspondait ainsi à une augmentation très importante pour la plupart des travailleurs, qui gagnaient en moyenne 2,34 dollars pour une journée de travail de 9 heures. Même si l'entreprise générait alors beaucoup de profits, cette augmentation représentait tout de même près de la moitié de ses profits.

Les raisons qui poussèrent Ford à agir de la sorte ne sont pas tout à fait claires. Il fournit des explications, mais elles étaient justement trop nombreuses pour permettre de connaître les raisons exactes qui motivèrent ce geste. Nous savons cependant qu'à l'époque, les travailleurs ne restaient en général pas très longtemps dans l'entreprise, car ils étaient très mécontents des conditions de travail en vigueur.

Comme le montre le tableau 1, et peu importent finalement les raisons qui conduisirent Ford à augmenter les salaires, les résultats furent surprenants.

Alors que le taux de rotation était de 370 % en 1913, il chuta à 16 % en 1915, et le taux de licenciement passa de 62 % à près de 0 % au cours de la même période. D'autres chiffres, comme le taux d'absentéisme moyen, viennent également confirmer ce fait : il était de 2,5 % en 1914, alors qu'il s'élevait encore à 10 % l'année précédente. L'ensemble de ces changements vient confirmer la théorie selon laquelle c'est la hausse des salaires qui en est à l'origine.

On peut se demander si la productivité de l'usine Ford a alors suffisamment augmenté pour compenser la hausse des salaires. En 1914, elle était beaucoup plus importante que l'année précédente : selon les estimations, elle aurait augmenté de 30 à 50 %. De plus, en dépit des salaires élevés, les profits ont également augmenté au cours de cette période. Il n'est cependant pas aisé de savoir quelle part de cette hausse est due à la modification du comportement des travailleurs et quelle part est attribuable au succès toujours plus grand de la Ford T.

Si ces conséquences apportent du crédit aux théories du salaire d'efficience, du point de vue de la maximisation du profit, une hausse du salaire à 5 dollars était peut-être trop importante. Les motivations de Henry Ford étaient probablement également d'un autre ordre : écarter les syndicats ou encore mettre en avant son entreprise, et lui aussi par la même occasion.

Source : d'après Daniel Raff et Lawrence Summers, « Did Henry Ford Pay Efficiency Wages? », *NBER Working Papers*, n° 2101, décembre 1986.

Tableau 1 – Les taux annuels de rotation et de licenciement dans l'usine Ford, 1913-1915.

	1913	1914	1915
Taux de rotation (en %)	370	54	16
Taux de licenciement (en %)	62	7	0,1

Salaires et chômage

La discussion précédente sur la détermination du salaire peut être résumée par l'équation suivante :

$$W = P^e F(u, z) \qquad (7.1)$$
$$(-, +)$$

dans laquelle W, le salaire nominal agrégé, dépend de trois facteurs :

- le niveau des prix anticipé, P^e ;
- le taux de chômage, u ;
- une variable composite z représentant tous les autres facteurs influant sur la détermination des salaires.

Étudions chacun de ces facteurs.

Le niveau anticipé des prix. Laissons de côté pour l'instant la différence entre les niveaux courant et anticipé des prix, et cherchons à savoir pourquoi le niveau des prix influence les salaires. Tout simplement parce que les salariés et les entreprises se soucient du *salaire réel*, et non du salaire nominal.

- Les travailleurs ne se préoccupent pas du nombre d'euros qu'ils reçoivent, mais de la quantité de biens que leur salaire leur permet d'acheter. C'est leur salaire en termes de biens (W/P) qui leur importe.
- De la même façon, les entreprises s'intéressent aux salaires qu'elles paient en termes de biens vendus. Elles s'intéressent donc elles aussi à W/P.

Si et les travailleurs et les entreprises anticipaient le fait que le niveau des prix allait doubler, ils se mettraient d'accord pour doubler le salaire nominal. Cette relation entre le salaire et le niveau anticipé des prix apparaît dans l'équation 7.1. Si P^e est multiplié par 2, W est également multiplié par 2 [1].

Reprenons maintenant la distinction entre niveau *anticipé* et niveau *courant* des prix. Pourquoi les salaires dépendent-ils du *niveau anticipé des prix* (P^e), et non du *niveau courant des prix* (P) ? Parce que si les salaires sont déterminés en termes nominaux (en euros, en dollars), lorsqu'ils sont fixés, on ne sait pas encore quel sera le niveau des prix. Par exemple, dans la plupart des conventions salariales américaines, les salaires nominaux sont fixés pour les trois prochaines années. Les syndicats et les entreprises doivent donc estimer quelle sera l'évolution des prix sur les trois années à venir. Même si les salaires sont décidés par l'entreprise seule ou lors d'une négociation avec l'employé, les salaires nominaux sont généralement fixés pour un an. Si le niveau des prix augmente de façon inattendue sur cette période, le salaire nominal n'est pas réajusté (nous verrons dans les chapitres 11 et 14 comment les travailleurs et les entreprises forment leurs anticipations).

Le taux de chômage. Dans l'équation 7.1, il apparaît également que le taux de chômage est déterminant pour le salaire. Le signe moins sous le u indique qu'une hausse du taux de chômage entraîne une baisse du niveau des salaires. C'est l'un des principaux résultats de notre discussion sur la détermination des salaires. Si l'on pense que les salaires sont définis par la négociation, on voit qu'un fort taux de chômage affaiblit le pouvoir de négociation des salariés et les force à accepter de bas salaires. Si l'on pense que les

1. $P^e \uparrow \Rightarrow W \uparrow$.

salaires sont déterminés par des considérations de salaires d'efficience, un fort taux de chômage permet aux entreprises de payer des salaires plus bas sans risquer de perdre leurs employés qui veulent travailler [1].

Les autres facteurs. La troisième variable dans l'équation 7.1, z, comprend tous les facteurs influençant la détermination des salaires pour un niveau des prix anticipé et un taux de chômage donnés. Par convention, z est défini de telle sorte qu'une hausse de z induit une hausse des salaires, d'où le signe plus sous z [2]. Parmi ces facteurs, on peut citer deux exemples :

- l'assurance chômage, qui protège les travailleurs de la perte complète de revenu liée à l'entrée au chômage. La société a de bonnes raisons de procurer une assurance au moins partielle aux travailleurs qui perdent leur emploi et ont du mal à en trouver un autre. Mais des allocations chômage généreuses, si elles rendent le chômage moins pénible, font croître les salaires. Pour prendre un exemple extrême, supposons qu'il n'y ait pas d'allocation chômage. Les salariés préféreraient travailler pour un salaire très bas plutôt que d'être au chômage. Mais les allocations chômage existent, ce qui permet aux chômeurs de chercher des emplois à plus haut salaire. Dans ce cas, on peut considérer z comme le niveau des allocations chômage ;
- supposons que l'économie traverse une période de changement structurel, durant laquelle plus d'emplois sont créés et plus d'emplois sont détruits, d'où de larges flux d'entrée et de sortie du chômage. Cela implique que, pour un taux de chômage donné, il y a plus d'emplois offerts, et donc plus d'opportunités de trouver un emploi quand on est chômeur. S'il est plus facile de trouver un emploi pour un chômeur, le chômage est une menace moins grave pour les employés. Pour un taux de chômage donné, les travailleurs ont un meilleur pouvoir de négociation, ce qui leur permet de faire augmenter les salaires. Dans ce cas, on peut considérer z comme le taux de changement structurel de l'économie.

On peut également penser à d'autres exemples, comme un changement dans la législation du salaire minimum, une modification des règles de licenciement, etc. Nous verrons leurs conséquences tout au long de cet ouvrage.

7.4 La détermination des prix

Nous venons d'étudier la détermination des salaires pour un niveau anticipé des prix donné. Nous allons maintenant étudier la détermination des prix pour un niveau donné des salaires.

Les prix dépendent des coûts. Les coûts dépendent de la **fonction de production** – c'est-à-dire la relation entre les facteurs utilisés pour produire et la quantité produite. Nous allons supposer ici que les entreprises n'utilisent qu'un seul facteur de production, le travail, selon la fonction de production suivante :

$$Y = AN$$

1. $u\uparrow \Rightarrow W\downarrow$.
2. $z\uparrow \Rightarrow W\uparrow$.

où Y est la production, N l'emploi et A la productivité du travail. La **productivité du travail** (la production par travailleur) est constante et égale à A [1]. Par rapport aux modèles étudiés au chapitre 4, cette supposition est bien évidemment une simplification drastique puisqu'elle ignore le rôle du capital (des machines et des bâtiments) et des matières premières (du pétrole par exemple). Nous savons également que la productivité du travail A n'est pas constante, mais croissante au cours du temps en raison du progrès technique. Par souci de simplicité, nous considérerons pourtant ici que la relation entre production et emploi est aussi simple que celle décrite ci-avant.

Si l'on pose que la productivité du travail A est constante, on peut faire une simplification supplémentaire : on peut choisir comme unité de production la production d'un travailleur – c'est-à-dire $A = 1$. La fonction de production devient alors :

$$Y = N \tag{7.2}$$

Une telle fonction de production implique que produire une unité supplémentaire a pour coût l'embauche d'un salarié supplémentaire, au salaire W. Cela revient à dire que le coût marginal de production est égal à W. Si le marché des biens était parfaitement concurrentiel, le prix d'une unité de produit serait égal à son coût marginal : P équivaudrait à W. Mais nombreux sont les biens dont les marchés ne sont pas concurrentiels, et les firmes fixent alors un prix supérieur au coût marginal. Une façon simple de saisir ce phénomène est de dire que les entreprises fixent leurs prix selon la règle suivante :

$$P = (1 + \mu)\, W \tag{7.3}$$

où μ est la marge du prix par rapport au coût (*markup*). Si les marchés étaient parfaitement concurrentiels, μ serait égal à 0 et l'on aurait : $P = W$. Mais ils ne sont pas parfaits, et le prix est supérieur au coût marginal, c'est-à-dire que μ est positif.

7.5 Le taux de chômage structurel

Regardons maintenant quelles sont les conséquences de la détermination des prix et des salaires sur le chômage. Supposons pour ce faire que, lors de la détermination des salaires, le salaire nominal soit fonction du niveau courant des prix P, et non du niveau anticipé P^e (nous expliquerons plus tard pourquoi nous faisons cette hypothèse) [2]. Selon cette hypothèse, la détermination des prix et celle des salaires caractérisent un taux de chômage d'équilibre. Voyons comment.

La relation *WS*

Si l'on suppose que le salaire nominal est fonction du niveau courant des prix P, et non du niveau anticipé P^e, l'équation 7.1, qui caractérise la détermination des salaires, devient :

$$W = P\,F(u, z)$$

ou encore, si l'on divise les deux membres par le niveau des prix :

$$\frac{W}{P} = \underset{(-,+)}{F(u, z)} \tag{7.4}$$

1. Il s'agit évidemment d'un cas particulier de la fonction de production étudiée aux chapitres 3 et 4.
2. Hypothèse importante pour le reste du chapitre : $P^e = P$.

La détermination des salaires induit une relation inverse entre le salaire réel W/P et le taux de chômage u : *plus le taux de chômage est élevé, plus le salaire réel choisi lors de la négociation salariale est bas* [1]. L'intuition est simple : plus le chômage est fort, moins les travailleurs ont de pouvoir de négociation, et donc plus les salaires réels sont faibles.

Appelons cette relation entre le salaire réel et le taux de chômage la **relation *WS*** (*wage-setting relation*). Elle est représentée sur la figure 7.3 par la courbe décroissante *WS*. Le salaire réel est mesuré sur l'axe vertical et le taux de chômage sur l'axe horizontal.

Figure 7.3 – La relation *WS*, la relation *PS* et le taux de chômage structurel.

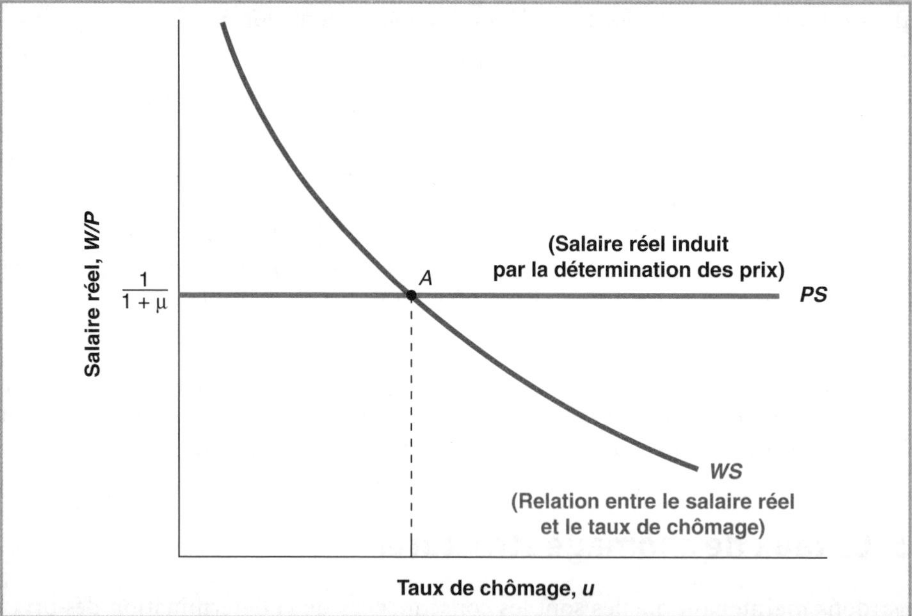

Le salaire réel choisi lors de la détermination des salaires est une fonction décroissante du taux de chômage. Le salaire réel induit par la détermination des prix est constant, indépendant du taux de chômage. Le taux de chômage structurel est le taux de chômage pour lequel le salaire réel choisi lors de la détermination des salaires est égal au salaire réel induit par la détermination des prix.

La relation *PS*

Quelles sont les implications de la détermination des prix ? Si l'on divise les deux membres de l'équation 7.3 par le salaire nominal, on obtient :

$$\frac{P}{W} = 1 + \mu \qquad (7.5)$$

1. Le salaire est choisi par les syndicats et les entreprises s'il y a négociation collective, par les travailleurs individuels et les entreprises s'il y a négociation bilatérale, ou par les entreprises seules dans le cas d'emplois « à prendre ou à laisser ».

Le salaire réel induit par la détermination des prix peut être facilement obtenu en inversant les deux membres de l'équation 7.5 :

$$\frac{W}{P} = \frac{1}{1+\mu} \qquad (7.6)$$

Les décisions prises par les entreprises quant à leurs prix déterminent le salaire réel qu'elles paient. Une hausse de la marge μ les conduit à augmenter les prix pour un salaire nominal donné, ce qui revient à une baisse du salaire réel.

Passer de l'équation 7.5 à l'équation 7.6 est mathématiquement évident, mais comprendre comment la fixation des prix détermine le salaire réel payé par les entreprises n'est pas intuitif. Prenons un exemple numérique pour nous aider. Supposons qu'il faille une heure de travail pour produire une unité de produit, que les entreprises paient un salaire horaire de 10 euros et qu'elles prennent une marge de 20 %. Elles vont donc vendre chaque unité de bien à un prix $P = 10 \times 1{,}2 = 12$ euros. Le salaire horaire réel (combien d'unités de bien les travailleurs peuvent acheter s'ils travaillent une heure) est donc 10/12 = 0,83 unité de bien. Si les entreprises augmentent leur marge de 20 % à 30 %, le salaire horaire réel tombe à 10/13 = 0,76 unité de bien. En choisissant leur marge, les firmes déterminent en fait le salaire réel. C'est ce qu'exprime l'équation 7.6 [1].

La relation donnée par l'équation 7.6 est la **relation *PS*** (*price-setting relation*). Elle est représentée par la droite horizontale *PS* sur la figure 7.3. Le salaire réel induit par la détermination des prix est constant, égal à $1/(1 + \mu)$, et donc indépendant du taux de chômage.

Salaires réels, emploi et chômage d'équilibre

L'équilibre sur le marché du travail implique que le salaire déterminé lors des négociations salariales soit égal au salaire induit par la détermination des prix. Sur la figure 7.3, l'équilibre se situe donc au point *A*, avec un taux de chômage d'équilibre u_n (cette façon de décrire l'équilibre sur le marché du travail peut paraître étrange si vous avez appris à raisonner en termes d'offre et de demande de travail. La relation entre, d'un côté, les courbes *WS* et *PS* et, de l'autre, l'offre et la demande de travail est en fait assez étroite).

On peut également caractériser le taux de chômage d'équilibre algébriquement. En combinant les équations 7.4 et 7.6, on obtient :

$$F(u_n, z) = \frac{1}{1+\mu} \qquad (7.7)$$

Le taux de chômage d'équilibre u_n est tel que le salaire réel déterminé par la négociation (le membre de gauche de l'équation 7.7) est égal au salaire réel induit par la détermination des prix (le membre de droite de l'équation 7.7).

Le taux de chômage d'équilibre u_n est appelé **taux de chômage structurel**. On l'appelle aussi parfois le « chômage naturel », ce qui explique l'indice *n*, bien que l'adjectif « naturel » soit utilisé ici de façon impropre. Comme son calcul le montre clairement, ce taux de chômage est en effet tout sauf naturel. Les positions des courbes *WS* et *PS*,

1. Si l'entreprise dans laquelle je travaille augmente sa marge (et donc le prix de ses produits), cela ne change pas mon salaire réel dans la mesure où je consomme essentiellement d'autres biens que celui produit par mon entreprise. Mais si toutes les entreprises (et pas seulement celle qui m'emploie) augmentent leur marge, alors les prix de tous les biens vont augmenter, et mon salaire réel sera affaibli.

et donc le taux de chômage structurel, dépendent à la fois de z et de μ. La notion de chômage d'équilibre est plus satisfaisante, à condition de comprendre qu'un équilibre dépend de plusieurs paramètres (dont ceux de la politique économique) et peut varier au cours du temps. Considérons deux exemples :

- *une hausse des allocations chômage.* Une telle hausse peut être représentée par une hausse de z : elle augmente le salaire fixé par la négociation, pour un taux de chômage donné. La courbe *WS* est donc déplacée vers le haut, de *WS* à *WS′* sur la figure 7.4. Le taux de chômage structurel augmente de ce fait de u_n à u'_n ;
- *un relâchement du droit de la concurrence.* Un tel assouplissement peut augmenter le pouvoir de marché des entreprises et conduire à une augmentation de μ. L'augmentation de μ entraîne une baisse du salaire réel payé par les entreprises, ce qui déplace la courbe *PS* vers le bas, de *PS* à *PS′* sur la figure 7.5. Le taux de chômage structurel augmente ainsi de u_n à u'_n.

Des facteurs tels que le montant des allocations chômage ou la législation ne sont pas « naturels » : ils reflètent les caractéristiques structurelles de l'économie. Pour cette raison, il est plus approprié d'appeler le taux de chômage d'équilibre **taux de chômage structurel**, quoique cette appellation soit moins standard que celle de *taux de chômage naturel*[1].

Figure 7.4 – Allocations chômage et taux de chômage structurel.

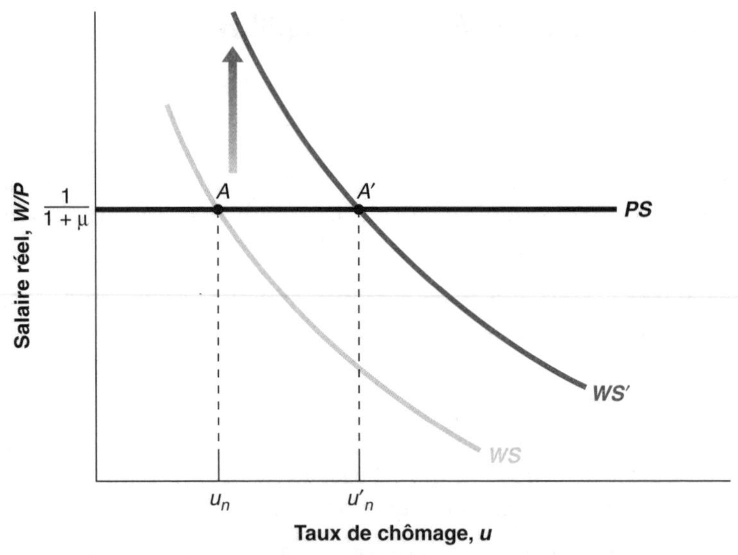

Une hausse des allocations chômage augmente le taux de chômage structurel.

1. Cette appellation a été suggérée par Edmund Phelps.

Figure 7.5 – Marge et taux de chômage structurel.

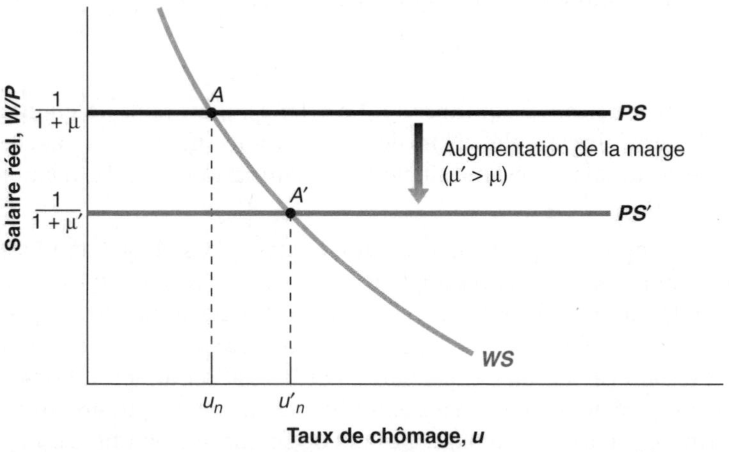

Une augmentation de la marge diminue le salaire réel et augmente le taux de chômage structurel.

Du chômage à la production

On associe au taux de chômage structurel un **niveau d'emploi « d'équilibre »** (dit aussi « niveau d'emploi naturel »), correspondant au niveau d'emploi qui prévaut lorsque le chômage est à son taux structurel.

Appelons U le chômage, N l'emploi et L la population active. On a alors :

$$u = \frac{U}{L} = \frac{L - N}{L} = 1 - \frac{N}{L}$$

La première égalité est exactement la définition du taux de chômage (u). La deuxième découle de la définition de la population active, égale à la somme des employés et des chômeurs. La troisième est obtenue par simplification de la fraction.

On peut arranger cette égalité de façon à obtenir l'emploi comme fonction de la population active et du taux de chômage :

$$N = L\,(1 - u)$$

Si le taux de chômage structurel est u_n, le niveau d'emploi d'équilibre N_n (ou naturel) est donné par :

$$N_n = L\,(1 - u_n)$$

Par exemple, si la population active est de 100 millions et le taux de chômage structurel de 5 %, le niveau d'emploi naturel est de 95 millions.

Enfin, on associe au niveau d'emploi naturel un **niveau de production d'équilibre** (on dit aussi parfois production « naturelle », ce qui explique l'indice), qui correspond au niveau de production pour lequel l'emploi est à son niveau naturel. Étant donné la fonction de production simplifiée que nous avons utilisée dans ce chapitre ($Y = N$), la relation entre emploi et niveau de production naturel s'écrit tout simplement : $Y_n = N_n$.

Par anticipation sur la suite de l'ouvrage, notons que, en utilisant l'équation 7.7 et la relation que nous venons de déterminer entre chômage, emploi et production, le niveau de production d'équilibre satisfait l'équation suivante :

$$F\left(1 - \frac{Y_n}{L}, z\right) = \frac{1}{1 + \mu} \tag{7.8}$$

Le niveau de production d'équilibre (Y_n) est tel que, au taux de chômage associé ($u_n = 1 - Y_n/L$), le salaire réel choisi lors des négociations (membre de gauche de l'équation 7.8) soit égal au salaire réel induit par la détermination des prix (membre de droite de l'équation 7.8).

Pour résumer, supposons que le niveau anticipé des prix soit égal au niveau courant. Alors, la détermination des salaires implique que le salaire réel soit une fonction décroissante du taux de chômage. Le salaire réel induit par la détermination des prix est, quant à lui, constant. L'équilibre sur le marché du travail nécessite que le salaire réel issu de la négociation soit égal au salaire réel induit par la fixation des prix. Dans l'hypothèse où le niveau anticipé des prix est égal à leur niveau courant, l'équilibre sur le marché du travail détermine le taux de chômage. Ce taux de chômage d'équilibre est appelé « taux de chômage structurel ».

7.6 Et maintenant ?

Nous venons d'étudier comment l'équilibre sur le marché du travail détermine un taux de chômage structurel, qui lui-même définit un niveau de production d'équilibre.

Vous pouvez dès lors vous demander : qu'avons-nous fait dans les chapitres 5 et 6 ? Si l'équilibre sur le marché du travail détermine le taux de chômage et, par conséquent, le niveau de produit, pourquoi avons-nous passé tant de temps à nous intéresser aux marchés de la monnaie et des biens ? Qu'en est-il de nos conclusions du chapitre 6 selon lesquelles le niveau de produit dépend de facteurs tels que la politique monétaire, la politique budgétaire, le niveau de confiance des consommateurs, etc., soit autant de facteurs qui n'entrent pas dans l'équation 7.8 et ne devraient donc pas déterminer le produit ?

La réponse à cette question est simple :

- nous avons caractérisé le taux de chômage structurel et les niveaux structurels associés de l'emploi et de la production en suivant deux hypothèses. Nous avons supposé qu'il y avait équilibre sur le marché du travail et que le niveau réalisé des prix était égal au niveau anticipé ;
- il n'y a pas de raison pour que la seconde hypothèse soit vraie *à court terme*. Le niveau des prix peut se révéler différent de celui escompté par les agents lorsqu'ils décident des salaires nominaux. Par conséquent, à court terme, il n'y a aucune raison pour que le chômage soit à son taux structurel ou pour que la production soit à son niveau d'équilibre. Comme nous le verrons dans les prochains chapitres, les facteurs qui déterminent les mouvements de la production à court terme sont bien la politique monétaire, la politique budgétaire, etc. ;
- mais il n'y a pas non plus de raison pour que les anticipations soient systématiquement fausses (c'est-à-dire toujours trop élevées ou trop basses). C'est pourquoi, à moyen terme, le chômage tend à revenir à son taux structurel, et la production à son niveau d'équilibre. *À moyen terme*, les facteurs qui déterminent le chômage et la production sont les paramètres apparaissant dans les équations 7.7 et 7.8.

Résumé

- La population active est composée des personnes qui travaillent (les employés) et celles cherchant un travail (les chômeurs). Le taux de chômage est égal au ratio du nombre de chômeurs sur la population active. Le taux de participation est égal au ratio de la population active sur la population civile en âge de travailler.
- Le marché du travail est caractérisé par de larges flux entre emploi, chômage et inactivité. Chaque mois, en moyenne, un tiers des chômeurs sortent du chômage, soit pour prendre un emploi soit pour devenir inactifs.
- De nombreuses personnes, bien qu'elles ne cherchent pas activement un emploi et ne soient pas comptées comme chômeuses, seraient prêtes à travailler si elles trouvaient un poste. C'est pourquoi le taux de chômage est une mauvaise mesure du nombre de gens sans travail mais désireux de travailler.
- Il y a d'importantes différences entre les catégories de travailleurs en termes de taux de chômage et de temps moyen passé au chômage. Le taux de chômage moyen est typiquement plus élevé chez les jeunes, les non-qualifiés et les minorités ethniques.
- Le chômage est fort en période de récession, faible en période d'expansion. Lors des périodes de fort chômage, la probabilité de perdre son emploi augmente, et la probabilité d'en trouver un diminue.
- Les salaires sont négativement corrélés avec le taux de chômage, et positivement corrélés avec le niveau anticipé des prix. Les salaires dépendent des prix anticipés et non des prix courants, car ils sont fixés en termes nominaux pour un certain laps de temps. Si, durant cette période, les prix se révèlent différents des prix anticipés, les salaires ne sont généralement pas réajustés.
- Les prix fixés par les entreprises dépendent des salaires et de la marge sur les salaires (le *markup*). Plus la marge choisie par les entreprises est élevée, plus les salaires réels induits sont faibles.
- L'équilibre sur le marché du travail implique que le salaire réel résultant du mécanisme de fixation des salaires soit égal au salaire réel résultant de la fixation des prix. Si l'on suppose en outre que le niveau réalisé des prix est égal au niveau anticipé, alors l'équilibre sur le marché du travail détermine le taux de chômage. Ce taux de chômage est appelé *taux de chômage structurel*.
- En général, le niveau des prix n'est pas égal au niveau qui avait été anticipé lors de la négociation salariale, et donc le taux de chômage n'est pas à son niveau structurel à court terme. Mais nous allons voir, dans les chapitres suivants, que, à moyen terme, il tend à revenir à son niveau structurel.

Annexe

L'analyse *WS/PS* comparée à celle de l'offre et la demande de travail

Vous avez certainement étudié dans vos cours de microéconomie l'équilibre sur le marché du travail en termes d'offre et de demande de travail. Quelle est la relation entre l'analyse à l'aide des relations *WS* et *PS* et l'analyse par l'offre et la demande ?

Dans une certaine mesure, ces deux représentations sont similaires. Pour le constater, redessinons la figure 7.3, mais cette fois avec le salaire réel et le niveau de l'emploi (plutôt que le taux de chômage). C'est ce qui est fait sur la figure 7.6. L'emploi N est représenté sur l'axe horizontal. Il se situe nécessairement entre zéro et le nombre d'actifs L. Le chômage est donné par la distance entre N et L : $U = L - N$.

- Une hausse de l'emploi entraîne une baisse du taux de chômage, et donc une hausse des salaires du fait de la relation *WS*. Ainsi, la relation *WS* est maintenant croissante : un niveau d'emploi plus fort implique un salaire plus fort.
- La relation de fixation des prix *PS* est toujours une droite horizontale d'équation :
$$\frac{W}{P} = \frac{1}{1+\mu}$$
- L'équilibre est donné par le point A, avec un niveau d'emploi « d'équilibre » égal à N_n.

Notez que sur cette figure, la relation *WS* ressemble à une courbe d'offre. Quand le niveau d'emploi augmente, le salaire réel payé aux salariés augmente également. C'est pour cette raison que la relation *WS* est parfois appelée la relation d'« offre de travail ».

Ce que nous avons appelé la relation *PS* ressemble, quant à elle, à une courbe de demande de travail qui serait plate. Elle est plate et non pas décroissante en raison de notre hypothèse simplificatrice selon laquelle le rendement du travail est constant. Si nous avions supposé, comme c'est le cas habituellement, que le rendement du travail était décroissant, notre courbe *PS* aurait été décroissante, comme la courbe de demande de travail classique. En effet, dans ce cas, une augmentation de l'emploi entraînerait une hausse du coût marginal de production, ce qui forcerait les entreprises à augmenter leurs prix, les salaires restant inchangés. En d'autres termes, le salaire réel induit de la relation *PS* serait une fonction décroissante de l'emploi.

Cependant, en esprit, les deux approches *WS-PS* et offre et demande sont différentes. La courbe d'offre de travail classique donne le nombre de travailleurs prêts à travailler pour un salaire donné. Au contraire, le salaire correspondant à un niveau d'emploi donné dans la relation *WS* est soit le résultat d'un processus de négociation complexe entre employeurs et employés, soit fixé autoritairement par les employeurs. Des facteurs tels que la structure des négociations collectives ou l'utilisation de salaires d'efficience par les entreprises ont un impact sur la relation *WS*, tandis qu'ils n'apparaissent pas dans la courbe d'offre de travail standard.

La courbe de demande de travail classique, quant à elle, donne le niveau d'emploi choisi par les entreprises pour un salaire réel donné. Elle est déterminée à partir de l'hypothèse selon laquelle les entreprises opèrent sur des marchés compétitifs et donc raisonnent à prix et salaires fixés. Au contraire, la relation *PS* prend en compte le fait que, sur la plupart des marchés, les firmes déterminent elles-mêmes leurs prix. Des facteurs tels que le niveau de concurrence sur le marché des biens ont une incidence sur la relation *PS* dans la mesure où ils modifient la marge que l'entreprise peut faire (le *markup*). Mais ces facteurs n'apparaissent pas dans la courbe de demande de travail standard. C'est pour cette raison que nous avons privilégié cette approche dans ce chapitre.

Figure 7.6 – Les relations *WS-PS* et le niveau d'emploi d'équilibre.

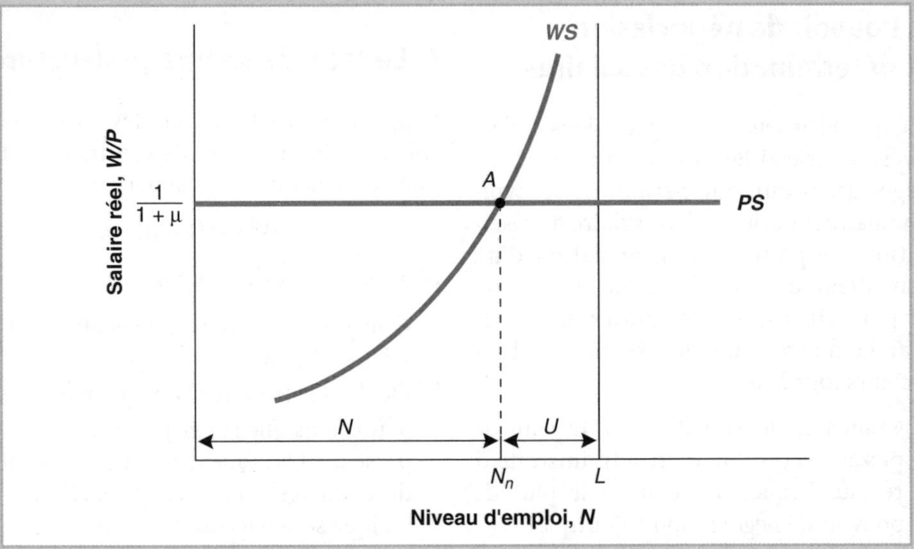

Pour en savoir plus

Richard Layard, Stephen Nickell et Richard Jackman, *The Unemployment Crisis*, Oxford University Press, 1994.

Applications

1. Vrai/Faux/Incertain

a. Depuis les années 1950, le taux de participation est resté constant.

b. Chaque mois, les flux d'entrée et de sortie de l'emploi sont minimes par rapport à la taille de la population active.

c. Un tiers des chômeurs sortent du chômage chaque année.

d. Le taux de chômage a tendance à être élevé en récession, et faible en expansion.

e. La plupart des travailleurs sont globalement payés à leur salaire de réservation.

f. Les travailleurs n'appartenant pas à un syndicat ont un très faible pouvoir de négociation.

g. Il peut être dans l'intérêt des employeurs de payer leurs employés au-dessus de leur salaire de réservation.

h. Le taux de chômage structurel n'est pas concerné par les changements de politique économique.

2. Les chiffres du marché du travail français

Répondez en utilisant les données du chapitre.

a. Quelle est en moyenne l'ampleur des transitions trimestrielles de l'emploi et vers l'emploi en pourcentage du nombre de personnes en emploi ?

b. Quelle est l'ampleur des transitions trimestrielles du chômage à l'emploi en pourcentage du nombre de chômeurs ?

c. Quelle est la taille des flux totaux d'entrée et de sortie de la population active chaque trimestre ?

3. Pouvoir de négociation et détermination des salaires

Même en l'absence de négociations collectives, les travailleurs ont un pouvoir de négociation qui leur permet de recevoir un salaire supérieur à leur salaire de réservation. Le pouvoir de négociation d'un travailleur dépend de la nature de son emploi, ainsi que des conditions sur le marché du travail. Considérons ces deux facteurs tour à tour.

a. Comparez le travail d'un livreur de pizzas avec celui d'un administrateur réseau. Lequel des deux a le plus de pouvoir de négociation ? Pourquoi ?

b. Pour un emploi donné, dans quelle mesure les conditions générales sur le marché du travail influent-elles sur le pouvoir de négociation d'un travailleur ? Quelle variable du marché du travail faut-il regarder pour savoir quelles sont les conditions sur le marché du travail ?

4. Le taux de chômage structurel

Supposons que la marge des entreprises soit de 5 % et que la détermination des salaires se fasse selon l'équation :

$$W = P\,(1 - u)$$

où u est le taux de chômage.

a. Quel est le salaire réel déterminé par la relation *PS* (fixation des prix) ?

b. Quel est le taux de chômage structurel ?

c. Supposons que la marge des entreprises passe à 10 %. Que devient alors le taux de chômage structurel ? Quelle est la logique sous-jacente ?

Chapitre 8

L'équilibre macroéconomique : synthèse

Dans le chapitre 6, la compréhension du modèle keynésien dans le cas limite où les prix sont rigides nous a permis de comprendre la nature des interrelations qui lient le marché des biens et le marché de la monnaie, lorsque le fonctionnement du marché du travail (donc la formation des salaires) est laissé de côté. Nous allons à présent saisir l'équilibre macroéconomique dans le cas général où les trois marchés sont interdépendants.

8.1 L'offre globale

L'*équation d'offre globale* décrit les effets de la production sur le niveau des prix. Elle découle de l'équilibre sur le marché du travail.

Reprenons ici la détermination des salaires et des prix que nous avons abordée au chapitre 7. Nous avions caractérisé prix et salaires de la façon suivante :

$$W = P^e F(u, z)$$
$$P = (1 + \mu) W$$

Le salaire nominal W dépend du niveau anticipé des prix P^e, du taux de chômage u et de la variable agrégée z, qui comprend tous les autres facteurs susceptibles d'influencer la détermination des salaires, des allocations chômage à la négociation collective. Le niveau des prix P est égal au salaire nominal W, multiplié par 1 plus la marge μ.

En combinant ces deux équations, on avait également écrit :

$$P = P^e (1 + \mu) F(u, z)$$

Le niveau des prix est une fonction du niveau anticipé des prix et du taux de chômage. Il sera plus commode pour la suite de ce chapitre d'exprimer le niveau des prix en fonction du produit et non du taux de chômage. Pour ce faire, reprenons la relation vue au chapitre 7 entre taux de chômage, emploi et production. Appuyons-nous notamment sur la simplification de la fonction de production, selon laquelle il faut un travailleur pour produire une unité de produit, ce qui entraîne $Y = N$. On peut alors écrire :

$$u = \frac{U}{L} = 1 - \frac{N}{L} = 1 - \frac{Y}{L}$$

La première égalité correspond à la définition du taux de chômage. La deuxième découle de la définition du chômage : $U \equiv L - N$. La troisième résulte de la spécification de la fonction de production choisie $Y = N$, dont la simplicité a le mérite de dispenser de la prise en compte du stock de capital.

En remplaçant u dans l'équation donnée précédemment, on obtient la **relation d'offre globale** entre le niveau des prix, le niveau anticipé des prix et la production[1] :

$$P = P^e(1+\mu)F\left(1 - \frac{Y}{L}, z\right) \tag{8.1}$$

Deux choses sont à noter à propos de l'équation 8.1 :

- **une hausse du niveau anticipé des prix entraîne une hausse équivalente du niveau des prix.** Par exemple, si le niveau anticipé double, le niveau réel double également. Cet effet passe par le canal des salaires : si ceux qui fixent les salaires anticipent des prix plus élevés, ils fixent un salaire plus élevé – ce qui conduit les firmes à augmenter leurs prix ;
- **une hausse de la production implique une hausse du niveau des prix.** C'est le résultat de quatre phénomènes sous-jacents :
    1. une hausse de la production entraîne une hausse de l'emploi,
    2. une hausse de l'emploi débouche sur une baisse du chômage et, donc, sur une baisse du taux de chômage,
    3. la baisse du taux de chômage crée une pression à la hausse sur les salaires, qui augmentent,
    4. la hausse des salaires aboutit à une hausse des coûts pour les entreprises, qui de ce fait augmentent leurs prix.

La relation d'offre globale est représentée par la *courbe d'offre globale AS* sur la figure 8.1 (a) (en anglais, *AS* signifie *aggregate supply*). Cette courbe d'offre globale présente deux caractéristiques :

- elle est croissante. Pour une valeur donnée du niveau anticipé des prix P^e, une hausse du produit entraîne une hausse du niveau des prix ;
- elle passe par le point A, où $Y = Y_n$ et $P = P^e$. Cela signifie que lorsque la production est à son niveau d'équilibre Y_n, dit aussi « naturel », le niveau des prix est égal au niveau anticipé : $P = P^e$. Cela correspond à la définition du niveau naturel de production vue au chapitre 7 : nous avons défini le taux de chômage structurel (et par là même le niveau de production naturel) comme le taux de chômage pour lequel le niveau des prix est égal au niveau des prix anticipé.

Ces caractéristiques ont deux implications importantes :

- quand la production est au-dessus de son niveau naturel, le niveau des prix est plus élevé que son niveau anticipé : $P > P^e$. Inversement, quand la production est au-dessous de son niveau d'équilibre, le niveau des prix est plus bas que son niveau anticipé : $P < P^e$;
- une hausse du niveau anticipé des prix déplace la courbe d'offre globale vers le haut. Inversement, une baisse du niveau anticipé des prix déplace la courbe d'offre globale vers le bas.

1. Un nom plus approprié pour cette relation serait la « relation d'équilibre sur le marché du travail ». Mais, parce qu'elle ressemble à une courbe d'offre (c'est-à-dire une relation positive entre la production et les prix), elle est traditionnellement appelée « relation d'offre globale ».

Cette seconde implication est représentée sur la figure 8.1 (b). Si le niveau anticipé des prix augmente de P^e à $P^{e\prime}$, la courbe d'offre globale se déplace vers le haut : elle ne passe plus par le point A (où $Y = Y_n$ et $P = P^e$), mais par le point A' (où $Y = Y_n$ et $P = P^{e\prime}$).

Figure 8.1 – La courbe d'offre globale.

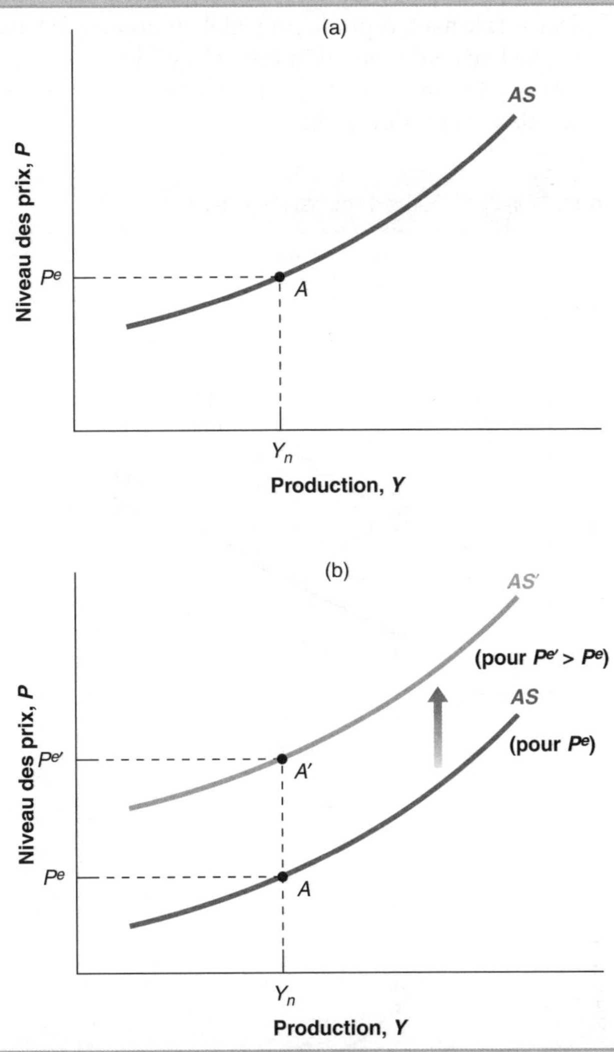

(a) Étant donné le niveau anticipé des prix, une hausse de la production entraîne une hausse du niveau des prix.

(b) Une hausse du niveau anticipé des prix déplace la courbe d'offre globale vers le haut.

Pour résumer, nous avons établi la *relation d'offre globale*, la première des deux relations nécessaires à la caractérisation de l'équilibre. Cette relation découle de l'équilibre sur le marché du travail. Elle dit que le niveau des prix est une fonction croissante du produit et du niveau anticipé des prix. On la représente par la courbe d'offre globale. Un changement dans le niveau anticipé des prix déplace la courbe vers le haut ou vers le bas.

8.2 La demande globale

Le modèle *IS*/*LM* nous a permis de caractériser l'équilibre macroéconomique dans le cas particulier où les prix sont considérés comme fixes. Partons d'une telle situation et considérons maintenant une hausse du niveau des prix de *P* à *P′*. Pour une masse monétaire *M* donnée, la hausse du niveau des prix induit une baisse du stock réel de monnaie *M*/*P*, et la courbe *LM* se déplace vers le haut. À production globale donnée, la baisse du stock réel de monnaie entraîne une hausse du taux d'intérêt. L'équilibre passe de *A* à *A′* ; le taux d'intérêt augmente de *i* à *i′*, et la production agrégée évolue de *Y* à *Y′*. La hausse du niveau des prix entraîne une baisse du produit global.

Figure 8.2 – La construction de la courbe de demande globale.

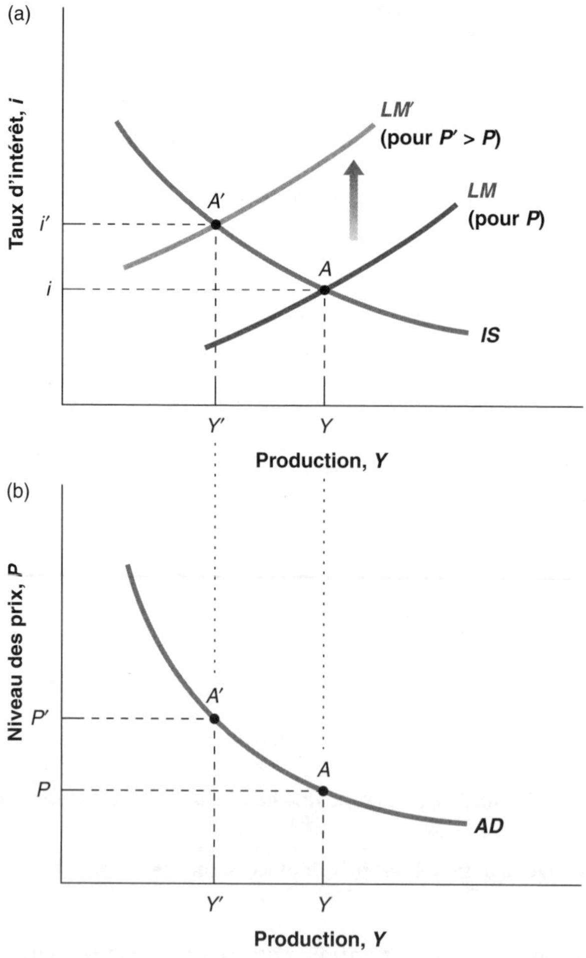

Une hausse du niveau des prix entraîne une baisse du produit global.

Autrement dit, lorsque le niveau des prix augmente, la demande nominale de monnaie augmente. L'offre de monnaie étant fixe, le taux d'intérêt doit croître pour inciter les gens à réduire leur demande de monnaie et rétablir ainsi l'équilibre. Or, la hausse du taux d'intérêt entraîne à son tour une baisse de la demande de biens et une baisse du produit global.

Cette relation inverse entre la production et le niveau des prix est représentée par la courbe décroissante *AD* sur la figure 8.2 (b). Les points *A* et *A′* sur cette figure correspondent aux points *A* et *A′* sur la figure 8.2 (a). Une hausse du niveau des prix de *P* à *P′* entraîne une baisse du produit global de *Y* à *Y′*. Cette courbe est appelée *courbe de demande globale*, et la relation sous-jacente entre production et niveau des prix est appelée **relation de demande globale** [1] (*AD* = *aggregate demand* en anglais).

Figure 8.3 – Les déplacements de la courbe de demande globale.

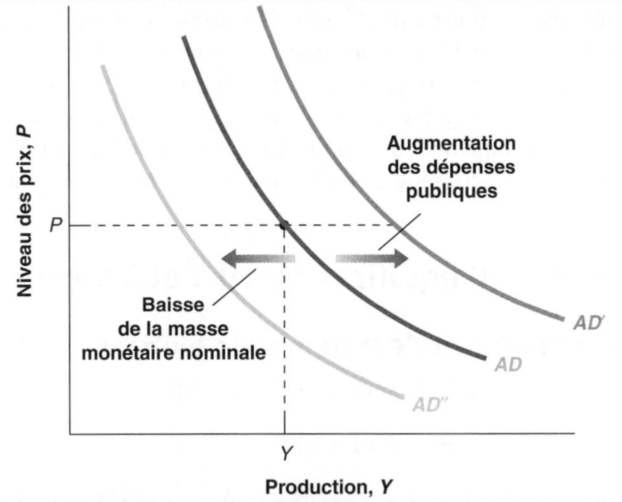

Une augmentation des dépenses publiques augmente la production pour un niveau de prix donné, déplaçant la demande globale vers la droite. Une baisse de la masse monétaire nominale réduit la production pour un niveau de prix donné, déplaçant la demande globale vers la gauche.

Toute variable autre que le niveau des prix qui déplacerait soit la courbe *IS* soit la courbe *LM* sur la figure 8.2 (a) déplacerait également la courbe de demande globale. Prenons par exemple une hausse des dépenses publiques qui déplace la courbe *IS* vers la droite et augmente ainsi la production. Pour un même niveau des prix, la production est plus forte : la courbe de demande globale se déplace donc vers la droite comme sur la figure 8.3. Ou bien supposons une opération d'*open market* contractant la masse monétaire, qui déplace la courbe *LM* vers le haut et réduit ainsi le produit global [2]. Pour un

1. Une expression plus appropriée pour cette relation serait la « relation d'équilibre sur le marché des biens et les marchés financiers ». Mais cette expression est un peu longue et, du fait que la relation ressemble à une courbe de demande (c'est-à-dire une relation négative entre la production et les prix), on l'appelle habituellement « relation de demande globale ».
2. Rappel : une opération d'*open market* restrictive correspond à une réduction de la masse monétaire *M* que la banque centrale obtient en vendant des bons du Trésor.

même niveau des prix, la production est plus faible : la courbe de demande globale se déplace vers la gauche comme sur la figure 8.3.

On représente la relation de demande globale de la façon suivante :

$$Y = Y\left(\frac{M}{P}, G, T\right) \tag{8.2}$$
$$(+,\ +,\ -)$$

La production est une fonction croissante du stock de monnaie réelle, une fonction croissante des dépenses publiques et une fonction décroissante des impôts. D'autres facteurs, tels que la confiance des consommateurs, pourraient être introduits dans cette équation. On les omet ici par souci de simplicité. Pour une politique monétaire et budgétaire donnée – c'est-à-dire avec M, G et T fixés –, une hausse du niveau des prix P entraîne une baisse du produit global.

Pour résumer, nous venons d'établir la *relation de demande globale*, la seconde des deux relations nécessaires pour caractériser l'équilibre. Cette relation est déduite de l'équilibre sur le marché des biens et les marchés financiers. Elle dit que le niveau de la production est une fonction décroissante du niveau des prix, représentée par une courbe décroissante. Un changement dans la politique monétaire ou budgétaire – ou, plus généralement, un changement de n'importe quel facteur déplaçant les courbes *IS* ou *LM* – déplace la courbe de demande globale vers la droite ou vers la gauche.

8.3 La production d'équilibre à court et à moyen terme

L'intersection de l'offre et de la demande globale

Considérons maintenant les relations *AS* et *AD* ensemble :

$$AS: \qquad P = P^e(1+\mu)F\left(1 - \frac{Y}{L}, z\right)$$

$$AD: \qquad Y = Y\left(\frac{M}{P}, G, T\right)$$

La figure 8.4 représente ces deux courbes. La courbe d'offre globale *AS*, dessinée pour une valeur donnée de P^e, est croissante. Nous avons vu dans la section 8.1 que lorsque la production globale est égale à son niveau d'équilibre, le niveau des prix est égal à son niveau anticipé. Cela implique que la courbe *AS* passe par le point *B* – si le produit global est égal à Y_n, le niveau des prix est égal à P^e. La courbe de demande globale *AD* est décroissante. Sa position dépend des valeurs de M, G et T.

L'équilibre est donné par l'intersection des deux courbes au point *A*. Par construction, au point *A*, le marché des biens, le marché du travail et les marchés financiers sont *tous* équilibrés. L'équilibre sur le marché du travail vient du fait que *A* est sur la courbe d'offre globale. L'équilibre sur le marché des biens et les marchés financiers est dû au fait que *A* est sur la courbe de demande globale. Les niveaux d'équilibre de la production et des prix sont donnés par Y et P.

On voit qu'il n'y a aucune raison, en général, pour que le niveau d'équilibre de la production globale Y soit égal à son niveau naturel Y_n. Le niveau d'équilibre de la production dépend en effet de la position de la courbe d'offre globale – c'est-à-dire de la valeur de P^e – et de la position de la courbe de demande globale – c'est-à-dire des valeurs de M, G et T.

Sur la figure 8.4, l'équilibre est tel que Y est supérieur à Y_n : l'économie tourne au-dessus de son niveau naturel[1]. Mais on aurait très bien pu dessiner les courbes AS et AD de sorte que le niveau de production d'équilibre soit inférieur au niveau naturel. Tout dépend du niveau des prix anticipé et des variables influant sur la position de la demande globale.

Figure 8.4 – Production et niveau des prix à l'équilibre de court terme.

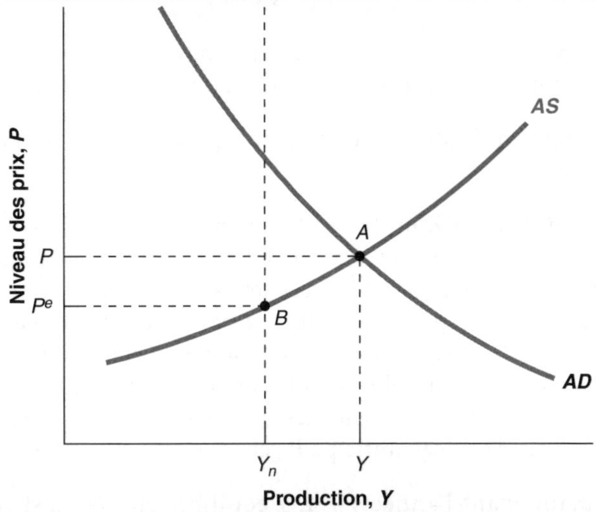

L'équilibre est donné par l'intersection de l'offre globale et de la demande globale. Au point *A*, les marchés des biens, du travail et financiers sont à l'équilibre.

Cela nous donne notre premier résultat : à court terme, il n'y a pas de raison pour que la production globale soit égale à son niveau naturel. Mais que se passe-t-il à plus long terme ? Plus spécialement, supposons que, comme sur la figure 8.4, la production d'équilibre soit au-dessus de son niveau naturel. Si l'économie est laissée à elle-même, c'est-à-dire si la politique économique et les autres variables exogènes restent constantes, la production va-t-elle retourner à son niveau naturel ? Si oui, comment ? Ce sont les questions que nous allons étudier maintenant.

La dynamique de la production globale et des prix

Pour étudier le mouvement de la production au cours du temps, nous devons d'abord spécifier comment les agents (et notamment ceux qui fixent les salaires) forment leurs anticipations. À la figure 8.4, nous avions pris le niveau anticipé des prix P^e comme donné. Mais P^e est susceptible de changer au cours du temps : si le niveau des prix de l'année passée s'est révélé différent du niveau qui avait été anticipé, les agents vont en tenir compte dans la formation de leurs anticipations pour l'année à venir. Nous allons faire ici une hypothèse simple : supposons que le niveau anticipé des prix pour l'année t soit égal au niveau des prix observés l'année $t - 1$. Cette hypothèse sur la formation des anticipations est trop simple – nous l'abandonnerons dans les chapitres suivants –, mais elle va nous permettre, pour commencer, de bien voir quels sont les mécanismes à l'œuvre.

1. Ou encore, le taux de chômage est en dessous de son niveau structurel.

Si l'on introduit des indices de temps, cette hypothèse s'écrit :

$$P_t^e = P_{t-1}$$

Les relations d'offre et de demande globales peuvent se réécrire :

$$AS: \qquad P_t = P_{t-1}(1+\mu)F\left(1-\frac{Y_t}{L}, z\right) \qquad (8.3)$$

$$AD: \qquad Y_t = Y\left(\frac{M}{P_t}, G, T\right) \qquad (8.4)$$

Notez que les paramètres (μ, z) et les variables exogènes (L, M, G et T) ne comportent pas d'indices. En effet, nous les supposons constants, donc indépendants du temps.

Nous pouvons maintenant étudier l'évolution de la production au cours du temps, représentée sur la figure 8.5.

1. Supposons qu'à la date t, l'équilibre soit le même que celui décrit sur la figure 8.4. La figure 8.5 (a), qui représente l'équilibre à la date t, est donc identique à la figure 8.4. Le seul changement est la présence d'indices temporels. Comme l'on a supposé que le niveau anticipé des prix était égal au niveau des prix de l'année passée, on a $P_t^e = P_{t-1}$ et, d'autre part, la courbe AS passe par le point B, point auquel la production est égale à Y_n et le niveau des prix à P_{t-1}. L'équilibre se situe au point A, avec une production Y_t et un niveau de prix P_t. La production Y_t est au-dessus de son niveau naturel Y_n. Le niveau des prix P_t est plus élevé que le niveau anticipé P^e, et donc plus élevé que P_{t-1}.

2. Considérons maintenant l'année $t+1$. L'équilibre en $t+1$ est représenté sur la figure 8.5 (b). Les courbes AS et AD sont les mêmes que celles de l'année t représentées sur la figure 8.5 (a).

Pour dessiner la courbe AS en $t+1$, rappelons-nous que la courbe d'offre globale passe toujours par le point auquel, si la production est égale à son niveau naturel, le niveau des prix est égal au niveau anticipé (égal ici au niveau des prix de l'année précédente). La courbe AS, en $t+1$, passe donc par le point B', où la production est égale à Y_n et le niveau des prix à P_t. Si P_t est supérieur à P_{t-1}, alors, entre t et $t+1$, la courbe AS se déplace vers le haut.

Que se passe-t-il du côté de la demande globale ? La courbe AD ne se déplace pas : puisque l'on a supposé que M, G et T restaient constants, l'équilibre sur le marché des biens et les marchés financiers n'est pas modifié.

Le déplacement de la courbe d'offre globale AS induit un glissement de l'économie de A vers A' entre t et $t+1$. Le niveau des prix P_{t+1} est supérieur à P_t. La production globale Y_{t+1} est inférieure à Y_t et plus proche du niveau naturel Y_n.

Pour résumer, la production étant au-dessus de son niveau naturel l'année t, le niveau des prix, en t, est plus élevé que le niveau anticipé. Cela entraîne une révision à la hausse des anticipations pour l'année $t+1$. La masse monétaire M étant constante, une hausse du niveau des prix implique une baisse du stock réel de monnaie en $t+1$. La faiblesse du stock réel de monnaie induit une hausse du taux d'intérêt. Le taux d'intérêt élevé fait baisser la demande de biens et, par là même, la production en $t+1$ [1].

1. Attention ! Il y a plusieurs étapes ici : un niveau des prix anticipé plus élevé entraîne un niveau des prix plus élevé. Un niveau des prix plus élevé réduit le stock réel de monnaie. Un stock réel de monnaie réduit conduit à une hausse du taux d'intérêt. Un taux d'intérêt plus élevé entraîne une baisse de la production.

Figure 8.5 – La dynamique d'ajustement au niveau de production naturel.

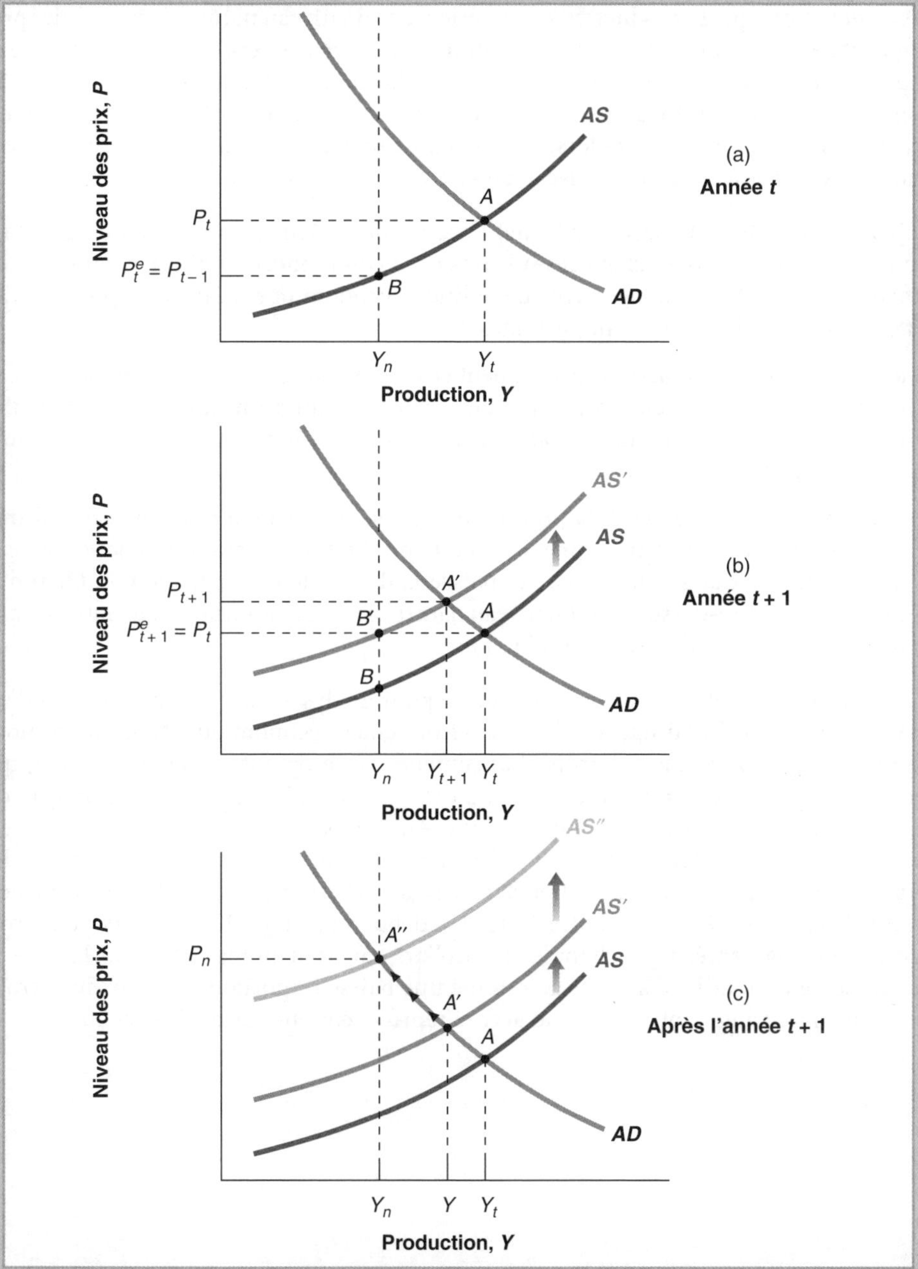

(a) La production est au-dessus de son niveau naturel. Le niveau des prix est supérieur au niveau anticipé.

(b) Les négociateurs révisent leurs anticipations de prix à la hausse, ce qui déplace la courbe d'offre globale vers le haut. La production globale baisse, le niveau des prix augmente.

(c) La courbe d'offre globale continue à monter jusqu'à ce que la production, à moyen terme, soit égale à son niveau naturel.

3. Maintenant que nous avons vu ce qui se passait pour les années t et $t + 1$, il est facile de décrire ce qui se passe les années suivantes, ce qui est représenté sur la figure 8.5 (c). Aussi longtemps que la production est supérieure à son niveau naturel, le niveau des prix augmente et la courbe d'offre globale continue à se déplacer vers le haut. L'économie se déplace le long de la courbe AD, jusqu'à ce qu'elle atteigne finalement le point A''. Au point A'', la courbe d'offre globale est représentée par la courbe AS'' et la production est égale à son niveau naturel. Dès lors, il n'y a plus de pression à la hausse des prix, et l'économie se stabilise à Y_n, avec un niveau de prix P_n [1].

Voilà le mécanisme de base par lequel l'économie revient à son niveau d'équilibre. Nous l'utiliserons dans les chapitres suivants pour comprendre les effets dynamiques de différents chocs et des changements de politique économique. Mais nous pouvons dès maintenant tirer deux leçons importantes :

- *à court terme*, la production agrégée peut être au-dessus ou au-dessous de son niveau naturel. Un changement dans l'une des variables, qui a un impact soit sur l'offre globale, soit sur la demande globale, entraîne une modification du niveau de production et des prix [2] ;
- *à moyen terme*, cependant, la production revient finalement à son niveau naturel. Cet ajustement se fait par les prix. Quand la production est au-dessus de son niveau naturel, les prix augmentent, ce qui baisse la demande et la production. Quand la production est au-dessous de son niveau naturel, les prix baissent, ce qui entraîne une hausse de la demande et de la production [3].

Nous pouvons maintenant utiliser ce modèle pour analyser les effets dynamiques d'un changement dans la politique ou dans l'environnement économique. Nous allons nous intéresser particulièrement à trois changements : une opération d'*open market*, qui modifie la masse monétaire, une baisse du déficit budgétaire et une hausse du prix du pétrole. Chacun de ces chocs est intéressant. Aux États-Unis, la politique monétaire a été responsable de la récession de 1980-1982, la baisse des déficits a été le *leitmotiv* des années 1990 et, dans le monde entier, la hausse du prix du pétrole a été la cause principale de la crise de 1973-1975. Entre 2004 et le début de l'année 2008, le prix du pétrole a fortement augmenté, approchant les 130 dollars par baril en mai 2008. Par la suite, le ralentissement mondial d'activité a entraîné une baisse importante du prix du pétrole, qui a cependant augmenté à nouveau avec la reprise économique en 2010 et 2011.

1. On pourrait se demander ce qui se passerait si la courbe d'offre globale se déplaçait tellement vers le haut que la production d'équilibre se retrouverait sous son niveau naturel, ce qui pourrait se produire. Dans ce cas, la production étant inférieure à son niveau naturel, le niveau des prix est plus bas que le niveau anticipé, et la courbe d'offre globale commence à redescendre. Le retour de la production à son niveau naturel consiste alors plutôt en des oscillations de la production qu'en un ajustement régulier. Ces oscillations ne sont pas importantes pour notre propos, c'est pourquoi nous n'en tiendrons pas compte.
2. À court terme, $Y \neq Y_n$.
3. À moyen terme, $Y \to Y_n$.

8.4 Les effets d'une politique monétaire expansionniste

Quels sont les effets à court et moyen termes d'une politique monétaire expansionniste, c'est-à-dire d'une hausse de la masse monétaire de M à M' [1] ?

La dynamique d'ajustement

Supposons que la production soit à son niveau d'équilibre avant le changement de la masse monétaire. Sur la figure 8.6, la demande globale et l'offre globale se coupent au point A, où le niveau de la production globale est Y_n.

Figure 8.6 – Les effets dynamiques d'une expansion monétaire.

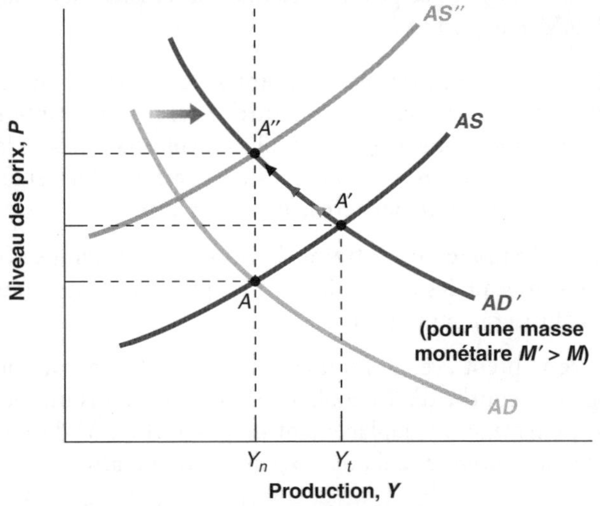

Une expansion monétaire entraîne une hausse de la production à court terme, mais n'a pas d'effet à moyen terme.

Considérons maintenant une hausse de M. D'après l'équation 8.4, une hausse de M, à P_t donné, entraîne une hausse de la production globale. La courbe de demande globale se déplace donc vers la droite, de AD vers AD' [2]. L'équilibre se déplace ainsi de A vers A'. La production globale est plus élevée, ainsi que le niveau des prix.

Au fil du temps, l'ajustement va se faire par les prix. Voyant les prix augmenter, les syndicats vont exiger des salaires nominaux plus élevés, ce qui fait à nouveau monter les prix. Ainsi, aussi longtemps que la production est supérieure à son niveau naturel, la courbe d'offre globale se déplace vers le haut. L'économie se déplace le long de la courbe de

1. La question – cruciale – des effets d'un changement du taux de croissance de la masse monétaire (et non du niveau de la masse monétaire) est étudiée dans les deux chapitres suivants.
2. Remarquez que les mouvements de la courbe de demande globale se font vers la gauche ou vers la droite. Cela vient du fait que nous pensons la relation de demande globale comme donnant la production pour un certain niveau des prix. La question est donc : pour un niveau des prix donné, la production augmente-t-elle (déplacement vers la droite) ou diminue-t-elle (déplacement vers la gauche) ?

demande globale AD'. Ce processus d'ajustement s'arrête seulement quand la production est revenue à son niveau naturel. À moyen terme, la courbe d'offre globale est donnée par AS'', et l'économie est au point A'' : la production est au même niveau qu'avant, mais les prix sont plus élevés.

Nous pouvons mesurer exactement l'ampleur de cette hausse des prix à moyen terme. En effet, si la production globale revient à son niveau naturel, c'est que le stock réel de monnaie est revenu à sa valeur initiale. En d'autres termes, cela signifie que les prix ont augmenté dans les mêmes proportions que la masse monétaire. Si l'expansion monétaire était de 10 %, alors, à moyen terme, les prix auraient augmenté de 10 % [1].

Que se passe-t-il en coulisse ?

Il est intéressant de voir ce qui se passe derrière ce processus d'ajustement : qu'en est-il dans le modèle *IS*/*LM* sous-jacent ?

Sur la figure 8.7, l'équilibre initial est au point *A*, qui correspond au point *A* de la figure 8.6. La production est à son niveau naturel Y_n et le taux d'intérêt est *i*. L'effet de court terme de l'expansion monétaire est le déplacement vers le bas de la courbe *LM* vers LM' ; l'équilibre se situe alors en A'. Le taux d'intérêt est plus bas, et la production plus élevée. Deux effets sont à l'œuvre derrière la baisse de *LM* [2] :

- la hausse de la masse monétaire entraîne dans un premier temps un déplacement de *LM* vers LM''. Si le niveau des prix était fixe – ce que nous supposions au chapitre 6 –, l'économie se stabiliserait au point *B* ;
- mais les prix augmentent avec la production, au fur et à mesure que l'économie se déplace le long de la courbe d'offre globale. Si bien que, dans un second temps, cette hausse des prix entraîne un déplacement de la courbe *LM* de LM'' à LM', ce qui compense en partie le premier effet de l'expansion monétaire [3].

Au fil du temps (après la première année), les prix continuent à augmenter, réduisant le stock réel de monnaie et ramenant *LM* vers le haut. L'économie se déplace ainsi le long de la courbe *IS* : le taux d'intérêt augmente et la production décline. La courbe *LM* rejoint alors son niveau initial. Finalement, l'économie se stabilise au point *A*, correspondant au point A'' de la figure 8.6. La hausse de la masse monétaire est parfaitement compensée par la hausse des prix, ce qui laisse à moyen terme le stock réel de monnaie inchangé. La production revient alors à son niveau initial, Y_n, et le taux d'intérêt rejoint également son niveau de départ, *i*.

1. Si M/P reste inchangé, *M* et *P* ont forcément augmenté dans les mêmes proportions.
2. Ces deux effets se produisent l'un et l'autre dans la première année.
3. Pourquoi en partie seulement ? Supposons que la hausse du niveau des prix annule complètement la hausse de la masse monétaire, laissant le stock réel de monnaie inchangé. Dans ce cas, la production demeure inchangée également. Mais si la production restait identique, le niveau des prix n'augmenterait pas, contrairement à notre prémisse.

Figure 8.7 – Les effets dynamiques d'une expansion monétaire sur la production et le taux d'intérêt.

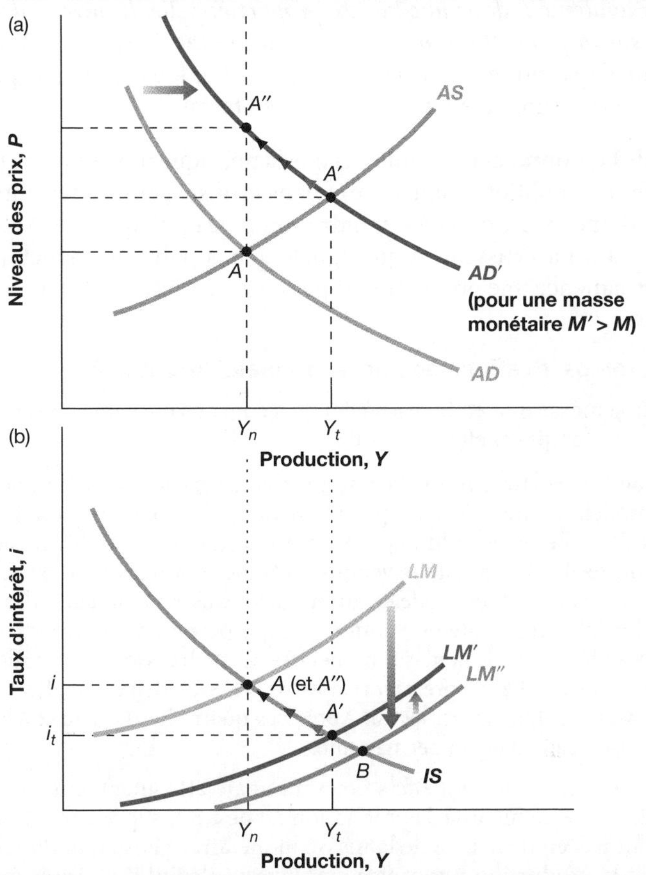

La hausse de la masse monétaire entraîne dans un premier temps une baisse de la courbe *LM*, d'où une baisse du taux d'intérêt et une augmentation de la production. Puis, au cours du temps, le niveau des prix monte, déplaçant la courbe *LM* vers le haut, jusqu'à ce que la production ait rejoint son niveau naturel.

La neutralité de la monnaie

Résumons ce que nous avons appris sur les effets de la politique monétaire dans cette section :

- *à court terme*, une politique monétaire expansionniste entraîne une hausse de la production, ainsi qu'une hausse du niveau des prix. La pente de la courbe d'offre globale détermine la part du choc initial répercutée sur la production et celle répercutée sur les prix. Au chapitre 6, nous supposions que la courbe d'offre globale était plate, si bien qu'à court terme, le niveau des prix n'augmentait pas en réponse à un choc monétaire. Cette hypothèse était une simplification, mais, en pratique, l'on constate que l'effet de court terme sur les prix est faible. On peut le voir sur la figure 6.12 : suite à un changement du taux directeur américain, les prix restent inchangés pendant près d'un an, malgré la hausse de la production ;

- au fil du temps, les prix augmentent, et les effets du choc monétaire sur la production et le taux d'intérêt disparaissent. *À moyen terme, la hausse de la masse monétaire se répercute totalement dans une hausse proportionnelle du niveau des prix. Elle n'a aucun effet sur la production, ni sur le taux d'intérêt.* C'est cette absence d'effet de moyen terme de la monnaie sur la production et le taux d'intérêt qui fait dire aux économistes que la monnaie est neutre à moyen terme [1].

La **neutralité de la monnaie** ne signifie pas que la politique monétaire ne peut ou ne doit pas être utilisée : une politique monétaire expansionniste peut, par exemple, aider l'économie à sortir d'une récession et à rejoindre son niveau d'équilibre. Mais la neutralité de la monnaie est un avertissement qui signale que la politique monétaire ne peut pas soutenir en permanence une production supérieure au niveau naturel.

Pour aller plus loin

Combien de temps les effets réels de la monnaie durent-ils ?

Une hausse de la masse monétaire n'a d'effet qu'à court terme sur le niveau de la production. Combien de temps cet effet dure-t-il ?

On peut répondre à cette question en se tournant vers les modèles macroéconométriques. Ces modèles, utilisés à la fois pour faire des prévisions sur l'activité et pour étudier les effets des différentes politiques macroéconomiques, sont des versions à grande échelle du modèle *AS/AD* que nous venons d'étudier. La figure 1 montre les résultats obtenus à l'aide de l'un de ces modèles, un modèle construit au début des années 1990 par John Taylor (de l'université de Stanford) et qui permet de mesurer les effets d'une hausse permanente de 3 % de la masse monétaire. Cette hausse a lieu pendant les quatre trimestres de l'année : 0,1 % au premier trimestre, 0,6 % au deuxième, 1,2 % au troisième et, enfin, 1,1 % au quatrième trimestre. Après ces quatre hausses, le stock de monnaie reste à son haut niveau de façon permanente.

D'après le modèle de Taylor, les effets de la monnaie atteignent leur maximum après trois trimestres. À ce moment-là, la production est de 1,8 % supérieure à ce qu'elle aurait été s'il n'y avait pas eu de hausse de la masse monétaire. Mais au fil du temps, les prix augmentent et la production retourne à son niveau d'équilibre. Après quatre ans, les prix ont augmenté de 2,5 %, alors que la production n'a gagné que 0,3 %. Ainsi, le modèle de Taylor suggère que la monnaie devient neutre après environ quatre ans.

Certains économistes sont sceptiques à l'égard des simulations faites à partir de ces grands modèles. En effet, construire un tel modèle implique de décider quelles équations inclure et lesquelles omettre, quelles variables intégrer dans chaque équation, etc. Ces décisions ne sont pas toujours justes. Vu la complexité du modèle, il est difficile de savoir quelle décision pèse sur tel ou tel résultat. Ainsi, certains économistes préconisent d'utiliser, autant que possible, des modèles plus simples.

Par exemple, on peut tout simplement esquisser, à l'aide de l'économétrie, les effets d'un changement de la masse monétaire sur la production. Cette méthode n'est pas sans problème non plus : une corrélation forte entre monnaie et production ne résulte sans doute pas des effets de la monnaie sur la production, mais plutôt des effets du niveau de la production sur la politique monétaire menée. Mais cette méthode peut néanmoins fournir une première idée utile. Les résultats d'une telle étude, réalisée par Frederic Mishkin à partir des travaux de Robert Barro, sont résumés dans le tableau 1.

1. En réalité, cette proposition est généralement énoncée ainsi : la monnaie est neutre *à long terme*. Cela vient du fait que ce que nous appelons « moyen terme » dans ce livre est considéré comme le « long terme » par de nombreux économistes.

Figure 1 – Combien de temps les effets réels de la monnaie durent-ils ?

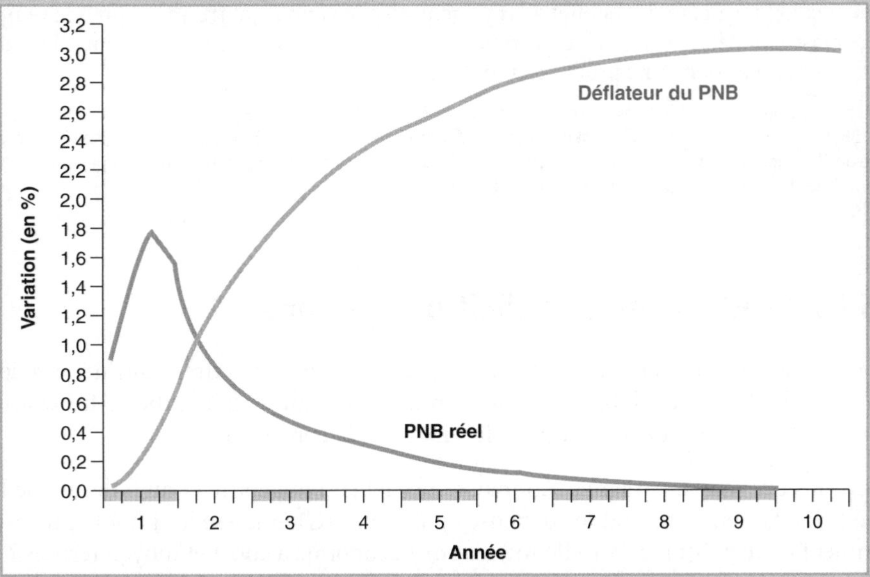

Source : *World Values Survey*, vague 1999-2000.

Tableau 1 – Les effets d'une hausse (anticipée ou non) de 1 % de la masse monétaire.

Effets sur la production (en %)	**Trimestres**					
	0	**2**	**4**	**6**	**12**	**16**
Quand la hausse a été anticipée	1,3	1,9	1,8	1,3	0,7	– 0,6
Quand elle ne l'a pas été	1,9	2,3	2,2	2,0	0,5	– 0,4

Suivant la méthode de Barro, Mishkin sépare d'abord les mouvements de la masse monétaire en deux catégories : ceux qui pouvaient être anticipés à partir de l'information disponible à ce moment-là, et ceux qui ne pouvaient pas être prévus. La raison d'une telle distinction doit être bien claire : si les salariés anticipent la hausse de la masse monétaire, ils anticipent une hausse des prix et donc réclament des salaires plus élevés. Ainsi, lorsqu'elles sont anticipées, les variations de la masse monétaire ont plus d'effet sur les prix, et moins sur la production.

C'est ce que l'on peut constater dans le tableau 1 : les variations de la masse monétaire se répercutent plus fortement sur le niveau de la production si elles ne sont pas anticipées. Qu'il soit anticipé ou non, l'effet d'un changement de la masse monétaire est le plus élevé après environ deux trimestres. Les effets sont ici sensiblement plus accrus que dans le modèle de Taylor (qui considère une hausse de 3 % du stock de monnaie, contre 1 % dans l'étude de Mishkin). Mais, comme dans le modèle de Taylor, les effets disparaissent après trois ou quatre ans.

Pour aller plus loin

Bien que les résultats obtenus par ces deux approches ne soient pas tout à fait identiques, ils partagent certaines caractéristiques. La monnaie a un effet important sur la production à court terme, mais cet effet a largement disparu après quatre ans. Après ce temps, une masse monétaire plus élevée se reflète essentiellement dans un niveau plus élevé des prix, et non pas dans une production plus élevée.

Source : pour la figure 1, John Taylor, *Macroeconomic Policy in a World Economy*, W. W. Norton, 1993, figure 5-1A, p. 138 ; pour le tableau 1, Frederic Mishkin, *A Rational Expectations Approach to Macroeconometrics*, NBER et université de Chicago, 1983, tableau 6.5, p. 122 ; Robert Barro, « Unanticipated Money Growth and Unemployment in the United States », *American Economic Review*, mars 1977, p. 101-115.

8.5 Une réduction du déficit budgétaire

La politique que nous venons d'étudier – une expansion monétaire – entraîne un déplacement de la demande globale venant d'un déplacement de la courbe *LM*. Regardons maintenant les conséquences d'un déplacement de la courbe *IS*.

Supposons que le gouvernement connaisse un déficit budgétaire et qu'il décide de l'éliminer. Il le fait en réduisant les dépenses publiques (G) et laisse les impôts inchangés. Comment cette politique va-t-elle influer sur l'économie à court et moyen termes ?

Imaginons qu'au départ la production soit à son niveau naturel, si bien que l'économie se trouve au point *A* sur la figure 8.8 : la production est égale à Y_n. La baisse des dépenses gouvernementales déplace la courbe de demande globale vers la gauche, de *AD* vers *AD′* : pour un niveau des prix donné, la demande est plus faible. L'économie passe donc de *A* à *A′*, avec une production et des prix plus bas. Le premier effet d'une réduction du déficit est donc d'amorcer une récession. Nous avions déjà obtenu ce résultat au chapitre 6 : il est ici confirmé.

Figure 8.8 – Les effets dynamiques d'une réduction du déficit budgétaire.

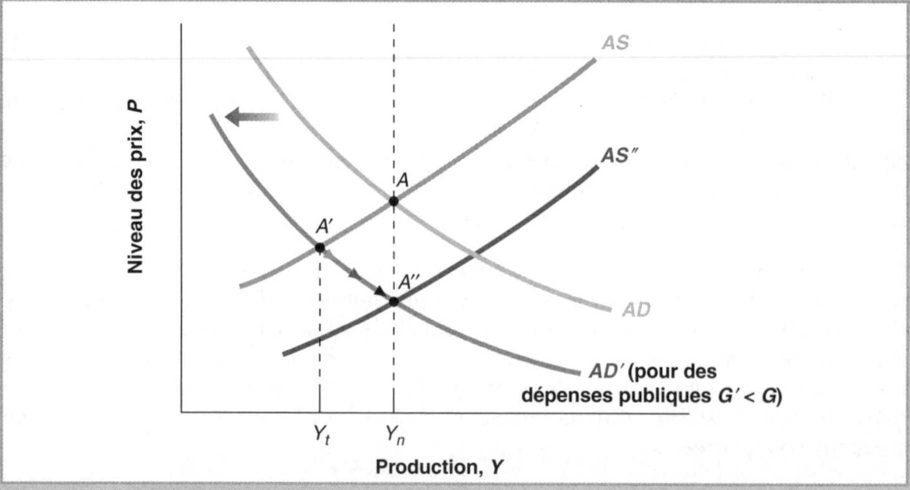

Une réduction du déficit budgétaire conduit d'abord à une baisse de la production. Puis, au cours du temps, la production revient à son niveau naturel.

Que se passe-t-il au cours du temps ? Tant que la production est sous son niveau d'équilibre, la courbe d'offre globale AS se déplace vers le bas. L'économie se déplace le long de la courbe AD' jusqu'à ce que la courbe AS atteigne AS''. L'économie est alors au point A'', et la récession initiale est terminée : la production est revenue à Y_n.

Ainsi, tout comme une expansion monétaire, une réduction du déficit budgétaire ne modifie pas la production de façon permanente. À la longue, la production retourne à son niveau naturel. Mais il y a une différence importante entre les effets d'un changement de la masse monétaire et les effets d'un changement dans le déficit. Au point A'', tout n'est pas comme avant : la production est revenue à son niveau initial, mais le taux d'intérêt et les prix sont plus bas qu'auparavant [1]. La meilleure façon de comprendre pourquoi est de regarder l'ajustement qui s'opère dans les termes du modèle IS/LM sous-jacent.

Déficit budgétaire, production et taux d'intérêt

Les courbes IS et LM implicites dans la relation de demande globale sont représentées sur la figure 8.9. L'équilibre initial est au point A, qui correspond au point A de la figure 8.8. La production est égale à son niveau naturel Y_n et le taux d'intérêt à i.

Quand le gouvernement réduit le déficit budgétaire, la courbe IS se déplace vers la gauche, vers IS'. Si le niveau des prix ne changeait pas, l'équilibre se déplacerait de A vers B. Mais la baisse de la production entraînant une baisse des prix, le stock réel de monnaie augmente, ce qui conduit à un déplacement de LM vers le bas, de LM à LM'. Le premier effet de la réduction du déficit est donc de faire passer l'économie de A à A' (le point A' correspond à celui de la figure 8.8). La production et le taux d'intérêt sont tous deux plus bas qu'avant la contraction budgétaire. Notons au passage que l'effet à court terme sur l'investissement est ambigu : la baisse de la production réduit l'investissement, mais la baisse des taux d'intérêt l'augmente.

Au cours du temps, le fait que la production soit en deçà de son niveau naturel - ce qui revient à dire que le chômage est supérieur à son taux structurel – entretient la baisse des prix. Aussi longtemps que la production est inférieure à son niveau naturel, les prix baissent, et la courbe LM se déplace vers le bas. L'équilibre se déplace le long de la courbe IS' et atteint finalement le point A''. En A'', la courbe LM est donnée par LM''. La production est revenue à son niveau naturel. Mais le taux d'intérêt est maintenant égal à i'', inférieur à ce qu'il était avant la contraction budgétaire. La production a rejoint son niveau initial, mais la composition du produit est à présent différente. Pour le constater, réécrivons la relation IS :

$$Y = C\,(Y_n - T) + I\,(Y_n, i) + G$$

Puisque le revenu et les impôts n'ont pas changé, la consommation est restée la même qu'avant la réduction du déficit. Par hypothèse, les dépenses publiques G ont baissé. Donc, nécessairement, Y étant le même qu'avant, l'investissement a augmenté d'un montant exactement égal à la réduction du déficit budgétaire. Autrement dit, à moyen terme, une baisse du déficit entraîne à coup sûr une baisse du taux d'intérêt et une hausse de l'investissement.

---

1. Le fait que le niveau des prix décroisse au fur et à mesure que l'économie se déplace de A vers A' et de A' vers A'' peut sembler étrange : on observe rarement des baisses de prix. Ce résultat vient en fait de notre hypothèse selon laquelle il n'y a pas de croissance de la masse monétaire, donc pas d'inflation à moyen terme. Or, en général, la masse monétaire ne cesse de croître et l'inflation est positive. Les récessions engendrent ainsi une baisse temporaire de l'inflation, et non une baisse des prix. Nous étudierons les conséquences de la croissance de la masse monétaire dans les deux prochains chapitres.

Figure 8.9 – Les effets dynamiques d'une réduction du déficit sur la production et le taux d'intérêt.

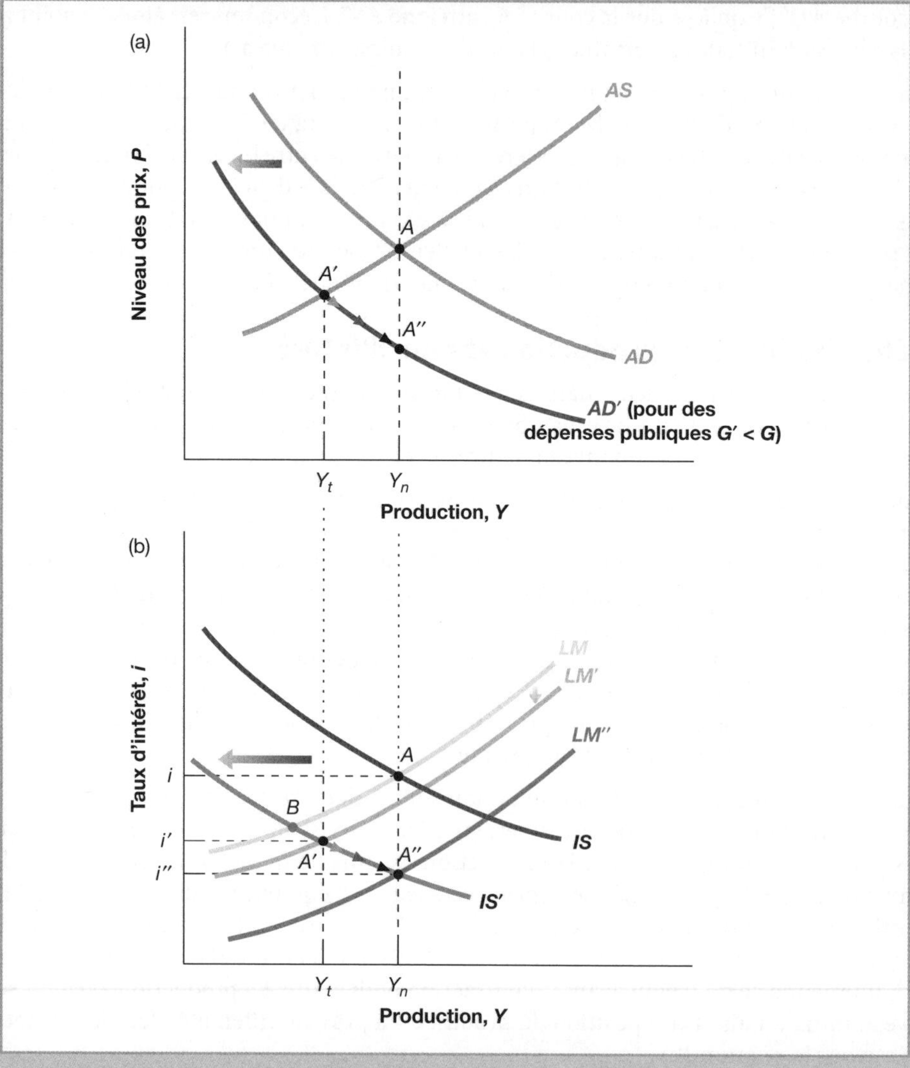

La réduction du déficit conduit à court terme à une baisse de la production et du taux d'intérêt. À moyen terme, la production revient à son niveau naturel, mais le taux d'intérêt continue à baisser.

Déficit budgétaire, production et investissement

Résumons ce que nous avons appris à propos des effets d'une politique budgétaire :

- *à court terme*, une réduction du déficit budgétaire, si elle est réalisée seule (c'est-à-dire sans modification parallèle de la politique monétaire), entraîne une baisse de la production et peut éventuellement entraîner une baisse de l'investissement.

  Remarquons cependant que, en principe, ces effets négatifs sur la production à court terme peuvent être évités si un bon *policy-mix* est utilisé, c'est-à-dire si la réduction du déficit est accompagnée d'une expansion monétaire. En effet, si la banque centrale réduit suffisamment les taux d'intérêt, elle peut compenser les effets négatifs de la baisse des dépenses publiques sur la demande. Comme nous l'avons vu au chapitre 6, c'est ce qui s'est passé aux États-Unis dans les années 1990 : la Réserve fédérale américaine a fait en sorte que, même à court terme, la réduction du déficit ne conduise pas à une récession ;

- *à moyen terme*, la production revient à son niveau naturel, et le taux d'intérêt est plus bas qu'auparavant. À moyen terme également, la réduction des déficits engendre une *hausse* de l'investissement. Jusqu'à présent, nous n'avons pas pris en compte les effets de l'investissement sur l'accumulation du capital, ni les effets du capital sur la production. Mais il est facile de voir comment nos conclusions seraient modifiées si nous prenions en compte ces phénomènes : à moyen et long termes, un déficit budgétaire plus faible entraîne un investissement plus fort, ce qui induit un stock de capital plus élevé ainsi qu'une hausse de la production.

Tout ce que nous venons de dire sur la politique de contraction budgétaire s'appliquerait de façon similaire à une politique de hausse de l'épargne privée. Celle-ci entraîne une hausse de la production et de l'investissement à long terme. Mais elle peut également causer une récession et une baisse de l'investissement à court terme.

Les désaccords entre économistes à propos des effets des mesures visant à accroître l'épargne publique ou privée découlent souvent de considérations temporelles. Ceux qui sont concernés par les effets de court terme craignent une récession ; ceux qui regardent au-delà du court terme enjolivent les effets favorables à moyen terme. Nous reviendrons sur ces questions au chapitre 25.

8.6 Les effets de la modification du prix du pétrole

Le prix du pétrole a connu d'importantes fluctuations depuis trois décennies. Dans les années 1970, il a énormément augmenté, suite à la formation de l'Organisation des pays exportateurs de pétrole (OPEP). Usant de son pouvoir de monopole, l'OPEP réduisit l'offre de pétrole et, par là même, en augmenta le prix. La figure 8.10, qui représente l'évolution du prix du baril de pétrole de 1970 à 2011, montre clairement les effets de la formation de l'OPEP. Alors que le prix du pétrole était resté pratiquement constant durant les années 1960, il augmenta fortement entre 1970 et 1982, en raison notamment de deux hausses brutales – la première en 1973-1975, la seconde en 1979-1981.

À partir de 1982 cependant, l'OPEP devint incapable de faire respecter les quotas de production qu'elle avait assignés à ses membres. Certains pays membres se mirent à produire plus que leur quota, et l'offre mondiale de pétrole commença à croître régulièrement, d'où un important déclin du prix. Comme le montre la figure 8.10, la dissolution de l'OPEP entraîna une baisse régulière du prix du baril au cours des années 1980, puis une stabilité dans les années 1990. Au cours des années 2000, cependant, la guerre en Irak et une considérable hausse de la demande de pétrole en provenance de pays à forte croissance, comme la Chine et l'Inde, provoquèrent une augmentation importante du cours du pétrole, atteignant avant la crise financière de 2007-2008 un niveau supérieur à celui de 1980. La crise économique de la fin de la décennie 2000 entraîna ensuite une forte baisse des cours : le prix du pétrole brut chuta de plus de 40 dollars entre juin 2008 et octobre 2009. Cette diminution pourrait cependant n'être que conjoncturelle.

Figure 8.10 – L'évolution du cours du pétrole brut Brent (dollars/baril), 1970-2011.

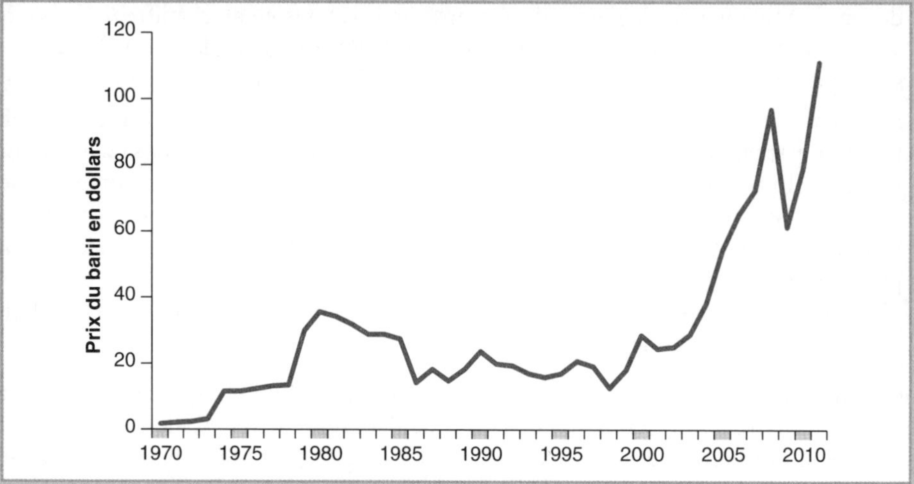

Il y eut deux hausses brutales dans les années 1970, suivies d'une baisse dans les années 1980 et 1990 et d'une remontée au cours des années 2000.

Source : Union française des industries du pétrole.

Pour étudier les effets macroéconomiques de la hausse du prix du pétrole, nous devons commencer par résoudre le problème suivant : le prix du pétrole n'apparaît ni dans la relation d'offre globale, ni dans la relation de demande globale ! Cela vient du fait que nous avons jusqu'à présent supposé que la production n'utilisait que du travail. Une façon de procéder serait d'abandonner cette hypothèse, mais nous allons privilégier ici une méthode rapide : nous pouvons supposer que la hausse du prix du pétrole correspond à une hausse de μ, la marge des prix sur les salaires. La justification est immédiate : à salaires donnés, la hausse du prix du pétrole entraîne une hausse des coûts de production, qui contraint les entreprises à augmenter leurs prix.

Nous pouvons maintenant étudier les effets dynamiques d'une *hausse de la marge* des prix sur les salaires. Nous allons raisonner d'aval en amont, c'est-à-dire que nous allons commencer par étudier ce qui se passe à moyen terme, puis nous essaierons de comprendre quels sont les mécanismes dynamiques qui œuvrent à cet ajustement.

Les effets sur le taux de chômage structurel

Étudions d'abord ce que devient le taux de chômage structurel après la hausse du prix du pétrole. La figure 8.11 représente l'équilibre sur le marché du travail tel que nous l'avons étudié au chapitre 7. La courbe *WS* est décroissante. La relation *PS* est représentée par la ligne horizontale à $W/P = 1/(1 + \mu)$. L'équilibre initial est au point *A*, et le taux de chômage structurel initial est u_n.

Une hausse de la marge μ déplace vers le bas la courbe *PS*, de *PS* à *PS'* : plus la marge est grande, plus les salaires réels sont faibles. L'équilibre passe de *A* à *A'*. Le salaire réel est plus faible. Le taux de chômage structurel est plus élevé : pour que les travailleurs acceptent des salaires réels plus faibles, il faut que le chômage soit plus fort.

La hausse du taux de chômage structurel implique une baisse du niveau d'emploi naturel. Si nous supposons que la relation entre emploi et production est inchangée (c'est-à-dire que chaque unité produite requiert un travailleur), alors la baisse du niveau d'emploi naturel se répercute en une baisse équivalente du niveau de production naturel. En résumé, la hausse du prix du pétrole entraîne une baisse du niveau de production naturel.

Figure 8.11 – Les effets d'une hausse du prix du pétrole sur le taux de chômage structurel.

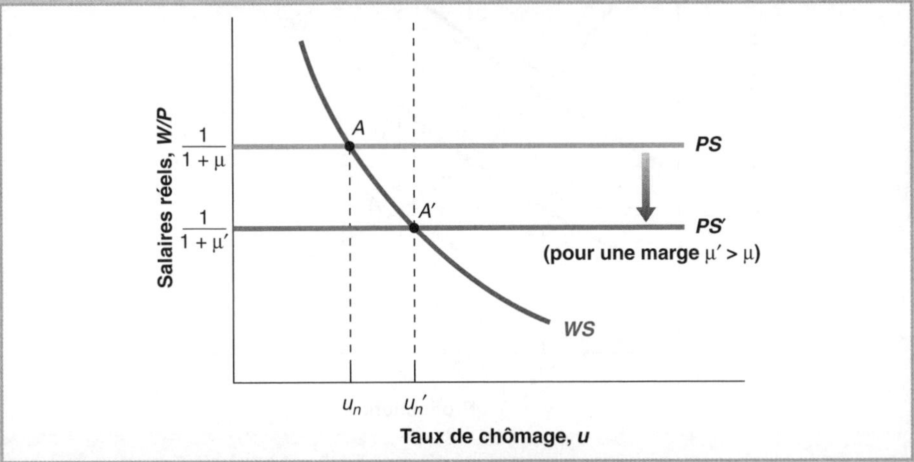

La hausse du prix du pétrole conduit à une baisse des salaires réels et à une hausse du taux de chômage structurel.

La dynamique d'ajustement

Passons maintenant à l'étude dynamique. Supposons qu'avant la hausse du prix du pétrole, l'économie était au point *A* sur la figure 8.12, avec la production à son niveau d'équilibre Y_n et un niveau des prix constants (soit $P_t = P_{t-1}$). Nous venons de voir que la hausse du prix du pétrole entraînait une baisse de la production de Y_n à, disons, Y'_n. Nous cherchons désormais à comprendre ce qui se passe à court terme et comment l'économie évolue de Y_n à Y'_n.

Rappelons-nous que la relation d'offre globale est donnée par :

$$P_t = P_{t-1}(1+\mu)F\left(1-\frac{Y_t}{L}, z\right)$$

Une hausse de la marge entraîne une hausse du niveau des prix (P_t) pour un niveau donné de production. Ainsi, à court terme, la courbe d'offre globale se déplace vers le haut.

Nous pouvons être plus précis sur l'ampleur de ce déplacement. Nous avons vu dans la section 8.1 que la courbe d'offre globale passe toujours par le point où la production est à son niveau naturel et où les prix sont à leur niveau anticipé. Avant la hausse du prix du pétrole, la courbe d'offre globale passait donc par le point *A*, auquel $Y = Y_n$ et $P = P_{t-1}$ (d'après notre hypothèse sur la forme des anticipations : $P_t^e = P_{t-1}$). Après la hausse du prix du pétrole, la nouvelle courbe d'offre globale passe par le point *B*, où la production est égale au nouveau produit $Y'_n < Y_n$ et où le niveau des prix est égal au niveau anticipé P_{t-1}. Ainsi, la courbe d'offre globale se déplace de AS à AS'.

Figure 8.12 – Les effets dynamiques d'une hausse du prix du pétrole.

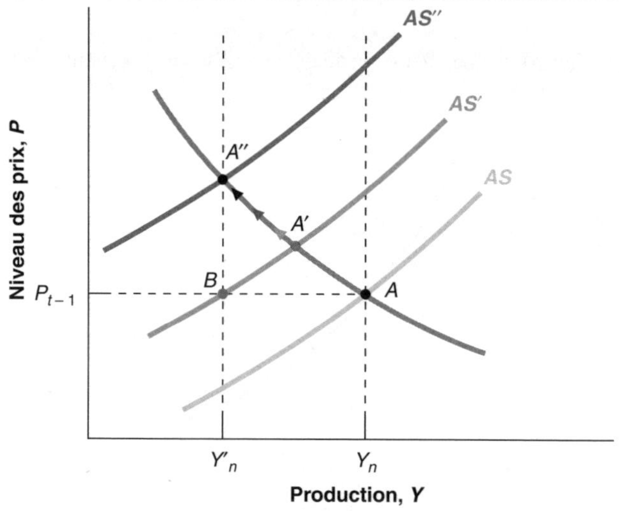

Une hausse du prix du pétrole entraîne, à court terme, une baisse de la production et une hausse des prix. Au cours du temps, la production continue à décroître et les prix à croître.

La courbe de demande globale se déplace-t-elle en réponse à la hausse du prix du pétrole ?

Il existe de nombreux canaux par lesquels la demande peut être modifiée : le prix élevé du pétrole peut obliger les entreprises à modifier leurs plans d'investissement, c'est-à-dire à annuler certains projets et/où à acheter des équipements qui nécessitent moins d'énergie. En outre, la hausse du prix du pétrole redistribue le revenu des consommateurs de pétrole vers les producteurs de pétrole. Or, ces derniers ont peut-être une propension marginale à épargner plus forte que les consommateurs [1]. Puisque certains effets déplacent la courbe de demande globale vers la droite et que d'autres la déplacent vers la gauche, nous allons ici simplifier le problème en supposant que ces effets s'annulent entre eux et que la courbe de demande globale n'est pas modifiée.

À court terme, l'économie passe donc de A à A'. La hausse du prix du pétrole conduit les entreprises à augmenter leurs prix. La hausse des prix réduit la demande et la production. Remarquez la différence entre les chocs négatifs de demande et d'offre : les chocs négatifs sur la demande (par exemple, une politique de réduction du déficit budgétaire telle que celle de la section 8.5) entraînent une baisse de la production et des prix. Les chocs négatifs sur l'offre (dans le cas présent, une hausse du prix du pétrole) induisent une baisse de la production et une *hausse* des prix.

Que se passe-t-il au cours du temps ? La production a baissé, mais son niveau naturel a lui-même encore plus baissé. Au point A', l'économie est donc encore au-dessus du

1. C'était le cas dans les années 1970. Les pays de l'OPEP ont compris que les forts revenus du pétrole ne dureraient pas éternellement, si bien que beaucoup ont épargné une large proportion de leurs revenus.

nouveau niveau de production naturel Y'_n. De ce fait, la hausse des prix se poursuit. L'économie se déplace par conséquent progressivement, de A' vers A''. Au point A'', la production est égale à son nouveau niveau naturel, et les prix sont plus élevés qu'avant le choc pétrolier. Le déplacement de l'offre globale a donc un impact sur la production non seulement à court terme, mais également à moyen terme.

Comment tout cela se compare-t-il à ce qui s'est réellement passé après le premier choc pétrolier ?

Le tableau 8.1 donne les faits macroéconomiques élémentaires qui ont suivi le choc pétrolier de 1973.

Tableau 8.1 (a) – Les effets de la hausse du pétrole en France, 1973-1975 (en %).

	1973	1974	1975
Prix du pétrole (taux de croissance)	15,9	162,3	– 1,0
Déflateur du PIB (taux de croissance)	5,6	11,8	12,9
Taux de croissance du PIB	5,4	3,1	– 0,3
Taux de chômage	2,7	2,8	4,0

Tableau 8.1 (b) – Les effets de la hausse du pétrole aux États-Unis, 1973-1975 (en %).

	1973	1974	1975
Prix du pétrole (taux de croissance)	10,4	51,8	15,1
Déflateur du PIB (taux de croissance)	5,6	9,0	9,4
Croissance du PIB	0	– 0,6	– 0,4
Taux de chômage	4,9	5,6	8,5

Source : Council of Economic Advisers, *Rapport économique du président*, 1997.

Macroéconomie mondiale

Pourquoi le Japon a-t-il eu une faible croissance dans les années 1990 ?

Le Japon, dont le taux de croissance était proche de 6 % en moyenne depuis 1960, n'a crû, au cours des années 1990, qu'à un taux moyen de 1 %.

Pourquoi la croissance a-t-elle été si faible au cours de cette période ? Les économistes évoquent deux causes :

- la première est l'effondrement du marché des titres japonais au début des années 1990, après une très forte hausse au cours de la décennie précédente. L'indice Nikkei (l'indice du cours des actions japonaises) est passé de 7 000 en 1980 à 35 000 au début de 1990. Il a ensuite perdu la moitié de sa valeur en deux ans, puis a continué de diminuer jusqu'à un plancher de 7 000 en 2003 ;
- la seconde est l'effet que cet effondrement des prix boursiers et immobiliers a eu sur les banques japonaises. La plupart des banques avaient accordé des prêts à des investisseurs financiers ou immobiliers. Après l'effondrement des cours, de nombreux emprunteurs ne pouvaient rembourser leurs dettes. On a estimé qu'en 1997, les créances douteuses des vingt principales banques japonaises représentaient près de 4 % du PIB japonais. Avec autant de mauvais prêts en cours, les banques ont dû réduire de façon drastique le crédit aux entreprises.

La question de savoir comment ces deux facteurs se sont combinés pour créer une faible croissance est plus controversée et le sujet de nombreuses recherches.

Beaucoup d'économistes ont étudié les effets de l'effondrement des prix boursiers et immobiliers, ainsi que ceux de la réduction du crédit sur la demande globale. Une baisse brutale du prix des actifs réduit la richesse des ménages et les force à diminuer leurs dépenses. Pour les entreprises, la baisse du crédit bancaire implique l'impossibilité d'investir, faute de financement. La conséquence de tout cela a été un repli de la demande globale, qui a entraîné une faible croissance et une faible inflation – l'inflation a même été négative en 1995 et 1996. Ce diagnostic a conduit les économistes à préconiser à la fois des politiques monétaire et budgétaire expansionnistes. C'est effectivement ce qui s'est passé.

- Comme le montre la figure 1, la Banque centrale japonaise a fortement réduit le taux d'intérêt, à un niveau inférieur à 1 % depuis le milieu des années 1990. Il n'est dès lors plus possible de diminuer davantage le taux d'intérêt nominal (qui ne peut être négatif). Cette situation, dans laquelle la politique monétaire rencontre ses limites, est appelée « trappe à liquidité ».
- Dans cette situation où peu de place restait pour accroître le caractère expansionniste de la politique monétaire, le gouvernement a eu recours à la politique budgétaire pour soutenir la demande. La figure 2 montre l'évolution des dépenses et recettes publiques depuis 1990 (en pourcentage du PIB) : les dépenses publiques ont fortement augmenté à partir des années 1990. Cette hausse a principalement pris la forme de travaux publics. La conséquence en a été une forte augmentation de la dette publique, qui représentait 13 % du PIB en 1991 et est désormais supérieure à 120 %.

Malgré un faible taux d'intérêt et un fort déficit budgétaire, la production japonaise est restée longtemps atone : alors que le Japon a connu un taux de croissance annuel moyen de 4,4 % dans les années 1980, celui-ci a été de 1,4 % dans les années 1990 et 0,9 % au cours des années 2000. L'évolution de l'économie japonaise depuis 1990 est un fort avertissement du fait que la reprise peut être longue à se manifester.

Figure 1 – Le taux d'intérêt au Japon depuis 1990.

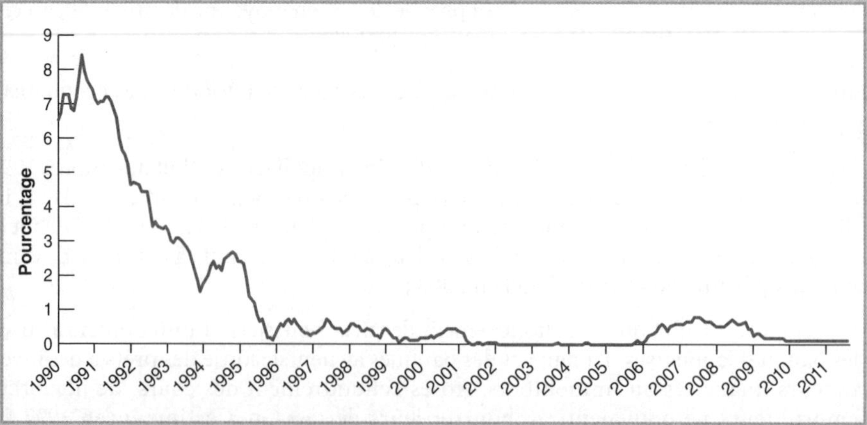

L'économie japonaise est dans une situation de trappe à liquidité depuis le milieu des années 1990.

Source : FMI, taux d'intérêt sur les bons du Trésor à un an.

Figure 2 – Les dépenses et les recettes publiques (en pourcentage du PIB) au Japon depuis 1990.

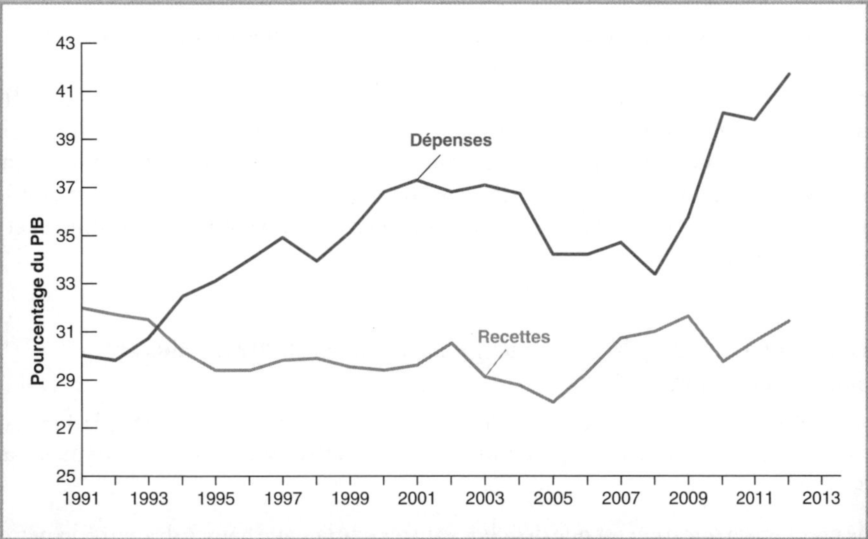

Source : FMI, *Perspectives de l'économie* mondiale, base de données.

Voyant cette faiblesse de l'activité japonaise, malgré une demande stimulée par un faible taux d'intérêt et un fort déficit budgétaire, certains économistes se sont demandé si les problèmes rencontrés par le système bancaire japonais ne devaient pas plutôt être pensés en termes de choc négatif sur l'offre globale. Un mauvais système bancaire ressemble beaucoup à une crise du prix du pétrole ou à une baisse de la productivité : il augmente le coût de l'activité et le coût de production, et réduit le niveau de production d'équilibre. Ces économistes disent donc que les problèmes qui se sont manifestés au Japon dans les années 1990 ne pouvaient pas être résolus par la seule hausse de la demande globale, mais nécessitaient une rénovation du système bancaire : certaines banques doivent fermer, d'autres doivent remplacer leurs créances douteuses par de « bons actifs », tels que des bons du Trésor. De telles restructurations prennent du temps.

Les résultats observés sont parfaitement concordants avec les prévisions de notre modèle : à la fois une récession et une forte hausse des prix, en France et aux États-Unis. En 1975, la croissance du PIB a été négative dans les deux pays. En 1974 et 1975, l'inflation était plus forte que l'année précédente. À cette époque, la combinaison d'une croissance négative et d'une forte inflation – qui fut baptisée **stagflation** pour rendre compte de la simultanéité de la *stag*nation et de l'in*flation* – fut très surprenante pour les économistes. Ce fut la source d'un grand nombre de recherches sur les effets des chocs d'offre jusqu'à la fin des années 1970. Au moment du second choc pétrolier, les économistes étaient mieux équipés pour les comprendre.

De nombreuses questions restent cependant posées. Une question des plus intrigantes est de savoir si les effets d'un changement du prix du pétrole sont symétriques, c'est-à-dire si la hausse et la baisse du prix du pétrole ont des effets symétriques sur la production. Cette question vient du constat suivant : les effets favorables sur la production de la large baisse du prix du pétrole depuis 1982 semblent avoir été plus faibles que les effets négatifs des hausses du prix du baril dans les années 1970 [1].

Nous nous sommes concentrés dans cette section sur les effets d'une hausse du prix du pétrole. Mais, de même que les mouvements de la demande globale, les déplacements de l'offre globale peuvent se faire de diverses façons. Tout ce qui modifie la productivité du travail ou la marge des prix sur les salaires peut potentiellement provoquer un déplacement de *AS*. Par exemple, on peut penser que les problèmes qu'a connus le Japon dans les années 1990 venaient en partie de difficultés dans le secteur bancaire qui ont conduit à des mouvements à la fois de l'offre globale et de la demande globale. Ce point est étudié dans l'encadré suivant.

Gros plan

La hausse du prix du pétrole : pourquoi les années 2000 ont-elles été différentes des années 1970 ?

Pourquoi la hausse du prix du pétrole, qui s'est accompagnée d'une stagflation dans les années 1970, a-t-elle eu apparemment si peu d'effets sur l'économie dans les années 2000 ?

Une première explication est que des chocs autres que la seule hausse du cours du pétrole étaient à l'œuvre dans les années 1970 et 2000. Dans les années 1970, le prix de nombreuses matières premières (et pas uniquement du pétrole) a augmenté. Cela implique que le déplacement de la courbe d'offre globale a été plus important que celui engendré par la seule hausse du prix du pétrole. En ce qui concerne les années 2000, de nombreux économistes estiment que, en partie du fait de la mondialisation et de la concurrence internationale, le pouvoir de négociation salariale des travailleurs des pays riches a diminué. Si cela est avéré, il se pourrait que cette baisse du pouvoir de négociation des travailleurs ait déplacé la courbe d'offre globale vers le bas, ce qui aurait compensé l'effet de la hausse du prix du pétrole sur le produit et le niveau des prix.

Les études économétriques suggèrent cependant que, même lorsque l'on prend en compte ces différents facteurs, les effets d'une hausse du prix du pétrole ont changé depuis les années 1970. La figure 1 montre les effets d'une hausse de 100 % du cours du pétrole sur le PIB et le niveau des prix aux États-Unis, tels qu'ils sont estimés sur deux périodes différentes, respectivement de 1970 à 1986 et de 1987 à 2006 (l'échelle de temps en abscisse est le nombre de trimestres). Cette figure suggère deux conclusions :

- au cours des deux périodes, conformément aux prédictions de notre modèle, une hausse des prix du pétrole entraîne une hausse du niveau des prix et une baisse du PIB ;
- l'ampleur des effets de la hausse du prix du pétrole, à la fois sur le niveau des prix et sur le PIB, a été réduite de moitié entre les deux périodes.

1. À la fin des années 1990, le prix du pétrole a continué à baisser. La question est aujourd'hui de savoir si cette baisse prolongée est l'une des raisons pour lesquelles l'expansion américaine a duré beaucoup plus longtemps que prévu.

Gros plan

Comment expliquer qu'une hausse du prix du pétrole ait aujourd'hui moins d'effets négatifs que par le passé ? Cette question reste ouverte, mais, à ce jour, deux hypothèses paraissent plausibles :

- la première hypothèse est que les travailleurs américains ont actuellement un pouvoir de négociation moins important qu'au cours des années 1970 et sont en conséquence plus disposés à accepter des baisses de salaires, limitant ainsi le déplacement de la courbe d'offre globale et les effets sur le niveau des prix et le produit (vérifiez que vous comprenez cette explication, en vous reportant à la figure 8.12) ;
- la seconde hypothèse porte sur la politique monétaire. Lorsque les prix du pétrole ont augmenté dans les années 1970, les agents ont anticipé une forte hausse des prix et P^e s'est accru. Cela a accentué le déplacement de la courbe d'offre agrégée, ce qui a aggravé les effets de la hausse du cours du pétrole sur le niveau des prix et le produit. Entre les années 1970 et les années 2000, la politique monétaire a évolué, et les agents anticipent désormais le fait que la banque centrale ne laisserait pas la hausse du cours du pétrole entraîner une hausse générale du niveau des prix. De ce fait, la hausse de P^e a été très modérée, ce qui a limité le déplacement de la courbe d'offre agrégée et a réduit d'autant les effets sur le niveau des prix et le produit (là encore, vérifiez que vous comprenez cette explication, en vous reportant à la figure 8.12).

Figure 1 – Les effets d'une hausse de 100 % du prix du pétrole sur l'indice des prix à la consommation et le PIB aux États-Unis.

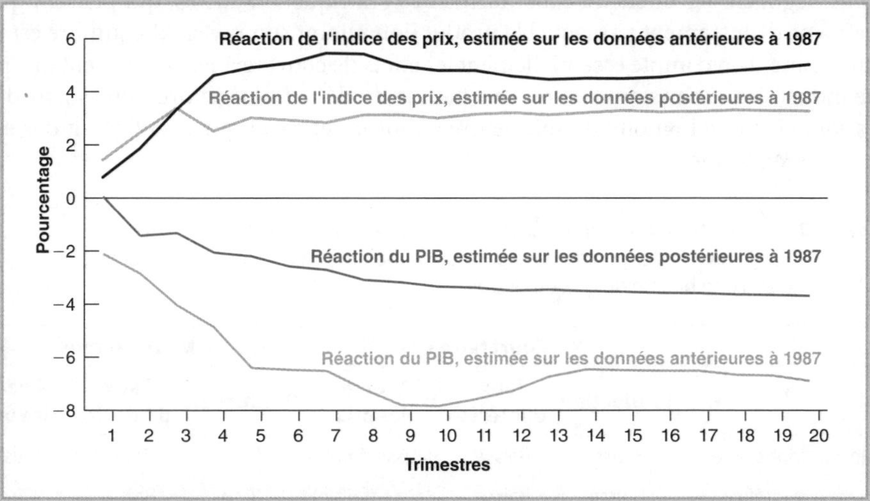

Les effets d'une hausse du prix du pétrole sur le produit et le niveau des prix sont bien moins importants que par le passé.

8.7 Conclusion

Après ce long chapitre, répétons et développons les conclusions que nous avons pu tirer.

Le court terme et le moyen terme

L'un des résultats de ce chapitre est que les changements de politique et, plus généralement, les changements de l'environnement économique - des changements dans la confiance des ménages aux changements du prix du pétrole - ont d'ordinaire des effets différents à court et à moyen terme. Nous avons étudié les cas d'une expansion monétaire, d'une réduction du déficit budgétaire et d'une hausse du prix du pétrole. Les principaux résultats sont résumés dans le tableau 8.2. Une expansion monétaire, par exemple, se répercute sur la production à court terme, mais pas à moyen terme. À court terme, une réduction du déficit réduit la production et le taux d'intérêt, et peut éventuellement réduire l'investissement. Mais à moyen terme, le taux d'intérêt baisse et la production revient à son niveau naturel, si bien que l'investissement augmente nécessairement. Une hausse du prix du pétrole réduit la production non seulement à court terme, mais aussi à moyen terme, etc.

Cette différence entre les effets de court et de moyen terme est une des raisons majeures des désaccords entre les recommandations des économistes. Certains économistes pensent que l'économie s'ajuste rapidement à son équilibre de moyen terme ; c'est pourquoi ils négligent les effets de court terme des politiques. D'autres, qui pensent que le mécanisme d'ajustement par lequel la production rejoint son niveau d'équilibre est long et qui prennent en compte essentiellement les effets de court terme, préconisent une politique monétaire expansionniste ou une hausse du déficit budgétaire pour sortir d'une récession, bien que la monnaie soit neutre à moyen terme et que le déficit ait des effets pervers à long terme [1].

Tableau 8.2 - Les effets de court et de moyen terme sur la production, le taux d'intérêt et le niveau des prix d'une expansion monétaire, d'une réduction du déficit et d'une hausse du prix du pétrole.

	Court terme			Moyen terme		
	Production	**Taux d'intérêt**	**Niveau des prix**	**Production**	**Taux d'intérêt**	**Niveau des prix**
Expansion monétaire	Hausse	Baisse	Hausse (faible)	Rien	Rien	Hausse
Réduction du déficit	Baisse	Baisse	Baisse (faible)	Rien	Baisse	Baisse
Hausse du prix du pétrole	Baisse	Hausse	Hausse	Baisse	Hausse	Hausse

Chocs et mécanismes de propagation

Ce chapitre vous indique une façon de réfléchir aux fluctuations de la production, appelées aussi **cycles**. L'économie est constamment touchée par des chocs sur la demande globale, sur l'offre globale, ou sur les deux. Ces chocs peuvent provenir de changements

1. Nous reviendrons sur ce point à de nombreuses reprises dans cet ouvrage. Voir en particulier le chapitre 22, qui étudie les périodes de fort chômage prolongé telles que la Grande Dépression, et les chapitres 23, 24 et 25 qui analysent la politique macroéconomique plus en détail.

dans la consommation venant d'une modification de la confiance des consommateurs, de changements dans l'investissement, dans les choix de portefeuille, dans la productivité du travail, etc. Ils peuvent également venir de changements dans la politique : l'introduction d'un nouvel impôt, un nouveau programme d'investissement dans les infrastructures, la décision de la banque centrale de combattre l'inflation par une politique monétaire stricte [1].

Chaque choc a des effets dynamiques sur la production et ses composantes. Ces effets sont appelés **mécanismes de propagation** du choc. Ceux-ci sont différents selon les divers chocs. Les effets sur l'activité peuvent être plus importants au début, puis décroître au cours du temps, voire disparaître. Certains chocs ont des effets même à long terme. C'est le cas de tous les chocs qui ont une incidence permanente sur l'offre globale, comme une hausse persistante du prix du pétrole.

Les fluctuations de la production sont dues à l'apparition constante de nouveaux chocs dont chacun a son propre mécanisme de propagation. De temps en temps, les chocs sont tellement mauvais ou se combinent tellement mal qu'ils engendrent une récession. Ainsi, aux États-Unis, les deux récessions des années 1970 étaient dues à la hausse du prix du pétrole ; la crise du début des années 1980 résultait d'un changement brutal de la politique monétaire ; la crise du début des années 1990 était liée avant tout à une baisse de la confiance des ménages. Ce que l'on appelle les fluctuations économiques correspond au résultat de ces chocs et de leurs effets dynamiques sur la production.

Quels effets à long terme ?

Dans les chapitres 3 et 4, nous avons étudié la croissance et le niveau de production à long terme. Dans les chapitres 5 à 8, notre attention s'est portée sur les effets de court et moyen termes. Peut-on relier ces deux analyses et déterminer les effets sur la production de long terme d'une augmentation de la masse monétaire, d'une réduction du déficit budgétaire, ou d'une hausse du prix du pétrole ?

L'analyse de la croissance de long terme que nous avons menée dans les chapitres 3 et 4 a mis en avant deux facteurs :

- l'accumulation du capital, qui augmente transitoirement le taux de croissance et accroît de façon permanente le niveau de production ;
- le progrès technique, qui permet d'élever durablement le taux de croissance (et donc le niveau de production).

Pour comprendre les effets d'une politique monétaire, budgétaire, ou d'une variation des prix du pétrole sur la croissance et la production de long terme, il faut donc comprendre les effets de ces chocs sur l'accumulation du capital et le rythme du progrès technique. Ces effets passent par le montant et la nature de l'investissement

1. Il est assez difficile de définir ce qu'est un *choc*. Supposons que l'échec d'un programme économique entraîne la chute de la démocratie dans un pays. Cela conduit à une hausse du risque de guerre nucléaire, qui entraîne une baisse de la confiance des ménages dans les autres pays et, de ce fait, une baisse de la consommation. Quel est le « choc » ? Le programme qui a échoué ? La chute de la démocratie ? Le risque élevé de guerre nucléaire ? La baisse de la confiance des consommateurs ? En pratique, nous devons couper la chaîne causale à un endroit. Nous considérerons la baisse de la confiance des ménages comme le « choc », sans tenir compte des causes sous-jacentes.

privé et public : l'accumulation de capital résulte directement de l'investissement des entreprises, et le progrès technique peut être influencé par l'investissement en recherche et développement [1]. Il nous faut par conséquent préciser les effets des chocs envisagés sur l'investissement :

- une politique monétaire expansionniste (hausse de la masse monétaire) accroît l'investissement à court terme. À moyen terme, cependant, nous avons vu que la hausse des prix a pour conséquence que le taux d'intérêt et le niveau de production reviennent à leurs niveaux structurels : l'investissement redescend alors également à son niveau initial. Autrement dit, une politique monétaire expansionniste, telle que nous l'avons envisagée dans ce chapitre, n'a qu'un effet transitoire sur l'investissement et n'a donc pas de répercussions sur la croissance ni sur le niveau de production de long terme ;
- nous avons vu, au contraire, qu'une baisse permanente du déficit budgétaire entraîne une hausse permanente de l'investissement : certes, le produit revient à moyen terme à son niveau structurel, mais une part plus faible de ce produit est consacrée aux dépenses publiques, et une part plus importante à l'investissement. Cette politique peut ainsi influer sur la production de long terme : une hausse de l'investissement plus importante accroît la production de long terme. Cependant, si la baisse des dépenses publiques conduit à la diminution de l'investissement public dans les infrastructures favorables à la croissance ou dans le niveau de formation de la population, la production de long terme peut également être réduite par cette politique ;
- enfin, nous avons constaté qu'une hausse des prix du pétrole, au contraire des politiques monétaires et budgétaires envisagées, réduisait la production à moyen terme. Le niveau des prix est par ailleurs accru, ce qui conduit à une réduction de la masse monétaire réelle. Ces deux effets aboutissent à une réduction de l'investissement, qui a un effet négatif sur le niveau de production de long terme.

Production, chômage et inflation

Tout au long de ce chapitre, nous avons développé notre modèle en supposant que la masse monétaire (nominale) était constante. Nous avons étudié les effets d'un changement brutal de la masse monétaire dans la section 8.4, mais nous n'avons pas autorisé une croissance soutenue de la masse monétaire. Une des conséquences de cette hypothèse était que le niveau des prix était constant à moyen terme, c'est-à-dire qu'il ne pouvait pas y avoir d'inflation. Nous devons maintenant lever cette hypothèse et laisser la masse monétaire augmenter. Nous pourrons ainsi comprendre pourquoi l'inflation est généralement positive et étudier les relations entre activité économique et inflation. Les mouvements du chômage, de la production et de l'inflation sont les sujets des deux prochains chapitres.

1. L'amélioration de la formation des travailleurs, par l'investissement dans le système éducatif, permet également d'accroître le niveau de production de long terme (« investissement en capital humain »).

Résumé

- Le modèle de l'offre globale et de la demande globale (*AS*/*AD*) décrit les mouvements de la production et des prix quand on prend en compte l'équilibre simultané du marché des biens, des marchés financiers et du marché du travail.
- La relation d'offre globale explique les effets de la production sur le niveau des prix. Elle est établie à partir de l'équilibre sur le marché du travail. C'est une relation entre le niveau des prix, le niveau anticipé des prix et le niveau de production. Une hausse de la production entraîne une hausse de l'emploi, qui induit une hausse des salaires et, par conséquent, des prix. Une augmentation du niveau anticipé des prix se répercute en une augmentation équivalente du niveau des prix réalisé.
- La relation de demande globale décrit les effets du niveau des prix sur la production. Elle est obtenue à partir de l'équilibre sur le marché des biens et les marchés financiers. Une hausse du niveau des prix réduit le stock réel de monnaie, ce qui entraîne une hausse du taux d'intérêt et une baisse du produit.
- À court terme, les mouvements de la production sont issus des mouvements de l'offre globale aussi bien que de la demande globale. À moyen terme, la production revient à son niveau naturel, lui-même déterminé par l'équilibre sur le marché du travail.
- Une expansion monétaire conduit à court terme à une hausse du stock de monnaie réel, d'où une baisse du taux d'intérêt et une hausse de la production. Au cours du temps, le niveau des prix augmente, ce qui induit une baisse du stock réel de monnaie qui se poursuit tant que la production n'a pas rejoint son niveau naturel. À moyen terme, la monnaie est donc neutre : elle n'a pas d'impact sur la production, et une hausse de la masse monétaire se répercute en une hausse proportionnelle du niveau des prix.
- Une réduction du déficit budgétaire entraîne à court terme une contraction de la demande et, par conséquent, une baisse de la production. Au cours du temps, les prix diminuent, d'où une hausse du stock de monnaie réel et une baisse des taux d'intérêt. À moyen terme, la production revient à son niveau naturel, mais le taux d'intérêt est plus faible et l'investissement plus élevé.
- Une hausse du prix du pétrole conduit, tant à moyen terme qu'à court terme, à une baisse de la production. À court terme, la hausse du prix du baril entraîne une hausse des prix, ce qui réduit le stock réel de monnaie et aboutit à une baisse de la demande et de la production. À moyen terme, elle fait baisser les salaires réels payés par les entreprises, augmente le taux de chômage et réduit le niveau de production naturel.
- Les différences entre les effets de court terme et les effets de moyen terme des politiques sont une des raisons majeures pour lesquelles les économistes divergent dans leurs recommandations. Certains économistes considèrent que l'économie s'ajuste rapidement à son équilibre de moyen terme et, de ce fait, jugent des politiques uniquement selon leurs effets de moyen terme. D'autres pensent que le mécanisme d'ajustement par lequel la production rejoint son niveau naturel est lent et donc s'intéressent plus particulièrement aux effets de court terme.
- Les fluctuations macroéconomiques sont les conséquences d'une suite de chocs portant sur la demande globale ou l'offre globale et des effets dynamiques de chacun de ces chocs sur la production. Parfois, les chocs sont suffisants, seuls ou combinés, pour engendrer une récession.

Applications

1. Vrai/Faux/Incertain

a. La relation d'offre globale implique qu'une hausse de la production entraîne une hausse des prix.

b. Le niveau de production naturel peut être déterminé avec la seule relation d'offre globale.

c. La relation de demande globale implique qu'une hausse du niveau des prix entraîne une hausse de la production.

d. En l'absence de changements dans la politique monétaire et/ou budgétaire, l'économie resterait toujours à son niveau de production naturel.

e. La neutralité de la monnaie à moyen terme n'implique pas que l'on ne puisse pas ou qu'il ne faille pas utiliser la politique monétaire pour modifier le niveau de la production.

f. La politique budgétaire ne peut pas modifier l'investissement à moyen terme, car la production revient toujours à son niveau naturel.

g. À moyen terme, les prix et la production retrouvent toujours leurs niveaux initiaux.

2. Chocs de demande et moyen terme

Supposons que l'économie soit à son niveau de production naturel. En utilisant le modèle *AS*/*AD* développé dans ce chapitre, décrivez les effets de chacun des chocs suivants sur les courbes *IS*, *LM*, *AS* et *AD* à moyen terme. Décrivez ensuite les effets sur la production, le taux d'intérêt et le niveau des prix (à moyen terme également).

a. Une hausse de la confiance des consommateurs.

b. Une hausse des impôts.

3. Chocs d'offre et moyen terme

Supposons que l'économie soit à son niveau de production naturel. En utilisant le modèle *AS*/*AD* développé dans ce chapitre, décrivez les effets de chacun des chocs suivants sur les courbes *WS*, *PS*, *IS*, *LM*, *AS* et *AD* à court et moyen termes. Décrivez ensuite les effets sur la production, le taux d'intérêt et le niveau des prix (à court et moyen termes également).

a. Une hausse des allocations chômage.

b. Une baisse du prix du pétrole.

4. La neutralité de la monnaie

a. En quel sens la monnaie est-elle neutre ? Pourquoi la politique monétaire est-elle utile en dépit du fait que la monnaie est neutre ?

b. La politique budgétaire, tout comme la politique monétaire, ne peut modifier le niveau de production naturel. Pourquoi la politique monétaire est-elle considérée comme neutre, alors que la politique budgétaire ne l'est pas ?

c. Discutez la phrase suivante : « Dans la mesure où ni la politique monétaire ni la politique budgétaire ne peuvent altérer le niveau de production naturel, il s'ensuit qu'à moyen terme, le niveau de production naturel est indépendant des politiques du gouvernement. »

5. Et si le taux d'intérêt n'avait pas d'effet sur l'investissement ?

Supposons que l'investissement ne soit pas sensible au taux d'intérêt.

a. Pouvez-vous imaginer une situation où cela se produise ?

b. Que cela implique-t-il pour la pente de la courbe *IS* ?

c. Que cela implique-t-il pour la pente de la courbe *LM* ?

d. Que cela implique-t-il pour la pente de la courbe *AD* ?

Supposons maintenant que l'économie soit à son niveau naturel, puis que, suite à un choc sur la variable globale z, la courbe AS se déplace vers le haut.

e. Quel est l'effet de court terme sur les prix et la production ?

f. Que deviennent les prix et la production au cours du temps ?

6. La trappe à liquidité

Nous avons vu dans le chapitre 5 que la demande de monnaie devenait plate pour des niveaux de taux d'intérêt très faibles. Pour cet exercice, nous supposerons que la fonction de demande de monnaie est horizontale lorsque le taux d'intérêt nominal est nul.

a. Tracez la courbe LM. Comment la pente de cette courbe change-t-elle lorsque le taux d'intérêt devient strictement positif ?

b. Tracez la courbe IS. La pente de cette courbe change-t-elle (nécessairement) lorsque le taux d'intérêt devient strictement positif ?

c. Tracez la courbe AD.

d. Tracez le diagramme AS/AD. Supposez qu'à l'équilibre, le produit soit inférieur à son niveau structurel et le taux d'intérêt nul. Supposez que la banque centrale accroisse l'offre de monnaie. Quels sont les effets sur le produit à court terme et à moyen terme ?

Chapitre 9

La courbe de Phillips

En 1958, A. W. Phillips a représenté sur un diagramme le taux d'inflation en ordonnée et le taux de chômage en abscisse, pour le Royaume-Uni et pour chaque année de 1861 à 1957. Il a trouvé une corrélation négative très nette entre inflation et chômage : quand le chômage était faible, l'inflation était forte et, quand le chômage était élevé, l'inflation était faible, parfois même négative (à partir de maintenant, nous prendrons la liberté de parler d'« inflation » pour le taux d'inflation et de « chômage » pour le taux de chômage). Deux ans plus tard, Paul Samuelson et Robert Solow ont fait le même exercice pour les États-Unis, en utilisant des données allant de 1900 à 1960. La figure 9.1 (a) montre leurs résultats [1]. La figure 9.1 (b) présente les résultats correspondants pour la France. Mis à part la période de très fort chômage des années 1930 (les années 1931 à 1939, représentées par des triangles, sont clairement à droite des autres points), il semble qu'il y ait une relation négative entre inflation et chômage. Cette relation, que Samuelson et Solow ont baptisée la **courbe de Phillips**, est rapidement devenue centrale dans la pensée et la politique macroéconomiques. Elle semblait impliquer qu'en dehors de certaines périodes telles que la Grande Dépression, les pays pouvaient choisir entre différentes combinaisons de chômage et d'inflation. Ils pouvaient atteindre un faible taux de chômage à condition de tolérer une forte inflation ou, à l'inverse, garantir la stabilité des prix à condition d'accepter un fort taux de chômage. Une grande partie des discussions de politique macroéconomique portait sur la question de savoir quel point de la courbe de Phillips choisir.

Dans les années 1970, cependant, la relation s'est brisée. Aux États-Unis comme dans la plupart des pays de l'OCDE, il y avait *à la fois* une forte inflation et un fort chômage, ce qui était totalement contraire à la courbe de Phillips. Une nouvelle relation apparut, mais ce fut cette fois entre le taux de chômage et le taux de *croissance* de l'inflation. Aujourd'hui, un fort taux de chômage ne semble pas entraîner une faible inflation, mais plutôt une *baisse* de l'inflation.

Ce chapitre se propose d'explorer les modifications qu'a connues la courbe de Phillips et, plus généralement, de comprendre les relations entre inflation et chômage. Nous allons voir que la relation découverte par Phillips correspond à la relation d'offre globale et que les mutations de la courbe de Phillips résultent de changements dans la façon dont les ménages et les entreprises forment leurs anticipations.

1. La figure 9.1 utilise le taux de croissance de l'indice des prix courants comme mesure de l'inflation. Samuelson et Solow ont employé le taux de croissance du salaire nominal, tout comme Phillips.

Figure 9.1 (a) – Inflation et chômage aux États-Unis, 1900-1960.

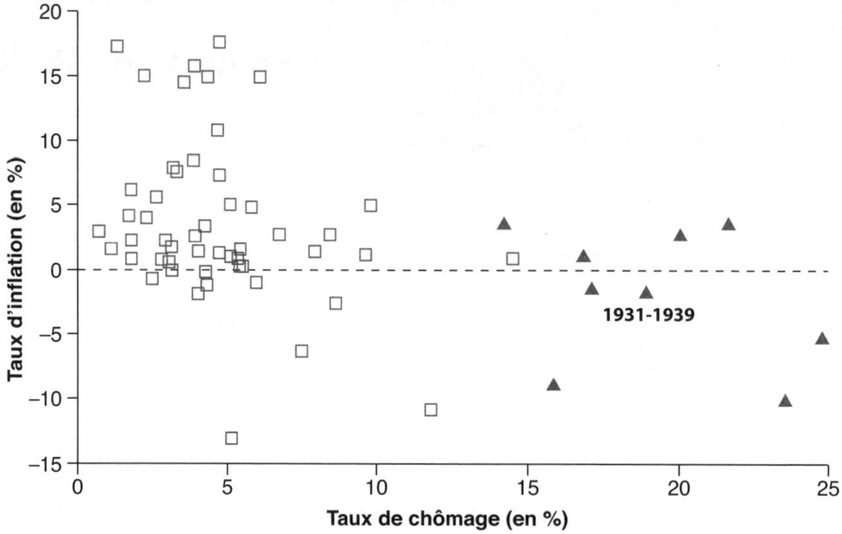

Pendant la période 1900-1960 aux États-Unis, un fort taux de chômage était généralement associé à une faible inflation, et un faible taux de chômage à une forte inflation.

Figure 9.1 (b) – Inflation et chômage en France, 1900-1960.

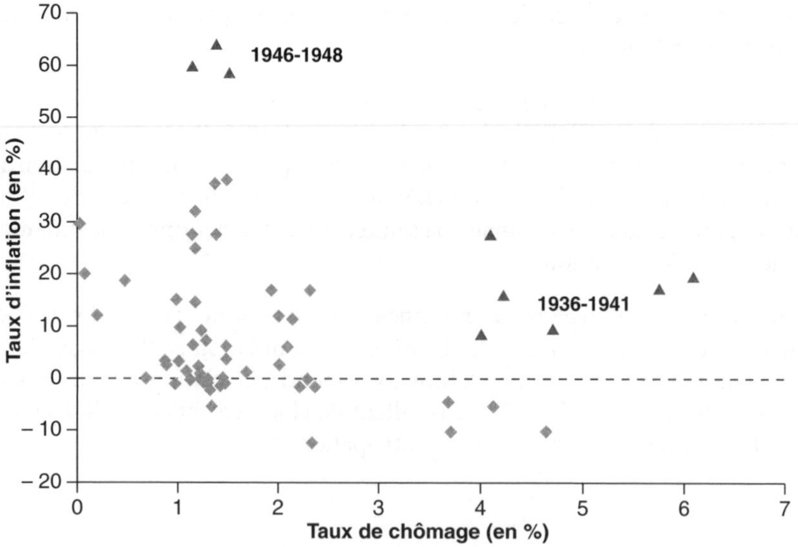

9.1 Inflation, inflation anticipée et chômage

Nous allons tout d'abord déduire de la relation d'offre globale une relation entre *taux d'inflation, taux d'inflation anticipé* et *taux de chômage*.

Pour cela, reprenons la relation entre le *niveau des prix*, le *niveau des prix anticipé* et le *taux de chômage* que nous avions vue au chapitre 8 [1] :

$$P_t = P_t^e(1 + \mu)\, F(u_t, z)$$

où la fonction F décrit les effets du taux de chômage (u_t) sur le salaire et des autres facteurs pouvant avoir une incidence sur le salaire (compris dans la variable globale z). Nous allons devoir ici spécifier F. Supposons que F soit de la forme :

$$F(u_t, z) = 1 - \alpha u_t + z$$

Cette formule signifie que plus le chômage est élevé, plus le salaire est faible et que plus z est élevé, plus le salaire l'est aussi (et, par là même, le niveau des prix puisque les entreprises augmentent leurs prix en réponse à la hausse des salaires). Le paramètre α mesure l'intensité de l'impact du chômage sur les salaires. Plus α est élevé, plus le chômage fait baisser les salaires.

En remplaçant F dans la première équation, on obtient [2] :

$$P_t = P_t^e(1 + \mu)(1 - \alpha u_t + z)$$

Par quelques manipulations, cette relation peut être réécrite comme une relation entre l'inflation, l'inflation anticipée et le taux de chômage [3] :

$$\pi_t = \pi_t^e + (\mu + z) - \alpha u_t \qquad (9.1\ a)$$

où π_t est le *taux d'inflation*, c'est-à-dire le taux de croissance des prix entre l'année passée et l'année présente, et où π_t^e est le *taux d'inflation anticipé*, c'est-à-dire le taux de croissance des prix entre l'année passée et l'année présente qu'avaient anticipé les partenaires sociaux l'année passée.

Notons que l'inflation des prix π_t et l'inflation salariale, que nous noterons ici π_{wt}, sont identiques dans la mesure où prix et salaires sont proportionnels l'un à l'autre *via* la relation :

$$P = (1 + \mu)\, W$$

Nous pouvons donc également écrire l'équation 9.1 a sous la forme :

$$\pi_{wt} = \pi_t^e + (\mu + z) - \alpha u_t \qquad (9.1\ b)$$

Sous une forme ou l'autre (9.1 a ou 9.1 b), ces équations nous informent que le taux d'inflation est *positivement corrélé avec l'inflation anticipée et négativement corrélé avec le taux de chômage*. Les calculs nécessaires pour obtenir l'équation 9.1 a sont présentés dans une annexe à la fin du chapitre. Il est important de bien comprendre chacun des effets à l'œuvre dans l'équation 9.1 a.

1. Au chapitre 8, après avoir obtenu cette relation, nous avions remplacé le taux de chômage par son expression en fonction du produit, afin d'établir une relation entre niveau des prix, niveau des prix anticipé et production. Cette fois-ci, nous allons garder la relation en termes de taux de chômage.
2. $P^e \uparrow \Rightarrow P \uparrow ; u \uparrow \Rightarrow P \downarrow$.
3. $\pi^e \uparrow \Rightarrow \pi \uparrow ; u \uparrow \Rightarrow \pi \downarrow$.

- *L'inflation est d'autant plus forte que l'inflation anticipée est élevée.* Nous avons vu au chapitre 8 qu'un niveau des prix anticipé plus élevé entraînait un salaire nominal plus élevé et donc un niveau des prix plus élevé. Or, à prix d'hier donnés, des prix d'aujourd'hui plus élevés que ceux d'hier impliquent une inflation d'aujourd'hui plus élevée. De même, anticiper des prix plus élevés demain qu'aujourd'hui revient à anticiper une inflation plus élevée entre aujourd'hui et demain. Ainsi, une augmentation de l'inflation anticipée conduit à une augmentation de l'inflation réalisée.
- *Pour une inflation anticipée donnée, plus la marge μ choisie par les entreprises est forte ou plus les facteurs z déterminant le salaire sont élevés, plus l'inflation est élevée.* Nous avons vu au chapitre 8 comment une marge plus forte augmente les prix, à prix anticipés donnés. Nous pouvons reformuler ce résultat ainsi : une marge plus forte augmente l'inflation, à inflation anticipée donnée. Le même argument vaut pour n'importe quel facteur influençant la détermination des salaires.
- *Pour une inflation anticipée donnée, plus le chômage est fort, plus l'inflation est faible, toutes choses égales par ailleurs.* Nous avons constaté au chapitre 8 que, pour un niveau des prix anticipé donné, un taux de chômage plus fort conduit à un niveau des prix plus faible. Nous pouvons reformuler ce résultat ainsi : à inflation anticipée donnée, un taux de chômage plus fort conduit à une inflation réalisée plus faible.

À l'aide de cette nouvelle écriture de la relation d'offre globale, étudions maintenant les tribulations de la courbe de Phillips.

9.2 La courbe de Phillips

Commençons d'abord par analyser la relation entre inflation et chômage telle qu'elle a été découverte par Phillips, Samuelson et Solow vers 1960.

La première version

Imaginons une économie dans laquelle l'inflation est parfois positive, parfois négative et nulle en moyenne. Ce n'est bien sûr pas le cas aux États-Unis actuellement : il n'y a pas eu d'inflation négative – c'est-à-dire pas de déflation – depuis 1955. Mais, comme nous le verrons plus loin dans ce chapitre, l'inflation moyenne était proche de zéro pendant la majeure partie de la période étudiée par Phillips, Samuelson et Solow.

Lors de la fixation du salaire nominal pour l'année à venir, les partenaires sociaux doivent anticiper l'évolution de l'inflation durant l'année. Si l'inflation moyenne a été nulle dans le passé, il est raisonnable d'anticiper une inflation nulle également dans les années à venir. Si l'on suppose $\pi_t^e = 0$ dans l'équation 9.1 a, on obtient cette relation modifiée entre chômage et inflation :

$$\pi_t = (\mu + z) - \alpha u_t \tag{9.2}$$

L'équation 9.2 correspond exactement à la relation négative entre inflation et chômage que Phillips, Solow et Samuelson ont trouvée pour le Royaume-Uni et les États-Unis. L'intuition en est simple : étant donné le niveau des prix anticipé – que les salariés prennent tout simplement comme le niveau des prix de l'année passée –, un faible taux de chômage conduit à des salaires nominaux plus élevés, donc à une hausse des prix. Finalement, on voit qu'un faible taux de chômage entraîne des prix plus hauts que ceux de l'année précédente – c'est-à-dire une inflation plus forte.

Ce mécanisme est parfois appelé la **spirale prix-salaires**, et cette expression décrit bien le phénomène à l'œuvre :

- un faible chômage entraîne une hausse des salaires nominaux ;
- en réponse à la hausse des salaires, les entreprises augmentent leurs prix ;
- du fait de la hausse des prix, les salariés demandent une hausse des salaires nominaux ;
- les entreprises augmentent à nouveau leurs prix, et les salariés leurs revendications salariales ;
- et ainsi de suite, avec comme résultat une inflation continue des prix et des salaires.

Les modifications apportées à la courbe de Phillips

La combinaison d'une relation empirique évidente et d'une explication théorique plausible a fait que la courbe de Phillips a été adoptée par les macroéconomistes et les hommes politiques. La politique macroéconomique des années 1960 a consisté à maintenir le chômage dans une bande compatible avec une inflation modérée. La figure 9.2 (a) représente les couples inflation/chômage aux États-Unis pour chaque année de 1948 à 1969. Notez à quel point la relation négative entre inflation et chômage est vérifiée au cours de la longue expansion des années 1960. De 1961 à 1969, années représentées par des losanges sur la figure 9.2 (a), le taux de chômage a décliné continûment de 6,8 % à 3,4 %, tandis que l'inflation a continûment augmenté de 1 % à 5,5 %. Cette montée est concomitante des dépenses liées à la guerre du Vietnam. Dans le cas français, figure 9.2 (b), on voit une évolution plus heurtée. Le pic d'inflation se situe en 1959, avec les débuts de la Ve République et la guerre d'Algérie. Une politique de rigueur qui n'alla pas sans difficulté fit baisser le taux d'inflation français pendant les années qui suivirent.

Figure 9.2 (a) – Inflation et chômage aux États-Unis, 1948-1969.

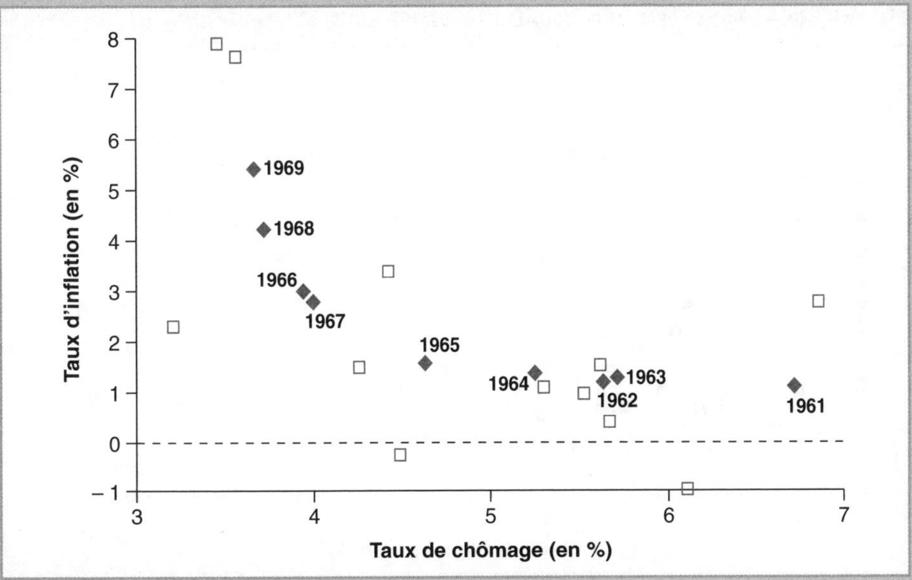

La baisse régulière du chômage aux États-Unis dans les années 1960 a été associée à une hausse régulière de l'inflation.

Figure 9.2 (b) – Inflation et chômage en France, 1953-1966.

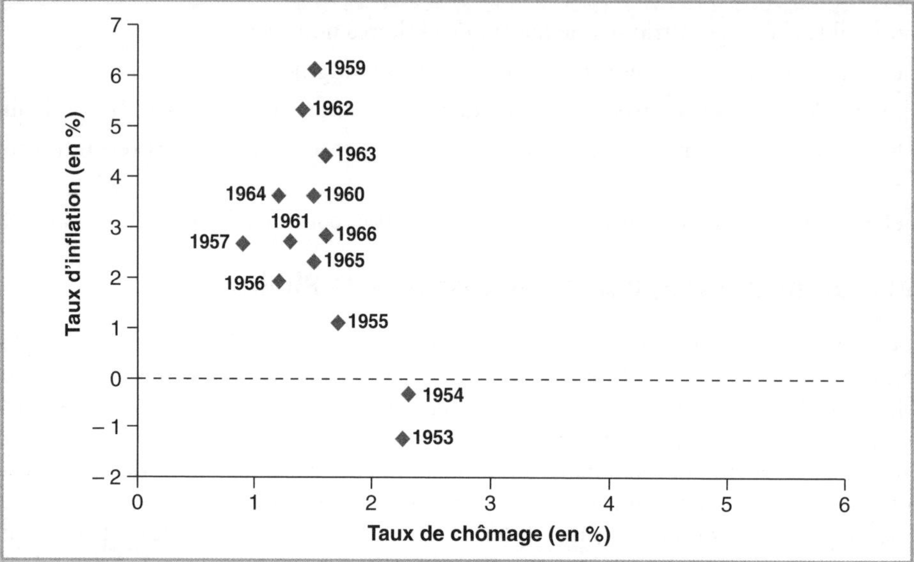

Alors que la montée de l'inflation au cours des années 1960 aux États-Unis épouse assez fidèlement les contours fixés par les relations antérieures (hausse de l'inflation et baisse du chômage), la relation se brise au cours des années 1970. La figure 9.3 (a) représente les couples inflation/chômage aux États-Unis pour chaque année depuis 1970. Les carrés forment un nuage approximativement symétrique : il n'y a aucune relation entre taux de chômage et taux d'inflation.

Figure 9.3 (a) – Inflation et chômage aux États-Unis, 1970-2011.

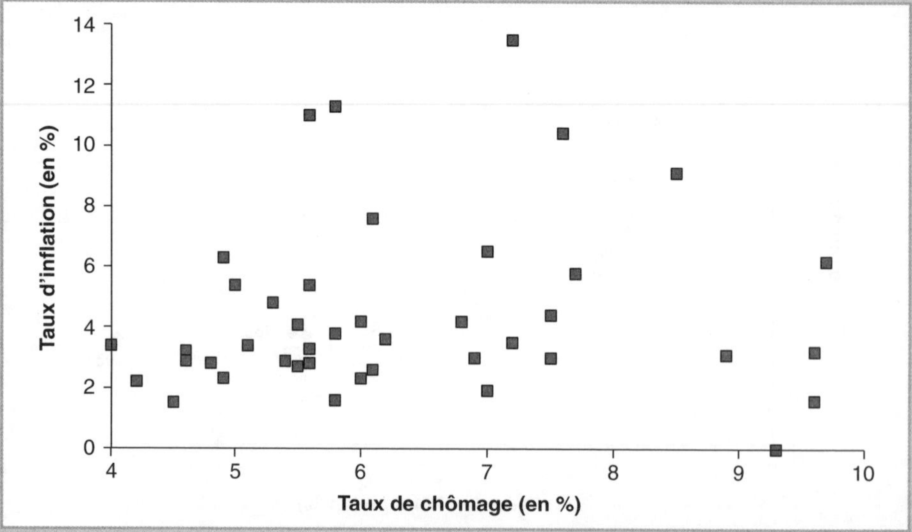

Depuis 1970, la relation entre inflation et chômage a disparu.

Source : OCDE, *Perspectives économiques*, base de données.

Le schéma est un peu différent dans le cas français, illustré par la figure 9.3 (b) : si l'on regarde l'ensemble des points depuis 1970, il semble qu'une relation décroissante persiste entre taux d'inflation et taux de chômage. Cependant, dès lors qu'on considère séparément la période 1970-1985 (représentée par des carrés clairs) et les années postérieures (représentées par des carrés foncés), cette relation disparaît : là encore, il ne semble pas y avoir de relation entre inflation et chômage.

Figure 9.3 (b) – Inflation et chômage en France, 1970-1985 et 1986-2011.

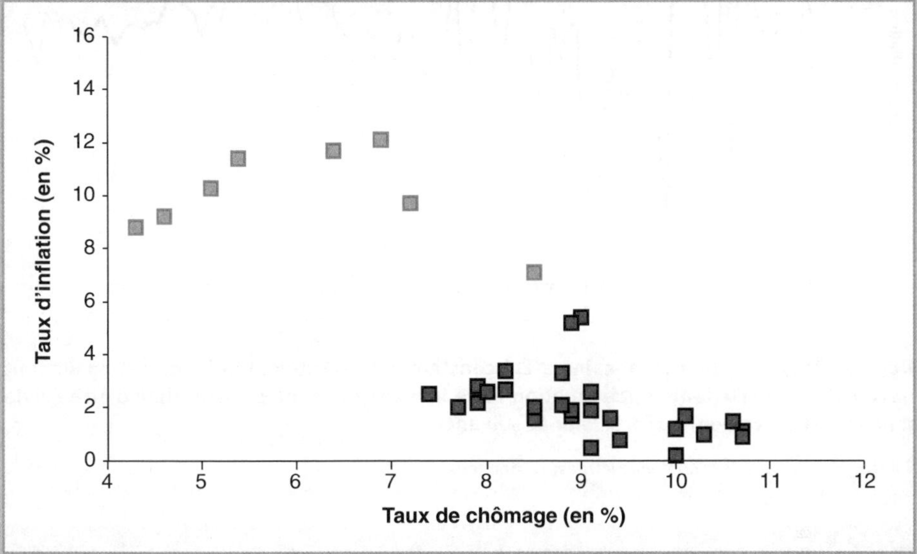

Source : OCDE, *Perspectives économiques*, base de données.

Pourquoi la courbe de Phillips a-t-elle disparu ? Pour deux raisons majeures.

- Comme nous l'avons vu au chapitre 8, les États-Unis et l'Europe ont été frappés deux fois, dans les années 1970, par une hausse du prix du pétrole. Cette hausse des coûts de production non salariaux a contraint les entreprises à augmenter leurs prix à salaires donnés, c'est-à-dire à augmenter μ. Or, comme le montre l'équation 9.1, une hausse de μ entraîne une hausse de l'inflation, quel que soit le taux de chômage.
- L'explication principale est cependant la suivante : les partenaires sociaux ont changé leur façon de former leurs anticipations. Cela est venu d'un changement du processus d'inflation lui-même. Regardons les figures 9.4 (a) et (b) qui représentent l'inflation aux États-Unis et en France pour chaque année respectivement depuis 1900 et 1891. À partir de l'année 1960 aux États-Unis et de 1968 en France, l'évolution du taux d'inflation change clairement. D'une part, le taux d'inflation reste désormais constamment positif, alors que dans la première moitié du siècle, il était en moyenne nul. D'autre part, l'inflation devient plus persistante : une inflation forte une année est plus susceptible d'être suivie d'une inflation également forte l'année suivante.

Figure 9.4 (a) – Inflation aux États-Unis, 1900-2012.

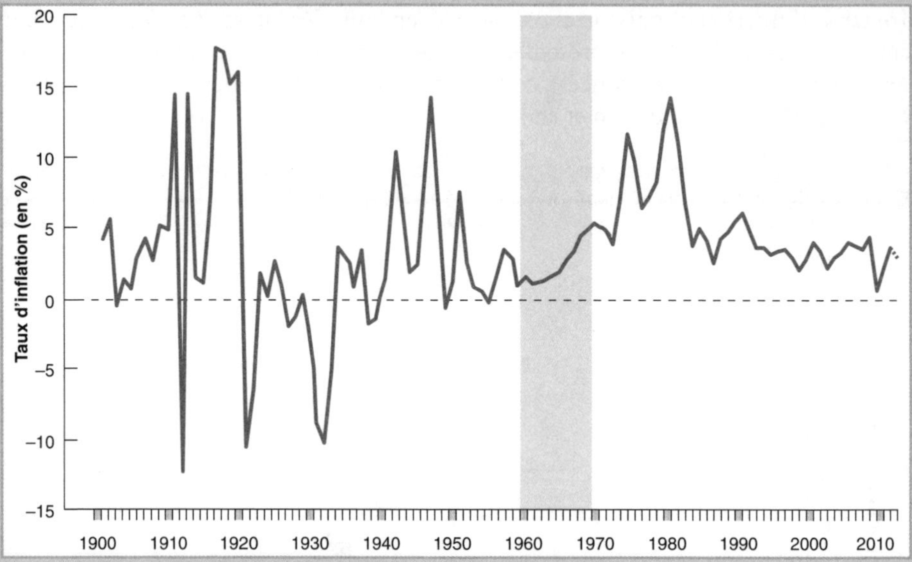

Depuis 1960, l'inflation américaine a été constamment positive. L'inflation est également devenue plus persistante : une inflation forte une année est plus susceptible d'être suivie d'une inflation également forte l'année suivante.

Source : OCDE, *Perspectives économiques*, base de données.

Figure 9.4 (b) – Inflation en France, 1891-2012.

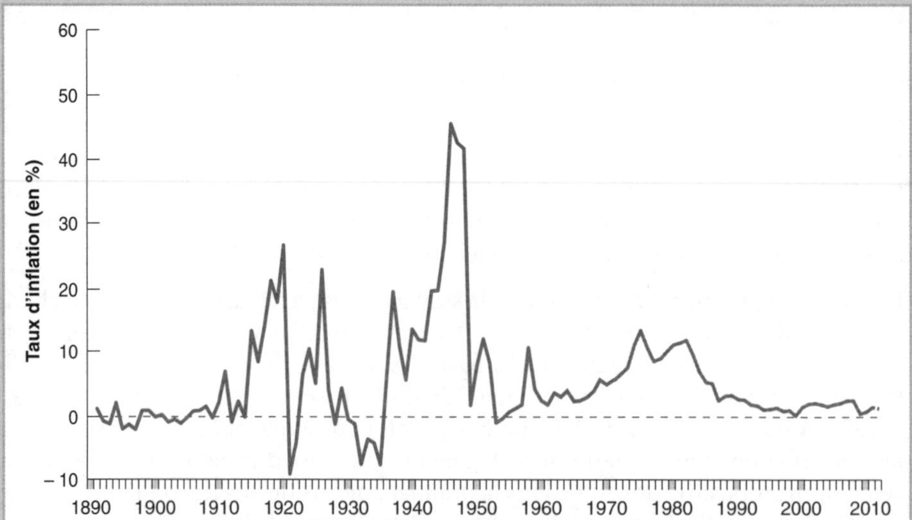

Source : OCDE, *Perspectives économiques*, base de données.

- La persistance de l'inflation a conduit les salariés et les entreprises à réviser leur mode de formation des anticipations. Quand l'inflation est constamment positive, il est systématiquement faux de penser que les prix de demain seront égaux à ceux d'aujourd'hui. Or, les agents n'aiment pas répéter les mêmes erreurs. Quand l'inflation devient constamment positive et plus persistante, les anticipations commencent à prendre en compte la présence de l'inflation. Cette modification dans la formation des anticipations a changé la nature de la relation entre inflation et chômage.

Pour comprendre ce qui s'est passé, supposons que les anticipations soient formées ainsi :

$$\pi_t^e = \theta\pi_{t-1} \tag{9.3}$$

La valeur du paramètre θ mesure l'effet de l'inflation passée sur l'inflation anticipée. Plus θ est élevé, plus l'inflation de l'année passée incite les salariés et les entreprises à réviser leurs anticipations d'inflation pour cette année, et plus l'inflation anticipée est élevée.

Nous pouvons donc considérer ce qui s'est produit dans les années 1970 comme une hausse de la valeur de θ au cours du temps. Tant que l'inflation était faible et peu persistante, il était raisonnable de la part des travailleurs et des entreprises d'ignorer l'inflation passée et de supposer que les prix à venir seraient à peu près identiques aux prix passés. Pour la période étudiée par Samuelson et Solow, θ était proche de zéro, les anticipations étant à peu près données par $\pi_t^e = 0$, et la relation entre taux d'inflation et taux de chômage correspondait à l'équation 9.2.

Mais, au fur et à mesure que l'inflation est devenue plus persistante, les travailleurs et les entreprises se sont mis à modifier leur comportement d'anticipation : ils ont commencé à penser que si l'inflation avait été forte cette année, elle le serait aussi l'an prochain. Le paramètre θ a augmenté régulièrement. Dans les années 1970, il semble que les agents formaient leurs anticipations en supposant que le taux d'inflation de l'année serait égal au taux d'inflation de l'année passée – c'est-à-dire en prenant θ égal à 1.

Pour bien voir les implications des différentes valeurs de θ sur la relation entre inflation et chômage, insérons l'équation 9.3 dans l'équation 9.1. On obtient :

$$\pi_t = \theta\pi_{t-1} + (\mu + z) - \alpha u_t$$

Quand θ est égal à 0, on retrouve la courbe de Phillips initiale, relation décroissante entre l'inflation et le chômage.

Quand θ est positif, le taux d'inflation ne dépend pas seulement du taux de chômage, mais aussi de l'inflation de l'année dernière.

Quand θ est égal à 1, la relation d'offre globale devient (en faisant passer π_{t-1} de l'autre côté) :

$$\pi_t - \pi_{t-1} = (\mu + z) - \alpha u_t \tag{9.4}$$

Ainsi, quand $\theta = 1$, le taux de chômage n'a pas d'incidence sur le *taux d'inflation*, mais sur la *variation du taux d'inflation*. Un chômage fort entraîne une baisse de l'inflation ; un faible chômage entraîne une hausse de l'inflation.

Pour distinguer l'équation 9.4 de la courbe de Phillips initiale (l'équation 9.2), on l'appelle souvent la **courbe de Phillips modifiée**, ou la **courbe de Phillips augmentée des anticipations** (pour indiquer que le terme π_{t-1} entre dans la formation des anticipations), ou **la courbe de Phillips accélératrice** (pour indiquer qu'un chômage faible entraîne une hausse du taux d'inflation et donc une *accélération* du niveau des prix). Plus simplement, nous nous contenterons ici de l'appeler la courbe de Phillips, et nous nommerons l'équation 9.2 la *courbe de Phillips initiale* ou *d'origine*[1].

Cette discussion donne la clé de ce qui s'est passé à partir des années 1970. Au fur et à mesure que θ augmentait de 0 à 1, la relation simple entre inflation et chômage a disparu. C'est ce qui apparaît sur la figure 9.3. Mais l'équation 9.4 nous dit qu'il faut désormais considérer une relation entre chômage et *variation* de l'inflation. Cette relation est illustrée par la figure 9.5, qui représente la variation de l'inflation en fonction du taux de chômage pour chaque année depuis 1971. On voit apparaître une relation négative entre chômage et variation de l'inflation. La droite s'ajustant le mieux au nuage de points[2] pour la période 1971-2011 est :

$$\pi_t - \pi_{t-1} = 3{,}3\ \% - 0{,}52\ u_t \qquad (9.5\ \text{a})$$

Cette droite est tracée sur la figure 9.5. Pour un chômage faible, la variation d'inflation est positive. Pour un chômage fort, elle est négative.

Figure 9.5 – Variation de l'inflation et chômage aux États-Unis, 1971-2011.

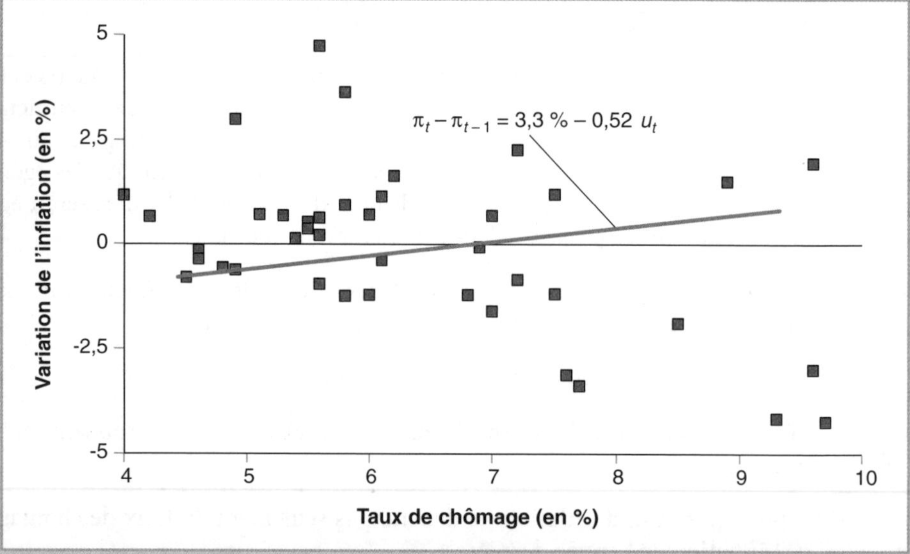

Depuis 1971, il y a une relation négative entre le taux de chômage et la variation du taux d'inflation.

Source : OCDE, *Perspectives économiques*, base de données.

Nous avons représenté pour la France une figure qui se rapproche de la courbe 9.5. Au lieu de tester la relation 9.5 a, on a testé la relation 9.5 b, qui est obtenue à partir de la relation 9.1 b lorsque l'on a remplacé, comme en 9.5 a, l'inflation passée par l'inflation anticipée. On a obtenu sur la période 1970-2008 :

1. *Courbe de Phillips « d'origine »* : $u_t \uparrow \Rightarrow \pi_t \downarrow$; *courbe de Phillips « modifiée »* : $u_t \uparrow \Rightarrow \pi_t - \pi_{t-1} \downarrow$.
2. Cette droite est obtenue à l'aide de l'économétrie. Notez qu'elle ne correspond pas parfaitement au nuage de points. Pour certaines années, la croissance de l'inflation est beaucoup plus forte que celle impliquée par la droite ; pour d'autres, elle est beaucoup plus faible. Nous reviendrons sur ce point plus tard.

$$\pi_{wt} - \pi_{t-1} = 7{,}9\ \% - 0{,}81\ u_t \qquad (9.5\ b)$$

On obtiendrait une relation proche pour l'Europe dans son ensemble.

Aussi bien en France qu'aux États-Unis, on trouve donc une relation décroissante entre le taux de chômage et une mesure de la variation du taux d'inflation. En revanche, le taux de marge étant plus erratique en France et en Europe qu'aux États-Unis, la formulation 9.5 b est plus intéressante. Inflation salariale et inflation tout court sont en moyenne période essentiellement identiques, à une constante près qui résulte des gains de productivité du travail. Une économie où la productivité du travail progresse de 1,5 % l'an peut évidemment s'autoriser une inflation salariale de même ampleur, sans crainte de l'inflation tout court.

Un retour sur le taux de chômage structurel

L'histoire de la courbe de Phillips est étroitement liée à la découverte du concept de taux de chômage structurel que nous avons développé au chapitre 7 [1].

La courbe de Phillips initiale impliquait qu'il n'existait rien de tel qu'un taux de chômage structurel : si les hommes politiques acceptaient une forte inflation, ils pouvaient maintenir un taux de chômage très faible en permanence.

À la fin des années 1960, bien que la courbe de Phillips d'origine donnât encore une bonne description de la réalité, deux économistes, Milton Friedman et Edmund Phelps, s'interrogèrent sur l'existence d'un tel arbitrage (« *trade-off* ») entre inflation et chômage. Ils analysèrent les fondements logiques et montrèrent que ce genre d'arbitrage n'était possible qu'à la condition que les agents sous-estiment systématiquement l'inflation dans leurs anticipations, ce qui n'est pas possible éternellement. Ils montrèrent également que si le gouvernement tentait de maintenir indéfiniment un chômage faible en tolérant une forte inflation, l'arbitrage disparaissait. Le taux de chômage ne pouvait être maintenu sous un certain seuil, qu'ils appelèrent le « taux de chômage naturel ». Les faits vinrent donner raison à Friedman et Phelps, puisque l'arbitrage entre inflation et chômage disparut effectivement (voir l'encadré « La théorie avant les faits : Milton Friedman et Edmund Phelps »). De nos jours, la plupart des économistes acceptent la notion de « taux de chômage structurel » – bien que son utilisation nécessite de nombreuses précautions que nous évoquerons dans la prochaine section.

Gros plan

La théorie avant les faits : Milton Friedman et Edmund Phelps

Les économistes ne sont généralement pas très bons lorsqu'il s'agit de prévoir les grands changements avant qu'ils ne se produisent. En général, leurs théories sont élaborées après les faits. Voici une exception.

À la fin des années 1960, précisément à l'époque où la courbe de Phillips connaissait son heure de gloire, deux économistes, Milton Friedman et Edmund Phelps, dirent que l'apparent arbitrage entre inflation et chômage était une illusion.

1. Dans ce chapitre, nous avons défini le taux de chômage structurel comme le taux de chômage atteint par l'économie si le niveau (réalisé) des prix est égal à leur niveau anticipé.

Gros plan

Voici quelques citations de Friedman à propos de la courbe de Phillips (tirées de l'article « The Role of Monetary Policy », *American Economic Review*, mars 1968, vol. 58, n° 1, p. 1-17) :

- *« Implicitement, Phillips parle d'un monde dans lequel chacun anticipe le fait que les prix nominaux seront stables et dans lequel cette anticipation reste invariable et immuable, quelle que soit l'évolution des prix et des salaires réels. »*
- *« Supposons, en revanche, que chacun anticipe une hausse des prix de plus de 75 % par an – comme par exemple au Brésil lors de la crise de la dette. Dans ce cas, les salaires nominaux doivent croître au même taux pour simplement maintenir les salaires réels. Un excès d'offre de travail se reflétera alors par une hausse des salaires nominaux moins rapide que la hausse des prix anticipés, et non par une baisse absolue des salaires nominaux. »*
- *« Il y a toujours un arbitrage temporaire entre inflation et chômage ; il n'y a pas d'arbitrage permanent. L'arbitrage temporaire ne vient pas de l'inflation elle-même, mais d'un taux croissant d'inflation. [...] Mais, me demanderez-vous, combien de temps dure le "temporaire" ? Je ne peux que vous donner mon propre avis, fondé sur l'examen des faits passés : l'impact initial d'un taux d'inflation plus élevé et non anticipé semble durer entre deux et cinq ans, puis commencer à diminuer. L'ajustement complet au nouveau taux d'inflation nécessite environ, pour l'emploi comme pour le taux d'intérêt, deux décennies. »*

Friedman ne pouvait pas mieux dire : quelques années plus tard, la courbe de Phillips initiale a commencé à disparaître, exactement comme il l'avait prédit.

Rendons explicite la relation entre la courbe de Phillips et le taux de chômage structurel. Par définition, le taux de chômage structurel est le taux de chômage pour lequel le niveau réalisé des prix est égal à leur niveau anticipé. De façon équivalente, on peut dire que le taux de chômage structurel est le taux de chômage pour lequel le taux d'inflation réalisé est égal au taux d'inflation qui avait été anticipé [1]. Notons u_n le taux de chômage structurel. Si l'on impose dans l'équation 9.1 la condition $\pi_t^e = \pi_t = \pi_{wt}$ (l'inflation des prix ou des salaires et l'inflation anticipée sont égales), on obtient :

$$0 = (\mu + z) - \alpha u_n$$

d'où en isolant u_n :

$$u_n = \frac{\mu + z}{\alpha} \tag{9.6}$$

Ainsi, plus la marge des prix sur les salaires (μ) ou plus les autres facteurs influençant la détermination du salaire (z) sont élevés, plus le taux de chômage structurel est élevé.

D'après l'équation 9.6, on a : $\alpha u_n = \mu + z$. En remplaçant $\mu + z$ par αu_n dans l'équation 9.1, on obtient (en réarrangeant un peu) :

$$\pi_t - \pi_t^e = -\alpha\,(u_t - u_n) \tag{9.7}$$

Si, comme cela semble être le cas aux États-Unis ou en Europe aujourd'hui, le taux d'inflation de l'année passée (π_{t-1}) est une bonne approximation du taux d'inflation anticipé pour l'année à venir (π_t^e), la relation devient finalement :

$$\pi_t - \pi_{t-1} = -\alpha\,(u_t - u_n) \tag{9.8}$$

1. Si $P_t^e = P_t$, alors $\pi_t^e \equiv (P_t^e - P_{t-1})/P_{t-1} = (P_t - P_{t-1})/P_{t-1} = \pi_t$.

L'équation 9.8 nous donne une autre façon de considérer la courbe de Phillips modifiée : la nouvelle courbe de Phillips correspond à une relation entre le taux de chômage courant, le taux de chômage structurel et la variation du taux d'inflation. *La variation de l'inflation dépend de la différence entre le taux de chômage courant et le taux de chômage structurel. Quand le taux de chômage est supérieur à son niveau structurel, l'inflation décroît. Inversement, quand le taux de chômage est inférieur au taux de chômage structurel, l'inflation augmente.*

L'équation 9.8 nous apporte également une autre façon d'envisager le taux de chômage structurel : c'est le taux de chômage nécessaire pour maintenir l'inflation constante. C'est pourquoi le taux de chômage structurel est aussi appelé le **NAIRU** (***non-accelerating inflation rate of unemployment***) – le taux de chômage n'accélérant pas l'inflation.

Quel a été le taux de chômage structurel aux États-Unis depuis 1970 ? Nous pouvons trouver la réponse en regardant l'équation estimée 9.5. Imposer une variation nulle de l'inflation dans l'équation 9.5 donne un taux de chômage structurel de 3,3/0,52 = 6,3 %. En d'autres termes, les données suggèrent que, depuis 1970, le taux de chômage requis pour que l'inflation reste constante aux États-Unis est en moyenne de 6 %.

En utilisant la relation 9.5 b en France, on pourra écrire que le taux de chômage structurel est solution d'une équation où l'inflation salariale n'excède pas les gains de productivité tendancielle, disons 1,5 % par an en moyenne. En ce cas, le chômage structurel est égal à (7,9 – 1,5)/0,81 = 7,9 %. Un taux similaire serait obtenu pour l'Europe dans son ensemble.

9.3 Conclusion et mises en garde

En résumé, la relation d'offre globale est actuellement bien représentée par la courbe de Phillips augmentée, qui met en scène la relation entre la variation du taux d'inflation et l'écart entre taux de chômage courant et taux de chômage structurel (équation 9.8). Quand le chômage est au-dessus de son taux structurel, l'inflation baisse ; quand il est au-dessous, l'inflation augmente.

Mais sa longue histoire nous incite à rester prudents. Toutes les mises en garde qui suivent disent la même chose : la relation peut se déplacer, et elle l'a d'ailleurs souvent fait.

Le processus d'inflation et la courbe de Phillips

Rappelez-vous comme la courbe de Phillips s'est modifiée quand l'inflation est devenue persistante, et comme la formation des anticipations s'est modifiée à son tour en réponse. La leçon qu'il faut en tirer est générale : la relation entre inflation et chômage est susceptible de changer avec le processus d'inflation. Ce qui se passe dans les pays à forte inflation le confirme. Non seulement la façon dont les salariés et les entreprises forment leurs anticipations est modifiée, mais les accords institutionnels le sont également.

Quand le taux d'inflation devient élevé, l'inflation a tendance à devenir plus volatile [1]. Les salariés et les entreprises deviennent plus réticents à l'idée de fixer le salaire nominal

1. Plus concrètement, quand l'inflation tourne autour de 5 % par an, les agents peuvent être à peu près sûrs que le taux d'inflation sera, disons, entre 3 % et 7 %. Mais quand l'inflation tourne autour de 30 % par an, les agents ne peuvent pas faire mieux que d'anticiper un taux d'inflation entre 20 % et 40 %. Une fois le salaire nominal fixé, le salaire réel peut varier de 2 % au-dessus ou au-dessous de ce qu'ils avaient prévu dans le premier cas, contre 10 % dans le second. Il y a donc beaucoup plus d'incertitude quand l'inflation est forte.

pour une longue période : si l'inflation est plus forte que prévu, les salaires réels risquent de fortement baisser et le niveau de vie des salariés en sera dégradé. Si l'inflation est plus faible que prévu, les salaires réels risquent d'augmenter fortement, entraînant la faillite des entreprises.

Pour cette raison, les contrats salariaux changent avec le niveau d'inflation. Les salaires nominaux sont fixés pour des périodes beaucoup plus courtes : on passe d'un an à un mois, voire moins. L'**indexation des salaires**, qui consiste à augmenter les salaires nominaux automatiquement avec l'inflation, devient beaucoup plus fréquente.

Ces changements entraînent une réponse plus forte de l'inflation au chômage. Pour le constater, prenons en exemple un cas avec indexation des salaires. Considérons une économie avec deux types de contrats de travail. Une proportion λ des contrats de travail est indexée : les salaires nominaux, dans ce type de contrats, suivent exactement les variations du niveau des prix[1]. Une proportion $1 - \lambda$ des contrats n'est pas indexée : les salaires nominaux sont fixés sur la base de l'inflation anticipée. On suppose que l'inflation anticipée est égale à l'inflation de l'année précédente.

Dans cette hypothèse, l'équation 9.7 devient :

$$\pi_t = [\lambda\, \pi_t + (1 - \lambda)\, \pi_{t-1}] - \alpha\, (u_t - u_n)$$

Quand $\lambda = 0$, tous les salaires sont fixés sur l'inflation anticipée (égale à l'inflation de l'année passée), et l'on retrouve l'équation 9.8. Quand λ est positif, en revanche, une proportion λ des salaires est fixée sur l'inflation réelle et non pas anticipée.

Si l'on réorganise cette équation, on obtient :

$$\pi_t - \pi_{t-1} = -\frac{\alpha}{1 - \lambda}(u_t - u_n)$$

L'indexation augmente l'effet du chômage sur l'inflation. Plus la proportion λ de contrats indexés est grande, plus l'effet du chômage sur la variation de l'inflation – le coefficient $\alpha/(1 - \lambda)$ – est grand.

L'idée est la suivante. Quand le chômage est faible, les salaires augmentent, ce qui fait augmenter les prix. S'il n'y a pas d'indexation, la spirale prix-salaires s'arrête là (du moins jusqu'à l'année suivante, où il y a renégociation des salaires). Mais s'il y a indexation, la hausse des prix entraîne immédiatement une nouvelle hausse des salaires, qui est suivie par une nouvelle hausse des prix, etc., si bien que, sur l'année, l'effet d'un faible taux de chômage sur les prix est beaucoup plus fort.

Quand λ est proche de 1, c'est-à-dire quand la plupart des contrats de travail reposent sur l'indexation des salaires, de petites variations du taux de chômage peuvent entraîner de très grandes variations de l'inflation. Autrement dit, il peut y avoir de fortes variations de l'inflation pour une variation du chômage minime. C'est en effet ce que l'on constate dans les pays à forte inflation : la relation entre inflation et chômage devient de plus en plus ténue, voire disparaît[2].

1. Cette hypothèse est en fait trop forte. L'indexation ne se fait généralement pas sur l'inflation courante (qui n'est connue qu'avec retard), mais sur l'inflation dans le passé récent. Il y a donc toujours un décalage entre l'inflation et les salaires. Nous ignorons ce décalage ici.

2. La forte inflation est étudiée au chapitre 21.

Des taux de chômage structurels différents entre les pays

D'après l'équation 9.6, le taux de chômage structurel dépend de tous les facteurs pesant sur la détermination des salaires, représentés par la variable agrégée z, de la marge fixée par les entreprises μ et de la sensibilité de l'inflation au taux de chômage, représentée par α. Dans la mesure où ces facteurs diffèrent entre les pays, il n'y a aucune raison de supposer que les pays ont le même taux de chômage structurel.

Un bon exemple est le taux de chômage dans la zone euro, proche en moyenne de 9 % depuis trente ans. Un taux de chômage élevé pendant quelques années peut refléter une déviation du taux de chômage au-dessus de son niveau structurel ; un taux de chômage moyen élevé pendant trente ans reflète sûrement un taux de chômage structurel élevé, dont il faut vraisemblablement chercher l'explication dans les déterminants des relations de fixation des salaires (*WS*) et de fixation des prix (*PS*). Le chapitre 22 étudie cette question du chômage en Europe.

Les variations du taux de chômage structurel au cours du temps

Dans l'estimation de l'équation 9.6, nous avons traité $\mu + z$ comme une constante. Mais il n'y a aucune raison de considérer que μ ou z sont constants au cours du temps. La composition de la population active, la structure de la négociation salariale, le système d'allocations chômage, etc. sont susceptibles d'être modifiés au cours du temps, d'où une variation du taux de chômage structurel.

Les variations du taux de chômage structurel sont difficiles à mesurer, tout simplement parce que l'on ne mesure pas le taux de chômage structurel, mais seulement le taux de chômage courant. Toutefois, les grandes évolutions peuvent être retracées en comparant les taux de chômage moyens de chaque décennie. Nous avons vu au chapitre 7 qu'entre les années 1950 et les années 1980, le taux de chômage moyen a fluctué autour d'un *trend* croissant en France comme aux États-Unis. Dans les années 1990, la tendance semble s'être renversée. La rupture est particulièrement frappante aux États-Unis où, par exemple, l'inflation n'a pas augmenté en 2000 malgré un taux de chômage tombé à 4 %. Comme le montre l'encadré qui suit, le taux de chômage structurel américain a effectivement baissé au cours des années 1990, avant la crise financière.

Pour aller plus loin

Le taux de chômage structurel américain a-t-il baissé dans les années 1990 ?

Entre 1995 et 2007 (soit avant la hausse du chômage liée à la crise financière), le taux de chômage américain était en moyenne de 5 %. Malgré ce faible niveau, le taux d'inflation était plus faible pendant cette période (2,6 %) que durant la décennie précédente (3,6 %).

Cela a conduit certains économistes à parler d'un « nouveau marché du travail » dans lequel le chômage pourrait être maintenu très bas sans risque d'inflation – c'est-à-dire une économie avec un taux de chômage structurel plus bas. Que doit-on penser de cette affirmation ?

La première étape est de regarder si la relation entre variation de l'inflation et chômage s'est modifiée au cours des années 1990. La figure 1 reprend la figure 9.5, sur la période 1970-2008 uniquement (avant la crise financière), en indiquant les points correspondant aux années depuis 1995 par des losanges noirs.

Pour aller plus loin

La droite correspond à la relation entre variation de l'inflation et chômage obtenue pour les années 1970-2008 (équation 9.5 ; l'équation est très légèrement différente de celle estimée sur la période 1970-2011). Notez que les points correspondants aux années 1995-2008 se situent pour la plupart sous la droite. En d'autres termes, pour un taux de chômage donné, la variation d'inflation pour les années 1995-2008 a été inférieure à celle prévue par la relation moyenne sur toute la période 1970-2008.

Cela signifie-t-il que la relation entre variation de l'inflation et taux de chômage s'est déplacée, que la droite correspondant aux années 1990 et 2000 est inférieure à la droite tracée sur la figure ? La figure 1 montre bien que la relation entre variation de l'inflation et taux de chômage n'a jamais été très étroite. Pour de nombreuses années depuis 1970, la variation d'inflation a été beaucoup plus forte ou beaucoup plus faible que celle prévue par la droite. Pourtant, il aurait été faux de conclure, pour chacune de ces années, que le taux de chômage structurel avait fortement augmenté ou fortement baissé. Les bons résultats des années 1995-2008 ne sont peut-être qu'une coïncidence de coups de chance, et la courbe de Phillips ne s'est peut-être pas modifiée. Cependant, tant de coups de chance successifs paraissent vraiment improbables ; il semble plutôt que la courbe de Phillips se soit déplacée vers le bas, entraînant une baisse du taux de chômage compatible avec une inflation constante.

Figure 1 – Variation de l'inflation et chômage aux États-Unis, 1970-2008.

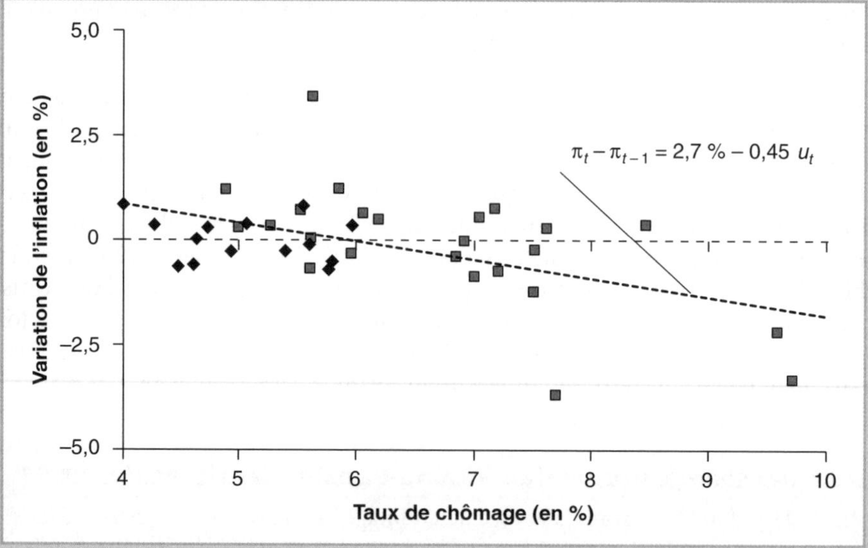

Cette réduction du taux de chômage structurel reflète-t-elle l'émergence d'un « nouveau marché du travail » ? L'affirmation la plus extrême selon laquelle, dans une économie mondialisée, nous ne devrions plus trouver de relation entre le chômage et l'inflation n'est fondée ni dans les faits, ni en théorie : lorsque le marché du travail est tendu, les entreprises ont toujours besoin d'accroître les salaires pour attirer et garder les travailleurs, et les hausses de salaire conduisent toujours à des hausses de prix. Mais l'argument selon lequel la mondialisation peut réduire le taux de chômage structurel n'est pas sans mérite : un accroissement de la concurrence internationale peut réduire le pouvoir de monopole des entreprises américaines (et donc leur marge par rapport au coût, ou *markup*).

Pour aller plus loin

La possibilité, pour les entreprises, de délocaliser certaines opérations à l'étranger les rend également plus puissantes dans leurs négociations avec les travailleurs. La mondialisation peut ainsi expliquer une partie de la réduction du taux de chômage structurel aux États-Unis.

Une part de cette baisse semble cependant due à d'autres facteurs :

- *le vieillissement de la population américaine* : la part des jeunes travailleurs (16-24 ans) est tombée de 24 % en 1980 à 14 % en 2006 (cela reflète la fin du *baby-boom*, au milieu des années 1960). Or, les jeunes travailleurs débutent souvent leur carrière en changeant fréquemment d'emploi et ont généralement un taux de chômage plus élevé que les travailleurs plus âgés. Une baisse de la proportion des jeunes travailleurs conduit ainsi à une baisse du taux de chômage global. Les estimations montrent que cet effet pourrait expliquer une baisse du taux de chômage de 0,6 % depuis 1980 ;
- *l'augmentation du nombre de travailleurs recevant une pension d'invalidité*, qui est passé de 2,2 % de la population en âge de travailler en 1984 à 3,8 % en 2006, notamment du fait d'un assouplissement des critères d'éligibilité en 1984. On peut estimer qu'une partie des personnes concernées auraient été au chômage sans la modification de ces critères. Cet effet pourrait expliquer une baisse du taux de chômage structurel de 0,6 % depuis 1980 ;
- *l'augmentation du travail intérimaire*. En 1980, celui-ci représentait moins de 0,5 % de l'emploi total aux États-Unis, contre plus de 2 % aujourd'hui. En pratique, l'emploi intérimaire permet à de nombreux travailleurs de chercher un emploi tout en étant « en emploi » plutôt qu'au chômage. On estime que cette évolution peut expliquer une baisse de 0,3 % du taux de chômage structurel dans les années 1990 ;
- *l'augmentation de la part de la population en prison*. En 1980, 0,3 % de la population en âge de travailler était en prison aux États-Unis. En 2006, cette proportion avait triplé et atteignait 1 %. Dans la mesure où de nombreux prisonniers auraient eu une probabilité assez élevée d'être au chômage s'ils n'étaient pas en prison, cette évolution peut expliquer une baisse du taux de chômage structurel représentant 0,2 % depuis 1980 ;
- *la forte croissance de la productivité depuis la fin des années 1990*, qui n'avait pas été prévue. Comme nous l'avons vu dans le chapitre 1, la croissance de la productivité a été très élevée aux États-Unis depuis le milieu des années 1990. Cette forte croissance n'avait été anticipée ni par les travailleurs, ni par les entreprises. Pour des hausses nominales de salaires données, cette forte croissance de la productivité a conduit à un moindre accroissement des coûts, débouchant sur une réduction de l'inflation. Il ne fait aucun doute qu'il y a là une partie de l'explication du maintien d'une inflation basse à la fin des années 1990, malgré le faible taux de chômage.

Note : pour plus d'informations, vous pouvez lire Lawrence Katz et Alan Krueger, « The High-Pressure US Labor Market of the 1990s », *Brookings Papers on Economic Activity*, 1999, vol. 1.

Les limites de notre analyse

La théorie du taux de chômage structurel donne aux macroéconomistes des pistes pour comprendre d'où viennent les différences entre pays et les variations du taux de chômage structurel au cours du temps. Mais en vérité, nous avons du mal à savoir exactement quels facteurs déterminent le taux de chômage structurel. En particulier, il y a beaucoup d'incertitude sur la liste des variables comprises dans z et sur les effets dynamiques de chaque variable sur le taux de chômage structurel.

Revenons par exemple sur la hausse du prix du pétrole. Dans le chapitre précédent, nous avons vu que ses effets passaient par une hausse de la marge μ, ce qui entraînait une hausse du taux de chômage structurel (la même conclusion peut être tirée de l'équation 9.6 : une hausse de μ entraîne une hausse du taux de chômage structurel). En fait, les effets de la hausse du prix du pétrole sont ambigus. En effet, on peut imaginer que, pour certains modèles de négociation salariale, les travailleurs acceptent une baisse de leur salaire pour éviter la hausse du taux de chômage. Dans les termes de l'équation 9.6, ce modèle suggère qu'une hausse de μ serait compensée par une baisse de z, de telle sorte que $\mu + z$ et donc le taux de chômage structurel $u_n = \mu + z$ restent constants. Dans d'autres modèles, la baisse de z ne compense que partiellement la hausse de μ, si bien que la hausse du prix du pétrole a un effet permanent sur le taux de chômage structurel.

Le fait que différents modèles conduisent à différentes conclusions n'est pas étonnant. Un moyen de décider quel est le modèle le plus approprié est de regarder lequel a les implications les plus proches des faits. Dans le cas présent, les données ne sont pas claires et ne nous donnent pas de réponse sur le choix du modèle. La question de savoir si la hausse du prix du pétrole a un effet permanent ou non sur le taux de chômage structurel n'est pas encore tranchée.

Notre compréhension est particulièrement limitée en ce qui concerne l'Europe aujourd'hui. Le taux de chômage européen, qui avait été beaucoup plus bas que le taux de chômage américain jusqu'au début des années 1970, a constamment augmenté depuis lors. En 2007, avant que les effets de la crise financière sur le marché du travail ne se manifestent, le taux de chômage européen était de 7,1 %, contre 4,6 % aux États-Unis. Les estimations de l'inflation salariale nous indiquent un chômage structurel de 8 % environ. Ce taux de chômage structurel a-t-il, en Europe comme aux États-Unis, diminué dans les années 1990 et 2000 ? Nous y reviendrons au chapitre 22.

Résumé

- La relation d'offre globale peut être écrite comme une relation entre l'inflation, l'inflation anticipée et le chômage. Plus l'inflation anticipée est élevée, plus l'inflation réalisée est élevée. Plus le chômage est élevé, plus l'inflation est basse.
- Quand l'inflation n'est pas très persistante, l'inflation anticipée ne dépend que peu de l'inflation passée. Ainsi, la relation d'offre globale devient une relation entre inflation et chômage. C'est ce que Phillips a découvert pour l'Angleterre et Samuelson et Solow pour les États-Unis, en étudiant le comportement de l'inflation et du chômage au début des années 1960.
- Dans les années 1970 et 1980, l'inflation est devenue plus persistante, si bien que l'inflation anticipée est apparue de plus en plus fonction de l'inflation passée. Aux États-Unis, la relation d'offre globale est devenue une relation entre chômage et variation de l'inflation. Un fort chômage entraîne une baisse de l'inflation ; un faible chômage entraîne une hausse de l'inflation.

- Le taux de chômage structurel est le taux de chômage pour lequel l'inflation reste constante. Quand le taux de chômage est supérieur au taux structurel, l'inflation décroît ; quand il y est inférieur, l'inflation croît.
- Les modifications de la façon dont varie l'inflation influent sur la façon dont les agents forment leurs anticipations et la forme des contrats salariaux. Quand l'indexation des salaires sur l'inflation est très répandue, de faibles changements dans le taux de chômage peuvent conduire à de fortes variations de l'inflation. Pour un fort taux d'inflation, la relation entre inflation et chômage disparaît.
- Le taux de chômage structurel dépend de nombreux facteurs qui varient entre les pays et au cours du temps. Le taux de chômage structurel diffère donc entre les pays – il est plus élevé en Europe qu'aux États-Unis –, ainsi qu'au cours du temps. Aux États-Unis, il semble que le NAIRU ait augmenté de 1 à 2 % entre les années 1960 et les années 1980, puis baissé au cours des années 1990. En Europe, le taux de chômage structurel a fortement augmenté depuis les années 1960.

Annexe

De la relation d'offre globale à la courbe de Phillips

Le but de cette annexe est d'établir l'équation 9.1, exprimant une relation entre l'inflation, l'inflation anticipée et le taux de chômage.

Le point de départ est la relation entre niveau des prix, niveau des prix anticipé et taux de chômage, que l'on a établie au chapitre 8 et appelée la « relation d'offre globale » :

$$P_t = P_t^e(1 + \mu)\ (1 - \alpha u_t + z)$$

Divisons chaque membre par les prix de l'année passée, P_{t-1} :

$$\frac{P_t}{P_{t-1}} = \frac{P_t^e}{P_{t-1}}(1 + \mu)(1 - \alpha u_t + z) \qquad (8.1\text{ a})$$

On peut réécrire la fraction P_t/P_{t-1} ainsi :

$$\frac{P_t}{P_{t-1}} = 1 + \frac{P_t - P_{t-1}}{P_{t-1}} = 1 + \pi_t$$

De même, on peut réécrire la fraction P_t^e/P_{t-1} :

$$\frac{P_t^e}{P_{t-1}} = 1 + \frac{P_t^e - P_{t-1}}{P_{t-1}} = 1 + \pi_t^e$$

L'équation 9.1 a devient alors :

$$1 + \pi_t = (1 + \pi_t^e)\ (1 + \mu)\ (1 - \alpha u_t + z)$$

Nous avons ainsi une relation entre le taux d'inflation (π_t), le taux d'inflation anticipé (π_t^e) et le taux de chômage (u_t). Réécrivons cette relation de façon plus sympathique, en divisant les deux membres de l'équation par $(1 + \pi_t^e)\ (1 + \mu)$:

$$\frac{1 + \pi_t}{(1 + \pi_t^e)(1 + \mu)} = 1 - \alpha u_t + z$$

Tant que l'inflation, l'inflation anticipée et le taux de marge ne sont pas trop élevés, on peut faire une approximation de cette équation par :

$$1 + \pi_t - \pi_t^e - \mu = 1 - \alpha u_t + z$$

ce qui donne :

$$\pi_t = \pi_t^e + (\mu + z) - \alpha u_t$$

C'est l'équation 9.1 que nous avons utilisée au cours de ce chapitre. L'inflation dépend de l'inflation anticipée et du taux de chômage. La relation dépend de la marge μ, des facteurs influençant la détermination des salaires z et de l'effet du chômage sur les salaires α.

Applications

1. Vrai/Faux/Incertain

a. La courbe de Phillips initiale est la relation négative entre chômage et inflation observée pour la première fois au Royaume-Uni.

b. La courbe de Phillips initiale s'est avérée stable entre les pays et dans le temps.

c. La relation d'offre globale est cohérente avec la courbe de Phillips observée jusque dans les années 1970, mais pas depuis.

d. Les hommes politiques ne peuvent utiliser l'arbitrage inflation/emploi que temporairement.

e. Avant la crise des années 1970, il n'y avait pas de taux de chômage structurel et les hommes politiques pouvaient atteindre un taux de chômage aussi bas qu'ils le voulaient.

f. La courbe de Phillips augmentée des anticipations est cohérente avec l'idée que les entreprises et les salariés ont adapté leurs anticipations après l'expérience macroéconomique des années 1960.

2. La courbe de Phillips

Discutez les phrases suivantes.

a. La courbe de Phillips implique que l'inflation soit faible quand le chômage est élevé, et *vice versa*. Nous pouvons donc connaître des périodes de forte inflation, des périodes de fort chômage, mais jamais les deux en même temps.

b. Tant que nous ne nous soucions pas de l'inflation, nous pouvons atteindre un taux de chômage aussi faible que nous le voulons. Il nous suffit d'augmenter la demande de biens et services, par exemple à l'aide d'une politique budgétaire expansionniste.

3. Le maintien du chômage à un niveau bas

Supposons que la courbe de Phillips soit donnée par l'équation suivante :

$$\pi_t = \pi_t^e + 0{,}1 - 2u_t$$

où $$\pi_t^e = \theta\pi_{t-1}$$

Supposons qu'au départ $\theta = 0$.

a. Quel est le taux de chômage structurel ?

Supposons qu'au départ, le taux de chômage soit égal à son niveau structurel. À l'année t, le gouvernement décide de baisser le taux de chômage à 3 % et de le maintenir indéfiniment à ce niveau.

b. Déterminez le taux d'inflation pour les années t, $t + 1$, $t + 2$ et $t + 5$.

c. Pensez-vous que les choses vont se passer comme le prévoit la question b ? Pourquoi ?

Supposons maintenant que durant l'année $t + 5$, θ augmente de 0 à 1 et que le gouvernement soit toujours décidé à maintenir u à 3 % indéfiniment.

d. Comment expliqueriez-vous cette augmentation de θ ?

e. Quel sera le taux d'inflation en $t + 5$, $t + 6$ et $t + 7$?

f. Pensez-vous que les choses vont se passer comme le prévoit la question e ? Pourquoi ?

4. L'indexation des salaires

Supposons que la courbe de Phillips soit donnée par l'équation suivante :

$$\pi_t = \pi_t^e + 0{,}1 - 2u_t$$

où $$\pi_t^e = \pi_{t-1}$$

Supposons que l'inflation en $t - 1$ soit égale à 0. À l'année t, le gouvernement décide d'atteindre et de maintenir un taux de chômage à 4 %.

a. Calculez le taux d'inflation pour les années t, $t + 1$, $t + 2$ et $t + 3$.
Supposons maintenant que la moitié des salariés aient des contrats de travail avec indexation des salaires sur l'inflation.

b. Quelle est la nouvelle équation de la courbe de Phillips ?

c. Reprenez la question a.

d. Quel est l'effet de l'indexation des salaires sur la relation entre l'inflation et le chômage ?

5. Chocs pétroliers, inflation et chômage

Supposons que la courbe de Phillips soit donnée par l'équation suivante :

$$\pi_t = \pi_t^e + 0{,}08 + 0{,}1\mu - 2u_t$$

où μ est la marge des prix sur les salaires.

Supposons que μ soit initialement égal à 20 %, mais que, suite à une forte hausse du prix du pétrole, μ atteigne 40 % l'année t et reste ensuite à ce niveau.

a. Comment une hausse du prix du pétrole peut-elle entraîner une hausse de μ ?

b. Quel est l'effet de long terme de la hausse de μ sur le taux de chômage structurel ?

6. Choc pétrolier favorable, chômage et inflation

Après la forte hausse du pétrole dans les années 1970, le prix du pétrole a baissé au cours des années 1990.

a. Cette baisse peut-elle expliquer l'évolution des taux d'inflation et de chômage dans les années 1990 aux États-Unis ?

b. Quel a été l'effet probable de cette hausse sur le taux de chômage structurel ?

Chapitre 10
Inflation, activité et croissance de la masse monétaire

En octobre 1979, la Banque centrale américaine, la Fed, a décidé de réduire la croissance de la masse monétaire et de baisser l'inflation, qui était alors proche de 14 % par an. Cinq annéss plus tard, mais après une grave récession, l'inflation était revenue à 4 % par an.

Pourquoi la Fed a-t-elle décidé de réduire l'inflation ? Comment y est-elle parvenue ? Pourquoi cela a-t-il entraîné une récession ? Plus généralement, quels sont les effets de la croissance de la masse monétaire sur l'inflation et sur l'activité ? Au chapitre 8, nous avons considéré les anticipations de façon trop simple pour pouvoir répondre correctement à ces questions. Mais notre discussion sur les anticipations du chapitre 9, ainsi que l'introduction de la courbe de Phillips vont nous permettre, dans ce chapitre, d'y répondre.

La première section étudie les liens entre production, chômage et inflation. Les sections suivantes discutent des effets de court et de moyen terme de la croissance de la masse monétaire sur l'inflation et l'activité. La dernière section reviendra sur la désinflation américaine de la fin des années 1970.

10.1 Production, chômage et inflation

Les interactions entre production, chômage et inflation consistent en trois relations qu'il faut avoir bien en tête :

- la loi d'Okun, qui montre comment la croissance influe sur le chômage ;
- la courbe de Phillips, qui explique comment le chômage se répercute sur l'inflation ;
- la relation de demande globale, qui décrit comment l'inflation et la croissance de la masse monétaire agissent sur la croissance de la production.

Ces trois relations sont schématisées dans la figure 10.1.

Cette section va étudier séparément chacune de ces trois relations. Les sections suivantes examineront leurs implications jointes.

La loi d'Okun : de la croissance de la production au chômage

Quand nous avons écrit la relation entre production et taux de chômage au chapitre 7, nous avions fait deux hypothèses pratiques mais restrictives. Nous avions en effet supposé que la production et l'emploi variaient ensemble, c'est-à-dire qu'un changement de la production entraînait un changement similaire de l'emploi. Nous avions supposé également que la population active était constante, si bien qu'une variation de l'emploi se répercutait dans la proportion de 1 pour 1 en une variation opposée du chômage.

Figure 10.1 – Croissance de la masse monétaire et de la production, inflation et chômage.

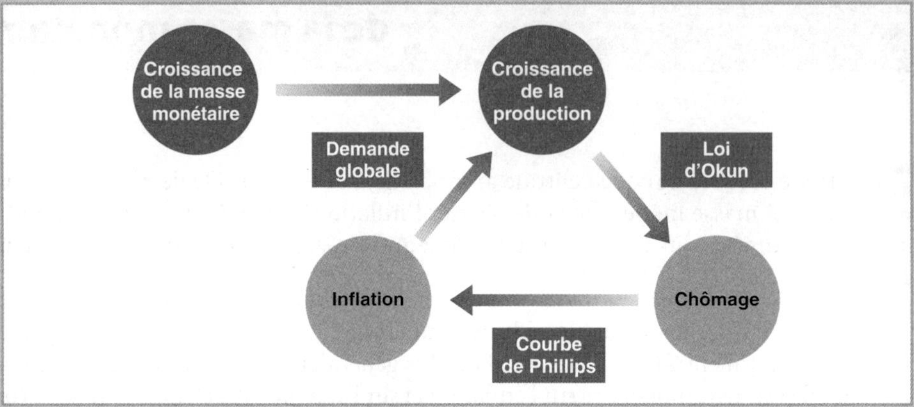

Nous devons maintenant lever ces hypothèses. Pour comprendre pourquoi, réfléchissons à ce qu'elles impliquent pour la relation entre le taux de croissance de la production et le taux de chômage. Comme production et emploi varient ensemble, une hausse de 1 % de la production entraîne une hausse de 1 % de l'emploi. Puisque la population active est constante, une hausse de 1 % de l'emploi se reflète en une baisse de 1 % du taux de chômage. Appelons g_{yt} le taux de croissance de la production. Alors, dans ces deux hypothèses, on doit avoir la relation suivante :

$$u_t - u_{t-1} = -g_{yt} \qquad (10.1)$$

La variation du taux de chômage devrait donc être égale à l'opposé du taux de croissance de la production. Par exemple, si la croissance de la production est de 4 %, alors le taux de chômage doit baisser de 4 %.

Comparons l'équation 10.1 avec la relation réelle entre croissance de la production et variation du taux de chômage, appelée **loi d'Okun**. La figure 10.2 représente les variations du taux de chômage en fonction du taux de croissance de la production pour toutes les années depuis 1970 aux États-Unis, ainsi que la droite de régression s'ajustant le mieux à l'ensemble des points. L'équation correspondant à la droite américaine est la suivante :

$$u_t - u_{t-1} = -0{,}4\ (g_{yt} - 3\ \%) \qquad (10.2)$$

Dans le cas français, il faut distinguer deux sous-périodes. De 1961 à 1980, le coefficient d'Okun est encore plus petit : il vaut 0,17 au lieu du 0,4 américain. C'est dire que la croissance française crée, à l'époque, peu d'emplois. À partir de 1981, en revanche, ce même coefficient s'élève et vaut, pour la période 1981-2011, 0,3 [1]. D'une croissance économe en emploi, la France, à partir des années marquées par un ralentissement consécutif à la crise pétrolière, a haussé ce que l'on appelle aussi le « contenu en emploi de la croissance »

1. L'équation estimée pour la France sur la période 1981-2011 est : $u_t - u_{t-1} = -0{,}3\ (g_{yt} - 223\ \%)$.

à des niveaux qui sont désormais proches des niveaux américains. Pour la suite, nous considérerons un coefficient d'Okun égal à 0,4, soit le niveau observé aux États-Unis.

Figure 10.2 (a) – Chômage et croissance aux États-Unis, 1971-2011.

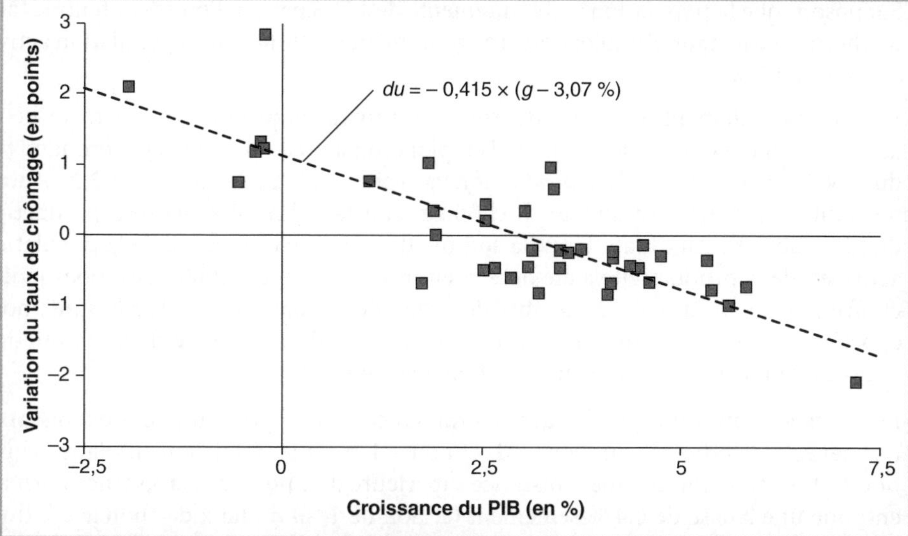

Un taux de croissance de la production élevé est associé à une réduction du taux de chômage, un taux de croissance faible à une hausse du taux de chômage.

Source : OCDE, *Perspectives économiques*, base de données.

Figure 10.2 (b) – Chômage et croissance en France, 1971-2011.

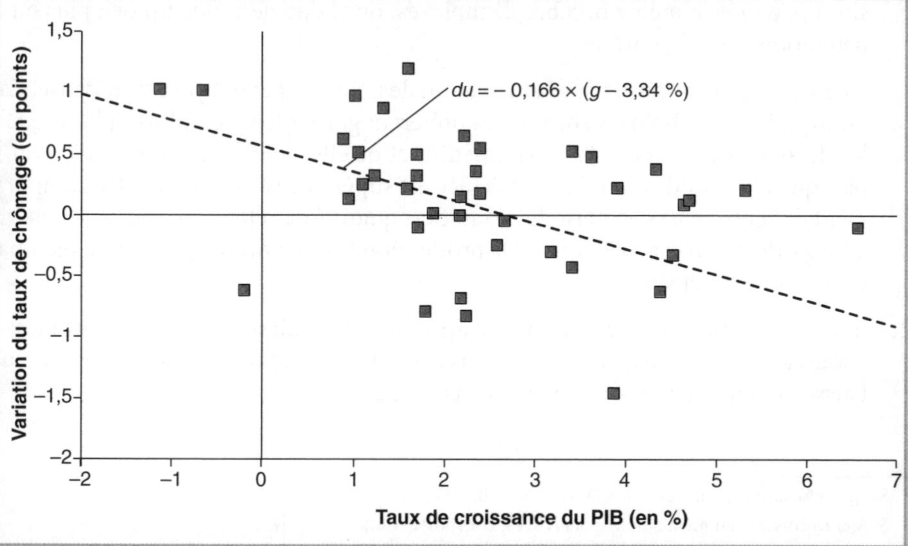

Source : OCDE, *Perspectives économiques*, base de données.

L'équation 10.2 diffère de l'équation 10.1 de deux façons.

- Le taux de croissance annuel doit être d'au moins 3 % pour éviter une hausse du taux de chômage [1]. Cela vient de deux facteurs que nous avons jusqu'à présent négligés : la population active et la productivité du travail croissent au cours du temps.

  Supposons que la population active augmente de 1,7 % par an. Pour maintenir le taux de chômage constant, l'emploi doit croître au même rythme que la population active, au taux de 1,7 % [2].

  Supposons également que la productivité du travail (la production par travailleur) augmente au taux de 1,3 % par an. Si l'emploi croît au taux de 1,7 % et la productivité du travail au taux de 1,3 %, la production va croître au taux de 1,7 + 1,3 = 3 %. Autrement dit, pour maintenir un taux de chômage constant, la croissance de la production doit être de 3 %. Aux États-Unis, la somme des taux de croissance de la population active et de la productivité a été de 3 % en moyenne depuis 1960 ; c'est pourquoi le chiffre 3 % apparaît dans le membre de droite de l'équation 10.2. Par la suite, nous appellerons **taux de croissance potentielle** le taux de croissance de la production nécessaire pour maintenir le taux de chômage constant.

- Le coefficient qui multiplie l'écart de croissance par rapport au taux de croissance normal est – 0,4 dans l'équation 10.2, et non – 1 comme implicitement dans l'équation 10.1. Autrement dit, une croissance supérieure de 1 point à la croissance normale entraîne une baisse de 0,4 % seulement (et non de 1 %) du taux de chômage [3]. Il y a deux raisons à cela :

  1. les entreprises ajustent l'emploi dans un rapport inférieur à 1 pour 1 en réponse à un écart du taux de croissance relativement à la normale. Plus précisément, une croissance supérieure de 1 % à la normale entraîne une hausse de seulement 0,6 % de l'emploi.

     Une des explications en est que certains travailleurs sont nécessaires, quel que soit le niveau de production. Le service comptable d'une entreprise, par exemple, nécessite à peu près le même nombre d'employés, que la firme vende un peu plus ou un peu moins que d'habitude.

     Une autre explication est que la formation de nouveaux employés est coûteuse. C'est pourquoi de nombreuses entreprises préfèrent garder leurs employés plutôt que de les licencier quand la croissance ralentit, et qu'elles leur demandent de travailler plus que d'habitude quand la croissance est supérieure à la normale. Ce comportement des entreprises en période de crise est qualifié de rétention de main-d'œuvre : elles gardent leurs salariés quand la production baisse pour ne pas avoir à réembaucher lors de la reprise ;

  2. une hausse du taux d'emploi n'entraîne pas une baisse de 1 pour 1 du taux de chômage. Plus précisément, une hausse de 0,6 % du taux d'emploi entraîne une baisse de seulement 0,4 % du taux de chômage [4].

---

1. Si $g_{yt} = 3\ \%$, alors $u_t - u_{t-1} = -0{,}4\,(3\ \% - 3\ \%) = 0$.
2. Si N et L croissent au même taux, alors N/L est constant et donc $u = 1 - N/L$.
3. Si $g_{yt} = 4\ \%$, alors $u_t - u_{t-1} = -0{,}4\,(4\ \% - 3\ \%) = -0{,}4\ \%$.
4. 1 % de croissance au-dessus de la normale $\Rightarrow$ hausse de 0,6 % de l'emploi $\Rightarrow$ baisse de 0,4 % du taux de chômage.

> Cela vient du fait que le taux de participation augmente. Quand l'emploi augmente, la probabilité de trouver un emploi augmente pour les chômeurs, si bien que certaines personnes jusqu'alors considérées comme inactives (chômeurs découragés ou femmes au foyer par exemple) peuvent décider de se (re)mettre à chercher activement un emploi et sont alors comptées comme chômeurs.

En utilisant des lettres plutôt que des chiffres, réécrivons ainsi la relation entre croissance de la production et variations du taux de chômage [1] :

$$u_t - u_{t-1} = -\beta\,(g_{yt} - \bar{g}_y) \qquad (10.3)$$

où $\bar{g}_y$ est le taux de croissance potentielle de l'économie et où β mesure comment un excès de 1 % de croissance par rapport à la croissance potentielle se traduit en termes de baisse du chômage. En France (depuis 1981) et aux États-Unis, β est égal à 0,4.

Macroéconomie mondiale

La loi d'Okun à travers le monde

Le coefficient β de la loi d'Okun mesure l'impact sur le taux de chômage d'une déviation de la croissance du PIB par rapport à la normale. Un β égal à 0,4 signifie qu'une croissance supérieure de 1 % à la normale fait baisser le taux de chômage de 0,4 %.

Le coefficient β dépend en partie de la façon dont les entreprises ajustent l'emploi aux variations temporaires de la production. L'ajustement de l'emploi découle lui-même de la structure interne de l'entreprise, ainsi que de la législation et des règles sociales concernant l'embauche et le licenciement. On doit donc s'attendre à ce que β soit différent entre les pays. C'est ce que l'on constate : le tableau 1 donne une estimation de β pour différents pays de l'OCDE.

La première colonne donne le β estimé sur la période 1960-1980. Les États-Unis ont le coefficient le plus élevé, suivis par l'Allemagne, le Royaume-Uni et la France. Ce classement correspond bien à l'idée que l'on a du comportement des entreprises et de la régulation du marché du travail dans ces différents pays. β est très petit au Japon. Les entreprises japonaises offrent une grande sécurité de l'emploi à leurs salariés, si bien que les variations de la production n'ont que très peu d'effets sur l'emploi et donc sur le chômage. C'est aux États-Unis que β est le plus grand, or les contraintes sociales et légales pour l'embauche et le licenciement y sont très faibles. Quant aux deux pays européens, leur β intermédiaire entre celui du Japon et celui des États-Unis s'explique par les restrictions au licenciement qui s'y appliquent (du coût de licenciement élevé à la nécessité d'une autorisation de l'État pour licencier).

La seconde colonne donne le β estimé sur la période 1981-2011. Au Royaume-Uni et au Japon, à l'image de ce que nous avons observé pour la France, le coefficient a augmenté ; il est resté quasiment constant aux États-Unis. Cette hausse vient du fait que la concurrence accrue sur le marché des biens depuis le début des années 1980 a conduit les entreprises à réduire la sécurité de l'emploi qu'elles offraient auparavant à leurs salariés. De plus, sur les injonctions des entreprises, les différents États ont dû revoir à la baisse la régulation du marché du travail. Ces deux phénomènes ont rendu le taux de chômage plus élastique à l'activité, et donc à un plus grand coefficient β.

1. Loi d'Okun : $g_{yt} > \bar{g}_y \Rightarrow u_t < u_{t-1}$.

Macroéconomie mondiale

Tableau 1 – Le coefficient β de la loi d'Okun, par pays et par période.

Pays	1960-1980	1981-2011
États-Unis	0,39	0,43 *
France	0,17	0,31 *
Royaume-Uni	0,15	0,28 *
Allemagne	0,20	0,22 *
Japon	0,02	0,12

* 1993-2011.
Source : calculs des auteurs.

La courbe de Phillips : du chômage à l'inflation

Au chapitre 9, nous avons caractérisé la relation suivante entre inflation, inflation anticipée et chômage (équation 9.7) :

$$\pi_t = \pi_t^e - \alpha\,(u_t - u_n) \qquad (10.4)$$

L'inflation dépend de l'inflation anticipée et de l'écart entre le taux de chômage et le taux de chômage structurel.

Nous avons ensuite fait l'approximation qu'aujourd'hui, l'inflation anticipée est à peu près égale à l'inflation de l'année passée, si bien que l'on peut remplacer π_t^e par π_{t-1}. Avec cette hypothèse, la relation entre inflation et chômage devient :

$$\pi_t = \pi_{t-1} - \alpha\,(u_t - u_n) \qquad (10.5)$$

Si le chômage est au-dessus de son niveau structurel, l'inflation baisse. S'il est au-dessous, l'inflation augmente [1]. Le paramètre α mesure l'impact du taux de chômage sur la variation de l'inflation. Nous avons vu au chapitre 9 qu'aux États-Unis, depuis 1970, le taux de chômage structurel a été d'environ 6 %, et α à peu près égal à 0. Dans le cas français, on a trouvé un chômage structurel plus élevé, égal à 7,9 %, associé à un coefficient α plus élevé, proche de 0,81. L'équation proposée dans le cas français expliquait l'inflation salariale et non l'inflation tout court. Cette valeur de α signifie qu'un écart de 1 % du taux de chômage par rapport à son niveau structurel fait baisser le taux d'inflation salariale de 0,81 %. Nous supposerons par la suite que l'inflation salariale et l'inflation tout court sont de fait identiques. Nous appellerons cette relation la courbe de Phillips [2].

La relation de demande globale : de la croissance de la masse monétaire et de l'inflation à la croissance du PIB

Au chapitre 8, nous avons écrit la relation de demande globale comme une relation entre la production et le stock d'encaisses réelles, les dépenses publiques et les impôts

1. Courbe de Phillips : $u_t < u_{n'} \Rightarrow \pi_t > \pi_{t-1}$.
2. Rigoureusement, nous devrions appeler « relation de Phillips » et non « courbe de Phillips » l'équation 10.5, mais la tradition macroéconomique est de l'appeler « courbe de Phillips ». Nous préférons suivre la tradition.

(équation 8.2). Pour nous intéresser plus précisément à la relation entre production et stock de monnaie, nous allons ignorer les changements ne concernant pas le niveau réel de la masse monétaire et écrire la relation de demande globale sous la forme simplifiée suivante :

$$Y_t = \gamma \frac{M_t}{P_t} \tag{10.6}$$

où γ est un paramètre positif. Cette équation signifie que la demande de biens, et donc la production, est proportionnelle au stock d'encaisses réelles. Cette simplification va nous rendre la vie plus facile. Elle dérive du raisonnement par étapes que nous avons vu avec le modèle *IS*/*LM* [1].

- Une hausse du niveau réel de la masse monétaire entraîne une baisse du taux d'intérêt.
- La baisse du taux d'intérêt aboutit à une hausse de la demande de biens et, par l'effet du multiplicateur, de la production.

Pour notre propos, il faut que nous passions de la relation en niveaux (équation 10.6) à une relation entre les taux de croissance. Appelons g_{yt} le taux de croissance de la production, g_{mt} le taux de croissance de la masse monétaire et π_t le taux de croissance des prix (le taux d'inflation). L'équation 10.6 peut donc se réécrire comme [2] :

$$g_{yt} = g_{mt} - \pi_t \tag{10.7}$$

Le taux de croissance de la production est égal au taux de croissance de la masse monétaire moins le taux d'inflation [3]. Si la croissance de la masse monétaire nominale excède l'inflation, la masse monétaire réelle augmente et la production aussi. Pour une croissance de la masse monétaire donnée, une inflation forte entraîne une baisse du stock d'encaisses réelles et donc de la production. Inversement, une inflation plus faible implique une hausse du stock d'encaisses réelles et, par conséquent, de l'activité.

10.2 Le moyen terme

Résumons les trois relations que nous avons caractérisées dans la section 10.1.

- La **loi d'Okun** relie l'écart entre le taux de croissance et le taux de croissance potentielle aux variations du taux de chômage (équation 10.3) :

$$u_t - u_{t-1} = -\beta\,(g_{yt} - \bar{g}_y)$$

Variation du taux de chômage	Écart du taux de croissance de la production par rapport au taux de croissance potentielle

1. $M/P \uparrow \Rightarrow i \downarrow$
   $i \downarrow \Rightarrow Y \uparrow$
   d'où $M/P \uparrow \Rightarrow Y \uparrow$.
2. Si une variable est égale au ratio de deux variables, le taux de croissance de cette variable est égal à la différence entre les taux de croissance des deux variables. Ainsi, si $Y = \gamma\, M/P$ et si γ est une constante, alors $g_y = g_m - \pi$.
3. Relation de demande globale : $g_{mt} > \pi_t \Rightarrow g_{yt} < 0$.

- La **courbe de Phillips** montre comment un écart entre chômage courant et chômage structurel modifie le taux d'inflation (équation 10.5) :

$$\pi_t - \pi_{t-1} = -\alpha\,(u_t - u_n)$$

Variation de l'inflation — Écart entre le taux de chômage et le taux naturel

- La relation de **demande globale** explique comment la différence entre le taux de croissance de la masse monétaire et le taux d'inflation modifie la croissance de la production (équation 10.7) :

$$g_{yt} = g_{mt} - \pi_t$$

Taux de croissance de la production — Taux de croissance de la masse monétaire moins taux d'inflation

Nous allons maintenant étudier les implications de ces trois relations concernant les effets de la croissance de la masse monétaire sur la production, le chômage et l'inflation.

La façon la plus simple d'analyser la question est de regarder d'abord l'état de l'économie à moyen terme, puis de chercher les effets dynamiques qui ont fait passer l'économie d'un état à l'autre. Cette section va étudier le moyen terme ; les sections suivantes s'intéresseront à la dynamique qui y a conduit.

Supposons que la banque centrale maintienne la croissance de la masse monétaire à un taux constant. Quelles seront les valeurs du taux de croissance de la production, du taux de chômage et de l'inflation à moyen terme ?

- À moyen terme, le chômage doit être constant. Le taux de chômage ne peut pas croître ou décroître indéfiniment. Si l'on pose $u_t = u_{t-1}$ dans la loi d'Okun, on obtient $g_{yt} = \bar{g}_y$. À moyen terme, la production croît à son taux potentiel [1].
- Si la masse monétaire croît au taux g_m et la production au taux g_y, alors la relation de demande globale implique un taux d'inflation π constant et tel que :

$$\bar{g}_y = \bar{g}_m - \pi$$

Ce que l'on peut écrire :

$$\pi = \bar{g}_m - \bar{g}_y \tag{10.8}$$

Taux d'inflation — Taux de croissance de la masse monétaire moins taux de croissance potentielle de la production

- À moyen terme, l'inflation est égale au taux de croissance de la masse monétaire moins le taux de croissance potentielle de la production [2]. Par la suite, nous appellerons **taux de croissance ajusté de la masse monétaire** cette différence entre le taux de croissance de la masse monétaire et le taux de croissance potentielle de la production. On peut donc formuler le résultat donné par l'équation 10.8 en disant : *à moyen terme, l'inflation est égale au taux de croissance ajusté de la masse monétaire.*

1. À moyen terme : $g_y = -\bar{g}_y$.
2. À moyen terme : $\pi = g_m - \bar{g}_y$.

- On peut penser à ce résultat de la façon suivante : une hausse de l'activité de production entraîne une hausse du nombre de transactions et, de ce fait, une hausse de la demande réelle de monnaie. Si la production croît à un taux de 3 %, le stock d'encaisses réelles doit aussi croître à un taux de 3 %. Si le stock d'encaisses réelles augmente à un taux différent, alors l'écart apparaît sous forme d'inflation (ou de déflation). Par exemple, si la masse monétaire croît au taux de 10 %, on a donc 7 % d'inflation.
- Si l'inflation est constante, $\pi_t = \pi_{t-1}$. La courbe de Phillips donne alors $u_t = u_n$. À moyen terme, le taux de chômage doit être égal à son taux structurel [1].

Tous ces résultats sont les extensions naturelles des résultats que nous avions obtenus au chapitre 8. Nous avions vu en effet que les *variations du niveau de la masse monétaire* étaient neutres à moyen terme : elles n'avaient pas d'effet sur la production et le chômage, mais étaient parfaitement reflétées par les variations de l'inflation. Nous venons de voir qu'une neutralité similaire s'applique aux *variations du taux de croissance de la masse monétaire* [2].

Une autre façon d'énoncer ce résultat est de dire que le seul déterminant de l'inflation à moyen terme est le taux de croissance ajusté de la masse monétaire. C'est ce qu'entendait Friedman lorsqu'il disait : « L'inflation est toujours et partout un phénomène monétaire. » À moins qu'ils ne conduisent à une hausse du taux de croissance de la masse monétaire, les facteurs tels que le pouvoir de monopole des entreprises, des syndicats puissants, les grèves, un déficit budgétaire ou le prix du pétrole n'ont pas d'effet sur l'inflation *à moyen terme* [3].

Nous pouvons résumer les résultats de cette section à l'aide de la figure 10.3, qui représente le taux de chômage sur l'axe des abscisses et l'inflation sur l'axe des ordonnées.

À moyen terme, le taux de chômage est égal au taux structurel. L'économie se situe donc quelque part sur la droite verticale $u = u_n$.

À moyen terme, l'inflation est égale au taux de croissance ajusté de la masse monétaire. C'est ce qui est représenté par la droite $\pi = \bar{g}_m - \bar{g}_y$.

Une baisse du taux de croissance de la masse monétaire de $\bar{g}_m$ à $\bar{g}_y$ déplace la droite horizontale vers le bas. L'équilibre passe du point *A* au point *B*. Le taux d'inflation décroît autant que le taux de croissance de la masse monétaire. Le taux de chômage ne bouge pas, il reste à u_n.

Maintenant que nous avons étudié l'état de l'économie à moyen terme, nous pouvons revenir sur la dynamique d'ajustement, ce que nous ferons dans les trois sections suivantes.

---

1. À moyen terme : $u = u_n$.
2. À moyen terme, les variations du taux de croissance de la masse monétaire n'ont pas d'effet sur la production ou le taux de chômage. Elles sont répercutées dans la proportion de 1 pour 1 dans les variations du taux d'inflation.
3. La précision « à moins que » est importante. Quand nous étudierons les épisodes de forte inflation au chapitre 21, nous verrons que de forts déficits budgétaires conduisent souvent à de la création monétaire, et donc à une hausse de la croissance de la masse monétaire.

Figure 10.3 – Inflation et chômage à moyen terme.

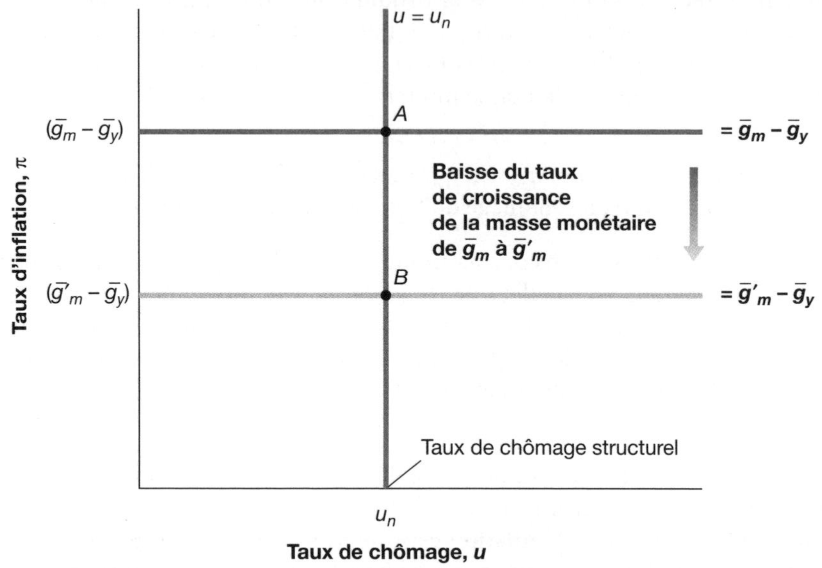

À moyen terme, le taux de chômage est égal au taux structurel, et l'inflation au taux de croissance ajusté de la masse monétaire.

10.3 La désinflation : un premier aperçu

Supposons que l'économie soit à son équilibre de moyen terme : le chômage est à son taux structurel et le taux de croissance de la production est égal au taux potentiel. Supposons également que l'inflation soit élevée et que la nécessité de la réduire s'impose [1].

Nous avons vu dans la section précédente qu'une réduction de l'inflation requiert une baisse de la croissance de la masse monétaire. Comment vont s'enchaîner les événements ?

Imaginons que la banque centrale décide de baisser le taux de croissance de la masse monétaire.

- La relation de demande globale nous dit que, à inflation donnée, une moindre croissance de la masse monétaire entraîne une baisse de la croissance de la production.
- La loi d'Okun nous indique que cette baisse de l'activité implique une hausse du taux de chômage.
- La courbe de Phillips, enfin, nous apprend que cette hausse du taux de chômage induit une baisse de l'inflation.

1. Pourquoi est-il préoccupant que l'inflation soit élevée si la croissance est à son taux potentiel et le chômage à son taux structurel ? Pour répondre à cette question, nous devrons aller un peu plus loin dans l'analyse. Nous discuterons des coûts de l'inflation et des raisons pour lesquelles les gouvernements prennent des mesures déflationnistes au chapitre 21.

Nous voyons donc clairement quels sont les effets de court terme d'une baisse de la croissance de la masse monétaire : ralentissement de l'activité, hausse du chômage et baisse de l'inflation.

Par la suite, aussi longtemps que le chômage excède le chômage structurel, l'inflation décroît. Finalement, l'inflation devient suffisamment faible et, en conséquence, la croissance de la masse monétaire réelle suffisamment forte pour que le chômage diminue ; il ne reste pas élevé durablement.

Voici un résultat important : une baisse de la croissance de la masse monétaire augmente temporairement le chômage, mais de combien ? Et pour combien de temps ?

Si la banque centrale se préoccupe à la fois du chômage et de l'inflation, comment doit-elle s'y prendre pour créer une **désinflation** ? Doit-elle réduire brutalement ou progressivement la croissance de la masse monétaire ?

Les conséquences sur le chômage : combien de chômeurs et pour combien de temps ?

Considérons tout d'abord l'équation de la courbe de Phillips (équation 10.5) :

$$\pi_t - \pi_{t-1} = -\alpha\,(u_t - u_n)$$

Cette équation montre bien qu'une désinflation ne peut être obtenue qu'au prix d'une hausse du chômage : pour que le membre de gauche soit négatif (c'est-à-dire pour que l'inflation baisse), il faut que le terme $(u_t - u_n)$ soit positif (le taux de chômage doit être supérieur au taux structurel).

Mais cette équation a une autre implication, plus forte et assez surprenante : le montant total de chômage supplémentaire que requiert une baisse donnée de l'inflation ne dépend pas de la vitesse à laquelle la désinflation est conduite. En d'autres termes, la désinflation peut être obtenue très vite, au prix d'un très fort chômage pendant deux ou trois ans, ou bien plus lentement, avec une lente montée du chômage étalée sur un nombre d'années plus important. Mais le montant total de chômage sera le même dans les deux cas. Pour le constater, supposons par exemple que la banque centrale veuille réduire l'inflation de 14 % à 4 % et que le coefficient α dans l'équation de la courbe de Phillips soit égal à 1.

Si la banque centrale veut atteindre son objectif en une seule année, alors, d'après l'équation 10.5, le taux de chômage sera de 10 % supérieur au taux structurel pendant un an [1]. Si la banque centrale décide d'atteindre son objectif sur une période de deux ans, alors l'équation 10.5 nous dit que le taux de chômage sera supérieur de 5 % à son taux structurel pendant ces deux années. En effet, pour chacune des deux années, le membre de gauche de l'équation est égal à – 5 % (l'inflation baisse de 5 % chaque année, et donc de 10 % au total) [2].

---

1. $\pi_t - \pi_{t-1} = -(u_t - u_n)$
variation de l'inflation = – points de chômage supplémentaires (si $\alpha = 1$).

2. $\pi_t - \pi_{t-1} = -(u_t - u_n)$
1re année : – 5 % = – 5 %
2e année : – 5 % = – 5 %
variation de l'inflation = – points de chômage supplémentaires – 10 % = – 10 %.

Par le même raisonnement, une baisse de l'inflation étalée sur cinq ans nécessite un taux de chômage supérieur de 2 % au taux de chômage structurel pendant cinq ans ; une baisse de l'inflation étalée sur dix ans nécessite un taux de chômage supérieur de 1 % au taux structurel pendant dix ans, etc.

Si l'on appelle **point de chômage supplémentaire** un écart de 1 % entre le taux de chômage et le taux de chômage structurel pendant un an [1], on voit que le nombre de points de chômage supplémentaires requis pour une baisse de 10 % de l'inflation est le même (10 points), quelle que soit la vitesse à laquelle baisse l'inflation. La banque centrale peut donc choisir la distribution du chômage supplémentaire au cours du temps, mais elle ne peut pas changer le montant total de chômage supplémentaire.

Nous pouvons énoncer ce résultat sous une autre forme. Si l'on appelle **ratio de sacrifice** le nombre de points de chômage supplémentaires nécessaires pour baisser l'inflation de 1 % [2], alors l'équation 10.5 implique que ce ratio est indépendant de la politique et tout simplement égal à $1/\alpha$. Si α est proche de 1, comme le suggèrent les estimations de la courbe de Phillips, alors le ratio de sacrifice est proche de 1 (ou, disons, 1,33 dans le cas européen).

Si le ratio de sacrifice est constant, peut-on dire que la vitesse à laquelle la désinflation est atteinte est totalement indifférente ? Non. Supposons que la banque centrale tente d'atteindre la baisse de l'inflation en un an. Cela nécessite que le taux de chômage soit 10 % au-dessus du taux de chômage structurel pendant un an. Avec un taux structurel à 6,5 %, cela veut dire que le taux de chômage doit passer à 16,5 % pendant un an. Or, d'après la loi d'Okun, en utilisant un paramètre β égal à 0,4 et un taux de croissance potentielle de la production de 3 %, la croissance de la production doit vérifier :

$$u_t - u_{t-1} = -\beta\,(g_{yt} - \bar{g}_y)$$

$$16{,}5\ \% - 6{,}5\ \% = -\ 0{,}4\ (g_{yt} - 3\ \%)$$

Cela implique une valeur pour g_{yt} de : – 10 %/0,4 + 3 % = – 22 %.

La croissance de la production devrait être de – 22 % pendant un an ! À titre indicatif, la plus forte croissance négative enregistrée par les États-Unis depuis cent ans est – 15 % en 1931, pendant la Grande Dépression. Il est donc clair qu'aucun gouvernement ne se risquerait à tenter l'expérience d'une si forte croissance négative. Comme on l'a vu au chapitre 8, la hausse massive du taux de chômage global entraînerait des taux de chômage extrêmement élevés pour certaines catégories, notamment les jeunes et les non-qualifiés. De tels taux de chômage laisseraient des séquelles permanentes [3]. La chute brutale de la production entraînerait de nombreuses faillites, ce qui ne serait pas sans

1. Quand faut-il dire « 1 point » plutôt que « 1 % » ? Supposez que l'on vous dise que le taux de chômage, jusqu'alors égal à 10 %, a augmenté de 5 %. Cela veut-il dire que la hausse a été de 5 % du taux de chômage antérieur, auquel cas le taux de chômage serait passé de 10 % à 10 % × 1,05 = 10,5 %, ou bien qu'il a augmenté de 5 points, c'est-à-dire a crû de 10 % à 10 % + 5 % = 15 % ? L'utilisation de « points » permet d'éviter l'ambiguïté. Si l'on vous dit que le taux de chômage a augmenté de 5 points, cela signifie qu'il est passé de 10 % à 15 %.
2. Ratio de sacrifice = points de chômage supplémentaires/baisse de l'inflation.
3. Un très fort taux de chômage peut avoir des conséquences de long terme sur le taux de chômage structurel de l'économie. C'est une des questions que nous aborderons au chapitre 22, lorsque nous étudierons le chômage européen.

effet de long terme sur l'activité économique. En bref, les conséquences d'une violente désinflation seraient dramatiques.

À la recherche du sentier de croissance optimal de la masse monétaire

Supposons que la banque centrale décide de réduire l'inflation de 14 % à 4 % en cinq ans. La banque centrale ne contrôle pas directement le taux d'inflation, ni le taux de chômage. Elle contrôle seulement la croissance de la masse monétaire [1]. À l'aide des équations précédentes, nous allons pouvoir calculer le sentier de croissance que doit suivre la masse monétaire pour atteindre l'objectif de désinflation.

Reprenons l'exemple numérique de tout à l'heure. La croissance de la production est de 3 %, le taux de chômage structurel de 6 %, le coefficient α de la courbe de Phillips est égal à 1, et le coefficient β de la loi d'Okun à 0,4 (en reprenant ici les données américaines). Le tableau 10.1 nous montre comment évaluer le sentier de croissance que doit suivre l'inflation pour que l'inflation baisse de 10 points en cinq ans.

Tableau 10.1 – Le sentier de désinflation.

	Année								
	(pré-)	**(désinflation)**					**(post-)**		
	0	**1**	**2**	**3**	**4**	**5**	**6**	**7**	**8**
Inflation (en %)	14	12	10	8	6	4	4	4	4
Taux de chômage (en %)	6	8	8	8	8	8	6	6	6
Croissance du PIB (en %)	3	– 2	3	3	3	3	8	3	3
Croissance de la masse monétaire (en %)	17	10	13	11	9	7	12	7	7

Avant la désinflation, à l'année 0, la croissance de la production est de 3 %, le taux de chômage est au niveau du taux de chômage structurel, soit 6 %, l'inflation est de 14 % et le taux de croissance de la masse monétaire de 17 %. Le taux de croissance du stock d'encaisses réelles est égal à 17 – 14 = 3 %, identique au taux de croissance du PIB.

La désinflation débute à la date 1. Pour trouver l'évolution de la masse monétaire qui est nécessaire, nous commencerons par écrire l'évolution souhaitée pour l'inflation, puis les trajectoires requises pour le taux de chômage et le taux de croissance de la production, et nous en déduirons l'évolution nécessaire de la masse monétaire.

- La première ligne du tableau 10.1 donne la *trajectoire cible de l'inflation*. L'inflation est de 14 % avant le changement de politique monétaire, puis elle baisse de 2 points chaque année pendant cinq ans, pour se stabiliser à 4 %.
- La deuxième ligne donne la *trajectoire du taux de chômage* impliquée par la courbe de Phillips. Comme $\alpha = 1$, il faut, pour que l'inflation décroisse de 2 points par an

1. Comme nous l'avons vu au chapitre 5, la banque centrale ne contrôle pas le stock de monnaie lui-même, mais seulement le stock de monnaie banque centrale. Nous négligeons cette difficulté ici.

pendant cinq ans, que le chômage soit de 2 points supérieur à son taux structurel pendant cinq ans. Ainsi, le taux de chômage doit être égal à 6 + 2 = 8 % de l'année 1 à l'année 5, avant de rejoindre son niveau initial.

- La troisième ligne donne la *trajectoire requise pour la croissance de la production.* D'après la loi d'Okun, on sait que la hausse initiale du taux de chômage requiert un ralentissement de la croissance économique. Comme β = 0,4, la hausse de 2 points du taux de chômage exige une baisse de la croissance de la production égale à 2/0,4 = 5 points. Étant donné qu'au départ, le taux de croissance de l'économie est de 3 %, il faut que la croissance soit de 3 – 5 = – 2 % pendant l'année 1. Il y a donc une récession la première année.

  Pendant les années 2 à 5, la production doit croître à un taux suffisant pour que le chômage soit maintenu constant à 8 %. La production doit de ce fait croître à son taux potentiel de 3 %. Autrement dit, de l'année 2 à l'année 5, l'économie croît à son taux potentiel, mais le taux de chômage est de 2 points au-dessus de son taux structurel.

  Une fois la désinflation achevée, un saut du taux de croissance du PIB au-dessus de son taux potentiel est requis lors de l'année 6 pour que le chômage retourne à son taux structurel : afin que le chômage recule de 2 points en un an, le taux de croissance de la production doit augmenter de 2/0,4 = 5 points. L'économie doit donc croître à un taux de 3 + 5 = 8 % pendant un an.

- La quatrième ligne du tableau 10.1 donne *l'évolution de la croissance de la masse monétaire* que doit imposer la banque centrale pour que l'économie évolue selon le tableau. La relation de demande globale (équation 10.7) nous dit que la croissance de la production est égale à la croissance de la masse monétaire moins l'inflation, ce qui équivaut à dire que la croissance de la masse monétaire doit être égale à la somme de la croissance de la production et de l'inflation. Pour obtenir la trajectoire du taux de croissance de la masse monétaire, il suffit donc d'additionner les lignes 1 et 4 du tableau.

  Cette trajectoire peut sembler surprenante : la croissance de la masse monétaire doit chuter d'un coup la première année de désinflation, puis remonter tout de suite après, redescendre ensuite progressivement, puis à nouveau remonter après la désinflation, avant de se stabiliser à 7 %. En fait, cette évolution est facile à expliquer.

  Pour amorcer la désinflation, la banque centrale doit induire une hausse du taux de chômage. Pour cela, elle doit opérer une brutale contraction monétaire la première année. La chute de la croissance de la masse monétaire (de 17 % à 10 %) est beaucoup plus forte que celle de l'inflation (de 14 % à 12 %). Le résultat est donc une forte baisse de la croissance du stock d'encaisses réelles, ce qui réduit la demande et la production et, par conséquent, augmente le taux de chômage.

  Pendant les quatre années suivantes, la politique monétaire a pour but de maintenir le chômage à 8 %, et non de l'augmenter davantage. La croissance de la masse monétaire doit donc permettre une croissance normale de la production de 3 %. De ce fait, la croissance de la masse monétaire doit être égale à l'inflation plus 3 %. Étant donné que l'inflation décroît de 2 points par an, la croissance de la masse monétaire baisse de 2 points par an pendant ces quatre années.

  Une fois l'objectif d'inflation atteint, la banque centrale doit induire un retour du taux de chômage à son niveau structurel (sans quoi la désinflation se poursuivrait). Cela requiert une hausse temporaire de la croissance de la masse monétaire pendant l'année 6. Puis, une fois la baisse du chômage atteinte, la croissance de la masse monétaire doit retrouver le rythme de croissance potentielle.

La figure 10.4 montre les trajectoires du taux de chômage et de l'inflation créées par cette désinflation en cinq ans. Cette trajectoire de désinflation n'est qu'une trajectoire possible parmi d'autres. Nous aurions pu tracer une trajectoire telle que le taux de chômage augmente d'abord beaucoup, puis regagne progressivement son taux structurel ; ou bien une trajectoire dans laquelle la banque centrale baisse d'un coup le taux de croissance de la masse monétaire de 17 % à 7 %, laissant le chômage et l'inflation s'ajuster au cours du temps. Mais toutes les trajectoires possibles ont une même caractéristique : le coût total en chômage est le même. Autrement dit, le chômage doit être supérieur à son taux structurel d'un montant suffisamment élevé et/ou pendant un temps suffisamment long pour que l'objectif de désinflation soit atteint.

Figure 10.4 – Un sentier de désinflation.

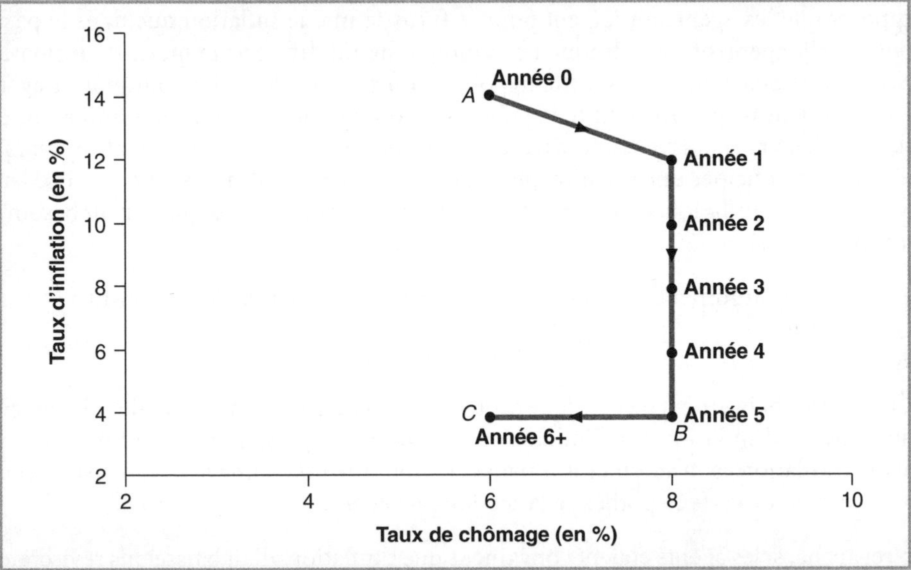

Cinq années de chômage au-dessus du taux structurel entraînent une baisse permanente de l'inflation.

L'analyse que nous venons de développer correspond au type d'analyses que faisaient les économistes de la Banque centrale américaine à la fin des années 1970. Les modèles économétriques de l'époque partageaient avec le nôtre cette propriété simple : la politique économique peut jouer sur le *timing*, mais pas sur le montant total de chômage excédentaire requis par la désinflation. Par la suite, nous allons appeler cette approche l'*approche traditionnelle*. Celle-ci a été remise en cause par deux groupes d'économistes. La section suivante présente leurs arguments et les débats qui ont découlé de cette remise en cause.

10.4 Anticipations, crédibilité et contrats nominaux

Les deux critiques de l'approche traditionnelle portent sur le rôle des anticipations et sur la façon dont un changement dans les anticipations peut modifier le coût en chômage de la désinflation. Mais les deux critiques ont mené à des conclusions différentes.

Anticipations et crédibilité : la critique de Lucas

Les conclusions du premier groupe de critiques se fondent sur le travail de Robert Lucas et Thomas Sargent, de l'université de Chicago.

En quoi consiste ce que l'on appelle communément la **critique de Lucas** ? Lucas a montré que l'on ne peut pas prendre comme donnée la formation des anticipations pour étudier les conséquences d'un changement de politique monétaire.

Dans le cas de la courbe de Phillips, prendre l'équation 10.5 comme donnée revient à supposer que les agents anticipent pour le futur la même inflation que dans le passé, et qu'un changement de politique économique ne modifie pas le mode de formation des anticipations. Pour Lucas, cette hypothèse est sans fondement : pourquoi les agents ne prendraient-ils pas en compte la politique économique lors de la détermination des salaires ? Si les agents savent que la banque centrale s'engage à baisser l'inflation, alors ils doivent bien anticiper une inflation plus faible à l'avenir. Et s'ils révisent à la baisse leurs anticipations d'inflation, alors l'inflation baissera réellement, sans que l'on ait besoin de créer une récession.

La logique de l'argument de Lucas peut être illustrée à partir de l'équation 10.4 :

$$\pi_t = \pi_t^e - \alpha\,(u_t - u_n)$$

Si, malgré le changement de politique économique, les agents continuent de calquer leurs anticipations d'inflation sur l'inflation passée (si $\pi_t^e = \pi_{t-1}$), alors le seul moyen pour baisser l'inflation est d'accepter une hausse temporaire du chômage [1]. Nous avons vu les conséquences de cette hypothèse à la section précédente.

En revanche, si les agents étaient convaincus que l'inflation allait baisser, ils réviseraient leurs anticipations à la baisse. Cela réduirait alors l'inflation courante, sans qu'il y ait nécessairement un changement du taux de chômage. Par exemple, si les agents étaient sûrs que l'inflation allait passer de 14 % à 4 %, alors l'inflation baisserait effectivement de 14 % à 4 %, *même si le taux de chômage restait à son niveau structurel* :

$$\pi_t = \pi_t^e - \alpha\,(u_t - u_n)$$

$$4\,\% = 4\,\% - 0\,\%$$

La croissance de la masse monétaire, l'inflation et l'inflation anticipée pourraient être réduites sans qu'il y ait récession. Autrement dit, la baisse de la croissance de la masse monétaire pourrait être neutre non seulement à moyen terme, mais aussi à court terme.

1. Si $\pi_t^e = \pi_{t-1}$, la courbe de Phillips est donnée par : $\pi_t = \pi_{t-1} - \alpha\,(u_t - u_n)$. Pour atteindre $\pi_t < \pi_{t-1}$, il faut donc que $u_t > u_n$.

Lucas et Sargent ne pensaient pas réellement qu'une désinflation pouvait avoir lieu sans une certaine hausse du chômage. Mais Sargent, à partir d'un travail empirique sur les fins des grandes périodes d'inflation, conclut que la hausse du taux de chômage pouvait être faible. Le ratio de sacrifice – l'excès de chômage nécessaire pour permettre la désinflation – pourrait être beaucoup plus faible que ne le suggère l'approche traditionnelle. L'ingrédient essentiel d'une désinflation réussie est pour Sargent la **crédibilité** de la politique monétaire : il faut que les agents soient convaincus que la banque centrale tiendra son engagement à réduire l'inflation. Seule une crédibilité forte incite les agents à réellement modifier leurs anticipations d'inflation à la baisse. Or, selon Sargent, un programme de désinflation clair et rapide est bien plus crédible qu'un programme plus long, qui risque d'être souvent contesté et arrêté à chaque retournement politique [1].

Rigidités nominales et contrats

Une idée contraire a été développée par Stanley Fischer et John Taylor. Ces deux économistes ont mis en avant l'existence de **rigidités nominales** : dans les économies modernes, la plupart des salaires et des prix sont fixés en termes nominaux pour un certain temps, et ils ne sont généralement pas réajustés en cas de changement de politique monétaire.

Pour Fischer, une baisse trop rapide de la croissance de la masse monétaire, même si elle est crédible, entraînerait un fort chômage. En effet, même si la banque centrale parvenait à convaincre les agents que la croissance de la masse monétaire allait baisser, les salaires fixés avant le changement de politique monétaire continueraient de refléter les anticipations de forte inflation antérieures au changement. L'inflation ne pourrait donc pas être réduite instantanément et sans coût, puisque les négociations salariales déjà existantes reposent sur une inflation forte. Pour Fischer, une politique de désinflation doit ainsi être annoncée suffisamment à l'avance pour que les salariés et les entreprises en tiennent compte lors de la détermination des salaires.

L'argument de Taylor va plus loin. Il rappelle qu'une caractéristique importante des négociations salariales est leur étalement dans le temps. Pour Taylor, cet *échelonnement des décisions salariales* impose une contrainte forte sur la vitesse à laquelle la désinflation peut être menée sans risque de chômage, quelle que soit la crédibilité de la banque centrale. En effet, si les salariés sont soucieux de préserver leur salaire relatif – si les salariés veulent garder le même salaire relativement aux autres travailleurs –, alors chaque nouveau contrat déterminera un salaire proche des salaires déterminés par les contrats déjà existants. Une baisse trop rapide de la croissance de la masse monétaire ne conduirait donc pas à une baisse proportionnelle de l'inflation. Le stock d'encaisses réelles serait de ce fait diminué, ce qui entraînerait une récession et une hausse du chômage.

À partir du profil temporel des négociations salariales aux États-Unis, Taylor a montré que, en cas de parfaite crédibilité de la politique monétaire, il existait un sentier de désinflation compatible avec un chômage constant. Ce sentier est représenté sur la figure 10.5.

1. Le point de vue des partisans de la « crédibilité » est qu'une désinflation courte est plus crédible qu'une désinflation longue. Or, la crédibilité réduit le coût en emploi de la désinflation. La banque centrale devrait donc mener une politique de désinflation rapide.

Figure 10.5 – Désinflation sans chômage dans le modèle de Taylor.

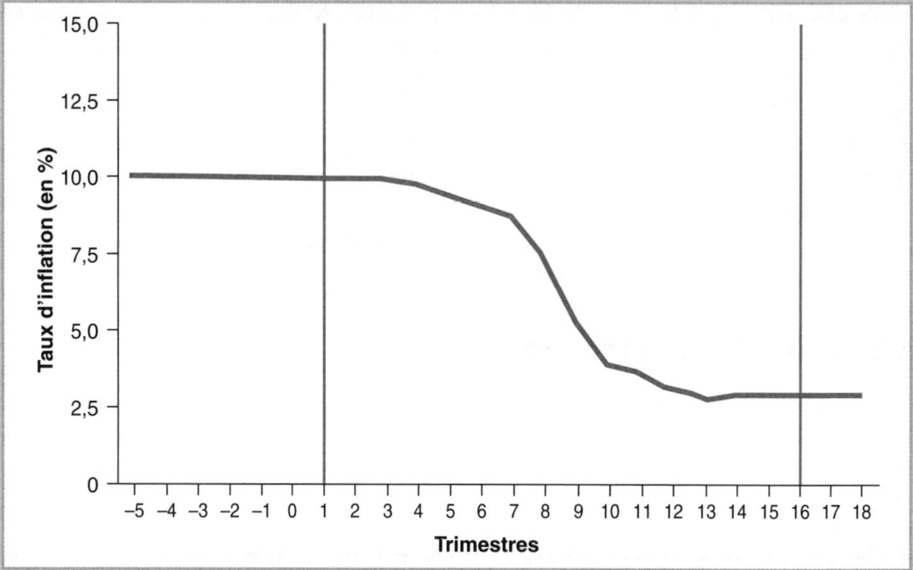

Du fait de l'échelonnement des négociations salariales, pour éviter une hausse du taux de chômage, la désinflation doit être lente.

La désinflation commence au trimestre 1 et se poursuit seize trimestres durant. Entre le trimestre 1 et le trimestre 16, l'inflation passe de 10 % à 3 %. Ce qui est étonnant sur la figure est la lenteur à laquelle la désinflation démarre. Un an (c'est-à-dire quatre trimestres) après l'annonce de la désinflation, l'inflation est encore à 9,9 %. Ensuite, la désinflation s'accélère et, à la fin de la troisième année, l'inflation n'est plus qu'à 4 %. Le niveau d'inflation désiré est atteint à la fin de la quatrième année.

Le lent démarrage de la désinflation correspond à une faible baisse de la croissance de la masse monétaire pendant la première année. En effet, les salaires existants au moment du changement de politique monétaire ont été négociés avant ce changement, si bien que le sentier d'inflation pour l'année qui suit l'annonce de désinflation est déjà déterminé. Si la croissance de la masse monétaire baissait brutalement, l'inflation ne pourrait pas suivre, et le résultat serait une baisse du stock d'encaisses réelles et une récession. La meilleure politique à suivre pour la banque centrale est donc d'amorcer doucement la désinflation, tout en annonçant une accélération du processus par la suite. Par cette annonce, la banque centrale incite les agents à prendre en compte la politique monétaire dans la détermination des nouvelles négociations salariales. Une fois que la plupart des contrats existants ont été signés après l'annonce de changement de politique monétaire, la désinflation peut avoir lieu de façon beaucoup plus rapide. C'est ce qui se passe lors de la troisième année sur la figure 10.5.

Tout comme Lucas et Sargent, Taylor ne croit pas que la désinflation puisse réellement être menée sans coût en termes de chômage. En effet, le sentier de désinflation de la figure 10.5 n'est pas crédible : la banque centrale qui annonce aujourd'hui que la désinflation sera très forte dans deux ans risque fort de ne pas être prise au sérieux. Les salariés et les entreprises vont en effet se demander pourquoi la banque centrale attend si longtemps entre la décision et la réalisation de la désinflation. Et si la politique de la banque centrale n'est pas crédible, les anticipations d'inflation ne seront pas modifiées, et la désinflation nécessitera une hausse temporaire du taux de chômage.

Malgré cela, le modèle de Taylor a deux implications claires. Tout d'abord, comme celui de Lucas et Sargent, il met l'accent sur le rôle des anticipations. Ensuite, il suggère qu'une désinflation lente mais crédible peut être moins coûteuse en termes de chômage que ne le prétend l'approche traditionnelle [1].

Gardons ces débats en tête pour examiner ce qui s'est passé aux États-Unis entre 1979 et 1985.

10.5 Un exemple : la désinflation américaine, 1979-1985

En 1979, le taux de chômage américain était de 5,8 %. La croissance du PIB était de 2,5 %. Le taux d'inflation était très élevé : 13,3 %. La question à laquelle devait répondre la Fed n'était pas s'il fallait ou non réduire l'inflation, mais à quelle vitesse il fallait le faire. En août 1979, Carter, le président des États-Unis, nomma Paul Volcker à la tête de la Fed. Volcker, qui avait travaillé sous l'administration Nixon, était tout à fait crédible dans le rôle de chef de la lutte contre l'inflation.

En octobre 1979, la Fed annonça un certain nombre de changements dans ses procédures. Notamment, elle ne prendrait plus pour cible un certain niveau du taux d'intérêt de court terme, mais un certain taux de croissance de la masse monétaire. Cette modification semblait purement procédurière. La Fed n'annonça aucunement une volonté de lutter contre l'inflation, ni une trajectoire de désinflation qu'elle aurait prise pour cible. Pourtant, les marchés financiers ont très largement interprété ce changement technique comme le signal d'un changement majeur dans la politique monétaire. Ce changement, en particulier, a été compris comme le signe que la banque centrale s'était engagée à réduire l'inflation et qu'elle était prête pour cela à laisser les taux d'intérêt monter très haut s'il le fallait.

Pendant les sept mois qui suivirent, la Fed laissa le taux des fonds fédéraux augmenter de 6 points, de 11,4 % en septembre 1979 à 17,6 % en avril 1980 [2]. Puis, le taux d'intérêt arrêta de monter et la tendance s'inversa : en juillet 1980, le taux d'intérêt directeur était à nouveau à 9 %, après une chute de 8,6 points en quatre mois. Ce mouvement « yo-yo » du taux d'intérêt directeur est représenté sur la figure 10.6.

1. Le point de vue des partisans des « rigidités nominales » est que la plupart des salaires sont fixés en termes nominaux, parfois pour plusieurs années. Afin de réduire le coût en chômage de la désinflation, il faut donc laisser le temps aux agents de prendre en compte la politique de désinflation. Pour cela, la banque centrale doit mener une politique de désinflation graduelle.

2. Nous avons vu au chapitre 5 que le taux des fonds fédéraux (le taux d'intérêt auquel les banques prêtent ou empruntent des réserves) était le taux d'intérêt le plus directement contrôlé par la banque centrale.

Figure 10.6 – Taux d'intérêt et inflation aux États-Unis, 1979-1984.

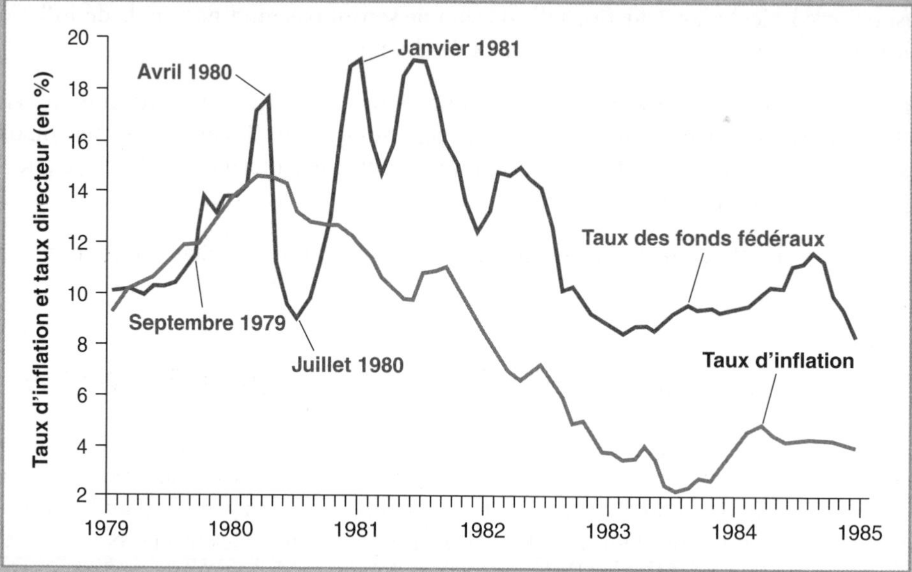

La forte hausse du taux d'intérêt (taux des fonds fédéraux) entre septembre 1979 et avril 1980 a été suivie d'une forte baisse au milieu de l'année 1980, puis il y a eu une nouvelle hausse longue et soutenue de janvier 1981 à fin 1982.

La baisse des taux au milieu de l'année 1980 résulta d'une accumulation de signes montrant que l'économie entrait dans une forte récession. En mars 1980, l'administration Carter, croyant que les fortes dépenses de consommation des agents étaient l'une des causes de la forte inflation, imposa un contrôle du crédit à la consommation. Les consommateurs ne pouvaient pas emprunter plus d'un certain montant pour l'achat de biens durables. Les effets de ce contrôle du crédit furent beaucoup plus importants que ne l'avait prévu le gouvernement. La combinaison de la crainte d'une grave récession et des pressions politiques à l'approche des élections présidentielles conduisit la Fed à fortement baisser le taux d'intérêt directeur.

À la fin de l'année 1980, l'économie ayant apparemment recouvré une meilleure santé, la Fed augmenta à nouveau fortement les taux d'intérêt[1]. En janvier 1981, le taux directeur était remonté à 19 %.

À la fin de l'année 1981, de nouveaux signes apparurent, qui montraient que les forts taux d'intérêt avaient entraîné une seconde récession. La Fed décida alors de ne pas réitérer l'échec de 1980 – abandonner l'objectif de désinflation face à la récession. La Fed maintint donc les taux d'intérêt élevés malgré la crise. Le taux des fonds fédéraux baissa à 12,3 % en décembre 1981, mais il remonta à 14,2 % en avril 1982.

Le détail des événements de 1979-1982 montre bien la difficulté qu'il y a à instaurer une « crédibilité ». Paul Volcker était crédible quand il prit ses fonctions. Mais la crédibilité

1. La hausse cumulée de 3 points du taux des fonds fédéraux juste avant les élections présidentielles ne favorisa certainement pas la tentative de réélection de Carter.

de la Fed dans sa lutte contre l'inflation fut fortement érodée par son comportement en 1980. La crédibilité fut ensuite progressivement rétablie en 1981 et 1982, notamment au printemps 1982, lorsque la Fed augmenta le taux des fonds fédéraux malgré des signes clairs de récession.

Cette crédibilité – à supposer qu'elle fût réelle – permit-elle un arbitrage entre désinflation et chômage plus favorable que celui annoncé par l'approche traditionnelle ? Le tableau 10.2 nous donne la réponse.

Tableau 10.2 – Inflation et chômage, 1979-1985.

	1979	1980	1981	1982	1983	1984	1985
1. Croissance du PIB (en %)	2,5	– 0,5	1,8	– 2,2	3,9	6,2	3,2
2. Taux de chômage (en %)	5,8	7,1	7,6	9,7	9,6	7,5	7,2
3. Inflation (en %)	13,3	12,5	8,9	3,8	3,8	3,9	3,8
4. Chômage excédentaire cumulé		1,0	2,6	6,3	9,9	11,4	12,6
5. Désinflation cumulée		0,8	4,4	9,5	9,5	9,4	9,5
6. Ratio de sacrifice		1,2	0,6	0,7	1,0	1,2	1,3

La partie supérieure du tableau montre bien qu'il n'y eut pas de « miracle des anticipations » : la désinflation nécessita un fort chômage. Le taux de chômage fut supérieur à 9 % en 1982 et 1983, avec une pointe à 10,8 % en décembre 1982.

Pour savoir si le coût en termes de chômage fut ou non inférieur à ce qu'avait prédit l'approche traditionnelle, regardons la seconde partie du tableau 10.2. Selon l'approche traditionnelle, chaque point de désinflation requiert 1 point de chômage supplémentaire. La ligne 4 donne le nombre cumulé de points de chômage en excédent, à partir d'un taux de chômage naturel de 6 %. La ligne 5 indique la désinflation cumulée. La ligne 6 correspond au ratio de sacrifice, c'est-à-dire au rapport du nombre de points de chômage excédentaires sur le nombre de points de désinflation.

On constate qu'il n'y eut pas de « gains de crédibilité » : en 1982, le ratio de sacrifice était faible ; 9,5 points de désinflation avaient été obtenus au prix de 6,3 points de chômage excédentaires, soit un ratio de sacrifice de 0,7, beaucoup plus faible que le ratio de 1 prédit par l'approche traditionnelle. En revanche, en 1985, le ratio de sacrifice était de 1,3 : la désinflation de 9,5 points fut atteinte au prix de plus de 12,6 points de chômage cumulés, ce qui correspond à la prévision de l'approche traditionnelle.

La désinflation américaine du début des années 1980 fut donc associée à une importante hausse du chômage. La courbe de Phillips, qui relie la variation de l'inflation à l'écart entre le taux de chômage et son niveau structurel, semble ainsi plus robuste que ne le pensaient de nombreux économistes. Ce résultat vient-il du manque de crédibilité de la politique monétaire de l'époque, ou bien prouve-t-il que la crédibilité ne suffit pas pour réduire le coût d'une désinflation en termes de chômage ? Pour en savoir plus, il faut étudier d'autres épisodes de désinflation. C'est ce qu'a fait Laurence Ball dans un article de 1993. Ball a estimé les ratios de sacrifice de 65 désinflations effectuées dans 19 pays de l'OCDE au cours des trente dernières années [1]. Voici ses trois résultats principaux :

- en général, une désinflation entraîne une hausse temporaire du taux de chômage. Autrement dit, une baisse de la croissance de la masse monétaire n'est pas neutre à court terme ;
- les désinflations rapides sont associées à des ratios de sacrifice plus faibles. Ce constat conforte les théories de Lucas et de Sargent : des effets d'anticipations et de crédibilité semblent à l'œuvre ;
- les ratios de sacrifice sont plus faibles dans les pays qui ont des contrats salariaux plus courts. Cela renforce les théories de Fischer et Taylor : la structure de la détermination des salaires joue un rôle important.

Résumé

- Il y a trois relations entre la production, le chômage et l'inflation :
  1. la loi d'Okun relie la variation du taux de chômage à l'écart entre le taux de croissance de la production et son taux potentiel. De nos jours, en Europe comme aux États-Unis, une croissance de la production supérieure de 1 point au taux potentiel pendant un an entraîne une baisse de 0,4 point du taux de chômage ;
  2. la courbe de Phillips relie la variation du taux d'inflation et l'écart entre le taux de chômage et le taux de chômage structurel. Aux États-Unis, actuellement, un taux de chômage inférieur de 1 point au taux structurel pendant un an entraîne une hausse de 0,5 point de l'inflation tout court. En France, elle engendre une hausse de 0,8 point de l'inflation salariale (le niveau est proche si l'on considère l'Europe dans son ensemble) ;
  3. la relation de demande globale relie le taux de croissance de la production à l'écart entre la croissance de la masse monétaire et l'inflation. Pour un taux donné de croissance de la masse monétaire, une inflation plus forte entraîne une baisse de la croissance de la production.
- À moyen terme, le taux de chômage est à son niveau structurel et la production croît à son taux potentiel. La croissance de la masse monétaire détermine l'inflation : une hausse de 1 point de la croissance de la masse monétaire entraîne une hausse de 1 point du taux d'inflation. Selon la formule de Milton Friedman, « l'inflation est toujours et partout un phénomène monétaire ».
- À court terme, une baisse de la croissance de la masse monétaire implique un ralentissement de la croissance et une hausse du chômage. Ainsi, une désinflation (une baisse du taux d'inflation) ne peut se faire qu'au prix d'une hausse du taux de chômage. L'importance de cette hausse est encore controversée.
- L'approche traditionnelle suppose que, face à un changement de politique monétaire, les agents ne modifient pas la façon dont ils forment leurs anticipations ; la relation entre inflation et chômage n'est donc pas influencée par l'annonce d'une désinflation. Selon

1. Laurence Ball, « What Determines the Sacrifice Ratio? », *in* N. Gregory Mankiw, *Monetary Policy*, NBER et université de Chicago, 1994.

cette approche, la désinflation peut être atteinte au prix d'une hausse courte mais importante du taux de chômage, ou bien par une hausse plus longue et moins forte ; mais, dans tous les cas, le coût total en termes de chômage sera le même : la banque centrale ne peut pas réduire le nombre de points de chômage excédentaires nécessaire.

- Une approche différente consiste à dire que la formation des anticipations sera modifiée si le changement de politique monétaire est crédible. Dans ce cas, le coût total en chômage est plus faible. À l'extrême, si la banque centrale est parfaitement crédible, elle peut effectuer une désinflation sans coût en chômage. Mais en général, même si la formation des anticipations est modifiée, la présence de rigidités nominales entraîne une certaine hausse du chômage, plus faible cependant que celle prédite par l'approche traditionnelle.
- La désinflation américaine du début des années 1980 a provoqué une forte récession. Le coût en chômage qu'elle a nécessité est proche de celui annoncé par l'approche traditionnelle.

Applications

1. Vrai/Faux/Incertain

a. Le taux de chômage reste constant tant que la croissance de la production est positive.

b. De nombreuses entreprises préfèrent garder leurs salariés et les sous-employer plutôt que de les licencier quand la demande est faible.

c. La variation de la loi d'Okun entre les pays et d'une décennie à l'autre est cohérente avec ce que l'on sait du comportement des entreprises et de la réglementation du marché du travail.

d. Il y a une relation négative stable entre le taux de croissance de la production et le taux d'inflation.

e. À moyen terme, le taux d'inflation est égal au taux de croissance de la masse monétaire.

f. D'après la courbe de Phillips, le ratio de sacrifice est indépendant de la vitesse à laquelle la désinflation est effectuée.

g. Si Lucas et Sargent disent vrai et si la politique monétaire est totalement crédible, il n'y a pas de relation entre l'inflation et le chômage – pas de courbe de Phillips.

h. Contrairement à la courbe de Phillips, Taylor affirme qu'une désinflation lente peut être moins coûteuse en termes de chômage qu'une désinflation rapide, du fait de l'échelonnement des négociations salariales.

i. L'analyse empirique des périodes de désinflation menée par Ball confirme à la fois l'existence d'effets de « crédibilité » (mis en avant par Lucas et Sargent) et l'existence d'effets d'échelonnement des décisions salariales (mis en avant par Fischer et Taylor).

2. La loi d'Okun

La loi d'Okun pour les États-Unis est donnée par :

$$u_t - u_{t-1} = -0{,}4 \times (g_{yt} - 3\ \%)$$

a. Quel taux de croissance de la production peut entraîner une hausse de 1 % du taux de chômage ? Comment une croissance positive peut-elle conduire à une hausse du taux de chômage ?

b. Quel taux de croissance faut-il maintenir pour obtenir un cumul de 2 points de chômage en moins sur quatre ans (c'est-à-dire 0,5 point de chômage en moins par an) ?

c. Supposons qu'un second *baby-boom* ait lieu et que le taux de croissance de la population active augmente de 2 points de pourcentage. Que deviendrait alors la loi d'Okun ?

3. La réduction de l'inflation

Supposons que l'économie soit décrite par les trois équations suivantes :

$$u_t - u_{t-1} = -0{,}4 \times (g_{yt} - 0{,}03)$$
(loi d'Okun)

$$\pi_t - \pi_{t-1} = -(u_t - 0{,}05)$$
(courbe de Phillips)

$$g_{yt} = g_{mt} - \pi_t$$
(courbe de demande globale)

a. Quel est le taux de chômage structurel ?

b. Supposons que le taux de chômage soit égal au taux de chômage structurel et que l'inflation soit de 8 %. Quel est le taux de croissance de la production ? Quel est le taux de croissance de la masse monétaire ?

c. Supposons qu'initialement, l'économie soit comme en b. L'année t, la banque centrale décide de réduire l'inflation à 4 % et de la maintenir ensuite à ce niveau. Que deviennent le taux de chômage et le taux de croissance de la production en t, $t + 1$ et $t + 2$? Quel taux de croissance de la masse monétaire la banque centrale doit-elle envisager en t, $t + 1$ et $t + 2$ pour atteindre son objectif ?

4. Les effets d'une baisse permanente du taux de croissance de la masse monétaire

Supposons que l'économie soit décrite par les trois équations suivantes :

$$u_t - u_{t-1} = -0{,}4 \times (g_{yt} - 0{,}03)$$
(loi d'Okun)

$$\pi_t - \pi_{t-1} = -(u_t - 0{,}05)$$
(courbe de Phillips)

$$g_{yt} = g_{mt} - \pi_t$$
(courbe de demande globale)

a. Réduisez ce système à trois équations en un système à deux équations, en réécrivant la loi d'Okun à l'aide de la courbe de demande globale.

Supposons qu'au départ, on ait :

$$u_t = u_{t-1} = 5\ \% \ ;\ g_{mt} = 13\ \% \ ;\ \pi_t = 10\ \%$$

À partir de t, la croissance de la masse monétaire est abaissée de 13 % à 0 % de façon permanente.

b. Quel est l'impact de cette baisse sur l'inflation et le chômage en t, $t + 1$ et $t + 10$?

c. L'inflation diminue-t-elle progressivement de 10 à 3 % ? Justifiez votre réponse.

d. Calculez les valeurs du taux d'inflation et du taux de chômage à l'équilibre de moyen terme.

5. Des recommandations de politique économique

Un gouvernement veut réduire l'inflation. Il hésite entre deux méthodes : une réduction graduelle sur plusieurs années ou une réduction immédiate.

a. Donnez les arguments pour et contre chacune de ces deux méthodes.

b. Si le seul critère pris en compte est le ratio de sacrifice, quelle méthode vous semble préférable ? Quels autres critères faudrait-il prendre en considération ?

c. Quelles caractéristiques de l'économie aimeriez-vous connaître avant de donner votre avis au gouvernement ?

6. Désinflation et crédibilité

Supposons que la courbe de Phillips soit donnée par :

$$\pi_t = \pi_t^e - (u_t - 5\ \%)$$

Supposons également que l'inflation anticipée soit donnée par :

$$\pi_t^e = \pi_{t-1}$$

a. Quel est le ratio de sacrifice ?

Initialement, le taux de chômage est égal au taux de chômage structurel et l'inflation est à 12 %. À partir de l'année t, le gouvernement décide de réduire l'inflation : il va maintenir le taux de chômage 1 point au-dessus de son niveau structurel, jusqu'à ce que l'inflation ait atteint 2 %.

b. Calculez le taux d'inflation pour l'année t, $t + 1$, $t + 2$... (Astuce : écrivez la courbe de Phillips comme une fonction de l'écart entre le taux de chômage et le taux de chômage structurel.)

c. Pendant combien d'années le gouvernement doit-il maintenir le taux de chômage au-dessus de son niveau structurel ? Le ratio de sacrifice est-il compatible avec votre réponse à la question a ?

Maintenant, supposons que les individus soient informés des intentions du gouvernement, mais qu'ils ne le croient pas capable d'accepter un fort chômage (surtout à la veille des élections...). Ils anticipent donc le fait que l'inflation sera une moyenne pondérée entre l'inflation de l'année passée et l'inflation que prétend atteindre le gouvernement :

$$\pi_t^e = (1 - \beta) \times \pi_{t-1} + \beta \times 2\ \%$$

où β est le poids qu'ils accordent à l'objectif du gouvernement.

d. Supposons $\beta = 0{,}25$. Combien d'années faut-il pour que l'inflation soit à 2 % ? Quel est le ratio de sacrifice ? Pourquoi la réponse diffère-t-elle de la question c ?

e. Après une année de politique désinflationniste, le gouvernement est devenu crédible. Les anticipations d'inflation deviennent donc : $\pi^e{}_t = 2\ \%$. Dans combien d'années le gouvernement pourra-t-il laisser le chômage revenir à son taux structurel ? Quel est maintenant le ratio de sacrifice ?

f. Quel conseil donneriez-vous à un gouvernement qui veut réduire l'inflation en augmentant le taux de chômage le moins possible et le moins longtemps possible ?

7. La réaction à un choc pétrolier

Supposons que la courbe de Phillips soit donnée par :

$$\pi_t - \pi_{t-1} = -(u_t - 0{,}05) + 0{,}1\mu$$

où μ est la marge des prix sur les salaires.

Imaginons que le chômage soit initialement à son taux structurel. Un choc pétrolier augmente brutalement μ, mais les autorités monétaires maintiennent le chômage à sa valeur antérieure.

a. Que devient l'inflation ?

b. Quelle alternative s'offre aux autorités monétaires ?

Chapitre 11

Les anticipations : outils fondamentaux

Le consommateur décidant de l'opportunité d'acheter une voiture doit se demander : « Puis-je faire un emprunt ? À quelle évolution de mon salaire puis-je m'attendre ? Mon emploi est-il sûr ? »

Le manager qui observe une hausse des ventes rencontre les problèmes suivants : est-ce une hausse temporaire qu'il peut affronter avec les capacités de production existantes ? Ou cette hausse reflète-t-elle un accroissement permanent de la demande, auquel cas il faut investir dans de nouvelles machines ? Quel profit supplémentaire peut-il tirer de ces nouvelles machines ?

Le gérant d'un fonds de pension qui fait face à un *boom* boursier doit répondre aux questions suivantes : les prix des titres vont-ils continuer à monter, ou bien vont-ils redescendre ? Cette hausse des cours reflète-t-elle des anticipations de profits plus élevés ? Ces anticipations sont-elles justifiées ? Faut-il réaménager son portefeuille pour investir en actions plutôt qu'en obligations ?

Ces exemples montrent que beaucoup de décisions économiques dépendent non seulement de ce qui se produit actuellement, mais aussi des anticipations de ce qui se produira dans le futur. En fait, certaines décisions dépendent très peu de ce qui se passe aujourd'hui. Par exemple, pourquoi une hausse des ventes aujourd'hui, si elle ne s'accompagne pas d'une anticipation de hausse des ventes futures, devrait-elle modifier les projets d'investissement des entreprises ? De nouvelles machines risquent de ne pas être opérationnelles avant que les ventes soient revenues à leur niveau habituel. À ce moment-là, elles seront devenues inutiles.

Nous n'avons pas jusqu'ici prêté beaucoup d'attention au rôle des anticipations sur les marchés des biens et les marchés financiers. Nous les avons ignorées tant dans notre construction du modèle *IS*/*LM* que dans celle du bloc « demande » du modèle *AS*/*AD*. Sur le marché des biens, nous avons supposé que la consommation dépendait du revenu courant et l'investissement de la demande courante. Sur les marchés financiers, nous avons regroupé tous les actifs et les avons assimilés aux obligations ; nous nous sommes ensuite concentrés sur l'arbitrage monnaie/obligations, en ignorant le choix entre actions et obligations, obligations à long terme ou à court terme, etc. Nous avons introduit ces simplifications pour rendre plus intuitifs les mécanismes fondamentaux à l'œuvre. Il est temps maintenant d'examiner la constitution et le rôle des anticipations dans les fluctuations. Cela est le but des trois prochains chapitres (qui constituent la première extension de la partie IV : le rôle des anticipations).

Ce chapitre prépare les développements ultérieurs en introduisant deux concepts fondamentaux : la distinction entre *taux d'intérêt réel* et *taux d'intérêt nominal* d'une part, le concept de *valeur actuelle anticipée* d'autre part.

Nous montrerons ensuite, dans les deux dernières parties de ce chapitre, comment la distinction entre taux d'intérêt nominal et taux d'intérêt réel éclaire la relation entre inflation et taux d'intérêt dans le court et le moyen terme. Les trois chapitres suivants reposent sur ces concepts. Le chapitre 12 examine le rôle des anticipations sur les marchés financiers. Il y est question tout particulièrement de la structure par terme des taux d'intérêt et de la détermination des prix des actifs. Le chapitre 13 introduit les anticipations dans les décisions de consommation et d'épargne. Le chapitre 14 réunit ces analyses et les incorpore dans le modèle *IS/LM*. Le rôle et les limites de la politique économique sont ensuite réexaminés dans une économie où les anticipations exercent une influence majeure sur les décisions des agents.

11.1 Taux d'intérêt nominaux et taux d'intérêt réels

En 1981, le taux d'intérêt à court terme sur les obligations publiques françaises était de 15,3 %. Au début des années 2010, ce même taux est inférieur à 1 %. Quoiqu'ils ne puissent emprunter au même taux que l'État, les taux d'intérêt auxquels sont confrontés les consommateurs sont également bien plus faibles à la fin des années 2000 qu'en 1981.

Cependant, en 1981, l'inflation était de 13,4 %. Au début des années 2010, elle est autour de 2 %. Cette information est précieuse : le taux d'intérêt nous dit combien nous devrons payer dans le futur pour avoir une unité supplémentaire de monnaie aujourd'hui. Mais nous ne consommons pas des euros : nous consommons des biens. Quand on emprunte, la question pertinente est : à combien de biens devrons-nous renoncer dans le futur pour consommer une unité de biens supplémentaire aujourd'hui ? De la même façon, quand on prête, la question est de savoir combien de biens – et non pas combien d'euros – nous pourrons acheter dans le futur en ayant renoncé à quelques-uns aujourd'hui. La présence d'inflation rend la distinction importante. Pourquoi recevoir des intérêts élevés dans le futur si l'inflation est tellement forte qu'ils permettront d'acheter peu de biens ?

Pour examiner ce problème, il faut introduire quelques définitions.

On se référera au taux d'intérêt monétaire (en unité de monnaie nationale) comme étant le **taux d'intérêt nominal** [1]. Les taux qui figurent sur les pages financières des journaux sont les taux nominaux. Par exemple, quand on dit que le taux d'un emprunt d'État est de 4,5 %, cela veut dire que chaque euro que le gouvernement lève à l'aide d'une obligation à un an donne droit à 1,045 euro dans un an. Plus généralement, si le taux d'intérêt nominal pour l'année t est i, emprunter 1 euro cette année suppose de rembourser $1 + i$ euros l'an prochain. Cette relation est représentée sur la figure 11.1 : 1 euro cette année correspond à $1 + i$ euros l'an prochain [2].

1. *Taux d'intérêt nominal* : taux en termes d'unité monétaire.
2. Nous utiliserons indifféremment « cette année » pour « aujourd'hui », et « l'an prochain » pour « dans un an ».

Le taux d'intérêt *en termes d'un panier de biens* est le **taux d'intérêt réel** [1]. Si nous désignons le taux d'intérêt réel de l'année t par r, emprunter l'équivalent d'un panier de biens cette année suppose de rembourser l'équivalent de $1 + r$ paniers de biens l'an prochain. Cette relation est représentée à la figure 11.1 : 1 panier de biens cette année correspond à $1 + r$ paniers de biens l'an prochain.

Le calcul du taux d'intérêt réel

Quelle est la relation entre taux nominal et taux réel ? Supposons que le taux d'intérêt nominal soit i_t. Quel est le taux d'intérêt réel r_t et comment le calculer ? Pour commencer, supposons qu'il y ait un seul bien dans l'économie, le pain. Si vous empruntez assez pour consommer une livre de pain supplémentaire cette année, combien va-t-il falloir rembourser, en termes de livres de pain, l'année prochaine ?

La figure 11.1 nous donne la réponse.

Si le prix d'une livre de pain cette année est P_t, il faut emprunter cette somme pour manger une livre de pain supplémentaire cette année. C'est représenté par la flèche descendante sur la figure 11.1.

Figure 11.1 – Définition et calcul du taux d'intérêt réel.

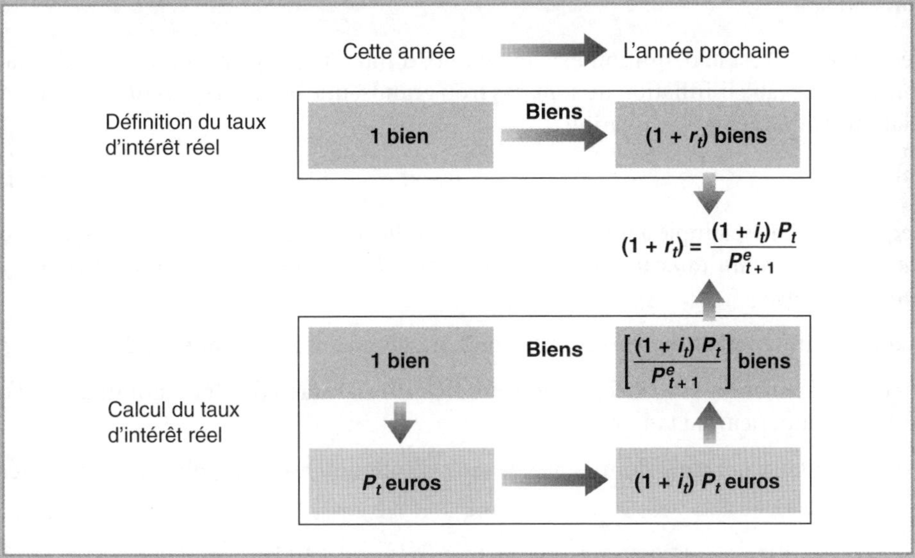

Soit i_t le taux nominal à un an, le taux en termes d'unité de monnaie. Pour emprunter P_t, il faut rembourser $(1 + i_t)\ P_t$ l'an prochain. C'est représenté par la flèche qui va de droite à gauche sur la figure 11.1.

1. *Taux d'intérêt réel* : taux en termes de biens.

Ce qui compte n'est pas la monnaie, mais la quantité de pain. La dernière étape est de convertir les euros en livres de pain de l'an prochain. Soit P^e_{t+1} le prix anticipé du pain l'année prochaine (l'exposant « e » indique qu'il s'agit d'une anticipation – « *expectation* » en anglais). Il faut donc s'attendre à payer l'an prochain $(1 + i_t)\, P_t/P^e_{t+1}$, ce qui est illustré par la flèche pointée vers le haut sur la figure 11.1.

En analysant l'ensemble de la figure 11.1, on voit que le taux d'intérêt réel est défini par :

$$1 + r_t = (1 + i_t)\frac{P_t}{P^e_{t+1}} \qquad (11.1)$$

Cette expression peut se réécrire plus simplement. Soit π^e_t l'inflation anticipée à l'instant t. Comme il n'y a qu'un seul bien (le pain), le taux d'inflation anticipé est égal à la différence entre les prix du pain demain et aujourd'hui, divisée par le prix du pain aujourd'hui :

$$\pi^e_t = \frac{(P^e_{t+1} - P_t)}{P_t} \qquad (11.2)$$

En utilisant l'équation 11.2 pour réécrire P_t/P^e_{t+1} de l'équation 11.1 [1], on obtient :

$$1 + r_t = \frac{(1 + i_t)}{(1 + \pi^e_t)} \qquad (11.3)$$

1 + le taux d'intérêt réel est égal au ratio entre 1 + le taux nominal et 1 + le taux d'inflation anticipé.

L'équation 11.3 est la définition exacte du taux d'intérêt réel. Cependant, quand le taux nominal et le taux d'inflation ne sont pas trop grands, une bonne approximation de cette relation est donnée par l'équation :

$$r_t \approx i_t - \pi^e_t \qquad (11.4)$$

L'équation 11.4 est simple à mémoriser. Elle signifie que *le taux d'intérêt réel est approximativement égal au taux nominal moins le taux d'inflation anticipé.* Elle implique les points suivants :

- quand l'inflation anticipée est nulle, taux nominaux et réels sont égaux ;
- comme l'inflation anticipée est en général positive, le taux d'intérêt nominal est d'ordinaire supérieur au taux réel ;
- pour un taux nominal donné, plus le taux d'inflation est élevé, plus le taux d'intérêt réel est bas.

Le cas où l'inflation anticipée est égale au taux nominal vaut la peine d'être envisagé plus en détail. Supposons un emprunteur qui fait face à un taux nominal et à un taux d'inflation anticipé égal à 10 %. Pour chaque euro emprunté, il faudra rembourser 1,10 euro l'an prochain, mais l'euro vaudra 10 % de moins en termes de biens l'an prochain. Donc, en empruntant l'équivalent d'un bien, on s'engage à rembourser un bien l'an prochain. Le coût réel de l'emprunt est par conséquent nul. Envisageons maintenant le cas du prêteur : pour chaque euro prêté, il reçoit 1,10 euro l'année suivante. Cela semble attractif, mais

1. En ajoutant 1 aux deux côtés de l'équation 11.2 et en réécrivant : $1 + \pi^e_t = 1 + P^e_{t+1} - P_t/P_t = P^e_{t+1}/P_t$, on inverse les deux côtés : $1/(1 + \pi^e_t) = P_t/P^e_{t+1}$.

l'euro l'an prochain vaudra 10 % de moins en termes de biens. En dépit d'un taux nominal de 10 %, le taux réel est nul.

Nous avons supposé jusqu'à présent qu'il n'y avait qu'un seul bien dans l'économie, le pain. Mais tout ce qui précède se généralise aisément. Il suffit de substituer le niveau des prix – le prix d'un panier de biens – au prix du pain. En employant l'indice des prix à la consommation comme mesure du niveau des prix, le taux d'intérêt réel nous dit à quelle quantité de biens nous devons renoncer demain pour consommer plus aujourd'hui.

Retenons les concepts importants de ce chapitre : intérêt réel, intérêt nominal et valeur actuelle anticipée.

Taux d'intérêt nominal et taux d'intérêt réel en France depuis 1975

Revenons à la question par laquelle nous avons commencé ce chapitre. Nous pouvons la reformuler comme suit : le taux d'intérêt réel était-il plus fort en 1981 qu'en 2011 ? Plus généralement, quelle a été l'évolution du taux d'intérêt réel en France depuis 1980 ?

La réponse est donnée par la figure 11.2, qui montre le niveau des taux nominaux et réels depuis 1978. Pour chaque année, le taux nominal est le taux d'intérêt de l'obligation du Trésor à un an. Pour construire le taux réel, nous avons besoin d'une mesure du taux d'inflation anticipé – plus précisément, le taux anticipé au début de chaque année. Nous supposons sur la figure 11.2 qu'il correspond à l'inflation effectivement observée.

La figure 11.2 montre l'importance de l'ajustement pour l'inflation. Alors que le taux nominal était plus faible en 1989 qu'en 1981, le taux réel a augmenté. Cela résulte du fait que l'inflation a décliné constamment depuis le début des années 1980. En revanche, au milieu des années 2000, le taux d'intérêt réel est bel et bien plus faible qu'en 1981, puisqu'il s'établit, à court terme, à moins de 1 % ; il devient même négatif au début des années 2010.

Figure 11.2 – Taux des bons du Trésor à un an et taux réel anticipé correspondant en France, 1978-2012.

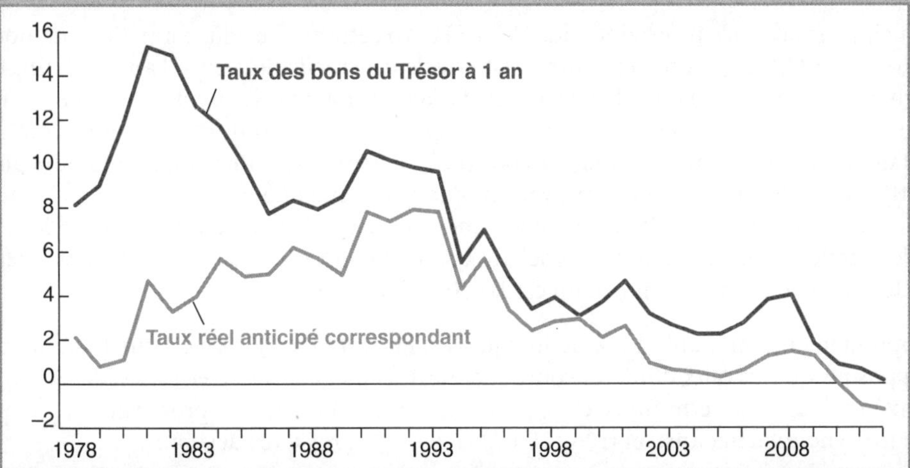

Quoique le taux nominal ait décliné considérablement depuis le début des années 1980, le taux d'intérêt réel ne baisse que plus tardivement.

Source : Banque de France et OCDE.

11.2 La valeur actuelle anticipée

Tournons-nous maintenant vers le second concept clé de ce chapitre : celui de la valeur actuelle anticipée. Pour voir en quoi ce concept est utile, revenons à l'exemple du manager qui se demande s'il doit ou non investir dans de nouvelles machines. Cela implique de supporter un certain coût aujourd'hui mais, d'un autre côté, cela doit permettre de produire plus et d'accroître les profits futurs. La question que doit se poser le manager est de savoir si ces profits supplémentaires sont suffisamment élevés pour compenser le coût de l'achat des machines. C'est là qu'intervient le concept de valeur actuelle anticipée : la **valeur actuelle anticipée** d'une suite de revenus est la valeur aujourd'hui de ces revenus futurs anticipés. Une fois que le manager a calculé la valeur actuelle de ces revenus anticipés, son problème devient simple. Si cette valeur est plus forte que le coût initial, il faut acheter les machines. Si ce n'est pas le cas, il faut s'abstenir de le faire.

Comme dans la section précédente, le problème pratique de la valeur actuelle anticipée est qu'elle n'est pas directement observable. Il faut la construire à l'aide d'informations sur la suite des revenus futurs et sur les taux d'intérêt. Intéressons-nous d'abord à cette construction.

Le calcul de la valeur actuelle anticipée

Si le taux d'intérêt nominal à un an est i_t, prêter 1 euro cette année rapporte $1 + i_t$ euros l'an prochain. De manière équivalente, emprunter 1 euro cette année implique de payer $1 + i_t$ euros l'an prochain. En ce sens, 1 euro cette année vaut $1 + i_t$ euros de l'année prochaine. Cette relation est représentée graphiquement sur la figure 11.3.

Retournant l'argument, on voit sur la figure 11.3 que 1 euro *de l'année prochaine* vaut $1/(1 + i_t)$ euro d'aujourd'hui. On peut encore exprimer cela de la façon suivante : si l'on prête $1/(1 + i_t)$ euro aujourd'hui, on reçoit l'an prochain $(1 + i_t) \times [1/(1 + i_t)]$ euro, soit 1 euro exactement. Ou encore, en empruntant $1/(1 + i_t)$ euro aujourd'hui, on s'engage à payer 1 euro l'an prochain.

Ainsi, 1 euro l'année prochaine vaut $1/(1 + i_t)$ euro cette année. Plus formellement, nous dirons que $1/(1 + i_t)$ euro cette année est la *valeur actuelle* de 1 euro l'an prochain. Le terme « actuelle » vient du fait que l'on calcule la valeur d'un revenu futur en unité monétaire *d'aujourd'hui*, en actualisant avec $1/(1 + i_t)$ comme **facteur d'actualisation**. Comme le taux d'intérêt nominal est toujours positif, le facteur d'actualisation est toujours plus petit que 1 : 1 euro l'an prochain vaut moins que 1 euro de maintenant. Plus le taux nominal est élevé, moins la valeur cette année de 1 euro l'an prochain l'est. Si $i = 5$ %, la valeur cette année de 1 euro l'an prochain est $1/1{,}05 \approx 95$ centimes. Si $i = 10$ %, la valeur cette année de 1 euro l'an prochain est $1/1{,}10 \approx 91$ centimes.

Appliquons maintenant la même logique à 1 euro *dans deux ans*. Pour le moment, supposons que les taux d'intérêt courant et futur soient connus avec certitude. Soit i_t le taux nominal pour cette année et i_{t+1} le taux nominal à un an l'an prochain. En prêtant 1 euro pendant deux ans, on reçoit $(1 + i_t)\,(1 + i_{t+1})$ euros dans deux ans.

Que vaut aujourd'hui 1 euro disponible dans deux ans ? Par le même raisonnement que précédemment, la réponse est $1/[(1 + i_t)\,(1 + i_{t+1})]$ euro. Si l'on prête $1/[(1 + i_t)$

$(1 + i_{t+1})]$ euro cette année, on reçoit exactement 1 euro dans deux ans. Plus formellement, la valeur actuelle de 1 euro dans deux ans est $1/[(1 + i_t)\ (1 + i_{t+1})]$ euro.

Cette relation est représentée sur la figure 11.3. Si, par exemple, le taux nominal reste constant et égal à 5 % pendant les deux ans à venir, la valeur actuelle de 1 euro est $1/(1{,}05)^2 \approx 91$ centimes de cette année [1].

Figure 11.3 – Le calcul de la valeur actuelle.

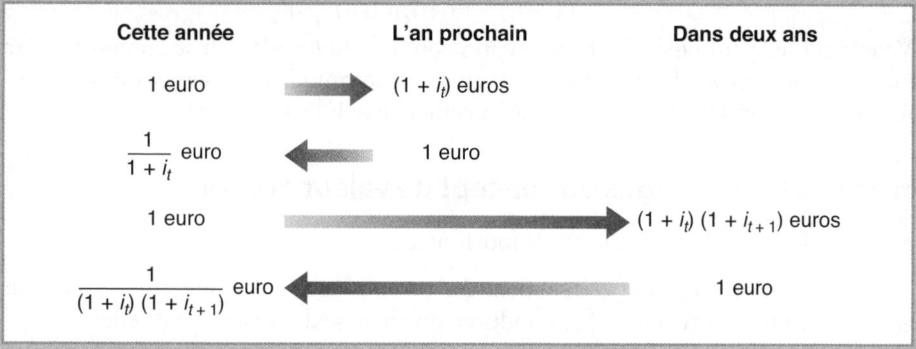

Une formule plus générale

Après ces préliminaires, il devient nécessaire de calculer la valeur actuelle dans le cas général.

Soit une suite de revenus maintenant et dans le futur. Supposons pour le moment que ces revenus futurs soient connus avec certitude. Soit Z_t le revenu courant et Z_{t+k} le revenu de l'année k.

La valeur actuelle de cette suite de revenus, calculée à l'instant t, que nous appellerons V_t, est donnée par :

$$V_t = Z_t + \frac{Z_{t+1}}{(1 + i_t)} + \frac{Z_{t+2}}{(1 + i_t)(1 + i_{t+1})} + \ldots$$

Chaque revenu futur est multiplié par le facteur d'actualisation correspondant. Plus le revenu est lointain, plus le facteur d'actualisation est faible, et plus est faible la valeur actuelle du revenu. En d'autres termes, les revenus futurs sont actualisés à un taux plus fort, en sorte que leur valeur actuelle est plus faible.

Nous avons supposé jusqu'à présent que les revenus futurs et les taux d'intérêt futurs étaient connus avec certitude. Les décisions courantes reposent cependant sur des anticipations de ces grandeurs, plutôt que sur des valeurs confirmées. Dans notre exemple précédent, le manager ne peut être certain des revenus que vont lui rapporter ses machines dans l'avenir, ni d'ailleurs de ce que seront les taux d'intérêt. Le mieux qu'il puisse faire est de dresser la meilleure prévision possible de tout cela et ensuite de s'en servir pour calculer la valeur actuelle anticipée.

1. i_t : taux d'escompte ; $1/(1 + i_t)$: facteur d'actualisation ; si le taux d'escompte croît, le facteur d'actualisation diminue.

Comment calculer la valeur actuelle anticipée quand les flux futurs de revenus ou les taux d'intérêt futurs ne sont pas connus ? De la même façon que précédemment, mais en remplaçant les revenus et les taux futurs par leurs *valeurs anticipées* [1]. Formellement, soit Z^e_{t+1} la valeur anticipée du revenu l'année prochaine, Z^e_{t+2} la valeur anticipée du revenu dans deux ans, etc. De la même façon, notons i^e_{t+1} la valeur anticipée du taux d'intérêt l'année prochaine (la valeur du taux d'intérêt pour l'année en cours, i, est connue avec certitude, donc l'exposant « e » est inutile). La valeur actuelle anticipée de cette suite de revenus est :

$$V_t = Z_t + \frac{Z^e_{t+1}}{(1+i_t)} + \frac{Z^e_{t+2}}{(1+i_t)(1+i^e_{t+1})} + \ldots \qquad (11.5)$$

« Valeur actuelle anticipée » est une expression un peu lourde. On se contentera par la suite de la nommer « valeur actuelle ». Il sera aussi commode de désigner une expression comme l'équation 11.5 de manière plus succincte par $V(Z_t)$ ou $V(Z)$.

Un exemple des usages du concept de valeur actuelle

L'équation 11.5 a deux implications importantes :

- la valeur actuelle dépend positivement des revenus courants et anticipés. Une hausse de Z_t ou de n'importe quel Z^e_{t+k} conduit à une hausse de la valeur actuelle [2] ;
- la valeur actuelle dépend négativement des taux d'intérêt présents et futurs. Une hausse de i_t ou de n'importe quel i^e_{t+k} diminue la valeur actuelle [3].

L'équation 11.5 n'est pas aisément compréhensible, et ces effets sont plus intuitifs dans quelques cas simples.

Taux d'intérêt constants. Pour se concentrer sur le rôle des revenus futurs dans la valeur actuelle, supposons que les taux anticipés soient constants et égaux au taux courant, de sorte que $i_t = i^e_{t+1} = \ldots$, et notons leur valeur commune i. L'équation 11.5 devient alors :

$$V_t = Z_t + \frac{Z^e_{t+1}}{(1+i)} + \frac{Z^e_{t+2}}{(1+i)^2} + \ldots \qquad (11.6)$$

Dans ce cas, la valeur actuelle est une somme pondérée des revenus courants et anticipés : la pondération décline géométriquement au cours du temps [4]. Le poids de l'année en cours est 1, celui de l'année n est $1/(1+i)^n$. Avec un taux d'intérêt positif, les pondérations tendent vers zéro quand on s'éloigne dans le futur. Par exemple, avec un taux d'intérêt égal à 10 %, le poids d'un revenu dans dix ans est égal à $1/(1 + 0{,}10)^{10} = 0{,}386$, de sorte que 1 000 euros dans dix ans ne représentent que 386 euros cette année. Le poids d'un paiement dans trente ans est $1/(1 + 0{,}10)^{30} = 0{,}057$, de sorte que 1 000 euros dans trente ans ne valent que 57 euros aujourd'hui !

Taux d'intérêt et revenus constants. Dans certains cas, la suite de paiements dont on souhaite calculer la valeur actuelle est simple. Par exemple, un prêt immobilier sur trente

1. Le taux d'intérêt réel ($i - \pi^e$) est calculé à l'aide des anticipations d'inflation. Si l'inflation réalisée n'est pas identique à l'inflation anticipée, le taux d'intérêt réalisé ($i - \pi$) sera différent du taux d'intérêt réel.
   Pour exprimer cette distinction, on utilise l'expression « taux *ex ante* » (ce taux est fixé avant que l'inflation soit observée) que l'on oppose à « taux *ex post* », le taux réalisé (c'est-à-dire quand l'inflation est connue).
2. $Z\uparrow \Rightarrow V\uparrow$.
3. $i\uparrow \Rightarrow V\downarrow$.
4. Les pondérations correspondent aux termes d'une suite géométrique.

ans se caractérise par des remboursements constants sur trente ans. Soit une séquence de revenus, que nous noterons Z sur n années, y compris l'année en cours. Dans ce cas, la formule de la valeur actuelle donnée par l'équation 11.6 se simplifie en :

$$V_t = Z + \frac{Z}{(1+i)} + \frac{Z}{(1+i)^2} + \ldots$$

Comme il s'agit d'une série géométrique, nous pouvons calculer la somme de cette suite et obtenons[1] :

$$V_t = Z \; \frac{1 - [1/(1+i)]^n}{1 - [1/(1+i)]}.$$

Supposez que vous veniez de gagner 1 million d'euros à la loterie et que vous soyez passé à la télévision avec un chèque de cette somme. Puis on vous explique que, pour vous protéger de vos instincts dépensiers comme de vos nombreux nouveaux « amis », l'État réglera votre dû sous la forme de paiements constants de 50 000 euros par an pendant vingt ans. Quelle est la valeur actuelle de votre gain ? En supposant par exemple un taux d'intérêt de 6 %, l'équation précédente donne le résultat suivant : V = 50 000 × (0,688/0,057) = 608 000 euros. Vous n'êtes donc pas millionnaire[2].

Taux d'intérêt constants et rente perpétuelle. Supposons maintenant que les intérêts payés soient constants et durent indéfiniment. Les exemples sont ici plus rares, mais on peut en trouver, comme les rentes perpétuelles émises par le gouvernement anglais au XIXe siècle, obligations rapportant un revenu fixe et à horizon infini[3]. Soit Z ce revenu constant. Supposons que les versements commencent l'année prochaine, plutôt que tout de suite comme dans l'exemple précédent (ceci pour simplifier les calculs). L'équation 11.6 donne :

$$\begin{aligned} V_t &= Z + \frac{Z}{(1+i)} + \frac{Z}{(1+i)^2} + \ldots \\ &= \frac{Z}{(1+i)}\left[1 + \left(\frac{1}{1+i}\right) + \ldots\right] \end{aligned}$$

où la seconde ligne est le résultat de la factorisation par $1/(1+i)$. Cette factorisation se justifie lorsque l'on regarde le terme entre parenthèses : il s'agit de la somme d'une suite géométrique. On peut utiliser les propriétés de cette suite pour réécrire la valeur actuelle sous la forme :

$$V_t = \left(\frac{Z}{1+i}\right) \times \frac{1}{1 - \frac{1+i}{1}}$$

Et par suite :

$$V_t = \frac{Z}{i}$$

La valeur actuelle d'une suite infinie de revenus égaux à Z est égale au ratio de Z divisé par i. Si, par exemple, le taux d'intérêt est supposé valoir 5 % pour toujours, la valeur actuelle d'une rente perpétuelle de 10 euros par an est 10/0,05 = 200 euros. Si le taux d'intérêt anticipé croît et est maintenant supposé valoir 10 %, la valeur actuelle de la rente décroît jusqu'à 10/0,10 = 100 euros.

1. Les séries géométriques ne devraient pas vous poser de problème.
2. Quelle est la valeur actuelle de cette suite si i = 4 % ? 5 % ? (Réponse : 706 000 euros et 530 000 euros.)
3. Beaucoup de rentes perpétuelles ont été rachetées par le gouvernement britannique au début de ce siècle, mais certaines sont encore en circulation.

Taux d'intérêt nuls. En raison de sa complexité, le calcul de la valeur actuelle nécessite l'usage d'un ordinateur. Il y a cependant un cas où les calculs sont très simplifiés : quand le taux d'intérêt est nul. Comme il est en fait toujours positif, cela n'est qu'une approximation, mais elle est très utile pour obtenir des ordres de grandeur. La raison est évidente si l'on regarde l'équation 11.6. Si $i = 0$, alors $1/(1 + i)$ est égal à 1, et aussi $1/(1 + i)^n$, quel que soit n. Ainsi, la valeur actuelle d'une suite de revenus est égale à la somme de ces revenus si le taux d'intérêt est nul [1].

Taux nominaux, taux réels et valeur actuelle

Nous avons jusqu'à présent calculé la valeur actuelle d'une suite de revenus nominaux en utilisant des taux nominaux et avons établi l'équation 11.5 :

$$V_t = Z_t + \frac{Z^e_{t+1}}{(1 + i_t)} + \frac{Z^e_{t+2}}{(1 + i_t)(1 + i^e_{t+1})} + \cdots$$

où i_t, i^e_{t+1}... correspondent à la suite des taux nominaux courants et futurs, et Z_t, Z^e_{t+1}... à la suite des revenus futurs.

Supposons que nous voulions maintenant calculer la valeur actuelle d'une suite de revenus *réels* – c'est-à-dire de revenus en termes d'un panier de biens plutôt qu'en euros. Écrivons ainsi $Z^e_{t+k} = P^e_{t+k}\, z^e_{t+k}$. Par la même logique que précédemment, tout ce dont nous avons besoin est d'utiliser le bon taux d'intérêt, à savoir un taux d'intérêt en termes de biens – *un taux d'intérêt réel.* On peut ainsi réécrire la valeur actuelle en termes réels sous la forme :

$$V_t / P_t = z_t + \frac{z^e_{t+1}}{(1 + r_t)} + \frac{z^e_{t+2}}{(1 + r_t)(1 + r^e_{t+1})} + \cdots \quad (11.7)$$

où r_t, r^e_{t+1}... constituent la suite des taux d'intérêt futurs exprimés en termes réels, ... z_t, z^e_{t+1}... la suite des revenus réels futurs anticipés, et V_t/P_t la valeur actuelle en termes réels des revenus futurs.

Ces deux façons d'écrire la valeur actuelle sont équivalentes, c'est-à-dire que l'on peut calculer la valeur actuelle comme :

- la valeur actuelle d'une suite de revenus nominaux, en utilisant le taux d'intérêt nominal dans le facteur d'actualisation ;
- ou la valeur actuelle en termes réels, à l'aide du taux d'intérêt réel [2].

Les deux formules sont-elles utiles ? Oui. Tout dépend du contexte.

Prenons par exemple les obligations. Les obligations sont des actifs qui donnent droit à une suite de revenus fixes en termes nominaux pour une période donnée. Par exemple, une obligation dont la maturité est de dix ans peut rapporter 50 euros par an pendant dix ans, plus 1 000 euros la dernière année. Quand nous chercherons à calculer la valeur d'une obligation au chapitre 12, nous nous appuierons sur l'équation 11.5 plutôt que sur l'équation 11.7.

1. La qualité de cette approximation dépend de la valeur du taux d'intérêt. Revenons à l'exemple de la loterie. La somme des revenus est 1 million d'euros. Si le taux d'intérêt vaut 1 %, la valeur présente de ces revenus est de 998 000 euros : l'approximation est bonne. Si le taux d'intérêt vaut 2 %, la valeur est de 834 000 euros : l'approximation est assez mauvaise.
2. La preuve en est donnée dans l'annexe de ce chapitre. Elle permet de tester votre compréhension des éléments clés de ce chapitre : taux réels, taux nominaux et valeur actuelle.

Mais parfois, il est plus simple de prévoir une valeur réelle future qu'une valeur nominale future. On peut n'avoir qu'une idée très imprécise de son revenu nominal dans dix ans : sa valeur dépend de l'inflation future, mais on peut supposer que son revenu va croître au moins autant que l'inflation – c'est-à-dire que son revenu réel ne va pas diminuer. Dans ce cas, utiliser l'équation 11.5, ce qui suppose d'anticiper des revenus nominaux, peut être difficile ; il sera plus simple d'utiliser la formule 11.7, qui repose sur des anticipations du revenu réel. Quand nous discuterons des décisions de consommation et d'épargne au chapitre 13, nous emploierons les deux formules.

11.3 Les taux d'intérêt nominaux et réels dans le modèle *IS/LM*

Au cours des trois prochains chapitres, nous utiliserons les outils développés précédemment pour analyser le rôle des anticipations dans la détermination de l'activité économique. Dans la suite de ce chapitre, nous franchirons une première étape en introduisant la distinction entre taux d'intérêt nominal et taux d'intérêt réel dans le modèle *IS/LM*, et en examinant la relation entre croissance de la masse monétaire, inflation et taux nominaux et réels.

Dans le modèle *IS/LM* développé au chapitre 6, le taux d'intérêt intervient de deux façons : il influe sur l'investissement dans le bloc *IS* et sur l'arbitrage monnaie/obligations dans le bloc *LM*. Quel est le taux d'intérêt, nominal ou réel, pertinent dans chaque cas ?

Prenons d'abord la relation *IS*. D'après notre discussion précédente, il est évident que lors des décisions d'investissement, les entreprises s'intéressent au *taux d'intérêt réel* : elles produisent des biens. Elles veulent savoir ce qu'elles devront payer, en termes de biens, et non en termes nominaux. Ainsi, dans la relation *IS*, ce qui est pertinent est le taux d'intérêt réel. Soit r ce taux [1]. La relation *IS* s'écrit :

$$Y = C\,(Y - T) + I\,(Y, r) + G$$

La dépense d'investissement, et donc la demande de biens, dépend du taux d'intérêt réel.

Tournons-nous maintenant vers la relation *LM*. Lorsque nous l'avons présentée, nous avons dit que la demande de monnaie dépendait du taux d'intérêt. De quel taux d'intérêt s'agissait-il ?

La réponse est : *le taux d'intérêt nominal*. Rappelons que le taux d'intérêt a un impact sur la demande de monnaie. Lorsqu'ils décident de détenir de la monnaie ou des obligations, les agents prennent en compte le coût d'opportunité de détenir l'un plutôt que l'autre – ce qu'ils perdent en possédant l'un plutôt que l'autre. La monnaie rapporte un taux d'intérêt nul. Les obligations rapportent un taux d'intérêt nominal égal à i. Le coût d'opportunité de détenir de la monnaie est la différence entre ces deux termes, soit $i - 0 = i$, ce qui est le taux d'intérêt nominal. La relation *LM* s'écrit donc :

$$\frac{M}{P} = YL(i)$$

1. Nous ignorons les indices de temps à partir de maintenant.

En réunissant ces deux équations et la relation entre taux nominal et taux réel, on obtient le modèle *IS/LM* complet :

IS :	$Y = C(Y - T) + I(Y, r) + G$
LM :	$M/P = YL(i)$
Taux d'intérêt réel :	$r \approx i - \pi^e$

Il faut remarquer une implication immédiate de ces équations. Le taux d'intérêt directement impacté par la politique monétaire (dans l'équation *LM*) est le taux d'intérêt nominal. Le taux d'intérêt qui pèse sur la dépense et sur le produit (dans le bloc *IS*) est le taux d'intérêt réel[1]. Les effets de la politique monétaire sur le produit dépendent donc de la relation entre le taux nominal et le taux réel. Pour examiner de plus près cette relation, la prochaine section recense les effets d'une hausse de la quantité de monnaie sur les taux d'intérêt nominaux et réels, dans le court et le moyen terme.

11.4 Croissance de la base monétaire, inflation et taux d'intérêt

« *La décision de la Fed de mettre en place une plus forte croissance de la masse monétaire est le principal facteur explicatif de la baisse des taux d'intérêt durant les six derniers mois* » (citation imaginée, 1991).

« *La nomination au conseil de la Fed de deux économistes de gauche, tous les deux considérés comme peu enclins à lutter contre l'inflation, a conduit les marchés financiers à s'inquiéter d'une éventuelle hausse de la masse monétaire, d'une plus forte inflation et de taux d'intérêt plus hauts dans le futur* » (citation imaginée, 1994).

Ces deux citations sont inventées pour la circonstance, mais ressemblent à ce qui s'écrivait aux dates qui leur sont attribuées. Laquelle est correcte ? Une hausse de la masse monétaire conduit-elle à un taux d'intérêt plus élevé, ou plus faible ? La réponse : les deux ! Il y a deux clés pour le comprendre : la première est la distinction entre taux réel et taux nominal que nous venons d'introduire ; la seconde est la distinction entre le court terme et le moyen terme, que nous avons présentée au chapitre 10. Comme nous le verrons, la réponse globale est :

- une plus forte croissance de la masse monétaire conduit à des taux nominaux plus faibles dans le court terme, mais plus élevés dans le moyen terme[2] ;
- une plus forte croissance de la masse monétaire aboutit à des taux d'intérêt réels plus faibles dans le court terme, mais n'a pas d'effet sur les taux réels dans le moyen terme.

Le but de cette section est de développer cette réponse et ses implications.

1. Taux d'intérêt dans la relation *IS* : taux réel r ; taux d'intérêt dans la relation *LM* : taux nominal i.
2. Effet d'une croissance plus forte de la masse monétaire :

	Court terme	**Moyen terme**
i	$\downarrow$	$\uparrow$
r	$\downarrow$	$\rightarrow$

Un retour sur le modèle *IS/LM*

Pour s'intéresser au court terme, il est commode de réduire les trois équations précédemment établies dans la section 11.3 (la relation *IS*, la relation *LM* et la relation entre taux d'intérêt réel et nominal) à deux, en remplaçant le taux d'intérêt réel dans la relation *IS* par son expression en fonction de l'inflation anticipée et du taux nominal [1]. Cela donne :

IS : $$Y = C(Y - T) + I(Y, i - \pi^e) + G$$

LM : $$M/P = YL(i)$$

Ces deux équations sont identiques à celles du chapitre 6, à cette différence près que la dépense dans la relation *IS* dépend du taux d'intérêt réel, qui est égal au taux nominal moins l'inflation anticipée.

Les courbes *IS* et *LM* sont représentées sur la figure 11.4, pour des valeurs données de P, M, π^e, G et T.

Figure 11.4 – Produit d'équilibre et taux d'intérêt.

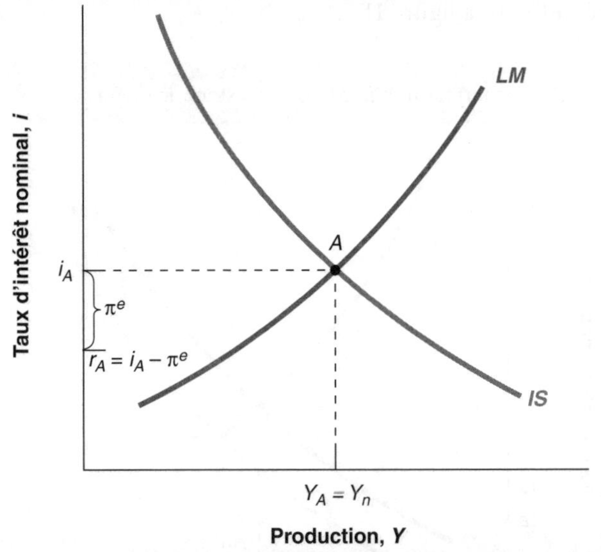

Le niveau d'équilibre du produit et du taux d'intérêt nominal est donné par l'intersection des courbes *IS* et *LM*. Le taux d'intérêt réel est égal au taux nominal diminué de l'inflation anticipée.

- Pour un taux d'inflation anticipé donné (π^e), le taux d'intérêt nominal et le taux d'intérêt réel sont linéairement dépendants [2]. Une baisse du taux d'intérêt nominal

1. Nous pourrions aussi éliminer le taux d'intérêt nominal et conserver le taux d'intérêt réel. *R* entrerait dans la relation *IS*, $r + \pi^e$ dans la relation *LM*. L'analyse graphique serait un peu différente, mais la conclusion resterait inchangée.
2. Si $r = i - \pi^e$, alors $\Delta r = \Delta i - \Delta\pi^e$. Si π^e est constant, alors $\Delta r = \Delta i$.

implique donc une baisse d'égale ampleur du taux d'intérêt réel, ce qui conduit à une hausse de la demande et du produit : la courbe *IS* est décroissante.

- La courbe *LM* est croissante : une hausse du produit implique une hausse de la demande de monnaie, ce qui provoque une hausse du taux d'intérêt.
- L'équilibre est à l'intersection des courbes *IS* et *LM*, au point *A*, où le niveau de production est Y_A, le taux d'intérêt nominal i_A, le taux d'intérêt réel r_A étant égal à $i_A - \pi^e$.

Les taux nominaux et réels dans le court terme

Supposons que l'économie soit initialement à son niveau de production naturel $Y_A = Y_N$ et que la banque centrale décide d'accroître la quantité de monnaie. Que se passe-t-il pour la production, le taux d'intérêt nominal et le taux d'intérêt réel dans le court terme ?

Une des leçons de notre précédente analyse de la politique monétaire est que, dans le court terme, une hausse plus rapide de la quantité de monnaie ne sera pas rattrapée par une hausse de même ampleur des prix. Donc, dans le court terme, un taux de croissance de la masse monétaire élevé conduit à une hausse du stock réel de monnaie (M/P). C'est tout ce dont nous avons besoin pour notre propos. Ce qui arrive au produit et au taux nominal est représenté sur la figure 11.5.

Figure 11.5 – Les effets de court terme d'une hausse du stock de monnaie.

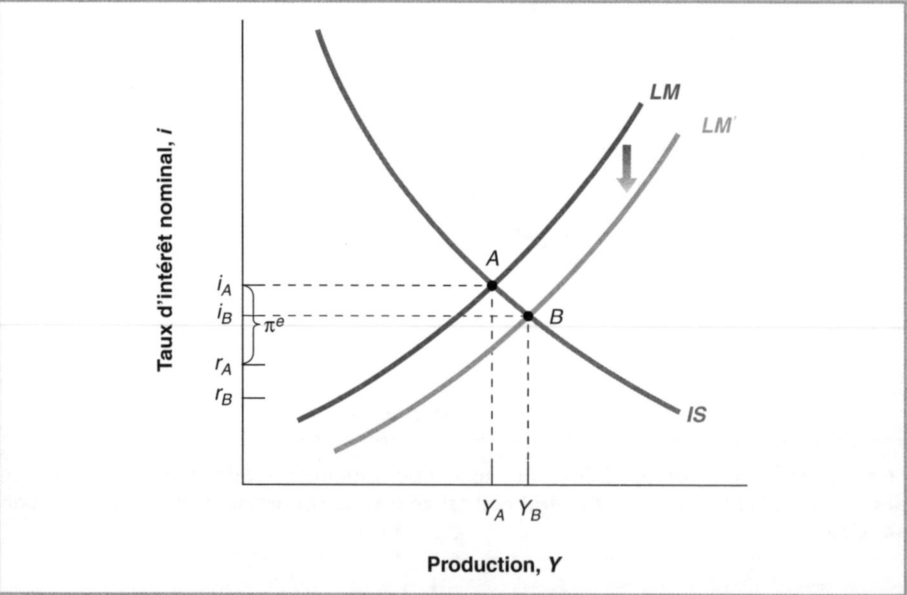

Une hausse du taux de croissance de la masse monétaire accroît le stock réel de monnaie dans le court terme. La hausse de ce stock conduit à une hausse du produit et à une baisse des taux réels et nominaux.

La hausse du stock réel de monnaie déplace la courbe *LM* vers le bas, de *LM* à *LM'* : pour un niveau donné du produit, le taux d'intérêt est plus bas, car le stock réel de monnaie est plus important. Si nous supposons, ce qui semble raisonnable, que les anticipations d'inflation ne sont pas révisées immédiatement, la courbe *IS* ne se déplace pas : étant donné l'inflation anticipée, un taux d'intérêt nominal donné correspond au même taux d'intérêt réel au même niveau de production.

L'équilibre se déplace de *A* à *B* : le produit est plus élevé. Le taux d'intérêt nominal est plus faible et, l'inflation anticipée étant fixée, le taux réel l'est aussi [1].

Pour résumer, dans le court terme, la hausse du taux de croissance de la masse monétaire conduit à une hausse du stock réel de monnaie. Cette dernière implique une hausse de la production et une baisse des taux d'intérêt nominaux et réels. Revenons à notre première citation : le but de la Fed, en 1991, était précisément de parvenir à ce résultat. Préoccupée par l'éventuelle aggravation de la récession, la Fed accéléra la croissance de la masse monétaire, afin de diminuer le taux d'intérêt réel et d'accroître la production.

Les taux nominaux et réels dans le moyen terme

Tournons-nous maintenant vers le moyen terme. Supposons que la banque centrale accroisse le taux de croissance de la masse monétaire de façon permanente. Que se passera-t-il ?

Pour répondre à cette question, nous nous appuyons sur les deux propositions centrales précédemment établies. Ces propositions étaient vérifiées dans un modèle qui ne distinguait pas taux d'intérêt réel et nominal, mais elles sont toujours valables.

- *Dans le moyen terme, la production revient à son niveau naturel.* Comme nous l'avons vu au chapitre 7, cela provient de ce que, dans le moyen terme, le taux de chômage doit revenir à son taux structurel. Le niveau naturel du produit est simplement le niveau de production associé au taux de chômage structurel.

  Comme nous avons, aux chapitres 3 et 4, étudié la croissance de la production dans le temps, nous allons par commodité l'ignorer ici. Nous supposerons donc que Y_N, le niveau naturel de la production, est constant dans le temps [2].

- *Dans le moyen terme, le taux d'inflation est égal au taux de croissance de la masse monétaire, moins le taux de croissance du produit.* Nous avons tiré ces conclusions au chapitre 10. On peut aisément concevoir qu'un niveau croissant de production implique un niveau croissant de transactions et donc une hausse de la demande réelle de monnaie. Si le produit croît de 3 %, le stock réel de monnaie doit croître lui aussi de 3 %. Si le stock nominal de monnaie ne s'élève pas de 3 %, l'ajustement est réalisé par l'inflation (ou la déflation). Par exemple, si le stock de monnaie augmente de 10 % l'an, l'inflation doit être égale à 7 %.

  Si, comme il est supposé ici, la croissance du produit est nulle, cette proposition prend une forme simple : dans le moyen terme, le taux d'inflation est égal au taux de croissance de la masse monétaire [3].

1. Dans le court terme, quand la masse monétaire augmente, M/P croît. La courbe *LM* se déplace vers le bas. La courbe *IS* ne bouge pas. L'équilibre se déplace de *A* à *B*. *Y* augmente, et *i* et *r* diminuent.
2. Dans le moyen terme, $Y = Y_N$.
3. Dans le moyen terme (si $g_y = 0$), $\pi = g_m$.

Les implications de ces deux propositions quant au comportement des taux d'intérêt réels et nominaux sont immédiates.

- Intéressons-nous d'abord au taux d'intérêt réel. Réécrivons l'équation *IS* comme suit :

$$Y = C(Y - T) + I(Y, r) + G$$

Une façon de concevoir la relation *IS* est de dire qu'elle nous indique, pour toute valeur de G et de T, quel niveau de taux d'intérêt réel r est nécessaire pour permettre un niveau donné de production Y. Si, par exemple, $Y = Y_N$, le niveau naturel de la production, alors pour toute valeur de G et de T, le taux d'intérêt réel doit être tel que :

$$Y_N = C(Y - T) + I(Y_N, r) + G$$

Par analogie avec l'usage que l'on fait du mot « naturel » pour signifier le « niveau de production dans le moyen terme », on appellera cette valeur du taux d'intérêt le « taux d'intérêt naturel », que l'on notera r_N. Alors, notre proposition précédente nous dit que, dans le moyen terme, la production revient à son niveau naturel, et implique que, pour un niveau donné de G et de T, le taux d'intérêt réel revient lui aussi, dans le moyen terme, à son niveau naturel, r_N. En d'autres termes, dans le moyen terme, le produit comme le taux d'intérêt réel ne sont pas influencés par le taux de croissance de la masse monétaire.

- Tournons-nous maintenant vers le taux d'intérêt nominal. La relation entre le taux nominal et le taux réel est :

$$i = r + \pi^e$$

Nous venons de voir que, dans le moyen terme, le taux d'intérêt réel est égal au taux naturel, r_N, donc :

$$i = r_N + \pi^e$$

Dans le moyen terme, l'inflation anticipée est égale à l'inflation réalisée (les anticipations d'inflation ne peuvent être éternellement fausses) et par conséquent :

$$i = r_N + \pi$$

Dans le moyen terme, l'inflation est égale au taux de croissance de la masse monétaire, soit :

$$i = r_N + g_m$$

Ce que l'on peut dire ainsi : dans le moyen terme, la hausse du taux de croissance de la masse monétaire est intégralement répercutée dans l'inflation.

Pour résumer, dans le moyen terme, la croissance de la masse monétaire ne joue pas sur le taux d'intérêt réel, mais seulement sur l'inflation et le taux nominal dans une proportion de 1 pour 1. Une hausse permanente de la masse monétaire de, disons, 10 % par an est en fin de compte reflétée par une hausse de 10 % du taux d'inflation et du taux d'intérêt nominal, mais elle laisse le taux d'intérêt réel inchangé.

Le résultat selon lequel, dans le moyen terme, les taux d'intérêt nominaux croissent avec la même ampleur que l'inflation est connu sous le nom d'« effet Fisher » ou d'« hypothèse de Fisher », du nom d'Irving Fisher, un économiste de l'université de Yale qui, au début du XXe siècle, a été le premier à l'affirmer et à le comprendre [1]. Ce résultat sous-tend la seconde citation placée en exergue de cette section : si les investisseurs étaient inquiets de la nomination d'un nouveau membre au conseil de la Fed qui pourrait pousser à plus d'inflation, c'est parce que les taux d'intérêt nominaux s'en ressentiraient [2].

Du court au moyen terme

Nous avons montré comment réconcilier les deux citations du début de cette section : une hausse du taux de croissance de la masse monétaire (une expansion monétaire) est susceptible de conduire à une baisse des taux nominaux à court terme, mais à une hausse à moyen terme.

Que se passe-t-il entre le court et le moyen terme ? Une caractérisation complète des mouvements des taux d'intérêt nominaux et réels nous emmènerait trop loin. Mais les traits fondamentaux de l'ajustement sont simples à décrire.

Dans le court terme, les taux réels et nominaux baissent. Pourquoi ne restent-ils pas bas ? Aussi longtemps que le taux d'intérêt réel est en dessous du taux naturel (correspondant au produit naturel), le produit est plus élevé que le produit naturel. De manière équivalente, le chômage est en dessous du taux structurel. De la relation de Phillips, nous pouvons alors déduire que l'inflation croît [3].

Au fur et à mesure que l'inflation s'accélère, elle finit par devenir plus élevée que le taux de croissance de la masse monétaire, d'où une diminution du taux de croissance du stock réel de monnaie. Quand cela se produit, le taux d'intérêt nominal doit monter et, étant donné l'inflation anticipée, le taux d'intérêt réel monte aussi [4].

Dans le moyen terme, le taux d'intérêt réel revient à sa valeur initiale, le produit à sa valeur naturelle, l'emploi à son niveau structurel, et l'inflation reste constante. Au fur et à mesure que le taux d'intérêt réel converge vers sa valeur initiale, le taux d'intérêt nominal converge vers une nouvelle valeur d'équilibre, plus élevée, égale au taux d'intérêt réel plus le nouveau taux de croissance de la masse monétaire.

La figure 11.6 résume ces résultats en montrant l'ajustement au cours du temps des taux réels et nominaux, en réaction à une hausse du taux de croissance de la masse monétaire de, par exemple, 0 à 10 %, débutant à l'instant *t*. Avant l'instant *t*, les deux taux sont constants et égaux. Le taux d'intérêt réel est égal au taux naturel r_N (et le taux nominal aussi).

---

1. Irving Fisher, *The Rate of Interest*, Macmillan, 1906.
2. Dans ce cas, leurs craintes se sont révélées infondées. La Fed est restée très préoccupée par l'inflation tout au long des années 1990.
3. Dans le court terme :
   $i \downarrow r \downarrow$;
   $r < r_N \Rightarrow Y > Y_N$;
   $Y > Y_N \Rightarrow u < u_N$;
   $U < u_N \Rightarrow \pi \uparrow$.
4. Dans le moyen terme :
   $r = r_N$;
   $Y = Y_N$;
   $u = u_N$;
   $\pi = g_m$;
   $i = r_N + g_m$.

Figure 11.6 – L'ajustement des taux d'intérêt réels et nominaux à une hausse du taux de croissance de la masse monétaire.

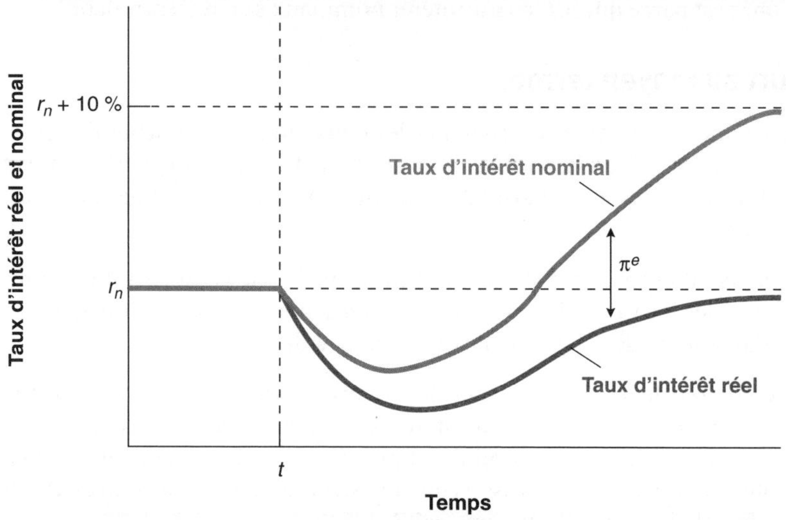

Une hausse de la croissance de la masse monétaire mène tout d'abord à une baisse des taux réels et nominaux. Au cours du temps, le taux d'intérêt réel retourne à sa valeur initiale. Le taux d'intérêt nominal converge vers une nouvelle valeur plus élevée. Cette nouvelle valeur est égale au taux d'intérêt réel plus le nouveau taux de croissance de la masse monétaire.

À l'instant *t*, le taux de croissance de la masse monétaire s'est accru de 0 à 10 %. La hausse du taux de croissance de la masse monétaire mène à une hausse temporaire du stock réel de monnaie et à une baisse du taux d'intérêt réel. Au fur et à mesure que l'inflation anticipée croît, la baisse du taux d'intérêt réel est plus forte que la baisse du taux nominal.

Puis, finalement, le taux d'intérêt nominal et le taux d'intérêt réel croissent. Dans le moyen terme, le taux d'intérêt réel revient à sa valeur initiale. L'inflation et l'inflation anticipée convergent vers le nouveau taux de croissance de la masse monétaire, soit 10 %. Le taux d'intérêt nominal converge vers le taux réel plus 10 %.

Des exemples d'applications de l'hypothèse de Fisher

Il existe de nombreuses preuves empiriques de la proposition selon laquelle une expansion monétaire diminue les taux d'intérêt nominaux dans le court terme (voir, par exemple, le chapitre 6). Mais les faits confirment-ils aussi l'hypothèse de Fisher, à savoir la proposition selon laquelle, dans le moyen terme, une hausse de l'inflation est intégralement répercutée dans le taux d'intérêt nominal ?

Les économistes ont essayé de répondre à cette question à l'aide de deux types d'observations. La première est la relation entre inflation et taux d'intérêt entre pays. Comme la relation de Fisher n'est valable que dans le moyen terme, on ne s'attend pas à ce que l'inflation et les taux d'intérêt nominaux soient proches les uns des autres à tout moment, mais la relation devrait être vérifiée en moyenne. Cette approche est décrite dans l'encadré « Taux d'intérêt nominaux et inflation en Amérique latine au début des années 1990 », où l'hypothèse de Fisher est globalement confirmée.

Taux d'intérêt nominaux et inflation en Amérique latine au début des années 1990

La figure 1 montre les couples taux d'intérêt nominal/inflation pour huit pays d'Amérique latine (Argentine, Bolivie, Chili, Équateur, Mexique, Pérou, Uruguay et Venezuela) en 1992 et 1993. Comme les chiffres brésiliens sortiraient de ce graphique, ils ne sont pas inclus (en 1992, le taux d'inflation au Brésil était de 1 008 % et le taux d'intérêt nominal de 1 560 %. En 1993, l'inflation était de 2 140 % et le taux d'intérêt nominal de 3 240 %). L'inflation est évaluée par la hausse de l'indice des prix à la consommation. Le taux d'intérêt retenu est le taux débiteur. La définition exacte de ce terme varie selon les pays, mais il correspond à peu près au taux appliqué aux emprunteurs les mieux notés aux États-Unis.

Remarquez l'échelle très large de taux d'inflation, de 10 % à 100 %. C'est la raison pour laquelle nous avons choisi des chiffres d'Amérique latine du début des années 1990. Avec une telle variabilité de l'inflation, on peut apprendre beaucoup de la relation entre l'inflation et les taux d'intérêt nominaux. La figure fait d'ailleurs apparaître une relation très nette entre les deux. La ligne surajoutée montre ce que seraient les taux d'intérêt dans l'hypothèse de Fisher et dans l'hypothèse d'un taux d'intérêt réel sous-jacent de 10 %, de sorte que l'on s'attend à $i = 10\ \% + \pi$. La pente de la ligne est l'unité : dans l'hypothèse de Fisher, une hausse de 1 % de l'inflation devrait être reflétée par une hausse de 1 % du taux d'intérêt nominal.

Comme on peut le voir à l'œil nu, cette courbe paraît une bonne approximation, la moitié des points étant sous la ligne et l'autre moitié au-dessus. L'hypothèse de Fisher paraît coïncider avec les faits dans l'Amérique latine des années 1990.

Figure 1 – Taux d'intérêt nominaux et inflation en Amérique latine, 1992-1993.

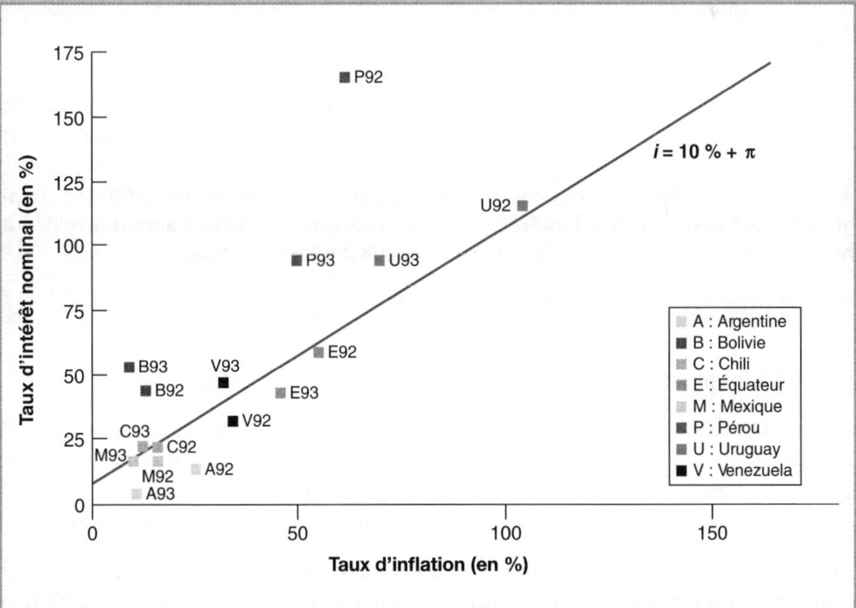

Le Brésil n'apparaît pas sur la figure : ses taux à quatre chiffres sont incompatibles avec l'échelle retenue.

Le second type de preuve empirique que l'on peut utiliser est la relation entre l'inflation et les taux d'intérêt dans un pays au cours du temps. L'hypothèse de Fisher, là encore, n'implique pas qu'ils devraient être parfaitement corrélés d'année en année. Mais elle suggère que les tendances de l'inflation devraient se refléter dans les taux d'intérêt nominaux. Pour le voir, il faut utiliser une période aussi longue que possible. Les figures 11.7 (a) et (b) indiquent le taux d'intérêt nominal et l'inflation aux États-Unis et en France depuis les années 1920. Le taux d'intérêt nominal est le taux de l'obligation du Trésor à trois mois, et l'inflation le taux de croissance de l'indice des prix à la consommation (IPC).

Figure 11.7 (a) – Taux des emprunts d'État à court terme et inflation aux États-Unis, 1927-2011.

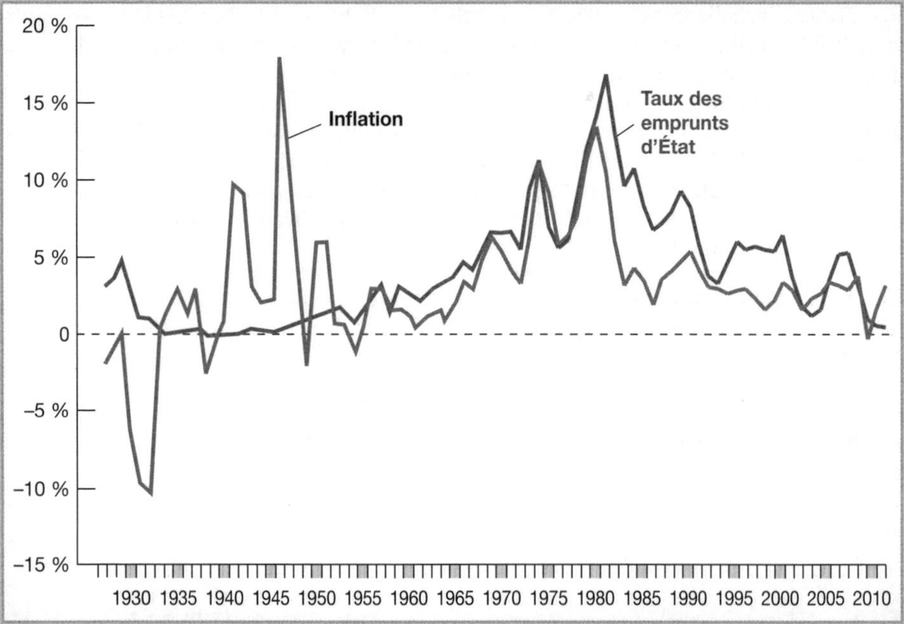

La hausse de l'inflation du début des années 1960 au début des années 1980 s'est accompagnée d'une hausse du taux d'intérêt nominal. La baisse de l'inflation depuis le milieu des années 1980 s'est accompagnée d'une baisse du taux d'intérêt nominal.

Source : OCDE, *Perspectives économiques*, base de données.

La figure 11.7 (a) présente plusieurs caractéristiques intéressantes :

- la hausse continue de l'inflation du début des années 1960 au début des années 1980, aux États-Unis et en France [voir figure 11.7 (b)], coïncide avec une hausse parallèle du taux d'intérêt nominal. La baisse de l'inflation depuis le milieu des années 1980 a eu l'effet inverse. Ces évolutions parlent en faveur de l'hypothèse de Fisher ;
- les effets de court terme que nous avons décrits précédemment sont faciles à identifier. Le taux d'intérêt nominal a crû moins vite que l'inflation dans les années 1970, alors que la désinflation des années 1980 s'est accompagnée d'une hausse initiale du taux d'intérêt, suivie d'un déclin beaucoup plus lent que celui de l'inflation ;
- l'autre épisode d'inflation, pendant et après la Seconde Guerre mondiale, souligne l'importance du « moyen terme » dans la justesse de la proposition de Fisher. Au

cours de cette période, l'inflation a été forte mais pendant peu de temps, et elle ne s'est pas reflétée dans le taux d'intérêt nominal. Celui-ci est resté très bas tout au long des années 1940 [1].

Des études plus approfondies confirmeraient notre conclusion fondamentale. L'hypothèse de Fisher selon laquelle, dans le moyen terme, les hausses de l'inflation sont reflétées dans le taux d'intérêt nominal coïncide bien avec les faits. Mais l'ajustement est lent. Les données confirment la conjecture de Milton Friedman, que nous avons citée au chapitre 9, selon laquelle il faut « une vingtaine d'années » pour que le taux d'intérêt nominal rattrape l'inflation.

Figure 11.7 (b) – Taux d'intérêt à court terme et inflation en France, 1922-2011.

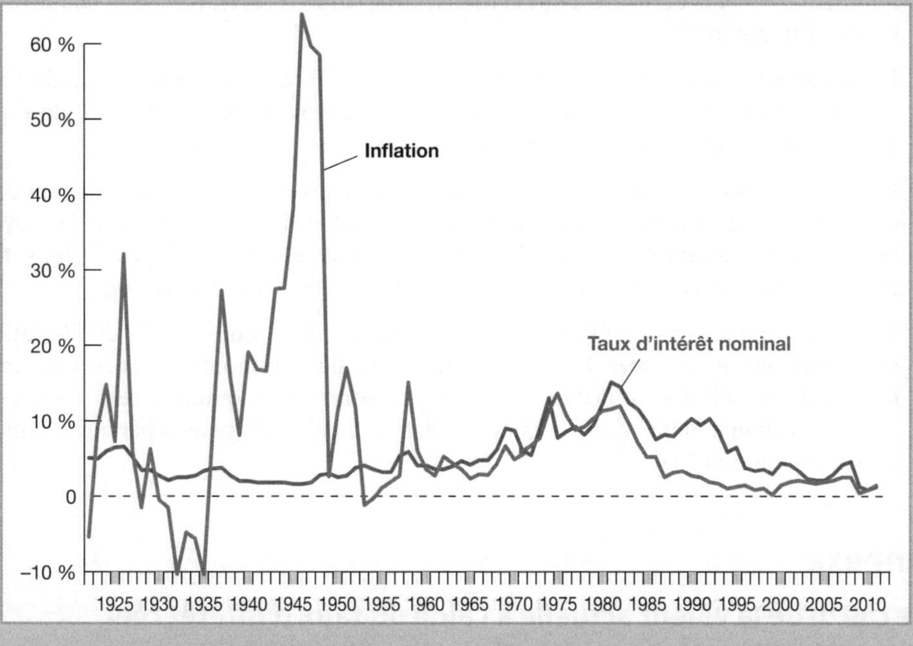

La hausse de l'inflation du début des années 1960 au début des années 1980 s'est accompagnée d'une hausse du taux d'intérêt nominal. La baisse de l'inflation depuis le milieu des années 1980 s'est accompagnée d'une baisse du taux d'intérêt nominal.

Source : OCDE, *Perspectives économiques*, base de données.

1. Ce fut, aux États-Unis, le résultat d'une politique délibérée de la Fed pour maintenir un taux d'intérêt bas, afin de réduire la charge que la dette de guerre faisait peser sur le budget.

Résumé

- Le taux d'intérêt nominal indique combien d'euros il faudra payer dans le futur pour disposer d'un euro supplémentaire aujourd'hui.
- Le taux d'intérêt réel indique à combien de biens il faudra renoncer dans le futur pour disposer d'un bien supplémentaire aujourd'hui.
- Le taux d'intérêt réel est approximativement égal au taux nominal moins l'inflation anticipée.
- La valeur actuelle anticipée d'une suite de revenus futurs dépend positivement des revenus futurs. Elle dépend négativement des taux d'intérêt anticipés.
- Pour actualiser une suite de revenus présents et futurs, il faut utiliser les taux d'intérêt nominaux présents et futurs. Pour actualiser une suite de revenus réels, il faut utiliser le taux d'intérêt réel.
- La décision d'investissement dépend du taux d'intérêt réel, l'arbitrage monnaie/obligations du taux nominal. Le taux d'intérêt réel entre donc dans la relation *IS*, alors que le taux nominal entre dans la relation *LM*.
- Dans le court terme, une hausse du taux de croissance de la masse monétaire conduit en général à une baisse du taux d'intérêt nominal et du taux réel. Dans le moyen terme, une hausse du taux de croissance de la masse monétaire n'a pas d'effet sur le taux d'intérêt réel et augmente le taux nominal dans la même proportion.
- La proposition selon laquelle, dans le moyen terme, les modifications de l'inflation sont parfaitement reflétées dans les modifications du taux nominal est connue sous le nom d'« hypothèse de Fisher ». Les faits montrent que, quoique cela prenne du temps, les changements dans le taux d'inflation sont finalement répercutés dans le taux d'intérêt nominal.

Annexe

Le calcul de la valeur actuelle à l'aide du taux d'intérêt réel ou nominal

Cette annexe montre que les deux façons de calculer la valeur actuelle, à l'aide des équations 11.5 ou 11.7, sont équivalentes.

Réécrivons ces deux équations.

L'équation 11.5 donne la valeur actuelle comme somme de revenus *nominaux* courants et futurs, l'actualisation étant effectuée à l'aide du *taux d'intérêt nominal* :

$$V_t = Z_t + \frac{Z^e_{t+1}}{(1+i_t)} + \frac{Z^e_{t+e}}{(1+i_t)(1+i^e_{t+1})} + \cdots \quad (11.5)$$

L'équation 11.7 donne la valeur actuelle d'une suite de revenus *réels* futurs à l'aide du *taux d'intérêt réel* :

$$V_t/P_t = z_t + \frac{Z^e_{t+1}}{(1+r_t)} + \frac{Z^e_{t+2}}{(1+r_t)(1+r^e_{t+1})} + \cdots \quad (11.7)$$

Si l'on divise les deux côtés de l'équation 11.5 par le niveau des prix P_t, le côté de gauche devient V_t/P_t, la valeur actuelle en termes réels, soit le côté gauche de 11.7.

Considérons chaque terme de 11.5 :

- le premier devient $Z_t/P_t = z_t$, le revenu courant en termes réels. Ce terme apparaît à droite dans l'équation 11.7 ;
- le second est $[1/(1 + i_t)]\ (Z^e_{t+1}/P_t)$. En multipliant le numérateur et le dénominateur par P^e_{t+1}, le niveau des prix anticipé pour l'année prochaine, on obtient :

$$\left(\frac{1}{1+i_t}\right)\left(\frac{P^e_{t+1}}{P_t}\right)\left(\frac{Z^e_{t+1}}{P^e_{t+1}}\right)$$

- la troisième fraction est le revenu réel anticipé en $t + 1$; la deuxième peut se réécrire : $1 + [(P^e_{t+1} - P_t)/P_t]$. En utilisant la définition de l'inflation anticipée, cela donne :

$$\frac{(1+\pi^e_t)}{(1+i_t)}\ z^e_{t+1}$$

En partant de la définition du taux d'intérêt réel dans l'équation 11.3, on a :

$$\frac{Z^e_{t+1}}{(1+r_t)}$$

ce qui correspond au deuxième terme du membre de droite de l'équation 11.7.

La même méthode s'applique aux autres termes ; soyez sûr que vous êtes capable de faire ce calcul.

Ainsi, les équations 11.5 et 11.7 sont équivalentes pour le calcul de la valeur actuelle.

Applications

1. Vrai/Faux/Incertain

a. Aussi longtemps que l'inflation reste constante, les variations des taux d'intérêt réels et nominaux sont identiques.

b. Si l'inflation est plus élevée que prévu, le coût réel du capital est également plus faible que le taux d'intérêt réel.

c. Si l'on compare différents pays, le taux d'intérêt réel varie moins que le taux nominal.

d. Le taux d'intérêt réel est égal au taux nominal divisé par le niveau des prix.

e. Dans le moyen terme, le taux d'intérêt réel n'est pas influencé par le taux de croissance de la masse monétaire.

f. Selon l'effet Fisher, dans le moyen terme, le taux d'intérêt nominal n'est pas modifié par le taux de croissance de la masse monétaire.

g. L'expérience de l'Amérique latine dans les années 1990 illustre l'hypothèse de Fisher.

h. La valeur actuelle d'un revenu nominal futur ne peut être supérieure à sa valeur nominale d'aujourd'hui.

i. La valeur actuelle d'un revenu réel futur ne peut être supérieure à sa valeur réelle d'aujourd'hui.

2. Taux réels et nominaux (I)

Pour chacun des problèmes suivants, précisez si vous utiliseriez des valeurs ou des taux réels ou nominaux pour calculer la valeur actuelle. Expliquez.

a. Estimer la valeur actuelle des profits anticipés à tirer d'un investissement dans une nouvelle machine.

b. Estimer la valeur actuelle d'une obligation sur dix ans.

c. Décider d'acheter ou bien de louer une voiture.

3. Taux réels et nominaux (II)

Pour chacune des valeurs suivantes, calculez le taux d'intérêt réel au moyen d'une approximation, puis en valeur exacte.

a. $i = 4\ \%$; $\pi = 2\ \%$.

b. $i = 15\ \%$; $\pi = 11\ \%$.

c. $i = 54\ \%$; $\pi = 46\ \%$.

4. Taux réels et nominaux (III)

a. Le taux d'intérêt nominal peut-il être négatif ? Expliquez.

b. Le taux d'intérêt réel peut-il être négatif ? Expliquez.

c. Quels sont les effets d'un taux d'intérêt réel négatif sur les prêts et les emprunts ?

d. Trouvez un numéro récent de *The Economist*, regardez les dernières pages et utilisez le taux d'intérêt trimestriel et le dernier taux d'inflation pour appréhender le taux d'intérêt réel. Quels pays ont les taux les plus bas ? Les plus hauts ? Y a-t-il des pays où le taux est près d'une valeur négative ?

5. Crédits d'impôts et épargne

Vous voulez épargner 2 000 euros pour votre retraite que vous prendrez dans quarante ans. Deux options sont possibles :

- ne pas payer d'impôts maintenant, mais payer 25 % du capital dans quarante ans (aux États-Unis, ce type d'épargne s'appelle IRA – *individual retirement account*) ;
- payer maintenant 20 % du capital, mais disposer d'un capital dégrevé d'impôts à maturité (aux États-Unis, cet instrument s'appelle Roth IRA).

a. Calculez la valeur de ces 2 000 euros dans quarante ans si le taux d'intérêt est de 1 %, de 10 %.

b. Quelle option préférez-vous ?

6. Les rentes

La valeur actuelle d'un flux perpétuel de paiements d'un montant Z est Z/i, quand i est constant. Cette formule donne le prix d'une rente. C'est aussi une bonne approximation pour le calcul de la valeur actuelle d'une série d'annuités constantes sur une durée longue mais non perpétuelle, tant que le taux i est constant. Examinons la valeur de cette approximation. Supposons d'abord que $i = 10\ \%$.

a. Si $Z = 100$, quelle est la valeur de la rente ?

b. Quelle est la valeur actuelle d'une obligation qui rapporte Z chaque année pendant dix ans ? Vingt ans ? Trente ans ? Soixante ans ?

c. Refaites les calculs pour $i = 2\ \%$ et $5\ \%$.

7. L'hypothèse de Fisher

a. Qu'est-ce que l'hypothèse de Fisher ?

b. Regardez les chiffres de l'encadré sur l'Amérique latine ; confirment-ils l'hypothèse de Fisher ?

c. Remarquez que la courbe ne passe pas par l'origine. L'hypothèse de Fisher devrait-elle impliquer que cette droite passe par l'origine ?

d. « Si l'hypothèse de Fisher est vérifiée, les variations du taux de croissance de la masse monétaire sont entièrement répercutées dans les prix et les taux d'intérêt nominaux. Ainsi, il n'y a plus de place pour la politique monétaire. » Discutez ces propos.

8. Les effets de court terme d'une expansion monétaire

Quand nous avons examiné le moyen terme dans la section 11.4, nous nous sommes concentrés sur les effets d'une hausse de la masse monétaire sur le stock réel de monnaie. Nous avons vu comment cela entraînait une hausse de la production et une baisse des taux d'intérêt nominaux et réels.

En partant de cette analyse, supposez que l'inflation anticipée croisse aussi.

a. Quels sont les effets induits sur *IS* ? Expliquez.

b. Même question pour *LM*.

c. Quels sont les effets sur la production et les taux nominaux ? Le taux d'intérêt nominal peut-il être plus élevé ensuite ?

d. Pouvez-vous expliquer comment doit évoluer le taux réel ?

Chapitre 12

Marchés financiers et anticipations

Dans notre premier chapitre sur les marchés financiers (voir chapitre 5), nous avons supposé qu'il n'y avait que deux actifs, la monnaie et les obligations, de sorte que nous pouvions simplifier l'arbitrage entre la monnaie et tous les autres actifs. Nous allons maintenant lever cette hypothèse pour analyser les choix parmi les actifs autres que la monnaie, entre actifs de court et de long terme, entre actions et obligations, etc.

Ce chapitre décrit ces choix et en explore les implications pour l'évolution du prix des actifs, en se focalisant sur le rôle des anticipations. Nous commençons par la détermination du prix des obligations et la courbe des taux. Ensuite, nous nous intéressons à la détermination du prix des actions et à l'interprétation des mouvements des prix des actifs.

12.1 Prix des obligations et courbe des taux

Les obligations diffèrent entre elles de deux façons :

- **le risque de signature** (ou risque de défaut), risque que l'émetteur de l'obligation ne puisse honorer ses engagements ;
- **la maturité**, durée pendant laquelle les obligations donnent droit à des versements à leur détenteur. Une obligation qui comporte la promesse de rapporter 1 000 euros dans six mois a une maturité de six mois ; une obligation qui rapporte 100 euros par an durant les vingt prochaines années et un paiement final de 1 000 euros a une maturité de vingt ans. Ce concept est le plus important pour notre étude et nous nous concentrerons dessus.

Des obligations de différentes maturités ont chacune un prix et un taux d'intérêt associé, appelé le « rendement à l'échéance ». En regardant un certain jour le rendement d'obligations de différentes maturités, on peut construire la relation entre rendement et maturité. Cette relation est appelée la **courbe des taux**, ou la **structure par terme des taux d'intérêt** (*terme* est synonyme de maturité)[1].

La figure 12.1 nous donne la structure par terme des taux d'intérêt sur les emprunts d'État américains au 1er novembre 2000 et au 1er juin 2001. Le choix de ces deux dates n'est pas fortuit : nous en expliquons plus loin la raison.

1. Structure par terme $\Leftrightarrow$ courbe des taux.

Remarquez qu'en novembre 2000, la courbe des taux était légèrement décroissante ; le taux à trois mois (le taux d'intérêt d'une obligation à trois mois) était de 6,2 %, alors que le taux à trente ans n'était que de 5,8 %. Autrement dit, les taux longs étaient légèrement inférieurs aux taux courts. Sept mois plus tard, en juin 2001, la courbe des taux était très pentue, avec un taux à trois mois de 3,5 % et un taux à trente ans de 5,7 %. Les taux longs étaient devenus très supérieurs aux taux courts.

Pourquoi la courbe des taux était-elle légèrement décroissante en novembre 2000 et si croissante en juin 2001 ? Qu'est-ce que cela révèle des anticipations sur les marchés financiers ? Pour répondre à ces questions, nous procéderons en deux étapes. Tout d'abord, nous regarderons la relation entre le prix des obligations à différentes maturités. Ensuite, nous analyserons la relation entre les rendements des obligations de différentes maturités et chercherons les déterminants de la forme de la courbe des taux [1].

Figure 12.1 – La courbe des taux aux États-Unis, novembre 2000 et juin 2001.

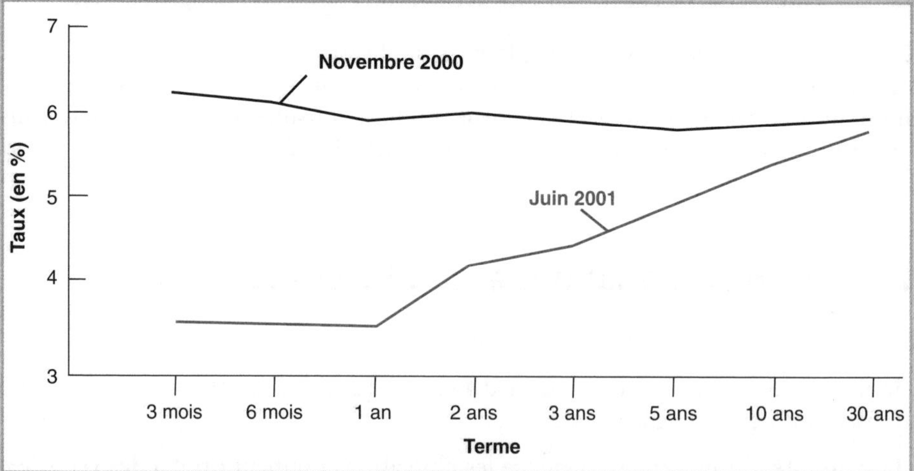

Le prix des obligations comme valeur actualisée

Soit deux obligations : une obligation de maturité un an, qui donne droit à un paiement de 100 euros, et une de maturité deux ans, qui donne droit à un paiement de 100 euros dans deux ans [2]. Soit P_{1t} et P_{2t} leur prix respectif. Comment sera-t-il déterminé ?

Prenons l'obligation à un an. Soit i_{1t} le taux d'intérêt nominal à un an. Nous le notons i_{1t} plutôt que i_t comme précédemment, afin qu'il soit plus facile de se souvenir qu'il s'agit du taux à un an.

Le prix de l'obligation à un an est la valeur actualisée de 100 euros l'an prochain :

$$P_{1t} = \frac{100}{(1 + i_{1t})} \tag{12.1}$$

1. Deux étapes : détermination des prix des obligations, puis détermination de leur rendement.
2. Les deux types d'obligations sont des zéro-coupons.

Gros plan

Le vocabulaire du marché obligataire

Comprendre le vocabulaire de base des marchés financiers aidera à les rendre moins mystérieux. Voici une courte liste.

- Les obligations sont émises par le gouvernement pour financer le déficit ou par les entreprises pour financer leurs investissements. Si elles sont émises par le gouvernement, les obligations sont appelées **obligations du Trésor**. Si elles sont émises par des entreprises, elles sont dénommées **obligations privées**.
- Aux États-Unis, les obligations sont classées en fonction de leur risque de signature (risque de défaut de l'émetteur) par deux entreprises privées, la Standard and Poor's Corporation (S & P) et Moody's Investors Service (MIS). Les notes (*ratings*) données par Moody's vont de AAA pour des obligations sans risque, comme les bons du Trésor, à C pour les obligations où le risque de signature est élevé. Un *rating* plus faible implique un taux plus élevé. La différence entre le taux d'intérêt versé sur une obligation quelconque et celui versé sur l'obligation la mieux notée est appelée **prime de risque**. Les obligations les plus risquées sont nommées *junk bonds*. Comme elles donnent droit à un taux d'intérêt très élevé, elles étaient très populaires parmi les investisseurs dans les années 1980. Après quelques faillites retentissantes, elles sont devenues aujourd'hui moins populaires.
- Les obligations qui comportent un seul versement sont appelées **obligations à zéro coupon**. Ce montant est dénommé **valeur faciale** ou **nominale** de l'obligation.
- Les obligations qui donnent droit à plusieurs versements avant leur maturité et à un remboursement à maturité sont des **obligations à coupons**. Les versements avant maturité s'appellent les **coupons**. Le versement final est la valeur faciale de l'obligation. Le ratio de la valeur des coupons à la valeur faciale est le **taux d'intérêt nominal de l'obligation**. Le rendement courant est le ratio du coupon au prix de l'obligation. Par exemple, une obligation qui donne droit à des coupons de 5 euros par an et à une valeur faciale de 100 euros pour un prix de 80 euros a un taux d'intérêt nominal égal à 5 % et un rendement courant de 6,25 %. D'un point de vue économique, ni le taux d'intérêt nominal, ni le rendement courant ne sont des mesures intéressantes. La bonne mesure du taux d'intérêt sur une obligation est son rendement à maturité ou à échéance ; on peut le concevoir à peu près comme le taux d'intérêt moyen servi par l'obligation au cours de sa durée de vie (nous définirons cela plus précisément plus tard).
- Les obligations sont classées en général en **obligations à court terme**, **moyen terme** ou **long terme**, qui ont respectivement des maturités d'un an ou moins, d'un an à dix ans et de plus de dix ans.
- Les obligations du Trésor américain ont une maturité qui va de quelques jours à trente ans. Les obligations qui ont une maturité de moins d'un an sont des billets du Trésor (*T-bills*) ; ce sont des obligations à zéro coupon. Les obligations d'un an à dix ans de maturité sont des *treasury notes*. Celles dont la maturité est de plus de dix ans sont des bons du Trésor (*Treasury bonds*). Ces deux dernières catégories sont des obligations à coupons.
- Les obligations sont en général libellées en termes nominaux : elles comportent la promesse d'une suite de revenus nominaux – en termes de monnaie nationale. Cependant, il y a d'autres types d'obligations, parmi lesquelles les obligations indexées, dont les coupons sont ajustés en fonction de l'inflation. Au lieu de donner droit, par exemple, à 100 euros, une obligation indexée rapportera 100 $(1 + \pi)$ euros, où π est le taux d'inflation qui aura lieu l'an prochain. Comme elles protègent les détenteurs d'obligations contre le risque d'inflation, les obligations indexées sont populaires dans de nombreux pays.

Gros plan

Elles jouent un rôle important en Grande-Bretagne où, durant les trente dernières années, les ménages les ont utilisées de plus en plus comme instrument d'épargne pour leur retraite. En détenant des obligations à long terme indexées, ils peuvent s'assurer que leurs revenus sont protégés contre le risque d'inflation. Les obligations indexées furent introduites aux États-Unis en 1997. Elles ne représentent qu'une faible part du marché obligataire public pour le moment, mais leur rôle sera sans doute de plus en plus important.

Le prix de l'obligation à un an varie en raison inverse du taux d'intérêt nominal à un an. Nous avons déjà abordé cette relation au chapitre 5. En fait, nous avons vu que ce qui est déterminé est le prix de l'obligation à un an ; le taux d'intérêt nominal à un an est inféré du prix de l'obligation par l'équation 12.1. En réorganisant cette équation, il apparaît que si le prix de l'obligation à un an est P_{1t}, le taux d'intérêt à un an est $(100 - P_{1t})/P_{1t}$.

Le prix de l'obligation dont la maturité est de deux ans est alors la valeur actualisée (ou actuelle) de 100 euros dans deux ans :

$$P_{2t} = \frac{100}{(1 + i_{1t})(1 + i^e_{1t+1})} \tag{12.2}$$

où i_{1t} est le taux à un an et i^e_{1t+1} le taux d'intérêt à un an anticipé pour l'année prochaine. Le prix d'une obligation dont la maturité est de deux ans dépend du taux d'intérêt courant et du taux d'intérêt anticipé pour l'année prochaine.

De la même façon, nous pourrions calculer le prix d'une obligation à n années de maturité – qui donne droit à, disons, 100 euros dans n années.

Avant d'explorer un peu plus les implications des équations 12.1 et 12.2, regardons une autre approche de 12.2 basée sur la notion d'arbitrage.

Arbitrage et prix des obligations

Supposons que l'on ait le choix entre des obligations à un an et des obligations à deux ans. L'investisseur s'intéresse seulement au montant de son patrimoine dans un an. Quelles obligations détenir ?

Pour chaque euro placé dans les obligations à un an, on reçoit $1 + i_{1t}$ euros l'an prochain. Cette relation est représentée sur la première ligne de la figure 12.2.

Comme le prix d'une obligation à deux ans est P_{2t}, chaque euro placé dans une obligation à deux ans permet d'acheter $1/P_{2t}$ cette année. Quand l'année prochaine arrivera, l'obligation ne sera plus qu'à un an de sa maturité et sera devenue une obligation à un an. Le prix auquel on peut espérer la vendre est donc P^e_{1t+1}, le prix anticipé d'une obligation à un an dans un an. On peut ainsi espérer recevoir P^e_{1t+1}/P_{2t} euros l'an prochain pour chaque euro investi cette année dans une obligation à deux ans de maturité, ce qui est représenté sur la seconde ligne de la figure 12.2.

Figure 12.2 – Le rendement de la détention pendant un an d'une obligation à un an et d'une obligation à deux ans.

	Année t		**Année $t+1$**
Obligations à un an	1 euro	→	$1 \times (1 + i_{1t})$ euros
Obligations à deux ans	1 euro	→	$1 \times \frac{P^e_{1t+1}}{P_{2t}}$ euros

Quelle obligation détenir ? Supposons que les investisseurs ne soient préoccupés que du rendement de leur actif. Cette hypothèse est fortement simplificatrice. Le rendement d'une obligation à un an est connu avec certitude. Celui d'une obligation à deux ans dépend du taux d'intérêt à un an dans un an et est donc incertain. Dire que les investisseurs ne sont intéressés que par le rendement de leur épargne signifie qu'ils sont indifférents au risque. C'est la même hypothèse que nous avons utilisée au chapitre précédent pour le calcul de la valeur actuelle. Dans le contexte des choix entre actions et obligations, cette hypothèse est parfois appelée « *hypothèse d'anticipation* » – pour signifier l'idée que les choix ne dépendent que des rendements anticipés.

Selon cette hypothèse et s'il y a des quantités disponibles d'obligations à un an et à deux ans dans l'économie, il faut que les deux obligations offrent les mêmes rendements à un an. Pour voir pourquoi, supposons que cette condition ne soit pas satisfaite. Imaginons, par exemple, le rendement des obligations à un an plus faible que celui anticipé sur les obligations à deux ans. Personne ne voulant des obligations à un an, le marché n'est pas à l'équilibre. Il ne peut l'être que si les rendements sont identiques : alors les investisseurs voudront détenir les deux titres.

Si les deux obligations offrent le même rendement, il s'ensuit d'après la figure 12.2 que :

$$1 + i_{1t} = \frac{P^e_{1t+1}}{P_{2t}} \qquad (12.3)$$

Le membre de gauche est le rendement d'un euro investi dans une obligation à un an, le membre de droite est le rendement sur un an d'un euro investi dans une obligation à deux ans. Nous appellerons les équations comme 12.3, qui expriment une relation d'égalité entre deux rendements, des **relations d'arbitrage** [1].

Réécrivons 12.3 sous la forme :

$$P_{2t} = \frac{P^e_{1t+1}}{1 + i_{1t}} \qquad (12.4)$$

L'arbitrage implique que le prix aujourd'hui d'une obligation à maturité de deux ans est la valeur actuelle du prix anticipé de l'obligation l'année prochaine. Cela soulève une question : de quoi le prix anticipé d'une obligation à un an dans un an dépend-il ?

1. Nous utilisons le concept d'« arbitrage » pour désigner une condition d'égalisation des rendements. En un sens plus restreint, un marché est arbitré s'il n'existe pas d'opportunité de profits sans risque.

La réponse est évidente. Exactement comme le prix d'une obligation à maturité d'un an aujourd'hui dépend du taux d'intérêt courant, le prix de la même obligation dans un an sera lié au taux à un an dans un an. En écrivant 12.1 pour l'année à venir, on obtient :

$$P^e_{1t+1} = \frac{100}{(1 + i^e_{1t+1})}$$

Le prix d'une obligation l'année prochaine est anticipé comme égal au paiement final (100), actualisé par le taux à un an anticipé.

En replaçant P^e_{1t+1} dans 12.4, on obtient :

$$P_{2t} = \frac{100}{(1 + i_{1t})(1 + i^e_{1t+1})} \quad (12.5)$$

Cela est l'équation 12.2. Nous venons de montrer que l'arbitrage entre obligation à un an et obligation à deux ans implique que le prix de l'obligation à deux ans est la valeur actuelle du paiement dans deux ans (100 ici), actualisé à l'aide du taux courant et du taux anticipé à un an. Nous aurions pu utiliser la même approche pour le prix des obligations à maturité de trois ans et ainsi de suite (vous devriez vérifier que vous pouvez le faire). La relation entre arbitrage et valeur actuelle est importante, et nous la réemploierons au cours de ce chapitre [1].

Du prix au rendement des obligations

Nous avons montré comment calculer le prix des obligations. Passons maintenant à leur rendement.

Pour commencer, il nous faut une définition du rendement à maturité. Le rendement à maturité d'une obligation de maturité n années, ou le taux d'intérêt à n années, est le taux annuel constant qui rend le prix de l'obligation égal à la valeur actuelle des revenus futurs auxquels l'obligation donne droit.

Cette définition est plus simple qu'il n'y paraît. Par exemple, soit l'obligation à maturité de deux ans précédemment définie. Notons i_{2t} son rendement, où l'indice 2 rappelle qu'il s'agit du rendement d'une obligation dont la maturité est de deux ans, ou taux d'intérêt à deux ans. Le rendement est défini comme le taux d'intérêt annuel constant qui rendrait la valeur actuelle de 100 dans deux ans égale au prix de l'obligation aujourd'hui :

$$P_{2t} = \frac{100}{(1 + i_{2t})^2} \quad (12.6)$$

Supposons que l'obligation soit cotée aujourd'hui à 90. Le taux d'intérêt à deux ans est alors $\sqrt{100/90} - 1$, soit 5,4 % [2]. En d'autres termes, conserver l'obligation jusqu'à maturité rapporte un taux d'intérêt de 5,4 % par an.

Quelle est la relation entre le taux à deux ans et les taux à un an courants et anticipés ? Pour répondre à cette question, nous n'avons qu'à comparer l'équation 12.6 et l'équation 12.5, ce qui donne :

1. La relation entre arbitrage et valeur actuelle : l'arbitrage entre des obligations de différentes maturités implique que la valeur des obligations est égale à la valeur actuelle des paiements de coupons et du remboursement du principal à échéance.
2. $90 = 100/(1 + i_{2t})^2 \Rightarrow (1 + i_{2t})^2 = 100/90 \Rightarrow i_{2t} = 5{,}4$.

$$\frac{100}{(1+i_{2t})^2} = \frac{100}{(1+i_{1t})(1+i^e_{1t+1})}$$

et en réarrangeant :

$$(1 + i_{2t})^2 = (1 + i_{1t})\,(1 + i^e_{1t+1})$$

Cela donne la relation exacte entre les taux anticipés et courants à un an et le taux à deux ans. Une approximation simple donne :

$$i_{2t} \approx \frac{1}{2}(i_{1t} + i^e_{t+1}) \qquad (12.7)$$

L'équation 12.7 est intuitive et importante. Elle dit que le taux à deux ans est approximativement la moyenne des taux à un an courants et anticipés. La relation s'étend à des obligations de maturité plus éloignée : *le taux à* n *années est approximativement égal à la moyenne pondérée des taux courants et anticipés à un an pendant les* n *– 1 prochaines années.*

$$i_{nt} \approx \frac{1}{n}(i_{1t} + i^e_{t+1} + \ldots + i^e_{1t+n-1})$$

Ces relations nous donnent la clé de l'interprétation de la courbe des taux. *Une courbe des taux croissante signifie que le marché anticipe une hausse des taux d'intérêt à court terme. Une courbe décroissante implique qu'il anticipe une baisse.*

Un exemple éclaircira tout cela : revenons à la courbe des taux de juin 2001 de la figure 12.1. On peut en déduire ce à quoi les marchés financiers s'attendaient pour ce qui est des taux à court terme un an plus tard, en juin 2002. Multiplions les deux côtés de l'équation 12.7 par 2 et réécrivons-la pour obtenir :

$$i^e_{t+1} = 2i_{2t} - i_{1t} \qquad (12.8)$$

En juin 2001, i_{1t} (le taux à un an) était de 3,4 %. Le taux à deux ans était de 4,1 %. Le taux à un an anticipé pour juin 2002 était donc égal à 2 × 4,1 % – 3,4 % = 4,8 %, c'est-à-dire 1,4 % au-dessus du taux de juin 2001 [1].

Courbe des taux et activité économique

Pourquoi la courbe des taux était-elle légèrement décroissante en novembre 2000 et fortement croissante en juin 2001 ?

Pour le formuler rapidement, disons que la réponse est qu'un ralentissement non anticipé de l'activité s'est produit au premier semestre 2001, ce qui a entraîné une forte réduction des taux d'intérêt à court terme. Mais, pendant ce ralentissement, les marchés financiers anticipaient la reprise de l'activité, et donc la remontée future des taux courts. De ce fait, les taux longs ont beaucoup moins diminué que les taux courts.

1. Les obligations de maturité plus éloignée sont plus risquées parce que, si elles sont vendues avant maturité, leur valeur de liquidation est plus incertaine. En dépit de l'hypothèse d'indifférence au risque que nous utilisons, il faut garder en mémoire que les investisseurs ont en fait une aversion au risque et exigent une prime de risque pour les obligations de maturités plus éloignées. Une courbe des taux légèrement croissante est donc plus susceptible de refléter cet effet de prime de risque que des anticipations de hausse des taux. Les calculs du texte font abstraction de cela.

Nous pouvons développer cette explication en utilisant le modèle *IS/LM* développé au chapitre 6. Pour se concentrer sur la différence entre taux à différentes maturités, laissons de côté la distinction entre taux nominal et taux réel introduite au chapitre 11. Plus spécifiquement, supposons que l'inflation anticipée soit nulle, de sorte que ces taux soient égaux [1].

Revenons au mois de novembre 2000. À cette date, certains indicateurs économiques suggéraient que, après plusieurs années de forte croissance, l'activité avait commencé à ralentir aux États-Unis. Ce ralentissement était largement perçu comme une bonne nouvelle : la plupart des économistes pensaient que le produit était au-dessus de son niveau structurel (ou que le taux de chômage était inférieur au taux de chômage naturel), et estimaient donc qu'un léger ralentissement de l'activité était souhaitable. Et c'est ce qui était anticipé : un « atterrissage en douceur » du produit vers son niveau d'équilibre. C'est la situation représentée dans la partie (a) de la figure 12.3 : on anticipe un déplacement vers la gauche de la courbe *IS* de *IS* à *IS'*, ce qui conduit à un changement de l'équilibre de *A* à *A'*, à une baisse du produit de *Y* vers son niveau d'équilibre $Y' = Y_n$, et à une baisse du taux d'intérêt de *i* à *i'*. Cette baisse anticipée du taux d'intérêt explique pourquoi la courbe des taux était légèrement décroissante en novembre 2000.

Il s'est avéré cependant que l'anticipation d'un « atterrissage en douceur » était trop optimiste. À partir de la fin de l'année 2000, la situation économique s'est détériorée au-delà de ce qui avait été anticipé. La partie (b) de la figure 12.3 illustre ce qui s'est passé. Deux mouvements se sont produits :

- le déplacement de la courbe *IS* (la diminution de la demande de biens et services) a été plus important que ce qui avait été anticipé. Si la politique monétaire était restée inchangée, l'économie se serait déplacée le long de la courbe *LM*, pour atteindre le point *B*, avec une diminution du produit et du taux d'intérêt à court terme ;
- voyant que le ralentissement était plus important que ce qui avait été anticipé, la Réserve fédérale a mis en place à partir du début 2001 une politique monétaire expansionniste, ce qui a conduit à un déplacement de la courbe *LM*. De ce fait, l'économie américaine était en juin 2001 au point *A'*, et non au point *B*. Le produit était plus élevé et le taux d'intérêt plus faible que si la Banque centrale américaine n'avait pas réagi.

La chute des taux d'intérêt à court terme entre novembre 2000 et juin 2001 est donc le produit à la fois d'une forte contraction de la demande et d'une réponse vigoureuse des autorités monétaires, afin de limiter la chute du produit.

Il reste à expliquer pourquoi la courbe des taux était croissante en juin 2001. En d'autres termes, pourquoi les taux longs étaient-ils supérieurs aux taux courts ?

Pour répondre à cette question, il faut comprendre quelles étaient en juin 2001 les anticipations des marchés sur l'évolution de l'économie. La figure 12.4 représente ces anticipations. Les marchés anticipaient deux choses :

- une hausse des dépenses des agents, qui déplacerait *IS* vers la droite. Cette anticipation reposait sur plusieurs éléments : l'amélioration de certains des facteurs qui expliquaient le ralentissement du premier semestre 2001, une hausse attendue de

1. Nous allons étendre le modèle *IS/LM* vu précédemment pour prendre en compte les anticipations. Mais pour le moment, le cadre de ce modèle est inchangé.

l'investissement, les effets favorables pour la consommation de la réduction d'impôts décidée en mai 2001 ;

- une éventuelle inquiétude de la banque centrale quant au risque de surchauffe et un durcissement des conditions monétaires, ce qui conduirait à un déplacement vers le haut de la courbe *LM*.

Figure 12.3 – La situation de l'économie américaine en novembre 2000 (a) et l'économie américaine de novembre 2000 à juin 2001 (b).

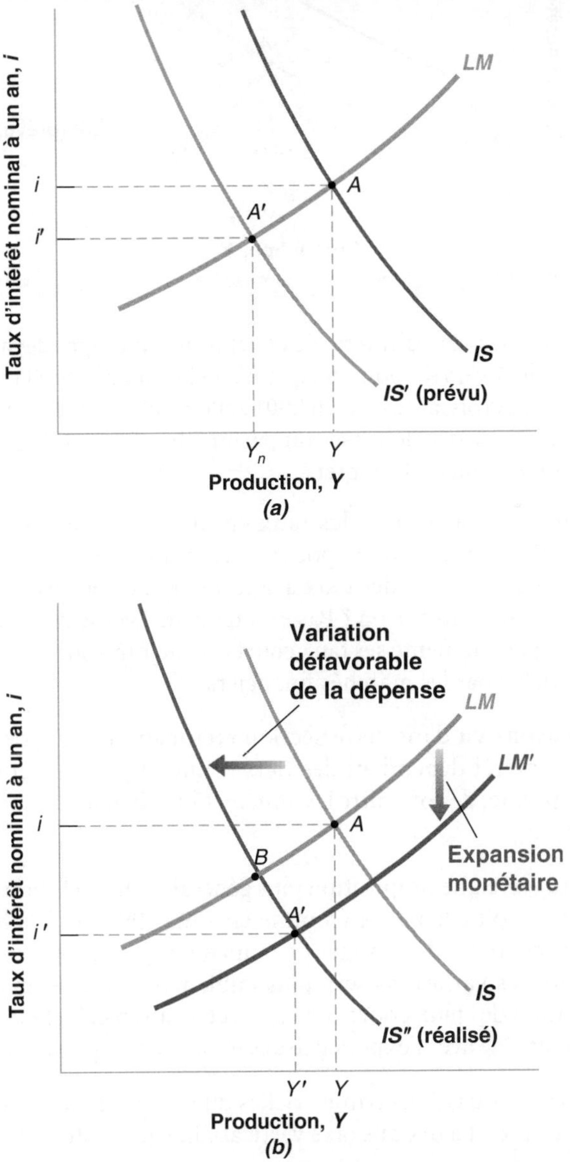

Figure 12.4 – L'évolution de l'économie américaine telle qu'elle était anticipée en juin 2001.

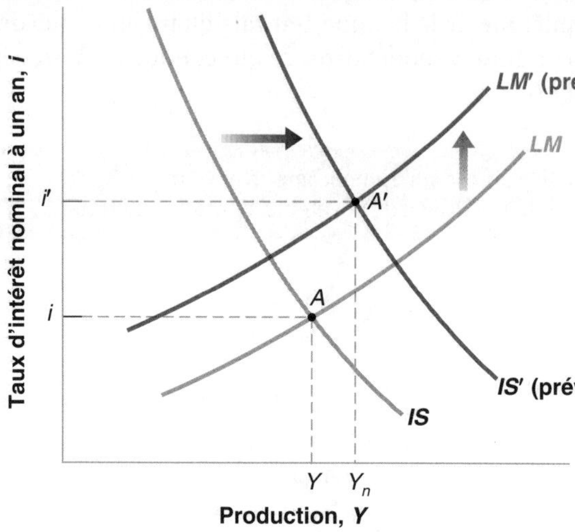

Pour ces deux raisons, les taux d'intérêt de court terme anticipés devaient s'élever, l'économie se déplaçant de A vers un point tel que A', où le taux d'intérêt est i'. C'est pourquoi la courbe des taux était croissante en juin 2001 ; elle révèle les anticipations des marchés : que ce soit par une hausse des dépenses ou par un changement de politique monétaire, les taux d'intérêt allaient bientôt monter.

On peut remarquer que la courbe des taux en juin 2001 est presque plate pour les maturités inférieures à un an : nous pouvons en déduire que les marchés financiers n'anticipaient pas une remontée des taux avant un an, c'est-à-dire avant juin 2002. Les marchés financiers avaient-ils raison ? Pas exactement. Avec le recul, nous savons que la Réserve fédérale n'a pas augmenté ses taux courts avant juin 2004, soit deux ans plus tard que ce qui était anticipé par les marchés financiers.

En résumé, nous avons vu dans cette section comment les prix des obligations et la courbe des taux d'intérêt dépendent des taux d'intérêt présents et anticipés. Étudier la courbe des taux permet de connaître les anticipations du marché sur l'évolution future des taux d'intérêt.

Notre discussion suggère une proposition plus générale : quand le taux d'intérêt de court terme change, que ce soit à la baisse (comme en 1990-1991) ou à la hausse, les taux de long terme sont susceptibles de changer de la même façon, quoique dans une moindre ampleur. L'ampleur des variations sera plus faible parce que les marchés risquent de penser que la variation des taux courts ne va pas être durable. La figure 12.5 montre que cette proposition coïncide avec l'expérience des mouvements passés des taux américains.

La figure 12.5 décrit les variations trimestrielles du taux d'intérêt à trois mois (axe horizontal) et du taux d'intérêt à dix ans (axe vertical). Elle présente trois traits principaux :

- le taux de long terme varie moins que le taux de court terme : les fluctuations trimestrielles du taux à court terme varient de – 3 % à + 2 %, celles du taux à long terme de – 1 % à + 1 % ;

- la plupart des points sont situés dans les parties sud-ouest et nord-est du graphique : la majorité du temps, les deux taux varient de concert ;
- la réponse du taux de long terme à une variation du taux de court terme, si elle est en général de même signe, est plus faible que la variation du taux court. Le diagramme montre la droite de régression. L'équation associée à cette régression est :

$$\Delta i_L = -\,0{,}044 + 0{,}183\ \Delta i_S$$

où i_L est le taux d'intérêt à long terme (dix ans) et i_S est le taux d'intérêt à court terme (trois mois), Δ représentant la variation des taux entre deux trimestres. Cette équation signifie qu'une hausse du taux d'intérêt de court terme de 1 % est associée en moyenne à une hausse du taux d'intérêt de long terme de 0,12 % [1].

Figure 12.5 – Les modifications trimestrielles des taux d'intérêt à trois mois et à dix ans, 1989-2012.

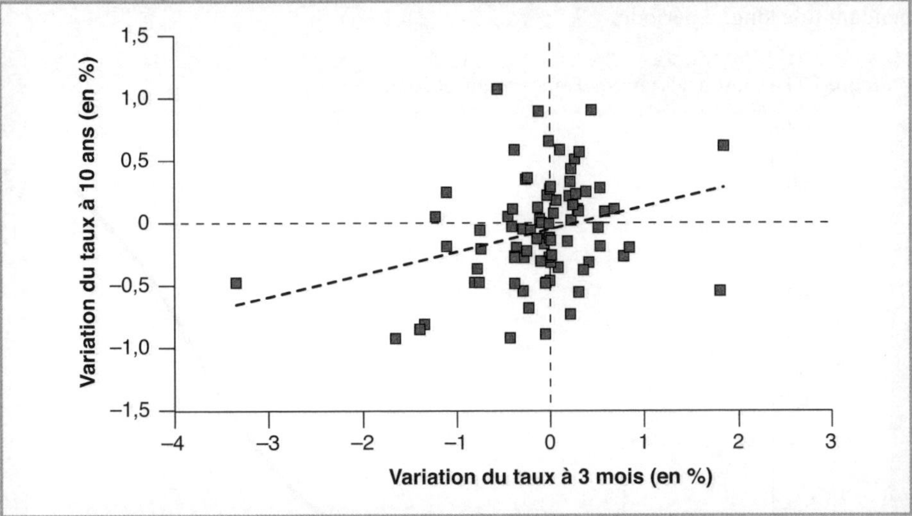

Les variations du taux d'intérêt de court terme sont en général associées à des variations de moindre ampleur, quoique de même sens, des taux de long terme.

Source : Banque de France.

Pour résumer :

- l'arbitrage entre des obligations de maturités différentes implique que le prix d'une obligation est sa valeur actuelle, calculée à l'aide des taux d'intérêt courants et anticipés. Ainsi, des taux d'intérêt courants ou anticipés plus élevés induisent un prix plus bas des obligations ;
- le rendement à maturité d'une obligation de maturité *n* années (ou taux d'intérêt à *n* années) est approximativement égal à la moyenne sur *n* années des taux courants et anticipés à un an ;

1. Pour de plus longs développements sur les causes de la plus grande volatilité du taux court, voir la discussion sur la désinflation aux États-Unis dans la section 10.5.

- la courbe des taux indique ce que les marchés anticipent sur l'évolution des taux courts. Une pente décroissante signifie une anticipation de baisse des taux ; une pente croissante, une anticipation de hausse des taux. L'encadré « Courbe des taux et trappe à liquidité » analyse ce qui peut être déduit de la courbe des taux à la mi-2012.

Gros plan

Courbe des taux et trappe à liquidité

La courbe des taux en France en juillet 2012 est tracée sur la figure 1. À court terme, le taux d'intérêt des bons du Trésor est proche de zéro. Cela reflète le fait que le taux d'intérêt déterminé par la BCE est très faible (0,75 %) et que l'économie est dans une trappe à liquidité. La courbe des taux montre que les marchés financiers anticipent le fait que cette situation va perdurer pendant plusieurs années : le taux à un an est égal à 0,17 %, le taux à deux ans à 0,39 %. Les taux ne remontent au-delà de 2 % que pour des maturités de dix ans ou plus. Autrement dit, les marchés financiers pensent que l'économie de la zone euro va rester faible et que la BCE va maintenir un faible niveau des taux d'intérêt pendant une longue période.

Figure 1 – La courbe des taux en France en juillet 2012.

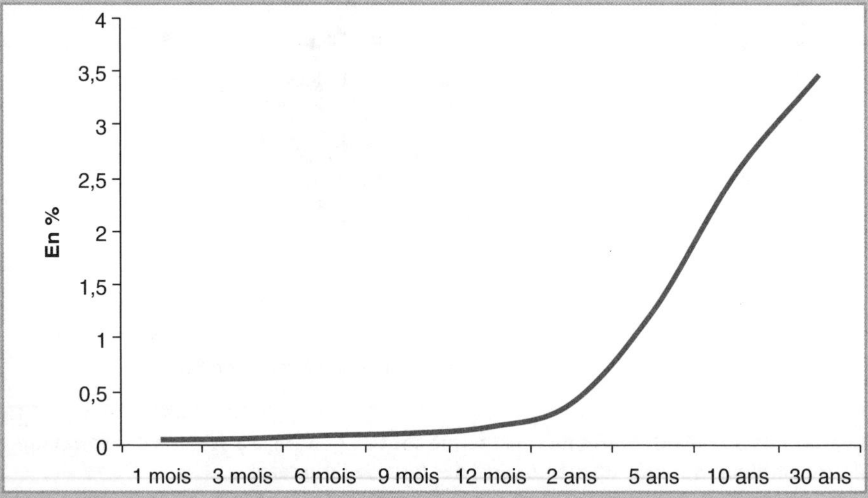

Source : Banque de France.

12.2 Les marchés financiers et les variations des cours des actions

Nous nous sommes intéressés jusqu'à présent aux obligations. Mais si le gouvernement se finance principalement en émettant des obligations, il n'en va pas de même des entreprises. Celles-ci se financent de deux façons : à travers l'endettement (crédits bancaires et obligations) et à travers l'émission d'actions. Au lieu de rapporter des montants prédéterminés, comme les obligations, les actions donnent droit à des dividendes, pour un montant à déterminer à chaque exercice. Les dividendes sont prélevés sur les profits de l'entreprise. Ils sont en général plus faibles que les profits, puisque les entreprises retiennent une partie des profits pour financer des investissements. Mais les dividendes sont fonction des profits : plus les profits sont élevés, plus les dividendes peuvent l'être.

Cette partie est consacrée à la détermination du cours des actions. Une première idée du problème est donnée à la figure 12.6, qui montre le comportement de l'indice boursier CAC 40. Les variations de l'indice mesurent celles de 40 actions de grosses entreprises. D'autres indices existent : en France, le SBF 250 mesure l'évolution du cours des actions de 250 grandes entreprises. Aux États-Unis, son analogue est le Standard and Poor's 500 ; un autre indice boursier bien connu est l'indice Dow Jones, un indice d'entreprises industrielles seulement, par conséquent moins représentatif que l'indice S & P de l'évolution de l'ensemble du marché. D'autres indices existent dans d'autres pays : l'indice Nikkei au Japon, FT 100 au Royaume-Uni…

La figure 12.6 montre deux courbes. L'une donne les évolutions de l'indice nominal du CAC 40 ; c'est l'indice qui est cité dans les journaux ou aux informations télévisées. L'autre illustre l'évolution de l'indice réel. L'indice nominal est presque constant jusqu'en 1980 et croît rapidement après.

Figure 12.6 – L'indice boursier nominal et réel en France, 1970-2011.

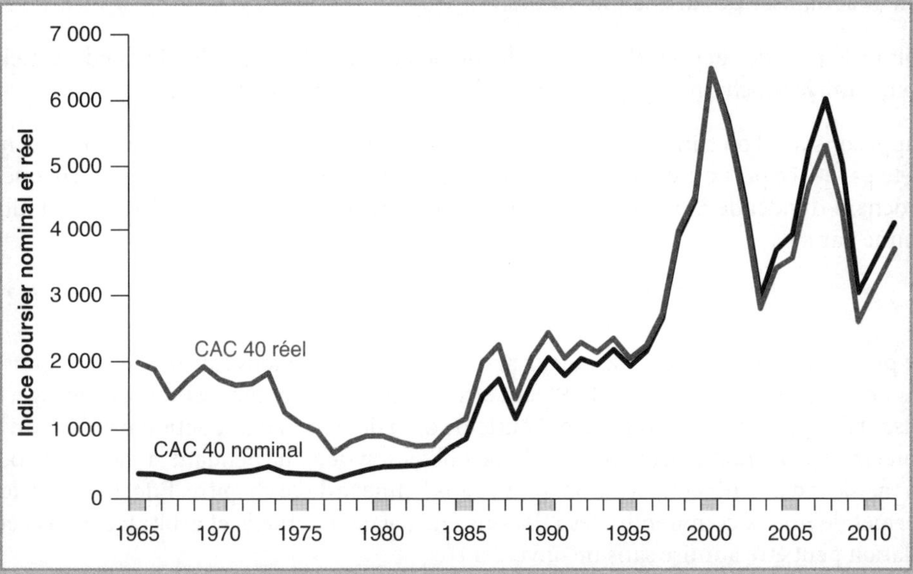

Il faut attendre la fin des années 1980 pour que l'indice réel retrouve le niveau de la fin des années 1960. En revanche, l'indice nominal est multiplié par plus de 5.

Source : INSEE.

Cet indice, cependant, est nominal – c'est-à-dire qu'il donne l'évolution du prix des actions en euros. Plus intéressante pour nous est l'évolution de l'indice en termes réels (ajusté en fonction de l'inflation). L'évolution de cet indice, construit en utilisant l'indice des prix à la consommation comme déflateur, apparaît aussi sur la figure. Par construction, l'indice des prix vaut 100 en 2000 : cette année-là, l'indice réel et l'indice nominal sont donc égaux par construction.

L'indice réel conduit à des conclusions différentes. Il montre que la performance du marché était très faible à la fin des années 1960 et 1970 : des cours nominaux à peu près constants et une hausse continue des prix impliquent une érosion de la valeur réelle des actifs. Quoique les cours réels aient crû à partir de 1980, il faut attendre la fin des années 1980 en France pour qu'ils retrouvent leur niveau en termes réels du milieu des années 1960. Depuis lors, cependant, ils ont crû beaucoup plus vite jusqu'en 2000, année qui marque le sommet de la bulle des nouvelles technologies. Les cours se sont ensuite effondrés jusqu'en 2003, avant de repartir à la hausse et de s'effondrer à nouveau avec la crise financière de la fin des années 2000.

Pourquoi les marchés financiers ont-ils présenté si longtemps de si faibles performances ? Pourquoi ont-ils rebondi au début des années 1980 ? Plus généralement, comment les prix des actifs répondent-ils aux variations de l'environnement macroéconomique ? Ce sont les questions auxquelles nous nous intéresserons dans la suite de cette section.

Les prix des actions comme valeur actualisée

Qu'est-ce qui détermine le cours d'une action qui promet un dividende dans le futur ? Les acquis du chapitre 11 suggèrent cette réponse : la valeur des actions est égale à la valeur actualisée des dividendes futurs.

Soit Q_t le prix de l'action, $P_t\, d_t$ le dividende de l'année, $P^e_{t+1}\, d^e_{t+1}$ le dividende anticipé pour l'année prochaine, $P^e_{t+2}\, d^e_{t+2}$ le dividende anticipé pour dans deux ans, etc.

Supposons que l'on s'intéresse au prix de l'action juste après que le dividende de l'année a été payé – ce prix est connu sous le nom de « prix après dividende » –, de sorte que le prochain dividende à payer est celui de l'année prochaine. Le prix de l'action est alors donné par :

$$Q_t = \frac{P^e_{t+1}\, d^e_{t+1}}{(1+i_{1t})} + \frac{P^e_{t+2}\, d^e_{t+2}}{(1+i_{1t})(1+i^e_{1t+1})} + \dots \qquad (12.9)$$

Le prix de l'action est égal à la valeur actualisée des dividendes futurs. Comme dans le cas des obligations, l'équation 12.9 peut être obtenue en tant que relation d'arbitrage, en faisant l'hypothèse que le rendement anticipé de la détention d'une action pendant un an doit être égal au rendement anticipé d'une obligation détenue pendant la même période. La manière d'obtenir cette relation figure dans l'annexe de ce chapitre. Effectuer ce calcul permet de mieux comprendre les relations entre valeur actuelle et arbitrage, mais cette relation peut être admise sans inconvénient [1].

L'équation 12.9 donne la valeur d'une action en tant que valeur actuelle nominale. Nous savons depuis le chapitre 11 que l'on peut la réécrire en termes réels de la façon suivante :

1. a. L'hypothèse que nous avons utilisée au long des deux derniers chapitres, selon laquelle les investisseurs ont une aversion au risque et égalisent les rendements des différents placements, n'est plus vérifiée ici. Détenir des actions pour un an est bien plus risqué que détenir des obligations sur la même période et, historiquement, les investisseurs ont réclamé une prime de risque pour les actions relativement aux obligations. L'annexe en fin de chapitre montre comment amender la formule de valorisation des actions pour tenir compte de ce fait.
b. Que l'arbitrage implique que le prix d'une action est la valeur actuelle des dividendes futurs auxquels elle donne droit est exact, sauf en cas de bulles spéculatives rationnelles. Nous discuterons ce point à la section 12.3.

$$Q_t/P_t = \frac{d^e_{t+1}}{(1+r_{1t})} + \frac{d^e_{t+2}}{(1+r_{1t})(1+r^e_{1t+1})} + \ldots \quad (12.10)$$

Q_t/P_t et d_t, comme tout à l'heure, indiquent le prix réel et le dividende réel à l'instant t. *La valeur réelle d'une action est la valeur actuelle des dividendes réels actualisés à l'aide des taux d'intérêt réels anticipés* [1].

Cette relation a deux implications importantes : des dividendes anticipés plus élevés accroissent la valeur des actions ; des taux d'intérêt courants et anticipés plus élevés la réduisent. Voyons maintenant quelle lumière cette relation projette sur les variations du cours des actions.

La Bourse et l'activité économique

La figure 12.6 montrait les fluctuations du prix des actions françaises depuis 1970. Il n'est pas inhabituel que le marché s'ajuste plus ou moins de 13 % en un an. En 1974, les cours ont baissé de 30 % en termes réels ; en 1983, ils ont crû de 30 %. En 2008, la baisse (nominale) du CAC 40 a dépassé 40 %. Des variations journalières de 2 % ou plus ne sont pas rares. Qu'est-ce qui cause de telles variations ?

Le premier point est que ces mouvements sont largement imprévisibles. La raison en est facile à comprendre si l'on pense à l'arbitrage entre actions et obligations que doivent opérer les agents. Si l'on croit que, dans un an, le cours des actions sera plus élevé de 20 %, les actions sont très attractives, beaucoup plus que les obligations à court terme. Il y aura donc une forte demande d'actions, et le cours des actions s'élèvera aujourd'hui jusqu'au point où le rendement anticipé des actions se réalignera sur le rendement anticipé des autres actifs. En d'autres termes, l'anticipation de hausse du cours des actions va conduire à une hausse du cours des actions aujourd'hui.

Une maxime affirme que le fait que les cours sont imprévisibles est un signe de bon fonctionnement pour un marché financier [2]. C'est un peu trop fort : en fait, quelques investisseurs sont susceptibles d'avoir une meilleure information ou, plus simplement, d'être meilleurs que les autres pour prévoir l'avenir. S'ils sont peu, il est possible qu'ils ne suffisent pas, par leurs arbitrages, à provoquer un ajustement complet des cours. Si tel est le cas, ils peuvent espérer des profits substantiels. Mais l'idée fondamentale reste juste. Les gourous des marchés financiers qui prédisent de larges variations dans les cours des actions dans les mois ou les années à venir font simplement des paris. Les variations importantes des cours ne peuvent pas être prédites.

Si les variations du cours des actions ne peuvent pas être prédites, si elles ne traduisent que des ajustements à de nouvelles informations, que peut-on faire ? Deux choses :

- identifier rétrospectivement les informations auxquelles le marché réagit ;

1. Deux manières (équivalentes) d'écrire le prix des actions : le prix (nominal) est égal à la valeur actuelle des dividendes nominaux, calculée à l'aide des taux nominaux courants et anticipés ; le prix (réel) est égal à la valeur actuelle des dividendes réels, calculée à l'aide des taux réels.
2. Vous avez entendu parler de l'hypothèse selon laquelle les cours suivent une marche aléatoire. C'est un terme technique qui a une interprétation simple : quelque chose suit une marche aléatoire quand il est susceptible de se déplacer dans n'importe quelle direction avec la même probabilité. On ne peut donc pas prévoir ses variations.

- se poser des questions sur des scénarios possibles. Par exemple, qu'arriverait-il aux marchés financiers si la politique monétaire devenait plus expansionniste, ou si les consommateurs devenaient plus optimistes et élevaient leurs dépenses ?

Nous allons examiner ces deux problèmes en utilisant le modèle *IS*/*LM*. Pour simplifier, nous supposerons comme précédemment que l'inflation anticipée est nulle.

Effet d'une expansion monétaire. Supposons l'économie en récession (la production globale est en dessous de son niveau naturel), de sorte que la banque centrale décide d'adopter une politique plus expansionniste. La hausse de l'offre de monnaie déplace la courbe *LM* vers le bas, comme sur la figure 12.7. Le produit d'équilibre se déplace de *A* en *A′*. Comment réagiront les marchés financiers ? La réponse dépend de la façon dont ils prévoyaient l'évolution de la politique monétaire.

Figure 12.7 – Une expansion monétaire.

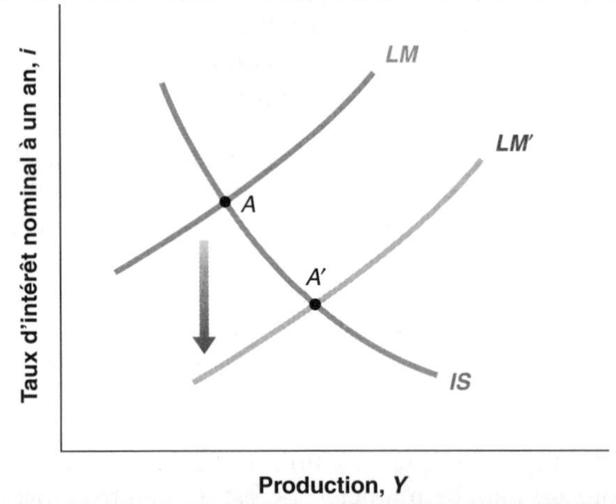

Une expansion monétaire diminue le taux d'intérêt et élève le produit. Ses effets sur les marchés financiers dépendent des prévisions antérieures concernant la politique monétaire.

Si les marchés l'anticipaient pleinement, le changement de politique monétaire n'aurait aucun effet : ni les taux d'intérêt anticipés, ni les dividendes anticipés ne sont concernés par le changement de politique monétaire. Dans l'équation 12.9, rien ne change et les cours des actions restent les mêmes.

Supposons maintenant que le changement de politique monétaire n'ait pas été anticipé. Dans ce cas, les cours des actions vont croître. Il y a deux raisons à cela : d'abord, les taux d'intérêt vont être plus bas, un certain temps au moins ; ensuite, le produit va également s'élever (jusqu'à ce qu'il retourne à son niveau naturel), et donc les dividendes aussi.

Comme l'équation 12.9 le montre, ces deux effets vont se conjuguer pour conduire à une hausse du cours des actions [1].

Effet d'une hausse des dépenses de consommation. Considérons maintenant un déplacement non anticipé de la courbe *IS* vers la droite, résultant par exemple d'une hausse des dépenses de consommation. Le résultat est que le produit d'équilibre, comme on le voit sur la figure 12.8, croît de *A* à *B*. Le cours des actions va-t-il s'élever ?

On est tenté de répondre oui. Une économie plus riche signifie des profits et des dividendes plus élevés pendant au minimum quelque temps. Mais cette réponse est incomplète pour au moins deux raisons.

D'abord, elle ignore l'évolution des taux d'intérêt. Le déplacement de *IS* de *A* à *B* implique aussi une hausse des taux d'intérêt. Lequel des deux effets, des profits plus importants et des taux d'intérêt plus élevés, domine l'autre ? La réponse dépend de la pente de la courbe *LM*. Comme le montre la figure (b), une courbe *LM* très pentue implique une forte hausse du taux d'intérêt et une faible hausse du produit, ce qui induit à son tour une baisse du cours des actions. La figure (b) indique que, dans le cas symétrique, il se produit une hausse du cours des actions.

En second lieu, il faut prendre en compte les effets du déplacement de *IS* sur le comportement de la banque centrale. En pratique, c'est cet effet qui préoccupe le plus les investisseurs. Lorsque l'activité est plus forte que prévu, la principale question qu'ils se posent est de savoir comment va réagir la banque centrale.

- Si elle accommode le déplacement de *IS*, c'est-à-dire si elle accroît l'offre de monnaie pour satisfaire la demande supplémentaire, la courbe *LM* se déplace vers le bas comme sur la figure (d). Dans ce cas, l'économie se déplace du point *A* au point *B′*. Le cours des actions s'élève. Le produit croît et les taux d'intérêt anticipés sont constants.
- Si la banque centrale conserve sa politique, laissant inchangée la courbe *LM*, on est dans le cas illustré par la figure (a). En l'occurrence, l'économie se déplace de *A* à *B*, et le sens de variation des cours est incertain. L'économie connaîtra des profits plus élevés, mais le taux d'intérêt aussi va augmenter.
- Si la banque centrale craint une hausse de l'inflation consécutive à la hausse du produit, elle va réagir comme sur la figure (e). Dans ce cas, la banque centrale contrecarre la hausse des dépenses de consommation par une contraction monétaire, un déplacement vers le haut de la courbe *LM* de *LM* en *LM′*, de sorte que le produit est inchangé et les taux d'intérêt plus élevés. Alors, le cours des actions va sûrement baisser : les profits anticipés ne changent pas, mais le taux d'intérêt peut durablement rester plus élevé.

1. En septembre 1998, la Fed baissa les taux directeurs de 0,5 %. Cette baisse était anticipée et le Dow Jones ne bougea pas. Le 15 octobre, moins d'un mois plus tard, la Fed baissa cette fois son taux directeur de 0,25 %. Par opposition à la décision de septembre, ce n'était pas anticipé par le marché, et l'indice Dow Jones monta de 330 points.

Figure 12.8 – Une hausse des dépenses de consommation et son effet sur les marchés financiers.

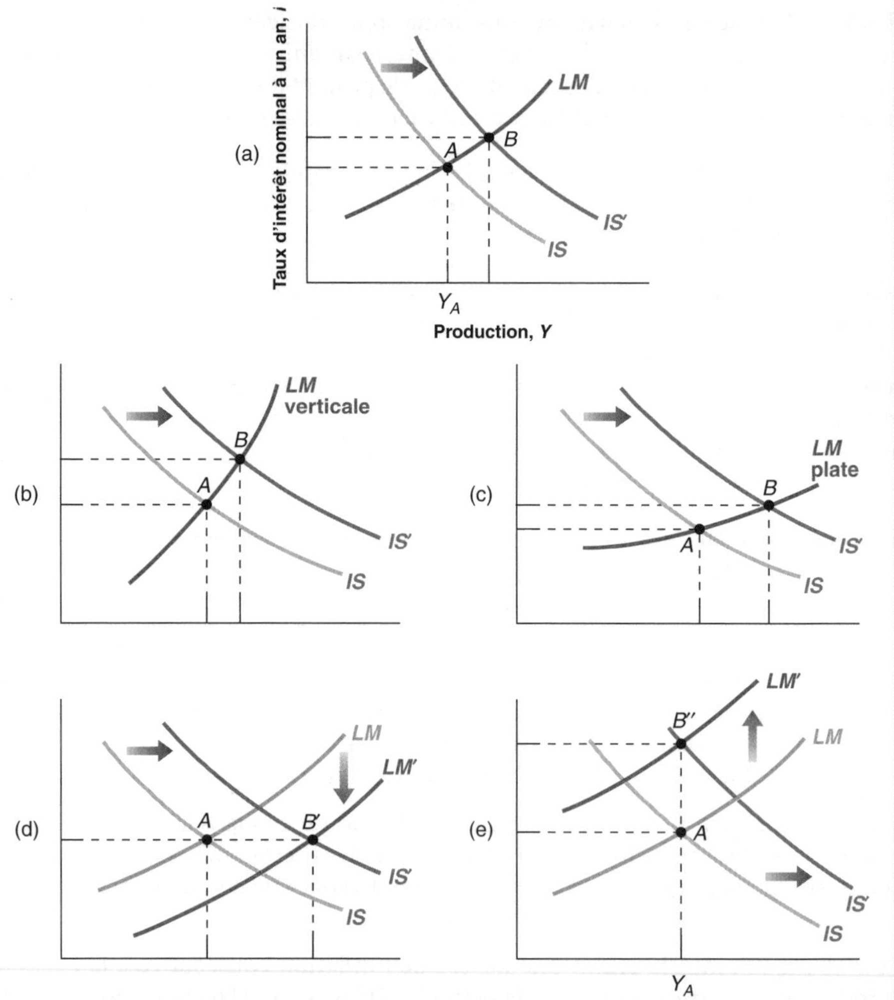

(a) La hausse des dépenses de consommation conduit à un taux d'intérêt et à un niveau de produit plus élevés. Le résultat sur les marchés financiers dépend de la pente de la courbe *LM* et du comportement de la banque centrale.

(b) Courbe *LM* quasi verticale : le taux d'intérêt croît beaucoup et le produit peu. Le prix des actifs diminue.

(c) Courbe *LM* plate : le taux d'intérêt croît peu et le produit beaucoup. Les cours des actifs montent.

(d) La banque centrale mène une politique accommodante : le taux d'intérêt reste constant et le produit croît. Les cours montent.

(e) La banque centrale décide de stabiliser le produit : le taux d'intérêt croît, mais pas le produit. Les cours baissent.

Pour résumer, les variations du produit peuvent être associées à des variations de même sens ou de sens différent du cours des actions. Cela dépend :

- de ce qui était auparavant anticipé par le marché ;
- de la source des chocs ;
- des anticipations de politique monétaire.

Gros plan

Quelques explications de non-sens apparents : comment expliquer les mouvements de la Bourse ?

Voici quelques extraits du *Wall Street Journal* choisis entre avril 1997 et août 2001. Essayez de les comprendre en utilisant ce que vous venez d'apprendre.

- **Avril 1997 – De bonnes nouvelles de l'économie provoquent une hausse des cours :** « Les investisseurs haussiers ont célébré l'annonce de données économiques favorables au marché en revenant massivement en Bourse, poussant l'indice Dow Jones des valeurs industrielles à un record, la deuxième plus forte progression absolue jamais atteinte, quelques semaines seulement après qu'il a vacillé. »
- **Décembre 1999 – De bonnes nouvelles de l'économie provoquent une baisse des cours :** « Les bonnes nouvelles de l'économie en furent de mauvaises pour la Bourse et le pire concerna les obligations… L'annonce du chiffre des ventes au détail de novembre, plus élevé que prévu, fut malvenue. La vigueur de l'économie génère en effet la peur de l'inflation et augmente le risque que la Fed remonte à nouveau les taux d'intérêt. »
- **Septembre 1998 – De mauvaises nouvelles de l'économie provoquent une baisse des cours :** « Les actions du NASDAQ ont plongé à mesure que les inquiétudes sur la vigueur de l'économie américaine et sur la rentabilité des sociétés américaines incitaient à des ventes massives. »
- **Août 2001 – De mauvaises nouvelles de l'économie provoquent une hausse des cours :** « Les investisseurs n'ont pas tenu compte de nouvelles économiques plus moroses et se sont focalisés plutôt sur l'espoir que le pire était maintenant passé pour l'économie et pour la Bourse. Cet optimisme s'est traduit par un gain supplémentaire de 2 % pour le NASDAQ. »

12.3 Le risque, les bulles, les modes et les cours des actions

Les variations des cours des actions proviennent-elles toutes d'informations sur les dividendes futurs ou les taux d'intérêt ? La réponse est négative, pour deux raisons. La première est qu'il existe aussi des variations dans la perception du risque associé à certains titres. La seconde est que le cours des actions peut dévier de leur valeur fondamentale, ce qui se produit lors de bulles ou de modes.

Les marchés financiers et le risque

Jusqu'à présent, nous avons supposé que les agents ne s'intéressent qu'au rendement attendu des titres, sans prendre en compte l'incertitude sur les revenus futurs générés par ces titres. En termes économiques, cette hypothèse revient à dire que les agents sont **neutres au risque**. Dans la réalité, les agents, y compris les investisseurs financiers, ont une **aversion au risque**. Ils s'intéressent à la fois au rendement attendu (qu'ils valorisent) et au risque (qu'ils craignent).

La plus grande part de la **théorie de la finance** étudie en fait les prises de décision des agents peu enclins au risque et les conséquences de cette aversion sur le prix des actifs. Présenter les développements de cette théorie ici nous mènerait trop loin. Nous pouvons néanmoins considérer une extension simple de notre cadre d'analyse, qui illustre comment l'aversion au risque modifie l'arbitrage et la valeur actualisée.

Si les agents craignent le risque et estiment que les actions sont plus risquées que les obligations, ils vont exiger une prime de risque pour détenir des actions plutôt que des obligations. Notons θ cette prime. Par exemple, si θ vaut 5 %, cela signifie que les agents ne détiendront des obligations que si le rendement attendu des actions est supérieur de 5 % au rendement attendu des obligations.

Dans cette situation, le cours de l'action devient [1] :

$$Q_t = \frac{P^e_{t+1}\, d^e_{t+1}}{(1 + i_{1t} + \theta)} + \frac{P^e_{t+2}\, d^e_{t+2}}{(1 + i_{1t} + \theta)(1 + i^e_{1t+1} + \theta)} + \ldots \qquad (12.11)$$

Le cours de l'action est toujours égal à la valeur actualisée des dividendes futurs. La différence est que le taux d'actualisation est désormais égal au taux d'intérêt augmenté de la prime de risque. Historiquement, la prime de risque n'est pas constante et elle peut varier rapidement. Assurément, une part de la chute des cours des actions en 2008 n'est pas due uniquement à des anticipations plus pessimistes sur les dividendes futurs, mais également à une incertitude plus grande et une augmentation de la prime de risque.

Prix des actifs, valeur fondamentale et bulles

Jusqu'à présent, nous avons supposé que les cours des actions étaient toujours égaux à leur **valeur fondamentale**, définie comme la valeur actualisée des dividendes futurs anticipés, comme dans l'équation 12.10 (ou 12.11 si on prend en compte la prise de risque). Beaucoup d'économistes doutent cependant que ce soit toujours le cas. Ils pensent à des épisodes tels que le mois d'octobre 1929, quand l'indice américain Dow Jones s'effondra, perdant 23 % en deux jours, ou au 19 octobre 1987, où le Dow Jones perdit 22,6 % en un seul jour. Ils pensent aussi à l'explosion de la Bourse japonaise dans les années 1980, suivie d'un effondrement prolongé dans les années 1990. L'indice Nikkei crût de 13 000 points à 35 000 points en 1989, pour revenir autour de 16 000 points en 1992. Dans chaque cas, l'absence de causes évidentes à de telles variations est patente.

Les économistes affirment donc que le cours des actions n'est pas toujours égal à leur valeur fondamentale et que les cours peuvent être durablement surévalués ou sous-évalués. Une surévaluation peut se terminer par un krach, comme en 1987, ou par un ajustement plus lent, comme dans l'exemple japonais.

Dans quelles conditions de telles erreurs dans l'évaluation des actions peuvent-elles survenir ? La réponse étonnante est qu'elles sont possibles si les agents financiers sont rationnels et que l'arbitrage tient. Pour constater pourquoi, considérons une action réellement sans valeur (c'est-à-dire dont tous les investisseurs savent qu'elle ne procurera aucun dividende). En se reportant à l'équation 12.10 dans laquelle on pose $d^e_t = 0$ pour tout t, on voit que sa valeur fondamentale est nulle.

Est-il cependant possible que cette action ait un prix positif ? Oui. Si le prix auquel on s'attend à vendre cette action est plus élevé que le prix auquel on peut l'acheter

1. Ces éléments sont développés dans l'annexe de ce chapitre.

aujourd'hui, il y aura une demande positive. Et la même remarque s'applique à un acheteur de l'année prochaine : il peut la valoriser à un prix quelconque, s'il s'attend à pouvoir lui-même la revendre à un prix plus élevé. Ce processus suggère que les cours des actions peuvent croître uniquement parce que les investisseurs le croient. De tels mouvements dans les cours sont appelés des **bulles rationnelles**. Les investisseurs se comportent rationnellement tant que la bulle court. Même les investisseurs qui détiennent l'action au moment où la bulle éclate et souffrent de pertes importantes peuvent parfaitement avoir été rationnels. Ils peuvent avoir compris qu'il était possible que la bulle éclate, mais aussi qu'elle continue à croître, de sorte qu'il y avait une probabilité non nulle qu'ils puissent revendre l'action avant l'éclatement de la bulle.

Pour simplifier, notre exemple supposait que l'action avait une valeur fondamentale nulle. Mais l'argument est plus général et s'applique aussi aux actions qui ont une valeur fondamentale positive. Les agents peuvent être désireux de payer plus que sa valeur fondamentale pour détenir une action dont le cours anticipé est encore plus élevé [1]. Le même argument vaut pour d'autres actifs, comme les actifs immobiliers, l'or ou les œuvres d'art. Deux bulles historiques sont décrites dans l'encadré « Des bulles célèbres : des tulipes hollandaises au XVIIe siècle à l'affaire Madoff ».

Toutes les déviations par rapport à la valeur fondamentale sont-elles des bulles rationnelles ? Sans doute pas. Beaucoup d'investisseurs ne sont pas rationnels. Une hausse passée des cours des actions, due par exemple à une succession de bonnes nouvelles, génère souvent un optimisme excessif [2]. Si les investisseurs se contentent d'extrapoler les rendements futurs sur la base des rendements passés, un marché peut devenir « haussier » simplement parce qu'il l'a été dans le passé. De telles déviations des prix des actifs sont dues à des **modes** (« *fads* » en anglais). Nous savons tous qu'il en existe en dehors des marchés financiers, et il n'y a aucune raison pour qu'il n'y en ait pas sur ces marchés.

Macroéconomie mondiale

Des bulles célèbres : des tulipes hollandaises au XVIIe siècle à l'affaire Madoff

Les tulipes hollandaises

Au XVIIe siècle, les tulipes devinrent très populaires dans les jardins d'Europe occidentale. Un marché se développa en Hollande pour les bulbes de tulipes.

L'épisode de la bulle des tulipes eut lieu entre 1634 et 1637. En 1634, le prix des bulbes commença à croître. Le marché connut une phase d'euphorie, nourrie par des spéculateurs qui achetaient des tulipes pour les revendre plus cher ensuite. Le prix d'un bulbe de la variété baptisée « Admiral Van der Eyck » passa de 1 500 guinées en 1634 à 7 500 guinées en 1637, c'est-à-dire l'équivalent du prix d'une maison. Certaines anecdotes circulent, comme l'histoire de ce marin qui mangea un bulbe par erreur et se rendit compte après du prix de son repas. Au début de 1637, les prix montaient encore. Même le prix des bulbes communs explosa, multiplié par 20 en janvier. Mais en février 1637, le marché se retourna, les prix s'effondrèrent. Quelques années plus tard, les bulbes se vendaient à 10 % de leur valeur au plus fort de la bulle.

Source : d'après Peter Garber, « Tulipmania », *Journal of Political Economy,* juin 1989, p. 535-560.

---

1. En cas de bulle spéculative, le prix d'une action est supérieur à sa valeur fondamentale. Les investisseurs sont prêts à payer un prix plus élevé dans l'espoir de revendre à un prix encore plus élevé.
2. Alan Greenspan a appelé cela de l'« exubérance irrationnelle ».

Macroéconomie mondiale

La pyramide MMM en Russie

En 1994, un « financier » russe, Sergei Mavrodi, créa une entreprise baptisée MMM et vendit un certain nombre d'actions, promettant des taux de rendement de l'ordre de 3 000 % !

L'entreprise fut un grand succès. Le cours des actions passa de 1 600 roubles (1 euro à l'époque) en février à 105 000 roubles (51 euros) en juin. Et en juillet, selon les dires de l'entreprise elle-même, le nombre d'actionnaires avait atteint 10 millions.

Le problème était que l'entreprise ne détenait aucun actif et n'était impliquée dans aucune espèce de production. Les actions étaient intrinsèquement sans valeur. Le succès initial de l'entreprise était basé sur un schéma pyramidal bien connu, MMM utilisant les fonds nouvellement levés pour distribuer des dividendes à ses anciens actionnaires. En dépit d'avertissements répétés émanant du gouvernement russe, y compris de Boris Eltsine, selon lesquels MMM était sans valeur, les rendements promis étaient bien trop attractifs pour beaucoup de Russes qui souffraient d'une récession prolongée.

Le système ne pouvait fonctionner que tant que le nombre d'actionnaires augmentait assez vite. À la fin de juillet 1994, l'entreprise ne put plus tenir ses engagements. Elle fit faillite. Mavrodi essaya d'intimider le gouvernement pour qu'il assume les dettes de la firme, en déclarant qu'un défaut généralisé déclencherait une guerre civile. Le gouvernement refusa, devenant le principal responsable de la situation dans l'esprit de beaucoup d'actionnaires. Plus tard dans l'année, Mavrodi fut candidat à des élections législatives, sur la base d'un programme de défense des actionnaires qui avaient perdu leur épargne. Il fut élu !

L'affaire Madoff en 2008

Plus récemment, l'affaire Madoff représenta la plus grande fraude financière de l'histoire, avec un montant de 50 milliards de dollars. Le schéma est similaire aux pyramides précédentes. Il semble que pendant des années, le rendement versé aux investisseurs ne provenait pas de gains réels engendrés par les investissements, mais des fonds apportés par de nouveaux clients. Sans la crise financière, la pyramide aurait pu durer plus longtemps encore.

Cette fraude démontra que des investisseurs que l'on peut supposer bien informés, comme des banquiers internationaux, peuvent également être abusés au point d'apporter des fonds à une telle pyramide. Comment ces banquiers ne furent-ils pas alertés par des rendements aussi étrangement élevés sur la durée ? Une explication peut être la réputation de Robert Madoff, ancien président du NASDAQ, qui avait participé à une commission chargée de conseiller la Securities and Exchange Commission (SEC), gendarme des marchés financiers aux États-Unis.

De plus, Madoff sut attirer les investisseurs en leur donnant un sentiment d'exclusivité : pour apporter des fonds, ceux-ci devaient être « invités ». En outre, Madoff n'autorisait qu'une seule entreprise, dirigée par son beau-frère, à réaliser les audits sur son fonds spéculatif, au nom de sa volonté de préserver le secret de sa stratégie.

Dans quelle mesure les variations des cours sont-elles dues à des révélations d'informations plutôt qu'à des bulles rationnelles ou des modes ? Cette question préoccupe beaucoup d'économistes. Au cours de la seule année 2000, l'indice NASDAQ des valeurs de haute technologie a perdu près de 40 % de sa valeur. Des entreprises célèbres comme Amazon ou Lucent ont chuté de 80 % (voir l'encadré consacré à cette question) ! Savoir ce qui détermine le cours des actions est crucial en finance, mais aussi plus généralement en macroéconomie. La Bourse non seulement est impactée par l'état de l'économie mais l'influence également, comme nous le verrons au chapitre suivant, *via* les décisions de consommation et d'investissement. Beaucoup d'économistes pensent que le krach de 1929 fut une des sources de la Grande Dépression [1]. Et, comme nous l'avons vu au chapitre 8, la baisse importante et prolongée de l'indice Nikkei, après ce qui fut probablement une bulle spéculative développée dans les années 1980, est l'une des causes de la récession de l'économie japonaise au cours des années 1990. Quant à la chute des prix immobiliers aux États-Unis, elle a été le déclencheur de la crise actuelle.

Pour aller plus loin

La Bourse américaine dans les années 1990 : la bulle Internet

À la fin de 1998, les cours boursiers aux États-Unis atteignaient trois fois leur niveau de 1990 en termes réels. Au cours de l'année 2000, le cours des valeurs de haute technologie a continué de croître jusqu'en mars, où l'indice NASDAQ a dépassé le cours record de 5 000. Au cours des six mois qui ont suivi, il a diminué de moitié. Que les cours des actions aient augmenté depuis 1990 n'est pas en soi étonnant. Depuis la récession de 1990-1991, l'économie américaine a connu une phase de croissance prolongée – plus prolongée que ne l'auraient cru la plupart des économistes. Cette expansion a conduit en 1990 à une hausse des profits et des dividendes plus forte que prévu. Ces dividendes plus élevés que prévu devaient engendrer à leur tour une hausse des cours – ce qui s'est bien vérifié !

Le problème est de savoir si les bonnes performances de la Bourse peuvent s'expliquer entièrement par les dividendes futurs. Les faits présentés ici suggèrent que ce n'est pas le cas. Si la hausse des dividendes futurs rendait totalement compte de la hausse des cours, les cours des actions devraient avoir crû dans les mêmes proportions que les dividendes. Le ratio du dividende au cours devrait donc être resté constant. La figure 1 montre l'évolution de ce ratio pour les actions de l'indice S & P depuis 1990. Le message est clair : le ratio dividende/cours a beaucoup baissé, de 3,6 % en 1990 à 1,2 % en 2000 – un plancher historique. Les cours ont donc crû plus vite que les dividendes.

Figure 1 – L'évolution du ratio du dividende au prix de 1990 à 2000.

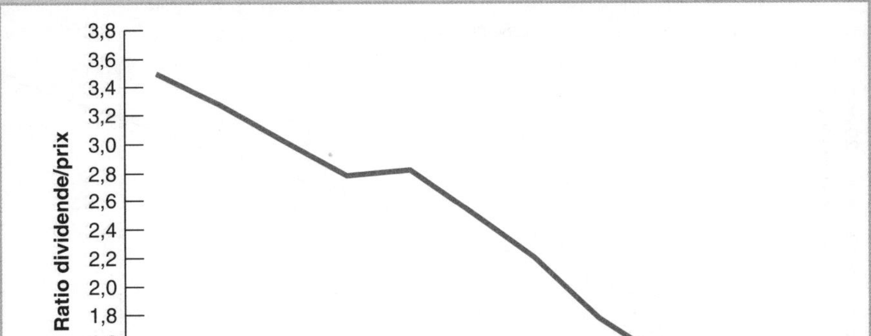

1. Voir le chapitre 19.

Pour aller plus loin

Que les cours des actions soient élevés relativement aux dividendes ne prouve rien pour deux raisons au moins :

- des cours élevés pour les actions peuvent être le reflet d'anticipations de hausse des dividendes. En se référant à l'équation 12.10, on voit que plus les dividendes futurs sont élevés, plus les cours des actions le seront également, quel que soit le dividende courant ;
- ils peuvent aussi refléter une baisse des taux d'intérêt réels depuis 1990. À nouveau, l'équation 12.10 l'éclaire : étant donné les dividendes courants et futurs, une baisse des taux d'intérêt réels entraîne une hausse des cours ;
- il y a enfin une cause possible que nous avons ignorée jusqu'à présent, à savoir la baisse de la prime de risque associée aux actions par rapport aux obligations. Dans la mesure où les investisseurs perçoivent les actions comme moins risquées qu'auparavant, ils peuvent consentir à payer un cours plus élevé pour en détenir (l'annexe en fin de chapitre montre qu'une baisse de la prime de risque implique une hausse des cours des actions).

Dans un article publié avant le retournement de mars 2000, John Campbell (de Harvard) et Robert Shiller (de Yale) ont essayé de montrer, à partir de données historiques, qu'il y avait de bonnes raisons de s'inquiéter. À chaque fois que le ratio du dividende au cours a été aussi bas dans le passé, les cours des actions ont été déprimés dans les vingt années qui ont suivi, conduisant à des rendements beaucoup plus faibles que ceux des obligations.

Pour parvenir à cette conclusion, Shiller et Campbell calculent la valeur de deux variables : le ratio dividende/cours et la variation du cours réel des actions pendant les vingt années suivantes. Le graphique obtenu est reproduit à la figure 2.

Figure 2 – Les variations sur vingt ans des cours réels des actions et le ratio dividende/cours, 1870-1890 à 1980-2000.

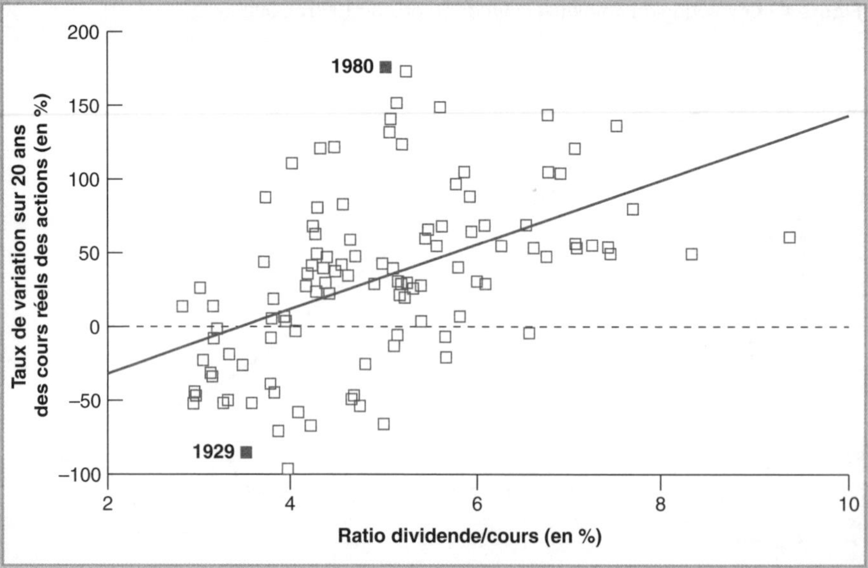

Cette figure montre clairement que, historiquement, un ratio dividende/cours bas a en général été suivi de performances faibles des marchés financiers (par exemple, à la veille du krach de 1929, ce ratio était à son point le plus bas depuis quelques décennies ; dans les vingt années qui suivirent, les cours ont baissé de 86 %).

La droite de régression est représentée sur le graphique. Selon cette droite, un ratio dividende/cours de 1,2 % (la valeur en 2000) est suivi en moyenne d'une baisse de la valeur des actions en termes réels de plus de 50 % en vingt ans !

Source : John Campbell et Robert Shiller, « Valuation Ratios and the Long-Run Stock Market Outlook », *The Journal of Portfolio Management*, hiver 1998, p. 11-26.

Pour aller plus loin

La hausse des cours de l'immobilier : valeur fondamentale ou bulle ?

Gros plan

Dans de nombreux pays, les prix de l'immobilier ont fortement augmenté au cours des années 2000. Cette hausse s'est interrompue à la fin de la décennie, et les prix de l'immobilier ont alors sensiblement diminué dans plusieurs pays, dont les États-Unis et l'Espagne (voir figure 1). Le déclin des cours de l'immobilier aux États-Unis, engagé en 2006, a été le déclencheur de la crise.

Figure 1 – Le prix de l'immobilier dans plusieurs pays.

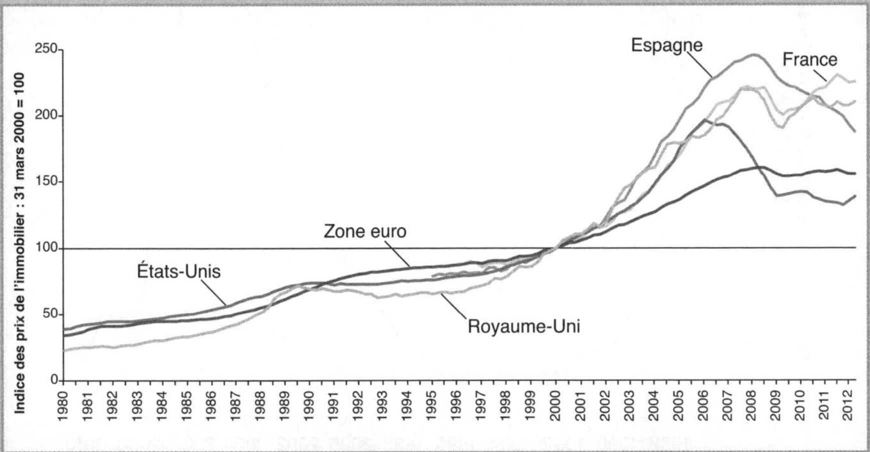

Source : Banque centrale européenne (zone euro), Banque d'Espagne (Espagne), INSEE (France), CoreLogic (États-Unis), Office for National Statistics (Royaume-Uni, © Crown Copyright 2008 Land Registry) ; données rassemblées par la Banque des règlements internationaux.

Rétrospectivement, l'augmentation des années 2000 est largement interprétée comme étant une bulle. Sur le moment, cependant, les interprétations divergeaient.

Pour les pessimistes, la hausse des cours de l'immobilier ne pouvait pas s'expliquer par l'évolution des valeurs fondamentales. Au sujet de la situation américaine, Robert Shiller écrivait en 2005 : « La bulle des cours de l'immobilier ressemble à la situation des marchés d'actions à l'automne 1999, juste avant l'explosion de la bulle au début de 2000 : on y trouve les mêmes frénésies, investissements moutonniers et confiance absolue dans le caractère absolument inévitable de la poursuite de la hausse des cours. »

Gros plan

Pour comprendre sa position, rappelons-nous que, en l'absence de bulle, le cours des actions dépend du niveau courant et futur des taux d'intérêt anticipés et des montants futurs des dividendes anticipés. Il en va de même pour le prix de l'immobilier : il doit découler du niveau courant et futur des taux d'intérêt anticipés et du montant anticipé des futurs loyers. Or, les pessimistes soulignaient que la hausse des prix des maisons ne s'accompagnait pas d'une hausse parallèle des loyers. Cela apparaît sur la figure 2, qui montre le ratio entre le prix des maisons et les loyers aux États-Unis de 1985 à 2010 (l'indice est construit de telle façon que son niveau moyen entre 1987 et 1995 est égal à 100). Alors que ce ratio est resté à peu près constant de 1987 à 1995, il s'est ensuite accru d'environ 60 %, jusqu'à un pic en 2006, avant de redescendre depuis lors. De plus, Shiller soulignait que les enquêtes auprès des ménages achetant des maisons montraient qu'ils anticipaient une poursuite de la forte hausse des prix, de l'ordre de 10 % par an, et ainsi des gains importants en capital. Comme nous l'avons vu plus tôt, si le prix des actifs est égal à leur valeur fondamentale, on ne devrait pas anticiper d'importants gains en capital.

Figure 2 – Le ratio du prix de l'immobilier sur les loyers aux États-Unis depuis 1985.

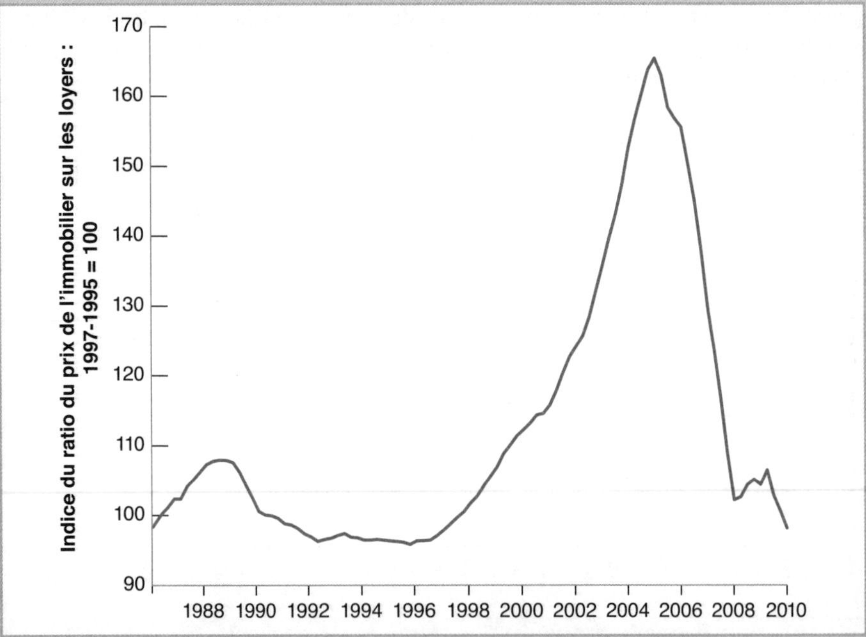

Source : calculé à partir des indices de prix Case-Shiller.

À l'inverse, pour les optimistes, la hausse du ratio du prix des maisons sur les loyers pouvait s'expliquer par de bonnes raisons : les taux d'intérêt réels diminuaient, ce qui augmentait la valeur actualisée des loyers futurs. En outre, le marché de l'immobilier évoluait : de plus en plus de ménages pouvaient emprunter et acheter une maison, et ceux qui empruntaient pouvaient le faire sur une part plus grande de la valeur de la maison. Cela entraînait une hausse de la demande, et donc une hausse des prix de l'immobilier. Enfin, les optimistes soulignaient que les pessimistes avaient prédit chaque année depuis 2000 la fin de la bulle, alors que les prix continuaient d'augmenter.

Gros plan

Un troisième groupe, de loin le plus nombreux, regroupait les agnostiques. Ils estimaient que la hausse des prix de l'immobilier s'expliquait à la fois par l'évolution des valeurs fondamentales et un phénomène de bulle, sans que l'on puisse aisément mesurer l'importance relative de chacun de ces deux facteurs.

Quelle leçon peut-on tirer de cet épisode ? Les bulles et les modes sont plus simples à identifier *a posteriori* que lorsqu'elles sont en cours. Cela complique fortement la tâche des décideurs politiques : si l'on savait avec certitude qu'une bulle est en cours, les décideurs pourraient essayer d'y mettre fin avant qu'elle ne prenne trop d'ampleur et n'explose. Mais cela arrive rarement.

Résumé

- L'arbitrage entre des obligations de différentes maturités implique que le prix d'une obligation est la valeur actuelle des coupons, actualisée à l'aide des taux d'intérêt de court terme courants et anticipés. Par conséquent, il y a une relation inverse entre la valeur d'une obligation et le niveau des taux d'intérêt courants et futurs.
- Le rendement à maturité d'une obligation est à peu près égal à la moyenne des taux à court terme courants et anticipés sur la durée de l'obligation.
- La pente de la courbe des taux (ou structure par terme des taux) nous dit ce que les marchés financiers anticipent concernant l'évolution des taux d'intérêt à court terme. Une courbe décroissante signifie une anticipation de baisse des taux à court terme ; quant à une courbe croissante, elle implique une anticipation de hausse des taux.
- La valeur fondamentale d'une action est la valeur actuelle des dividendes anticipés, actualisée à l'aide des taux d'intérêt à un an courants et anticipés, et d'une éventuelle prime de risque. En l'absence de bulles ou de modes, le cours d'une action est égal à sa valeur fondamentale.
- Une hausse des dividendes anticipés conduit à une hausse de la valeur fondamentale ; une hausse des taux d'intérêt courants ou anticipés ou de la prime de risque conduit à une baisse.
- Les fluctuations de l'activité économique peuvent s'accompagner de variations du cours dans la même direction ou dans une direction opposée. Cela dépend des anticipations du marché, de la source des chocs et des réactions anticipées des autorités monétaires.
- Les cours boursiers peuvent être sujets à des bulles ou des modes qui les écartent de la valeur fondamentale. Les bulles sont des épisodes où les investisseurs achètent des actions à un prix plus élevé que leur valeur fondamentale dans l'espoir que leur prix continue de monter pour pouvoir les revendre. Les périodes de mode désignent les moments où, en raison d'un excès d'optimisme, les investisseurs acceptent, pour détenir un titre, de payer plus que la valeur fondamentale.

Annexe

Arbitrage et prix d'actifs

Cette annexe montre qu'en l'absence de bulles spéculatives rationnelles, l'arbitrage entre obligations et actions implique que le cours des actions est toujours égal à leur valeur fondamentale [1]. On néglige dans un premier temps le risque.

Soit un investisseur qui doit choisir entre des obligations à un an et des actions.

S'il décide de détenir des obligations à un an, pour chaque euro investi aujourd'hui, il obtient $1 + i_{1t}$ euros l'an prochain. Ce rendement est représenté par la ligne supérieure sur la figure 12.9.

S'il détient des actions pendant un an, il recevra un dividende et revendra l'action en enregistrant éventuellement une plus-value ou une moins-value. Si le prix de l'action est Q_t, chaque euro investi permet d'acheter $1/Q_t$ actions. Pour chaque action, il reçoit $P_t\, d_t + Q^e_{t+1}$. Le rendement de chaque euro investi en actions est donc :

$$(P_t\, d_t + Q^e_{t+1})/Q_t$$

Ce rendement se retrouve sur la ligne inférieure de la figure 12.9.

Utilisons le même raisonnement d'arbitrage que celui utilisé précédemment pour les obligations. Si les investisseurs ne se préoccupent que du rendement de leur portefeuille, l'équilibre nécessite que le taux de rendement espéré des deux actifs soit le même :

$$\frac{(P_t d_t + Q^e_{t+1})}{Q_t} = (1 = i_{1t})$$

Ce que l'on peut réécrire ainsi :

$$Q_t = \frac{P^e_{t+1}\, d^e_{t+1} + Q^e_{t+1}}{(1 + i_{1t})}$$

L'arbitrage implique que le cours de l'action doit être égal à la valeur actuelle du prochain dividende, plus la valeur actuelle de l'action à l'instant de son recouvrement.

L'étape suivante est de déterminer Q^e_{t+1}, le prix anticipé de l'action l'an prochain. L'année prochaine, les investisseurs seront confrontés au même choix entre actions et obligations. La même relation d'arbitrage sera vérifiée. En la réécrivant pour $t + 1$, puis en remplaçant Q^e_{t+1} par sa valeur ainsi déterminée, on obtient :

$$Q_t = \frac{P^e_{t+1} d^e_{t+1}}{(1 + i_{1t})} + \frac{P^e_{t+2}\, d^e_{t+2}}{(1 + i_{1t})(1 + i^e_{1\,t+1})} + \frac{Q^e_{t+2}}{(1 + i_{1t})(1 + i^e_{1\,t+1})}$$

Le prix de l'action est égal à la valeur actuelle de ses bénéfices des deux prochaines années, plus la valeur actuelle de son prix anticipé dans deux ans.

Si l'on remplace à nouveau le prix anticipé dans deux ans par sa valeur, etc., on obtient :

1. Quand les cours sont sujets à des bulles, la condition selon laquelle les prix des actifs n'explosent pas ne tient pas. Il n'est donc pas garanti que le prix des actifs soit égal à la valeur actuelle des revenus auxquels ils donnent droit.

$$Q_t = \frac{P^e_{t+1}d^e_{t+1}}{(1+i_{1t})} + \frac{P^e_{t+2}d^e_{t+2}}{(1+i_{1t})(1+i^e_{1t+1})} + \ldots$$
$$+ \frac{P^e_{t+1}d^e_{t+n}}{(1+i_{1t})\ldots(1+i^e_{1t+1})}$$
$$+ \frac{Q^e_{t+n}}{(1+i_{1t})\ldots(1+i^e_{1t+n-1})}$$

Le dernier terme est la valeur actuelle du prix de l'actif dans n années. Tant que les individus n'anticipent pas une explosion du cours, quand n tend vers l'infini, ce terme va tendre vers zéro [1]. Cette expression se ramène donc à l'équation 12.9.

Figure 12.9 – Les rendements associés aux détentions d'actions et d'obligations pendant un an.

	Année t		**Année $t+1$**
Obligations à un an	1 euro	→	$1 \times (1 + i_{1t})$ euros
Actions	1 euro	→	$1 \times \frac{P^e_{t+1}d^e_{t+1} + Q^e_{t+1}}{Q_t}$ euros

Extension : la prise en compte du risque

Si les agents perçoivent les actions comme plus risquées que les obligations et n'aiment pas le risque, ils vont réclamer une prime de risque pour détenir des actions. Notons cette prime θ. Si par exemple $\theta = 5$ %, alors des actions ne seront détenues par les agents que si leur rendement excède celui des obligations de 5 %.

Dans ce cas, la relation d'arbitrage devient :

$$\frac{(P^e_{t+1}d^e_{t+1} + Q^e_{t+1})}{Q^e_t} = 1 + i_{1t} + \theta$$

Le seul changement est la présence de la prime de risque dans le second terme de l'équation. En faisant les mêmes manipulations que précédemment, le prix de l'action devient :

$$Q_t = \frac{P^e_{t+1}d^e_{t+1}}{(1+i_{1t}+\theta)} + \ldots$$
$$+ \frac{P^e_{t+1}d^e_{t+n}}{(1+i_{1t}+\theta)\ldots(1+i^e_{1t+1}+\theta)}$$
$$+ \frac{Q^e_{t+n}}{(1+i_{1t}+\theta)\ldots(1+i^e_{1t+n-1}+\theta)}$$

Le prix de l'action est égal à la valeur actuelle des dividendes futurs, mais le taux d'actualisation fait maintenant intervenir la prime de risque. Plus cette dernière est élevée, plus le prix des actions doit être bas. Sur les cent dernières années aux États-Unis, la prime de

1. Les bulles spéculatives affectent l'économie : quand le cours des actions monte, la consommation et le produit montent aussi ; quand il baisse, la dépense peut diminuer beaucoup et conduire à une récession.

risque a été de 5 % environ. Mais, contrairement à ce que nous avons supposé, elle n'est pas constante. Il semblerait qu'elle ait diminué depuis le début des années 1950 de 7 % à 3 % aujourd'hui. Les variations de la prime de risque sont une autre source de variation des cours.

Applications

1. Vrai/Faux/Incertain

a. Les obligations pourries (*junk bonds*) sont des obligations dont personne ne veut.
b. Le cours d'une obligation décroît quand le taux d'intérêt croît.
c. Étant donné l'hypothèse de Fisher, une courbe des taux croissante peut signifier que les marchés financiers anticipent une hausse de l'inflation.
d. Les taux d'intérêt longs sont plus volatils que les taux courts.
e. Une hausse égale de l'inflation anticipée et du taux d'intérêt nominal à toutes échéances devrait n'avoir aucun effet sur les marchés financiers.
f. Une expansion monétaire a pour conséquence une courbe des taux croissante.
g. Un investisseur rationnel ne devrait jamais payer un prix positif pour une action qui ne rapportera aucun dividende.
h. La bonne performance de la Bourse américaine dans les années 1990 reflète la vitalité de l'économie américaine.

2. Le rendement à échéance

Déterminez le rendement à échéance des actifs suivants :

a. Une obligation à zéro coupon dont la valeur faciale est 1 000 euros, l'échéance trois ans et le prix 800 euros.
b. Une obligation à zéro coupon dont la valeur faciale est 1 000 euros, l'échéance quatre ans et le prix 800 euros.
c. La même obligation au prix de 850 euros.

3. La courbe des taux

Supposez que le taux d'intérêt cette année soit de 5 % et que les marchés financiers s'attendent à ce que les taux d'intérêt croissent chaque année de 0,5 % pendant trois ans. Déterminez le rendement à échéance d'une obligation :

a. D'un an.
b. De deux ans.
c. De trois ans.

4. La prime de risque

Une action doit rapporter 1 000 euros l'an prochain et les dividendes réels anticipés doivent croître ensuite de 3 % par an. Déterminez le cours de l'action si l'on anticipe un taux d'intérêt réel constant et égal à :

a. 5 % ; 8 %.

Supposez maintenant que les investisseurs exigent une prime de risque pour détenir cette action (comme l'explique l'annexe).

b. Refaites les calculs précédents si cette prime est de 8 % l'an.
c. Même calcul pour une prime de 4 % l'an.
d. Qu'arrive-t-il si la prime de risque diminue ? Expliquez.

5. Prix des actifs et macroéconomie

En utilisant le modèle *IS*/*LM*, déterminez l'effet des chocs suivants sur le cours des actions. Si l'effet est ambigu, dites pourquoi et précisez quelles informations supplémentaires vous permettraient de conclure.

a. Une expansion monétaire non anticipée.

b. Une expansion monétaire parfaitement anticipée.

c. Une expansion monétaire anticipée accompagnée d'une expansion budgétaire.

6. Politique monétaire et courbe des taux

Au chapitre précédent, nous avons examiné les effets d'une hausse du taux de croissance de la masse monétaire sur les taux d'intérêt et l'inflation.

a. Représentez l'évolution du taux d'intérêt nominal suite à une hausse du taux de croissance de la masse monétaire.

Supposons maintenant que le point le plus bas de cette évolution soit atteint en un an et le sentier de long terme en trois ans.

b. Quelle est la forme de la courbe des taux juste après l'expansion monétaire ? Un an après ? Trois ans après ?

7. La désinflation de Volcker et les anticipations du marché

À la fin des années 1970, le taux d'inflation aux États-Unis atteignait deux chiffres. Paul Volcker fut alors nommé à la tête de la Fed. Pour casser l'inflation, il était considéré comme la personne idéale. Dans cet exercice, nous allons utiliser des données sur la courbe des taux pour déterminer si les marchés financiers s'attendaient à ce qu'il réussisse.

Allez sur le site Web de la Réserve fédérale de St Louis : www.stls.frb.org. Suivez les liens « Research & Data », puis « FRED Economic Data ». Allez sur la page « Consumer Price Index », puis enregistrez la série désaisonnalisée « Consumer Price Index for All Urban Consumers ». Toujours dans « FRED Economic Data », allez sur la page « Categories » et cherchez, dans la rubrique « Money, Banking & Finance », « Interest Rates ». De là, importez les séries « 1-Year Treasury Constant Maturity Rate » et « 30-Year Treasury Constant Maturity Rate ».

a. Comment, d'après vous, la Fed peut-elle réduire l'inflation ? Qu'est-ce que cela implique pour les taux d'intérêt nominaux ?

b. Calculez le taux d'inflation en glissement annuel. Sur le même graphique, représentez le taux d'inflation et le taux d'intérêt depuis 1977. Quand le taux d'inflation a-t-il atteint son maximum ?

c. Calculez la différence (*spread*) entre le rendement à échéance des obligations à trente ans et à un an. Représentez-la sur le même graphique que le taux d'intérêt à un an.

d. Que révèle une baisse du *spread* sur les anticipations d'inflation ? Quand l'inflation croissait à la fin des années 1970, comment évoluait le taux d'intérêt à un an ? Les marchés s'attendaient-ils à une poursuite de la hausse ?

En octobre 1979, la Fed annonça des changements de politique monétaire, qui furent interprétés comme des engagements de lutte contre l'inflation.

e. En utilisant l'évolution des *spreads*, trouvez-vous des preuves de la crédibilité de ces annonces ? Expliquez.

À la mi-1980, il devint évident que l'économie américaine entrait dans une récession. La Fed changea donc sa politique monétaire pour soutenir l'activité.

f. Quel fut l'effet du nouveau changement sur le taux d'intérêt à un an ?

g. D'avril à juin 1980, les marchés s'attendaient-ils à ce que cette nouvelle politique dure ? Expliquez. Les anticipations des marchés étaient-elles exactes ?

Chapitre 13

Anticipations, consommation et investissement

Après avoir examiné le rôle des anticipations sur les marchés financiers, nous nous tournons maintenant vers leur rôle dans les deux principaux comportements de dépense – la consommation et l'investissement. Cette description de la consommation et de l'investissement sera la composante principale du modèle *IS*/*LM* élargi que nous verrons au chapitre 14.

13.1 La consommation

Comment les gens prennent-ils leurs décisions de consommation et d'épargne ? Une première réponse (chapitre 6) consiste à supposer que ces choix sont principalement fonction du revenu courant. Maintenant, il n'est plus nécessaire de vous convaincre que d'autres considérations sont essentielles, en particulier les anticipations du futur. Nous allons voir comment les anticipations pèsent sur la consommation.

La théorie moderne de la consommation a été développée indépendamment par Milton Friedman (de l'université de Chicago), qui la nommait **théorie du revenu permanent**, et par Franco Modigliani (du MIT), qui l'appelait **théorie du cycle de vie** [1]. Chacun de ces noms a été choisi avec soin : la théorie du revenu permanent met l'accent sur la capacité des consommateurs à planifier leur consommation ; la théorie du cycle de vie insiste sur le fait que l'horizon naturel des choix de consommation est la durée de la vie.

Le comportement de la consommation agrégée reste un champ de recherche ouvert et brûlant, pour deux raisons. La première est l'importance de la consommation dans le PIB [2]. La seconde est le nombre croissant de données, comme l'enquête américaine PSID décrite dans l'encadré qui suit. Ces enquêtes, qui n'étaient pas disponibles au moment où Modigliani et Friedman développaient leur théorie, ont permis aux économistes d'améliorer leur compréhension du comportement des consommateurs. Ce qui suit résume ce que l'on sait aujourd'hui.

1. Friedman a reçu le prix Nobel en 1976, Modigliani en 1985.
2. Les dépenses de consommation représentent 60 % du PIB français.

Gros plan

L'enquête PSID et ses usages

Les **données de panel** donnent la valeur d'une ou plusieurs variables observées sur la même entité économique pendant plusieurs années. Les exemples des enquêtes Emploi en France et CPS aux États-Unis sont cités au chapitre 6. Un autre exemple est l'enquête américaine PSID (*Panel Study of Income Dynamics*).

L'enquête PSID a démarré en 1968 avec 4 800 familles. Des entretiens ont lieu tous les ans avec ces familles et continuent encore. L'enquête a gagné en taille depuis son lancement, car de nouveaux individus ont rejoint les familles, par mariage ou naissance. Chaque année, l'enquête interroge les individus sur leur revenu, leur taux de salaire, leur nombre d'heures travaillées et leur consommation alimentaire (l'insistance sur l'alimentation provient du fait que, au départ, l'objet de l'enquête était de mieux comprendre les conditions de vie dans les familles pauvres. L'enquête serait plus utile si elle renseignait sur les autres postes de la consommation des ménages ; malheureusement, ce n'est pas le cas).

En donnant trente ans d'informations sur les comportements des ménages, l'enquête a permis aux économistes de répondre à des questions sur lesquelles il n'existait auparavant que des données anecdotiques. Parmi ces questions, les plus importantes sont les suivantes :

- Dans quelle mesure la consommation alimentaire répond-elle aux variations transitoires du revenu (par exemple, à la perte de revenu consécutive au chômage) ?
- Quel degré de protection contre les risques offre la famille ? Par exemple, lorsqu'un membre d'une famille est malade ou chômeur, quelle aide peut-il espérer ?
- Les choix économiques sont-ils profondément influencés par le désir de rester près de sa famille ? Quand quelqu'un est au chômage, par exemple, quel impact a sa famille sur la probabilité qu'il migre vers une ville où les chômeurs sont moins nombreux ?

Le consommateur prévoyant

Commençons par une hypothèse extrême, mais qui sera un point de référence utile par la suite. Nous l'appellerons la théorie du *consommateur prévoyant*. Comment un consommateur prévoyant déciderait de l'étendue de sa consommation ? Il procéderait en deux étapes :

- tout d'abord, il ferait la somme des valeurs de ses obligations et actions, de son épargne sous ses autres formes, de ses biens immobiliers, etc. Cela lui permettrait d'estimer son patrimoine ou encore son capital financier. Il évaluerait aussi son revenu après impôts sur sa durée de vie tout entière, en valeur actuelle. Cela lui donnerait une estimation de son capital humain ;
- en ajoutant les deux, il aurait une appréciation de sa richesse totale [1]. On peut raisonnablement supposer qu'il déciderait ensuite de dépenser une proportion de sa richesse telle que sa consommation serait constante sur sa durée de vie. Si ce niveau était plus élevé que son niveau de consommation courante, il emprunterait la différence. Sinon, il épargnerait.

1. Richesse totale = patrimoine + capital humain.

Écrivons cela sous la forme :

$$C = C \text{ (richesse totale)} \quad (13.1)$$

où C est la consommation [1].

Cette description contient un élément de vérité : à l'instar du « consommateur prévoyant », tout consommateur prend certainement en compte son patrimoine et les revenus qu'il prévoit de gagner dans le futur lorsqu'il décide de ce qu'il consomme à un moment donné. On ne peut toutefois pas s'empêcher de penser que personne ne dispose de la capacité (ou de l'envie) de prévoir et de calculer dont fait preuve le consommateur prévoyant [2].

Pour obtenir une meilleure idée de ce qu'implique cette description et de ce qui ne va pas dans ces hypothèses, appliquons ce modèle aux choix de consommation d'un étudiant.

Un exemple

Soit un étudiant de 21 ans, qui a encore trois années d'université devant lui avant d'avoir son premier emploi. Pour simplifier, nous supposons que notre étudiant n'a ni dettes, ni patrimoine. Sa seule richesse est son capital humain.

Imaginons que son salaire espéré soit d'environ 40 000 euros (en euros de 2013) à l'embauche et croisse ensuite de 3 % par an en termes réels, jusqu'à la retraite, prise à l'âge de 60 ans. Sur ce revenu, 25 % iront aux impôts [3].

À partir de ce que nous avons vu au chapitre 4, on peut calculer la valeur actuelle des revenus futurs de son travail, en actualisant ses revenus réels futurs à l'aide du taux d'intérêt réel. Soit Y_{Lt} les revenus escomptés du travail à la période t et T_t les impôts (nets de transferts). Soit $V(Y^e_{Lt} - T^e_t)$ le capital humain de cet étudiant, c'est-à-dire la valeur actuelle de son revenu anticipé après impôts. Pour simplifier les calculs, on suppose le taux d'intérêt nul, de sorte que la valeur actuelle est simplement la somme des revenus futurs :

$$V(Y^e_{Lt} - T^e_t) = 0{,}75\ [1 + (1{,}03) + (1{,}03)^2 + \dots + (1{,}03)^{36}]\ 40\,000$$

Le terme en 0,75 provient de ce que, en raison des impôts, on ne garde que 0,75 fois son revenu brut. La somme exprime le fait que les revenus futurs sont supposés croître à 3 % l'an pour les trente-six années à venir. Le revenu de l'année de l'entrée sur le marché du travail est de 40 000 euros. En utilisant les propriétés des séries géométriques, on vérifie aisément que :

$$(Y^e_{Lt} - T^e_t) \approx 1\,986\,000$$

Le capital humain de notre étudiant est d'environ 2 millions d'euros.

1. Il s'agit d'une relation entre un stock (la richesse) et un flux (la consommation).
2. Comme nous sommes tous des consommateurs, nous pourrions faire appel à l'introspection pour juger de ces théories. Mais l'introspection ne va pas sans difficulté : les économistes ne pensent peut-être pas comme les autres individus…
3. Vous pouvez utiliser vos propres chiffres.

Combien devrait-il consommer ? En supposant que l'espérance de vie à la retraite soit de seize ans, son espérance de vie à la date considérée est de cinquante-six ans. Pour consommer le même montant tous les ans, il va donc falloir qu'il consomme 1 986 000/56 = 35 464 euros par an [1]. Il faudrait ainsi qu'il emprunte 35 000 euros par an pendant la durée de ses études.

Vers un modèle plus réaliste

On pourrait tout d'abord réagir aux calculs précédents en pensant qu'il s'agit d'une description sinistre des perspectives de la vie. Puis on pourrait se dire que, malgré la validité des arguments théoriques invoqués ici, aucun étudiant n'empruntera jamais 35 000 euros par an :

1. il ne souhaitera peut-être pas consommer la même quantité toute sa vie et préférera différer une partie de sa consommation. La vie d'étudiant comprend en général peu d'activités très chères. Il peut remettre son voyage aux îles Galapagos à des temps meilleurs. Il peut aussi penser aux dépenses supplémentaires auxquelles il devra faire face plus tard, par exemple s'il souhaite avoir des enfants ;
2. les calculs que nous venons de faire excèdent ceux effectués pour la plupart des décisions courantes. On peut raisonnablement penser que la majorité des décisions de consommation sont prises d'une façon plus simple, impliquant moins de calcul ;
3. le calcul de la valeur actuelle est basé sur des hypothèses raisonnables. Mais elles peuvent se révéler trop optimistes ou trop pessimistes. Que se passe-t-il en cas de malchance, de maladie par exemple ? Comment honorer ses dettes ? Par prudence, on peut souhaiter consommer moins que ce qu'implique ce raisonnement ;
4. même s'il décide d'emprunter effectivement 106 392 euros sur trois ans (35 464 euros par an), il est probable que la banque sera peu enthousiaste. Pourquoi ? Parce que la banque peut s'inquiéter de l'incapacité de l'emprunteur à rembourser ses dettes.

Toutes ces raisons impliquent que, pour caractériser correctement le comportement du consommateur, il faut amender la description précédente. Les trois derniers points suggèrent en particulier que la consommation dépend non seulement de la richesse, mais aussi du revenu.

Prenons la deuxième raison : on peut décider, parce que c'est une règle simple, de laisser sa consommation suivre son revenu. Concernant la troisième raison, on peut, pour se prémunir contre le risque, refuser d'emprunter. La quatrième est encore plus forte : elle implique que, de toute façon, le choix ne se pose pas. Même si l'on voulait consommer plus que son revenu courant, on ne le pourrait pas en l'absence de prêt.

Quelle mesure du revenu choisir ? La plus simple est le revenu après impôts. Cela conduit à une fonction de consommation de la forme :

$$C = C\,(\text{richesse totale},\ Y_{Lt} - T_t) \qquad (13.2)$$
$$(\qquad + \qquad , \quad + \quad)$$

1. Le calcul du niveau de consommation soutenable est simplifié par l'hypothèse de taux d'intérêt nuls. Dans ce cas, si l'on consomme une unité de bien aujourd'hui, on consomme une unité de moins l'an prochain. Il suffit donc, pour calculer le niveau de consommation constant qui rend la consommation sur toute la durée de la vie égale à la richesse totale, de diviser la richesse par l'espérance de vie.

En d'autres termes, *la consommation est une fonction croissante de la richesse totale et du revenu. La richesse totale est la somme du patrimoine et du capital humain* [1].

Le problème devient maintenant de savoir à quel point la consommation dépend de la richesse totale et à quel point du revenu. Certains consommateurs, surtout ceux qui ont un bas revenu, sont susceptibles de consommer tout leur revenu, quelles que soient leurs anticipations de l'avenir. Un travailleur au chômage et sans patrimoine peut rencontrer beaucoup de difficultés à maintenir son niveau de consommation. Les consommateurs plus riches, en revanche, peuvent souhaiter donner plus de poids à leur consommation future et, par conséquent, maintenir leur consommation à un niveau à peu près constant.

L'importance relative de la richesse et du revenu peut être déterminée par l'examen des données empiriques. Cela n'est pas facile, comme l'encadré ci-après l'explique en détail, mais, quoi qu'il en soit, la conclusion principale reste vérifiée : la consommation dépend du revenu courant et de la richesse totale.

Pour aller plus loin

Jusqu'à quel point les anticipations de revenus influencent-elles les décisions de consommation ?

Jusqu'à quel point la consommation dépend-elle respectivement des revenus courants et futurs ? Ce n'est pas facile à déterminer, parce que, une fois de plus, les anticipations de revenus futurs varient beaucoup avec le revenu courant. En cas de promotion d'un salarié, ce n'est pas seulement son revenu courant, mais aussi son revenu futur qui croît. Que l'on soit ou non très prévoyant, la consommation sera fortement corrélée avec le revenu courant. Comment des économistes peuvent-ils distinguer les deux effets ? Il faut s'intéresser à des cas où les deux revenus connaissent des variations de signe opposé. De tels événements sont appelés des **expériences naturelles** : « expériences » au sens où, comme dans un laboratoire, ces événements permettent de tester des théories ou d'obtenir de meilleures estimations de paramètres cruciaux ; « naturelles » signifie que, au contraire des chercheurs en sciences physiques, les économistes ne peuvent généralement pas conduire des expériences eux-mêmes – il leur faut en effet se reposer sur des expériences données par l'histoire.

Voici deux exemples tirés de recherches récentes sur la consommation.

La retraite

La retraite implique une forte variation prévisible du revenu du travail, qui devient nul. En examinant la quantité d'épargne accumulée par les agents pour leur retraite, on peut, en principe, déterminer quand et dans quelles proportions les individus prennent en compte le déclin prévisible de leur revenu.

Une étude basée sur des données de panel, baptisées *Survey of Income and Program Participation,* jette une certaine lumière sur cette question. Le tableau reproduit ici, qui provient de cette étude, montre le niveau moyen et la composition du patrimoine d'individus âgés de 64 à 69 ans en 1991.

Une richesse moyenne de 313 807 dollars est importante ; elle suggère l'image d'individus prévoyants, dont les décisions d'épargne mûrement réfléchies leur permettent de prendre leur retraite avec un revenu confortable.

1. Le signe plus indique que la fonction est croissante en cette variable.

Pour aller plus loin

Un examen plus attentif du tableau et des différences entre individus conduit à nuancer ces conclusions :

- la plus importante composante de la richesse est la valeur actualisée des prestations de Sécurité sociale, un montant sur lequel les travailleurs n'ont aucun contrôle. En fait, l'un des principaux arguments en faveur de l'introduction d'un système de retraites obligatoires a été de s'assurer que les individus ont des ressources suffisantes au moment de leur retraite. La composante versée par l'employeur est également en dehors du contrôle des salariés. Les variables qui reflètent les décisions d'épargne des salariés (capital et autres actifs financiers) ne représentent que 17 % de la richesse moyenne totale. On peut donc considérer ces chiffres comme une preuve du fait que les individus n'épargnent que lorsqu'ils sont forcés de le faire, à travers la Sécurité sociale ;
- les chiffres du tableau 1 sont des moyennes et dissimulent d'importantes différences entre les individus. La même étude montre que la plupart des gens prennent leur retraite avec peu de patrimoine, en dehors de leurs droits sociaux à la retraite. Plus généralement, les études sur les retraites mettent en évidence que la plupart des individus pensent peu à leur retraite avant 40 ans. À ce moment, beaucoup commencent à épargner dans ce but. Mais nombreux sont ceux qui épargnent peu et comptent sur la Sécurité sociale.

Tableau 1 – La richesse actualisée moyenne d'un panel d'individus âgés de 64 à 69 ans en 1991 (en dollars).

Pension versée par la Sécurité sociale	99 682
Pensions versées par l'employeur	62 305
Capital accumulé pour la retraite	10 992
Autres actifs	42 018
Actifs immobiliers	64 955
Autres actifs	33 855
Total	313 807

Remarque : les deux premiers postes représentent la valeur actuelle de revenus futurs.

Source : Steven Venti et David Wise, « The Wealth of Cohorts: Retirement Saving and the Changing Assets of Older Americans », in Sylvester Schieber et John Shoven (éd.), *Public Policy Toward Pensions*, MIT Press, 1987, tableau A1.

Les baisses d'impôts

En 1981, l'administration Reagan annonça une baisse d'impôts sur la période 1983-1984. Les taux d'imposition sur le revenu seraient réduits en trois étapes : de 5 % en 1981, de 10 % en 1982 et de 8 % en 1983, ce qui impliquait une baisse cumulée de 23 % – une baisse très importante. Le collectif budgétaire fut adopté en juillet 1981 puis la loi de finances fut promulguée en août 1981.

Cette période de l'histoire américaine nous fournit une expérience naturelle. La baisse des impôts impliquait une hausse du revenu disponible futur. La question qui se pose est simple : les consommateurs ont-ils réagi en 1981 à la hausse de leur revenu anticipé pour 1982 et 1983 ?

Pour aller plus loin

C'est exactement la question qui a été examinée par James Poterba, du MIT. À l'aide de méthodes économétriques, Poterba a cherché une hausse inhabituelle de la consommation au cours de l'été 1981, mais il n'en a pas trouvé.

Cela suffit-il à affirmer que les consommateurs ne tiennent pas compte des variations de leur revenu futur dans leur décision de consommation ? Pas nécessairement. Il existe au moins deux autres interprétations des faits. Les gens peuvent avoir pensé que le Congrès risquait d'évoluer, ce qui devrait les conduire à attendre que la baisse des impôts soit effective pour changer leurs plans de consommation. Ou bien il est possible que les individus n'aient pas pris uniquement en compte la variation des impôts, mais aussi celle d'autres facteurs qui influent sur leur richesse (par exemple, une baisse de l'âge de la retraite). Ces arguments ne peuvent pas être rejetés. Ce que l'on peut affirmer est que les faits empiriques ne plaident pas en faveur d'un fort effet des baisses d'impôts sur la consommation courante.

Bilan : revenu courant, anticipations et consommation

Revenons à ce qui motive ce chapitre : le rôle des anticipations dans la détermination de la dépense.

Remarquons tout d'abord que si les choix de consommation sont bien décrits par l'équation 13.2, les anticipations pèsent sur la consommation de deux façons.

Elles l'influencent directement par l'estimation du capital humain : pour calculer ce dernier, les consommateurs doivent anticiper leur revenu futur, les taux d'intérêt futurs et les impôts futurs. Elles l'infléchissent indirectement à travers la richesse patrimoniale – actifs financiers et immobiliers. Les consommateurs n'ont pas à faire de calcul pour l'estimer ; elle est donnée par le prix des actifs. Mais comme on l'a vu au chapitre 12, cette estimation est en fait effectuée pour eux par les marchés financiers : le cours des actions, par exemple, dépend de la prévision moyenne des dividendes futurs [1].

Cette dépendance de la consommation vis-à-vis des anticipations a en retour deux implications.

1. Comment des anticipations de hausse de la production affectent la consommation aujourd'hui ?
produit anticipé ↑ ⇒
revenu du travail anticipé ↑
capital humain ↑
consommation ↑
produit anticipé ↑
dividendes anticipés ↑
cours des actions ↑
patrimoine ↑
consommation ↑

Tout d'abord, *la consommation doit répondre moins que proportionnellement à des variations du revenu courant*[1]. En décidant du montant de leur consommation, les consommateurs ne s'intéressent pas seulement à leur revenu courant. S'ils considèrent une baisse de revenu comme permanente, ils vont ajuster dans la même proportion leur consommation, mais si elle est estimée comme transitoire, leur consommation baissera moins. Au cours d'une récession, la consommation diminue moins que le revenu. Cela tient au fait que les consommateurs savent qu'une récession dure en général quelques trimestres et que l'économie finira par revenir à son niveau naturel de production. La même chose est vraie des phases d'expansion[2].

Ensuite, *la consommation peut varier alors que le revenu ne change pas*. L'élection d'un président charismatique qui promet un avenir brillant peut conduire les consommateurs à être plus optimistes sur leur revenu futur, ce qui implique une hausse de la consommation en l'absence de variation du revenu. Nous avons déjà vu que la récession américaine de 1990-1991 a été causée en grande partie par une baisse de la consommation, liée à un manque de confiance des consommateurs. Même aujourd'hui, on ne sait pas ce qui a déterminé une telle vague de pessimisme. Pourtant, elle a bien eu lieu et a été l'une des causes essentielles de la récession de 1990-1991.

13.2 L'investissement

Comment les entreprises prennent-elles leurs décisions d'investissement ? Dans notre première réponse (chapitre 6), nous avons considéré que l'investissement dépendait du taux d'intérêt et de la demande courante. Nous avons amélioré cette proposition en mettant en évidence le fait que seul le taux d'intérêt réel comptait pour la décision d'investissement. Il est clair cependant qu'en l'état, cette réponse méconnaît le rôle des anticipations, comme nous allons maintenant le montrer.

Soit une entreprise qui doit décider d'acheter ou non de nouvelles machines. Ce qui compte, c'est la valeur actuelle des profits que l'entreprise espère retirer de l'utilisation de ces machines, par rapport à leur coût. Si la valeur actuelle des profits espérés excède le prix des machines, alors l'entreprise devrait investir. Sinon, elle ne le doit pas. Voilà résumé l'essentiel de la théorie de l'investissement. Examinons-la à présent plus en détail.

Investissement et anticipations de profit

Suivons les étapes de la décision d'investissement d'une entreprise.

1. L'entreprise doit d'abord estimer la durée de vie de la machine pour calculer la valeur actuelle des profits anticipés. La plupart des machines sont comme les voitures :

1. Revenons aux deux fonctions de consommation utilisées précédemment :
   – dans le court terme, nous avons supposé $C = c_0 + cY$. Cela impliquait qu'en cas de hausse de la production, la consommation croissait moins que proportionnellement (C/Y diminue). C'était approprié tant que nous cherchions à étudier les fluctuations ;
   – dans le long terme, nous avons supposé $S = sY$ ou, de manière équivalente, $C = (1 - s)\,Y$. La consommation croît alors proportionnellement au revenu, ce qui était adapté pour refléter les variations permanentes de la production.
2. Qu'est-ce que cela suggère quant au comportement de l'épargne au cours d'une récession ?

elles peuvent durer virtuellement autant qu'on le souhaite, mais à un coût de plus en plus élevé.

Supposons qu'une machine se déprécie à un taux δ (annuel). Une machine neuve cette année vaut $1 - \delta$ l'an prochain [1]. δ est le **taux de dépréciation**. Quelles valeurs raisonnables peut-on lui attribuer ? C'est une question à laquelle les statisticiens ont dû répondre depuis assez longtemps. De leurs études, il ressort qu'un taux compris entre 4 % et 15 % pour les machines et entre 2 % et 4 % pour les investissements immobiliers est raisonnable.

2. L'entreprise doit ensuite calculer la valeur actuelle des profits anticipés.

Pour rendre compte du fait qu'il faut du temps pour mettre en place de nouvelles machines, considérons qu'une machine acquise en t est installée seulement en $t + 1$.

Soit Π le profit par machine en termes réels. Si l'entreprise achète en t une machine, elle génère son premier profit en $t + 1$; on le note donc Π^e_{t+1}. La valeur actuelle à l'année t de ce profit est :

$$\frac{\Pi^e_{t+1}}{(1 + r_t)}$$

Ce terme est représenté par la première flèche pointant vers la gauche sur la figure 13.1. Comme les profits sont exprimés en termes réels, on utilise le taux d'intérêt réel pour leur actualisation. C'est l'une des leçons tirées du chapitre 11.

Notons Π^e_{t+2} les profits anticipés par machine à l'année 2. Le profit à l'année $t + 2$ que l'on peut tirer de cette machine est donc $(1 - \delta)\, \Pi^e_{t+2}$. La valeur actuelle de ce profit est par conséquent :

$$\frac{(1 - \delta)\Pi^e_{t+2}}{(1 + r_t)(1 + r^e_{t+1})}$$

Ce terme est illustré par la seconde flèche pointant vers la gauche sur la figure 13.1.

Figure 13.1 – Le calcul de la valeur actuelle des profits anticipés.

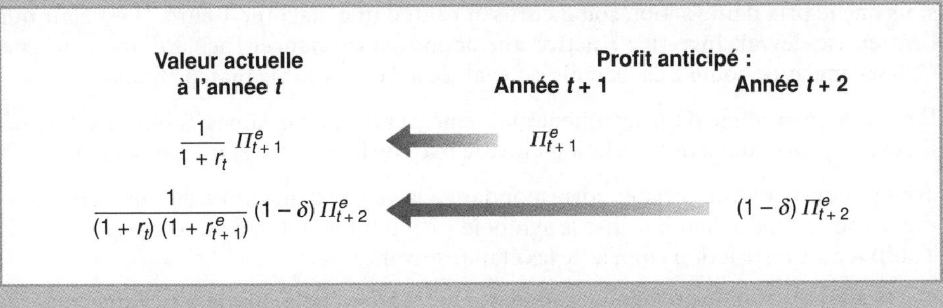

1. Si l'entreprise a beaucoup de machines, on peut concevoir δ comme la proportion de machines mises au rebut.

Le même raisonnement s'applique aux années suivantes. On peut donc écrire la valeur actuelle des profits en t ainsi :

$$V(\Pi_t^e) = \frac{\Pi_{t+1}^e}{(1+r_t)} + \frac{(1-\delta)\Pi_{t+2}^e}{(1+r_t)(1+r_{t+1}^e)} + \ldots \qquad (13.3)$$

3. L'entreprise doit ensuite décider si elle achète ou non la machine. Sa décision dépend du rapport entre le prix de la machine et la valeur actuelle des profits anticipés. Pour simplifier les notations, supposons que le prix d'une machine est 1. L'entreprise compare alors à l'unité la valeur actuelle des profits anticipés.

Si la valeur actuelle des profits anticipés est plus petite que 1, elle n'achète pas la machine. Dans le cas contraire, elle l'achète.

Passons maintenant de cet exemple à l'échelle de l'économie tout entière. Soit I_t l'investissement agrégé, Π_t le profit par unité de capital et $V(\Pi_t^e)$ la valeur actuelle des profits anticipés par unité de capital. Notre discussion suggère que la fonction d'investissement peut se représenter sous la forme :

$$I_t = I\,[V(\Pi_t^e)] \qquad (13.4)$$
$$(+)$$

Interprétation : *l'investissement dépend positivement de la valeur actuelle des profits anticipés générés par une unité de capital. Plus les profits courants ou futurs sont élevés, plus la valeur actuelle des profits l'est, et plus l'investissement doit être important. À l'inverse, plus les taux d'intérêt sont élevés, plus la valeur actuelle des profits est faible, et plus l'investissement est faible.*

La valeur actuelle d'un investissement se calcule de la même façon que la valeur d'une action. La relation entre les deux a fait l'objet d'une recherche de James Tobin [1]. Son argument et les preuves empiriques associées sont décrits dans l'encadré « Investissement et marchés financiers ».

Gros plan

Investissement et marchés financiers

Soit une entreprise qui a cent machines et a émis cent actions pour les financer. Supposons que le prix d'une action soit 2 euros et celui d'une machine 1 euro. Il est clair que l'entreprise devrait investir : émettre une action pour financer l'achat d'une machine. Chaque machine coûte 1 euro, mais est évaluée à 2 euros par le marché financier.

Il s'agit d'un exemple d'un argument plus général avancé par James Tobin, selon lequel il devrait y avoir une étroite relation entre le marché financier et l'investissement.

Tobin a construit une variable correspondant à la valeur d'une unité de capital relativement à son prix d'achat. Il utilise le symbole « q » pour la noter, d'où son nom de « ***q* de Tobin** ». Sa construction emprunte les étapes suivantes :

- calcul de la valeur de marché totale des entreprises telle qu'elle est évaluée par les marchés financiers. Elle est égale à la somme de leur valeur boursière (cours d'une action multiplié par le nombre d'actions) et de leur capital emprunté (somme de la valeur des obligations privées émises) ;
- division du chiffre ainsi obtenu par le coût de remplacement du stock de capital.

1. Tobin a reçu le prix Nobel d'économie en 1983.

Gros plan

Le ratio ainsi calculé exprime bien le rapport entre la valeur de marché du capital investi et son prix d'achat : c'est le q de Tobin. Intuitivement, plus il est élevé, plus il est intéressant d'investir (dans l'exemple utilisé précédemment, il est égal à 2 : l'entreprise devrait donc investir).

La qualité de la relation entre q de Tobin et investissement est illustrée par la figure 1, qui décrit l'évolution des deux variables aux États-Unis pour la période 1960-2010.

Sur l'axe vertical de gauche, est mesuré le taux de variation de l'investissement rapporté au stock de capital.

Sur l'axe vertical de droite, est mesurée la variation du q de Tobin. Cette variable est retardée. Par exemple, en 1987, le graphique montre le taux de variation de l'investissement en 1987 et le taux de variation du q de Tobin en 1986. Le choix de ce retard améliore la corrélation entre l'investissement et la valeur du q de Tobin. Cela s'explique par le fait que les décisions d'investissement sont longues à être concrétisées.

Il y a une relation très forte entre le q de Tobin et l'investissement. Cela tient pourtant sans doute moins à ce que les entreprises suivent passivement les signaux envoyés par le marché financier qu'au fait que les prix des actifs et les décisions d'investissement sont influencés par les mêmes facteurs (profits et taux d'intérêt escomptés).

Figure 1 – Taux de variation du *q* de Tobin et taux de variation annuel du ratio investissement/capital aux États-Unis, 1960-2010.

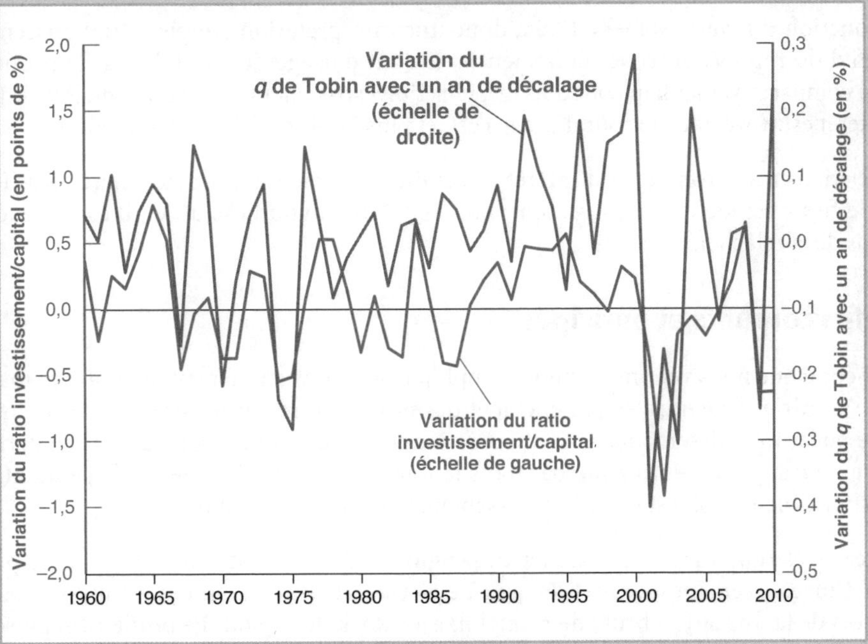

Un cas particulier

Avant d'explorer plus avant la relation entre investissement, anticipations et taux d'intérêt, il est utile de considérer un cas particulier où cette relation est remarquablement simple.

Supposons que l'entreprise ait un niveau anticipé de profit constant, c'est-à-dire que $\Pi^e_{t+1} = \Pi^e_{t+2} = \Pi_t$, et que les taux d'intérêt restent constants, alors :

$$V(\Pi^e_t) = \frac{\Pi_t}{(r_t + \delta)} \tag{13.5}$$

Si l'on intègre cela dans 13.4, on obtient ainsi :

$$I_t = I\left(\frac{\Pi_t}{r_t + \delta}\right) \tag{13.6}$$

L'expression entre parenthèses mérite un examen approfondi. Le dénominateur s'appelle le **coût d'usage du capital**. Pour comprendre pourquoi, imaginez une entreprise qui louerait son capital [1]. Quel serait le coût de cette location ? L'entreprise louant le capital doit en retirer un profit égal à ce que serait le rendement de ce capital sous forme d'obligations ou d'actions. Le capital serait facturé au taux r. En plus de cela, elle doit amortir la dépréciation du capital qui se fait au taux δ. Elle va donc devoir faire payer un montant de $r + \delta$ fois le capital. Ce terme rend compte du coût implicite de la détention du capital, ou **prix implicite**.

La fonction d'investissement 13.5 a donc une interprétation simple : l'investissement dépend du rapport entre le rendement et le coût d'usage du capital. Plus le profit est élevé comparativement au coût d'usage, plus l'investissement est important. Plus le taux d'intérêt est élevé, plus le coût d'usage l'est, et plus faible est l'investissement.

La relation entre profit, taux d'intérêt réel et investissement repose sur l'hypothèse forte que le futur est identique au présent [2]. Il s'agit d'une hypothèse utile ; il est cependant temps de la relâcher.

Profits courants et anticipés

La théorie que nous venons d'exposer implique que l'investissement devrait être tourné vers l'avenir et dépendre essentiellement des profits futurs anticipés (dans notre hypothèse où les investissements ne sont opérationnels qu'après un an, les profits en période courante n'apparaissent même pas dans la fonction d'investissement). Cependant, un fait stylisé bien établi est que l'investissement varie avec les profits.

Cette corrélation ressort de l'examen de la figure 13.2, qui montre les variations du profit et de l'investissement depuis 1960 aux États-Unis. L'investissement est mesuré par le rapport de la formation brute de capital fixe au stock de capital. Le profit est représenté par la somme des profits après impôts et des paiements d'intérêts nets, divisée par le

1. De tels arrangements existent : beaucoup d'entreprises louent des voitures et des camions.
2. Si le futur est supposé identique au présent, l'investissement dépend du ratio du profit au coût d'usage – la somme du taux d'intérêt et du taux de dépréciation :
profit ↑ investissement ↑
taux d'intérêt réel ↑ investissement ↓.

stock de capital. Les parties ombrées de la figure correspondent aux périodes de récession (périodes de croissance négative de plus de deux trimestres consécutifs).

La corrélation entre l'investissement et le profit ressort clairement de la figure 13.2. Cela invalide-t-il notre analyse, selon laquelle l'investissement doit dépendre de la valeur actualisée des profits futurs anticipés, et non du profit courant ? Pas nécessairement, car les entreprises peuvent s'attendre, par exemple, à ce que le profit courant prédise généralement bien le profit futur.

Figure 13.2 – La variation de l'investissement et du profit aux États-Unis depuis 1960.

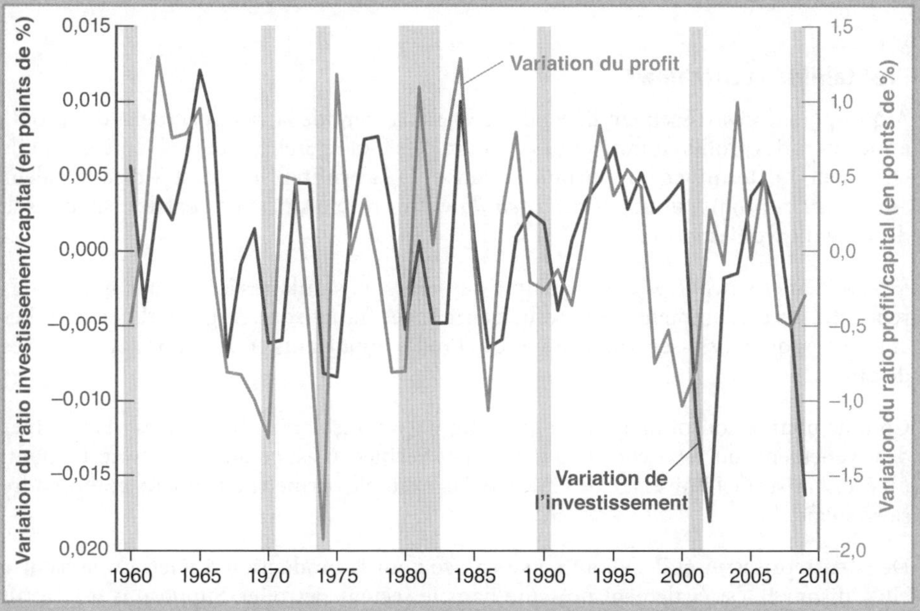

Il y a une forte corrélation entre l'investissement et le profit.

Les économistes qui ont étudié la question plus en détail ont conclu, cependant, que la corrélation entre le profit et l'investissement était plus forte que ce que la théorie que nous avons présentée aurait permis de prévoir (voir l'encadré « Profitabilité et *cash flows* »). Les entreprises qui ont des projets d'investissement très rentables mais qui font actuellement peu de profits n'investissent pas assez. Et les entreprises qui font des profits importants investissent parfois dans des projets douteux. Les profits actuels ont donc bien un impact sur l'investissement, en plus de leur influence sur la valeur actuelle des profits futurs.

Pourquoi le profit joue-t-il ce rôle dans la décision d'investissement ? Dans notre discussion précédente qui portait sur la consommation, nous avons déjà rencontré la plupart des arguments généralement invoqués pour l'expliquer :

1. si le profit en période courante est faible, une entreprise qui souhaite investir est contrainte d'emprunter. Mais il est possible qu'elle hésite à le faire, parce que les profits futurs sont incertains et que donc l'endettement l'expose à un risque. Si, au contraire, les profits sont élevés, elle peut autofinancer son investissement. Des profits plus élevés peuvent ainsi conduire l'entreprise à investir davantage ;

2. même si celle-ci souhaite investir, elle peut avoir des difficultés à emprunter. Si ses profits courants sont importants, non seulement elle a moins besoin d'emprunter, mais encore elle présente plus de garanties de remboursement.

En résumé, pour correspondre au comportement que l'on observe, la fonction d'investissement doit s'écrire :

$$I_t = I\,[V\,(\Pi_t^e),\, \Pi_t] \qquad (13.7)$$
$$(+\,,\,+)$$

Interprétation : l'investissement dépend des profits courants et de la valeur actuelle des profits anticipés.

Gros plan

Profitabilité et *cash flows*

À quel point l'investissement dépend-il respectivement de la valeur actuelle des profits anticipés et des profits courants ? Les économistes font référence à ce problème lorsqu'ils cherchent à déterminer l'importance relative de la **profitabilité** (c'est-à-dire la valeur anticipée des profits futurs) et des ***cash flows*** (les revenus nets de l'entreprise) dans la décision d'investissement.

Les problèmes rencontrés dans l'analyse des faits sont similaires à ceux que nous avons rencontrés précédemment : les profits courants et futurs sont en général corrélés. Les entreprises qui réussissent ont à la fois des profits importants et de bonnes perspectives de profits.

Comme pour la consommation, la meilleure façon d'isoler le problème est d'examiner des événements où cette corrélation n'est pas vérifiée. C'est ce qu'a fait Owen Lamont, un économiste de l'université de Chicago. Un exemple permettra de mieux comprendre sa stratégie.

Deux entreprises, A et B, se font concurrence pour la production d'acier. L'une d'entre elles, disons B, est également présente dans le secteur pétrolier. Supposons qu'il y ait une baisse brutale du prix du pétrole conduisant à des pertes dans cette branche. Les *cash flows* de B sont affectés négativement. Si les pertes encourues dans la production de pétrole sont assez importantes, B peut même enregistrer des pertes.

On peut maintenant poser cette question : B va-t-elle, à la suite de ses pertes, investir moins dans le secteur de l'acier que A ? Si seule la profitabilité compte, il n'y a pas de raison que ce soit le cas, puisque les perspectives dans le secteur de l'acier sont les mêmes pour les deux entreprises. Si les *cash flows* comptent, B va réduire ses investissements par rapport à A.

La stratégie de Lamont est d'observer les comportements d'investissement dans une telle circonstance. Il a tiré ses observations de la baisse de 50 % du prix du pétrole en 1986. Cette baisse a eu des effets importants sur tous les acteurs du marché pétrolier. Il a cherché à déterminer si les pertes substantielles des entreprises ayant des activités pétrolières ont eu une incidence sur les décisions d'investissement dans d'autres branches de ces mêmes entreprises, par rapport à leurs concurrentes non touchées par le choc. Il a conclu que c'est le cas : pour chaque dollar de réduction des *cash flows*, l'investissement a diminué, en moyenne, de 10 à 20 *cents*.

Source : Owen Lamont, « Cash Flows and Investment : Evidence from Internal Capital Markets », *Journal of Finance*, mars 1997 ; R. Glenn Hubard fait un bilan de ces recherches dans « Capital-Market Imperfections and Investment », *Journal of Economic Literature*, 1995.

Profits et ventes

Nous avons montré que l'investissement était lié aux profits courants et anticipés. La dernière étape est de se demander ce qui détermine le profit. Deux choses : les ventes et le stock de capital. Si les ventes sont faibles relativement au stock de capital, le profit l'est.

Écrivons cela plus formellement. Nous négligeons la distinction entre ventes et production et notons Y_t cet agrégat. Soit K_t le stock de capital. Ce que nous venons de dire peut s'exprimer ainsi :

$$\Pi_t = \underset{(+)}{\Pi}\left(\frac{Y_t}{K_t}\right) \tag{13.8}$$

Les profits par unité de capital sont une fonction croissante du ratio de la production sur le capital. Étant donné le stock de capital, plus les ventes sont importantes, plus le profit est élevé. Compte tenu de la demande, plus le stock de capital est fort, plus faible est le profit.

Quelle est la portée de cette relation ? La figure 13.3 montre les variations du profit par unité de capital et celle du ratio de la production au capital, pour les États-Unis depuis 1960. Comme sur la figure 13.2, le profit par unité de capital est défini comme la somme des profits nets des entreprises et des paiements d'intérêts, divisée par leur stock de capital mesuré par son coût de remplacement. Le ratio de la production au capital est le ratio du PIB au stock de capital.

Figure 13.3 – La variation du profit et du ratio production/capital aux États-Unis depuis 1960.

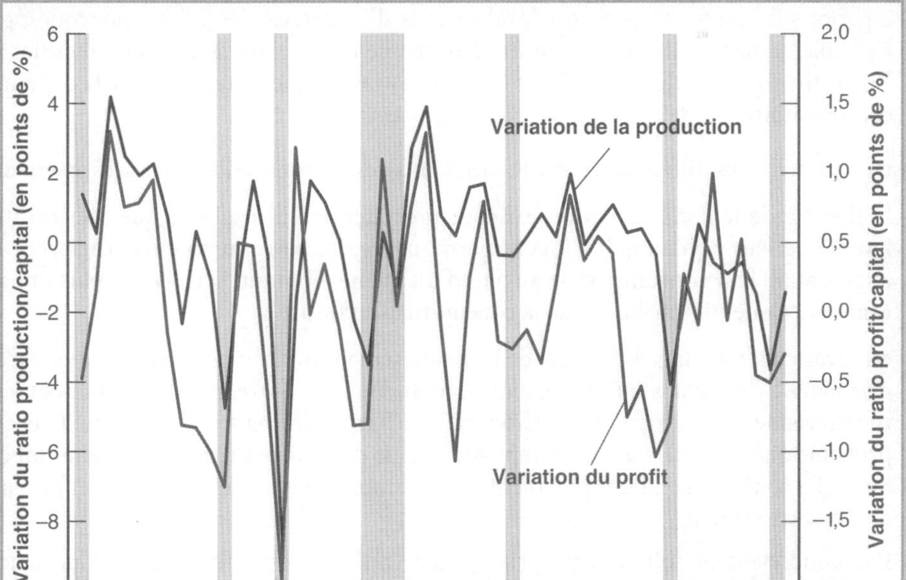

Les profits et le ratio de la production rapportée au capital varient de concert.

La figure décrit une relation étroite entre les variations du profit et du ratio production/capital. Comme la plus grande partie des variations du ratio production/capital proviennent des fluctuations de la production (le stock de capital varie moins au cours du temps ; même de fortes variations de l'investissement n'induisent que des variations assez lentes du stock de capital), on peut en déduire la propriété suivante : le profit baisse lors des récessions et croît en période d'expansion.

Pourquoi cette relation entre la production et le profit est-elle pertinente ? Parce qu'elle implique un lien entre la production courante et future et l'investissement. Par exemple, des anticipations de croissance forte et prolongée conduisent les entreprises à réviser à la hausse les anticipations de profit, ce qui se traduit par une hausse de l'investissement [1]. Ces effets de la production sur l'investissement et, en retour, les effets de l'investissement sur la demande et la production seront essentiels au chapitre suivant.

13.3 La volatilité de la consommation et de l'investissement

Il y a de nombreuses similitudes dans les analyses de la consommation et de l'investissement des sections 13.1 et 13.2 :

- le fait que les consommateurs perçoivent les variations de leur revenu comme permanentes ou transitoires influence leurs décisions ;
- de la même façon, le fait que les entreprises perçoivent les variations de leurs ventes comme transitoires ou durables pèse sur leurs décisions d'investissement. Moins une variation des ventes est considérée comme durable, moins elle influe sur les anticipations de profits et donc sur les décisions d'investissement. C'est pourquoi, par exemple, la hausse des ventes en fin d'année ne conduit pas à un *boom* régulier de l'investissement en décembre [2]. Les entreprises savent que cette hausse de la demande est transitoire.

Mais il y a aussi des différences entre les décisions de consommation et d'investissement :

- la théorie de la consommation exposée précédemment implique que, devant une hausse de leur revenu qu'ils jugent permanente, les consommateurs réagissent en augmentant leur consommation au plus d'un même montant. Une hausse plus importante impliquerait une baisse de la consommation future ;
- en revanche, rien dans la théorie de l'investissement n'exclut la possibilité que, face à une hausse des ventes qu'elles jugent permanente, des entreprises n'accroissent leur investissement d'un montant supérieur à la variation des ventes. Il est même plus que probable que, une fois qu'une entreprise a décidé de réaliser un investissement important, elle souhaite le faire rapidement, ce qui implique une hausse brutale et massive de l'investissement.

  Plus concrètement, soit une entreprise qui a un ratio ventes/capital égal à 3. Une hausse des ventes de 10 millions d'euros cette année, si elle est supposée durable, implique que

1. Production anticipée forte ⇒ profits anticipés élevés ⇒ fort investissement.
2. Aux États-Unis, en décembre, les ventes au détail sont supérieures de 24 % à la moyenne annuelle. En France et en Italie, elles sont 60 % plus importantes (ces chiffres proviennent d'une étude sur les cycles saisonniers réalisée par Joseph Beaulieu et Jeffrey Miron « A Cross Country Comparison of Seasonal Cycles and Business Cycles », *Economic Journal*, juillet 1992, p. 772-778).

l'entreprise dépense 30 millions d'euros en capital pour maintenir son ratio production/capital. La hausse de l'investissement, si l'entreprise réalise cet ajustement, sera de 3 fois la hausse des ventes. Une fois le stock de capital ajusté, l'entreprise va retourner sur son sentier de long terme d'investissement. Cet exemple est très exagéré, parce que les entreprises ne réalisent pas des ajustements si brutaux. Mais même si l'ajustement se fait lentement, par exemple sur quelques années, la hausse de l'investissement peut être très brutale.

On peut exprimer cela différemment à l'aide de l'équation 13.8. Si l'on confond ventes et production, la hausse des ventes conduit à une hausse de même ampleur de la production Y, de sorte que le ratio Y/K croît. Cela conduit à une hausse des profits et de l'investissement. Le haut niveau d'investissement accroît finalement le stock de capital K, et Y/K revient à sa valeur initiale en même temps que l'investissement. En réponse à une hausse permanente de la demande, l'investissement croît fortement un temps, puis revient à un niveau stable.

Ces différences suggèrent que l'investissement devrait être plus fluctuant que la consommation. Qu'en est-il dans les faits ? La réponse est donnée par les figures 13.4 (a) et (b), qui montrent les variations de l'investissement et de la consommation aux États-Unis et en France respectivement depuis 1960 et 1950. Pour les rendre plus simples à interpréter, les variables ont été mesurées en écart à la moyenne, de sorte que leur moyenne est nulle.

Figure 13.4 (a) – Consommation et investissement aux États-Unis depuis 1960.

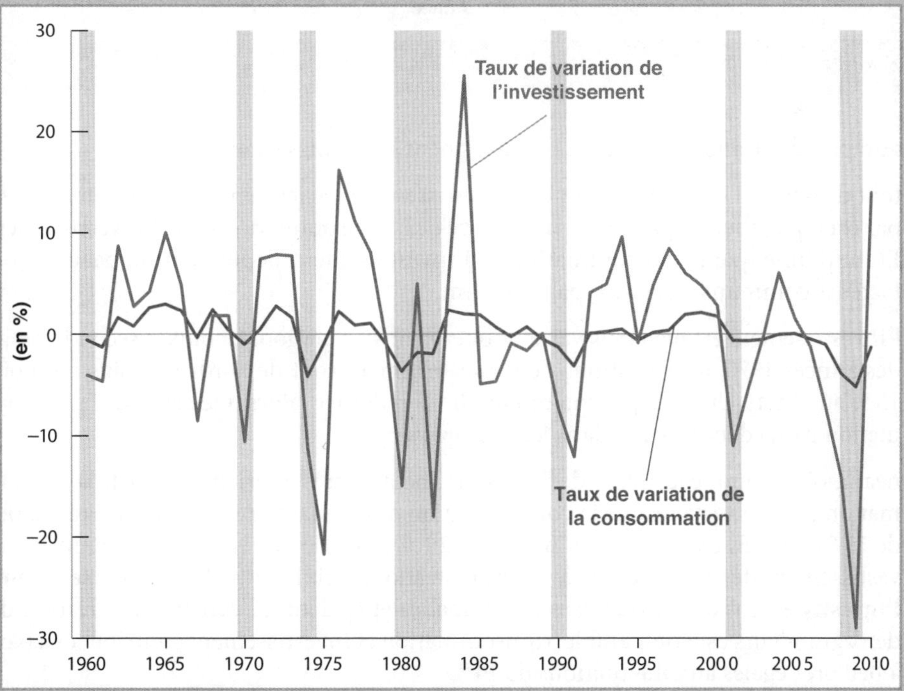

Les variations de l'investissement sont plus fortes que celles de la consommation.

Figure 13.4 (b) – Consommation et investissement en France depuis 1950.

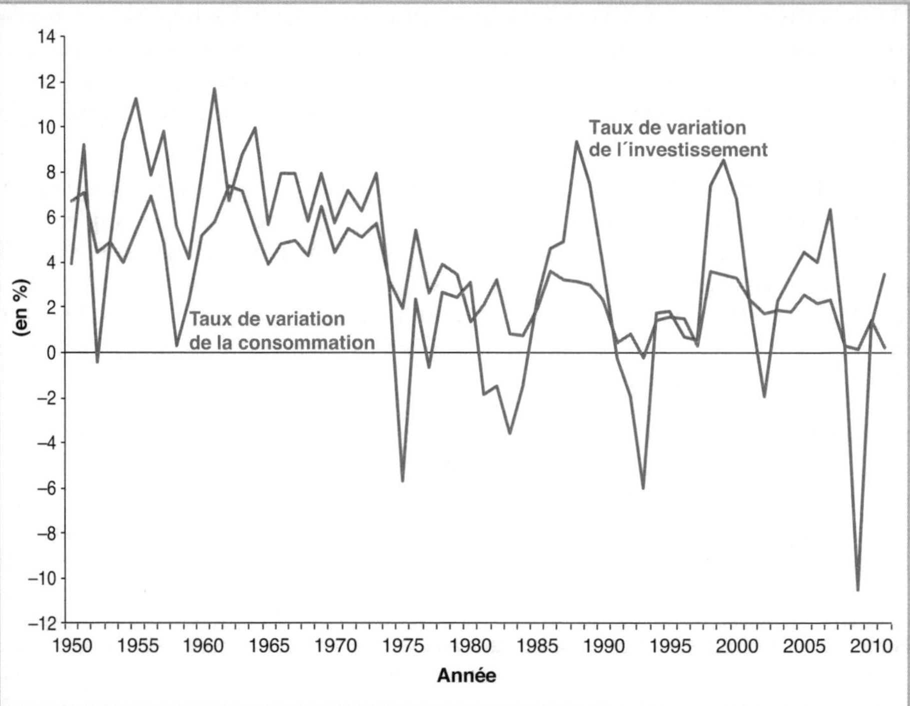

Source : INSEE.

Les graphiques français et américain enseignent les mêmes leçons :

- tout d'abord, la consommation et l'investissement varient ensemble. Les récessions, par exemple, s'accompagnent d'une baisse de la consommation et de l'investissement. Étant donné que la consommation et l'investissement dépendent de beaucoup de facteurs communs, cela n'est pas étonnant ;
- l'investissement est bien plus variable que la consommation. Depuis la seconde moitié des années 1970, les variations de l'investissement sont de l'ordre de plus ou moins 15 % aux États-Unis, de plus ou moins 10 % en France, alors que celles de la consommation n'excèdent pas 4 % dans les deux pays ;
- néanmoins, comme le niveau de l'investissement est très inférieur à celui de la consommation (souvenez-vous que la consommation des ménages représente en France plus de 55 % du PIB, contre un peu moins de 20 % pour l'investissement, y compris l'investissement des ménages et des administrations publiques – 11 % si on se limite à l'investissement des entreprises individuelles et sociétés), l'échelle de variation des deux grandeurs est comparable. Consommation et investissement contribuent à parts à peu près égales aux fluctuations du PIB.

Résumé

- La consommation dépend à la fois de la richesse et du revenu. La richesse est la somme du capital humain (valeur actuelle des revenus du travail anticipés) et de la richesse patrimoniale (financière et immobilière).
- La réponse de la consommation à des variations du revenu dépend du jugement sur leur caractère durable ou transitoire.
- La consommation devrait varier moins que le revenu ; elle peut varier même si le revenu ne change pas.
- L'investissement dépend des profits et de la valeur actuelle des profits futurs.
- Dans l'hypothèse où les anticipations de profit et de taux d'intérêt sont constantes, on peut considérer l'investissement comme une fonction du rapport entre le profit et le coût d'usage du capital, où ce dernier est la somme du taux de dépréciation du capital et du taux d'intérêt.
- Les variations du profit sont fortement corrélées avec celles de la production. On peut donc considérer l'investissement comme une fonction de la production en période courante et anticipée. Les entreprises qui anticipent une croissance soutenue de leurs ventes vont investir. Les variations de la production généralement jugées comme provisoires n'ont que peu d'effets sur l'investissement.
- L'investissement varie plus que la consommation. Quoique l'investissement représente des montants sensiblement inférieurs à la consommation, les fluctuations de la consommation et de l'investissement sont d'ampleur comparable en valeur absolue.

Annexe

Le calcul de la valeur actuelle anticipée des profits dans l'hypothèse de profits et de taux d'intérêt constants

Nous avons vu que la valeur actuelle anticipée des profits est donnée par :

$$V(\Pi_t^e) = \frac{\Pi_{t+1}^e}{(1+r_t)} + \frac{(1-\delta)\Pi_{t+2}^e}{(1+r_t)(1+r_{t+1}^e)} + \ldots \qquad (13.3)$$

Si l'entreprise anticipe des profits futurs égaux aux profits en période courante et, de même, des taux d'intérêt constants, de sorte que $\Pi_{t+1}^e = \Pi_{t+2}^e = \ldots = \Pi_t$ et $r_t^e = r_{t+1}^e = \ldots = r$, cette équation peut s'écrire :

$$V(\Pi_t^e) = \frac{\Pi}{(1+r_t)} + \frac{(1-\delta)\Pi_t}{(1+r_t)^2} \ldots$$

En factorisant par $\Pi/(1+r)$, on trouve :

$$V(\Pi_t^e) = \frac{\Pi_t}{(1+r_t)}\left[1 + \frac{(1-\delta)}{(1+r_t)} + \ldots\right]$$

Le terme entre parenthèses est une somme de termes géométriques. Sa somme est égale à $(1+r_t)/(r_t+\delta)$. En replaçant ce résultat dans l'équation précédente, on obtient :

$$V(\Pi_t^e) = \frac{\Pi_t}{(r_t+\delta)}$$

Applications

1. Vrai/Faux/Incertain

a. Pour l'étudiant moyen, capital humain et patrimoine sont comparables.

b. Les expériences naturelles telles que la retraite ou l'annonce d'une baisse d'impôts ne plaident pas en faveur du rôle des anticipations dans l'explication de la consommation.

c. Les immeubles et les usines se déprécient plus vite que les machines.

d. Une forte valeur du *q* de Tobin signifie que les marchés financiers croient que le capital est surévalué et donc que le prix des actions devrait être plus faible.

e. Les économistes ont montré que les effets des profits courants sur l'investissement se limitaient à l'information qu'ils apportaient sur les profits futurs.

f. Les données sur les trente dernières années de l'économie américaine suggèrent que le profit est étroitement corrélé avec le cycle.

g. Les variations de la consommation et de l'investissement sont en général de mêmes sens et importance.

2. Calcul d'actualisation et retraites

Un consommateur dispose d'un capital d'une valeur de 100 000 euros. Il gagne 40 000 euros cette année et s'attend à ce que son revenu croisse de 5 % par an en termes réels pendant deux ans. Il prendra alors sa retraite. Le taux d'intérêt réel est 0 % et va le rester. Les revenus du travail sont taxés à hauteur de 25 %.

a. Quel est le capital humain de ce consommateur ?

b. Quelle est sa richesse totale ?

c. Si ce consommateur s'attend à vivre pendant sept ans après sa retraite et souhaite que sa consommation reste constante tout au long de sa vie, combien consommera-t-il cette année ?

d. Si ce consommateur gagnait une prime de 20 000 euros cette année, toutes choses étant égales par ailleurs, de combien pourrait-il accroître sa consommation cette année et dans le futur ?

e. Supposez maintenant qu'au moment de sa retraite, la caisse de retraite lui verse 60 % de son salaire antérieur (le salaire de la dernière année d'activité) et que ces versements soient exemptés d'impôts. Quelle consommation supplémentaire cela autorise-t-il cette année ?

3. L'industrie du bretzel

Un fabricant de bretzels se demande s'il doit acheter une machine à fabriquer des bretzels, qui coûte 100 000 euros. Cette machine se déprécie de 8 % par an. Elle générera des profits de 18 000 euros cette année, 18 000 × (1 – 0,08) l'an prochain, c'est-à-dire le même taux de profit ajusté pour la dépréciation, etc. Déterminez si l'entrepreneur doit acheter la machine dans l'hypothèse où le taux d'intérêt est constant et vaut :

a. 5 % ;

b. 10 % ;

c. 15 %.

4. L'investissement éducatif

Supposez qu'à l'âge de 22 ans, vous veniez de terminer vos études universitaires et que l'on vous offre un salaire d'embauche de 40 000 euros, qui restera par la suite constant en termes réels. Cependant, vous envisagez aussi de compléter votre formation, en allant suivre dans une école un cycle de deux ans, ce qui accroîtra votre salaire de départ de 10 % en termes réels (il reste par la suite constant). Le taux de taxation des revenus du travail est de 40 %.

a. Si le taux d'intérêt réel est nul et que vous envisagez de prendre votre retraite à 60 ans, quel est le maximum que vous êtes prêt à payer pour cette formation ?

b. Que se passe-t-il si les impôts ne sont que de 30 % ?

5. L'accumulation

Supposez que chaque consommateur naisse sans patrimoine et vive trois périodes : la jeunesse, l'âge adulte et la retraite. Les consommateurs travaillent pendant les deux premières périodes. Leur revenu est de 5 euros pendant la première période, de 25 euros pendant la deuxième et nul dans la dernière. Les taux d'inflation et d'intérêt réels, courants et anticipés, sont nuls.

a. Quelle est la valeur actuelle des revenus du travail à la naissance ? Quel est le niveau de consommation le plus élevé possible tel que la consommation reste constante ?

b. Pour chaque groupe d'âge, quel est le niveau d'épargne qui permet d'assurer le profil de consommation déterminé précédemment ?

c. Supposez que n personnes naissent à chaque période. Quelle est l'épargne totale ?

d. Quel est le patrimoine total de cette économie ?

Supposez maintenant que des restrictions sur l'emprunt empêchent les jeunes d'emprunter. À chaque âge, les consommateurs calculent alors le niveau de consommation maximal qui leur permet d'avoir une consommation constante. Cependant, si ce niveau dépasse leur revenu plus leur patrimoine financier et s'ils ne peuvent emprunter, cela limite leur consommation.

e. Calculez la consommation à chaque période.

f. Calculez l'épargne totale.

g. Calculez le patrimoine financier.

h. « La libéralisation financière est bénéfique pour les individus, mais elle pourrait contribuer à freiner l'accumulation du capital. » Discutez cette affirmation.

Chapitre 14

Anticipations, production et politique économique

Au chapitre 13, nous avons étudié le rôle des anticipations dans les décisions de consommation et d'investissement. Au chapitre 12, nous avons vu comment elles entraient dans la détermination du prix des actions et des obligations. Dans ce chapitre, nous rassemblons ces acquis et réexaminons les effets de la politique économique.

14.1 Anticipations et choix

Le thème du chapitre 13 était l'introduction de l'analyse des anticipations dans la théorie de la consommation et de l'investissement. Les différents canaux à travers lesquels les anticipations modifient la consommation et l'investissement sont résumés ci-dessous.

Figure 14.1 – Anticipations et dépenses : les canaux de transmission.

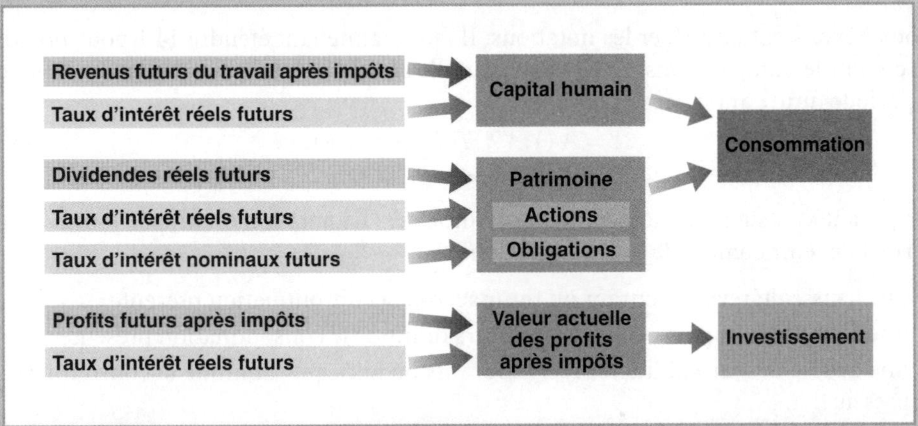

Les anticipations agissent sur les décisions de consommation et d'investissement, directement et par l'intermédiaire du prix des actifs.

Un modèle qui prétendrait expliquer la consommation et l'investissement à l'aide de toutes les variables présentées ici serait excessivement compliqué et, quoique cela puisse être fait – et le soit d'ailleurs couramment par des macroéconomistes qui veulent analyser la politique économique –, ce n'est pas le lieu ici d'essayer. Il nous faut chercher à rassembler l'essentiel de ce qui a été dit jusqu'à présent – la dépendance de la consommation et de l'investissement vis-à-vis du futur – sans se perdre dans les détails.

Pour ce faire, nous introduisons une simplification essentielle. Nous posons qu'il n'y a que deux périodes : la période courante et une période future [1]. De cette façon, nous n'aurons pas à définir sans cesse les anticipations.

La relation *IS*

Dans cette hypothèse, comment peut-on écrire la relation *IS* pour la période courante ? Revenons à la relation *IS* précédemment écrite [2] :

$$Y = C\,(Y - T) + I\,(Y, r) + G$$

L'équilibre du marché des biens suppose que la demande soit égale à l'offre. Avant d'introduire les anticipations dans cette relation, il est utile de la réécrire sous une forme plus compacte. Écrivons :

$$A\,(Y, T, r) = C\,(Y - T) + I\,(Y, r)$$

où A représente la demande privée [3]. Avec cette notation, *IS* s'écrit :

$$\underset{(+,\,-,\,-)}{Y = A\,(Y, T, r) + G} \qquad (14.1)$$

Les propriétés de A découlent des propriétés des fonctions de consommation et d'investissement :

- A est une fonction croissante de Y : la consommation et l'investissement croissent avec le revenu ;
- A est une fonction décroissante de T ;
- A est une fonction décroissante de r : un taux d'intérêt plus élevé conduit à un investissement plus faible.

Nous n'avons fait qu'alléger les notations. Il faut maintenant étendre 14.1 pour prendre en compte les anticipations. Une façon naturelle de le faire est d'y ajouter les variables de la période future anticipées :

$$\underset{(+,\,+,\,-,\,-,\,-,\,-)}{Y = A\,(Y, Y'^e, T, T'^e, r, r'^e) + G} \qquad (14.2)$$

L'exposant « *e* » signifie que la variable est anticipée. La notation est un peu lourde, mais permet de tenir compte de nos observations [4] :

- une hausse du revenu courant ou futur accroît la consommation présente ;
- une hausse des impôts courants ou futurs diminue la consommation présente ;
- une hausse des taux d'intérêt réels courants ou anticipés diminue la consommation présente.

Avec l'équilibre du marché des biens donné par l'équation 14.2, la figure 14.2 montre la forme de la nouvelle courbe *IS*. Comme d'habitude, pour tracer cette courbe, on

1. Cette façon de diviser le temps entre « aujourd'hui » et « demain » est la façon dont on organise beaucoup de choses dans sa propre vie : pensez à la distinction entre « ce que l'on doit faire » et « ce que l'on peut remettre au lendemain ».
2. C'est l'équation que nous avons vue au chapitre 11, lorsque nous avons introduit la distinction entre les taux d'intérêt réels et nominaux.
3. La justification de cette manipulation est qu'elle permet de regrouper les deux composantes de la demande, C et I, qui dépendent des anticipations. Nous continuons de traiter G, les dépenses publiques, comme exogènes.
4. Y ou $Y'^e \uparrow \Rightarrow A \uparrow$; T ou $Y'^e \uparrow \Rightarrow A \downarrow$; r ou $r'^e \uparrow \Rightarrow A \downarrow$

considère toutes les variables autres que Y et r comme données. La courbe *IS* est donc tracée pour des valeurs fixées des variables anticipées.

La nouvelle courbe *IS* est décroissante, pour les mêmes raisons que précédemment. Une baisse du taux d'intérêt conduit à une hausse de la demande et de la production, *via* un effet multiplicateur. La courbe *IS* est cependant plus pentue lorsque l'on prend en compte les anticipations : une variation du taux d'intérêt a un effet plus faible que précédemment sur l'activité.

Pour voir pourquoi, considérons le point *A* sur la figure 14.2 et supposons qu'il se produise une baisse du taux d'intérêt. L'effet de cette baisse sur le produit dépend de deux facteurs :

- une baisse du taux d'intérêt, à anticipations fixées, n'a pas beaucoup d'effets sur la dépense. Elle ne modifie que peu la valeur actuelle des revenus futurs et donc la richesse. Par exemple, l'investissement sera peu touché par une baisse du taux d'intérêt perçue comme transitoire [1] ;
- le multiplicateur est faible. La valeur du multiplicateur dépend de l'effet d'une variation du revenu sur la demande. Mais les variations du revenu en période courante, à anticipations fixées, n'ont qu'un effet très réduit sur la dépense. Effectivement, les variations transitoires du revenu ont un impact faible sur la consommation comme sur l'épargne [2].

Figure 14.2 – La nouvelle courbe *IS*.

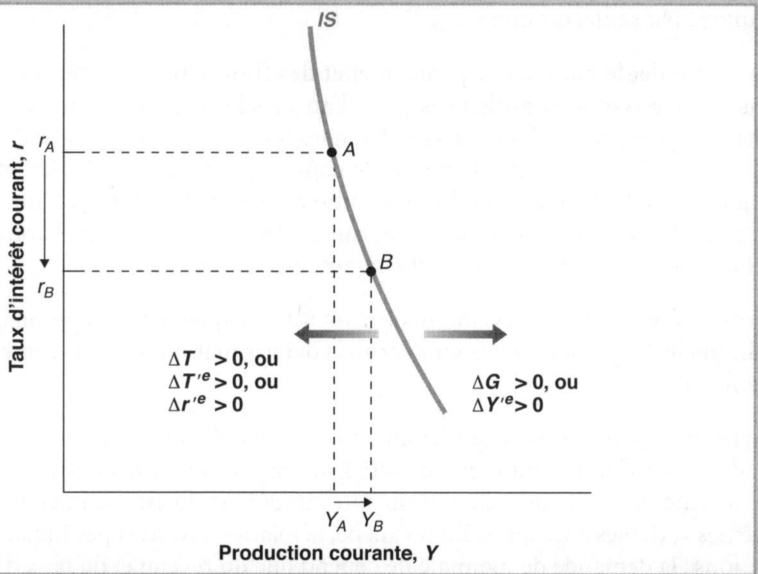

Étant donné les anticipations, une baisse du taux d'intérêt a un effet faible sur la production. Une hausse des dépenses publiques ou des revenus futurs anticipés déplace la courbe *IS* vers la droite. Une hausse des impôts ou des impôts futurs anticipés, ou des taux d'intérêt anticipés, déplace la courbe *IS* vers la gauche.

1. En termes de dérivées partielles, A_r est petit.
2. En termes de dérivées partielles, A_Y est petit.

Une forte baisse du taux d'intérêt (de r_A à r_B sur la figure 14.2) conduit comparativement à une hausse faible de la production. La courbe *IS* est plus pentue que précédemment.

Les variations des impôts (*T*) ou des dépenses publiques (*G*) déplacent la courbe *IS*. Ces variations sont représentées sur la figure 14.2.

Les variations des grandeurs anticipées ont aussi un impact sur la courbe *IS*. Une hausse du revenu futur anticipé la déplace vers la droite : toutes choses étant égales par ailleurs, cela accroît la consommation présente, les revenus anticipés et les profits anticipés, ce qui conduit les entreprises à investir plus et à accroître la production et la consommation présente, par un effet multiplicateur. Par le même argument, une hausse des taux d'intérêt réels anticipés, ou une hausse des impôts anticipés, aboutit à une baisse de la production, ce qui est aussi représenté sur la figure 14.2.

La relation *LM*

La relation *LM* que nous avons utilisée jusqu'à présent s'écrivait :

$$\frac{M}{P} = YL(i) \tag{14.3}$$

où M/P est l'offre de monnaie et $YL(i)$ la demande de monnaie. L'équilibre des marchés financiers nécessite que la demande de monnaie soit égale à l'offre. La demande de monnaie dépend du revenu réel et du taux d'intérêt nominal à court terme. Cette courbe doit-elle être modifiée pour tenir compte des anticipations ? La réponse, à la fois surprenante et plaisante, est non.

La demande de monnaie dépend en effet des transactions en période courante, et non pas des transactions anticipées pour l'an prochain ou les années suivantes ; il sera bien temps d'adapter les encaisses détenues à l'évolution du niveau des transactions, si celui-ci évolue à l'avenir. De même, le coût d'opportunité de la détention de monnaie aujourd'hui dépend du taux d'intérêt présent, et non pas du taux d'intérêt anticipé pour l'an prochain. Si les taux d'intérêt devaient être plus élevés dans l'avenir, le moment de réduire ses encaisses réelles serait demain, pas maintenant.

La décision de détenir de la monnaie étant intrinsèquement myope, on peut donc utiliser telle quelle l'équation 14.3 pour décrire la détermination du taux d'intérêt sur le marché monétaire.

En résumé, nous avons vu que les anticipations jouaient un rôle majeur dans les décisions de dépenses. Cela implique que les anticipations modifient la relation *IS* : la dépense privée ne dépend pas seulement du revenu après impôts et du taux d'intérêt, mais aussi de ces mêmes variables anticipées. En revanche, la relation *LM* n'est pas impactée par les anticipations : la demande de monnaie ne dépend que du revenu et du taux d'intérêt courant.

14.2 La politique monétaire et les anticipations

Dans le modèle *IS*/*LM* sous sa forme originale, il n'y avait qu'un seul taux d'intérêt, *i*, qui entrait dans la détermination des deux relations *IS* et *LM*. Quand la banque centrale diminuait ses taux directeurs, « le » taux d'intérêt baissait et la dépense globale croissait.

Les trois chapitres précédents nous ont permis de faire des distinctions beaucoup plus fines, dont deux doivent être particulièrement présentes à l'esprit :

- la distinction entre taux d'intérêt réel et nominal ;
- la distinction entre taux courant et taux anticipé.

Le taux d'intérêt pertinent dans le bloc *LM* est le *taux d'intérêt nominal courant*. Au contraire, dans la relation *IS*, il faut prendre en compte les *taux d'intérêt réels courants et anticipés*. Les économistes expriment parfois cela en disant que la *banque centrale* contrôle le *taux d'intérêt nominal à court terme*, alors que la demande est déterminée par le *taux d'intérêt réel de long terme*.

Examinons cela de plus près. Souvenez-vous que, d'après le chapitre 11, le taux d'intérêt réel est approximativement égal au taux d'intérêt nominal moins le taux d'inflation [1] :

$$r = i - \pi^e$$

De la même manière, le taux d'intérêt réel futur est approximativement égal au taux d'intérêt nominal futur anticipé moins le taux d'inflation anticipé [2] :

$$r'^e = i'^e - \pi'^e$$

Quand la *banque centrale* accroît l'offre de monnaie, ce qui diminue le taux d'intérêt nominal en période courante, l'effet sur le taux d'intérêt réel dépend de deux choses :

- l'effet de la baisse du taux court sur les anticipations de taux nominaux ;
- l'effet de la baisse du taux court sur l'inflation anticipée. Si, par exemple, les anticipations d'inflation sont révisées à la hausse, le taux d'intérêt réel futur sera plus faible pour un taux nominal anticipé donné.

Nous laissons de côté le second effet pour le moment, afin de nous concentrer sur le premier. On suppose donc que l'inflation anticipée est nulle, de sorte qu'il est inutile de distinguer taux nominal et taux réel. Soit r^e et r'^e les taux d'intérêt courants et futurs anticipés [3].

Avec cette simplification, on peut réécrire les relations *IS* et *LM* sous la forme [4] :

IS : $$Y = A\,(Y, T, r, Y'^e, T'^e, r'^e) + G \qquad (14.4)$$

LM : $$\frac{M}{P} = YL(r) \qquad (14.5)$$

Les courbes correspondantes sont représentées sur la partie (a) de la figure 14.3 [5].

Supposons que l'économie soit en récession et que la banque centrale décide d'accroître l'offre de monnaie. Considérons d'abord les anticipations comme fixées. La courbe *LM*

1. Il s'agit d'une inflation anticipée.
2. L'inflation future est anticipée en période courante.
3. Nous avons exploré le rôle des variations des anticipations d'inflation dans la relation entre taux d'intérêt réel et taux d'intérêt nominal au chapitre 11. En faisant ici abstraction des variations des anticipations d'inflation, on veut simplement simplifier la présentation. Vous avez cependant tous les éléments pour réintroduire ce problème.
4. La relation *IS* est inchangée. La relation *LM* est maintenant écrite en termes réels.
5. On n'a pas besoin, puisque l'inflation est nulle, de faire la distinction entre taux d'intérêt réel et taux d'intérêt nominal.

se déplace de *LM* en *LM″* [1]. Le nouvel équilibre, en *B*, est caractérisé par une production plus forte et un taux d'intérêt plus faible. La pente de la courbe *IS* détermine l'importance relative de ces deux effets. Ici, l'effet sur la production est faible parce qu'une variation du taux d'intérêt, pour des anticipations fixées, n'a qu'un effet faible sur la dépense [2].

Figure 14.3 – Les effets d'une politique monétaire expansionniste.

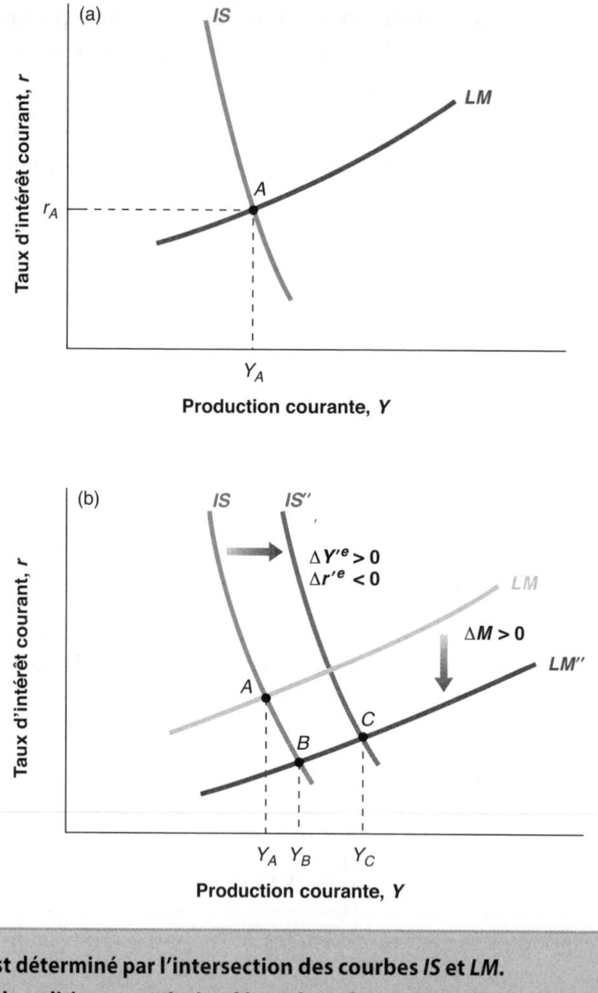

(a) L'équilibre est déterminé par l'intersection des courbes *IS* et *LM*.
(b) Les effets de la politique monétaire dépendent des anticipations.

Mais est-il raisonnable de supposer que la politique monétaire n'a d'influence que sur les variables courantes ? Que se passe-t-il si, à la suite du changement de politique monétaire, les anticipations de taux sont également révisées à la baisse ? Pour un taux d'intérêt donné en période courante, un taux d'intérêt futur plus faible accroît la richesse et la dépense : la courbe *IS* se déplacera en *IS″*. Les effets directs de la politique monétaire

1. Nous utilisons des secondes pour éviter les confusions avec les variables anticipées.
2. Étant donné les anticipations, une hausse de l'offre de monnaie déplace la courbe *LM* vers le bas, le long de *IS*.

sont limités, mais, une fois pris en compte les effets intermédiaires sur les anticipations, la politique monétaire se révèle plus efficace [1].

Pour résumer, nous venons d'apprendre une notion essentielle. Les effets de la politique monétaire – ou de toute autre politique macroéconomique – dépendent de la façon dont elle pèse sur les anticipations. Si un changement de politique monétaire conduit les agents à réviser leurs anticipations, son effet peut être très important ; sinon, les effets de l'expansion monétaire sur la production seront faibles.

Le rôle des anticipations est encore plus important dans la situation de trappe à liquidité, c'est-à-dire lorsque le taux d'intérêt à court terme est déjà égal à zéro et ne peut plus être réduit par la banque centrale. L'encadré « Trappe à liquidité, assouplissement quantitatif et rôle des anticipations » étudie comment la politique monétaire peut néanmoins jouer encore un rôle dans cette situation. Dire que les effets de la politique économique dépendent des anticipations ne revient pas à dire que tout peut arriver. Les anticipations ne sont pas arbitraires. On peut concevoir la formation des anticipations en deux étapes : l'une où les inflexions de politique économique future sont prévues, l'autre où sont estimés leurs effets sur l'activité. Si ces opérations ne sont pas effectuées directement par tous, elles le sont indirectement par la lecture des journaux, ou l'usage de toute autre source d'information. Les économistes se réfèrent à cela lorsqu'ils parlent d'**anticipations rationnelles**. L'introduction de cette hypothèse dans les modèles macroéconomiques est l'un des plus importants développements de ces trente dernières années. Nous en discuterons plus loin.

Plutôt que de revenir une nouvelle fois sur la politique monétaire, il sera plus intéressant d'appliquer ces nouveaux principes à la politique budgétaire.

Gros plan

Trappe à liquidité, assouplissement quantitatif et rôle des anticipations

Depuis la fin de l'année 2008 et à ce jour (fin de l'année 2012), relancer l'économie par une politique monétaire conventionnelle, c'est-à-dire en réduisant le taux d'intérêt nominal à court terme, n'est plus possible : le taux d'intérêt nominal à court terme est déjà proche de zéro. Les pays de la zone euro, tout comme les États-Unis et d'autres pays, sont dans une trappe à liquidité. Cela a conduit les banques centrales des États concernés à mettre en œuvre des politiques dites « non conventionnelles », connues sous le nom d'« assouplissement quantitatif » (en anglais, « *quantitative easing* ») ou d'« assouplissement du crédit » (« *credit easing* »).

On parle d'« assouplissement quantitatif » lorsque les banques centrales continuent, alors que le taux d'intérêt nominal est nul, à accroître l'offre de monnaie à travers des opérations d'*open market*, c'est-à-dire en achetant plus de bons du Trésor, ou en achetant des titres du Trésor avec des maturités plus importantes. L'assouplissement quantitatif vise à accroître l'offre de monnaie. On parle d'« assouplissement du crédit » lorsque la banque centrale achète un ensemble spécifique d'actifs : par exemple, des hypothèques ou des actions. L'objectif alors n'est pas tant d'accroître l'offre de monnaie que de faire baisser le taux d'intérêt de l'actif spécifique considéré.

Peut-on penser que de telles opérations puissent avoir un effet ? Après tout, en situation de trappe à liquidité, ces opérations n'ont pas d'effet sur le taux d'intérêt nominal à court terme :

1. Si la hausse de l'offre de monnaie conduit à une hausse de la production future anticipée et à une baisse du taux d'intérêt anticipé, la courbe *IS* se déplace vers la droite et la variation de la production est plus importante.

Gros plan

lorsque les obligations n'offrent pas une rémunération supérieure à la monnaie (les deux offrent une rémunération nulle), les agents acceptent de détenir plus de monnaie et moins d'obligations en réaction aux opérations d'*open market*, et le taux d'intérêt reste donc inchangé, égal à zéro. Par ailleurs, comme nous l'avons vu dans le chapitre 12, tant que les anticipations de taux d'intérêt futurs sont inchangées, la relation d'arbitrage entre détenir des obligations à court terme et des obligations à long terme a pour conséquence que les taux d'intérêt longs sont également inchangés. Il en va de même du cours des actions ou du prix des autres actifs.

Cet argument simple explique pourquoi de nombreux économistes sont sceptiques quant aux effets des politiques monétaires non conventionnelles. Mais on peut voir dans le paragraphe précédent que cet argument repose sur de nombreuses hypothèses. Si certaines d'entre elles ne sont pas vérifiées, ces politiques peuvent avoir un effet. Les économistes ont identifié trois canaux au travers desquels l'assouplissement quantitatif ou l'assouplissement du crédit peuvent avoir un impact sur l'économie :

- la relation d'arbitrage peut ne pas être vérifiée. Les investisseurs peuvent, par exemple, considérer qu'un actif est tellement risqué qu'ils ne veulent pas en détenir. Ou bien, et cela s'est produit pendant la crise, les investisseurs peuvent avoir un besoin de liquidité et être contraints de vendre un actif, quand bien même ils auraient souhaité le garder (on parle alors de « vente à prix bradés » ; en anglais, « *fire sale* »). Dans cette situation, une politique d'assouplissement du crédit (qui consiste pour la banque centrale à acheter l'actif en question) permet à la banque centrale de remplacer les investisseurs, ce qui accroît le prix de l'actif considéré et réduit le taux d'intérêt associé. Pour prendre un autre exemple, si les banques perdent soudainement une partie de leur financement et doivent rationner le crédit qu'elles accordent à leurs clients, la banque centrale peut être en mesure de financer certains de ces emprunteurs. Ainsi, quand la relation d'arbitrage n'est pas vérifiée, l'assouplissement du crédit peut avoir une efficacité ;
- une politique d'assouplissement quantitatif peut modifier les anticipations de taux d'intérêt futurs. Comme nous l'avons vu dans ce chapitre, pour un niveau donné d'inflation anticipée, ce qui importe est moins le taux d'intérêt nominal présent que les taux d'intérêt nominaux futurs. Si l'augmentation de l'offre de monnaie est interprétée par les marchés comme un signal que la banque centrale va continuer à mener une politique monétaire très expansionniste, et donc à maintenir les taux d'intérêt à un faible niveau pendant une période suffisamment longue, cela va accroître le niveau des dépenses aujourd'hui ;
- l'assouplissement quantitatif peut enfin modifier les anticipations d'inflation. Dans le monde étrange de la trappe à liquidité, une hausse de l'inflation anticipée est une bonne chose, puisque cela permet de diminuer les taux d'intérêt réels présents et futurs. Ainsi, si l'augmentation de l'offre de monnaie conduit les agents à anticiper une inflation plus forte dans le futur, cela va également accroître le niveau des dépenses aujourd'hui.

Aucun de ces canaux n'est totalement avéré. Le premier a plus de chances d'être effectif lors de la phase aiguë de la crise, lorsque les risques perçus sont élevés et que certains investisseurs vendent leurs actifs dans la précipitation. Les deux autres passent par un effet sur les anticipations et n'ont rien de mécanique. Si les anticipations de taux d'intérêt futurs ou d'inflation future ne sont pas modifiées, l'assouplissement n'aura pas d'effet sur les dépenses et, par conséquent, sur le produit.

Qu'observe-t-on empiriquement ? On peut regarder ce qui s'est passé aux États-Unis pendant la crise. Après avoir épuisé les possibilités de politique monétaire conventionnelle, la Réserve fédérale (Banque centrale des États-Unis) décida de mettre en œuvre à la fois un assouplissement quantitatif et un assouplissement du crédit : le programme dénommé *Quantitative Easing 1* (QE 1) fut mis en œuvre en novembre 2008. Il prévoyait l'achat de grandes quantités de titres adossés à des créances immobilières (il eût été plus approprié d'intituler le programme « *Credit Easing* », l'objectif étant clairement de réduire le taux d'intérêt sur ces actifs spécifiques que les investisseurs privés ne souhaitaient plus détenir). En août 2010, fut lancé le programme *Quantitative Easing 2* (QE 2), dans lequel la Réserve fédérale acheta des obligations du Trésor à long terme, afin d'accroître l'offre de monnaie. La figure 1 montre la taille et la composition des actifs détenus par la Réserve fédérale depuis 2007. La surface gris clair correspond à la détention de titres adossés à des créances immobilières et de quelques autres actifs ; la surface gris foncé représente la détention d'obligations du Trésor à long terme ; la surface bleu clair correspond aux prêts aux banques et aux autres institutions financières pendant la phase aiguë de la crise. On observe que, en conséquence de ces achats, la monnaie banque centrale a plus que triplé, passant d'environ 6 % du PIB en 2007 à presque 20 % en 2011 ! Cet accroissement massif eut-il un effet sur les taux d'intérêt des titres adossés à des créances immobilières ou des obligations du Trésor à long terme ? La plupart des études concluent qu'il y eut un tel effet, mais qu'il fut relativement modeste, de l'ordre d'une baisse de 0,5 point pour le taux d'intérêt sur les obligations à long terme. Les effets sur les anticipations d'inflation sont plus difficiles à estimer, mais le point favorable est que les anticipations d'inflation sont restées positives, ce qui permit d'éviter la spirale déflationniste qui se produisit lors de la crise de 1929 (voir chapitre 19).

La Banque centrale européenne mit également en œuvre au cours des dernières années des mesures de politique monétaire non conventionnelles. Celles-ci sont présentées dans le chapitre 24.

Figure 1 – Le portefeuille de la Réserve fédérale depuis 2007.

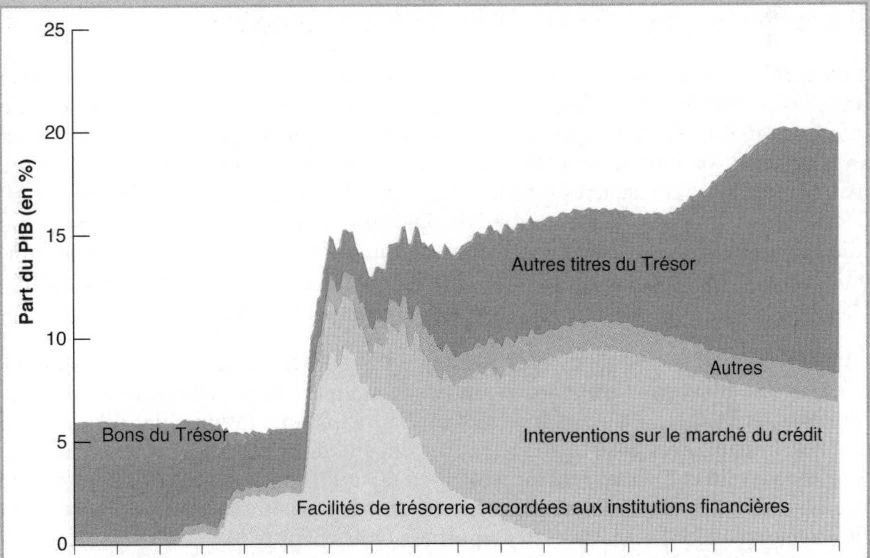

Gros plan

Les anticipations rationnelles

La plupart des macroéconomistes, aujourd'hui, se servent continuellement de l'hypothèse d'anticipations rationnelles. Mais cela n'a pas toujours été le cas. En fait, durant les vingt-cinq dernières années, on a pu parler de « révolution des anticipations rationnelles ».

Les macroéconomistes avaient auparavant deux façons de penser les anticipations :

- l'une était la théoric des esprits animaux (expression introduite par Keynes pour désigner les variations imprévisibles de l'investissement) : les variations des anticipations sont totalement aléatoires ;
- l'autre était d'utiliser des règles de révision des anticipations. Par exemple, on rencontrait l'hypothèse d'anticipations adaptatives, selon laquelle les individus corrigent leurs anticipations d'une fraction de l'erreur observée précédemment.

Dans les années 1970, un groupe d'économistes, conduit par Robert Lucas et Thomas Sargent, contesta ces façons de penser (Robert Lucas reçut le prix Nobel en 1995 pour son travail sur les anticipations). Ils avançaient que, en évaluant les effets d'une politique économique, il était incohérent de supposer qu'elle n'avait pas de répercussions sur les anticipations, et que les économistes devraient par conséquent considérer que les gens utilisent toute l'information disponible sur le futur, c'est-à-dire que leurs anticipations sont **rationnelles**.

En reprenant les principaux modèles macroéconomiques de l'époque, Lucas et Sargent montrèrent comment l'hypothèse d'anticipations rationnelles pouvait altérer des résultats classiques. Nous avons vu par exemple, au chapitre 10, comment Lucas a expliqué que la désinflation n'aurait pas nécessairement un coût en termes d'emploi si elle était parfaitement crédible. Plus généralement, les recherches de Lucas et Sargent prouvèrent que la macroéconomie avait besoin d'être totalement refondée.

La plupart des macroéconomistes utilisent maintenant l'hypothèse d'anticipations rationnelles comme hypothèse de travail dans leurs modèles et leurs analyses de la politique économique. Cela ne signifie pas qu'ils pensent que les gens ont vraiment tout le temps des anticipations rationnelles, mais les cas où les anticipations rationnelles sont une très mauvaise représentation de la réalité sont des exceptions, et il n'est pas certain, de toute façon, que l'on puisse en dire grand-chose. Pour évaluer une mesure de politique économique, la meilleure hypothèse possible est que les agents feront du mieux qu'ils le pourront pour en mesurer les implications. Une politique fondée sur l'hypothèse que les agents feront des erreurs systématiques est incohérente.

Pourquoi alors fallut-il si longtemps pour que l'hypothèse d'anticipations rationnelles devienne une hypothèse standard en macroéconomie ? Essentiellement en raison de problèmes techniques. Dans les modèles avec anticipations rationnelles, le présent dépend des anticipations futures, mais le futur dépend de ce qui se passe aujourd'hui. Le succès de Sargent et Lucas est dû largement au fait qu'ils ont montré comment résoudre cette difficulté. Beaucoup de progrès ont été faits depuis, et un certain nombre de modèles économétriques utilisent cette hypothèse (voir chapitre 8).

14.3 Réduction du déficit, anticipations et production

Dans les parties II et III, nous avons énoncé un certain nombre de conclusions sur les effets d'une réduction du déficit budgétaire [1] :

- dans le moyen et le long terme, une réduction du déficit est avantageuse pour l'économie. Dans le moyen terme, une baisse du déficit conduit à une hausse de l'investissement. Dans le long terme, cette hausse de l'investissement implique une hausse de la production ;
- dans le court terme, cependant, à moins d'être accompagnée d'une expansion monétaire, une baisse du déficit conduit à une baisse de la demande et donc à une réduction de la production.

C'est l'effet pervers de court terme – sans parler de l'impopularité des impôts ou des baisses des transferts sociaux – qui décourage les gouvernements de réduire les déficits : pourquoi prendre une décision douloureuse maintenant, dont les bénéfices ne seront perçus que plus tard ?

Au cours des dix dernières années, néanmoins, beaucoup d'économistes ont remis en question cette conclusion et affirmé qu'une baisse du déficit pouvait accroître la production, même dans le court terme. Leur raisonnement est le suivant : si les consommateurs prennent en compte l'effet attendu de la baisse du déficit sur leur richesse, leurs anticipations des revenus futurs peuvent suffisamment s'améliorer pour conduire à une hausse de la consommation, et non à une baisse. Cette section présente plus formellement cet argument. Une étude de cas célèbre figure dans l'encadré qui clôt ce chapitre.

Supposons que l'économie soit décrite par une équation telle que 14.4 pour la relation *IS* et 14.5 pour la relation *LM*. Imaginons que le gouvernement annonce un programme de réduction du déficit, par une baisse des dépenses publiques courantes et futures, G et G'^e. Que va-t-il se passer dans la période courante ?

Le rôle des anticipations

Supposons d'abord que les anticipations du revenu futur et du taux d'intérêt futur ne changent pas. Alors, la réponse standard tient : la baisse des dépenses publiques déplace la courbe *IS* vers la gauche et conduit à une baisse du produit. La question cruciale est donc l'ampleur de la modification des anticipations.

- Dans le moyen terme, une baisse du déficit est neutre pour la production. Elle engendre cependant une baisse du taux d'intérêt et une hausse de l'investissement privé. Ce sont les deux leçons du chapitre 8. Rappelons la logique qui les sous-tend.

  Dans le moyen terme, on considère le stock de capital comme fixé. La production dépend donc du niveau de productivité (indépendant) et du niveau naturel de l'emploi. Si les dépenses publiques ne modifient pas le niveau de chômage structurel, les variations de ces dépenses ne jouent pas sur la production dans le moyen terme. La réduction du déficit n'a ainsi pas d'effet sur la production.

1. Voir la section 8.5, « Une réduction du déficit budgétaire », pour une analyse des effets de court et de moyen terme et la section 4.2, « Progrès technique et taux de croissance », pour l'analyse des effets de long terme – *via* les effets sur l'épargne et l'accumulation du capital.

Comme la production est égale à la somme des dépenses publiques et de la demande privée, si les dépenses publiques sont plus faibles, les dépenses privées doivent être plus fortes. Cela suppose un taux d'intérêt plus bas : une baisse du taux d'intérêt implique une hausse de l'investissement et donc une hausse de la demande privée qui compense la baisse des dépenses publiques [1].

- Dans le long terme, la hausse de l'investissement conduit à une hausse du stock de capital et, de fait, de la production [2].

  C'était une des leçons du chapitre 4 : plus l'épargne est forte, plus le stock de capital est important, et plus le niveau de production à long terme est élevé.

Si les consommateurs, les entreprises et les intervenants sur les marchés financiers ont des anticipations rationnelles, alors, en réponse à l'annonce d'une réduction du déficit, ils vont anticiper tous ces effets. Ils réviseront donc leurs anticipations de la production future Y'^e à la hausse et leurs anticipations du taux r'^e à la baisse.

La période courante

On peut maintenant revenir à la question de savoir comment va évoluer la dépense privée dans la période courante (celle où la réduction du déficit est annoncée et mise en œuvre).

La figure 14.4 montre les courbes *IS* et *LM* pour la période courante. Maintenant, trois canaux de transmission ont un impact sur la courbe *IS* :

- les dépenses publiques (G) diminuent, déplaçant la courbe *IS* vers la gauche. Pour un niveau donné du taux d'intérêt, la baisse des dépenses publiques implique une baisse de la demande globale et de la production ;
- le revenu futur anticipé Y'^e croît, déplaçant la courbe *IS* vers la droite. Pour un niveau donné du taux d'intérêt, la hausse du revenu anticipé accroît la richesse et la consommation des ménages ;
- le taux d'intérêt anticipé décroît, déplaçant la courbe *IS* vers la droite. Pour un niveau donné du taux d'intérêt en période courante, une baisse des taux d'intérêt anticipés stimule la demande privée et accroît la production.

Quel effet résulte de ces trois mécanismes sur la courbe *IS* ? L'effet des variations de revenus et de taux d'intérêt anticipés peut-il compenser la baisse des dépenses publiques, voire conduire à une hausse de la demande globale ? Sans hypothèses supplémentaires sur la forme exacte de ces relations, on ne peut pas dire quel effet l'emporte. Mais notre analyse nous a permis de comprendre que les deux cas sont envisageables ; elle permet aussi de préciser les conditions dans lesquelles l'un ou l'autre scénario est le plus probable.

Plus la baisse des dépenses publiques est faible, plus l'effet direct sur la demande est faible. En revanche, plus la baisse des dépenses publiques futures est forte, plus l'effet sur le revenu anticipé et les taux d'intérêt anticipés est fort. Ainsi, un programme qui combinerait une baisse modérée des dépenses publiques en période courante et une forte baisse pour l'avenir est davantage susceptible de permettre une croissance de la production.

1. Dans le moyen terme : $Y \rightarrow \Rightarrow I \uparrow$.
2. Dans le long terme : $I \uparrow \Rightarrow K \uparrow \Rightarrow Y \uparrow$.

Figure 14.4 – Les effets de la réduction du déficit sur la production.

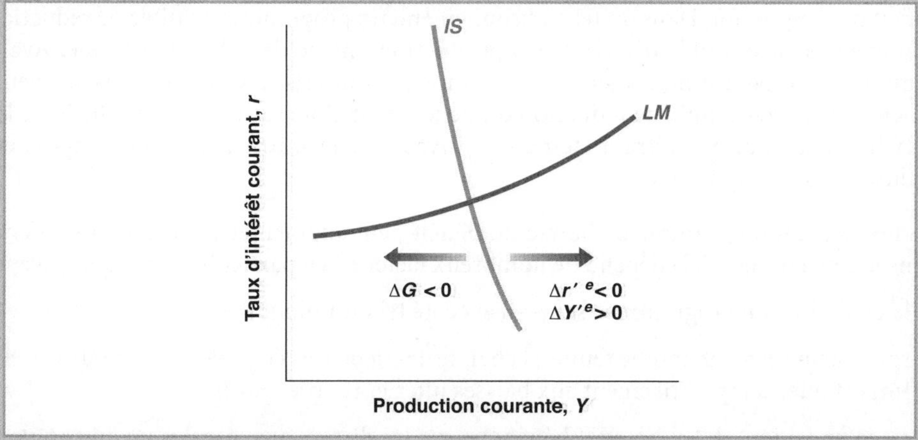

Quand on prend en compte les anticipations, la baisse des dépenses publiques ne conduit pas nécessairement à une baisse du produit.

Cependant, l'**échelonnement** de la réduction du déficit crée d'autres problèmes. Annoncer de fortes baisses des dépenses dans l'avenir et une faible baisse aujourd'hui pose évidemment un sérieux problème de **crédibilité** – la probabilité subjective que le gouvernement fasse ce qu'il a annoncé. Le gouvernement doit donc trouver un équilibre entre une baisse des dépenses assez importante aujourd'hui, pour convaincre de son intention de réduire le déficit, et une baisse des dépenses assez reportée dans l'avenir, pour réduire les effets sur la demande globale en période courante [1].

Plus généralement, notre analyse suggère que tout ce qui améliore les anticipations, dans un programme de réduction du déficit, diminue le coût de cette réduction. Donnons deux exemples.

Les mesures qui sont perçues par les entreprises et les marchés financiers comme réduisant certaines distorsions dans l'économie peuvent améliorer les anticipations et accroître la dépense privée dans le court terme. Prenons, par exemple, les allocations chômage : nous avons vu au chapitre 7 qu'une baisse des allocations chômage peut conduire à une baisse du taux de chômage naturel et donc à un niveau de produit naturel plus élevé. Ainsi, une réforme de l'assurance chômage, qui inclurait une baisse des allocations chômage, doit avoir deux effets dans le court terme : tout d'abord, un effet dépressif sur la consommation des chômeurs ; ensuite, un effet positif sur la consommation à travers un effet de richesse – la baisse des allocations chômage impliquant un niveau de production et de revenu plus élevé dans le futur, la consommation et l'investissement doivent croître. Si le second effet domine le premier, l'effet total peut être une hausse de la dépense, qui accroît la production non seulement dans le court terme, mais aussi dans le moyen et le long terme [2].

1. De la même façon, les gouvernements ont présenté, face à la récession de 2008 et 2009, des plans de relance budgétaire, qui impliquaient d'accroître les déficits à court terme, tout en prévoyant parfois des mesures destinées à réduire les déficits publics à moyen terme.
2. Un point important : même si une baisse des prestations sociales accroît le produit, cela ne signifie pas pour autant qu'il faille les baisser. Même si le revenu agrégé croît, il faut se préoccuper des effets redistributifs : la consommation des chômeurs va diminuer.

Ou bien considérons une économie dans laquelle le gouvernement a perdu la maîtrise des finances publiques. Les dépenses publiques sont élevées, les recettes fiscales faibles et le déficit très important. Dans un tel environnement, un programme crédible de réduction du déficit est susceptible d'accroître la production, même dans le court terme. Avant l'annonce du programme, les gens peuvent anticiper une crise budgétaire dans un avenir proche [1]. Un programme de réduction du déficit peut alors suffisamment améliorer les anticipations pour accroître la demande privée, même si une hausse des impôts est incluse dans le programme.

En résumé, un programme de baisse du déficit peut augmenter la production, même dans le court terme. Cela dépend de nombreux facteurs, en particulier ceux qui suivent :

- la crédibilité du programme : sera-t-il exécuté tel qu'annoncé ?
- son échelonnement dans le temps : la baisse des dépenses en période courante est-elle importante, comparativement aux baisses ultérieures prévues ?
- sa composition : a-t-il un effet bénéfique sur les distorsions, fiscales ou autres, dont souffre l'économie ?
- l'état des finances publiques au moment où il est lancé : quelle est l'ampleur du déficit initial ? Que se passera-t-il si la réduction annoncée n'est pas réalisée ?

Cela donne une idée de la difficulté qu'il y a à utiliser la politique budgétaire, dès lors que l'on prend en compte les anticipations [2]. Et il ne s'agit pas que d'un cas d'école : à l'heure où nous écrivons, ces questions sont au centre des débats sur la politique macroéconomique. Au sein des pays avancés, la crise a entraîné de fortes augmentations des dettes publiques. La quasi-totalité des gouvernements doit engager un processus de consolidation budgétaire – une réduction des déficits publics. À quel rythme doivent-ils procéder ? Peut-on espérer que cette consolidation budgétaire, si elle est bien menée, ait un effet expansionniste plutôt que récessif ? Telles sont les questions cruciales. L'analyse qui précède suggère les conclusions suivantes :

- il est important d'avoir un plan clair et crédible sur la réduction des déficits à moyen et long termes. Plus ce programme est crédible, plus les agents sont convaincus que la dette va effectivement être réduite et contenue à moyen et long termes, et moins il est nécessaire de réduire fortement le déficit à court terme, ce qui permet de limiter l'effet récessif de la consolidation budgétaire à court terme ;
- dans la plupart des situations, il ne faut pas attendre de miracle : les programmes de réduction des déficits conduisent presque toujours à un ralentissement de l'activité économique à court terme. Il existe quelques exemples cependant de situations où les marchés financiers sont très inquiets du niveau d'endettement d'un pays et où les taux d'intérêt que paie l'État sur sa dette publique sont en conséquence très élevés. Dans ces situations, il peut arriver que la baisse des taux d'intérêt engendrée par un programme de consolidation budgétaire crédible annule les effets directs récessifs de la baisse des déficits publics.

---

1. Comme nous le verrons au chapitre 21, un très gros déficit rend en général le recours à la création monétaire nécessaire et génère donc de l'inflation, qui non seulement handicape l'économie mais crée de l'instabilité politique.
2. Remarquez que nous sommes arrivés très loin de nos conclusions du chapitre 6 où le gouvernement pouvait imposer n'importe quel niveau de production. Ici, même le sens des effets d'une mesure peut être incertain.

Macroéconomie mondiale

Une réduction du déficit budgétaire peut-elle être expansionniste ? – Le cas de l'Irlande dans les années 1980

L'Irlande a connu deux épisodes majeurs de réduction du déficit public dans les années 1980. Le premier programme débuta en 1982. En 1981, le déficit atteignait 13 % du PIB. La dette publique représentait 77 % du PIB. Le gouvernement devait donc reprendre le contrôle de ses finances. Sur une période de trois ans, il mit en place un programme de réduction du déficit, fondé surtout sur des hausses d'impôts. C'était un programme ambitieux : si la production avait continué à croître à son rythme précédent, le déficit aurait été réduit de 5 % du PIB.

Les résultats furent décevants. Comme on peut le voir sur la ligne 2 du tableau 1, la croissance fut faible en 1982, quasiment nulle en 1983. Cette faible croissance engendra une forte hausse du chômage, de 9,5 % en 1981 à 15 % en 1984 (ligne 3). Les recettes fiscales furent donc plus faibles que prévu. La baisse du déficit, dont l'évolution figure sur la ligne 1, ne fut que de 3,5 % du PIB. De plus, la combinaison d'une faible croissance et d'un déficit persistant conduisit à une nouvelle hausse du taux d'endettement public, qui passa à 97 % du PIB.

Une seconde tentative commença en février 1987. Les choses allaient toujours aussi mal. Le déficit pour 1986 était de 10,7 % du PIB ; la dette publique représentait 116 % du PIB, un record en Europe. Ce nouveau programme était très différent du premier. Il visait à réduire le rôle de l'État dans l'économie, et la réduction du déficit devait donc être obtenue par une baisse des dépenses publiques plutôt que par une hausse des impôts. La hausse des recettes fiscales prévue devait résulter d'un élargissement de l'assiette, sans augmentation du taux marginal de prélèvement. Le programme restait très ambitieux : si la production avait continué à croître à son rythme précédent, la baisse du déficit aurait été de 6,4 % du PIB.

Les résultats ne pouvaient pas être plus différents de ceux obtenus précédemment. De 1987 à 1989, la croissance resta forte, supérieure en moyenne à 5 %. Le taux de chômage baissa de 2 %. Les recettes fiscales furent donc plus fortes que prévu, et le déficit diminua de 9 % du PIB.

Certains économistes avancèrent l'hypothèse que les différences frappantes entre les deux ajustements provenaient de différences relatives aux effets sur les anticipations des deux programmes. Le premier programme, trop focalisé sur les revenus, ne remettait pas en cause la présence de l'État, pourtant largement critiquée. Le second, focalisé sur la maîtrise des dépenses et sur la réforme fiscale, aurait eu un impact bien plus favorable sur les anticipations.

Ont-ils raison ? Une variable, le taux d'épargne privée, peut suggérer que les anticipations sont en effet cruciales dans ces épisodes. Pour interpréter le comportement de l'épargne, il faut revenir au chapitre 13 qui traite de la consommation. Quand le revenu disponible ralentit de manière inhabituelle ou diminue – en période de récession –, la consommation ralentit ou diminue moins que le revenu, car les ménages savent que la situation est provisoire. En d'autres termes, en période de récession ou de croissance exceptionnellement lente, généralement le taux d'épargne diminue. Maintenant, interprétons ce qui se passa de 1981 à 1984 : en dépit d'une faible croissance puis d'une récession, le taux d'épargne privée crût. En d'autres termes, les ménages réduisirent leur consommation dans des proportions supérieures à la baisse du revenu, ce qui traduisait un pessimisme vis-à-vis du futur.

Macroéconomie mondiale

De 1986 à 1989, l'économie crût rapidement, de façon inhabituelle. Donc, la consommation aurait dû croître moins que proportionnellement et le taux d'épargne augmenter. En réalité, il décrut, passant de 15,7 % à 12,6 %, ce qui traduisait l'optimisme des consommateurs.

La question est ensuite de savoir si cette différence entre les comportements des anticipations est entièrement imputable aux différences entre les deux ajustements. La réponse : certainement pas. La politique monétaire n'était pas identique durant les deux périodes. Plus important, l'Irlande était en train de changer profondément au moment du second programme. La productivité croissait bien plus vite que les salaires, ce qui diminuait le coût du travail. Attirées par les baisses d'impôts, le faible coût du travail et une force de travail bien éduquée, beaucoup d'entreprises étrangères vinrent s'implanter en Irlande. Cela joua un rôle important dans la période de forte croissance qui commença en 1987. La croissance irlandaise resta très forte pendant une longue période, le plus souvent supérieure à 5 % par an entre 1990 et la crise, en 2007. Cette longue expansion s'explique certainement par d'autres facteurs que la politique économique. Cependant, le tournant budgétaire de 1987 joua sans doute un rôle en convainquant les ménages et les entreprises – y compris étrangères – que le gouvernement reprenait le contrôle de ses finances. Quoi qu'il en soit, le fait demeure que la baisse du déficit de 1987-1989 fut accompagnée d'une forte expansion, et non pas de la récession prédite par le modèle *IS*/*LM*.

Pour approfondir, voir Francesco Giavazzi et Marco Pagano, « Can Severe Fiscal Contractions be Expansionary? Tales of Two Small European Countries », *NBER Macroeconomics Annual*, 1990, p. 75-110.

Un bilan international des programmes de réduction du déficit public est donné dans « An Empirical Analysis of Fiscal Adjustments », par John McDermott et Robert Wescott, FMI, document de travail, juin 1996.

Tableau 1 – Les principaux indicateurs macroéconomiques en Irlande, 1981-1984 et 1986-1989.

	1981	1982	1983	1984	1986	1987	1988	1989
1. Déficit budgétaire (en % du PIB)	– 13,0	– 13,4	– 11,4	– 9,5	– 10,7	– 8,6	– 4,5	– 1,8
2. Taux de croissance	3,3	2,3	0,2	4,4	– 0,4	4,7	5,2	5,8
3. Taux de chômage	9,5	11,0	13,5	15,0	17,1	16,9	16,3	15,1
4. Taux d'épargne privée (en % du revenu disponible)	17,9	19,6	18,1	18,4	15,7	12,9	11,0	12,6

Source : OCDE, *Perspectives économiques*, juin 1998.

Résumé

- La dépense sur le marché des biens dépend de la production en période courante et anticipée et des taux d'intérêt réels courants et anticipés. Les variations de la production ou du taux d'intérêt anticipé peuvent conduire à des variations du revenu en période courante.
- Les effets d'une politique économique en période courante dépendent donc de ses effets sur les anticipations.
- L'hypothèse d'anticipations rationnelles signifie que les individus, les entreprises et les intervenants sur les marchés financiers forment leurs anticipations en évaluant les effets de la politique économique à venir sur la production et les taux d'intérêt. Quoique la plupart des gens ne se livrent pas eux-mêmes à cet exercice, ils le font indirectement en regardant la télévision ou en lisant les journaux.
- Bien qu'il y ait certainement des cas où les individus et les entreprises ne forment pas des anticipations rationnelles, cette hypothèse reste la plus valable pour évaluer les effets d'une politique économique. Recommander une politique en supposant que les gens feront des erreurs systématiques dans leurs anticipations à propos de ses effets ne paraît pas raisonnable.
- Les variations de l'offre de monnaie ont une incidence sur le taux d'intérêt nominal à court terme. La dépense globale dépend cependant des taux d'intérêt réels courants et futurs. Les effets de la politique monétaire dépendent donc de la question de savoir si les variations du taux nominal de court terme influencent ou non les taux d'intérêt réels de long terme.
- Quand on prend en compte les effets des anticipations, une réduction du déficit budgétaire peut conduire à une hausse, et non à une baisse de la production. Cela tient à ce que des anticipations d'une hausse de la production et d'une baisse des taux d'intérêt accroissent plus que proportionnellement la demande privée.

Applications

1. Vrai/Faux/Incertain

a. Les modifications dans les anticipations des taux d'intérêt réels ont un effet beaucoup plus important sur la dépense que les modifications du taux d'intérêt réel courant.

b. Quand on introduit les anticipations dans le modèle du marché des biens, la courbe *IS* est toujours décroissante, mais devient beaucoup plus plate.

c. La demande de monnaie dépend des taux d'intérêt nominaux courants et anticipés.

d. L'hypothèse des anticipations rationnelles implique que les consommateurs doivent prendre en compte les effets sur la production de la politique budgétaire à venir.

e. Les anticipations de la politique budgétaire future ont un effet sur les anticipations de l'activité économique future, mais n'ont pas d'impact sur l'activité courante.

f. Selon les effets qu'elle aura sur les anticipations, une contraction budgétaire peut finir par entraîner une expansion économique.

g. Les effets très contrastés des programmes de réduction du déficit irlandais en 1982 et 1987 ne parlent pas en faveur d'une théorie unique des anticipations.

2. Consommation et marché financier

À la fin des années 1990, un grand nombre d'observateurs ont affirmé que les États-Unis étaient passés à la « Nouvelle Économie », ce qui justifiait le niveau élevé de la Bourse observé à l'époque.

a. Expliquez comment cela a influencé les dépenses de consommation.

b. Les cours de la Bourse ont baissé par la suite. Quels ont pu être les effets sur la consommation ?

3. Le déplacement de l'équilibre

Dans chacun des cas suivants, déterminez si la courbe *IS*, la courbe *LM*, les deux ou aucune des deux se déplacent. Vous supposerez dans chaque cas que l'inflation courante et future anticipée est nulle et qu'il n'y a aucune modification des variables exogènes.

a. Le taux d'intérêt réel futur anticipé baisse.

b. La courbe des taux devient plus pentue.

c. L'offre de monnaie augmente.

d. On anticipe une hausse de l'offre de monnaie.

e. On anticipe une hausse des impôts.

f. On anticipe une baisse du revenu.

4. Les anticipations rationnelles

« L'hypothèse des anticipations rationnelles est irréaliste parce qu'elle revient principalement à affirmer que chaque consommateur a une connaissance parfaite de l'économie. »

Discutez cette affirmation.

5. L'effet des anticipations sur l'activité

Un nouveau président qui a promis une baisse des impôts pendant sa campagne électorale vient d'être élu. On croit qu'il tiendra ses promesses, mais que la baisse des impôts n'aura lieu que plus tard. Déterminez l'impact de cette élection sur la production, le taux d'intérêt et la dépense privée de l'année de l'élection, dans chacune des hypothèses suivantes (vous indiquerez dans chaque cas ce qu'il advient, à votre avis, de la production anticipée, du taux d'intérêt anticipé et des impôts anticipés, et comment ces modifications des anticipations influent sur la production courante).

a. La banque centrale ne change pas sa politique.

b. La banque centrale agit de façon à éviter toute modification de la production future.

c. La banque centrale agit de façon à éviter toute augmentation du taux d'intérêt futur.

Partie V – L'économie ouverte

Chapitre 15

L'économie ouverte : le marché des biens et des capitaux

Nous avons jusqu'ici supposé que l'économie était *fermée* – qu'elle n'interagissait pas avec le reste du monde. Il fallait commencer ainsi, pour rendre les choses simples et donner l'intuition des mécanismes macroéconomiques de base. Nous sommes maintenant prêts à abandonner cette hypothèse. La compréhension des implications macroéconomiques de l'ouverture sera l'objet de ce chapitre et des trois suivants[1].

L'ouverture de l'économie a deux dimensions distinctes :

1. **l'ouverture des marchés des biens** : la possibilité pour les consommateurs et les entreprises de choisir entre biens nationaux et biens étrangers. Dans aucun pays, ce choix n'est complètement libre de toute restriction : même les pays les plus engagés dans le libre-échange imposent des droits de douane et des quotas au moins pour certains biens (les **droits de douane** sont des taxes sur les biens importés ; les **quotas** sont des restrictions sur les quantités de biens qui peuvent être importées). En même temps, dans la plupart des pays, les tarifs douaniers moyens sont bas et en baisse ;
2. **l'ouverture des marchés financiers** : la possibilité pour les investisseurs financiers de choisir entre des actifs financiers nationaux ou étrangers. Jusqu'à une période très récente, même quelques-uns des plus riches pays, comme la France et l'Italie, avaient un contrôle sur les capitaux, des restrictions strictes sur le niveau d'actifs étrangers que leurs résidents pouvaient détenir, aussi bien que sur les actifs nationaux que des étrangers pouvaient posséder. Comme ces contrôles tendent à disparaître, les marchés financiers mondiaux deviennent de plus en plus intégrés.

Ce chapitre examine ces deux dimensions et leurs implications[2].

---

1. Voici donc la seconde extension de la théorie de base : l'économie ouverte.
2. Il existe une troisième dimension de l'ouverture, **l'ouverture des marchés de facteurs** : le choix pour les entreprises du lieu de production et, pour les travailleurs, de l'endroit où travailler, d'émigrer ou non. Ici aussi, de nettes tendances émergent. Les compagnies multinationales installent leurs usines dans de nombreux pays et déplacent leurs opérations dans le monde pour tirer parti des plus faibles coûts. Une grande partie du débat autour de l'accord de libre-échange de l'Amérique du Nord (ALENA), signé en 1993 par les États-Unis, le Canada et le Mexique, se concentre sur les implications de cet accord sur la délocalisation d'entreprises américaines au Mexique. Par ailleurs, l'émigration de pays à faibles salaires vers des pays à salaires élevés est un problème politique délicat pour des pays comme l'Allemagne et les États-Unis. Dans le court à moyen terme (le cadre de ce chapitre et des trois suivants), l'ouverture des marchés de facteurs joue un rôle bien moins important que l'ouverture des marchés financiers et des marchés des biens – raison pour laquelle nous ignorons ici cette troisième dimension.

15.1 L'ouverture des marchés des biens

La figure 15.1 montre l'évolution des exportations et importations françaises, par rapport au PIB, depuis 1949. Ce qui est frappant, c'est la manière dont ces ratios ont évolué au cours du temps. Les exportations et importations, qui représentaient environ 14 % du PIB en 1950, se situent actuellement au-delà de 25 % du PIB. La France, à l'instar de la majeure partie des pays de la planète, commerce substantiellement plus avec le reste du monde qu'elle ne le faisait il y a soixante ans.

Un examen plus précis de la figure 15.1 (a) révèle en outre que les exportations et les importations ont suivi en gros la même tendance [1]. Cependant, malgré cette tendance identique, le graphique 15.1 (b) montre qu'aux États-Unis, les importations ont systématiquement été supérieures aux exportations depuis 1980. Autrement dit, au cours des trente dernières années, les États-Unis ont toujours eu un déficit commercial. Au milieu des années 2000, ce déficit a été supérieur à 5 % du PIB pendant quatre années consécutives. Même s'il s'est réduit depuis le début de la crise, il demeure important aujourd'hui. Comprendre les sources et les implications de ce considérable déficit extérieur des États-Unis est l'une des questions macroéconomiques centrales aujourd'hui.

Figure 15.1 (a) – Les exportations et importations françaises en parts de PIB depuis 1949.

Source : INSEE.

1. Le chapitre 10 a défini la balance commerciale comme la différence entre les exportations et les importations :
– exportations supérieures aux importations : surplus commercial ou, de façon équivalente, balance commerciale positive ;
– exportations inférieures aux importations : déficit commercial ou, de façon équivalente, balance commerciale négative.

Figure 15.1 (b) – Les exportations et importations américaines en parts de PIB depuis 1947.

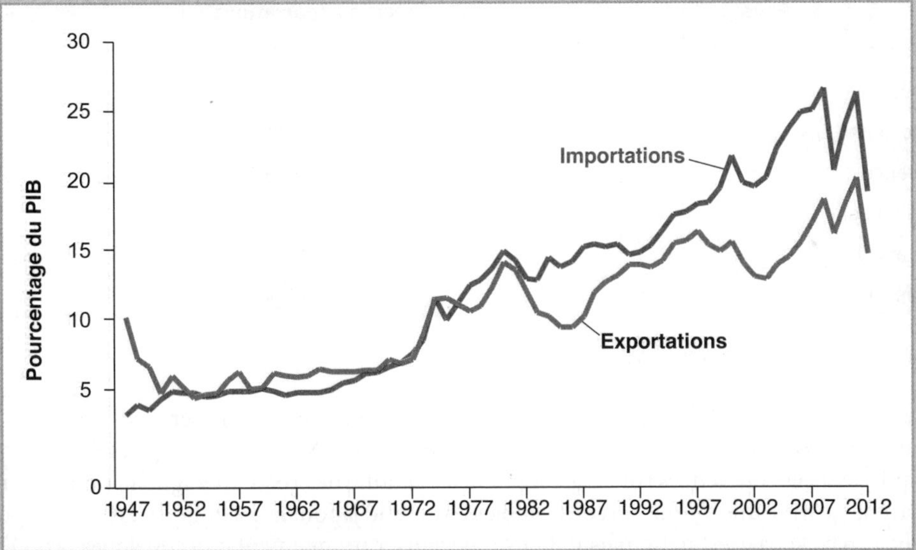

Source : Réserve fédérale.

Un pays comme les États-Unis connaît un taux d'ouverture près de deux fois plus faible que la France. Étant donné les discussions constantes dans les médias autour de la globalisation « américaine », un ratio de commerce extérieur (mesuré par le ratio des exportations ou des importations sur le PIB) représentant de l'ordre de 15 % du PIB (14 % pour les exportations mi-2012, 17 % pour les importations) peut paraître étonnamment faible. Cependant, ce ratio n'est pas forcément un bon indicateur de l'ouverture. De nombreux secteurs peuvent être exposés à la concurrence étrangère sans que les effets de cette concurrence se traduisent nécessairement par des importations plus élevées : en étant compétitifs et en gardant leurs prix assez bas, ces secteurs peuvent conserver leur part du marché intérieur et empêcher les importations. Cela suggère qu'un meilleur indice de l'ouverture est la proportion du produit intérieur composée de **biens échangeables** – les biens qui sont en concurrence avec les biens étrangers, soit sur le marché intérieur, soit à l'étranger [1]. Les estimations font actuellement apparaître un ratio d'à peu près 60 % pour la part des biens échangeables dans le produit intérieur des États-Unis. Il reste vrai que, avec des exportations à environ 14 % du PIB, les États-Unis ont un des plus faibles ratios d'exportation sur le PIB parmi les pays riches du monde.

Le tableau 15.1 donne ce ratio pour quelques pays de l'OCDE.

Les États-Unis et le Japon ont les ratios d'exportation les plus bas. Les grands pays européens, comme l'Allemagne ou le Royaume-Uni, ont, à l'instar de la France, des ratios deux à quatre fois supérieurs. Les petits pays européens ont des ratios encore plus élevés, de 55 % pour l'Autriche à 81 % pour la Belgique (le ratio belge suggère une possibilité étrange : un pays pourrait-il avoir un ratio d'exportation supérieur à 100 % ? La réponse est oui. La raison en est donnée dans l'encadré « Les exportations peuvent-elles excéder le PIB ? »).

1. *Biens échangeables* : voitures, ordinateurs…
Biens non échangeables : immobilier, services médicaux, prestations des coiffeurs…

Tableau 15.1 – Le ratio des exportations sur le PIB en 2010.

Pays	Ratio exportations/PIB
Belgique	81 %
Autriche	55 %
Royaume-Uni	30 %
France	26 %
Allemagne	46 %
États-Unis	13 %
Japon	15 %

Source : OCDE ; pour la France, INSEE.

Ces chiffres indiquent-ils que les États-Unis ont des barrières commerciales plus importantes que, par exemple, le Royaume-Uni ou la Belgique ? Non. Les principaux facteurs qui expliquent ces différences sont la géographie et la taille des pays. L'éloignement des autres marchés justifie une bonne part de la faiblesse du ratio japonais. La taille a aussi une importance : plus le pays est petit, plus il doit se spécialiser uniquement dans quelques produits, les produire et les exporter, et compter sur les importations pour les autres produits. La Belgique peut difficilement se permettre de produire la gamme de biens fabriquée aux États-Unis, pays dont le PIB est plus de quarante fois supérieur au sien [1].

Gros plan

Les exportations peuvent-elles excéder le PIB ?

Un pays peut-il avoir des exportations supérieures à son PIB – un ratio d'exportation supérieur à 1 ?

À première vue, il semble qu'un pays ne puisse exporter plus qu'il ne produit, donc le ratio d'exportation doit être inférieur à 1. Pourtant, il n'en est rien. La difficulté est de comprendre que les exportations et les importations peuvent inclure des exportations et des importations de biens intermédiaires.

Prenons par exemple un pays qui importe des biens intermédiaires pour 1 milliard d'euros. Supposons qu'il les transforme en produits finis en utilisant seulement du travail. Disons que la masse des salaires égale 200 millions d'euros et qu'il n'y a pas de profits. La valeur des produits finis est donc égale à 1 200 milliards. Supposons que 1 milliard en soit exporté et que le reste soit consommé sur place.

Les exportations et les importations sont donc égales chacune à 1 milliard d'euros. Quel est le PIB dans cette économie ? Souvenons-nous que le PIB est la valeur ajoutée dans l'économie (voir chapitre 2). Par conséquent, dans cet exemple, le PIB vaut 200 millions d'euros, et le ratio d'exportation vaut 1 000 000/200 000 = 5.

Ainsi, les exportations peuvent excéder le PIB. C'est en effet le cas pour quelques pays dont l'activité économique est organisée autour d'un port et d'activités d'import/export. C'est aussi le cas de petits pays où l'industrie manufacturière joue un rôle important, comme Singapour. En 2011, le ratio d'exportation de Singapour par rapport à son PIB était de 211 % !

1. L'Islande est à la fois isolée et petite. Quel ratio d'exportation faut-il s'attendre à y trouver ? (Réponse : 34 %.)

Le choix entre biens nationaux et étrangers

Comment l'ouverture du *marché des biens* nous force-t-elle à repenser notre approche de l'équilibre de ce marché ? Quand nous réfléchissions aux décisions du consommateur sur le marché des biens, nous nous étions jusqu'ici concentrés sur la décision de consommer ou d'épargner. Mais quand ce marché est ouvert, les consommateurs ont une autre décision à prendre : acheter des biens nationaux ou étrangers [1]. Les autres acheteurs nationaux (les entreprises, l'État) et les acheteurs étrangers ont la même décision à arrêter. S'ils décident d'acheter des biens nationaux, alors la demande de biens nationaux augmente et donc le produit intérieur aussi. S'ils décident d'acheter des biens étrangers, alors c'est le produit étranger qui augmente.

Lorsque des entreprises et des consommateurs décident d'acheter des produits étrangers ou nationaux, c'est le prix des biens étrangers en termes de biens nationaux qui est central. On appelle ce prix relatif le **taux de change réel**. Celui-ci n'est pas directement observable, et vous ne le trouvez pas dans les journaux. Ce que vous trouvez, ce sont les **taux de change nominaux**, les prix relatifs des devises. Commençons par examiner les taux de change nominaux, puis nous verrons comment les utiliser pour construire les taux de change réels.

Les taux de change nominaux

Les taux de change nominaux entre deux monnaies sont donnés de deux façons :

- le prix de la monnaie nationale par rapport à la monnaie étrangère ;
- le prix de la monnaie étrangère par rapport à la monnaie nationale.

En novembre 2012, par exemple, le taux de change nominal entre le dollar et l'euro était donné soit comme le prix de 1 euro en dollars (1 euro = 1,29 dollar), soit comme le prix de 1 dollar en termes d'euros (1 dollar = 0,77 euro). Plus loin dans cet ouvrage, nous définirons le **taux de change nominal** comme *le prix de la devise étrangère en termes de devise nationale*, que nous noterons E [2]. Par exemple, si l'on regarde le taux de change entre l'Europe (la zone euro) et les États-Unis (du point de vue de l'Europe dont la monnaie est l'euro), E désigne le prix de 1 dollar en euros – donc en novembre 2012, 0,77. Les taux de change entre les monnaies étrangères et le dollar changent chaque jour, chaque minute. Ces variations sont appelées *appréciations* ou *dépréciations nominales* – on les nomme souvent simplement appréciations ou dépréciations. Une **appréciation** de la monnaie nationale est une augmentation du prix de la monnaie nationale en monnaie étrangère. Étant donné notre définition du taux de change comme prix de la monnaie étrangère en monnaie nationale, une appréciation de la monnaie nationale correspond à une *baisse* du taux de change E, ce qui est plus intuitif qu'il n'y paraît. Considérons le dollar et l'euro, du point de vue européen : une *appréciation* de l'euro signifie que le prix de l'euro en dollars augmente. De façon équivalente, le prix du dollar en euros baisse, ce qui équivaut à dire que le taux de change a baissé. Une *dépréciation* de l'euro signifie que le prix de

1. En économie fermée, une décision : épargner ou acheter (consommer).
En économie ouverte, deux décisions : épargner ou acheter des biens domestiques ou des biens étrangers.
2. E : taux de change nominal – prix de la monnaie étrangère en termes de monnaie nationale (par exemple, du point de vue européen, le prix du dollar en euros).

l'euro en dollars baisse. De façon équivalente, le prix du dollar en euros augmente, ce qui équivaut à dire que le taux de change a augmenté [1].

Qu'une *appréciation* corresponde à une *baisse* du taux de change et une *dépréciation* à une *hausse* commencera sans doute par provoquer la confusion dans l'esprit du lecteur – c'est le cas pour de nombreux économistes –, mais la compréhension de la macroéconomie ouverte rendra cette notion « naturelle ». En attendant, consultez la figure 15.2 qui résume la terminologie.

Figure 15.2 – Taux de change nominal, appréciation et dépréciation.

Les États-Unis vus d'Europe

Taux de change nominal *E*
Prix du dollar en euros

Appréciation de l'euro
Le prix du dollar en euros diminue
équivalent à :
Le prix de l'euro en dollars augmente
équivalent à :
Le taux de change diminue : $E\downarrow$

Dépréciation de l'euro
Le prix du dollar en euros augmente
équivalent à :
Le prix de l'euro en dollars diminue
équivalent à :
Le taux de change augmente : $E\uparrow$

Considérons à présent la figure 15.3, qui représente le taux de change entre le franc puis l'euro (après 1999) et le dollar depuis 1970. La figure montre les *fluctuations importantes du taux de change* : en l'espace de cinq ans, au début des années 1980, la valeur du dollar est passée de 4,02 francs à 9,59 francs en 1984. Cette chute du franc a été totalement annulée dans les trois années qui ont suivi, puisque le dollar est revenu à 5,34 francs à la fin de 1987. Autrement dit, il y a eu une importante appréciation du dollar dans la première moitié des années 1980, immédiatement suivie d'une dépréciation de même importance [2]. Depuis 1999, l'euro a remplacé le franc.

La figure 15.3 ne nous montre que les mouvements du prix relatif des deux devises. Cependant, pour les touristes français en visite aux États-Unis, la question n'est pas combien de dollars ils peuvent avoir avec leurs francs ou leurs euros, mais surtout combien de biens

1. Vous avez peut-être rencontré deux autres mots pour qualifier les mouvements du taux de change : « réévaluations » et « dévaluations ». Ces deux termes sont utilisés quand des pays ont des **taux de change fixes** : un système dans lequel deux ou plusieurs pays maintiennent un rapport fixe entre leurs monnaies. Dans un tel système, des baisses du taux de change – rares par définition – sont dénommées **réévaluations** (plutôt qu'appréciations). Des augmentations du taux de change sont appelées **dévaluations** (plutôt que dépréciations). Nous discuterons au chapitre 18 des taux de change fixes.
2. Souvenez-vous : augmentation du taux de change $\Leftrightarrow$ dépréciation ; baisse du taux de change $\Leftrightarrow$ appréciation.

1 dollar permet d'acheter. Ce qui nous amène plus près de notre objectif : la construction des taux de change réels.

Figure 15.3 – Le taux de change nominal entre le franc (puis l'euro après 1999) et le dollar, 1970-2012.

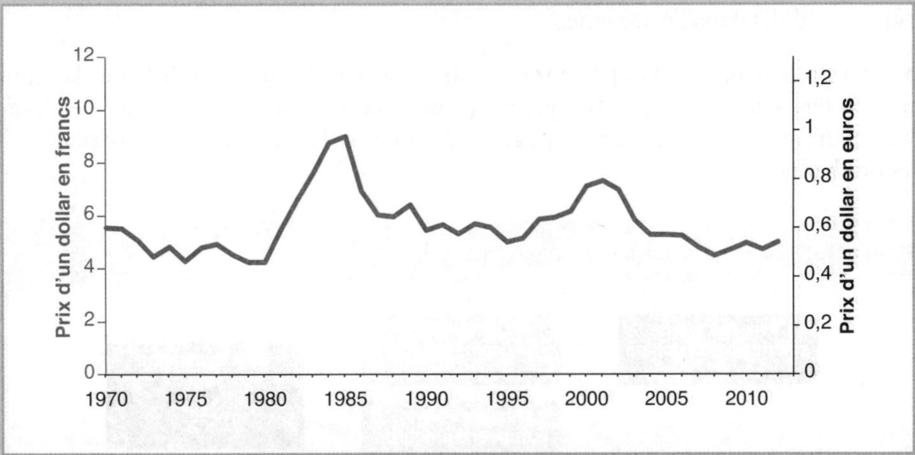

Une forte appréciation du dollar dans la première moitié des années 1980 a été suivie d'une dépréciation d'égale ampleur dans la seconde moitié de la décennie.

Source : OCDE, *Perspectives économiques*, base de données.

Les taux de change réels

Comment construire le taux de change réel entre les États-Unis et la France – le prix des biens américains en termes de biens français ?

Supposons que les États-Unis produisent un seul bien, la Cadillac, et la France un seul autre bien, par exemple une Safrane (encore une hypothèse qui ne correspond pas à la réalité, mais nous deviendrons plus réalistes bientôt). Construire le taux de change réel, le prix de cette marchandise américaine en termes de ce produit français, serait très simple.

- La première étape serait de prendre le prix d'une Cadillac et de le convertir en euros. Le prix d'une Cadillac aux États-Unis est, disons, de 40 000 dollars. 1 dollar valant 0,80 euro, le prix d'une Cadillac est de 32 000 euros.
- La seconde étape serait de calculer le ratio du prix d'une Cadillac en euros sur le prix d'une Safrane en euros. Le prix d'une Safrane en France est de 30 000 euros. Ainsi, le prix d'une Cadillac en termes de Safrane – c'est-à-dire le taux de change réel entre les États-Unis et la France – serait : 32 000/30 000 = 1,07 [1].

Mais les États-Unis et la France produisent plus d'un bien, et nous voulons construire un taux de change réel qui reflète le prix relatif de tous les biens produits aux États-Unis par rapport à tous les biens produits en France. Le calcul que nous venons de faire nous

1. Calculez le prix relatif des Safrane en Cadillac.

montre comment procéder. Plutôt que d'utiliser le prix en dollars d'une Cadillac et le prix en euros d'une Safrane, il faut se servir d'un indice des prix en dollars de tous les biens produits aux États-Unis et d'un indice des prix en euros de tous les biens produits en France. C'est exactement ce que font les déflateurs du PIB que nous avons introduits au chapitre 2 : ce sont par définition des indices de prix pour l'ensemble des biens et services produits dans l'économie.

Donc soit P^* le déflateur du PIB pour les États-Unis, P le déflateur du PIB pour la France (on caractérise les variables étrangères par un « astérisque ») et E le taux de change nominal entre le dollar et l'euro. La figure 15.4 montre les étapes de la construction du taux de change réel.

Figure 15.4 – La construction du taux de change réel.

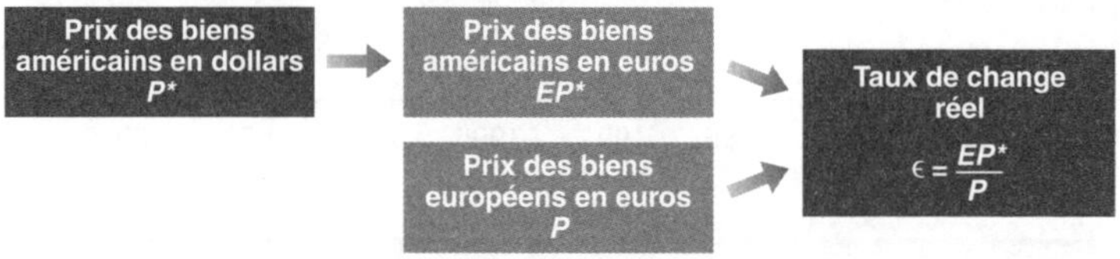

- Le prix des biens américains est P^*. En le multipliant par le taux de change E (le prix du dollar en euros), on obtient le prix des biens américains en euros, EP^*.
- Le prix des biens européens en euros est P. Le taux de change réel, le prix des biens américains en termes de biens européens, que nous noterons ε, est donc donné par[1] :

$$\varepsilon = \frac{EP^*}{P} \tag{15.1}$$

Remarquons que, par différence avec le prix des Cadillac en Safrane, le taux de change réel est un indice, c'est-à-dire que son niveau est arbitraire, donc non informatif[2]. Cela vient du fait que les déflateurs du PIB utilisés dans la construction du taux de change réel sont eux-mêmes des indices ; comme on l'a vu au chapitre 2, ils sont égaux à 1 (ou 100) pour n'importe quelle année, pourvu qu'elle soit choisie comme année de base. Mais si son niveau est non pertinent, les changements relatifs du taux de change réel sont informatifs : si, par exemple, le taux de change réel entre les États-Unis et la France augmente de 10 %, cela nous apprend que les biens français sont désormais 10 % moins chers par rapport aux biens américains qu'ils ne l'étaient auparavant.

1. ε : taux de change réel – prix des biens étrangers en termes de biens nationaux (par exemple, du point de vue de l'Europe, le prix des biens américains en termes de biens européens).
2. Un indice est un nombre qui est posé égal à une valeur arbitraire (souvent 1 ou 100), dans une année arbitraire, appelée « année de base ». Comme les choix de l'année de base et de la valeur de l'indice cette année sont arbitraires, le niveau de l'indice est arbitraire et donc non informatif. Mais le taux de variation d'un indice ne dépend pas de la valeur de cet indice à l'année de base, il est par conséquent informatif. Par exemple, le fait que le déflateur du PIB soit 200 n'est pas intéressant. Mais le fait qu'il passe de 200 à 210 d'une année à l'autre, c'est-à-dire augmente de 5 %, est informatif : cela nous apprend que l'inflation a été de 5 % pendant cette année.

Une augmentation des prix relatifs des biens intérieurs en termes de biens étrangers est appelée une **appréciation réelle**. Une baisse est qualifiée de **dépréciation réelle**. *Réel* signifie que l'on se réfère au prix relatif des biens, et non à celui des monnaies. Étant donné notre définition du taux de change réel comme prix des biens étrangers en termes de biens nationaux, une appréciation réelle correspond à une baisse du taux de change réel, ε. De façon similaire, une dépréciation réelle correspond à une augmentation de ε. Ces définitions sont résumées dans la figure 15.5, qui est au taux de change réel ce que la figure 15.2 est au taux de change nominal.

Figure 15.5 – Le taux de change réel, appréciation réelle et dépréciation réelle – L'Europe et les États-Unis (du point de vue de l'Europe).

Les États-Unis vus d'Europe

Taux de change réel ϵ
Prix des biens américains
en termes de biens européens

Appréciation réelle

Le prix des biens européens
en termes de biens américains augmente
équivalent à :
Le prix des biens américains
en termes de biens européens diminue
équivalent à :
Le taux de change réel diminue : $\epsilon\downarrow$

Dépréciation réelle

Le prix des biens européens
en termes de biens américains diminue
équivalent à :
Le prix des biens américains
en termes de biens européens augmente
équivalent à :
Le taux de change réel augmente : $\epsilon\uparrow$

La figure 15.6 représente l'évolution du taux de change réel entre la France et les États-Unis de 1970 à 2012. Pour une analyse plus pratique, elle reproduit aussi l'évolution du taux de change nominal de la figure 15.3. Les déflateurs du PIB ont tous été pris égaux à 1 en 2005, de telle sorte que les taux de change nominaux et réels sont égaux cette année-là par construction.

Figure 15.6 – Les taux de change nominaux et réels entre le franc et le dollar, 1970-2012.

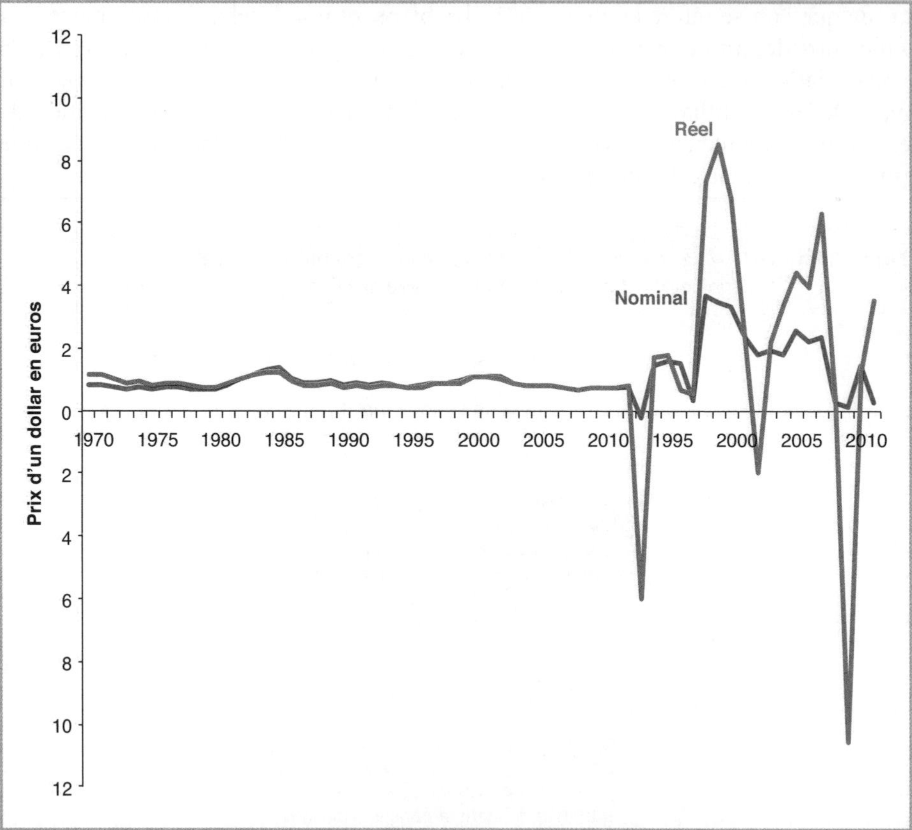

À part une différence de tendance, les taux de change nominaux et réels ont beaucoup varié parallèlement depuis 1970.

Source : OCDE, *Perspectives économiques*, base de données.

La figure 15.6 présente deux caractéristiques principales :

- *en 1998, le taux de change réel avait presque la même valeur qu'en 1976*. En d'autres termes, le prix relatif des biens français était à peu près le même en 1998 qu'en 1976. Pourtant, le dollar valait moins de 5 francs en 1976 et près de 6 francs en 1998. Comment se peut-il, étant donné la hausse du taux de change dollar/franc sur la période, que le taux de change réel soit à peu près le même ? Réponse : parce que pendant que le dollar augmentait par rapport au franc, le niveau des prix augmentait plus vite en France qu'aux États-Unis. Il y a une leçon générale ici : sur de longues périodes, selon les différences de taux d'inflation entre les pays, les taux de change nominaux et réels peuvent évoluer assez différemment [1]. Nous reviendrons sur ce problème au chapitre 17 ;

1. Peut-il y avoir appréciation nominale sans appréciation réelle ? Peut-il y avoir appréciation réelle sans appréciation nominale ?

- *les amples oscillations du taux de change nominal pendant les années 1980 constatées sur la figure 15.3 se manifestent aussi pour le taux de change réel.* La raison n'est pas difficile à trouver : comme les taux d'inflation n'ont pas été très différents en France et aux États-Unis, les mouvements d'une année sur l'autre du ratio de prix P^*/P ont été faibles comparés aux mouvements souvent importants du taux de change nominal E[1]. Ainsi, d'année en année, ou même sur des périodes de quelques années, les mouvements du taux de change réel ε viennent principalement de mouvements du taux de change nominal E. Notons que depuis le milieu des années 1980, les taux de change nominaux et réels ont évolué presque parallèlement ; ce qui reflète le fait que depuis le milieu des années 1980, les taux d'inflation ont été très similaires dans les deux pays[2].

Il nous reste encore une étape. Nous avons jusqu'ici concentré notre étude sur les taux de change nominaux et réels entre la France et les États-Unis. Mais la France commerce avec beaucoup de pays autres que les États-Unis. Le tableau 15.2 donne la composition géographique du commerce de la France pour les exportations et les importations.

Tableau 15.2 – Le commerce français en 2011.

	Exportations	Importations
Union européenne	61,0 %	57,9 %
Europe hors UE	7,7 %	9,5 %
Asie	11,7 %	15,3 %
Amérique	8,9 %	8,2 %
Afrique	6,7 %	5,3 %
Proche et Moyen-Orient	3,4 %	2,3 %

Source : Douanes françaises.

Le reste de l'Europe représente plus de 60 % des exportations françaises. Le commerce avec l'ensemble du continent américain est inférieur à 10 % du total (on trouverait un pourcentage de 5,6 % pour les échanges avec les seuls États-Unis). Le commerce avec l'ensemble des pays asiatiques représente un peu plus de 10 % du total. C'est dire à quel point la France commerce peu avec les grandes puissances économiques du monde, comparativement à son commerce avec ses voisins et partenaires au sein de l'Union européenne.

Comment passer de taux de change réels bilatéraux, comme le taux de change réel entre la France et les États-Unis, à des taux de change réels multilatéraux ? La réponse est simple : si l'on veut mesurer le prix moyen des biens français par rapport au prix moyen des biens des partenaires commerciaux de la France, il faut utiliser la part du commerce français avec chaque pays comme pondération du pays. En utilisant les parts d'exportations, on peut construire un taux de change réel d'« exportation » et, en utilisant les parts d'importations, on peut construire un taux de change réel d'« importation ». Comme les économistes ne veulent pas s'embarrasser de taux de change différents, ils utilisent un

1. Depuis 1975, la différence entre les taux d'inflation français et américain n'a jamais été plus élevée que de 5 % pour une année donnée. En d'autres termes, la variation de P^*/P d'une année sur l'autre n'a jamais dépassé 5 %. Par opposition, il y a eu certaines années où le taux de change nominal variait de plus de 20 % pendant l'année.
2. Si les taux d'inflation sont égaux, alors le ratio des prix P^*/P est constant, et ε et E évoluent exactement de la même façon.

taux de change qui considère une moyenne des parts d'importations et d'exportations. Voilà la variable à laquelle on pense quand on parle de **taux de change multilatéral**, ou bien de taux de change réel effectif[1].

La figure 15.7 montre l'évolution de ce taux de change réel multilatéral, le prix relatif moyen des biens étrangers par rapport aux biens français, depuis 1975. Comme le taux de change réel vu précédemment, c'est un indice, donc son niveau est arbitraire.

Figure 15.7 – Le taux de change réel effectif, en francs puis en euros (après 1999), 1975-2011.

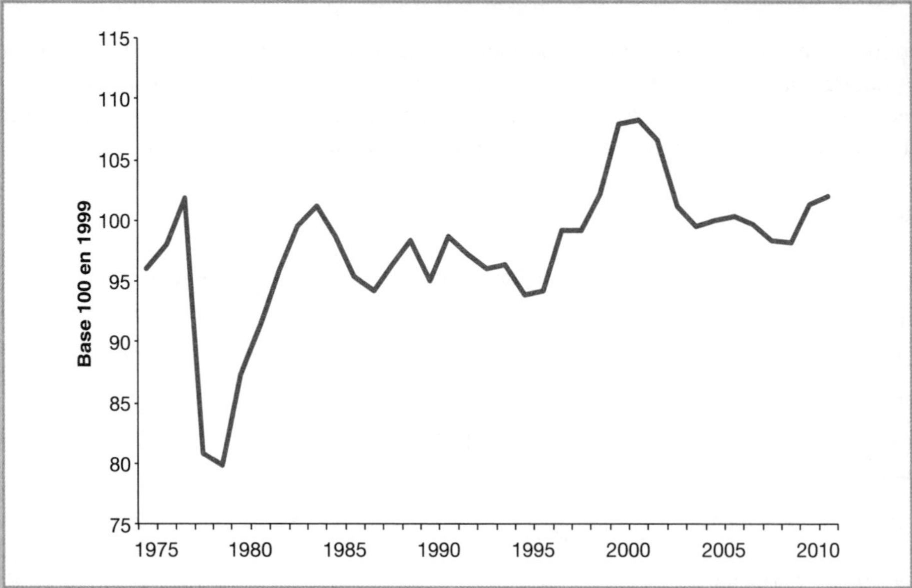

Source : Banque mondiale.

Sur cette figure, on peut voir que, dans les années 1980, les mouvements du taux de change réel multilatéral français ressemblent à ceux du taux de change réel entre les États-Unis et la France, représentés sur la figure 15.6 : les biens français étaient substantiellement moins chers par rapport aux biens américains au milieu des années 1980 qu'ils ne l'étaient au début ou à la fin de cette décennie. En d'autres termes, il y a eu une dépréciation réelle importante dans la première moitié des années 1980, puis une appréciation réelle dans la seconde moitié de la décennie[2]. Ces importantes oscillations, dont l'origine se trouve – nous l'avons vu – dans les mouvements du taux de change nominal du dollar, sont tellement frappantes qu'on leur a donné plusieurs noms, depuis le « cycle du dollar » jusqu'à la « danse du dollar ». Il est tentant de penser que c'est l'une des causes des importants déficits commerciaux américains qui caractérisent une grande partie des années 1980. Dans les chapitres suivants, nous chercherons

1. Voici des dénominations équivalentes pour le prix relatif des biens étrangers en biens nationaux :
   - le taux de change réel multilatéral ;
   - le taux de change réel pondéré par le commerce (*trade weighted*) ;
   - le taux de change réel effectif.
2. Rappel : augmentation du taux de change réel ⇔ dépréciation réelle ; baisse du taux de change réel ⇔ appréciation réelle.

l'origine de ces fluctuations et les effets de ces mouvements du taux de change réel sur le déficit commercial et l'activité économique.

15.2 L'ouverture des marchés financiers

L'ouverture des marchés financiers permet aux investisseurs financiers de détenir à la fois des actifs nationaux et étrangers, de diversifier leurs portefeuilles, de spéculer sur les mouvements des taux d'intérêt étrangers par rapport aux taux d'intérêt nationaux, sur ceux des taux de change, etc. Et effectivement, ils spéculent et se diversifient. Étant donné qu'acheter ou vendre des actifs étrangers implique, pour l'opération elle-même, d'acheter ou de vendre de la monnaie étrangère – parfois appelée **change international** ou simplement change –, la taille des transactions sur les marchés du change international donne une idée de l'importance des transactions financières internationales. En 2010, le volume *quotidien* des transactions de change enregistré dans le monde était de 4 000 milliards de dollars, dont 85 %, soit 3 400 milliards de dollars, impliquaient des dollars dans la transaction.

Pour avoir une idée de l'importance de ces chiffres, sachez que la somme des exportations et importations américaines en 2010 formait un total de 4 100 milliards de dollars *pour l'année*, soit 11 milliards par jour. Si les seules transactions libellées en dollars sur les marchés des changes avaient été réalisées d'un côté par les exportateurs américains convertissant leurs recettes en devises étrangères et, de l'autre côté, par les importateurs américains achetant des devises étrangères pour acquérir des biens étrangers, le volume des transactions aurait été de 9 milliards de dollars par jour, soit 0,3 % du volume en dollars constaté de transactions impliquant des dollars sur les marchés du change international (3 400 milliards de dollars). Ce calcul montre que la plupart des transactions ne sont pas associées à un commerce de biens et de services, mais à l'achat et la vente d'actifs financiers. Le volume des transactions sur les marchés des changes n'est pas seulement élevé, il augmente rapidement. Le volume des transactions de change à New York a plus que quadruplé depuis 2001. À nouveau, cette augmentation reflète principalement une augmentation des transactions financières plutôt qu'une augmentation du commerce.

Pour un pays donné, l'ouverture des marchés financiers a une autre implication importante : elle permet à ce pays de supporter des déficits ou des excédents commerciaux. Souvenons-nous qu'un pays en déficit commercial, qui achète plus qu'il ne vend au reste du monde, doit emprunter la différence. Il emprunte en incitant les investisseurs financiers étrangers à augmenter leur détention d'actifs nationaux – c'est-à-dire, dans les faits, à prêter au pays. Examinons maintenant plus précisément la relation entre flux commerciaux et flux financiers.

La balance des paiements

Les transactions d'un pays avec le reste du monde sont résumées par un dispositif comptable appelé la **balance des paiements**. Le tableau 15.3 représente la balance des paiements française pour 2011.

Tableau 15.3 – La balance des paiements française en 2011 (en milliards d'euros)

1. Solde des transactions courantes	**- 38,9**
Biens	- 73,5
Services	24,2
Revenus	46,9
Transferts courants	- 36,6
2. Compte de capital	**- 0,1**
3. Compte financier	**58,1**
Investissement direct	- 35,4
Investissement de portefeuille	251,6
Produits financiers dérivés	13,8
Autres investissements	- 177,3
Avoirs de réserve	5,5
4. Erreurs et omissions nettes	**- 19,1**

Source : INSEE.

Le compte de transactions courantes. Il met en évidence les paiements faits au reste du monde et reçus de lui, à l'occasion des opérations courantes.

Les deuxième et troisième lignes montrent le solde des exportations et des importations de biens et services. Les exportations génèrent des versements du reste du monde, les importations des versements au reste du monde de la part de la France. En 2011, les importations ont dépassé les exportations, d'où un déficit commercial français de 49,3 milliards d'euros (- 73,5 + 24,2).

Les exportations et les importations ne sont pas la seule source de versements vers ou en provenance du reste du monde. Les résidents français reçoivent des **revenus** de leur détention d'actifs étrangers et les résidents étrangers reçoivent également des revenus de leur détention d'actifs français. En 2011, les revenus nets reçus du reste du monde égalaient 46,9 milliards d'euros. Enfin, les pays sont émetteurs ou destinataires de transferts directs (aide internationale, envoi de fonds des travailleurs à l'étranger) – le solde de ces transferts est noté à la ligne « **transferts courants** ». En 2011, ils s'élevaient à 36,6 milliards pour la France. En additionnant tous ces versements venant du reste du monde ou allant vers le reste du monde, on obtient un solde de – 38,9 milliards d'euros. Ce total est le solde du compte courant [1].

Le compte de capital et le compte financier. Le fait que la France ait un déficit du compte courant implique qu'elle a dû « emprunter à l'étranger » – ou, de façon équivalente, que la détention étrangère nette d'actifs français a dû augmenter de 38,9 milliards d'euros. Deux comptes sont les contreparties du compte courant. Le **compte de capital** retrace les acquisitions d'actifs non financiers (achats et ventes de brevets, etc.). Le **compte financier** détaille les flux financiers avec le reste du monde.

1. Un pays peut-il avoir un déficit commercial sans déficit du compte courant ? Un déficit du compte courant sans déficit commercial ?

On lit ainsi que la France a enregistré un excédent de 58,1 milliards d'euros de son compte financier. Cela signifie en fait que les agents du reste du monde ont acheté pour 58,1 milliards d'euros (chiffre net) d'actifs financiers en France. On voit donc que la France a acquis 35,4 milliards d'actifs étrangers au titre de ses investissements directs (prise de participation majoritaire) et que les agents du reste du monde ont acquis 251,6 milliards en portefeuille.

Les flux nets financiers ne devraient-ils pas être égaux au déficit du compte courant et du compte de capital ? Si. Mais les chiffres des transactions du compte courant, du compte de capital et du compte financier proviennent de sources différentes ; alors qu'ils devraient être égaux, ils ne le sont pas tout le temps. En 2011, la différence entre les deux – **les erreurs et omissions** – était de 19,1 milliards d'euros. Retenez de cet exemple que, même en France, les données sont loin d'être parfaites [1]. Maintenant que nous avons parlé du compte courant, nous pouvons revenir à un problème abordé au chapitre 2 : la différence entre produit intérieur brut (PIB), la mesure de la production que nous avons retenue jusqu'ici, et le produit national brut (PNB), une autre mesure du produit agrégé. C'est l'objet de l'encadré « PIB et PNB : l'exemple du Koweït ».

PIB et PNB : l'exemple du Koweït

Macroéconomie mondiale

La valeur ajoutée d'une économie ouverte doit-elle être définie :

- comme la valeur ajoutée sur le territoire national ?
- ou comme la valeur ajoutée par des facteurs de production nationaux ?

Les deux définitions ne donnent pas nécessairement le même résultat : une partie du produit intérieur peut être produite grâce à du capital détenu par des étrangers ; de même qu'une partie du produit étranger peut être produite grâce à du capital détenu par des résidents nationaux.

La réponse est donc : chaque définition a ses avantages, et les économistes se servent des deux. Le **produit intérieur brut (PIB)**, la mesure utilisée jusqu'ici, correspond à la valeur qui est ajoutée sur le territoire national. Le **produit national brut (PNB)** constitue la valeur qui est ajoutée par des facteurs de production nationaux. Le PNB est égal au PIB plus les revenus nets de facteurs versés par le reste du monde (versements du reste du monde moins versements au reste du monde).

Pour la plupart des pays, la différence entre PIB et PNB est petite, parce que les revenus des facteurs à verser au reste du monde et ceux versés par le reste du monde s'équilibrent à peu près.

Mais il y a quelques exceptions, dont le Koweït. Quand le pétrole a été découvert, le gouvernement du Koweït a décidé d'épargner une partie des revenus du pétrole, pour l'investir à l'étranger, plutôt que de la dépenser, afin de garantir aux futures générations de Koweïtiens les revenus de ce placement, quand les revenus du pétrole se seront taris. Le tableau 1 montre l'évolution du PIB et du PNB sur la période 1989-1994 : ayant accumulé beaucoup d'actifs étrangers, le Koweït recevait sur toute la période d'importants revenus du reste du monde pour ces placements. En 1989, les revenus nets représentaient un tiers du PIB.

1. Un autre problème propre aux données est que la somme des déficits de compte courant de tous les pays devrait être égale à zéro ; le déficit d'un pays devrait apparaître en excédent pour l'ensemble des autres pays. Ce n'est pourtant pas le cas dans les données : si l'on ajoute les déficits de compte courant publiés de tous les pays du monde, il apparaît que le monde entier dégage un important déficit de compte courant. Certains économistes avancent qu'il s'agirait d'un commerce non enregistré avec les Martiens. D'après la plupart des autres économistes, cette anomalie s'explique par des erreurs de mesure.

Macroéconomie mondiale

Il faut cependant également remarquer que les revenus nets de facteurs ont bien décru après 1989, ce qui est dû à la participation du Koweït aux coûts de la guerre du Golfe de 1990-1991 (remboursement à ses alliés) et à la reconstruction après la guerre. Pour financer ces dépenses, le Koweït a connu un déficit de son compte courant – c'est-à-dire qu'il a diminué le montant de ses actifs étrangers : les revenus nets tirés de ces actifs ont donc diminué.

Depuis la guerre du Golfe, le Koweït a reconstitué ses possessions d'actifs étrangers : le revenu net de facteurs atteint 37 % en 2010.

Tableau 1 – PIB, PNB et revenus nets de facteurs pour le Koweït, 1989-1994.

Année	PIB	PNB	Revenus nets de facteurs
1989	7 143	9 616	2 473
1990	5 328	7 560	2 232
1991	3 131	4 669	1 538
1992	5 826	7 364	1 538
1993	7 231	8 386	1 151
1994	7 380	8 321	941

Remarque : toutes les valeurs sont en millions de dinars koweïtiens (1 dinar = 3,60 dollars de 2011).
Source : FMI, *International Financial Statistics.*

Le choix entre actifs nationaux et actifs étrangers

L'ouverture des marchés financiers implique que les investisseurs financiers ont le choix entre la détention d'actifs nationaux ou d'actifs étrangers.

Nous devrions alors envisager deux nouvelles décisions : ou bien détenir de la monnaie nationale ou de la monnaie étrangère, ou bien détenir des actifs nationaux ou étrangers rapportant un intérêt. Mais souvenons-nous de la raison pour laquelle les gens détiennent de la monnaie : afin de régler des transactions. Pour quelqu'un qui réside en France, dont les transactions courantes sont principalement ou entièrement en euros, il y a peu d'intérêt à posséder de la monnaie étrangère, qui ne peut être utilisée pour des transactions ; par ailleurs, si l'objectif est de détenir des actifs étrangers, détenir de la monnaie étrangère est évidemment moins intéressant que détenir des titres étrangers, qui rapportent un intérêt [1]. Ainsi, le seul nouveau choix à prendre en compte est le choix entre actifs nationaux ou étrangers rapportant des intérêts. Considérons pour le moment qu'il s'agit de titres d'un an nationaux ou étrangers.

Prenons l'exemple du choix entre des titres d'un an européens et américains.

1. Il y a deux exceptions à cette affirmation :
   – les non-Américains impliqués dans des activités illégales détiennent souvent des dollars, parce qu'ils s'échangent facilement et qu'ils ne peuvent être suivis, ni traqués ;
   – en période d'inflation très forte, les gens utilisent parfois une autre monnaie, souvent le dollar, même pour les transactions intérieures. Ce phénomène est connu sous le nom de « dollarisation » d'une économie – que nous aborderons au chapitre 21. Les estimations récentes suggèrent que plus de la moitié du stock de monnaie américaine est détenue à l'étranger. Nous ignorerons cet aspect de la réalité ici.

Supposons que vous décidiez de détenir des titres européens (en euros). Soit i_t le taux d'intérêt nominal des titres d'un an en euros. Alors, comme la figure 15.8 le montre, pour chaque euro placé dans ces titres, vous recevrez l'an prochain $1 + i_t$ euros.

Imaginons que vous décidiez plutôt de détenir les titres américains. Pour les acheter, il vous faut d'abord acheter des dollars. Soit E_t le taux de change nominal entre l'euro et le dollar. Pour chaque euro, vous recevez $1/E_t$ dollar.

Soit i_t^* le taux d'intérêt nominal des titres d'un an américain. L'an prochain, vous aurez $(1/E_t)\ (1 + i_t^*)$ dollars. Il faudra alors convertir ces dollars en euros. Si vous anticipez le fait que le taux de change nominal sera E_{t+1}^e l'an prochain, vous pouvez prévoir d'avoir $(1/E_t)\ (1 + i_t^*)\ E_{t+1}^e$ euros l'an prochain pour chaque euro ainsi placé.

Cette succession d'étapes est représentée en bas de la figure 15.8.

Figure 15.8 – Les rendements anticipés de la détention de titres d'un an européens ou américains.

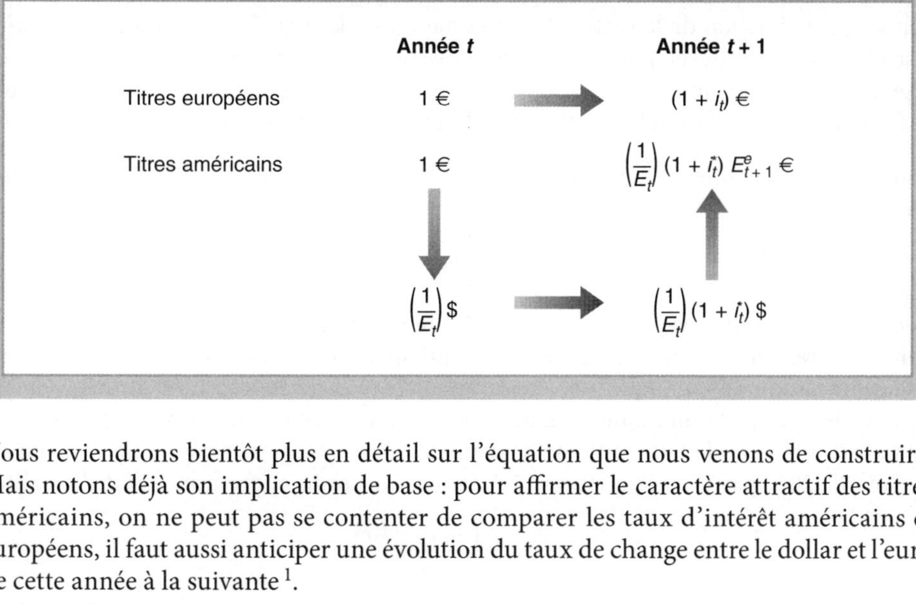

Nous reviendrons bientôt plus en détail sur l'équation que nous venons de construire. Mais notons déjà son implication de base : pour affirmer le caractère attractif des titres américains, on ne peut pas se contenter de comparer les taux d'intérêt américains et européens, il faut aussi anticiper une évolution du taux de change entre le dollar et l'euro de cette année à la suivante [1].

Faisons maintenant la même hypothèse qu'au chapitre 11 quand nous discutions du choix entre titres à court terme ou à long terme, ou entre obligations et actions. Supposons que les autres investisseurs financiers et vous ne vouliez détenir que l'actif dont le taux de rendement est le plus élevé. Dans ce cas, si les titres européens et américains sont détenus, ils doivent avoir le même taux de rendement, de sorte que la *relation d'arbitrage* suivante doit être vérifiée :

$$1 + i_t = \left(\frac{1}{E_t}\right)(1 + i_t^*)E_{t+1}^e$$

ou en réorganisant cette équation :

$$1 + i_t = \left(\frac{E_{t+1}^e}{E_t}\right)(1 + i_t^*) \qquad (15.2)$$

1. Si la décision d'investir à l'étranger ou sur le marché national dépend des taux d'intérêt, elle se prend aussi en fonction d'une anticipation de l'évolution du taux de change dans le futur.

L'équation 15.2 est appelée **relation de parité non couverte des taux d'intérêt**, ou simplement **condition de parité des taux d'intérêt** [1].

L'hypothèse que les investisseurs détiendront seulement l'actif ayant le plus fort taux de rendement anticipé est évidemment trop restrictive, et ce pour deux raisons :

- elle ignore les coûts de transaction : placer et retirer son argent des titres français requiert trois opérations distinctes, chacune ayant un coût de transaction ;
- elle ignore le risque : le taux de change d'ici un an est incertain ; cela signifie que détenir des titres américains est plus risqué, en termes d'euros, que détenir des titres européens [2].

Mais pour caractériser les mouvements de capitaux sur les principaux marchés financiers mondiaux (New York, Francfort, Londres et Tokyo), l'équation 15.2 n'est pas loin de la réalité. De faibles variations de taux d'intérêt et des rumeurs d'appréciation ou de dépréciation imminente peuvent conduire à des mouvements de dizaines de milliards de dollars en quelques minutes. Pour les pays riches, la condition d'arbitrage 15.2 est une bonne approximation de la réalité. D'autres pays dont les marchés de capitaux sont plus restreints et moins développés, ou qui ont diverses formes de contrôle des échanges de capitaux, ont plus de marge de manœuvre dans le choix de leurs taux d'intérêt intérieurs que l'équation 15.2 ne l'implique. Nous reviendrons sur ce problème à la fin du chapitre 18.

Pour avoir une meilleure intuition des implications de l'arbitrage, réécrivons l'équation 15.2 ainsi :

$$1 + i_t = (1 + i_t^*)\left[1 + \frac{(E_{t+1}^e - E_t)}{E_t}\right] \qquad (15.3)$$

Cela nous donne une relation entre le taux d'intérêt nominal intérieur, le taux d'intérêt nominal étranger et le taux de dépréciation anticipé. Comme une augmentation de E est une dépréciation, $(E_{t+1}^e - E_t)/E_t$ est effectivement le taux de dépréciation anticipé (si l'on anticipe le fait que la monnaie nationale va s'apprécier, ce terme est négatif). Tant que les taux d'intérêt ou le taux anticipé de dépréciation ne sont pas trop élevés – disons en dessous de 20 % par an –, l'équation 15.3 donne une bonne approximation de la réalité :

$$i_t \approx i_t^* + \left(\frac{E_{t+1}^e - E_t}{E_t}\right) \qquad (15.4)$$

Voici la relation à mémoriser : l'arbitrage implique que *le taux d'intérêt intérieur soit à peu près égal au taux d'intérêt étranger plus le taux de dépréciation anticipé de la monnaie nationale* [3].

1. L'expression « non couverte » sert à distinguer cette relation d'une autre relation appelée la *parité couverte*. Cette condition d'arbitrage s'applique au choix suivant : acheter et détenir des titres américains à un an (ou acheter des euros aujourd'hui, acheter des titres européens à un an et accepter de vendre des euros contre des dollars dans un an à un prix prédéterminé, nommé le *taux de change à terme*). Le taux de rendement, qui peut être atteint dans les deux cas *sans aucun risque*, doit être le même. La condition de parité des taux d'intérêt couverte est une *relation d'arbitrage sans risque*.
2. Savoir s'il est plus risqué de détenir des titres français ou américains dépend du point de vue que l'on adopte. La détention de titres français est plus risquée du point de vue des investisseurs américains. Celle de titres américains est plus risquée du point de vue des investisseurs français.
3. Il est très important de se rappeler cette relation : dans la condition où la parité des taux d'intérêt est non couverte, le taux d'intérêt intérieur doit être égal au taux d'intérêt étranger, plus la dépréciation anticipée de la monnaie nationale.

Appliquons cette relation aux titres européens et américains. Supposons que le taux d'intérêt à un an soit de 4 % aux États-Unis et de 2,5 % en Europe. Faut-il détenir des titres européens ou américains ? Cela dépend de l'anticipation que l'on fait de la dépréciation du dollar vis-à-vis de l'euro par rapport à 4 % – 2,5 % = 1,5 % pour l'année à venir. Si l'on anticipe une dépréciation du dollar de plus de 1,5 %, alors, bien que le taux d'intérêt soit plus haut aux États-Unis qu'en Europe, il est plus attractif de placer en Europe qu'aux États-Unis. En détenant des titres européens, on recevra moins d'euros dans un an, mais l'euro vaudra aussi plus en termes de dollars, ce qui rendra l'investissement en Europe plus attractif qu'aux États-Unis. En revanche, si l'on s'attend à ce que le dollar baisse de moins de 1,5 %, alors c'est le contraire : les titres américains sont plus attractifs que les titres européens.

En d'autres termes, la condition de parité non couverte des taux d'intérêt nous montre que les investisseurs financiers doivent en moyenne s'attendre à une dépréciation de 1,5 % du dollar vis-à-vis de l'euro dans l'année à venir, et c'est pourquoi ils souhaitent détenir des titres européens malgré leur plus faible taux d'intérêt (un autre exemple est donné dans l'encadré « Le marché des titres brésiliens »).

Macroéconomie mondiale

Le marché des titres brésiliens

Revenons en septembre 1993 : le taux d'intérêt très élevé à l'époque au Brésil illustre l'argument que nous présentons ici. Les titres brésiliens rapportent un intérêt mensuel de 36,9 %. Cela semble très attractif par rapport au taux annuel de 3 % des titres américains – correspondant à un taux d'intérêt mensuel de 0,2 %. Ne faudrait-il pas acheter des titres brésiliens ?

Ce que nous venons de voir dans ce chapitre nous apprend que, pour décider, on manque d'un élément crucial : le taux anticipé de dépréciation du dollar par rapport au cruzeiro (le nom de la monnaie brésilienne à l'époque, elle s'appelle maintenant le real). On a besoin de cette information parce que (comme la figure 15.8 le montre bien) le taux de rendement en dollars d'un investissement dans des titres brésiliens est égal à :

$$(1 + i_t^*)\frac{E_{t+1}^e}{E_t} = 1{,}369\,\frac{E_{t+1}^e}{E_t}$$

Quel est le taux de dépréciation du cruzeiro à anticiper pour le mois à venir ? Supposons que ce taux soit le taux de dépréciation du mois passé. Nous savons que 100 000 cruzeiros, d'une valeur de 1,01 dollar à la fin de juillet 1993, valaient 0,75 dollar à la fin du mois d'août 1993. Si la dépréciation continue au même taux, le taux de rendement mensuel d'un investissement est égal à :

$$(1 + i_t^*)\frac{E_{t+1}^e}{E_t} = 1{,}369\,\frac{0{,}75}{1{,}01} = 1{,}016$$

Le taux de rendement anticipé en dollars de la détention de titres brésiliens est seulement de 1,016 – 1 = 1,6 % par mois, et non les 36,9 % par mois qui semblaient si attractifs. Notons que 1,6 % par mois est déjà un taux beaucoup plus important que le taux d'intérêt mensuel américain (environ 0,2 %). Mais pensons au risque et aux coûts de transaction – tous les éléments délibérément oubliés lors de l'écriture de la condition d'arbitrage. Une fois qu'ils sont pris en compte, on peut être amené à garder ses fonds loin du Brésil.

La condition d'arbitrage entre les taux d'intérêt et les taux de change dans l'équation 15.4 jouera un rôle central dans les chapitres suivants. Elle suggère que, à moins que les marchés financiers anticipent d'importantes dépréciations ou appréciations, les taux d'intérêt étrangers et intérieurs sont susceptibles de varier ensemble, dans le même sens et les mêmes proportions. Prenons le cas extrême de deux pays s'engageant à maintenir leur taux de change bilatéral à un niveau fixé. Si les marchés croient à cet engagement, ils prévoient que ce taux de change va rester constant, et la dépréciation anticipée sera nulle. Dans ce cas, la condition d'arbitrage implique que les taux d'intérêt dans les deux pays soient exactement les mêmes. La plupart du temps, comme nous le verrons, les gouvernements ne prennent pas l'engagement absolu de maintenir le taux de change, mais, souvent, ils essaient d'éviter d'amples fluctuations. Cela fixe des limites contraignantes à leur capacité à permettre au taux d'intérêt intérieur de varier par rapport aux autres taux d'intérêt mondiaux.

Dans quelle mesure les taux d'intérêt ont-ils effectivement des mouvements très liés pour les pays les plus importants ? La figure 15.9 représente les taux d'intérêt courts pour les États-Unis et la France depuis 1970. On a en effet l'impression que les mouvements sont étroitement liés, mais non identiques. Les taux d'intérêt sont élevés (par rapport à des références historiques) au milieu des années 1970, bas à la fin et très élevés au début des années 1980. Depuis, ils ont décru dans la plupart des pays. En même temps, les différences sont parfois importantes entre les deux taux, comme au début des années 1990. Dans les chapitres suivants, nous reviendrons sur la question de la cause de ces divergences et sur leurs implications [1].

Figure 15.9 – Les taux d'intérêt nominaux courts en France et aux États-Unis, 1970-2012.

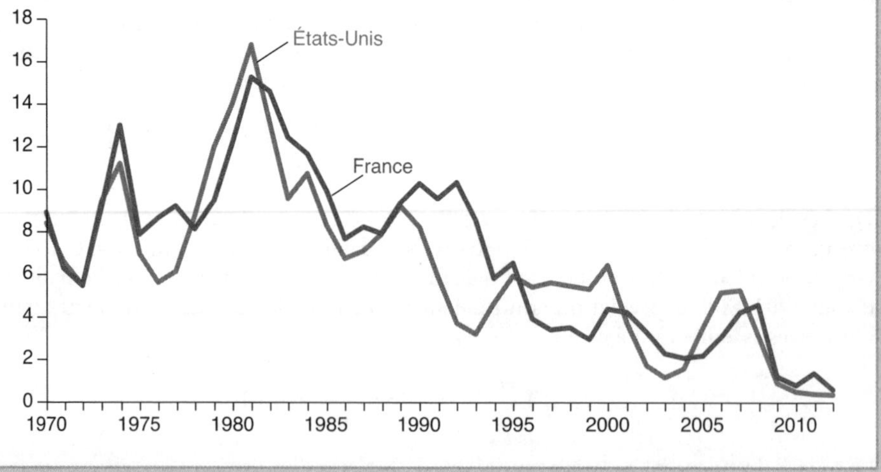

Source : OCDE et IRS.

1. D'ici là, faites l'exercice suivant : prenez les dernières pages d'une parution récente de *The Economist* et regardez les indications sur les taux d'intérêt à court terme de différents pays, puis comparez-les au taux américain. Quelles sont les monnaies par rapport auxquelles le dollar devrait se déprécier ?

15.3 Conclusions et mise en perspective

Pour résumer, nous avons installé le cadre nécessaire à une étude de l'économie ouverte.

L'ouverture du marché des biens permet un choix entre les biens nationaux et étrangers. Ce choix dépend principalement du *taux de change réel* – le prix relatif des biens étrangers en termes de biens nationaux.

L'ouverture des marchés financiers permet un choix entre actifs nationaux et étrangers. Ce choix dépend principalement de leur taux de rendement relatif, qui est lié à son tour aux taux d'intérêt intérieurs et étrangers et au taux de dépréciation anticipé de la monnaie nationale.

Dans le chapitre suivant, nous examinons les implications de l'ouverture du marché des biens. Le chapitre 17 introduira l'ouverture des marchés financiers. Dans le chapitre 18, nous considérerons une économie ouverte à moyen terme et nous pèserons le pour et le contre des différents régimes de change.

Résumé

- L'ouverture des marchés des biens permet aux gens et aux entreprises de choisir entre les biens nationaux et étrangers. L'ouverture des marchés financiers permet aux investisseurs financiers de détenir des actifs nationaux et étrangers.
- Le taux de change nominal est le prix de la devise étrangère en termes de monnaie nationale. Du point de vue de l'Europe, le taux de change nominal entre l'Europe et les États-Unis est le prix de 1 dollar en euros.
- Une appréciation nominale (ou appréciation tout court) est une augmentation du prix de la monnaie nationale en termes de monnaie étrangère ; étant donné la définition du taux de change, cela correspond à une baisse de ce taux. Une dépréciation nominale (ou dépréciation tout court) est une diminution du prix de la monnaie nationale en termes de monnaie étrangère ; cela correspond à une augmentation du taux de change.
- Le taux de change réel est le prix relatif des biens étrangers en biens nationaux. Il est égal au taux de change nominal multiplié par le niveau des prix étrangers, divisé par le niveau des prix intérieurs.
- Une appréciation réelle est une augmentation du prix relatif des biens en termes de biens étrangers ; cela correspond à une baisse du taux de change réel. Une dépréciation réelle est une diminution du prix relatif des biens étrangers ; cela correspond à une augmentation du taux de change réel.
- Le taux de change réel multilatéral, ou taux de change effectif réel, est une moyenne pondérée des taux de change réels bilatéraux, dont la pondération reflète le poids dans le commerce.
- La balance des paiements enregistre les transactions d'un pays avec le reste du monde.

Pour en savoir plus

Si vous voulez en savoir plus sur le commerce et l'économie internationale, il existe un très bon manuel, par Paul Krugman, Marc Melitz et Maurice Obstfeld, *Économie internationale*, 9e éd., Pearson Education France, 2012.

Si vous cherchez les taux de change entre n'importe quelles monnaies de la planète, vous pourrez les trouver sur le site : www.oanda.com.

Applications

1. Vrai/Faux/Incertain

a. Les pays recevant des flux nets de capitaux doivent avoir un déficit de compte courant.

b. Alors que le ratio d'exportation peut être supérieur à 1 comme à Singapour, le ratio d'importation ne peut jamais être supérieur à 1.

c. Qu'un pays aussi riche que le Japon puisse avoir un ratio des importations sur le PIB si petit montre clairement une discrimination envers les exportateurs américains.

d. La parité des taux d'intérêt non couverte implique que les taux d'intérêt soient les mêmes dans tous les pays.

e. Si le taux de change nominal entre l'euro et le dollar est 0,90, cela signifie que 1 euro vaut 0,90 dollar.

f. Si le taux de change réel entre l'Europe et les États-Unis est 2, cela signifie que les biens sont deux fois plus chers en Europe qu'aux États-Unis.

2. La France et l'Allemagne

Trouvez sur Internet les taux de change nominaux entre l'Allemagne et la France. Un site canadien utile et gratuit permet de construire des graphiques en ligne : pacific.commerce.ubc.ca/xr.

a. Représentez le deutsche mark (DM) en francs depuis 1979 et comparez ce graphique avec celui de ce chapitre qui décrit le franc par rapport au dollar. En particulier, quelles sont la tendance et la volatilité de ces séries dans les années 1980 ?

b. Pour le taux de change entre le DM et le franc, discutez les différences de comportement du taux de change sur les périodes 1979-1987, 1988-1991 et 1992-1998 (avant la mise en place de l'euro).

c. Quand le franc s'est-il apprécié/déprécié par rapport au DM ?

3. La balance des paiements

Considérez deux économies fictives, « l'économie nationale » et « l'économie étrangère ». Construisez la balance des paiements de chaque pays à partir de la liste suivante de transactions.

- Le pays a acheté 100 euros de pétrole au pays étranger.
- Les touristes étrangers dépensent 25 euros dans les stations de ski « nationales ».
- Les résidents achètent 45 euros d'assurance vie dans le pays étranger.
- Les résidents achètent 5 euros de substances illégales à des *dealers* étrangers.
- Les investisseurs étrangers ont obtenu 15 euros de dividendes correspondant à leur détention d'actions nationales.
- Les résidents ont envoyé 25 euros à des organismes caritatifs étrangers.
- Les hommes d'affaires étrangers ont dépensé 35 euros en pots-de-vin versés aux fonctionnaires nationaux.

- Les entreprises nationales ont emprunté 65 euros à des banques étrangères.
- Les investisseurs étrangers ont acheté 15 euros de *junk bonds* nationaux (titres pourris, très risqués et sans perspective intéressante).
- Les investisseurs nationaux ont vendu 50 euros des titres du gouvernement étranger qu'ils détenaient.

4. Les années Reagan

Quand Ronald Reagan était président, le déficit commercial américain s'est substantiellement accru, ce que les démocrates ont interprété comme une preuve que l'économie américaine n'était plus compétitive. Ronald Reagan a, au contraire, prétendu que les flux nets de capitaux importants vers les États-Unis montraient que le pays était devenu une place très attractive pour les investisseurs étrangers. Selon vous, qui avait raison ?

5. La relation de parité non couverte

Considérez la structure de prix suivante pour les titres d'État en Europe et aux États-Unis. Supposez que, dans les deux cas, les titres d'État soient des obligations à un an, rapportant la valeur faciale du titre dans un an. Le taux de change E est de 1 dollar = 1,05 euro.

	Valeur faciale	Prix
États-Unis, obligation à un an	10 000 dollars	9 615,38 dollars
Europe, obligation à un an	13 333 euros	12 698,10 euros

a. Calculez le taux d'intérêt nominal de chaque obligation.

b. Calculez le taux de change anticipé pour l'année suivante, compatible avec la parité non couverte des taux d'intérêt.

c. Si l'on s'attend à ce que le dollar se déprécie par rapport à l'euro, quel titre faut-il acheter ?

d. Supposons que vous soyez un investisseur américain. Vous échangez des dollars contre des euros et achetez des obligations européennes. Dans un an, il apparaît que E vaut en fait 1,11 (1 dollar = 1,11 euro). Quel est le rendement réalisé en dollars comparé à celui que vous auriez pu extraire si vous aviez détenu des obligations américaines ?

e. Ces différences de rendement en d sont-elles compatibles avec la parité des taux non couverte ? Justifiez votre réponse.

6. La relation de parité couverte des taux d'intérêt

Supposons qu'il existe un marché pour acheter et vendre de la monnaie étrangère dans un an, c'est-à-dire dans le futur, à un prix déterminé aujourd'hui – le prix est appelé **taux de change à terme** (*forward exchange rate*), que l'on note F, prix aujourd'hui de 1 dollar en euros sur ce marché. En d'autres termes, on peut signer aujourd'hui un contrat pour vendre 1 dollar contre F euros dans un an.

a. Trouvez l'approximation suivante de la parité couverte des taux d'intérêt, où i représente le rendement nominal anticipé et où l'astérisque signifie qu'il s'agit d'une variable étrangère :

$$i = i^* + \frac{(F - E)}{E}$$

b. Étant donné les deux obligations d'État et le taux de change du problème précédent, trouvez le futur du taux de change de 1 euro compatible avec la parité couverte des taux.

c. Que devriez-vous faire si le taux de change à terme sur le marché est différent de la valeur que l'on vient de trouver ?

Supposons que le taux de change à terme soit comme vous l'avez trouvé en b. Vous achetez des euros aujourd'hui, des obligations européennes demain et passez un contrat aujourd'hui pour vendre les euros que vous aurez reçus d'ici un an, au taux de change à terme.

e. Une surprise sur le taux de change entre aujourd'hui et dans un an modifie-t-elle les rendements de votre investissement ? Expliquez.

Chapitre 16
Le marché des biens dans une économie ouverte

En 2009, l'ensemble des pays s'est inquiété d'un risque de récession aux États-Unis. Ces pays n'étaient cependant pas tant inquiets pour les États-Unis que pour eux-mêmes : une récession américaine implique en effet pour les autres pays une diminution de leurs exportations vers les États-Unis, une détérioration de leur situation commerciale et un ralentissement de l'activité économique.

Ces craintes étaient-elles justifiées ? La réponse est oui. La récession aux États-Unis a entraîné une récession mondiale. Pour comprendre ce qu'il s'est passé, nous devons élargir l'analyse du marché des biens du chapitre 6, en prenant en compte l'ouverture (internationale) de ce marché. C'est l'objet de ce chapitre.

16.1 La relation *IS* en économie ouverte

Quand nous supposions que l'économie était fermée au commerce, il n'y avait pas besoin de distinguer la demande intérieure de biens de la demande de biens nationaux : elles étaient évidemment les mêmes. Maintenant, il faut faire cette distinction : une partie de la demande intérieure est satisfaite par des biens étrangers, et une partie de la demande de biens nationaux vient des étrangers. Étudions cette distinction plus précisément.

La demande de biens nationaux

Dans une économie ouverte, la demande de biens nationaux est donnée par :

$$Z = C + I + G - \varepsilon M + X \tag{16.1}$$

Les trois premiers termes – la consommation C, l'investissement I et les dépenses gouvernementales G – constituent la **demande intérieure de biens**. Si l'économie était fermée, $C + I + G$ constituerait aussi la demande de biens nationaux. Voilà pourquoi, jusqu'à maintenant, nous ne considérions que $C + I + G$. Mais désormais, deux corrections s'imposent :

- premièrement, il faut soustraire les importations, cette partie de la demande intérieure qui s'adresse à des biens étrangers. Ici, il faut faire bien attention : les biens étrangers sont différents des biens nationaux, de sorte que nous ne pouvons simplement soustraire la quantité d'importations M ; si nous procédions ainsi, nous soustrairions des pommes (les biens étrangers) à des oranges (les biens nationaux). Il faut d'abord exprimer la valeur des biens étrangers en termes de biens nationaux. C'est pourquoi on multiplie M par le facteur ε dans l'équation 16.1 : comme nous l'avons vu au chapitre 15, ε est le taux de change réel – le prix des biens étrangers en termes de biens nationaux. Ainsi εM (le prix multiplié par la quantité des importations) est la valeur des importations en termes de biens nationaux [1] ;

- deuxièmement, nous devons ajouter les exportations, la demande de biens nationaux qui vient de l'étranger. C'est ce que représente le terme X dans l'équation 16.1 [2].

Les déterminants de la demande de biens nationaux

Après avoir fait la liste des cinq composantes de la demande, nous devons spécifier leurs déterminants. Commençons par les trois premiers, C, I et G.

Les déterminants de la consommation, de l'investissement et des dépenses gouvernementales. Maintenant que l'on suppose que l'économie est ouverte, comment faut-il modifier notre description de la consommation (C), de l'investissement (I) et des dépenses gouvernementales (G) ? Peu de modifications sont à apporter. Le choix des dépenses de consommation dépend encore du revenu et de la richesse. Alors que le taux de change réel influence certainement la *composition* de la consommation entre biens nationaux et étrangers, il n'y a pas de raison évidente pour qu'il ait un impact sur le *niveau* global de la consommation. Cela est encore vrai de l'investissement : le taux de change réel influe peut-être sur le choix de machines étrangères ou nationales par les entreprises, mais il ne devrait pas avoir d'incidence sur l'investissement total.

Voilà qui facilite notre tâche, puisque cela implique que nous pouvons utiliser nos descriptions précédentes de la consommation, de l'investissement et des dépenses gouvernementales. Ainsi :

$$\text{Demande intérieure} = C + I + G = \underset{(+)}{C(Y - T)} + \underset{(+,-)}{I(Y, r)} + G$$

Nous supposons que la consommation dépende positivement du revenu disponible après impôts ($Y - T$) et que l'investissement dépende positivement de la production (Y) et négativement du taux d'intérêt réel (r). Nous continuons de considérer les dépenses gouvernementales (G) comme données. Nous laissons de côté pour le moment les subtilités introduites aux chapitres 11 à 14, où nous nous intéressions au rôle des anticipations dans la répartition des dépenses. L'intérêt est de prendre les éléments à une étape donnée pour comprendre les effets de l'ouverture de l'économie ; nous réintroduirons certaines de ces subtilités plus tard [3].

Les déterminants des importations. De quoi dépend la quantité des importations M ? Tout d'abord, du niveau de la demande intérieure : plus la demande intérieure est élevée, plus la demande pour tous les biens, à la fois nationaux et étrangers, est élevée. D'où l'argument du début du chapitre : le reste du monde craint une récession aux États-Unis parce qu'elle conduirait à une diminution des importations américaines. Mais M dépend aussi clairement du taux de change réel : plus le prix des biens étrangers par rapport aux biens nationaux est élevé, moins forte est la demande de biens étrangers, et moins élevée est la quantité d'importations.

---

1. Au chapitre 6, nous avons ignoré cela et soustrait M. C'était une erreur, mais nous ne voulions pas aborder le taux de change et de telles complications si rapidement dans l'ouvrage.
2. Demande intérieure de biens ($C + I + G$) – demande intérieure de biens étrangers (les importations M) + demande étrangère de biens nationaux (les exportations X) = demande de biens nationaux ($C + I + G - \varepsilon M + X$).
3. La demande intérieure dépend donc du revenu Y, du taux d'intérêt r, des impôts T et des dépenses gouvernementales G.

Ainsi, il faut écrire les importations comme :

$$M = \underset{(+,\,-)}{M(Y, \varepsilon)} \qquad (16.2)$$

Les importations dépendent du revenu Y (ou de la production, les deux restent équivalents en économie ouverte) : un revenu plus élevé conduit à des importations plus élevées [1]. Les importations dépendent aussi du taux de change réel. Rappelons-nous que le taux de change réel ε est défini comme le prix des biens étrangers en termes de biens nationaux. Un taux de change réel plus élevé rend donc les produits étrangers plus chers relativement, ce qui conduit à une diminution de la quantité des importations M [2]. C'est pourquoi un signe moins est placé sous le ε dans l'équation 16.2 [3].

Les déterminants des exportations. Par définition, une exportation d'un pays est l'importation d'un autre. Il revient au même de chercher les déterminants des exportations des États-Unis et les importations du reste du monde. D'après notre discussion précédente, on peut donc dire que les importations étrangères dépendent de l'activité étrangère et du prix relatif des biens étrangers. Ainsi, nous pouvons écrire les exportations comme :

$$X = \underset{(+\,,\,+)}{X(Y^*, \varepsilon)} \qquad (16.3)$$

Y^* est le produit du reste du monde, ou simplement le *produit étranger* [4]. Une augmentation du produit étranger mène à une augmentation de la demande étrangère de biens, dont une partie s'adresse à des biens nationaux, ce qui entraîne des exportations plus élevées. Une augmentation de ε – une augmentation du prix relatif des biens étrangers en termes de biens nationaux – rend les biens nationaux plus attractifs relativement, d'où une augmentation des exportations [5].

On peut montrer tout ce que l'on vient d'apprendre sur la figure 16.1, qui représente les différentes composantes de la demande en fonction du revenu, toutes les autres variables étant fixées (le taux d'intérêt, les impôts, les dépenses gouvernementales, le produit étranger et le taux de change réel).

Dans la partie (a), la ligne DD correspond à la demande intérieure, $C + I + G$, comme une fonction du produit. Cette relation est familière. D'après nos hypothèses standard habituelles, la pente de la relation entre demande et produit est positive mais inférieure à 1 : une augmentation du produit – ou, de façon équivalente, du revenu – augmente la demande, mais de moins de 1 pour 1 [6].

1. Ici, on triche un peu. Notre discussion suggère que nous devrions utiliser la demande intérieure, $C + I + G$, au lieu du revenu Y comme déterminant des importations. On peut aussi contester l'hypothèse que les importations dépendent de la demande intérieure et non de sa composition. Par exemple, plusieurs pays pauvres importent la majeure partie de leur équipement industriel, mais consomment principalement des biens intérieurs. Dans ce cas, la composition de la demande a un rôle sur les importations. Nous laissons ces complications de côté.
2. Si ε augmente et que, par suite, M diminue, que dire de εM, la valeur des importations en termes de biens nationaux ? C'est ce que nous allons examiner par la suite.
3. Le volume des importations M dépend du niveau de revenu Y et du taux de change réel ε.
4. Les astérisques renvoient toujours à des variables étrangères.
5. Le volume des importations M dépend du niveau de revenu Y et du taux de change réel ε.
6. En l'absence de preuves du contraire, nous traçons les relations entre produit et demande, ainsi que les autres relations de ce chapitre, comme des droites plutôt que des courbes, uniquement parce que c'est plus pratique, et aucune des discussions qui suivent ne s'appuie sur cette hypothèse.

Pour arriver à la demande de biens nationaux, nous devons d'abord soustraire les importations. C'est ce que l'on fait dans la partie (b) ; on obtient alors la ligne *AA* : la distance entre *DD* et *AA* vaut la valeur des importations, εM[1]. Comme la quantité d'importations augmente avec le revenu, la distance entre *AA* et *DD* augmente aussi avec le revenu. Nous pouvons établir deux caractéristiques de *AA* qui nous serviront par la suite :

- premièrement, *AA* est moins pentue que *DD* : quand le revenu augmente, une partie de la demande intérieure supplémentaire s'adresse à des biens étrangers plutôt qu'à des biens nationaux. Quand le revenu augmente, la demande intérieure de biens nationaux augmente moins que la demande intérieure totale ;
- deuxièmement, tant qu'une partie de la demande supplémentaire s'adresse à des biens nationaux, la courbe *AA* a une pente positive : une augmentation du revenu conduit à une augmentation de la demande de biens nationaux.

Pour finir, on ajoute les exportations. C'est fait dans la partie (c) et on obtient la ligne *ZZ*, qui est au-dessus de *AA*. La distance entre *ZZ* et *AA* représente les exportations. Comme les exportations ne dépendent pas du produit intérieur, la distance entre *ZZ* et *AA* est constante, donc les deux lignes sont parallèles. Comme *AA* est moins pentue que *DD*, *ZZ* est aussi moins pentue que *DD*.

De la figure (c), on peut déduire et caractériser le comportement des exportations nettes – la différence entre les exportations et les importations ($X - \varepsilon M$) – comme une fonction du produit. Par exemple, au niveau de produit *Y*, les exportations sont données par la distance *AC*, et les importations par la distance *AB* : les exportations nettes sont donc illustrées par la distance *AB* ; les importations nettes par la distance *BC*[2].

Cette relation entre exportations nettes et niveau de produit est représentée par la ligne *NX* de la partie (d). Les exportations nettes sont une fonction décroissante du produit : quand le produit augmente, les importations augmentent, mais les exportations ne sont pas modifiées, d'où des exportations nettes inférieures. Soit Y_{bc} (balance commerciale) le niveau de produit pour lequel la valeur des importations vaut juste autant que les exportations, de sorte que les exportations nettes sont nulles. Des niveaux de produit supérieurs à Y_{bc} conduisent à plus d'importations et donc à un déficit commercial ; des niveaux de produit inférieurs à Y_{bc} conduisent à une diminution des importations et ainsi à un surplus commercial.

---

1. Pour un taux de change donné ε, εM, la valeur des importations en termes de biens nationaux, évolue proportionnellement à *M*, le volume des importations.
2. Souvenons-nous que les exportations nettes sont synonymes de balance commerciale. Des exportations nettes positives correspondent à un excédent commercial, des exportations nettes négatives à un déficit commercial.

Figure 16.1 – La demande de biens nationaux et les exportations nettes.

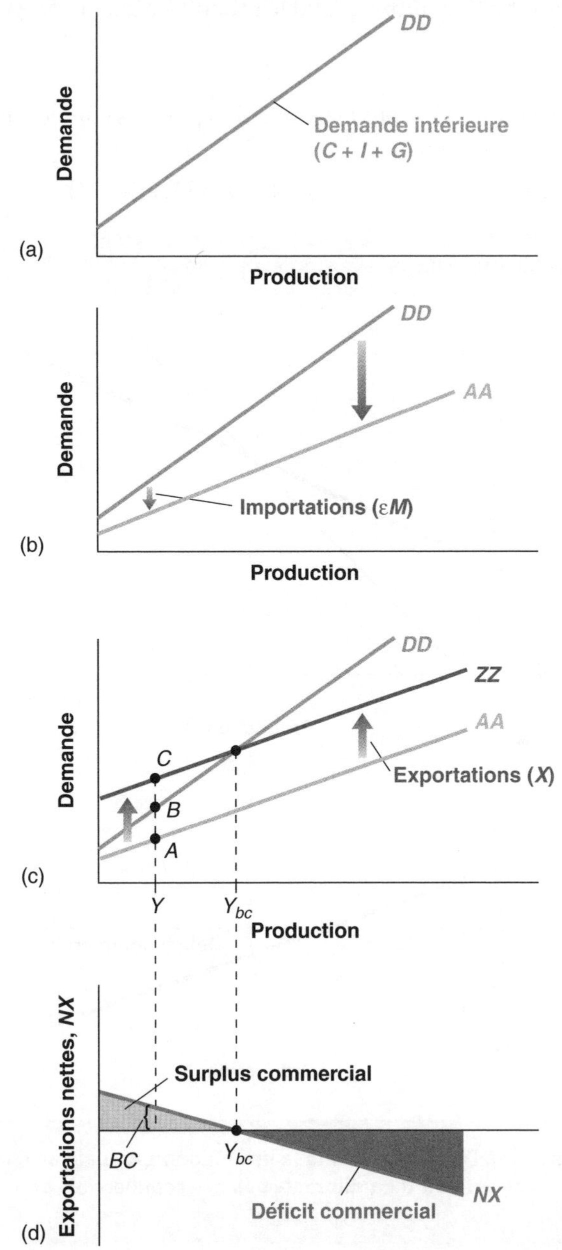

La demande intérieure de biens est une fonction croissante du revenu. La demande de biens nationaux est obtenue en soustrayant la valeur des importations à la demande intérieure, puis en lui ajoutant les exportations. La balance commerciale est une fonction décroissante du produit.

16.2 Le produit d'équilibre et la balance commerciale

Le marché des biens est à l'équilibre quand le produit intérieur est égal à la demande de biens nationaux [1] :

$$Y = Z$$

En rassemblant les relations que nous avons établies pour les composantes de la demande de biens nationaux Z, on obtient :

$$Y = C\,(Y - T) + I\,(Y, r) + G - \varepsilon M\,(Y, \varepsilon) + X\,(Y^*, \varepsilon) \qquad (16.4)$$

Figure 16.2 – Le produit d'équilibre et les exportations nettes.

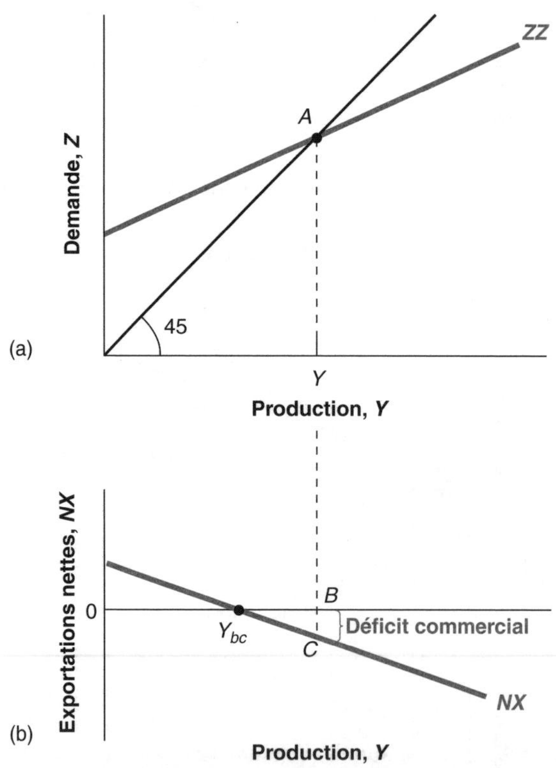

Le marché des biens est à l'équilibre quand la production est égale à la demande de biens nationaux. Au niveau de produit d'équilibre, la balance commerciale peut être en excédent ou en déficit.

Cette condition d'équilibre détermine le produit comme une fonction de toutes les autres variables, que l'on prend pour données, depuis les impôts jusqu'au taux de change réel et au niveau de production étranger. Ce n'est pas une relation simple ; la figure 16.2 la représente pourtant dans une forme plus facile à comprendre. Dans la partie (a), la demande

1. L'équilibre sur le marché des biens nécessite que le produit intérieur soit égal à la demande de biens nationaux.

est sur l'axe vertical, le produit (ou le revenu) sur l'axe horizontal. La ligne *ZZ* représente la demande comme une fonction du produit ; elle reproduit exactement la ligne *ZZ* de la figure 16.1 ; sa pente est positive, mais inférieure à 45°.

Le produit d'équilibre est au point où la demande égale le produit, à l'intersection de *ZZ* et de la première bissectrice (droite à 45°) : le point *A* sur la figure, avec comme niveau de production associé *Y*.

La partie (b) reproduit la partie (d) de la figure 16.1, qui représente les exportations nettes comme une fonction décroissante du produit. Il n'y a pas de raison pour que le niveau de produit d'équilibre *Y* soit généralement le même que celui qui équilibre la balance commerciale, Y_{bc} [1]. Telle que la figure est dessinée, le produit d'équilibre est associé à un déficit de la balance commerciale, égal à la distance *BC*.

Nous avons désormais les outils nécessaires pour répondre aux questions qui introduisent ce chapitre.

16.3 L'augmentation de la demande, étrangère ou intérieure

Comment les changements de la demande influent-ils sur le produit dans une économie ouverte ? Commençons par le cas désormais classique dans la littérature économique d'une augmentation des dépenses gouvernementales, puis nous passerons aux effets d'une augmentation de l'activité étrangère.

L'augmentation de la demande intérieure

Supposons que l'économie soit en récession et que le gouvernement augmente les dépenses de l'État afin de stimuler et donc d'augmenter la demande et la production. À quels effets faut-il s'attendre sur le produit et sur la balance commerciale [2] ?

La réponse est donnée à la figure 16.3. Avant l'augmentation des dépenses gouvernementales, la demande est donnée par *ZZ* dans la partie (a), et l'équilibre est au point *A*, où le produit est *Y*. Supposons – bien que nous ayons dit qu'il n'y avait aucune raison que ce soit vrai en général – que la balance commerciale soit initialement à l'équilibre, d'où, dans la partie (b), $Y = Y_{bc}$.

Que se passe-t-il si le gouvernement augmente ses dépenses de ΔG ? Quel que soit le niveau de production, la demande est plus élevée que ΔG, ce qui déplace la relation de demande de *ZZ* à *ZZ'*, et la production augmente de *Y* à *Y'*, puisque le point d'équilibre se déplace de *A* en *A'*. L'augmentation du produit est supérieure à l'augmentation initiale des dépenses gouvernementales : il y a un effet multiplicateur [3].

---

1. Le niveau de produit d'équilibre est donné par la condition $Y = Z$. Le niveau de produit pour lequel la balance commerciale est en équilibre est donné par la condition $M = X$. Ce sont deux conditions distinctes et différentes.
2. Comme dans les chapitres précédents, nous commençons par ignorer tous les marchés autres que le marché des biens ; les conclusions que l'on tire seront ensuite largement conservées quand on introduira les marchés financiers et les marchés du travail.
3. Une augmentation des dépenses gouvernementales augmente encore le produit, mais l'effet multiplicateur est plus faible qu'en économie fermée.

Il y a donc à présent un effet sur la balance commerciale. Comme les dépenses gouvernementales n'entrent pas directement dans la relation définissant les importations, ni dans celle des exportations, la relation entre exportations nettes et produit de la partie (b) ne se modifie pas. Par conséquent, l'augmentation du produit de Y à Y' conduit à un déficit commercial égal à BC[1].

Figure 16.3 – Les effets d'une augmentation des dépenses publiques.

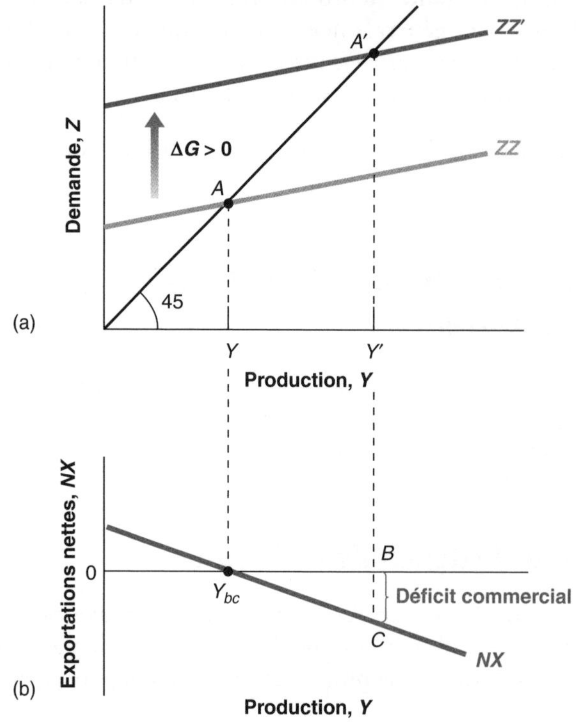

Une augmentation des dépenses gouvernementales entraîne une augmentation du produit et un déficit commercial.

Non seulement une augmentation des dépenses génère un déficit, mais son effet sur le produit est plus faible qu'en économie fermée. Rappelons-nous qu'au chapitre 6, plus faible est la pente de l'équation de demande, plus le multiplicateur est faible (par exemple, si ZZ était horizontale, le multiplicateur serait 1). Et rappelons-nous qu'à la figure 16.1, l'équation de demande, ZZ, est plus plate (moins pentue) que l'équation de demande d'une économie fermée, DD. Cela implique que le multiplicateur est plus faible en économie ouverte qu'en économie fermée.

1. En partant d'une situation d'équilibre de la balance commerciale, une augmentation du produit implique un déficit commercial.

Le déficit commercial et le multiplicateur plus faible dérivent de la même cause : une augmentation de la demande s'adresse en partie à des biens étrangers, pas seulement à des biens nationaux. Ainsi, quand le produit augmente, l'effet sur la demande de biens nationaux est plus faible qu'il ne le serait dans une économie fermée, d'où un multiplicateur plus faible. Et comme une partie de cette demande supplémentaire est satisfaite par des biens étrangers, le résultat est un déficit commercial [1].

Ces deux implications sont importantes. Dans une économie ouverte, une augmentation de la demande intérieure a un effet plus faible sur le produit qu'en économie fermée et un effet négatif sur la balance commerciale. En outre, plus une économie est ouverte, plus l'effet sur le produit sera faible, et plus l'effet négatif sur la balance commerciale sera important. Prenons l'exemple de la Belgique qui a un ratio des importations sur le PIB de 90 %. Cela signifie que quand la demande augmente en Belgique, à peu près 90 % de cette augmentation se traduit en importations plus importantes, et seulement 10 % en augmentation de la demande de biens nationaux. L'effet d'une augmentation des dépenses gouvernementales sera donc probablement une forte augmentation du déficit commercial belge et seulement une faible augmentation du produit intérieur, ce qui fait de l'expansion de la demande intérieure belge une politique assez peu attractive. Même pour les États-Unis, dont le ratio des importations est de seulement 15 %, une augmentation de la demande sera associée à une détérioration de la balance commerciale. Cette conclusion est discutée dans l'encadré « Les multiplicateurs : la Belgique et les États-Unis ».

Gros plan

Les multiplicateurs : la Belgique et les États-Unis

Si nous supposons que les diverses relations de l'équation 16.4 sont linéaires, nous pouvons calculer les effets des variations des dépenses gouvernementales, du produit étranger, etc. sur le produit et sur la balance commerciale. Dans cet encadré, on s'intéresse aux différences entre les effets des dépenses gouvernementales dans un grand pays comme les États-Unis et dans un petit pays comme la Belgique.

Supposons que la consommation et l'investissement soient donnés par :

$$C = c_0 + c_1 (Y - T)$$
$$I = d_0 + d_1 Y - d_2 r$$

La consommation augmente avec le revenu disponible ; l'investissement augmente avec le produit et diminue avec le taux d'intérêt.

Pour la simplicité, ignorons les fluctuations du taux de change réel et supposons $\varepsilon = 1$.

Admettons que les importations et les exportations soient données par :

$$M = m_1 Y$$
$$X = x_1 Y^*$$

Les importations sont proportionnelles au produit intérieur, les exportations au produit étranger. De même que nous appelons c_1 la propension marginale à consommer, m_1 est la **propension marginale à importer**.

1. Le déficit commercial et le multiplicateur plus faible ont la même cause sous-jacente : une partie de la demande supplémentaire est satisfaite par des biens étrangers.

Gros plan

La condition d'équilibre est que le produit égale la demande de biens domestiques :

$$Y = C + I + G - M + X$$

puisque nous avons supposé que le taux de change réel ε est égal à 1. Ainsi, en remplaçant ces termes par leurs expressions :

$$Y = c_0 + c_1 (Y - T) + d_0 + d_1 Y - d_2 r + G - m_1 Y + x_1 Y^*$$

et en regroupant :

$$Y = (c_1 + d_1 - m_1) Y + (c_0 - c_1 T + d_0 - d_2 r + G + x_1 Y^*)$$

puis, en résolvant sur le produit Y :

$$Y = \frac{1}{1 - (c_1 + d_1 - m_1)} \times (c_0 - c_1 T + d_0 - d_2 r + G + x_1 Y^*)$$

Le produit vaut donc le produit du multiplicateur par le terme entre parenthèses – qui rend compte de l'effet de toutes les autres variables que nous avons considérées comme données.

Examinons le multiplicateur. Plus spécifiquement, attardons-nous sur le terme $c_1 + d_1 - m_1$ du dénominateur. Comme dans l'économie fermée, $c_1 + d_1$ donne l'effet d'une augmentation du produit sur la demande et l'investissement ; $- m_1$ prend en compte le fait qu'une partie de la demande supplémentaire ne s'adresse pas à des biens nationaux, mais qu'elle est une demande de biens étrangers. Dans le cas extrême où l'ensemble de la demande supplémentaire s'adresse à des produits étrangers (quand $m_1 = c_1 + d_1$), aucune augmentation du produit n'a d'effet sur la demande de biens nationaux ; dans ce cas, le multiplicateur vaut 1. En général, m_1 est inférieur à $c_1 + d_1$, de sorte que le multiplicateur est supérieur à 1. Mais il est plus petit qu'il ne le serait en économie fermée (puisque $m_1 > 0$).

En utilisant cette équation, nous pouvons facilement caractériser les effets d'une augmentation des dépenses gouvernementales ΔG. L'augmentation du produit vaut exactement le produit du multiplicateur par cette modification des dépenses gouvernementales :

$$\Delta Y = \frac{1}{1 - (c_1 + d_1 - m_1)} \Delta G$$

Et l'augmentation des importations qui découle de l'augmentation du produit implique la variation suivante pour les exportations nettes :

$$\Delta NX = - m_1 \Delta Y$$

$$= - \frac{m_1}{1 - (c_1 + d_1 - m_1)} \Delta G$$

Considérons les implications de ces formules en choisissant des valeurs numériques pour les paramètres : prenons 0,6 pour $c_1 + d_1$. Quelle valeur choisir pour m_1 ? Nous avons vu au chapitre 15 que, en général, plus un pays est grand, plus il est autosuffisant, et moins il a d'importations. Choisissons donc deux valeurs de m_1 : une petite valeur (par exemple 0,1) pour un grand pays comme les États-Unis et une grande valeur (par exemple 0,4) pour un petit pays comme la Belgique. Notons que la proportion d'une augmentation de la demande qui profite aux importations est $m_1/(c_1 + d_1)$ (une augmentation de 1 euro du produit conduit à une augmentation de $c_1 + d_1$ de la demande, dont m_1 sont dépensés en achats de biens étrangers). Ainsi, une façon équivalente de présenter notre choix de m_1 est de dire que dans le grand pays, un sixième de la demande est dépensé en importations (0,1/0,6), contre quatre sixièmes dans le petit pays (0,4/0,6).

Gros plan

Revenons maintenant aux expressions du produit et de la balance commerciale. Pour le grand pays, les effets sur le produit et la balance commerciale sont donnés par :

$$\Delta Y = \frac{1}{1-(0{,}6-0{,}1)}\Delta G = 2\,\Delta G$$

et

$$\Delta NX = -\,0{,}1\;\Delta Y = -\,0{,}2\;\Delta G$$

Pour le petit pays, les effets sont donnés par :

$$\varepsilon \equiv \frac{EP^*}{P}$$

et

$$\Delta NX = -\,0{,}4\;\Delta Y = -\,0{,}5\;\Delta G$$

Ces calculs montrent combien le choix est différent pour des pays de taille distincte.

- Dans le grand pays, l'effet positif sur le produit est important et l'effet sur la balance commerciale est faible.
- Pour le petit pays, l'effet sur le produit est faible et la détérioration de la balance commerciale s'élève jusqu'à la moitié de l'augmentation des dépenses gouvernementales.

Cet exemple illustre combien il est difficile d'utiliser la politique budgétaire pour modifier le produit, surtout dans les petits pays. Plus l'économie est ouverte, plus l'effet des politiques budgétaires sur le produit est faible, et plus l'effet sur l'équilibre commercial est important. Nous verrons d'autres exemples de cette proposition par la suite.

L'augmentation de la demande étrangère

Considérons à présent une augmentation de l'activité étrangère, une augmentation de Y^*. Cela pourrait être dû à une augmentation des dépenses gouvernementales étrangères G^* – la politique que nous venons d'analyser, mise en place à l'étranger. Cependant, on n'a pas besoin d'en connaître l'origine pour analyser ses effets sur l'économie.

La figure 16.4 montre l'effet d'une augmentation de l'activité étrangère sur le produit intérieur et la balance commerciale. La demande initiale de biens nationaux est donnée par la ligne *ZZ* dans la partie (a). L'équilibre est alors au point *A*, avec un niveau de produit *Y*. Supposons que la balance commerciale soit alors à l'équilibre, de telle sorte que les exportations nettes associées à *Y* dans la partie (b) sont nulles.

Il sera utile par la suite de se référer à la droite qui représente la demande intérieure de biens $C + I + G$ en fonction du revenu. Cette droite est appelée *DD*. Rappelons-nous la figure 16.1 où *DD* est plus pentue que *ZZ*. La différence entre *DD* et *ZZ* est égale aux exportations nettes, donc, si la balance commerciale est équilibrée en *A*, *A* est le point d'intersection de *DD* et *ZZ* [1].

Considérons maintenant les effets d'une augmentation du PIB étranger Y^*. Un produit étranger plus élevé implique une demande étrangère plus élevée, ce qui inclut une demande plus élevée de biens nationaux. Donc l'effet direct d'une augmentation du produit étranger est d'accroître les exportations du pays d'un certain montant, que l'on appelle ΔX [2]. Pour un niveau donné du produit, cette augmentation des exportations

1. *DD* est la demande intérieure de biens ; *ZZ* est la demande de biens nationaux.
2. $X = X(Y^*, \varepsilon)$, et *X* est une fonction croissante de ces deux arguments.

conduit à une augmentation de la demande de biens nationaux de ΔX, ainsi la demande des biens nationaux en fonction du revenu se déplace vers le haut de ΔX, de ZZ à ZZ'. Comme les exportations augmentent aussi de ΔX pour un niveau donné du produit intérieur, la droite donnant les exportations nettes en fonction du produit intérieur se déplace également de ΔX, d'où un déplacement de ΔX vers le haut, de NX jusqu'à NX'.

Le nouvel équilibre est en A', avec un niveau de produit correspondant Y'. L'augmentation du produit étranger conduit à une augmentation du produit intérieur. Le canal est bien identifié : un produit étranger plus élevé conduit à des exportations plus élevées, ce qui augmente le produit intérieur et la demande intérieure de biens à travers le multiplicateur.

Figure 16.4 – Les effets d'une demande étrangère supérieure.

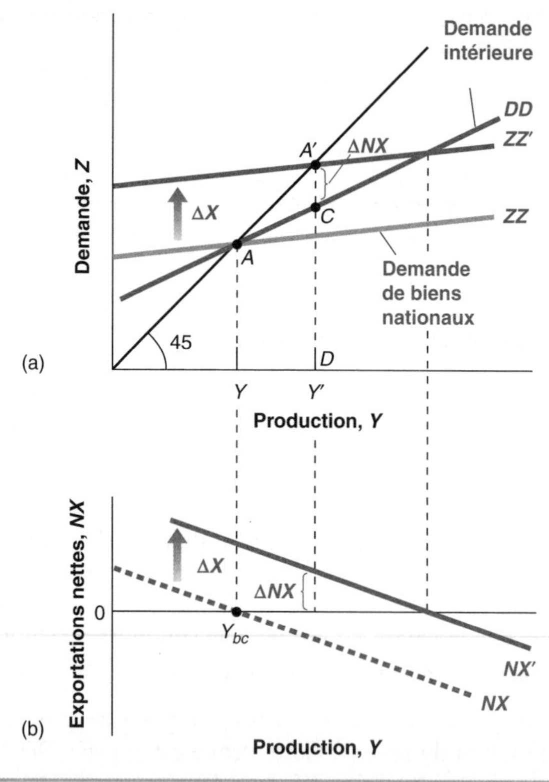

Une augmentation de la demande étrangère conduit à une augmentation du produit et à un excédent commercial.

Que devient la balance commerciale ? Nous savons que les exportations augmentent, mais se peut-il que l'augmentation de la demande intérieure (conséquence de l'augmentation du produit) conduise à une augmentation des importations telle que la balance commerciale se détériore finalement ? Non, la balance commerciale doit s'améliorer. Pour constater pourquoi, remarquons que quand la demande étrangère augmente, la demande de biens nationaux se déplace de ZZ à ZZ', mais la ligne DD, qui donne la demande intérieure de biens en fonction du revenu, ne se déplace pas [1]. Au nouveau niveau de produit d'équilibre *Y'*, la demande intérieure est donnée par la distance *DC* et la demande de biens nationaux est donnée par *DA'*. Les exportations nettes sont donc représentées par la distance *CA'* – qui, comme *DD* est toujours en dessous de *ZZ'*, est nécessairement positive. Ainsi, quand les importations augmentent, l'augmentation ne compense pas celle des exportations, et la balance commerciale s'améliore [2].

Les stratégies des pays

Nous avons obtenu à ce stade deux résultats :

- une augmentation de la demande intérieure induit une augmentation du produit, mais aussi un déficit commercial (nous avons considéré une augmentation des dépenses gouvernementales, mais le résultat serait maintenu pour une baisse des impôts, une hausse des dépenses des consommateurs, etc.) ;
- une augmentation de la demande étrangère (qui peut venir des mêmes causes mises en œuvre à l'étranger) induit une augmentation du produit intérieur et un surplus commercial.

Les gouvernements n'aiment pas les déficits commerciaux, et ils ont de bonnes raisons. La principale raison est qu'un pays en déficit commercial permanent accumule une dette envers le reste du monde, auquel il doit payer des intérêts constamment croissants. Ainsi, il n'est pas étonnant que l'on préfère une augmentation de la demande étrangère (qui conduit à une amélioration du solde commercial) à une augmentation de la demande intérieure (qui conduit à une détérioration).

Ces préférences peuvent avoir des conséquences désastreuses. Considérons un groupe de pays, chacun faisant beaucoup de commerce avec les autres, de telle sorte qu'une augmentation de la demande de l'un des pays profite largement à des biens étrangers. Supposons que tous ces pays soient en récession et partent d'une balance commerciale à peu près équilibrée. Chaque pays sera très réticent à prendre des mesures pour augmenter la demande intérieure. S'il le faisait, cela aboutirait à une faible augmentation de son produit et à une forte détérioration de sa balance commerciale. Chaque pays, pour accroître sa propre demande, préférera attendre que les autres augmentent leur produit. Mais si tous se comportent ainsi et attendent, aucun ne stimule sa demande et la récession perdure.

Y a-t-il un moyen de sortir de cette situation ? Oui, du moins en théorie. Si tous les pays coordonnent leurs politiques macroéconomiques de façon à augmenter la demande intérieure simultanément, chacun aura une expansion sans détériorer sa balance commerciale au profit des autres (le déficit combiné de ce groupe de pays augmentera par rapport au reste du monde). La raison en est évidente : l'augmentation coordonnée des demandes de chaque pays accroît à la fois les importations et les exportations. Il

1. *Y** a une incidence directe sur les exportations et est donc intégré dans la relation entre la demande de biens nationaux et le revenu. Une augmentation de *Y** implique un déplacement de *ZZ* vers le haut.
   Mais *Y** ne modifie ni la consommation, ni les dépenses gouvernementales, ni l'investissement directement, et n'est donc pas intégré dans la relation entre la demande intérieure et le revenu. Une augmentation de *Y** ne conduit pas à un déplacement de *DD*.
2. Une hausse du produit étranger augmente le produit et améliore la balance commerciale.

reste vrai qu'une expansion intérieure induit des importations plus élevées, mais cette augmentation des importations est compensée par l'augmentation des exportations, qui vient des demandes étrangères plus élevées.

En pratique, cependant, la **coordination** peut être difficile à mettre en œuvre. Elle peut impliquer que certains paient plus que les autres, ce qu'ils peuvent refuser.

- Supposons, dans notre exemple, que seulement quelques pays soient en récession. Les autres seront réticents à augmenter leur propre demande, puisqu'ils n'en ressentent pas le besoin et que, de plus, ils y perdraient (au niveau de la balance commerciale) ; dans ce cas, les pays qui stimulent leur demande auront un déficit commercial envers des pays qui ne le font pas.
- Ou bien supposons que certains pays aient déjà un déficit budgétaire important. Ces pays ne voudront pas diminuer leurs impôts, ni augmenter leurs dépenses davantage et demanderont aux autres pays de supporter tout le poids de la reprise par la demande, ce que ces derniers risquent de refuser.

Une autre raison est que les pays sont fortement incités à promettre de coordonner leurs politiques, pour ensuite ne pas tenir parole. Une fois que les pays se sont mis d'accord, par exemple sur une augmentation des dépenses, chacun est poussé à ne pas tenir sa promesse, de façon à bénéficier de l'augmentation de la demande ailleurs et à améliorer sa balance commerciale. Mais si tous les pays trichent, ou ne font pas tout ce qu'ils avaient promis, l'expansion de la demande sera insuffisante pour sortir de la récession.

Ce ne sont vraiment pas des considérations abstraites. Les pays de l'Union européenne, qui sont très intégrés du point de vue commercial, ont beaucoup souffert de tels problèmes de coordination dans les trente dernières années. À la fin des années 1970, l'échec d'une tentative de coordination laisse la plupart des pays découragés [1]. Au début des années 1980, les socialistes français tentent de stimuler la demande : on aboutit à un déficit commercial conséquent et à un abandon de cette politique (voir l'encadré « L'expansion économique des années 1981-1983 »). Après ces échecs, la plupart des pays décident qu'il vaut mieux attendre une expansion étrangère plutôt que stimuler la demande intérieure.

Macroéconomie mondiale

L'expansion économique des années 1981-1983

En mai 1981, le parti socialiste gagne les élections en France. Face à une dépression économique avec plus de 7 % de chômage, les socialistes proposent un programme visant à augmenter la demande par des politiques sociales plus généreuses et par des subventions à la création d'emplois. Les allocations de la Sécurité sociale et les retraites sont augmentées, des emplois publics sont créés, ainsi que des programmes de formation pour les jeunes et les chômeurs. Le tableau 1 dresse un bilan de cette politique.

L'expansion budgétaire est manifeste dans ces données : le budget, à l'équilibre en 1980, est en 1982 en déficit de 2,8 % du PIB. Les effets sur la croissance sont également manifestes : la croissance moyenne en 1981-1982 est de 1,85 %, ce qui n'est pas un taux de croissance impressionnant, mais reste bien au-dessus de la moyenne européenne de 0,45 % ces mêmes années.

1. Les pays européens ont engagé une expansion budgétaire « trop tard » : alors qu'ils augmentaient leurs dépenses, leur économie était déjà dans une phase de reprise et ne nécessitait plus de stimulation par une augmentation des dépenses.

Néanmoins, les socialistes abandonnent cette politique en mars 1983. La dernière ligne du tableau 1 explique pourquoi. Alors que la France croît plus vite que ses partenaires commerciaux, son déficit commercial se creuse. Le gouvernement peut tolérer un tel déficit commercial, mais les marchés financiers – que l'arrivée au pouvoir des socialistes rend nerveux – obligent le gouvernement à dévaluer trois fois en dix-huit mois (souvenons-nous du chapitre où l'on explique que quand un pays essaie de soutenir un taux de change fixe – comme c'est le cas de la France pendant cette période –, les dépréciations sont appelées des dévaluations. Nous expliquerons les mécanismes qui conduisent à de telles dévaluations dans les deux chapitres suivants). La première a lieu en octobre 1981, d'une ampleur de 8,5 % par rapport au deutsche mark (DM) ; la deuxième en juin 1982, de 10 % par rapport au DM ; enfin, la troisième en mars 1983, de 8 % par rapport au DM. En mars 1983, ne voulant plus subir les attaques des marchés financiers contre le franc et soucieux du déficit commercial, le gouvernement français abandonne sa tentative de réduire le chômage par des politiques de demande et adopte une « politique d'austérité » – politique visant à réduire l'inflation, à équilibrer le budget et la balance commerciale et, enfin, à éviter d'avoir encore à dévaluer. Cette politique a été maintenue par les différents gouvernements français, de gauche comme de droite, jusqu'à aujourd'hui.

Remarque : pour en savoir plus sur la politique économique française dans les années 1980, voir Pierre-Alain Muet et Alain Fonteneau, *La Gauche face à la crise*, Presses de Sciences Po, 1985.

Tableau 1 – Les agrégats macroéconomiques en France, 1981-1983.

	1980	1981	1982	1983
Croissance du PIB (en %)	1,6	1,2	2,5	0,7
Croissance moyenne en Europe (en %)	1,4	0,2	0,7	1,6
Excédent budgétaire	0,0	– 1,9	– 2,8	– 3,2
Excédent balance commerciale	– 0,6	– 0,8	– 2,2	– 0,9

Les surplus budgétaires et de compte courant sont mesurés en ratios par rapport au PIB, en pourcentage. Le signe moins indique un déficit. La croissance moyenne en Europe est une moyenne des croissances des PIB des pays de l'Union européenne.
Source : OCDE, décembre 1993.

C'est pourquoi, malgré les déclarations qui concluent les sommets internationaux, la coordination des politiques budgétaires est rare. Elle n'est réellement mise en œuvre que lorsque la situation est vraiment grave, comme en 2009, ce que présente l'encadré « Le G20 et la relance budgétaire de 2009 ».

Gros plan

Le G20 et la relance budgétaire de 2009

En novembre 2008, les ministres des Finances et les gouverneurs des pays du G20 se rencontrent en urgence à Washington. Le G20 réunit à la fois les économies les plus avancées et les principaux pays émergents, soit au total vingt pays. Ce groupe, créé en 1999, n'a pas joué de rôle majeur avant 2008. Face à la crise qui s'annonce profonde et étendue à de nombreux pays, les dirigeants du G20 se réunissent alors pour coordonner leurs politiques macroéconomiques et financières.

Gros plan

En matière de politique macroéconomique, il apparaît clairement que la politique monétaire ne serait pas suffisante ; l'attention se porte donc sur les politiques budgétaires. La chute de la production va entraîner une baisse des recettes fiscales, et donc une augmentation des déficits budgétaires. Dominique Strauss-Kahn, alors directeur général du Fonds monétaire international (FMI), défend la mise en place de mesures discrétionnaires additionnelles – pouvant prendre la forme de baisses d'impôts ou d'augmentations de dépenses – d'un montant moyen d'environ 2 % du PIB pour chaque pays. Il argumente notamment que la relance budgétaire est désormais essentielle pour retrouver la croissance mondiale et que l'effet sur la croissance domestique d'un plan de relance mis en place par un pays peut être deux fois plus important si les principaux partenaires commerciaux de ce pays ont également un plan de relance. Il souligne aussi que tous les pays n'ont pas la même marge de manœuvre ; ceux qui ont la plus grande capacité à financer une expansion budgétaire et la dette publique la plus soutenable doivent assumer une part plus importante dans la relance mondiale.

Au cours des mois suivants, la plupart des pays adoptent effectivement des mesures discrétionnaires, visant à accroître les dépenses privées ou publiques. Si l'on considère l'ensemble des pays du G20, ces mesures discrétionnaires représentent 2,3 % du PIB en 2009. Le plan de relance est de moindre ampleur dans certains pays, comme l'Italie, ayant de moindres marges de manœuvre budgétaires ; il est à l'inverse plus important dans d'autres pays comme les États-Unis ou la France.

Ces plans de relance budgétaire ont-ils été efficaces ? Certains ont affirmé que non : la croissance mondiale a été fortement négative en 2009. La question cependant est de savoir ce qui se serait passé en l'absence des mesures de relance (c'est la question du « contre-factuel »). Beaucoup pensent que, sans celles-ci, la croissance aurait été encore plus négative, peut-être très largement. Cela est toutefois difficile à prouver ou infirmer ; la controverse risque donc de se poursuivre.

Ces plans de relance ont-ils été dangereux ? Certains affirment qu'ils ont fortement accru les dettes publiques, obligeant les gouvernements à pratiquer ensuite des ajustements qui ont conduit à une contraction budgétaire et ont nui alors à l'activité économique. Cet argument est peu pertinent : pour l'essentiel, l'accroissement des dettes publiques ne provient pas des mesures discrétionnaires qui ont été prises, mais de la baisse des recettes fiscales causée par la réduction du PIB pendant la crise. De plus, plusieurs pays avaient déjà des déficits importants avant la crise. Il est vrai cependant que cette forte augmentation des dettes publiques rend plus difficile aujourd'hui le recours à la politique budgétaire pour stimuler l'activité.

16.4 Dépréciation, balance commerciale et production

Supposons que le gouvernement américain prenne des mesures politiques qui mènent à une dépréciation du dollar (nous verrons au chapitre 18 comment il peut le faire en utilisant la politique monétaire ; pour le moment, on suppose qu'il peut manipuler et choisir le taux de change).

Souvenons-nous que le taux de change réel est donné par :

$$\varepsilon \equiv \frac{EP^*}{P}$$

Le taux de change réel ε (le prix des biens étrangers en termes de biens nationaux) est égal au taux de change nominal E (le prix de la monnaie étrangère en termes de monnaie nationale), multiplié par le niveau de prix des biens étrangers P^*, divisé par le niveau de prix intérieurs P. Si l'on maintient l'hypothèse que le niveau des prix est donné, une dépréciation nominale implique donc une dépréciation réelle dans les mêmes proportions [1].

Plus concrètement, si le dollar se déprécie de 10 % par rapport à l'euro (une dépréciation nominale de 10 %) et si le niveau des prix ne change ni en Europe ni aux États-Unis, alors les biens américains seront moins chers de 10 % par rapport aux biens européens (une dépréciation réelle de 10 %) [2].

Demandons-nous maintenant quels seront les effets de cette dépréciation réelle sur la balance commerciale et sur le produit intérieur.

Dépréciation et balance commerciale : la condition de Marshall-Lerner

Revenons à la définition des exportations nettes :

$$NX = X - \varepsilon M$$

Remplaçons X et M par leurs expressions des équations 16.2 et 16.3 :

$$NX = X(Y^*, \varepsilon) - \varepsilon M(Y, \varepsilon)$$

Comme le taux de change réel entre à trois endroits dans l'équation, celle-ci met en évidence trois canaux par lesquels une dépréciation réelle – une augmentation de ε – influe sur la balance commerciale [3] :

- *X augmente*. La dépréciation réelle rend les biens nationaux comparativement moins chers à l'étranger, d'où une augmentation de la demande étrangère de biens nationaux – une augmentation des exportations du pays ;
- *M diminue*. La dépréciation réelle rend les biens étrangers comparativement plus chers, d'où un déplacement de la demande intérieure en faveur des biens nationaux, et donc une diminution des importations ;
- *le prix relatif des biens étrangers ε augmente*. Cela tend à augmenter la facture des importations, εM. La même quantité d'importations vaut désormais plus cher (en termes de biens intérieurs).

Pour que la balance commerciale soit améliorée à la suite d'une dépréciation, les exportations doivent suffisamment augmenter et les importations suffisamment baisser pour compenser l'augmentation de la valeur des importations. La condition pour qu'une dépréciation réelle induise une augmentation des exportations nettes est connue sous le

1. Étant donné P et P^*, une augmentation de E se retrouve exactement dans une augmentation induite de ε : $E\uparrow \Rightarrow \varepsilon = EP^*/P\uparrow$, et le facteur de multiplication est le même.
2. Au chapitre 18, nous considérerons les effets d'une dépréciation nominale, quand le prix des biens peut s'ajuster. On verra alors qu'une dépréciation nominale mène à une dépréciation réelle à court terme, mais pas à moyen terme.
3. Si le dollar se déprécie de 10 % par rapport à l'euro :
   – les biens américains seront moins chers que les biens européens, d'où une augmentation des exportations américaines ;
   – les biens européens seront plus chers aux États-Unis, d'où une diminution du volume d'importations de biens européens aux États-Unis ;
   – les biens européens seront plus chers, d'où une facture plus élevée pour un volume donné d'importations européennes aux États-Unis.

nom de **condition de Marshall-Lerner** [1], qui est démontrée formellement dans l'annexe de ce chapitre. Il se trouve que cette condition est vérifiée dans la réalité – avec une nuance que nous traiterons quand nous introduirons la dynamique dans la suite du chapitre. Donc, pour le reste du livre, on supposera qu'une augmentation de ε, une dépréciation réelle, induit une augmentation des exportations nettes.

Les effets d'une dépréciation

Nous avons considéré jusqu'ici les effets directs d'une dépréciation sur la balance commerciale – c'est-à-dire les effets étant donné les niveaux de production intérieure et étrangère. Mais ces effets ne s'arrêtent pas là. La variation des exportations nettes modifie le produit, ce qui a un impact en retour sur les exportations nettes.

Puisque les effets d'une dépréciation réelle sont très proches de ceux d'une augmentation du produit étranger, nous pouvons nous servir de la figure 16.4, celle qui nous a permis de démontrer les effets d'une augmentation du produit étranger.

Exactement comme une augmentation du produit étranger, une dépréciation conduit à une augmentation des exportations nettes (puisque l'on suppose vérifiée la condition de Marshall-Lerner) pour tout niveau de produit. À la fois la relation de demande [*ZZ* dans la partie (a) de la figure 16.4] et l'équation des exportations nettes [*NX* dans la partie (b) de la figure 16.4] sont déplacées vers le haut. L'équilibre se déplace de A en A', le produit d'équilibre de Y en Y'. Avec le même argument que précédemment, on montre que la balance commerciale s'améliore : l'augmentation des importations induite par l'augmentation du produit est inférieure à l'amélioration initiale de la balance commerciale induite par la dépréciation. Pour conclure, *la dépréciation conduit à un déplacement de la demande, étrangère et intérieure, vers les biens nationaux. Cela induit en retour une augmentation du produit intérieur et une amélioration de la balance commerciale.*

Alors qu'une dépréciation et une augmentation du produit étranger ont le même effet sur le produit intérieur et sur la balance commerciale, il y a une différence subtile mais importante entre les deux. Une dépréciation rend les prix des biens étrangers comparativement plus élevés. Mais cela signifie que, étant donné leur revenu, les gens – qui doivent désormais payer plus pour acheter des biens étrangers en raison de la dépréciation – sont moins satisfaits. Ce mécanisme est vivement ressenti dans les pays qui subissent une forte dépréciation. Les gouvernements qui tentent de réaliser une dépréciation importante font souvent face à des émeutes et à des grèves, parce que les gens réagissent à l'augmentation des prix des biens importés. Ce fut par exemple le cas au Mexique, où la dépréciation importante du peso en 1994-1995 (de 3,44 pesos par dollar en novembre 1994 à 5,88 pesos par dollar en mai 1995) induisit une forte diminution des niveaux de vie des travailleurs et de fortes tensions sociales. Un autre exemple ultérieur est celui de l'Indonésie en 1998 [2].

---

1. Du nom des deux économistes, Alfred Marshall et Abba Lerner, qui l'ont trouvée les premiers.
2. Il y a une alternative aux émeutes et aux grèves : demander et obtenir des hausses de salaires. Mais si les salaires augmentent, les prix des biens nationaux vont certainement augmenter aussi, d'où une dépréciation réelle plus faible. Pour discuter de ce mécanisme, il faut approfondir notre compréhension de l'offre. Nous reviendrons sur les dynamiques des dépréciations, des mouvements des salaires et des prix au chapitre 18.

La combinaison de la politique de change et de la politique budgétaire

Supposons qu'un gouvernement souhaite réduire le déficit commercial sans changer le niveau de production. Une dépréciation seule ne permet pas d'atteindre cet objectif : le déficit commercial sera réduit, mais le niveau de production sera aussi augmenté. De même pour une contraction budgétaire : le déficit commercial sera réduit, mais le niveau de production le sera aussi. Que doit alors faire le gouvernement ? Réponse : utiliser la bonne combinaison de dépréciation et de contraction budgétaire. La figure 16.5 montre ce que devrait être cette combinaison.

Figure 16.5 – La réduction du déficit commercial sans changement du produit.

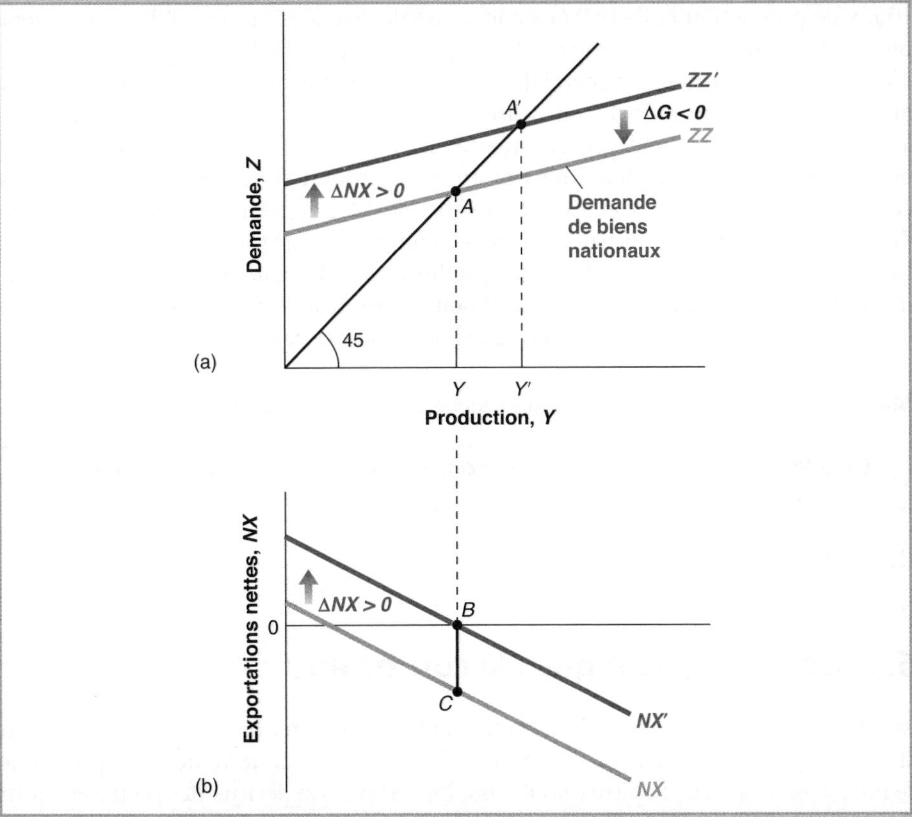

Pour réduire le déficit commercial sans changer le niveau de produit, le gouvernement doit à la fois réaliser une dépréciation et une diminution des dépenses gouvernementales.

L'équilibre initial dans la partie (a) est au point *A*, auquel est associé le niveau de produit *Y*. Le déficit commercial est donné par la distance *BC* dans la partie (b). Si le gouvernement veut éliminer le déficit commercial sans changer le niveau de produit, il doit accomplir deux actions :

- premièrement, il doit réaliser une dépréciation suffisante pour éliminer le déficit commercial au niveau initial de produit. Ainsi, la dépréciation doit être suffisante pour déplacer l'équation des exportations nettes de *NX* à *NX'* dans la partie (b). Mais cette dépréciation, et l'augmentation associée des exportations nettes, a aussi pour effet de déplacer l'équation de demande dans la partie (a) de ZZ à ZZ'. En l'absence d'autres mesures, l'équilibre se déplace de A en A', et le produit de Y en Y' ;

- pour éviter ce déplacement, le gouvernement doit réduire les dépenses gouvernementales de façon à déplacer la demande de ZZ' à ZZ. Cette combinaison d'une dépréciation et d'une contraction budgétaire laisse le produit inchangé et améliore la balance commerciale.

Un argument général se trouve derrière cet exemple. Dans la mesure où les gouvernements se préoccupent à la fois du niveau de production et de la balance commerciale, ils doivent se servir aussi bien du taux de change que des politiques budgétaires [1]. Nous venons de voir une telle combinaison. Le tableau 16.1 en montre d'autres, selon les niveaux initiaux de production et de balance commerciale. Prenons la case en haut à droite du tableau : le produit initial est trop bas (ou exprimé autrement, le chômage est trop élevé) et l'économie a un déficit commercial. Une dépréciation permettra de combattre sur les deux fronts : elle réduira le déficit commercial et augmentera le produit. Mais il n'y a aucune raison pour que la dépréciation atteigne ces objectifs dans les proportions désirées, qu'elle réalise les augmentations désirées du produit et de l'excédent commercial. Selon la dépréciation initiale et les effets relatifs de cette dépréciation sur le produit et la balance commerciale, le gouvernement aura à compléter cette politique par une augmentation ou une diminution des dépenses publiques. Cette ambiguïté est traduite par le point d'interrogation dans chaque case. Il faut essayer d'appliquer la même logique pour chaque case du tableau, afin de vérifier que l'on a compris les mécanismes à l'œuvre.

Tableau 16.1 – Les combinaisons de politiques budgétaires et de manipulations du taux de change.

Conditions initiales	Surplus commercial	Déficit commercial
Niveau de production bas	$\varepsilon ?\ G \uparrow$	$\varepsilon \uparrow G ?$
Niveau de production élevé	$\varepsilon \downarrow G ?$	$\varepsilon ?\ G \downarrow$

16.5 L'étude dynamique : la courbe en *J*

Jusqu'ici, nous avons ignoré la dynamique dans ce chapitre. Il est temps de la réintroduire. Les dynamiques de consommation, d'investissement, de vente et de production que nous avons vues au chapitre 6 sont aussi importantes et pertinentes pour l'économie ouverte que pour l'économie fermée. Mais il y a aussi des effets dynamiques supplémentaires, qui viennent des dynamiques des exportations et des importations. Nous nous concentrerons ici sur ces effets.

Revenons aux effets du taux de change sur la balance commerciale. Nous avons montré qu'une dépréciation induit une augmentation des exportations et une diminution des importations. Mais ces effets ne sont pas subits. Réfléchissons aux effets dynamiques d'une dépréciation de 10 %. Dans les premiers mois qui suivent, il est probable que la dépréciation se reflétera beaucoup plus dans les prix que dans les quantités. Le prix des

1. C'est une leçon générale : si l'on veut atteindre deux objectifs (ici, le produit et la balance commerciale), il vaut mieux avoir deux instruments (ici, le taux de change et la politique budgétaire).

importations augmente, celui des exportations baisse [1]. Mais la quantité des importations et des exportations s'ajustera sans doute lentement à cette variation de prix : il faut du temps pour que les consommateurs se rendent compte du changement de prix relatif, pour que les entreprises changent de fournisseur, etc. Donc il est probable qu'une dépréciation induise initialement une détérioration de la balance commerciale ; ε augmente, mais ni X ni M ne s'ajustent beaucoup au départ, d'où un déclin des exportations nettes.

Le temps passe, et les effets du changement de prix relatifs des exportations et des importations se font plus forts. Les exportations augmentent, les importations diminuent. Si la condition de Marshall-Lerner est vérifiée, comme nous l'avons dit, la réponse des volumes des exportations et des importations devient finalement plus forte que l'effet adverse de prix, de sorte que l'effet total est une amélioration de la balance commerciale [2].

La figure 16.6 montre cet ajustement en mettant en relation l'évolution de la balance commerciale et le temps de réponse à une dépréciation. Le déficit commercial avant la dépréciation est mesuré par *0A*. La dépréciation l'augmente d'abord jusqu'à *0B* ; ε augmente, mais ni M ni X ne s'ajustent encore. Peu à peu, les exportations augmentent et les importations diminuent, réduisant le déficit commercial. À la fin (si la condition de Marshall-Lerner est satisfaite), la balance commerciale est améliorée au-delà de son niveau initial ; c'est le point *C* de la figure. Les économistes appellent ce processus d'ajustement la **courbe en *J*** parce que sa forme ressemble à un J : d'abord en baisse, puis en hausse.

Figure 16.6 – La courbe en *J*.

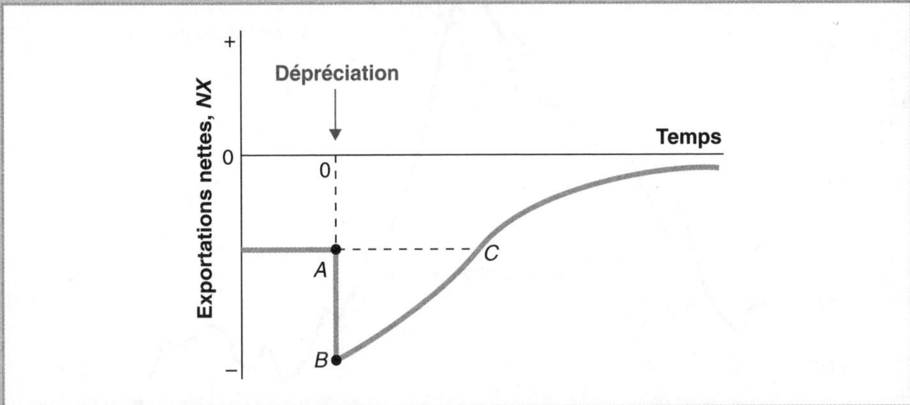

Une dépréciation réelle induit initialement une détérioration, puis une amélioration de la balance commerciale.

1. Cependant, le prix des importations n'augmentera probablement pas de 10 %. Il augmenterait de 10 % si les importateurs ajustaient leur prix exactement sur le montant de la dépréciation. Pour conserver leur part de marché, ou parce qu'ils se sont engagés au préalable par contrat pour livrer à un prix donné, ils peuvent décider de répercuter dans leur prix seulement une partie de la dépréciation et de réduire leurs marges de profits. C'est ce que l'on observe en pratique : les prix des importations répondent à une dépréciation, mais pas proportionnellement. La même logique s'applique aux prix des exportations. Nous faisons abstraction de ces complications ici.
2. La réponse de la balance des paiements au taux de change réel :
 – initialement : (X, M) inchangés, $\varepsilon \uparrow \Rightarrow (X - \varepsilon M) \downarrow$;
 – finalement : $(X \uparrow, M \downarrow, \varepsilon \uparrow) \Rightarrow (X - \varepsilon M) \uparrow$.

L'importance de l'effet dynamique du taux de change sur la balance commerciale peut être mise en évidence à partir de l'exemple des États-Unis au cours des années 1980 : la figure 16.7 met en relation la balance commerciale des États-Unis avec le taux de change réel entre 1980 et 1990. La première moitié des années 1980 a été une période de forte appréciation du dollar, et les années 1985-1988 une période de forte dépréciation. Si l'on considère la balance commerciale, on constate que :

- les mouvements du taux de change réel se sont reflétés dans des mouvements parallèles du solde de la balance commerciale. L'appréciation du dollar s'est accompagnée d'une forte hausse du déficit commercial, et la dépréciation qui a suivi est assortie d'une réduction du déficit ;
- cependant, il y a eu des délais importants dans la réaction de la balance commerciale aux évolutions du taux de change : ainsi, de 1981 à 1983, le déficit commercial est resté faible malgré l'appréciation du dollar. Et la forte dépréciation du dollar à partir de 1985 ne s'est pas reflétée dans une amélioration du solde commercial avant 1987 : la dynamique de la courbe en *J* a eu un effet fort dans ces épisodes [1].

Figure 16.7 – Taux de change réel et déficit commercial aux États-Unis dans les années 1980.

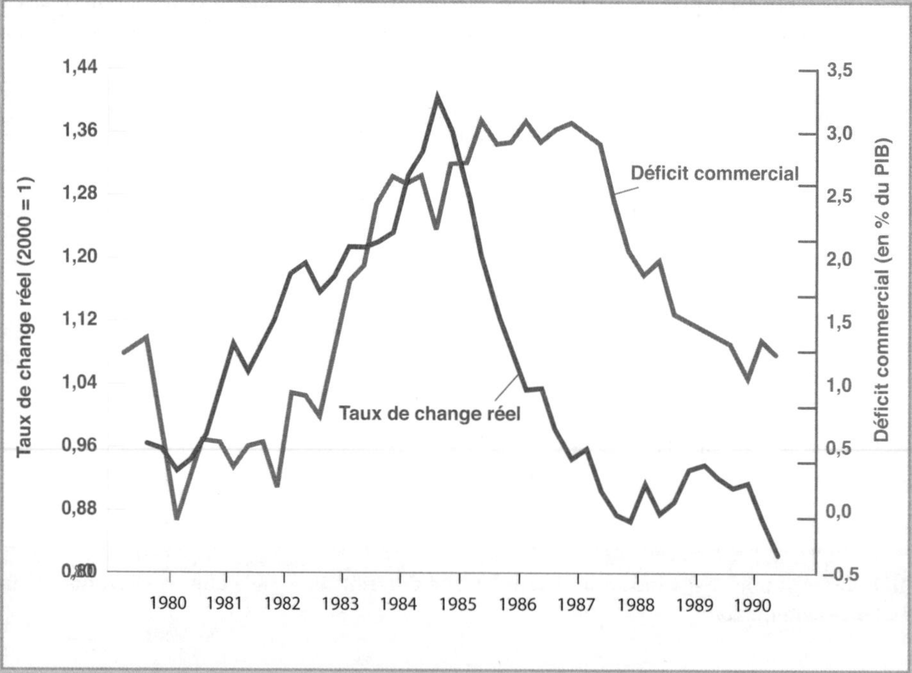

La forte appréciation, puis la forte dépréciation du dollar se sont reflétées dans l'évolution de la balance commerciale. Il y a cependant eu des retards importants dans les effets du taux de change réel sur la balance commerciale.

1. Le délai pour la période 1985-1988 a été particulièrement long, à tel point que certains économistes se demandaient à l'époque si la relation entre le taux de change réel et la balance commerciale existait encore. Rétrospectivement, cette relation est toujours présente et importante ; simplement, le délai d'action était exceptionnellement long.

Les travaux économétriques sur la relation dynamique entre les exportations, les importations et le taux de change réel suggèrent que, dans tous les pays riches, une dépréciation réelle induit finalement une amélioration de la balance commerciale. Mais ils suggèrent aussi que ce processus prend du temps, entre six mois et un an. Ces retards ont des implications non seulement sur l'effet d'une dépréciation sur la balance commerciale, mais aussi sur l'effet d'une dépréciation sur le produit intérieur. Si une dépréciation diminue initialement les exportations nettes, elle exerce alors un effet récessif sur le produit. Ainsi, si un gouvernement compte sur une dépréciation à la fois pour améliorer la balance commerciale et pour augmenter le produit intérieur, les effets iront dans le « mauvais sens » pendant quelque temps.

16.6 L'épargne, l'investissement et les déficits commerciaux

Nous avons vu au chapitre 6 comment on peut réécrire la condition d'équilibre sur le marché des biens comme une condition que l'investissement égale l'épargne, privée et publique. Nous en déduisons à présent la condition correspondante en économie ouverte. Partons de la condition d'équilibre :

$$Y = C + I + G - \varepsilon M + X$$

Soustrayons $C + T$ des deux côtés, et utilisons le fait que l'épargne privée est donnée par $S = Y - C - T$, pour obtenir :

$$S = I + G - T - \varepsilon M + X$$

En reprenant la définition des exportations nettes $NX = X - \varepsilon M$ et en réorganisant, on obtient :

$$NX = S + (T - G) - I \tag{16.5}$$

Cette condition affirme qu'à l'équilibre, la balance commerciale (NX) doit être égale à l'épargne – privée (S) et publique ($T - G$) – moins l'investissement (I). Il en découle qu'un surplus commercial doit correspondre à un excès de l'épargne par rapport à l'investissement ; un déficit commercial doit correspondre à un excès de l'investissement sur l'épargne.

Une façon de comprendre intuitivement cette relation est de revenir à la discussion du chapitre 15 sur le compte de capital et le compte courant. Nous y avions vu qu'un surplus commercial impliquait une créance nette sur le reste du monde, et qu'un déficit commercial impliquait une dette nette envers le reste du monde. Considérons un pays qui investit plus qu'il n'épargne, de sorte que $S + (T - G) - I$ est négatif. Ce pays doit emprunter la différence au reste du monde : il doit donc avoir un déficit commercial.

Quelques remarques sur les implications de l'équation 16.5 :

- une augmentation de l'investissement doit être compensée soit par une augmentation de l'épargne privée ou publique, soit par une détérioration de la balance commerciale (un surplus commercial plus faible ou un déficit commercial plus élevé) ;
- une augmentation du déficit budgétaire doit être compensée par une augmentation de l'épargne privée, une diminution de l'investissement ou une détérioration de la balance commerciale ;

- un pays avec un fort taux d'épargne, privée et publique, doit avoir soit un fort taux d'investissement, soit un fort excédent commercial.

Remarquons aussi ce que l'équation 16.5 *ne dit pas*. Elle ne dit pas, par exemple, si et dans quelles conditions un déficit budgétaire va induire un déficit commercial, une augmentation de l'épargne privée ou une diminution de l'investissement. Pour répondre à cette question, il faut calculer explicitement les effets sur le produit et ses composantes, en se servant des hypothèses que l'on a faites sur la consommation, l'investissement, les exportations et les importations. On peut le faire en utilisant soit l'équation 16.1 – comme on l'a fait tout au long de ce chapitre –, soit l'équation 16.5, puisqu'elles sont équivalentes. Il est préférable de prendre l'équation 16.1, l'équation 16.5 étant susceptible de mener à des erreurs. Par exemple, l'argument suivant, très commun :

« Il est évident qu'un pays ne peut pas réduire son déficit commercial à l'aide d'une dépréciation. L'équation 16.5 montre en effet que le déficit commercial est égal à l'investissement moins l'épargne privée et publique. Pourquoi et comment une dépréciation influencerait-elle l'épargne ou l'investissement ? Par conséquent, comment une dépréciation modifierait-elle le déficit commercial ? »

L'argument peut sembler convaincant, mais nous savons qu'il ne tient pas. Nous avons montré précédemment qu'une dépréciation induit (si la condition de Marshall-Lerner est vérifiée) une augmentation du produit et une amélioration de la balance commerciale. Alors, où est l'erreur ? Une dépréciation a en fait un impact sur l'épargne et l'investissement : elle les modifie *via* la demande de biens, augmentant ainsi le produit. Un produit supérieur a pour conséquence que l'épargne augmente relativement à l'investissement ou, de façon équivalente, cause une diminution du déficit commercial.

Une bonne façon de s'assurer que l'on a bien compris le contenu de ce chapitre est de revenir en arrière et de considérer les divers exemples utilisés, depuis les changements de dépenses gouvernementales jusqu'aux variations du produit étranger et jusqu'aux combinaisons de dépréciation et de politiques budgétaires, etc. Repérez ce qui arrive à chacun des termes de l'équation 16.5 : épargne privée, épargne publique, investissement, balance commerciale [1].

Essayez de l'expliquer avec des mots : si vous y parvenez, vous êtes prêt à aborder le chapitre 17.

Gros plan

Les origines et les implications du déficit du compte courant des États-Unis

La figure 15.1 (b) du chapitre précédent montrait l'évolution de la part des importations et des exportations dans le PIB aux États-Unis. L'évolution entre le milieu des années 1990 et le milieu des années 2000 (jusqu'à la crise de la fin de la décennie) est particulièrement frappante : sur cette période, la part des exportations américaines est restée globalement stable, alors que la part des importations s'est fortement accrue. En conséquence, le déficit du compte courant est passé d'un peu plus de 1 % du PIB au milieu des années 1990 à plus de 5 % au milieu des années 2000.

1. Montrez par exemple qu'une augmentation de la demande étrangère induit :
   - une augmentation de l'épargne privée ;
   - une augmentation de l'investissement (mais plus faible que l'épargne privée) ;
   - aucune variation du déficit budgétaire ;
   - une amélioration de la balance commerciale.

Le déficit de la balance courante (qui est égal au déficit commercial moins les transferts nets de l'étranger) a atteint 856 milliards de dollars, ou 6,4 % du PIB, en 2006. Autrement dit, les États-Unis ont emprunté 856 milliards de dollars au reste du monde en 2006. Cette somme est gigantesque. Cela représentait près de 50 % de l'épargne nette mondiale (épargne nette de la dépréciation). Comment expliquer que le pays le plus riche du monde emprunte autant ?

Selon l'équation 16.5, le déficit du compte courant doit être égal à la différence entre l'investissement et l'épargne (privée et publique). La figure 1 montre l'évolution de l'investissement et de l'épargne aux États-Unis depuis 1980 : l'écart entre les deux courbes est égal au montant du déficit courant (en pourcentage du PIB). Depuis 1980, les États-Unis ont toujours connu un déficit du compte courant ; celui-ci s'est élevé à 5 % du PIB au milieu des années 2000. Il est actuellement légèrement plus faible (autour de 3 %).

Un déficit du compte courant peut provenir d'un niveau d'investissement élevé. Cela peut être une bonne nouvelle, si le pays emprunte à l'étranger pour accroître son stock de capital et ainsi ses capacités de production à l'avenir. Un déficit du compte courant peut également être dû à un niveau d'épargne faible, indiquer que le pays emprunte à l'étranger pour financer sa consommation et pourrait avoir des difficultés à rembourser cette dette. La figure 1 suggère que, pour les États-Unis, l'accroissement du déficit commercial s'explique par un niveau d'épargne insuffisant, et non par d'importants investissements : en pourcentage du PIB, l'épargne a décliné de 20 % en 1980 à 15 % juste avant la crise, pour atteindre 12 % en 2010. Le ratio de l'investissement a également diminué, bien que dans des proportions moindres, passant de 22 % en 1980 à 20 % juste avant la crise et à 15 % en 2010.

Figure 1 – Épargne et investissement aux États-Unis depuis 1980 (en % du PIB).

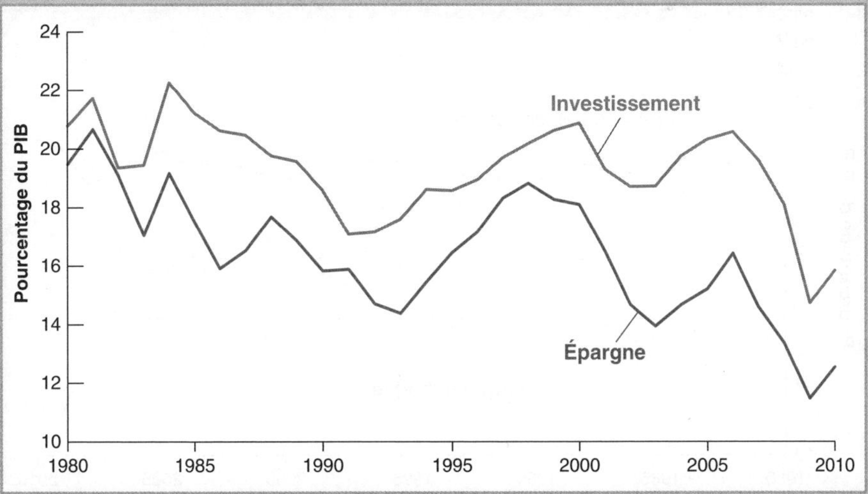

Les États-Unis ont un déficit courant depuis les années 1980. Ce déficit reflète un faible niveau d'épargne plus qu'un fort niveau d'investissement.

L'évolution des différentes composantes de l'épargne

Comment peut-on expliquer cette diminution de l'épargne des États-Unis ? Pour répondre à cette question, il est utile de décomposer l'épargne entre épargne des ménages, épargne des entreprises et épargne des administrations publiques. La figure 2 montre ces évolutions.

Gros plan

Si l'on met de côté pour l'instant les évolutions observées pendant la crise à partir de 2007, on distingue trois périodes :

- de 1980 à 1992, on observe une diminution lente mais régulière de l'épargne des ménages, et un niveau négatif mais stable de l'épargne publique [1] ;
- de 1992 à 2000, la baisse de l'épargne lente et régulière de l'épargne des ménages se poursuit, mais elle est désormais plus que compensée par une forte augmentation de l'épargne publique (de – 2 % du PIB en 1992 à près de + 5 % en 2000). Cette hausse reflète l'amélioration de la situation budgétaire des États-Unis sous la présidence de Bill Clinton [2]. Il en a résulté une diminution sensible du déficit du compte courant des États-Unis ;
- de 2000 à la crise, l'épargne des ménages est restée stable à un faible niveau, mais l'épargne publique a fortement diminué, du fait des baisses d'impôts décidées par l'administration de George W. Bush. Ces baisses d'impôts, qui visaient initialement à combattre la récession de 2001, sont restées en place après la fin de celle-ci et ont entraîné une hausse des déficits publics, avant même la crise de 2007.

Que s'est-il passé à partir de 2007, pendant la crise ? La figure 1 montre que l'épargne et l'investissement ont tous les deux diminué, la baisse de l'investissement étant plus importante que celle de l'épargne. En conséquence, le déficit du compte courant a diminué. La figure 2 permet de voir que la baisse de l'épargne résulte de mouvements différents : l'épargne des ménages et des entreprises ont toutes les deux augmenté sensiblement (ce qui, pour l'épargne des ménages, marque une rupture par rapport à une tendance ancienne). Mais l'épargne publique a très fortement diminué (atteignant – 7 % du PIB en 2010), faisant plus que compenser la hausse de l'épargne des ménages et des entreprises.

Figure 2 – L'épargne des ménages, des entreprises et publique aux États-Unis depuis 1980 (en % du PIB).

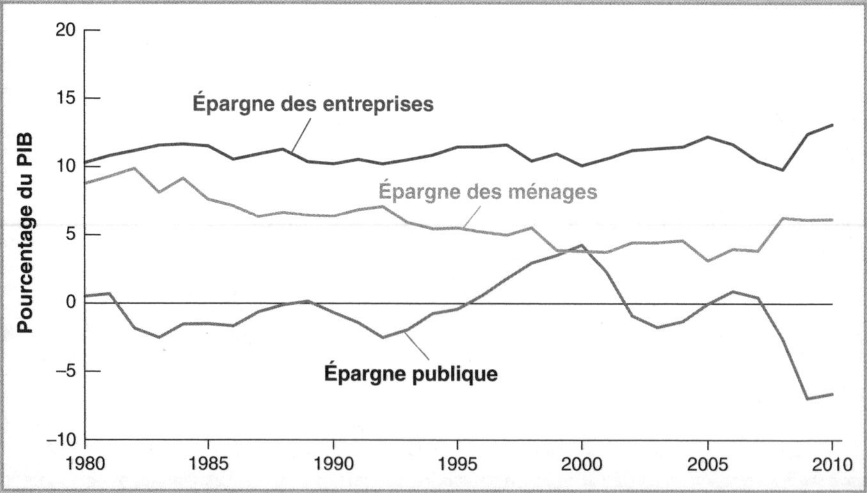

La baisse du taux d'épargne aux États-Unis résulte du maintien à un niveau faible de l'épargne des ménages et d'une réduction, depuis 2000, de l'épargne publique.

1. Le niveau de l'épargne publique n'est pas exactement égal au surplus budgétaire : ce dernier est en effet égal à l'épargne publique moins l'investissement public. En 2010, l'investissement public représentait environ 2,5 % du PIB des États-Unis.

2. Voir l'encadré du chapitre 6, « Le *policy-mix* Clinton-Greenspan ».

Gros plan

Et maintenant ?

Les États-Unis devraient-ils réduire leur déficit du compte courant ?

Dès avant la crise, la plupart des économistes pensaient que oui. Selon eux, le déficit du compte courant des États-Unis reflétait une insuffisance d'épargne, à la fois de la part des ménages et du gouvernement. La faiblesse du taux d'épargne des ménages était perçue comme le reflet d'un optimisme excessif des anticipations sur l'avenir. La baisse de l'épargne publique et l'importance des déficits publics étaient considérées comme dangereuses, résultant de l'incapacité du système politique à équilibrer le budget [1]. Les préconisations étaient donc de prendre des mesures pour accroître l'épargne des ménages et limiter le déficit public. De telles mesures doivent réduire la demande intérieure : il était également préconisé de compenser cette réduction par une réduction du déficit commercial, en laissant le dollar se déprécier pour accroître les exportations et diminuer les importations.

La crise n'a fait que rendre plus urgent le besoin de réduction du déficit du compte courant des États-Unis. Pour soutenir la demande (dans un contexte de réduction de la consommation et de l'investissement), des politiques monétaires et budgétaires ont été mises en place. Comme nous l'avons vu, la politique monétaire conventionnelle ne peut plus être utilisée dès lors que les taux d'intérêt sont proches de zéro (trappe à liquidité), et la politique budgétaire est contrainte par l'ampleur des déficits publics. Il est de fait nécessaire de trouver une autre source de demande pour limiter la récession : cette source ne peut être que la demande extérieure, ce qui implique que les États-Unis doivent réduire leur déficit commercial.

Comment faire ? Au vu de la section 16.4, la réponse paraît simple : il faut une dépréciation du dollar. La question est donc de savoir pourquoi cela ne se produit pas. Une réponse complète ne pourra intervenir que dans le chapitre suivant, lorsque nous étudierons le lien entre les décisions financières et le taux de change. Pour le dire rapidement, la réponse est qu'il existe une forte demande d'actifs américains par des investisseurs d'autres pays. Ainsi, les investisseurs internationaux sont désireux de financer le déficit du compte courant des États-Unis, et il y a ainsi peu de pression à la dépréciation du dollar. Savoir si ce phénomène perdurera au cours des prochaines années est à ce jour une question ouverte. Comment expliquer ces mouvements ? La crise a conduit les ménages et les entreprises à être plus pessimistes sur l'évolution future : en conséquence, les ménages ont épargné plus et réduit leur consommation. Les entreprises ont diminué leur investissement. Dans le même temps, pour limiter la chute de la demande globale et du produit, le gouvernement a accru les dépenses publiques et réduit les impôts, ce qui a conduit à la forte baisse de l'épargne publique et la hausse du déficit public. Au total, la crise a donc entraîné aux États-Unis une hausse de l'épargne privée, une baisse de l'épargne publique, une baisse de l'investissement et une légère réduction du déficit du compte courant.

---

1. Le chapitre 23 revient plus en détail sur la question du fonctionnement politique pour les prises de décisions économiques.

Résumé

- Dans une économie ouverte, la demande de biens nationaux est égale à la demande intérieure de biens (consommation, investissement, dépenses gouvernementales), moins les importations, plus les exportations.
- Une augmentation de la demande intérieure induit une augmentation du produit plus faible en économie ouverte qu'en économie fermée, parce qu'une partie de cette demande s'adresse à des produits étrangers. Elle induit aussi une détérioration de la balance commerciale.
- Une augmentation de la demande étrangère entraîne, comme conséquence de la hausse des exportations, une augmentation du produit intérieur et une amélioration de la balance commerciale.
- Comme les augmentations de la demande étrangère améliorent la balance commerciale et que celles de la demande intérieure la détériorent, les différents pays sont tentés d'attendre l'augmentation de la demande étrangère pour sortir d'une récession. Quand un groupe de pays est en récession, la coordination de leurs politiques peut les aider à en sortir.
- Si la condition de Marshall-Lerner est satisfaite – et les résultats économétriques suggèrent qu'elle l'est –, une dépréciation réelle induit une augmentation des exportations nettes.
- La réponse typique de la balance commerciale à une dépréciation réelle est d'abord une détérioration, puis une amélioration. Ce processus d'ajustement s'appelle « courbe en *J* ».
- La condition d'équilibre sur le marché des biens peut être réécrite comme la condition que l'épargne (privée et publique) moins l'investissement soit égale à la balance commerciale. Un surplus commercial correspond à un excès de l'épargne par rapport à l'investissement, un déficit commercial à un excès de l'investissement.

Annexe

La démonstration de la condition de Marshall-Lerner

Partons de la définition des exportations nettes, $NX = X - \varepsilon M$, et supposons que la balance commerciale soit équilibrée à l'origine, de sorte que $X = \varepsilon M$. La condition de Marshall-Lerner est la condition dans laquelle une dépréciation réelle, une augmentation de ε, induit une augmentation des exportations nettes.

Pour aboutir à cette condition, considérons une augmentation du taux de change réel de $\Delta\varepsilon$. La variation de la balance commerciale est alors donnée par :

$$\Delta NX = \Delta X - \varepsilon\Delta M - M\,\Delta\varepsilon$$

Le premier terme est la variation des exportations ; le deuxième est la variation des importations multipliée par le taux de change réel ; le troisième est la variation du taux de change réel multipliée par le volume des importations.

En divisant les deux côtés de l'équation par le volume des exportations X, on obtient :

$$\frac{\Delta NX}{X} \equiv \frac{\Delta X}{X} - \frac{\varepsilon\Delta M}{X} - \frac{M\Delta\varepsilon}{X}$$

En utilisant le fait que $X = \varepsilon M$, on a :

$$\frac{\Delta NX}{X} \equiv \frac{\Delta X}{X} - \frac{\Delta M}{M} - \frac{\Delta \varepsilon}{\varepsilon}$$

Cette équation affirme que la variation de la balance commerciale (rapportée au montant des exportations) en réponse à une dépréciation réelle est égale à la somme de trois termes : le premier est la variation relative des exportations ($\Delta X/X$), induite par la dépréciation réelle ; le deuxième est égal à l'opposé de la variation relative des importations ($- \Delta M/M$), induite par la dépréciation réelle ; le troisième est égal à l'opposé de la variation relative du taux de change réel ($- \Delta\varepsilon/\varepsilon$), c'est-à-dire l'opposé du taux de dépréciation.

La condition de Marshall-Lerner est que la somme de ces trois termes soit positive. Si elle est satisfaite, alors une dépréciation réelle a un effet positif sur les exportations nettes, et la balance commerciale est améliorée.

Un exemple numérique peut aider à comprendre : supposons qu'une dépréciation de 1 % mène à une augmentation relative des exportations de 0,9 % et à une diminution relative des importations de 0,8 % (les travaux économétriques suggèrent que ces valeurs numériques sont raisonnables). Dans ce cas, le terme de droite de l'équation est égal à 0,9 % – (– 0,8 %) – 1 % = 0,7 %. La condition de Marshall-Lerner est donc vérifiée.

Pour en savoir plus

Paul Krugman, Maurice Obstfeld, Marc Melitz, Gunther Capelle-Blancard et Matthieu Crozet, *Économie internationale*, Pearson France, 2012.

Barry Bosworth, *Saving and Investment in a Global Economy*, Brookings Institution, 1993.

Une analyse de l'évolution future du dollar peut être trouvée dans Martin Feldstein, « Why the Dollar Will Weaken Further », *The International Economy*, été 2011, n° 7, p. 14-17.

Applications

1. Vrai/Faux/Incertain

a. Les déficits commerciaux sont généralement le reflet d'un fort investissement.

b. Les déficits budgétaires induisent des déficits commerciaux.

c. Il est bien plus facile au gouvernement d'une petite économie ouverte de maintenir le produit à un niveau donné qu'au gouvernement d'une grande économie fermée.

d. La seule façon d'éliminer le surplus commercial d'un pays passe par une appréciation réelle de sa devise.

e. Une petite économie ouverte peut réduire son déficit commercial par une contraction budgétaire à un coût moindre (en termes de produit) qu'une grande économie.

f. Si la balance commerciale est équilibrée, la demande intérieure de biens et la demande de biens nationaux sont égales.

2. Taux de change réels et balance commerciale

a. En utilisant la définition du taux de change réel, vérifiez que ceci est vrai :

$$\frac{\Delta \varepsilon}{\varepsilon} \simeq \frac{\Delta E}{E} + \frac{\Delta P^*}{P^*} - \frac{\Delta P}{P}$$

b. Si l'inflation intérieure est plus forte que l'inflation étrangère et si l'économie a un taux de change fixe, qu'arrive-t-il aux exportations nettes ? Expliquez-le clairement, en supposant vérifiée la condition de Marshall-Lerner.

3. Coordination et politique fiscale

Considérons l'économie ouverte suivante. Le taux de change réel est fixe et égal à 1. La consommation, l'investissement, les dépenses gouvernementales et les impôts sont donnés par :

$$C = 10 + 0{,}8\,(Y - T)\,;\, I = 10\,;\, G = 10\,;\, T = 10.$$

Les importations et exportations sont données par :

$$M = 0{,}3\,Y\,;\, X = 0{,}3\,Y^*.$$

(Les astérisques indiquent les variables étrangères.)

a. Trouvez le revenu d'équilibre de l'économie, Y^* étant donné. Quel est le multiplicateur dans cette économie ? S'il fallait fermer cette économie (imposer que les importations et les exportations soient nulles), que vaudrait le multiplicateur ? Pourquoi les multiplicateurs sont-ils différents ?

b. Supposons que l'économie étrangère soit caractérisée par les mêmes équations que l'économie considérée (en inversant les astérisques et les absences d'astérisques). Servez-vous des deux ensembles d'équations pour définir le revenu à l'équilibre pour chaque pays. Quel est à présent le multiplicateur de chaque pays ? Pourquoi est-il différent de celui de l'économie ouverte en a ?

c. Imaginons que les deux pays aient pour cible un produit de 125. Quelle est l'augmentation de *G* nécessaire dans chacun de ces pays pour que, en supposant que l'autre pays ne modifie pas ses dépenses publiques, ils atteignent cette cible ? Trouvez les exportations nettes correspondantes et le déficit budgétaire de chaque pays.

d. Quelle est l'augmentation commune de *G* nécessaire pour atteindre le niveau de produit visé ?

e. Pourquoi une coordination budgétaire comme en d est-elle difficile à mettre en place en pratique ?

4. Les droits de douane

Considérons deux économies ouvertes dans le modèle *IS*/*LM*.

a. Admettons un droit de douane d'un niveau de taux τ appliqué aux importations. Comment cela influe-t-il sur les importations ? Sur les exportations ?

b. Quelles conséquences a l'introduction d'un droit de douane frappant les biens étrangers sur le produit d'équilibre et les exportations nettes ?

c. Quelles sont les conséquences du même droit de douane sur le produit étranger et les exportations nettes du pays étranger ?

d. Quel est l'effet additionnel d'une riposte étrangère équivalente sur le produit d'équilibre et le volume des échanges ? Supposons que ces économies soient identiques et appliquent les mêmes tarifs douaniers.

5. La récession du Japon et l'économie américaine au milieu des années 2000

a. En 2006, la part des dépenses japonaises en biens américains représentait à peu près 6 % des exportations américaines, qui elles-mêmes valaient 11 % du PIB (américain). Quelle est la part des dépenses japonaises en biens américains relativement au PIB américain ?

b. Supposons que le multiplicateur américain vaille 2,5 et que la récession japonaise ait réduit de 3 % le PIB (par rapport à son niveau naturel). Quel est l'impact sur le PIB américain de la récession japonaise ?

c. Si la récession japonaise induit aussi un ralentissement des autres économies qui importent des biens américains, l'effet pourrait être plus fort. Supposons que les exportations américaines diminuent elles-mêmes de 3 %. Quel est l'impact sur le PIB américain ?

d. Commentez l'affirmation suivante d'un économiste à la télévision : « À moins que le Japon ne se remette rapidement de sa récession, la croissance mondiale va s'arrêter dans le reste du monde. »

6. Les ratios d'exportation

Trouvez un numéro récent de *International Financial Statistics*, publié mensuellement par le FMI. Regardez la liste de pays dans le sommaire. Dressez une liste de cinq pays pour lesquels vous vous attendez à voir de forts ratios d'exportation. Puis consultez les statistiques de ce pays et comparez les exportations au PIB ; assurez-vous de bien construire ces ratios comme le rapport entre deux grandeurs de même unité. Vos hypothèses sont-elles vérifiées ?

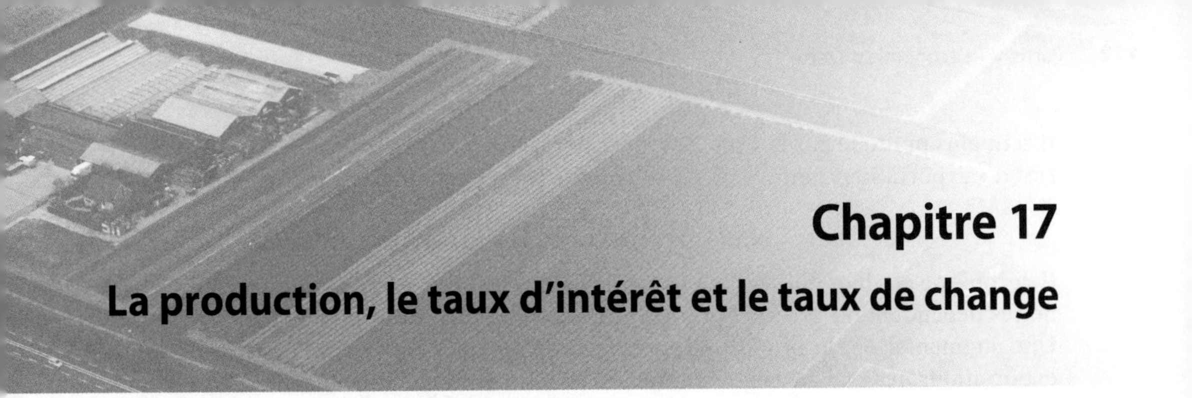

Chapitre 17

La production, le taux d'intérêt et le taux de change

Au chapitre 16, nous avons traité le taux de change comme un instrument disponible pour les politiques économiques, mais le taux de change n'est pas un instrument au service du gouvernement. Il est déterminé sur le marché des changes – un marché où, comme on l'a vu au chapitre 15, le volume d'échanges est énorme. Cela soulève deux questions : qu'est-ce qui détermine le taux de change ? Comment le gouvernement peut-il le modifier ?

Ces questions font l'objet de ce chapitre. Plus généralement, nous y examinons les implications de l'équilibre sur le marché des biens comme sur le marché financier, le marché des changes inclus.

Cela nous permet de caractériser les mouvements conjoints du produit, du taux d'intérêt et du taux de change dans une économie ouverte. Le modèle que nous développons est une extension de *IS*/*LM* (vu au chapitre 6) à une économie ouverte, et il est connu sous le nom de **modèle de Mundell-Fleming** – du nom des deux économistes [1] qui l'ont présenté dans les années 1960 (le modèle décrit ici garde l'esprit du modèle original de Mundell-Fleming, mais diffère sur quelques détails).

17.1 L'équilibre sur le marché des biens

L'équilibre sur le marché des biens fait l'objet du chapitre 16, où nous avons déterminé la condition d'équilibre :

$$Y = \underset{(+)}{C(Y - T)} + \underset{(+,-)}{I(Y, r)} + G - \varepsilon \underset{(+,-)}{M(Y, \varepsilon)} + \underset{(+,+)}{X(Y^*, \varepsilon)}$$

Pour que le marché des biens soit à l'équilibre, le produit (la partie gauche de l'équation) doit être égal à la demande de biens nationaux (la partie droite de l'équation).

Cette demande est égale à la consommation, plus l'investissement, plus les dépenses gouvernementales, moins les importations, plus les exportations.

La consommation dépend positivement du revenu disponible. L'investissement dépend positivement du produit et négativement du taux d'intérêt réel. Les dépenses gouvernementales sont considérées comme données. Le volume des importations dépend positivement du produit et négativement du taux de change réel. Les exportations dépendent positivement du produit étranger Y^* et positivement du taux de change réel.

1. Robert Mundell, de l'université de Columbia, prix Nobel en 1999, est le père de la macroéconomie internationale moderne. Marcus Fleming était directeur de la recherche au Fonds monétaire international.

Il sera plus pratique par la suite de regrouper les deux derniers termes dans les catégories d'« exportations nettes », définies comme les exportations moins les importations, $X - \varepsilon M$:

$$NX(Y, Y^*, \varepsilon) = X(Y^*, \varepsilon) - \varepsilon M(Y, \varepsilon)$$

Il découle de nos hypothèses sur les importations et les exportations que les exportations nettes dépendent du produit intérieur, du produit étranger et du taux de change réel. Une augmentation du produit intérieur accroît les importations, et donc diminue les exportations nettes. Une augmentation du produit étranger augmente les exportations, et donc élève les exportations nettes. Une hausse de ε – une dépréciation réelle – induit (si la condition de Marshall-Lerner est vérifiée, ce que l'on supposera tout au long de ce chapitre) une augmentation des exportations nettes [1]. En utilisant cette définition des exportations nettes, on peut réécrire la condition d'équilibre comme :

$$\underset{}{Y} = \underset{(+)}{C(Y - T)} + \underset{(+,-)}{I(Y, r)} + G + \underset{(-,+,+)}{NX(Y, Y^*, \varepsilon)} \tag{17.1}$$

L'implication essentielle de 17.1 pour notre objectif est la dépendance de la demande, et donc du produit d'équilibre, par rapport au taux d'intérêt réel et au taux de change.

- Une augmentation du taux d'intérêt induit une diminution des dépenses d'investissement, et de fait une diminution de la demande de biens nationaux. Cela mène, *via* le multiplicateur, à une diminution du produit d'équilibre.
- Une augmentation du taux de change réel – une dépréciation réelle – conduit à un déplacement de la demande en faveur des biens nationaux, et donc à une hausse des exportations nettes. Cette dernière élève la demande et, par conséquent, le produit d'équilibre.

Pour la suite du chapitre, on adoptera deux simplifications pour l'équation 17.1 :

- étant donné que nous nous concentrons sur le court terme, nous avons supposé en traitant le modèle *IS*/*LM* que le niveau des prix intérieurs était donné. Nous allons étendre cette hypothèse au niveau des prix étrangers, de sorte que le taux de change réel ($\varepsilon \equiv EP^*/P$) et le taux de change nominal (E) évoluent proportionnellement l'un à l'autre. Une dépréciation nominale induit une dépréciation réelle avec un facteur de 1 pour 1. Si, pour simplifier l'écriture, on choisit P et P^* de telle sorte que $P^*/P = 1$ (et on peut procéder ainsi parce qu'il s'agit d'indices de prix, en l'occurrence.), alors $\varepsilon = E$, et on peut remplacer ε par E dans l'équation 17.1 ;
- quand on prend le niveau des prix comme donné, il n'y a pas d'inflation, ni d'inflation anticipée ; par conséquent, les taux d'intérêt nominaux et réels sont les mêmes et on peut remplacer r, dans l'équation 17.1, par i, le taux d'intérêt nominal.

Avec ces simplifications, l'équation 17.1 devient :

$$Y = \underset{(+)}{C(Y - T)} + \underset{(+,-)}{I(Y, i)} + G + \underset{(-,+,+)}{NX(Y, Y^*, E)} \tag{17.2}$$

Le produit dépend du taux d'intérêt nominal et du taux de change nominal.

1. Rappel : une dépréciation réelle correspond à une augmentation du taux de change réel – une augmentation du prix des biens étrangers en termes de biens nationaux.

17.2 L'équilibre sur les marchés financiers

Lorsque l'on considérait les marchés financiers dans le modèle *IS*/*LM*, on supposait que les agents choisissaient entre deux actifs : la monnaie et les titres. Maintenant que l'on envisage une économie ouverte, il faut permettre un second choix : entre les titres étrangers et les titres nationaux [1].

Monnaie et obligations

Quand on considérait la détermination du taux d'intérêt dans *IS*/*LM*, on a écrit la condition que l'offre de monnaie est égale à la demande comme :

$$\frac{M}{P} = YL(i) \tag{17.3}$$

Nous admettions l'offre de monnaie (le terme de gauche) comme donnée. Nous supposions que la demande réelle de monnaie (le terme de droite) dépendait du volume de transactions dans l'économie, mesuré par le niveau du produit réel (Y) et du coût d'opportunité de détenir de la monnaie plutôt que des titres, le taux d'intérêt nominal (i).

Comment faudrait-il changer cette hypothèse maintenant que l'économie est ouverte ? En réalité, peu de modifications sont à apporter.

Dans une économie ouverte, la demande de monnaie locale est encore principalement une demande des résidents (dans le cas de l'euro, de l'Union européenne dans son ensemble). Il n'y a pas beaucoup de raisons pour les Allemands de détenir de la monnaie américaine ou des dépôts à vue en dollars. Ils ne pourraient pas s'en servir pour des transactions en Allemagne – où on requiert le paiement en euros. S'ils veulent disposer d'actifs libellés en dollars, il vaut mieux choisir des obligations en dollars, qui rapportent au moins un taux d'intérêt positif [2]. Et la demande de monnaie des résidents dépend encore des mêmes facteurs : le niveau de transactions, que l'on mesure par le produit intérieur, et le coût d'opportunité de la détention de monnaie, le taux d'intérêt nominal des titres.

C'est pourquoi on continue de se servir de l'équation 17.3 pour analyser la détermination du taux d'intérêt dans une économie ouverte. Le taux d'intérêt doit être tel que la demande et l'offre de monnaie soient égales [3]. Une augmentation de l'offre de monnaie induit une baisse du taux d'intérêt ; une augmentation de la demande de monnaie induit une hausse du taux d'intérêt.

Obligations étrangères et obligations nationales

Pour considérer le choix entre les obligations étrangères et les obligations nationales, on s'appuiera sur l'hypothèse introduite au chapitre 15 : les investisseurs financiers, résidents ou étrangers, cherchent le taux de rendement anticipé le plus élevé. Cela implique qu'à l'équilibre, les titres nationaux et étrangers doivent avoir le même taux de rendement, sinon les investisseurs ne voudraient détenir qu'un seul titre, et ce ne serait pas un équilibre.

1. Nous laissons de côté les autres choix (entre obligations à court terme et à long terme, et entre obligations à court terme et actions) étudiés au chapitre 12.
2. Rappelons les deux nuances apportées au chapitre 15 : les dollars utilisés pour des transactions illégales et la dollarisation (les dollars employés dans les pays où l'inflation est très élevée). On ignorera ici ces nuances.
3. Équilibre sur les marchés financiers, 1re condition : offre de monnaie = demande de monnaie (*LM*).

Comme nous l'avons vu au chapitre 15, cette hypothèse implique que la relation d'arbitrage suivante – la condition de *parité des taux d'intérêt* – est vérifiée :

$$i_t = i_t^* + \frac{E_{t+1}^e - E_t}{E_t}.$$

Le taux d'intérêt intérieur i_t doit être égal au taux d'intérêt étranger i_t^*, plus le taux de dépréciation anticipé de la devise nationale $(E_{t+1}^e - E_t)/E_t$ [1] [2].

À partir de maintenant, nous prendrons le taux de dépréciation anticipé de la monnaie nationale comme donné (on relâchera cette hypothèse au chapitre 18). Dans cette hypothèse et en enlevant les indices temporels, la condition de parité des taux d'intérêt devient :

$$i = i^* + \frac{\overline{E}^e - E}{E} \tag{17.4}$$

En réarrangeant, on obtient le taux de change courant comme une fonction du taux de change anticipé et des taux d'intérêt intérieurs et étrangers :

$$E = \frac{\overline{E}^e}{1 + i - i^*} \tag{17.5}$$

L'équation 17.5 implique une relation négative entre le taux d'intérêt intérieur et le taux de change. Étant donné le taux de change anticipé et le taux d'intérêt étranger, une augmentation du taux d'intérêt intérieur induit une diminution du taux de change réel – ou, de façon équivalente, une appréciation réelle de la devise nationale. Une diminution du taux d'intérêt intérieur entraîne une augmentation du taux de change réel – ou, de façon équivalente, une dépréciation réelle de la devise nationale.

Cette relation entre le taux de change et le taux d'intérêt joue un rôle central dans le monde économique et occupe une place essentielle dans ce chapitre. Pour mieux la comprendre, prenons l'enchaînement des conséquences entraînées par une augmentation des taux d'intérêt européens par rapport aux taux américains.

- Partons d'une situation où les taux d'intérêt européens et américains sont égaux, de sorte que $i = i^*$. Cela implique, d'après l'équation 17.5, que le taux de change courant entre le dollar et l'euro est égal au taux de change anticipé : $E = \overline{E}^e$.
- Supposons, comme conséquence d'une contraction monétaire européenne, que le taux d'intérêt européen augmente. Au taux de change courant inchangé, les obligations européennes deviennent plus intéressantes, de sorte que les investisseurs financiers liquident leurs placements en titres américains pour placer leurs fonds en titres européens. Pour ce faire, ils vendent leurs titres contre des dollars et leurs dollars contre des euros, puis utilisent leurs euros pour acheter de nouveau des titres. Alors que les investisseurs vendent leurs dollars contre des euros, l'euro s'apprécie par rapport au dollar.
- Qu'une augmentation du taux d'intérêt européen conduise à une diminution du taux de change ou à une appréciation de l'euro est intuitivement immédiat : une augmentation de la demande d'euros aboutit à une augmentation du prix des euros. Ce qui est moins intuitif est de savoir de combien l'euro s'apprécie : si les investisseurs ne

1. Il faut se rappeler que cela n'est qu'une (bonne) approximation.
2. Équilibre sur les marchés financiers, 2e condition : les taux de rendements anticipés sur les obligations étrangères et nationales doivent être égaux. Ou, de façon équivalente, le taux d'intérêt intérieur doit être égal au taux d'intérêt étranger, plus le taux de dépréciation anticipé de la devise nationale.

changent pas leurs anticipations quant au taux de change futur ($E^e = \overline{E}$), alors plus l'euro s'apprécie aujourd'hui, plus les investisseurs anticiperont sa dépréciation demain (puisqu'ils prévoient qu'il doit revenir à la même valeur, $\overline{E}^e$). Toutes choses égales par ailleurs, cela rend les titres américains plus intéressants : quand on anticipe une dépréciation de l'euro, un taux d'intérêt donné en dollars vaut un taux d'intérêt plus élevé en euros.

- Cela nous donne une réponse : l'appréciation initiale de l'euro doit être telle que la dépréciation future anticipée compense l'augmentation du taux d'intérêt européen. Quand cela se produit, les investisseurs sont à nouveau indifférents et l'équilibre est atteint.

Un exemple numérique nous sera utile pour clarifier la démonstration. Supposons que les taux d'intérêt américains et européens soient égaux à 4 % et que le taux d'intérêt européen augmente jusqu'à 10 %. Dans ce cas, l'euro doit s'apprécier de 6 % aujourd'hui, en raison des achats d'euros. En effet, si l'euro s'apprécie de 6 % aujourd'hui et que les investisseurs ne changent pas leurs anticipations du taux de change dans un an, ils anticipent une dépréciation de l'euro de 6 % d'ici un an. Autrement dit, le dollar devrait s'apprécier de 6 % d'ici un an, de telle sorte que la détention de titres américains rapporte le taux de rendement anticipé de 10 % : le taux de rendement de 4 % en dollars plus les 6 % d'appréciation du dollar par rapport à l'euro. Détenir des titres américains ou européens rapporte 10 % en dollars dans chaque cas. Les investisseurs financiers sont indifférents et veulent détenir l'un ou l'autre de ces titres, donc l'équilibre est maintenu sur le marché des changes [1].

Dans les termes de l'équation 17.4, cela donne :

$$i = i^* + \frac{\overline{E}^e - E}{E}$$

$$10\,\% = 4\,\% + 6\,\%.$$

Le taux de rendement des titres européens est égal à 10 %. Le taux de rendement anticipé des titres américains, exprimé en euros, est de 4 % (le taux d'intérêt américain) plus 6 % (la dépréciation anticipée de l'euro).

La figure 17.1 met en relation le taux d'intérêt et le taux de change selon l'équation 17.5 – la relation de parité des taux d'intérêt. Elle est tracée pour un niveau donné de taux de change anticipé, $\overline{E}^e$, et pour un taux d'intérêt étranger donné, i^*. Plus le taux d'intérêt est faible, plus le taux de change est élevé : la relation est donc représentée par une courbe décroissante [2]. L'équation 17.5 implique aussi que quand le taux d'intérêt intérieur est égal au taux d'intérêt étranger, le taux de change est égal au taux de change anticipé. Quand $i = i^*$, alors $E^e = \overline{E}$. C'est le point *A* sur la figure. L'argumentation repose sur l'hypothèse essentielle que quand les taux d'intérêt changent, le taux de change anticipé reste inchangé. Cela implique qu'une appréciation aujourd'hui (une baisse du taux de change courant) induit une dépréciation anticipée à l'avenir (puisque l'on prévoit que le taux de

1. Distinguons bien les trois étapes de l'argument :
   – le taux d'intérêt des titres américains augmente de 6 % (ou 6 points) ;
   – les investisseurs achètent des titres américains et des dollars ;
   – le dollar s'apprécie jusqu'à ce que l'on prévoie qu'il se dépréciera de 6 % dans l'année à venir, ce qui arrive quand le dollar s'est apprécié de 6 %.
2. Qu'arrive-t-il à la courbe si i^* augmente ? Si E^e augmente ?

change va revenir à la même valeur). Nous relâcherons cette hypothèse selon laquelle le taux de change anticipé est fixe au chapitre 18. Mais les conclusions de base resteront : une augmentation du taux d'intérêt intérieur induit une appréciation.

Figure 17.1 – La relation entre le taux d'intérêt et le taux de change impliqué par la relation de parité des taux d'intérêt.

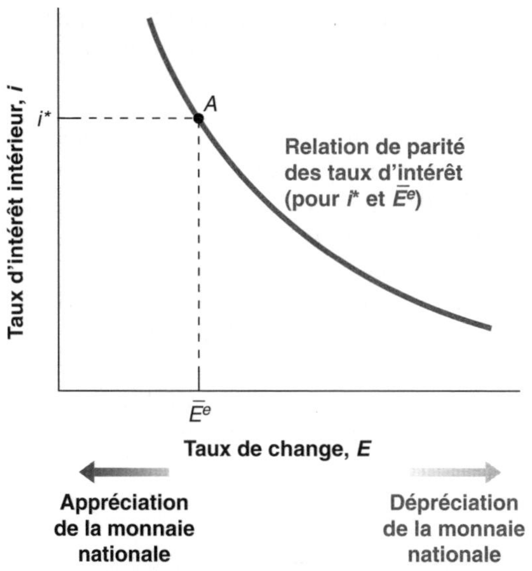

Un taux d'intérêt intérieur plus bas implique un taux de change réel supérieur (une dépréciation de la monnaie nationale). Un taux d'intérêt plus élevé implique un taux de change réel inférieur (une appréciation de la monnaie nationale).

17.3 L'interaction des marchés des biens et des marchés financiers

Nous avons à présent tous les éléments pour comprendre les fluctuations de la production, du taux d'intérêt et du taux de change.

L'équilibre sur le marché des biens implique que le produit dépend, parmi d'autres facteurs, du taux d'intérêt et du taux de change :

$$Y = C(Y - T) + I(Y, i) + G + NX(Y, Y^*, E)$$

Le taux d'intérêt est déterminé par l'égalité de l'offre et de la demande de monnaie :

$$\frac{M}{P} = YL(i)$$

Et la condition de parité des taux d'intérêt implique une relation négative entre le taux d'intérêt intérieur et le taux de change :

$$E = \frac{\bar{E}^e}{1 + i - i^*}$$

Ensemble, ces relations déterminent le produit, le taux d'intérêt et le taux de change d'équilibre. Il n'est pas facile de travailler avec trois relations, mais on peut facilement les réduire à deux en se servant de la condition de parité des taux d'intérêt pour éliminer le taux de change dans l'équation du produit. Cela nous donne les deux équations suivantes, qui forment la version de *IS*/*LM* en économie ouverte :

$$IS: \quad Y = C(Y-T) + I(Y,i) + G + NX\left(Y, Y^*, \frac{\overline{E}^e}{1+i-i^*}\right)$$

$$LM: \quad \frac{M}{P} = YL(i)$$

Prenons d'abord la courbe *IS* et considérons l'effet d'une augmentation du taux d'intérêt sur le produit. Cette augmentation a désormais deux effets sur le produit :

- le premier, qui était déjà présent dans une économie fermée, est l'effet direct sur l'investissement. Un taux d'intérêt plus élevé implique une baisse de l'investissement, donc une baisse de la demande de biens nationaux et, par là, une diminution du produit ;
- le second, qui est spécifique à une économie ouverte, transite par le taux de change. Une augmentation du taux d'intérêt intérieur entraîne une appréciation de la monnaie nationale. L'appréciation rend les biens nationaux comparativement plus chers que les biens étrangers et mène par conséquent à une diminution du volume des exportations, donc à une baisse de la demande de biens nationaux et à une baisse du produit.

Les deux effets vont dans la même direction : une augmentation du taux d'intérêt diminue la demande directement, et indirectement par le canal de l'appréciation de la monnaie nationale. On note aussi que le multiplicateur est plus faible qu'en économie fermée : c'est parce qu'une partie de la demande est satisfaite par des biens étrangers.

La relation *IS* entre le taux d'intérêt et le produit est représentée sur la partie (a) de la figure 17.2 pour des valeurs données des autres variables de la relation – à savoir T, G, Y^*, i^* et $\overline{E}^e$. La courbe *IS* est décroissante : une augmentation du taux d'intérêt i fait diminuer le produit Y. Elle ressemble beaucoup à la courbe *IS* en économie fermée, mais elle traduit pourtant une relation bien plus complexe : le taux d'intérêt altère le produit non seulement directement, mais aussi indirectement *via* le taux de change [1].

La relation *LM* est exactement la même qu'en économie fermée : la courbe est croissante. Pour une valeur donnée du stock réel de monnaie (M/P), une augmentation du produit mène à une demande de monnaie accrue et à une augmentation du taux d'intérêt d'équilibre.

L'équilibre sur les marchés des biens et sur les marchés financiers est atteint au point A de la partie (a), avec le niveau de produit Y et le taux d'intérêt i. La valeur d'équilibre du taux de change ne peut pas être lue sur le graphique, mais on peut facilement l'obtenir dans la partie (b), qui reprend la figure 17.1 avec le taux d'intérêt que l'on vient de déterminer et qui donne le taux de change correspondant. Le taux de change d'équilibre est E.

1. Une augmentation du taux d'intérêt conduit à la fois directement et indirectement à une diminution de la production.

Figure 17.2 – La relation *IS/LM* en économie ouverte.

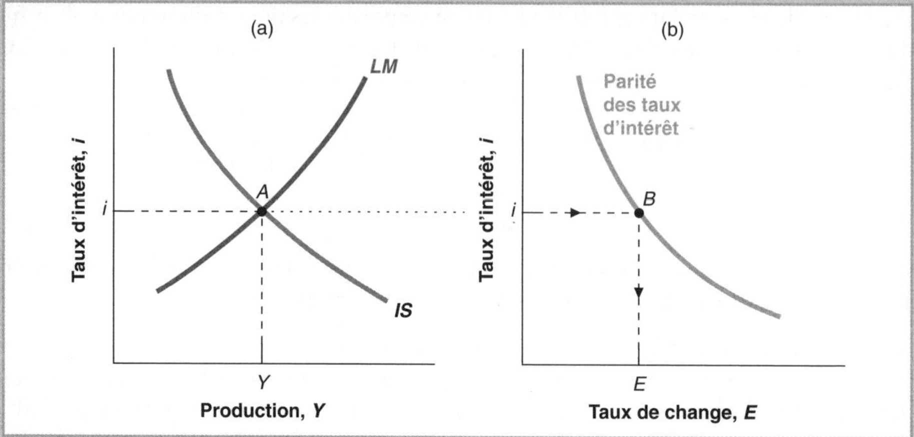

Une augmentation du taux d'intérêt réduit le produit à la fois directement et indirectement (*via* le taux de change) : *IS* est décroissante. Étant donné le stock de monnaie, une augmentation du revenu élève le taux d'intérêt : *LM* est croissante.

Pour résumer, on a obtenu les courbes *IS* et *LM* pour une économie ouverte. La courbe *IS* est décroissante : une augmentation du taux d'intérêt mène directement, et indirectement par le biais du taux de change, à une diminution du produit.

La courbe *LM* est croissante : une augmentation du revenu (le produit) accroît la demande de monnaie, ce qui implique une hausse du taux d'intérêt d'équilibre.

Le produit d'équilibre et le taux d'intérêt d'équilibre sont donnés par l'intersection des courbes *IS* et *LM*. Étant donné le taux d'intérêt étranger et le taux de change anticipé, le taux d'intérêt d'équilibre détermine le taux de change d'équilibre.

17.4 Les effets des politiques macroéconomiques en économie ouverte

Nous utilisons maintenant ce nouveau modèle *IS/LM* pour étudier les effets des politiques macroéconomiques.

Les effets des politiques budgétaires en économie ouverte

Considérons à nouveau les variations des dépenses publiques. Supposons qu'à partir de l'équilibre budgétaire, le gouvernement décide d'augmenter les dépenses militaires et donc d'accumuler un déficit budgétaire. Qu'arrive-t-il au niveau de la production et à sa composition ? Que se passe-t-il pour le taux d'intérêt ? Pour le taux de change ?

Les réponses à ces questions sont données par la figure 17.3. L'économie est initialement au point *A* dans la partie (a). Une augmentation des dépenses publiques de *G* à *G′* augmente le produit pour un taux d'intérêt donné, déplaçant la courbe *IS* vers la droite, de *IS* à *IS′*. Comme les dépenses publiques n'entrent pas dans la relation *LM*, la courbe *LM* est inchangée [1].

Le nouvel équilibre est en *A′* où le produit est plus élevé, tout comme le taux d'intérêt. Dans la partie (b), le taux d'intérêt plus élevé conduit à une baisse du taux de change – une appréciation de la monnaie nationale. *En conséquence, une augmentation des dépenses publiques induit une augmentation du produit, une augmentation du taux d'intérêt et une appréciation de la monnaie.*

Figure 17.3 – Les effets d'une augmentation des dépenses publiques.

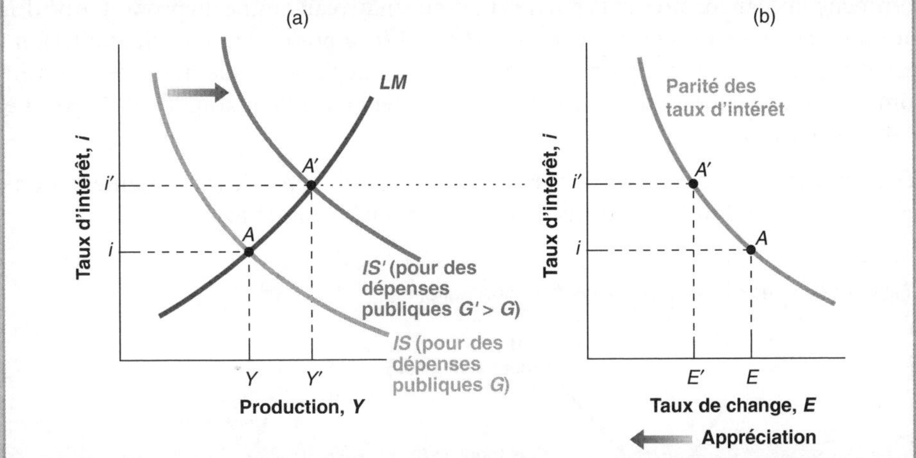

Une augmentation des dépenses publiques mène à une augmentation du produit, à une augmentation du taux d'intérêt et à une appréciation.

Exprimons ces idées autrement : une augmentation des dépenses publiques conduit à une augmentation de la demande, donc du produit. Comme le produit augmente, la demande de monnaie augmente aussi, d'où une pression à la hausse sur le taux d'intérêt. L'augmentation du taux d'intérêt, qui rend les obligations nationales plus intéressantes, induit par là aussi une appréciation de la monnaie nationale. L'augmentation du taux d'intérêt et l'appréciation diminuent toutes deux la demande intérieure de biens, réduisant l'effet des dépenses publiques sur le produit.

Peut-on décrire ce qui se passe au niveau des diverses composantes de la demande ?

- La consommation et les dépenses publiques augmentent évidemment – la consommation parce que le produit (le revenu) augmente, les dépenses publiques par hypothèse.
- Le cas de l'investissement est ambigu. On se souvient que l'investissement est fonction du produit et du taux d'intérêt : $I = I\,(Y, i)$. D'une part, le produit augmente, d'où une hausse de l'investissement, mais, d'autre part, le taux d'intérêt augmente, d'où une diminution de l'investissement. Selon que l'un ou l'autre de ces effets est dominant, on peut avoir une augmentation ou une diminution de l'investissement.

1. Une augmentation des dépenses gouvernementales déplace la courbe *IS* vers la droite ; elle ne déplace ni la courbe *LM*, ni la courbe de parité des taux d'intérêt.

- Les exportations nettes dépendent du produit intérieur, du produit étranger et du taux de change : $NX(Y, Y^*, E)$. Ainsi, à la fois l'appréciation et l'augmentation du produit intérieur impliquent une diminution des exportations nettes. L'appréciation accroît les importations et diminue les exportations, et l'augmentation du produit augmente encore plus les importations. Le déficit budgétaire conduit à une détérioration de la balance commerciale. Si la balance commerciale est équilibrée à l'origine, alors le déficit budgétaire aboutit à un déficit commercial.

Les effets des politiques monétaires en économie ouverte

Les effets d'une autre politique, une contraction monétaire, sont montrés à la figure 17.4. Commençons par considérer la partie (a). Pour un niveau donné du produit, une diminution du stock de monnaie réelle, de M/P à M'/P, a pour effet une augmentation du taux d'intérêt : par conséquent, la courbe LM se déplace vers le haut, de LM à LM'. Comme la masse monétaire n'entre pas directement dans l'équation de IS, la courbe IS ne se déplace pas [1].

L'équilibre se déplace du point A vers le point A'. Dans la partie (b), l'augmentation du taux d'intérêt conduit à une appréciation de la monnaie nationale.

Figure 17.4 – Les effets d'une contraction monétaire.

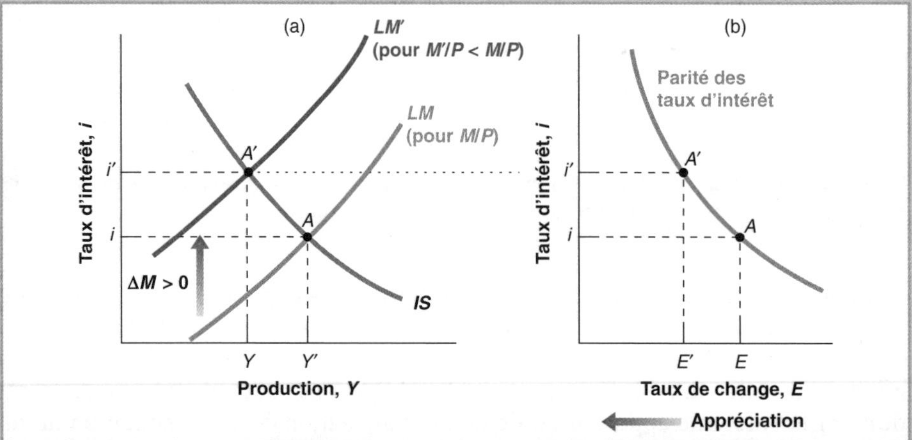

Une contraction monétaire réduit la production, augmente le taux d'intérêt et induit une appréciation de la monnaie.

Donc une contraction monétaire réduit le produit, augmente le taux d'intérêt et induit une appréciation de la monnaie. On peut l'expliquer facilement : une contraction monétaire conduit à une augmentation du taux d'intérêt, ce qui rend les titres nationaux plus intéressants et ainsi provoque une appréciation de la monnaie. Le taux d'intérêt plus élevé et l'appréciation baissent tous deux la demande et la production. Comme la production diminue, la demande de monnaie diminue aussi, d'où une baisse du taux d'intérêt qui compense en partie l'augmentation initiale du taux d'intérêt et l'appréciation qui en découlait.

1. Une contraction monétaire déplace la courbe LM vers le haut ; elle ne déplace ni la courbe IS, ni la courbe de parité des taux d'intérêt.

Cette version du modèle *IS/LM* pour une économie ouverte a été élaborée dans les années 1960 par Robert Mundell (de l'université de Columbia) et Marcus Fleming (du Fonds monétaire international). Ce modèle permet d'expliquer assez bien les évolutions observées et il est toujours largement utilisé. Comme tous les modèles simples, il nécessite souvent des extensions, par exemple pour prendre en compte la situation de trappe à liquidité ou le rôle du risque dans les décisions financières – deux dimensions très importantes dans la crise débutée en 2007. Pour tester les prédictions du modèle Mundell-Fleming, on aurait du mal à trouver une meilleure illustration et expérience de changements monétaires et budgétaires que ceux que l'économie américaine a vécus à la fin des années 1970 et au début des années 1980. C'est le sujet de l'encadré « Contraction monétaire et expansion budgétaire : les États-Unis au début des années 1980 ». Le modèle Mundell-Fleming passe avec succès l'épreuve de la confrontation à la réalité.

Pour aller plus loin

Contraction monétaire et expansion budgétaire : les États-Unis au début des années 1980

Le début des années 1980 est marqué aux États-Unis par d'importants bouleversements de la politique monétaire et de la politique budgétaire.

Nous avons déjà discuté de l'origine du changement de politique monétaire au chapitre 10. À la fin des années 1970, le président de la Fed de l'époque, Paul Volcker, déclare que l'inflation américaine est trop élevée et qu'il faut la réduire. À partir de la fin de 1979, il embarque le pays sur la voie d'une contraction monétaire ferme, conscient du fait que, à court terme, il y aura probablement une récession, mais que, à moyen terme, on pourra réduire l'inflation.

Les changements de politique budgétaire sont déclenchés lors de l'élection de Reagan en 1980. Il est élu sur la promesse de politiques plus conservatrices, notamment une diminution des impôts et de la place de l'État dans l'activité économique. Cet engagement est au cœur de l'*Economic Recovery Act* d'août 1981. L'impôt sur le revenu des personnes physiques est baissé d'un total de 23 % de 1981 à 1983, en trois ajustements. Les taxes sur les entreprises sont aussi réduites. Ces réductions d'impôts n'étaient cependant pas accompagnées de diminutions des dépenses publiques, d'où une augmentation constante du déficit budgétaire, qui atteint en 1983 son pic à 5,6 % du PIB. Le tableau 1 donne les dépenses et les recettes publiques pour les années 1980-1984.

Tableau 1 – L'émergence d'un déficit budgétaire important aux États-Unis, 1980-1984.

	1980	1981	1982	1983	1984
Dépenses	22,0	22,8	24,0	25,0	23,7
Recettes	20,2	20,8	20,5	19,4	19,2
Impôt sur le revenu des personnes	9,4	9,6	9,9	8,8	8,2
Impôt sur les entreprises		2,3	1,6	1,6	2,0
Solde budgétaire	– 1,8	– 2,0	– 3,5	– 5,6	– 4,5

Les valeurs sont données pour les années fiscales, qui commencent en octobre de l'année précédente. Elles sont toutes exprimées en pourcentage du PIB.

Source : tableaux historiques, Office of Management and Budget.

Quelles étaient les motivations de Reagan pour diminuer les impôts sans diminuer les dépenses de façon équivalente ? Ce sont des questions encore débattues aujourd'hui, mais il existe un consensus sur deux motivations principales.

Pour aller plus loin

Une des motivations lui a été soufflée par un groupe restreint mais influent d'économistes, appelés les *économistes de l'offre* (***supply-siders***), qui prétendaient qu'une diminution du niveau des impôts inciterait les gens et les entreprises à travailler plus et à augmenter la productivité et que, par conséquent, les recettes augmenteraient au lieu de diminuer. Quelle que soit la valeur de cet argument, il s'est révélé faux dans ce cas : même si certains travaillaient plus et plus dur après la diminution des impôts, les recettes fiscales (taux d'imposition, qui a baissé, multiplié par le volume du produit, qui a éventuellement augmenté) ont diminué.

L'autre motivation était que la baisse des impôts, et l'augmentation du déficit consécutive, forcerait le Congrès à réduire les dépenses, ou au moins à ne plus les augmenter. Cette motivation s'est avérée partiellement juste : le Congrès a subi d'extraordinaires pressions pour ne pas augmenter les dépenses, et la croissance des dépenses des années 1980 a certainement été plus faible qu'elle ne l'aurait été autrement. Cependant, cette baisse des dépenses n'a pas suffi pour compenser la diminution des rentrées fiscales et éviter l'augmentation rapide du déficit budgétaire.

Quelle que soit la cause du déficit, les effets de la contraction monétaire et de l'expansion budgétaire correspondent exactement aux prévisions du modèle de Mundell-Fleming. Le tableau 2 donne l'évolution des principales variables macroéconomiques de 1980 à 1984.

Tableau 2 – Les principales variables macroéconomiques, 1980-1984.

	1980	1981	1982	1983	1984
Croissance du PIB (en %)	– 0,5	1,8	– 2,2	3,9	6,2
Taux de chômage (en %)	7,1	7,6	9,7	9,6	7,5
Inflation (en %)	12,5	8,9	3,8	3,8	3,9
Taux d'intérêt nominal (en %)	11,5	14,0	10,6	8,6	9,6
Taux d'intérêt réel (en %)	2,5	4,9	6,0	5,1	5,9
Taux de change réel	117,0	99,0	89,0	85,0	77,0
Solde commercial (en % par rapport au PIB)	– 0,5	– 0,4	– 0,6	– 1,5	– 2,7

L'inflation est le taux de variation du *consumer price index*. Le taux d'intérêt nominal est celui des bons du Trésor (*T-bills*) à trois mois. Le taux de change réel est égal au taux de change nominal moins la révision d'inflation par DRI, une entreprise privée d'estimation et de prévision. Le taux de change réel est le taux de change multilatéral pondéré par la part du commerce, normalisé de telle façon qu'il vaille 100 en 1973.

De 1980 à 1982, l'évolution de l'économie est dominée par les effets de la contraction monétaire. Les taux d'intérêt, nominaux et réels, augmentent fortement, d'où une appréciation importante du dollar (une baisse du taux de change) et une récession. L'objectif de réduire l'inflation est alors atteint, quoique, en 1982, elle soit encore de 4 %. Un niveau de production plus faible du fait de la récession et une appréciation ayant des effets opposés sur la balance commerciale (le revenu plus bas implique des importations plus faibles et une amélioration de la balance commerciale ; l'appréciation du dollar entraîne une détérioration de la balance commerciale), le déficit commercial est à peu près inchangé avant 1982.

À partir de 1982, l'évolution de l'économie est dominée par les effets de l'expansion budgétaire. Comme le modèle le prévoit, ces effets sont une croissance importante du niveau de production, des taux d'intérêt élevés et une appréciation du dollar. Les effets de la croissance et de l'appréciation sont une augmentation du déficit commercial à 2,7 % du PIB en 1984. Au milieu des années 1980, le problème macroéconomique principal des États-Unis est devenu celui des **déficits jumeaux** : le déficit budgétaire et le déficit commercial. Il est resté un des problèmes macroéconomiques centraux tout le long des années 1980 et pendant une bonne partie des années 1990. L'encadré « Les origines et les implications du déficit du compte courant des États-Unis », dans le chapitre 16, étudie les causes de l'évolution du déficit commercial des États-Unis dans les années 1990 et 2000.

Pour aller plus loin

17.5 Les taux de change fixes

Nous avons jusqu'ici supposé que la banque centrale choisissait l'offre de monnaie et laissait le taux de change s'ajuster sur le marché des changes. Dans la plupart des pays, cette hypothèse ne reflète pas la réalité : les banques centrales agissent pour maintenir des objectifs implicites ou explicites de taux de change, et se servent de la politique monétaire pour atteindre ces cibles. Les cibles sont parfois explicites et parfois implicites ; parfois elles sont des valeurs spécifiques, parfois elles sont des bandes de fluctuation. Ces régimes de change sont appelés de diverses manières. Étudions avant tout leur signification.

Ancrage, parité glissante, bande de fluctuation, système monétaire européen et euro

À une extrémité du spectre, on trouve les pays avec des taux de change flexibles, comme les États-Unis ou le Japon. Ces pays n'ont pas de cible explicite de taux de change. Même si leur banque centrale ne se désintéresse certainement pas de ses fluctuations, ils ont tenu à laisser leur taux de change fluctuer, parfois considérablement [1].

De l'autre côté, on trouve les pays qui sont en régime de *taux de change fixes*. Certains **ancrent** leur monnaie sur le dollar. La liste s'étend des Bahamas au sultanat d'Oman. D'autres, principalement les anciennes colonies françaises en Afrique, avaient ancré leur devise sur le franc et maintenant sur l'euro. D'autres encore ancrent leur monnaie sur un panier de devises, les pondérations reflétant la composition de leur commerce. Le terme « fixe » est un peu trompeur : les pays qui ont des taux de change fixes peuvent les modifier, mais c'est rare. Un cas extrême est celui des pays africains ancrés sur le franc. Quand, en janvier 1994, le taux de change est réajusté, c'est la première fois depuis quarante-cinq ans. Comme les changements sont rares, les économistes utilisent des termes spécifiques pour les distinguer des fluctuations journalières des taux de change flexibles. Une augmentation du taux de change en régime de change fixe est appelée une *dévaluation*, au lieu d'une dépréciation, et une diminution du taux de change est alors nommée *réévaluation*, plutôt qu'appréciation.

1. Comme la danse du dollar dans les années 1980, étudiée au chapitre 15, il y a eu une danse du yen dans les années 1990, avec un yen s'appréciant de plus de 50 % par rapport au dollar de 1990 à 1995, et en dépréciation constante depuis lors.

Entre ces extrêmes, on trouve les pays avec divers degrés d'engagement à un taux de change fixe. Par exemple, certains pays sont en régime de **parité glissante**. Le nom décrit bien le système : ces pays ont souvent des taux d'inflation qui excèdent le taux d'inflation américain. S'ils veulent ancrer leur taux de change nominal sur la valeur du dollar, l'augmentation plus rapide du niveau des prix intérieurs par rapport au niveau des prix américains conduit à une appréciation réelle constante et rend rapidement les produits de ces pays non compétitifs [1]. Pour contrer cet effet, ces pays optent à l'avance pour un taux de dépréciation par rapport au dollar. Ils choisissent de dériver (évoluer lentement) par rapport au dollar.

Il existe encore un arrangement possible : un groupe de pays peut se mettre d'accord pour maintenir leurs taux de change bilatéraux (le taux de change entre tous les pays deux à deux) à l'intérieur de certaines bandes de fluctuation. L'exemple le plus notoire est celui du **Système monétaire européen**, le **SME**, qui déterminait les fluctuations des taux de change à l'intérieur de l'Union européenne de 1978 à 1998. Selon les règles de ce mécanisme de change, les pays membres acceptaient de maintenir leur taux de change par rapport aux autres devises du système à l'intérieur de limites étroites, ou **bandes**, autour d'un **cours pivot** défini. Les changements de parité centrale, les dévaluations et les réévaluations de devises spécifiques étaient permis, mais seulement en cas d'accord commun entre pays membres. Après une crise majeure en 1992 qui a conduit de nombreux pays à sortir ensemble du SME (voir chapitre 18), les ajustements de taux de change sont devenus de moins en moins fréquents, ce qui a permis à certains pays d'aller encore plus loin et d'adopter une monnaie unique, l'**euro** [2]. La transformation des monnaies nationales en euros a débuté le 1er janvier 1999. Elle s'est terminée, pour les premiers pays passés à la monnaie unique, en 2002. Nous reviendrons sur les implications de la création de l'euro au chapitre 18.

Nous discuterons des avantages et des inconvénients des différents régimes de change dans le prochain chapitre. Il faut d'abord comprendre comment l'ancrage d'un taux de change influe sur l'efficacité des politiques macroéconomiques (monétaire et budgétaire). C'est l'objet de la suite de cette section.

Ancrage du taux de change et contrôle de la politique monétaire

Supposons qu'un pays décide d'ancrer son taux de change à une valeur donnée, $\overline{E}'$. En fait, comment réalise-t-il cet ancrage ? Il ne peut pas annoncer la valeur de cette cible et s'en tenir là. Il lui faut prendre des mesures pour que son taux de change désiré soit celui qui prévaut sur le marché des changes. Étudions les mécanismes et les implications de l'ancrage.

Qu'on laisse fluctuer son taux de change ou pas, dans l'hypothèse d'une mobilité parfaite des capitaux, le taux de change et le taux d'intérêt nominal doivent satisfaire à la condition de parité des taux :

$$i_t = i_t^* + \frac{E_{t+1}^e - E_t}{E_t}$$

1. Il faut se rappeler la définition du taux de change réel $\varepsilon = EP^*/P$. Si l'inflation est supérieure à l'inflation étrangère, P augmente plus vite que P^*. De façon équivalente, on a P^*/P qui diminue. Et si E est fixé, alors EP^*/P diminue : il y a une appréciation réelle. Les biens nationaux deviennent plus chers que les biens étrangers.
2. On peut se représenter l'adoption d'une monnaie commune comme l'adoption d'un régime extrême de change fixe. Leur taux de change est fixé à 1 pour 1 pour tous ces pays deux à deux.

Supposons maintenant que le pays ancre sa devise au taux de change $\bar{E}'$, alors le taux de change courant est tel que $E_t = \bar{E}'$. Si les marchés financiers et les marchés des changes croient que ce taux de change va rester à sa valeur d'ancrage à l'avenir, ils anticipent $E^e_{t+1} = \bar{E}'$. De sorte que la relation de parité des taux devient :

$$i_t = i^*_t + \frac{\bar{E}' - \bar{E}'}{\bar{E}'} = i^*_t$$

Si les investisseurs anticipent le fait que le taux de change va rester inchangé, alors ils exigent le même taux d'intérêt nominal dans les deux pays. *Avec un taux de change fixe et des capitaux parfaitement mobiles, le taux d'intérêt intérieur doit être égal au taux d'intérêt étranger.* Dans l'hypothèse d'une mobilité parfaite des capitaux, fixer le taux de change implique de perdre la liberté du choix du taux d'intérêt, qui doit être le taux d'intérêt déterminé à l'étranger.

Cette condition a encore une implication importante. Revenons à la condition d'équilibre que l'offre et la demande de monnaie soient égales. À présent que $i = i^*$, cette condition devient :

$$\frac{M}{P} = YL(i^*) \tag{17.6}$$

Supposons une augmentation du produit intérieur et, par conséquent, de la demande de monnaie. En économie fermée, la banque centrale pourrait laisser le stock de monnaie inchangé, d'où une augmentation du taux d'intérêt d'équilibre. En économie ouverte et en régime de change flexible, elle peut encore procéder ainsi : le résultat sera alors à la fois une augmentation du taux d'intérêt et une appréciation de la monnaie nationale. Mais en régime de change fixe, la banque centrale ne peut pas laisser l'offre de monnaie inchangée : si elle le faisait, les taux d'intérêt intérieurs augmenteraient, ce qui conduirait à une appréciation de la monnaie nationale. Pour maintenir son taux de change, elle doit augmenter son offre de monnaie autant que la demande de monnaie, de façon à maintenir le même taux d'intérêt d'équilibre, égal au taux d'intérêt étranger. Étant donné le niveau des prix P, le stock nominal de monnaie doit s'ajuster pour que l'équation 17.6 soit valable.

Pour résumer, *en régime de taux de change fixe, la banque centrale abandonne la politique monétaire comme instrument de politique macroéconomique.* Un taux de change fixe implique un taux d'intérêt égal au taux d'intérêt étranger, et l'offre de monnaie doit s'adapter à la demande pour maintenir le taux d'intérêt d'équilibre [1].

La politique budgétaire en régime de change fixe

Si la politique monétaire ne peut plus être exploitée librement en régime de change fixe, reste-t-il au moins la politique budgétaire ? Servons-nous de la figure 17.5 pour répondre.

Cette figure reprend la partie (a) de la figure 17.3, que nous avions employée pour analyser les effets des politiques budgétaires en change flexible. Dans ce cas, nous avions vu qu'une expansion budgétaire (une politique budgétaire expansionniste) déplaçait la courbe *IS* vers la droite. En change flexible, le stock de monnaie demeurait inchangé,

1. Ces résultats sont très dépendants de l'hypothèse de mobilité parfaite des capitaux. Le cas des taux de change fixes avec mobilité imparfaite des capitaux, qui est plus pertinent pour des pays à revenu intermédiaire comme en Amérique latine ou en Asie, est traité à la fin de ce chapitre.

d'où un déplacement de l'équilibre de A en B, avec une augmentation de la production de Y_A à Y_B, une augmentation du taux d'intérêt et une diminution du taux de change – une appréciation de la monnaie nationale.

En régime de change fixe, la banque centrale ne peut pas tolérer l'appréciation de la monnaie, comme on vient de le montrer. Comme l'augmentation du produit mène à une augmentation de la demande de monnaie, la banque centrale doit accompagner cette augmentation de la demande de monnaie par une augmentation de l'offre de monnaie. Dans les termes de la figure 17.5, la banque centrale doit déplacer la courbe *LM* vers le bas, alors que la courbe *IS* est déplacée vers la droite, de sorte que le taux d'intérêt et donc le taux de change ne varient pas. L'équilibre passe par conséquent du point A au point C, avec un produit Y_C, et les taux de change et d'intérêt restent les mêmes. Ainsi, en régime de change fixe, la politique budgétaire est plus efficace qu'en change flexible, parce qu'elle déclenche alors une accommodation monétaire [1].

Figure 17.5 – Les effets d'une politique budgétaire expansionniste en régime de change fixe.

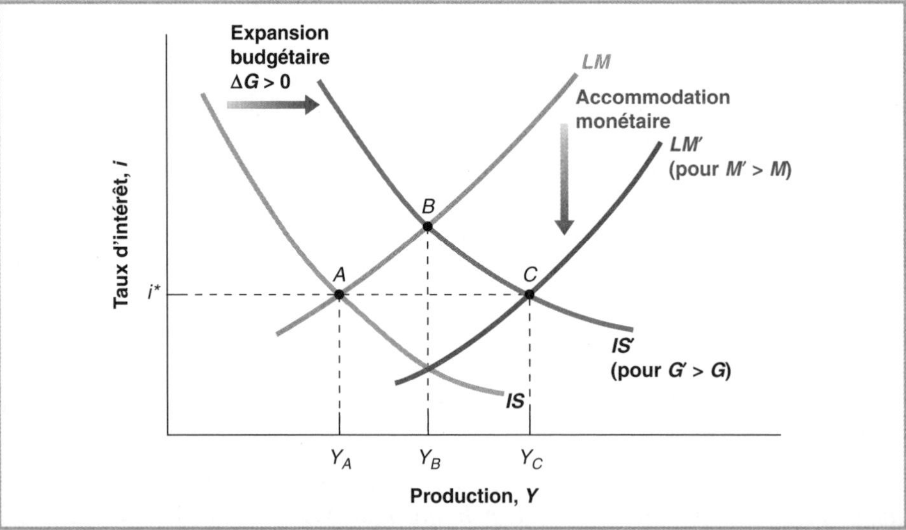

En régime de change fixe, une expansion budgétaire augmente le produit de Y_A à Y_C, alors qu'en change flexible, le produit n'augmente que jusqu'à Y_B.

Plus nous approchons de la fin de ce chapitre, plus une question devrait nous préoccuper : pourquoi un pays préférerait-il fixer son taux de change ? Nous avons vu beaucoup d'éléments qui indiqueraient que c'est plutôt une mauvaise idée.

1. En fixant son taux de change, un pays se prive d'un puissant instrument de correction des déséquilibres de balance des paiements, ou de stimulation de l'activité économique.
2. En s'engageant à faire prévaloir un taux de change donné, un pays abandonne le contrôle de son taux d'intérêt. Et non seulement il ne peut plus choisir le taux d'intérêt, mais il doit en plus suivre les variations du taux d'intérêt étranger, au risque

1. L'effet des politiques budgétaires est-il plus fort en économie fermée ou en économie ouverte avec un taux de change fixe ? (La réponse est ambiguë.)

d'effets non désirés sur l'économie. C'est ce qui est arrivé dans les années 1990 en Europe. En raison de l'augmentation de la demande due à la réunification, l'Allemagne a dû augmenter son taux d'intérêt. Pour maintenir leur parité avec le deutsche mark (DM), d'autres pays du SME ont été forcés d'augmenter aussi leur taux d'intérêt, ce qu'ils auraient préféré éviter (c'est le sujet de l'encadré « La réunification allemande, les taux d'intérêt et le SME »). Cet épisode a été la cause de la crise de change majeure de 1992, que nous étudierons au chapitre suivant.

3. Alors que le pays conserve le contrôle de sa politique budgétaire, dont l'efficacité est renforcée, il perd toute possibilité d'agir de façon autonome par une politique monétaire indépendante. Or, un pays n'a pas assez d'un seul instrument de politique macroéconomique. Comme nous l'avons vu au chapitre 16, une politique budgétaire peut aider un pays à sortir d'une récession, mais seulement au prix d'un déficit de la balance commerciale. Et un pays qui souhaite, par exemple, diminuer son déficit budgétaire ne peut pas en régime de change fixe utiliser la politique monétaire pour compenser l'effet de la politique budgétaire sur le produit.
4. Alors pourquoi certains pays fixent-ils leur taux de change ? Pourquoi dix-sept pays européens ont-ils trouvé intéressant d'adopter une monnaie commune ? Pour répondre à ces questions, il faut encore approfondir notre connaissance de l'économie. Nous devons considérer ce qui arrive non seulement à court terme – comme nous l'avons fait dans ce chapitre –, mais aussi à moyen terme quand le niveau des prix s'ajuste. Nous devons étudier la nature des crises de change. Une fois que ce travail sera fait, nous pourrons dresser un bilan des avantages et inconvénients des différents régimes de change – ce que nous ferons au chapitre 18.

Macroéconomie mondiale

La réunification allemande, les taux d'intérêt et le SME

Dans un système de change fixe comme le SME (ignorons ici le degré de flexibilité permis par les bandes de fluctuation), aucun pays ne peut individuellement modifier son taux d'intérêt si les autres ne le modifient pas également. Alors comment les taux d'intérêt peuvent-ils changer ? Deux arrangements sont possibles : les pays membres peuvent se coordonner pour changer leur taux, ou bien un des pays peut prendre la tête du groupe et les autres suivent alors son taux d'intérêt. C'est ce qui arrivé dans le SME, avec l'Allemagne dans le rôle du leader.

Pendant les années 1980, la plupart des banques centrales européennes partageaient les mêmes objectifs et étaient satisfaites de ce que la Bundesbank (la Banque centrale allemande) prenne la tête du système. Mais en 1990, la réunification allemande mène à une forte divergence des objectifs entre les pays membres. Souvenons-nous des implications macroéconomiques de la réunification (chapitre 6) : la nécessité de transferts importants vers les Länder de l'Est et un *boom* d'investissement ont induit une forte augmentation de la demande en Allemagne. La crainte de la Bundesbank que cela ne génère une augmentation trop forte de l'activité (une surchauffe) l'a amenée à concevoir une politique monétaire restrictive de hausse des taux d'intérêt. Par conséquent, on a observé une forte croissance économique en Allemagne en même temps qu'une augmentation des taux d'intérêt.

Cela a sans doute été la bonne combinaison de politiques (*policy-mix*) pour l'Allemagne. Mais pour les autres pays, l'effet a été moins plaisant. Ils n'avaient pas la même augmentation de la demande, mais pour rester dans le SME, ils devaient augmenter leur taux d'intérêt. On a observé par conséquent une forte baisse de la demande dans les autres pays, et donc une forte baisse de l'activité. Ces résultats sont présentés

Macroéconomie mondiale

au tableau 1, qui donne les taux d'intérêt nominaux et réels, le taux d'inflation et le taux de croissance de 1990 à 1992 pour l'Allemagne et deux de ses partenaires du SME, la France et la Belgique.

Remarquons avant tout combien les taux d'intérêt allemands élevés ont été suivis par la France et la Belgique. De fait, les taux d'intérêt nominaux français ont été supérieurs aux taux allemands sur les trois ans ! Cela vient du fait que la France avait besoin de taux plus élevés pour maintenir la parité franc/DM. En effet, les marchés financiers n'étaient pas assurés que la France conserve la parité du franc avec le DM. Inquiétés par une dévaluation éventuelle du franc, ils ont exigé un taux d'intérêt plus élevé sur les titres français que sur les titres allemands.

Alors qu'il leur fallait égaliser leur taux d'intérêt sur le taux allemand – ou même plus qu'égaliser, comme on vient de le voir –, la France et la Belgique avaient moins d'inflation que l'Allemagne. Par conséquent, leur taux d'intérêt réel était bien plus élevé qu'en Allemagne. En France comme en Belgique, les taux d'intérêt réels étaient proches de 7 % entre 1990 et 1992. De plus, dans les deux pays, la période a été caractérisée par une croissance très faible et un taux de chômage en hausse. Le taux de chômage a atteint 10,4 % en 1992 en France, contre 8,9 % en 1990. Les chiffres correspondants en Belgique étaient 12,1 % et 8,7 %.

L'histoire des autres pays du SME a été la même pendant cette période. Le taux de chômage moyen dans l'Union européenne, qui valait 8,7 % en 1990, s'élevait à 10,3 % en 1992. Les effets des taux d'intérêt réels élevés sur les dépenses n'étaient pas seuls en cause, mais ils étaient la raison principale de ce ralentissement de l'activité.

En 1992, de plus en plus de pays se sont interrogés sur l'opportunité de rester dans le SME, l'alternative étant d'en sortir et de baisser leurs taux d'intérêt. Les risques de dévaluation ont amené les marchés financiers à exiger des taux d'intérêt plus élevés là où ces risques leur semblaient les plus importants. D'où deux crises de change majeures : une à la fin de 1992 et une pendant l'été 1993. À la fin de ces deux crises, deux pays n'étaient plus dans le SME : l'Italie et le Royaume-Uni. Ces crises, leurs origines et leurs implications sont étudiées au chapitre 18.

Tableau 1 – Réunification allemande, taux d'intérêt et taux de croissance : Allemagne, France, Belgique, 1990-1992.

	Taux d'intérêt nominal			**Inflation**		
	1990	**1991**	**1992**	**1990**	**1991**	**1992**
Allemagne	8,5	9,2	9,5	2,7	3,7	4,7
France	10,3	9,6	10,3	2,9	3,0	2,4
Belgique	9,6	9,4	9,4	2,9	2,7	2,4

	Taux d'intérêt réel		**Croissance du PIB**		
	1990	**1992**	**1990**	**1991**	**1992**
Allemagne	5,7	4,8	5,7	4,5	2,1
France	7,4	7,9	2,5	0,7	1,4
Belgique	6,7	7,0	3,3	2,1	0,8

Le taux d'intérêt nominal est le taux d'intérêt à court terme. Le taux d'intérêt réel est le *x* d'intérêt réalisé sur l'année – c'est-à-dire le taux d'intérêt nominal de l'année moins l'inflation réalisée sur l'année. Tous les taux sont annuels.

Source : OCDE, *Perspectives économiques*.

Résumé

- En économie ouverte, la demande de biens dépend à la fois du taux d'intérêt et du taux de change. Une diminution du taux d'intérêt augmente la demande de biens ; une hausse du taux de change – une dépréciation – augmente aussi la demande de biens.
- Le taux d'intérêt est déterminé par l'égalité de l'offre et la demande de monnaie. Le taux de change est défini par la condition de parité des taux d'intérêt, qui affirme que le taux d'intérêt intérieur doit être égal au taux d'intérêt étranger plus le taux anticipé de dépréciation.
- Étant donné le taux de change anticipé et le taux d'intérêt étranger, une augmentation du taux d'intérêt intérieur induit une diminution du taux de change (une appréciation), et une diminution du taux d'intérêt intérieur entraîne une augmentation du taux de change (une dépréciation).
- En régime de change flexible, une politique budgétaire expansionniste induit une augmentation du produit, une augmentation du taux d'intérêt et une appréciation de la monnaie. Une politique monétaire restrictive implique une diminution du produit, une augmentation du taux d'intérêt et une appréciation de la monnaie.
- Il existe plusieurs types de régimes de change. Ils vont du taux de change complètement flexible aux parités glissantes, aux ancrages, aux taux de change fixes, jusqu'à l'adoption d'une monnaie unique. En régime de change fixe, un pays maintient un taux de change fixe avec une monnaie étrangère ou avec un panier de devises.
- En régime de change fixe et si les capitaux sont parfaitement mobiles, un pays doit maintenir son taux d'intérêt égal au taux d'intérêt étranger. Ainsi, la banque centrale perd un instrument de politique : la politique monétaire. La politique budgétaire devient plus efficace, parce qu'elle provoque une accommodation monétaire et donc ne permet pas à l'évolution des taux de change et des taux d'intérêt de contrecarrer en partie l'augmentation initiale du produit.

Annexe

Taux de change fixe, taux d'intérêt et mobilité du capital

L'hypothèse de mobilité parfaite des capitaux est une bonne approximation de ce qui se passe dans des pays où les marchés financiers sont très développés et les capitaux peu contrôlés, comme les États-Unis, le Royaume-Uni et le Japon. Mais cette hypothèse est moins vraisemblable pour des pays dont les marchés financiers sont moins développés ou qui ont une batterie de réglementations des mouvements de capitaux. Là, les investisseurs financiers résidents n'ont ni la possibilité, ni le droit de se déplacer facilement vers des titres étrangers quand les taux d'intérêt intérieurs sont faibles. La banque centrale peut alors à la fois diminuer son taux d'intérêt et maintenir un taux de change fixe donné.

Pour aborder ces problèmes, commençons par étudier le bilan de la banque centrale. Au chapitre 5, nous avons supposé que le seul actif détenu par la banque centrale était les titres nationaux. En économie ouverte, elle peut détenir deux types d'actifs : des titres nationaux et des réserves de change, que l'on peut envisager comme des devises étrangères

– bien qu'elles prennent souvent la forme d'obligations étrangères ou de titres étrangers rapportant un intérêt. D'où le bilan de la banque centrale représenté à la figure 17.6.

Figure 17.6 – Le bilan de la banque centrale.

Actif	Passif
Titres Réserves de change	Base monétaire

Du côté des actifs, on trouve les titres nationaux et les réserves de change (devises étrangères) ; du côté du passif, on trouve la base monétaire. Il y a à présent deux moyens de changer la base monétaire pour la banque centrale : soit par des achats ou des ventes de titres sur le marché des titres, soit par des achats ou des ventes de devises étrangères sur les marchés des changes. (Si vous n'avez pas lu le chapitre 5, remplacez « base monétaire » par « offre de monnaie » et vous comprendrez l'argument. Si vous avez lu ce chapitre, vous vous souvenez que l'offre de monnaie est égale à la base monétaire multipliée par le multiplicateur monétaire – multiplicateur de crédit. Si l'on considère le multiplicateur comme donné, on voit alors que nos conclusions sur la base monétaire s'étendent mécaniquement à l'offre de monnaie.)

Mobilité parfaite des capitaux et taux de change fixe

Considérons d'abord les effets d'une politique d'*open market* dans l'hypothèse d'une mobilité parfaite des capitaux et de taux de change fixes (comme à la fin de ce chapitre).

- Supposons que les taux d'intérêt intérieurs et étrangers soient initialement égaux, donc $i = i^*$. Imaginons que la banque centrale engage une opération expansionniste d'*open market*, achetant des obligations sur le marché des titres en quantité ΔB et créant de la monnaie – augmentant la base monétaire – en échange. Cet achat de titres induit une diminution du taux d'intérêt intérieur i. Ce n'est cependant que le premier stade de l'épisode.
- À présent que le taux d'intérêt intérieur est plus faible que le taux d'intérêt étranger, les investisseurs financiers préfèrent détenir des titres étrangers. Pour les acheter, ils doivent au préalable acheter de la monnaie étrangère. Ils vont sur le marché des changes et y échangent leur monnaie nationale contre de la monnaie étrangère.
- Si la banque centrale ne faisait rien, le prix de la monnaie nationale tomberait et on aurait une dépréciation. Étant donné son engagement à soutenir un taux de change fixe, la banque centrale ne peut pas permettre cette dépréciation. Elle doit intervenir sur le marché des changes et vendre de la monnaie étrangère contre de la monnaie nationale. Ce faisant, la base monétaire décroît.
- Combien de monnaie étrangère la banque centrale doit-elle vendre pour soutenir le taux de change ? Elle doit continuer à vendre jusqu'à ce que la base monétaire soit revenue à son niveau d'avant l'opération d'*open market*, de sorte que le taux d'intérêt intérieur soit à nouveau égal au taux d'intérêt étranger. C'est seulement à partir de ce

moment que les investisseurs financiers acceptent à nouveau de détenir des obligations nationales.

Combien de temps durent ces opérations ? Dans l'hypothèse d'une mobilité parfaite du capital, tout cela se passe en quelques minutes. Après ces étapes, le bilan de la banque centrale est similaire à celui de la figure 17.7. Les détentions de titres ont augmenté de ΔB, les réserves de change ont diminué de ΔB, et la base monétaire est inchangée : elle a augmenté de ΔB dans l'opération d'*open market* et diminué de ΔB dans l'opération sur le marché des changes.

Figure 17.7 – Le bilan de la banque centrale après l'opération d'*open market* et l'intervention induite sur le marché des changes.

Actif	Passif
Titres : ΔB Réserves : $-\Delta B$	Base monétaire $\Delta B - \Delta B = 0$

Pour résumer, en change fixe et avec des capitaux parfaitement mobiles, le seul effet d'une opération d'*open market* est de modifier la composition des actifs de la banque centrale, sans altérer la base monétaire.

Mobilité imparfaite des capitaux et taux de change fixe

Relâchons maintenant l'hypothèse de mobilité parfaite des capitaux. Supposons que les investisseurs financiers aient besoin de temps pour passer des titres nationaux aux titres étrangers.

Désormais, une opération d'*open market* peut amener le taux d'intérêt, au début, en dessous du taux d'intérêt étranger. Mais avec le temps, les investisseurs acquièrent des titres étrangers au détriment des titres nationaux, d'où une augmentation de la demande de devises étrangères sur le marché des changes. Pour éviter une dépréciation de la monnaie nationale, la banque centrale doit être à nouveau prête à vendre des réserves de change pour acheter la monnaie nationale. Finalement, la banque centrale achète assez de monnaie nationale pour compenser les effets de l'opération d'*open market*. La base monétaire est revenue à son niveau d'avant l'opération d'*open market*, de même que le taux d'intérêt. La banque centrale détient plus d'obligations et moins de réserves de change.

La différence entre ce cas et le cas précédent est qu'en acceptant une diminution des réserves de change, la banque centrale peut diminuer le taux d'intérêt *pendant un certain temps*. Si les investisseurs n'ont besoin que de quelques jours pour s'ajuster, l'opération est plutôt sans intérêt – comme de nombreux pays ont pu s'en rendre compte –, mais si la banque centrale peut modifier le taux d'intérêt pour quelques semaines ou quelques mois, elle peut vouloir le faire.

Éloignons-nous encore de l'hypothèse de mobilité parfaite des capitaux. Supposons qu'en réponse à une diminution du taux d'intérêt, les investisseurs financiers soit ne désirent pas, soit ne puissent pas déplacer leur portefeuille entier vers des obligations étrangères. C'est le cas d'un certain nombre de pays à revenu moyen, depuis l'Amérique latine jusqu'à l'Europe de l'Est et l'Asie. Après une opération d'*open market* expansionniste, le taux d'intérêt intérieur décroît, et les obligations nationales deviennent moins intéressantes. Certains investisseurs se déplacent vers les obligations étrangères, vendant la monnaie nationale contre de la monnaie étrangère. Pour maintenir le taux de change, la banque centrale achète la monnaie nationale et offre des devises étrangères. Cependant, l'intervention sur le marché des changes peut à présent être faible relativement à l'opération sur le marché des titres. Et si un contrôle des capitaux empêche totalement les investisseurs de placer leur capital en obligations étrangères, la banque centrale n'a pas du tout besoin d'intervenir sur le marché des changes.

Même en laissant de côté ce cas extrême, l'effet net sera probablement une augmentation de la base monétaire, une diminution du taux d'intérêt intérieur, une augmentation des détentions de titres par la banque centrale et une diminution moins que proportionnelle de ses réserves de change. Avec des capitaux imparfaitement mobiles, un pays a quelque liberté pour modifier son taux d'intérêt en maintenant son taux de change. Sa liberté dépend principalement de trois facteurs :

- le degré de développement des marchés financiers et les exigences des investisseurs financiers résidents et étrangers (leur réaction à une diminution du taux d'intérêt) ;
- le degré de contrôle des mouvements de capitaux que ce pays est capable d'imposer aux investisseurs résidents et étrangers ;
- le montant des réserves de change qu'il détient : plus il a de réserves et plus il peut se permettre la perte de réserves qu'il subira probablement s'il diminue son taux d'intérêt pour un taux de change donné.

Pour en savoir plus

On peut trouver un compte rendu fascinant des manipulations politiques derrière la politique fiscale de l'administration Reagan dans l'ouvrage de David Stockman (directeur à l'époque de l'Office of Management and Budget), *The Triumph of Politics: Why the Reagan Revolution Failed*, Harper & Row, 1986.

European Monetary Integration – From the European Monetary System to Economic and Monetary Union est un bon livre de Daniel Gros et Niels Thygesen sur l'évolution des régimes de change européens (Addison-Wesley-Longman, 2e éd., 1998).

Applications

1. Vrai/Faux/Incertain

a. Comme le multiplicateur est plus faible en économie ouverte qu'en économie fermée, la politique budgétaire y est moins efficace.

b. La politique monétaire est plus efficace en économie fermée qu'en économie ouverte avec des taux de change flexibles.

c. Si les investisseurs financiers s'attendent à ce que le taux de change soit plus élevé l'année prochaine, la parité des taux d'intérêt implique qu'ils vont monter au cours de cette année.

d. Si les investisseurs financiers s'attendent à ce que le dollar se déprécie face au yen dans le cours de l'année, les taux d'intérêt à un an seront plus élevés aux États-Unis qu'au Japon.

e. Si le taux d'intérêt japonais est nul, les investisseurs ne vont pas vouloir détenir d'obligations japonaises.

f. En régime de change fixe, le stock de monnaie doit être constant.

2. Dévaluation et crédibilité

a. Supposez qu'un pays dévalue et que les marchés croyant au maintien de la nouvelle parité ne s'attendent pas à une nouvelle dépréciation dans le futur. Quelles sont les conséquences de la dévaluation sur le produit et sur le taux d'intérêt ?

b. Supposez maintenant qu'après la dévaluation, les marchés s'attendent à une dépréciation future. Quels sont les effets de la dévaluation et du changement des anticipations sur le produit et le taux d'intérêt ?

3. Taux de change fixes et politique monétaire

Considérons un groupe d'économies ouvertes avec une parfaite mobilité des capitaux.

a. Supposons qu'il y ait un pays leader ; tous les autres, les suiveurs, fixent leur taux de change par rapport à la devise du leader. Discutez l'efficacité des politiques monétaires des pays suiveurs.

b. Si tous les pays fixent leur taux de change par rapport au leader, le taux de change de ce dernier n'est-il pas aussi fixé ? Quelles sont les implications pour l'efficacité de la politique monétaire du leader ?

c. Si le pays leader réduit sa masse monétaire pour combattre l'inflation, que doivent faire les suiveurs afin de respecter leur engagement de change ? Quel en est l'effet sur leur économie ? Qu'arriverait-il s'ils ne modifiaient pas leur masse monétaire ?

4. Les effets des variations des variables étrangères

Considérons les équations *IS* et *LM* de la section 17.3.

a. Montrez les effets d'une baisse du produit étranger Y^* sur le produit intérieur Y. Expliquez.

b. Montrez les effets d'une augmentation du taux d'intérêt i^* sur le produit intérieur Y. Expliquez.

c. « Une contraction monétaire à l'étranger a des chances de conduire à une récession dans notre pays. » Discutez cette proposition.

5. L'élimination des déficits commerciaux en régime de change flexible

Considérons le modèle *IS*/*LM* pour une petite économie ouverte en régime de change flexible, où le produit est à son niveau naturel, mais avec un déficit commercial. Quelle est la combinaison appropriée de politiques budgétaires et monétaires ?

6. La politique monétaire et les composantes du PIB

Considérons une expansion monétaire dans une économie en change flexible. Quels sont les effets sur la consommation, l'investissement et les exportations nettes ?

Chapitre 18

Les taux de change : ajustement, crises de change et régimes de change

En juillet 1944, des représentants de quarante-quatre pays se rencontrèrent à Bretton Woods, dans le New Hampshire aux États-Unis, pour définir les grandes lignes d'un nouveau système monétaire international et d'un système de taux de change. Le système qui fut adopté était basé sur des taux de change fixes, tous les pays ancrant leur devise sur le dollar (l'accord de Bretton Woods créa aussi le Fonds monétaire international – FMI –, pour surveiller le nouveau système monétaire international, et la Banque mondiale, pour aider les pays belligérants et leurs anciennes colonies à reconstruire leur pays à la fin de la guerre).

En 1973, une série de crises de change mit brutalement fin à ce système, marquant aussi la fin de ce que l'on appela ensuite la « période de Bretton Woods ». Depuis, il y a plusieurs types de régimes de change dans le monde. Certains pays sont en change fixe, d'autres en change flexible, d'autres encore ont changé de régime depuis 1973. La question du meilleur régime de change pour un pays est l'un des problèmes les plus débattus en économie. Ce chapitre fait le point sur ce problème.

Nous procéderons en trois étapes.

- Premièrement, nous étudions les effets d'un régime de change fixe à moyen terme. À la différence des résultats présentés dans le chapitre 17 sur le court terme, le taux de change réel est le même à moyen terme que l'économie soit en change fixe ou en change flexible. À court terme, le niveau des prix intérieurs et celui des prix étrangers sont fixés (un taux de change nominal fixe implique un taux de change réel fixe), mais à moyen terme, les niveaux des prix peuvent s'ajuster, et le taux de change réel aussi, même si le taux de change nominal est fixé. Cela n'implique pas que le choix d'un régime de change n'a pas d'importance : les processus d'ajustement vers le « bon » taux de change et le sentier de croissance du produit pendant l'ajustement sont très différents selon que l'ajustement est réalisé par le taux de change ou par le niveau des prix.
- Ensuite, nous nous tournerons vers les crises de change. Les pays qui fixent leur taux de change subissent souvent des crises : ce fut le cas en 1973 pour les pays participant à l'accord de Bretton Woods et en 1992 pour les pays membres du SME ; ce fut encore le cas pour les pays asiatiques en 1997 et 1998. Les crises de change démarrent quand les marchés financiers concluent que le taux de change n'est pas soutenable et que le pays est susceptible de dévaluer prochainement. Pour compenser le risque de dévaluation perçu par les investisseurs, la banque centrale doit augmenter le taux d'intérêt, souvent à des niveaux très élevés. Le pays fait alors face à un choix très dur : maintenir le taux d'intérêt à un niveau très élevé, diminuer la demande et déclencher une récession, ou bien abandonner la parité et dévaluer. La compréhension de ces crises permet de mettre en évidence l'un des principaux problèmes des taux de change fixes.

- Pour finir, en nous basant sur ce que nous aurons vu, nous discuterons des avantages et des inconvénients des régimes de change fixe et flexible.

18.1 Le moyen terme : taux de change fixe et ajustement du taux de change réel

Dans l'étude du court terme présentée dans le chapitre 17, un fort contraste apparaît entre le comportement d'une économie en change fixe et le comportement d'une économie en change flexible :

- *en change flexible*, un pays qui nécessite une dépréciation réelle de sa monnaie (par exemple, pour réduire son déficit commercial ou sortir d'une récession) peut le faire par une politique monétaire expansionniste, ce qui entraîne à la fois une baisse du taux d'intérêt et une dépréciation du taux de change ;
- *en change fixe*, le pays perd ces deux instruments : par définition, le taux de change nominal est fixe et ne peut donc pas être ajusté. De plus, en change fixe, la condition de parité des taux d'intérêt a pour conséquence que le pays ne peut pas ajuster son taux d'intérêt, qui doit rester égal au taux d'intérêt mondial.

Au vu de ces éléments, un régime de change flexible semble bien plus attractif qu'un régime de change fixe. Pourquoi un pays renoncerait-il aux deux instruments de politique macroéconomique que sont le taux de change et le taux d'intérêt ?

Si l'on considère les évolutions à moyen terme, cependant, cette conclusion doit être précisée. Bien que les résultats à court terme du chapitre précédent restent valides, la différence entre les deux régimes disparaît à moyen terme. Plus précisément, à moyen terme, les deux régimes conduisent au même taux de change réel et au même niveau de production.

L'intuition pour ce résultat est simple. On se souvient de la définition du taux de change réel (chapitre 15) :

$$\varepsilon = \frac{EP^*}{P}$$

Ce taux de change réel peut donc s'ajuster de deux façons différentes :

- par un ajustement du taux de change nominal ε. Cela ne peut se faire qu'en régime de change flexible. Si nous supposons de plus qu'à court terme, le niveau des prix domestique P et étranger P^* ne change pas, l'ajustement du taux de change nominal est la seule façon de faire évoluer le taux de change réel à court terme ;
- par une évolution du niveau domestique des prix P relativement au niveau des prix étrangers P^*. Dans le moyen terme, cet ajustement peut se faire dans une économie opérant avec un régime de change fixe, et c'est de fait ce qui se passe.

Pour développer cette analyse, il faut tout d'abord construire les relations d'offre et de demande globales pour une économie ouverte en régime de change fixe.

La demande globale en régime de change fixe

Revenons à la condition d'équilibre sur le marché des biens construite au chapitre 17, l'équation 17.1 [1] :

$$Y = C(Y - T) + I(Y, r) + G + NX(Y, Y^*, \varepsilon) \quad (18.1)$$

Pour que le marché des biens soit à l'équilibre, le produit doit être égal à la demande de biens nationaux – la somme de la consommation, de l'investissement, des dépenses gouvernementales et des exportations nettes.

On se souvient du chapitre 11 et de la définition du taux d'intérêt réel, qui est égal au taux d'intérêt nominal moins l'inflation anticipée :

$$r \approx i - \pi^e$$

On se souvient aussi de la définition du taux de change réel (chapitre 15) :

$$\varepsilon = \frac{EP^*}{P}$$

On se rappelle encore qu'en régime de change fixe, le taux de change nominal est fixé (chapitre 17). Appelons E' la valeur à laquelle il est fixé, de sorte que :

$$E = E'$$

Enfin, on se souvient (chapitre 17) qu'en régime de change fixe, avec une mobilité parfaite des capitaux, le taux d'intérêt domestique doit être égal au taux d'intérêt étranger :

$$i = i^*$$

En utilisant ces quatre relations, on réécrit l'équation 18.1 :

$$Y = C(Y - T) + I(Y, i^* - \pi^e) + G + NX\left(Y, Y^*, \frac{E'P^*}{P}\right)$$

Voici une condition d'équilibre compliquée mais riche. Elle nous dit qu'en économie ouverte avec des taux de change fixes, la production d'équilibre (ou plutôt le niveau de production impliqué par l'équilibre sur les marchés des biens, les marchés financiers et les marchés des changes) dépend des quatre variables suivantes :

- *les dépenses gouvernementales (G) et les impôts (T).* Une augmentation des dépenses publiques, tout comme une diminution des impôts, augmente la production ;
- *le taux d'intérêt réel intérieur*, qui est égal au taux d'intérêt nominal étranger (i^*) moins l'inflation anticipée (π^e). Une augmentation du taux d'intérêt réel intérieur, venant soit d'une augmentation du taux d'intérêt nominal étranger soit d'une diminution de l'inflation anticipée, baisse la production ;
- *la production étrangère (Y*).* Une augmentation du niveau de production (le revenu) étranger augmente la production intérieure ;
- *le taux de change réel*, égal au taux de change nominal fixé (E') multiplié par le niveau des prix étrangers (P^*), divisé par le niveau des prix intérieurs (P). Une augmentation

1. Attention ! Le paragraphe qui suit fait appel à ce qui a été vu auparavant : il est nécessaire de maîtriser les définitions du taux d'intérêt réel, du taux de change réel et de la condition de parité des taux d'intérêt.

du taux de change réel, c'est-à-dire une dépréciation réelle, induit une augmentation des exportations nettes, ce qui accroît la production.

À l'inverse, on remarque que, à la différence de ce qui se passe en économie fermée, le montant réel d'offre de monnaie (M/P) n'intervient pas dans la demande globale en économie ouverte et en change fixe : dans une telle économie avec mobilité parfaite des capitaux, la banque centrale ne peut plus modifier le taux d'intérêt (qui doit rester égal au taux d'intérêt étranger). Autrement dit, en change fixe, la banque centrale doit abandonner la politique monétaire comme instrument pour modifier la demande globale.

On ne se concentrera ici que sur les effets de trois variables : le taux de change réel, les dépenses gouvernementales et les impôts. On peut écrire la relation entre le produit intérieur et ces trois variables :

$$Y = Y\left(\frac{E'P^*}{P}, G, T\right) \qquad (18.2)$$
$$(\; + \; , + , -)$$

Une augmentation du taux de change réel – une dépréciation réelle – élève le produit intérieur ; de même pour une augmentation des dépenses gouvernementales, ou pour une diminution des impôts. Les autres variables qui modifient le produit dans l'équation 18.1 sont considérées comme données et, pour simplifier la notation, on les omet dans l'équation 18.2.

L'équation 18.2 nous donne la relation de *demande globale*, la relation entre le produit et le niveau des prix, impliquée par l'équilibre sur le marché des biens et sur les marchés financiers. Comme en économie fermée, cette relation de demande globale implique une relation négative entre le produit et le niveau des prix.

Dans les termes de l'équation 18.2, étant donné le taux de change nominal E' et le niveau P^* des prix étrangers, une augmentation du niveau des prix intérieurs P baisse le taux de change réel $E'P^*/P$, ce qui équivaut à une appréciation réelle. Cette appréciation réelle conduit à une diminution des exportations nettes et, par là, à une diminution du produit Y. En bref, une augmentation du niveau des prix intérieurs rend les biens nationaux plus chers, ce qui baisse la demande de biens nationaux et, à son tour, diminue le produit.

Alors que le signe de l'effet du niveau des prix sur le produit est le même qu'en économie fermée, le canal d'action est différent. En économie fermée, le niveau des prix modifie le produit par son effet sur le stock de monnaie réel, puis sur le taux d'intérêt par conséquent. En économie ouverte avec des taux de change fixes, le taux d'intérêt est fixé – contraint (à ne pas augmenter) par le taux d'intérêt étranger. Le niveau des prix influe alors sur le produit *via* son effet sur le taux de change [1].

1. En économie fermée, la séquence est la suivante :
$P\uparrow \Rightarrow M/P\downarrow \Rightarrow i\uparrow \Rightarrow Y\downarrow$.
Alors qu'en économie ouverte avec taux de change fixes, elle correspond à :
$P\uparrow \Rightarrow E'P^*/P\downarrow \Rightarrow NX\downarrow \Rightarrow Y\downarrow$.

Demande globale et offre globale

Réécrivons l'équation de demande globale avec des indices temporels, dont nous aurons besoin par la suite quand nous considérerons les dynamiques :

$$Y_t = Y\left(\frac{E'P^*}{P_t}, G, T\right) \tag{18.3}$$

On ne met pas d'indices sur toutes les variables. Étant donné notre hypothèse que le pays a adopté un taux de change fixe, le taux de change ne varie pas en fonction du temps. De plus, pour que l'exposé soit simple, on suppose que le prix des biens étrangers, les dépenses gouvernementales et les impôts soient aussi fixés.

La courbe de demande globale impliquée par l'équation 18.3 est représentée sur la figure 18.1 : c'est la courbe *AD*. Elle est décroissante : une augmentation du niveau des prix diminue la production. Comme toujours, la courbe est tracée pour des valeurs données de toutes les autres variables, en particulier pour un taux de change nominal donné.

Tournons-nous à présent vers l'offre globale et vers la détermination du niveau des prix. Nous avons vu au début du livre que la relation d'offre est la relation entre le niveau des prix et le produit impliqué par l'équilibre sur le marché du travail. On reprend ici une version de l'équation d'offre globale construite au chapitre 8, l'équation 8.1 [1] :

$$P_t = P_{t-1}(1+\mu) \times F\left(\frac{1-Y_t}{L}, z\right) \tag{18.4}$$

Le niveau des prix dépend du niveau des prix de la période précédente (l'année précédente) et du niveau de production de cette année. Les mécanismes à l'œuvre sont les suivants :

- le niveau des prix de l'année passée a de l'importance parce qu'il influence les anticipations du niveau des prix de cette année, ce qui a une incidence sur les salaires nominaux de cette année et, de là, sur le niveau des prix de cette année [2] ;
- un niveau de production plus élevé joue un rôle sur les prix parce que l'emploi augmente, d'où une diminution du chômage, d'où des salaires plus élevés, d'où un niveau des prix accru [3].

La courbe d'offre globale est dessinée sur la figure 18.1 (c'est la courbe *AS*), pour une valeur donnée du niveau des prix de l'année précédente. Elle est croissante : un produit plus élevé entraîne un niveau des prix supérieur.

L'équilibre de court terme est donné par l'intersection des courbes d'offre et de demande globales, le point *A* de la figure. Supposons qu'en *A*, la production soit inférieure à Y_n, la production naturelle : l'économie est alors en récession. Considérer une telle situation se justifie par le début de cette section : on cherche à comprendre ce qui arrivera si le gouvernement décide soit de maintenir stable le taux de change, soit de dévaluer.

1. Cette équation a été construite au chapitre 8 en supposant que les prix anticipés pour l'année *t* étaient égaux aux prix de l'année *t* – 1. On maintient cette hypothèse ici, même si elle est affinée dans les chapitres suivants.
2. $P_{t-1}\uparrow \Rightarrow P_t^e\uparrow \Rightarrow W_t\uparrow \Rightarrow P_t\uparrow$.
3. $Y_t\uparrow \Rightarrow U_t\downarrow \Rightarrow W_t\uparrow \Rightarrow P_t\uparrow$.

Figure 18.1 – Demande globale et offre globale en économie ouverte avec des taux de change fixes.

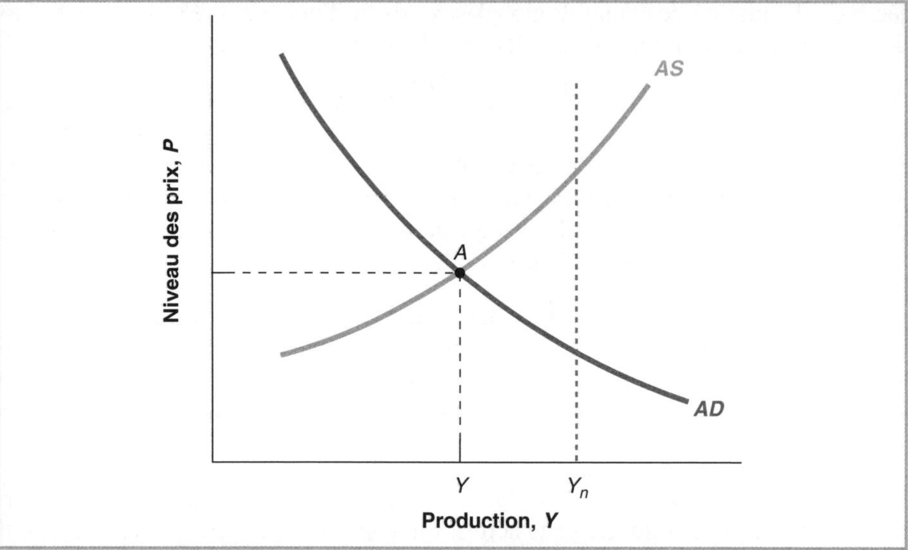

Une augmentation du niveau des prix conduit à une appréciation réelle et diminue la production : la courbe de demande est décroissante. Une augmentation de la production conduit à une augmentation du niveau des prix : la courbe d'offre est croissante.

Ajustement sans dévaluation. Supposons d'abord que le gouvernement ne dévalue pas. Les conséquences se lisent sur la figure 18.2.

Figure 18.2 – L'ajustement sans dévaluation.

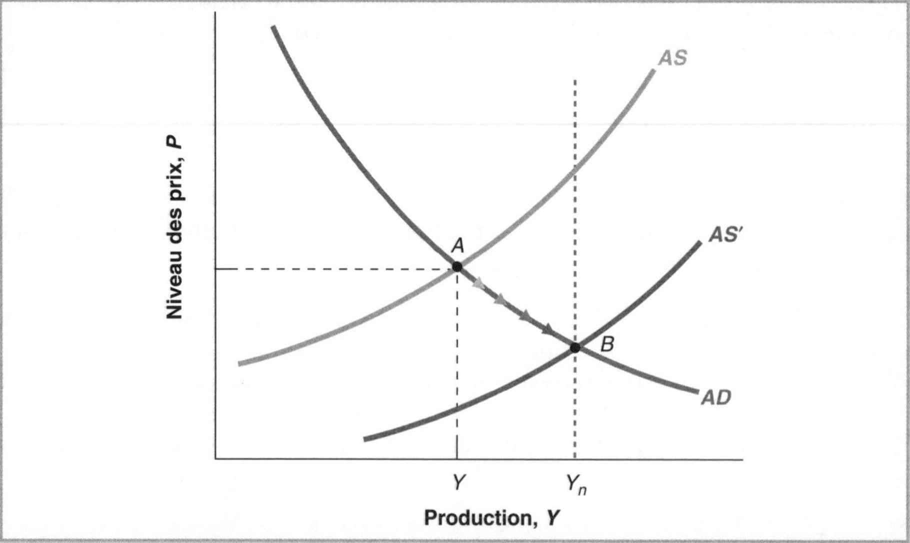

La courbe d'offre globale se déplace vers le bas, ce qui conduit à une baisse des prix, une dépréciation réelle et une augmentation de la production à terme. Ce processus s'arrête quand le produit est revenu à son niveau naturel.

Souvenons-nous qu'aussi longtemps que la production est en dessous de son niveau naturel, la courbe d'offre globale se déplace vers le bas. Étant donné un même niveau de production, le niveau des prix correspondant sera moins élevé que le niveau des prix de l'année précédente (voir section 8.1). En l'absence de tout changement du taux de change nominal, la courbe de demande globale est inchangée. Ainsi, partant de *A*, l'économie se déplace le long de la courbe de demande, jusqu'à atteindre *B*. En *B*, la production est à son niveau naturel. Le prix des biens est plus faible ; par conséquent, le taux de change réel est plus élevé.

Pour donner une explication plus claire du processus, la diminution constante du niveau des prix conduit à une dépréciation réelle. Cette dernière va induire une augmentation de la production jusqu'à ce qu'elle arrive au niveau d'équilibre.

C'est une conclusion importante : à moyen terme, en dépit du taux de change nominal fixé, l'économie réalise la dépréciation nécessaire pour que la production retourne à son niveau naturel. Cela implique des nuances par rapport aux conclusions du chapitre précédent, où on ne s'intéressait qu'au court terme.

- À court terme, un taux de change nominal fixe implique un taux de change réel fixe.
- À moyen terme, un taux de change nominal fixe est compatible avec un ajustement du taux de change réel. L'ajustement est réalisé par des variations du niveau des prix [1].

Ajustement avec dévaluation. Supposons maintenant que le gouvernement abandonne la parité existante et choisisse de dévaluer, plutôt que de laisser l'économie s'ajuster au cours du temps sur le chemin *AB*.

Pour un niveau donné des prix, une dévaluation (une augmentation du taux de change nominal) mène à une dépréciation réelle (une augmentation du taux de change réel), et donc à une augmentation de la production. En d'autres termes, une dévaluation déplace la demande globale vers la droite : le produit est plus élevé pour un niveau donné des prix.

Ce processus a une implication directe. Une dévaluation de la bonne ampleur peut mener directement l'économie du point *A* au point *C* de la figure 18.3. L'économie est initialement au point *A*, le point *A* de la figure 18.1. La dévaluation bien calibrée déplace la courbe de demande globale de *AD* à *AD'*, ce qui mène l'équilibre de *A* à *C*. En *C*, la production est égale à son niveau naturel Y_n. Le taux de change réel est le même qu'en *B*.

Nous en sommes sûrs parce que le produit est le même aux points *B* et *C*. D'après l'équation 18.3 et sans variation de *T* ni de *G*, cela implique que le taux de change réel est le même.

Que la dévaluation de « bonne ampleur » puisse ramener le produit immédiatement à son niveau d'équilibre – plutôt que progressivement, comme dans le cas de l'ajustement sans dévaluation – semble trop beau pour être vrai et, de fait, ce n'est pas aussi simple.

1. Remarquons que sur le sentier d'ajustement, le niveau des prix *décroît*. Cela ne semble pas plausible, étant donné que l'on observe rarement des situations de déflation (le Japon des années 1990 est une exception). Mais c'est le résultat de notre hypothèse selon laquelle le niveau des prix étrangers est stable, de sorte que pour que les biens nationaux deviennent moins chers, le niveau des prix intérieurs doit décroître. Si, au contraire, on suppose que le niveau des prix étrangers s'accroisse régulièrement au cours du temps, il suffit que le niveau des prix intérieurs augmente moins que le niveau des prix étrangers, ou bien, exprimé d'une autre façon, que l'inflation domestique soit inférieure à l'inflation étrangère pendant quelque temps. C'est ce que l'on appelle souvent en France la « désinflation compétitive ».

Réaliser la dévaluation de « bonne ampleur » – celle qui ramène Y en Y_n immédiatement – est plus facile à faire sur un graphique que dans la réalité.

- Au contraire de notre équation de demande globale 18.3, les effets d'une dépréciation réelle sur le produit ne sont pas immédiats : comme on l'a vu au chapitre 16, les effets initiaux d'une dévaluation peuvent être une contraction de la production, puisque les importateurs paient plus cher leurs achats et que la quantité d'exportations et d'importations ne s'est pas encore ajustée [1].
- De plus, contrairement à notre relation d'offre globale 18.4, il y aura probablement un effet direct de la dévaluation sur le niveau des prix intérieurs : comme le prix des biens importés augmente, le prix d'un panier de biens de consommation augmente ; il est probable que les travailleurs exigeront des salaires plus élevés, ce qui contraindra les entreprises à accroître leurs prix de vente.

Figure 18.3 – L'ajustement avec dévaluation.

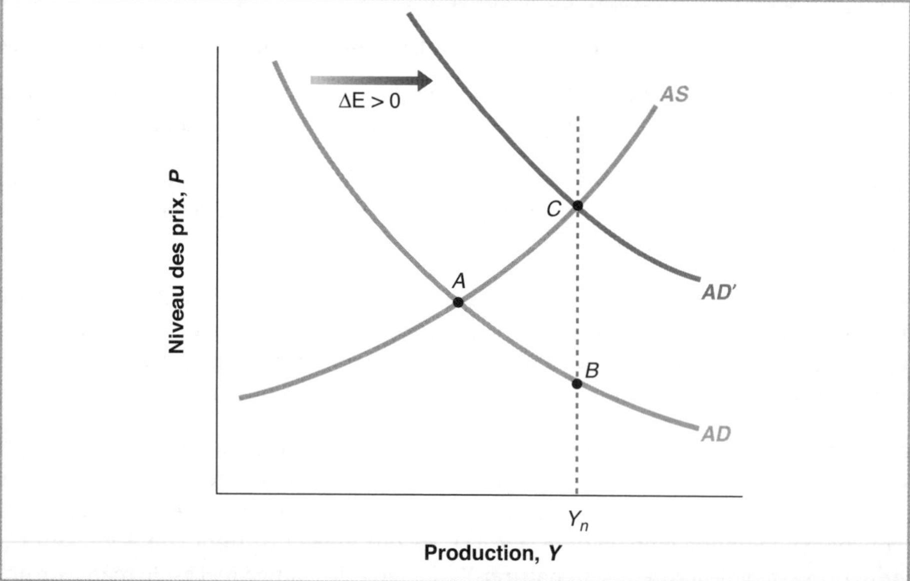

La dévaluation de bonne ampleur déplace la courbe de demande globale vers la droite, ce qui conduit l'économie au point *C*, où le produit est à nouveau à son niveau naturel.

Mais ces complications n'ont pas d'impact sur la conclusion de base : permettre au taux de change nominal de s'ajuster peut aider le produit à retourner à son niveau naturel sinon immédiatement, du moins beaucoup plus vite que s'il n'y avait pas de dévaluation.

Pour résumer, nous venons d'apprendre qu'il faut nuancer certaines des conclusions du chapitre 17. Même en change *nominal* fixe, les pays peuvent ajuster leur taux de change *réel* à moyen terme, grâce aux variations du niveau des prix. Cependant, l'ajustement peut être long et douloureux.

1. Voir la section 16.5 sur la courbe en *J*.

Donc, chaque fois qu'un taux de change apparaît surévalué – que ce soit en raison d'un niveau de production trop faible ou de déficits commerciaux trop élevés –, il y aura à coup sûr un débat : le pays doit-il dévaluer ou, au contraire, maintenir la parité existante ?

- Ceux qui veulent un ajustement plus rapide plaident pour la dévaluation. La présentation la plus convaincante de l'argument a sans doute été faite il y a plus de soixante-dix ans par Keynes, qui s'opposait à la décision de Winston Churchill de ramener la livre anglaise à sa parité d'avant la Première Guerre mondiale. Ses arguments sont présentés dans l'encadré « Le retour de la Grande-Bretagne à l'étalon-or : Keynes contre Churchill ». La plupart des spécialistes d'histoire économique croient que l'histoire a donné raison à Keynes et que la surévaluation de la livre a été l'une des raisons de la piètre performance économique de la Grande-Bretagne après la Première Guerre mondiale.
- Ceux qui s'opposent aux dévaluations insistent sur les bonnes raisons de choisir des changes nominaux fixes et montrent que la pratique des dévaluations annule les bénéfices de l'adoption d'une parité fixe. Ils expliquent aussi que la pratique trop fréquente de dévaluations accroît la probabilité de crises de change. Pour comprendre leurs arguments, nous allons maintenant nous tourner vers ces crises, sur ce qui les déclenche et leurs implications.

Macroéconomie mondiale

Le retour de la Grande-Bretagne à l'étalon-or : Keynes contre Churchill

En 1925, la Grande-Bretagne décida de revenir à l'étalon-or. L'étalon-or était un système dans lequel chaque pays fixait le prix de sa monnaie en or et pouvait échanger de l'or contre des devises à la parité annoncée. Ce système impliquait des taux de change fixes entre les pays.

L'étalon-or avait fonctionné de 1870 jusqu'à la Première Guerre mondiale. En raison de la nécessité de financer la guerre et de le faire en partie grâce à la création de monnaie, la Grande-Bretagne suspendit l'étalon-or en 1914. En 1925, Winston Churchill, alors chancelier de l'Échiquier (l'équivalent du ministre des Finances ou du secrétaire au Trésor), décida le retour à l'étalon-or, et ce à la parité d'avant la guerre, c'est-à-dire à la valeur d'avant la guerre de la livre en termes d'or. Mais parce que les prix anglais avaient augmenté plus vite que ceux de ses partenaires commerciaux, revenir à la parité d'avant la guerre impliquait une importante appréciation réelle : au même taux de change nominal qu'avant-guerre, les biens britanniques étaient maintenant relativement plus chers que les biens étrangers.

Keynes critiqua sévèrement cette décision. Dans *Les Conséquences économiques de M. Churchill*, un livre publié en 1925 (après avoir désapprouvé les décisions du traité de Versailles dans *Les Conséquences économiques de la paix*), Keynes argumentait comme suit : si la Grande-Bretagne devait revenir à l'étalon-or, il fallait le faire à un prix de l'or en termes de livres plus élevé, c'est-à-dire à un taux de change nominal supérieur à celui d'avant la guerre. Dans un article, il articulait ainsi ses idées :

« Il reste, cependant, une objection à laquelle je n'ai jamais cessé d'attacher de l'importance, contre le retour à l'étalon-or dans les conditions actuelles, étant donné les conséquences possibles sur le niveau de commerce et le chômage. Je crois que le niveau des prix britanniques est trop élevé, si la livre doit être convertible en or, par rapport aux prix étrangers en or ; et si nous considérons le prix des articles qui ne sont pas sujets au commerce international, et des services, c'est-à-dire les salaires, nous voyons qu'ils sont substantiellement trop élevés – d'au moins 5 %, et probablement de 10 %. Ainsi, à moins que la situation ne s'arrange du fait d'une augmentation du niveau des prix à l'étranger, le chancelier nous oblige à une politique où on force les salaires à baisser, de peut-être 2 shillings par livre.

Macroéconomie mondiale

« Je ne crois pas que ceci puisse être réalisé sans grands dangers pour les profits industriels et la paix sociale. Il serait certainement préférable de laisser la valeur de la livre en or telle qu'elle était il y a quelques mois que de s'engager dans une lutte avec chaque syndicat du pays pour réduire les salaires. Il semble plus sage, plus simple et plus sain de laisser notre devise trouver son juste niveau par rapport à l'or, plutôt que d'imposer une situation où les employeurs n'ont d'autre choix que de fermer leur établissement ou de baisser les salaires, quel qu'en soit le coût.

« Pour cette raison, je reste de l'avis que le chancelier de l'Échiquier a pris une décision insensée, insensée parce que nous courons un grand risque alors que si tout se passe bien, nous n'y trouvons aucun avantage. »

La prédiction de Keynes se réalisa. Alors que les autres pays étaient en croissance soutenue, la Grande-Bretagne fut en récession pendant le reste de la décennie. La plupart des historiens économistes attribuent une large part de la responsabilité à la surévaluation initiale.

Source : *The Nation and Athenaeum*, 2 mai 1925.

18.2 Les crises de change

Prenons un pays en régime de change fixe. Supposons que les acteurs des marchés financiers commencent à croire qu'il pourrait y avoir bientôt un ajustement du taux de change – soit une dévaluation, soit un déplacement vers un régime de change flexible accompagné d'une dépréciation.

Pourquoi cela pourrait-il arriver ?

- La monnaie nationale peut être surévaluée. Une dépréciation réelle est nécessaire. Même si elle peut être réalisée sans dévaluation, les investisseurs financiers peuvent croire que le gouvernement choisira le chemin le plus rapide – et dévaluera. Une telle surévaluation se produit souvent dans des pays qui fixent leur taux de change nominal et ont une inflation plus élevée que le pays sur lequel ils ancrent leur monnaie. Une inflation relativement plus élevée implique un niveau des prix intérieurs constamment croissant par rapport aux prix étrangers, une appréciation réelle constante, et donc une détérioration progressive des positions commerciales. Au fur et à mesure que le temps passe, le besoin d'un ajustement du taux de change se fait de plus en plus pressant, et les investisseurs financiers deviennent de plus en plus nerveux.
- Des circonstances internes au pays peuvent exiger une baisse du taux d'intérêt, qui ne peut être réalisée en change fixe. Mais elle devient possible si le pays passe en change flexible. Si un pays laisse flotter son taux de change et diminue ensuite son taux d'intérêt, cela va déclencher, comme nous l'avons vu au chapitre 17, une augmentation du taux de change nominal, une dépréciation nominale.

Dès que les marchés financiers pensent qu'une dévaluation se prépare, maintenir son taux de change nécessite une augmentation, souvent importante, du taux d'intérêt intérieur. Pour le comprendre, revenons à la condition de parité des taux d'intérêt définie au chapitre 15 :

$$i_t = i_t^* + \left(\frac{E_{t+1}^e - E_t}{E_t}\right) \tag{18.5}$$

Au chapitre 15, nous avions interprété cette équation comme une relation entre les taux d'intérêt intérieurs et étrangers à un an, le taux de change courant et le taux de change anticipé pour l'année suivante. Mais le choix d'un an comme unité de temps est arbitraire. La relation reste valable pour un jour, une semaine, un mois. Si les marchés financiers prévoient que le taux de change sera plus élevé de 2 % dans un mois, ils ne détiendront des titres nationaux que si le taux d'intérêt intérieur à un mois est plus élevé de 2 % que le taux d'intérêt à un mois étranger (ou, si l'on exprime les taux d'intérêt en taux annuel, près de 27 %).

En régime de change fixe, le taux de change courant E_t est fixé à un niveau quelconque, disons E. Si les marchés estiment que la parité va être maintenue sur la période, alors $E_{t+1}^e = E$, et la condition de parité des taux d'intérêt affirme simplement que, dans ces conditions, les taux d'intérêt intérieurs et étrangers doivent être égaux.

Mais supposons désormais que les acteurs financiers commencent à anticiper une dévaluation – une augmentation du taux de change nominal. Imaginons qu'ils croient qu'au cours du prochain mois, il y a une chance sur deux pour que la parité soit maintenue, et une chance sur deux pour qu'il y ait une dévaluation de 10 %.

Ainsi, le terme $(E_{t+1}^e - E_t)/E_t$ dans la condition de parité de l'équation 18.5, qui valait 0 dans le cas précédent, vaut à présent $0{,}5 \times 0\ \% + 0{,}5 \times 10\ \% = 5\ \%$.

Cela implique que, si la banque centrale veut maintenir la parité existante, elle doit offrir un taux d'intérêt mensuel de 5 % plus élevé que le taux d'intérêt étranger – c'est-à-dire $12 \times 5\ \% = 60\ \%$ en taux annuel ! Il faut donc un taux d'intérêt de 60 % plus élevé que le taux étranger pour convaincre les investisseurs de ne pas fuir les titres nationaux en raison du risque de dévaluation.

Quels peuvent être alors les choix de la banque centrale et du gouvernement ?

- D'abord, le gouvernement et la banque centrale peuvent tenter de convaincre les marchés financiers qu'ils n'ont aucune intention de dévaluer [1]. C'est toujours la première ligne de défense : des communiqués sont envoyés aux agences de presse, et les Premiers ministres passent à la télévision pour réitérer l'engagement absolu à maintenir la parité existante. Mais les mots ne coûtent pas cher et persuadent rarement les marchés financiers [2].
- Ensuite, la banque centrale peut augmenter le taux d'intérêt, mais de moins que le montant nécessaire pour satisfaire la condition de parité 18.5 – dans notre exemple, de moins de 60 %. Même si le taux d'intérêt intérieur est élevé, il n'est pas assez fort pour compenser entièrement le risque perçu de dévaluation. Cette mesure mène à une importante sortie de capitaux, puisque les investisseurs considèrent toujours les titres étrangers comme plus intéressants. Pour maintenir la parité, la banque centrale doit alors acheter de la monnaie nationale et vendre ses réserves de devises étrangères

1. Dans la plupart des pays, le gouvernement est en principe chargé de fixer la parité, la banque centrale étant en principe chargée, elle, de défendre cette parité. En pratique, choisir et défendre une parité sont des responsabilités conjointement assumées par le gouvernement et la banque centrale.
2. À l'été 1998, Boris Eltsine annonça que le gouvernement russe n'avait aucune intention de dévaluer le rouble. Deux semaines plus tard, le rouble était en chute libre.

sur les marchés des changes. Ce faisant, elle perd souvent la plus grande partie de ses réserves (les mécanismes de l'intervention de la banque centrale ont été décrits dans l'annexe du chapitre 17).

- Finalement – après quelques heures ou quelques mois –, l'alternative pour la banque centrale devient simple : augmenter suffisamment le taux d'intérêt pour satisfaire l'équation 18.5, ou bien valider les anticipations des marchés et dévaluer. Augmenter jusqu'à des niveaux prohibitifs le taux d'intérêt à court terme peut avoir des effets dévastateurs sur la demande et le produit. Cela n'a de sens que si, premièrement, la probabilité perçue d'une dévaluation est faible, de sorte que le taux d'intérêt n'a pas à être trop haut pour satisfaire 18.5 et si, deuxièmement, le gouvernement croit que les marchés seront bientôt convaincus qu'il n'y a pas de risque de dévaluation, ce qui permettra de diminuer les taux d'intérêt. Sinon, la seule option valable est de dévaluer.

Pour résumer, les anticipations d'une dévaluation imminente peuvent déclencher une crise de change. Face à ces anticipations, le gouvernement a deux options : dévaluer ou maintenir la parité, au prix de taux d'intérêt très élevés et d'une récession probable. Cette seconde option peut ne pas avoir les résultats voulus, et les coûts de l'opération se révèlent alors complètement inutiles : la récession peut forcer le gouvernement à changer de politique, ou à démissionner.

Une caractéristique intéressante des crises de change est qu'une dévaluation peut arriver même si l'anticipation d'une dévaluation prochaine était sans fondement. Quand bien même le gouvernement n'avait initialement aucune intention de dévaluer, il peut être forcé de le faire si les marchés croient qu'il va le faire : le coût du maintien de la parité serait une longue période de taux d'intérêt élevés et une récession ; le gouvernement peut préférer dévaluer. Certains économistes pensent que la crise de change qui a frappé de nombreux pays asiatiques en 1997 comportait bel et bien un tel élément autoréalisateur. Dans la suite de cette section, nous examinons la crise de change subie par les pays du Système monétaire européen au début des années 1990.

Les crises dans le SME

Au début des années 1990, le SME semblait bien fonctionner. Né en 1979, c'était un système de change basé sur des parités fixes avec des bandes de fluctuation : chaque pays membre (parmi lesquels la France, l'Allemagne, l'Italie et, depuis 1990, le Royaume-Uni) devait maintenir son taux de change par rapport aux autres pays membres à l'intérieur d'étroites bandes. Les premières années avaient été mouvementées, avec de nombreux **réalignements** – ajustements des parités – parmi les pays membres, mais de 1987 à 1992, il n'y eut qu'un réalignement (la lire italienne en janvier 1990). De nombreux débats eurent lieu pour réduire les bandes de fluctuation et même pour franchir l'étape suivante : les abolir et passer à la monnaie unique.

Cependant, en 1992, les marchés financiers étaient de plus en plus convaincus que de nouveaux réalignements se préparaient. Nous avons déjà vu que les implications de la réunification allemande en étaient une des raisons [1]. À cause de la pression sur la demande due aux dépenses liées à la réunification, la Bundesbank maintenait les taux d'intérêt très élevés pour éviter une trop forte croissance de la production et une inflation trop importante. Alors que les partenaires commerciaux de l'Allemagne avaient besoin

1. Voir les encadrés « Macroéconomie mondiale » sur la réunification allemande des chapitres 6 et 17.

de taux d'intérêt faibles pour réduire le problème du chômage, ils ont dû aligner leur propre taux d'intérêt sur les niveaux allemands pour protéger leur monnaie. Pour les marchés financiers, la position des partenaires de l'Allemagne semblait insoutenable. Des taux d'intérêt plus faibles en dehors de l'Allemagne, et donc des dévaluations par rapport au DM, apparaissaient beaucoup plus probables.

Tout au long de 1992, la perception d'une dévaluation probable força un certain nombre de partenaires à maintenir des taux d'intérêt plus hauts que l'Allemagne. Mais la première crise majeure advint en septembre 1992. Son histoire au jour le jour est décrite dans l'encadré « Anatomie d'une crise : la crise du SME de septembre 1992 ». La certitude que de nombreux pays allaient bientôt dévaluer provoqua de nombreuses attaques spéculatives sur certaines devises du SME, les investisseurs financiers vendant pour se protéger d'une dévaluation qu'ils attendaient. Toutes les lignes de défense précédemment décrites furent utilisées. Tout d'abord, des communiqués solennels furent rendus publics, mais ils n'eurent aucun effet concret. Ensuite, les taux d'intérêt furent augmentés, jusqu'à 500 % pour le taux au jour le jour (JJ dans les journaux, *overnight* en anglais) suédois exprimé en taux annuel. Mais ils ne furent pas assez augmentés pour éviter d'importantes sorties de capitaux et de considérables pertes de réserves de change des banques centrales. Le cours des événements fut alors différent selon les pays : l'Espagne dévalua, l'Italie et le Royaume-Uni suspendirent leur participation au SME, et la France décida d'attendre que ça passe en augmentant encore ses taux d'intérêt.

À la fin de ce mois de septembre, les marchés financiers ne croyaient plus à l'imminence d'une dévaluation. Certains pays n'étaient plus dans le SME, d'autres avaient dévalué et étaient restés dans le SME, et ceux qui n'avaient pas dévalué avaient montré leur détermination à rester dans le SME, même si cela impliquait des taux d'intérêt très élevés. Mais le problème sous-jacent – les taux d'intérêt très élevés en Allemagne – perdurait, et la prochaine crise ne tarderait pas à se manifester. En novembre 1992, la spéculation força à nouveau l'Espagne à dévaluer la peseta, le Portugal l'escudo et la Suède la couronne. La peseta et l'escudo furent de nouveau dévalués en mai 1993. En juillet 1993, après une nouvelle attaque spéculative, les pays du SME décidèrent d'adopter des bandes de fluctuation plus larges (plus ou moins 15 %) autour de la parité centrale, ce qui constituait une évolution vers un système permettant de plus larges fluctuations du taux de change. Ce système dura jusqu'au lancement de l'euro en janvier 1999.

Macroéconomie mondiale

Anatomie d'une crise : la crise du SME de septembre 1992

- **5 et 6 septembre.** Les ministres des Finances de l'Union européenne se rencontrent à Bath en Angleterre. Le communiqué officiel de la fin de la réunion réaffirme l'engagement à maintenir les parités existantes à l'intérieur du mécanisme de taux de change du SME.
- **8 septembre** : la première attaque. L'attaque n'est pas dirigée contre des monnaies du SME, mais plutôt contre les devises scandinaves, qui étaient ancrées sur le DM. Les autorités finlandaises abandonnent et laissent flotter leur monnaie, le markka – c'est-à-dire que le taux de change est déterminé sur le marché des changes, sans intervention de la banque centrale pour soutenir une parité. Le markka se déprécie de 13 % par rapport au DM. La Suède décide de maintenir sa parité et porte son taux d'intérêt au jour le jour de 24 % en taux annuel. Deux jours plus tard, elle l'augmente à nouveau de 75 %.

Macroéconomie mondiale

- **10 et 11 septembre** : la deuxième attaque. La Banque d'Italie intervient massivement pour maintenir la parité de la lire ; elle enregistre d'importantes pertes en réserves de change sur le marché des changes. Le 13 septembre, la lire est dévaluée de 7 % par rapport au DM.
- **16 et 17 septembre** : la troisième attaque, plus grave. La spéculation recommence, cette fois contre la livre britannique, ce qui force la Banque d'Angleterre à réaliser d'importantes pertes de réserves de change. Elle augmente son taux au jour le jour de 10 % à 15 %. Cependant, la spéculation continue contre la livre et (malgré la précédente dévaluation) contre la lire. L'Angleterre et l'Italie annoncent toutes deux leur retrait provisoire du mécanisme de taux de change. Les semaines suivantes, les deux devises se déprécient d'à peu près 15 % par rapport au DM.

  La livre et la lire étant hors du mécanisme de change, la spéculation se tourne vers d'autres devises. Pour maintenir sa parité, la Suède augmente son taux d'intérêt au jour le jour jusqu'à 500 % ! L'Irlande augmente le sien à 300 %. L'Espagne décide de rester dans le mécanisme de taux de change, mais dévalue de 5 %.
- **20 septembre.** Les électeurs français approuvent d'une courte majorité le traité de Maastricht (il définit le calendrier du passage à la monnaie unique) lors d'un référendum. Un vote qui aurait refusé le Traité aurait certainement amplifié la crise. Le oui, même faible, est le signe que le pire est passé et que le Traité sera finalement accepté par tous les membres de l'Union européenne.
- **Du 23 au 28 septembre.** La spéculation contre le franc force la Banque de France à augmenter son taux d'intérêt à court terme de 2,5 %. Pour défendre leur parité sans avoir à recourir à de très hauts taux d'intérêt, l'Irlande et l'Espagne réintroduisent des contrôles des changes (contrôles sur les mouvements de capitaux).
- **Fin septembre.** La crise est finie. Deux pays, le Royaume-Uni et l'Italie, ont quitté le mécanisme de taux de change et ont laissé leur devise se déprécier. L'Espagne reste dans le mécanisme de taux de change, mais seulement au prix d'une dévaluation. Les autres pays ont maintenu leur parité, mais, pour certains, au prix d'importantes pertes des réserves de change.

Remarque : les mouvements des taux de change sont indiqués en pourcentage, alors qu'il aurait été préférable de parler de points de pourcentage.

Source : FMI, *Perspectives de l'économie mondiale*, octobre 1993.

18.3 Le choix entre les différents régimes de change

Revenons aux questions du début de ce chapitre : les pays doivent-ils choisir des taux de change fixes ou flexibles ? Y a-t-il des circonstances où les changes fixes sont plus intéressants, d'autres où les changes flexibles sont préférables ?

Pour les raisons macroéconomiques que nous avons vues jusqu'ici, tout semble plaider en faveur des taux de change flexibles. Il est vrai qu'à moyen terme, les taux de change réels peuvent s'ajuster, même si le taux de change nominal est fixé. Mais les gouvernements se soucient aussi de ce qui arrive à court terme et, à court terme, les taux de change flexibles semblent préférables. En change fixe, un pays abandonne le contrôle non seulement de son taux de change, mais aussi – au moins dans l'hypothèse de capitaux parfaitement mobiles – de son taux d'intérêt. Comment l'abandon non pas d'un instrument de politique économique mais de deux peut-il se révéler être une bonne idée ?

L'argument semble convaincant. Pourquoi donc certains économistes recommandent encore les taux de change fixes ? Pour trois types de raisons :

- les taux de change flexibles ont aussi leurs inconvénients ;
- dans certains cas, les coûts propres aux taux de change fixes sont plus faibles ;
- dans certains cas, il y a d'importants avantages à être en change fixe.

Examinons successivement ces arguments.

Les problèmes des taux de change flexibles

Dans le modèle présenté au chapitre 17, il existait une relation simple entre le taux de change et le taux d'intérêt : plus le taux d'intérêt est faible, plus le taux de change est élevé (voir la figure 17.1). Cela implique qu'un pays qui désirait maintenir un taux de change relativement stable n'avait qu'à maintenir son taux d'intérêt proche du taux d'intérêt étranger. Un pays qui voulait réaliser une dépréciation n'avait qu'à diminuer son taux d'intérêt du bon montant.

Dans le monde réel, la relation entre le taux d'intérêt et le taux de change n'est pas aussi simple. Les taux de change fluctuent souvent sans qu'il y ait de mouvement (en sens opposé) du taux d'intérêt. Et l'ampleur de l'effet d'une baisse donnée du taux d'intérêt est souvent difficile à prévoir, ce qui rend plus délicat pour la politique monétaire d'atteindre l'objectif recherché. Pour le constater, revenons à la condition de parité des taux d'intérêt (équation 15.2) :

$$1 + i_t = \left(\frac{1}{E_t}\right)(1 + i_t^*)E_{t+1}^e$$

que l'on réécrit comme suit :

$$E_t = \frac{1 + i_t^*}{1 + i_t} E_{t+1}^e \tag{18.6}$$

Adoptons l'année comme unité de temps. Le taux de change cette année dépend du taux d'intérêt intérieur, du taux d'intérêt étranger et du taux de change anticipé pour l'année prochaine. Au chapitre 17, on a supposé que le taux de change anticipé était constant, mais c'était une simplification. Le taux de change anticipé pour l'année prochaine n'est évidemment pas constant : si l'on utilise l'équation 18.6 pour l'année prochaine, il est clair que le taux de change (anticipé) dans un an dépend des taux d'intérêt intérieurs et étrangers anticipés et du taux de change anticipé pour dans deux ans, etc. [1] Ainsi, tout changement d'anticipation concernant les taux d'intérêt courants et futurs, domestiques

1. Remarquez la similitude avec les prix des actions : le prix d'une action dépend des dividendes courants, du taux d'intérêt et du prix de l'action de l'année prochaine (anticipé). Le prix de l'action anticipé pour l'année prochaine découle des anticipations de dividendes et de taux d'intérêt pour l'année prochaine et du prix de l'action anticipé pour dans deux ans, etc. Cette similitude n'est pas une coïncidence : les taux de change comme les prix des actions dépendent des conditions présentes et à venir, qu'il faut tenter de prévoir.

et étrangers, de même que tout changement du taux de change anticipé pour un lointain avenir, influera sur le taux de change courant. En conclusion :

- le taux de change peut fluctuer pour bien d'autres raisons qu'un changement du taux d'intérêt intérieur. En particulier, le taux de change courant varie avec le taux de change futur anticipé ; il fluctue également avec l'évolution du taux d'intérêt à l'étranger ;
- l'effet d'un changement du taux d'intérêt courant sur le taux de change dépend beaucoup de l'impact de ce changement sur les anticipations des taux d'intérêt futurs.

Bref, en change flexible, le taux de change peut varier pour de nombreuses raisons, ce qui génère d'importantes fluctuations du taux de change réel et de la production. Stabiliser le taux de change peut impliquer d'importantes fluctuations des taux d'intérêt ; ces fluctuations impliquent elles-mêmes d'importants mouvements de la production. Ainsi, contrôler l'économie en change flexible est bien plus difficile que le chapitre 17 ne le suggère. En d'autres termes, les bénéfices des taux de change flexibles pourraient être bien plus faibles que nos précédents arguments ne le laissaient penser. La section 18.4 reviendra sur la question de la volatilité du taux de change en régime de change flexible.

Les moindres coûts des taux de change fixes

Les coûts associés aux régimes de change fixe pourraient être plus limités que nos précédents arguments ne le montraient. Il reste vrai que les pays qui sont en régime de change fixe doivent avoir le même taux d'intérêt. Mais combien coûte réellement cette contrainte ? S'ils rencontrent les mêmes problèmes économiques de fond et les mêmes chocs, ils choisissent de toute façon les mêmes politiques. Les forcer à adopter la même politique monétaire n'est alors pas vraiment une contrainte.

Cet argument a été exploré par Robert Mundell, qui s'intéressait aux conditions dans lesquelles des pays pourraient souhaiter opérer en change fixe, voire adopter une monnaie unique [1]. Pour que des pays constituent une **zone monétaire optimale**, selon Mundell, ils doivent satisfaire à l'une des deux conditions suivantes :

- ils doivent être soumis aux mêmes chocs macroéconomiques. Nous venons d'en voir la raison : s'ils subissent les mêmes chocs, ils choisissent de toute façon la même politique monétaire ;
- ou bien, s'ils rencontrent des chocs différents (des chocs asymétriques, comme on dit pour les pays de l'UE), ils doivent avoir une forte mobilité des facteurs (de production). Si les travailleurs, par exemple, sont prêts à migrer des pays dont l'économie est en récession vers les pays dont l'économie est performante, la mobilité des facteurs plus que la politique macroéconomique permet aux pays de s'ajuster aux chocs. On n'a alors pas besoin du taux de change.

Suivant l'analyse de Mundell, la plupart des économistes croient, par exemple, que la zone monétaire unique constituée par les cinquante États des États-Unis est très proche d'une zone monétaire optimale [2]. Il est vrai que la première condition n'est pas vérifiée : les divers États subissent des chocs spécifiques différents. La Californie est bien plus

1. Il s'agit du même Mundell que celui qui a synthétisé le modèle de Mundell-Fleming que nous avons étudié au chapitre 17.
2. Chaque État pourrait avoir sa propre devise, qui flotterait librement par rapport aux autres devises (américaines ou non). Mais ce n'est pas le cas. Les États-Unis sont une zone à monnaie unique, avec comme monnaie le dollar américain.

touchée par les mouvements de la demande des pays asiatiques que le reste des États-Unis. Le Texas est bien plus concerné par les fluctuations du prix du pétrole, etc. Mais la seconde condition est vérifiée : il y a une considérable mobilité du travail entre les États des États-Unis. Quand un État connaît une bonne conjoncture, les travailleurs affluent vers lui, et les taux de chômage des différents États reviennent vite à leur niveau normal, non pas en raison de leur politique macroéconomique, mais grâce à la mobilité du facteur travail. L'Europe, au regard du critère de Mundell, n'est manifestement pas une « zone monétaire optimale ». Un régime de change fixe lui est néanmoins apparu favorable. Il existe en effet d'autres avantages aux taux de change fixes.

Les avantages des taux de change fixes

Finalement, les changes fixes ont un certain nombre d'avantages potentiels.

- Tout d'abord, les régimes de change fixe simplifient les opérations des entreprises. Elles peuvent évaluer leurs projets de localisation d'établissement, d'augmentation des ventes, sans se soucier de fluctuations potentielles importantes du taux de change. Ces avantages apparaissent clairement quand les pays décident non seulement de fixer leur taux de change bilatéral, mais aussi d'aller jusqu'à adopter une monnaie unique. Les bénéfices d'une monnaie unique à l'intérieur des États-Unis sont évidents pour les entreprises comme pour les consommateurs ; combien la vie serait compliquée s'il fallait changer son argent à chaque frontière d'État ! C'est aussi vrai pour la zone monétaire européenne, la zone euro (l'encadré « La naissance de l'euro » présente rapidement l'histoire de l'euro et ses perspectives). Un rapport de la Commission européenne estimait que l'adoption de l'euro, qui élimine les transactions de change pour les échanges à l'intérieur de la zone, économiserait 0,5 % du PIB total des pays membres de la zone euro. Les bénéfices de l'euro en termes d'accroissement de l'efficacité seraient certainement plus importants que ces seuls coûts de transaction. Quand les prix sont libellés dans la même devise, il devient bien plus facile pour les acheteurs de comparer les prix, et la compétition entre les entreprises devient plus intense, ce qui profite aux consommateurs. Il semble que ce soit déjà le cas en Europe. Pour acheter une voiture, par exemple, les consommateurs européens cherchent désormais le meilleur prix sur le marché de la zone euro tout entière, ce qui a déjà conduit à une baisse des prix dans bon nombre de pays.
- Ensuite, il peut y avoir des cas où un pays souhaite limiter sa capacité d'avoir une politique monétaire indépendante. Nous examinerons cet argument plus en détail au chapitre 21 (quand nous nous intéresserons aux dynamiques d'hyperinflation) et au chapitre 24 (quand nous étudierons la politique monétaire en général), mais l'essentiel de l'argument est simple.

  Prenons un pays qui a eu une très forte inflation récemment. Il se peut, par exemple, qu'il ait été incapable de financer son déficit budgétaire autrement que par la création monétaire, ce qui implique une plus forte croissance monétaire et davantage d'inflation. Supposons que le pays en question veuille réduire la croissance monétaire et l'inflation. Une façon de convaincre les marchés financiers qu'il est sérieux et sincère est de fixer le taux de change : la nécessité d'utiliser l'offre de monnaie pour maintenir la parité lie les mains des autorités monétaires. Dans la mesure où les marchés financiers s'attendent à ce que la parité soit respectée, ils cesseront de se soucier de la création monétaire utilisée pour financer le déficit budgétaire.

La nuance est importante : c'est seulement si les marchés veulent bien croire que le pays ne dévaluera pas qu'ils accepteront de croire à sa volonté de réduire l'inflation. Fixer le taux de change n'est pas une solution magique. Le pays doit convaincre les acteurs des marchés financiers que non seulement le taux de change est fixe aujourd'hui, mais qu'il le restera, à la même parité, à l'avenir. Cela a deux implications.

1. Fixer le taux de change doit faire partie d'un programme économique plus large : fixer le taux de change en continuant à accumuler d'importants déficits budgétaires ne servira qu'à convaincre les marchés financiers que la croissance monétaire va bientôt repartir et qu'une dévaluation sera nécessaire (ce fut le cas de la Russie en 1998).

2. Rendre un changement de parité (une dévaluation) techniquement ou symboliquement plus difficile peut alors être utile. C'est cet objectif qui a conduit certains pays à adopter un régime de change appelé *currency board*. Avec un *currency board*, la banque centrale se tient prête à vendre ou à acheter des devises au taux de change officiel ; de plus, elle s'engage à ne pas intervenir dans des opérations d'*open market*, c'est-à-dire vendre ou acheter des obligations d'État. Les *currency boards* ont été assez populaires pendant les années 1990. De 1991 à 2001, par exemple, l'Argentine a soutenu un *currency board* avec une parité symbolique d'un dollar pour un peso argentin. Abandonner le *currency board* et changer de parité est ressenti comme une défaite majeure par n'importe quel gouvernement, ce qui rend moins probable une dévaluation dans ce cadre.

Macroéconomie mondiale

La naissance de l'euro

Alors que l'Union européenne célèbre son trentième anniversaire en 1988, un certain nombre de gouvernements pense qu'il est temps de préparer le passage à la monnaie unique. Ils demandent à Jacques Delors, le président de l'UE d'alors, de préparer un rapport, qu'il présente en juin 1989.

Ce rapport suggère de créer l'Union européenne monétaire, l'UEM, en trois étapes :

- la première étape inclut l'abolition des contrôles des changes ;
- la deuxième étape consiste en la fixation des parités, sauf « circonstances exceptionnelles » ;
- la troisième étape est l'adoption de la monnaie unique.

La première étape est accomplie en juillet 1990. La deuxième débute en 1994, après les crises de change de 1992-1993. Une nouvelle institution, l'Institut monétaire européen (IME), est créée pour définir à la fois les détails de la transition et les règles du nouveau régime. Une décision d'importance mineure, mais néanmoins symbolique consiste à choisir le nom de la nouvelle monnaie unique. Les Français aimeraient l'appeler l'ECU (*European currency unit*), qui est le nom d'une ancienne monnaie française, mais les partenaires européens préfèrent l'**euro**, et ce nom est adopté en 1995.

Parallèlement, dans les pays de l'UE, se tiennent des référendums sur l'adoption du **traité de Maastricht**. Ce traité, négocié en 1991, pose les conditions pour rejoindre la zone euro. Les trois principales sont : une inflation faible, un déficit budgétaire en dessous de 3 % du PIB et une dette publique inférieure à 60 % du PIB. Ce traité n'est pas très populaire et, dans plusieurs pays, le résultat du vote est très serré. En France, il passe avec 51 % des voix ; au Danemark, il est rejeté.

En 1996-1997, il semble que très peu de pays européens vont pouvoir satisfaire aux conditions de Maastricht. Mais un certain nombre de pays prennent des mesures drastiques pour réduire leur déficit budgétaire. Quand vient le temps de décider qui participera à l'euro, en mai 1998, onze pays sont sélectionnés : l'Allemagne, l'Autriche, la Belgique, la Finlande, la France, l'Espagne, l'Italie, l'Irlande, le Luxembourg, les Pays-Bas et le Portugal. Le Royaume-Uni, le Danemark et la Suède décident de rester en dehors de l'euro, au moins au début. La Grèce ne remplit pas immédiatement les critères d'admission dans la zone euro, mais la rejoint ensuite.

La troisième étape débute en janvier 1999. Les parités entre les onze devises et l'euro sont « irrévocablement » fixées. La nouvelle Banque centrale européenne (BCE), basée à Francfort, devient responsable de la politique monétaire pour l'ensemble de la zone euro. Le plan accorde trois ans pour achever la transition vers la monnaie unique. L'euro existe en effet déjà comme unité de compte, mais les billets et pièces sont introduits en janvier 2002. Les monnaies nationales sont alors retirées de la circulation. L'Europe des 12 est ainsi devenue vraiment une zone à monnaie unique.

Macroéconomie mondiale

Pour résumer :

- Pour des pays qui sont très intégrés, adopter des taux de change fixes peut apporter d'importants bénéfices. Si c'est le cas, ces pays ont même intérêt à aller jusqu'à adopter une monnaie unique. Non seulement on augmente ainsi les bénéfices des taux de change fixes, mais, en plus, on élimine le risque des crises de change. Rappelons-nous cependant que si les conditions de Mundell ne sont pas satisfaites, les coûts macroéconomiques peuvent être très lourds.

  C'est pourquoi tous les économistes ne sont pas convaincus que l'euro soit une si bonne idée pour l'Europe. Les bénéfices potentiels sont très importants, mais les coûts potentiels aussi. En effet, aucune des conditions de Mundell n'est vraiment remplie. Même si cela peut changer, les pays européens ont subi des chocs différents par le passé ; rappelons-nous la réunification allemande et la façon dont elle a affecté différemment l'Allemagne et les autres pays européens. De plus, la mobilité du travail est très faible en Europe, et il est probable qu'elle le reste. Les travailleurs se déplacent déjà beaucoup moins à l'intérieur de chaque pays européen qu'aux États-Unis. Étant donné les différences de langage et de culture entre les pays, la mobilité entre pays européens sera probablement encore plus faible.

  Au début des années 2010, certains États de la zone euro, en particulier la Grèce et le Portugal, connaissent un important déficit commercial et un faible niveau d'activité. Ayant perdu la possibilité de dévaluer, ils sont condamnés, pour que la dépréciation réelle prenne place, à plusieurs années de chômage élevé et de pressions à la baisse des salaires et des prix domestiques (relativement aux prix et salaires dans les autres pays de la zone euro). L'Espagne et l'Italie souffrent également d'un fort taux de chômage et d'un faible niveau d'activité, sans avoir l'option d'une dévaluation. Cela engendre des inquiétudes sur la capacité de ces pays à réduire leur déficit budgétaire et rembourser leur dette. Nous reviendrons plus en détail dans le chapitre 20 sur la situation de la zone euro dans la crise.

- Pour les pays qui doivent obtenir une réputation de politique macroéconomique responsable, un régime de change fixe peut paraître un engagement assez fort pour gagner cette réputation. Dans ce cas, il peut apparaître raisonnable d'adopter un régime très symbolique, comme les *currency boards*. Le désastre argentin de décembre 2001 a toutefois montré les limites d'une telle politique.

- Pour les autres pays, il est probablement plus raisonnable de laisser flotter le taux de change. Cela n'implique pas que la politique monétaire néglige absolument le taux de change, mais elle peut ainsi le laisser fluctuer pendant quelque temps et utiliser le taux de change et le taux d'intérêt pour stabiliser les fluctuations du produit.

18.4 Les fluctuations du taux de change [1]

Nous avons vu au chapitre 15 comment la condition de parité des taux d'intérêt impliquait une relation entre le taux d'intérêt domestique et le taux d'intérêt étranger d'une part, et entre le taux de change nominal courant et le taux de change nominal anticipé d'autre part.

Cette condition peut aussi être utilisée pour en déduire une relation entre, d'un côté, le taux d'intérêt réel intérieur à long terme et le taux d'intérêt réel étranger à long terme et, de l'autre, entre le taux de change réel courant et le taux de change réel anticipé, ce qui est plus simple qu'il n'y paraît. Cette relation nous donnera les instruments pour réfléchir aux fluctuations de change.

Les taux d'intérêt réels et le taux de change réel

Considérons, comme au chapitre 15, le choix entre des titres américains et européens à un an. Mais au lieu d'exprimer les deux taux de rendement en euros, comme nous l'avions fait alors, exprimons-les en termes de biens européens. Supposons que l'on décide d'investir l'équivalent d'un bien européen (on dira par abus « investir un bien européen »).

Admettons que l'on choisisse de détenir des titres européens. Soit r_t le taux d'intérêt réel à un an, le taux d'intérêt des titres européens en termes de biens européens. Par définition du taux d'intérêt réel, on obtient $1 + r_t$ biens européens l'année prochaine. Cela est représenté par la ligne du haut de la figure 18.4.

Supposons au contraire que l'on souhaite détenir des titres américains, ce qui implique d'échanger des euros contre des dollars, de détenir les titres américains pendant un an, puis de vendre les dollars contre des euros.

- Soit ε_t le taux de change réel, le prix relatif des biens américains en termes de biens européens. Un taux de change réel de ε_t signifie que l'on reçoit $1/\varepsilon_t$ bien américain pour chaque bien européen investi.
- Soit r_t^* le taux d'intérêt réel américain, le taux d'intérêt des titres américains à un an en termes de biens américains. Soit ε_{t+1}^e le taux de change anticipé pour l'année prochaine. Dans ces conditions, pour tout bien européen investi en titres américains à un an, on peut s'attendre à recevoir $(1/\varepsilon_t) \times (1 + r_t^*) \times \varepsilon_{t+1}^e$. Les trois étapes de la transaction sont représentées sur la figure 18.4.

1. Cette section peut être lue comme un complément au chapitre.

Figure 18.4 – Les taux de rendement anticipés, en termes de biens européens, de la détention de titres européens et américains.

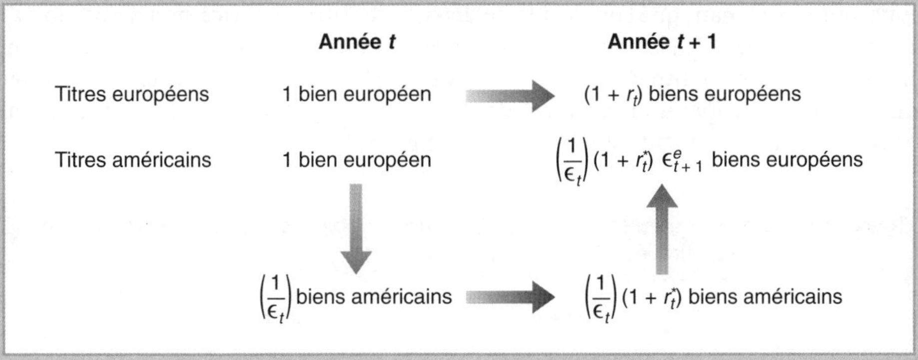

Si l'on suppose que les taux de rendement anticipés, exprimés dans la même unité (le bien européen), doivent être égaux à l'équilibre (la condition de parité des taux d'intérêt), l'équation suivante doit être vérifiée :

$$1 + r_t = \frac{1}{\varepsilon_t} \times (1 + r_t^*) \times \varepsilon_{t+1}^e \qquad (18.7)$$

Cette équation donne une relation entre le taux d'intérêt réel domestique et le taux d'intérêt réel étranger d'une part, et entre le taux de change réel courant et le taux de change réel anticipé d'autre part.

On peut se demander si cette équation est différente de celle obtenue en termes de taux d'intérêt nominaux et de taux de change nominaux (l'équation 15.2). La réponse est non. Les deux conditions sont équivalentes et on peut déduire l'une de l'autre (la démonstration fait partie des applications en fin de chapitre ; elle n'est pas très amusante, mais c'est un bon exercice et une façon utile de comprendre la relation entre taux d'intérêt nominaux et réels et entre taux de change nominaux et réels).

Voici la raison fondamentale de l'équivalence de ces deux relations : la condition de parité des taux d'intérêt affirme que les taux de rendement doivent être égaux quand ils sont exprimés dans une même unité de compte – quelle que soit cette unité de compte. Jusqu'ici, nous avions pris l'euro comme unité ; à présent, c'est le bien européen.

Les taux d'intérêt réel de long terme et le taux de change réel

Nous venons de considérer le choix entre les titres domestiques et étrangers *à un an*. Mais on peut appliquer le même raisonnement au choix entre des titres domestiques et étrangers *qui durent plusieurs années (à plus longue échéance)*. Supposons que l'on décide d'investir l'équivalent d'un bien européen pour n années dans les titres à n ans européens ou américains (on peut penser que n vaut, par exemple, dix ans).

Imaginons que l'on choisisse de détenir des titres européens à n ans. Soit $r_{n,t}$ le taux d'intérêt réel européen à n ans. Par définition (chapitre 12), $r_{n,t}$ est le taux d'intérêt annuel moyen que l'on peut espérer avoir si on détient le titre n années. Donc, par définition du taux d'intérêt réel à n ans, on peut s'attendre à recevoir $(1 + r_{n,t})^n$ biens européens dans n années. C'est ce que représente la ligne du haut de la figure 18.5.

Supposons maintenant que l'on décide de détenir des titres américains à n ans. Soit ε_t le taux de change réel ; $r^*_{n,t}$ le taux d'intérêt réel américain à n ans et ε^e_{t+n} le taux de change anticipé pour dans n années. Alors, pour tout bien européen investi en titres américains, on peut anticiper un rendement de $(1/\varepsilon) \times (1 + r^*_{n,t})^n \times \varepsilon^e_{t+n}$ biens européens dans n années. Ce raisonnement est représenté à la figure 18.5.

Figure 18.5 – Les taux de rendement anticipés, en termes de biens européens, de la détention de titres européens ou américains à *n* ans.

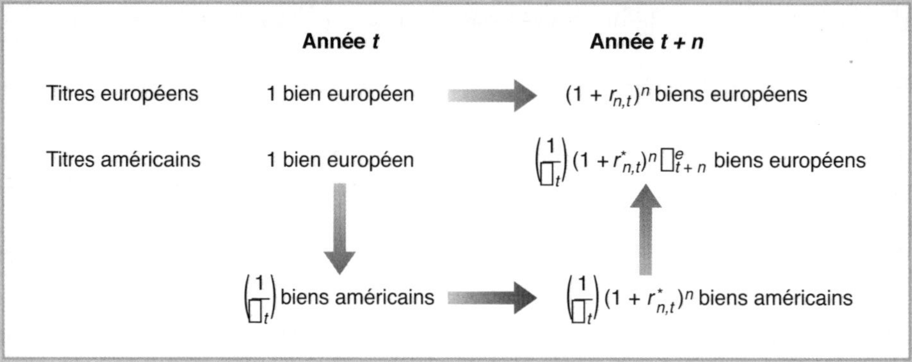

Si l'on admet que les taux de rendement doivent être les mêmes, alors la condition suivante doit être vérifiée :

$$(1 + r_{n,t})^n = \frac{\varepsilon^e_{t+n}}{\varepsilon} \times (1 + r^*_{n,t})^n \qquad (18.8)$$

Une bonne approximation est donnée par :

$$n \times r_{n,t} = n \times r^*_{n,t} + \frac{\varepsilon^e_{t+n} - \varepsilon_t}{\varepsilon_t}$$

En réécrivant l'équation de sorte que le taux de change apparaisse à gauche, on obtient :

$$\varepsilon_t = \frac{\varepsilon^e_{t+n}}{1 + n \times (r_{n,t} - r^*_{n,t})} \qquad (18.9)$$

Cette relation affirme que le taux de change réel dépend du taux de change futur anticipé pour dans n ans et du différentiel de taux d'intérêt à n ans entre l'Amérique et l'Europe. Considérons-la de plus près.

Taux de change réel, commerce et différentiels de taux d'intérêt

Le premier déterminant du taux de change courant dans l'équation 18.9 est le taux de change anticipé pour dans n ans, ε^e_{t+n}. Si l'on prend n, le nombre d'années, élevé, on peut interpréter ε^e_{t+n} comme le taux de change que les marchés s'attendent à être validé à *moyen* ou à *long terme*. Pour simplifier l'exposé, on l'appellera le « taux de change de long terme ».

Quels sont les déterminants du taux de change de long terme ? À long terme, on peut supposer que le commerce sera équilibré. Aucun pays ne peut accumuler des déficits commerciaux éternellement, et aucun pays ne souhaite accumuler des excédents commerciaux éternellement [1]. Si le commerce est équilibré à long terme, le taux de change de long terme est celui qui permet cet équilibre en valeur des exportations et des importations. On considérera par conséquent le taux de change de long terme comme le taux de change qui assure l'équilibre de la balance commerciale à long terme.

Le second déterminant du taux de change courant est le différentiel de taux d'intérêt : entre les taux d'intérêt réels intérieurs et étrangers à long terme. *Une augmentation du taux d'intérêt intérieur de long terme par rapport au taux d'intérêt réel étranger à long terme induit une diminution du taux de change réel – une appréciation réelle.* C'est sur ce mécanisme que nous nous sommes concentrés quand nous avons discuté la relation similaire entre les taux d'intérêt nominaux et le taux de change nominal. Reprenons-en la logique.

Supposons que le taux d'intérêt réel intérieur à long terme augmente, rendant les obligations nationales plus attrayantes que les obligations étrangères. Pendant que les investisseurs essaient de se dégager des obligations étrangères pour acquérir des obligations nationales, ils vendent des devises étrangères pour acheter de la monnaie nationale, donc la monnaie nationale s'apprécie. Comme le taux de change est censé revenir finalement à sa valeur de long terme, plus la monnaie nationale s'apprécie aujourd'hui, plus on anticipe sa dépréciation à l'avenir. C'est pourquoi la monnaie nationale s'apprécie aujourd'hui jusqu'au point où la dépréciation future anticipée compense exactement le fait que le taux d'intérêt réel intérieur de long terme est plus haut que le taux d'intérêt réel étranger de long terme. À ce moment, il est indifférent pour les investisseurs financiers de détenir des obligations domestiques ou étrangères.

Nous avons à présent une interprétation des fluctuations des taux de change. Utilisons cette approche, d'abord pour analyser les fluctuations du dollar pendant les années 1980, puis, plus généralement, pour considérer les effets de la politique monétaire et la relation entre le taux de change et le taux d'intérêt.

La « danse » du dollar dans les années 1980

Rappelons-nous les importantes fluctuations du dollar dont nous avons parlé aux chapitres 15 et 16 : la forte appréciation de la première moitié des années 1980 et la forte dépréciation de la seconde moitié. À la lumière de la théorie que l'on vient de développer, on peut se demander si ces mouvements venaient des évolutions des taux d'intérêt réels à long terme, ou plutôt d'une évolution du taux de change réel de long terme.

Remarquons tout d'abord que dans l'équation 18.9, si le taux de change réel de long terme était constant, il y aurait une relation négative entre la différence entre les taux d'intérêt réels à long terme intérieurs et étrangers ($r_{n,t} - r^*_{n,t}$) et le taux de change réel, ε_t. De manière équivalente – cette façon de présenter les choses sera plus pratique pour

1. Cette affirmation n'est pas totalement vraie. Ce qui doit être équilibré à long terme est le compte courant (la distinction entre balance commerciale et compte courant est exposée au chapitre 15). Un pays créancier net vis-à-vis du reste du monde peut être toujours en déficit commercial, si ce déficit commercial est égal aux intérêts versés en rémunération de ses actifs nets détenus à l'étranger. On ignorera ici cette distinction entre compte courant et balance commerciale.

construire la figure 18.6 plus loin –, il y aurait une relation positive entre la différence entre les taux d'intérêt réels à long terme étrangers et intérieurs ($r^*_{n,t} - r_{n,t}$) et le taux de change réel, ε_t.

Cette remarque suggère l'approche suivante pour interpréter les fluctuations du taux de change réel : construisons pour chaque année la différence entre les taux d'intérêt réels à long terme étrangers et intérieurs. Ensuite, comparons le taux de change avec cette différence. Si les deux séries se déplacent à peu près parallèlement, les différences entre le taux d'intérêt réel à long terme doivent être le facteur dominant pour expliquer les fluctuations du taux de change réel. Si ce n'est pas le cas, les fluctuations du taux de change de long terme doivent jouer un rôle important.

La figure 18.6 concrétise cette approche. Elle s'applique aux taux de change réels bilatéraux entre l'Europe (l'Allemagne de 1980 à 1990) et les États-Unis.

Le taux de change réel est défini et construit comme pour la figure 15.6. Il est donné par $E_t P^*_t / P_t$, où E_t est le taux de change entre le DM et le dollar et où P_t et P^*_t sont les déflateurs, respectivement, du PIB allemand et des États-Unis. L'évolution du taux de change réel est donnée par la ligne grise de la figure. Ce taux est normalisé à 100 en 1987 et mesuré sur l'échelle de gauche de la figure.

Le taux d'intérêt réel à long terme américain est évalué par le taux d'intérêt des obligations américaines à dix ans moins l'inflation anticipée pour les dix ans à venir. Comme mesure de l'inflation anticipée, on utilise des prévisions commerciales (de DRI, une entreprise spécialisée dans la prévision économique) de l'inflation pour les dix ans à venir. Ainsi, pour l'année 1985, par exemple, on se sert des prévisions de décembre 1984 de l'inflation moyenne pour la période de 1985 à 1994, que l'on soustrait ensuite du taux d'intérêt nominal. Le taux d'intérêt réel allemand à long terme est construit de façon similaire. La ligne verte de la figure représente la différence entre les taux d'intérêt réels américains et allemands. Cette différence est mesurée en pourcentage sur l'échelle de droite de la figure.

Le parallélisme des deux séries sur la figure 18.6 est frappant, ce qui nous amène à la conclusion suivante : on peut expliquer la majeure partie des fluctuations de la parité DM-dollar dans les années 1980 par les importantes fluctuations de la différence entre les taux d'intérêt réels à long terme.

La principale raison du niveau si élevé du dollar pendant la première moitié des années 1980 se trouve dans le niveau particulièrement élevé des taux d'intérêt, qui rendait le dollar très intéressant pour les investisseurs. La raison principale pour laquelle il est redescendu dans la seconde moitié des années 1980 est que les taux d'intérêt américains devinrent comparativement moins intéressants que les taux allemands.

Mais il faut alors se poser la question de l'origine de ces fluctuations du taux d'intérêt américain. La raison principale se trouve dans la politique budgétaire et monétaire (le *policy-mix*) américaine durant les années 1980. La première moitié des années 1980 fut marquée par la politique monétaire restrictive (« la désinflation de Volcker ») et l'expansion budgétaire (« les déficits de Reagan »), ces deux facteurs impliquant des taux d'intérêt nominaux et réels élevés (voir l'encadré du chapitre 17, « Contraction monétaire et expansion budgétaire : les États-Unis au début des années 1980 »). Dans la seconde moitié des années 1980, la politique monétaire devint moins restrictive aux États-Unis, ce qui induisit une baisse des taux d'intérêt réels de long terme.

Figure 18.6 – Le taux de change réel et la différence entre les taux d'intérêt à dix ans allemands et américains, 1980-1990.

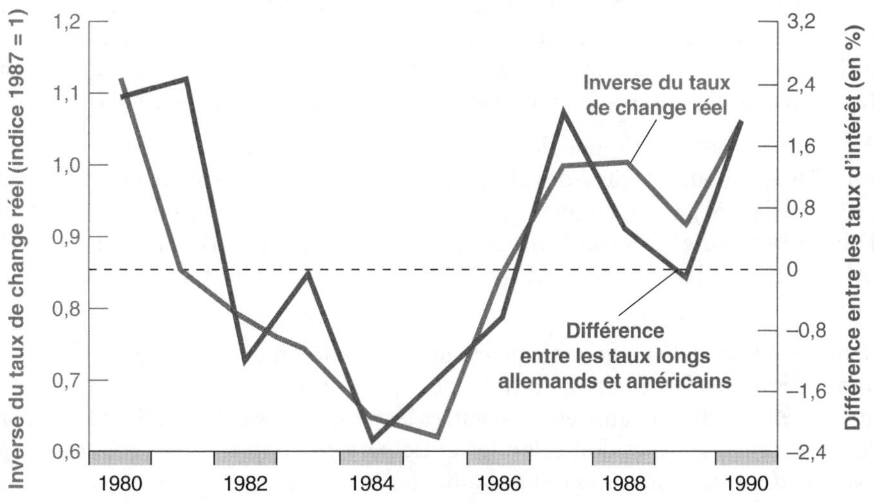

Il y a une relation très forte entre les fluctuations du taux de change réel et celles de la différence entre les taux d'intérêt réels de long terme allemands et américains.

Politique monétaire, taux d'intérêt et taux de change

Revenons à la manière dont fonctionne la politique monétaire en économie ouverte avec des taux de change flexibles. Partons d'un cas absolument irréaliste qui, justement parce qu'il est irréaliste, est plus facile à analyser. Il apporte une base solide pour une discussion plus réaliste.

Supposons qu'il n'y ait pas d'inflation, ni ici ni à l'étranger, que ce soit l'inflation courante ou l'inflation anticipée, de sorte qu'il n'y ait pas besoin de distinguer les taux de change nominaux et réels. Supposons de plus que, initialement, les taux d'intérêt intérieurs et étrangers soient les mêmes et que les agents prévoient qu'ils seront constants et égaux.

Imaginons à présent que la banque centrale annonce soudain, de façon inattendue et dans le but d'augmenter le produit intérieur, qu'elle a décidé de baisser les taux d'intérêt. Ils seront de 2 % plus bas pour les cinq ans à venir et ils reviendront ensuite à leur valeur initiale. Les marchés financiers croient totalement à cette annonce.

Qu'arrive-t-il au moment de cette annonce ? Le taux d'intérêt à court terme baisse donc de 2 %, ainsi que le rendement des obligations de maturité inférieure ou égale à cinq ans. Les taux de rendement des autres obligations diminuent aussi, mais de moins [1].

1. Pouvez-vous montrer de combien baissera le taux d'intérêt à dix ans, en utilisant les relations de structure par terme des taux d'intérêt démontrées au chapitre 12 ? (Réponse : 1 %.)

Quel impact cette décision a-t-elle sur le taux de change courant ? Pour répondre, il faut remonter le temps.

- Plaçons-nous dans cinq ans : le taux de change d'ici cinq ans dépend de ce qui est supposé (dans les anticipations des agents) modifier les taux d'intérêt par la suite, de même que du taux de change de long terme. Comme cette annonce ne change pas les anticipations de taux d'intérêt au-delà de la période de cinq ans, ni le taux de change de long terme, il n'y a pas de modification du taux de change dans cinq ans (anticipé).
- Qu'arrive-t-il pour la période de cinq ans ? La condition de parité des taux d'intérêt implique que pour chacune des cinq années à venir, il doit y avoir une appréciation anticipée de 2 % par an, de sorte que le taux de rendement anticipé pour la détention d'obligations nationales soit le même que pour la détention d'obligations étrangères. Cela signifie qu'il doit y avoir une appréciation de $5 \times 2\ \% = 10\ \%$ sur les dix prochaines années.
- Comme le taux de change anticipé est le même à la fin de la période, il doit y avoir aujourd'hui une dépréciation de 10 %, de façon à produire une appréciation de 10 % sur les cinq prochaines années. En d'autres termes, si la monnaie nationale *se déprécie de 10 % aujourd'hui* et doit selon les anticipations *s'apprécier de 2 % par an pour chacune des cinq prochaines années*, alors les investisseurs financiers accepteront de détenir des obligations nationales, même si le taux d'intérêt intérieur est de 2 points plus faible que le taux d'intérêt étranger.

Les évolutions anticipées pour le taux d'intérêt et pour le taux de change sont représentées sur la figure 18.7. Avant l'annonce, on anticipe le fait que le taux d'intérêt intérieur sera le même que le taux d'intérêt étranger, pour toujours. Après l'annonce de la banque centrale, on prévoit que le taux d'intérêt sera inférieur au taux étranger de 2 % pour cinq ans. L'effet de l'annonce est une augmentation de 10 % du taux de change (une dépréciation de 10 %), suivie par une baisse de 2 % par an (une appréciation anticipée de 2 % par an) pendant les cinq prochaines années. Notons combien le taux de change évolue initialement et surréagit à l'annonce – augmentant brutalement au début, pour diminuer régulièrement par la suite jusqu'à sa valeur initiale. Pour cette raison, cet ajustement du taux de change est souvent appelé **surréaction** (*overshooting*).

C'est un résultat important. Quand, à la fin de la période de Bretton Woods, au début des années 1970, les pays sont passés des changes fixes aux changes flexibles, les fluctuations impressionnantes des taux de change qui s'en sont suivies ont surpris beaucoup d'économistes. Pendant longtemps, on a pensé que ces mouvements étaient les résultats de spéculations irrationnelles sur le marché des changes. Ce n'est qu'au milieu des années 1970 que les économistes se sont rendu compte qu'ils étaient explicables, comme on vient de le montrer, en faisant intervenir les réactions rationnelles des marchés financiers aux différences des taux d'intérêt futurs.

Figure 18.7 – Les effets de la politique monétaire sur le taux d'intérêt et sur le taux de change.

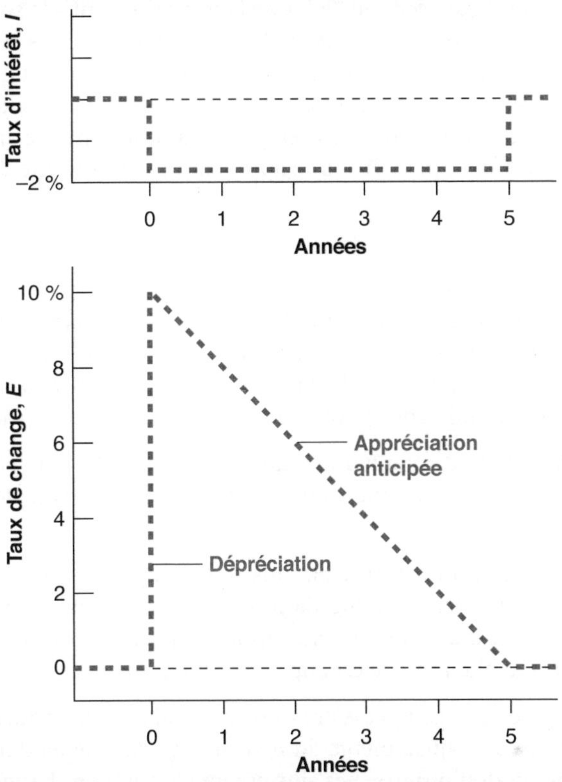

Une baisse du taux d'intérêt que les investisseurs s'attendent à voir durer cinq ans induit une dépréciation immédiate, suivie par une appréciation anticipée pendant les cinq années à venir.

Politique et anticipations

Dans l'exemple que nous venons d'étudier, nous avons beaucoup simplifié l'analyse. Nous avons supposé en particulier que la banque centrale annonçait ce qu'elle ferait les cinq prochaines années et que les marchés financiers la croyaient pleinement. En pratique, les choses ne se passent pas ainsi.

Quand la banque centrale réduit ses taux d'intérêt, les marchés financiers doivent décider si cette action est le signal d'un changement majeur de la politique monétaire, cette première baisse devant être suivie de nombreuses autres, ou s'il s'agit juste d'une fluctuation temporaire des taux d'intérêt. Les annonces de la banque centrale ne sont peut-être pas très utiles pour les marchés : elle-même peut ne pas savoir ce qu'elle fera plus tard. Elle réagit à des signaux, qui peuvent se renverser dans le futur. Les marchés financiers doivent aussi savoir ce que feront les autres banques centrales, si elles maintiendront leur taux d'intérêt, le suivront ou le baisseront.

Pour résumer, l'impact d'un changement du taux d'intérêt à court terme sur le taux de change est bien plus compliqué qu'il n'est apparu au chapitre 17. La réponse du taux de change dépend beaucoup de l'effet de la variation initiale sur les anticipations des taux d'intérêt intérieurs et étrangers. Une faible baisse des taux d'intérêt peut parfois convaincre les marchés financiers que la politique monétaire a radicalement changé, d'où une baisse des taux d'intérêt à long terme et une forte dépréciation. Mais si les marchés anticipent une forte baisse et que la banque centrale annonce (et réalise) une baisse plus faible, l'effet peut être une appréciation et non une dépréciation.

Résumé

- Le taux de change réel courant dépend à la fois du taux de change réel de long terme et de la différence entre les taux d'intérêt réels à long terme intérieurs et étrangers. Une augmentation du taux d'intérêt réel de long terme par rapport au taux d'intérêt réel à long terme étranger induit une appréciation réelle de la devise nationale.
- Les fluctuations du taux d'intérêt américain par rapport au taux étranger expliquent la plus grande partie des fluctuations du dollar (la *danse du dollar*) pendant les années 1980.
- Quand on prend en compte les anticipations, des changements de politique monétaire peuvent mener à d'importantes fluctuations du taux de change. Une augmentation des taux d'intérêt induit une forte appréciation initiale, suivie d'une dépréciation plus lente et régulière. Ce phénomène est appelé *overshooting*, ou surréaction.
- Même en régime de change fixe, les pays peuvent ajuster leur taux de change réel à moyen terme, grâce aux ajustements du niveau des prix. Cependant, les ajustements peuvent être longs et douloureux. Les ajustements de taux de change peuvent en principe permettre à l'économie de s'accommoder plus vite et de réduire ainsi les coûts de l'ajustement.
- Les crises de change débutent généralement quand les marchés financiers croient qu'une dévaluation est imminente. Défendre la parité implique alors de très hauts taux d'intérêt, avec probablement des effets économiques néfastes importants. Ces effets peuvent obliger le pays à dévaluer, même si, initialement, il n'avait aucune intention de le faire.
- Pour comparer les régimes de change, il faut garder à l'esprit quatre types d'arguments :
  1. les taux de change flexibles permettent à la banque centrale de conserver le taux d'intérêt et le taux de change comme instruments de politique économique. Les taux de change fixes, dans l'hypothèse d'une mobilité parfaite des capitaux, éliminent la possibilité de se servir du taux d'intérêt comme du taux de change ;
  2. les régimes de change flexible engendrent souvent d'importantes fluctuations du taux de change, ce qui rend la stabilisation de l'économie plus difficile pour la banque centrale ;
  3. les coûts associés aux taux de change fixes sont très réduits si une des conditions suivantes est satisfaite : les pays qui fixent leur taux de change bilatéral font face aux mêmes chocs, ou bien il y a une grande mobilité du travail entre ces pays ;

4. les taux de change fixes ont aussi des avantages : ils réduisent les coûts de transactions et augmentent l'efficacité. Ces avantages sont encore plus importants si les pays adoptent non seulement des taux de change fixes, mais aussi une monnaie unique. Les taux de change fixes peuvent également aider les pays à établir ou à reconstituer leur réputation de conduire une politique macroéconomique responsable.

Applications

1. Vrai/Faux/Incertain

a. Le retour de la Grande-Bretagne à l'étalon-or a provoqué des années de chômage élevé.
b. Des investisseurs anticipant soudainement une dévaluation sévère dans un pays qui s'est engagé à maintenir un taux de change fixe peuvent provoquer une crise.
c. Puisque le comportement spéculatif des investisseurs peut déclencher des crises de change, des petits pays se porteraient mieux s'ils interdisaient aux investisseurs étrangers de détenir des actifs nationaux.
d. Les pays d'Asie du Sud-Est devraient former une zone monétaire puisqu'ils produisent des biens similaires et sont sujets à des chocs largement semblables.
e. Le grand nombre d'émigrants du Mexique vers les États-Unis chaque année indique qu'il y a une importante mobilité du travail entre ces deux pays, et donc qu'ils forment une zone monétaire optimale.

2. Un exemple plus approfondi de la demande globale

Considérons la spécification donnée dans ce chapitre de la relation de demande globale dans une économie ouverte en régime de change fixe :

$$Y = C(Y - T) + I(Y, i^* - \pi^e) + G + NX\left(Y, Y^*, \frac{\bar{E}P^*}{P}\right)$$

Quels effets le niveau des prix intérieurs a-t-il sur le produit étant donné :

a. Une augmentation du niveau des prix étrangers. Expliquez clairement.
b. Une augmentation de l'inflation anticipée. Expliquez clairement.
c. Pourquoi les économistes prétendent-ils que l'inflation est néfaste ? Une forte inflation à l'étranger et une forte inflation anticipée dans le pays augmentent toutes deux le produit.

3. Les effets de court et moyen termes des variations des dépenses gouvernementales

Considérons un pays en régime de change fixe dont l'offre et la demande globales sont données par :

$$Y_t = Y\left(\frac{\bar{E}P^*}{P_t} G, T\right)$$

$$P_t = P_{t-1}(1+\mu)F\left(1-\frac{Y_t}{L}, z\right)$$

Supposons que l'économie soit initialement à l'équilibre de moyen terme, avec un niveau des prix constant et un produit égal à son niveau naturel. Décrivez les effets de court terme et de moyen terme d'une augmentation des dépenses gouvernementales sur :

a. Le produit, le taux de change réel et le taux d'intérêt.
b. Les composantes de la demande : consommation, investissement et exportations nettes.
c. Commentez la proposition : « Les déficits budgétaires mènent à des déficits commerciaux. »

4. L'Allemagne de l'Est et la réunification

Quand les deux Allemagne furent réunifiées en 1990, le taux de change entre les deux pays fut irrévocablement fixé. Dans un geste symbolique d'égalité entre les deux pays, on a décrété que le mark est-allemand vaudrait autant que celui de l'Allemagne de l'Ouest, alors que la monnaie est-allemande valait sans doute beaucoup moins.

a. Considérons l'économie de l'Allemagne de l'Est. Supposons qu'elle ait été initialement à l'équilibre de moyen terme avant la réunification (c'est évidemment une hypothèse opposée aux faits historiques) et que le taux de change vis-à-vis de l'Allemagne de l'Ouest ait été fixé bien trop bas. Discutez l'impact de cette décision sur le produit d'équilibre est-allemand et le chômage en utilisant l'analyse *AS-AD*. Expliquez.

b. Quel est le processus naturel d'ajustement et de retour à l'équilibre de moyen terme ?

c. Supposons que le niveau des prix soit constant en Allemagne de l'Ouest. Comment doivent évoluer les prix et les salaires en Allemagne de l'Est ?

5. La dévaluation brésilienne de janvier 1999

En janvier 1999, le Brésil fut forcé de dévaluer sa monnaie, le real, de 8 % par rapport au dollar, bien que le pays ait reçu plusieurs milliards de dollars du FMI pour défendre sa devise, en novembre 1998. Dans la semaine qui précéda la dévaluation, les actions brésiliennes perdirent presque la moitié de leur valeur. Mais après l'annonce de la dévaluation, les indices boursiers retournèrent à leur niveau d'avant la crise.

Expliquez ces fluctuations des cours des actions avant et après la dévaluation.

Pour en savoir plus sur la crise elle-même, lisez le numéro de *The Economist* de la semaine du 16 au 22 janvier 1999, soit en bibliothèque, soit sur www.economist.com.

6. Dépréciations anticipées nominales et réelles

Supposons que le taux d'intérêt nominal sur les obligations à dix ans soit de 10 % dans le pays considéré et de 6 % à l'étranger. Imaginons de plus que l'inflation prévue soit de 6 % et de 3 % à l'étranger et que la parité des taux d'intérêt soit respectée.

a. À quelle dépréciation nominale doit-on s'attendre l'année suivante ?

b. Même question pour la dépréciation réelle.

c. Si l'on s'attend à une appréciation nominale de la monnaie au cours de l'année suivante, quels titres achèteriez-vous de préférence ?

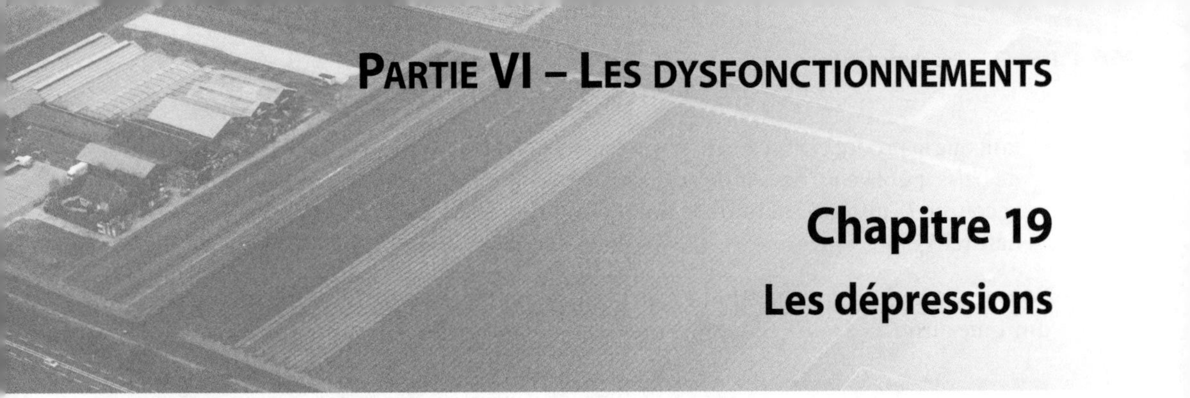

Partie VI – Les dysfonctionnements

Chapitre 19
Les dépressions

Jusqu'à maintenant, nous avons supposé que si les économies connaissaient des fluctuations de court terme, elles retournaient ensuite à leur état normal, et c'est en effet ce qui se passe la plupart du temps. Un mauvais choc peut engendrer une récession, mais l'économie redémarre assez rapidement et le produit revient à son niveau naturel.

Mais il arrive aussi que les choses tournent très mal. Des chutes brutales de la production mettent parfois des années à être annulées et le chômage reste à un niveau très élevé pendant longtemps. Le cas le plus célèbre est celui de la Grande Dépression, qui a touché la plupart des pays entre la fin des années 1920 et le début de la Seconde Guerre mondiale (bien qu'il n'existe pas de définition consensuelle, les économistes utilisent le terme de « dépression » pour désigner une récession profonde et durable). Un exemple plus récent est la récession japonaise qui a débuté au début des années 1990. Plus brûlante encore est la crise qui s'est initiée aux États-Unis et s'est étendue à de très nombreux pays à partir de la fin des années 2000.

Que s'est-il passé lors de ces épisodes que nous allons étudier dans ce chapitre ? Les chocs économiques initiaux ont-ils été particulièrement importants ? Les mécanismes d'ajustement n'ont-ils pas fonctionné ? Ou les politiques macroéconomiques ont-elles été inadaptées ?

19.1 Désinflation, déflation et trappe à liquidité

Reprenons les mécanismes par lesquels le produit tend à moyen terme à revenir vers son niveau d'équilibre. Pour cela, considérons le modèle *IS*/*LM* représenté dans la figure 19.1.

Ces mécanismes, présentés dans le chapitre 8, sont les suivants :

- supposons qu'un choc négatif entraîne une baisse du produit telle que l'économie est au point *A*. Le niveau de la production Y est inférieur au produit d'équilibre Y_n. Peu importe la nature du choc : cela peut être une baisse des dépenses des consommateurs et une réduction des dépenses d'investissement des entreprises ;
- le fait que le produit soit en deçà de son niveau d'équilibre entraîne une baisse du niveau des prix. Pour une quantité nominale de monnaie donnée, cette baisse accroît la quantité réelle de monnaie. Cela correspond à un déplacement de la courbe *LM* vers le bas, qui conduit à une baisse du taux d'intérêt et à une hausse du produit. Après quelque temps, l'économie est par exemple au point *B*, et le niveau de production est Y' ;

- tant que la production reste inférieure à son niveau naturel, le niveau des prix continue de baisser et la courbe *LM* de se déplacer vers le bas. L'économie se déplace le long de la courbe *IS* jusqu'à atteindre le point *C*, où le produit est à nouveau égal à son niveau naturel Y_n.

Pour résumer, lorsque le produit est en deçà de son niveau d'équilibre, le niveau des prix diminue jusqu'à ce que l'économie retourne à la normale.

Figure 19.1 – Le retour du produit vers son niveau naturel.

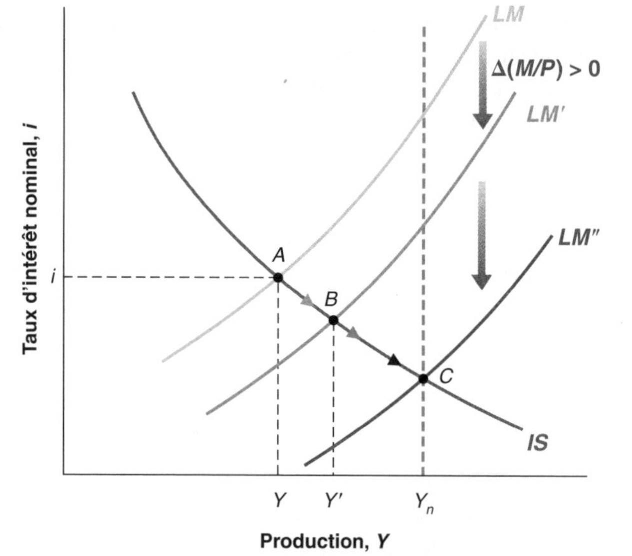

Un faible niveau de produit entraîne une baisse du niveau des prix, ce qui accroît la quantité réelle de monnaie. La courbe *LM* se déplace alors vers le bas, jusqu'à ce que la production revienne à son niveau naturel.

Ce raisonnement, présenté dans le chapitre 8, reposait sur l'hypothèse simplificatrice forte que la quantité nominale de monnaie était constante, ce qui impliquait que le niveau des prix était constant à moyen terme – il n'y avait pas d'inflation. Une autre conséquence était que, si le produit était inférieur à son niveau d'équilibre, l'ajustement se faisait à travers une baisse du niveau des prix, phénomène que l'on observe rarement en pratique.

Nous avons exposé une version plus réaliste du modèle dans les chapitres 9 et 10, en autorisant une croissance de la quantité de monnaie – et donc une inflation positive à moyen terme. Ce modèle donnait une description plus riche de l'ajustement du produit et de l'inflation à la suite de chocs. Le message principal restait néanmoins inchangé par rapport au chapitre 8 : l'économie tend à revenir vers le niveau de produit naturel à moyen terme. Le mécanisme est le suivant : supposons que, comme dans la figure 19.1, le produit soit inférieur à son niveau naturel (ou, de façon équivalente, que le taux de chômage soit supérieur au taux de chômage naturel). Si le chômage est supérieur à son taux naturel, l'inflation diminue progressivement. Si l'on suppose que le taux de croissance de la quantité nominale de monnaie et l'inflation étaient initialement égaux (et donc que le taux de croissance de la quantité réelle de monnaie était nul), la chute de l'inflation (qui devient inférieure au taux de croissance de la quantité nominale de monnaie) entraîne une croissance de la quantité réelle de monnaie. Cela conduit à un déplacement de la courbe *LM* vers le bas et donc à une hausse du produit.

Ce mécanisme prend place jusqu'à ce que le produit rejoigne son niveau d'équilibre de moyen terme. Les économies disposent ainsi *a priori* de mécanismes puissants pour les sortir des récessions. L'existence de dépressions nous apprend cependant que ces mécanismes ne sont pas tout-puissants. Nous allons étudier deux façons par lesquelles les choses peuvent mal tourner : l'effet pervers d'une déflation et la situation de trappe à liquidité.

Taux d'intérêt réel, taux d'intérêt nominal et inflation anticipée : l'effet pervers d'une déflation

Dans la figure 19.1, nous avons ignoré la distinction entre le taux d'intérêt nominal et le taux d'intérêt réel. Cette distinction est cependant très importante ici et nous devons la réintroduire. Nous avons vu dans le chapitre 11 que :

- c'est le taux d'intérêt réel (le taux d'intérêt en termes de biens) qui compte pour les décisions de dépenses et qui intervient donc dans la courbe *IS* ;
- c'est au contraire le taux d'intérêt nominal (le taux d'intérêt en termes d'euros) qui importe pour la demande de monnaie et qui intervient dans la courbe *LM* ;
- le taux d'intérêt réel est égal au taux d'intérêt nominal moins l'inflation anticipée.

La figure 19.2 montre les effets de cette distinction entre le taux d'intérêt nominal et le taux d'intérêt réel. Supposons que l'économie soit initialement au point *A*, où le produit est inférieur à son niveau naturel. De ce fait, l'inflation diminue. La réduction du taux d'inflation a désormais deux effets :

- le premier effet est d'accroître la quantité réelle de monnaie et de déplacer la courbe *LM* vers le bas. Ce mouvement est le même que celui que nous avons vu dans la figure 19.1. Si c'était le seul effet, l'économie irait de *A* à *B* ;
- il y a cependant désormais un second effet : supposons que la baisse du taux d'inflation entraîne une baisse de l'inflation anticipée. Dès lors, pour un niveau donné du taux d'intérêt nominal, la baisse de l'inflation anticipée entraîne une hausse du taux d'intérêt réel, ce qui conduit à une réduction des dépenses et donc du produit. Ainsi, pour un taux d'intérêt nominal donné, le niveau de produit qu'implique l'équilibre sur le marché des biens est plus faible : cela signifie que la courbe *IS* s'est déplacée vers la gauche, de *IS* à *IS'*. Si ce déplacement, dû à la baisse de l'inflation anticipée π^e, était le seul effet, l'économie irait de *A* à *B'*.

Si l'on combine les effets de ces deux déplacements, la production s'accroît-elle ou diminue-t-elle ? Il n'est pas possible de répondre à cette question : l'économie se déplace de *A* à *B''*, et le produit est *Y''*. *Y''* peut être supérieur ou inférieur à *Y* selon que l'un ou l'autre des déplacements l'emporte, et l'effet est ambigu. Sur la figure 19.2, *Y''* est plus petit que *Y*. La situation s'aggrave plutôt que de s'améliorer.

Figure 19.2 – L'effet d'une baisse de l'inflation sur le produit.

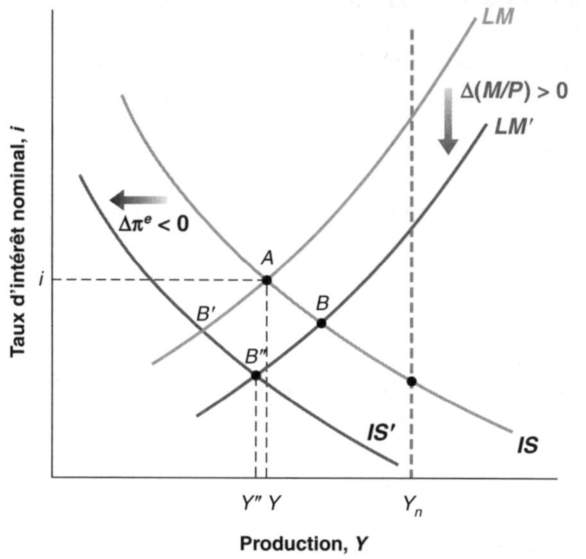

Si l'inflation diminue en réaction au faible niveau de production, on observe deux effets : premièrement, une hausse de la quantité réelle de monnaie, qui déplace *LM* vers le bas, et, deuxièmement, une hausse de l'inflation anticipée, qui déplace la courbe *IS* vers la gauche. Il peut en résulter une diminution supplémentaire du produit.

Nous avons seulement décrit le début du processus d'ajustement. Il est facile de décrire un scénario dans lequel la situation s'aggrave continûment au fil du temps. La baisse du produit de Y à Y'' entraîne une nouvelle baisse de l'inflation, et ainsi une nouvelle baisse de l'inflation anticipée. Cela contribue à accroître de nouveau le taux d'intérêt réel, ce qui réduit plus encore la production, etc. Autrement dit, la récession initiale s'est transformée en dépression, dans laquelle le niveau de production continue de décroître plutôt que de revenir vers le niveau de PIB naturel. Le mécanisme stabilisateur que nous avons décrit dans les chapitres 8 à 10 s'est simplement cassé.

La trappe à liquidité

On pourrait réagir au scénario que nous venons de décrire en concluant que, si l'on peut s'en inquiéter, il est facile de l'éviter en recourant de façon appropriée à la politique monétaire : ce scénario est en effet décrit dans une situation où la politique monétaire (ici le taux de croissance de la quantité nominale de monnaie) reste inchangée. Mais si la banque centrale souhaite mettre fin à la chute du produit, il semble qu'il lui suffise d'engager une politique monétaire expansionniste. Si l'on reprend la figure 19.2, tout ce que la banque centrale a à faire est d'accroître la quantité nominale de monnaie de telle façon que la courbe *LM* se déplace suffisamment vers le bas pour accroître le produit.

Cela est clairement ce qu'il faut faire. Il existe cependant une limite à ce que peut faire la banque centrale : elle ne peut pas réduire le taux d'intérêt nominal en dessous de zéro. Or, si le niveau d'inflation anticipée est suffisamment faible, voire négatif (les agents anticipent une déflation), le taux d'intérêt réel correspondant à un taux d'intérêt nominal nul peut ne pas être suffisamment faible pour sortir l'économie de la récession. Cette question a été au cœur des débats lors de la crise japonaise des années 1990. Examinons cet argument plus en détail.

Dans le chapitre 5, nous avons vu que la demande de monnaie était, pour un niveau de produit donné, une fonction décroissante du taux d'intérêt nominal. Dans ce chapitre-là, nous n'avons cependant pas abordé la question suivante : que se passe-t-il lorsque le taux d'intérêt nominal est nul ? La réponse est que, lorsqu'il est nul et dès lors que les agents disposent de suffisamment de monnaie pour réaliser leurs transactions, peu leur importe de détenir leur richesse financière sous forme de monnaie ou sous forme de titres. En effet, la monnaie et les titres ont tous les deux la même rémunération nominale (zéro). La demande de monnaie a donc la forme présentée dans la figure 19.3.

Figure 19.3 – L'offre et la demande de monnaie, et la trappe à liquidité.

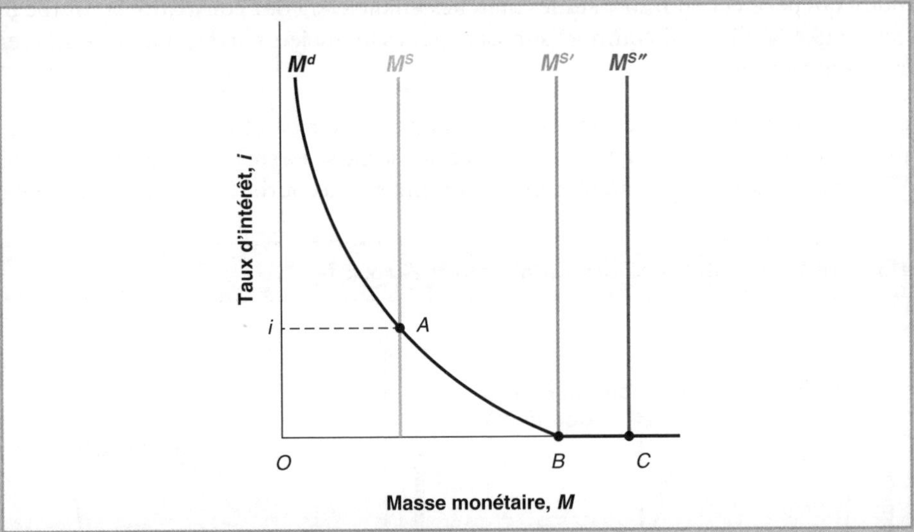

Quand le taux d'intérêt nominal est égal à zéro et dès lors que les agents disposent d'assez de monnaie pour leurs transactions, il leur devient indifférent de détenir de la monnaie supplémentaire ou des titres. Une hausse de l'offre de monnaie n'a dans ce cas aucun effet sur le taux d'intérêt.

- Lorsque le taux d'intérêt nominal diminue, la demande de monnaie augmente (et la demande de titres diminue).
- Lorsque le taux d'intérêt nominal atteint zéro, les agents veulent détenir une quantité de monnaie au moins égale à *OB*, qui correspond à ce dont ils ont besoin pour leurs transactions. Mais ils sont disposés à détenir encore plus de monnaie (et donc moins de titres), car peu leur importe la monnaie ou les titres. La demande de monnaie devient donc horizontale au-delà du point *B*.

Considérons dans ce cadre les effets d'une hausse de l'offre de monnaie :

- supposons d'abord que l'offre de monnaie soit M^S : le taux d'intérêt d'équilibre sur les marchés financiers est positif et égal à i (c'est la situation que nous avons considérée dans le chapitre 5). Une hausse de l'offre de monnaie (un déplacement de M^S vers la droite) entraîne alors une baisse du taux d'intérêt nominal ;

- en revanche, si l'on suppose que l'offre de monnaie soit $M^{S'}$ ou $M^{S''}$ et que le taux d'intérêt nominal d'équilibre soit nul, une augmentation de l'offre de monnaie n'a aucun effet sur le taux d'intérêt nominal.

Pour résumer, dès lors que le taux d'intérêt nominal est nul, une politique monétaire expansionniste devient impuissante. Pour reprendre l'expression de Keynes, qui a été le premier à identifier ce problème, l'accroissement de la quantité de monnaie tombe dans une **trappe à liquidité**. Les agents sont disposés à détenir plus de monnaie (plus de liquidités) pour un même taux d'intérêt.

La figure 19.4 montre comment cette situation de trappe à liquidité se reflète dans la courbe *LM* et affecte donc le modèle *IS*/*LM*. On se souvient que la courbe *LM* représente, pour une quantité de monnaie donnée, la relation entre le taux d'intérêt et le niveau de produit qui permet l'équilibre sur les marchés financiers. Pour construire la courbe *LM*, la figure 19.4 (a) illustre l'équilibre sur les marchés financiers correspondant à différents niveaux de produit.

Ce qu'il faut comprendre (et qui est nouveau par rapport à ce que nous avions étudié dans le chapitre 6, avec la figure 6.5), c'est ce qui se passe lorsque le produit est inférieur à Y'' : dans ce cas, le taux d'intérêt cesse de diminuer et la courbe *LM* devient horizontale.

Figure 19.4 – La courbe *LM* en présence d'une trappe à liquidité.

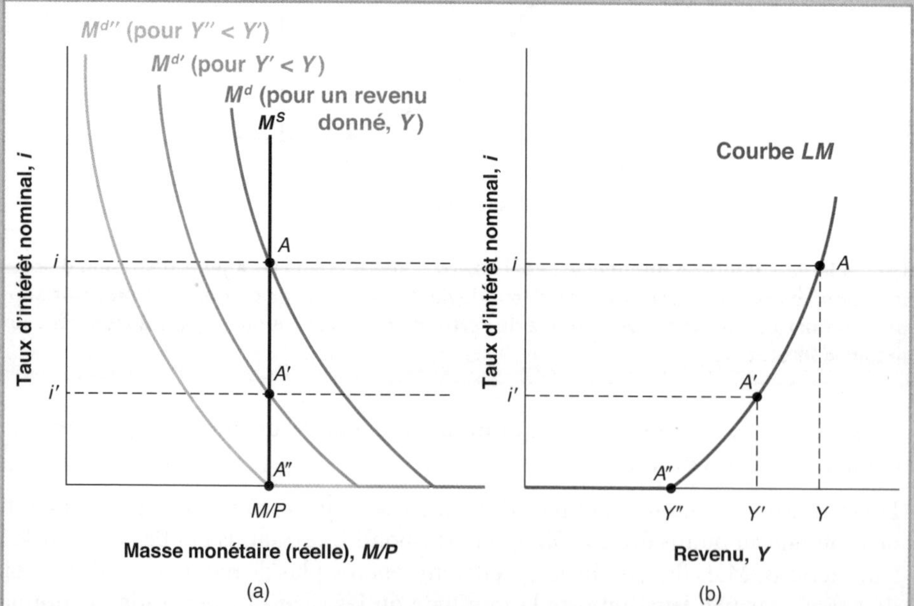

Pour de faibles niveaux de produit, la courbe *LM* est plate et le taux d'intérêt nominal est égal à zéro. Pour des niveaux de produit plus élevés, la courbe *LM* est croissante.

Ayant dérivé la courbe *LM* en présence de trappe à liquidité, nous pouvons maintenant étudier les propriétés du modèle *IS*/*LM* ainsi modifié. Supposons, dans la figure 19.5, que l'économie soit initialement au point *A*, avec un niveau de produit *Y* et un taux d'intérêt nominal *i*. Supposons également que ce niveau de production *Y* soit bien inférieur au niveau de produit naturel Y_n. La politique monétaire peut-elle contribuer à faire revenir le produit vers Y_n ?

Imaginons que la banque centrale accroisse l'offre de monnaie, entraînant un déplacement de *LM* vers *LM'*. L'économie passerait alors du point *A* au point *B*, le produit s'accroîtrait de *Y* à *Y'*, et le taux d'intérêt nominal diminuerait de *i* à 0.

Cependant, si la banque centrale continue d'accroître l'offre de monnaie, provoquant par exemple un déplacement de la courbe *LM* de *LM'* à *LM''*, l'intersection des courbes *IS* et *LM''* reste le point *B* : la politique monétaire expansionniste n'a plus d'effet sur le produit et ne peut donc pas faire en sorte que celui-ci retourne à Y_n.

Figure 19.5 – Le modèle *IS*/*LM* et la trappe à liquidité.

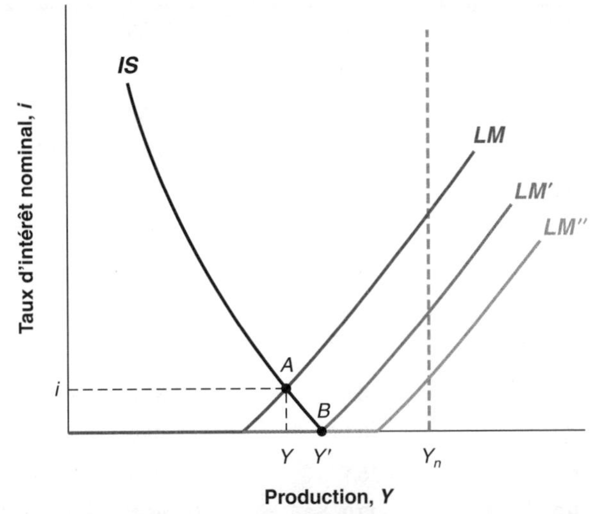

En présence de trappe à liquidité, il y a une limite à l'augmentation de la production que peut entraîner une politique monétaire expansionniste.

La trappe à liquidité peut-elle être un problème sérieux ? Un taux d'intérêt nul n'est-il pas suffisant pour stimuler les dépenses et sortir l'économie de la récession ?

La réponse est non, pas toujours et, en particulier, lorsque l'inflation anticipée est faible. Ce qui est essentiel ici est la distinction entre taux d'intérêt nominal et taux d'intérêt réel : lorsque l'inflation anticipée est élevée (par exemple, 10 %), un taux d'intérêt nominal nul entraîne un taux d'intérêt réel faible (dans notre exemple, – 10 %). Si l'inflation anticipée est faible, voire si les agents anticipent une déflation (par exemple, une baisse des prix de 5 %), alors un taux d'intérêt nominal nul peut cependant entraîner un taux d'intérêt réel relativement élevé (ici 5 %). On voit donc que les deux problèmes que nous avons étudiés (la déflation et la trappe à liquidité) peuvent se renforcer l'un l'autre.

19.2 La Grande Dépression

En 1929, le taux de chômage américain était de 3,2 %. En 1933, il était passé à 24,9 %. Ce n'est que dix ans plus tard, en 1942, que le chômage a retrouvé un niveau de 4,7 %. La Grande Dépression a été un phénomène mondial (même s'il n'y a pas de définition précise du mot « dépression », les économistes l'emploient généralement pour décrire une baisse durable de la production). Le taux de chômage moyen entre 1930 et 1938 a été de 15,4 % au Royaume-Uni, de 10,2 % en France et de 21,2 % en Allemagne [1]. Nous étudierons dans ce chapitre uniquement ce qui s'est passé aux États-Unis, en analysant successivement deux questions : quels chocs ont fait augmenter le chômage si brutalement ; pourquoi plus de dix ans (et une guerre mondiale) ont-ils été nécessaires avant que l'économie américaine réduise son chômage [2] ?

Tableau 19.1 – Taux de chômage, croissance de la production, prix et monnaie aux États-Unis, 1929-1942.

Année	Taux de chômage	Taux de croissance de la production	Indice des prix	Masse monétaire (nominale)
1929	3,2	- 9,8	100,0	26,4
1930	8,7	- 7,6	97,4	25,4
1931	15,9	- 14,7	88,8	23,6
1932	23,6	- 1,8	79,7	19,4
1933	24,9	9,1	75,6	21,5
1934	21,7	9,9	78,1	25,5
1935	20,1	13,9	80,1	29,2
1936	16,9	5,3	80,9	30,3
1937	14,3	- 5,0	83,8	30,0
1938	19,0	8,6	82,2	30,0
1939	17,2	8,5	81,0	33,6
1940	14,6	16,1	81,8	39,6
1941	9,9	12,9	85,9	46,5
1942	4,7	13,2	95,1	55,3

Source : *Statistiques historiques des États-Unis*, Département américain du commerce (pour le taux de chômage, séries D85-96 ; pour la croissance de la production, croissance du PNB en prix 1958, séries F31 ; pour l'indice des prix, indice des prix à la consommation, 1929 = 100, séries E135 ; pour la masse monétaire, *M*1, en milliards de dollars, séries X414).

Le tableau 19.1 donne les évolutions du taux de chômage américain, du taux de croissance de la production, de l'indice des prix à la consommation et du stock de monnaie entre 1929 et 1942. Si l'on ne se concentre que sur la production et le chômage, deux faits émergent :

1. Attention, la qualité des données de chômage est bien moins bonne pour l'avant-guerre que pour l'après-guerre. Les comparaisons entre pays sont particulièrement périlleuses.
2. Pour avoir un aperçu des autres pays, voir Peter Temin, *Lessons from the Great Depression*, MIT Press, 1989.

- *l'ampleur et la vitesse de la diminution initiale de la production*. Le taux de croissance annuel de la production entre 1929 et 1932 a été en moyenne de – 8,6 %, d'où une augmentation du chômage de 20 points en quatre ans ;
- *le temps qu'il a fallu à la reprise*. Le taux de croissance annuel de la production a été de 7,7 % par an en moyenne, ce qui est élevé. Mais en 1941, au moment de l'entrée en guerre des États-Unis, le chômage était encore de 9,9 %. Il n'y a pas de contradiction ici, il ne s'agit que d'une application de la loi d'Okun : il faut beaucoup de temps pour résorber un chômage élevé, même si la croissance est soutenue [1].

La chute des dépenses

On dit souvent que la Grande Dépression a été déclenchée par le krach boursier de 1929, jugement qui est en partie erroné. Une récession avait commencé avant le krach, et d'autres facteurs ont plus tard joué un rôle essentiel dans le développement de la crise.

Bien sûr, le krach a été important. Le marché boursier avait connu un *boom* depuis 1921, les cours des titres avaient augmenté bien plus vite que les dividendes versés aux actionnaires ; le ratio dividende/cours est ainsi passé de 6,5 % en 1921 à 3,5 % en 1929. Le 28 octobre 1929, l'indice des cours boursiers est passé de 298 à 260. Le lendemain, la chute a continué et l'indice est passé à 230. Cela représente une chute de 23 % en deux jours, ou de 40 % par rapport au pic de septembre. En novembre, l'indice était à 198. La reprise du marché boursier début 1930 a été suivie par une nouvelle chute, car la crise économique s'intensifiait, ce dont prenaient progressivement conscience les agents du marché boursier.

Le krach d'octobre 1929 a-t-il eu lieu parce que l'on a soudain pris conscience de la crise économique ? Non, car il n'y a pas trace d'information majeure en octobre 1929. Le krach correspond certainement à l'explosion d'une bulle financière. Ceux qui avaient acheté des titres au prix fort, pensant pouvoir les revendre avec une plus-value, ont pris peur et ont voulu vendre leurs titres immédiatement, d'où une chute des cours [2]. Le krach n'a pas seulement diminué la richesse des consommateurs, il a surtout augmenté leur incertitude. N'étant pas sûrs du futur, les consommateurs et les entreprises ont préféré attendre que la situation se clarifie avant de se lancer dans des dépenses (de consommation de biens durables ou d'investissement). Par exemple, dans les mois qui ont suivi le krach, il y a eu une forte diminution des ventes de voitures, une dépense que l'on peut assez facilement retarder. La production industrielle, qui avait déjà diminué de 1,8 % entre août et octobre, a encore diminué de 9,8 % entre octobre et décembre, puis de 24 % entre décembre 1929 et décembre 1930. Dans les termes du modèle *IS*/*LM*, représenté sur la figure 19.6, le krach a déplacé la courbe *IS* vers la gauche, de *IS* à *IS'*.

1. Nous avons vu à la section 10.1 que la loi d'Okun donne une relation entre le changement du taux de chômage et l'écart du taux de croissance par rapport à son niveau naturel. Aux États-Unis aujourd'hui, une croissance de 1 point de pourcentage au-dessus de la normale entraîne une réduction du taux de chômage d'environ 0,4 point de pourcentage. En utilisant le tableau 19.1, quelle relation quantitative existe-t-il entre croissance de la production et taux de chômage entre 1933 et 1941 ?
2. Reprendre la discussion sur les dividendes et les cours des actions, les bulles et les krachs de la section 12.3.

Figure 19.6 – La Grande Dépression et le modèle *IS/LM* (I).

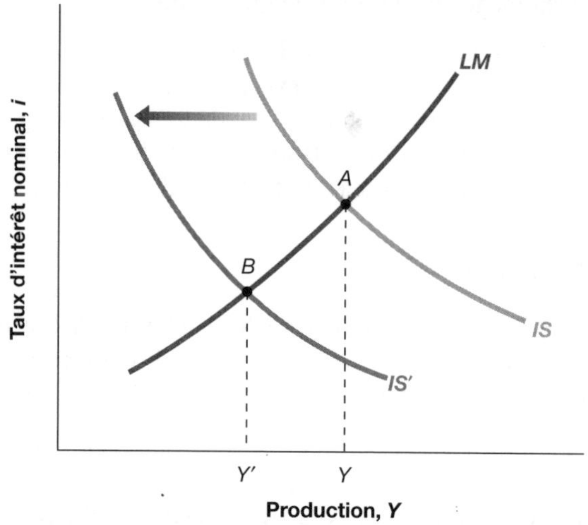

Le krach boursier a entraîné une diminution de la richesse et une augmentation de l'incertitude, ce qui a déplacé la courbe *IS* vers la gauche.

La contraction de la masse monétaire

Au chapitre 8, nous avons montré comment, après une baisse de la demande de biens, l'économie retourne à son niveau d'équilibre [1]. Les mécanismes à l'œuvre sont les suivants :

- une faible production entraîne une augmentation du chômage ;
- un chômage élevé entraîne une baisse des salaires ;
- une baisse des salaires entraîne une baisse des prix ;
- une baisse des prix entraîne une augmentation de la masse monétaire réelle ;
- l'augmentation de la masse monétaire réelle déplace graduellement la courbe *LM*, et donc la production augmente ;
- ainsi, la production retrouve son niveau d'équilibre.

Ce mécanisme est-il à l'œuvre après 1929 ? On a pu voir dans le tableau 19.1 que la baisse de la production a été suivie d'une baisse des prix après 1929. L'indice des prix à la consommation est passé de 100 en 1929 à 75,6 en 1933, soit une baisse de 24 % des prix à la consommation en quatre ans. Mais les choses se sont arrêtées là, et ce pour deux raisons :

- il y a eu une forte contraction de la masse monétaire nominale, qui a laissé la masse monétaire réelle à peu près inchangée ;

1. Nous avons étudié dans la section 8.5 les effets d'une réduction des déficits budgétaires obtenue par une réduction des dépenses du gouvernement. Les conclusions de cette discussion auraient été les mêmes si nous avions étudié les effets d'une réduction de la consommation due à une chute de la richesse ou de la confiance des ménages.

- la déflation elle-même a eu des effets pervers, qui ont réduit encore plus la production.

Le krach boursier a entraîné une diminution de la richesse et une augmentation de l'incertitude, ce qui a déplacé la courbe *IS* vers la gauche.

Considérons d'abord la contraction de la masse monétaire réelle. Le tableau 19.2 indique l'évolution de la masse monétaire nominale (mesurée par *M*1) et de la base monétaire (*H*) entre 1929 et 1933. Il montre aussi l'évolution du multiplicateur monétaire (*M*1/*H*) et du stock réel de monnaie (*M*1/*P*), où *P* représente l'indice des prix à la consommation.

Tableau 19.2 – La masse monétaire, nominale et réelle, 1929-1933.

Année	Masse monétaire nominale (en millions de dollars)	Base monétaire (en milliards de dollars)	Multiplicateur monétaire	Masse monétaire réelle (en millions de dollars)
	M1	*H*	*M1/H*	*M1/P*
1929	26,4	7,1	3,7	26,4
1930	25,4	6,9	3,7	26,0
1931	23,6	7,3	3,2	26,5
1932	20,6	7,8	2,6	25,8
1933	19,4	8,2	2,4	25,6

Source : *Statistiques historiques des États-Unis*, Département américain du commerce (pour *M*1, séries X414 ; pour *H*, séries X422 et X423 ; pour *P*, séries E135).

De 1929 à 1933, la masse monétaire nominale *M*1 a diminué de 26,4 millions de dollars à 19,4 millions de dollars, soit une baisse de 27 %. Pour comprendre ce qui s'est passé, rappelons les mécanismes de base de la création monétaire [1].

La masse monétaire nominale *M*1 (la somme des billets et pièces en circulation et les dépôts à vue) est égale à la base monétaire *H* (les pièces et billets et les réserves des banques), directement contrôlée par la banque centrale, multipliée par le multiplicateur monétaire :

$$M1 = H \times \text{multiplicateur monétaire}$$

Le multiplicateur monétaire dépend à son tour de la quantité de réserves que les banques gardent proportionnellement à leurs dépôts et de la quantité de monnaie que le public conserve sous forme d'espèces plutôt que de dépôts.

Notons qu'entre 1929 et 1933, la base monétaire *H* est passée de 7,1 milliards de dollars à 8,2 milliards. Donc la baisse de la masse monétaire nominale ne vient pas d'une baisse de la base monétaire ; elle vient plutôt d'une baisse du multiplicateur monétaire, qui est tombé de 3,7 à 2,4 pendant cette période.

Cette baisse du multiplicateur monétaire est due à des faillites bancaires [2]. Après la chute de la production, de plus en plus d'emprunteurs se sont trouvés dans l'impossibilité de

1. Voir la section 6.3.
2. L'analyse classique est faite par Milton Friedman et Anna Schwartz dans *A Monetary History of the United States, 1867-1960*, Princeton University Press, 1963.

rembourser leurs emprunts aux banques, et de plus en plus de banques se sont retrouvées insolvables. Ces banques ont fait faillite. Les faillites bancaires ont été de plus en plus nombreuses de 1929 à 1933, atteignant un pic de 4 000 faillites pour 20 000 banques en activité.

Les faillites bancaires ont eu un effet direct sur l'offre de monnaie : les banques ayant fait faillite, les dépôts dans ces banques n'avaient plus de valeur. Mais l'effet principal a été indirect : inquiets à l'idée que leur banque fasse faillite, les petits épargnants ont voulu retirer leurs dépôts. Cette augmentation des espèces relativement aux dépôts a fait baisser le multiplicateur monétaire, et donc l'offre de monnaie s'est trouvée diminuée. Pour mieux comprendre ce mécanisme, imaginons que tous les épargnants aient voulu retirer *tous* leurs dépôts : le multiplicateur serait descendu à 1, $M1$ aurait été juste égal à la base monétaire. Les choses ne sont pas allées si loin, mais le multiplicateur est quand même passé de 3,7 en 1929 à 2,4 en 1933, d'où une baisse de l'offre de monnaie malgré l'augmentation de la base monétaire (certains économistes pensent que la transformation des dépôts en espèces a eu des effets qui sont allés au-delà du simple effet sur le multiplicateur monétaire ; voir l'encadré « Monnaie ou crédit bancaire ? ».)

Avec une baisse de l'offre de monnaie nominale entre 1929 et 1933 à peu près proportionnelle à la baisse des prix, le stock réel de monnaie est resté constant, ce qui a étouffé l'un des mécanismes qui aurait pu amener une reprise. En d'autres termes, la courbe *LM* est en gros restée stable – elle ne s'est pas déplacée vers le bas, comme cela aurait été le cas, si l'offre de monnaie nominale était restée stable. Selon Milton Friedman et Anna Schwartz, les autorités monétaires américaines sont responsables de l'aggravation de la crise : pour compenser la baisse du multiplicateur monétaire, elles auraient dû augmenter la base monétaire bien plus qu'elles ne l'ont fait.

Gros plan

Monnaie ou crédit bancaire ?

Nous avons insisté sur les effets du retrait des dépôts bancaires sur le multiplicateur monétaire. Certains économistes affirment que ces retraits ont eu des effets allant au-delà du multiplicateur monétaire. Voyant leurs dépôts diminuer, les banques ont demandé le remboursement de prêts qu'elles avaient consentis. Ceux qui avaient emprunté auprès d'elles ont été incapables de trouver d'autres sources de crédit, ce qui a entraîné une nouvelle baisse de la production.

Cet argument a été avancé par Ben Bernanke, de l'université de Princeton (et qui est devenu depuis président de la Réserve fédérale, la Banque centrale des États-Unis). Il part de l'observation que les banques jouent un rôle particulier sur le marché du crédit. Elles font crédit aux entreprises trop peu importantes ou pas suffisamment connues, qui ne peuvent pas émettre d'obligations. En accordant un prêt à une entreprise, la banque acquiert de l'information sur celle-ci et, par la suite, elle suit de près son activité. Si la banque refuse de continuer à lui prêter, cette entreprise ne trouvera peut-être plus de prêteur. Ni les autres banques, ni le marché obligataire n'ont sur cette entreprise la même information que la première banque. En conséquence, l'entreprise devra peut-être renoncer à des investissements productifs, réduire sa production, voire déposer son bilan. [Notons qu'en écrivant la fonction d'investissement $I = I(r, Y)$, nous avons supposé implicitement que les entreprises pouvaient emprunter autant qu'elles voulaient pour un taux d'intérêt r ; nous avons donc implicitement exclu le mécanisme dont nous venons de parler.]

Gros plan

En rassemblant un certain nombre d'éléments, Bernanke rend crédible l'hypothèse que le **canal du crédit** a joué un rôle important dans l'aggravation et la durée de la Grande Dépression. Une citation d'un rapport de 1935 basé sur un large échantillon d'entreprises a parfaitement éclairci ce point :

« [On trouve] une demande non satisfaite de crédit par des emprunteurs solvables, qui auraient pu faire une utilisation économiquement valable du capital. La somme de ces demandes insatisfaites a été un facteur significatif, parmi d'autres, du retard de la reprise. »

Source : Ben Bernanke, « Nonmonetary Effects of the Financial Crisis in the Propagation of the Great Depression », *American Economic Review*, 1983.

Pour une analyse plus précise du canal du crédit et de la politique monétaire, on pourra lire d'Anil Kashyap et Jeremy Stein, « Monetary Policy and Bank Lending », *in* N. Gregory Mankiw, *Monetary Policy*, Chicago University Press et NBER, 1994.

Les effets de la déflation

En plus de la diminution de l'offre de monnaie nominale, la déflation (la baisse des prix) a été une source supplémentaire de la baisse de la production pendant la Grande Dépression.

Sur la figure 19.7, l'équilibre d'avant la crise est donné par le point *A*. On a vu que l'effet du krach a été de déplacer la courbe *IS* de *IS* à *IS'*, en raison de ses effets sur la richesse et de l'incertitude. Les effets combinés de la baisse des prix et de la contraction de la masse monétaire nominale se compensent, laissant la courbe *LM* inchangée.

Figure 19.7 – La Grande Dépression et le modèle *IS/LM* (II).

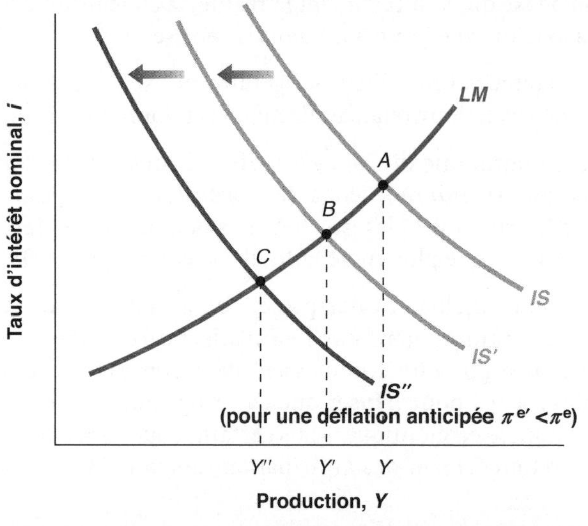

Les effets de la déflation anticipée ont déplacé la courbe *IS* vers la gauche, d'où une nouvelle baisse de la production.

Considérons à présent les effets de la déflation sur la différence entre taux d'intérêt nominal et réel. On se souvient que le taux d'intérêt réel est égal à la différence entre le taux d'intérêt nominal et l'inflation anticipée ou, de façon équivalente, entre la somme du taux d'intérêt nominal et de la déflation anticipée. En 1931, le taux de déflation était de 10 % par an. Il est évident qu'à ce moment-là, les gens prévoyaient que la baisse des prix allait continuer. Cette anticipation fait que même avec des taux d'intérêt nominaux faibles (le taux sur les bons du Trésor à trois mois seulement de 1,4 %), les taux d'intérêt nominaux restaient élevés. Quand la déflation anticipée est de 10 %, même un taux d'intérêt nominal de 0 % conduit à un taux réel de 10 % !

Selon la figure 19.7, les effets de l'anticipation de la déflation ont été de déplacer la courbe *IS* vers la gauche. Pour un taux d'intérêt donné, des anticipations de déflation élevées impliquent un taux d'intérêt réel élevé, une moindre demande et donc une moindre production [1]. La production baisse encore et la crise s'aggrave.

La reprise

La reprise a commencé en 1933. À l'exception d'une chute du taux de croissance en 1937 (voir le tableau 19.1), la croissance a été soutenue, tournant autour de 7,7 % entre 1933 et 1941. Les historiens et les économistes ont beaucoup moins étudié la reprise que la crise initiale. Ainsi, un certain nombre de questions restent sans réponse.

L'un des facteurs qui a contribué à la reprise est clair. Après l'élection de Franklin Roosevelt en 1932, la politique budgétaire et monétaire a connu un changement radical : la masse monétaire nominale a été très nettement augmentée. Entre 1933 et 1941, le stock nominal de monnaie a augmenté de 140 %, le stock réel augmentant de 100 %. Ces augmentations sont dues à la croissance de la base monétaire, et non à celle du multiplicateur monétaire. Dans un article controversé, Christina Romer affirme que si la politique monétaire n'avait pas changé après 1933, la production aurait été 25 % plus basse qu'elle ne l'a été en 1937, et 50 % plus basse en 1942 [2]. Ces chiffres sont très élevés. Mais même si l'on pense qu'ils surestiment la réalité, la conclusion demeure que la politique monétaire a joué un rôle important dans la reprise.

Le rôle des autres facteurs (du déficit budgétaire du *New Deal* aux programmes de l'administration Roosevelt pour relancer l'activité économique) est bien moins évident.

L'un des points du programme du *New Deal* visait à améliorer le fonctionnement des banques en créant une *Assurance fédérale des dépôts* (la FDIC), pour assurer les dépôts bancaires et éviter les ruées vers les guichets des banques et les faillites bancaires et, effectivement, il n'y a presque plus eu de faillites bancaires après 1933.

Les autres programmes incluaient des projets de grands travaux et de soutien aux chômeurs, et un programme géré par l'**administration nationale pour la reconstruction** pour établir un bon fonctionnement de la concurrence dans l'industrie. Les économistes sont d'accord pour penser que ces programmes ont eu relativement peu d'effet direct sur la reprise économique. Mais certains soutiennent qu'ils ont joué un rôle important dans le retournement des anticipations après 1933 (surtout parce qu'ils ont

1. Pour i donné,
$\pi^e \downarrow \Rightarrow r (\equiv i - \pi^e) \uparrow \Rightarrow Y \downarrow$:
la courbe *IS* se déplace vers la gauche.
2. Christina Romer, « What Ended the Great Depression? », *Journal of Economic History*, décembre 1992, p. 757-784.

prouvé l'engagement actif du gouvernement pour faire sortir le pays de la crise). On a vu dans les chapitres précédents que les effets de la politique sur les anticipations étaient primordiaux. Cependant, mesurer précisément l'importance de ces éléments dans la reprise après 1933 est difficile.

La reprise nous pose aussi une énigme. En 1933, la déflation s'est arrêtée. Pendant le reste de la décennie, l'inflation a été faible. L'indice des prix à la consommation a atteint 81,8 en 1940, contre 75,6 en 1933 (selon la figure 19.2, le passage des anticipations de déflation à des anticipations de stabilité des prix a contrecarré le déplacement de la courbe IS de IS' à IS''). L'énigme est la suivante : pourquoi la déflation s'est-elle arrêtée en 1933 ?

Avec l'importante baisse des prix en 1932 et un chômage encore élevé, la théorie de la détermination des salaires prévoit que les salaires devraient continuer à baisser, et la déflation se poursuivre. Sur la courbe de Phillips américaine, les années 1933 et 1939 sont des points aberrants. Pourquoi la déflation s'est-elle stoppée ? L'une des raisons pourrait être l'ensemble des mesures prises par l'administration Roosevelt. La **loi pour la reconstruction industrielle**, signée en juin 1933, demande aux entreprises de signer un code de comportement, d'établir un salaire minimum et de ne pas profiter du taux de chômage élevé pour tirer les salaires vers le bas. Les économistes ont en général des doutes sur les effets réels de tels conseils aux entreprises, mais cette loi offrait aussi des avantages : une moindre concurrence sur le marché des biens (sous l'appellation de « concurrence ordonnée ») et donc la possibilité de profits plus élevés. Dans tous les cas, il semble que cette loi ait eu des effets sur la fixation des salaires.

Une autre raison de l'arrêt de la déflation est la forte croissance de la production, malgré le taux de chômage élevé. En conséquence, des goulets d'étranglement sont apparus dans certains secteurs particuliers, obligeant les entreprises à augmenter leurs prix. En raison de la forte hausse de la demande, les prix des matières premières ont augmenté ; cette hausse s'est traduite pour les entreprises par une augmentation des coûts de production, qui les a contraintes à accroître leurs prix même quand les salaires restaient fixes. En conclusion, on peut amender le mécanisme de fixation des prix que nous avions décrit : nous avions supposé que les prix ne dépendaient que des salaires, mais dans un contexte de forte croissance, ils peuvent augmenter même lorsque les salaires sont constants, et ainsi réduire les pressions déflationnistes dues au chômage.

Il est important de noter que la déflation a disparu dans tous les pays en 1933, même dans ceux qui n'ont pas eu de programme similaire au *New Deal*, ni connu une croissance aussi forte que les États-Unis. Cela nous amène à penser que d'autres phénomènes sont à l'œuvre. Par exemple, peut-être que, après une période prolongée de sous-emploi, la pression à la baisse qu'exerce le chômage sur les prix s'estompe, pour finalement disparaître. L'Europe aujourd'hui semble dans une telle situation : le chômage y est élevé depuis longtemps, l'inflation est relativement stable et la croissance n'est pas très importante.

Résumé

- En général, une récession entraîne une baisse de l'inflation. Pour un taux de croissance donné de la masse monétaire, cette baisse de l'inflation entraîne une hausse de la quantité réelle de monnaie, une baisse du taux d'intérêt nominal et le retour du produit à son niveau naturel.

- Ce mécanisme d'ajustement peut ne pas fonctionner parce que la baisse de l'inflation peut conduire à une hausse du taux d'intérêt réel, dans le cas où la baisse de l'inflation anticipée est plus importante que la baisse du taux d'intérêt nominal. Cette hausse du taux d'intérêt réel peut mener à une baisse des dépenses.
- La politique monétaire peut réduire plus encore le taux d'intérêt nominal. Elle ne peut cependant pas le faire en deçà de zéro et elle atteint alors ses limites.

Sur la Grande Dépression aux États-Unis :

- Le taux de chômage est passé entre 1929 et 1933 de 3,2 % à 24,9 %.
- La cause initiale de cette augmentation du chômage a été un choc adverse sur la demande, à cause du krach boursier de 1929 et de l'accroissement de l'incertitude qui s'en est suivi.
- Le résultat du chômage a été une large déflation de 1929 à 1933.
- Cependant, les effets favorables de la déflation ont été contrebalancés par une diminution équivalente de la masse monétaire réelle. Cette diminution était due aux faillites bancaires et à la baisse du multiplicateur monétaire. Un autre effet néfaste de la déflation a été l'augmentation des taux d'intérêt nominaux, qui a, à son tour, entraîné une nouvelle baisse de la demande et de la production.
- La reprise a commencé en 1933. La croissance moyenne entre 1933 et 1941 a été forte, autour de 7,7 %. Malgré cela, étant donné son niveau de 1933, le chômage était encore à 9,9 % en 1941. En dépit des prédictions de la courbe de Phillips, l'inflation a repris en 1934, malgré le haut niveau du chômage.
- Un certain nombre de questions restent sans réponse en ce qui concerne la reprise. Il est clair cependant que la forte croissance de la masse monétaire nominale, qui permet une augmentation de la masse monétaire réelle, a joué un rôle essentiel.

Pour en savoir plus

Sur la Grande Dépression : Lester Chandler, *America's Greatest Depression*, Harper & Row, 1970 ; John Garraty, *The Great Depression*, Harcourt Brace Jovanovich, 1986 et, plus récemment, Pierre-Cyrille Hautcœur, *La Crise de 1929*, La Découverte, « Repères Histoire », 2009.

Peter Temin, *Did Monetary Forces Cause the Great Depression?*, W. W. Norton, 1976, s'intéresse aux problèmes macroéconomiques.

Applications

Vrai/Faux/Incertain

a. Le krach boursier de 1929 reflète la prise de conscience par les investisseurs de l'arrivée de la Grande Dépression.

b. La Fed aurait pu agir davantage pour empêcher la Grande Dépression, ou au moins en limiter la gravité.

c. Nous avons appris maintenant comment utiliser les politiques monétaires et budgétaires pour éviter une autre Grande Dépression.

Chapitre 20

La crise des *subprimes*

À la fin de 2006, lorsque les prix de l'immobilier ont commencé à baisser aux États-Unis, la plupart des économistes prévoyaient que cette diminution allait peser négativement sur l'investissement immobilier et la consommation, et ainsi ralentir l'activité économique. Quelques-uns ont prédit que cela pourrait conduire à une légère récession. Mais très peu ont anticipé le fait que cela mènerait à la crise économique la plus importante depuis les années 1930. Cela a pourtant été le cas.

Ce qui s'est passé, et que peu ont anticipé, est que cette baisse des prix de l'immobilier a entraîné une crise financière majeure. Le système financier s'est révélé bien plus fragile que ce que l'on pensait, et beaucoup de banques ou d'autres institutions financières se sont trouvées en quelques mois en faillite ou en quasi-faillite. En conséquence, les banques ont été dans l'incapacité de prêter, ou n'ont pas souhaité le faire. Le taux d'intérêt auquel les ménages et les entreprises pouvaient emprunter a augmenté dans des proportions considérables, ce qui a engendré une diminution des dépenses et donc de l'activité.

Lorsque l'ampleur de la crise est apparue clairement, les décideurs politiques ont réagi avec des mesures financières, monétaires et budgétaires. Les banques centrales ont réduit les taux d'intérêt qu'elles contrôlent, les gouvernements ont mis en œuvre des stimuli budgétaires de grande envergure. Ces politiques ont vraisemblablement empêché ce qui aurait été une chute plus importante encore de l'activité.

Avec le temps, cependant, les politiques monétaires et budgétaires se sont heurtées à des limites importantes. Les taux d'intérêt directement contrôlés par les banques centrales étaient proches de zéro et ne pouvaient donc plus diminuer : de nombreuses économies étaient ainsi prises dans une « trappe à liquidité ». Les politiques d'expansion budgétaire et, surtout, les pertes de revenus fiscaux liées au ralentissement de l'activité ont entraîné des hausses importantes et parfois préoccupantes des dettes publiques. Ces limites ont rendu plus difficile l'utilisation des politiques macroéconomiques pour encourager la reprise. Celle-ci reste lente, et l'on prévoit que le chômage continuera à être élevé pendant une longue période.

La première section de ce chapitre présente les mécanismes qui ont conduit à la crise, la baisse des cours de l'immobilier aux États-Unis et ses effets sur le système financier. La section 20.2 expose ensuite les effets de la crise financière sur l'économie réelle et l'activité, en étendant le modèle *IS*/*LM*. La section 20.3 présente les politiques économiques menées en réaction à la crise. Les nouveaux défis posés par la crise à la politique monétaire et à la politique budgétaire sont également abordés dans les chapitres 24 et 25 ; quant au chapitre 26, il présente les développements de l'analyse macroéconomique suite à cette crise.

20.1 D'une baisse des prix de l'immobilier à une crise financière

La crise des *subprimes*

La figure 20.1 montre l'évolution des prix immobiliers aux États-Unis entre 2000 et 2011. L'indice représenté, nommé Case-Shiller du nom des deux économistes qui l'ont proposé, est normalisé pour être égal à 100 en janvier 2000. On peut observer la forte augmentation des prix jusqu'au milieu de 2006 (l'indice valait alors 226), suivie d'une stabilisation, puis d'une baisse rapide à partir de 2007. À la fin de 2008, lorsque la crise financière a débuté, l'indice était redescendu à 162.

Figure 20.1 – L'évolution des prix immobiliers aux États-Unis de 2000 à 2011.

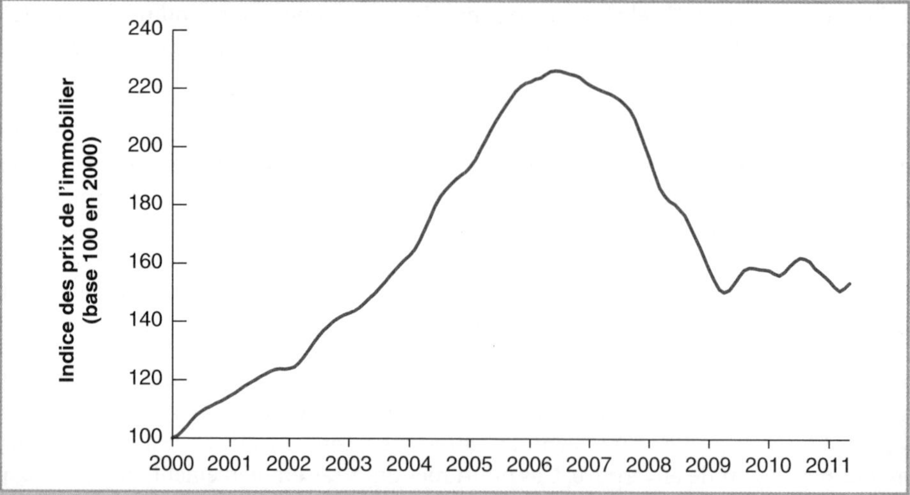

Source : indice Case-Shiller, www.standardandpoors.com/indices/main/en/us.

La hausse importante de 2000 à 2006 était-elle justifiée ? Avec le recul et au regard de l'effondrement qui a suivi, la réponse est assurément négative. Sur le moment cependant, les avis des économistes divergeaient. Une certaine hausse des prix pouvait s'expliquer :

- les taux d'intérêt étaient à un niveau inhabituellement bas au cours des années 2000. Cela tendait à accroître la demande de logements et donc les prix immobiliers ;
- d'autres facteurs ont également joué. Les institutions de crédit immobilier aux États-Unis ont fait de plus en plus de prêts à des emprunteurs présentant des risques importants de non-remboursement. Ces prêts, appelés « prêts *subprimes* », existaient depuis le milieu des années 1990, mais sont devenus plus fréquents dans les années 2000. Vers 2006, près d'un cinquième des prêts immobiliers aux États-Unis étaient des *subprimes*. Était-ce problématique ? La plupart des économistes voyaient alors cela comme un développement positif : cela permettait à plus de ménages d'acheter des maisons ; en supposant que les prix de l'immobilier allaient continuer à augmenter, la valeur du crédit à rembourser diminuerait par rapport à la valeur de la maison achetée – le crédit semblait donc sûr à la fois pour le prêteur et l'emprunteur. Au regard des années précédentes, supposer que les prix de l'immobilier allaient

continuer à augmenter pouvait paraître raisonnable : sur la figure 20.1, on peut voir que les prix de l'immobilier n'avaient pas diminué depuis la récession de 2000-2001.

Rétrospectivement, ces développements se sont révélés bien plus néfastes que ce qu'imaginaient la plupart des économistes. Tout d'abord, les prix de l'immobilier pouvaient chuter, comme cela est apparu clairement à partir de 2006. Dès lors, de nombreux emprunteurs se sont retrouvés dans une situation où la valeur de leur maison était désormais inférieure à la valeur du crédit qu'ils devaient rembourser. De plus, il est apparu que, dans de nombreux cas, le prêt était en fait beaucoup plus risqué que le prêteur ne l'avait prétendu et que l'emprunteur ne l'avait compris. Souvent, les institutions de crédit avaient accordé des prêts avec des remboursements qui étaient initialement faibles et devaient augmenter fortement par la suite, sans faire que les ménages emprunteurs ne le comprennent clairement... Même si les prix de l'immobilier n'avaient pas diminué, de nombreux ménages n'auraient pas été en mesure de rembourser leur prêt.

On peut se demander pourquoi des prêteurs ont accordé des crédits qui présentaient des risques de défaut aussi importants, et sans s'assurer que les emprunteurs en comprennent les clauses (voire en faisant en sorte que ceux-ci ne les comprennent pas). La raison est à trouver dans les développements de la finance au cours des années 2000 et notamment dans l'ampleur prise par la titrisation (voir plus loin, ainsi que l'encadré « À l'origine de la crise : la nouvelle finance ») : désormais, celui qui accorde le prêt ne le garde pas dans son portefeuille, mais en fait un titre qu'il revend à des banques ou d'autres institutions sur les marchés financiers. Le risque de non-remboursement est donc supporté par ces acheteurs qui ne connaissent pas l'emprunteur.

Dans ce contexte, lorsque les prix de l'immobilier ont diminué et de nombreux emprunteurs ont fait défaut, beaucoup de banques ont fait face à d'importantes pertes. Au milieu de 2008, les défauts sur les prêts immobiliers aux États-Unis étaient estimés à 300 milliards de dollars. Ce montant est évidemment important, mais il reste cependant limité par rapport à la taille de l'économie des États-Unis : 300 milliards de dollars représentent environ 2 % du PIB du pays. On pouvait donc penser que le système financier pourrait absorber ce choc et que son impact sur l'activité serait limité.

Tel n'a pas été le cas. Même si le déclencheur de la crise a été la chute des cours immobiliers, l'effet de cette chute a été très fortement amplifié. Il faut donc comprendre ces mécanismes amplificateurs et, pour cela, revenir sur le rôle des banques.

Le rôle des banques : insolvabilité et illiquidité

Dans le chapitre 5, nous avons étudié le rôle des banques dans la détermination de l'offre de monnaie. Dans ce cadre, les banques se caractérisaient par leur rôle d'émettrices de monnaie ou, plus précisément, par le fait que leur passif était constitué de dépôts. Dans ce chapitre-ci, nous considérons les banques comme intermédiaires financiers, c'est-à-dire comme des institutions qui reçoivent des fonds de ceux qui souhaitent épargner et les utilisent pour faire des prêts à ceux qui souhaitent emprunter.

Considérons le bilan simplifié d'une banque typique, la banque ABC, impliquée dans le processus d'intermédiation financière, présenté dans le tableau 20.1.

Tableau 20.1 – Le bilan de la banque ABC.

Actif		Passif	
Prêts :	100 euros	Dépôts à vue :	200 euros
Obligations :	200 euros	Dette :	50 euros
		Fonds propres :	50 euros

Les dépôts des clients de la banque s'élèvent à 200 euros (ou millions d'euros si vous préférez). La banque ABC a par ailleurs emprunté auprès d'autres banques pour une valeur de 50 euros, que nous appelons « dette ». Enfin, elle dispose de fonds propres à hauteur de 50 euros (vous pouvez imaginer que les propriétaires de la banque ont investi directement 50 euros de leurs fonds dans la banque).

La banque ABC a rempli sa fonction d'intermédiaire financier en acheminant 100 euros de ces dépôts à vue, dette et fonds propres en direction des sociétés ou des ménages en forme de prêts, et 200 euros vers d'autres banques, sociétés ou entités publiques sous forme d'obligations. La présence de fonds propres est nécessaire comme réserve de couverture des engagements. Supposons en effet que la banque ne dispose pas de fonds propres et finance ses 300 euros d'actifs par 200 euros de dépôts à vue et 100 euros de dette. Si, pour une raison quelconque, la valeur de ses actifs (par exemple, la valeur des obligations détenues par la banque) diminue, la banque serait en faillite, dans l'incapacité de rembourser les dépôts à vue et sa dette. Il est donc essentiel que la banque détienne suffisamment de fonds propres pour limiter le risque de faillite. Dans notre exemple, si la valeur des actifs diminue de 20 euros (et passe donc de 300 à 280 euros), la banque a toujours des actifs suffisants pour faire face aux dépôts à vue de ses clients et au remboursement de sa dette (250 euros au total). Dans ce cas, la valeur du capital détenu par les propriétaires de la banque diminue : les fonds propres sont désormais de 30 euros.

Même avec des fonds propres, cependant, la banque peut rencontrer des difficultés, pour deux raisons :

- si la baisse du prix des actifs est trop importante, **les fonds propres de la banque peuvent se révéler insuffisants**. Dans notre exemple, si la valeur des actifs (prêts + obligations) devient inférieure à 250 euros, la banque devient **insolvable** ;
- ce n'est toutefois pas la seule difficulté que peut rencontrer la banque ABC. Elle peut également faire face à des **retraits massifs de fonds**. Supposons que les clients qui ont des dépôts dans la banque ABC souhaitent récupérer leurs fonds immédiatement (cela peut être parce qu'ils craignent que la banque soit insolvable, même si tel n'est pas le cas). La banque ABC n'aura pas assez de liquidités disponibles pour rendre l'argent des déposants, et il peut lui être difficile de vendre rapidement ses actifs pour cela. Dans ce cas, le problème de la banque n'est pas un problème d'insolvabilité, mais d'**illiquidité**.

La baisse des prix de l'immobilier a engendré des pertes importantes pour de nombreuses banques. Certaines sont devenues insolvables, et la solvabilité d'autres a été mise en doute par les marchés : ces banques pour lesquelles un doute sur leur solvabilité existait ont connu des problèmes de liquidités, plus aucun agent ne souhaitant leur faire de prêt. Pour comprendre comment la chute des prix de l'immobilier a pu avoir un tel impact sur le marché financier, il faut considérer les évolutions du système financier au cours des années précédant la crise, qui l'ont profondément fragilisé.

La fragilité du système financier

Si la baisse des cours de l'immobilier a entraîné une crise financière d'une telle ampleur, c'est en raison de la fragilité qu'avait développée le système financier au cours des années 2000. Trois facteurs expliquent cette fragilité.

1. Un levier excessif. Considérons deux banques. La première est la banque ABC, dont le bilan est présenté dans le tableau 20.1. Cette banque a 300 euros d'actifs, 250 euros de dettes et dépôts et 50 euros de fonds propres. Son ratio de capital, défini comme le ratio de fonds propres sur ses actifs, est de 16,7 % (50/300). L'inverse du ratio de capital est appelé « **levier** » : il est donc de 6 pour la banque ABC. Supposons que la banque DEF ait quant à elle également 300 euros d'actifs, mais seulement 15 euros de fonds propres et 285 euros de dépôts et dettes. Son levier est donc de 20 (300/15).

Imaginons à présent qu'une partie des actifs de ces deux banques soit de mauvaise qualité : par exemple, certains emprunteurs ne peuvent pas rembourser leur prêt. Supposons qu'en conséquence, la valeur des actifs des deux banques diminue et passe de 300 euros à 270 euros. La banque ABC a désormais 270 euros d'actifs, 250 euros de dettes et dépôts, et la valeur de ses fonds propres (la valeur du capital détenu par les propriétaires de la banque) a diminué et est désormais de 20 euros (270 – 250). La banque DEF, quant à elle, a 270 euros d'actifs, soit un niveau inférieur à ses dettes et dépôts (285 euros) : elle est donc en faillite. C'est ce qui s'est passé pendant la crise : beaucoup de banques avaient un levier tellement élevé que même des pertes limitées sur la valeur des actifs augmentaient fortement le risque de faillite.

Pourquoi les banques avaient-elles adopté un niveau de levier aussi élevé ? En reprenant l'exemple des banques ABC et DEF, on peut voir qu'un niveau de levier élevé, s'il accroît le risque de faillite, accroît également le niveau des profits lorsque la valeur des actifs ne chute pas. Supposons qu'au lieu de diminuer de 300 euros à 285 euros, la valeur des actifs se soit accrue de 300 euros à 315 euros (soit un rendement de 5 %) et que, dans le même temps, ces deux banques doivent payer sur leurs dépôts et dettes un taux d'intérêt de 4 %, ce qui représente 10 euros pour la banque ABC (4 % de 250 euros) et 11,40 euros pour la banque DEF (4 % de 285 euros). Dans cette situation, la valeur des fonds propres de la banque ABC serait passée de 50 euros à 55 euros (50 + 15 – 10), soit un rendement de 5/50 = 10 % ; dans le même temps, la valeur des fonds propres de la banque DEF serait passée de 15 euros à 18,60 euros (15 + 15 - 11,40), soit un rendement de 24 % (3,6/15) : lorsque le levier est plus important, les gains en capital sont répartis sur un montant plus faible de fonds propres, et le rendement est donc plus élevé. Ce qui s'est passé au cours des années 2000 est que les banques ont décidé de prendre plus de risques pour obtenir des rendements plus accrus.

Pourquoi les banques ont-elles fait un tel choix ? Il semble qu'il y ait plusieurs raisons. La première est que les banques ont vraisemblablement sous-estimé les risques qu'elles prenaient : en période de bonne conjoncture, les banquiers, comme tout le monde, tendent à sous-estimer la probabilité d'un retournement conjoncturel. Une deuxième raison est que le système de rémunération des *traders* et dirigeants et, en particulier, les modalités d'attribution des bonus incitaient à prendre des risques qui accroissaient les rendements espérés (et donc leur rémunération si tout se passait bien), sans prendre en compte totalement le risque de faillite. Enfin, une troisième raison a été que, alors que les régulations financières imposaient un montant minimal de ratio de capital pour les banques, celles-ci ont trouvé de nouveaux moyens de contourner cette régulation en créant des structures nouvelles hors bilan, comme les SIV (« *special investment vehicles* » ; voir l'encadré « À l'origine de la crise : la nouvelle finance »).

2. Une complexité croissante des instruments financiers. Une autre évolution importante de la finance dans les années 1990 et 2000 a été le développement de la **titrisation**. Traditionnellement, l'intermédiaire financier qui accordait un prêt à un particulier ou une entreprise le conservait dans son portefeuille et bénéficiait ainsi ensuite des remboursements du prêt. Cela présentait un certain nombre d'inconvénients : une banque locale, qui fait des crédits immobiliers, était de fait très exposée à la situation économique locale. C'est ainsi que, au milieu des années 1980, lorsque les prix du pétrole ont fortement chuté et qu'une récession a touché le Texas, de nombreuses banques locales se sont retrouvées en faillite. Ces faillites auraient pu être évitées si ces banques avaient eu un portefeuille de prêts immobiliers plus diversifié dans l'ensemble des États-Unis.

Ce constat est à l'origine de la titrisation : il s'agit de créer des titres qui regroupent des actifs variés, par exemple des crédits immobiliers accordés dans plusieurs États des États-Unis. Ces titres peuvent reposer sur des dizaines de milliers de crédits immobiliers individuels, ce qui permet une forte diversification du risque. L'intérêt est que de nombreux investisseurs, qui ne souhaiteraient pas prêter à un ménage seul (pour lequel il existe un risque de défaut), sont prêts à détenir ces titres qui rassemblent des dizaines de milliers de crédits, le risque agrégé étant réduit par la loi des grands nombres. Cette technique permet d'accroître l'offre de fonds par les investisseurs et donc de diminuer le coût de l'emprunt immobilier.

La titrisation peut cependant prendre des formes plus complexes. Considérons par exemple ce panier de crédits immobiliers. Il est possible d'émettre sur celui-ci des titres qui garantissent à tous leurs détenteurs des droits identiques sur les rendements de ces crédits. Il est également possible d'émettre plusieurs catégories de titres : des titres seniors, aux détenteurs desquels sont versés les premiers rendements des crédits immobiliers, et des titres juniors, dont la rémunération n'intervient que dans un second temps s'il reste des fonds après le remboursement de la dette senior. Les investisseurs souhaitant prendre peu de risques achèteront la dette senior, alors que ceux souhaitant prendre plus de risques (en échange d'un rendement espéré plus élevé) achèteront la dette junior. De tels dispositifs, appelés CDO (*collateralized debt obligations*), sont apparus dans les années 1980, mais se sont fortement développés dans les années 1990 et 2000. L'innovation (dont on peut débattre du caractère bénéfique ou non) ne s'est pas arrêtée là : ont été créés des CDO particuliers (appelés CDO^2) qui ne reposaient pas directement sur des crédits immobiliers (ou d'autres prêts aux ménages ou aux entreprises), mais sur d'autres CDO. Et d'autres CDO (appelés CDO^3) ont été créés sur des CDO^2…

L'intérêt de la titrisation a été de diversifier le risque et de permettre à un ensemble plus large d'investisseurs de contribuer aux prêts aux ménages ou aux entreprises. La titrisation n'a cependant pas que des avantages. D'une part, comme nous l'avons vu précédemment, le fait que l'institution accordant le prêt à un particulier le revende ensuite sans supporter le risque de défaut a pu inciter certains intermédiaires à accorder des crédits sans attacher trop d'importance à la capacité de remboursement de l'emprunteur, voire dans certains cas en sachant parfaitement que l'emprunteur ne pourrait pas rembourser. D'autre part, du fait de la complexité de certains de ces nouveaux instruments financiers (CDO, CDO^2, CDO^3…), il s'est avéré particulièrement difficile d'apprécier leur valeur : cette complexité a contribué à la mauvaise évaluation du risque par les institutions financières, les investisseurs et les agences de notation. Ainsi, lorsque la situation du marché de l'immobilier s'est retournée, l'incapacité à connaître la valeur de ces titres en a fait des « actifs toxiques », dont les investisseurs ne souhaitaient plus disposer et qui étaient donc invendables par les banques qui les détenaient et pouvaient avoir besoin de liquidités.

3. Un recours abondant à des financements à court terme. Une troisième évolution au cours des années 1990 et 2000 a été le développement pour les banques de sources de financement autres que les dépôts : de plus en plus, les banques ont eu recours, pour financer l'achat de leurs actifs, à des emprunts réalisés auprès d'autres banques ou d'autres investisseurs, sous forme de dette à court terme. Ce financement est appelé « financement en gros ». En particulier, les SIV étaient totalement financés ainsi.

Ce mode de financement pouvait sembler une bonne idée, permettant aux banques d'avoir plus de flexibilité pour rassembler des fonds qu'elles pouvaient utiliser pour accorder des crédits ou acheter des actifs. Là encore, cependant, cette innovation avait un coût, qui est apparu clairement durant la crise. Si les investisseurs, ou les autres banques, s'inquiétant de la valeur des actifs d'une banque, décident d'arrêter de lui prêter, la banque se trouve en manque de liquidités et est contrainte de vendre certains de ses actifs. Si les actifs qu'elle détient sont complexes et difficiles à vendre, elle peut être contrainte de les brader à des prix très bas.

Nous avons ainsi tous les éléments permettant de comprendre comment la baisse des prix de l'immobilier a entraîné une crise financière majeure :

- la baisse des prix de l'immobilier a engendré des pertes en capital pour les banques. Devant la baisse de la valeur de leurs fonds propres, pour éviter le risque de faillite (qui pouvait être important du fait d'un levier excessif), les banques ont été forcées de vendre une partie de leurs actifs dans l'urgence, parfois en les bradant. Il en a résulté une nouvelle baisse de la valeur des actifs qui restaient dans le portefeuille des banques, les obligeant à de nouvelles ventes, entraînant de nouvelles baisses du prix des actifs ;
- la diminution du prix des actifs a été d'autant plus forte que leur grande complexité rendait leur valorisation difficile. Cette complexité avait également pour conséquence de compliquer l'appréciation de la solvabilité des banques (puisque la valeur de leurs actifs était difficile à évaluer). Dans ce contexte, les investisseurs se sont montrés très réticents à leur prêter : le financement de gros s'est arrêté, ce qui a forcé les banques à vendre à nouveau une partie de leurs actifs. Les banques elles-mêmes sont devenues réticentes à se prêter entre elles : une manifestation de ce phénomène est visible à travers l'évolution du TED *spread*, qui mesure la prime de risque exigée par les banques pour se prêter entre elles (voir l'encadré « Un indicateur de restriction de crédit : le TED *spread* »).

À la mi-septembre 2008, tous ces mécanismes jouaient à plein : le système financier était paralysé. Les banques avaient arrêté de se prêter entre elles et de prêter à qui que ce soit d'autre. La crise financière est alors devenue une crise macroéconomique.

Gros plan

À l'origine de la crise : la nouvelle finance

Reprenons le fil des innovations financières qui allaient transformer la structure des établissements financiers américains dans les années 1990-2000 et conduire à la crise des *subprimes*. Une innovation *a priori* intéressante est à l'origine des *subprimes*. Pour rendre le crédit immobilier plus attractif, les spécialistes en ingénierie financière ont eu l'idée suivante : ils ont jumelé puis découpé en tranches des portefeuilles de créances hypothécaires. Les meilleures tranches sont payées en premier, les deuxièmes ensuite, les dernières subissant le risque de défaut éventuel. On fabrique ainsi une palette variée d'actifs, séduisant une vaste classe d'investisseurs : les fonds de pension pour les meilleures tranches, les « *hedge funds* » pour les actifs risqués, les banques conservant, « hors bilan », les actifs dont personne ne veut… Cette invention, mise au point en 1983 par une filiale de General Electric, était destinée à l'origine à des emprunteurs *a priori* banals. Malgré une première crise en 1994, elle a pris son élan dans les années 2000, élargissant la gamme des ménages susceptibles de bénéficier d'un emprunt. Les couches populaires les plus défavorisées, celles dont le risque était le moins bon, les *subprimes*, y ont eu accès. Wall Street venait au secours de Harlem ! Mais le conte de fée allait mal tourner. La qualité des prêts accordés s'est révélée plus mauvaise que prévu. Et la chaîne d'interdépendance entre les acteurs de la finance a été beaucoup plus tendue que prévu.

Après la crise de 1929, des règles assez strictes ont été imposées aux banques pour éviter que celles-ci ne prennent des risques excessifs pouvant conduire à une crise économique importante. Tout au long des trente dernières années, une nouvelle intermédiation financière, totalement affranchie de ces règles, s'est développée. Ce nouveau système est parfois appelé le *shadow banking system*. Parti de presque rien dans les années 1980, il pesait à la veille de la crise des *subprimes*, aux États-Unis, le même poids que le système bancaire traditionnel, soit 10 000 milliards de dollars. Il s'agit des banques d'investissement, des « *hedge funds* », des fonds de « *private equity* » (qui achètent à crédit des entreprises non cotées), des compagnies d'assurances. Pour profiter au maximum des possibilités de cette nouvelle finance de marché, les banques elles-mêmes ont créé des structures inédites, des « *special investment vehicles* » (SIV), situées hors bilan. En logeant dans ces véhicules *ad hoc* leurs activités nouvelles, les banques se sont elles aussi affranchies des règles prudentielles. Elles ont pu profiter au maximum de ce que l'on appelle l'effet de levier, le « *leveraging* », à savoir la possibilité de financer à crédit des opérations à haut rendement, sans mobiliser de fonds propres.

La rupture introduite par la finance de marché est radicale. Auparavant, les établissements bancaires étaient les principaux initiateurs des prêts. Ils les conservaient dans leur bilan et les suivaient jusqu'à échéance. La titrisation leur a donné la possibilité de ne plus faire apparaître le risque de crédit dans leur bilan, mais de le transférer à d'autres investisseurs.

Les étapes qui président à l'octroi d'un prêt, tel qu'un prêt hypothécaire, sont devenues très complexes. Elles sont généralement divisées en plusieurs activités distinctes, chacune pouvant être exercée au sein d'institutions ou d'organismes différents. Par exemple, le processus complet de production d'un prêt hypothécaire fait appel à des acteurs aussi variés que l'emprunteur, l'initiateur (c'est-à-dire la banque), l'arrangeur (qui regroupe les prêts sous forme de produits structurés), l'agence de notation (qui délivre une note à ces derniers), le prêteur relais (qui assure transitoirement le service du prêt), le gestionnaire d'actifs et l'organisme de recouvrement du prêt hypothécaire. Le risque de crédit est ainsi plus largement disséminé au sein du système financier. Il est finalement cédé à un grand nombre d'investisseurs qui sont théoriquement non seulement mieux armés pour le supporter, mais encore plus disposés à le faire. Dans ce contexte, les fonds propres des banques peuvent être utilisés de manière *a priori* plus efficace, permettant, toutes choses égales par ailleurs, un accroissement de l'offre de crédit.

Gros plan

Plusieurs problèmes sont toutefois apparus. En amont de la crise, tout d'abord, un fait a été rapidement révélé : la qualité des crédits s'est profondément détériorée, même en prenant en compte la clientèle nouvelle à laquelle ils s'adressaient. La solvabilité des clients a été systématiquement surévaluée par les intermédiaires chargés de la distribution des prêts. La cause de cette dégradation est évidente. Avec la titrisation des prêts, celui qui est à l'origine du crédit le revend immédiatement aux marchés financiers. L'incitation est totalement changée. Ce qui compte, c'est de faire du chiffre, et non de surveiller la qualité du client. Ce n'est pas la même chose d'accorder un crédit en sachant qu'on le passera immédiatement à un autre et de faire un prêt que l'on devra récupérer soi-même. Outre la négligence, il est avéré que des fraudes ont été commises. Certains prêteurs auraient artificiellement gonflé la solvabilité de leurs clients afin d'accroître leur chiffre d'affaires.

L'autre source de méfiance concernant la qualité des titres concerne les méthodes utilisées pour en évaluer le risque. Avec l'aide des agences de notation, les investisseurs ont fabriqué des instruments réputés sans risque, notés AAA. Ils se sont servis, pour ce faire, de modèles mathématiques sophistiqués, prédisant la probabilité de défaut de tel ou tel type de créances, de façon à en extraire la part la moins risquée. Ces modèles sont certainement performants en temps normaux, mais ils ont pourtant conduit Goldman Sachs à fermer un fonds dont la probabilité de défaut avait été estimée à 1 sur 10^{138} [1] !

La substitution progressive des titres aux prêts au sein de l'actif des banques a par ailleurs renforcé la sensibilité des bilans bancaires aux techniques de valorisation. De fait, la valorisation d'instruments structurés complexes est un véritable défi. En raison des normes comptables internationales en vigueur (IFRS), les titres doivent être valorisés à leur « juste valeur » (*fair value*), c'est-à-dire en valeur de marché (*mark-to-market*) ou, éventuellement, en fonction d'un modèle (*mark-to-model*). Or, la plupart des produits structurés ne faisant pas l'objet d'échanges sur les marchés secondaires, ils n'ont formellement pas de prix de marché. Pour les évaluer, les sociétés financières font généralement appel à une combinaison de modèles de valorisation du risque de crédit, dans lesquels intervient notamment la notation externe, et de prix de produits dérivés, eux-mêmes peu liquides. La finance de marché a ainsi profondément modifié non seulement le paysage financier, mais également le contour de la liquidité. Désormais, le système bancaire n'est plus le seul à offrir du crédit et de la liquidité. À côté de la liquidité traditionnelle, que l'on mesure par les agrégats monétaires ou de crédit, se développe une seconde composante qui dépend des montants que les intermédiaires financiers non bancaires désirent s'échanger. Ces deux composantes ont eu tendance à évoluer en parallèle et, dans une certaine mesure, se sont renforcées mutuellement au cours de ces dernières années. En effet, la forte croissance de la masse monétaire et du crédit a été considérée comme un déterminant clé des conditions de financement bon marché sur les marchés de capitaux. Cette finance « facile » a, d'un autre côté, exacerbé la tentation des investisseurs de prendre davantage de risques et d'avoir plus largement recours à l'endettement, alimentant ainsi l'expansion du crédit et de la monnaie.

1. L'une des erreurs de calcul tient à l'hypothèse selon laquelle il n'y a jamais eu de crise hypothécaire américaine majeure au niveau national (mais seulement des crises régionales). Lire André Orléan, *De l'euphorie à la panique : penser la crise financière*, Rue d'Ulm, collection « CEPREMAP ».

Gros plan

Un indicateur de restriction de crédit : le TED *spread*

Un indicateur utile de restriction de crédit (*credit crunch* en anglais) est connu sous le nom de « TED *spread* ». Il est obtenu par la soustraction du taux d'intérêt des bons du Trésor américain à trois mois (le « T » de TED) au taux interbancaire à trois mois en eurodollars (le « ED »), selon le calcul du *London Interbank Offered Rate* (LIBOR). Le TED indique l'ampleur du risque de crédit, puisque le LIBOR inclut une prime de risque de défaillance pour des prêts entre banques commerciales, tandis que le taux des bons du Trésor américain est considéré comme sans risque de crédit. Le TED monte quand le risque de défaillance bancaire augmente. La figure 1 présente le TED de 2003 à 2009. L'écart de taux a grimpé en flèche à partir d'août 2007, aussitôt que s'est annoncé le problème des prêts hypothécaires à risque. Au mois d'octobre, l'écart avait atteint 450 points de base, soit quinze fois son niveau d'avant 2007. Les banques centrales et les Trésors observaient nerveusement les indicateurs tels que le TED, mais ce n'est qu'en septembre 2008 qu'ils sont passés sérieusement à l'action. L'énorme écart de taux à la fin de l'année 2008 suggère que le problème clé des marchés financiers que percevaient les acteurs était un risque de solvabilité plutôt qu'une insuffisance de liquidités. Cela indique que la réponse conventionnelle de politique monétaire, qui consiste à abaisser le taux d'intérêt au jour le jour, n'a pas grand effet à court terme lors d'une crise aiguë, et c'est la raison pour laquelle nous avons vu le Trésor (aux États-Unis et dans d'autres pays) intervenir pour tenter de recapitaliser le système bancaire et offrir des garanties gouvernementales sur les dépôts et créances interbancaires.

Figure 1 – Le TED *spread*, 2003-2009.

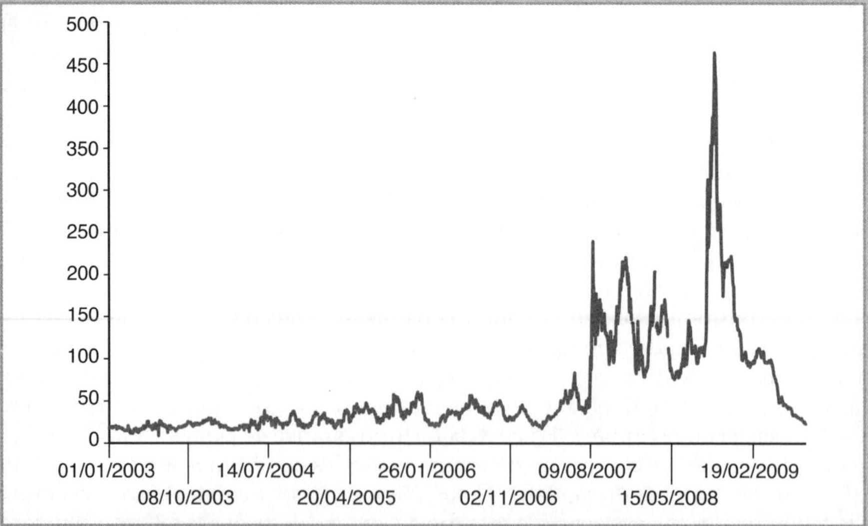

L'indicateur TED mesure la différence entre le taux d'intérêt à trois mois en eurodollars (LIBOR) et le taux d'intérêt des bons du Trésor américain à trois mois. Une augmentation signifie un plus grand risque de crédit bancaire. Depuis la mi-2007, l'écart a fait un saut à partir d'une moyenne d'environ 30 points de base pour atteindre 450 en octobre 2008.

Source : FRED (Réserve fédérale de Saint-Louis), www.economagic.com.

20.2 D'une crise financière à une crise macroéconomique

Pour étudier les effets d'une crise financière sur l'économie réelle, il nous faut introduire une nouvelle extension dans le modèle *IS*/*LM* que nous avons utilisé jusqu'à présent, en distinguant le taux d'intérêt sans risque et le taux d'intérêt du marché, après correction des risques.

Le modèle *IS*/*LM* avec prime de risque

Le taux d'intérêt que nous avons étudié dans le modèle *IS*/*LM* était le taux sous contrôle de la banque centrale – par exemple, le taux des fonds fédéraux aux États-Unis ou, pour la zone euro, le taux de prise en pension de la Banque centrale européenne, représentant tous les deux le taux interbancaire au jour le jour que l'on peut considérer comme le taux de rendement d'un actif sans risque. La majeure partie des prêts interbancaires et des prêts aux entreprises se fait cependant à un *taux du marché* plus élevé, la différence reflétant le risque de défaut (c'est-à-dire le risque que l'emprunteur ne rembourse pas le prêt).

Définissons la **prime de risque** entre un taux d'intérêt du marché représentatif et le rendement monétaire sans risque par le terme x (vous pouvez considérer x comme le TED *spread* de l'encadré « Un indicateur de restriction de crédit : le TED *spread* »). Cela veut dire que le taux d'intérêt du marché que les entreprises paient pour financer leurs investissements réels en installations, outillages, équipements et bâtiments n'est pas i, mais $i + x$. Appelons ce taux du marché après correction des risques iM, que nous écrivons :

$$iM = i + x \tag{20.1}$$

Quand le secteur financier est en bonne santé, x est petit : le risque de faillite des entreprises est faible. En temps de crise financière majeure, c'est le contraire : x devient très grand. En effet, il peut même tendre vers l'infini pour certains emprunteurs – il leur devient impossible d'emprunter.

Gardons à l'esprit que la courbe *IS*, *via* la demande d'investissement réel, est fonction de iM, et non de i. La courbe *LM* des marchés financiers continue de dépendre du taux nominal i, parce que le coût d'opportunité approprié pour la détention de la monnaie reste le taux d'intérêt d'obligations du gouvernement sans risque.

Dans la figure 19.1, au chapitre précédent, nous avons représenté nos courbes *IS* et *LM* avec le long de l'axe vertical le taux nominal i (au lieu du taux du marché après correction des risques, iM) et la production Y le long de l'axe horizontal. Comme nous l'avons vu dans le chapitre 14, l'emplacement de la courbe *IS* dépend des anticipations de variables futures : production (Y'^e), prime de risque (x'^e) et variables de politiques économiques (i'^e, G'^e, T'^e). Si l'on anticipe une hausse de la prime de risque (x'^e monte) ou une baisse de la production future (Y'^e baisse), la courbe *IS* se déplace vers la gauche. Si l'on anticipe des changements de politiques économiques tels que le taux d'intérêt nominal sans risque baisse (i'^e baisse) et/ou le déficit public augmente (G'^e augmente et/ou T'^e diminue), la courbe *IS* se déplace vers la droite. Nous commenterons ces déplacements à tour de rôle.

Supposons que l'équilibre initial se trouve en A_0, où Y est égal au niveau de production à moyen terme Y_N et le taux d'intérêt i (déterminé par la banque centrale) est égal à i_0.

Considérons ensuite ce qui arrive quand la prime de risque x augmente de x_0 à x_1, comme lors d'une crise financière. Pour les entreprises, cette hausse augmente le coût d'emprunter, ce qui va réduire leurs dépenses courantes d'investissement réel. Ce phénomène diminue donc la demande globale, ce qui contraint à un déplacement vers la gauche de la courbe *IS*. Dans la figure 20.2, nous représentons ce mouvement à gauche de $IS_0(i + x_0)$ vers la courbe désignée par $IS_1(i + x_1)$.

Quand une crise financière se produit, elle se déroule très vite : les prix des actions s'effondrent et les marchés de crédit se grippent. Au milieu de la crise, seule la politique monétaire peut répondre avec la vitesse nécessaire. Mettre en œuvre une politique budgétaire nécessite en effet plus de temps. Nous étudierons donc plus loin les effets de la politique budgétaire, qui peuvent agir *via* les changements futurs anticipés de dépenses publiques et de prélèvements fiscaux.

Figure 20.2 – Les crises financières dans le modèle *IS/LM*.

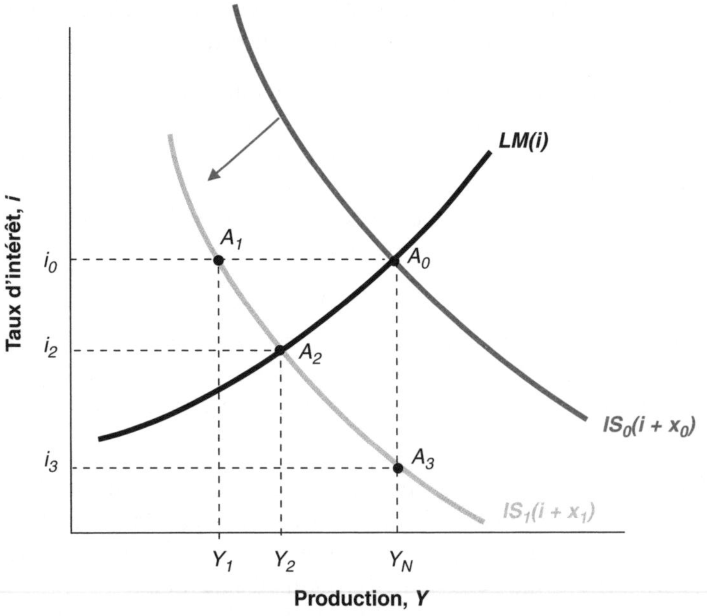

Une crise financière déplace la courbe *IS* vers la gauche. La production baissera plus ou moins selon la réponse de la banque centrale.

La banque centrale est à même de contrôler *i* par sa politique monétaire. En particulier, la réponse optimale de sa part, pour éviter ou limiter la chute de la production, consiste à accroître l'offre de monnaie, en faisant baisser le taux d'intérêt à i_3 dans la figure 20.2, ce qui restaure la production à son niveau naturel (pour cela, *LM* se déplace vers la droite). Le taux d'intérêt nominal sans risque a ainsi été réduit de l'ampleur exacte de la montée de prime de risque de défaillance, *x*.

Nous avons cependant vu dans le chapitre 19 que cette politique d'accroissement de la masse monétaire pour entraver la baisse de la production pouvait rencontrer une limite dans le cas d'une trappe à liquidité. Dans cette situation, d'autres politiques sont nécessaires, même si elles prennent généralement plus de temps que la politique monétaire.

Figure 20.3 – Les crises financières et la limite zéro du taux d'intérêt.

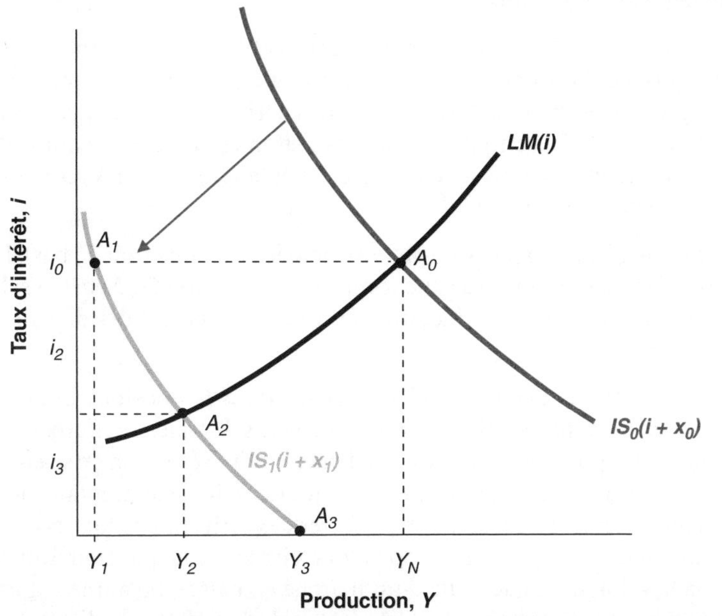

Il est concevable que la courbe *IS* se déplace tellement loin que la banque centrale ne puisse restaurer la production à son niveau initial Y_N.

Les effets d'une révision des valeurs futures anticipées de différentes variables

Dans une crise financière, l'incertitude est généralement grande, et les valeurs anticipées des variables futures peuvent évoluer rapidement. Or, les révisions de ces dernières sur le niveau courant de la production ont un effet sur l'équilibre macroéconomique. Deux cas sont particulièrement importants :

- **une anticipation d'une crise persistante** (prime de risque de crise x'^e élevée). La courbe *IS* se déplace vers la gauche davantage encore que dans les figures 20.2 ou 20.3 si l'on anticipe la persistance d'une valeur élevée de x. La raison en est l'anticipation de la persistance du gel du crédit et, de ce fait, d'un niveau d'investissement futur restreint, ce qui réduit le volume de dépenses courantes selon les mécanismes exposés dans les chapitres 13 et 14. La production courante sera plus basse et la tâche de la politique monétaire courante plus difficile ;
- **une chute de la production future anticipée** (Y'^e bas). La courbe *IS* courante se déplacera également davantage vers la gauche que dans les figures 20.2 ou 20.3 si le public prévoit que la production future sera beaucoup plus basse.

En temps de crise, la crainte d'une chute sérieuse de l'activité économique est grande. C'est ce que l'on entend par une baisse de confiance des consommateurs et des entreprises.

Une baisse du taux d'intérêt de la politique monétaire anticipée (i'^e bas). Si l'on s'attend à ce que la banque centrale maintienne le taux d'intérêt de la politique monétaire à un bas niveau pour longtemps, la courbe *IS* courante ne se déplacera pas aussi loin à gauche que dans les figures 20.2 ou 20.3. Si l'on prévoit que des taux d'intérêt bas vont perdurer, l'investissement baissera moins.

Cependant, il n'est pas certain que les banques centrales maintiennent longtemps les taux à un bas niveau. Pourquoi en serait-il ainsi ? Parce qu'elles ont toujours la crainte qu'une politique monétaire relâchée au cours de la crise ne sème les germes d'une inflation future plus élevée. Les banques centrales s'efforcent de trouver un juste équilibre entre les taux d'intérêt bas dans le feu de la crise et la remontée des taux d'intérêt dans l'avenir, quand celle-ci sera révolue.

Une politique budgétaire expansionniste anticipée (G'^e haut et/ou T'^e bas). La courbe *IS* courante se déplacera moins loin à gauche que dans les figures 20.2 et 20.3 si l'on s'attend à une augmentation du déficit budgétaire par un accroissement des dépenses et/ou une réduction des impôts.

Au cours d'une crise financière, les changements dans la politique budgétaire future exigent une réflexion approfondie. Les gouvernements devraient s'efforcer d'employer la politique budgétaire pour résoudre les problèmes clés posés par la crise elle-même. Par exemple, afin de relancer le marché du crédit (et de réduire le montant des primes de risque *x*), le gouvernement peut souhaiter acheter des actifs improductifs détenus par les institutions financières. Cependant, il doit alors faire face à la question difficile de savoir à quel prix : à la valorisation actuelle d'un marché en baisse, ou à une valorisation plus réaliste (et comment la déterminer) ? Une autre solution peut être d'injecter du capital directement dans les banques en difficulté, mais le gouvernement doit alors résoudre la question ardue de savoir s'il veut (ou doit) prendre le contrôle de ces banques. Il peut enfin promettre de garantir les dépôts bancaires pour prévenir les retraits massifs de fonds pendant une certaine durée, mais pour combien de temps et pour quelles banques ?

Comme pour la politique monétaire, en réponse à une crise financière, il n'est pas évident que les gouvernements doivent envisager d'augmenter les dépenses ou de réduire les impôts sur le long terme. Les valeurs permanentes pour des variables de politique budgétaire doivent être élaborées pour des temps normaux, et non comme réponse à des crises pathologiques. Certaines crises se résolvent en une année, avec un dommage minimal sur l'économie réelle. Pour ces crises, seules des mesures budgétaires temporaires sont nécessaires. Mais les crises sont parfois beaucoup plus profondes et durent de longues années, auquel cas des changements drastiques de la politique budgétaire peuvent s'imposer à plus long terme. Le problème majeur de la crise souveraine européenne, que nous analyserons au chapitre 25, est que certains États vont être eux-mêmes rattrapés par la crise, se trouvant en grande difficulté pour leur propre dette.

Gros plan

Les crises bancaires ont-elles un effet sur le niveau du PIB structurel ?

Au-delà de la crise actuelle, de nombreux exemples montrent que les crises bancaires engendrent de fortes baisses du produit dans le court terme. Mais ont-elles également un effet sur le produit à moyen terme ? En d'autres termes, pèsent-elles sur le niveau du PIB structurel ?

Pour répondre à cette question, des chercheurs du FMI ont étudié un certain nombre de crises bancaires sur la période 1970-2002. Ils ont défini les « crises bancaires » comme des épisodes où se sont produites soit des paniques bancaires, soit de nombreuses faillites bancaires, et ont identifié 88 crises de ce type. Pour chacune d'entre elles, ils ont observé l'évolution du PIB dans les années qui ont suivi.

À partir d'analyses économétriques, ils ont obtenu deux conclusions : tout d'abord, les crises bancaires entraînent généralement une baisse du PIB par rapport à sa tendance antérieure, et ce y compris dans le moyen terme. Par ailleurs, au-delà de ce premier résultat, il existe de nombreuses variations d'un épisode à l'autre : dans certains pays, le PIB est revenu à sa tendance antérieure, alors qu'il a fortement diminué dans d'autres.

La figure 1 illustre ces résultats, en prenant quatre exemples : le Mexique après 1994, la Corée du Sud après 1997, la Suède après 1991 et la Thaïlande après 1997. Dans les quatre cas, il y a eu d'importantes faillites bancaires. Pour chaque pays, le graphique montre l'évolution du PIB (courbe en trait plein) par rapport à sa tendance d'avant-crise (trait pointillé). On peut voir que, dans trois cas (Corée du Sud, Suède et Thaïlande), la diminution de l'activité a été forte par rapport à la tendance antérieure, et cette baisse était encore sensible cinq années après la crise. Autrement dit, cinq ans plus tard, le taux de croissance était revenu à un niveau proche de celui d'avant-crise, mais le niveau du PIB était plus faible que ce qu'il aurait été sans la crise.

Peut-on expliquer pourquoi une crise bancaire a des effets sur le PIB, y compris à moyen terme ? Les mêmes chercheurs ont regardé l'évolution de l'emploi et de la productivité après la crise. Selon leurs résultats, en moyenne, le déclin du PIB peut être ainsi décomposé : un tiers est lié à une baisse de l'emploi et deux tiers à une baisse de la productivité (dans les deux cas par rapport à la tendance d'avant la crise). Ce résultat suggère l'importance du rôle des banques dans l'économie : les crises bancaires réduisent la capacité du système financier à allouer les fonds aux bons emprunteurs, ce qui réduit la productivité de l'économie.

Source : FMI, *Perspectives de l'économie mondiale*, octobre 2009, chapitre 4.

Figure 1 – L'évolution du PIB après quatre crises bancaires.

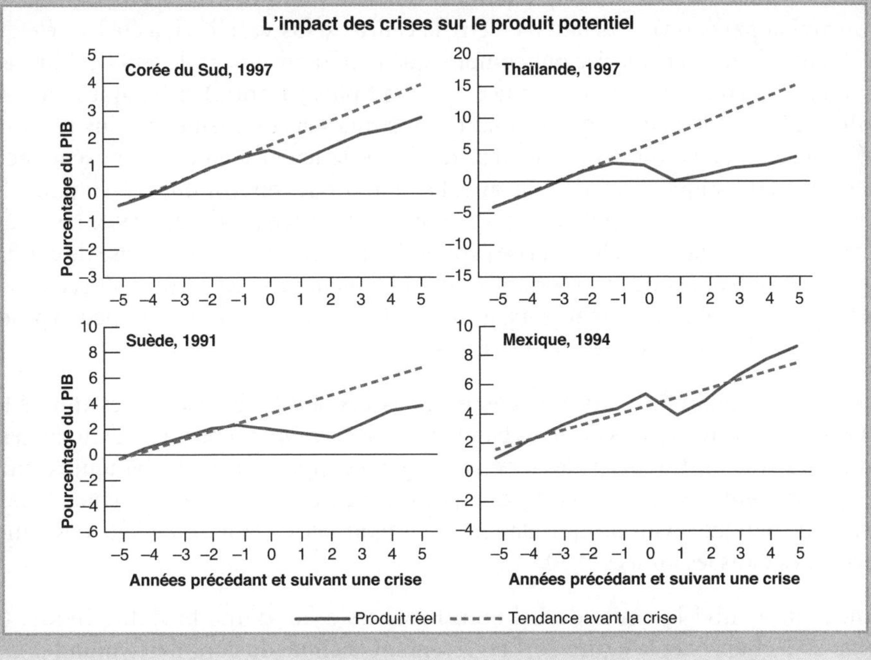

20.3 L'effondrement et les politiques menées en réaction à la crise

Le déclenchement de la crise des *subprimes* aux États-Unis a lieu le 8 août 2007. Ce jour-là, le marché interbancaire s'est quasiment interrompu. Sur la foi de rumeurs concernant le risque d'exposition des banques au risque des *subprimes*, aucune d'entre elles n'a plus voulu faire confiance à l'autre. Compte tenu de ses travaux universitaires sur la crise de 1929, le président de la Banque centrale américaine, Ben Bernanke, était sans doute la personne la mieux qualifiée pour être titulaire de ce poste, à ce moment-là. Avec les autres responsables politiques, il a réagi à la crise. Des politiques ont été mises en place pour soutenir les banques dont le bilan était en péril. Les banques centrales ont fourni des liquidités pour améliorer leurs situations nettes en capital. Des institutions financières majeures directement impliquées dans les déboires du financement de l'immobilier ont reçu des fonds publics (Fannie Mae et Freddie Mac, deux agences semi-publiques américaines de refinancement hypothécaire), ainsi que beaucoup d'autres banques du secteur privé. De plus, plusieurs gouvernements ont étendu les garanties de dépôts bancaires pour protéger les établissements du danger d'une ruée sur les guichets, ce qui arrive quand les déposants paniquent et retirent leurs fonds. Ces garanties veulent dire que tout dépôt dans une banque éligible pour recevoir une garantie serait remboursé par l'État en cas de faillite (comme on pouvait s'y attendre, les institutions non éligibles pour une garantie devaient faire face à l'éventualité que les déposants retirent brusquement leurs fonds pour les transférer vers des banques bénéficiant de la garantie).

Les autorités monétaires ont pourtant fini par commettre l'erreur que Bernanke dénonçait dans ses livres. En laissant mettre la banque Lehman Brothers en faillite, le lundi 15 septembre 2008, elles ont provoqué une onde de choc dont les répercussions ont été considérables. À l'image du Mardi noir en 1929, la faillite de Lehman Brothers est apparue comme le véritable coup d'envoi de la crise (mais dans les deux cas, elle avait commencé auparavant). À défaut d'en être la cause exclusive, elle en a été l'accélérateur. Tous les trésoriers d'entreprise ont compris que le refinancement de leurs crédits, à peu près assuré au cours de l'année écoulée, ne serait plus garanti. Les banques ont fait de lourdes pertes, et la solvabilité des institutions financières, même les plus reconnues, a été remise en question. L'inversement de l'effet de levier a eu pour conséquence un resserrement drastique du crédit bancaire. Les entreprises ont commencé à liquider leurs stocks, à réduire leurs investissements. Le moral des ménages a été brisé. Le cœur du système bancaire étant touché, la crise économique, amplifiée par une crise de confiance des consommateurs et des entreprises, s'est rapidement propagée à tous les secteurs et à tous les pays. Les marchés émergents, jusque-là à l'abri de la tempête car peu exposés au marché des *subprimes*, sont entrés en récession à leur tour.

La faillite de Lehman Brothers ne se compare pas aux faillites bancaires des années 1930. Tout a été fait ensuite pour sauver les banques menacées (voir l'encadré « Éviter un effondrement du système financier : les réponses urgentes apportées par les banques centrales et les gouvernements »). Tout s'est passé pourtant comme si un choc virtuel, la faillite d'une seule banque, avait produit des effets comparables à la faillite réelle des banques américaines dans les années 1930.

L'année qui a suivi la chute de Lehman Brothers a été d'une brutalité inouïe (voir tableau 20.2 ci-après et la figure 20.4 représentant la chute du commerce mondial).

Tableau 20.2 – L'année suivant la crise de Lehman Brothers (évolution trimestrielle).

	3ᵉ trimestre 2008	4ᵉ trimestre 2008	1ᵉʳ trimestre 2009	2ᵉ trimestre 2009
États-Unis	- 2,7	- 5,4	- 6,4	- 1,0
Japon	- 3,9	- 13,1	- 11,7	3,7
Zone euro	- 1,5	- 7,1	- 9,2	- 0,5
Allemagne	- 1,3	- 9,4	- 13,4	1,3
France	- 0,9	- 5,5	- 5,3	1,4
Italie	- 3,1	- 8,3	- 10,3	- 1,9
Royaume-Uni	- 2,9	- 7,0	- 9,3	- 2,6
Canada	0,4	- 3,7	- 6,1	- 3,4
G7	- 2,5	- 7,3	- 8,4	- 0,1

Source : OCDE.

La crise financière à l'origine de la crise économique a été d'une ampleur considérable. Dans sa publication, le *Global Financial and Stability Report* d'octobre 2009, le FMI estime à 2 800 milliards de dollars le montant total des pertes bancaires entre 2007 et 2010 (dont 1 000 aux États-Unis, 600 au Royaume-Uni et 815 pour les banques de la zone euro). La crise économique provoquée par la crise financière a été fulgurante. Les pays développés ont connu un déclin de 7,5 % du PIB pendant le dernier trimestre de 2008, les pays émergents enregistrant dans le même temps une contraction de leur PIB de 4 %. En un an, de mars 2008 à mars 2009, le commerce mondial a chuté de 18 %. Dans les pays riches, au cours de la même période, la production industrielle reculait de 17 %. Même en 1929, la chute n'avait pas été aussi brutale. Le prix des matières premières a subi les conséquences de ce ralentissement. La baisse des prix des matières premières a infligé de lourdes pertes aux pays du Moyen-Orient, de la CEI et de certains pays d'Amérique latine et d'Afrique dont la croissance s'appuyait sur l'exportation de matières premières.

Les banques centrales des pays développés ont réagi très rapidement en baissant leurs taux d'intérêt jusqu'à atteindre la limite du taux zéro. Aux États-Unis, au Royaume-Uni et au Japon, elles ont également acheté des titres d'État et accordé des prêts aux banques en difficulté, augmentant ainsi rapidement la taille de leur bilan. L'encadré « Éviter un effondrement du système financier : les réponses urgentes apportées par les banques centrales et les gouvernements » et celui du chapitre 24, « Les politiques monétaires en réponse à la crise financière : les mesures non conventionnelles », présentent ces politiques. Les gouvernements ont également mis en place des politiques de soutien de la demande et d'aide au système bancaire. Les États du G20 se sont engagés à mettre en place des stimuli fiscaux à hauteur de 2 % du PIB en 2009 et de 1,5 % en 2010.

Ces interventions ont produit l'effet recherché. Un an plus tard, l'économie mondiale s'est retrouvée en phase de croissance, bien que lente et modeste. Si les politiques monétaires et budgétaires instaurées ont bien permis ce retour à la croissance dès 2009, elles ont cependant rencontré rapidement plusieurs limites :

- les politiques monétaires se sont heurtées à la situation de trappe à liquidité : les banques centrales ont réduit le taux d'intérêt qu'elles contrôlent directement jusqu'à un niveau presque nul. Il ne leur est néanmoins pas possible de réduire le taux d'intérêt nominal en dessous de zéro. Lorsque cette limite est atteinte, il n'est plus envisageable de recourir à la politique monétaire « traditionnelle ». Différents outils de politique monétaire non conventionnelle ont alors été mis en œuvre, qui sont présentés dans les chapitres 14 et 24. L'efficacité de ces instruments, en partie nouveaux, reste débattue ;

- les limites de la politique monétaire traditionnelle ont renforcé la nécessité d'utiliser d'autres instruments, en particulier la relance budgétaire. Cependant, là aussi, les autorités politiques ont rencontré ensuite un obstacle : la crise des États, en Europe notamment, faisant face à une défiance nouvelle des marchés à leur encontre. La crise des dettes publiques en Europe est présentée dans le chapitre 25.

Enfin, au-delà des politiques macroéconomiques nécessaires pour limiter l'ampleur de la récession et accélérer la reprise économique, la crise financière a également révélé la fragilité du système financier tel qu'il s'est développé dans les années 1990 et 2000. Cela a conduit à repenser la régulation financière et bancaire, mais a posé aussi la question de la réponse adéquate de la politique monétaire face à la montée d'une bulle spéculative : cette question est étudiée dans le chapitre 24.

Figure 20.4 – Le commerce mondial, base 100 en 2000.

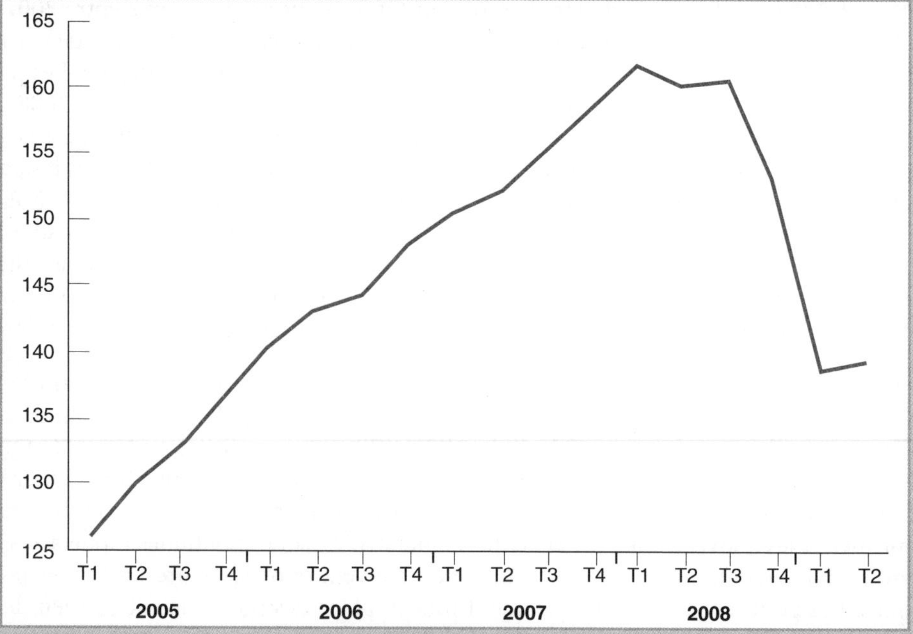

Source : OCDE.

Gros plan

Éviter un effondrement du système financier : les réponses urgentes apportées par les banques centrales et les gouvernements

La réponse la plus urgente donnée par les autorités a été de consolider le système financier, en apportant les liquidités nécessaires aux établissements faisant face à une crise de liquidités, lorsque les prêts interbancaires se sont fortement taris, et d'éviter ainsi les faillites de banques solvables.

Pour cela, les banques centrales ont assoupli les conditions d'accès à la liquidité qu'elles fournissent et ont accru la liste des collatéraux pouvant être fournis à la banque centrale par les institutions financières en contrepartie de liquidités ; les gouvernements ont également garanti certaines dettes bancaires, voire sont intervenus pour accroître le capital des banques.

À partir du 9 août 2007, en raison des tensions sur le marché interbancaire monétaire, l'Eurosystème a été amené à procurer pendant quelques jours des liquidités en quantité illimitée au jour le jour (opérations exceptionnelles de réglage fin). Peu de temps après, la Fed a étendu la maturité maximale de sa facilité d'emprunt permanente de 1 à 30 jours. Dans un climat de défiance grandissante entre participants, elle garantissait ainsi un accès à la monnaie banque centrale pour les banques disposant de collatéraux. Par ailleurs, à partir du mois d'août 2007, l'Eurosystème a mis en place des opérations supplémentaires de refinancement de moyen terme en raison du raccourcissement de la maturité des échanges interbancaires (en période d'incertitude, les banques qui continuent à s'échanger de la liquidité tendent à raccourcir la maturité de leurs opérations).

Les banques centrales ont renforcé leur collaboration à la fin 2007 en raison de l'aggravation de la crise et des difficultés des banques à se refinancer en dollars américains. Les banques centrales américaines, de la zone euro et de la Suisse ont fait savoir le 12 décembre 2007 qu'elles allaient introduire des mesures particulières qui permettront, entre autres, un financement de moyen terme (un mois) en dollars américains. En septembre 2001, des montages du même type avaient été instaurés pendant quelques jours.

Aussi bien par sa durée que par les montants injectés, cette action est la première de ce type. Des accords de circonstance ont bien entendu été signés avec la Fed, car les banques centrales ne disposent pas toujours des ressources en devises nécessaires pour faire face aux besoins de refinancement des banques européennes.

D'autres banques centrales ont également pris des mesures. Des changements ont été mis en place par la Fed. Elle a créé un certain nombre de facilités pour permettre à plusieurs intermédiaires financiers d'accéder à la monnaie centrale, d'échanger des titres illiquides contre des titres d'État, ou encore de lui céder directement des actifs qui ne trouvaient plus preneurs sur le marché.

Aux États-Unis, l'Assurance fédérale des dépôts a été fortement accrue, de 100 000 euros à 250 000 euros par compte. De plus, le gouvernement a engagé un programme offrant une garantie des dettes nouvellement émises par les banques. Le programme TARP (*Troubled Asset Relief Program*), introduit en octobre 2008, visait à retirer du bilan des banques les actifs complexes, afin de réduire l'incertitude et de rassurer les investisseurs. Il s'est avéré cependant difficile de déterminer la valeur de ces actifs ; à la place, il a donc été décidé d'accroître le capital des banques, par l'achat par le gouvernement d'actions dans la plupart des plus grandes banques des États-Unis. La majorité de ces banques ont par la suite racheté ces parts et remboursé le gouvernement.

Outre ces politiques visant à éviter l'effondrement du système financier face à une crise de liquidités, les politiques monétaires et budgétaires ont été sensiblement infléchies, avec une baisse des taux d'intérêt et des politiques de relance budgétaire.

20.4 Conclusion

La crise des *subprimes* a mis en œuvre des mécanismes nouveaux, ceux de la titrisation, mais produisant au bout du compte une crise financière dont les effets s'apparentent à ceux qui ont été observés en 1929. La crise financière a déclenché une crise économique majeure, cassant brutalement les anticipations de croissance, sur fond de renchérissement du coût du crédit. Le schéma interprétatif présenté dans ce chapitre permet de comprendre ce qui est en jeu : déplacement brutal de la courbe *IS*, sous le double effet d'une hausse de la prime de risque et d'une chute d'une anticipation des perspectives d'activité future.

La différence fondamentale entre la crise présente et la crise de 1929 est que les autorités n'ont pas répété les erreurs de 1929, du moins initialement. Elles ont su injecter les liquidités manquantes dans le système financier (malgré l'erreur d'appréciation qu'a pu représenter la faillite de Lehman Brothers) ; elles ont mené des politiques budgétaires résolument contra-cycliques et, enfin, elles ont réussi à maintenir la coopération internationale à un niveau satisfaisant, grâce notamment à l'émergence du G20. Elles ont toutefois subi ensuite, dans certains pays européens, une crise de la dette souveraine qui les a obligées à faire marche arrière, au risque de déclencher des effets multiplicateurs importants (voir chapitre 6 sur le multiplicateur pendant la crise et le chapitre 25 sur la correction budgétaire européenne et ses conséquences institutionnelles).

Cette crise est pourtant différente de celle de 1929 par d'autres aspects. Elle porte la marque de déséquilibres inédits, liés à la mondialisation. Celle-ci permet aux pays émergents de s'industrialiser, ce qui produit deux effets de sens contraire : baisser le prix des produits industriels et monter le prix des matières premières. Grâce à elle, les gens paient de moins en moins cher leurs achats de produits nouveaux (écrans plats et Ipod) et de plus en plus cher leurs dépenses de base (se chauffer, se nourrir, se déplacer). Dans les années 1970, la hausse du prix du pétrole avait cassé la croissance, engendrant un mal nouveau : la *stagflation*. Les salariés avaient réclamé, et obtenu, des augmentations pour compenser le renchérissement de l'énergie, provoquant une accélération de l'inflation. C'est de cette période qu'est né le paradigme qui allait nourrir l'ambition des banques centrales : être les gardiens de la crédibilité monétaire, éviter que la spirale prix-salaires ne s'emballe. Nous reprenons cette séquence au chapitre 22 et dans l'analyse de la crédibilité de la politique monétaire au chapitre 23.

Dans les années 2000, pourtant, l'inflation est restée maîtrisée. La baisse des prix industriels et l'érosion du pouvoir de négociation des salariés ont cassé l'inflation salariale. Les excédents pétroliers n'ont pas été laminés par l'inflation, comme dans les années 1970 ; ils ont erré dans l'économie mondiale à la recherche de placements rémunérateurs. La financiarisation du monde résulte en partie de cette évolution. Les pays exportateurs de matières premières font sortir leurs richesses souterraines qu'ils transforment en richesses financières.

Sur fond de cette tendance générale, un problème supplémentaire s'est greffé. C'est celui qui est spécifiquement posé par la Chine, grande exportatrice de produits industriels et consommatrice hors normes de matières premières. Ce pays-continent ajoute un déséquilibre de plus. Inquiet par son absence de protection sociale, son vieillissement attendu, ses salaires insuffisants, le pays épargne beaucoup, près de 50 % de son revenu, générant des excédents commerciaux colossaux. La Chine produit ainsi une espèce de

« trou noir ». À l'image des pays exportateurs de matières premières et bien qu'elle en soit importatrice, la Chine fait flotter dans l'économie mondiale des liquidités considérables. Tel est le cadre plus large dans lequel il faut apprécier la crise des *subprimes*. Les excédents pétroliers et chinois ont cherché des contreparties. Wall Street les a fournies en inventant, au mépris du long terme, des moyens inédits d'endetter l'Amérique. Imputer la crise à la politique monétaire trop laxiste menée aux États-Unis par Alan Greenspan au début des années 2000 n'est pas suffisant. La toile de fond est beaucoup plus vaste. Les liquidités abondantes sont la manifestation des nouveaux déséquilibres du monde : les « *global imbalances* » ont remplacé la stagflation.

Résumé

- Le déclencheur de la crise a été une baisse des prix de l'immobilier.
- L'impact de cette baisse des cours de l'immobilier a été fortement amplifié par ses effets sur le système financier. Parce qu'elles avaient un levier important, certaines banques sont devenues insolvables. Comme les actifs qu'elles détenaient étaient complexes, leur risque avait été mal évalué, et leur valeur dans une situation de baisse des prix de l'immobilier est devenue très incertaine, entraînant une réticence des investisseurs à prêter aux banques qui les détenaient ; de nombreuses banques ont alors fait face à un problème d'illiquidité. Les banques sont de fait devenues très réticentes à se prêter les unes aux autres ou à qui que ce soit d'autre.
- La forte augmentation des taux d'intérêt pour les emprunteurs et, dans certains cas, l'impossibilité totale d'emprunter ont entraîné une forte baisse des dépenses. La crainte d'une nouvelle Grande Dépression a créé une crise de confiance qui a accentué cette baisse des dépenses. Ainsi, la crise financière a abouti à une crise macroéconomique et à une forte baisse de l'activité.
- Les pouvoirs publics ont mis en place des politiques monétaires, budgétaires et financières. Ces politiques ont vraisemblablement empêché un déclin plus important encore de l'activité, mais n'ont pu prévenir une récession. De plus, les politiques monétaires et budgétaires ont rencontré d'importants obstacles. La politique monétaire conventionnelle a atteint ses limites : les taux d'intérêt sur les bons du Trésor sont presque nuls, et les économies occidentales sont dans une trappe à liquidité. Les politiques de relance budgétaire ont entraîné de fortes hausses de la dette publique et ont contraint les gouvernements à instaurer des stratégies de réduction des déficits.

Pour en savoir plus

Sur les États-Unis, Alan Blinder, *After the Music Stopped–The Financial Crisis, the Response, and the Work Ahead*, Penguin Press, 2013.

Sur l'Europe et la crise de l'euro, Jean Pisani-Ferry, *Le Réveil des démons – La Crise de l'euro et comment nous en sortir*, Fayard, 2011. Voir aussi Michel Aglietta, *Zone euro, éclatement ou fédération*, Michalon, 2012.

Applications

Vrai/Faux/Incertain

a. La crise des *subprimes* était imprévisible.
b. Les banques centrales ont tiré les leçons de la crise de 1929.
c. La panique bancaire de 1929 s’est répétée.
d. La politique monétaire est un instrument suffisant de régulation macroéconomique.

Chapitre 21
La grande inflation

En 1913, la valeur de toute la monnaie en circulation en Allemagne était de 6 milliards de marks. Dix ans plus tard, en octobre 1923, 6 milliards de marks suffisaient à peine pour acheter un pain de deux livres à Berlin. Un mois plus tard, le prix du pain avait augmenté jusqu'à 428 milliards de marks [1].

L'hyperinflation allemande du début des années 1920 est certainement l'exemple le plus célèbre d'inflation, d'**hyperinflation**, dit-on en de telles circonstances. Mais ce n'est pas le seul. Le tableau 21.1 donne les sept épisodes majeurs d'hyperinflation qui ont suivi la Première et la Seconde Guerre mondiale. Ces exemples ont certains points communs : tous ont été courts (un an tout au plus) et intenses (l'inflation atteignant 50 % par mois) ; dans tous les cas, l'augmentation des prix a été faramineuse. Le record n'est pas détenu par l'Allemagne mais par la Hongrie, après la Seconde Guerre mondiale : ce qui coûtait 1 pengo en 1945 en coûtait 3 800 trillions un an plus tard.

De tels taux d'inflation ne s'étaient jamais vus auparavant, et on n'en a pas revu depuis. L'épisode le plus proche a eu lieu récemment en Bolivie. Entre janvier 1984 et septembre 1985, l'inflation bolivienne a atteint 40 % par mois, soit environ une multiplication des prix par 1 000 en vingt et un mois [2]. Mais beaucoup de pays, particulièrement en Amérique latine, ont dû lutter contre une inflation importante pendant longtemps [3]. Le tableau 21.2 donne les taux *mensuels* moyens d'inflation pour quatre pays d'Amérique latine de 1976 à 2000. Chacun des quatre pays a connu au moins cinq ans d'inflation mensuelle au-dessus de 20 %. L'Argentine et le Brésil ont fait face à une inflation mensuelle de plus de 10 % pendant plus de dix ans. Les quatre pays sont revenus à une faible inflation depuis.

Quelles sont les causes de l'hyperinflation ? Nous avons vu au chapitre 9 que *la cause première de l'inflation est la croissance de la masse monétaire* [4]. Cette relation entre inflation et croissance de la masse monétaire est confirmée par les deux dernières colonnes du tableau 21.1. On note que pour chaque pays, les périodes de forte inflation correspondent à des périodes de forte croissance de la masse monétaire (nominale). Mais *pourquoi* la croissance de la masse monétaire a pu être si forte ?

1. On pourra lire sur l'hyperinflation allemande Steven Webb, *Hyperinflation and Stabilization in Weimar Germany*, Oxford University Press, 1989.
2. Pour un taux d'inflation de 40 % par mois, le niveau des prix après vingt et un mois est $(1 + 0{,}4)^{21} = 1\,171$ fois supérieur.
3. Durant les premières années de transition en Europe de l'Est, il y a souvent eu également de l'inflation.
4. Nous avons appris au chapitre 10 que, dans le moyen terme, le taux d'inflation est égal au taux de croissance de la masse monétaire nominale, moins le taux de croissance du revenu réel.

La réponse est la même pour tous les cas d'hyperinflation : la croissance de la masse monétaire est forte parce que les déficits publics sont importants. Et les déficits publics sont importants parce que l'économie est atteinte par des chocs de grande ampleur qui rendent impossible le financement des dépenses gouvernementales autrement que par la création monétaire [1]. Dans ce chapitre, nous examinons ce mécanisme soigneusement, en nous basant sur divers exemples d'hyperinflation.

Tableau 21.1 – Sept épisodes d'hyperinflation dans les années 1920 et 1940.

Pays	Début	Fin	P_T/P_O	Taux d'inflation mensuel moyen	Croissance mensuelle moyenne de la masse monétaire
Autriche	Octobre 1921	Août 1922	70	47	31
Allemagne	Août 1922	Novembre 1923	$1{,}0 \times 10^{10}$	322	314
Grèce	Novembre 1943	Novembre 1944	$4{,}7 \times 10^{6}$	365	220
Hongrie I	Mars 1923	Février 1924	44	46	33
Hongrie II	Août 1945	Juillet 1946	$3{,}8 \times 10^{27}$	19 800	12 200
Pologne	Janvier 1923	Janvier 1924	699	82	72
Russie	Décembre 1921	Janvier 1924	$1{,}2 \times 10^{5}$	57	49

P_T/P_O : indice des prix le dernier mois de l'hyperinflation divisé par l'indice des prix le premier mois.
Source : Philip Cagan, « The Monetary Dynamics of Hyperinflation », in Milton Friedman, *Studies in the Quantity Theory of Money*, University of Chicago Press, 1956, tableau 1.

Tableau 21.2 – Les forts taux d'inflation en Amérique latine, 1976-2000.

	Taux d'inflation mensuel moyen (en %)				
	1976-1980	1981-1985	1986-1990	1991-1995	1996-2000
Argentine	9,3	12,7	20,0	2,3	0,0
Brésil	3,4	7,9	20,7	19,0	7,6
Nicaragua	1,4	3,6	35,6	8,5	0,8
Pérou	3,4	6,0	23,7	4,8	6,9

Source : FMI, *Statistiques financières internationales*.

21.1 Déficit budgétaire et création monétaire

Un gouvernement peut financer ses dépenses de deux façons :

- il peut emprunter comme le ferait tout un chacun. Les gouvernements font des emprunts en émettant des obligations ;
- il peut aussi financer ses déficits en émettant de la monnaie. Nous avons vu au chapitre 5 que ce ne sont pas les gouvernements qui émettent la monnaie, mais les

1. On a donc en bref : l'inflation est élevée parce que le taux de croissance de la masse monétaire est élevé ; le taux de croissance de la masse monétaire est élevé parce que les déficits du gouvernement sont importants.

banques centrales. Mais si la banque centrale coopère, le gouvernement peut, dans les faits, créer de la monnaie. Il peut par exemple émettre des obligations et intimer l'ordre à la banque centrale de les acheter. La banque centrale crée de la monnaie pour les acheter et le gouvernement se sert de cet argent pour financer ses déficits. Ce procédé est appelé **monétisation de la dette**.

La plupart du temps et dans la majorité des pays, les déficits sont financés d'abord et avant tout par l'émission de titres, donc par l'emprunt. Mais, lorsque l'hyperinflation commence, deux changements se produisent généralement.

Le premier, c'est une crise budgétaire, dont la cause est habituellement une crise économique ou sociale majeure.

- La crise budgétaire est parfois due à une guerre civile ou une révolution qui détruit la capacité de l'État à collecter des impôts. Ce fut le cas au Nicaragua en 1980.
- Elle est parfois causée par les conséquences d'une guerre qui d'un côté réduit les ressources fiscales du gouvernement, de l'autre côté augmente les dépenses nécessaires à la reconstruction ; c'est le cas pour la plupart des exemples du tableau 21.1. Ce fut le cas de l'Allemagne des années 1922-1923 : assommée par les réparations qu'elle devait payer aux Alliés, ses dépenses étaient trois fois supérieures à ses ressources.
- Elle peut aussi être due à un choc économique majeur, une chute des prix des exportations d'un pays par exemple. Comme on le verra dans l'encadré sur l'hyperinflation bolivienne, c'est ce qui s'est passé en Bolivie dans les années 1980. La chute des prix de l'étain, la principale source de revenu de la Bolivie, a été l'une des causes premières de l'hyperinflation.

Le second changement, c'est l'incapacité croissante du gouvernement à emprunter (ou son refus d'emprunter) pour financer ses déficits. La raison en est la taille du déficit même. Inquiets sur les possibilités de remboursement au fur et à mesure que la crise se développe, les créanciers potentiels demandent des taux d'intérêt de plus en plus élevés sur leurs prêts. Parfois, les créanciers étrangers refusent même d'accorder des prêts. En conséquence, le gouvernement se tourne de plus en plus vers l'autre source de financement, l'émission de monnaie. Et finalement, on peut arriver à une situation telle que la majorité du déficit est financée par l'émission de monnaie.

Quelle croissance de la masse monétaire nominale faut-il pour financer les déficits du gouvernement ? Pour répondre, nous allons supposer que le déficit soit financé uniquement par création monétaire :

$$\Delta M = \textit{déficit en euros}$$

Cette équation nous dit que le gouvernement doit créer suffisamment de monnaie pour financer le déficit nominal. M est le stock de monnaie nominal, que l'on mesure par exemple à la fin de chaque mois [1] (dans les cas d'hyperinflation, les choses changent suffisamment vite pour qu'il soit pertinent de mesurer le temps en mois, et non en trimestres ou en années, comme on le fait habituellement). ΔM mesure le changement du stock nominal de monnaie entre le début et la fin du mois. Le déficit budgétaire est calculé en termes nominaux.

1. Nous avons ici sauté quelques étapes. Il aurait fallu écrire à gauche de l'équation H, la base monétaire (la monnaie créée par la banque centrale), et non pas M, le stock de monnaie. Mais la distinction entre les deux grandeurs n'a pas un rôle important dans ce qui suit.

Le revenu que le gouvernement génère en créant une quantité de monnaie égale à ΔM est égal à $\Delta M/P$ (création monétaire effectuée durant le mois divisée par le niveau des prix).

Ce revenu réel provenant de la création de monnaie, $\Delta M/P$, est appelé **seigneuriage**. Le terme en dit long : le droit d'émettre de la monnaie a toujours été une source précieuse de revenu pour les seigneurs. Nous pouvons résumer cela en écrivant :

$$\text{Seigneuriage} = \frac{\Delta M}{P} \tag{21.1}$$

En multipliant en haut et en bas par M, on peut réécrire le seigneuriage de la façon suivante :

$$\begin{aligned}\text{Seigneuriage} &= \frac{\Delta M}{M} \times \frac{M}{P} \\ &= \begin{matrix}\text{croissance} \\ \text{de la masse} \\ \text{monétaire}\end{matrix} \times \begin{matrix}\text{masse} \\ \text{monétaire} \\ \text{réelle}\end{matrix}\end{aligned} \tag{21.2}$$

Le seigneuriage est égal au produit de la croissance de la masse monétaire ($\Delta M/M$) multiplié par la masse monétaire réelle (M/P). Plus la masse monétaire est importante, plus les revenus du seigneuriage pour un taux de croissance de la masse monétaire donné sont grands.

Pour avoir une perception claire des ordres de grandeur, il est intéressant de diviser les deux côtés de l'équation 21.2 par le revenu réel Y (mesuré sur une base mensuelle) [1] :

$$\frac{\text{Seigneuriage}}{\text{Revenu réel}} = \frac{\Delta M/P}{Y} = \left(\frac{\Delta M}{M}\right) \times \frac{M/P}{Y} \tag{21.3}$$

Cette équation nous dit que le ratio du seigneuriage et du revenu réel, $(\Delta M/P)/Y$, est égal au taux de croissance de la masse monétaire nominale, $\Delta M/M$, multiplié par le ratio de la masse monétaire réelle sur le revenu réel, $(M/P)/Y$. Supposons que le gouvernement ait un déficit de 10 % du revenu chaque mois, alors le seigneuriage doit également être de 10 % du revenu réel. Imaginons que la masse monétaire réelle représente deux mois de revenu, soit $(M/P)/Y = 2$. Alors l'équation 21.3 nous apprend que le taux de croissance de la masse monétaire nominale doit être de 10 %/2 = 5 %.

Pour résumer, les revenus de la création monétaire sont appelés « seigneuriage ». Le seigneuriage est égal au produit de la croissance de la masse monétaire par la masse monétaire réelle. Pour une masse monétaire réelle donnée, un seigneuriage plus grand demande une croissance de la masse monétaire plus forte.

Cela veut-il dire que le gouvernement peut financer un déficit de 20 % du revenu par une croissance de la masse monétaire de 10 % ; un déficit de 40 % par une croissance de 20 %, et ainsi de suite ? Non, car au fur et à mesure que la masse monétaire s'accroît, l'inflation accélère. Et au fur et à mesure que l'inflation s'accélère, le coût d'opportunité de garder de la monnaie augmente, ce qui incite les agents à se débarrasser de leur monnaie. Dans les termes de l'équation 21.3, une augmentation de $\Delta M/M$ induit une diminution de M/P, si bien que la croissance de la masse monétaire ne génère pas une augmentation proportionnelle du seigneuriage. Ce qui est crucial ici, c'est la façon dont les agents ajustent leurs encaisses réelles en réponse à l'inflation.

1. On se souvient que le revenu est un flux : Y représente la production *par mois*.

21.2 Inflation et encaisses réelles

Quels sont les déterminants du stock réel de monnaie que les agents sont prêts à garder ?

On se souvient de la relation *LM* que l'on a utilisée jusqu'à maintenant :

$$\frac{M}{P} = Y\underset{(-)}{L(i)}$$

À revenu réel plus grand, correspondent des encaisses réelles plus grandes. Des taux d'intérêt plus élevés augmentent le coût d'opportunité de détenir de la monnaie et peuvent donc inciter les agents à réduire leurs encaisses réelles, ceux-ci préférant détenir des titres plutôt que de la monnaie.

Cela est vrai à la fois dans les moments de stabilité économique et dans ceux d'hyperinflation. Mais en temps d'hyperinflation, on peut encore simplifier cette relation. Tout d'abord, on peut réécrire la relation *LM* comme une relation entre le taux d'intérêt nominal et le taux d'intérêt réel, $i = r + \pi^e$ [1] :

$$\frac{M}{P} = YL(r + \pi^e)$$

Les encaisses réelles dépendent du revenu réel *Y*, du taux d'intérêt réel *r* et de l'inflation anticipée π^e. Ces trois déterminants varient pendant la période d'hyperinflation. L'inflation effective et, on peut le supposer, l'inflation anticipée peuvent aller jusqu'à 50 % par mois. Il est raisonnable de faire l'hypothèse que le revenu et le taux d'intérêt réel restent constants, et de s'intéresser aux variations de l'inflation anticipée (les variations des autres variables sont négligeables en comparaison de celle de l'inflation anticipée). On peut alors écrire :

$$\frac{M}{P} = \bar{Y}\underset{(-)}{L(\bar{r} + \pi^e)} \qquad (21.4)$$

où les barres signifient que *Y* et *r* sont constants. En temps d'hyperinflation, l'équation 21.4 nous dit que les encaisses réelles dépendent principalement du taux d'inflation anticipé. Lorsque l'inflation anticipée augmente et qu'il devient de plus en plus coûteux de détenir de la monnaie, les agents vont réduire leurs encaisses réelles.

En l'occurrence, dans les périodes d'hyperinflation, les agents trouvent de nombreux moyens de réduire leurs encaisses réelles. Lorsque le taux d'inflation est de 100 % par exemple, garder de la monnaie signifie perdre la moitié de la valeur réelle de ses encaisses en un mois (car au bout d'un mois, les biens coûtent deux fois plus cher, donc avec la même quantité de monnaie, on peut acheter deux fois moins). Le **troc** (l'échange direct entre biens, sans passer par la monnaie) se généralise. Les paiements des salaires deviennent de plus en plus fréquents (souvent deux fois par semaine). Une fois que les gens sont payés, ils doivent se ruer vers les magasins, car à chaque minute perdue, le pouvoir d'achat perd de sa valeur. Même si les gouvernements interdisent le plus souvent l'utilisation de monnaie étrangère pour les échanges dans le pays, il est fréquent dans les cas d'hyperinflation que les agents gardent uniquement des devises étrangères [2]. Et même si c'est

---

1. On peut se référer à la discussion sur taux d'intérêt nominal et réel de la section 11.1.
2. Keynes disait au sujet de l'épisode d'hyperinflation autrichienne des années 1920 : « À Vienne, au moment de la crise, des bureaux de change ont ouvert à tous les coins de rue, ce qui permettait de changer ses *couronnes* en francs suisses quelques minutes après les avoir reçues et éviter ainsi le risque de perdre toute la valeur de l'argent le temps d'arriver à sa banque traditionnelle. »

illégal, de plus en plus de transactions se font en devises. Durant l'hyperinflation des pays d'Amérique latine dans les années 1980, les gens sont passés au dollar. Le passage au dollar est d'ailleurs un phénomène assez général, que l'on désigne sous le nom de **dollarisation** (l'utilisation des dollars en dehors des États-Unis pour les transactions domestiques).

Mais dans quelle proportion les encaisses réelles diminuent-elles en réponse à l'inflation ? La figure 21.1 étudie le cas de l'hyperinflation hongroise des années 1920 et nous donne des éléments de réponse.

Figure 21.1 – Inflation et encaisses réelles en Hongrie, novembre 1922-février 1924.

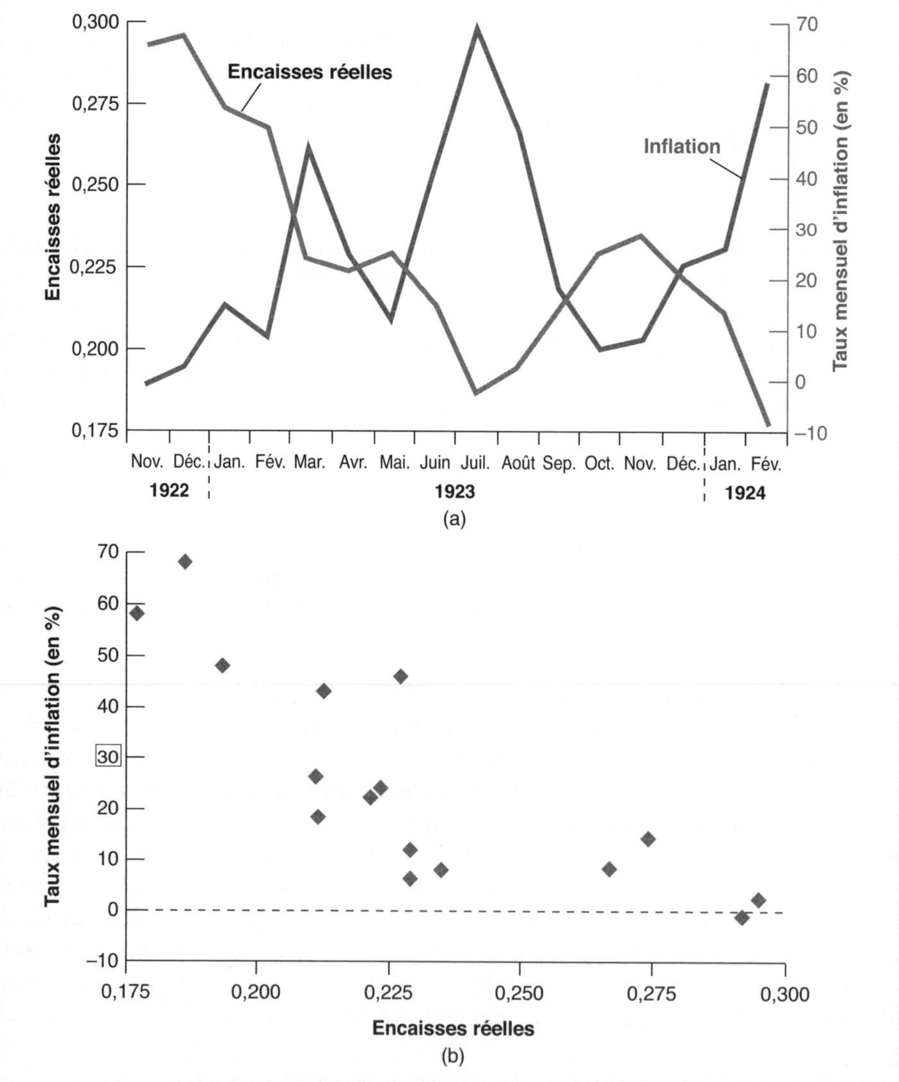

À la fin de l'hyperinflation hongroise, les encaisses réelles avaient à peu près diminué de moitié par rapport au début.

Le graphique (a) de la figure 21.1 décrit les encaisses réelles et l'inflation mensuelle de novembre 1922 à février 1924. On remarque que les mouvements de l'inflation correspondent à des mouvements en sens inverse des encaisses réelles. À la baisse temporaire de l'inflation en octobre 1923, correspond une hausse temporaire des encaisses réelles. À la fin de l'hyperinflation, en février 1924, les encaisses réelles avaient diminué de moitié. Le graphique (b) de la figure 21.1 donne les mêmes chiffres, mais l'inflation est ici représentée en fonction des encaisses réelles (nous n'observons pas l'inflation anticipée, qui est de toute évidence la variable que nous voudrions suivre ; nous nous contentons de l'inflation effective). Le nuage de points décrit clairement une relation négative entre inflation et encaisses réelles. Lorsque l'inflation effective (et on peut présumer que l'inflation anticipée suit en général les mouvements de l'inflation effective) augmente, la demande de monnaie diminue fortement [1].

Pour résumer, on peut dire que si l'inflation augmente, les agents utilisent moins la monnaie, ce qui entraîne une diminution des encaisses réelles.

21.3 Déficits, seigneuriage et inflation

Nous avons jusqu'ici considéré la relation entre seigneuriage, croissance de la masse monétaire et encaisses réelles (équation 21.2), puis la relation entre encaisses réelles et inflation (équation 21.4). En combinant les deux relations, on trouve :

$$\begin{aligned}\text{Seigneuriage} &= \left(\frac{\Delta M}{M}\right) \times \left(\frac{M}{P}\right) \\ &= \left(\frac{\Delta M}{M}\right) \times [\overline{Y} L(\bar{r} + \pi^e)] \qquad (21.5)\end{aligned}$$

La première ligne reprend l'équation 21.2 : le seigneuriage égale le taux de croissance de la masse monétaire, multiplié par les encaisses réelles. Et la seconde ligne introduit ce que nous a appris l'équation 21.4, à savoir que les encaisses réelles dépendent négativement de l'inflation anticipée [2].

En utilisant cette relation, on peut montrer comment le besoin de financer un déficit budgétaire important peut entraîner non seulement une *inflation élevée*, mais aussi, comme dans le cas de l'hyperinflation, une *inflation qui s'accélère*.

Le cas d'un taux de croissance de la masse monétaire constant

Supposons que le gouvernement choisisse un taux de croissance de la masse monétaire *constant* et maintienne définitivement ce taux (il est évident que ce n'est pas ce qui se passe dans les cas d'hyperinflation, où le taux de croissance de la masse monétaire augmente). Quel seigneuriage ce taux de croissance constant de la masse monétaire va-t-il générer ?

1. Cette baisse des encaisses monétaires réelles explique pourquoi, dans le tableau 21.1, le taux d'inflation moyen est plus élevé que le taux de croissance de la masse monétaire pour les sept épisodes d'hyperinflation d'après-guerre. Le fait que les encaisses monétaires réelles M/P diminuent pendant l'hyperinflation, implique que les prix P augmentent plus vite que M (le taux d'inflation doit être supérieur au taux de croissance monétaire).
2. $\pi^e \uparrow \Rightarrow L(r + \pi^e) \downarrow$.

Si le taux de croissance de la masse monétaire reste toujours constant, alors l'inflation et l'inflation anticipée doivent être aussi constantes. Supposons que la croissance de la production soit nulle, alors l'inflation effective et l'inflation anticipée doivent être égales à la croissance de la masse monétaire [1] :

$$\pi^e = \pi = \frac{\Delta M}{M}$$

En remplaçant π^e par $\Delta M/M$ dans l'équation 21.5, on trouve :

$$\text{Seigneuriage} = \frac{\Delta M}{M}\left[\overline{Y}L\left(\overline{r} + \frac{\Delta M}{M}\right)\right] \qquad (21.6)$$

Notons que la croissance de la masse monétaire a deux effets opposés sur le seigneuriage :

- d'un côté, pour un montant d'encaisses réelles donné, la croissance de la masse monétaire augmente le seigneuriage. Cet effet est noté dans le premier terme de droite de l'équation : une augmentation de $\Delta M/M$ augmente le seigneuriage [2] ;
- d'un autre côté, une augmentation de la croissance de la masse monétaire renforce l'inflation et donc réduit les encaisses réelles. La baisse des encaisses réelles fait diminuer le seigneuriage. Cet effet est noté par la présence de $\Delta M/M$ dans le second terme de l'équation [3].

Ainsi, l'effet net de la croissance de la masse monétaire sur le seigneuriage est ambigu. Les tests empiriques nous portent à penser que la relation entre seigneuriage et croissance de la masse monétaire a la forme décrite à la figure 21.2.

C'est une relation en cloche. Pour des taux faibles de croissance de la masse monétaire, observables de nos jours en Europe et aux États-Unis, une augmentation de la croissance de la masse monétaire aurait peu d'effet sur les encaisses réelles. Donc on aurait une augmentation du seigneuriage. Mais lorsque la croissance de la masse monétaire devient très forte, la réduction des encaisses réelles provoquée par une augmentation de la croissance de la masse monétaire devient de plus en plus importante, jusqu'à un point où le seigneuriage *diminue* (on a noté ce point A sur la figure 21.2).

La forme de cette courbe peut rappeler des résultats en économie publique. La politique fiscale obéit à une règle similaire. Les recettes fiscales sont égales au *taux d'imposition* que multiplie la *base imposable*. Un taux d'imposition peu élevé a peu d'effet sur la quantité de travail que les agents fournissent, et les recettes fiscales augmentent avec ce taux. Mais lorsque le taux atteint des niveaux très élevés, une augmentation de celui-ci entraîne une diminution des recettes fiscales. Un taux d'imposition de 100 % correspond à des recettes fiscales nulles : à quoi bon travailler si le gouvernement prend tout ? « Trop d'impôt tue l'impôt. » Cette relation entre taux d'imposition et recette fiscale est souvent appelée **courbe de Laffer**, d'après l'économiste Arthur Laffer qui a affirmé dans les années 1980 qu'une réduction du taux d'imposition américain permettrait d'augmenter les recettes fiscales [4]. Il se trompait de toute évidence sur la position des États-Unis sur la

1. Dans le moyen terme : inflation = taux de croissance monétaire – croissance de la production réelle. Si taux de croissance de la production = 0, alors : inflation = taux de croissance de la masse monétaire.
2. $\Delta M/M \uparrow \Rightarrow$ seigneuriage $\uparrow$.
3. $\Delta M/M \uparrow \Rightarrow \pi \uparrow \Rightarrow \pi^e \uparrow \Rightarrow L(\overline{r} + \pi^e) \downarrow \Rightarrow M/P \downarrow \Rightarrow$ seigneuriage $\downarrow$.
4. Voir le chapitre 17 pour une discussion des effets de la réduction des impôts en 1981-1983 sur le budget américain et l'économie américaine.

courbe : la réduction du taux d'imposition a réduit les recettes fiscales. Mais la remarque reste vraie en général : lorsque le taux d'imposition est suffisamment élevé, une nouvelle augmentation diminue les recettes fiscales.

Figure 21.2 – Seigneuriage et croissance de la masse monétaire.

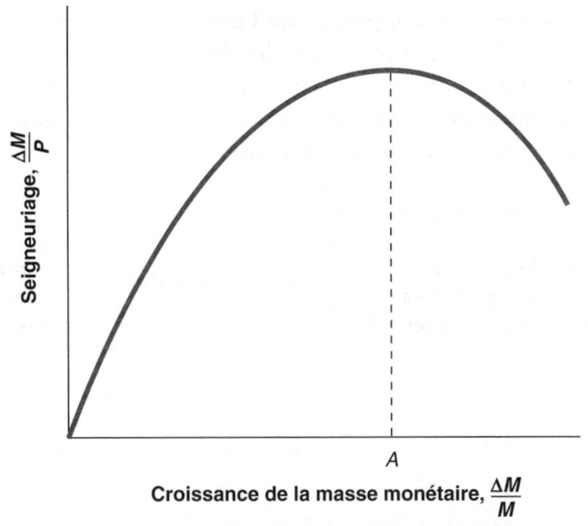

Le seigneuriage est d'abord une fonction croissante, puis décroissante de la croissance de la masse monétaire.

Il y a plus qu'une simple analogie entre taxation et seigneuriage. L'inflation peut être considérée comme une taxe sur les encaisses réelles, dont le taux est le taux d'inflation, π, qui réduit la valeur des encaisses monétaires. La base imposable, ce sont les encaisses réelles, M/P. Le produit des deux, $\pi\,(M/P)$, est appelé **taxe d'inflation**. Il y a cependant une différence subtile avec les autres types de taxation. Ce que le gouvernement reçoit en faisant de l'inflation, ce n'est pas la taxe inflationniste, mais le seigneuriage : $(\Delta M/M)\,(M/P)$. Les deux sont tout de même liés. Par exemple, si le taux de croissance de la masse monétaire est constant, il sera égal au taux d'inflation, de sorte que :

$$\begin{aligned}\text{Taxe d'inflation} &= \pi\left(\frac{M}{P}\right)\\ &= \left(\frac{\Delta M}{M}\right)\left(\frac{M}{P}\right)\\ &= \text{seigneuriage}\end{aligned}$$

Quel est le taux de croissance optimal de la masse monétaire pour le gouvernement, c'est-à-dire quel taux de croissance de la masse monétaire donne le seigneuriage le plus élevé ? C'est la question que pose Phillip Cagan dans une parution classique sur l'hyperinflation, écrite en 1956. Dans ce qui fut l'une des premières utilisations de l'économétrie, Cagan a estimé la relation entre demande de monnaie et inflation anticipée (équation 21.4) pour chacun des épisodes d'hyperinflation du tableau 21.1. Ensuite, en utilisant l'équation 21.6, il a calculé le taux de croissance de la masse monétaire qui maximisait le seigneuriage, et le seigneuriage correspondant. Les résultats qu'il a trouvés sont donnés dans les deux premières colonnes du tableau 21.3. La troisième colonne indique le taux de croissance effectif de la monnaie.

Ce tableau montre un point intéressant : pour chacun des sept épisodes d'hyperinflation, l'inflation effective était largement supérieure à l'inflation qui aurait maximisé le seigneuriage. Pour la Hongrie de l'après-Seconde Guerre mondiale, le taux d'inflation a été de 12 200 %, alors que le taux optimal aurait été de 32 %. Cela pose un problème par rapport aux différentes idées que nous avons développées jusqu'ici. Si la création monétaire servait à financer le gouvernement, pourquoi les taux observés sont-ils si élevés par rapport aux taux optimaux ? La réponse vient de la dynamique de l'ajustement de l'économie à une forte croissance de la masse monétaire.

Tableau 21.3 – Croissance de la monnaie et seigneuriage.

	Taux de croissance mensuel optimal de la masse monétaire (en %)	Seigneuriage maximal (en % de la production)	Taux de croissance mensuel effectif de la masse monétaire (en %)
Autriche	12	13	31
Allemagne	20	14	314
Grèce	28	11	220
Hongrie I	12	19	33
Hongrie II	32	6	12 200
Pologne	54	5	72
Russie	39	1	49

Source : Phillip Cagan, « The Monetary Dynamics of Hyperinflation », in Milton Friedman, *Studies in the Quantity Theory of Money*, University of Chicago Press, 1956.

Dynamique et accélération de l'inflation

Revenons à l'argument précédent : pour *un taux de croissance de la masse monétaire constant*, la croissance de la masse monétaire *va finir* par être égale à la fois au taux d'inflation observé et au taux anticipé, et on aura alors une baisse des encaisses réelles. Si la croissance de la masse monétaire est supérieure à la croissance qui maximise le seigneuriage, alors les revenus du seigneuriage vont diminuer.

Les éléments cruciaux de ce raisonnement, ce sont les termes « taux de croissance constant de la masse monétaire » et « va finir ». Considérons un gouvernement qui a brusquement besoin de financer des déficits importants et qui décide de le faire par la création monétaire. Comme la croissance de la masse monétaire s'accélère, il se peut que l'inflation et l'inflation anticipée mettent un certain temps à s'ajuster. Même si l'inflation anticipée augmente, il se peut que les agents mettent du temps à réduire leurs encaisses monétaires : passer à une économie de troc prend du temps, de même que passer à l'utilisation de devises étrangères.

Posons cette conclusion d'une façon plus formelle. On se souvient de l'équation de seigneuriage :

$$\text{Seigneuriage} = \left(\frac{\Delta M}{M}\right)\left(\frac{M}{P}\right)$$

Dans le court terme, une augmentation du taux de croissance de la masse monétaire ($\Delta M/M$) peut n'avoir que peu d'effet sur les encaisses réelles (M/P). En d'autres termes, si un gouvernement est prêt à créer suffisamment de monnaie, il peut générer *dans le court terme* autant de seigneuriage qu'il le veut, bien plus que les chiffres de la deuxième colonne du tableau 21.3. Mais à plus longue échéance, les prix s'ajustent, les encaisses réelles diminuent, et la même croissance de la masse monétaire donne de moins en moins de seigneuriage. Donc, si le gouvernement veut financer un déficit supérieur aux chiffres de la deuxième colonne du tableau (en Autriche par exemple, le gouvernement voulait financer un déficit de 13 % du PIB), il ne peut le faire avec un taux de croissance de la masse monétaire constant. Le seul moyen est d'augmenter continuellement ce taux de croissance. C'est pourquoi les chiffres de la troisième colonne sont bien supérieurs à ceux de la deuxième.

Un autre effet est également à l'œuvre. Nous avons considéré que les déficits étaient constants, mais lorsque l'inflation s'accélère, les déficits deviennent généralement plus importants, en raison, entre autres, des délais de collecte des impôts. On parle à ce sujet de l'**effet Tanzi-Olivera**, en référence à Vito Tanzi et Julio Olivera, deux économistes qui ont insisté sur l'importance de cet effet. Les impôts représentent une part des revenus passés et, au moment où les impôts sont collectés, la valeur réelle des revenus passés a fortement diminué en temps d'hyperinflation. Donc l'inflation réduit les recettes fiscales du gouvernement, ce qui rend le financement du déficit encore plus difficile. D'autres effets s'ajoutent à cela : souvent les gouvernements tentent de juguler l'inflation en interdisant aux entreprises d'État d'augmenter leurs prix. Mais ces entreprises font face à des coûts nominaux de plus en plus importants et de fait se retrouvent avec des déficits. Si l'effet sur l'économie de la fixation des prix des entreprises publiques est négligeable, en revanche, le gouvernement est alors confronté à de nouveaux déficits à financer et il doit créer encore plus de monnaie.

Hyperinflation et activité économique

Nous avons insisté jusqu'à maintenant sur les mouvements de la monnaie et de l'inflation (qui sont les plus significatifs en période d'hyperinflation), mais l'hyperinflation affecte l'économie de bien d'autres façons.

Initialement, une croissance de la masse monétaire plus forte entraîne une *augmentation* de la production. En effet, il faut un certain temps pour que la croissance de la masse monétaire se traduise par de l'inflation. La création monétaire a un effet expansionniste. Comme on l'a vu au chapitre 11, les premiers effets de la création monétaire sont de diminuer les taux d'intérêt réels et nominaux, ce qui permet une augmentation de la demande et de la production.

Mais lorsque l'inflation devient très élevée, les effets néfastes de l'hyperinflation dominent :

- le système de transaction devient de moins en moins efficace. Les brouettes que les gens ont dû utiliser pour transporter l'argent nécessaire à l'achat de biens dans l'Allemagne des années 1920 en sont un exemple frappant ;
- les signaux fournis par les prix deviennent de moins en moins clairs. Les prix changeant constamment, il est difficile pour les consommateurs et les producteurs de connaître le système de prix relatifs. Les faits montrent que plus l'inflation est élevée,

plus les prix relatifs varient. Donc le système de prix relatifs qui joue un rôle crucial dans le fonctionnement de l'économie n'est plus efficace [1] ;

- les variations du taux d'inflation deviennent aussi de plus en plus grandes. Il devient difficile de prévoir quelle va être l'inflation dans un avenir très proche. L'emprunt devient par conséquent un jeu de plus en plus risqué. Les derniers mois de l'hyperinflation, le marché du crédit disparaît quasiment, ce qui empêche tout investissement [2].

Ainsi quand l'inflation s'accélère, il y a un consensus de plus en plus large pour la stopper. Cela nous mène à la dernière partie de ce chapitre : comment arrêter l'hyperinflation ?

21.4 Comment stopper l'hyperinflation ?

Nous pouvons trouver les moyens de contenir l'hyperinflation dans l'analyse que nous avons faite de ses causes.

Il faut une réforme fiscale et une réduction crédible des déficits budgétaires. La réforme doit prendre effet à la fois du côté des dépenses et des ressources du gouvernement.

- Du côté des dépenses, la réforme se traduit généralement par une réduction des subventions qui sont apparues pendant la période d'hyperinflation. Obtenir une suspension provisoire des remboursements des dettes extérieures permet aussi souvent de réduire les dépenses. La suspension des réparations de guerre qui avaient déclenché la crise a été un élément important de la stabilisation en Allemagne en 1923.
- Du côté des ressources, ce qui compte, ce n'est pas tant une augmentation des recettes fiscales qu'une réforme de la fiscalité. C'est un point important : pendant l'hyperinflation, les agents paient une taxe, la taxe inflationniste. Stabiliser implique de remplacer cette taxe inflationniste par d'autres taxes. Ce ne peut être effectué du jour au lendemain, mais les acteurs économiques doivent être convaincus que cela va être fait et que les déficits budgétaires vont être réduits.
- La banque centrale doit prendre l'engagement (crédible) qu'elle ne va plus monétiser automatiquement les dettes du gouvernement. Cette crédibilité peut être acquise de nombreuses manières. La loi peut interdire à la banque centrale d'acheter des obligations d'État, de sorte que la monétisation de la dette n'est plus possible. La banque centrale peut aussi ancrer le taux de change sur une monnaie qui n'a pas ou peu d'inflation [3]. Adopter officiellement la dollarisation (faire d'une devise étrangère la monnaie officielle du pays) est une méthode encore plus drastique, car elle implique la perte de toute possibilité de seigneuriage et, au-delà, de la politique de stabilisation macroéconomique à travers la politique monétaire [4].

---

1. En Israël, on racontait cette blague pendant la forte inflation des années 1980 : « Pourquoi est-ce moins cher de prendre le taxi que le bus ? Parce que, dans le bus, il faut payer son ticket au début du trajet, alors que dans le taxi, on paye à la fin. »
2. Nous avons ici discuté des coûts d'une inflation très forte. La discussion dans les pays de l'OCDE aujourd'hui concerne des taux d'inflation de l'ordre de 5 %. Les enjeux sont complètement différents dans ce cas. On se reportera au chapitre 24.
3. C'est ce qu'a fait l'Argentine en 1991, en fixant le taux de change à un dollar pour un peso. Voir la discussion sur le programme monétaire argentin au chapitre 18.
4. Un ministre des Finances israélien a été renvoyé dans les années 1980 pour avoir fait une telle proposition dans un programme de stabilisation. Celle-ci avait été considérée comme une atteinte à la souveraineté d'Israël.

- D'autres mesures sont-elles aussi nécessaires ? Certains économistes affirment qu'une **politique de contrôle des prix** (et des salaires) est parfois indispensable, en plus des mesures de politique budgétaire et monétaire, pour permettre à l'économie de revenir à un taux d'inflation plus bas. Les politiques de contrôle aident, selon eux, à coordonner les anticipations. Si les travailleurs savent que les prix ne vont pas augmenter, ils ne demanderont pas d'augmentation de salaire, et la spirale inflationniste sera détruite.
- D'autres économistes pensent que seules sont nécessaires une réduction des déficits et l'indépendance de la banque centrale. Selon eux, si les mesures politiques sont crédibles, les anticipations peuvent changer de façon brusque. Ils insistent sur les dangers du contrôle des prix. Il est toujours possible que, lorsque le gouvernement contrôle les prix, il ne prenne pas les difficiles et pénibles mesures de stabilisation. De plus, si le système de prix relatifs était déformé, il risque de le rester [1].

Les programmes de stabilisation qui n'incluent pas de contrôle des prix sont appelés **orthodoxes**, les autres **hétérodoxes**. L'hyperinflation des pays décrits dans le tableau 21.1 a été stoppée par des programmes orthodoxes. Récemment, en Amérique latine, beaucoup de stabilisations ont été hétérodoxes.

Un programme de stabilisation peut-il échouer ?

Un programme de stabilisation peut en effet échouer, et d'ailleurs ils échouent souvent. L'Argentine a mené en vain cinq programmes de stabilisation entre 1984 et 1989, avant de réussir en 1990. Le Brésil n'a réussi un programme qu'après six essais infructueux en douze ans. Parfois, l'échec vient de ce que les mesures n'ont été que des demi-mesures. Un gouvernement, par exemple, instaure le contrôle des salaires, mais ne prend pas les mesures nécessaires pour réduire ses déficits. Le programme ne peut pas réussir si les salaires sont contrôlés et si la masse monétaire continue d'augmenter.

L'échec d'un programme peut être dû à l'opposition politique. Si c'est un conflit social qui a déclenché l'hyperinflation, il peut exister encore au moment du programme. Ceux qui pâtissent de la réduction des déficits peuvent s'opposer au programme et forcer le gouvernement à faire machine arrière. Souvent, les travailleurs sont conscients de l'augmentation du prix des services publics et des impôts, mais ils ne voient pas la baisse de l'inflation. Cela peut mener à des grèves, voire à des émeutes, et à la faillite du programme de stabilisation.

L'échec peut aussi venir des anticipations [2]. Supposons que le change soit fixé sur le dollar. Supposons aussi que les acteurs financiers anticipent la nécessité pour le gouvernement de dévaluer rapidement. Pour compenser le risque de dévaluation, ils demandent des taux d'intérêt élevés afin de détenir des titres nationaux plutôt que des bons du Trésor américain. Cette hausse des taux entraîne une récession. La récession oblige le gouvernement à dévaluer, ce qui concrétise les craintes des marchés financiers. Si, au contraire, les marchés financiers avaient eu confiance dans le programme du gouvernement, le risque de dévaluation aurait été faible, les taux bas, et le gouvernement aurait pu mener à bien

1. Cet argument était particulièrement pertinent pour l'Europe de l'Est dans les années 1990. En effet, en raison de la planification centrale, le système de prix relatifs était très différent de celui d'une économie de marché. Imposer des restrictions sur les salaires ou les prix aurait empêché les prix de s'ajuster à leur valeur de marché.
2. C'est une variation sur le thème de la crise de change autoréalisatrice discutée au chapitre 18.

son programme. Pour beaucoup d'économistes, la réussite d'un programme dépend de prophéties autoréalisatrices. Même les programmes bien conçus ne peuvent fonctionner que si les gens pensent qu'ils vont bien fonctionner. Il faut donc de la chance et une crédibilité politique certaine.

Les coûts de la stabilisation

Nous avons vu au chapitre 10 comment la désinflation américaine des années 1980 a été associée à une forte récession et à une augmentation du chômage. Au chapitre 19, nous avons constaté que la désinflation européenne a eu des coûts encore plus élevés en termes de chômage. On peut donc penser qu'une désinflation de plus grande ampleur aura comme effet une récession, ou même une dépression de plus grande ampleur.

Pour comprendre pourquoi, revenons à la discussion sur la désinflation de la section 10.3. Nous avons vu trois raisons qui peuvent faire que l'inflation ne décroisse pas aussi vite que la masse monétaire nominale, d'où une récession [1]. La première, c'est que les salaires sont généralement fixés en termes nominaux pour une période relativement longue (jusqu'à trois ans aux États-Unis). En conséquence, beaucoup de salaires sont déjà déterminés au moment où sont prises les mesures pour enrayer l'inflation. La deuxième raison, c'est que les négociations salariales étant généralement décalées, il n'est pas possible de ralentir l'augmentation de tous les salaires en même temps. La troisième raison, c'est la crédibilité.

L'hyperinflation élimine les deux premiers problèmes. L'inflation varie tellement, les prix et les salaires changent si souvent que parler de délais d'ajustement et de décalage n'est plus pertinent.

Mais il reste la crédibilité. Le fait que même des programmes cohérents puissent échouer montre que la crédibilité joue un rôle essentiel. L'acquisition d'une crédibilité a toujours des coûts (en termes d'augmentation temporaire des taux d'intérêt par exemple). Les économistes se demandent comment réduire au minimum les coûts de la stabilisation : faut-il choisir un programme orthodoxe ou hétérodoxe, empêcher la croissance de la masse monétaire ou fixer le taux de change ?

Pour aller plus loin

L'hyperinflation bolivienne des années 1980

Dans les années 1970, la Bolivie a connu une forte croissance de la production, en partie grâce à l'augmentation sur les marchés mondiaux du prix de ses exportations : l'étain, l'argent, la coca, l'huile et le gaz naturel. Mais à la fin de la décennie, le prix de l'étain s'est effondré. Les prêts internationaux, qui avaient été la principale source de financement des dépenses boliviennes dans les années 1970, se sont faits plus rares, car les étrangers se demandaient s'ils pouvaient avoir confiance dans le gouvernement bolivien. En partie à cause de cela et en partie en raison des conflits sociaux, le chaos politique s'est installé. Entre 1979 et 1982, le pays a eu douze présidents, dont neuf militaires et trois civils.

Lorsque le premier président élu librement depuis dix-huit ans est arrivé au pouvoir en 1982, sa tâche était quasiment insurmontable. Les banques commerciales américaines

1. On se souvient que le taux de croissance de la masse monétaire réelle égale le taux de croissance de la masse monétaire nominale, moins le taux d'inflation. Si l'inflation baisse moins que la croissance de la masse monétaire nominale, alors on aura une baisse de la masse monétaire réelle. Cette baisse du stock réel de monnaie va entraîner à son tour une hausse des taux d'intérêt, qui peut déclencher une récession.

et les créanciers étrangers avaient peur : ils ne voulaient plus rien prêter à la Bolivie et désiraient se faire rembourser leurs anciens prêts. Les prêts étrangers nets (à moyen terme et à long terme) au gouvernement bolivien étaient passés de 3,5 % du PIB en 1980 à – 0,3 % en 1982, puis à – 1 % en 1983. Parce qu'il pensait ne pas avoir d'autre solution, le gouvernement s'est tourné vers la création monétaire pour financer ses déficits.

Inflation et déficits budgétaires

Les trois années suivantes ont été caractérisées par une augmentation parallèle de l'inflation et des déficits budgétaires.

Le tableau 1 donne le budget pour la période 1981-1986. En raison du délai de collecte des impôts, l'inflation a considérablement réduit les recettes fiscales. Et les tentatives du gouvernement pour maintenir des prix bas pour les services publics ont entraîné de forts déficits pour les entreprises publiques. Comme ces entreprises étaient financées par des subventions du gouvernement, les déficits budgétaires se sont encore creusés. En 1984, le déficit budgétaire atteignait 31,6 % du PIB.

Pour faire face à l'accroissement des déficits budgétaires et pour obtenir plus de seigneuriage, le gouvernement a augmenté la masse monétaire et, par voie de conséquence, l'inflation. Celle-ci, qui était de 2,5 % par mois en moyenne en 1981, est passée à 7 % en 1982, puis à 11 % en 1983. Comme le montre la figure 1, l'inflation a continué d'augmenter en 1984 et 1985, atteignant 182 % (par mois !) en février 1985.

Tableau 1 – Recettes, dépenses et déficits publics (en % du PIB bolivien).

	1981	1982	1983	1984	1985	1986
Recettes	9,4	4,6	2,6	2,6	1,3	10,3
Dépenses	15,1	26,9	20,1	33,2	6,1	7,7
Excédents budgétaires (– déficits)	– 5,7	– 22,3	– 17,5	– 31,6	– 4,8	2,6

Recettes et dépenses du gouvernement central.

Source : Jeffrey Sachs, « The Bolivian Hyperinflation and Stabilization », NBER, *working paper* n° 2073, novembre 1986, tableau 3.

Figure 1 – Le taux d'inflation mensuel en Bolivie, janvier 1984-avril 1986.

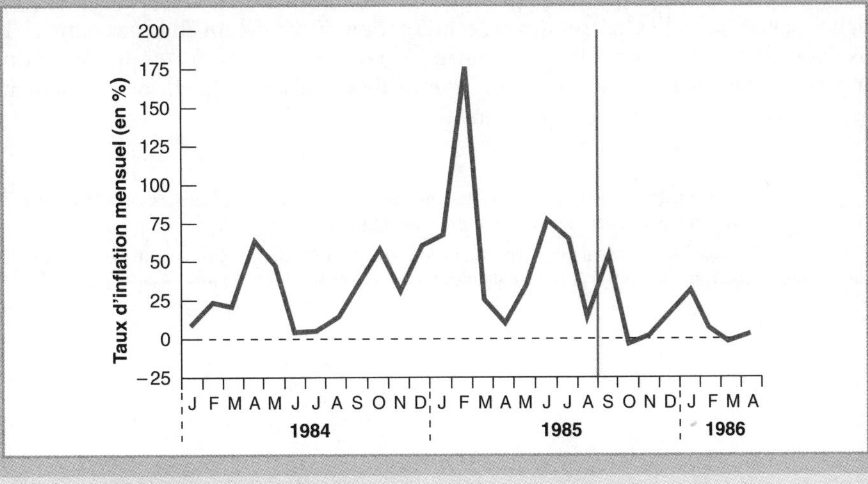

Pour aller plus loin

Stabilisation

Il y a eu beaucoup de tentatives de stabilisation. Des programmes de stabilisation ont été lancés en novembre 1982, en novembre 1983, en avril 1984, en août 1984, en février 1985. Le programme d'avril 1984 était un programme orthodoxe, comprenant une dévaluation importante, l'annonce d'une réforme fiscale et l'augmentation des prix du secteur public. Mais l'opposition des syndicats a été trop forte, et le programme fut abandonné. Après l'élection du nouveau président, une nouvelle tentative de stabilisation a été tentée en septembre 1985. Et elle fut réussie. C'était un plan de stabilisation orthodoxe, organisé autour de l'élimination des déficits budgétaires. Voici les principales caractéristiques de ce plan :

- **la politique budgétaire.** Les prix du secteur public ont augmenté ; les prix de la nourriture et de l'énergie aussi ; les salaires du secteur public ont été gelés, et une réforme fiscale visant à rétablir et à élargir la base imposable a été annoncée ;
- **la politique monétaire.** Le taux de change officiel du peso a été ajusté au taux du marché noir d'avant la stabilisation. Le taux est ainsi passé de 1,1 million de pesos pour 1 dollar à 67 000 pesos pour 1 dollar un mois avant (une dévaluation de 1 600 %). On a laissé flotter le change, dans certaines limites cependant ;
- **rétablir la confiance des créanciers étrangers.** Des négociations ont été engagées avec les organisations internationales et les banques commerciales pour restructurer la dette. Un accord avec les créanciers étrangers et le FMI a été passé neuf mois après, en juin 1986.

Comme pour les précédentes tentatives de stabilisation, les syndicats ont appelé à la grève. En réponse, le gouvernement a déclaré l'état de siège, et la grève a été interrompue. Après tant de tentatives avortées, l'opinion publique était plutôt pour le succès du programme.

Les effets sur l'hyperinflation ont été immédiats. Après deux semaines, l'inflation était négative ! De 1986 à 1989, le taux d'inflation moyen a été de moins de 2 %, et le déficit public sous la barre des 5 % du PIB pour le reste de la décennie.

La stabilisation a-t-elle eu des effets négatifs sur l'économie (la production) ? Certainement. Les taux d'intérêt réels sont restés élevés pendant longtemps (plus d'un an après la stabilisation). Mais l'effet de ces taux d'intérêt sur la production est difficilement quantifiable. En même temps que le programme de stabilisation était lancé, la Bolivie était touchée par de nouvelles baisses des prix internationaux de l'étain et du gaz naturel. De plus, les grandes campagnes lancées contre les narcotrafiquants ont stoppé la production de coca. Quelle part revient au programme de stabilisation, quelle part revient aux autres facteurs ? Il est difficile de trancher.

Cet encadré s'inspire de l'article de Jeffrey Sachs, « The Bolivian Hyperinflation and Stabilization », NBER, *working paper*, 1986. Sachs a lui-même pris part au programme de stabilisation.

On pourra aussi lire Juan Antonio Morales, « The Transition from Stabilization to Sustained Growth in Bolivia », in Michael Bruno *et alii* (éd.), *Lessons of Economic Stabilization and its Aftermath*, MIT Press, 1991.

21.5 Conclusion

Nous avons vu au chapitre 19 que le chômage était un problème complexe. La Grande Dépression a été caractérisée par une brusque chute de l'activité économique, suivie d'une longue reprise, alors que le chômage européen correspond davantage à une longue maladie, plus insidieuse. À l'opposé, ce chapitre montre que l'hyperinflation présente une pathologie particulière. Elle serait une maladie terrible, mais temporaire. Ses causes sont communes aux divers exemples que nous avons cités : l'incapacité du gouvernement à faire face à des chocs économiques ou politiques majeurs. Les symptômes sont les mêmes d'un pays à l'autre : une inflation qui s'accélère, des coûts de l'inflation de plus en plus importants, jusqu'à ce qu'un programme de stabilisation soit lancé et, finalement, réussisse.

Résumé

- L'hyperinflation correspond à des périodes de très forte inflation. Les épisodes les plus impressionnants ont eu lieu après les deux guerres mondiales en Europe. L'Amérique latine a aussi connu de telles expériences dans les années 1990.
- La forte inflation est due à une création monétaire importante. Et l'importance de la création monétaire vient de l'incapacité du gouvernement à financer ses déficits par des emprunts soit à l'intérieur, soit à l'étranger.
- Les revenus que donne la création monétaire sont appelés « seigneuriage ». Le seigneuriage est égal au produit de la croissance de la masse monétaire par les encaisses réelles. Plus les encaisses réelles sont petites, plus la création monétaire doit être importante pour obtenir un même montant de seigneuriage. Et donc l'inflation s'accélère.
- Les épisodes d'hyperinflation sont caractérisés par une accélération de l'inflation. Il y a plusieurs raisons à cela. Tout d'abord, la création monétaire crée de l'inflation qui incite les agents à réduire leurs encaisses monétaires ; le gouvernement doit par conséquent faire toujours plus d'inflation (en augmentant la masse monétaire) pour financer le même déficit budgétaire en termes réels. D'autre part, l'inflation augmente souvent les déficits, ce qui pousse le gouvernement à émettre toujours plus de monnaie.
- Les épisodes d'hyperinflation se sont terminés par des programmes de stabilisation. Pour réussir, un tel programme doit contenir des mesures fiscales afin de réduire les déficits et éliminer la création monétaire comme source de financement. Certains programmes comprennent un contrôle des prix et des salaires.
- Un programme qui impose un contrôle des prix et des salaires sans réforme fiscale et monétaire ne peut qu'échouer. Mais même un programme cohérent et bien conçu peut avorter. Il suffit que les agents anticipent l'échec de ce programme pour que cela ait toutes les chances de se produire.

Pour en savoir plus

Rudiger Dornbusch, Federico Sturzenegger et Hoger Wolf, « Extreme Inflation: Dynamic and Stabilization », *Brooking Papers on Economic Activity*, 1990.

Pierre-Richard Agénor et Peter Montiel, *Development Macroeconomics*, Princeton University Press, 1995.

Michael Bruno décrit l'expérience israélienne d'inflation et de stabilisation des années 1980 dans *Crisis, Stabilization and Economic Reform*, Oxford University Press, 1993.

Un article classique de Thomas Sargent, « The Ends of Four Big Inflations », dans *Inflation: Causes and Effects*, NBER et University of Chicago, 1982. Dans cet article, Sargent montre comment un programme crédible permet de mener un programme de stabilisation à moindre coût.

Rudiger Dornbusch et Stanley Fischer, « Stopping Hyperinflations, Past and Present », dans *Weltwirtschaftliches Archiv*, 1986. Les auteurs font une description de la fin de l'hyperinflation en Allemagne, Autriche, Pologne et Italie en 1947, en Argentine en 1985.

Applications

1. Vrai/Faux/Incertain

a. À court terme, les gouvernements peuvent financer un déficit budgétaire de n'importe quel montant en augmentant la masse monétaire.

b. La taxe d'inflation est toujours égale au seigneuriage.

c. L'hyperinflation peut créer des distorsions dans les prix, mais n'a pas d'effet sur la production réelle.

d. Il est simple de mettre fin à l'hyperinflation : il suffit d'instaurer un gel des prix et des salaires, et l'inflation cessera.

e. Comme l'inflation est généralement bonne pour les emprunteurs, les phases d'hyperinflation constituent les meilleures périodes pour contracter de gros emprunts.

f. Les déficits budgétaires se réduisent en général pendant les périodes d'hyperinflation.

2. Le seigneuriage

Supposons que la demande de monnaie soit de la forme suivante :

$$\frac{M}{P} = Y\,[1 - (r + \pi^e)]$$

où $Y = 1\ 000$ et $r = 0{,}1$.

a. Dans l'hypothèse où, à court terme, π^e est constant et égal à 25 %, calculez le montant du seigneuriage dans le cas où le taux de croissance de la masse monétaire est de :

- 25 % ;
- 50 % ;
- 75 %.

b. À moyen terme,

$$\pi^e = \pi = \frac{\Delta M}{M}$$

Calculez le montant du seigneuriage associé aux trois taux de croissance de la masse monétaire de la question a. Expliquez pourquoi les réponses diffèrent des réponses données à la question a.

3. L'effet Tanzi-Olivera

Quel effet les changements suivants auraient-ils sur l'effet Tanzi-Olivera :

a. Passage d'un paiement annuel à un impôt mensuel pour les ménages ?

b. Diminution de l'impôt sur le revenu et augmentation des taxes sur le chiffre d'affaires ?

4. La stabilisation

Vous êtes conseiller économique dans un pays souffrant d'hyperinflation. Comment répondriez-vous aux affirmations suivantes portant sur la meilleure façon de conduire à la stabilisation ?

a. « Cette crise ne s'arrêtera pas tant que les salariés ne paieront pas leur juste part d'impôts. »

b. « La banque centrale a prouvé qu'elle ne pouvait pas exercer de façon responsable son pouvoir de création monétaire, nous sommes donc contraints d'adopter un conseil monétaire (*currency board*). »

c. « Il est nécessaire de contrôler les prix pour mettre fin à cette folie. »

d. « La réussite de la stabilisation requiert une forte hausse du chômage et une forte récession. »

e. « Ne blâmons pas la banque centrale. Le problème vient de la politique budgétaire et non de la politique monétaire. »

5. Pour approfondir

En référence à l'exercice 2, quel est, à moyen terme, le taux de croissance de la masse monétaire qui maximise le seigneuriage ?

Chapitre 22

Progrès technique, inégalités aux États-Unis et chômage en Europe

Au cours des années 1980 et 1990, les marchés du travail aux États-Unis et en Europe ont connu des évolutions importantes, mais différentes : aux États-Unis, les inégalités ont fortement augmenté ; en Europe, le chômage est resté très élevé et a touché particulièrement les travailleurs les moins qualifiés. Ces évolutions sont-elles liées entre elles ? Sont-elles deux manifestations différentes d'un même changement structurel ? Plus particulièrement, s'agit-il de deux conséquences de l'évolution du progrès technique, qui réduirait la demande pour les travailleurs peu qualifiés, ou faut-il trouver d'autres explications ?

Nous avions dédié la plus grande partie du chapitre 4 à vanter les mérites du progrès technique : dans le long terme, c'est le progrès technique qui est la principale source de la croissance, de l'augmentation du niveau de vie.

Les discussions politiques sur le progrès technique sont cependant plus nuancées. Depuis le début de la révolution industrielle, les travailleurs se sont inquiétés du progrès technique, susceptible de faire disparaître leurs emplois et de les envoyer au chômage. Au début du XIXe siècle, un mouvement de protestation, le luddisme, s'est développé en Angleterre : des groupes d'ouvriers détruisaient les machines qu'ils considéraient comme une menace directe pour leur emploi. Des mouvements similaires se sont ensuite répandus en Europe, par exemple les saboteurs en France (ils mettaient leurs sabots dans les rouages des machines).

À chaque fois que le taux de chômage est élevé, le thème du chômage technologique resurgit. Au cours de la Grande Dépression, le mouvement technocrate qui s'est développé aux États-Unis affirmait que les forts taux de chômage de la période étaient dus au progrès technique et que si l'on autorisait la poursuite du progrès, les choses n'iraient qu'en s'aggravant. Aujourd'hui, même en France et en Europe, l'argument qui sous-tend parfois le besoin de réduire la durée du travail consiste à prétendre que, en raison du progrès technique, il n'y a plus assez de travail pour que tout le monde travaille à temps plein ; la solution est alors que tous travaillent moins d'heures afin que plus de monde ait un emploi.

Dans sa version la plus fruste, l'argument que le progrès technique amène du chômage est bien sûr faux. La très importante augmentation du niveau de vie que les pays développés ont connue au cours du XXe siècle est due en grande partie au progrès technique et elle s'est accompagnée d'une croissance de l'emploi, et pas d'une augmentation systématique du chômage [1]. Aux États-Unis, la production par habitant a été multipliée par un facteur 7 depuis 1900, et l'emploi par un facteur 5 (parallèle à l'augmentation de la population américaine). De même, il n'y a pas de corrélation positive entre chômage et productivité. Les États-Unis et le Japon, deux des pays qui ont le niveau de productivité le plus élevé, avaient dans les années 2000 les taux de chômage parmi les plus bas de l'OCDE.

Ces faits signifient-ils que les peurs face au progrès technique sont sans fondement ? Non, du moins pas nécessairement. Nous allons d'abord distinguer deux dimensions du progrès technique :

- le progrès technique permet de produire une plus grande quantité de biens avec le même nombre de travailleurs ;
- le progrès technique permet de produire de nouveaux biens et entraîne la disparition des anciens.

En considérant la première dimension, on note que l'on peut exprimer de deux façons les effets du progrès technique sur la relation entre production et nombre de travailleurs :

- d'une façon optimiste, on peut dire que le progrès technique permet de produire de plus en plus avec le même nombre de travailleurs [2] ;
- d'une façon plus pessimiste, on dira que le progrès technique permet de produire autant avec moins de travailleurs [3].

La première approche considère que le progrès technique est la source de l'augmentation du niveau de vie. La seconde incite à s'inquiéter du progrès technique qui détruit des emplois.

Dans les chapitres précédents, nous avons vu qu'à long terme, les ajustements au progrès technique se font par une augmentation de la production, et non par des destructions d'emplois. Mais combien de temps prend l'ajustement [4] ? La production augmente-t-elle suffisamment vite pour qu'il n'y ait pas de période prolongée de chômage ? Dans le chapitre 4, en supposant que l'emploi restait constant (ou croissait à un taux constant), nous avions écarté la possibilité de chômage. Nous la prenons maintenant en compte. Dans la section 22.1, nous considérons la réponse de court terme de l'emploi et de la production à des gains de productivité. Dans la section 22.2, nous étudions le moyen terme. Comme nous allons le voir, ni la théorie ni les données ne laissent craindre une montée du chômage à la suite de gains de productivité. Au contraire, il semble qu'un ralentissement de la productivité (et non l'accélération) soit associé à plus de chômage pendant un temps.

Considérons maintenant la seconde approche. Avec le progrès technique, arrive le problème complexe de la création et de la destruction d'emplois. C'est le point central

1. La croissance continue du revenu a été assortie d'une baisse continue du nombre d'heures travaillées. Dans les pays riches, le nombre d'heures annuelles travaillées est passé de 2 500 en 1900 (50 heures par semaine pendant 52 semaines) à 1 700 aujourd'hui (35 heures par semaines pendant 48 semaines, avec 4 semaines de congé par an). En d'autres termes, le progrès technique a permis de consommer à la fois plus de biens et plus de loisirs, mais il n'y a pas eu d'augmentation continue du chômage.
2. En partant de $Y = F(K, AN)$, on obtient : pour N donné, $A \uparrow \Rightarrow AN \uparrow \Rightarrow Y \uparrow$.
3. En partant de $Y = F(K, AN)$, on obtient : pour Y et K donnés et donc pour AN donné, $A \uparrow \Rightarrow N \downarrow$.
4. Une question classique se pose en macroéconomie : à partir de quand peut-on parler de long terme ? (Cherchez d'autres exemples dans les chapitres précédents, où cette question se pose.)

des théories de l'économiste de Harvard, Joseph Schumpeter : dans les années 1930, il a insisté sur le fait que le processus de croissance est fondamentalement un processus de destruction créatrice. Pour ceux qui perdent leur emploi et doivent en trouver un autre, ou pour ceux dont les qualifications ne sont plus adaptées à l'état de la technologie, le progrès technique peut être une malédiction plus qu'autre chose. En tant que consommateurs, ils bénéficient de la création de nouveaux produits, mais, en tant que travailleurs, ils peuvent souffrir d'un chômage prolongé et devoir accepter des salaires plus bas pour retrouver un emploi. Ce problème est particulièrement net aux États-Unis de nos jours. Les trente dernières années ont vu une baisse à la fois relative et absolue des salaires des moins qualifiés [1]. Certains signes tendent à affirmer que le progrès technique est une des causes principales de ce phénomène. Les effets du progrès technique sur la distribution des salaires sont analysés dans la section 22.3. Dans la section 22.4, nous examinerons le chômage européen et nous montrerons dans quelle mesure son analyse rejoint celle qui permet de conclure à la montée des inégalités aux États-Unis.

22.1 Productivité, production et chômage dans le court terme

Au chapitre 4, nous avons caractérisé le progrès technique par une augmentation de A, *l'état de la technologie*, dans la fonction de production :

$$Y = F(K, AN)$$

Nous allons maintenant considérer le progrès technique, et non plus l'accumulation du capital. Donc, par souci de simplicité, on ignorera le rôle du capital et on supposera que la production est réalisée suivant la fonction de production suivante :

$$Y = AN \tag{22.1}$$

La production est faite uniquement à partir de travail N, et chaque travailleur produit A unités. Une augmentation de A correspond à du progrès technique. Notons que A peut avoir ici deux interprétations. La première, c'est l'état de la technologie. La seconde, qui vient du fait que $Y/N = A$, c'est la productivité du travail (la production par travailleur) [2]. En parlant d'une augmentation de A, on pourra utiliser de façon interchangeable les termes *progrès technique* et *productivité du travail.*

En réécrivant l'équation 22.1, on obtient :

$$N = Y/A \tag{22.2}$$

L'emploi est égal à la production divisée par la productivité. Pour un niveau donné de production, plus la productivité est élevée, plus l'emploi est faible. D'où la question : quand la productivité augmente, la production augmente-t-elle suffisamment pour qu'il

1. *Relatif* : déclin du salaire réel en proportion du salaire réel des autres travailleurs.
Absolu : déclin du salaire réel.
2. La « production par travailleur » et l'« état de la technologie » ne sont en général pas interchangeables. On peut se souvenir qu'au chapitre 4, une augmentation de la production pouvait venir de l'accumulation du capital, même avec une technologie stable. Ici, les deux variables sont égales, car en écrivant la fonction de production 22.1, on a ignoré le rôle du capital.

n'y ait pas de destruction nette d'emplois (une augmentation du chômage) ? Plus loin, nous étudierons les réponses de moyen terme des variables et, en particulier, la relation entre taux de chômage et taux de progrès technique.

Le progrès technique, l'offre globale et la demande globale

La meilleure façon d'étudier la réponse de court et de moyen terme de la production à une augmentation de la productivité, c'est de revenir au modèle d'offre et de demande globale que nous avons vu au chapitre 8. Rappelons-en la structure.

La production est déterminée par l'intersection de la courbe d'offre globale avec la courbe de demande globale. La relation d'*offre globale* correspond aux effets de la production sur le niveau des prix. La courbe est croissante : une augmentation du niveau de la production entraîne une augmentation des prix. Le mécanisme qui est à l'œuvre est le suivant : une hausse de la production permet une diminution du chômage ; cette dernière entraîne une augmentation des salaires et, en conséquence, des prix [1].

La relation de *demande globale* représente l'effet des prix sur la production. La courbe est décroissante : une augmentation du niveau des prix entraîne une diminution de la production. En effet, une augmentation des prix réduit la masse monétaire réelle. Cette réduction induit une hausse des taux d'intérêt ; l'augmentation des taux d'intérêt amène une diminution de la demande de biens et donc une diminution de la production [2].

La demande globale est représentée par la courbe *AD* sur la figure 22.1. La courbe d'offre globale est représentée par *AS*. L'intersection de ces courbes donne la production d'équilibre *Y*, qui correspond à l'équilibre sur les marchés des biens, du travail et financiers. Pour *Y* donné, l'emploi est donné par $N = Y/A$.

Supposons maintenant que la technologie fasse passer la productivité de *A* à *A′* [3]. Que se passe-t-il pour la production, l'emploi et le chômage ? La réponse dépend en fait de la façon dont le progrès technique déplace les courbes d'offre et de demande globale l'une par rapport à l'autre.

Considérons d'abord la courbe d'offre globale. Le progrès technique réduit le nombre de travailleurs nécessaires par unité de production, donc les coûts de l'entreprise. Il y a ainsi une baisse des prix demandés par les entreprises pour tout niveau de production. La courbe d'offre globale passe de *AS* à *AS′* sur la figure 22.2.

En ce qui concerne la courbe de demande globale, le progrès technique augmente-t-il ou réduit-il la demande de biens pour un niveau des prix donné ? En fait, il n'y a pas de réponse générale. C'est que le progrès technique ne sort pas de nulle part et tout dépend de ce qui l'a permis.

- Prenons le cas où le progrès technique vient de l'utilisation massive d'une découverte technologique. Il est clair que ce changement sera associé à une augmentation de la demande pour un niveau de prix donné. Les anticipations de croissance dans le futur rendent les consommateurs confiants et optimistes, et ils augmentent donc leur

---

1. Le long de la courbe d'offre globale : pour P^e donné, $Y\uparrow \Rightarrow u\downarrow \Rightarrow W\uparrow \Rightarrow P\uparrow$.
2. Le long de la courbe de demande globale : $P\uparrow \Rightarrow M/P\downarrow \Rightarrow i\uparrow \Rightarrow Y\downarrow$.
3. *A* et *A′* correspondent à des niveaux de productivité, et non à des points sur le graphique. Pour éviter toute ambiguïté, les points ont été notés *B* et *B′* sur la figure 22.4.

consommation suivant leur revenu. Les perspectives offertes par cette nouvelle technologie et la nécessité de la mettre en œuvre vont aussi entraîner une augmentation de l'investissement. Dans ce cas, le progrès technique permet une hausse de la demande pour tout niveau de prix.

- Prenons maintenant le cas où le progrès technique correspond non plus à l'introduction d'une nouvelle technologie, mais à l'utilisation plus efficace de la technologie déjà existante. Par exemple, l'augmentation du commerce international a généré un accroissement de la concurrence étrangère. Cette concurrence a forcé un certain nombre d'entreprises à réorganiser leur production, quitte à détruire des emplois. Si de telles innovations organisationnelles sont à la source du progrès technique, on ne peut plus affirmer que la demande va augmenter pour un niveau de prix donné. La réorganisation de la production peut ne nécessiter que peu de nouveaux investissements. Le climat d'insécurité sur le marché du travail peut pousser les consommateurs à épargner (épargne de précaution) et donc à réduire leur consommation. Dans ce cas, on aura à la suite d'une augmentation de la productivité une diminution de la demande (un déplacement vers la gauche et non vers la droite).

Figure 22.1 – Offre et demande globales pour un niveau de productivité donné.

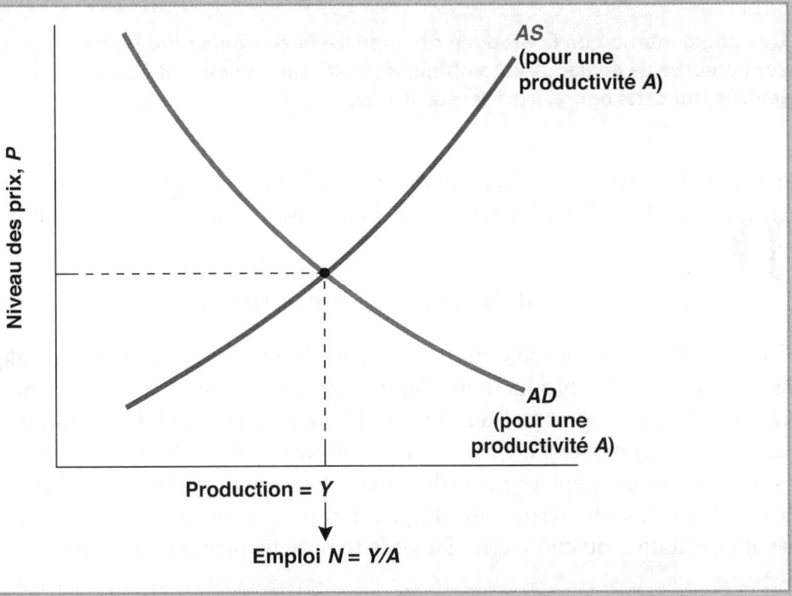

La courbe d'offre globale est croissante, car une augmentation de la production entraîne une augmentation des prix. La courbe de demande globale est décroissante, car une augmentation du niveau des prix entraîne une baisse de la production.

Considérons le cas le plus favorable pour l'emploi, c'est-à-dire celui où la courbe de demande globale se déplace vers la droite. Les effets du progrès technique sont alors un déplacement de la courbe d'offre de AS à AS', et un déplacement de la courbe de demande de AD à AD'. Ces déplacements sont représentés sur la figure 22.2. Il en résulte un déplacement de la production d'équilibre de Y à Y'. Dans le cas que nous avons représenté, l'augmentation de la productivité entraîne une augmentation de la production.

Figure 22.2 – Les effets du progrès technique sur la production dans le court terme.

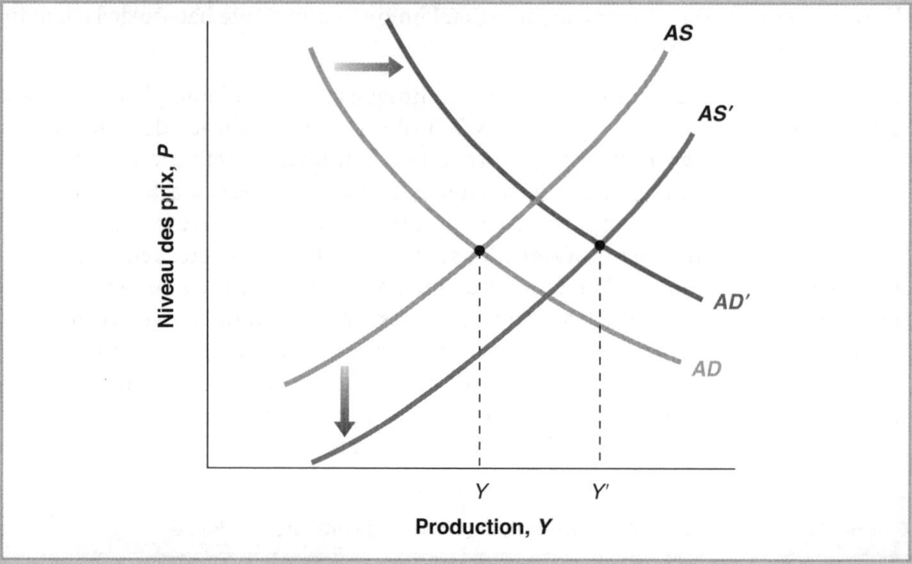

Une augmentation de la productivité déplace la courbe d'offre globale vers le bas. L'effet sur la courbe de demande est ambigu, le déplacement pouvant être vers la droite ou vers la gauche (sur cette figure, il est vers la droite).

Sans plus d'informations, cependant, on ne peut pas déterminer les effets du progrès technique sur l'emploi. En effet, on peut voir que l'équation 22.2 implique [1] :

augmentation de l'emploi =
augmentation de la production – augmentation de la productivité

Donc, l'emploi augmente ou diminue selon que la hausse de la production est plus ou moins grande que celle de la productivité. Par exemple, si la productivité augmente de 2 %, il faut que la production augmente au moins de 2 % pour que l'emploi ne diminue pas (pour que le chômage n'augmente pas). Par conséquent, sans information sur les pentes des courbes et sur l'ampleur des déplacements de ces courbes, on ne peut pas dire si cette condition est vérifiée. Dans le court terme, une augmentation de la productivité peut ou non entraîner une augmentation du chômage [2]. La seule théorie ne peut pas conclure.

Les faits empiriques

Les observations empiriques peuvent-elles nous permettre de conclure ? À première vue, il semble que oui. La figure 22.3 représente les évolutions respectives de la productivité et de la production depuis les années 1970. La figure montre une relation positive forte entre l'augmentation de la productivité et celle de la production. Il semble donc

1. En partant de la fonction de production $Y = AN$, on trouve $g_Y = g_A + g_N$, ou de façon équivalente : $g_N = g_Y - g_A$.
2. Nous avons supposé dans notre discussion que la politique monétaire était donnée. Mais elle peut de toute évidence avoir une incidence sur le revenu. Si vous étiez responsable de la politique monétaire, quel niveau de production tenteriez-vous d'obtenir ?

que lorsque l'augmentation de la productivité est forte, celle de la production est suffisante pour éviter des destructions d'emplois. Mais cette conclusion est fausse. La relation causale se fait essentiellement dans l'autre sens : c'est l'augmentation de la production qui permet une augmentation de la productivité, et non l'inverse [1].

Nous en avons vu la raison lorsque nous avons discuté de la loi d'Okun au chapitre 10 : en période de récession, les entreprises gardent plus de travailleurs qu'il n'est nécessaire pour la production. En période de croissance, les entreprises réagissent en partie en recrutant de nouveaux travailleurs, en partie en faisant travailler plus les travailleurs déjà employés. C'est la raison pour laquelle la productivité augmente lorsque la production augmente. Et c'est ce que l'on voit sur la figure 22.3 : la productivité augmente en réponse à un accroissement de la production. Ce n'est pas la relation que nous cherchons. Nous voulons au contraire savoir ce qui se passe lorsque arrive une augmentation *exogène* de la productivité (une augmentation de la productivité qui vient d'un changement de la technologie, et non de la réponse des entreprises aux mouvements de la production). La figure 22.3 ne nous aide pas. Et les conclusions des recherches qui ont porté sur la relation entre production et changement exogène de la productivité parviennent à la conclusion que les faits empiriques sont aussi ambigus que la théorie.

Figure 22.3 – La croissance de la productivité du travail et de la production en France depuis 1971.

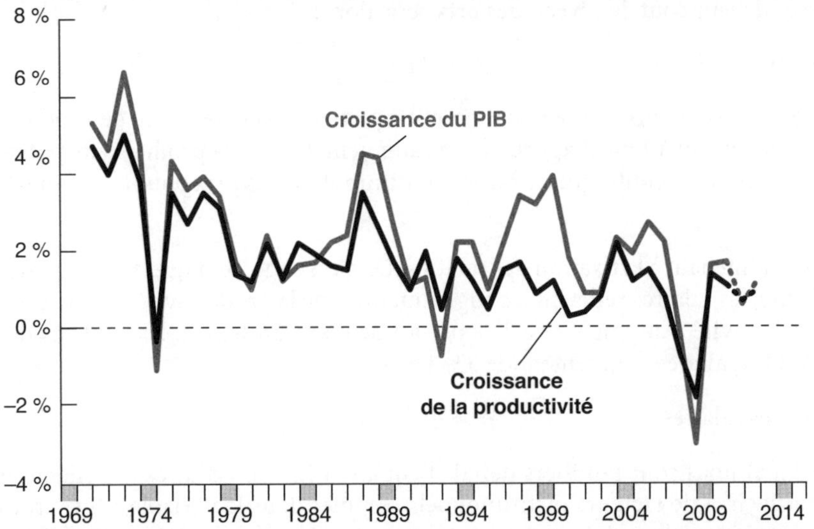

Il y a une corrélation positive forte entre croissance de la production et augmentation de la productivité. Mais le sens de la causalité est de la production vers la productivité, et non l'inverse.

Source : OCDE, *Perspectives économiques*, base de données.

1. Corrélation ne signifie pas causalité. Si l'on trouve une corrélation entre croissance de la production et croissance de la productivité, doit-on en déduire qu'une augmentation de la productivité entraîne une augmentation de la production, ou qu'une augmentation de la production entraîne une augmentation de la productivité ?

Parfois, une augmentation de la productivité entraîne une augmentation suffisante de la production pour éviter des destructions d'emplois.

Parfois, en revanche, le chômage augmente dans le court terme.

22.2 Productivité et taux de chômage structurel

Jusqu'à maintenant, nous avons étudié les effets de *court terme* d'un changement de la productivité sur la production, l'emploi et le chômage. Dans le moyen terme, nous savons que l'économie retourne vers son niveau naturel de production, c'est-à-dire un niveau cohérent avec le taux de chômage structurel. Il reste maintenant à savoir si le taux de chômage structurel est concerné par les changements de la productivité.

Une nouvelle approche du modèle de fixation des prix et des salaires

Considérons d'abord la fixation des prix (*price setting*). L'équation 22.1 nous dit que chaque travailleur produit A unités ; de façon équivalente, pour produire 1 unité, il faut $1/A$ travailleur. Si le salaire nominal est W, alors le coût de production de 1 unité est $(1/A)\ W = W/A$. En supposant que les entreprises fixent leurs prix avec une marge μ au-dessus de leur coût, le niveau des prix sera alors :

Fixation des prix : $$P = (1 + \mu)\frac{W}{A} \tag{22.3}$$

La seule différence entre cette équation et l'équation 7.3 est le terme de productivité, A (fixé implicitement à 1 au chapitre 7). Une augmentation de la productivité permet donc une diminution des coûts, qui entraîne une diminution des prix pour un salaire nominal donné.

Passons maintenant à la fixation des salaires. Les faits suggèrent que, toutes choses égales par ailleurs, les salaires reflètent les augmentations de la productivité au cours du temps. Si la productivité a augmenté de 3 % par an pendant un temps, les contrats de travail suivent et les salaires augmentent de 3 % par an.

Fixation des salaires : $$W = A^e P^e F(u, z) \tag{22.4}$$

P^e et $F(u, z)$ nous sont familiers depuis l'équation 7.1. Les salaires dépendent du taux de chômage u et de facteurs institutionnels résumés dans la variable z. Les travailleurs sont concernés par les salaires réels, et non par les salaires nominaux. Donc les salaires dépendent du niveau anticipé des prix P^e.

Le terme nouveau est A^e. Les salaires sont liés maintenant aussi au niveau anticipé de productivité A^e. Si les travailleurs et les entreprises anticipent une augmentation de la productivité, ils prennent en compte ces anticipations lorsqu'ils négocient les salaires [1].

1. On peut considérer que les travailleurs et les entreprises se partagent les revenus de la production (anticipée) en fonction de leur pouvoir de négociation respectif. Si chacun anticipe une productivité plus élevée et donc une production plus élevée, le résultat du partage pour les salariés sera différent. Edmund Phelps, dans son livre *Structural Slumps*, étudie l'incidence des changements de productivité sur la fixation des salaires.

Le taux de chômage structurel

Nous allons maintenant caractériser graphiquement le taux de chômage structurel. On se souvient qu'il est défini par les relations de fixation des prix et des salaires, à la condition que les anticipations soient correctes. Dans le cas que nous considérons à présent, il faut que les anticipations sur les prix *et* sur la productivité soient justes.

L'équation de fixation des prix détermine le salaire réel payé par les entreprises. En réorganisant l'équation 22.3, on trouve :

$$\frac{W}{P} = \frac{A}{1 + \mu} \tag{22.5}$$

Le salaire réel payé par les entreprises (W/P) dépend à la fois du niveau de productivité et de la marge. Plus le niveau de productivité est élevé, plus les entreprises fixeront des prix bas pour des salaires nominaux donnés, et donc plus les salaires réels seront élevés [1]. Sur la figure 22.4, les salaires réels sont représentés sur l'axe vertical et le taux de chômage sur l'axe horizontal. L'équation 22.5 est figurée par la droite horizontale : le niveau de salaire réel donné lors de la fixation des prix est indépendant du taux de chômage.

Selon les conditions d'anticipations rationnelles, on a à la fois $P^e = P$ et $A^e = A$. L'équation de fixation des salaires devient :

$$\frac{W}{P} = AF(u, z) \tag{22.6}$$

Le salaire réel obtenu lors des négociations salariales dépend à la fois du niveau de la productivité et du taux de chômage. Plus le niveau de la productivité est élevé, plus les salaires réels le sont aussi. Et plus le taux de chômage est élevé, plus les salaires réels sont bas. Pour une productivité donnée, l'équation 22.6 est représentée par une droite de pente négative sur la figure 22.4 : les salaires réels déterminés par l'équation de fixation des salaires sont une fonction décroissante du taux de chômage.

L'équilibre sur le marché du travail est donné au point B, et le taux de chômage structurel est u_n. Que se passe-t-il alors pour le taux de chômage structurel après une augmentation de la productivité ? Supposons que A augmente de 5 %, de sorte que le nouveau niveau de productivité A' vaut 1,05 fois l'ancien niveau A. On sait par l'équation 22.5 que le salaire réel donné par l'équation de fixation des prix a augmenté de 5 % : la courbe de fixation des salaires se déplace vers le haut.

L'équation 22.6 nous dit par ailleurs que pour un taux de chômage donné, le salaire réel déterminé par l'équation de fixation des salaires a aussi augmenté de 5 %. C'est pourquoi le nouvel équilibre est en B', juste au-dessus de B. Le salaire réel a augmenté de 5 %, mais le taux de chômage est resté le même.

Cela se comprend facilement. Une augmentation de la productivité de 5 % mène les entreprises à réduire leurs prix de 5 % à salaires donnés, d'où une augmentation de 5 % des salaires réels. Et cette augmentation est exactement celle que les travailleurs veulent obtenir lors des négociations salariales pour un taux de chômage inchangé. Ainsi, les salaires réels augmentent de 5 % et le taux de chômage structurel reste constant.

Nous avons jusqu'ici considéré une augmentation brutale et unique de la productivité, mais le même argument s'applique pour une croissance continue de la productivité.

1. Revenir à l'équation 22.3 : $P = (1 + \mu)\, W/A$. Pour W donné, on a : $A \uparrow \Rightarrow P \downarrow$ et donc $W/P \uparrow$.

Si, par exemple, la productivité augmente régulièrement de sorte que A augmente de 5 % chaque année, alors chaque année les salaires réels augmenteront de 5 % et le taux de chômage structurel restera le même.

Figure 22.4 – Les effets d'une augmentation de la productivité sur le taux de chômage structurel.

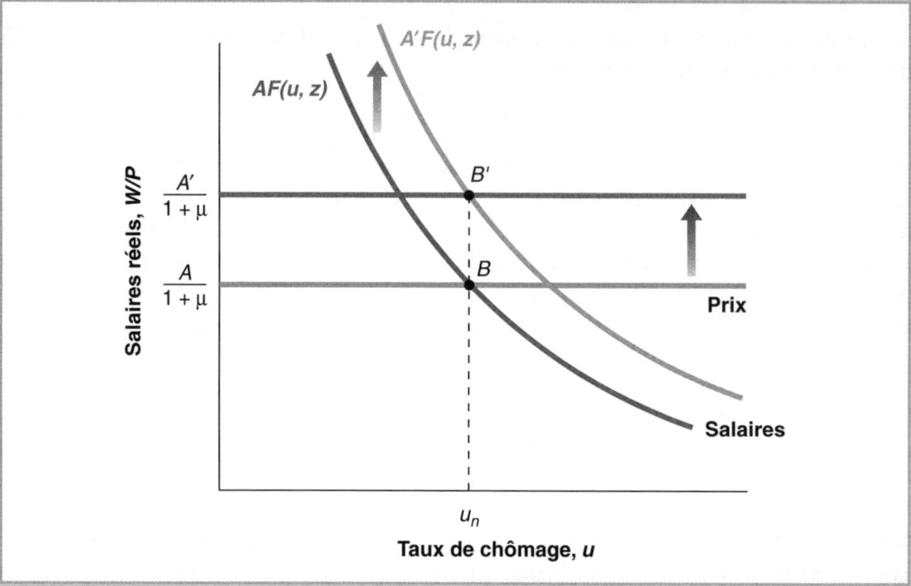

Une augmentation de la productivité déplace à la fois les courbes de fixation des salaires et des prix, et dans les mêmes proportions ; il n'y a donc pas d'effet sur le taux de chômage structurel.

Les faits empiriques

Nous sommes arrivés à deux résultats importants : le taux de chômage structurel ne dépend ni du niveau de la productivité, ni du taux de croissance de la productivité. Quelle est la pertinence empirique de ces résultats ?

La première difficulté pour répondre à cette question, c'est que l'on n'observe pas directement le taux de chômage structurel. Mais on peut contourner ce problème en comparant la croissance moyenne de la productivité au taux de chômage moyen sur des décennies. Dans la mesure où le taux de chômage fluctue autour du taux de chômage structurel, la moyenne du taux de chômage sur plusieurs décennies devrait nous donner un bon estimateur du taux de chômage structurel. La seconde difficulté concerne la mesure de la croissance de la productivité. Les entreprises gardent parfois des travailleurs relativement inactifs en période de récession, comme on l'a vu, d'où des changements endogènes de la productivité. Mais l'effet de cette pratique, s'il peut y avoir des effets importants sur la productivité annuelle, s'estompe sur des périodes plus longues.

La figure 22.5 représente la croissance de la productivité française et le taux de chômage moyen pour chaque décennie depuis 1900. À première vue et jusqu'à la période récente (après 1970), il ne semble pas y avoir de relation entre les deux variables. Si l'on inclut la période récente, on trouve une relation, ténue certes, entre les deux variables. De façon surprenante, cette relation est exactement le contraire de celle prévue par ceux qui croient au chômage technologique. Durant les périodes de *forte croissance de la productivité*, pendant les années 1950-1960 par exemple, le *taux de chômage est faible*. Les périodes de *faible croissance de la productivité*, en revanche, correspondent à un *chômage élevé*, comme pendant les années 1970-1980 et les suivantes [1].

Figure 22.5 – Croissance de la productivité et chômage en France, 1900-2010 (moyenne par décennie).

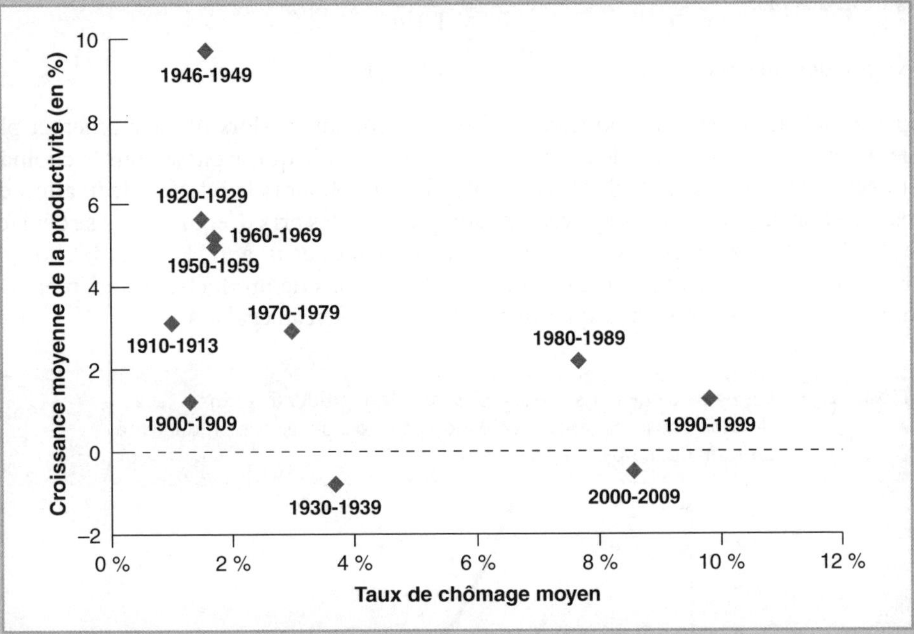

Il y a peu de rapport entre croissance de la productivité et chômage ; dans tous les cas, cette relation est négative, une croissance plus importante de la productivité étant associée à moins de chômage.

Source : OCDE, *Perspectives économiques*, base de données (productivité = productivité du travail).

La théorie que nous avons développée peut-elle être étendue pour expliquer cette relation négative entre croissance de la productivité et chômage ? La réponse est oui. Mais, pour cela, il faut étudier de façon plus précise la formation des anticipations de productivité dans le processus de fixation des salaires.

Nous avons supposé, pour résoudre l'équation de fixation des salaires, que les anticipations de prix et de productivité étaient correctes. Cependant, l'expérience montre qu'il faut beaucoup de temps pour que les anticipations de productivité s'adaptent à une moindre croissance de la productivité. Lorsque, pour quelque raison que ce soit, la croissance de la productivité se ralentit, il faut du temps pour que la société en général

1. La relation inverse entre croissance de la productivité et chômage est encore plus prononcée lorsque l'on regarde l'Europe, où un fort ralentissement de la productivité dans les années 1970 s'est accompagné d'une hausse considérable du chômage (voir la section 22.4 pour une discussion approfondie).

(et les travailleurs en particulier) s'en aperçoive et ajuste ses anticipations. Entre-temps, les travailleurs continuent à demander des augmentations de salaire, qui ne sont plus compatibles avec un chômage constant, étant donné la faible croissance de la productivité. Il y a donc augmentation du chômage.

Pour comprendre ce mécanisme plus précisément, considérons ce qui se passe pour le taux de chômage structurel lorsque les anticipations de prix sont justes, mais pas les anticipations de productivité : $P^e = P$ et A^e. Dans ce cas, les équations de fixation des prix et des salaires deviennent :

Fixation des prix : $$\frac{W}{P} = \frac{A}{1+\mu}$$

Fixation des salaires : $$\frac{W}{P} = A^e F(u, z)$$

Si les anticipations sur la productivité s'ajustent lentement, alors A^e va augmenter plus que A lorsque la croissance de la productivité ralentit. Ce qui se passe pour le chômage est décrit par la figure 22.6. Si A^e augmente plus que A, alors la relation de fixation des salaires va se déplacer davantage vers le haut que celle des prix. L'équilibre va se déplacer de B à B' et le taux de chômage structurel va augmenter de u_n à u'_n. Le taux de chômage structurel va rester haut jusqu'à ce que les anticipations de productivité s'adaptent à la nouvelle réalité, c'est-à-dire jusqu'à ce que A^e soit à nouveau égal à A.

Figure 22.6 – Les effets d'une baisse de la croissance de la productivité sur le taux de chômage lorsque les anticipations de croissance de la productivité mettent du temps à s'ajuster.

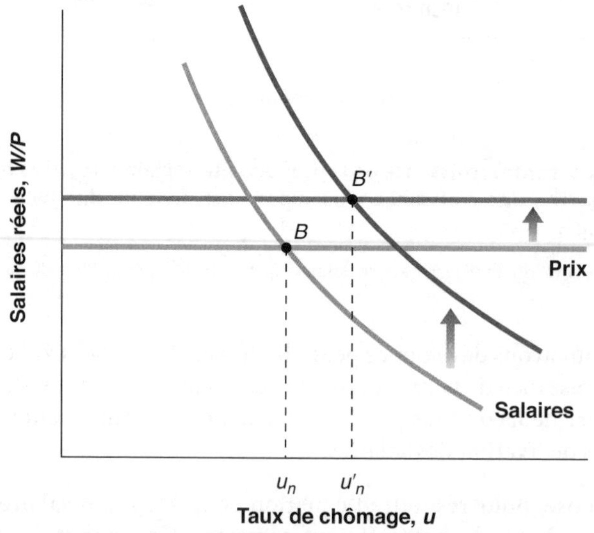

S'il faut du temps aux travailleurs pour ajuster leurs anticipations de croissance de la productivité, alors un ralentissement de la croissance de la productivité va entraîner une hausse du taux de chômage structurel pendant un temps.

Pour résumer ce que nous avons vu dans cette section, on peut dire simplement que nous n'avons pas trouvé de fondement, ni théorique ni empirique, à l'idée qu'un progrès technique plus rapide entraînera une hausse du chômage. Dans le court terme, la théorie ne prévoit pas de relation systématique entre productivité et chômage, et aucune relation de cette sorte n'apparaît dans les données empiriques. S'il doit y avoir une relation de moyen terme entre productivité et chômage, c'est la relation inverse de celle que dénonce l'idée de chômage technologique : une moindre croissance de la productivité amène une hausse du chômage. Une explication plausible de ce phénomène est que le chômage est le prix à payer pour permettre des salaires élevés, même quand la productivité se ralentit.

D'où vient alors la peur du chômage technologique ? Elle est issue d'une dimension du progrès technique que nous avons négligée jusqu'à maintenant : les changements structurels. Et pour certains travailleurs, ceux dont les qualifications sont obsolètes, le changement structurel peut signifier le chômage et/ou une baisse de salaire.

22.3 Progrès technique et effets redistributifs

Le progrès technique est un processus de changement structurel. De nouveaux produits sont développés, qui rendent les anciens désuets. Cette problématique était au cœur de l'analyse de l'économiste Joseph Schumpeter, qui analysait dans les années 1930 la croissance comme un processus de **destruction créatrice**. De nouvelles techniques de production apparaissent, qui demandent de nouvelles qualifications et rendent certains savoir-faire inutiles. Le président de la Réserve fédérale du Texas parle de tourbillon. On peut citer l'introduction qu'il donne à l'un de ses rapports, qu'il titre d'ailleurs « Le Tourbillon » [1] :

« *Mon grand-père était un forgeron, comme son père avant lui. Mon père cependant a été entraîné dans ce tourbillon qui régit l'évolution de nos sociétés. Après avoir quitté l'école en troisième, il est parti travailler dans une scierie, où il a attrapé le virus de l'entreprise. Il a loué un hangar pour y installer une station-service. Il était passé au service des voitures, ces mêmes voitures qui avaient ruiné son propre père. Son affaire a bien marché et il a pu acheter un peu de terrain, de quoi construire un arrêt pour les camions de passage. Ce fut encore une bonne affaire, jusqu'à ce que l'on construise une autoroute trente kilomètres plus loin à l'ouest. Le tourbillon avait remplacé la nationale 411 en une autoroute 75, et ma vision d'une vie heureuse s'est estompée.* »

Gros plan

L'évolution des métiers et les postes à pourvoir en France d'ici 2020

La Direction de l'animation de la recherche et des études statistiques (DARES), au ministère de l'Emploi, et le Centre d'analyse stratégique (CAS) ont effectué une analyse prospective de l'évolution des métiers à l'horizon 2020. Les postes à pourvoir dépendront à la fois de l'évolution de la structure des emplois et des départs à la retraite des travailleurs en emploi.

1. *The Churn: The Paradox of Progress*, Réserve fédérale de Dallas, 1993.

Gros plan

D'après les résultats de cette analyse, publiés en mars 2012 (*DARES Analyses*, n° 22), au cours de la période 2010-2020 :

- les perspectives de créations d'emplois devraient principalement profiter aux métiers hautement qualifiés (cadres, informaticiens…), ce qui résulte du progrès technique. Les créations d'emplois seraient aussi nombreuses parmi les professions intermédiaires, les métiers de soin et d'aide aux personnes fragiles (en lien avec l'évolution de la structure par âge de la population) et les professions du bâtiment (favorisées par l'augmentation du nombre de ménages et par la rénovation et l'adaptation du parc de logements au vieillissement de la population et au développement des normes environnementales) et de la logistique ;
- *a contrario*, plusieurs professions à vocation administrative verraient leurs effectifs se réduire, quand bien même le nombre de postes à pourvoir resterait important du fait des départs en retraite.

Dans certains métiers d'ouvriers de l'industrie, l'emploi continuerait à se replier, mais à un rythme moindre que par le passé. Le tableau 1 reporte les créations nettes d'emplois anticipées et les postes à pourvoir entre 2010 et 2020 dans les huit familles professionnelles qui connaîtraient la plus forte croissance de l'emploi net et les huit familles qui connaîtraient la plus faible croissance de l'emploi net.

Tableau 1 – Les emplois à pourvoir dans certaines familles professionnelles entre 2010 et 2020.

	Emploi 2020 (en milliers)	Créations nettes d'emplois 2010-2020 (en milliers)	Départs en fin de carrière 2010-2020 (en milliers)	Postes à pourvoir 2010-2020 (en milliers)
Les huit familles à la plus forte croissance de l'emploi net				
Aides à domicile	694	156	162	317
Aides-soignants	647	103	120	224
Infirmiers	641	93	119	212
Personnel d'étude et de recherche	444	81	70	151
Cadres des services administratifs, comptables et financiers	664	79	140	219
Cadres commerciaux et technico-commerciaux	595	77	113	190
Vendeurs	931	74	125	199
Ingénieurs de l'informatique	397	70	41	110
Les huit familles à la plus faible croissance de l'emploi net				
Employés de la banque et des assurances	273	– 17	73	56
Médecins et assimilés	345	– 22	102	80
Ouvriers non qualifiés de la mécanique et du travail des métaux	175	– 28	38	9

	Emploi 2020 (en milliers)	Créations nettes d'emplois 2010-2020 (en milliers)	Départs en fin de carrière 2010-2020 (en milliers)	Postes à pourvoir 2010-2020 (en milliers)
Professions intermédiaires administratives de la fonction publique (catégorie B)	382	– 34	133	99
Secrétaires	418	– 44	116	72
Militaires, policiers, pompiers	344	– 47	68	22
Agriculteurs, éleveurs, sylviculteurs	468	– 49	163	114
Employés administratifs de la fonction publique (catégorie C)	827	– 68	251	182

Source : DARES, CAS.

L'augmentation des inégalités salariales : le cas américain

À ceux qui travaillent dans des secteurs porteurs de croissance et pour ceux en général qui ont des qualifications appropriées, le progrès technique offre de nouvelles opportunités d'emploi et des salaires plus élevés. Mais pour ceux qui travaillent dans des secteurs en déclin, ceux dont les qualifications ne sont plus demandées, le progrès technique signifie chômage et perte de revenu. Les trente dernières années ont vu une forte croissance des inégalités aux États-Unis. La plupart des économistes pensent que le progrès technique est la principale cause de ces nouvelles inégalités. Cette sous-section est consacrée à l'examen de cette hypothèse.

La figure 22.7 montre l'évolution entre 1973 et 2007 des salaires relatifs de différents groupes de travailleurs américains, classés en fonction de leur niveau d'études. Cette figure est construite à partir d'informations individuelles tirées des enquêtes CPS [1].

Chacune des courbes illustre l'évolution des salaires des travailleurs d'un niveau donné d'études (un peu de secondaire, diplôme de fin d'études secondaires, un peu d'enseignement supérieur, licence, études supérieures au-delà de la licence), ces salaires étant évalués relativement à ceux des travailleurs qui n'ont qu'un diplôme de fin d'études secondaires. Tous les salaires relatifs sont divisés par leur valeur en 1973 ; ainsi, les différentes séries ont une valeur initiale unitaire en 1973. La figure conduit à une conclusion très frappante.

À partir du début des années 1980, les travailleurs au niveau d'études faible ont vu leur salaire relatif diminuer régulièrement au cours du temps, alors que les travailleurs d'un niveau d'études élevé ont vu leur salaire relatif augmenter. Au niveau d'études le plus faible, le salaire relatif des travailleurs qui n'ont pas terminé leurs études secondaires a diminué de presque 15 %. Cela signifie que, dans beaucoup de cas, ces travailleurs ont

1. On trouvera une description de l'enquête CPS au chapitre 7.

subi une baisse non seulement de leur salaire relatif, mais encore de leur salaire absolu. À l'autre extrémité de l'échelle, les salaires relatifs de ceux qui ont suivi des études au-delà de la licence ont augmenté de 25 % depuis le début des années 1980.

En résumé, les inégalités salariales se sont beaucoup accrues aux États-Unis au cours des vingt dernières années.

Figure 22.7 – L'évolution des salaires relatifs en fonction du niveau d'études, 1973-2007.

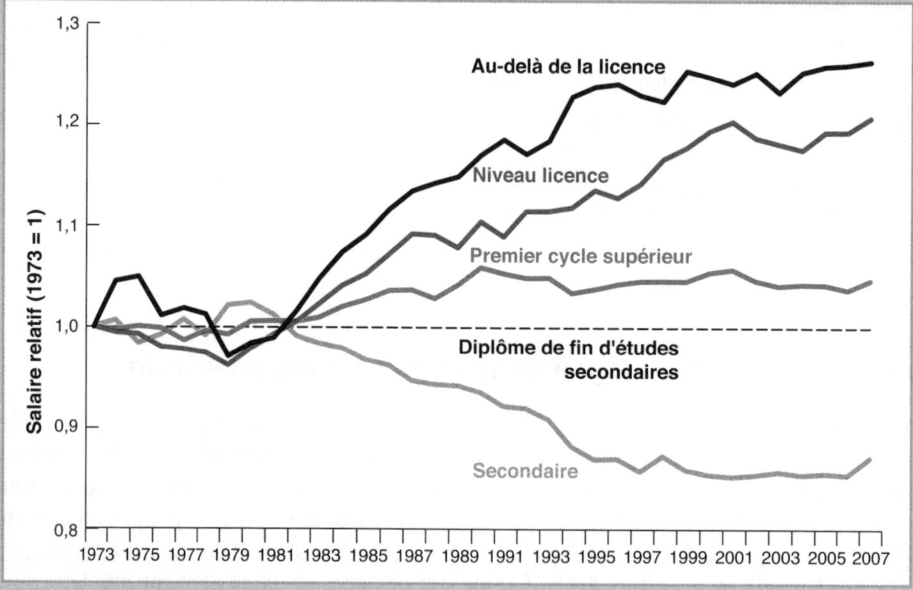

Depuis le début des années 1980, les salaires relatifs des travailleurs au faible niveau d'études ont diminué, ceux relatifs des travailleurs au niveau d'études élevé ont augmenté.

Source : The State of Working America, 2008-2009.

Les causes de l'augmentation des inégalités salariales américaines

Quelles sont les causes de l'augmentation des inégalités salariales aux États-Unis ? Il y a un consensus sur l'idée que le principal facteur à l'origine de l'augmentation des inégalités salariales entre travailleurs qualifiés et travailleurs non qualifiés est l'augmentation de la demande relative de travailleurs qualifiés. Cette tendance de la demande relative n'est pas récente ; elle existait déjà, dans une certaine mesure, dans les années 1960 et 1970. Mais elle avait été compensée par une augmentation continue de l'offre relative de travail qualifié : la durée des études n'a pas cessé de croître. Depuis 1980, l'offre de travail qualifié a continué à augmenter, mais moins vite que la demande. Il s'ensuit que les salaires des travailleurs qualifiés ont augmenté par rapport à ceux des travailleurs non qualifiés.

Il n'y a pas cependant le même consensus sur les causes de cette augmentation continue de la demande relative de travailleurs qualifiés. Les économistes voient deux forces à l'œuvre.

- La première, c'est le *commerce international*. Les entreprises américaines qui emploient une proportion importante de travailleurs non qualifiés sont concurrencées par des entreprises similaires dans des pays à faibles revenus. Pour rester compétitives, certaines de ces entreprises doivent délocaliser leur production dans des pays à faibles revenus (où le coût de main-d'œuvre non qualifiée est moindre). Dans les deux cas, la demande relative de travailleurs non qualifiés baisse. On voit que les effets du commerce et ceux du progrès technique sont similaires : tous les deux sont bons pour l'économie dans son ensemble, mais ils entraînent des changements structurels et sont dommageables à certaines catégories de travailleurs [1].

  Il est certain que le commerce international est en partie responsable de l'accroissement des inégalités salariales. Mais une étude plus fine montre que le commerce ne joue qu'un rôle limité dans le déplacement de la demande relative de qualification. En effet, même dans les secteurs qui ne sont pas menacés par la concurrence des pays à faibles revenus, la demande s'est déplacée en faveur des travailleurs qualifiés.

- La seconde force à l'œuvre, c'est le *progrès technologique biaisé*. Les nouvelles machines et les nouvelles méthodes de production demandent des travailleurs plus qualifiés que les anciennes. Le développement de l'informatique requiert des travailleurs capables de se servir d'ordinateurs. Les nouvelles méthodes de production exigent des travailleurs plus flexibles, capables de s'adapter à de nouvelles tâches. Une plus grande flexibilité et une plus grande capacité d'adaptation nécessitent, en retour, de plus grandes qualifications. Au contraire du commerce international, le progrès technique biaisé permet d'expliquer que l'augmentation de la demande relative de travailleurs qualifiés existe dans tous les secteurs. Actuellement, la plupart des économistes sont d'accord sur le fait que c'est l'explication dominante des changements structurels de la demande de qualifications.

Cela implique-t-il que les États-Unis soient condamnés à voir les inégalités de salaires se creuser ? Pas nécessairement, et il existe au moins trois raisons d'être optimistes.

1. La tendance à l'augmentation de la demande relative de travailleurs qualifiés peut tout simplement se ralentir. Par exemple, il est probable que l'informatique sera de plus en plus facile à utiliser, qu'elle sera à la portée de tous, qualifiés ou non. Les ordinateurs peuvent éventuellement remplacer les travailleurs qualifiés, ceux en tout cas dont les qualifications sont la capacité à calculer et à mémoriser. Paul Krugman, économiste à Princeton, prétend, en plaisantant à moitié, que les avocats et les médecins sont peut-être les prochains sur la liste des professions qui vont être remplacées par des ordinateurs.
2. Le progrès technique n'est pas exogène. Nous avons étudié ce point au chapitre 4. L'investissement que les entreprises engagent en R-D dépend des profits anticipés. Le bas niveau des salaires des travailleurs non qualifiés par rapport aux travailleurs qualifiés peut inciter les entreprises à chercher des technologies destinées aux travailleurs non qualifiés. En d'autres termes, les forces du marché peuvent pousser vers un progrès technique moins biaisé en faveur des travailleurs qualifiés.

1. Poursuivre la discussion sur les effets du commerce international nous mènerait trop loin. On pourra se référer à Paul Krugman, Marc Mélitz et Maurice Obstfeld, *Économie internationale*, 9e éd., Pearson Education France, 2012.

3. L'offre de travail qualifié et non qualifié n'est pas non plus exogène. La forte augmentation des salaires des travailleurs qualifiés par rapport à ceux des travailleurs non qualifiés implique que le rendement de l'éducation et de la formation est plus élevé qu'il ne l'était il y a vingt ans. Cette différence de rendement peut rétablir l'offre de travail qualifié et réduire l'écart entre les deux catégories de travailleurs. Beaucoup d'économistes pensent que la politique a ici un rôle à jouer. C'est en effet le rôle de la politique d'assurer la qualité de l'éducation primaire et secondaire proposée aux enfants de travailleurs à faibles revenus, et de veiller à ce que ces enfants peuvent suivre des études supérieures s'ils le souhaitent.

Outre l'évolution de la demande de travailleurs qualifiés, d'autres facteurs peuvent également avoir joué un rôle dans l'évolution des inégalités de revenus au cours des dernières décennies et, en particulier, des facteurs institutionnels, la baisse du taux de syndicalisation ou l'évolution des taux d'imposition. L'encadré « L'évolution des très hauts revenus au XXe siècle » illustre cela en ce qui concerne la part des revenus perçus par les 10 % ou 1 % des ménages ayant les plus hauts revenus.

Gros plan

L'évolution des très hauts revenus au XXe siècle

Les inégalités de revenus peuvent être observées à différents niveaux de la distribution. Une équipe de chercheurs, parmi lesquels Thomas Piketty et Emmanuel Saez, s'est intéressée à l'évolution de la part des très hauts revenus.

La figure 1 montre, pour la France et les États-Unis, l'évolution de la part des revenus perçus respectivement par le premier décile (c'est-à-dire les 10 % de ménages percevant les revenus les plus élevés) et le premier centile (c'est-à-dire le 1 % de ménages percevant les revenus les plus élevés).

Plusieurs résultats apparaissent :

- dans les années 1920, les 10 % de ménages ayant les revenus les plus élevés percevaient en moyenne un peu plus de 40 % des revenus, que ce soit en France ou aux États-Unis. La part des revenus du premier centile était quant à elle d'environ 17 % en moyenne ;
- dans les deux pays, la part des plus hauts revenus a fortement baissé entre la fin des années 1930 et le milieu des années 1940. La Grande Dépression des années 1930 (puis la Seconde Guerre mondiale) et surtout les changements politiques et institutionnels qui ont eu lieu pour répondre à la Grande Dépression expliquent cette baisse sensible de la part des plus hauts revenus. En particulier, les taux d'imposition des très hauts revenus ont été fortement accrus durant cette période, pour atteindre des taux supérieurs à 90 % aux États-Unis et au Royaume-Uni ;
- au cours des dernières décennies, cependant, la part du revenu revenant aux ménages à haut revenu a fortement augmenté aux États-Unis (mais pas en France) et est revenue aux niveaux du début du XXe siècle. Si l'on étend l'analyse à d'autres pays, on observe que la part des très hauts revenus a également augmenté au Royaume-Uni, mais pas en Allemagne. Le fait qu'on constate ainsi des évolutions différentes dans ces pays montre que l'explication de la hausse des inégalités aux États-Unis et au Royaume-Uni ne réside pas principalement dans la forme du progrès technique (qui a été similaire dans tous ces pays), mais bien plutôt dans d'autres facteurs, comme les institutions et les politiques menées : en particulier, les pays où les plus hauts revenus ont le plus augmenté sont ceux où les taux marginaux d'imposition ont le plus diminué depuis les années 1970.

Figure 1 – L'évolution de la part des hauts et très hauts revenus en France et aux États-Unis depuis 1915.

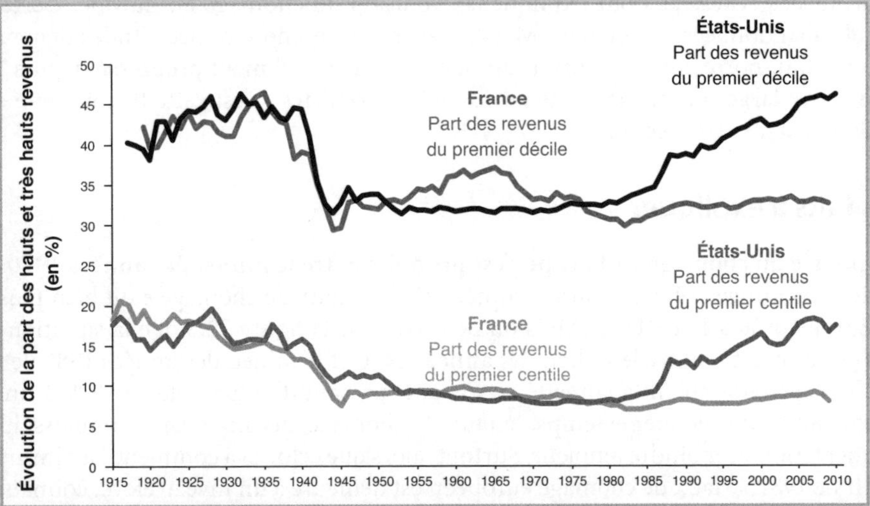

La part du revenu national perçu par les 10 % des ménages ayant les revenus les plus élevés est passée de plus de 40 % dans les années 1920 à 30 à 35 % des années 1950 aux années 1970. Elle est ensuite remontée aux États-Unis, mais pas en France.

Source : The World Top Incomes Database.

On peut comprendre qu'une baisse des taux d'imposition sur les très hauts revenus (ceux des cadres dirigeants d'entreprise, par exemple) soit corrélée avec une hausse de leurs revenus (avant impôts) : les revenus des cadres dirigeants d'entreprise ne sont pas déterminés, sur un marché parfaitement concurrentiel, en fonction de leur productivité observée (il n'est d'ailleurs pas possible d'observer avec une précision extrême cette productivité, ni de la comparer avec celle d'autres travailleurs dans la même condition). Dans une telle situation d'information imparfaite, les croyances et institutions jouent un rôle majeur dans la détermination des rémunérations. La mise en place de taux de fiscalité confiscatoires (supérieurs à 90 %) sur les très hauts revenus reflète une norme sociale selon laquelle les rémunérations ne doivent pas dépasser certains montants.

22.4 Le chômage en Europe

Le chômage européen est resté très élevé au cours des années 1980 et 1990 [1]. Pour la plupart des économistes, il s'agit d'un phénomène très différent de la Grande Dépression. Alors que le fort chômage dans les années 1930 trouvait son origine dans une contraction de la demande sur le marché des biens et services, c'est dans le fonctionnement (et les dysfonctionnements) du marché du travail qu'il convient de chercher les causes du haut niveau du chômage européen depuis les années 1970 et 1980. Paul Krugman a proposé

1. L'Union européenne s'est élargie de six membres en 1957 à vingt-sept en 2007. « UE-15 » se réfère aux quinze pays membres de l'Union avant l'élargissement de 2004.

un parallélisme partiel, mais éclairant : aux États-Unis, la montée des inégalités a traduit les changements du modèle de croissance ; en Europe, c'est le chômage qui en a donné l'expression. Au cours des trente dernières années, de nombreuses autres théories ont été avancées et testées pour expliquer l'évolution du chômage en Europe. Certaines ont été abandonnées ou révisées. Mais si un certain nombre d'incertitudes demeurent aujourd'hui, notre compréhension du phénomène a fortement progressé depuis 1970 et un assez large consensus existe parmi les économistes. C'est cette histoire que nous racontons dans cette section.

Les faits à expliquer

La montée du chômage en Europe s'est produite entre le milieu des années 1970 et le milieu des années 1980. Jusqu'aux années 1970, le taux de chômage était bien plus bas en Europe qu'aux États-Unis. Mais on peut voir sur la figure 22.8 que la situation s'est renversée ensuite : entre le milieu des années 1970 et le milieu des années 1980, le taux de chômage a fortement augmenté en Europe, passant d'un peu plus de 2 % à un peu plus de 8 %. Dans le même temps, le taux de chômage aux États-Unis connaissait une augmentation de moindre ampleur. Surtout, alors que celui-ci a commencé à diminuer à partir de 1982, le taux de chômage européen est demeuré à un niveau élevé, connaissant de fortes fluctuations autour d'une moyenne de 8 à 9 %.

Figure 22.8 – Le taux de chômage dans l'Union européenne et aux États-Unis, 1970-2011.

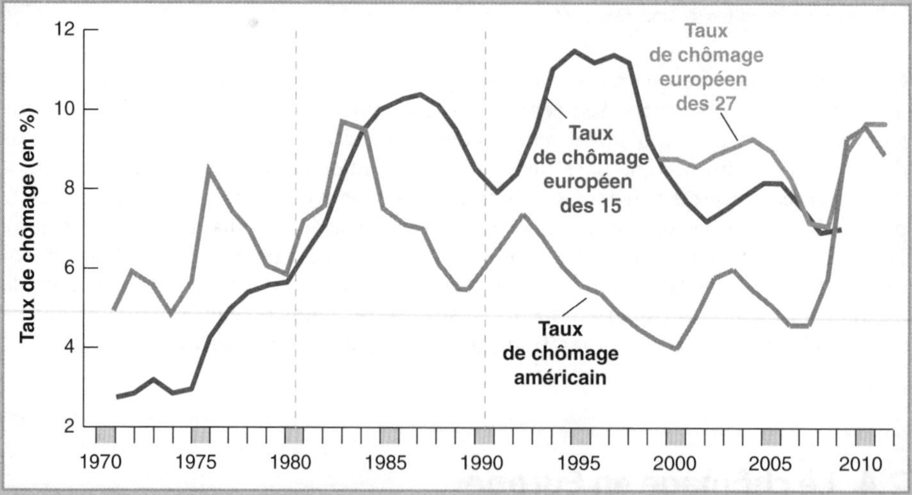

Le taux de chômage européen, qui était plus bas que le taux américain jusqu'à la fin des années 1970, est à présent bien supérieur.

Source : Eurostat.

La montée du chômage en Europe reflète pour l'essentiel une hausse du taux de chômage structurel. La figure 22.9 montre l'évolution du chômage en fonction de celle de l'inflation, depuis 1970. Nous commenterons plus loin les évolutions importantes de l'inflation au cours de la période 1970-1985. Pour l'instant, remarquons simplement que, depuis la fin de la décennie 1990, l'inflation en Europe est extrêmement stable, aux environs de 2 %. Comme nous l'avons vu au chapitre 9, cette stabilité récente du taux d'inflation suggère que le taux de chômage structurel est actuellement proche du taux effectif.

Figure 22.9 – Taux de chômage européen et inflation, 1970-2011.

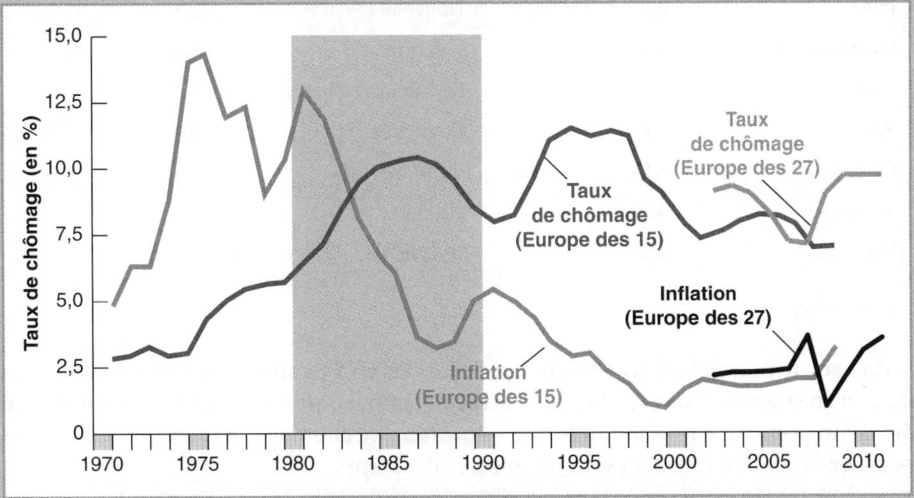

Aujourd'hui, l'inflation est à peu près stable en Europe.

Le « chômage européen » ne concerne pas tous les pays européens. Avant d'expliquer les évolutions du chômage et de l'inflation de la figure 22.9, il convient de se poser la question suivante : peut-on raisonnablement parler d'un taux de chômage élevé en Europe, ou y a-t-il des différences de taux de chômage d'un pays à l'autre ? Le tableau 22.1 aide à répondre à cette question : il indique les chiffres du chômage en 2007 (avant la crise) et en 2012 dans chacun des pays de l'Union européenne et dans certains pays non européens.

Ce tableau montre une grande hétérogénéité des taux de chômage entre pays européens. Cette hétérogénéité s'est en fait accentuée depuis les années 1990.

Tableau 22.1 – Le taux de chômage dans différents pays, en 2007 et 2012.

Zone euro			Autres pays		
	2007	2012		2007	2012
Allemagne	8,8	5,2	Australie	4,4	5,2
Autriche	4,4	4,3	Bulgarie	6,9	11,5
Belgique	8,6	7,4	Canada	6,1	7,3
Chypre	3,9	11,7	Danemark	3,8	5,6
Espagne	8,3	24,9	Estonie	4,7	10,1
Finlande	6,9	7,6	États-Unis	4,6	8,2
France	8,4	10,1	Hongrie	7,7	10,9

Zone euro			Autres pays		
	2007	2012		2007	2012
Grèce	8,3	23,8	Lettonie	6,1	15,3
Irlande	4,6	12,8	Lituanie	4,3	13,5
Italie	6,1	10,6	Nouvelle-Zélande	3,7	6,6
Luxembourg	4,3	6,2	Pologne	9,6	10,0
Malte	6,5	6,0	République tchèque	5,3	7,0
Pays-Bas	3,6	5,2	Roumanie	6,4	7,2
Portugal	8,0	15,5	Royaume-Uni	5,4	8,1
Slovénie	4,9	8,8	Suède	6,1	7,5
Slovaquie	11,0	13,7	Turquie	10,2	9,4

Source : FMI.

Les flux sur le marché du travail sont plus faibles en Europe qu'aux États-Unis. Nous avons vu au chapitre 7 que le marché du travail connaissait d'importants flux de travailleurs. D'un point de vue comptable, un même taux de chômage (par exemple, 10 %) peut être observé sur deux marchés du travail très différents :

- un marché où tous les travailleurs alternent entre neuf mois d'emploi et un mois de chômage ;
- un marché sur lequel 90 % des travailleurs ont un emploi en permanence et 10 % sont en permanence au chômage.

Malgré un taux de chômage identique dans les deux cas (10 %), ces deux marchés ont des fonctionnements très différents. Les flux de travailleurs sont beaucoup plus importants sur le premier : la durée du chômage est plus courte, mais les emplois durent moins longtemps.

Or, les statistiques disponibles montrent que les marchés du travail en Europe sont caractérisés par des flux relativement faibles par rapport aux États-Unis.

La montée du chômage dans les années 1970 et 1980 : un choc d'offre, puis une politique monétaire restrictive pour casser l'inflation

Nous pouvons maintenant tenter d'expliquer l'évolution du chômage européen depuis 1970. Commençons par la montée observée entre le milieu des années 1970 et le milieu des années 1980.

Si nous revenons à la figure 22.9, nous pouvons distinguer deux phases au cours de cette montée.

1. L'augmentation du chômage dans les années 1970 s'est accompagnée d'une augmentation de l'inflation. Cela suggère des chocs sur l'offre globale : on se souvient en effet du chapitre 9, dans lequel on a décrit le mécanisme qui fait qu'un choc sur l'offre globale déplace le chômage et l'inflation dans la même direction (alors que des chocs sur la demande globale les déplacent dans des directions opposées) [1].

Un certain nombre d'indices corroborent cette hypothèse :

- les prix du pétrole ont fortement augmenté, en 1973 puis en 1979 [2] ;
- un second choc, initialement moins visible, mais qui s'est révélé être beaucoup plus important, est le ralentissement de la croissance de productivité que nous avons observé au chapitre 4 (voir tableau 4.2).

Ces deux chocs sont intervenus dans un contexte de fortes demandes d'augmentation de salaire par les travailleurs, suite aux mouvements sociaux de la fin des années 1960 (en 1968 en France, au printemps 1969 en Italie…).

Comme nous l'avons vu au chapitre 8 (voir figure 8.11), une augmentation du prix du pétrole a pour effet un déplacement vers le bas de la courbe *PS*. Un ralentissement des gains de productivité a le même effet. Quant aux demandes d'augmentation de salaire, elles ont pour effet de déplacer la courbe *WS* vers le haut. Ces trois chocs tendent donc tous à accroître le taux de chômage et provoquent un déplacement vers le haut de la courbe *AS*, qui entraîne une hausse des prix et une baisse de la production.

Un pays a échappé pour l'essentiel à cette hausse du chômage au cours des années 1970 : il s'agit de la Suède. Cet épisode a mis en évidence l'importance des modes de détermination des salaires au sein d'une économie : en Suède, en effet, la négociation salariale est fortement coordonnée au niveau national par des syndicats de travailleurs et d'employeurs puissants. Cette coordination permet un ajustement plus rapide des salaires aux chocs que subit l'économie, qu'ils soient positifs ou négatifs, et ainsi de moindres variations du taux de chômage. Depuis cette date, les effets de la coordination et de la centralisation des négociations salariales sont l'objet de nombreux débats entre économistes.

2. Dans la première moitié des années 1980, au contraire, les *augmentations* du chômage se sont accompagnées de fortes *baisses* de l'inflation, en Europe comme aux États-Unis. Si l'on se fonde sur l'étude de la désinflation du chapitre 10, tout porte à croire que l'augmentation du chômage dans les années 1980 était due à un changement de la politique monétaire, destiné à réduire l'inflation et ainsi la croissance de la masse monétaire.

Le maintien d'un niveau de chômage élevé dans la seconde moitié des années 1980 : la théorie de l'hystérèse

Si la montée du chômage entre le milieu des années 1970 et le milieu des années 1980 est ainsi relativement bien expliquée dans le cadre des modèles que nous avons étudiés dans la partie III de ce manuel, la persistance d'un niveau élevé du taux de chômage est apparue dans la seconde moitié des années 1980 comme un nouveau défi pour la théorie économique. Les prix du pétrole sont en effet revenus en 1986 à un niveau très

1. Un choc d'offre négatif fait augmenter l'inflation et réduit la production. La réduction de la production entraîne une augmentation du chômage. Ainsi, un choc d'offre négatif fait augmenter à la fois le chômage et l'inflation.
2. On peut maintenant revoir les effets d'une augmentation du prix du pétrole sur l'activité économique et le niveau général des prix, que l'on avait abordés dans la section 8.6.

bas. Quant au ralentissement de la croissance du progrès technique, il était au milieu des années 1980 bien documenté et connu de l'ensemble des agents économiques : on aurait donc pu s'attendre à ce que, plus de dix ans après les chocs initiaux, l'ajustement des salaires que nous avons décrit dans la partie III se soit produit, permettant un retour du taux de chômage au niveau initial de 2 ou 3 %. Sur le graphique 22.8, nous voyons que cet ajustement s'est produit aux États-Unis (en partie parce que les restrictions monétaires y ont été rapidement suivies d'une expansion budgétaire, avec les larges déficits budgétaires de l'administration Reagan [1], qui a contribué à une rapide expansion de la production à partir de 1982). Au contraire, en Europe, le graphique 22.8 montre que l'inflation a recommencé à augmenter en 1987, bien que le chômage fût encore haut, autour de 10 %. Si l'on s'appuie sur les résultats des chapitres 7 et 9, on est amené à penser que le taux de chômage structurel en Europe était passé en 1987 autour de 9 ou 10 %, c'est-à-dire à un niveau bien plus élevé que celui de 1970 [2].

Pour rendre compte de cette persistance du chômage, des économistes ont avancé l'idée d'**hystérèse** [3]. Selon cette théorie, le taux de chômage structurel n'est pas indépendant du chômage courant, comme nous l'avons supposé jusqu'à maintenant. Au contraire, le taux de chômage structurel lui-même dépend de l'évolution antérieure du chômage. En particulier, une longue période de chômage élevé fait augmenter le taux de chômage structurel. Donc un taux de chômage durablement haut va faire que les pressions à la baisse sur les prix seront de plus en plus faibles. C'est pourquoi l'inflation ne diminue plus en Europe.

Le rôle du chômage de longue durée. Pourquoi le taux de chômage courant devrait-il avoir un impact sur le taux de chômage structurel ? Les études sur le sujet se sont particulièrement intéressées au rôle du chômage de longue durée. Un taux de chômage durablement élevé entraîne une augmentation du taux de chômage structurel. La proportion de chômeurs n'ayant pas travaillé depuis plus d'un an est supérieure à 30 % dans la plupart des pays européens, alors qu'elle n'est que de 9 % aux États-Unis.

Il existe au moins deux raisons de se soucier du chômage de longue durée :

- *le coût humain*. C'est une chose d'être au chômage pendant quelques mois, c'en est une autre de l'être pendant plus d'un an. Les études montrent que les chômeurs de longue durée perdent une partie de leurs compétences, ou ne peuvent pas les acquérir lorsqu'il s'agit de jeunes chômeurs, nombreux en Europe. Le résultat est un cercle vicieux : les employeurs sont réticents à embaucher des chômeurs de longue durée, qui abandonnent leurs recherches. Finalement, la perte d'emploi peut être définitive et elle s'accompagne alors d'une perte de confiance en soi et éventuellement de troubles psychologiques ;

1. Voir au chapitre 17 l'encadré « Contraction monétaire et expansion budgétaire : les États-Unis au début des années 1980 ».
2. Souvenons-nous (chapitre 9) que l'on peut dire que le taux de chômage structurel est le taux auquel l'inflation reste constante. Si l'inflation diminue, on sait que le taux de chômage est au-dessus de son taux structurel. Si elle augmente, on est en dessous du taux de chômage structurel.
3. « Hystérèse » est un terme emprunté à la physique. Il décrit le délai dans la variation de la magnétisation de matières ferromagnétiques, en réponse à un changement du champ magnétique auquel elles sont soumises (le graphique décrivant l'expérience montrait un chemin en forme d'utérus, le chemin aller n'étant pas le même que le chemin retour). D'une façon générale, on utilise ce terme pour décrire des systèmes dont la position dépend de leur histoire.

- *les implications macroéconomiques.* L'émergence du chômage de longue durée fait augmenter le taux de chômage structurel. Prenons le cas extrême où aucun chômeur de longue durée ne peut retrouver de travail. Les chômeurs de longue durée ne jouent alors plus aucun rôle dans le processus de détermination des salaires. Les employeurs ne peuvent pas menacer de façon crédible d'embaucher des chômeurs de longue durée pour négocier des salaires moindres. Les travailleurs, même s'ils se retrouvent au chômage, n'ont pas à craindre la concurrence des chômeurs de longue durée.

Si le chômage de longue durée ne joue pas de rôle dans la détermination des salaires, alors plus la proportion de chômeurs de longue durée est grande, moins les prix subissent de pression à la baisse – et donc plus les salaires sont fixés à des niveaux élevés dans les négociations salariales. Selon la figure 22.10, une augmentation de la proportion de chômeurs de longue durée déplace la relation de fixation des salaires (courbe *WS*) vers le haut, de *WS* à *WS'*. Ce déplacement entraîne un changement du taux de chômage structurel, qui passe de u_n à u'_n.

Figure 22.10 – Les effets d'une augmentation de la proportion de chômeurs de longue durée sur le taux de chômage structurel.

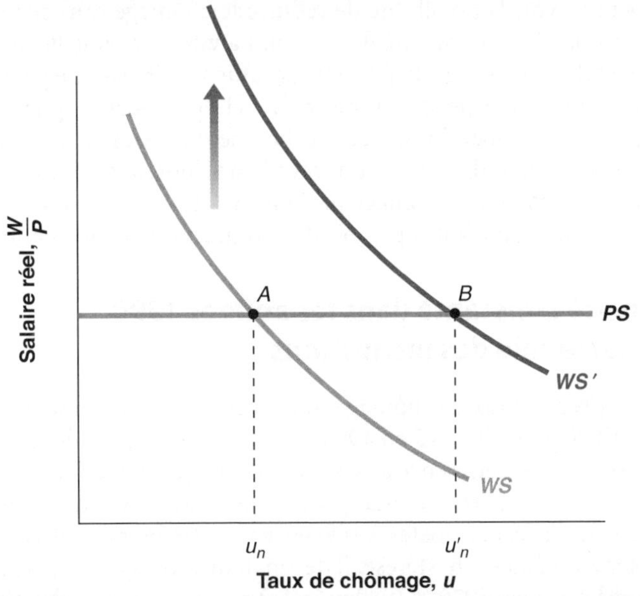

Une augmentation de la proportion de chômeurs de longue durée augmente le taux de chômage structurel.

Une augmentation du taux de chômage structurel peut expliquer pourquoi une économie qui a un fort taux de chômage pendant longtemps (et donc une forte proportion de chômeurs de longue durée) peut garder à la fois beaucoup de chômage et peu d'inflation. Considérons une économie ayant 15 % de chômage, avec 10 % de chômage de longue durée et 5 % de chômage de courte durée. Si l'on fait l'hypothèse qu'un chômeur de longue durée ne retrouvera pas de travail, et donc que le taux de chômage de longue durée n'influe pas sur les négociations salariales, cette économie est comparable à une économie qui n'aurait que 5 % de chômage (et pas de chômage de longue durée). Du point de vue des employeurs et des travailleurs, le marché du travail est tendu, et il peut même y avoir des pressions à la hausse sur les prix.

Le cas que nous venons de considérer est bien sûr un cas extrême. Beaucoup de chômeurs de longue durée peuvent retrouver du travail, et en retrouvent effectivement. Donc, le chômage de longue durée exerce tout de même une pression à la baisse sur les salaires. Mais la leçon est générale. Un chômage important et prolongé entraîne une augmentation de la proportion de chômeurs de longue durée parmi les chômeurs. Au fur et à mesure que les chômeurs de longue durée trouvent de plus en plus difficilement du travail, un même taux de chômage exerce moins de pression à la baisse sur les prix.

Les implications de l'hystérèse. La théorie de l'hystérèse a deux implications importantes :

- la désinflation peut être plus coûteuse qu'on ne l'a dit au chapitre 10 (dans lequel on a supposé que le taux de chômage structurel restait constant). L'augmentation du chômage nécessaire pour réduire l'inflation, si elle est trop longue, peut créer du chômage durable ;
- de plus, il peut y avoir la possibilité de réduire le chômage sans changer fondamentalement l'organisation du marché du travail. La vitesse à laquelle on peut réduire le chômage dépend de la vitesse à laquelle le mécanisme d'hystérèse peut fonctionner en sens inverse. Par exemple, peut-on réinsérer les chômeurs de longue durée, et à quelle vitesse ? Ceux qui ont abandonné leur recherche d'un emploi vont-ils se remettre à chercher si les conditions du marché du travail s'améliorent ? Ceux qui ont perdu leurs compétences en raison d'un chômage prolongé vont-ils les retrouver rapidement s'ils décrochent un emploi, ou faut-il prévoir des programmes de formation ?

L'hétérogénéité croissante dans les années 1990 et le débat sur le rôle des institutions

Dans les années 1990, le taux de chômage moyen en Europe est resté à un niveau élevé, avec un pic à 10,4 % pour l'UE-15 en 1993. Cependant, les taux de chômage des différents pays européens ont commencé à faire apparaître des trajectoires divergentes, pour aboutir aux différences importantes que nous avons observées dans le tableau 22.1. Cette évolution a conduit les économistes à réviser en partie leurs analyses : tout d'abord, même avec des mécanismes d'hystérèse, il devenait de moins en moins plausible que des chocs subis dans les années 1970 et 1980 puissent à eux seuls avoir des effets très importants dans les années 1990 et 2000. Mais, surtout, dans la mesure où les chocs subis par les différentes économies étaient largement communs, ils ne pouvaient pas expliquer l'hétérogénéité croissante des parcours des divers pays européens. Pour comprendre cette hétérogénéité, il a fallu porter son attention sur les différences entre les institutions des pays. Au cours des années 1990, l'idée prédominante en Europe était qu'un fort taux de chômage pouvait s'expliquer par les **rigidités du marché du travail**. Ces rigidités imposeraient trop de contraintes aux entreprises et les empêcheraient de s'ajuster aux changements de l'environnement économique en rendant les adaptations trop coûteuses et provoquant ainsi un taux de chômage élevé.

Voici une liste des principales rigidités du marché du travail dans plusieurs pays européens auxquelles font ordinairement allusion les tenants du rôle des institutions.

- Les salaires ne représentent qu'une partie du coût du travail. Il faut y ajouter les cotisations sociales de l'employeur, les cotisations retraite, etc. Les cotisations sociales à la charge des employeurs sont plus élevées en Europe qu'aux États-Unis.
- Les entreprises qui veulent licencier ont à supporter des coûts de licenciement importants, ou doivent s'engager dans des procédures judiciaires longues. Ces coûts non seulement empêchent de licencier des travailleurs qui ne sont pas nécessaires (ce qui augmente les coûts de production), mais ils incitent les entreprises à y réfléchir à deux fois avant d'embaucher un nouveau travailleur.
- Les syndicats sont plus puissants en Europe qu'aux États-Unis. Ils poussent les salaires à la hausse et, en imposant des contraintes sur l'organisation du travail dans les entreprises, ils limitent leur flexibilité, ce qui les empêche de s'adapter aux nouvelles conditions du marché. C'est encore une source d'augmentation des coûts de production.
- Les allocations chômage, plus généreuses en Europe qu'aux États-Unis, représentent une proportion plus importante du salaire. Elles sont aussi plus faciles à obtenir et plus faciles à prolonger. Les chômeurs sont donc moins motivés pour chercher du travail.
- Dans beaucoup de pays européens, les salaires minimaux représentent une fraction importante du salaire moyen. Associés à des coûts non salariaux considérables, ils rendent souvent peu intéressant d'embaucher un travailleur non qualifié ou peu qualifié. Ainsi, les travailleurs peu qualifiés restent au chômage et perdent par la même occasion l'opportunité d'acquérir une formation « sur le tas ».

Pour comprendre pourquoi ces facteurs devraient mener à un taux de chômage structurel plus élevé, on peut se rapporter au modèle *WS*/*PS* présenté au chapitre 7 [1]. Dans les termes de ce modèle, chacun des facteurs que nous avons présentés se rapporte à des éléments de z ou de μ qui font augmenter le taux de chômage structurel.

- Des coûts indirects ou cachés du travail accroissent les coûts globaux, donc μ, la marge des prix sur les salaires.
- Les syndicats réduisent la flexibilité des entreprises, ce qui augmente les coûts (les réponses des entreprises ne sont plus optimales), donc μ augmente.
- En renforçant le pouvoir de négociation des travailleurs, les syndicats font aussi augmenter les salaires, faisant augmenter z et donc le salaire pour un taux de chômage donné [2].
- En réduisant le coût du chômage, les allocations chômage renforcent le pouvoir de négociation des travailleurs, qui peuvent ainsi obtenir un salaire plus élevé pour un taux de chômage donné.

1. Voir la section 7.5.
2. Si demander des salaires plus élevés n'entraîne qu'une augmentation du chômage, pourquoi les syndicats demandent-ils des augmentations de salaire ? Voici plusieurs réponses possibles :
   – la concurrence entre les syndicats peut obliger chacun d'entre eux à demander des salaires plus élevés, même s'ils savent qu'au final, les salaires réels ne changeront pas ;
   – même si au niveau global, les salaires réels n'évoluent pas, les syndicats peuvent essayer d'augmenter les salaires de certains travailleurs par rapport aux autres ;
   – notre modèle est peut-être trop simpliste. Demander des augmentations de salaire peut faire augmenter les salaires, dans le court terme au moins (en d'autres termes, la courbe *PS* n'est peut-être pas horizontale, mais décroissante).

Quelle est la pertinence réelle de l'explication du chômage européen par les institutions ? Peut-on expliquer le taux de chômage élevé, dans plusieurs pays européens, par les institutions qui engendrent des rigidités sur le marché du travail ?

Si l'on compare la situation des différents pays de l'OCDE, certaines « institutions » semblent bien être corrélées avec un taux de chômage plus élevé : nous avons déjà cité les modalités de fixation des salaires, avec l'exemple de la Suède. Il semble également que les pays dans lesquels la durée de l'indemnisation du chômage est plus longue (mais pas nécessairement plus généreuse) tendent à avoir un taux de chômage plus élevé. En revanche, aucune corrélation n'apparaît entre le taux de chômage et le niveau des prélèvements obligatoires, ou celui des coûts de licenciement.

Cependant, l'hypothèse d'une explication du chômage par les institutions soulève un problème majeur, car s'il est vrai que le marché du travail européen offre plus de sécurité d'emploi que le marché américain, ce n'est pas un phénomène récent. Beaucoup des réglementations actuellement en vigueur en Europe existaient déjà dans les années 1960, quand le taux de chômage était bas. Un grand nombre de ces « rigidités » sont en fait beaucoup moins importantes aujourd'hui qu'elles ne l'étaient il y a dix ans.

Le pouvoir des syndicats, par exemple, s'est en réalité beaucoup affaibli. Le **taux de syndicalisation**, c'est-à-dire la proportion de la force de travail syndiquée, a diminué dans la plupart des pays européens depuis le début des années 1980. Beaucoup de pays ont aussi voté des lois facilitant le recours au travail à temps partiel ou à des contrats à durée déterminée (qui évitent de payer des indemnités de licenciement en fin de contrat).

Les effets des institutions diffèrent-ils selon la turbulence de l'économie ? Pour valider l'argument selon lequel les rigidités du marché du travail seraient responsables de l'*augmentation* du chômage européen, il faudrait montrer que même si les institutions n'ont pas changé, leurs effets sur le chômage sont plus forts qu'ils ne l'étaient il y a quelques décennies.

Ce n'est pas en soi une idée absurde. L'environnement économique a évolué depuis les années 1960. La croissance s'est ralentie, les changements structurels sont plus rapides, et la concurrence entre les entreprises s'est beaucoup durcie. Dans ces conditions, les rigidités du marché du travail peuvent avoir un effet plus prononcé. Par exemple, pour une entreprise qui fait face à une demande toujours plus importante et qui donc n'est pas obligée de licencier, les restrictions sur le licenciement n'auront que peu d'effet. Mais dans un environnement où la demande devient plus volatile et où l'entreprise doit s'adapter plus vite pour survivre, de telles restrictions deviennent effectivement contraignantes. Donc, ces restrictions ont pu ne pas avoir de coût dans les années 1960 et en avoir maintenant.

Y a-t-il, ce faisant, des preuves que les économies européennes traversent une période de changement structurel plus rapide qu'il y a quelques décennies [1] ? Étant donné la concurrence internationale et le rapide développement des nouvelles technologies et des services *high-tech*, on pourra être surpris d'apprendre que les économistes ne parviennent pas

1. « Changement structurel » signifie un changement de la structure de l'économie : certains secteurs se développent alors que d'autres disparaissent, de nouvelles entreprises entrent sur le marché alors que d'autres en sortent, etc.

à trouver une preuve formelle que le changement structurel s'accélère aujourd'hui en Europe.

Les économistes ont, par exemple, construit une mesure du changement structurel : le taux de dispersion de l'emploi entre les secteurs. Si tous les secteurs croissent à la même vitesse, alors la dispersion sera faible, preuve d'un faible changement structurel. Si certains secteurs croissent plus vite que d'autres, la dispersion sera importante, preuve d'un changement structurel majeur. Les mesures de dispersion construites pour chacun des pays européens ne montrent aucun mouvement significatif de la dispersion dans le temps. La dispersion n'est pas plus importante aujourd'hui qu'elle ne l'était dans les années 1960 ou 1970. Si l'on se fonde sur cette mesure, le changement structurel n'est pas plus remarquable qu'il ne l'était dans les décennies précédentes.

Cependant, l'évolution de la composition de l'emploi par secteur n'est qu'une dimension du changement structurel. Selon d'autres critères, les vingt dernières années peuvent apparaître différentes des précédentes. En Europe comme aux États-Unis, la demande de main-d'œuvre non qualifiée a régulièrement diminué, si on la compare à la demande de main-d'œuvre qualifiée [1]. Certains économistes estiment que les réponses des marchés du travail américain et européen à ce changement ont été différentes : aux États-Unis, la baisse de la demande de travailleurs non qualifiés a entraîné une baisse de leurs salaires réels ; en Europe, les salaires réels des travailleurs non qualifiés n'ont pas baissé, mais leur chômage a augmenté.

Cette hypothèse est-elle validée par les faits ? Le tableau 22.2 indique les changements des salaires relatifs des travailleurs non qualifiés par rapport aux travailleurs qualifiés, et les taux de chômage relatifs, de la fin des années 1970 au début des années 1990, pour les États-Unis et quatre pays européens.

Tableau 22.2 – Le changement dans les salaires et le chômage relatifs des travailleurs non qualifiés.

Pays	Évolution du salaire relatif des travailleurs non qualifiés (en %)	Taux de chômage relatif des travailleurs non qualifiés par rapport aux travailleurs qualifiés (en %)	
	Entre 1980 et 1995	Fin des années 1970	Début des années 1990
États-Unis	– 13	3,5	3,5
France	3	1,5	2,9
Allemagne	8	2,1	2,6
Italie	1	0,4	1,1
Royaume-Uni	– 14	3,1	5,3

Première colonne : évolution du salaire des travailleurs hommes du dernier décile de l'ensemble de la distribution des travailleurs, relativement au salaire des travailleurs du décile moyen.
Deuxième et troisième colonnes : ratio du taux de chômage du dernier quartile de la population active, ordonnée par qualification (niveau d'études), sur le taux de chômage du premier quartile.
Source : OIT, *Emploi mondial 1996/1997*, 1996.

1. Voir les sections précédentes de ce chapitre.

- On remarque que le salaire relatif des non-qualifiés a plus diminué aux États-Unis que dans trois des quatre pays européens choisis. Le chômage relatif a augmenté de façon significative dans chacun des quatre pays européens, alors qu'il est resté à peu près constant aux États-Unis.
- Ces deux remarques sont cohérentes avec l'hypothèse que le chômage européen vient d'une réponse différente aux chocs adverses sur la demande de travail non qualifié, due aux rigidités salariales plus importantes.
- Mais lorsque l'on regarde ce qui se passe au sein de l'Europe, l'hypothèse est invalidée. Les salaires réels relatifs en France, en Allemagne et en Italie ont augmenté, mais ils ont baissé au Royaume-Uni. Et là-bas, malgré cette baisse des salaires réels relatifs des non-qualifiés, leur taux de chômage a nettement augmenté.

Donc les faits n'apportent pas de soutien net à l'hypothèse que les rigidités du marché du travail (et le fait que les salaires réels des non-qualifiés n'ont pas diminué) sont à l'origine du chômage des non-qualifiés. Il pourrait y avoir une explication alternative à la forte hausse du chômage relatif des non-qualifiés, explication qui n'a pas grand-chose à voir avec les salaires relatifs. Lorsque le chômage augmente en général, comme c'est le cas en Europe, le taux de chômage des non-qualifiés augmente toujours plus que celui des qualifiés. Les entreprises licencient d'abord leurs travailleurs non qualifiés et, lorsqu'elles doivent embaucher de nouveaux travailleurs, elles choisissent en premier lieu les plus qualifiés parmi les candidats. Donc, l'augmentation du chômage relatif des non-qualifiés en Europe peut tout simplement refléter l'augmentation du chômage, et non des problèmes complexes d'ajustement des salaires relatifs.

Les interactions entre institutions : il n'existe pas une voie unique vers le plein-emploi. Il se peut également que les effets d'une institution particulière diffèrent en fonction des autres institutions du marché du travail. Par exemple, un niveau élevé des indemnités de chômage peut réduire les incitations au retour à l'emploi d'un chômeur et ainsi accroître le taux de chômage. Mais en présence de dispositifs d'accompagnement des demandeurs d'emploi et de contrôle de la recherche d'emploi, un même niveau élevé des indemnités de chômage peut, au contraire, subventionner une recherche d'emploi plus efficace et permettre une réduction du chômage. Dans sa stratégie révisée pour l'emploi, l'OCDE (2006) souligne ainsi qu'il existe plusieurs combinaisons institutionnelles permettant de réduire le chômage. Au milieu des années 2000, le Royaume-Uni et le Danemark avaient le même taux de chômage, malgré des institutions différentes sur de nombreux points : certes, dans ces deux pays, les employeurs peuvent aisément se séparer de leurs travailleurs lorsque la rentabilité d'un emploi diminue. Mais, au contraire de ce qui se passe au Royaume-Uni, les travailleurs danois qui perdent leur emploi reçoivent une forte indemnité d'assurance chômage, associée à un accompagnement intensif dans leur recherche d'emploi. Le terme de « *flexicurité* » a été proposé pour décrire cette situation danoise qui combine un niveau élevé de flexibilité pour les employeurs et une forte protection pour les travailleurs. Cette différence institutionnelle entre le Danemark et le Royaume-Uni se reflète également dans le niveau des prélèvements obligatoires, qui sont beaucoup plus élevés dans le premier pays que dans le second.

Résumé

- Les discussions habituelles sur le progrès technique traduisent souvent la peur que celui-ci ne détruise des emplois. Cette peur a resurgi en Europe, où l'on soutient assez généralement l'idée que le partage du travail passe par une réduction du temps de travail hebdomadaire. La théorie et les faits montrent que cette peur n'est pas fondée.
- Dans le court terme, il n'y a pas de relation systématique entre croissance de la productivité et chômage, et la théorie n'étaye en aucun cas cette idée.
- S'il doit y avoir une relation entre croissance de la productivité et chômage dans le plus long terme, il apparaît que cette relation est de sens opposé : c'est le ralentissement de la productivité qui entraîne une hausse du chômage. Une explication possible serait que lorsque la productivité ralentit, les travailleurs continuent pour un temps de demander des augmentations de salaire et ils les obtiennent en échange d'une augmentation du nombre de chômeurs.
- Le progrès technique n'est pas un processus graduel qui profite à tous. C'est plutôt une sorte de tourbillon : le progrès technique implique des changements structurels. Et dans ce tourbillon, si la plupart des travailleurs sont gagnants, il y a tout de même des perdants. Lorsque de nouvelles techniques de production sont inventées, les anciennes deviennent obsolètes. Les qualifications qui correspondaient à ces techniques ne sont plus demandées, et les travailleurs voient leur salaire baisser ou se retrouvent au chômage.
- Les inégalités salariales ont augmenté aux États-Unis au cours des vingt dernières années. Le salaire réel des travailleurs non qualifiés a diminué. Les deux causes principales sont le commerce international et le biais du progrès technique.
- Le taux de chômage européen était plus bas que le taux américain jusqu'au début des années 1970. Les taux de chômage ont augmenté dans les deux zones dans les années 1970 et au début des années 1980. Depuis, le taux américain a baissé, alors que le taux européen est resté élevé. Avant la crise de 2009, en Europe, le taux de chômage était d'environ 7 %.
- Tandis que la montée du chômage en Europe s'est accompagnée d'une forte inflation dans les années 1980, l'inflation européenne est maintenant quasiment nulle. Il semble donc que l'on soit à présent proche du taux de chômage structurel.
- La première série d'explications du chômage européen insiste sur les rigidités du marché du travail : une protection du travail excessive, un système d'allocations chômage trop généreux, un salaire minimum trop élevé, qui empêche l'emploi des travailleurs peu qualifiés.
- Une explication alternative, l'*hystérèse*, avance que le chômage a d'abord été causé par les politiques de désinflation, mais que le fort taux de chômage effectif a entraîné une hausse du taux de chômage structurel. Notamment, si le chômage est élevé pendant une longue période, le chômage de longue durée augmente ; or, le chômage de longue durée n'a que peu d'incidence sur la détermination des salaires.

Pour en savoir plus

Claudia Goldin et Lawrence Katz, *The Race Between Education and Technology*, Belknap Press, 2010.

A. B. Atkinson et Thomas Piketty, *Top Incomes: A Global Perspective*, Oxford University Press, 2010.

Pour avoir plus d'informations sur le processus de réallocation des ressources qui caractérise les économies modernes, voir *The Churn: The Paradox of Progress*, rapport de la Réserve fédérale de Dallas, 1993.

Pour en savoir plus sur l'augmentation des inégalités salariales aux États-Unis, on pourra lire David Brauer et Susan Hickok, « Explaining the Growing Gap between Low-Skilled and High-Skilled Wages », *Symposium on US Wage Trends*, Banque fédérale de New York, 1994.

Applications

1. Vrai/Faux/Incertain

a. Les modifications de l'emploi et de la production par tête aux États-Unis depuis 1900 confirment l'argument selon lequel le progrès technique conduit à une progression régulière de l'emploi.

b. Les travailleurs et les consommateurs profitent également du processus de destruction créatrice.

c. Au cours des deux dernières décennies, les salaires réels des travailleurs américains peu qualifiés ont décliné de façon absolue et relative.

d. Le progrès technique conduit à une baisse de l'emploi si et seulement si l'augmentation de la production est plus faible que l'augmentation de la productivité.

e. Des études ont montré que des changements exogènes de la productivité provoquent parfois une montée du chômage à court terme.

f. Le déclin apparent du taux de chômage structurel aux États-Unis dans la seconde moitié des années 1990 peut s'expliquer par le fait que les gains de productivité ont été plus forts que prévu durant cette période.

g. Si nous pouvions arrêter le progrès technique, le taux de chômage structurel diminuerait.

h. Aux États-Unis, lors des deux dernières décennies, ce sont les travailleurs de plus faible niveau d'éducation qui ont subi la plus forte baisse des salaires réels.

2. Anticipations et chômage structurel

Supposons qu'une économie soit caractérisée par les équations suivantes :

PS : $P = (1 + \mu)\,(W/A)$

WS : $W = A^e\,P^e\,(1 - u)$

a. Déterminez le taux de chômage lorsque $P^e = P$, A^e n'étant pas nécessairement égal à A. Expliquez les effets des modifications de A^e/A sur le taux de chômage.

Supposons maintenant que les anticipations de prix et de productivité soient toutes les deux exactes.

b. Déterminez le taux de chômage structurel si la marge est de 5 %.

c. Le taux de chômage structurel dépend-il de la productivité ? Justifiez.

3. Productivité, chômage et inflation

« Une productivité du travail plus forte permet aux entreprises de produire davantage de biens avec le même nombre de travailleurs et, ainsi, de vendre les biens à des prix égaux ou même inférieurs. C'est pourquoi les augmentations de la productivité du travail peuvent faire baisser le chômage de façon permanente sans provoquer d'inflation. »

Discutez cette affirmation.

4. Les écarts de salaire

Comment les mesures suivantes influenceraient-elles l'écart entre les salaires des travailleurs les moins qualifiés et les plus qualifiés aux États-Unis ?

a. Des achats plus importants d'ordinateurs dans les écoles publiques.

b. Une limite au nombre de travailleurs temporaires agricoles étrangers autorisés à entrer aux États-Unis.

c. Une augmentation du nombre de collèges publics.

d. Des crédits d'impôts pour les entreprises américaines s'installant en Amérique centrale.

5. Le progrès technique biaisé en faveur des travailleurs qualifiés aux États-Unis et en Europe

Cet exercice utilise le cadre d'analyse en termes d'offre et de demande de travail, présentées dans le chapitre 7, pour étudier l'évolution des marchés du travail aux États-Unis et en Europe.

États-Unis : supposons qu'il existe deux marchés du travail : un pour les travailleurs qualifiés et un pour les travailleurs non qualifiés.

a. Supposez que la demande pour le travail qualifié augmente et que celle pour le travail non qualifié diminue. Pour une offre de travail donnée, comment vont évoluer les salaires réels pour chaque type de travail ?

Europe : supposons également qu'il existe deux marchés du travail. On admet cependant qu'il existe sur le marché du travail peu qualifié un salaire minimum contraignant, ce qui signifie que le salaire d'équilibre serait inférieur au salaire minimum obligatoire. Dans ce cas, l'emploi est déterminé par l'intersection du salaire minimum et de la courbe de demande de travail.

b. Supposez que la demande pour le travail non qualifié diminue. Quel est l'effet sur le chômage ? Comparez ces résultats à ceux obtenus pour les États-Unis à la question a.

c. Au total, après une baisse de la demande de travail peu qualifié et une hausse de la demande de travail qualifié, dans quelle économie observera-t-on le plus fort accroissement des inégalités salariales ? Dans quelle économie le chômage augmentera-t-il le plus ?

Partie VII – La politique économique

Chapitre 23

Règles et discrétions pour la politique économique

Le rôle important de la politique macroéconomique est dans cet ouvrage un thème récurrent. Les bons choix de politique budgétaire et monétaire peuvent aider un pays, voire le monde, à sortir d'une récession, accroître l'activité sans accélérer l'inflation, ralentir une économie proche de la surchauffe, stimuler l'investissement et l'accumulation du capital, et d'autres choses encore.

Il semble assez incongru, ce faisant, que nombre d'économistes et de décideurs aient pu souhaiter que les décideurs de politique économique soient étroitement contraints. Dans l'Union européenne, les pays qui ont adopté l'euro doivent maintenir leur déficit budgétaire en dessous de 3 % du PIB (la crise des *subprimes* a fait voler en éclat cette norme). Le Traité sur la stabilité, la coordination et la gouvernance de 2012 instaure une « règle d'or budgétaire » (voir le chapitre 25 pour une présentation plus détaillée de ce traité). Aux États-Unis, la première proposition du « contrat avec l'Amérique », le programme élaboré par les républicains pour les élections de 1994, visait l'introduction, finalement écartée, d'un amendement à la Constitution imposant l'équilibre budgétaire. En 2009, le gouvernement allemand a introduit une disposition qui obligera le déficit à être inférieur à 0,35 % du PIB, à partir de 2016.

La politique monétaire est également contestée. Par exemple, la charte de la Banque centrale de Nouvelle-Zélande, écrite en 1989, définit comme objectif de politique monétaire la stabilité des prix, à l'exclusion de tout autre objectif macroéconomique. Les statuts de la Banque centrale européenne sont également faits pour restreindre l'action de celle-ci au seul objectif de stabilité des prix.

Les arguments en faveur des restrictions à l'exercice de la politique économique sont de deux ordres bien distincts :

- le premier est que les décideurs de politique économique ont de bonnes intentions, mais finissent par faire plus de mal que de bien ;
- le second est qu'ils font ce qui est le mieux pour eux, et non pas nécessairement pour le pays.

Ce chapitre développe et examine ces arguments dans le cas de la politique macroéconomique en général. Les deux prochains sont plus spécifiquement consacrés à la politique monétaire et budgétaire.

Figure 23.1 – Le « contrat avec l'Amérique ».

HOUSE REPUBLICAN
CONTRACT WITH AMERICA

A PROGRAM FOR ACCOUNTABILITY

We've listened to your concerns and we hear you loud and clear. If you give us the majority, on the first day of Congress, a Republican House will:

Force Congress to live under the same laws as every other American
Cut one out of three Congressional committee staffers
Cut the Congressional budget

Then, in the first 100 days there will be votes on the following 10 bills:

1. **Balanced budget amendment and the line item veto:** It's time to force the government to live within its means and restore accountability to the budget in Washington.

2. **Stop violent criminals:** Let's get tough with an effective, able, and timely death penalty for violent offenders. Let's also reduce crime by building more prisons, making sentences longer and putting more police on the streets.

3. **Welfare reform:** The government should encourage people to work, not have children out of wedlock.

4. **Protect our kids:** We must strengthen families by giving parents greater control over education, enforcing child support payments, and getting tough on child pornography.

5. **Tax cuts for families:** Let's make it easier to achieve the American Dream: save money, buy a home, and send their kids to college.

6. **Strong national defense:** We need to ensure a strong national defense by restoring the essentials of our national security funding.

7. **Raise the senior citizens' earning limit:** We can put an end to government age discrimination that discourages seniors from working if they want.

8. **Roll back government regulations:** Let's slash regulations that strangle small business and let's make it easier for people to invest in order to create jobs and increase wages.

9. **Common-sense legal reform:** We can finally stop excessive legal claims, frivolous lawsuits, and overzealous lawyers.

10. **Congressional term limits:** Let's replace career politicians with citizen legislators. After all, politics shouldn't be a lifetime job.

(Please see reverse side to know if the candidate from your district has signed the Contract as of October 5, 1994.)

IF WE BREAK THIS CONTRACT, THROW US OUT, WE MEAN IT.

23.1 Incertitude et politique économique

Une façon simple de présenter le premier argument est de dire que ceux qui ne savent rien devraient ne rien faire. Cet argument comporte deux parties : d'abord que les macroéconomistes, et donc les hommes politiques qui se reposent sur leurs conseils, en savent peu ; ensuite, qu'ils devraient par conséquent en faire peu.

Que savent vraiment les macroéconomistes ?

Les macroéconomistes sont comme les médecins devant le cancer : ils savent beaucoup de choses, mais ils en ignorent aussi beaucoup.

Soit une économie où le chômage est élevé et où la banque centrale envisage d'utiliser la politique monétaire pour accroître l'activité. Pensez à la séquence de liens entre un accroissement de la masse monétaire et un accroissement du produit – toutes les questions auxquelles est confrontée la banque centrale quand elle décide si elle doit augmenter l'offre de monnaie et dans quelle proportion.

- Le taux de chômage courant est-il au-dessus du taux de chômage structurel, ou signifie-t-il que le taux structurel a crû (chapitres 7, 8, 19 et 22) ? Si l'économie est trop près du taux de chômage structurel, n'y a-t-il pas un risque qu'une expansion monétaire mène à une diminution du chômage en dessous de son taux structurel et à une hausse de l'inflation ?
- Dans quelle proportion la hausse de l'offre de monnaie va-t-elle peser sur le taux d'intérêt de court terme (chapitre 5) ? Quel sera l'effet de la baisse du taux court sur le taux de long terme (chapitre 12) ? De combien la monnaie se dépréciera-t-elle (chapitres 17 et 18) ?

- Combien de temps faudra-t-il pour que la baisse du taux d'intérêt de long terme et la hausse des prix des actifs influent sur l'investissement et la consommation (chapitre 13) ? Combien de temps faudra-t-il pour que les effets de la courbe en *J* se fassent sentir et que la balance commerciale s'améliore (chapitre 16) ? Quel risque y a-t-il pour que les effets se fassent sentir trop tard, lorsque l'économie a déjà repris de la vigueur ?

Lorsque se posent ces questions, les banques centrales – ou les décideurs de politique économique en général – ne travaillent pas dans le vide. Elles se reposent en particulier sur des modèles macroéconométriques. Les équations de ces modèles donnent des estimations de la façon dont ces canaux ont agi dans le passé. Mais des modèles différents apportent des réponses différentes. Cela tient au fait que ces modèles ont des structures différentes, différentes listes d'équations et différentes variables.

La figure 23.2 donne un exemple de cette diversité. Contexte : au début des années 1990, la Brookings Institution – un institut de recherche situé à Washington – demanda aux concepteurs des douze principaux modèles macroéconométriques en usage de répondre à un même ensemble de questions (les modèles sont décrits dans l'encadré « Douze modèles macroéconométriques »). Le but était de savoir à quel point les réponses différeraient. L'une des questions était :

« *Soit un cas où l'économie américaine croît à son taux naturel et où le chômage est à son taux structurel, que l'on appellera le cas de référence. Supposons maintenant que pendant une période d'un an, la Fed accroisse l'offre de monnaie plus vite que dans le cas de référence, de sorte qu'après un an, la masse monétaire soit de 4 % plus importante qu'elle ne l'eût été dans le cas de référence. À partir de ce moment, la masse monétaire croît au même rythme que dans le cas de référence, de sorte que la masse monétaire nominale reste de 4 % plus importante qu'elle ne l'eût été sans le changement de politique monétaire. Supposons de plus que les taux d'intérêt ailleurs dans le monde restent inchangés. Comment réagira le produit américain*[1] *?* »

La figure 23.2 montre l'écart du produit par rapport au cas de référence, tel qu'il est prévu par douze modèles. Tous les modèles prédisent que le produit va croître quelque temps à la suite de la hausse de l'offre de monnaie. Après un an, l'écart moyen du produit par rapport au cas de référence est positif. Mais la fourchette des réponses est très ouverte, de presque 0 % à un chiffre proche de 3 % ; même en supprimant les réponses les plus éloignées de la moyenne, cette fourchette a une ampleur de 1 %. Après deux ans, la déviation moyenne est de 1,2 %. En supprimant les prévisions les plus extrêmes, l'étalement est encore de 2 %. Et six mois plus tard, l'écart moyen est de 0,6 %, et les prédictions s'échelonnent de – 0,3 % à 2,5 %. En résumé, si nous mesurons l'incertitude à l'échelle des écarts des réponses de cet ensemble de modèles, elle est très importante sur les effets de la politique économique.

1. Une description des modèles et de l'étude est donnée par Ralph Bryant *et alii*, *Empirical Macroeconomics for Interdependent Economies*, Brookings Institution, 1988. Cette étude explore les effets de la politique monétaire, mais également ceux de la politique budgétaire (la simulation décrite ici est la simulation *E* du volume cité).

Figure 23.2 – La réponse du produit à une expansion monétaire (prévisions de douze modèles).

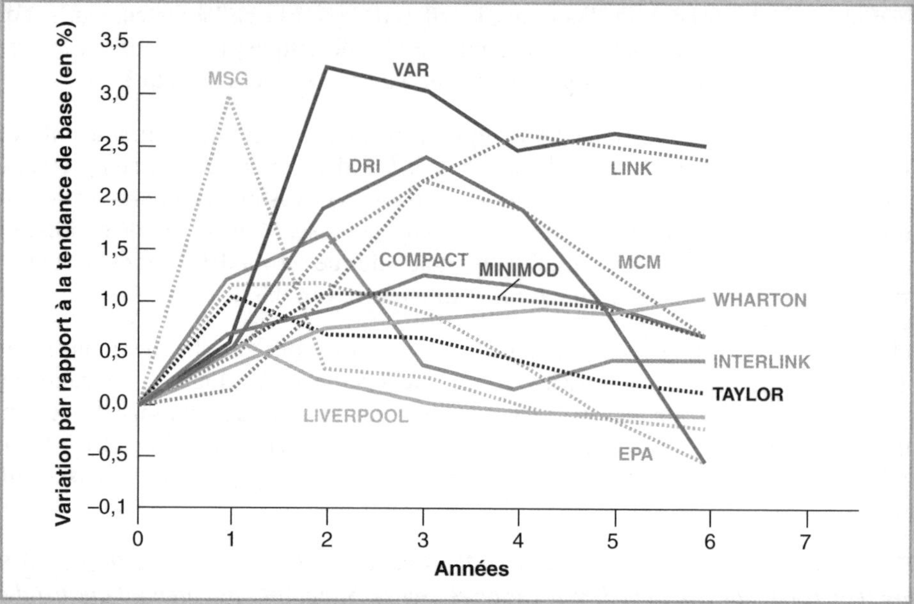

Quoique tous les modèles prévoient que le produit va croître pendant quelque temps en réponse à une expansion monétaire, l'éventail des prévisions quant à l'importance et la durée de la réponse du produit est important.

Gros plan

Douze modèles macroéconomiques

L'échantillon de modèles utilisés par la Brookings Institution est représentatif des différents modèles employés pour la prévision et l'évaluation de la politique économique aujourd'hui.

- Deux d'entre eux, Data Resources Incorporated (DRI) et Wharton, sont des logiciels commerciaux. Ils sont utilisés régulièrement pour la vente de prévisions économiques à des institutions financières ou des entreprises.
- Cinq sont employés pour l'évaluation de la politique économique. Multi-Country Model (MCM) est utilisé par le conseil de la Fed à Washington pour la conduite de la politique monétaire ; Interlink est adopté par l'OCDE à Paris ; Compact est en usage à la Commission européenne à Bruxelles ; EPA à la Commission japonaise au plan. Chacun de ces modèles a été mis au point par un groupe de chercheurs qui faisaient tout le travail de modélisation, c'est-à-dire qui construisaient des modèles ou sous-modèles pour différents pays ou groupes de pays, ensuite reliés par des flux financiers et commerciaux. Au contraire, le cinquième, Link, est composé de modèles par pays (construits dans chaque pays par des chercheurs de ce pays), reliés ensuite par les relations commerciales et monétaires. Quatre modèles incorporent explicitement les anticipations rationnelles : le modèle Liverpool anglais, Minimod utilisé au FMI, MSG développé par Warwick McKibbin et Jeffrey Sachs à l'université de Harvard et le modèle Taylor, que nous avons vu à la section 8.4, développé par John Taylor de l'université de Stanford. Ce sont en général des modèles plus petits, avec moins de détails que ceux cités précédemment, mais ils éclairent mieux les effets d'anticipation de diverses politiques.

Gros plan

- Le dernier, VAR (pour *vector autoregression*, la technique vectorielle autorégressive étant la méthode d'estimation utilisée dans ce modèle), développé par Christopher Sims et Robert Litterman de l'université du Minnesota, est très différent des autres. Ce n'est pas un modèle structurel, mais plutôt un résumé statistique des relations entre les différentes variables, sans interprétation économique explicite. Sa force réside dans la proximité de ses prévisions avec les données. Sa faiblesse est qu'il s'agit essentiellement d'une (grosse) boîte noire.

L'incertitude devrait-elle conduire les décideurs à agir moins ?

L'incertitude sur les effets de la politique économique devrait-elle conduire les décideurs à être moins actifs ? En général, la réponse est oui. Prenons l'exemple suivant, qui est tiré des simulations que nous venons de voir.

Supposons l'économie américaine en récession. Le taux de chômage est de 7 % et la Fed envisage d'utiliser la politique monétaire pour accroître le produit. Afin de focaliser l'attention sur l'incertitude quant aux effets de la politique monétaire, supposons que la Fed connaisse avec certitude toutes les autres caractéristiques de l'économie. À partir de ses prévisions, elle sait que, en l'absence de modification de la politique monétaire, le chômage sera toujours de 7 % l'année prochaine. Elle sait que le taux structurel de chômage est de 5 %, de sorte que le chômage est 2 % au-dessus de son taux structurel. Et elle sait, d'après la loi d'Okun, que 1 % de croissance supplémentaire durant un an conduit à une baisse du chômage de 0,4 % [1].

Selon ces hypothèses, la Fed sait qu'elle pourrait stimuler la croissance de 5 % l'année prochaine ; le taux de chômage dans un an serait plus bas de $0{,}4 \times 5 = 2$ %, ce qui ramènerait le chômage à son niveau structurel de 5 %. Mais de combien devrait-elle, pour cela, accroître l'offre de monnaie ?

Si l'on prend la moyenne des réponses décrites par les modèles de la figure 23.2, un accroissement de l'offre de monnaie de 4 % mène à un accroissement de la production de 0,85 % durant la première année. De la même façon, une hausse de l'offre de monnaie de 1 % mène à un accroissement de la production de $0{,}85/4 = 0{,}21$ %.

Si la Fed considère que cette relation est certaine, sa décision ne pose pas de problème. Pour ramener le taux de chômage à son taux structurel, il faut un supplément de croissance de 5 %, qui requiert une hausse de l'offre de monnaie de $5/0{,}21 = 23{,}8$ %. La Fed devrait donc accroître l'offre de monnaie de 23,8 %. Si la réponse de l'économie est égale à la moyenne des prévisions des douze modèles, cet accroissement de la masse monétaire ramènera le chômage à son taux structurel en un an.

Supposons que la Fed accroisse effectivement l'offre de monnaie de 23,8 %, mais prenons maintenant en compte l'incertitude, mesurée par la dispersion des prévisions des différents modèles de la figure 23.2. L'importance de la réponse du produit à une hausse de 4 % de l'offre de monnaie varie de 0 à 32 %, c'est-à-dire qu'une hausse de l'offre de monnaie de 1 % conduit à une hausse du produit comprise entre 0 et 0,75 %. Cet écart implique

1. Dans le monde réel, bien sûr, la banque centrale ne connaît pas tous ces éléments avec certitude, elle ne peut faire que des prévisions. Elle ne connaît pas la valeur exacte du taux structurel de chômage, ou du coefficient de la loi d'Okun. Prendre en compte cette incertitude ne ferait que renforcer nos conclusions.

qu'un accroissement de l'offre de monnaie de 23,8 % entraîne, selon les modèles, une réponse du produit comprise entre 0 et $23{,}8 \times 0{,}75 = 17{,}9$ %. Ces chiffres pour la production impliquent à leur tour une baisse du chômage comprise entre 0 % et 7 %, soit des valeurs du taux de chômage dans un an comprises entre 7 % et 0 % !

La conclusion est évidente : étant donné le degré d'incertitude qui pèse sur l'efficacité des décisions de politique monétaire, un accroissement de l'offre de monnaie de 23,8 % serait irresponsable. Si les effets de la monnaie sur le produit sont aussi forts que le suggère l'un des modèles, le taux de chômage dans un an pourrait être 5 % en dessous de son taux structurel, ce qui susciterait d'énormes pressions inflationnistes. Étant donné cette incertitude, la Fed devrait accroître l'offre de monnaie de moins de 23,8 %. Par exemple, accroître l'offre de monnaie de 10 % mène à un taux de chômage dans un an compris entre 7 % et 4 %, ce qui est évidemment un ordre de grandeur plus raisonnable.

L'incertitude et les contraintes de la politique économique

Résumons-nous : il existe une forte incertitude sur les effets de la politique économique. Cette incertitude devrait conduire les décideurs à être plus prudents. Les politiques économiques devraient avoir surtout pour objectif d'éviter des récessions prolongées, de maîtriser les surchauffes et d'empêcher les pressions inflationnistes. Plus le chômage ou l'inflation sont élevés, plus la politique économique devrait être active, mais elle devrait s'arrêter bien en deçà du réglage fin, de la volonté de stabiliser complètement le chômage ou la croissance.

Ces conclusions auraient été controversées voilà trente ans. Il y avait alors un ardent débat entre deux groupes d'économistes. Le premier, mené par Milton Friedman (de l'université de Chicago), soutenait qu'en raison de ses effets plus ou moins retardés, la politique économique active était susceptible de faire plus de mal que de bien. Le second, conduit par Franco Modigliani (du MIT), avait mis au point la première génération de modèles macroéconométriques et pensait que la connaissance acquise de l'économie était en train de devenir suffisamment bonne pour permettre un réglage plus fin de l'activité économique [1]. Aujourd'hui, la plupart des économistes reconnaissent qu'il y a une substantielle incertitude sur les effets de la politique économique. Ils acceptent aussi l'idée selon laquelle cette incertitude devrait conduire à des politiques moins actives.

Il faut remarquer que nous avons jusqu'à présent développé des arguments qui vont dans le sens d'une autocontrainte des décideurs, et non pas d'une contrainte pesant sur les décideurs. S'ils comprennent les implications de l'incertitude – et pourquoi croire le contraire –, ils suivront de leur propre chef des politiques moins actives. Il n'y a pas de raison de leur imposer des contraintes supplémentaires, comme une hausse constante de la masse monétaire ou l'équilibre du budget. Tournons-nous maintenant vers les arguments en faveur d'une contrainte pesant sur les décideurs.

1. Friedman et Modigliani sont les deux économistes qui ont développé de manière indépendante la théorie moderne de la consommation.

23.2 Anticipations et politique économique

L'interaction entre la politique économique et les anticipations motive l'incertitude quant aux effets de cette politique. La manière dont fonctionne une politique, si tant est qu'elle fonctionne, dépend de la façon dont elle se répercute non seulement sur les variables courantes, mais sur les anticipations (c'est le thème du chapitre 14). L'importance des anticipations pour la politique économique va cependant au-delà de l'incertitude sur ses effets. Cela nous conduit à définir la théorie des jeux.

Jusqu'à il y a trente ans, la politique macroéconomique était conçue comme le contrôle d'une machine compliquée. Les méthodes du contrôle optimal, développées initialement pour le guidage des fusées, étaient de plus en plus utilisées pour la conduite de la politique économique. Les économistes ont toutefois renoncé à cette façon de voir. Il est devenu évident que l'économie était fondamentalement différente d'une machine, même d'une machine très compliquée. Au contraire des machines, l'économie est composée d'individus et d'entreprises qui essaient d'anticiper les décisions des responsables de politique économique et réagissent non seulement à la politique actuelle, mais aussi à la politique anticipée. Par conséquent, il est préférable de concevoir la politique économique comme un jeu entre les décideurs et l'économie. Nous n'avons donc pas besoin, pour l'analyse de la politique économique, de la théorie du contrôle optimal, mais de la **théorie des jeux**.

Clarifions le vocabulaire. Quand les économistes parlent de la théorie des jeux, ils ne veulent pas dire « loisir », mais interactions stratégiques entre des joueurs. Dans le contexte de la politique économique, les joueurs sont les responsables de la politique économique et de l'« économie » – plus concrètement, les individus et les entreprises. Les interactions stratégiques sont claires : ce que font les individus et les entreprises dépend de ce qu'ils attendent des décideurs. En retour, les décisions des responsables de politique économique dépendent de ce qu'ils observent dans l'économie.

La théorie des jeux a ouvert aux économistes de nouveaux horizons, car elle explique comment des comportements apparemment étranges peuvent être compris lorsque l'on prend en compte la nature du jeu joué [1] [2]. Un enseignement est particulièrement important pour notre discussion sur les contraintes de la politique économique : on peut parfois améliorer ses résultats dans un jeu en abandonnant certaines options. Pour comprendre pourquoi, commençons avec un exemple pris en dehors de l'économie : l'attitude des gouvernements envers les pirates de l'air.

Les prises d'otages et les négociations

La plupart des gouvernements ont une politique déclarée de refus de toute négociation avec les pirates de l'air. La raison de cette politique est claire : dissuader les éventuels pirates de l'air.

1. Cet exemple repose sur le concept d'incertitude multiplicative : en raison de l'incertitude qui pèse sur les effets de la politique économique, des politiques plus actives contribuent à accroître l'incertitude. Voir William Brainard, « Uncertainty and the Effectiveness of Policy », *American Economic Review*, mai 1967, p. 411-425.
2. La théorie des jeux est devenue un outil important pour toutes les branches de l'économie. Le prix Nobel d'économie de 1994 a été décerné à trois théoriciens des jeux : John Nash (université de Princeton), John Harsanyi (université de Berkeley) et Reinhard Selten (université de Bonn).

Supposons que, malgré cela, un détournement ait lieu. Maintenant qu'il s'est produit, pourquoi ne pas négocier ? Quelles que soient les exigences des pirates, elles sont susceptibles d'être moins coûteuses que l'autre alternative – l'éventualité de pertes humaines si l'avion doit être pris d'assaut. La meilleure politique serait donc : annoncer que l'on refusera de négocier, mais négocier quand même si un détournement a lieu.

À la réflexion, il est clair qu'il s'agirait en fait d'une mauvaise politique. La décision des pirates de l'air ne dépend pas de la politique annoncée, mais de la politique qu'ils anticipent. S'ils savent que des négociations seront engagées, ils considéreront à juste titre la politique annoncée comme non pertinente, et il y aura des détournements.

Quelle est donc la meilleure politique ? En dépit du fait que lorsqu'un détournement a lieu, les négociations donnent en général de meilleurs résultats, la meilleure politique consiste pour les gouvernements à s'engager à ne pas négocier. En abandonnant cette possibilité, ils peuvent prévenir les éventuels détournements.

Tournons-nous maintenant vers un exemple macroéconomique, basé sur la relation inflation/chômage [1]. Comme nous le verrons, c'est la même logique qui est à l'œuvre.

L'inflation et le chômage réexaminés

Reprenons la relation inflation/chômage décrite au chapitre 9 (équation 9.7 sans indice de temps) :

$$\pi = \pi^e - \alpha\,(u - u_n) \qquad (23.1)$$

L'inflation (π) dépend de l'inflation anticipée (π^e) reflétée dans le contrat de travail et de la différence entre le taux de chômage courant et le taux de chômage structurel ($u - u_n$) [2]. Le coefficient α mesure les effets du chômage sur l'inflation, étant donné l'inflation anticipée : quand le chômage est au-dessus du taux structurel, l'inflation est plus faible que prévu ; quand il est en dessous, elle est plus forte.

Supposons que la Fed annonce qu'elle suivra une politique d'inflation nulle. Si les parties prenantes dans la négociation salariale croient ce qu'elle annonce, l'inflation anticipée (π^e) telle que reflétée dans les salaires est égale à zéro, et la Fed est face à la relation :

$$\pi = -\,\alpha\,(u - u_n) \qquad (23.2)$$

Si la Fed suit la politique qu'elle a annoncée, l'inflation réalisée et l'inflation anticipée sont toutes deux égales à zéro, et le taux de chômage est à son niveau structurel [3].

Une inflation nulle et le taux de chômage structurel ne sont pas un mauvais résultat, mais la Fed peut, semble-t-il, faire mieux. Nous avons appris au chapitre 9 que α est, aux États-Unis, presque égal à 1. Ainsi, l'équation 23.2 implique que, en acceptant 1 %

1. Cet exemple a été développé par Finn Kydland (de Carnegie Mellon) et Edward Prescott (université du Minnesota), dans « Rules Rather than Discretion: The Inconsistency of Optimal Plans », *Journal of Political Economy*, vol. 85, n° 3, juin 1977, p. 473-492.

2. Rappel : étant donné les conditions sur le marché du travail et leurs anticipations des prix, les entreprises et les travailleurs fixent les salaires nominaux. Compte tenu des salaires nominaux, les entreprises fixent les prix. Ainsi, les prix dépendent des prix anticipés et de l'état du marché du travail. De manière équivalente, l'inflation est liée à l'inflation anticipée et à l'état du marché du travail. C'est ce que représente l'équation 23.1.

3. Par souci de simplicité, on suppose que la Fed peut choisir le taux d'inflation. Ce faisant, on néglige aussi l'incertitude sur les effets de la politique économique (c'est le sujet de la section 23.1, mais ce n'est pas essentiel ici).

d'inflation, la Fed peut obtenir un taux de chômage de 1 % en dessous de son taux structurel [1]. Supposons que la Fed – et tout un chacun dans l'économie – trouve l'arbitrage intéressant et décide de réduire le taux de chômage de 1 % au prix d'un taux d'inflation de 1 %. Cette incitation à ne pas suivre la politique annoncée après que l'autre joueur a joué – dans ce cas, après que les négociations salariales ont eu lieu – est connue en théorie des jeux sous le nom d'**incohérence temporelle**. Dans notre exemple, la Fed peut améliorer son résultat en déviant de sa politique d'inflation zéro : en acceptant un peu d'inflation, elle peut réduire substantiellement le chômage.

Malheureusement, l'histoire ne se termine pas là. Constatant que la Fed a émis plus de monnaie qu'elle ne l'avait annoncé, les partenaires sociaux vont corriger leurs anticipations d'inflation à la hausse, de 1 %. Si la Fed se donne toujours pour objectif un taux de chômage inférieur de 1 % au taux structurel, elle doit dorénavant accepter 2 % d'inflation. Cependant, si elle le fait, les partenaires sociaux vont relever leurs anticipations de 1 % et ainsi de suite.

Le résultat final est une forte inflation. Comme les partenaires sociaux comprennent les motifs de la Fed, l'inflation anticipée rattrape l'inflation réalisée, et la Fed finit par échouer dans ses tentatives pour réduire le chômage au-dessous du taux structurel. En résumé, ses efforts pour améliorer les choses aboutissent à une situation plus mauvaise qu'elle ne l'était à l'origine. L'économie connaît finalement le *même taux de chômage* que si la Fed avait suivi la politique annoncée, mais avec *plus d'inflation*.

Cet exemple est-il réaliste ? Il l'est. Relisez le chapitre 9. On peut interpréter l'histoire de la courbe de Phillips et la hausse de l'inflation dans les années 1970 comme s'expliquant précisément par les tentatives de la Fed de maintenir le taux de chômage en dessous de son taux structurel, ce qui conduit à une inflation anticipée et réalisée de plus en plus forte. Dans cette optique, le déplacement de la courbe de Phillips peut être conçu comme le processus d'ajustement des anticipations au comportement de la banque centrale.

Quelle est donc la meilleure politique dans ce cas ? Elle consiste, pour la Fed, en un engagement crédible à ne pas tenter d'amener le chômage en dessous de son taux structurel. En abandonnant la possibilité de dévier de sa politique annoncée, la Fed peut obtenir un chômage égal au taux structurel et une inflation nulle. L'analogie avec la prise d'otages est claire : en s'engageant de façon crédible à ne pas faire quelque chose qui pourrait pourtant apparaître souhaitable aujourd'hui, les responsables économiques peuvent obtenir un meilleur résultat – pas de pirates de l'air dans l'exemple précédent, pas d'inflation ici.

La crédibilité des banques centrales

Comment une banque centrale peut-elle s'engager de façon crédible à ne pas rompre avec sa politique ?

Elle peut abandonner – ou être contrainte par la loi de ne pas utiliser – son pouvoir de décision. Par exemple, le mandat de la banque centrale peut être défini par la loi sous forme de règles simples, comme garantir pour toujours une croissance de la masse monétaire de 0 %.

1. Si $\alpha = 1$, l'équation 23.2 devient : $\pi = -(u - u_n)$. Si $\pi = 1$ %, $u - u_n = -1$ %.

Une telle loi prend bien en compte les problèmes d'incohérence temporelle. Mais s'imposer une telle contrainte revient à jeter le bébé avec l'eau du bain. Il faut empêcher la banque centrale de viser un accroissement trop rapide de la masse monétaire pour faire baisser le taux de chômage en dessous de son taux structurel. Pourtant – aux restrictions précédemment établies près –, la banque centrale doit toujours être capable d'accroître l'offre de monnaie lorsque le chômage est très au-dessus du taux structurel, et de la restreindre lorsqu'il est très en dessous. De telles interventions sont prohibées par une règle de constance du taux de croissance de la base monétaire. Il existe en fait de meilleures solutions au problème de l'incohérence temporelle. Dans le cas de la politique monétaire, une formule qui a été retenue aux États-Unis, et est maintenant adoptée en Europe, s'est présentée de la façon suivante :

1. rendre la banque centrale indépendante. Nommer les banquiers centraux pour de plus longues périodes et les rendre plus difficiles à limoger les mettront à l'abri des pressions politiques visant à diminuer le taux de chômage ;
2. choisir un gouverneur « conservateur », ayant une forte aversion pour l'inflation, en sorte qu'il se refuse à accepter plus d'inflation pour moins de chômage, quand le chômage est à son niveau structurel. Lorsque l'économie est au taux structurel du chômage, un tel gouverneur ne sera pas tenté de pratiquer une expansion monétaire. Le problème de l'incohérence disparaîtra donc de lui-même.

Choisir pour gouverneur de banque centrale une personne dont les préférences sont différentes de celles de tous les individus semble une solution étrange. Mais c'est en fait la solution adoptée par beaucoup de grands pays. Durant les vingt dernières années, dans de nombreux pays, les banques centrales ont obtenu plus d'indépendance. Et les gouvernements en place ont nommé des gouverneurs plus « conservateurs » – qui semblent se préoccuper davantage de l'inflation et moins du chômage que le gouvernement (voir à ce sujet l'encadré « Alan Blinder a-t-il eu tort de dire la vérité ? »).

La figure 23.3 suggère que cette politique a été une réussite, du moins eu égard à l'objectif inflationniste. L'axe vertical mesure le taux d'inflation moyen annuel pour dix-huit pays de l'OCDE dans la période 1960-1990. Sur l'axe horizontal, figure un indice d'indépendance de la banque centrale, construit à partir de certains critères relatifs au règlement de la banque centrale (par exemple, si et dans quelles conditions le gouvernement peut remplacer le directeur de la banque). Il y a une évidente relation inverse entre les deux variables, mise en évidence par la droite de régression : une plus grande indépendance de la banque centrale est systématiquement associée à une inflation plus faible [1].

1. On peut raisonnablement avancer que cela ne prouve pas que l'indépendance de la banque centrale conduise à une inflation plus faible. Il se peut que les pays les plus rebelles à l'inflation tendent à donner plus d'indépendance à leur banque centrale et à avoir moins d'inflation (cela est un autre exemple de la différence entre corrélation et causalité).

Figure 23.3 – Inflation et indépendance de la banque centrale.

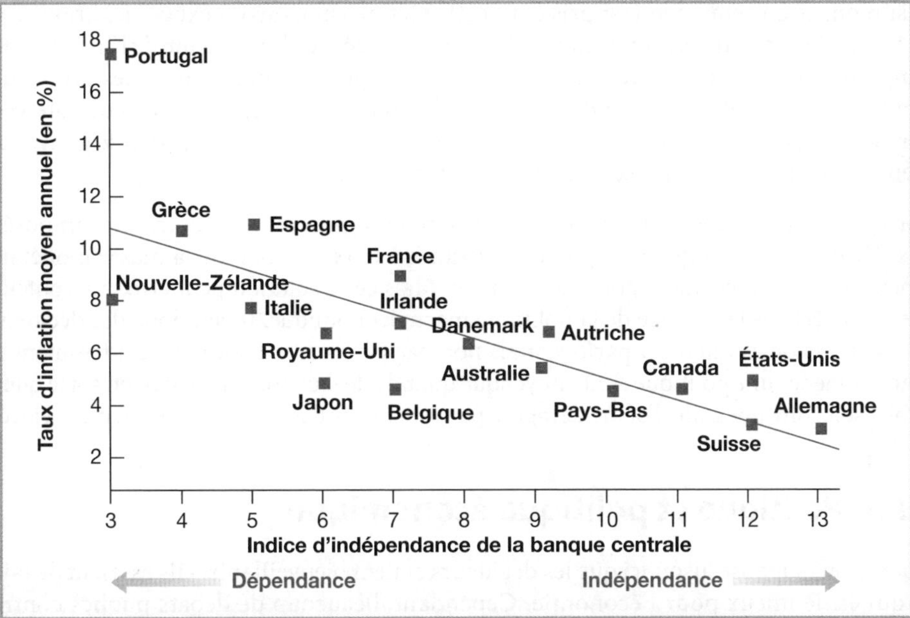

Parmi les pays de l'OCDE, plus la banque centrale est indépendante, plus l'inflation est faible.

Source : Vittorio Grilli, Donato Masciandaro et Guido Tabellini, « Political and Monetary Institutions and Public Financial Policies in the Industrial Countries », *Economic Policy*, octobre 1991, p. 341-392.

Gros plan

Alan Blinder a-t-il eu tort de dire la vérité ?

Au cours de l'été 1994, le président Clinton nomma Alan Blinder, un économiste de Princeton, vice-président de la Fed. Quelques semaines plus tard, Blinder, au cours d'une conférence, fit état de sa conviction que la Fed avait à la fois la capacité et la responsabilité, quand le chômage est élevé, d'utiliser la politique monétaire pour permettre à l'économie de se redresser. Cette affirmation fut mal reçue. Le cours des obligations baissa, et la plupart des journaux publièrent des éditoriaux critiques à l'égard de Blinder.

Pourquoi la réaction des journaux et des marchés fut-elle si négative ? Ce n'était certainement pas que Blinder avait tort. Il n'y a aucun doute sur le fait que la politique monétaire peut et devrait être employée pour sortir d'une récession. D'ailleurs, le *Federal Reserve Bank Act* de 1978 assigne à la Fed un double objectif de plein-emploi et de faible inflation.

La réaction fut négative, parce que dans les termes développés ci-avant, Blinder avait révélé qu'il n'était pas un banquier central conservateur, qu'il était autant préoccupé par l'emploi que par l'inflation. Avec un taux de chômage atteignant à ce moment 6,1 %, proche du taux considéré comme structurel, les marchés interprétèrent l'affirmation de Blinder comme un indice de sa volonté de réduire le chômage en dessous du taux structurel. Les taux d'intérêt grimpèrent en raison d'une hausse anticipée de l'inflation – le prix des obligations décrut.

La morale de l'histoire : quelles que soient les véritables idées des banquiers centraux, ils devraient essayer de paraître conservateurs. C'est pourquoi beaucoup d'entre eux rechignent à admettre, du moins en public, l'existence d'un arbitrage entre l'inflation et le chômage, même dans le court terme.

Cohérence temporelle et contraintes sur les décideurs

Résumons ce que nous avons appris dans cette section : nous avons exposé les arguments en faveur de contraintes imposées aux décideurs, fondés sur le problème de l'incohérence temporelle. Nous avons examiné le cas de la politique monétaire, mais des problèmes similaires émergent également dans le cas de la politique budgétaire. Nous discuterons, par exemple, du problème de la répudiation de la dette – la possibilité pour le gouvernement de ne pas honorer ses échéances – au chapitre 25.

Lorsque des problèmes d'incohérence temporelle se posent, des contraintes imposées aux décideurs – telles qu'une règle de croissance à taux constant de la masse monétaire – peuvent constituer une réponse appropriée. Mais cette solution peut être très coûteuse si elle empêche le bon usage de la politique macroéconomique. Il faut donc des décideurs prudents, « conservateurs » parfois, mais non pas « bornés ». L'idéal est évidemment de pouvoir mener une politique contra-cyclique quand il le faut, tout en faisant en sorte que le public soit convaincu que l'on ne dérapera pas vers une inflation systématiquement élevée.

23.3 Politique et politique économique

Nous avons supposé jusqu'ici que les décideurs étaient bienveillants – ils essaient de faire ce qui est le mieux pour l'économie. Cependant, beaucoup de débats publics contredisent cette supposition : les hommes politiques ou les décideurs, peut-on entendre, font ce qui est le mieux pour eux, pas toujours ce qui est le mieux pour leur pays.

L'argument est connu : les hommes politiques éviteraient les décisions brûlantes, dans le but de ménager leur électorat ; les politiques partisanes mènent à des impasses, et rien n'est jamais fait... Discuter des problèmes de la démocratie va bien au-delà des objectifs de ce livre. Ce que l'on peut faire ici, c'est voir brièvement comment ces arguments s'appliquent à la politique macroéconomique, avant d'examiner les données empiriques et de préciser comment elles peuvent éclairer ces problèmes.

Les jeux entre décideurs et électeurs

Beaucoup de décisions macroéconomiques nécessitent un arbitrage entre des gains de court terme et des coûts de long terme – ou réciproquement.

Prenons les baisses d'impôts. Par définition, aujourd'hui, elles conduisent à des niveaux de taxation plus faibles. Elles peuvent aussi susciter une hausse de l'activité, et donc une hausse du revenu avant impôts, pour un certain temps. Mais à moins qu'elles soient compensées par une baisse égale des dépenses publiques, elles impliquent une hausse du déficit et une hausse future des impôts. Si les électeurs sont peu prévoyants, la tentation pour les hommes politiques de baisser les impôts semble irrésistible. La politique peut conduire à des déficits systématiques, au moins jusqu'à ce que la dette publique soit devenue si écrasante que les hommes politiques craignent de l'accroître davantage [1].

1. Les baisses d'impôts décidées par l'administration Reagan eurent pour effet de diminuer le taux de prélèvement obligatoire et de stimuler l'activité au début des années 1980 aux États-Unis (chapitre 17). Mais elles conduisirent aussi à une longue suite de déficits, qu'il fallut près de vingt ans pour éliminer. Nous examinerons la relation entre taux d'imposition courant et futur plus formellement en décrivant les implications de la contrainte budgétaire gouvernementale au chapitre 25.

Passons maintenant à la politique macroéconomique en général. Supposons encore que les électeurs soient myopes. Si le principal objectif des hommes politiques est de séduire les électeurs pour être réélus, quelle meilleure politique qu'une expansion de la demande juste avant les élections, qui accélère la croissance et diminue le chômage ? Il est vrai qu'une croissance excédant le niveau normal de croissance ne peut être durable et, finalement, l'économie devra revenir à son niveau normal de production : une plus forte croissance aujourd'hui doit être suivie d'une croissance plus faible demain [1]. Mais à un moment bien choisi et avec des électeurs myopes, une plus forte croissance peut faire gagner les élections. Par conséquent, on pourrait s'attendre à voir apparaître un cycle politique, avec une croissance plus forte en moyenne juste avant les élections.

Ces arguments que nous venons d'exposer vous sont familiers : sous une forme ou sous une autre, vous les avez déjà entendus. Leur logique est convaincante, mais ils ne coïncident tout simplement pas avec les faits.

Par exemple, la discussion que nous avons esquissée sur les impôts pourrait amener à dire que déficits budgétaires et hauts niveaux d'endettement public ont toujours fait partie de l'histoire des démocraties. La figure 23.4, qui montre l'évolution du ratio dette sur PIB aux États-Unis depuis 1900 et en France depuis 1978, prouve que ce n'est pas le cas. Remarquez qu'aux États-Unis (il en irait de même en France si l'on observait tout le XXe siècle), trois fortes hausses au cours du siècle passé ont eu lieu dans des circonstances très spéciales : la Première Guerre mondiale, la crise des années 1930 et la Seconde Guerre mondiale – des moments de baisse de la production ou de hausse des dépenses militaires. Dans les trois cas, ces épisodes ont été suivis par une redescente du ratio dette sur PIB. En particulier, ce ratio a décru continûment de la fin de la Seconde Guerre mondiale aux années 1970.

Les hausses observées dans les années 1980, puis à nouveau entre 2002 et 2007, font figure d'exception : elles ne sont pas dues principalement à la situation économique ou aux dépenses militaires. Elles résultent largement des fortes baisses d'impôts décidées par les administrations Reagan et George W. Bush. Nous verrons plus loin que ces baisses d'impôts peuvent s'expliquer par un jeu entre décideurs, plutôt que par un jeu entre décideurs et électeurs. Entre ces deux périodes, cependant, le déficit a décru, et le ratio dette sur PIB a également baissé [2]. Expliquer l'évolution de la dette sur une période de quinze ans au moyen du comportement d'hommes politiques à courte vue pose la question de savoir pourquoi les choses se sont passées différemment avant 1981 et pendant les années Clinton. L'expérience historique suggère qu'en lui-même, cet argument n'explique pas grand-chose de l'évolution passée des déficits et de la dette [3].

La dette publique française a également sensiblement augmenté depuis le début des années 1980. Nous reviendrons sur cette évolution dans le chapitre 25.

---

1. Selon la loi d'Okun, une croissance excessive mène à une baisse du taux de chômage en dessous du taux structurel. Dans le moyen terme, nous savons que le taux de chômage doit croître en revenant à son taux structurel. Cela suppose une croissance de la production moindre que son taux structurel (voir le chapitre 10, en particulier le tableau 10.1).
2. La relation entre le déficit, la dette et le PIB est explorée en détail au chapitre 25.
3. Nous verrons plus loin dans ce chapitre que les baisses d'impôts sous les administrations Reagan et George W. Bush peuvent s'interpréter comme le résultat de jeux entre décideurs, plus que comme le résultat de jeux entre décideurs et électeurs. Par ailleurs, le chapitre 25 est consacré à des explications alternatives – et empiriquement plus convaincantes que le jeu entre décideurs et électeurs – de l'évolution de la dette, tant dans le temps qu'entre différents pays.

Figure 23.4 (a) – Le ratio dette publique/PIB aux États-Unis, 1900-2010.

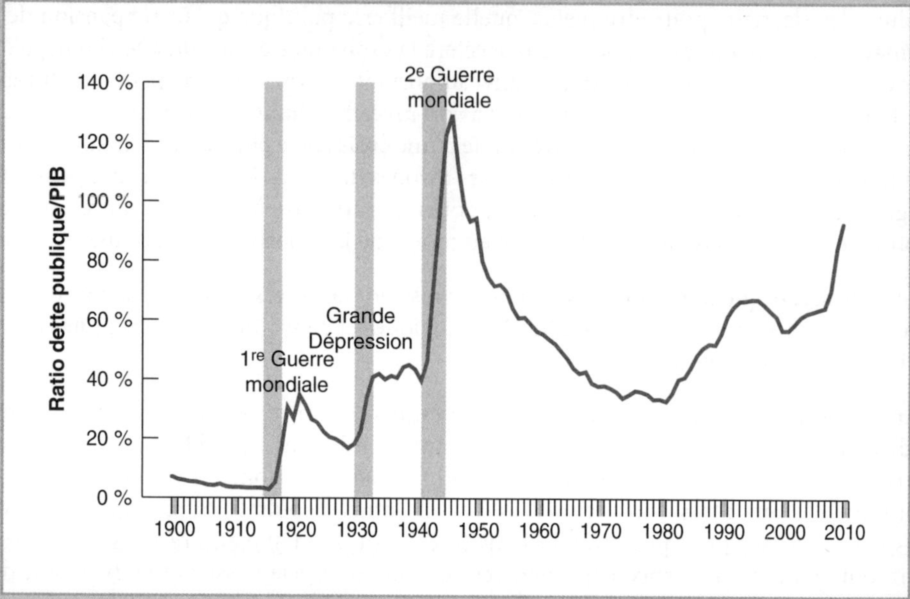

Les trois hausses majeures de la dette au xxe siècle sont liées aux deux guerres mondiales et à la crise des années 1930.

Source : Budget fédéral des États-Unis pour 2010.

Figure 23.4 (b) – Le ratio dette publique/PIB en France, 1978-2011.

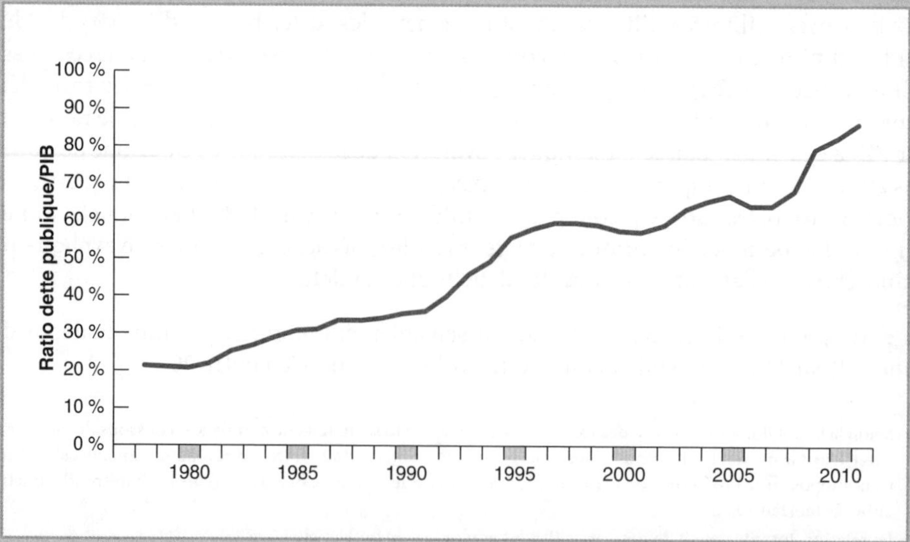

Source : INSEE.

Revenons à l'idée des cycles politiques, selon laquelle les décideurs de politique économique essaient d'obtenir une forte croissance du PIB avant les élections, afin d'être réélus. Si les cycles politiques étaient importants, on devrait constater une croissance plus forte avant les élections qu'après. Le tableau 23.1 donne les taux de croissance du PIB américain pour chacune des quatre années des différentes administrations, depuis celle de Truman en 1948. On vérifie bien que, en moyenne, la croissance a été plus forte dans la dernière année d'une administration. Mais la différence moyenne est faible : 3,6 % dans la dernière année d'une administration contre 2,9 % dans la première (ce tableau contient d'autres traits intéressants, comme la différence entre administrations républicaines et démocrates. Nous y reviendrons). On relève peu de signes de manipulations macroéconomiques – du moins de manipulations réussies – pour gagner les élections.

Tableau 23.1 – La croissance sous les administrations républicaines et démocrates (en % par année).

	Année			
	Première	**Deuxième**	**Troisième**	**Quatrième**
Démocrates				
Truman	0,0	8,5	10,3	3,9
Kennedy/Johnson	2,6	5,3	4,1	5,3
Johnson	5,8	5,8	2,9	4,1
Carter	4,6	5,6	3,1	- 0,3
Clinton I	2,9	4,1	2,5	3,7
Clinton II	4,5	4,5	4,7	4,1
Obama I	- 3,5	3,1	1,7	2,4
Moyenne démocrates	2,4	5,3	4,2	3,3
Républicains				
Eisenhower	4,0	- 1,3	5,6	2,1
Nixon	2,4	- 0,3	2,8	5,0
Nixon/Ford	5,8	- 0,6	- 0,2	5,4
Reagan I	2,5	- 1,9	4,5	7,2
Reagan II	4,1	3,5	3,2	4,1
Bush (George H. W.)	3,6	1,9	- 0,2	3,4
Bush (George W.) I	1,1	1,8	2,5	3,5
Bush (George W.) II	3,1	2,7	1,9	- 0,3
Moyenne républicains	3,3	0,6	2,5	3,9
Moyenne	2,9	2,8	3,3	3,6

Source : Alberto Alesina, « Macroeconomics and Politics », *NBER Macroeconomics Annual*, 1988, p. 13-61, tableau 4 (mis à jour).

Les jeux entre décideurs

Un autre type d'argument s'applique non aux jeux entre hommes politiques et électeurs, mais plutôt aux jeux entre partis politiques. Soit, par exemple, le problème de la réduction du déficit budgétaire aux États-Unis. En dépit du fait que depuis le milieu des années 1980, l'importance des déficits budgétaires était perçue comme l'un des principaux problèmes macroéconomiques américains, il fallut quinze ans avant que le déficit soit éliminé. Une partie de ce délai s'explique par le fonctionnement normal de la démocratie : réduire le déficit suppose de prendre des décisions difficiles, et réunir un consensus pour cela demande du temps. Mais d'autres facteurs semblent en jeu. Quoique s'accordant sur la nécessité de réduire le déficit budgétaire, les deux partis politiques s'opposaient sur la manière de le faire. Parce qu'ils accordent un rôle réduit au gouvernement, les républicains mettent l'accent sur la baisse des dépenses publiques. Au contraire, les démocrates sont plus enclins à élever les impôts. Chaque camp s'abstient dans l'espoir que l'autre réglera le problème.

Les théoriciens des jeux appellent ces situations des « guerres d'usure ». L'espoir que l'autre s'impliquera conduit à des délais longs et coûteux. De telles guerres d'usure sont endémiques en matière de politique budgétaire. La réduction des déficits a très souvent lieu bien après le moment idéal, ce qui est particulièrement évident dans les périodes d'hyperinflation. Comme nous l'avons vu au chapitre 21, l'hyperinflation provient d'un financement monétaire du déficit public. Alors que le besoin de réduire le déficit est reconnu généralement tôt, le soutien aux programmes de stabilisation – qui incluent l'élimination du déficit – ne devient suffisamment large que lorsque l'inflation a atteint un niveau tel que l'activité économique est sévèrement touchée [1].

Les modifications de l'activité économique suscitées par l'alternance des partis au pouvoir sont un autre exemple de jeux entre partis politiques. En général, les républicains se préoccupent plus de l'inflation que les démocrates, et moins du chômage. On s'attend donc à ce que les administrations démocrates connaissent une croissance plus forte – et par conséquent moins de chômage et plus d'inflation – que les administrations républicaines. Ce présupposé coïncide bien avec les faits. Revenons au tableau 23.1. Les contrastes les plus étonnants dans les taux de croissance se situent dans la deuxième année de chaque administration. Durant la deuxième année de toutes les administrations démocrates depuis Truman, la croissance a été très forte. Durant la deuxième année de chaque administration républicaine, elle a été très faible. Pour quatre des sept administrations républicaines, la croissance de la deuxième année a été négative.

Une question se pose : pourquoi cet effet est-il si fort dans la deuxième année de chaque administration ? La théorie de l'inflation et du chômage que nous avons développée au chapitre 10 suggère des réponses plausibles. Les effets des politiques économiques sont retardés, de sorte qu'il faut environ un an à une nouvelle administration pour modifier l'économie. Comme susciter une plus forte croissance de façon durable mènerait à une inflation croissante, même une administration démocrate ne souhaitera pas le faire durant la totalité de son mandat. Ainsi, lors de la seconde moitié des mandats démocrates, les taux de croissance tendent à être proches de ceux atteints au cours des mandats républicains, plus qu'ils ne le sont durant la première moitié.

---

1. Les guerres d'usure ne sont pas l'apanage de la politique budgétaire : pensez à la grève de la faim.

Une autre explication fait intervenir ce qui suit : l'effet de l'inflation sur l'activité est plus important lorsqu'elle n'est pas anticipée. En fin de mandat, les agents anticipent correctement la politique menée par une administration. Le taux de chômage tend donc à revenir vers son niveau structurel, et le taux de croissance vers son niveau potentiel.

Un retour sur l'amendement d'équilibre budgétaire

Terminons ce chapitre avec le problème par lequel nous l'avons commencé : les arguments pour ou contre un amendement imposant l'équilibre budgétaire.

Tout d'abord, en dépit de la croyance populaire, l'image des hommes politiques essayant de complaire à un électorat myope ne coïncide pas avec les faits relatifs à l'évolution des déficits et de la dette. Les gros déficits en temps de paix qu'ont connus les États-Unis dans les années 1980 et au milieu des années 2000 sont l'exception plutôt que la règle. En général, la politique budgétaire n'est pas caractérisée par des déficits chroniques.

Cela ne veut pas dire que tout est pour le mieux, ou que le processus politique aboutit toujours aux meilleures décisions de politique économique. Les décisions difficiles sont souvent repoussées. La réduction des déficits a souvent lieu tardivement, après que la dette a atteint de hauts niveaux.

Ces problèmes justifient-ils l'ajout d'un amendement imposant l'équilibre budgétaire à la Constitution américaine ? La plupart des économistes répondent que non, et leurs arguments sont les suivants :

- *les arguments contre l'amendement d'équilibre budgétaire.* Un amendement imposant l'équilibre budgétaire éliminerait le problème du déficit, mais il supprimerait aussi l'usage de la politique budgétaire comme instrument de régulation macroéconomique. C'est un prix trop élevé à payer, dont la justification renvoie aux effets stabilisateurs dont nous avons amplement parlé ;
- *les arguments en faveur de l'équilibre budgétaire.* Pour certains économistes, cependant, la réponse est oui : un amendement d'équilibre budgétaire est nécessaire. Les traités de Maastricht et d'Amsterdam qui fixent à 3 % le déficit public maximum des pays de la zone euro montrent que les partisans d'une restriction budgétaire ont eu gain de cause. Les partisans de telles restrictions sont en général sceptiques sur le rôle de la politique économique et, en particulier, de la politique budgétaire. Ils craignent que des déficits budgétaires en période de récession n'aient des effets pervers sur les marchés financiers, handicapant la reprise plutôt que la soutenant (un effet pervers potentiel que nous avons rencontré et dont nous avons discuté au chapitre 14). En raison des retards qui caractérisent le processus législatif, ils sont également sceptiques sur la capacité du Congrès à modifier la politique budgétaire à temps pour stabiliser l'économie. Ils souhaitent donc abandonner la politique budgétaire en tant qu'instrument de politique économique.

À la lumière de ce débat, la baisse du déficit budgétaire américain des années 1990 est particulièrement intéressante. Est-elle imputable, comme le prétendent les opposants à l'amendement, à l'usage de règles intelligemment conçues mais flexibles pour la réduction du déficit ? Ou, comme le pensent les défenseurs de l'amendement, à la chance, plus précisément à la croissance étonnamment soutenue, qui a généré de fortes recettes fiscales aux États-Unis dans les années 1990 ? Au moins pour un pays comme les États-Unis, un amendement imposant l'équilibre budgétaire ne semble pas nécessaire ; des règles plus souples peuvent suffire.

Résumé

- Il y a une incertitude substantielle sur les effets de la politique macroéconomique. Cette incertitude devrait conduire les décideurs de politique économique à être plus prudents, à utiliser moins de politiques actives. La politique économique devrait simplement viser à éviter les récessions prolongées, à freiner les surchauffes et à contrôler les pressions inflationnistes. Plus le niveau d'inflation ou de chômage est élevé, plus la politique économique devrait être active. Mais elle devrait rester en deçà du réglage fin, de la volonté de maintenir le chômage ou le taux de croissance à un niveau constant.
- Utiliser la politique macroéconomique pour contrôler l'économie est très différent de contrôler une machine. Au contraire d'une machine, l'économie est composée de gens et d'entreprises qui essaient d'anticiper les décisions de politique économique et ne réagissent pas seulement à la politique courante, mais aussi aux anticipations sur la politique économique future. En ce sens, la politique macroéconomique peut être conçue comme un jeu entre les décideurs et les agents économiques.
- Dans certains jeux, il est intéressant pour un joueur d'abandonner certaines de ses options. Par exemple, quand un détournement d'avion se produit, il est souhaitable de négocier avec les pirates de l'air. Mais un gouvernement qui s'engage de façon crédible à ne pas négocier avec des pirates de l'air – qui abandonne la possibilité de négocier – est plus susceptible de dissuader les pirates de l'air de détourner des avions.
- Le même argument s'applique à divers aspects de la politique macroéconomique. En s'engageant de façon crédible à ne pas utiliser la politique monétaire pour faire baisser le chômage en dessous du taux structurel, une banque centrale peut éliminer les craintes selon lesquelles la croissance de la masse monétaire sera forte et, ainsi, diminuer à la fois l'inflation anticipée et l'inflation réalisée. Quand se posent des problèmes d'incohérence temporelle, des contraintes étroites pesant sur les décideurs (comme une règle de fixité du taux de croissance de la base monétaire) peuvent constituer une solution grossière à ces problèmes. Mais cette solution a un coût prohibitif si elle empêche l'utilisation de la politique monétaire comme outil de régulation macroéconomique. Une meilleure méthode est de concevoir de meilleures institutions (comme une banque centrale indépendante) qui puissent réduire le problème de l'incohérence temporelle, sans interdire l'usage de la politique monétaire en tant qu'outil de politique économique.
- Un autre argument pour contraindre les décideurs : les responsables de la politique économique peuvent interagir soit avec les agents économiques, soit entre eux, et leurs stratégies peuvent produire des résultats indésirables. Les hommes politiques peuvent essayer de tromper un électorat myope en choisissant des stratégies qui ont d'importants bénéfices de court terme, mais de forts coûts de long terme (par exemple, d'importants déficits budgétaires). Les partis politiques peuvent repousser les décisions difficiles, dans l'espoir que les autres partis en prendront la responsabilité. Ces problèmes existent, mais sont moins importants qu'ils ne le paraissent. Dans de telles situations, des contraintes fortes pesant sur la politique économique, comme un amendement constitutionnel imposant l'équilibre budgétaire, constituent une solution grossière. Des solutions meilleures existent, qui impliquent de meilleures institutions et une meilleure conception du processus de prise de décision.

Applications

1. Vrai/Faux/Incertain

a. Les effets de la politique monétaire sont tellement incertains qu'on gagnerait à ne pas l'utiliser.

b. Si l'on veut un chômage faible aux États-Unis, il faut élire un président démocrate.

c. Le cas des États-Unis illustre clairement le cycle politique : chômage faible aux alentours des élections, chômage élevé le reste du temps.

d. Des règles ne sont pas efficaces dans la réduction des déficits budgétaires.

e. Les gouvernements seraient avisés d'annoncer qu'ils refuseront de négocier avec les preneurs d'otages.

f. En aucun cas, les gouvernements ne devraient négocier avec les preneurs d'otages.

g. Dans l'hypothèse des anticipations rationnelles, toutes les actions des décideurs politiques seront anticipées et, par conséquent, les politiques macroéconomiques ne pourront avoir aucun effet sur l'économie.

2. Anticipations et politique économique

Vous êtes conseiller économique d'un président nouvellement élu. Dans quatre ans, aura lieu la prochaine élection. L'inflation était de 3 % l'année précédente, et le chômage était à son niveau structurel. La courbe de Phillips est donnée par :

$$\pi_t = \pi_{t-1} - \alpha\,(u_t - u_n)$$

a. Supposez que la politique monétaire et la politique budgétaire puissent être utilisées pour obtenir n'importe quel taux de chômage souhaité au cours des quatre prochaines années. Rédigez une note au président lui indiquant quels taux de chômage et d'inflation il devrait essayer d'obtenir.

b. Si la courbe de Phillips est donnée par :

$$\pi_t = \pi_t^e - \alpha\,(u_t - u_n)$$

que changeriez-vous au contenu de votre note ? (Il y a maintenant formation d'anticipations rationnelles.)

3. La crédibilité

La Nouvelle-Zélande a révisé les statuts de sa banque centrale au début des années 1990 pour lui assigner comme unique objectif un faible taux d'inflation. Quels motifs ont pu conduire la Nouvelle-Zélande à cette révision ?

4. Pour approfondir

Deux partis sont en présence : les démocrates, qui sont beaucoup plus préoccupés par le chômage que par l'inflation, et les républicains, qui se préoccupent beaucoup plus de l'inflation que du chômage.

La courbe de Phillips est donnée par :

$$\pi_t = \pi_t^e - \alpha\,(u_t - u_n)$$

où π_t^e indique les anticipations d'inflation pour l'année t formées à la période $t - 1$.

Des élections ont lieu à la fin de l'année. Les démocrates et les républicains ont des chances égales de l'emporter et d'être au pouvoir l'année suivante.

a. Décrivez comment se formeront les anticipations d'inflation pour l'année suivante.

b. Ces anticipations étant données, décrivez ce qu'il adviendra de l'inflation et du chômage l'année suivante en cas de victoire des démocrates.

c. Même question en cas de victoire des républicains.

d. Ces résultats concordent-ils avec les enseignements du tableau 23.1 ? Expliquez pourquoi.

e. Supposez maintenant que tout le monde s'attend à une victoire des démocrates et que celle-ci se concrétise. Qu'advient-il du chômage et de l'inflation l'année suivante ? Expliquez.

Chapitre 24
La politique monétaire : synthèse

La crise a conduit les économistes à reconsidérer la politique monétaire. Au cours des vingt années précédentes, on avait observé une convergence des stratégies des banques centrales vers l'usage d'une **cible d'inflation**. Ce cadre d'analyse reposait sur deux principes :

- l'objectif principal de la politique monétaire est le maintien d'un niveau d'inflation faible et stable ;
- la meilleure façon d'atteindre cet objectif est de suivre une règle de taux d'intérêt, dans laquelle la banque centrale fixe le taux d'intérêt qu'elle contrôle directement en fonction des évolutions de l'inflation et de l'activité.

En 1988, la banque centrale de Nouvelle-Zélande a été la première à adopter ce mode d'action, qui a été repris par la Banque centrale européenne à sa création en 2000. La Réserve fédérale (Banque centrale des États-Unis) a été la dernière banque centrale à adopter cet objectif, en annonçant formellement un objectif d'inflation de 2 % début 2012.

Jusqu'à la crise, cette stratégie semblait bien fonctionner. L'inflation a diminué et est restée faible et stable dans la plupart des pays. Les fluctuations du produit étaient moins grandes. Cette période a été appelée par certains la **grande modération**. De nombreux chercheurs ont étudié les causes de cette modération et beaucoup ont conclu qu'une amélioration de la politique monétaire était l'un des facteurs importants à l'origine de celle-ci.

La crise a conduit les macroéconomistes et les banquiers centraux à un réexamen de la politique monétaire dans deux dimensions.

La première est l'ensemble des questions qui apparaissent en situation de trappe à liquidité, que nous avons déjà évoquée à plusieurs reprises au cours des chapitres précédents. Dans une telle situation, il n'est plus possible d'utiliser le taux d'intérêt pour accroître l'activité. Cela pose deux questions : tout d'abord, une bonne politique monétaire permet-elle d'éviter que l'économie se trouve prise dans une trappe à liquidité ? Deuxièmement, lorsque l'économie est dans une trappe à liquidité, la politique monétaire peut-elle néanmoins relancer l'activité *via* d'autres instruments que le taux d'intérêt ?

Le second ensemble de questions apparu avec la crise porte plus largement sur le mandat des banques centrales et les objectifs de la politique monétaire. Au cours des années 2000 et jusqu'au déclenchement de la crise, il semblait que la situation économique dans la plupart des pays avancés était bonne, avec une croissance économique soutenue et une inflation stable. Pourtant, à l'arrière, certains développements auraient dû inquiéter davantage. Le système financier connaissait d'importantes évolutions, avec une forte augmentation du levier et un recours croissant des banques au financement en gros. Dans de nombreux pays, les prix de l'immobilier connaissaient une très forte croissance. Cela pose à nouveau deux ensembles de questions. À l'avenir, les banques centrales doivent-elles se préoccuper, outre l'inflation et le niveau général d'activité, de l'évolution du prix des actifs, des hausses du cours des actions ou des prix de l'immobilier, et doivent-elles mettre en place une meilleure régulation pour éviter les prises de risques excessifs dans le secteur financier ? Et si la réponse est positive, de quels instruments les banques centrales disposent-elles pour cela ?

Dans ce chapitre, nous rappelons ce que nous avons appris sur la politique monétaire au cours des chapitres précédents, avant de décrire la stratégie de ciblage d'inflation et de règle de taux d'intérêt. Enfin, nous discutons de l'état des débats sur les questions posées par la crise.

24.1 Ce que nous avons appris

Reprenons d'abord brièvement ce que nous avons appris (l'encadré « Politique monétaire : ce que nous avons appris » en donne un aperçu plus précis).

- À court terme, la politique monétaire a un impact sur la production de même que sur sa composition : une augmentation de l'offre de monnaie induit une diminution du taux d'intérêt et une dépréciation de la devise nationale – ce qui conduit à une augmentation de la demande de biens et de la production.
- À moyen et à long terme, la politique monétaire est neutre : les variations de la quantité de monnaie aboutissent finalement à des variations proportionnelles des prix, ce qui laisse la production et l'emploi inchangés. Les changements du taux de croissance monétaire se répercutent entièrement dans des changements du taux d'inflation.

Gros plan

La politique monétaire : ce que nous avons appris

- Au chapitre 5, nous avons étudié la détermination de la demande de monnaie, de l'offre de monnaie et les effets de la politique monétaire sur le taux d'intérêt. Nous avons vu qu'une augmentation de l'offre de monnaie (réalisée par une opération d'*open market*) diminue le taux d'intérêt.
- Au chapitre 6, nous avons considéré les effets à court terme de la politique monétaire sur la production. Nous avons vu comment une augmentation de la quantité de monnaie conduit, *via* une diminution du taux d'intérêt, à une augmentation des dépenses et de la production.
- Au chapitre 8, nous avons étudié les effets des variations de la quantité de monnaie sur la production et sur les prix, non seulement à court terme mais aussi à moyen terme. À moyen terme, la monnaie est neutre : les variations de la quantité de monnaie sont complètement transmises aux prix.
- Au chapitre 10, nous avons abordé la relation entre la croissance monétaire, l'inflation et le chômage. À moyen terme, la croissance monétaire est complètement reflétée dans les prix, ce qui laisse le taux de chômage inchangé. Nous avons considéré des stratégies alternatives de désinflation. À partir de l'exemple de la désinflation américaine du début des années 1980 et d'autres expériences de désinflation dans le monde, nous avons conclu que les désinflations ne se faisaient qu'au prix d'augmentations temporaires du chômage.

Gros plan

- Au chapitre 11, nous avons introduit la distinction entre le taux d'intérêt nominal et le taux d'intérêt réel. Nous avons vu comment une croissance monétaire nominale plus rapide induisait un taux d'intérêt nominal et réel à court terme plus faible, mais aussi un taux d'intérêt nominal à moyen terme plus élevé et un taux d'intérêt réel inchangé.
- Au chapitre 14, nous avons reconsidéré les effets à court terme de la politique monétaire en prenant en compte ses effets sur les anticipations. La politique monétaire influe bien sur le taux d'intérêt nominal à court terme, mais les dépenses dépendent principalement des taux d'intérêt réels à court terme à la fois courants et anticipés. Par conséquent, les effets de la politique monétaire résultent de la réaction des anticipations.
- Au chapitre 17, nous avons considéré les effets de la politique monétaire en économie ouverte, avec des marchés des biens et financiers ouverts. En économie ouverte, la politique monétaire modifie les dépenses et la production par son action non seulement sur les taux d'intérêt, mais aussi sur les taux de change. Une augmentation de la quantité de monnaie induit à la fois une diminution du taux d'intérêt et une augmentation du taux de change (une dépréciation), ces deux effets faisant augmenter la production et les dépenses.
- Au chapitre 18, nous avons discuté le pour et le contre de chaque régime de change, les régimes de change fixe contre les régimes de change flexible, de même que les avantages et les inconvénients d'adopter une monnaie unique comme l'euro. Nous avons approfondi les effets des politiques monétaires sur les taux d'intérêt et les taux de change, en prenant en compte le rôle des anticipations sur les marchés financiers et sur le marché des changes.
- Aux chapitres 19 et 20, nous nous sommes intéressés à la politique monétaire durant la Grande Dépression et la crise des *subprimes*. Nous avons vu qu'une importante contraction de la masse monétaire, les faillites bancaires et la déflation étaient les principales causes du large déclin de la production de 1929 à 1933. Puis, en considérant la crise des *subprimes*, nous avons constaté l'importance des décisions prises par les banques centrales pour éviter l'effondrement du système financier.
- Au chapitre 21, nous avons étudié les épisodes d'hyperinflation et nous avons déterminé les conditions d'apparition de telles situations, ainsi que les façons de résoudre ces problèmes. Nous nous sommes alors concentrés sur les relations entre les déficits budgétaires, la croissance monétaire et l'inflation. Nous avons vu que d'importants déficits budgétaires peuvent mener à une forte croissance monétaire et à l'hyperinflation.
- Au chapitre 23, nous avons envisagé les problèmes qui se posent à la politique macroéconomique en général et à la politique monétaire en particulier. L'effet incertain de ces politiques devrait inciter à des politiques plus prudentes. Même des dirigeants bien intentionnés peuvent parfois engager des politiques inefficaces, et il existe alors des arguments valables dans le sens d'une réduction du pouvoir des hommes politiques. Nous avons examiné la position en faveur de banques centrales indépendantes et du choix d'un banquier central conservateur.
- Dans ce chapitre, nous discuterons la question du taux d'inflation optimal, du choix et des instruments de la politique monétaire. Nous conclurons en décrivant la conduite de la politique monétaire par la Fed aux États-Unis et par la BCE, depuis 1999, en Europe.

24.2 Le taux d'inflation optimal

Le tableau 24.1 montre que l'inflation décroît régulièrement et constamment dans les pays riches depuis le début des années 1980. En 2010, le taux d'inflation moyen dans l'OCDE était de 1,2 %, alors qu'il était de 10,5 % en 1981. Vingt-sept pays sur trente ont un taux d'inflation inférieur à 5 % ; ils n'étaient que deux en 1981.

Cela signifie-t-il que la plupart des banques centrales ont accompli la tâche qui leur était assignée ? Ou bien devraient-elles viser un taux encore plus faible, peut-être de 0 % ? La réponse dépend des coûts et des avantages de l'inflation.

Tableau 24.1 – Les taux d'inflation dans l'OCDE, 1981-2010.

Année	1981	1985	1990	1995	2000	2005	2010
Moyenne des pays de l'OCDE (en %) *	10,5	6,6	6,2	5,2	2,8	2,3	1,2
Nombre de pays dont l'inflation est inférieure à 5 % **	2	10	15	21	24	28	27

* Moyenne du taux d'inflation des déflateurs du PIB, en utilisant les PIB relatifs pondérés par le PPP (indice de prix permettant de comparer les PIB de différents pays en utilisant le critère de la parité de pouvoir d'achat).
** Sur trente pays considérés.
Source : OCDE, *Perspectives économiques*, base de données, 2009.

Les coûts de l'inflation

Nous avons vu au chapitre 21 comment une inflation très élevée, disons de 30 % par mois, peut sérieusement troubler l'activité économique. À l'heure actuelle, le débat dans les pays de l'OCDE ne concerne cependant pas des niveaux de 30 % par mois ou plus. Il s'agit plutôt de déterminer les avantages d'avoir 0 % plutôt que 4 %. Pour ces niveaux d'inflation, les économistes distinguent quatre coûts : les coûts « en chaussures », les distorsions fiscales, l'illusion nominale et la variabilité de l'inflation.

Les coûts en chaussures (« *shoe-leather costs* »). À moyen terme, un taux d'inflation plus élevé induit un taux d'intérêt plus élevé, donc un coût d'opportunité de la détention de monnaie plus important [1]. Par conséquent, les agents diminuent leurs encaisses monétaires en faisant des allers-retours plus fréquents à la banque, d'où l'expression de « coûts en chaussures ». Ces voyages ne seraient pas nécessaires s'il n'y avait pas d'inflation, ou si l'inflation était plus faible, et les agents pourraient faire d'autres choses à la place, travailler plus ou avoir plus de loisirs.

Pendant les épisodes d'hyperinflation, les « coûts en chaussures » peuvent être assez forts, mais leur importance est relativement faible en temps d'inflation modérée. Si un taux d'inflation de 4 % incite les agents à aller à la banque une fois par mois, ou à faire un virement entre leurs placements à court terme et leur compte courant chaque mois, cela ne représente toutefois pas un coût important de l'inflation.

1. À moyen terme, le taux d'intérêt réel n'est pas touché par l'inflation. Ainsi, une augmentation de l'inflation se répercute proportionnellement sur l'augmentation du taux d'intérêt nominal (chapitre 11).

Les distorsions fiscales. Le deuxième coût de l'inflation provient de l'interaction entre l'inflation et le système fiscal. Considérons l'exemple de la taxation des plus-values (gains en capital dus à l'augmentation du prix de l'actif détenu). Les taxes sur les plus-values sont basées sur la variation du prix de l'actif entre le moment de son achat et celui de sa revente. Cela implique que plus il y a d'inflation, plus l'impôt est lourd. Un exemple permet de mieux comprendre la distorsion, non neutre en termes de répartition.

Supposons que l'inflation se soit développée au rythme de π % par an depuis dix ans. Si vous avez acheté votre maison 50 000 euros il y a dix ans et si vous la vendez aujourd'hui $50\,000 \times (1+\pi)^{10}$, alors sa valeur réelle n'a pas changé et vous n'avez réalisé aucune plus-value. Si le taux d'imposition sur les plus-values est de 30 %, le *taux d'imposition effectif* qui s'applique à la vente de votre maison – défini comme le ratio des taxes payées sur le prix de vente – est :

$$30\,\% \times \frac{50\,000 \times (1+\pi)^{10} - 50\,000}{50\,000 \times (1+\pi)^{10}}$$

Parce que vous vendez votre maison au même prix réel que ce qu'elle vous avait coûté, votre gain réel en capital est nul et vous ne devriez pas payer d'impôts sur cette transaction. En effet, si $\pi = 0$ (s'il n'y avait pas d'inflation), alors le taux d'imposition effectif serait nul. Mais si $\pi = 4$ %, alors le taux effectif de taxation est de 9,7 % : bien que vous n'ayez réalisé aucune plus-value, vous finissez par payer un impôt.

Les problèmes liés aux distorsions de prix relatifs s'étendent au-delà des plus-values. Bien que le taux de rendement d'un actif soit le taux d'intérêt réel, et non le taux d'intérêt nominal, le revenu mesuré pour l'impôt sur le revenu inclut les paiements nominaux des intérêts versés, et non les paiements réels. Ou, pour prendre un autre exemple, jusqu'au début des années 1980 aux États-Unis, les niveaux de revenu correspondant aux différents taux marginaux d'imposition (l'impôt sur le revenu est progressif par tranche, comme en France) n'étaient pas automatiquement augmentés au rythme de l'inflation : ils n'étaient pas indexés sur l'inflation. Par conséquent, les gens étaient poussés vers des taux marginaux (des tranches) supérieurs au fur et à mesure que leur revenu disponible nominal – mais pas leur revenu disponible réel – augmentait du fait de l'inflation ; on a appelé ce mécanisme le « *bracket creep* » [1].

On peut prétendre que ce n'est pas un coût de l'inflation, mais le coût propre à un système fiscal mal organisé. Dans l'exemple de la maison à vendre, le gouvernement pourrait indexer les prix de revente sur le niveau des prix – c'est-à-dire ajuster le prix d'achat en tenant compte de l'inflation (calculer le prix de la maison en euros d'aujourd'hui, si elle a été achetée il y a dix ans grâce à l'inflation cumulée depuis dix ans) – et calculer l'impôt sur la différence entre le prix de vente et le prix d'achat ajusté. Mais les dispositifs fiscaux n'incorporent pas souvent ce genre d'ajustement, et le taux d'inflation a donc un impact *via* les distorsions qu'il entraîne.

L'illusion nominale ou monétaire. Le troisième coût provient de l'illusion nominale – le fait que les gens semblent faire des erreurs systématiques dans la conversion de la valeur nominale à la valeur réelle. Un certain nombre de calculs qui seraient faciles

1. Certains économistes prétendent que les coûts de *bracket creep* étaient en fait bien plus importants. Comme les recettes fiscales augmentaient régulièrement, il y avait peu de pression sur le gouvernement pour qu'il contrôle ses dépenses. Par conséquent, le résultat fut une augmentation de la taille du gouvernement bien au-delà de celle qui était désirable.

en l'absence d'inflation deviennent plus compliqués. En comparant leur revenu avec celui de l'année précédente, les gens doivent prendre en compte l'évolution de l'inflation depuis un an. En choisissant entre différents actifs ou en décidant du niveau de consommation et d'épargne, ils doivent être informés des taux d'intérêt nominal et réel et de la différence entre les deux, que l'on oublie souvent. Des preuves empiriques suggèrent que beaucoup de personnes trouvent ces calculs difficiles et se trompent sur la valeur réelle des transactions.

Les économistes et les psychologues ont rassemblé des preuves plus formelles, qui indiquent que l'inflation induit souvent les agents en erreur (voir l'encadré « Illusion nominale »). Si c'est le cas, alors il vaut mieux ne pas avoir du tout d'inflation.

Gros plan

L'illusion nominale

Beaucoup d'anecdotes circulent à propos des erreurs de calcul que commettent des agents lorsqu'il s'agit d'ajuster la valeur des transactions à l'inflation. Récemment, des économistes et des psychologues se sont intéressés à l'illusion nominale de plus près. Deux psychologues, Eldar Shafir (de Princeton) et Amos Tversky (de Stanford), et un économiste, Peter Diamond (du MIT), ont organisé une étude visant à trouver des preuves de la présence d'illusion nominale et les déterminants de cette illusion nominale. Parmi les nombreuses questions posées aux personnes sondées de plusieurs groupes (des gens à l'aéroport international de Newark, des gens interrogés dans deux supermarchés du New Jersey et un groupe d'étudiants de premier cycle à Princeton), figurait celle qui suit.

Supposons qu'Adam, Carl et Ben reçoivent chacun 200 000 euros en héritage et que tous trois les utilisent pour acheter une maison. Supposons que chacun vende sa maison un an après l'avoir achetée, mais que, cependant, les circonstances économiques soient différentes.

- L'année durant laquelle Adam a détenu sa maison, il y a eu une déflation de 25 % – le prix de tous les biens et services a diminué de 25 %. Un an après son achat, Adam a vendu sa maison 154 000 euros (23 % de moins que ce qu'il l'avait achetée).
- L'année durant laquelle Ben a détenu sa maison, il n'y a eu ni inflation, ni déflation – le prix de tous les biens et services n'a pas significativement évolué. Un an après son achat, Ben a vendu sa maison 198 000 euros (1 % de moins que ce qu'il l'avait achetée).
- L'année durant laquelle Carl a détenu sa maison, il y a eu une inflation de 25 % – le prix de tous les biens et services a augmenté de 25 %. Un an après son achat, Carl a vendu sa maison 246 000 euros (23 % de plus que ce qu'il l'avait achetée).

Lequel des trois a fait la transaction la plus intéressante ? Donnez 1 à celui qui a fait la plus intéressante et 3 à celui qui a fait la moins intéressante.

En termes nominaux, Carl a évidemment fait la meilleure transaction, suivi par Ben, puis par Adam. Mais ce qui importe est la valeur réelle de ces transactions, quand on ajuste par rapport à l'inflation. Et en termes réels, l'ordre est inversé : Adam a réalisé une plus-value de 2 %, Ben une moins-value de 1 % et Carl de 2 %.

Les résultats du sondage sont les suivants :

Rang	Adam	Ben	Carl
Premier	37 %	17 %	48 %
Deuxième	10 %	73 %	16 %
Troisième	53 %	10 %	36 %

Carl est le meilleur pour 48 % des personnes sondées, et Adam le moins bon pour 53 %. Ces réponses suggèrent l'importance dans la population de l'illusion nominale. En d'autres termes, les gens ont beaucoup de mal à prendre en compte l'inflation.

Gros plan

La variabilité de l'inflation. Le dernier coût provient du fait qu'une inflation plus élevée est associée à une inflation *plus variable*, et une inflation plus variable implique que les actifs financiers, comme les obligations, qui promettent un rendement fixe, deviennent plus risqués.

Prenons une obligation qui rapporte 1 000 euros en dix ans. Avec une inflation constante pendant cette période, la valeur réelle de l'obligation est connue avec certitude, mais avec une inflation variable, la valeur réelle de ces 1 000 euros est incertaine. La planification de l'épargne en vue de la retraite devient plus difficile. Pour ceux qui ont investi dans des obligations, une inflation plus basse signifie une meilleure retraite, mais une inflation plus élevée les appauvrit. C'est une des raisons pour lesquelles les retraités, dont une part du revenu est libellée en euros, s'inquiètent généralement plus de l'inflation que les autres groupes de la population.

On peut argumenter, comme dans le cas des distorsions d'impôts, que ces coûts ne sont pas dus à l'inflation en soi, mais plutôt à l'incapacité des marchés financiers à offrir des actifs qui protègent leurs détenteurs contre l'inflation. Plutôt que d'émettre des obligations libellées en termes nominaux (des obligations qui promettent un rendement nominal), les États ou les entreprises pourraient émettre des obligations indexées, des obligations qui assurent un rendement nominal ajusté de l'inflation, de sorte que, pour leur retraite, les gens n'aient pas à s'inquiéter de la valeur réelle de leurs obligations. De fait, comme on l'a vu au chapitre 12, certains gouvernements ont émis de telles obligations.

Les avantages de l'inflation

En réalité, l'inflation n'a pas que des inconvénients. On peut en identifier trois avantages : le seigneuriage, la possibilité de taux d'intérêt négatifs pour la politique macroéconomique et, quelque peu paradoxalement, l'exploitation de l'interaction entre inflation et illusion nominale pour faciliter les ajustements du salaire réel.

Le seigneuriage. La création monétaire – l'origine de l'inflation en dernier ressort – est pour un gouvernement une des façons de financer ses dépenses. En d'autres termes, la création de monnaie est une alternative à l'emprunt public ou aux impôts.

En fait, le gouvernement ne peut pas « créer » de la monnaie pour régler ses dépenses. Il émet plutôt des obligations qu'il vend et utilise les recettes pour payer ses dépenses. Mais si les titres sont achetés par la banque centrale, qui crée alors de la monnaie pour payer, le résultat est le même : toutes choses égales par ailleurs, les revenus de la création monétaire – c'est-à-dire le *seigneuriage* – permettent au gouvernement d'emprunter moins au public ou de baisser les impôts.

Quelle est l'ampleur du seigneuriage en pratique ? Quand nous avons considéré l'hyperinflation au chapitre 21, nous avons vu que le seigneuriage est souvent une source importante de financement pour les États dont l'inflation est très élevée. Mais son importance dans les pays de l'OCDE est aujourd'hui bien plus limitée. Prenons le cas des États-Unis. Le ratio de la base monétaire – la quantité de monnaie émise par la Fed (chapitre 6) – par rapport au PIB est d'à peu près 6 %. Une croissance de la masse monétaire de 4 % par an (qui mène finalement, toutes choses égales par ailleurs, à une hausse de l'inflation de 4 %) conduirait à une augmentation du seigneuriage de 4 % × 6 %, soit 0,24 % du PIB [1]. C'est un faible gain par rapport aux 4 % ou plus d'inflation.

C'est pourquoi, même si l'argument du seigneuriage est parfois pertinent (par exemple dans les économies qui n'ont pas encore mis en place un bon système fiscal), il n'intervient pas beaucoup lorsqu'il s'agit de savoir si les économies de l'OCDE devraient avoir un taux d'inflation de 0 % ou de 4 %.

L'option des taux d'intérêt réels négatifs. Un taux d'inflation positif permet aux autorités monétaires d'atteindre des *taux d'intérêt réels négatifs*, option très utile pour la politique macroéconomique en cas de récession. Considérons cette possibilité de plus près.

Le taux d'intérêt nominal d'une obligation ne peut pas être négatif car, si c'était le cas, il serait préférable pour les détenteurs d'obligations de détenir de la monnaie plutôt que ces obligations (moins liquides). Donc le taux d'intérêt le plus bas possible est zéro.

Le taux d'intérêt réel est égal au taux d'intérêt nominal moins l'inflation (voir le chapitre 11). Si l'inflation et l'inflation anticipée sont positives, alors le taux d'intérêt réel peut être négatif. Mais si elles valent zéro, alors le taux d'intérêt le plus bas possible est encore zéro. Et s'il y a de la déflation et de la déflation anticipée, le taux d'intérêt réel est toujours positif [2].

Ainsi, plus le taux d'inflation est faible, plus le plancher du taux d'intérêt réel est élevé, et plus le rôle possible de la politique macroéconomique, pour réduire la crise *via* l'augmentation de la demande, est limité.

Comme nous l'avons vu, cette question n'est pas qu'un simple cas d'école : à la suite de la crise financière de 2008, plusieurs banques centrales (dont la Réserve fédérale et la BCE) ont réduit leurs taux d'intérêt nominaux à des niveaux très bas, sans toutefois pouvoir réduire les taux d'intérêt réels en dessous d'un certain niveau, en raison de la faible inflation. La politique monétaire traditionnelle a donc atteint ses limites,

---

1. Soit H la base monétaire, alors seigneuriage/$Y = \Delta H/PY = (\Delta H/H)\,(H/PY)$, où $\Delta H/H$ est le taux de croissance de la base monétaire et H/PY le ratio de la base monétaire sur le PIB nominal.
2. $r = i - \pi^e$
   $i \geqslant 0 \Rightarrow r \geqslant -\pi^e$
   $\pi^e < 0$ (déflation) $\Rightarrow r > 0$

ce qui a entraîné la mobilisation de la politique budgétaire d'une part et, d'autre part, d'instruments « non conventionnels » de politique monétaire. La question est donc de savoir si cette expérience devrait conduire les banques centrales à choisir à l'avenir des cibles d'inflation un peu plus élevées. Pour certains économistes, la crise actuelle est un événement exceptionnel, et il n'est par conséquent pas utile d'accroître le niveau moyen d'inflation. D'autres affirment, au contraire, que les problèmes qui apparaissent en situation de trappe à liquidité sont si importants que nous ne devrions pas prendre le risque qu'une telle situation se produise à nouveau, et donc que les banques centrales devraient se fixer une cible d'inflation plus élevée. Le débat est toujours ouvert.

Réexamen de l'illusion nominale. Paradoxalement, l'existence de l'illusion nominale fournit également au moins un argument en faveur des taux d'inflation positifs.

Pour le constater, considérons deux situations. Dans la première, l'inflation est à 4 % et le salaire de Philippe augmente de 1 % en euros. Dans la seconde, l'inflation est nulle et le salaire de Philippe décroît de 3 % en euros. Les deux situations conduisent à la même baisse du salaire réel de 3 %. Et cependant, des résultats empiriques suggèrent que la baisse du salaire réel est mieux acceptée par Philippe dans la première situation que dans la seconde.

Pourquoi ce phénomène est-il intéressant pour notre discussion ? Parce que, comme nous l'avons vu au chapitre 22, le processus de changement continu qui caractérise les économies modernes implique que certains travailleurs doivent parfois accepter une baisse de leur salaire réel. Ainsi, l'argument met en avant la facilité de réaliser ces ajustements de salaire réel en présence d'inflation, alors qu'ils sont difficiles à négocier en l'absence d'inflation. Cet argument est pertinent. Les économistes n'ont pas établi sa portée pratique, mais comme beaucoup de pays ont actuellement une inflation très basse, nous devrions bientôt pouvoir démontrer l'importance de ce mécanisme [1].

Le taux d'inflation optimal : le débat actuel

À ce stade, le débat dans les pays de l'OCDE oppose ceux qui pensent que l'inflation (disons à 4 %) est bonne et ceux qui veulent atteindre la stabilité des prix (c'est-à-dire une inflation de 0 %).

Ceux qui se satisfont d'un taux d'inflation légèrement positif (par exemple, 4 %) mettent l'accent sur la faible différence entre les coûts d'une inflation entre 4 % et 0 % et sur les bénéfices que l'on peut en tirer. Ils affirment que l'on pourrait éviter certains des coûts de l'inflation en indexant le système d'imposition et en émettant plus de titres indexés. Ils mettent aussi en avant les coûts en chômage, au moins temporaire, du passage d'un taux d'inflation de 4 % à un taux de 0 %, coût de transition qui pourrait bien excéder les bénéfices finaux.

1. Considérez l'opposition des métaphores ! Comme l'inflation facilite les ajustements de salaires réels, certains économistes affirment que l'inflation « graisse les rouages » de l'économie. D'autres, insistant sur les effets négatifs de l'inflation sur les prix relatifs, prétendent qu'elle « met du sable » dans les rouages de l'économie.

Ceux qui souhaiteraient viser 0 % affirment que l'inflation est mauvaise, qu'il faut l'éliminer et qu'il n'y a pas de raison d'arrêter la désinflation à 4 %. Ils présentent l'argument que 0 % d'inflation est un objectif très différent de tous les autres niveaux : il correspond à la stabilité des prix, qui est souhaitable en soi. Savoir que le niveau des prix sera le même dans dix ou vingt ans simplifie un grand nombre de décisions compliquées et élimine toute illusion nominale. De plus, étant donné les problèmes de cohérence temporelle des banques centrales (présentés au chapitre 23), la crédibilité et la simplicité de la cible d'inflation sont cruciales. La stabilité des prix pourrait atteindre ces objectifs mieux qu'une cible d'inflation de 4 %.

Le débat n'est pas clos. En ce moment, la plupart des banques centrales semblent viser un taux d'inflation faible mais positif – de l'ordre de 2 %. Le risque d'un objectif d'inflation trop faible est apparu avec l'analyse de la crise de 1929 : en cas de conjoncture mauvaise, le risque de déflation devient plus fort.

24.3 La conduite de la politique monétaire

Jusqu'aux années 1990, la conduite de la politique monétaire se concentrait sur la croissance de la masse monétaire nominale – du choix d'un objectif de croissance monétaire nominale à un réglage de la masse monétaire permettant de répondre aux fluctuations de la production à court terme. Mais, à partir des années 1990, une évolution s'est produite : les banques centrales se sont de plus en plus focalisées sur un objectif d'inflation plutôt que de croissance de la masse monétaire. En même temps, elles conçoivent la politique monétaire de plus en plus en termes de détermination du taux d'intérêt nominal plutôt que du taux de croissance de la masse monétaire. Étudions tout d'abord ce qu'elles faisaient dans le passé, avant de nous pencher sur ce qu'elles font aujourd'hui.

Les objectifs de croissance de la masse monétaire, cible haute et cible basse (ou fourchette cible)

Considérons les propositions suivantes.

- Le choix par la banque centrale d'un taux d'inflation optimal détermine le taux de croissance de la masse monétaire (nominale) qui doit être obtenu à moyen terme.
- Ce taux de croissance de la masse monétaire doit être égal à la somme du taux d'inflation souhaité et du taux de croissance naturel de la production (qui dépend du progrès technique et de la croissance de la population).
- Comme la politique monétaire peut et doit être utilisée pour répondre aux fluctuations à court terme, la banque centrale peut vouloir s'écarter momentanément de son objectif de moyen terme en ce qui concerne la croissance monétaire. Par exemple en cas de récession, la banque centrale peut vouloir augmenter la masse monétaire en dépassant l'objectif de moyen terme, ce qui permettrait une baisse du taux d'intérêt, donc une reprise plus rapide.
- Pour rendre publiques ses intentions, la banque centrale peut annoncer un objectif de croissance de la masse monétaire, en distinguant bien l'objectif à moyen terme et l'écart qu'elle s'autorise à court terme par rapport à cet objectif. Mais, pour se donner de la souplesse afin de répondre à des événements inattendus, la banque centrale peut

aussi bien indiquer une fourchette plutôt qu'une cible précise – fourchette à l'intérieur de laquelle elle a l'intention de maintenir, à court terme, la croissance monétaire nominale.

Jusqu'aux années 1990, ces propositions servaient de base à la conduite de la politique monétaire de la plupart des pays, avec quelques variantes. Par la suite, cependant, les banques centrales ont abandonné ces pratiques pour des raisons que nous allons expliquer dans ce qui suit.

Un réexamen de la croissance monétaire et de l'inflation

La conduite de la politique monétaire à partir de la croissance monétaire postule l'existence d'une relation étroite à moyen terme entre l'inflation et la croissance monétaire nominale. Le problème est que cette relation n'est pas très étroite en réalité.

Si la croissance de la masse monétaire nominale est élevée, l'inflation le sera aussi, et *vice versa*. Mais cette relation n'est pas assez étroite pour que le choix d'un taux de croissance de la masse monétaire permette à la banque centrale d'atteindre exactement son objectif d'inflation, même à moyen terme.

Croissance de *M*1 et inflation. La figure 24.1 représente la relation entre l'inflation et la croissance de la masse monétaire aux États-Unis de 1970 jusqu'à la crise. Le taux d'inflation est calculé en moyenne sur dix ans (en utilisant le niveau des prix du CPI, *consumer price index*), la croissance de la masse monétaire *M*1 aussi. Les raisons de l'utilisation des moyennes sur dix ans devraient être claires : à court terme, les variations de la croissance monétaire influent principalement sur la production, pas sur l'inflation. C'est seulement à moyen terme qu'une relation entre la croissance monétaire et l'inflation peut émerger. Prendre les moyennes sur dix ans des taux de croissance monétaire et d'inflation est une façon de tester l'existence d'une telle relation à moyen terme. La figure 24.1 montre que, pour les États-Unis depuis 1970, la relation entre la croissance de *M*1 et l'inflation n'est pas très étroite. Il est vrai que les deux ont augmenté au début de la période et décru depuis. Mais remarquons, par exemple, que l'inflation s'est ralentie au début des années 1980, alors que la croissance de la masse monétaire nominale est restée élevée encore pendant une dizaine d'années et n'a diminué que pendant les années 1990. L'inflation moyenne a été de 4 % de 1981 à 1990 (le point se lit sur le graphique en l'année 1990), alors que la croissance moyenne de la masse monétaire sur la même période était de 7,5 %.

De *M*1 à *M*2 et *M*3. Pourquoi n'y a-t-il pas de relation étroite entre croissance de *M*1 et inflation ? Parce qu'il y a des déplacements de la demande de monnaie. Un exemple peut être utile à ce niveau. Supposons qu'avec l'apparition des cartes de crédit, les gens décident de ne détenir que la moitié des espèces qu'ils possédaient avant leur développement ; en d'autres termes, la demande d'encaisses réelles diminue de moitié. À moyen terme, la masse monétaire réelle doit aussi diminuer de moitié. Pour une masse monétaire nominale donnée, le niveau des prix doit doubler [1]. Même si la masse monétaire nominale est

1. Selon l'équation *LM* du chapitre 6, l'offre réelle de monnaie (à gauche) doit être égale à la demande réelle de monnaie (à droite) : $M/P = Y \times L\,(i)$.

Si, en conséquence de l'introduction des cartes de crédit, la demande réelle de monnaie diminue de moitié, alors : $M/P = 0{,}5 \times Y \times L\,(i)$. Pour un niveau donné du produit et du taux d'intérêt, M/P doit aussi diminuer de moitié. M étant donné, cela implique que P doit doubler.

constante, il y aura une période d'inflation puisque le niveau des prix double. Pendant cette période, il n'existera pas de relation étroite entre le taux d'inflation et le taux de croissance monétaire (nul).

Figure 24.1 – Croissance de *M*1 et inflation aux États-Unis (moyennes sur dix ans), de 1970 à la crise.

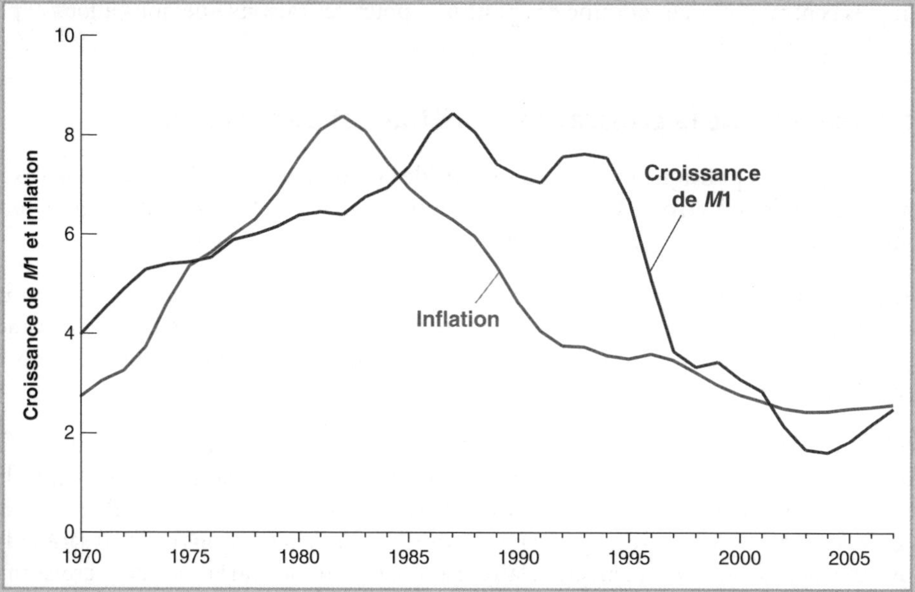

Il n'y a pas de relation étroite entre la croissance de *M*1 et l'inflation, même à moyen terme.

La raison pour laquelle on observe des changements de la demande de monnaie va bien au-delà de l'introduction des cartes de crédit. Pour comprendre ce point, il nous faut lever une hypothèse que nous avions maintenue jusqu'à présent, à savoir que la monnaie est très différente de tous les autres actifs financiers. En réalité, beaucoup d'actifs financiers sont très proches de la monnaie. Ils ne peuvent pas être utilisés pour des transactions – au moins pas sans de substantielles restrictions –, mais ils peuvent être échangés contre de la monnaie à faible coût. En d'autres termes, ils sont assez liquides, ce qui en fait des substituts très intéressants de la monnaie. Les arbitrages du public entre les encaisses liquides et ces actifs sont le principal facteur des déplacements de la demande de monnaie.

L'existence de ces déplacements entre la monnaie et d'autres actifs liquides a conduit les banques centrales à développer d'autres indicateurs qui ne contiennent pas seulement de la monnaie, mais aussi d'autres actifs liquides. Ces agrégats, appelés agrégats monétaires, ont été nommés *M*2, *M*3, etc. *M*2 – que l'on appelle aussi parfois la monnaie au sens large – inclut *M*1 (monnaie fiduciaire et dépôts à vue), plus les dépôts à terme (dépôts avec une maturité explicite de quelques mois ou années, avec des pénalités si l'on retire son argent prématurément). En France, *M*3 inclut *M*2 ainsi que les placements liquides à taux de marché, dont les fameuses SICAV de trésorerie (qui n'ont pas la même liquidité qu'aux États-Unis).

Les agrégats monétaires

Pour aller plus loin

Prenons par exemple des parts de SICAV monétaires. Les SICAV monétaires sont des intermédiaires financiers qui détiennent à l'actif des titres à court terme (le plus souvent des bons du Trésor) et au passif les dépôts de leurs clients. Ces fonds rapportent aux déposants un taux d'intérêt proche de celui des bons du Trésor, moins les coûts administratifs de la direction du fonds. Les dépôts peuvent être échangés contre de la monnaie sur demande et à un coût faible. Aux États-Unis, la plupart des gérants de SICAV monétaires autorisent leurs déposants à tirer des chèques, mais seulement au-dessus d'un certain montant (par exemple, 500 dollars). En raison de cette restriction, les SICAV monétaires ne sont pas incluses dans *M*1. Quand ces fonds ont été introduits aux États-Unis, au milieu des années 1970, pour la première fois les gens pouvaient détenir un actif très liquide, tout en recevant un taux d'intérêt proche de celui des bons du Trésor. Les SICAV ont très vite intéressé une majorité de la population. De nombreuses personnes ont réduit leurs encaisses monétaires sur leur compte courant et les ont déplacées vers les SICAV. En d'autres termes, il y a eu un important changement dans la demande de monnaie.

La construction de *M*2 et des autres agrégats monétaires semblerait résoudre notre problème d'impossibilité de viser un taux précis d'inflation. Si la plupart des déplacements de la demande de monnaie se font entre *M*1 et *M*2, alors la demande de *M*2 devrait être plus stable que la demande de *M*1 et, par conséquent, il devrait y avoir une relation plus étroite entre la croissance de *M*2 et l'inflation qu'entre la croissance de *M*1 et l'inflation. La banque centrale devrait donc se fixer une cible de croissance de *M*2. Même si cette approche a été celle de nombreuses banques centrales, elle n'a pas bien fonctionné, pour deux raisons :

- bien que la relation entre la croissance de *M*2 et l'inflation soit plus étroite qu'entre celle de *M*1 et l'inflation, elle n'est pas encore très stable. C'est ce que montre la figure 24.2, qui représente les moyennes sur dix ans de l'inflation et de la croissance de *M*2. L'évolution de *M*2 est plus proche de celle de l'inflation que l'évolution de *M*1. Mais la corrélation n'est toujours pas parfaite. On remarque par exemple que la croissance de *M*2 dépassait l'inflation de 5 points de pourcentage dans les années 1970 et que cette différence a disparu avec le temps – c'est-à-dire qu'un taux de croissance de *M*2 est associé à une inflation supérieure de 5 points à l'inflation qui lui aurait correspondu dans les années 1970 ;

- il est encore bien plus important de noter que, alors que la banque centrale contrôle *M*1, elle ne contrôle pas *M*2. Par exemple, si les gens décident de détenir moins de bons du Trésor directement pour en détenir plus indirectement, *via* les SICAV, cela augmente *M*2, ce contre quoi la Fed ne peut rien. Donc *M*2 est une cible problématique : elle n'est pas sous le contrôle direct de la Fed et elle n'est pas non plus un objectif final.

Figure 24.2 – Croissance de *M*2 et inflation aux États-Unis (moyennes sur dix ans).

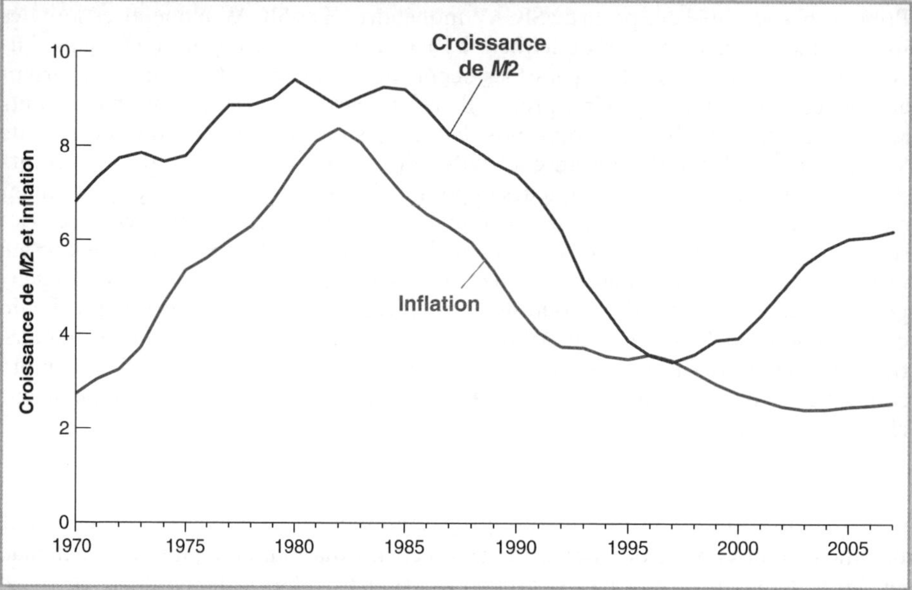

Même si la relation est plus étroite entre la croissance de *M*2 et l'inflation qu'entre la croissance de *M*1 et l'inflation, cette relation n'est pas très stable.

Les cibles d'inflation et les règles concernant les taux d'intérêt

La Fed n'est pas la seule banque centrale à avoir modifié la conduite de la politique monétaire. La plupart des banques centrales ont cherché une meilleure organisation de leur politique monétaire.

À partir des années 1990, a émergé une nouvelle organisation, reposant sur des cibles d'inflation et des règles concernant les taux d'intérêt. Voyons successivement ces deux aspects.

Les cibles d'inflation. Dans de nombreux pays, les banques centrales ont choisi comme objectif premier et parfois exclusif d'obtenir un faible taux d'inflation [1] à court et à moyen terme. C'est ce que l'on appelle une *cible d'inflation.*

- Tenter d'atteindre un taux d'inflation donné à moyen terme constitue un net progrès par rapport au choix d'un objectif de croissance de la masse monétaire. Après tout, à moyen terme, la maîtrise de l'inflation est bien l'objectif premier de la politique monétaire. Il est donc préférable d'avoir pour cible l'inflation plutôt que la croissance de la masse monétaire nominale, qui ne conduit pas nécessairement, comme nous l'avons vu, au taux d'inflation souhaité.

---

1. La Nouvelle-Zélande a été le premier pays à adopter une cible d'inflation en 1990, en fixant une plage d'inflation de 0 % à 2 % à respecter, étendue plus tard jusqu'à 3 %. Puis le Canada a adopté une cible de 0 % à 2 % pour l'inflation. Depuis, des formes de cibles d'inflation ont été établies par, entre autres pays, le Royaume-Uni, la Suède, Israël, l'Espagne, puis l'Union européenne.

- Tenter d'atteindre un taux d'inflation donné à court terme est beaucoup plus sujet à controverse. Le fait de se focaliser exclusivement sur l'inflation semble en effet éliminer tout autre rôle pour la politique monétaire dans la stabilisation de l'économie. Mais la réalité est différente. Pour le vérifier, retournons à la relation de Phillips entre inflation courante, π_t, inflation passée, π_{t-1}, et écart entre chômage courant, u_t, et chômage structurel, u_n (voir équation 9.8) :

$$\pi_t = \pi_{t-1} - \alpha\,(u_t - u_n)$$

Appelons π^* la cible d'inflation. Supposons que la banque centrale réussisse à atteindre à chaque période son objectif d'inflation. La relation devient alors :

$$\pi^* = \pi^* - \alpha\,(u_t - u_n)$$

Le taux de chômage courant u_t sera toujours égal à u_n, le taux de chômage structurel ; en conséquence, le produit sera toujours égal à son niveau naturel. En fait, la poursuite d'une cible d'inflation conduirait la banque centrale à agir de façon à éliminer toutes les fluctuations du produit autour de son niveau naturel.

Cela est intuitif : si la banque centrale entrevoit qu'un choc défavorable de demande risque de conduire à une récession, elle sait qu'en l'absence d'expansion monétaire, l'économie connaîtra une diminution de l'inflation au-dessous de l'objectif. Pour maintenir l'inflation stable, la banque centrale devra alors se rallier à une augmentation de la masse monétaire pour éviter la récession. Il en sera de même dans le cas d'un choc favorable de demande : de peur d'un dépassement de la cible d'inflation, la banque centrale comptera sur une contraction monétaire pour ralentir l'inflation et maintenir le produit au niveau naturel. En bref, cette politique monétaire active maintiendra constamment le produit à son niveau naturel.

En réalité, cette analyse est trop simpliste à deux égards :

- la banque centrale ne peut pas toujours obtenir le taux d'inflation souhaité sur le court terme. Supposons par exemple que la banque centrale n'ait pas réussi à atteindre son objectif l'année précédente et que π_{t-1} soit supérieur à π^*. Alors il n'est pas évident que la banque centrale doive essayer de remplir son objectif cette année et obtenir $\pi_t = \pi^*$: la relation de Phillips implique qu'une telle diminution de l'inflation se ferait au prix d'une augmentation du chômage qui peut être importante. Nous y reviendrons plus loin ;
- comme d'autres relations macroéconomiques, la relation de Phillips décrite précédemment ne se vérifie pas toujours exactement. Il peut arriver par exemple que l'inflation augmente, même quand le chômage est à son niveau structurel. Dans ce cas, la banque centrale est en proie à un dilemme : garder le chômage au niveau structurel et laisser l'inflation augmenter, ou bien augmenter le chômage au-dessus du niveau structurel pour garder la maîtrise de l'inflation. Ces réserves sont importantes, mais l'idée générale tient toujours : le choix de cibles d'inflation est valable à moyen terme et permet à la politique monétaire de stabiliser à court terme le produit autour de son niveau naturel.

La règle de Taylor. La question suivante est de savoir comment respecter la cible d'inflation. La banque centrale n'a évidemment pas l'inflation sous son contrôle direct. En réponse à cette question, John Taylor (de l'université de Stanford) a soutenu au cours des années 1990 que, puisque c'était le taux d'intérêt qui avait des répercussions directes sur les dépenses, la banque centrale devrait s'intéresser davantage au choix d'un taux d'intérêt plutôt qu'à celui d'une croissance de la masse monétaire.

Il a alors suggéré une règle que la banque centrale pourrait vouloir suivre. La règle de Taylor est la suivante : soit π le taux d'inflation et π^* la cible d'inflation. Soit i le taux d'intérêt nominal et i^* le taux d'intérêt nominal visé – le taux d'intérêt nominal compatible avec le taux d'inflation π^* à moyen terme [1]. Soit u_t le taux de chômage courant de la période et u_n le taux de chômage structurel.

Raisonnons comme si la banque centrale choisissait le taux d'intérêt i (on se souvient qu'au chapitre 5, nous avions montré qu'à travers les opérations d'*open market*, la banque centrale pouvait fixer le taux d'intérêt nominal à court terme qu'elle souhaitait). Dans ces conditions, Taylor a expliqué que la banque centrale devrait suivre la règle suivante :

$$i = i^* + a\,(\pi - \pi^*) - b\,(u - u_n)$$

où a et b sont des coefficients positifs. Considérons les implications de cette règle.

- Si l'inflation courante est égale à la cible d'inflation ($\pi = \pi^*$) et si le taux de chômage est égal au taux de chômage structurel, alors la banque centrale devrait choisir comme taux d'intérêt nominal à court terme $i = i^*$. De cette façon, l'économie peut rester sur le même sentier de croissance, avec une inflation égale à la cible d'inflation et un chômage égal au taux de chômage structurel.
- Si l'inflation est supérieure à la cible d'inflation ($i > i^*$), la banque centrale doit augmenter le taux d'intérêt au-dessus du taux d'intérêt visé. Ce taux d'intérêt supérieur va augmenter le taux de chômage, et cette hausse du chômage va réduire l'inflation.
- Le coefficient a reflète donc l'aversion relative de la banque centrale pour l'inflation par rapport au chômage. Plus a est élevé, plus la banque centrale va augmenter son taux d'intérêt nominal à court terme afin de réduire l'inflation, plus l'économie va se ralentir, et plus vite l'inflation reviendra vers la cible.

  Quelles que soient les préférences de la banque centrale, le coefficient a doit, selon la règle de Taylor, être supérieur à 1. Pourquoi ? Parce que ce qui est important pour les dépenses, c'est le taux d'intérêt réel, pas le taux d'intérêt nominal. Quand l'inflation augmente, la banque centrale, qui veut diminuer le niveau de dépenses et le produit, doit augmenter le taux d'intérêt réel. En d'autres termes, elle doit augmenter le taux d'intérêt nominal plus que de 1 pour 1 par rapport à l'écart d'inflation $\pi - \pi^*$ [2].
- Si le taux de chômage est supérieur au taux de chômage structurel ($u > u_n$), la banque centrale doit baisser le taux d'intérêt nominal à court terme. Le taux d'intérêt nominal plus faible va induire une augmentation de l'activité, d'où une baisse du chômage. De même que le coefficient a, le coefficient b devrait refléter de combien la banque centrale préfère réduire le chômage par rapport à l'inflation : plus b est élevé, plus la

1. Nous avons vu au chapitre 11 qu'à moyen terme, le taux d'intérêt réel est donné, de sorte que le taux d'intérêt nominal évolue proportionnellement avec l'inflation.
2. Ce paragraphe ignore la différence entre taux d'inflation courant et taux d'inflation anticipé. Il serait plus précis de dire que le taux d'intérêt nominal doit augmenter de plus de 1 pour 1 par rapport à l'inflation anticipée :
$a > 1 \Rightarrow i \uparrow > \pi^e \uparrow \Rightarrow r\,(\equiv i - \pi^e) \uparrow$.

banque centrale déviera de la cible d'inflation, afin de ramener le taux de chômage plus près du taux de chômage structurel[1].

En énonçant cette règle, Taylor n'entendait pas qu'on l'applique aveuglément : bien d'autres événements, tels qu'une crise de change ou le besoin de restructurer la composition des dépenses et donc le dosage des politiques monétaire et budgétaire, justifient de changer le taux d'intérêt nominal. Mais Taylor affirme que la règle est une façon utile de se représenter la politique monétaire : choisir une cible de taux d'inflation et tenter ensuite de la respecter en tenant compte non seulement de l'inflation courante, mais aussi du taux de chômage courant.

Depuis que Taylor a formulé cette règle, celle-ci a suscité un grand intérêt, à la fois au sein des chercheurs et des banques centrales :

- certains chercheurs ont enquêté sur le comportement de la Banque centrale allemande, la Bundesbank, et celui de la Fed. Ils ont trouvé que, même si la Fed et la Bundesbank prétendent ne pas appliquer la règle de Taylor, celle-ci reflète plutôt bien leur comportement sur les quinze ou vingt années précédant la crise[2] ;
- d'autres chercheurs ont étudié des améliorations possibles de cette règle simple – par exemple, en se demandant si le taux d'intérêt nominal doit varier non seulement en fonction de l'inflation présente, mais aussi du taux d'inflation futur anticipé ;
- un autre débat porte sur la question de savoir si les banques centrales doivent adopter une règle explicite pour la détermination de leur taux d'intérêt et la suivre strictement, ou bien si elles doivent utiliser cette règle de façon informelle et s'autoriser à en dévier lorsqu'elles le jugent préférable ;
- la plupart des banques centrales ont désormais cessé de raisonner en termes de croissance de la masse monétaire et s'intéressent directement à l'évolution du taux d'intérêt. Les banques centrales comme les marchés financiers se désintéressent de plus en plus de l'évolution de la masse monétaire nominale qui résulte de l'application d'une règle de fixation du taux d'intérêt.

24.4 Les défis posés par la crise

Jusque 2007, la plupart des banques centrales estimaient qu'elles disposaient avec le ciblage d'inflation d'un cadre solide pour conduire la politique monétaire. Dans la plupart des pays, l'inflation était stable et les fluctuations du produit plus faibles que par le passé.

La crise a posé deux défis nouveaux :

- la situation de trappe à liquidité a empêché les banques centrales de diminuer les taux d'intérêt autant qu'elles l'auraient voulu. En 2011, par exemple, l'application de la règle de Taylor aurait dû entraîner un taux d'intérêt nominal aux États-Unis de l'ordre de – 3 % (au vu du niveau élevé du chômage et celui faible de l'inflation), alors que le taux d'intérêt ne peut pas en pratique descendre en dessous de 0 % ;

1. Quelles valeurs de a et b choisirait une banque centrale qui ne se soucierait que de l'inflation ?
2. Taylor a d'abord dit que sa règle décrivait bien le comportement de la banque centrale (« Discretion versus Policy Rules in Practice », *Carnegie Rochester Conference Series on Public Policy*, vol. 39).

- il est apparu clairement qu'une inflation stable n'était pas, en elle-même, une garantie de stabilité macroéconomique. Les origines de la crise peuvent être trouvées dans les développements des secteurs financier et immobilier qui se sont produits bien avant 2007.

La trappe à liquidité

En situation de trappe à liquidité, il n'est plus possible de recourir à la politique monétaire conventionnelle (c'est-à-dire l'utilisation du taux d'intérêt nominal). Cela soulève trois questions : est-il possible d'éviter d'entrer dans une situation de trappe à liquidité ? Comment en sortir ? Peut-on, en situation de trappe à liquidité, recourir à des politiques monétaires non conventionnelles ?

Éviter de tomber en trappe à liquidité. La meilleure façon de traiter la question des trappes à liquidité est d'éviter d'y tomber. Une solution pour cela est d'adopter un niveau moyen d'inflation plus élevé : comme nous l'avons montré précédemment, plus l'inflation est élevée, plus le taux d'intérêt nominal l'est, et donc plus grande est la possibilité pour la banque centrale de diminuer le taux d'intérêt nominal avant d'atteindre le seuil de zéro.

Cet argument doit-il conduire les banques centrales à adopter une cible d'inflation plus élevée ? Cela dépend de la probabilité, une fois que la crise sera passée, que l'économie doive à nouveau faire face à un choc tellement important que le risque de trappe à liquidité se pose à nouveau. La plupart des banques centrales semblent avoir conclu que les chocs qui ont engendré la crise actuelle sont exceptionnels par leur ampleur et qu'une telle crise risque peu de se reproduire. Les banques centrales ne semblent donc pas disposées à accroître leur cible d'inflation.

Sortir de la trappe. Dans le monde étrange de la trappe à liquidité, une hausse de l'inflation anticipée peut aider à sortir de la trappe et relancer l'économie. Nous avons présenté cet argument dans l'encadré sur l'assouplissement quantitatif du chapitre 14 : il existe un plancher au niveau du taux d'intérêt nominal (0 %), mais pas du taux d'intérêt réel, qui est égal au taux nominal moins l'inflation anticipée. Si l'inflation anticipée augmente, le taux d'intérêt réel diminue, ce qui peut accroître l'investissement et la consommation et augmenter ainsi la demande et le produit.

C'est la raison pour laquelle, avant la crise, la plupart des banquiers centraux ne se préoccupaient pas de la trappe à liquidité. Ils pensaient que, même s'ils ne pouvaient plus réduire le taux d'intérêt nominal, il leur resterait la possibilité de réduire le taux d'intérêt réel *via* une augmentation des anticipations d'inflation. Le problème cependant est : comment faire en sorte que les anticipations d'inflation augmentent ? Le raisonnement est en partie circulaire : si l'inflation anticipée augmente, l'activité va reprendre, le chômage diminuer, ce qui va effectivement accroître l'inflation (par l'intermédiaire de la relation de Phillips). Toutefois, si les anticipations d'inflation restent faibles, l'activité et l'inflation effectivement réalisée le resteront aussi.

L'un des instruments utilisés par les banques centrales pendant la crise pour accroître les anticipations d'inflation est l'assouplissement quantitatif, une forte augmentation du stock de monnaie. Un des arguments en faveur de cette politique est qu'elle allait conduire les agents à réviser leurs anticipations d'inflation à la hausse. Cela a-t-il été efficace ? Les résultats sont pour le moins mitigés. Il y a peu d'éléments permettant de conclure que l'assouplissement quantitatif, qui a été mis en œuvre dans plusieurs pays (en particulier, les États-Unis, le Royaume-Uni et le Japon), a eu un effet sensible sur l'inflation anticipée.

Agir en situation de trappe à liquidité. En situation de trappe à liquidité, le taux d'intérêt nominal sur les bons du Trésor à court terme est nul. Cependant, beaucoup d'autres taux d'intérêt peuvent encore être positifs. La question se pose donc de savoir si la banque centrale peut diminuer certains de ces autres taux d'intérêt en achetant directement les actifs correspondants. On parle alors d'assouplissement du crédit, ou d'assouplissement qualitatif, ou encore d'assouplissement ciblé. De tels achats ne conduisent pas nécessairement à un accroissement de l'offre de monnaie : ils peuvent en effet être compensés par la vente d'autres actifs. En pratique, néanmoins, l'assouplissement du crédit a été associé à une hausse de l'offre de monnaie.

Nous avons présenté la politique d'assouplissement du crédit de la Réserve fédérale dans le chapitre 14. Les résultats restent incertains. Lorsque, pour une raison ou une autre, les investisseurs sont contraints ou décident de quitter un marché spécifique, les banques centrales peuvent en effet les remplacer et limiter ainsi l'accroissement du taux d'intérêt. Quand, à l'inverse, les marchés fonctionnent correctement et que les investisseurs réalisent un arbitrage entre différents marchés, les achats des banques centrales risquent d'avoir un effet limité.

Pour résumer, les politiques monétaires non conventionnelles peuvent apporter une aide, mais elles ne donnent pas des résultats aussi fiables que la politique conventionnelle (c'est-à-dire la détermination du taux d'intérêt nominal à court terme). Même en prenant en compte la politique non conventionnelle, la situation de trappe à liquidité réduit sensiblement les possibilités d'action de la politique monétaire.

La régulation macroprudentielle

Avant la crise, les banquiers centraux n'ignoraient pas les bulles. À partir du milieu des années 2000, la Réserve fédérale a commencé à s'inquiéter de l'augmentation des prix de l'immobilier. Mais la Fed, comme les autres banquiers centraux qui faisaient face à des circonstances identiques, était réticente à intervenir, pour un certain nombre de raisons. Tout d'abord, elle estimait qu'il était difficile de déterminer si la hausse des prix de l'immobilier reflétait une évolution de la valeur fondamentale (par exemple, une baisse des taux d'intérêt) ou une bulle (c'est-à-dire une hausse supérieure à ce qui est justifié par l'évolution des fondamentaux). De plus, elle craignait qu'une hausse des taux d'intérêt, qui aurait pu effectivement mettre fin à la hausse des prix de l'immobilier, ralentisse également l'économie et entraîne une récession. Enfin, elle pensait que, même si la hausse des prix de l'immobilier était une bulle et que ces prix devaient ensuite diminuer, il lui serait alors possible de contrebalancer les effets récessifs de la baisse des prix de l'immobilier en baissant suffisamment les taux d'intérêt.

La crise a conduit les banques centrales à reconsidérer ces arguments. Comme nous l'avons vu, la chute des prix de l'immobilier, combinée à l'accroissement des risques dans le système financier, a entraîné une crise financière et macroéconomique majeure.

Un nouveau consensus semble donc émerger, autour des deux points suivants :

- il est dangereux d'attendre. Même lorsqu'on ignore si la hausse des prix d'actifs reflète une bulle ou les fondamentaux, il peut être préférable d'agir. Mieux vaut en effet entraver momentanément la hausse des cours liée à l'évolution des fondamentaux (même s'il s'avère après coup qu'il n'y avait pas de bulle) que de prendre le risque de laisser une bulle gonfler et exploser, avec des effets macroéconomiques majeurs. Le même raisonnement s'applique sur l'accroissement des risques dans le système financier : mieux vaut limiter le levier des banques, quitte à réduire le crédit, que de laisser les institutions financières accumuler les risques, s'exposant à la menace d'une crise ;
- le taux d'intérêt n'est pas l'instrument approprié à la lutte contre les bulles, le crédit excessif ou les comportements dangereux dans le secteur financier. C'est en effet un instrument trop imprécis, qui touche l'ensemble de l'économie, sans se concentrer sur le problème à résoudre. Le bon instrument est la régulation macroprudentielle, c'est-à-dire la fixation de règles qui concernent directement les emprunteurs ou les prêteurs (banques et autres institutions financières).

Quelle forme peut prendre la régulation macroprudentielle ? Certaines règles portent sur les emprunteurs :

- supposons que la banque centrale s'inquiète d'une hausse des prix de l'immobilier qu'elle perçoit comme étant excessive. Il est possible de durcir les conditions d'obtention d'un crédit à l'immobilier. Dans de nombreux pays, il existe un plafond sur le montant du crédit que peuvent obtenir les acheteurs (relativement au prix de la maison qu'ils achètent). Réduire le montant de ce plafond peut vraisemblablement réduire la demande et donc limiter la hausse des prix ;
- supposons que la banque centrale s'inquiète du fait que les agents empruntent excessivement dans une devise étrangère. Pour illustrer ce point, en 2011, deux tiers des crédits immobiliers en Hongrie sont réalisés en francs suisses ! La raison en est simple : les taux d'intérêt suisses sont très faibles et il est de fait en apparence très attractif d'emprunter des francs suisses. Cependant, les emprunteurs qui agissent ainsi ne prennent pas en compte le risque que le forint (la monnaie hongroise) se déprécie par rapport au franc suisse. En fait, une telle dépréciation était en cours, ce qui accroît de plus de 50 % la valeur réelle des remboursements. De nombreux ménages se retrouvent alors dans l'incapacité de rembourser leurs crédits, ce qui conduit à une crise macroéconomique. Cet exemple suggère qu'il aurait pu être sage d'imposer des restrictions aux emprunts réalisés par les ménages dans une devise étrangère.

D'autres règles portent sur les prêteurs, tels que les banques ou les investisseurs étrangers :

- supposons que la banque centrale s'inquiète d'une hausse du levier bancaire. Un levier excessif est l'une des principales causes de la transformation d'une baisse des prix de l'immobilier en crise financière. La banque centrale peut imposer un montant minimal de ratio de capital et limiter ainsi le levier. Il y a différentes manières de définir ce ratio minimal (par exemple, un montant minimal pour le ratio du capital sur tous les actifs, ou alternativement sur la somme pondérée des actifs, les actifs les plus risqués ayant un poids plus important). En pratique, de nombreux pays ont décidé d'imposer les mêmes ratios minimaux à leurs banques, au travers d'accords connus sous le nom de Bâle II et Bâle III. Une question plus délicate est de savoir si les ratios minimaux doivent être ajustés au cours du temps en fonction des conditions économiques et financières (faut-il les accroître lorsqu'on estime que la croissance du crédit est excessive ?) ;

- supposons que la banque centrale s'inquiète du montant élevé des entrées de capitaux dans le pays. Cela correspond à l'exemple de la Hongrie décrit précédemment. La banque centrale peut craindre que les investisseurs étrangers, actuellement disposés à prêter à un taux d'intérêt faible, ne changent leur évaluation de la situation et que le pays connaisse un arrêt brutal des entrées de capitaux. Pour limiter ce risque, la banque centrale peut imposer des contrôles des capitaux. Ce contrôle peut prendre la forme de taxes sur différents types de capitaux entrants, avec un niveau de taxation plus faible sur les flux moins sujets à des arrêts brutaux (comme les investissements directs à l'étranger, c'est-à-dire l'achat d'actifs physiques par les investisseurs étrangers). Il est également possible de fixer directement des limites sur les possibilités des agents domestiques de recourir à des crédits étrangers.

Même si l'emploi des instruments de régulation macroprudentielle fait consensus, de multiples questions demeurent :

- dans de nombreux cas, nous ne savons pas à quel point ces instruments sont efficaces ou non (par exemple, quel est l'impact d'une limitation du montant autorisé des crédits immobiliers sur la demande, ou quelle est la capacité des investisseurs étrangers à contourner les contrôles des capitaux ?) ;
- il y a vraisemblablement des interactions complexes entre la politique monétaire traditionnelle et la régulation macroprudentielle. Par exemple, certains faits montrent que des taux d'intérêt très bas peuvent conduire à des prises de risque excessives, que ce soit par les investisseurs ou les institutions financières. Si tel est le cas, une banque centrale qui décide, pour des raisons macroéconomiques, de diminuer le taux d'intérêt, peut souhaiter utiliser parallèlement des instruments de régulation macroprudentielle pour annuler l'effet possible sur la prise de risque excessive. Comment faire cela correctement reste aujourd'hui mal connu ;
- la question se pose également de savoir qui doit avoir en charge la régulation macroprudentielle. Pour certains, ce sont les banques centrales, dans la mesure où cette régulation interagit avec la politique monétaire et que seule une même institution peut agir efficacement sur les deux aspects en parallèle. Pour d'autres, concentrer la politique monétaire et la régulation macroprudentielle reviendrait à donner trop de pouvoir à une banque centrale indépendante et c'est une autorité distincte qui doit être en charge de la régulation macroprudentielle. À ce jour, tous les pays n'ont pas adopté la même solution. Au Royaume-Uni, la banque centrale a autorité à la fois en matière de politique monétaire et de régulation macroprudentielle. Aux États-Unis, le contrôle de la régulation macroprudentielle a été confié à un conseil placé formellement sous l'autorité du Trésor (le ministère de l'Économie), mais dans lequel la banque centrale joue un rôle majeur.

En résumé, la crise a montré que la stabilité macroéconomique requiert, au-delà de la bonne conduite de la politique monétaire traditionnelle, des instruments de régulation macroprudentielle. L'un des défis majeurs aujourd'hui est d'apprendre à les mettre en place et les utiliser de la façon la plus efficace.

24.5 Les banques centrales en action

Ayant discuté du schéma général de la politique monétaire, finissons ce chapitre en proposant un aperçu sur la Réserve fédérale aux États-Unis (la **Fed**) et sur la **Banque centrale européenne** (BCE) [1].

Le mandat des deux banques centrales

1. C'est dans le ***Humphrey-Hawkins Act***, ratifié par le Congrès en 1978, que le mandat du Système fédéral de réserve a été le plus récemment défini. Cette loi requiert de la Fed « qu'elle maintienne la croissance de long terme des agrégats monétaires et de crédit au rythme du potentiel de long terme de croissance du produit de l'économie, de façon à promouvoir efficacement les objectifs d'emploi maximal, de stabilité des prix et de taux d'intérêt de long terme modérés ».

Un point important se cache derrière la lourdeur du langage officiel : la Fed a pour objet non seulement de maintenir l'inflation faible, mais aussi de stabiliser l'activité économique.

2. L'objectif principal du Système européen de banques centrales (SEBC), tel que défini à l'article 2 des statuts de ce système et de la Banque centrale européenne, est de « maintenir la stabilité des prix. Sans préjudice de cet objectif, le SEBC apporte son soutien aux politiques économiques générales dans la Communauté en vue de contribuer à la réalisation des objectifs de la Communauté. Dans la poursuite de ces objectifs, le SEBC agit conformément au principe d'une économie de marché ouverte où la concurrence est libre, en favorisant une allocation efficace des ressources ».

Ici encore, derrière le langage officiel, la priorité à la lutte contre l'inflation par rapport à la stabilisation de l'activité économique est clairement énoncée. Lors de sa création, la BCE a fixé une inflation maximale de 2 % comme objectif de sa politique, ce qui pouvait s'interpréter comme une inflation comprise entre 0 % et 2 %, soit en moyenne autour de 1 %. Par la suite, elle a toutefois précisé que son objectif était une inflation en deçà, mais proche de 2 %…

L'organisation des banques centrales

1. La Fed est composée de trois services :

- une fédération de douze **districts de réserve fédérale**, chacun étant chapeauté par une banque de réserve fédérale de district. Les fonctions principales de ces banques régionales sont d'organiser la compensation des chèques et de superviser l'activité bancaire et financière du district ;
- le **Conseil des gouverneurs**, qui siège à Washington. Le Conseil compte sept membres, avec le gouverneur de la Fed. Chaque membre est nommé par le président des États-Unis pour un mandat non renouvelable de quatorze ans, et son choix doit être approuvé par le Sénat. Le gouverneur est aussi nommé par le président, pour un

1. Le site Web de la Fed (federalreserve.gov) et celui de la BCE (www.ecb.int) donnent beaucoup d'informations sur leur organisation et sur ce qu'elles font.

mandat renouvelable de quatre ans. Le Conseil des gouverneurs a pour fonction de déterminer la politique monétaire ;

- Le **Comité fédéral d'*open market*** (FOMC) siège aussi à Washington. Il compte douze membres, dont cinq sont des directeurs de banque de réserve fédérale de district, les sept autres étant les membres du Conseil des gouverneurs. Le principe de cette organisation est que les directeurs des banques fédérales de district sont plus concernés par la situation économique de leur district, les gouverneurs étant, eux, plus concernés par les tendances nationales et les évolutions de long terme. La fonction principale du Comité est de donner des instructions à l'**Open Market Desk** (Bureau des opérations d'*open market* situé à New York), pour les achats et les ventes d'obligations par la Fed.

Cette description pourrait suggérer que la Fed est une organisation complexe, avec de nombreux centres de pouvoir. La réalité est plus simple : le gouverneur de la Fed est très puissant, et les décisions les plus importantes sont prises par le Comité fédéral d'*open market*, le FOMC.

Nous avons discuté au chapitre 23 de l'importance de l'indépendance des banques centrales. La Fed est, au monde, l'une des banques centrales les plus indépendantes [1]. Le seul pouvoir des autorités politiques, le président et le Congrès, est la nomination et l'approbation du gouverneur tous les quatre ans. Mais durant son mandat, le gouverneur est tout à fait libre de choisir la politique monétaire qu'il souhaite. La Fed n'est pas dépendante du Congrès, donc celui-ci ne peut pas la menacer de lui couper les fonds. Le gouverneur doit expliquer deux fois par an devant le Congrès l'état de la politique monétaire. Des membres du Congrès se plaignent souvent des décisions de la Fed, mais ils ne peuvent pas aller contre.

2. La Banque centrale européenne est constituée de deux organes de décision : le Conseil des gouverneurs et le Directoire. Tant que certains États membres n'ont pas adopté l'euro, il existe un troisième organe de décision : le Conseil général.

- Le **Conseil des gouverneurs** se compose des membres du Directoire et des gouverneurs des banques centrales des États membres ne faisant pas l'objet d'une dérogation, c'est-à-dire des pays ayant adopté l'euro. Les gouverneurs sont dotés d'un mandat renouvelable d'une durée au moins égale à cinq ans.

  Les principales responsabilités du Conseil des gouverneurs consistent à :

  1. arrêter les orientations et prendre les décisions nécessaires à l'accomplissement des missions confiées à l'Eurosystème ;
  2. définir la politique monétaire de la zone euro, y compris, le cas échéant, les décisions concernant les objectifs monétaires intermédiaires, les taux directeurs et l'approvisionnement en réserves au sein de l'Eurosystème ;
  3. arrêter les orientations nécessaires à leur exécution.

- Le **Directoire** comprend un président, un vice-président et quatre autres membres, tous choisis parmi des personnes dont l'autorité et l'expérience professionnelle dans le domaine monétaire ou bancaire sont reconnues. Ils sont nommés d'un commun

1. Voir la figure 23.3.

accord par les gouvernements des États membres au niveau des chefs d'État ou de gouvernement, sur recommandation du Conseil de l'Union européenne et après consultation du Parlement européen et du Conseil des gouverneurs. Leur mandat, d'une durée de huit ans, est non renouvelable (les mandats ont été échelonnés pour les membres du premier directoire autres que le président, afin d'assurer la continuité de cet organe).

Les principales responsabilités du Directoire consistent à :

1. mettre en œuvre la politique monétaire conformément aux orientations et aux décisions arrêtées par le Conseil des gouverneurs de la BCE et, dans ce cadre, à donner les instructions nécessaires aux banques centrales nationales ;
2. exercer les pouvoirs qui leur sont délégués par décision du Conseil des gouverneurs de la BCE.

- Le **Conseil général** se compose du président et du vice-président de la BCE, ainsi que des gouverneurs des banques centrales des quinze États membres. Le Conseil général exécute les missions que la BCE a reprises à l'Institut monétaire européen et qui, eu égard à la dérogation dont font l'objet plusieurs États membres, doivent encore être accomplies durant la phase III de l'Union économique et monétaire. Le Conseil général contribue aussi :

1. aux fonctions consultatives de la BCE ;
2. à collecter les informations statistiques ;
3. à établir les rapports annuels de la BCE ;
4. à arrêter les règles nécessaires à la normalisation des procédures comptables et des déclarations relatives aux opérations des banques centrales nationales ;
5. à prendre les mesures, autres que celles déjà prévues dans le traité, relatives à la définition de la clé de répartition pour la souscription au capital de la BCE ;
6. à définir les conditions d'emploi du personnel de la BCE ;
7. aux préparatifs nécessaires à la fixation irrévocable des taux de change des monnaies des États membres faisant l'objet d'une dérogation par rapport à l'euro.

Les instruments de la politique monétaire

Nous avons vu au chapitre 5 que l'on peut penser que le taux d'intérêt est déterminé par l'offre et la demande de monnaie banque centrale [1]. Souvenons-nous de la condition d'équilibre 5.9, donnée par :

$$H = [c + \theta\,(1 - c)]\, PY \times L\,(i) \qquad (24.1)$$

1. Rappelons-nous le chapitre 5, où nous avions montré que le taux d'intérêt était déterminé de trois façons équivalentes :
– l'offre de monnaie banque centrale est égale à la demande de monnaie banque centrale, elle-même égale à la demande des espèces des agents plus la demande de réserves des banques ;
– l'offre de réserves, égale à la monnaie banque centrale moins les espèces détenues par les agents, est égale à la demande de réserves des banques ;
– l'offre de monnaie (espèces et dépôts) est égale à la demande de monnaie.

La partie gauche est H, l'offre de monnaie banque centrale ou, de façon équivalente, la base monétaire. La partie droite est la demande de monnaie – la somme de la demande d'espèces par les agents et de réserves par les banques. On peut comprendre cette équation de la façon suivante [1] :

- partons de $Y \times L(i)$, le total de la demande de monnaie (espèces et dépôts). Cette demande dépend du revenu et du coût d'opportunité de la détention de monnaie, le taux d'intérêt des obligations ;
- le paramètre c est la proportion de monnaie que les agents décident de détenir en espèces. Donc $c \times Y \times L(i)$ est la demande d'espèces par les agents ;
- ce que les agents ne détiennent pas en espèces, ils le possèdent sous la forme de dépôts à vue. Les dépôts à vue constituent par conséquent une fraction, $1 - c$, de la demande totale de monnaie, donc $(1 - c) \times Y \times L(i)$. Le paramètre θ désigne le ratio de réserves (de monnaie banque centrale) détenues par les banques en contrepartie des dépôts à vue. Ainsi, la demande de réserves des banques est $\theta\,[(1- c) \times Y \times L(i)]$;
- en ajoutant la demande d'espèces $c \times Y \times L(i)$ et la demande de réserves $\theta\,[(1 - c) \times Y \times L(i)]$, on obtient la demande totale de monnaie banque centrale – la partie droite de l'équation.

Le taux d'intérêt d'équilibre est donc tel que l'offre et la demande de monnaie banque centrale soient égales. Les banques centrales ont trois instruments à leur disposition, qui leur donnent une influence sur ce taux d'intérêt. Le premier, les **coefficients de réserves obligatoires**, a un impact sur la demande de réserves et, de fait, la demande de monnaie banque centrale. Les deux autres, le **refinancement des banques** et les **opérations d'*open market***, influent sur l'offre de monnaie banque centrale.

Les coefficients de réserves obligatoires. La Fed détermine des coefficients de réserves obligatoires, qui définissent le montant minimal des réserves que les banques doivent détenir en proportion de leurs dépôts à vue. Même sans une telle réglementation, les banques disposeraient de quelques réserves pour faire face à la demande de liquidités de leurs déposants. Mais la Fed fixe des coefficients de réserves obligatoires au-dessus du niveau que les banques choisiraient. La réglementation actuelle contraint les banques à détenir 10 % de leurs dépôts à vue en réserves auprès de la banque centrale.

En changeant les coefficients de réserves obligatoires, la Fed change le montant de réserves que les banques doivent détenir pour un même montant de dépôts à vue et modifie ainsi la demande de monnaie banque centrale. Une augmentation du coefficient de réserves obligatoires induit une augmentation de la demande de monnaie banque centrale et donc du taux d'intérêt d'équilibre [2]. Symétriquement, une diminution du coefficient de réserves obligatoires induit une baisse du taux d'intérêt d'équilibre.

Les augmentations du coefficient de réserves obligatoires peuvent contraindre les banques à entreprendre des opérations drastiques pour augmenter leurs réserves, comme annuler certains prêts qu'elles avaient accordés ou fermer des lignes de crédit. C'est pour cette raison que la Fed est de moins en moins favorable à l'utilisation de ces ratios comme

1. Voir le chapitre 5.
2. Une augmentation de θ augmente la demande de réserves des banques, ce qui élève la demande de monnaie banque centrale. Étant donné une offre inchangée, le taux d'intérêt doit augmenter, pour diminuer la demande et maintenir l'équilibre.

instruments de politique macroéconomique : elle préfère compter sur les deux autres instruments dont elle dispose.

Le Conseil des gouverneurs de la BCE a également décidé d'appliquer un système de réserves obligatoires. Ce système a pour objet de stabiliser les taux d'intérêt du marché monétaire, de créer (ou d'accentuer) un besoin structurel de refinancement et de contribuer, le cas échéant, à la maîtrise de la croissance monétaire. Le montant des réserves obligatoires à constituer par chaque établissement est déterminé en fonction d'éléments de son bilan. Pour répondre à l'objectif de stabilisation des taux d'intérêt, le régime des réserves obligatoires de l'Eurosystème permet aux établissements concernés de constituer leurs réserves en moyenne. Cela signifie que l'accomplissement des obligations de réserves est vérifié sur la base de la moyenne des avoirs quotidiens des établissements au cours d'une période d'un mois. Les réserves obligatoires sont rémunérées à un taux correspondant au taux d'intérêt moyen, sur la période de constitution, des opérations principales de refinancement de l'Eurosystème.

La fonction de réescompte. La Fed peut aussi prêter aux banques (un instrument que nous avions ignoré au chapitre 5). C'est sa **politique de réescompte** qui détermine combien la Fed prête et dans quelles conditions. Le taux auquel elle prête aux banques est appelé **taux de réescompte**. Quand la banque centrale fait crédit aux banques, on dit qu'elle le fait à travers la **fenêtre d'escompte**.

Du point de vue de la Fed, prêter aux banques est une opération très similaire à l'achat d'obligations au cours d'une opération d'*open market*. Dans les deux cas, la banque centrale crée de la monnaie et donc accroît H, la base monétaire. En prêtant aux banques, elle acquiert des créances sur celles-ci. Dans les opérations d'*open market*, elle acquiert une obligation d'État, une créance sur le gouvernement.

Jusqu'à l'introduction des opérations d'*open market* dans les années 1930, la politique de réescompte était le principal instrument de la Fed. Mais son rôle a constamment décliné en faveur des opérations d'*open market*. La Fed décourage généralement les banques de profiter de la fenêtre de réescompte, sauf pour des raisons de très court terme ou saisonnières.

Les variations du taux de réescompte ont encore un impact, mais surtout en tant que signal des intentions de la Fed. Les marchés financiers interprètent souvent une baisse du taux de réescompte comme le signal que la Fed entreprend une politique monétaire expansionniste. Par son effet sur les anticipations des taux d'intérêt futurs, une baisse du taux de réescompte induit souvent une baisse des taux d'intérêt à moyen et long termes [1].

La BCE accorde, quant à elle, des facilités permanentes qui lui permettent de fournir ou de retirer des liquidités au jour le jour. Deux facilités permanentes, gérées de manière décentralisée par les banques centrales nationales, sont à la disposition des contreparties éligibles, qui peuvent y recourir de leur propre initiative.

1. On l'a vu au chapitre 12 : les taux d'intérêt de moyen et long termes sont des moyennes pondérées des taux d'intérêt à court terme anticipés. Une diminution du taux de réescompte, qui conduit les acteurs des marchés financiers à anticiper des taux d'intérêt à court terme plus faibles à l'avenir, induit une baisse des taux d'intérêt de long terme.

La première des deux facilités permanentes est la facilité de prêt marginal, que les contreparties peuvent utiliser pour obtenir des banques centrales nationales des liquidités au jour le jour contre des actifs éligibles. Le taux d'intérêt de la facilité de prêt marginal constitue normalement un plafond pour le taux d'intérêt du marché au jour le jour.

Les contreparties peuvent aussi utiliser la facilité de dépôt pour effectuer des dépôts au jour le jour auprès des banques centrales nationales. Le taux d'intérêt de la facilité de dépôt constitue normalement un plancher pour le taux du marché au jour le jour.

Les opérations d'*open market*. Le troisième et principal instrument de la politique monétaire consiste en l'achat et la vente d'obligations sur le marché financier, c'est-à-dire des opérations d'*open market*.

Les opérations d'*open market* de la Fed sont réalisées par l'Open Market Desk à New York et portent généralement sur des obligations du Trésor à court terme.

Quand la Fed achète des obligations, elle les paie en créant de la monnaie, ce qui augmente H ; quand elle en vend, elle diminue H en rachetant de la monnaie (voir le chapitre 5). À l'usage, la Fed a trouvé que les opérations d'*open market* étaient la façon la plus pratique et la plus flexible de modifier l'offre de monnaie banque centrale et donc de changer le taux d'intérêt. Ces opérations sont aujourd'hui le principal instrument de la politique monétaire des États-Unis.

Les opérations d'*open market* jouent également un rôle essentiel dans la politique monétaire de l'Eurosystème pour le pilotage des taux d'intérêt, la gestion de la liquidité bancaire et pour indiquer l'orientation de la politique monétaire. L'Eurosystème dispose de cinq types d'instruments pour effectuer les opérations d'*open market*. L'instrument le plus important est constitué par les opérations de cession temporaire (sous forme de pensions ou de prêts garantis). L'Eurosystème peut également recourir aux opérations fermes, à l'émission de certificats de dette, aux opérations d'échange de devises et aux reprises de liquidités en blanc. Les opérations d'*open market* sont exécutées à l'initiative de la BCE, qui choisit l'instrument à mettre en œuvre et fixe les modalités de ces opérations. Celles-ci peuvent s'effectuer par voie d'appels d'offres normaux, d'appels d'offres rapides ou de procédures bilatérales. Selon leur objectif, leur fréquence et les procédures utilisées, les opérations d'*open market* de l'Eurosystème peuvent être divisées en quatre catégories :

- les *opérations principales de refinancement* consistent en des opérations de cession temporaire destinées à fournir des liquidités de manière régulière, avec une fréquence hebdomadaire et une échéance de deux semaines. Ces opérations sont exécutées par les banques centrales nationales par voie d'appels d'offres normaux et selon un calendrier prédéfini. Les opérations principales de refinancement jouent un rôle pivot dans la poursuite des objectifs assignés aux opérations d'*open market* de l'Eurosystème et constituent le principal canal du refinancement du secteur financier ;
- les *opérations de refinancement à plus long terme* revêtent la forme d'opérations de cession temporaire destinées à fournir des liquidités, avec une fréquence mensuelle et une échéance de trois mois. Ces opérations sont exécutées par les banques centrales nationales par voie d'appels d'offres normaux et selon un calendrier prédéfini. Elles sont destinées à fournir aux contreparties un refinancement supplémentaire à plus long terme. En principe, l'Eurosystème n'entend pas émettre, à travers ces opérations,

des signaux à l'intention du marché ; il les met donc normalement en œuvre en retenant les taux de soumission qui lui sont proposés ;

- les *opérations de réglage fin* sont effectuées de manière *ad hoc* en vue de gérer la liquidité sur le marché et d'assurer le pilotage des taux d'intérêt, notamment pour atténuer l'incidence de fluctuations imprévues de la liquidité bancaire sur les taux d'intérêt. Les opérations de réglage fin prennent essentiellement la forme d'opérations de cession temporaire, mais peuvent également comporter des opérations fermes, des opérations d'échange de devises et des reprises de liquidités en blanc. Les instruments et procédures utilisés dans la conduite des opérations de réglage fin sont adaptés aux types de transactions et aux objectifs spécifiques visés. Ces opérations sont normalement exécutées par les banques centrales nationales par voie d'appels d'offres rapides ou de procédures bilatérales. Le Conseil des gouverneurs de la BCE décidera si, dans des circonstances exceptionnelles, des opérations de réglage fin bilatérales peuvent être mises en œuvre par la BCE elle-même ;
- de plus, l'Eurosystème peut mener des *opérations structurelles* en émettant des certificats de dette et en ayant recours à des opérations de cession temporaire ou à des opérations fermes. Ces opérations sont effectuées lorsque la BCE souhaite ajuster la position structurelle de l'Eurosystème vis-à-vis du secteur financier (sur une base régulière ou non). Les opérations de nature structurelle menées sous la forme d'opérations de cession temporaire et d'émissions de certificats de dette sont réalisées par les banques centrales nationales, par voie d'appels d'offres normaux. Les opérations structurelles sous la forme d'opérations fermes sont exécutées par le biais de procédures bilatérales.

24.6 L'action de la Banque centrale européenne

La conduite de la politique monétaire en zone euro

Dès la création de l'euro, en janvier 1999, la BCE s'est fixé comme objectif de stabiliser l'inflation à un niveau inférieur à 2 %. Nombre d'économistes ont considéré que cet objectif était trop bas. À l'interpréter en effet comme une cible d'inflation comprise entre 0 et 2 %, c'est-à-dire comme une cible moyenne d'environ 1 %, l'objectif expose tout d'abord certains pays de la zone euro à connaître une inflation nulle ou négative. En d'autres termes, un objectif *moyen* de 1 % fait courir un risque de déflation aux pays « les plus sages ». Qui dit déflation dit également risque cumulatif de dette trop élevée, comme cela s'est produit pendant la crise de 1929. À la suite, en partie, de ces critiques, la BCE a été amenée à donner une nouvelle interprétation de son objectif d'inflation : il faut entendre désormais proche, mais légèrement en deçà de 2 %, ce qui a été interprété comme une inflation comprise en moyenne entre 1,5 % et 2,5 %.

Le traité de Maastricht énonce l'objectif de la BCE de la manière suivante : « L'objectif principal du SEBC est de maintenir la stabilité des prix. Sans préjudice de l'objectif de stabilité des prix, le SEBC apporte son soutien aux politiques économiques générales dans la Communauté en vue de contribuer à la réalisation des objectifs de la Communauté, tels que définis à l'article 2. » En d'autres termes, pourvu que la « stabilité des prix » soit acquise, la BCE peut s'intéresser à la stabilisation macroéconomique. Le mandat de la Réserve fédérale américaine fait *a priori* peser un poids plus équilibré sur les deux objectifs : elle doit viser la stabilité des prix *et* le plein-emploi, et est jugée à l'aune de ces deux objectifs.

Selon un rapport du Conseil d'analyse économique rédigé par Patrick Artus et Charles Wyplosz, l'Eurosystème se caractérise par un degré d'indépendance qui est sans doute le plus élevé du monde. Les membres du SEBC ne reçoivent aucune instruction ; ils ne doivent pas se préoccuper des gouvernements (ce qui les protège d'une interférence avec la politique budgétaire) ; ils sont libres de fixer la stratégie et les objectifs sur lesquels ils s'engagent.

Au sein du Conseil des gouverneurs, qui prend les décisions, chaque membre a une voix, qu'il soit gouverneur de la banque centrale d'un grand ou d'un petit pays. Ainsi, les 400 000 Luxembourgeois ont un représentant dont le poids est identique à celui de l'Allemagne, qui compte 80 millions d'habitants.

Les banques commerciales restent supervisées par les banques centrales nationales. En France, c'est la Commission bancaire qui est en fait responsable de cette mission, accomplie en étroite collaboration avec la Banque de France.

La politique de la BCE repose, en théorie, sur deux piliers : un objectif de croissance de la masse monétaire et un objectif d'inflation. Pas une fois, pourtant, la BCE n'est parvenue à atteindre l'objectif de croissance de la masse monétaire qu'elle s'était fixé. Les résultats ont toujours dépassé les prévisions. Avec le temps, il est devenu évident que le pilier monétaire, héritage de la doctrine monétaire de la Bundesbank, n'est plus informatif.

L'objectif d'une inflation inférieure à 2 % a également été battu en brèche pendant les trois premières années qui ont suivi la mise en place de l'euro, en partie en raison du choc pétrolier qui s'est produit en 1999 et 2000. Fin 2001, néanmoins, le taux d'inflation de la zone euro était bel et bien à 2 %. L'inflation moyenne de la RFA, avant la création de l'euro, était de 3 % par an. Un taux inférieur à 1,5 % l'an n'a été obtenu, selon Charles Wyplosz, que sept fois au cours de ses quarante-quatre années d'existence. L'Allemagne est par ailleurs le pays de la zone euro où l'inflation moyenne a été la plus faible. L'écart type de l'inflation a été de 1,8 %, ce qui signifie qu'elle a en moyenne évolué dans une fourchette comprise entre 1 et 5 %.

Au-delà des déclarations formelles, la Bundesbank a en fait bel et bien pris en compte les variations de la conjoncture économique pour définir sa politique monétaire. Nombre d'études ont prouvé qu'elle n'était pas très éloignée de la poursuite de la règle de Taylor.

Pourrait-on améliorer la conduite de la politique monétaire ?

La Banque centrale européenne s'est donné des objectifs d'inflation explicites (moins de 2 %), alors que, dans le cas américain, l'objectif est implicite (on le dit inférieur à 3 %, mais ni Alan Greenspan, ni Ben Bernanke n'ont explicitement fixé un objectif d'inflation, ni même une règle de taux d'intérêt). Chacune des deux banques centrales s'assigne également des objectifs de croissance de la masse monétaire, même si ceux-ci sont plus indicatifs qu'effectifs.

Au-delà des objectifs quantitatifs, le plus important pour une banque centrale est de marier deux objectifs en théorie contradictoires : faire preuve de flexibilité quand les circonstances l'exigent et conserver la confiance des agents économiques, ce qui suppose que l'on ne s'écarte pas trop de règles de conduite clairement identifiées.

Lorsque Alan Greenspan a achevé son dernier mandat de gouverneur de la Fed, beaucoup d'économistes estimaient que la politique monétaire des États-Unis au cours des deux décennies précédentes avait été remarquable. Depuis le début des années 1980, la Fed avait utilisé la politique monétaire avec succès, d'abord pour atteindre et maintenir des niveaux faibles d'inflation, puis pour stabiliser le produit. Sans cible explicite d'inflation, Greenspan (président de la Fed de 1987 à 2006) a convaincu les marchés financiers que la Fed s'engageait à maintenir de faibles niveaux d'inflation. En même temps, il s'est servi des taux d'intérêt pour stabiliser l'activité quand c'était nécessaire. La forte baisse des taux d'intérêt au début des années 1990 a probablement réduit la gravité et la durée de la récession de 1990-1991. À la fin de l'année 1998, alors que l'incertitude associée à la crise asiatique semblait ruiner la confiance des consommateurs et des milieux d'affaires, une baisse du taux des fonds fédéraux a pu être largement interprétée comme un engagement de la part de la Fed de soutenir l'activité économique, si le besoin s'en faisait sentir. Cette baisse s'est révélée jouer un rôle central dans le retour à la confiance. En 2001, à nouveau, la Fed a fortement baissé le taux des fonds fédéraux, de 7 % à 2 % à la fin de l'année. Là encore, si la baisse n'a pas été suffisante pour éviter la récession, elle en a limité la profondeur et la durée. Tout au long de son mandat, Alan Greenspan a ainsi fait preuve d'un formidable pragmatisme, sans jamais faire douter les marchés de sa capacité à maîtriser l'inflation américaine.

Cette politique a toutefois été critiquée :

- d'une part, certains économistes prétendent qu'il ne serait pas sage de laisser la politique monétaire dépendre à ce point d'un seul individu, et pensent qu'il serait préférable que la Fed adopte une cible d'inflation explicite et débatte ouvertement d'une règle de taux d'intérêt ;
- d'autre part, la crise financière qui s'est déclenchée en 2007 et 2008 a conduit à nuancer l'appréciation de la politique monétaire menée par la Fed : en particulier, certains économistes pensent que la Banque centrale américaine aurait dû prendre en compte l'évolution du prix des actifs financiers ou de l'immobilier dans son objectif d'inflation, afin de lutter (en augmentant les taux d'intérêt) contre la formation de bulles sur certains marchés d'actifs, comme le marché immobilier. La possibilité pour les banques centrales de limiter la formation de bulles spéculatives sans entraver excessivement l'activité réelle est cependant un objet de débats entre économistes.

Gros plan

Les politiques monétaires en réponse à la crise financière : les mesures non conventionnelles

Pour lutter contre la réduction de l'activité qui a suivi la crise financière de 2007-2008, les banques centrales ont fortement diminué les taux d'intérêt. Le principal taux directeur de la Fed était, à la fin de 2012, à 0,25 %, et celui de la BCE à 0,75 %. Les possibilités de nouvelles réductions sont donc très limitées (le taux d'intérêt nominal ne peut pas être négatif), comme dans la situation de trappe à liquidité.

Face à cette limite sur la baisse du taux d'intérêt nominal, les banques centrales ont assoupli les conditions financières par des mesures dites « **non conventionnelles** ». Celles-ci ont pris des formes différentes pour chaque banque centrale (du fait des différences dans les systèmes financiers des pays), mais leur objectif était d'assouplir les conditions d'accès des banques commerciales à la liquidité (par exemple, en élargissant la liste des titres et créances que les banques commerciales peuvent apporter comme collatéraux aux banques centrales pour bénéficier de prêts, en allongeant la durée des prêts consentis au système bancaire, ou en donnant accès à des liquidités en dollars).

Gros plan

Aux États-Unis

La Fed a également cherché à réduire les taux d'intérêt longs, en achetant des bons du Trésor. Les mesures non conventionnelles de la Fed se sont appelées *quantitative easing* (QE), dont il y a eu trois phases. Lorsque a commencé la crise en 2008, la Fed avait déjà acquis un portefeuille important de plus de 600 milliards de dollars de bons du Trésor. En novembre 2010, elle a annoncé un nouveau programme de rachat (QE 2), pour un montant de 600 milliards. Une troisième étape (QE 3) a été franchie en septembre 2012, prévoyant un rachat mensuel de 40 milliards de dette immobilière titrisée (*mortgage-backed securities*).

Dans la zone euro

L'Eurosystème a beaucoup prêté aux banques afin de réduire les tensions sur les taux du marché interbancaire. Fin 2008, le montant total des refinancements accordés aux banques a dépassé 960 milliards d'euros, dont une partie en dollars, contre 450 milliards d'euros au total environ avant la crise.

Les modalités techniques d'adjudication ont été également profondément modifiées en octobre 2008 : les banques ont désormais accès aux prêts de l'Eurosystème en quantité illimitée à taux fixes. Ces changements, conjugués à la **baisse des taux directeurs** (abaissés à 1 % fin 2008, puis à 0,75 % en 2011), se sont traduits par une baisse considérable du taux payé par les banques. Cette mesure a été rendue nécessaire car, jusqu'à cette date, les banques étaient en concurrence pour l'accès à la monnaie centrale (le plus offrant étant servi en premier).

La Banque centrale européenne a ensuite lancé un programme appelé LTRO (*Long-Term Refinancing Operation*), fin 2011, permettant d'injecter des liquidités au système bancaire, pour une maturité de trois ans, à un taux de 1 %. Plus de 1 000 milliards d'euros ont été alloués par cette procédure, qui s'est en partie substituée aux opérations antérieures, notamment le MRO (*Main Refinancing Operation*).

Le SMP (*Securities Markets Programme*) est un programme de rachat de la dette souveraine, lancée par la BCE en mai 2010, dans le sillage du plan d'aide à la Grèce (voir la section 25.3 consacrée à la crise européenne). 210 milliards de dette souveraine ont été rachetés par ce canal. Le président de la Bundesbank, Axel Weber, et le chef économiste de la BCE, Jurgen Stark, ont démissionné, pour marquer – implicitement pour le premier, explicitement pour le second – leur désapprobation de ce programme, qu'ils considèrent dangereux pour la crédibilité de la Banque centrale européenne.

L'OMT (*Outright Monetary Transactions*) est un autre programme de rachat de la dette, annoncé en septembre 2012 et mettant fin au programme précédent, le SMP. Il prévoit la possibilité pour la BCE d'engager un programme de rachat potentiellement illimité de la dette souveraine, pour des maturités inférieures à trois ans et à condition que le pays bénéficie d'un prêt et se soumette aux dispositions du Mécanisme européen de stabilité. Comme pour le SMP, la BCE a indiqué que ces interventions seront « stérilisées », ce qui veut dire que l'offre de monnaie restera constante. Contrairement aux achats réalisés par le SMP, la BCE ne jouira pas d'un statut de créancier privilégié, elle sera traitée *pari passu* en cas de défaut (ce qui n'avait pas été le cas lors de la restructuration de la dette grecque).

Résumé

Sur le taux d'inflation optimal :

- Les principaux arguments pour un taux d'inflation de 0 % sont :
  1. l'inflation, combinée à un système fiscal imparfaitement indexé, conduit à des distorsions d'impôts ;
  2. en raison de l'illusion nominale, l'inflation conduit les entreprises et les agents à prendre de mauvaises décisions ;
  3. une inflation plus élevée implique spécifiquement une inflation plus variable, elle génère plus d'incertitude et gêne les décisions d'investissement pour les entreprises et les agents ;
  4. en tant que cible, la stabilité des prix présente une simplicité et une crédibilité dont sont dépourvues les cibles d'inflation positive.
- Il existe aussi des arguments en faveur du maintien d'un taux d'inflation faible, mais positif :
  1. les revenus de la croissance monétaire, le seigneuriage, permettent des impôts plus faibles par ailleurs. Cependant, cet argument n'est pas quantitativement significatif quand on compare une inflation nulle avec une inflation de 4 % ;
  2. une inflation courante et anticipée positive permet à la banque centrale de réaliser des taux d'intérêt réels négatifs, une option très utile en cas de récession ;
  3. une inflation positive permet aux entreprises d'opérer des baisses réelles de salaire quand il le faut, sans imposer de diminution du salaire nominal ;
  4. une baisse de l'inflation actuelle jusqu'à 0 % requiert une augmentation temporaire du chômage, et ce coût de transition pourrait excéder les bénéfices, quels qu'ils soient, d'un taux d'inflation nul.

Sur la conception de la politique monétaire :

- Une fois qu'une banque centrale a décidé du taux d'inflation qu'elle souhaite atteindre, elle fait face à deux choix : premièrement, choisir une cible de croissance monétaire ou bien une cible d'inflation ; deuxièmement, choisir avec quelle exactitude elle devra respecter la règle.
- En raison de déplacements dans la demande de monnaie, la relation entre la croissance de $M1$ et l'inflation n'est pas très étroite. Donc, poser une cible de croissance de $M1$ n'empêcherait pas d'importantes variations de l'inflation.
- Les taux de croissance des agrégats monétaires qui incluent la monnaie et d'autres actifs liquides, comme $M2$, suivent une évolution plus proche de celle de l'inflation. Mais la corrélation n'est toujours pas satisfaisante. De plus, ces agrégats plus larges ne sont pas sous le contrôle de la banque centrale.
- La règle de Taylor contient un raisonnement intéressant lorsqu'il s'agit de se poser la question du respect de la cible annoncée. La banque centrale doit modifier son taux d'intérêt pour répondre à deux facteurs : l'écart du taux d'inflation par rapport à la cible et l'écart du taux de chômage par rapport au taux de chômage naturel. Une banque centrale qui suit cette règle stabilisera l'activité et atteindra la cible d'inflation à moyen terme.

Sur les leçons à tirer de la crise :

- La situation de trappe à liquidité a conduit plusieurs pays à recourir à des instruments de politique monétaire non conventionnelle, comme l'assouplissement quantitatif ou l'assouplissement du crédit. L'effet de ces politiques passe par la modification des anticipations et par leur impact sur les taux d'intérêt autres que le taux d'intérêt nominal à court terme.
- La crise a montré qu'une inflation stable n'est pas une condition suffisante pour garantir la stabilité macroéconomique. Cela a poussé les banques centrales à développer les instruments de régulation macroprudentielle. En principe, de telles régulations peuvent aider à limiter les bulles, à contrôler l'expansion du crédit et à réduire les risques au sein du système financier. La connaissance reste limitée sur les moyens de les utiliser au mieux ; c'est l'un des défis de la politique monétaire aujourd'hui.

Sur la Fed :

- Le Système de réserve fédérale est composé de trois services : douze districts de réserve fédérale ; un Conseil des gouverneurs, comprenant sept membres, dont le gouverneur ; enfin le Comité fédéral des opérations d'*open market*, le FOMC, constitué des sept membres du Conseil et de cinq directeurs de banques de réserve fédérale de district. Les opérations d'*open market* sont le principal instrument de la politique monétaire. Les deux autres, les ratios obligatoires de réserves et la politique de réescompte, sont utilisées parcimonieusement.
- Une fois par an, le FOMC annonce des fourchettes de croissance des agrégats monétaires. Ces cibles servent de signal du cours général de la politique monétaire. La Fed, qui ne se considère pas liée par ces cibles, finit souvent en dehors des fourchettes prévues lorsque les circonstances l'exigent.
- Le FOMC fait le choix de la politique monétaire toutes les six semaines. Les décisions au jour le jour sont laissées au directeur de l'Open Market Desk à New York, en accord avec les membres du FOMC.
- La performance de la Fed sur les vingt dernières années a été très bonne : depuis le début des années 1980, sa politique monétaire a réussi à atteindre puis maintenir des faibles niveaux d'inflation, mais aussi à stabiliser le produit.

Sur la BCE :

- Le Système européen de banques centrales (SEBC) se compose de la Banque centrale européenne (BCE) et des banques centrales nationales des vingt-sept États membres de l'Union européenne. Le terme « Eurosystème » est utilisé pour désigner la BCE et les banques centrales des États membres ayant adopté l'euro. Les banques centrales des États membres ne participant pas à la zone euro font quant à elles partie du SEBC et jouissent d'un statut particulier : elles sont habilitées à conduire une politique monétaire nationale, mais ne prennent pas part à la prise des décisions concernant la politique monétaire unique de la zone euro, ni à leur mise en œuvre.
- La BCE prolonge l'action de la Bundesbank et ne s'écarte guère de la règle de Taylor. Ses premières années d'existence ont toutefois prouvé une certaine difficulté à « communiquer » avec les marchés.

Pour en savoir plus

Pour plus de détails sur les opérations de la Fed, lire Glenn Hubbard, *Money, the Financial System, and the Economy*, Addison-Wesley, 1997.

« Modern Central Banking », écrit par Stanley Fischer pour le 300e anniversaire de la Banque d'Angleterre (in Forrest Capie, Stanley Fischer, Charles Goodhart et Norbert Schnadt, *The Future of Central Banking*, Cambridge University Press, 1995) donne un bon aperçu des problèmes actuels des banques centrales.

Lire aussi « What Central Bankers Could Learn from Academics–and Vice-Versa », d'Alan Blinder, *The Journal of Economic Perspectives*, printemps 1997, p. 3-19.

Sur les cibles d'inflation, lire « Inflation Targeting: A New Framework for Monetary Policy? », de Ben Bernanke et Frederic Mishkin, *The Journal of Economic Perspectives*, printemps 1997, p. 97-116.

Sur la crise de ces dernières années, voir Olivier Blanchard, David Romer, Michael Spence et Joseph Stiglitz (éd.), *In the Wake of the Crisis–Leading Economists Reassess Economic Policy*, MIT Press, 2012.

Lire aussi Xavier Ragot, *Les Banques centrales dans la tempête*, Rue d'Ulm, « CEPREMAP », 2012.

Applications

1. Vrai/Faux/Incertain

a. L'argument le plus important en faveur d'un taux d'inflation positif dans les pays de l'OCDE est le seigneuriage.
b. La Fed devrait avoir pour cible la croissance de *M*2, car elle est fortement corrélée avec l'inflation.
c. Combattre l'inflation devrait être le seul objectif de la Fed.
d. Annoncer des cibles de croissance de la masse monétaire limiterait la flexibilité et donc l'utilité de la politique monétaire.
e. Nous obtiendrions exactement les mêmes résultats en remplaçant le gouverneur de la Fed par une règle de Taylor.
f. Plus l'inflation est élevée, plus le taux effectif d'imposition du revenu est fort.

2. Les déplacements de la demande de monnaie

Comment chacun des événements suivants modifierait-il les demandes de *M*1 et *M*2 ?

a. Les banques réduisent les pénalités (ou le manque à gagner) liées aux retraits prématurés sur les dépôts à terme.
b. Le gouvernement instaure une taxation sur les retraits aux distributeurs automatiques de billets.
c. Le Congrès américain décide d'imposer une taxe sur toutes les transactions portant sur des titres d'État à court terme.

3. Taux d'intérêt nominaux, inflation et impôts

Supposons que vous ayez contracté un emprunt hypothécaire de 50 000 euros. Considérons deux cas :

- l'inflation anticipée est nulle ; le taux d'intérêt nominal sur votre hypothèque est de 4 % ;
- l'inflation anticipée est de 10 % ; le taux d'intérêt nominal sur votre hypothèque est de 14 %.

a. Quel taux d'intérêt réel payez-vous sur votre emprunt dans chaque cas ?

b. Supposons que l'on puisse déduire les versements d'intérêts nominaux des revenus déclarés avant de payer l'impôt sur le revenu (comme c'est le cas aux États-Unis). Admettons que le taux d'imposition des revenus soit de 25 %. Ainsi pour chaque euro payé en intérêt, vous payez 25 *cents* de moins en impôts, ce qui revient à recevoir une subvention du gouvernement pour vos remboursements d'emprunts. Calculez dans chaque cas le taux d'intérêt réel effectif que vous payez sur cet emprunt en prenant en compte cette aide gouvernementale.

c. Discutez l'affirmation suivante : « Aux États-Unis, l'inflation est favorable à ceux qui sont propriétaires de leur maison. »

4. *M2* et *M1*

Supposons que la croissance de *M*1 soit très forte, mais que celle de *M*2 soit nulle. Devrait-on s'inquiéter de l'inflation ?

5. La politique monétaire en pratique

En utilisant l'équation 24.1, indiquez trois façons pour la politique monétaire de diminuer le taux d'intérêt d'équilibre, le niveau de produit étant donné. Dans chaque cas, expliquez le fonctionnement de l'opération.

6. Des taux d'intérêt réels négatifs

« Penser qu'avec la déflation les taux d'intérêt réels ne peuvent plus être négatifs est une erreur. La politique budgétaire peut diminuer les coûts de l'emprunt autant qu'elle le veut, en offrant des subventions aux emprunteurs. » Qu'en pensez-vous ?

7. Les cibles d'inflation

Beaucoup de pays ont instauré des cibles explicites d'inflation à respecter par les banques centrales. Supposons que la cible d'inflation soit π^* et que la courbe de Phillips corresponde à celle décrite dans le chapitre :

$$\pi_t = \pi_{t-1} + \alpha\,(u_t - u_n)$$

a. Si, à tout moment, la banque centrale réussit à respecter la cible d'inflation, cela conduit-il à des fluctuations importantes du chômage ?

b. Étant donné la réponse à la question a, tous les pays doivent-ils adopter des cibles d'inflation ?

Chapitre 25

La politique budgétaire : synthèse

Dans ce chapitre, nous ferons pour la politique budgétaire ce que nous avons fait au chapitre précédent pour la politique monétaire : résumer ce que nous avons appris, puis faire des liens entre différentes approches.

Revenons d'abord à ce que nous avons mis en évidence (l'encadré « Politique budgétaire : ce que nous avons appris » en fait un résumé plus détaillé) :

- dans le court terme, un déficit budgétaire (qui survient par exemple à la suite d'une baisse des impôts) accroît la demande et la production ;
- dans le moyen terme, la production revient à son niveau naturel. Le taux d'intérêt et la structure de la demande peuvent cependant différer. Le taux d'intérêt est plus élevé, l'investissement est plus faible ;
- dans le long terme, un investissement plus faible implique un stock de capital réduit, donc un niveau de production plus faible.

En établissant ces propositions, cependant, nous avons laissé de côté la contrainte budgétaire de l'État, c'est-à-dire la relation entre dette publique, déficit budgétaire et impôts. Le premier objet de ce chapitre est de combler cette lacune, et partant d'étudier la contrainte budgétaire de l'État et ses implications. Après l'avoir fait, nous examinerons un certain nombre de problèmes dans lesquels cette contrainte joue un rôle important, qui vont de l'idée selon laquelle le déficit public n'a pas d'effet réel aux dangers de l'accumulation d'une dette publique très élevée. Pour finir, nous reviendrons sur le Pacte de stabilité de la zone euro.

Gros plan

La politique budgétaire : ce que nous avons appris

- Au chapitre 6, nous avons analysé le rôle des dépenses publiques et des impôts dans la détermination de la demande et du produit dans le court terme. Nous avons vu comment, dans le court terme, une hausse des dépenses publiques comme une baisse des impôts ont un effet expansionniste sur l'activité. Nous avons également décrit les effets de court terme de la politique budgétaire sur le produit et le taux d'intérêt. Nous avons constaté qu'une politique budgétaire restrictive conduit à une baisse simultanée de la production et du taux d'intérêt. Enfin, nous avons vu que la politique monétaire et la politique budgétaire peuvent toutes deux être utilisées pour influencer la composition et le niveau de la production.

- Au chapitre 8, nous nous sommes intéressés aux effets de la politique budgétaire dans le moyen terme. Nous avons vu que, dans le moyen terme (en considérant que le stock de capital était fixé), les changements de politique budgétaire n'ont aucun effet sur la production et se reflètent simplement dans des changements de la structure des dépenses.

Gros plan

- Au chapitre 14, nous avons analysé les effets de court terme de la politique budgétaire, en prenant cette fois en compte le problème de la formation des anticipations. Nous avons étudié pourquoi les effets d'un changement de politique budgétaire dépendent des anticipations faites en matière de politique budgétaire future. Nous avons vu aussi pourquoi, dans certaines circonstances, un déficit budgétaire peut être expansionniste, même dans le court terme.
- Au chapitre 16, nous avons réexaminé les effets de la politique budgétaire dans une économie ouverte. Nous avons appris que la politique budgétaire a un impact à la fois sur la production et sur la balance commerciale et analysé les relations entre déficit budgétaire et déficit commercial. Nous avons vu que la politique budgétaire, combinée avec des réalignements de change, peut être utilisée pour modifier le niveau et la composition de la production.
- Au chapitre 17, nous avons considéré le rôle de la politique budgétaire dans une économie ouverte avec mobilité des capitaux. Nous avons appris que l'efficacité de la politique budgétaire est alors conditionnée par le régime de change. La politique budgétaire a des effets beaucoup plus importants sur le produit quand le change est fixe que quand il est flexible.
- Au chapitre 21, nous avons analysé les relations entre politique budgétaire, masse monétaire et inflation. Nous avons vu que les déficits budgétaires doivent être financés soit par l'emprunt, soit par la création monétaire. Quand la création monétaire est la principale source de financement du déficit, des déficits importants impliquent un fort taux de croissance de la masse monétaire et une inflation élevée.
- Au chapitre 23, nous avons étudié les problèmes auxquels sont confrontés les décideurs, de l'incertitude sur les effets de la politique aux problèmes d'incohérence temporelle. Nous avons discuté le problème de l'utilité de contraintes imposées aux décideurs.
- Dans ce chapitre, nous approfondirons les problèmes des décideurs en utilisant les implications de la contrainte budgétaire du gouvernement, puis nous aborderons quelques-uns des problèmes contemporains aux États-Unis et en Europe.

25.1 La contrainte budgétaire de l'État

Supposons que, à partir d'une situation où le budget est équilibré, le gouvernement décide de baisser les impôts, ce qui crée du déficit. Comment va réagir la dette ? Le gouvernement aura-t-il besoin d'accroître les impôts plus tard ? Si oui, de quel montant ?

Pour répondre à ces questions, nous devons commencer par définir le déficit budgétaire. Écrivons celui-ci à la date t comme :

$$\text{Déficit} = rB_{t-1} + G_t - T_t \qquad (25.1)$$

Toutes les variables sont écrites en termes réels. B_{t-1} est la dette publique à la fin de l'année $t - 1$, r est le taux d'intérêt, de sorte que rB_{t-1} est la charge de la dette pour l'année considérée. G_t représente les dépenses publiques de l'année. T_t correspond aux recettes fiscales moins les transferts. Le déficit budgétaire est donc égal aux dépenses, y compris la charge de la dette, moins les recettes fiscales nettes de transferts[1].

Remarquez deux caractéristiques de l'équation 25.1 :

- on mesure les paiements d'intérêt comme des paiements d'intérêt réels – le produit du taux d'intérêt réel par le volume de la dette, et non les paiements d'intérêt courants, c'est-à-dire nominaux. Comme nous le verrons dans l'encadré « Estimation de l'inflation et mesure des déficits », c'est la bonne façon de mesurer la charge de la dette. Cependant, les comptes nationaux se réfèrent au montant nominal de la dette : les mesures officielles de la dette sont donc incorrectes. La bonne mesure du déficit est parfois appelée « déficit ajusté de l'inflation » ;
- par souci de cohérence avec notre définition antérieure de G comme achats de biens et services, G ne comprend pas les dépenses de transferts. T est donc comptabilisé net de transferts. Ce ne sont là que des conventions comptables. Que les transferts soient ajoutés aux dépenses ou soustraits aux revenus ne modifie évidemment pas la mesure du déficit.

La contrainte budgétaire du gouvernement dit simplement que la *variation de la dette publique* est égale au *déficit de l'année en cours* :

$$B_t - B_{t-1} = \text{déficit}_t$$

Si le gouvernement est en situation de déficit, la dette publique croît. S'il bénéficie d'un surplus, sa dette diminue.

À l'aide de la définition du déficit, on peut réécrire cette équation :

$$B_t - B_{t-1} = rB_{t-1} + G_t - T_t \qquad (25.2)$$

La contrainte budgétaire du gouvernement relie l'évolution de la dette à son niveau initial et aux dépenses et revenus de la période courante.

Il est souvent pratique de décomposer le déficit en la somme de deux termes :

- les paiements d'intérêt sur la dette, rB ;
- la différence entre les dépenses et les revenus, $G - T$. Ce second terme est appelé « déficit primaire ».

En utilisant cette décomposition, on peut réécrire l'équation 25.2 sous la forme :

$$\overbrace{B_t - B_{t-1}}^{\text{Variation de la dette}} = \overbrace{rB_{t-1}}^{\text{Paiement d'intérêts}} + \overbrace{G_t - T_t}^{\text{Déficit primaire}}$$

soit encore, en réorganisant :

$$B_t = (1 + r)\, B_{t-1} + G_t - T_t \qquad (25.3)$$

La dette à la fin de l'année t est égale à $1 + r$ fois la dette à la fin de l'année précédente, plus le déficit primaire durant l'année t ($G_t - T_t$). Cette relation sera très utile par la suite.

1. Il ne faut pas confondre « déficit » et « dette ». La dette est un stock, ce que doit le gouvernement en raison du passé ; le déficit est un flux.

Gros plan

Estimation de l'inflation et mesure des déficits

Les mesures officielles du déficit budgétaire sont construites comme somme de la charge nominale de la dette (iB), des dépenses en biens et services (G), moins les impôts nets de transferts (T) :

$$\text{Mesure officielle du déficit} = iB + G - T$$

Cela évalue la variation de l'encours nominal de la dette. Si c'est positif, le gouvernement dépense plus qu'il ne reçoit et doit par conséquent émettre de nouveaux emprunts. Si c'est négatif, le gouvernement rembourse sa dette.

Mais ce n'est pas une bonne mesure de l'évolution réelle de la dette. Pour comprendre pourquoi, supposons que la mesure officielle de la dette soit zéro, de sorte que le gouvernement n'émet ni ne rembourse d'emprunts. Imaginons que l'inflation soit positive et vaille 10 %. Alors, à la fin de l'année, la valeur réelle de la dette a décru de 10 %. Si l'on définit le déficit comme la variation de la charge réelle de la dette, le gouvernement dispose en fait d'un excédent budgétaire égal à 10 % du niveau initial de la dette.

Plus généralement, si B est la dette et π l'inflation, la mesure officielle de la dette surévalue le déficit budgétaire d'un montant égal à πB. La bonne mesure du déficit est obtenue en soustrayant ce montant de la mesure officielle de la dette :

$$\begin{aligned}\text{Mesure exacte du déficit} &= iB + G - T - \pi B \\ &= (I - \pi)B + G - T \\ &= rB + G - T\end{aligned}$$

où r est le taux d'intérêt réel. La bonne mesure du déficit est donc la somme des intérêts réels et des dépenses publiques, moins les recettes fiscales nettes de transferts (remarquez que r étant le taux d'intérêt nominal moins le taux d'inflation observé, et non le taux d'intérêt nominal moins le taux d'inflation anticipé, devrait donc s'appeler plus justement le « taux d'intérêt réalisé »).

La différence entre la mesure officielle et la mesure ajustée de l'inflation est égale à πB. Ainsi, un taux d'inflation plus élevé ou un niveau de la dette plus important accroît l'erreur de mesure de la dette. Dans les pays où l'inflation et la dette publique sont importantes, la mesure officielle peut faire apparaître un très gros déficit, alors que, en fait, la dette publique diminue. Il faut donc toujours faire cet ajustement de l'inflation quand on veut juger de l'évolution budgétaire d'un pays.

La figure 1 montre les chiffres officiels et ajustés de l'inflation du déficit américain depuis 1969. Selon les chiffres officiels, un déficit apparaît tous les ans, de 1970 à 1997. La mesure ajustée de l'inflation indique cependant une alternance de déficits et d'excédents jusqu'à la fin des années 1970. En revanche, les deux mesures font apparaître l'aggravation des déficits dans les années 1980, leur diminution dans les années 1990, avant une nouvelle dégradation dans les années 2000. Aujourd'hui, avec une inflation de l'ordre de 1 à 2 % par an et un montant de la dette publique représentant environ 90 % du PIB, l'écart entre les deux mesures s'élève à environ 1 à 2 % × 90 %, soit 0,9 à 1,8 % du PIB.

Gros plan

Figure 1 – Déficit officiel et déficit ajusté de l'inflation aux États-Unis depuis la fin des années 1960.

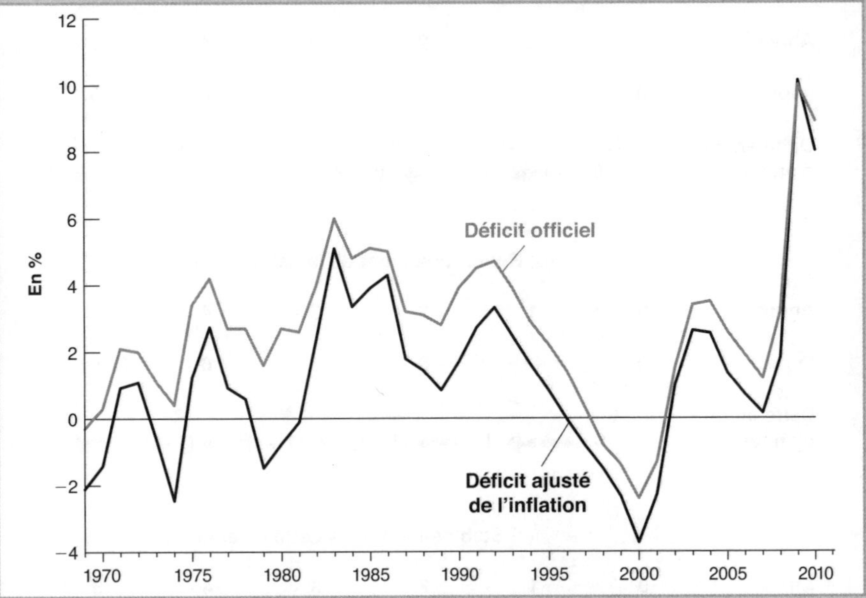

Impôts courants et impôts futurs

Examinons maintenant les implications d'une baisse pendant un an des impôts pour l'évolution subséquente des impôts et de la dette. Soit une situation où, jusqu'à l'année 1, le gouvernement a équilibré son budget, de sorte que la dette est nulle. À l'année 1, le gouvernement diminue les impôts, d'une unité, pendant un an. La dette à la fin de l'année 1 est donc égale à 1. Que se passera-t-il après cela ? Il nous faut considérer différentes possibilités.

Remboursement complet à l'année 2. Supposons que le gouvernement choisisse de solder sa dette au cours de l'année 2. De l'équation 25.3, on tire :

$$B_2 = (1 + r)\, B_1 + G_2 - T_2$$

Si la dette est entièrement soldée au cours de l'année 2, alors $B_2 = 0$. En remplaçant B_1 par 1 et B_2 par 0 dans l'équation précédente, on obtient :

$$T_2 - G_2 = 1 + r$$

Pour rembourser complètement la dette publique au cours de l'année 2, le gouvernement doit avoir un excédent budgétaire égal à $1 + r$. Il peut le faire de deux façons : une baisse des dépenses ou une hausse des recettes. On suppose ici que l'ajustement se fait à travers les impôts, de sorte que les dépenses ne sont pas modifiées. Il s'ensuit que la baisse de 1 des impôts l'année 1 doit être suivie d'une hausse de $1 + r$ des impôts dans la période 2[1]. L'évolution des impôts et des dettes correspondant à ce cas est donnée à la figure 25.1 (a).

1. Remboursement à l'année 2 : $T_1 \downarrow$ de $1 \Rightarrow T_2 \uparrow$ de $1 + r$.

Figure 25.1 – Réduction d'impôts, remboursement de la dette et stabilisation de l'endettement.

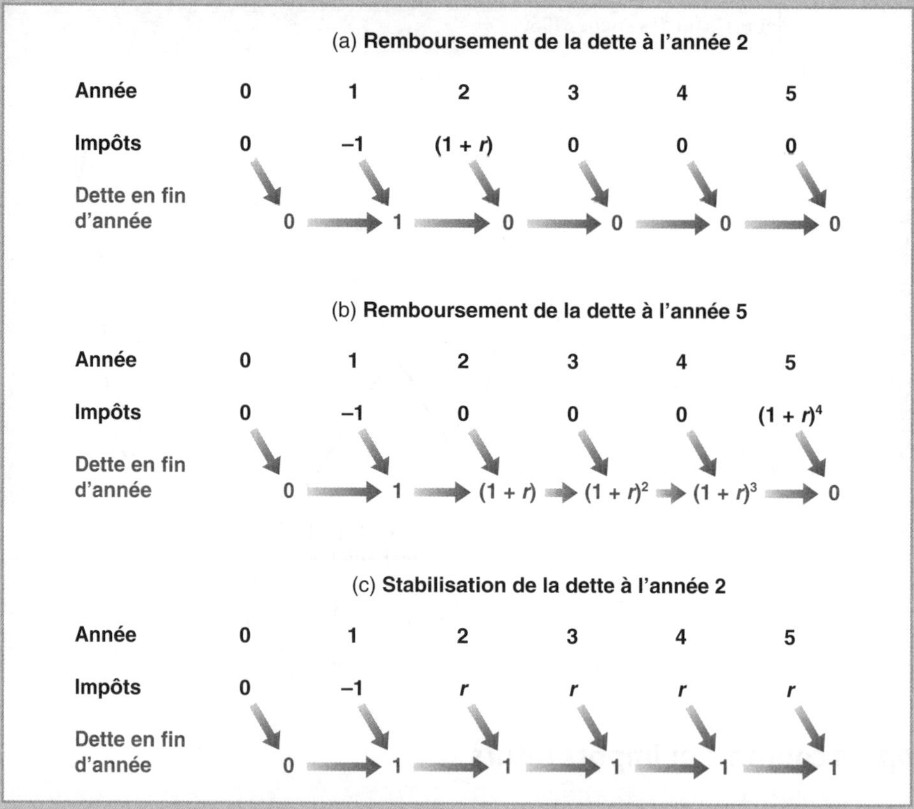

(a) Si la dette est intégralement remboursée l'année 2, la baisse des impôts de 1 à l'année 1 requiert une hausse des impôts de 1 + *r* l'année 2.

(b) Si la dette est remboursée à l'année 5, il faudra une hausse des impôts de $(1 + r)^4$ l'année 4.

(c) Si la dette est stabilisée à partir de l'année 2, alors les impôts doivent être supérieurs de *r* à partir de l'année 2, de manière permanente.

Remboursement à l'année *t*. Si le gouvernement décide de rembourser sa dette à l'année *t*, le déficit primaire est nul de l'année 2 à l'année $t - 1$ (les impôts sont égaux aux dépenses, intérêts de la dette non compris). Qu'est-ce que cela implique pour le niveau de la dette publique à l'année *t* ?

Au cours de l'année 2, le déficit primaire est nul. Par conséquent, l'équation 25.3 implique :

$$B_2 = (1 + r)\, B_1$$

avec $B_1 = 1$.

Comme le déficit primaire est nul à nouveau pendant l'année 3, la dette à la fin de l'année 3 est :

$$B_3 = (1 + r)\, B_2 = (1 + r)^2$$

Si l'on répète ce raisonnement pour l'année 4 et ainsi de suite, il est clair qu'aussi longtemps que le déficit primaire est nul, la dette croît au taux r. La dette à la fin de l'année $t - 1$ est donc :

$$B_{t-1} = (1 + r)^{t-2}$$

Quoique la réduction d'impôts n'ait eu lieu qu'une année, l'endettement continue à croître au cours du temps, à un taux égal au taux d'intérêt, parce que les paiements d'intérêt viennent s'ajouter au poids initial de la dette.

À l'année t, la contrainte budgétaire gouvernementale s'écrit :

$$B_t = (1 + r)\, B_{t-1} + (G_t - T_t)$$

Si la dette est complètement remboursée cette année-là, alors $B_t = 0$, et B_{t-1} est donné par son expression en fonction de r. On obtient :

$$0 = (1 + r)^{t-2}\,(1 + r) + (G_t - T_t)$$

En réorganisant, on obtient [1] :

$$T_t - G_t = (1 + r)^{t-1}$$

Pour rembourser la dette, il faut un surplus budgétaire égal à $(1 + r)^{t-1}$ à l'année t. Si l'ajustement transite par les impôts, il faudra une hausse d'impôts de ce montant. L'évolution des impôts et de la dette correspondant à ce cas de figure est donnée par la partie (b) de la figure 25.1 [2].

Cet exemple nous conduit à une première conclusion. Si la dépense reste inchangée, une baisse des impôts aujourd'hui implique une hausse des impôts futurs. Plus le gouvernement attend pour augmenter les impôts, ou plus le taux d'intérêt est élevé, plus la hausse des impôts sera importante.

Dette et surplus primaire

Nous avons supposé jusqu'à présent que le gouvernement rembourse complètement la dette. Examinons maintenant ce qui se passe s'il décide seulement de la stabiliser (c'est-à-dire de la maintenir constante en modifiant les impôts ou les dépenses).

Admettons que le gouvernement choisisse de stabiliser la dette à partir de l'année 2. Cela veut dire que la dette reste constante à partir de l'année 2.

L'équation 25.3 donne la contrainte budgétaire du gouvernement l'année 2 :

$$B_2 = (1 + r)\, B_1 + (G_2 - T_2)$$

Dans l'hypothèse où la dette est stabilisée en 2, $B_1 = B_2$. En remplaçant, on obtient :

$$1 = (1 + r) + (G_2 - T_2)$$

1. On ajoute les exposants.
2. Remboursement à l'année t : $T_1 \downarrow$ de 1 $\Rightarrow T_t \uparrow$ de $(1 + r)^{t-1}$.

en réorganisant :

$$T_2 - G_2 = r$$

Pour éviter une hausse de la dette, le gouvernement doit réaliser un surplus budgétaire de r, le montant des intérêts sur la dette existante. Il faut qu'il en fasse autant les années suivantes : chaque année, le surplus primaire doit couvrir les intérêts et laisser inchangé le niveau de la dette. Si c'est le cas, l'évolution de la dette et des impôts est représentée sur la partie (c) de la figure 25.1 : la dette reste fixée à 1, les impôts sont plus élevés à partir de l'année 2, d'un montant égal à r ou, de manière équivalente, de l'année 2 jusqu'à un horizon indéterminé, le gouvernement dispose d'un surplus égal à r[1].

La logique de cet argument s'étend simplement au cas où le gouvernement attendrait plusieurs années pour stabiliser la dette publique. Quel que soit le moment où il le fait, il lui faut alors générer un surplus égal aux intérêts sur la dette accumulée.

Cela nous conduit à notre seconde conclusion. L'héritage des déficits est un niveau élevé d'endettement. Pour stabiliser la dette publique, le gouvernement doit disposer d'un surplus primaire d'un montant égal aux intérêts sur la dette.

L'évolution du ratio dette/PIB

Nous avons porté attention jusqu'ici au niveau de la dette publique. Mais dans une économie où le produit croît au cours du temps, il est plus intéressant d'examiner le ratio de la dette au PIB. Pour voir en quoi ceci modifie notre analyse, il faut revenir à l'équation 25.3 pour obtenir une équation qui donne l'évolution du ratio de la dette.

Pour ce faire, divisons les deux côtés de cette équation par le PIB réel, Y_t, afin d'obtenir :

$$\frac{B_t}{Y_t} = (1+r)\frac{B_{t-1}}{Y_t} + \frac{G_t - T_t}{Y_t}$$

Réécrivons ensuite B_{t-1}/Y_t comme $(B_{t-1}/Y_{t-1})\,(Y_{t-1}/Y_t)$ (on multiplie en haut et en bas par Y_{t-1}) :

$$\frac{B_t}{Y_t} = (1+r)\left(\frac{Y_{t-1}}{Y_t}\right)\left(\frac{B_{t-1}}{Y_{t-1}}\right) + \frac{G_t - T_t}{Y_t}$$

Tous les termes de l'équation sont maintenant exprimés en termes de rapport au PIB (Y). On peut simplifier cette expression. Supposons que le taux de croissance du PIB soit constant et vaille g, de sorte que Y_{t-1}/Y_t est constant et vaut $1/(1+g)$[2]. À l'aide de l'approximation $(1+r)/(1+g) = 1 + r - g$, on peut réécrire cela sous la forme :

$$\frac{B_t}{Y_t} = (1+r-g)\left(\frac{B_{t-1}}{Y_{t-1}}\right) + \frac{G_t - T_t}{Y_t}$$

soit encore, en déplaçant à gauche le terme B_{t-1}/Y_{t-1} :

$$\frac{B_t}{Y_t} - \frac{B_{t-1}}{Y_{t-1}} = (r-g)\left(\frac{B_{t-1}}{Y_{t-1}}\right) + \frac{G_t - T_t}{Y_t} \qquad (25.4)$$

1. Stabilisation de la dette à compter de l'année 2 : $T_1 \downarrow$ de $1 \Rightarrow T_2, T_3, T_4 \ldots T_t \ldots \uparrow$ de r.
2. De $Y_t = Y_{t-1}(1+g)$, on tire $Y_{t-1}/Y_t = 1/(1+g)$.

La variation du ratio dette sur PIB est la somme de deux termes. Le premier est la différence entre le taux d'intérêt réel et le taux de croissance multiplié par le montant initial du ratio ; le second est le ratio du déficit primaire au PIB.

Comparez l'équation 25.4, qui donne l'évolution du ratio de la dette, à l'équation 25.2, qui donne l'évolution de la dette en volume. La différence est la présence de $r - g$ dans l'équation 25.4, alors que seul r apparaît dans 25.2. La raison en est simple : supposons que le déficit primaire soit nul. La dette en volume va croître au taux r, mais le rapport de la dette au PIB va croître plus lentement si le PIB augmente lui aussi, au taux g. Il va progresser au taux $r - g$[1].

L'évolution du ratio de la dette dans l'OCDE. L'équation 25.4 implique que la hausse du ratio de la dette sera d'autant plus importante que :

- le taux d'intérêt réel sera plus élevé ;
- le taux de croissance de l'économie sera plus faible ;
- le ratio initial de la dette sera plus élevé ;
- le ratio du déficit primaire au PIB sera plus élevé.

Cette liste est un guide utile pour analyser l'évolution du ratio de la dette dans les pays de l'OCDE depuis une quarantaine d'années[2].

- Les années 1960 ont été une décennie de forte croissance, si forte que le taux de croissance du PIB était supérieur en moyenne au taux d'intérêt dans de nombreux pays : $r - g$ était négatif, et la plupart des pays ont été capables de réduire leur dette sans avoir à accumuler des surplus primaires importants.
- Les années 1970 sont une décennie de faible croissance, mais de taux d'intérêt réels très faibles (parfois négatifs)[3] [4]. Ainsi, $r - g$ restait négatif en moyenne, et le résultat fut une nouvelle baisse des ratios d'endettement.
- Les années 1980 constituent une rupture. Les taux d'intérêt ont crû et les taux de croissance ont diminué. Pour éviter une hausse de leurs ratios d'endettement, les pays de l'OCDE auraient dû générer d'importants excédents budgétaires. Ils ne l'ont pas fait et les ratios d'endettement ont monté.
- Dans les années 1990, les taux d'intérêt réels sont restés élevés et les taux de croissance en général faibles. Il est donc devenu évident que, pour stabiliser leur endettement, les pays de l'OCDE n'avaient plus d'autre choix que de parvenir à générer de sérieux excédents budgétaires. La plupart des pays de l'OCDE l'ont fait. À la fin des années 1990, la majorité d'entre eux ont un excédent budgétaire assez important pour conduire à une baisse de leur ratio d'endettement.

1. Si deux variables croissent à des taux r et g respectivement, alors leur rapport croît au taux $r - g$.
2. L'OCDE comprend la plupart des pays riches (voir le chapitre 1).
3. Les taux nominaux étaient élevés dans les années 1970, mais le taux d'inflation l'était encore plus, si bien que les taux d'intérêt réels étaient négatifs.
4. Années 1960 : g élevé, r bas $\Rightarrow B/Y \downarrow$.
   Années 1970 : g plus faible, r très faible $\Rightarrow B/Y \downarrow$.
   Années 1980 : g faible, r élevé $\Rightarrow B/Y \uparrow$.
   Années 1990 : g faible, r élevé, surplus primaire $> 0 \Rightarrow B/Y \uparrow$.

- En réponse à la récession engendrée par la crise financière de la fin des années 2000, les gouvernements ont accru les déficits publics, ce qui a conduit à accroître à nouveau les ratios d'endettement, déclenchant une crise européenne (que nous analysons plus loin).

25.2 Quatre questions de politique budgétaire

Après avoir décrit la contrainte budgétaire de l'État, nous pouvons examiner quatre questions dans lesquelles son rôle est important.

L'équivalence ricardienne

Comment la prise en compte de la contrainte budgétaire de l'État influe-t-elle sur la façon dont il faut concevoir les effets du déficit sur la production ?

On pourrait répondre de façon radicale en disant que lorsque cette contrainte est prise en compte, ni le déficit ni la dette publique ne devraient avoir d'effets sur l'activité ! Cette proposition est connue sous le nom d'**équivalence ricardienne**. David Ricardo, un économiste anglais du XIXe siècle, a été le premier à l'énoncer. Son argument a été formalisé et développé dans les années 1970 par Robert Barro, alors professeur à Chicago (il enseigne actuellement à Harvard) [1].

La meilleure façon de comprendre la logique de cette proposition est d'utiliser l'exemple de réduction d'impôts développé dans la première partie (section 25.1). Supposons que le gouvernement diminue les impôts de 1 cette année et annonce qu'il remboursera sa dette l'année prochaine en augmentant les impôts de $1 + r$. Quel sera l'effet de cette mesure sur la consommation ? Une réponse plausible : aucun. Pourquoi ? Parce que les consommateurs comprennent que la réduction d'impôts crée un déficit qui, pour être remboursé, va nécessiter une hausse d'impôts, exactement égale en valeur actualisée à la valeur de la baisse d'impôts en période courante. Leur capital humain [2] (la valeur actualisée du revenu du travail après impôts) n'est donc pas touché.

Les impôts en période courante baissent de 1, mais la valeur actualisée des impôts de l'année prochaine croît de $(1 + r)/(1 + r) = 1$: l'effet net de cette mesure est donc nul.

On peut obtenir le même résultat en analysant les comportements d'épargne plutôt que de consommation. Dire que les consommateurs ne modifient pas leur plan de consommation quand les impôts baissent revient à dire que l'épargne privée croît dans la proportion de 1 pour 1 avec le déficit. L'équivalence ricardienne affirme donc que si un gouvernement finance ses dépenses par le déficit, l'épargne privée va croître du même montant, d'où un niveau d'épargne globale inchangé. Le montant disponible pour l'investissement est de fait invariant. Au cours du temps, la mécanique induite par la contrainte budgétaire gouvernementale implique que l'endettement public croît. Mais cela n'a pas d'effet sur la formation de capital.

1. Alors que Ricardo, tout en exposant la logique de l'argument, pensait qu'il ne décrivait pas bien la réalité, au contraire, Barro estime non seulement qu'il est logiquement correct, mais aussi empiriquement vérifié.
2. Voir le chapitre 13 pour une définition.

Selon l'hypothèse d'équivalence ricardienne, la longue suite de déficits et la hausse des ratios d'endettement qui ont caractérisé l'OCDE pendant les vingt dernières années ne posent pas de problèmes particuliers. Au fur et à mesure que les gouvernements désépargnaient, les ménages devaient épargner plus dans l'attente des hausses d'impôts futures. La baisse de l'épargne publique doit avoir été contrebalancée par une hausse de même montant de l'épargne privée. L'épargne totale et l'investissement sont restés inchangés. Les économies de l'OCDE ont aujourd'hui le même stock de capital que si elles n'avaient pas connu de déficits. L'endettement n'est pas une source de difficulté éventuelle.

Quelle pertinence accorder à la proposition ricardienne ? La plupart des économistes répondraient : « Beaucoup, mais pas assez pour penser que les déficits et l'endettement sont neutres. » Un thème essentiel de ce livre a été de montrer que les anticipations comptent, que les décisions de consommation ne dépendent pas seulement du revenu courant mais aussi du revenu futur. S'il était généralement accepté qu'une baisse des impôts aujourd'hui doive être suivie d'une hausse l'an prochain, l'effet sur la consommation serait sans doute faible.

Beaucoup de consommateurs épargneraient leur revenu supplémentaire dans l'attente des hausses d'impôts.

Les réductions d'impôts surviennent cependant rarement en même temps que l'annonce d'une hausse d'impôts l'année suivante. Les consommateurs doivent deviner quand et de combien les impôts seront augmentés.

Cela n'invalide pas en soi l'argument ricardien. Peu importe quand les impôts augmenteront, la contrainte budgétaire gouvernementale implique encore que la valeur présente des impôts futurs doit être égale à la baisse des impôts en période courante. Prenez le deuxième exemple que nous avons vu à la section 25.1 (représenté dans la partie b de la figure 25.1), dans lequel le gouvernement attend t années pour rembourser sa dette et doit donc accroître les impôts de $(1 + r)^{t-1}$. La valeur actuelle à l'année 0 de cette hausse d'impôts est 1 (exactement égale à la baisse d'impôts initiale) [1]. La variation de la richesse est ainsi toujours égale à 0.

Mais dans la mesure où les impôts futurs sont plus lointains et plus incertains, les consommateurs sont tout à fait susceptibles de les ignorer. Cela peut arriver parce qu'ils pensent être morts d'ici là, ou bien parce qu'ils ne se projettent pas assez dans le futur. Dans les deux cas, l'équivalence ricardienne n'est plus vérifiée.

Il est donc prudent de conclure que les déficits ont des effets sur l'activité. Dans le court terme, ils conduisent à une plus forte demande et à une hausse de la production. Dans le long terme, une dette publique élevée réduit l'accumulation du capital et diminue la valeur du produit.

Déficits, stabilisation du PIB et déficit structurel

Le fait que les déficits aient des effets négatifs de long terme sur l'accumulation du capital et la production n'implique pas qu'ils ne doivent pas être utilisés pour la stabilisation

1. La hausse des impôts dans t années est $(1 + r)^{t-1}$. Le facteur d'escompte pour 1 euro dans t années est $1/(1 + r)^{t-1}$. La valeur actuelle de la hausse d'impôts future est donc 1.

de la production [1]. Cela signifie plutôt que les déficits dans les périodes de récession devraient être contrebalancés par des excédents en période d'expansion, pour éviter une hausse de la dette [2].

Pour évaluer la politique économique, des économistes ont construit des indicateurs qui permettent d'estimer ce que serait l'équilibre budgétaire, avec des dispositifs de dépenses et des règles fiscales inchangés, si la production était à son niveau d'équilibre. Un tel estimateur permet d'évaluer le déficit ajusté pour le cycle. Nous l'appellerons par la suite le **déficit structurel** (terme employé par l'OCDE). Une telle mesure donne un point de référence pour juger de l'orientation de la politique budgétaire : si le déficit courant est élevé mais le déficit structurel nul, la politique budgétaire courante est cohérente avec un objectif d'équilibre budgétaire. La dette va croître aussi longtemps que la production est en dessous de son niveau naturel, mais lorsqu'elle y retournera, elle se stabilisera.

Cela n'implique pas que le but des décideurs devrait être de maintenir un déficit structurel nul en permanence. Au cours d'une récession, un gouvernement peut souhaiter avoir un déficit supérieur à ce niveau, de telle sorte que même le déficit structurel sera positif. Dans ce cas, qu'il soit en effet positif est un avertissement très clair. Même revenue au niveau naturel de production, la dette ne sera pas stabilisée, et le gouvernement devra prendre des mesures spécifiques pour la réduire.

Si la théorie qui sous-tend le calcul d'un déficit structurel est simple, la pratique s'est révélée difficile. Pour voir pourquoi, nous avons besoin d'examiner comment sont construites les mesures du déficit structurel. Cette construction requiert deux étapes. Premièrement, il faut établir à quel point le déficit serait plus faible si la production était plus élevée, disons, de 1 %. Deuxièmement, il faut estimer le niveau naturel de production.

La première étape est naturelle. Une règle passablement fiable est que lorsque le PIB baisse de 1 %, le déficit croît de 0,5 %. Cette hausse se produit parce que la plupart des impôts sont proportionnels à la production, alors que la majorité des dépenses publiques ne sont pas sensibles à l'*output*. Cela implique qu'une baisse de la production, qui conduit à une baisse des recettes fiscales et n'a qu'un faible impact sur les dépenses, va accroître le déficit. Si la production est 5 % en dessous de son niveau naturel, le déficit courant sera plus élevé que le déficit structurel, à hauteur d'environ 2,5 % du PIB (cet effet du déficit sur l'activité est appelé « effet de stabilisation automatique » : une récession génère mécaniquement un déficit et donc une expansion budgétaire qui favorise la reprise).

La seconde étape est plus complexe. Au chapitre 5, nous avons défini le produit naturel comme le niveau de production qui serait réalisé si l'économie était au niveau de chômage structurel. Une estimation trop faible du chômage structurel conduira à une mesure trop élevée du produit naturel et donc à une estimation trop optimiste du déficit structurel. Cela explique en partie ce qui s'est passé en Europe dans les années 1980 [3]. Fondés sur l'hypothèse d'un taux de chômage structurel invariant, les déficits ajustés pour le cycle

---

1. Remarquez l'analogie avec la politique monétaire : le fait qu'une hausse du taux de croissance de la masse monétaire entraîne une hausse de l'inflation dans l'avenir n'implique pas que cet instrument ne doive jamais être utilisé pour la stabilisation du produit.
2. Puisque nous faisons abstraction de la croissance dans cette section, on peut donc ignorer la distinction entre la stabilisation de la dette et la stabilisation du ratio de la dette sur le PIB.
3. Voir la discussion de la section suivante sur les ratios d'endettement public en Europe.

ne semblaient pas excessifs dans les années 1980. Si l'Europe était retournée au niveau de chômage des années 1970, la hausse de la production aurait été suffisante pour rééquilibrer les budgets de la plupart des pays européens. Mais il s'avéra qu'une grande partie de la hausse du chômage reflétait une hausse du taux de chômage naturel, et le chômage resta très élevé tout au long des années 1980 [1]. La plus grande partie de la décennie fut par conséquent caractérisée par de gros déficits et une hausse des ratios d'endettement.

Guerres et déficits

Les guerres suscitent en général de gros déficits. Comme nous l'avons vu au chapitre 23, les deux plus fortes hausses de la dette publique américaine au XXe siècle se produisirent durant les deux guerres mondiales [2]. Nous examinons plus en détail le cas de la guerre de 1939-1945 dans l'encadré intitulé « Déficit, consommation et investissement aux États-Unis pendant la Seconde Guerre mondiale ».

Les gouvernements ont-ils raison de s'appuyer à ce point sur les déficits pour financer les guerres ? Après tout, les économies de guerre connaissent en général un chômage très faible, de sorte que les considérations en termes de stabilisation de la production ne s'appliquent évidemment pas. La réponse, cependant, est oui. En fait, il y a deux bonnes raisons pour qu'il y ait des déficits en temps de guerre. La première relève d'un souci de redistribution : le financement par le déficit fait peser sur plusieurs générations le poids de la guerre, ce qui semble juste. La seconde est plus purement économique : le déficit permet de réduire les distorsions fiscales.

Nous allons examiner les deux arguments.

Répartir le fardeau de la guerre. Les guerres entraînent de fortes hausses des dépenses publiques. Considérons les implications de ces hausses dans les deux cas envisageables : financement par l'impôt ou par l'emprunt. Pour distinguer ce problème du précédent, nous supposerons que la production est fixée à son niveau naturel.

Imaginons que le gouvernement s'appuie essentiellement sur l'emprunt. Au fur et à mesure que les dépenses croissent, il y aura une forte hausse de la demande de biens. Étant donné notre hypothèse, qui implique que la production n'augmente pas, les taux d'intérêt vont devoir suffisamment croître pour maintenir l'équilibre. L'investissement, qui dépend du taux d'intérêt, va diminuer fortement.

Supposons au contraire que le gouvernement se repose sur l'augmentation des impôts. La consommation va diminuer drastiquement. De combien exactement, cela dépend des anticipations des consommateurs : plus ils pensent que la guerre va durer, plus ils s'attendent à devoir payer longtemps un supplément d'impôts, plus la consommation va diminuer. Dans tous les cas, la hausse des dépenses publiques va être compensée par une baisse de la consommation privée. Les taux d'intérêt croîtront moins que dans l'hypothèse précédente, et l'investissement diminuera moins.

En résumé, pour un niveau donné de production, la hausse des dépenses publiques nécessite une baisse soit de la consommation, soit de l'investissement. Que le gouvernement

1. Voir la discussion sur le chômage en Europe au chapitre 22.
2. Voir les deux pics associés aux deux guerres mondiales à la figure 23.4 (a).

s'appuie plus ou moins sur le déficit ou sur les impôts détermine la répartition de l'ajustement entre ces deux variables[1].

Comment cela influence-t-il la répartition du fardeau de la guerre ? Plus le gouvernement s'appuie sur les déficits, plus la baisse de la consommation est faible et la baisse de l'investissement importante. Un investissement plus faible signifie un stock de capital réduit après la guerre et donc un niveau de production plus faible. En réduisant l'accumulation du capital, le déficit transfère ainsi une partie du poids économique de la guerre aux générations futures.

Réduire les distorsions fiscales. Un autre argument défend les déficits, pas uniquement en période de guerre mais, plus généralement, quand les dépenses publiques sont exceptionnellement élevées. Par exemple, on peut penser aux dépenses de reconstruction après un tremblement de terre ou aux coûts de la réunification en Allemagne[2].

L'argument est le suivant : si le gouvernement augmentait les impôts en même temps que les dépenses, les taux d'imposition pourraient être très élevés. Des taux d'imposition trop forts conduisent à des distorsions importantes. Face à des taux d'imposition très élevés, les gens travaillent moins, ou illégalement. Plutôt que d'ajuster les taux d'imposition pour équilibrer le budget, il est préférable de maintenir un taux d'imposition à peu près constant, pour lisser l'imposition fiscale. Le lissage fiscal implique de gros déficits quand les dépenses sont exceptionnellement élevées et de faibles excédents ensuite.

Gros plan

Déficit, consommation et investissement aux États-Unis pendant la Seconde Guerre mondiale

En 1939, le poids des dépenses publiques dans le PIB américain était de 15 %. En 1944, il atteignait 45 % ! Cette hausse était imputable aux dépenses militaires, qui passèrent de 1 % du PIB en 1936 à 36 % en 1944.

Face à une telle hausse des dépenses, le gouvernement américain réagit en augmentant massivement les impôts. Pour la première fois dans l'histoire américaine, l'impôt sur le revenu devint une source majeure de recettes fiscales, en passant de 1 % du PIB en 1939 à 8,5 % en 1944. Mais la hausse des impôts était encore bien plus faible que celle des dépenses. La hausse des recettes fiscales du gouvernement fédéral, de 7,2 % à 22,7 % du PIB de 1939 à 1944, ne représentait qu'un peu plus de la moitié de la hausse des dépenses.

Le résultat de cette situation fut une suite de gros déficits. En 1944, le déficit fédéral atteignait 22 % du PIB. Le ratio d'endettement, déjà élevé en 1939, à 53 % du PIB, à la suite des déficits engendrés par la crise des années 1930, atteignait 110 %.

La hausse des dépenses publiques se fit-elle aux dépens de la consommation privée ou de l'investissement ? (Comme nous l'avons vu au chapitre 15, elle pourrait provenir en principe d'un déficit commercial lié à une hausse des importations. Mais les États-Unis n'avaient personne à qui emprunter pendant la guerre. En fait, ils prêtaient à leurs alliés : les transferts du gouvernement américain à ses alliés s'élevaient à 8 % du PIB en 1945.)

1. Si l'économie est fermée alors $Y = G + C + I$. Si G croît et que Y reste constant, alors $C + I$ doit diminuer.
2. Voir l'encadré consacré à la réunification allemande au chapitre 17.

La hausse de 30 % du PIB des dépenses publiques fut contrebalancée en grande partie par une baisse de la consommation privée de 23 % du PIB (de 74 % à 51 %). Une part de cette baisse de la consommation privée pourrait être le résultat d'anticipations de hausse des impôts après la guerre, et le patriotisme joua sans doute également un rôle en incitant les ménages à épargner plus afin d'acheter des bons du Trésor émis par le gouvernement pour financer la guerre. Mais la hausse des dépenses publiques fut aussi contrebalancée par une baisse de 6 % de l'investissement (en pourcentage du PIB), de 10 % à 4 %. Une partie du poids de la guerre fut donc supportée par les générations d'après-guerre, par le biais d'une accumulation de capital plus faible.

Les dangers de l'endettement excessif

Nous avons mis en évidence deux sources de coûts de l'endettement public : réduction de l'accumulation du capital et distorsions fiscales. L'expérience plus récente de certains pays très endettés en suggère une autre : un endettement trop élevé conduit à un cercle vicieux qui rend la conduite de la politique budgétaire très difficile.

Pour voir pourquoi, il faut revenir à l'équation 25.5 qui donne l'évolution du ratio de la dette :

$$\frac{B_t}{Y_t} - \frac{B_{t-1}}{Y_{t-1}} = (r-g)\left(\frac{B_{t-1}}{Y_{t-1}}\right) + \frac{G_t - T_t}{Y_t}$$

Soit un pays qui a un ratio d'endettement très élevé, disons 100 %. Supposons que le taux d'intérêt réel soit de 3 %, le taux de croissance de 2 %. Le premier terme à droite vaut donc 1 % du PIB. Si le gouvernement a un surplus primaire de 1 %, le ratio d'endettement est stable.

Maintenant, supposons que les investisseurs réclament un taux d'intérêt plus élevé pour détenir des titres d'État. Cela peut se produire parce qu'ils pensent que le gouvernement n'est plus capable de maintenir le déficit sous contrôle et risque donc de ne plus pouvoir honorer ses dettes dans le futur. La raison exacte ne joue pas ici. La cause peut être totalement irrationnelle ! Pour fixer les idées, supposons que le taux d'intérêt croisse, par exemple jusqu'à 6 %.

Considérons la nouvelle situation budgétaire : $r - g$ vaut maintenant 4 %, le gouvernement doit donc accroître son excédent budgétaire jusqu'à 4 % simplement pour maintenir le ratio d'endettement constant. Il est par conséquent menacé d'un cercle vicieux d'endettement.

Supposons que le gouvernement prenne des mesures exceptionnelles pour réduire le ratio d'endettement. La baisse des dépenses publiques ou la hausse des impôts vont être politiquement coûteuses et créer de l'incertitude, ce qui à son tour exerce une tension sur les taux d'intérêt. La contraction budgétaire est également susceptible de déboucher sur une récession, qui diminuera le taux de croissance. La hausse du taux d'intérêt et la baisse du taux de croissance concourent également à accroître $r - g$, ce qui rend la stabilisation de la dette plus difficile.

Alternativement, on peut supposer que le gouvernement est incapable ou peu désireux d'accroître l'excédent budgétaire de 3 %. La dette croît, et les marchés vont alors réclamer un taux d'intérêt encore plus élevé. Le nouveau taux d'intérêt creuse le déficit, et ainsi de suite.

En résumé, plus le taux d'endettement public est élevé, plus une dynamique explosive de la dette devient probable. Même non fondée, la simple peur que le gouvernement puisse ne pas honorer sa dette peut facilement devenir **autoréalisatrice** : en accroissant le taux d'intérêt imposé au gouvernement, elle peut lui faire perdre le contrôle de son budget et conduire à une hausse de la dette telle que le gouvernement est incapable de l'assumer, ce qui confirme les craintes initiales.

Cela doit, à juste titre, vous rappeler notre précédente discussion sur les crises de change et la possibilité de crises autoréalisatrices [1]. Les mêmes mécanismes sont à l'œuvre : des anticipations pessimistes peuvent suffire à générer un problème, qui les confirme *ex post*. En fait, dans certaines crises, les deux mécanismes sont impliqués. Dans la crise brésilienne de 1998, les craintes quant à la dévaluation du real (la monnaie brésilienne) forcèrent le Brésil à accroître ses taux d'intérêt jusqu'à des niveaux très élevés. Ces taux d'intérêt conduisirent à des déficits beaucoup plus importants ; ils soulevèrent le problème de la capacité à soutenir la dette et contribuèrent finalement à de nouvelles hausses des taux d'intérêt. Au bout du compte, le gouvernement brésilien n'eut pas d'autre choix que de dévaluer, ce qu'il fit début 1999.

Si un gouvernement décide que l'endettement public est trop élevé, comment et à quelle vitesse doit-il le réduire ? Réponse : avec de longues années d'excédents budgétaires. La référence historique est ici l'Angleterre au XIXe siècle. À la fin des guerres napoléoniennes, au début des années 1800, le Royaume-Uni avait un taux d'endettement public de plus de 200 %. Cette dette fut graduellement remboursée pendant la plus grande partie du XIXe siècle, de sorte qu'en 1900, le taux n'était plus que de 30 %.

La perspective de plusieurs décennies d'austérité budgétaire semble déplaisante et, quand l'endettement public est élevé, une autre solution peut apparaître plus agréable : la **répudiation de la dette**. L'argument est simple. Répudier la dette – en abandonner tout ou partie – est bon pour l'économie : cela permet une baisse des impôts, amenuise les distorsions fiscales et éloigne le risque de cercle vicieux. Se pose cependant le problème de l'incohérence temporelle que nous avons analysé au chapitre 23. Si le gouvernement renie une fois sa promesse de rembourser, il lui sera difficile d'emprunter à nouveau : les marchés financiers se souviendront du précédent et hésiteront à prêter. Ce qui semble le mieux aujourd'hui peut se révéler désastreux dans le futur. La répudiation de la dette est un dernier recours à n'employer que quand tout le reste a échoué.

Pour résumer, nous avons étudié quatre grands problèmes de politique budgétaire :

- d'abord, *l'équivalence ricardienne*, qui affirme qu'une hausse du déficit sera compensée par une hausse égale de l'épargne, de sorte que le déficit devrait être sans effet sur la demande et la production. Nous en avons conclu que l'équivalence ricardienne n'était pas vérifiée et que les déficits diminuent l'accumulation du capital et la croissance dans le long terme ;

1. Les crises de change ont été étudiées au chapitre 18.

- ensuite, *l'utilisation de déficits structurels* (ajustés pour le cycle), qui mesurent ce que serait le déficit si, selon les règles fiscales et les programmes de dépenses existants, la production était à son niveau naturel. Si le déficit structurel est positif, cela signifie qu'il faudra inévitablement modifier les règles fiscales ou les programmes de dépenses ;
- troisièmement, *l'utilisation des déficits en temps de guerre*. Nous avons vu que générer des déficits pendant la guerre fait peser une partie du coût de la guerre sur l'après-guerre. Les déficits permettent aussi de lisser l'imposition et de réduire les distorsions ;
- enfin, *les dangers de l'endettement excessif*. Nous avons remarqué qu'un taux d'endettement élevé non seulement réduit l'accumulation du capital et génère des distorsions fiscales, mais encore accroît le risque de crises budgétaires, au cours desquelles des taux d'intérêt élevés conduisent à de gros déficits, qui eux-mêmes contribuent à la hausse des taux d'intérêt.

25.3 La crise de la dette européenne

La crise de la dette souveraine dans la zone euro commença en Grèce, à l'automne 2009. Le gouvernement nouvellement élu de Geórgios Papandréou découvrit un déficit beaucoup plus important que prévu. Après plusieurs révisions, il fut établi que le déficit grec s'éleva à 15,5 % du PIB. Au cours des six mois qui suivirent, la Grèce perdit progressivement l'accès aux marchés financiers. Plusieurs plans de sauvetage furent proposés par les autres pays européens : un plan de 110 milliards le 2 mai 2010, puis un autre de 130 milliards en février 2012. Une restructuration de la dette détenue par les créanciers privés fut également conclue en février 2012, réduisant de moitié les engagements grecs. Pourtant, la sévérité de la crise, en partie entretenue par les plans de rigueur engagés par les gouvernements successifs, fit peser une hypothèque lourde sur la dette contractée par la Grèce à l'égard de ses partenaires publics de la zone euro.

Deux autres pays entrèrent en crise, dans la foulée de la crise grecque : l'Irlande et le Portugal. La crise de 2008 entraîna l'éclatement de la bulle immobilière irlandaise, mettant en péril le système bancaire du pays. Sous l'effet des besoins nés de la recapitalisation de son secteur bancaire, le solde budgétaire irlandais enregistra un déficit de 32 % en 2010, alors qu'il était en excédent en 2007. Le 29 novembre 2010, le gouvernement irlandais reçut un plan de soutien des autres pays européens d'un montant de 85 milliards d'euros.

Le Portugal fut le troisième pays de la zone euro à perdre l'accès aux marchés financiers et à devoir demander l'assistance des autres pays européens. Le Portugal obtint ainsi un crédit de 78 milliards d'euros.

Tout au long de la période 2010-2012, l'Espagne et l'Italie furent également attaquées par les marchés financiers. L'Italie fut menacée du fait d'un ratio de dette publique considéré comme trop élevé, tandis que l'Espagne, à l'image de l'Irlande, fut victime de l'éclatement d'une bulle immobilière et d'une crise bancaire subséquente. La France fit également l'objet d'une courte attaque, durant l'automne 2011, période au cours de laquelle les primes de risque exigées dépassèrent 2 %.

La figure 25.2 montre l'évolution du ratio d'endettement pour la France. Le tableau 25.1 donne le montant de ce ratio pour différents pays en 2008 et en 2011.

Figure 25.2 – La dette des administrations publiques en France, au sens de Maastricht.

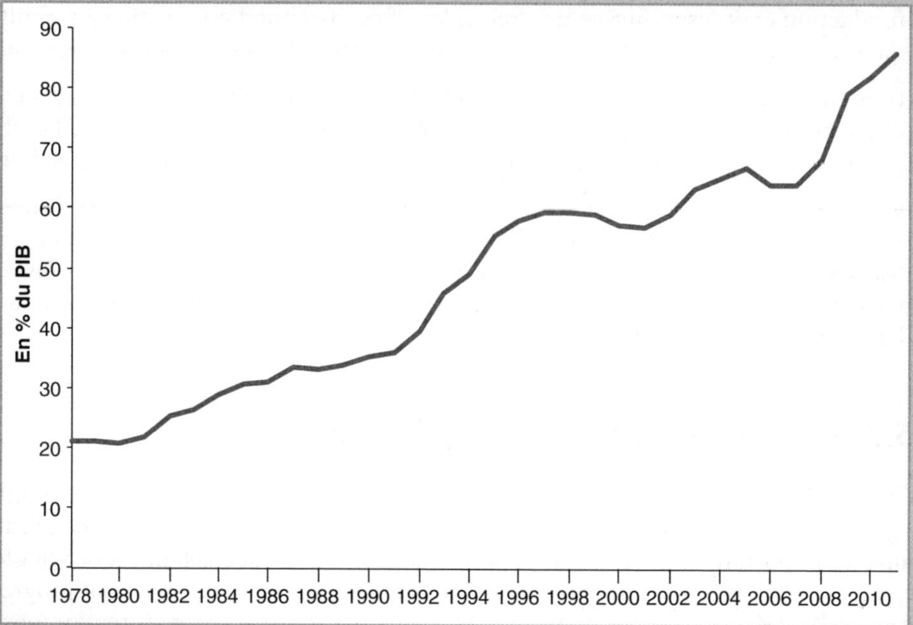

Source : INSEE.

Tableau 25.1 – La dette brute consolidée des administrations publiques en 2008 et 2011 (en % du PIB).

Pays	2008	2011
Union européenne (27)	62,5	82,5
Italie	105,7	120,1
Belgique	89,3	98,0
Grèce	113,0	165,3
France	68,2	85,8
Allemagne	66,7	81,2
Espagne	40,2	68,5
Irlande	44,2	108,2

Source : Eurostat.

La hausse du ratio d'endettement fut particulièrement rapide en Italie, en Belgique et en Grèce. Depuis 2008, le ratio d'endettement augmenta également fortement dans plusieurs autres pays de l'Union européenne. La hausse fut notamment spectaculaire en Irlande, du fait de l'intervention massive de l'État pour sauver le secteur bancaire.

Les primes de risque des États au cours de la période 2010-2012 témoignent des difficultés de refinancement que subirent les États. La figure 25.3 établit les primes, les « *spreads* », payées par rapport aux taux allemands par ces quatre pays, ainsi que les *spreads* français.

On note que la France fut attaquée à l'automne 2011, avant de retrouver des niveaux de *spreads* plus raisonnables ensuite.

Figure 25.3 – Les *spreads* mesurés sur les obligations du Trésor à dix ans (différentiel par rapport aux titres allemands).

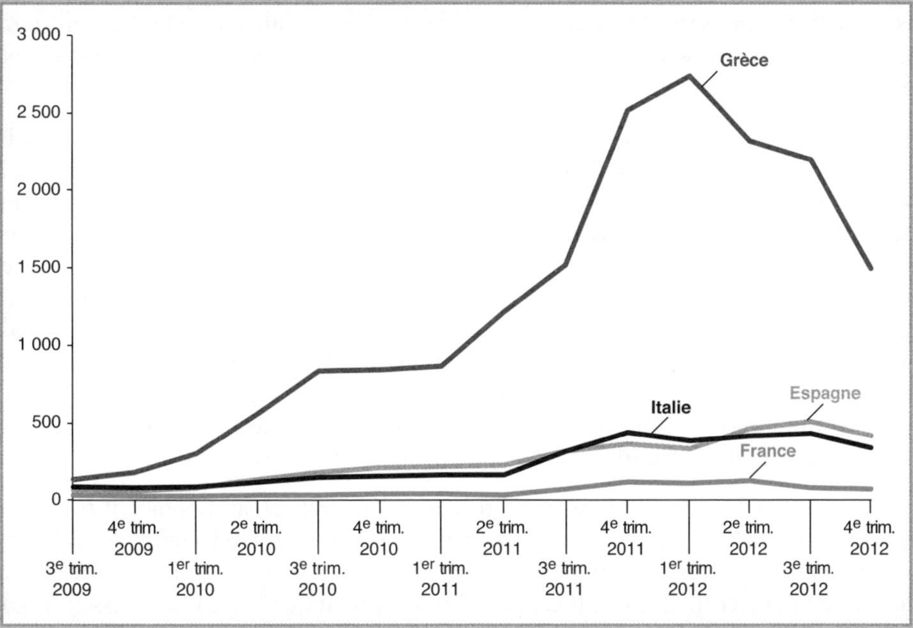

Source : Bloomberg.

Tous les éléments apparus aux sections précédentes se conjuguèrent pour expliquer la panique qui saisit les marchés.

La dette publique apparut soudain trop élevée aux yeux des marchés. Cela résultait en partie des effets de la crise sur la dette publique de certains États. Les marchés considérèrent, à tort ou à raison, que les États auraient désormais du mal à dégager les excédents primaires requis pour stabiliser la dette. La Banque centrale européenne ayant l'interdiction d'acheter la dette publique (à l'émission de celle-ci au moins), la voie de la création monétaire pour financer les déficits fut fermée. Cela contribua à inquiéter davantage les marchés qui se demandèrent qui viendrait au secours des pays en difficulté « en dernier ressort ».

Les taux d'intérêt (les *spreads*) commencèrent alors à croître, provoquant le risque d'un processus autoréalisateur : taux plus élevés, service de la dette en hausse et excédent primaire nécessaire encore plus élevé.

Pour briser cette spirale, les pays européens s'engagèrent donc, dès 2011, à réduire leurs déficits, alors même que la gestion de la crise aurait exigé le contraire. Un effet multiplicateur important se produisit (analysé au chapitre 6), ce qui entama significativement la croissance européenne.

25.4 Les traités européens

Afin de répondre aux besoins de financement des États en difficulté, les pays de la zone euro créèrent un Fonds européen de stabilité financière (FESF) le 9 mai 2010, qui dispose d'une capacité d'intervention de 440 milliards d'euros pour une durée de trois ans. Le 27 septembre 2012, une institution pérenne, le Mécanisme européen de stabilité, fut ensuite créée, disposant d'une capacité de prêts pouvant aller jusqu'à 700 milliards, cumulables à ceux dont dispose le FESF. Ce Mécanisme fait suite aux dispositifs antérieurs dont nous rappelons tout d'abord la logique.

La zone euro se donna en 1997 un Pacte de stabilité et de croissance, qui correspondait au souci des rédacteurs du traité d'Amsterdam de s'assurer que le traité de Maastricht, précisant les conditions d'entrée dans la zone euro, est maintenu après la création de celui-ci et l'adhésion de nouveaux membres. Theodor Waigel, le ministre allemand des Finances, voulait éviter qu'un pays membre de la zone euro n'accroisse son déficit, nuisant ainsi aux autres pays. Dans l'esprit du traité d'Amsterdam, le solde budgétaire doit être en moyenne proche de l'équilibre et descendre à 3 % dans les cas de mauvaise conjoncture. Le raisonnement est le suivant : tout déficit d'un des États de la zone tend à accroître les taux d'intérêt de l'ensemble de la zone (déplacement de la courbe *IS* vers la droite). Pour que la « maison commune » demeure bien gérée, le Pacte de stabilité interdit le comportement de « resquilleur » d'un État au détriment des autres.

Ce faisant, outre le niveau conjoncturel des taux d'intérêt, un autre objectif fut défini : s'assurer que la solvabilité des États est garantie. La crainte des rédacteurs du traité était en effet qu'un pays très endetté perde la maîtrise de ses finances publiques et menace l'équilibre financier de la zone. Il est par exemple prévu que la BCE ne puisse faire des avances aux États. C'est pour asseoir la crédibilité de cet engagement que le Pacte de stabilité fut renforcé. Un double raisonnement est donc à l'œuvre. Le Pacte cherche, d'une part, à éviter des hausses de taux d'intérêt liées à une politique budgétaire trop souple et, d'autre part, à éviter qu'un État ne glisse vers l'insolvabilité, mettant la BCE dans l'obligation d'intervenir pour éviter une crise financière majeure.

Le Pacte fut critiqué, moins pour la logique même qu'il défend que pour l'application indûment rigoureuse qui en découle. Considérons en effet l'équation 25.2 qui détermine l'évolution de la dette courante. Si le budget est à l'équilibre à long terme, la dette est stabilisée à un niveau constant. Dans le cadre d'une économie en période de croissance ($g > 0$ dans l'équation 25.4), cela signifie que le rapport dette/PIB tend asymptotiquement vers zéro. C'est une définition très exigeante de la prudence financière.

Considérons à l'inverse un critère plus modeste, qui consisterait à stabiliser le ratio dette/PIB au niveau de 60 % – ratio qui fut l'une des conditions d'entrée dans l'euro. Supposons que le taux d'intérêt à long terme soit de 6 % et le taux de croissance de 3 % (deux hypothèses pessimistes : il s'agit de taux d'intérêt et de croissance nominaux). Nous voyons dans ce cas, à partir de l'équation 25.4, qu'une stabilisation du ratio dette/PIB exige :

$$\frac{B_t}{Y_t} = \frac{B_{t-1}}{Y_{t-1}}$$

ce qui implique un excédent primaire :

$$\frac{T_t - G_t}{Y_t} = (r - g)\,\frac{B_{t-1}}{Y_{t-1}} = 0{,}03 \times 0{,}6 = 1{,}8\ \%$$

Il faut donc un excédent budgétaire, hors charge d'intérêt, de 1,8 % pour stabiliser la dette. Cela correspond à un déficit global, en pourcentage du PIB, de :

$$\frac{rB_{t-1} + G_t - T_t}{Y_t} = 0{,}06 \times 0{,}60 - 1{,}8\ \% = 1{,}8\ \%$$

Il est par conséquent ici parfaitement légitime d'accepter un déficit budgétaire d'environ 2 % du PIB aux fins de garantir la solvabilité de long terme d'un État. Un déficit nul « en moyenne » est manifestement trop exigeant.

Par surcroît, le déficit considéré devrait être le déficit « structurel », c'est-à-dire le déficit après correction des manques à gagner « conjoncturels » liés à une croissance économique en deçà de sa tendance sur le long terme. Lorsqu'un pays connaît une croissance plus faible que prévu, mécaniquement, ses recettes budgétaires sont également plus basses. Les « stabilisateurs automatiques » doivent pouvoir jouer à plein ; sauf à ignorer les leçons de ce livre, il est inutile d'aggraver la récession en exigeant d'un pays en récession qu'il réduise ses dépenses ou augmente ses impôts au milieu d'une crise.

Le tableau 25.2 établit l'évolution du déficit courant structurel de la zone euro au cours des années 2000.

Tableau 25.2 – L'évolution du déficit courant structurel de la zone euro (quinze pays) au cours des années 2000 (en %).

	2001	2002	2003	2004	2005	2006	2007	2008	2009	2010	2011	2012 *	2013 *
Déficit courant	– 2,0	– 2,7	– 3,2	– 2,9	– 2,6	– 1,4	– 0,7	– 2,1	– 6,4	– 6,2	– 4,1	– 3,0	– 2,0
Déficit structurel	– 3,1	– 3,3	– 3,2	– 2,9	– 2,6	– 2,1	– 2,1	– 3,2	– 5,1	– 4,7	– 3,0	– 1,4	– 0,1
Croissance	2,0	0,9	0,7	2,0	1,8	3,4	3,0	0,2	– 4,4	1,9	1,5	– 0,1	0,9

* Prévisions.
Source : OCDE, *Perspectives de l'emploi*, base de données, 2012.

On voit ainsi que d'importantes variations du déficit courant (+ 0,7 point entre 2006 et 2007) peuvent être concomitantes d'une stabilité du déficit structurel (– 2,1 % du PIB), lorsque le taux de croissance varie.

Au cours de l'année 2012, un nouveau traité fut rédigé, pour se substituer au Pacte de stabilité et de croissance. Dénommé le Traité sur la stabilité, la coordination et la gouvernance (TSCG) et plus couramment appelé « Traité budgétaire », il fixe les conditions d'une nouvelle « règle d'or » au niveau européen (voir encadré). Le TSCG fut signé au niveau européen le 2 mars 2012 par vingt-cinq chefs d'État et de gouvernement de l'Union européenne (le Royaume-Uni et la République tchèque ayant refusé de s'y associer) et voté par l'Assemblée nationale française le 9 octobre 2012. Ce nouveau traité vient durcir l'exercice de la politique budgétaire, telle qu'elle avait été prévue par le Pacte de stabilité et de croissance. Le besoin de raisonner en termes de déficit « structurel » se retrouve dans l'énoncé du nouveau traité, ce qui est une bonne chose du point de vue de l'analyse économique… Indépendamment de cet aspect, le Traité est plus restrictif que le précédent, dans la mesure où l'objectif requis est un déficit structurel de 0,5 % du PIB (seulement). En moyenne, en reprenant le calcul arithmétique présenté précédemment, cela signifie que la dette de long terme pourrait être très basse, si la règle était indéfiniment poursuivie…

Gros plan

Le Traité sur la stabilité, la coordination et la gouvernance (TSCG) de 2012

Le TSCG a été signé le 2 mars 2012 par vingt-cinq chefs d'État et de gouvernement de l'Union européenne (le Royaume-Uni et la République tchèque ont refusé de s'y associer). Le Parlement français l'a ratifié le 9 octobre 2012. Le point le plus important du Traité est l'article 3, qui fixe les normes de déficit budgétaire. Tout pays signataire doit respecter une nouvelle norme qui est de maintenir son déficit structurel en deçà de 0,5 % du PIB. Le déficit structurel est calculé de manière à prendre en compte les aléas de la conjoncture sur les rentrées fiscales. Il signifie le solde annuel après correction des variations conjoncturelles, déduction faite des mesures ponctuelles et temporaires. Le Traité se substitue à l'ancien Pacte de stabilité et de croissance, qui prévoyait un déficit courant inférieur à 3 %. Les pays dont la dette est « sensiblement » inférieure à 60 % du PIB sont autorisés à atteindre un déficit de 1 % du PIB. L'article 8 prévoit les sanctions contre un pays qui ne respecte pas ses engagements, sanctions pouvant s'élever à 0,1 % du PIB et versées au budget de l'Union.

Article 3 du TSCG

a) « La situation budgétaire des administrations publiques d'une partie contractante est en équilibre ou en excédent.

b) « La règle énoncée au point a est considérée comme respectée si le solde structurel annuel des administrations publiques correspond à l'objectif à moyen terme spécifique à chaque pays, tel que défini dans le Pacte de stabilité et de croissance révisé, avec une limite inférieure de déficit structurel de 0,5 % du produit intérieur brut aux prix de marché. Les parties contractantes veillent à assurer une convergence rapide vers leur objectif à moyen terme respectif. Le calendrier de cette convergence sera proposé par la Commission européenne, compte tenu des risques qui pèsent sur la soutenabilité des finances publiques de chaque pays. Les progrès réalisés en direction de l'objectif à moyen terme et le respect de cet objectif font l'objet d'une évaluation globale prenant pour référence le solde structurel et comprenant une analyse des dépenses, déduction faite des mesures discrétionnaires en matière de recettes, conformément au Pacte de stabilité et de croissance révisé.

c) « Les parties contractantes ne peuvent s'écarter temporairement de leur objectif respectif à moyen terme ou de la trajectoire d'ajustement propre à permettre sa réalisation qu'en cas de circonstances exceptionnelles, telles que définies au paragraphe 3, point b.

d) « Lorsque le rapport entre la dette publique et le produit intérieur brut aux prix de marché est sensiblement inférieur à 60 % et lorsque les risques pour la soutenabilité à long terme des finances publiques sont faibles, la limite inférieure de l'objectif à moyen terme telle que définie au point b peut être relevée pour atteindre un déficit structurel d'au maximum 1 % du produit intérieur brut aux prix de marché.

e) « Un mécanisme de correction est déclenché automatiquement si des écarts importants sont constatés par rapport à l'objectif à moyen terme ou à la trajectoire d'ajustement propre à permettre sa réalisation. Ce mécanisme comporte l'obligation pour la partie contractante concernée de mettre en œuvre des mesures visant à corriger ces écarts sur une période déterminée. »

Résumé

- La contrainte budgétaire du gouvernement donne l'évolution de la dette publique en fonction des dépenses et des impôts. Une façon de l'exprimer est d'écrire que la variation de la dette (le déficit) est égale au déficit primaire, plus les paiements d'intérêt sur la dette. Le déficit primaire est la différence entre les dépenses publiques et les impôts nets de transferts.
- Pour un niveau de dépenses publiques inchangé, une baisse des impôts en période courante implique une hausse future des impôts. Plus le gouvernement attend pour rembourser sa dette, ou plus le taux d'intérêt réel est élevé, plus forte sera la hausse des impôts à venir.
- L'héritage des déficits passés est un certain niveau d'endettement. Pour stabiliser la dette, il faut éliminer le déficit et générer un surplus primaire égal au paiement des intérêts sur la dette.
- Selon l'hypothèse d'équivalence ricardienne, une hausse du déficit est compensée par une hausse de même ampleur de l'épargne privée. Les déficits n'ont donc aucun effet sur la demande et la production. L'accumulation de dettes n'a pas d'impact sur l'accumulation de capital. Quand l'équivalence ricardienne n'est pas vérifiée, la hausse du déficit implique une hausse de la demande et de la production dans le court terme. La hausse de l'endettement diminue l'accumulation du capital et donc le niveau de production dans le long terme.
- Pour stabiliser l'économie, le gouvernement devrait laisser filer les déficits dans les périodes de récession et les rembourser au moyen des excédents enregistrés dans les périodes d'expansion. Le déficit structurel mesure ce que serait le déficit, en cas de règles fiscales et de programmes de dépenses constants, si la production était à son niveau naturel.
- Les déficits sont justifiés dans les périodes de dépenses exceptionnelles, comme les guerres. Relativement à une hausse des impôts, ils conduisent à une consommation plus élevée et à un investissement plus faible. Une partie du coût de la guerre est de ce fait reportée sur l'après-guerre, où cette baisse de l'accumulation du capital implique un niveau de production plus faible. Ils permettent aussi de lisser les taux d'imposition et de réduire les distorsions fiscales.
- Certains pays européens ont des ratios d'endettement très élevés. Cela réduit non seulement l'accumulation du capital et crée des distorsions fiscales, mais génère encore un risque de crise budgétaire.
- Le Pacte de stabilité des pays de la zone euro prévoit un déficit public inférieur à 3 %. Le nouveau Traité budgétaire signé en 2012 envisage un déficit structurel inférieur à 0,5 %

Pour en savoir plus

Olivier Blanchard, David Romer, Michael Spence et Joseph Stiglitz (éd.), *In the Wake of the Crisis–Leading Economists Reassess Economic Policy*, MIT Press, 2012.

Applications

1. Vrai/Faux/Incertain

a. Le lissage fiscal et le recours au déficit budgétaire aident à répartir le coût de la guerre entre les générations.

b. La prudence voudrait que, dans la situation actuelle, les États-Unis connaissent d'importants excédents budgétaires.

c. Si l'équivalence ricardienne est vérifiée, une augmentation des impôts n'aura pas d'effet sur la consommation, ni sur l'épargne.

d. Si l'équivalence ricardienne est vérifiée, les titres de la dette publique ne valent rien.

e. Si l'équivalence ricardienne est vérifiée, les dépenses gouvernementales sont sans effet sur l'activité.

f. Le ratio de la dette publique au PIB ne peut excéder 100 %. Si cela se produisait, les intérêts de la dette dépasseraient le PIB.

2. Déficit et dette

Considérons une économie où le déficit budgétaire officiel atteint 4 % du PIB. Le ratio de la dette au PIB est de 100 %, le taux d'intérêt nominal de 10 % et le taux d'inflation de 7 %.

a. Quel est le déficit (ou l'excédent) primaire ?

b. Quel est le déficit (ou l'excédent) ajusté de l'inflation ?

c. Supposons que le taux de chômage soit égal au taux structurel et que le taux de croissance naturel soit de 2 %. Le ratio de la dette au PIB augmente-t-il ou diminue-t-il ?

d. Si la situation reste la même qu'en c, quel sera le ratio de la dette au PIB dix ans plus tard ?

3. Dette publique et anticipations

Supposons que, dans l'économie décrite dans le problème précédent, les investisseurs financiers s'inquiètent du niveau trop élevé de la dette et qu'une dévaluation puisse en résulter. Ils s'attendent à une dévaluation de 20 % d'ici un an, avec une probabilité de 50 %.

a. Si le taux d'intérêt étranger est égal à 10 % et reste à ce niveau, qu'advient-il du taux d'intérêt de notre économie ?

b. Imaginons que l'inflation demeure constante. Qu'advient-il du taux d'intérêt réel ? Comment évoluera probablement le taux de croissance ?

c. Qu'arrive-t-il au déficit budgétaire officiel ? Et au déficit ajusté de l'inflation ?

d. Supposons que le taux de croissance diminue et passe de + 2 % à – 2 %. Que devient le ratio de la dette ?

e. Les inquiétudes des investisseurs étaient-elles justifiées ?

Partie VIII – Épilogue

Chapitre 26

L'histoire de la macroéconomie

Tout au long des vingt-cinq chapitres précédents, nous avons présenté le cœur de la macroéconomie – le cadre dont la plupart des économistes se servent pour analyser les problèmes macroéconomiques – et les conclusions majeures que l'on peut en tirer, de même que les sujets de désaccord. La construction de ce noyau dur de la macroéconomie au cours du temps est une histoire fascinante, que nous allons raconter dans ce chapitre.

26.1 Keynes et la Grande Dépression

L'histoire de la macroéconomie moderne a commencé en 1936, avec la publication de la *Théorie générale de l'emploi, de l'intérêt et de la monnaie* de Keynes. Pendant qu'il écrivait sa *Théorie générale*, Keynes a confié à un ami : « Je crois que je suis en train d'écrire un livre sur la théorie économique qui va révolutionner – pas immédiatement probablement, mais au cours des dix prochaines années – la façon dont on pense les problèmes économiques », et il avait raison. La date de parution du livre a été une des raisons de son succès immédiat. La Grande Dépression n'a pas été seulement une catastrophe économique, mais aussi l'échec intellectuel des économistes travaillant sur la **théorie du cycle d'affaires** – comme on appelait à l'époque la macroéconomie. Peu d'économistes proposaient une explication cohérente de la dépression, de sa gravité ou de sa longueur. Les mesures économiques prises par l'administration Roosevelt qui constituaient le *New Deal* étaient basées sur l'instinct plutôt que sur la théorie économique. La *Théorie générale* offrait une interprétation des événements, un cadre intellectuel et une prise de position très nette en faveur de l'intervention de l'État.

La *Théorie générale* mettait l'accent sur la **demande effective** – ce que nous appelons aujourd'hui la *demande globale.* À court terme, selon Keynes, la demande effective détermine le produit. Même si le produit revient finalement à son niveau naturel, le processus de retour est, au mieux, lent. De fait, une des citations les plus connues de Keynes est : « À long terme, nous serons tous morts. »

Dans la construction de la demande effective, Keynes a posé les fondations de la macroéconomie moderne :

- le multiplicateur, qui décrit comment les chocs de demande peuvent être amplifiés et mener à des fluctuations plus importantes du produit ;
- la **préférence pour la liquidité**, le nom que donne Keynes à la demande de monnaie, qui explique comment la politique monétaire a un impact sur les taux d'intérêt et sur la demande effective ;

- l'importance des anticipations, qui influencent la consommation et l'investissement, et l'idée que des *esprits animaux* (des modifications d'anticipations) sont un facteur majeur des variations de la demande et du produit.

Finalement, la *Théorie générale* était plus qu'un traité destiné aux économistes : elle présentait des implications claires de politique économique, en accord avec les préoccupations du moment. Attendre que l'ajustement de l'économie et le retour vers le niveau de produit naturel se fassent spontanément était totalement irresponsable. Au cœur d'une dépression, tenter d'équilibrer le budget n'était pas seulement stupide mais aussi dangereux. Une utilisation active de la politique budgétaire était essentielle pour revenir à des taux de chômage acceptables.

26.2 La synthèse néoclassique

En quelques années, la *Théorie générale* a transformé la macroéconomie. Tout le monde ne s'y est pas converti, et certains ont été en désaccord avec l'ensemble de cette œuvre. Mais la plupart des discussions se sont concentrées autour d'elle.

Au début des années 1950, un large consensus avait émergé, fondé sur l'intégration de beaucoup d'idées de Keynes et d'économistes antérieurs. Citons Paul Samuelson, dans l'édition de 1955 de son livre *L'Économique* – le premier manuel moderne d'économie :

« Dans les années récentes, 90 % des économistes américains ont cessé d'être des économistes "keynésiens" ou "antikeynésiens". Au contraire, ils ont tendu vers une synthèse de ce qui avait une valeur scientifique dans l'ancienne théorie économique et dans les théories modernes de la détermination du produit. On pourrait appeler le résultat de cette synthèse l'économie néoclassique, et il est accepté par tous, sauf 5 % d'économistes d'extrême droite ou d'extrême gauche. »

La synthèse néoclassique devait rester la théorie dominante pendant vingt ans. Les progrès furent étonnants, et la période du début des années 1940 au début des années 1970 pourrait être appelée l'« âge d'or » de la macroéconomie.

Des progrès sur tous les fronts

Il fallait tout d'abord formaliser mathématiquement ce que Keynes avait dit dans la *Théorie générale*. Alors qu'il connaissait les mathématiques, Keynes ne les avait pas utilisées dans cet ouvrage. Il en a résulté une série de controverses sans fin sur ce que Keynes pensait (il est mort en 1946) et pour savoir s'il y avait d'éventuels vices logiques dans certains de ses arguments.

Le modèle *IS/LM*. Plusieurs formalisations des idées de Keynes ont été proposées. La plus influente a été le modèle *IS/LM*, développé par John Hicks et Alvin Hansen dans les années 1930 et au début des années 1940. La version initiale du modèle *IS/LM* – très proche en fait de celle élaborée au chapitre 6 de ce livre – a été critiquée parce qu'elle avait édulcoré les intuitions de Keynes : les anticipations n'y jouent aucun rôle et les ajustements de prix et de salaires en sont absents. Cependant, le modèle *IS/LM* offrait un point de départ pour la construction de modèles économiques, raison pour laquelle il a rencontré beaucoup de succès. Les débats se sont organisés autour de la forme des courbes *IS* et *LM*, des variables qui manquaient aux deux relations, des équations de prix et de salaires qui devaient compléter le modèle *IS*/*LM*, etc.

Les théories de la consommation, de l'investissement et de la demande de monnaie. Keynes avait mis l'accent sur l'importance des comportements de consommation et d'investissement, ainsi que sur celle du choix entre monnaie et autres actifs financiers. Des progrès majeurs ont été accomplis dans ces trois directions.

Dans les années 1950, Franco Modigliani (alors à Carnegie Mellon, ensuite au MIT) et Milton Friedman (alors à l'université de Chicago) ont développé indépendamment l'un de l'autre la théorie de la consommation que nous avons étudiée au chapitre 13. Ils ont tous les deux insisté sur l'importance des anticipations dans les comportements et les décisions de consommation courante.

James Tobin (de l'université de Yale) a conçu la théorie de l'investissement, basée sur la relation entre la valeur actualisée des profits et de l'investissement. Cette théorie, qui a ensuite été approfondie et testée par Dale Jorgenson, à Harvard, a été examinée au chapitre 13.

Tobin a aussi développé la théorie de la demande de monnaie et, plus généralement, la théorie du choix entre différents actifs, fondée sur les considérations de liquidité, de rendement et de risque. Son œuvre est devenue le fondement d'une meilleure analyse des marchés financiers en macroéconomie, mais aussi celui de la théorie de la finance en général.

La théorie de la croissance. En parallèle avec le travail macroéconomique sur les fluctuations, les économistes ont porté une attention nouvelle à la croissance. Par opposition à la stagnation d'avant-guerre, la plupart des pays ont connu une croissance rapide pendant les années 1950 et 1960. Même si cette croissance était assortie de fluctuations, le niveau de vie augmentait rapidement. Le modèle de croissance élaboré au MIT par Robert Solow en 1956, que nous avons vu au chapitre 4, offrait un cadre pour analyser les déterminants de la croissance. Il a été suivi par une explosion de travaux sur le rôle que jouent l'épargne et le progrès technique dans la croissance.

Des modèles macroéconométriques. Toutes ces contributions ont été intégrées dans des modèles macroéconométriques de plus en plus vastes. Le premier modèle macroéconométrique américain, développé par Lawrence Klein (de l'université de Pennsylvanie) au début des années 1950, était une extension de la relation *IS*, comportant seize équations. Avec la création du *National Income and Product Accounts* (le système américain de comptabilité nationale), qui produisait de meilleures données accessibles aux chercheurs, avec le développement de l'économétrie et des ordinateurs, les modèles sont rapidement devenus encore plus conséquents. La contribution la plus importante à cette série de modèles a été la construction du modèle MPS (pour MIT, université de Pennsylvanie et Social Science Research Council – SSCR –, les deux universités et le centre de recherches engagés dans son élaboration), conçu par un groupe de chercheurs dirigé par Modigliani dans les années 1960. Sa structure consistait en une version étendue du modèle *IS*/*LM*, avec un mécanisme de courbe de Phillips, mais toutes ses composantes (la consommation, l'investissement et la demande de monnaie) reflétaient les impressionnants progrès faits depuis Keynes.

Les keynésiens contre les monétaristes

Avec des progrès aussi rapides, beaucoup de macroéconomistes, qui se définissaient eux-mêmes comme **keynésiens**, ont pu croire à un avenir radieux : la nature des fluctuations était de mieux en mieux comprise, et le développement des modèles permettait une meilleure politique économique. Le moment où l'économie pourrait être bien stabilisée et les récessions éliminées ne semblait pas loin.

Cet optimisme a rencontré l'opposition sceptique d'une minorité faible mais influente, les **monétaristes**, dont le leader intellectuel était Milton Friedman. Même si celui-ci considérait que d'importants progrès avaient été réalisés – étant lui-même l'un des auteurs d'une contribution majeure à ce progrès global, la théorie de la consommation –, il ne partageait pas l'enthousiasme général. Pensant que la compréhension de l'économie restait très limitée, il a remis en cause les motivations des gouvernements autant que l'idée qu'ils en savaient assez pour améliorer la situation macroéconomique.

Tout au long des années 1960, le débat entre les monétaristes et les keynésiens a dominé l'économie théorique. Il se centrait sur trois sujets : l'efficacité des politiques monétaires et budgétaires, la courbe de Phillips et le rôle de la politique économique.

Politique monétaire contre politique budgétaire. Keynes avait mis l'accent sur la politique budgétaire plutôt que sur la politique monétaire comme moyen privilégié de sortir de la récession, point de vue qui était resté dans l'opinion courante. Beaucoup disaient que la courbe *IS* avait une pente assez forte : les variations de taux d'intérêt avaient peu d'effet sur la demande et le produit. Ainsi, la politique monétaire ne fonctionnait pas très efficacement, ses effets étaient faibles. Selon les keynésiens, la politique budgétaire, qui peut augmenter directement la demande, influerait sur le produit plus rapidement et de façon plus sûre.

Friedman a fortement contesté cette position. Dans un ouvrage de 1963, intitulé *Histoire monétaire des États-Unis, 1867-1960*, Milton Friedman et Anna Schwartz ont examiné avec soin les données existantes sur la politique monétaire et la relation entre monnaie et production aux États-Unis sur un siècle d'histoire. Leurs conclusions ont d'abord été que la politique monétaire était un instrument très efficace, mais aussi que les fluctuations de la masse monétaire expliquaient la plupart de celles de la production. Ils ont interprété la Grande Dépression comme le résultat d'une erreur tragique de politique économique, une baisse de l'offre de monnaie due aux faillites bancaires – une baisse que la Fed aurait pu éviter en augmentant la base monétaire, ce qu'elle n'a pas fait (nous avons discuté cette interprétation au chapitre 19).

Le défi de Friedman et Schwartz a été suivi par un débat vigoureux et par des recherches intenses sur les effets respectifs des politiques monétaire et budgétaire, qui toutes deux ont à l'évidence des effets. Et pour qui se soucie de la composition du produit et prend en compte les effets de l'ouverture de l'économie, la meilleure politique est une combinaison des deux.

La courbe de Phillips. Le deuxième débat était centré sur la courbe de Phillips, qui ne fait pas partie du modèle keynésien initial. Mais comme elle apportait une explication pratique et apparemment fiable des mouvements de prix et de salaires dans le temps, elle a été intégrée dans la synthèse néoclassique. Dans les années 1960, confortés par les données empiriques accumulées jusqu'à cette époque, de nombreux économistes keynésiens croyaient qu'il existait un arbitrage (un *trade-off*) entre niveau d'inflation et niveau de chômage, même à long terme.

Milton Friedman et Edmund Phelps (de l'université de Columbia) se sont opposés fermement à cette théorie. Ils prétendaient que l'existence d'un tel arbitrage de long terme ne résistait pas à la théorie économique de base et que cette possibilité apparente de choisir entre différentes combinaisons de chômage et d'inflation s'évanouirait dès que des politiques tenteraient de l'exploiter – c'est-à-dire si une politique se proposait d'atteindre un faible taux de chômage en acceptant une inflation plus élevée. Comme nous l'avons vu au chapitre 9, quand nous avons étudié l'évolution de la courbe de Phillips au sein de la théorie économique, Friedman et Phelps ont eu raison. Au milieu des années 1970, le consensus sur l'absence d'arbitrage possible de long terme entre l'inflation et le chômage est devenu général.

Le rôle de la politique. Le troisième débat concernait le rôle des politiques publiques. Bien peu convaincu que les économistes en savaient assez pour stabiliser le produit, ni que l'on puisse faire confiance aux hommes politiques pour mener les actions appropriées, Friedman a proposé l'utilisation de règles plus simples, comme celle d'un taux de croissance constant de la masse monétaire (une règle que nous avons discutée au chapitre 24). Voici ce qu'il déclarait en 1958 :

« *Un taux de croissance constant de l'offre de monnaie ne signifiera pas une parfaite stabilité, bien qu'il permette d'éviter les fluctuations erratiques que nous avons connues de temps en temps par le passé. Il est tentant d'essayer d'aller plus loin et d'utiliser des variations de la masse monétaire pour compenser d'autres facteurs d'expansion ou de contraction. [...] Les données disponibles conduisent à mettre sérieusement en doute la possibilité de réaliser des ajustements précis de l'économie par des ajustements précis de la politique monétaire – étant donné, du moins, l'état des connaissances économiques. Il y a donc des limites notables à la possibilité d'une politique monétaire discrétionnaire, et il existe un danger que l'essai d'une telle politique ne fasse empirer les choses.*

« *Les pressions politiques pour "faire quelque chose" face à des hausses de prix relativement modérées ou à des baisses de prix et de l'emploi relativement modérées sont effectivement très fortes, étant donné l'état actuel des attitudes publiques. La morale à retenir des deux arguments précédents est que céder à ces pressions peut souvent faire plus de mal que de bien*[1]. »

Comme on l'a vu au chapitre 23, ce débat sur le rôle de la politique macroéconomique n'a pas été clos. La nature des arguments a quelque peu changé, mais les deux positions demeurent.

26.3 La critique des anticipations rationnelles

En dépit de la bataille entre keynésiens et monétaristes, autour de 1970, la macroéconomie paraissait être une discipline mûre et forte de succès et d'avancées considérables. Elle semblait pouvoir expliquer les événements économiques et guider les choix politiques. De nombreux débats étaient présentés à l'intérieur d'un cadre intellectuel commun. Mais en quelques années seulement, la discipline a connu une crise, qui avait deux sources.

1. Source : « L'offre de monnaie et les variations des prix et de la production », témoignage au Congrès, 1958.

La première venait du cours des événements. Au milieu des années 1970, la plupart des pays étaient en *stagflation*, un mot créé à cette époque pour désigner la présence simultanée de niveaux élevés de chômage et d'inflation. Les macroéconomistes n'avaient pas prévu la stagflation. Après cette constatation et quelques années de recherches, une explication convaincante a émergé, basée sur les effets de chocs d'offre négatifs se répercutant sur le produit et sur le niveau des prix (nous avons discuté de l'effet de tels chocs au chapitre 8). Mais il était trop tard pour effacer ce retard qui entachait l'image de la macroéconomie.

La seconde source venait d'idées nouvelles. Au début des années 1970, un petit groupe d'économistes (Robert Lucas de l'université de Chicago ; Thomas Sargent, alors à l'université du Minnesota et à présent à New York ; Robert Barro, alors à Chicago et maintenant à Harvard) a lancé une attaque violente contre le courant principal de la macroéconomie. Ils n'ont pas mâché pas leurs mots. Dans un article de 1978, Robert Lucas et Thomas Sargent affirmaient :

« *Que les prévisions [de l'économie keynésienne] aient été incorrectes et que la doctrine sur laquelle elles étaient fondées ait été fondamentalement imparfaite sont désormais des évidences. La tâche qui attend les étudiants en économie d'aujourd'hui est celle de sortir du naufrage, de déterminer quels traits de cet événement intellectuel remarquable appelé "révolution keynésienne" peuvent être sauvés et exploités à bon escient, et de quels autres éléments il faut se débarrasser.* »

Les trois implications des anticipations rationnelles

Le principal argument de Lucas et Sargent était que l'économie keynésienne ignore les implications essentielles des anticipations sur les comportements. La façon de procéder, selon eux, était de supposer que les agents forment leurs anticipations aussi rationnellement qu'ils le peuvent, avec pour fondement toute l'information dont ils disposent. Penser que les agents ont des *anticipations rationnelles* a trois implications, toutes dévastatrices pour l'économie keynésienne.

La critique de Lucas. La première implication est qu'il ne peut pas exister de modèle macroéconomique utilisable pour concevoir la politique économique. Même si ces modèles reconnaissent qu'elles influencent les comportements, ils n'incorporent pas explicitement les anticipations. Toutes les variables sont supposées dépendre des valeurs passées et présentes des autres variables, en incluant les variables politiques. Ainsi, ce que les modèles décrivent, c'est l'ensemble de relations qui existaient dans le passé, propres aux politiques d'alors. Si ces politiques devaient changer, selon Lucas, la façon dont les agents forment leurs anticipations changerait aussi, ce qui ferait des relations – et, *a posteriori*, des simulations dérivées utilisant les modèles macroéconométriques – de bien piètres enseignements sur l'action politique à entreprendre et sur ses effets. Cette critique des modèles macroéconométriques a été appelée la **critique de Lucas**. Pour reprendre l'histoire de la courbe de Phillips comme exemple, les données jusqu'au début des années 1970 avaient suggéré l'existence d'un arbitrage entre l'inflation et le chômage. Quand les hommes politiques ont tenté de l'exploiter, cet arbitrage a disparu.

Les anticipations rationnelles et la courbe de Phillips. La deuxième implication est que, quand on introduit les anticipations rationnelles dans des modèles keynésiens, ces modèles donnent en fait une conclusion très antikeynésienne : les écarts du produit par rapport au produit naturel sont peu durables, moins durables que les économistes keynésiens ne le prétendaient.

Cet argument se fondait sur un réexamen de la relation d'offre agrégée. Dans les modèles keynésiens, la lenteur du retour du produit vers son niveau naturel venait de l'ajustement lent (on parle aussi souvent de la rigidité) des prix et des salaires *via* le mécanisme de la courbe de Phillips. Une augmentation de la quantité de monnaie, par exemple, induisait d'abord un produit plus élevé et un chômage plus faible. Un taux de chômage plus faible signifiait alors des salaires nominaux et des prix plus élevés. L'ajustement continuait donc jusqu'à ce que les salaires et les prix aient crû dans la même proportion que la quantité de monnaie.

Cet ajustement, remarque Lucas, dépend pour une très grande part d'anticipations tournées vers le passé lors des négociations salariales. Dans le modèle MPS par exemple, les salaires ne réagissent qu'à l'inflation courante et passée et au taux de chômage courant. Mais avec l'hypothèse que les acteurs forment des anticipations rationnelles pour négocier les salaires, l'ajustement peut être bien plus rapide. Des variations de la masse monétaire, pourvu qu'elles soient anticipées, peuvent n'avoir aucun effet sur le produit : par exemple, anticipant un accroissement de la masse monétaire de 5 % pour l'année à venir, les négociateurs fixeraient une augmentation des salaires nominaux de 5 % et les entreprises augmenteraient à leur tour les prix de 5 %. Le résultat serait une masse monétaire réelle, une demande et un taux de chômage inchangés.

À l'intérieur de la logique des modèles keynésiens, selon Lucas, seuls *les mouvements non anticipés de la masse monétaire* pourraient avoir un impact sur le produit. Les variations prévisibles de la masse monétaire ne devraient pas avoir d'effet sur l'activité économique. Plus généralement, si les agents qui négocient leur salaire formaient des anticipations rationnelles, les variations de la demande n'auraient probablement des effets sur le produit que tant que les salaires seraient fixés en termes nominaux (un an si les salaires étaient renégociés tous les ans). Même dans sa propre formulation, le modèle keynésien ne parvient pas à fonder de façon convaincante sa théorie des effets durables de la demande sur le produit.

Contrôle optimal contre théorie des jeux. La troisième implication des anticipations rationnelles est la suivante : si les agents et les entreprises ont des anticipations rationnelles, il est inutile d'envisager la politique économique comme le contrôle et la manipulation d'un système compliqué mais passif. Il faut bien plutôt concevoir la politique comme un jeu entre les hommes politiques et l'économie. Le bon outil n'est pas le *contrôle optimal*, mais la *théorie des jeux*, ce dont le problème de l'incohérence temporelle (discuté par Finn Kydland, alors à Carnegie Mellon et aujourd'hui à l'université de Californie de Santa Barbara, et Edward Prescott, alors à Carnegie Mellon et aujourd'hui à l'université du Minnesota) a été un exemple frappant (un problème que nous avons examiné au chapitre 23) : les bonnes intentions des hommes politiques peuvent en fait mener au désastre.

Pour résumer, quand on introduit les anticipations rationnelles :

- les modèles keynésiens ne peuvent plus déterminer une politique économique ;
- ils ne peuvent plus expliquer les écarts durables entre le produit et son niveau naturel ;
- la théorie de l'économie politique doit être refaçonnée avec les outils de la théorie des jeux.

L'intégration des anticipations rationnelles

Comme le laissait deviner le ton de Lucas et Sargent, l'atmosphère intellectuelle était tendue en macroéconomie au début des années 1970. Mais en l'espace de quelques années, un processus d'intégration (des idées, à défaut des économistes) a débuté et devait dominer les années 1970 et 1980.

Assez rapidement, l'idée que les anticipations rationnelles étaient la bonne hypothèse de travail a été largement reconnue. Ce n'était pas dû au fait que les économistes croyaient que les entreprises, les agents et les investisseurs financiers formaient toujours leurs anticipations rationnellement, mais les anticipations rationnelles apparaissaient être un point de repère naturel, du moins jusqu'à ce que les économistes aient progressé dans l'étude des anticipations effectives des agents : diffèrent-elles systématiquement des anticipations rationnelles, et si oui comment ?

Le travail a alors repris sur les défis lancés par Lucas et Sargent.

Quelques implications des anticipations rationnelles. Tout d'abord, on a exploré systématiquement le rôle et les implications des anticipations rationnelles sur les marchés des biens, du travail et financiers. Beaucoup de ces découvertes, dont voici deux exemples, ont déjà été présentées dans ce livre :

- Robert Hall (à l'époque au MIT et maintenant à Stanford) a montré que si les consommateurs étaient très prévoyants (au sens défini au chapitre 13), alors les variations de la consommation devraient être imprévisibles : la meilleure prévision de la consommation l'année prochaine serait la consommation de cette année ! Autrement dit, il serait très difficile de prévoir les variations de la consommation. Ce résultat a surpris de nombreux économistes à l'époque, mais il reposait en fait sur une simple intuition : si les agents sont très prévoyants, ils ne changent leur consommation que lorsqu'ils apprennent quelque chose de nouveau sur l'avenir, mais, par définition, ce « nouveau » est imprévisible. Ce comportement de consommation, appelé la **marche aléatoire de la consommation**, sert toujours de point de repère aux recherches sur la consommation ;
- Rudiger Dornbusch (à ce moment-là au MIT) expliqua que les importantes fluctuations des taux de change quand ils sont flexibles, que l'on pensait jusqu'alors être le résultat de spéculations irrationnelles des investisseurs, étaient en fait très compatibles avec la rationalité. Nous avons suivi son analyse au chapitre 18 : des changements de politique monétaire peuvent induire des variations durables des taux d'intérêt nominaux ; des variations des taux d'intérêt nominaux courants et anticipés peuvent induire des mouvements importants du taux de change. Le modèle de Dornbusch, appelé **modèle de surréaction des taux de change**, sert désormais de point de repère aux recherches sur les mouvements des taux de change.

La fixation des salaires et des prix. Ensuite, on a exploré systématiquement les déterminants des salaires et des prix, bien au-delà de la courbe de Phillips. Deux contributions importantes ont été apportées par Stanley Fischer (alors au MIT et actuellement gouverneur de la Banque centrale d'Israël) et John Taylor (alors à Columbia et désormais à Stanford). Tous deux ont montré que l'ajustement des salaires et des prix peut être lent, *même avec des anticipations rationnelles.*

Ils ont mis en avant une caractéristique importante des comportements de fixation des prix et des salaires, l'**échelonnement** dans le temps des décisions les concernant. Par opposition à la théorie simple que nous avons exposée ci-avant, où tous les salaires et les prix augmentaient simultanément en anticipation d'une augmentation de la quantité de monnaie, les décisions de prix et de salaires sont échelonnées dans le temps. Donc, il n'y a pas un ajustement soudain et synchronisé de l'ensemble des salaires et des prix en réponse à une augmentation de l'offre de monnaie. Il est bien plus probable que l'ajustement soit lent, les salaires et les prix s'ajustant à la nouvelle quantité de monnaie comme par un jeu de saute-mouton étalé dans le temps. Fischer et Taylor ont montré ainsi que le second problème soulevé par la critique des anticipations rationnelles pouvait être résolu, puisqu'un retour lent du produit vers son niveau naturel est compatible avec des anticipations rationnelles sur les marchés du travail.

L'économie politique. Enfin, penser la politique en termes de théorie des jeux a provoqué une explosion de la recherche sur la nature des jeux engagés, non seulement entre les hommes politiques et l'économie, mais aussi entre les hommes politiques eux-mêmes – entre les partis politiques, ou entre la banque centrale et le gouvernement, ou entre différents pays. Une des grandes réussites de cette recherche a été le développement d'un cadre plus rigoureux pour examiner des notions floues, tels la « crédibilité », la « réputation » ou l'« engagement ». En même temps, il s'est opéré un déplacement distinct de l'étude de « ce que les gouvernements devraient faire » vers « ce que les gouvernements font en réalité », et ainsi un approfondissement des contraintes politiques que les économistes devraient prendre en compte dans leurs conseils aux hommes politiques.

Pour résumer, à la fin des années 1980, les défis posés par la critique des anticipations rationnelles avaient provoqué une refonte complète de la macroéconomie. La structure de base avait été étendue pour prendre en compte les implications des anticipations rationnelles, ou plus généralement des comportements d'anticipation des agents et des entreprises. De fait, ce que nous avons présenté dans ce livre correspond largement à la synthèse qui a émergé.

26.4 Les développements de la macroéconomie jusqu'à la crise de 2009

De la fin des années 1980 jusqu'à la crise, trois groupes ont dominé les nouveaux courants de la recherche : les nouveaux classiques, les nouveaux keynésiens et les nouveaux théoriciens de la croissance (remarquons l'usage généreux du terme « nouveau ». Contrairement aux producteurs de détergents, les économistes n'en sont pas à utiliser l'expression « nouveau et amélioré », mais le message est le même).

La nouvelle économie classique et la théorie des cycles réels

La critique des anticipations rationnelles était plus que la seule critique de l'économie keynésienne : elle contenait aussi sa propre interprétation des fluctuations. Au lieu de reposer sur les imperfections des marchés du travail, sur la rigidité des salaires et des prix, etc. pour interpréter les fluctuations, la macroéconomie devrait, selon Lucas, tenter de les expliquer le plus possible comme l'effet de chocs sur des marchés concurrentiels avec des prix et des salaires totalement flexibles.

C'est le programme de recherche qu'ont suivi les **nouveaux classiques**. Leur leader intellectuel était Edward Prescott, et les modèles qu'ils ont développés selon cette approche s'appellent **modèles de cycles réels** (ou modèles RBC, pour *real business cycle*). Cette approche partait de deux principes :

- le premier est d'ordre méthodologique. Lucas avait défendu l'idée que les modèles macroéconomiques devaient reposer sur des fondements microéconomiques explicites, tels que la maximisation de leur utilité par les travailleurs, la maximisation du profit par les entreprises et les anticipations rationnelles. Avant le développement des ordinateurs puissants, il était difficile, voire impossible, de développer une modélisation selon ces principes. De tels modèles auraient été trop complexes pour être résolus analytiquement. En fait, l'art des macroéconomistes consistait largement à trouver des simplifications permettant de conserver les mécanismes principaux du modèle, tout en ne compliquant pas trop sa résolution. Des modèles bien plus complexes ont pu être résolus numériquement grâce à la puissance croissante des ordinateurs, et les théoriciens des cycles réels ont apporté une contribution importante en développant des méthodes de résolution numérique nombreuses et puissantes, permettant de résoudre des modèles de plus en plus riches ;
- le second principe est d'ordre conceptuel. Jusqu'aux années 1970, la plupart des fluctuations macroéconomiques étaient perçues comme étant le résultat d'imperfections, de déviations du niveau de la production par rapport à son niveau naturel, qui n'évoluerait que lentement. Poursuivant une suggestion de Lucas, Prescott a défendu l'idée que les fluctuations pouvaient être interprétées en fait comme des évolutions du niveau naturel de production, par opposition à des écarts par rapport à ce niveau. D'où viennent ces mouvements du taux de chômage structurel ? La réponse proposée par Prescott est le progrès technique. Quand de nouvelles découvertes apparaissent, la productivité augmente, ce qui induit une augmentation du produit. L'augmentation de la productivité mène à une hausse des salaires, qui rend le travail plus intéressant, donc plus d'agents décident de travailler. L'augmentation de la productivité induit ainsi à la fois un accroissement du produit et de l'emploi, comme on l'observe dans le monde réel. Une conséquence est que les fluctuations de l'emploi sont une réponse optimale de l'économie à des chocs technologiques : les politiques économiques ne doivent donc pas chercher à réduire ces fluctuations.

L'approche des RBC a été critiquée sur plusieurs fronts. Comme on l'a vu au chapitre 4, le progrès technique est le résultat de nombreuses innovations, dont chacune met du temps à se diffuser. Il est difficile de concevoir comment ce processus pourrait générer d'aussi importantes fluctuations du produit de court terme que celles que l'on observe en pratique. Il est encore plus difficile de concevoir les récessions comme des moments de *régression* technique, où la productivité et le produit déclineraient. Enfin, comme on l'a vu, il existe de solides preuves que les variations de la quantité de monnaie, qui n'ont pas d'effet sur le produit dans le cadre des RBC, ont en fait des effets importants sur le produit dans le monde réel.

À ce stade, la plupart des économistes ne croyaient pas que les chocs de progrès technique étaient une explication convaincante des fluctuations majeures du produit. Cependant, cette approche s'est révélée utile, car elle a fait apparaître l'argument selon lequel toutes les fluctuations du produit ne sont pas des déviations du produit par rapport à son niveau naturel, mais peuvent aussi provenir de variations du niveau naturel lui-même. À un degré plus technique, elle a apporté de nombreuses nouvelles techniques de résolution de modèles complexes largement utilisés dans la recherche actuelle.

La nouvelle économie keynésienne

L'expression « **nouveaux keynésiens** » désigne un groupe très peu intégré de chercheurs, partageant la conviction que la synthèse qui a émergé en réponse à la critique des anticipations rationnelles était globalement juste. Mais ils avaient aussi en commun l'idée que beaucoup restait à découvrir quant à la nature des imperfections des différents marchés et quant aux implications de ces imperfections sur les évolutions macroéconomiques.

Les recherches sur les **rigidités nominales** ont été approfondies. Comme on l'a vu plus tôt dans ce chapitre, Fischer et Taylor ont montré qu'avec l'échelonnement des décisions de prix et de salaires, le produit peut s'écarter de son niveau naturel pour longtemps. Cette conclusion soulève un certain nombre de problèmes. Si l'échelonnement est responsable des fluctuations, au moins en partie, pourquoi les comportements de fixation des salaires et des prix ne se synchronisent-ils pas ? Pourquoi les prix et les salaires ne sont-ils pas ajustés plus souvent ? Pourquoi ne sont-ils pas révisés toutes les semaines par exemple ? En traitant ces problèmes, George Akerlof (de Berkeley) et Gregory Mankiw (de Harvard) ont abouti à un résultat aussi surprenant qu'important, souvent appelé l'**explication par les coûts de menu** (*menu costs*) ou **les coûts de catalogue des fluctuations du produit** : pour chaque agent qui doit fixer son prix ou son salaire, le moment et la fréquence des changements de prix (pour un magasin, changer les prix sur les étalages tous les jours ou toutes les semaines ne modifie pas beaucoup le profit) sont sans importance. En conséquence, même de faibles coûts pour changer les prix (comme ceux engagés pour imprimer un nouveau menu par exemple) peuvent conduire à des changements de prix échelonnés, irréguliers et rares. Cet échelonnement induit un ajustement lent du niveau des prix et des fluctuations importantes du produit en réponse à des variations de la demande. Bref, des décisions presque sans effet au niveau individuel (à quelle fréquence changer ses prix ou ses salaires) peuvent générer des effets agrégés conséquents (un ajustement lent du niveau des prix et des effets importants sur le produit *via* des déplacements de la demande globale).

Une autre ligne de recherche s'est concentrée sur les imperfections sur le marché du travail. Nous avons discuté au chapitre 7 la notion de salaire d'efficience – l'idée que les salaires, si les agents les trouvent trop bas, peuvent inciter les travailleurs à tirer au flanc, générer des problèmes de coopération à l'intérieur de l'entreprise et des difficultés pour recruter et garder les bons travailleurs, etc. Un chercheur influent dans ce domaine est George Akerlof, qui a étudié le rôle des « normes », les règles qui se développent dans toute organisation – dans ce cas, l'entreprise – pour affirmer ce qui est ressenti comme juste ou injuste. Cette recherche l'a conduit, ainsi que d'autres chercheurs, à explorer des problèmes jusqu'alors restés dans le champ de la sociologie ou de la psychologie et à examiner leurs implications. Dans une autre direction, Peter Diamond (du MIT), Dale Mortensen (de Cornell) et Christopher Pissarides (de la London School of Economics) ont étudié le marché du travail comme étant un marché caractérisé par une réallocation permanente, des flux de mobilité importants et une négociation salariale entre salariés et employeurs ; cette représentation s'est révélée très utile et nous nous sommes appuyés dessus dans le chapitre 7.

Un autre développement de la recherche des nouveaux keynésiens, qui s'est montré précieux lorsque la crise a éclaté, a exploré le rôle des imperfections des marchés du crédit. La plupart des modèles macroéconomiques faisaient l'hypothèse que les effets de la politique monétaire passaient par les taux d'intérêt et que les agents et les entreprises pouvaient emprunter librement au taux d'intérêt en vigueur. En pratique, la plupart des agents et de nombreuses entreprises ne peuvent emprunter qu'auprès des banques, et les banques rejettent souvent les emprunteurs potentiels, en dépit de leur disposition à payer le taux d'intérêt exigé. La raison pour laquelle cela peut arriver et l'impact sur la politique monétaire ont fait l'objet de nombreuses recherches, en particulier celles de Ben Bernanke (de Princeton, actuellement président de la Banque centrale américaine) et Mark Gertler (de l'université de New York).

La nouvelle théorie de la croissance

Après avoir été l'un des sujets de recherche les plus dynamiques des années 1960, l'intérêt intellectuel pour la théorie de la croissance s'est brusquement effondré. Depuis le milieu des années 1980 cependant, cette théorie a fait un retour rapide sur le devant de la scène de la recherche macroéconomique. L'ensemble des nouvelles contributions est regroupé sous le nom de **nouvelle théorie de la croissance**.

Deux économistes, Robert Lucas (ce même Lucas qui a été le fer de lance des anticipations rationnelles) et Paul Romer (alors à Berkeley et aujourd'hui à l'université de New York), ont joué un rôle très important dans la définition des nouveaux problèmes de la théorie de la croissance. Quand la théorie de la croissance a été abandonnée à la fin des années 1960, deux problèmes restaient en suspens : le premier était celui des déterminants du progrès technique ; le second était le rôle des rendements d'échelle croissants – la question de savoir si en doublant les quantités de capital et de travail, on pouvait faire plus que doubler le produit. Ce sont les deux sujets principaux sur lesquels s'est concentrée la nouvelle théorie de la croissance.

Les discussions sur les effets de la recherche et développement sur le progrès technique, esquissées au chapitre 4, et sur l'interaction entre progrès technique et chômage, vue au chapitre 22, reflètent certaines des avancées des économistes sur ce front. Philippe Aghion (de Harvard) et Peter Howitt (de l'université de Brown) ont apporté une contribution importante en développant une idée qui avait été avancée par Joseph Schumpeter dans les années 1930, selon laquelle la croissance est un processus de *destruction créatrice*, dans lequel de nouveaux produits sont introduits en permanence, rendant les anciens produits obsolètes. Les institutions qui freinent ce processus de réallocation (par exemple, en rendant plus difficile la création de nouvelles entreprises ou en accroissant le coût de licenciement des travailleurs) peuvent ralentir le rythme du progrès technique et réduire ainsi le taux de croissance.

La recherche a également essayé d'identifier l'effet précis d'institutions spécifiques sur la croissance. Andrei Shleifer (de Harvard) a étudié l'effet de différents systèmes légaux (depuis les marchés financiers jusqu'aux marchés du travail) sur l'organisation de l'économie et la croissance. Daron Acemoglu (du MIT) s'est interrogé sur la possibilité de passer d'une corrélation entre institutions et croissance (les démocraties sont en moyenne plus riches) à une relation de causalité (cette corrélation s'explique-t-elle par le fait que la démocratie conduit à un niveau plus élevé de PIB par habitant, ou bien qu'un plus haut niveau de PIB par habitant favorise l'instauration de la démocratie, ou bien encore qu'un troisième facteur contribue à la fois à la démocratie et à l'accroissement du PIB par habitant ?). En analysant l'histoire des pays ayant été colonisés dans le passé, il a défendu l'idée que leur performance en termes de croissance a été largement influencée par les institutions mises en place par les pays colonisateurs, montrant ainsi un effet causal des institutions sur la performance économique.

Vers une intégration ?

Au cours des années 1980 et 1990, les débats entre ces trois groupes et, particulièrement, entre les nouveaux classiques et les nouveaux keynésiens ont été souvent vigoureux. Les nouveaux keynésiens accusaient les nouveaux classiques d'expliquer les fluctuations par un mécanisme tout à fait improbable et d'ignorer des imperfections évidentes. En réponse à ces propos, les nouveaux classiques critiquaient le caractère *ad hoc* de certains modèles des nouveaux keynésiens. Vu de l'extérieur (et parfois même de l'intérieur), la macroéconomie ressemblait à un champ de bataille.

La situation a changé par la suite et une synthèse semblait émerger dans les années 2000. Sur le plan méthodologique, cette synthèse reprenait l'approche RBC et sa description minutieuse des problèmes d'optimisation auxquels font face les ménages et les entreprises. Conceptuellement, elle reconnaissait l'importance, mise en avant par l'approche RBC et les nouveaux théoriciens de la croissance, de l'évolution du rythme du progrès technique. Elle intégrait cependant également un grand nombre des imperfections étudiées par les nouveaux keynésiens, en étudiant le rôle de la négociation des salaires, de l'information imparfaite sur les marchés financiers et du crédit, ainsi que des rigidités nominales (qui permettent à la demande agrégée d'avoir un effet sur le produit). Sans que l'on converge vers un modèle unique ou une liste unanime des imperfections importantes, on observait un large consensus sur le cadre d'analyse.

Les travaux de Michael Woodford (de l'université de Columbia) et Jordi Gali (de l'université Pompeu Fabra en Catalogne) ont fourni un bon exemple de cette convergence. Avec un certain nombre de coauteurs, ces chercheurs ont développé le modèle néokeynésien qui intègre la maximisation de l'utilité et du profit, les anticipations rationnelles et les rigidités nominales. Ce modèle ressemble à une version « haute technologie » du modèle présenté dans le chapitre 14. Il s'est révélé très utile pour redéfinir les modalités de la politique monétaire, qu'il s'agisse de l'attention portée à la cible d'inflation ou de l'étude des règles de taux d'intérêt (étudiées dans le chapitre 24). Sur sa base, d'autres modèles se sont également élaborés, reprenant sa structure simple mais incorporant un plus grand nombre d'imperfections et devant être résolus numériquement. Ces modèles, actuellement utilisés dans les banques centrales, sont connus sous le terme de « modèles d'équilibre général dynamique stochastique » (*dynamic stochastic general equilibrium models*, DSGE).

26.5 Les premiers enseignements de la crise pour la recherche macroéconomique

La crise a débuté alors qu'une nouvelle synthèse semblait en vue pour les macroéconomistes et que ceux-ci pensaient disposer des outils pour comprendre l'économie et élaborer les politiques appropriées. À ce jour, cette crise se poursuit. Nous avons vu au début de ce chapitre comment la crise des années 1930 a conduit à la révolution keynésienne, une remise en cause profonde de la macroéconomie. De même, on pourrait se demander si la crise actuelle peut avoir les mêmes conséquences et mener à une nouvelle révolution conceptuelle. Il est trop tôt pour le savoir, mais la réponse la plus probable nous semble être *probablement pas.*

Il ne fait pas de doute que la crise manifeste un échec intellectuel majeur pour la discipline macroéconomique. L'échec est de ne pas avoir compris qu'une crise aussi importante *pouvait arriver*, qu'un choc relativement limité (à savoir une diminution du prix de l'immobilier aux États-Unis) pouvait engendrer une crise financière et macroéconomique globale d'une telle ampleur. L'origine de cet échec est une insuffisante prise en compte du rôle des institutions financières dans l'économie (pour être honnête, quelques macroéconomistes, qui portaient une attention plus grande au système financier, avaient donné l'alarme : les plus connus d'entre eux sont Nouriel Roubini, de l'université de New York, et les économistes de la Banque des règlements internationaux, située à Bâle et dont la mission est de suivre de près le développement des marchés financiers).

Le système financier, le rôle complexe des banques et d'autres institutions dans l'intermédiation financière entre les prêteurs et les emprunteurs étaient largement ignorés dans les modèles macroéconomiques. Il y avait certes des exceptions. Dans les années 1980, des travaux de Doug Diamond (de Chicago) et Philip Dybvig (de l'université Washington à Saint Louis) ont précisé le mécanisme des faillites bancaires en chaîne (que nous avons étudiées dans le chapitre 5) : l'illiquidité des actifs et la liquidité du passif engendrent un risque de panique bancaire, y compris pour les banques solvables. Seule la fourniture de liquidité par la banque centrale en cas de besoin permet d'éviter ce problème. Bengt Holmström et Jean Tirole (tous les deux au MIT) ont avancé que les problèmes de liquidité étaient endémiques dans une économie moderne : au-delà des banques, les entreprises elles-mêmes peuvent se trouver dans une situation où, tout en étant solvables, elles manquent de liquidité et se trouvent dans l'impossibilité de réunir les fonds additionnels pour finir un projet ou payer leurs créanciers qui demandent un remboursement. Un important article d'Andrei Shleifer, intitulé « Les limites de l'arbitrage », a montré que les investisseurs peuvent ne plus être en mesure de tirer parti de l'opportunité d'arbitrage, après que le prix d'un actif a chuté en dessous de sa valeur fondamentale ; ils peuvent être en effet contraints de vendre eux-mêmes cet actif, ce qui accentue la baisse de son prix qui s'écarte plus encore de la valeur fondamentale. Des économistes comportementaux (comme Richard Thaler, de Chicago) ont étudié dans quelle mesure les individus diffèrent des « individus rationnels » tels qu'ils sont modélisés par les économistes, et en ont tiré un certain nombre d'implications pour le fonctionnement des marchés financiers.

Ainsi, la plupart des éléments nécessaires à la compréhension de la crise étaient disponibles. Ces travaux ont cependant pour la plupart été menés dans les domaines de l'économie financière ou de l'économie d'entreprise, en dehors du champ de la macroéconomie. Ils n'ont pas été intégrés dans un modèle macroéconomique cohérent, et les interactions entre ces éléments étaient mal perçues. Les différents éléments qui se sont combinés pour engendrer la crise (l'effet de levier, la complexité et la liquidité) étaient presque totalement absents des modèles macroéconomiques utilisés par les banques centrales.

Plusieurs années après le début de la crise, la situation a fortement évolué. Sans surprise, les chercheurs ont porté leur attention sur le système financier et les interactions financières. Les travaux ont été approfondis sur plusieurs aspects de ce système financier, qui commencent à être intégrés dans les grands modèles macroéconomiques. Des leçons sont également tirées en matière de politique économique, qu'il s'agisse d'instruments de régulation macroprudentielle ou des dangers de dettes publiques très élevées. La route à parcourir reste longue, mais, à l'issue de celle-ci, les modèles macroéconomiques seront plus riches et permettront de mieux comprendre le système financier. Soyons cependant réalistes : s'il y a une leçon à retenir de l'histoire, c'est que l'économie sera frappée par un nouveau type de choc qui n'aura pas suffisamment été étudié auparavant.

Les leçons de la crise vont probablement au-delà de l'ajout du système financier aux modèles et à l'analyse macroéconomique. Dans les années 1930, la Grande Dépression avait conduit, à juste titre, la plupart des économistes à remettre en question les effets macroéconomiques de l'économie de marché et à préconiser un rôle plus important des gouvernements. La crise actuelle pose des questions similaires. Les modèles des nouveaux classiques et ceux des nouveaux keynésiens avaient en commun la croyance que, au moins dans le moyen terme, l'économie revient à l'équilibre et la production à son niveau naturel. Les nouveaux classiques adoptaient l'hypothèse extrême selon laquelle la production est toujours à son niveau naturel. Les nouveaux keynésiens considéraient qu'à court terme, il est vraisemblable que le produit s'écarte de ce niveau naturel ; cependant, ils estimaient également qu'à moyen terme, le fonctionnement de l'économie engendrait des forces de rappel qui ramènent le produit à son niveau naturel. On connaissait certes la Grande Dépression et la longue stagnation japonaise, mais on les percevait comme des aberrations dues à d'importantes erreurs de politiques économiques et qui auraient pu être évitées. Aujourd'hui, de nombreux économistes pensent que cet optimisme était excessif. Après trois ans de trappe à liquidité, il apparaît désormais clairement que le mécanisme d'ajustement traditionnel (une diminution des taux d'intérêt en réponse à un niveau d'activité trop faible) n'opère pas et que les potentialités des politiques macroéconomiques (monétaire ou budgétaire) sont plus limitées que ce que l'on pensait.

S'il existe un consensus, il pourrait être que le processus d'ajustement fonctionne en présence de chocs limités et de fluctuations normales ; en revanche, face à des chocs d'une ampleur exceptionnelle, ce processus est inopérant, les politiques économiques ont une effectivité limitée, et le retour à une situation meilleure peut prendre beaucoup de temps. Aujourd'hui, la priorité est, pour les chercheurs, de mieux comprendre ce qui s'est passé et, pour les décideurs politiques, d'utiliser autant que possible les instruments monétaires et budgétaires pour rendre à l'économie mondiale sa santé.

Résumé

- L'histoire de la macroéconomie moderne a débuté en 1936 avec la publication de la *Théorie générale de l'emploi, de l'intérêt et de la monnaie* de Keynes. La contribution de Keynes a été formalisée dans le modèle *IS/LM* de John Hicks et Alvin Hansen dans les années 1930 et au début des années 1940.
- La période qui s'étend du début des années 1940 au début des années 1970 peut être appelée l'âge d'or de la macroéconomie. Parmi les développements majeurs, on peut citer l'élaboration des théories de la consommation, de l'investissement, de la demande de monnaie et des choix de portefeuille ; la création de la théorie de la croissance ; la conception de modèles macroéconométriques conséquents.
- Le principal débat dans les années 1960 opposait les keynésiens aux monétaristes. Les premiers pensaient que le développement de la théorie macroéconomique permettait un meilleur contrôle de l'économie. Les seconds, conduits par Milton Friedman, étaient plus sceptiques quant à la capacité des gouvernements à stabiliser l'économie.
- La macroéconomie a connu une crise dans les années 1970. Cette crise avait deux racines : la première était l'apparition de la stagflation, qui a surpris la plupart des économistes ; la seconde était l'attaque théorique menée par Robert Lucas. Lucas et ceux qui l'ont suivi ont montré que, quand on introduisait des anticipations rationnelles :
  1. les modèles keynésiens ne pouvaient plus servir à déterminer une politique ;
  2. ils ne pouvaient plus expliquer les écarts de longue durée du produit par rapport à son niveau naturel ou d'équilibre ;
  3. la conception de l'économie politique était à revoir, en utilisant les outils de la théorie des jeux.
- Pendant la majeure partie des années 1970 et 1980, les anticipations rationnelles ont été intégrées à la macroéconomie. Comme ce livre le montre, les économistes en savent beaucoup plus qu'il y a trente ans sur le rôle des anticipations dans la détermination des effets des chocs et des politiques et sur la complexité des politiques publiques.
- Jusqu'à la crise, la recherche récente en macroéconomie s'organisait autour de trois fronts. Les nouveaux classiques étudiaient dans quelle mesure les fluctuations peuvent être expliquées par des évolutions du niveau de production naturel, par opposition à des écarts du produit par rapport à ce niveau naturel. Les nouveaux keynésiens exploraient plus formellement le rôle des imperfections des marchés dans les fluctuations. Les nouveaux théoriciens de la croissance s'intéressaient au rôle de la R-D (recherche et développement) et des rendements d'échelle croissants dans la croissance.
- La crise a manifesté un échec intellectuel majeur pour la discipline macroéconomique : l'incapacité à comprendre l'importance macroéconomique du système financier. Alors que beaucoup des éléments nécessaires à la compréhension de la crise avaient été développés avant la crise, ils n'occupaient pas une place centrale dans la pensée macroéconomique et n'étaient pas intégrés dans les modèles macroéconomiques. Une part importante de la recherche est désormais consacrée au lien entre la finance et la macroéconomie.
- La crise a également conduit à s'interroger plus largement sur le processus d'ajustement par lequel le produit revient à son niveau naturel. S'il existe un consensus, il pourrait être que le processus d'ajustement fonctionne en présence de chocs limités et

de fluctuations normales ; en revanche, face à des chocs d'une ampleur exceptionnelle, ce processus est inopérant, les politiques économiques ont une effectivité limitée, et le retour à une situation meilleure peut prendre beaucoup de temps.

Pour en savoir plus

Les deux ouvrages classiques sont, de John M. Keynes, *Théorie générale de l'emploi, de l'intérêt et de la monnaie* (Payot, 1998) et, de Milton Friedman et Anna Schwartz, *Monetary History of the United States, 1867-1960* (Princeton University Press, 1963). Attention, le premier est difficile à lire, le second est un gros volume.

Pour un compte rendu des manuels de macroéconomie depuis les années 1940, lire Paul Samuelson, « Credo of a Lucky Textbook Author », *The Journal of Economic Perspectives*, printemps 1997, p. 153-160.

Dans l'introduction de *Studies in Business-Cycle Theory* (MIT Press, 1981), Robert Lucas développe son approche de la macroéconomie et fournit un guide de ses écrits et contributions.

L'article qui a initié la théorie des RBC est d'Edward Prescott, « Theory Ahead of Business Cycle Measurement », *Federal Reserve Bank of Minneapolis Review*, automne 1986, p. 9-22. Il n'est pas très facile à lire.

Sur la nouvelle économie keynésienne, consulter David Romer, « The New Keynesian Synthesis », *The Journal of Economic Perspectives*, hiver 1993, p. 5-22.

Sur la nouvelle théorie de la croissance, lire Paul Romer, « The Origins of Endogenous Growth », *The Journal of Economic Perspectives*, hiver 1994, p. 3-22. Un traitement plus complet est donné dans Charles Jones, *Introduction to Economic Growth*, W. W. Norton, 1997.

Pour une revue détaillée de l'histoire des idées macroéconomiques, avec des entretiens approfondis avec la plupart des principaux chercheurs, lire Brian Snowdon, Howard Vane et Peter Wynarczyk, *La Pensée économique moderne – Guide des grands courants de Keynes à nos jours*, Ediscience, 1996.

Pour deux points de vue sur l'état de la macroéconomie, voir V. V. Chari et Patrick Kehoe, *Macroeconomics in Practice: How Theory is Shaping Policy* et N. Gregory Mankiw, « The Macroeconomist as Scientist and Engineer », *The Journal of Economic Perspectives*, automne 2006.

Pour une position sceptique sur les marchés financiers et les contributions de Thaler et Shleifer notamment, lire Justin Fox, *The Myth of the Rational Market–A History of Risk, Reward and Delusion on Wall Street*, Harper Collins, 2009.

Pour un point de vue sur la politique macroéconomique après la crise, lire Olivier Blanchard *et alii*, *In the Wake of the Crisis: Leading Economists Reassess Economic Policy*, MIT Press, 2012.

Si vous voulez en savoir plus sur les problèmes et la théorie macroéconomiques, la plupart des revues économiques sont lourdes de formalisations mathématiques difficiles à comprendre, mais certaines font un effort pour être plus accueillantes. *The Journal of Economic Perspectives* contient en particulier des articles non techniques sur les recherches et les problèmes actuels en économie. Les *Brookings Papers on Economic Activity*, publiés deux fois par an, analysent les problèmes économiques contemporains ; de même pour *Economic Policy*, une revue européenne, plus axée sur des problèmes européens.

La plupart des banques de la Réserve fédérale publient aussi des revues avec des articles plutôt faciles. Ces revues sont disponibles gratuitement. Parmi elles, on trouve la *Economic Review* de la Fed de Cleveland, la *Economic Review* de la Fed de Kansas City, la *New England Review* de la Fed de Boston et la *Review* de la Fed de Minneapolis.

Des traitements plus approfondis de la théorie macroéconomique actuelle – à peu près du niveau d'une maîtrise d'économie – sont présentés par David Romer, *Advanced Macroeconomics*, McGraw-Hill, 1995 (*Macroéconomie approfondie*, Ediscience, 1997, pour la traduction française) et par Olivier Blanchard et Stanley Fischer, *Lectures on Macroeconomics*, MIT Press, 1989.

Index

D

O

P

T

U

V

W

Z